V&R

Michael Trowitzsch

Karl Barth heute

Vandenhoeck & Ruprecht

Den Mit-Musikanten
Michael Beintker
Günter Klein
Hinrich Stoevesandt

Bibliografische Information der Deutschen Nationalbibliothek

Die Deutsche Nationalbibliothek verzeichnet diese Publikation in der Deutschen Nationalbibliografie; detaillierte bibliografische Daten sind im Internet über http://dnb.d-nb.de abrufbar.

ISBN 978-3-525-57123-1

© 2007, Vandenhoeck & Ruprecht GmbH & Co. KG, Göttingen / www.v-r.de
Alle Rechte vorbehalten. Das Werk und seine Teile sind urheberrechtlich geschützt. Jede Verwertung in anderen als den gesetzlich zugelassenen Fällen bedarf der vorherigen schriftlichen Einwilligung des Verlages. Hinweis zu § 52a UrhG: Weder das Werk noch seine Teile dürfen ohne vorherige schriftliche Einwilligung des Verlages öffentlich zugänglich gemacht werden. Dies gilt auch bei einer entsprechenden Nutzung für Lehr- und Unterrichtszwecke.
Printed in Germany.

Druck und Bindung: ⊕ Hubert & Co, Göttingen.

Gedruckt auf alterungsbeständigem Papier.

Vorwort

Um Zeitgenauigkeit mit scharfer Abmessung bemüht sich dieses Buch. Es nimmt darum einen weiten Blick. Karl Barths ungemein deutliche Theologie wird unmittelbar und kritisch auf die Probleme der Gegenwart bezogen – und auf diese Weise, so hoffe ich, überraschend neu entdeckt. Erklärende Kraft für die bestimmenden Entwicklungen der Zeit gewinnen Barths unerhört intensive Schriftauslegung, die Rede vom ewigreichen, herrlichen Gott, die auf eigene Weise prophetisch orientierte Versöhnungslehre, die triumphale Eschatologie und schließlich eine Art nachwissenschaftlicher Theologiebegriff. Es zeigt sich, daß gerade die Herausforderungen, die Bedrohungen und bösen Träume der Zeit es notwendig machen, sich auf die *Grundlagen* des christlichen Glaubens neu zu besinnen: die Offenbarung Gottes, die Dankbarkeit, die christliche Predigt. Dabei wird versucht, die Texte Barths in Vielfalt und Intensität hineinzustellen in das vielstimmige Gespräch von Theologie und Philosophie, von Lyrik und Prosa der deutschen und europäischen Literatur – in einen dort vorliegenden funkelnden Reichtum von Bezügen, Kontrastierungen und gegenseitigen Erhellungen.

Die Theologie Barths gewinnt bei alledem ungewöhnlich ermutigende Kraft. Sie deutet nicht zurück vor die Moderne, sondern weist über sie hinaus. –

Dem Verlag Vandenhoeck & Ruprecht, besonders Herrn Jörg Persch und Herrn Christoph Spill, sei für die Betreuung dieses Buches nachdrücklich gedankt. Für aufmerksame Mithilfe im einzelnen danke ich herzlich meiner Assistentin Juliane Hopf, den Studenten Tillmann Boelter und Tommy Drexel sowie meiner Sekretärin Frau Marita Klaus.

Weimar, im Mai 2007   Michael Trowitzsch

Inhalt

A. Bestimmung des Standortes 13

   a. Gegenwart und helle Vergangenheit 14
      1. In der Kirche gibt es keine Vergangenheit 14
      2. Was wäre eine Theologie, die eine besondere Mühe macht? 18
      3. Übersetzungen ins Deutlichere mögen gelingen 21
      4. Einer fragt an beim anderen 24
      5. Er formuliert bis auf den Grund 26

   b. Epochenbruch 30
      1. Die Gegenwart ist eine *terra incognita* 31
      2. Der Mensch ist herabgesetzt worden 32
      3. Es gebe Sprache nur noch „nördlich der Zukunft"? 38

   c. Eskalierende Moderne 40
      1. Läßt sich ein epochales „Man" denken? 40
      2. Gottesdeutung ist der Agent der Moderne 44
      3. Ein anderes Gespräch kann gelingen 49
      4. Der Zeit kann ins Wort gefallen werden 51
      5. Jesus Christus vermittelt Phänomenalität 55
      6. Aus radikaler Erschütterung ist zu denken 57
      7. Der Sinn der technischen Welt verbirgt sich 61

   d. Die Unheimlichkeit des Niegekannten 64

   e. Der alte Äon 68
      1. Die verwirkte Zeit läuft aus 68
      2. Einige Einsicht ist möglich 72

   f. Gott und die Zeit-Götter 76
      1. Die Geister scheiden sich 76
      2. Das Widersetzliche im Menschen spreizt sich auf 79

   g. *Stat magni nominis umbra* 82

B. Klärung der Lichtverhältnisse und Unterscheidung der Stimmen.
Zur Grundlegung der Hermeneutik 86

   a. Die Offenbarung und ihre Verkennung 86
      1. Zuerst das Evangelium ist des Verstehens wert 87
      2. Das große Ja trägt ein scharfes Nein in sich 89

>   3. Von der österlich-pfingstlichen Situation ist auszugehen 91
>   4. Der Mensch hat sich als Szene gesetzt 94
> b. Die Umstimmung und der Lärm 95
>   1. Ich bin, was ich höre 95
>   2. Ich höre die Stimme Christi eintreffen 97
> c. Das prophetische Amt Jesu Christi und Adams Wahnsinn 100
>   1. Die neutestamentlichen Texte seien religiöse Deutungen? 100
>   2. Wir reden von einer Entgegensetzung 102
>   3. Gegen Deutung und Meinung steht Wahrheit 106
>   4. Richter Adam urteilt 111
>   5. Adam überwirft sich 113
>   6. Gott gelangt zur Verhandlung 115
>   7. Ich bin nicht zuständig 117
>   8. Wie weit reicht die Kraft von Wertung und Schätzung? 118
>   9. Subjekt Woyzeck ist ein interessanter casus 120
>   10. Im Inneren lastet ein schweres Nein 122
>   11. Wir haben für Gott keine Augen 126
> d. Wahrheit und Zuschreibung 130
>   1. Wer mißt Bedeutung zu? 130
>   2. Wer ist derjenige, der versteht und deutet? 135
>   3. Auch der Glaube ist keine Deutung 139
>   4. Hat Würde lediglich, wem sie zugeschrieben wird? 141
>   5. Die Wahrheit hebt aus der Nacht 143
>   6. Die Wahrheit erweist sich als wahr 146
>   7. Sein Licht sucht meine Augen 149
> e. Die Verwunderung und die bloße Beteuerung 152
>   1. Unwahrscheinlicher als Jesus Christus ist nichts 152
>   2. Zum Erstaunen bin ich da 155
>   3. Das Verwunderliche verwandelt 158
>   4. Eine Exkursion in Sachen Unmöglichkeit findet statt 162
>   5. Das Evangelium ist eine fremde Sache 165
> f. Das Außerordentliche und das Vorgefertigte 168
>   1. Gott ist nicht selbstverständlich 168
>   2. Glaube entsteht, wo man aufmerksam sein kann 172
>   3. Er schafft Augen 174

C. Prophetische, aber nicht methodische Sachlichkeit.
Zu den exegetischen Prinzipien 177

> a. Bibel und Predigt 177
>   1. Der Erwartete will erscheinen 177

2. Die Texte geben eine Person zu verstehen 181
3. Der Liebe wird ein Gesicht gegeben 184
4. Ausgelegt wird aus dem Hintergrund der Texte 188

b. Anwesenheit und Bekehrung 193
1. „Ich bin da." 193
2. Mit allen Mitteln kann der Wahrheit recht gegeben werden 197
3. Theologie vermag sich offenzuhalten für das Erscheinen Christi 201

c. Der Weltkrieg und das Grauen 203
1. Ich stehe dabei mit meinem bösen Blick 204
2. Eine zu Tode erschrockene Kunst tritt auf 208
3. Der Schmerz des Glaubens ist älter 214
4. Das kritisierende Subjekt kommt abhanden 216
5. Das Erschrecken ist das erste Gebot der Stunde 222
6. Die Anfechtung lehrt auf das Wort merken 225
7. Die Welt des modernen Menschen ist unmöglich 227

d. Wissenschaftsglaube und das Prinzip des Methodischen 230
1. *Groß ist die Diana der Epheser!* 230
2. Das Methodische ist das epistemologische Zentrum der Neuzeit 232
3. Das Methodische gehört in die Metaphysik der Subjektivität 238
4. Um „erkannte Erkenntnis" herrscht Sorge 242
5. Woran mißt sich der Wissenschaftscharakter der Theologie? 243
6. Die Maßgeblichkeit des Methodischen wird in Frage gestellt 246
7. Ist das Methodische ein wirksames Mittel der Selbstkritik? 251

e. Wehrlosigkeit und Erwartung 256
1. Was ist „nachkritische Schriftauslegung"? 256
2. Kann Theologie noch Wissenschaft heißen wollen? 260
3. Die Macht des Hintergrunds leuchtet in den Texten 262

D. Der ewigreiche Gott und der Nicht-Gott. Zur Gotteslehre 264

a. Der unbedingte Wille zur Macht, zur Gewalt und zur Waffe 266
1. Der Wille zur Macht durchfährt die Neuzeit wie ein Anfall 266
2. Die Technik ist der Gott an der Macht 271
3. Macht an sich erfüllt den Begriff des Guten 274
4. In der *ultima ratio* enthüllt sich die *ratio* 276
5. Der Nationalsozialismus ist Exponent neuzeitlichen
   Machtdenkens 278
6. Waffen sollen es sein 281
7. Innenräume lassen sich hinzuerobern 285
8. Wer widersteht oder kann sich entziehen? 287
9. Der Wille zur Macht würdigt Gott herab 289

- b. Der Nicht-Gott und das verrückte Gespräch 292
  - 1. Die Welt scheint noch nicht zu Ende geboren 292
  - 2. Wer ist „ich"? 295
  - 3. Gott kommt in Verruf 297
  - 4. Das Begehren frißt sich fort 299
  - 5. Es gibt nichts, doch davon reichlich 306
- c. Gottes Herrlichkeit und Schönheit 310
  - 1. Der freie Gott kann nur groß lieben 311
  - 2. Gottes Anwesenheit ist herrlich 315
  - 3. Gottes Herrlichkeit zeigt Gesicht 318
  - 4. Der hat alles, der Gott hat 322
- d. Die Verherrlichung Gottes durch die Kreatur 326
  - 1. Die *gloria Dei* wird zur *glorificatio Dei* 326
  - 2. Der Spätling Mensch kann hinzukommen 329
  - 3. Die Geschöpfwelt zeigt eine eigene Helligkeit 331
  - 4. Was dir nicht zugehört, was nichts von dir will 336
- e. Theologie als *glorificatio* 341
  - 1. Es kann gottesfürchtig geredet werden 341
  - 2. Was macht Theologie häßlich? 342
  - 3. Theologie gehört in einen Übergang 345
  - 4. Läßt sich „das Schöne" für die Theologie zurückgewinnen? 348
  - 5. Theologie ist Denken des Denkwürdigen 351
  - 6. *Soli Deo gloria!* 354

E. Die Zeit Jesu Christi und die Aufführung des Todes. Zur Versöhnungslehre 356
- a. Offenheit für die Zeit 356
  - 1. Aus diesem Äon läßt sich nicht klug werden 356
  - 2. Ich lebe auf eine Weise wie sonst nicht 361
- b. Böse Zeit und volles Gehör 365
  - 1. Die Zeit verstellt sich 365
  - 2. Die Offenbarung kann das erste und das letzte Wort sein 366
  - 3. Die Gegenwart Jesu Christi ist axiomatisch gewiß 368
  - 4. Anzufangen ist, wo das Neue Testament selber anfängt 371
  - 5. In der Zeit führt sich der Tod auf 373
  - 6. Der Tod lügt 377
- c. Der Herr der Zeit 378
  - 1. Jesus ist der Herr der Zeit 378
  - 2. Christus ist an jedem unserer Tage heutig 382

Inhalt

d. Zwischenzeit und Geist Christi 385
  1. Christus selber will die Zeit des Geistes 385
  2. Er führt einen „wunderlichen Krieg" 387
  3. Wir sind Zeitgenossen Christi 390
  4. Er ist eines jeden Menschen Nächster 393
  5. Er spricht mich gegenwärtig 395
e. Prophetischer Dienst 398
  1. Die christliche Gemeinde ist nicht „Man" 398
  2. Nun erst recht das Evangelium! 403
  3. Noch muß gestritten sein 405
  4. Aber die Zeit verliert uns 409
  5. Noch nie waren wir solche Idioten 412
  6. Was kommt herauf? 414
  7. Die Kirche schwimmt gegen den Strom 416
  8. Wie ist Zeitklarheit zu erreichen? 420

F. Die Grundbestimmung menschlichen Daseins. Der Dank 421
  a. Macht und Dankbarkeit 421
    1. Es gibt einen gebotenen Willen zur Macht 421
    2. Macht an sich ist böse 424
  b. Die Grundstimmung der Zeit 427
    1. Eine Gegenstimmung kommt auf 427
    2. Die Grundstimmung eröffnet die Welt 429
    3. Der Starke tritt nicht auf 433
    4. Die Grundstimmung schreibt sich in theologische Vollzüge ein 435
  c. Dankbarkeit und Grundstimmung 436
    1. Die Dankbarkeit ist die christliche Grundstimmung 436
    2. Der Mensch ist zur Dankbarkeit bestimmt 440
    3. Die Grundstimmung stimmt ein in den Dank Christi 443
    4. Seine Lektüre der Welt ist die des ersten Blicks 445
    5. Der Dankbare läßt Gottes Gnade *sein* 450
    6. Das Danken wird zum Lobpreis 456

G. „... auf daß er sich aller erbarme."
Zu den Grundzügen der Eschatologie 460
  a. „Es ist noch nicht erschienen, was wir sein werden" (1Joh 3,2) 460
    1. Die Schöpfung befindet sich in Erwartung 460
    2. „Selig scheint es in ihm selbst" 462
    3. Aus dem Schönen spricht Wehmut 467
    4. Kunst bezieht sich auf Erlösung 470

b. Der „Gott der Hoffnung" (Röm 15,13) 474
c. „Alle!" (Röm 11,32) 477
   1. Woher des Wegs? 477
   2. Welchen Weg geht der Mensch? 479
d. „Von allen Seiten umgibst du mich" (Ps 139,5) 481
   1. Gott wacht über das vergängliche Sein 481
   2. Er hebt die Fassungslosigkeit auf 482
   3. Er trat in unsere Mitte 484
e. „Ich lebe – und ihr sollt auch leben!" (Joh 14,19) 487
   1. Er pflanzt Hoffnung 487
   2. Er läßt das Ziel erkennen 489
   3. Er wird neu gegenwärtig sein 491
   4. Er ist uns unmittelbar 492
f. „... da nichts zu hoffen war" (Röm 4,18) 494
   1. Christliche Eschatologie erhebt sich gegen den stärksten Widerstand 494
   2. Es gibt keine Unaufhaltsamkeit des „Fortschritts" 497
g. „Er ist unsere Hoffnung" (1Tim 1,1) 501
h. „Dieses Verwesliche soll anziehen Unverweslichkeit" (1Kor 15,53).. 504
   1. Das gewesene Leben wird verherrlicht 504
   2. Die Sprache findet ihr Ziel 508
i. „... des Lichtes Kinder" (Joh 12,36) 509
   1. Gesichter liegen im Lichtschein Gottes 509
   2. Was gibt es Geheimnisvolleres als die Klarheit?! 511
   3. Licht hat und ist Kraft 514
j. „Siehe, ich mache alles neu!" (Apk 21,5) 516
   1. Das Böse wird auch als Vergangenheit nicht mehr sein 516
   2. Gott wird über die Vergangenheit herrschen 519
k. „... gleich wie ich erkannt bin" (1Kor 13,12) 522

H. Über die Moderne hinaus. Der Ruf nach vorwärts 525
  a. Was ist um Gottes willen an der Zeit? 525
  b. Die andere Predigt. Das Mittel der Umstimmung 530
     1. Die Bibel ist unter bestimmtem Winkel geöffnet 531
     2. Die Predigt bittet um Bewahrheitung 532
     3. Jesus Christus läßt sich bitten 534
  c. „Meine Gnade genügt dir!" 538

Literatur 541

Personenregister 561

A. Bestimmung des Standortes

„Ich hatte oft Lust", so berichtet Gilbert Keith Chesterton,

„einen Roman zu schreiben, in dem ein englischer Seefahrer seine Richtung falsch berechnet hat und England entdeckte, in der Meinung, es handele sich um eine neue Insel in der Südsee. [...] Was könnte es Erfreulicheres geben, als innerhalb weniger Minuten all die spannenden Schrecken der Fremde und das warme Sicherheitsgefühl der Heimkehr zu erleben?"

Und „[...] wenn dieses Buch ein Scherz ist", heißt es etwas später,

„so richtet sich dieser gegen mich. Ich bin der Mann, der mit äußerster Kühnheit entdeckte, was vor ihm bereits entdeckt war. Wenn an dem, was nun folgt, etwas Lächerliches liegt, so soll man auf meine Kosten lachen, denn dieses Buch erzählt, wie ich mir einbildete, der erste zu sein, der seinen Fuß an den Strand von Brighton setzte, wobei sich dann herausstellte, dass ich der letzte war. Es erzählt meine ungeheuren Abenteuer auf der Entdeckungsfahrt, nach dem, was vor Augen liegt."[1]

Eine Entdeckungsfahrt? Wir entdecken ein fremdes Land. Dann ist es – England. Wir entdecken eine vermeintlich ganz unbekannte, fremdartige Theologie. Sie strahlt etwas von der Kraft des Unbetretenen aus. Und dann ist es die Theologie – Karl Barths. Wir denken weit hinaus – zu einem scheinbar nur zu bekannten theologischen Entwurf (wie eine Landschaftsformation liegt er vor uns ausgebreitet). Das mag ungewöhnlich klingen und ist natürlich auch nicht leicht durchzuführen. Trotzdem erscheint mir ein solches Unternehmen sehr notwendig. Einer verbreiteten Haltung, die, zusehends vorwandloser, auf erschreckende Weise fertig zu sein scheint mit dem Denken Barths, soll dadurch widersprochen werden.

Wissen wir, womit wir es bei dieser großen Theologie zu tun haben, welche Gedanken mit ihr eingetreten sind? Lassen sich seine Texte nicht auch leicht für die fordernden Fragen der Zeit öffnen? Ihre „Historisierung", der gemäß sie angeblich grau von Geschichte geworden sind, darf nicht (soll indes hier und da in derzeitiger Barth-Interpretation durchaus) auf Vergleichgültigung oder Geltungsschwund hinauskommen. Gerne fungiert das Stichwort als Zertifikat der eigenen Überlegenheit. Nebenbei gesagt: Was für ein armseliger Geschichtsbegriff läge dem zugrunde, wenn

---

[1] Chesterton, Orthodoxie, 16, 19f. – Über Chesterton sagt Kafka, so Janouch (Gespräche, 133): „Er ist so lustig, daß man fast glauben könnte, er habe Gott gefunden."

das Historische als solches bereits das im Prinzip Unerhebliche wäre – so daß der Historiker, was er ausgrübe, lediglich aufbahrte und so *de facto* zugleich wieder in geschichtlicher Ferne begrübe. Kaum weniger armselig der Gedanke, daß wir die Silhouette des Perfekts lediglich deshalb brauchen, um dem undeutlichen, verwischten Präsens Kontur zu geben.

a. Gegenwart und helle Vergangenheit

Daß jedes Verstehen sein eigenes Jetzt, seine eigene Vergangenheit und Zukunft, seinen Standort in der Zeit, *mitversteht*, hat Gerhard Nebel zu Recht in Erinnerung gerufen:

„Jedes Verstehen", so führt er aus, „ist ein in sich verschränktes Bündel von Verstehensakten. Wer also einen einzigen von ihnen aus dem jeweiligen Bündel heraushebt, abstrahiert wieder einmal von der immer konkreten Wahrheit. So verfährt er auch dann, wenn er den Sachverhalt betrachtet, daß jedes Verstehen, was auch immer es versteht, sein Jetzt mitversteht, und nicht nur sein Jetzt sondern auch das Vorher und das Nachher des Jetzt, alle drei in einem und doch auseinander, in unendlicher wechselseitiger Bestimmtheit [...]."[2]

1. In der Kirche gibt es keine Vergangenheit

Doch muß man noch einen entscheidenden Schritt weitergehen. „Alles in der Kunst ist Gegenwart", so hat der genialische Zeichner Horst Janssen gelegentlich gesagt, „– oder nicht der Rede wert."[3] Ein Gesicht Rembrandts betrachtet uns nicht aus einem alten Rahmen, sondern öffnet sich geheimnisvoll und atmet: wiegt und prüft uns unmittelbar in diesem Augenblick.[4] Mich meint das Chorlied in der *Antigone* des Sophokles. Picassos gemaltes Requiem *Guernica,* diese „ausgeblutete Grisaille" (Werner Spies), schreit mich an, den medusenhaften Blicken seiner *Demoiselles d'Avignon* kann ich schwer standhalten. Sie zwingen meinen Blick zum Rückzug. Ein Torso

---

2   Nebel, Essays, 43. Nicht nur mitverstanden wird das Jetzt des Verstehenden, sondern entdeckt wird, so Ernst Bloch, mit der Entdeckung auch *der Entdecker selbst*. „,Auf die Schiffe' hatte zuletzt Nietzsche gerufen, und die Reise durchs Außen, gar zu neuen Meeren, war stets eine, wo sich der Entdecker nicht nur mitnahm, sondern wo er hernach zu dem Entdeckten selber gehörte." (Bloch, Tübinger Einleitung 1, 45).
3   Wiedergegeben bei Fest, Janssen, 184.
4   „Rembrandt", schreibt Hannah Arendt an Heinrich Blücher (Arendt – Blücher, Briefwechsel, 73), „ist der, der nicht Schönheit malt, weder Götter noch Fratzen, weder die Mutter Gottes mit dem Heiligenschein noch die unendliche und tierische Vielfalt des Genos Mensch, sondern das menschliche Antlitz." Wie weit ist der Weg dann bis zum Entsetzen der Radierung von Horst Janssen *Selbst dramatisch* (bei Fest, Janssen, 17; vgl. 15)!

(Rilkes *Archaischer Torso Apollos*) – „da ist keine Stelle, die dich nicht sieht." Der Jetzt-Ton der Kunst. Wir werden kritisch in Betracht gezogen. Die Zeitlichkeiten der *formgewordenen Bedeutung* (wie man vielleicht das Kunstwerk definieren kann) folgen einer eigenen Logik, der des Unabgegoltenen. Sie lassen, selbstverständlich bei Erkennbarkeit eines jeweils ursprünglichen historischen Standortes und bei Anerkennung der Blickveränderung, die die Zeit gebietet, in einen übergreifenden Dialog mit den Nachgeborenen eintreten. Möglich ist ein Wiederfinden lebendiger Bewandtnis – quer zu den historischen Bedingungen. Vergangenheit und Gegenwart können ganz *in einem* gesehen werden. Keineswegs hat die Vergangenheit grundsätzlich unrecht. Christa Wolf beginnt eines ihrer Bücher mit einem Zitat von William Faulkner: „Das Vergangene ist nicht tot; es ist nicht einmal vergangen."[5]

Und nicht viel anders vertritt es der Sache nach eben auch Karl Barth in historischer Abhandlung: in der programmatischen Einleitung zur *Protestantischen Theologie im 19. Jahrhundert*. Darum kann es nicht gehen, so wird dort ausgeführt, den Toten nur nachzuschauen oder nachzulauschen oder im theologischen Spielplan Totengespräche zu inszenieren. Es gibt in der Kirche Jesu Christi eine Gemeinschaft von Lebenden und Toten in ganz eigensinnigem Umfang und großer Reichweite, eine andere Lebendigkeit und Spannung in Reden und Hören. Wiederum läßt sich natürlich jeweils ein primärer, wenngleich vordergründiger, geschichtlicher Standort erkennen und beschreiben. Doch vordringlicher erscheint seine mögliche Überschreitung. „Hier gilt *communio sanctorum*", so heißt es, „gegenseitiges Tragen und Getragenwerden [...]. Augustin, Thomas, Luther, Schleiermacher und alle die Andern sind nicht tot, sondern lebendig. Sie reden noch und wollen als Lebendige gehört sein [...]. In der Kirche gibt es keine Vergangenheit, darum auch nicht in der Theologie."[6] Und dann führt Barth solenn Lk 20,38 an: „Ihm leben sie alle."[7] Er, der Herr der Zeit, hält ihnen allen die Treue. Ihm leben sie oder ihm sterben sie – ihm gehören sie an (Röm 14,8). Sie bleiben seine Sorge, in Ewigkeit, aber auch in der Zeit, als *ecclesia triumphans* wie auch als *ecclesia militans* – und dann als unauflösliche

---

5 Wolf, Kindheitsmuster, 1.
6 Barth, Protestantische Theologie im 19. Jahrhundert, 3. Vgl. auch Barth, Evangelische Theologie im 19. Jahrhundert, 23f. Ähnlich wiederum in Barths Calvin-Vorlesung von 1922: „Darum ist uns die Vergangenheit so wichtig, nicht nur wahr, nicht nur interessant, nicht nur nützlich zu kennen, sondern lebensnotwendig, weil sie die Gegenwart bedeutet. Dazu schlagen wir die alten Bücher auf, um zu uns selbst zu kommen. Die *lebendige, redende, wirkende* Vergangenheit *ist* eben die Gegenwart." (Barth, Theologie Calvins, 11; dort 8f Überlegungen zum Weitergehen des Werkes Calvins).
7 Noch in seinem letzten Manuskript und als den letzten biblischen Text überhaupt zitiert Barth Lk 20,38 (Barth, Letzte Zeugnisse, 71). – Vom „Tod des Autors" (R. Barthes und U. Eco) oder gar dem „Tod des Predigers" (vgl. Körtner, Theologie des Wortes Gottes, 267f) keine Rede!

Gemeinschaft jener mit dieser. In seinem großen begleitenden Atem, der Christus-, der Geistsphäre, bleiben sie enthalten, in einem untilgbaren Sinn. Nur gestorben sind sie, doch nicht tot. Aus diesem Grund können ihre Stimmen in der spezifischen Intertextualität der Atemgemeinschaft der Kirche – in tiefer Konspiration – als lebendig gehört werden. Über die Zeiten hinweg sprechen sie gleichberechtigt zueinander. Wesentliches ist von ihnen zu erfahren. Ganz unangebracht erscheint in diesem Zusammenhang, das wie selbstverständlich nahezu allseitig vorausgesetzte und in Anspruch genommene Überlegenheitsgefühl der Moderne jeder Vergangenheit gegenüber nun auch noch für die *Theologiegeschichte* geltend machen zu wollen.[8] Gilt auch in dieser (arroganten) Hinsicht *Il faut être absolument moderne* (Rimbaud)? Wirklich? *Absolument*? Eine bedingungslose Verpflichtung?

In der zweiten Auflage des Römerbriefkommentars handelt Barth in Auslegung von Röm 4,23–25 vom „Selbstgespräch des Gleichzeitigen". Nietzsches zweite der *Unzeitgemäßen Betrachtungen, Vom Nutzen und Nachtheil der Historie für das Leben*, steht im Hintergrund.

„Die Historie", erklärt Barth, „kann einen Nutzen haben. Die Vergangenheit kann reden zur Gegenwart. Denn in Vergangenheit und Gegenwart ist ein Gleichzeitiges, das die Stummheit der Vergangenheit, die Taubheit der Gegenwart heilen, das jene zum Reden und diese zum Hören bringen kann. Dieses Gleichzeitige in seinem die Zeit aufhebenden und erfüllenden Selbstgespräch, es verkündigt und vernimmt das Unhistorische, Unanschauliche, Unbegreifliche, das aller Geschichte Ende und Anfang ist. […] In solchem Selbstgespräch […] bringt die Historie den von ihr zu erwartenden Nutzen."[9]

Zutage tritt dieser Nutzen, insofern die Gegenwart *de facto*, in der Kraft des Geistes, für die Glaubenden in diese Zwiesprache einbezogen wird: „Wir *sind* nun einmal in das Selbstgespräch des Gleichzeitigen in Vergangenheit und Gegenwart verwickelt", heißt es.[10] Es ergibt sich dann – sofern jene (schuldhafte) Stummheit und jene (schuldhafte) Taubheit geheilt werden – nicht weniger als die Berührung mit der Wahrheit. Plötzlich tritt sie ein, ohne Beschwichtigung – in einem Zeitalter, so Adorno zu Recht, „in dem kein Wahres mehr harmlos sein darf."[11] Um seltsam gefährliche, auch

---

8   Nicht zu reden von jenem ideologischen Verfügungsanspruch über die Vergangenheit, der die Geschichte ändern, einstampfen oder umschreiben – der „Geschichtspolitik" betreiben – läßt. Warum sollte, da alles machbar ist, der Gedanke vor der Geschichtsschreibung zurückstecken?
9   Barth, Römerbrief II, 121f.
10 Barth, Römerbrief II, 124.
11 Adorno, Ästhetische Theorie, 322. – Zur „anthropologischen Arglosigkeit" vgl. Klein (Mensch, passim). Theologie habe „jegliche anthropologische Arglosigkeit mit ihrem Untergang zu büßen" (34). – In einer Wiedergabe von Schellings *Vom Wesen der menschlichen Freiheit* schreibt Heidegger: „Was ist ein Mensch ohne den Gott? Der reine Wahnsinn in der Gestalt des

konfliktträchtige, eingreifende *Gleichzeitigkeit* aber handelt es sich wegen der jeweiligen Bezogenheit auf die Christus- und Geistsphäre, das *Ein-für-Allemal* der Geschichte Jesu Christi.

Das natürlich nicht zu leugnende Phänomen des tatsächlich Überlebten – um es nicht unerwähnt zu lassen – gehört demgegenüber in einen durchaus anderen Zusammenhang, nämlich den des alten Äon, des *de facto* verlorenen Geländes, der Welt, die dem Tod längst ganz gehört, der Welt des Häretischen, des Aberglaubens und Unglaubens, des unaufhörlichen Vernichtungstreibens. Sie kann kein selbständiges Interesse beanspruchen, weil ihre Stunde geschlagen hat, ihrem Lauf Einhalt geboten ist. Sie ist bereits im Begriff, sich zu schließen. Nur als Anfechtung ist dies Abgestandene jedesmal ernstzunehmen – damit sie abgewiesen werden kann und eine sehr andere Geschichte beginne, zum Beispiel die *nach der Hybris der Moderne.*[12]

In der *ecclesia vera* hingegen gibt es keine Vergangenheit.[13] Es herrscht eine tiefgestaffelte, einander scheinbar Fremdestes anverwandelnde *Ökumene in der Zeit*. Niedergelegt werden können die Gesprächsbarrieren, die die Generationen jedesmal zwischen sich errichtet haben, doch auch die Grenzen der Epochen mit der womöglich schroffen Abweisung, die sie gegeneinander zeigen mögen. Zusammenfinden kann, was unzugänglich füreinander scheint: das Epochenversetzte und Ungleichzeitige. Lebendig können die Stimmen der Vergangenheit daherkommen. Sich an diese Ökumene zu halten zeitigt sehr andere Konsequenzen als die Anmaßung, daß den Spätzeiten sämtliche Vergangenheiten zur beliebigen Besitznahme alles Brauchbaren offenstehen. Theologie, auch die der Vergangenheit, und keineswegs nur die Werke, die mächtige Schatten werfen, ist auf jeder Zeitstrecke auch jeweils *für heute*. Sie wächst zu neuer Bedeutung heran. Sie gibt keine Ruhe. Und dies um so weniger vermutlich, je deutlicher sie durch harte Gegenströmungen hindurchgegangen ist.

In diesem Verständnis läßt sich Barths Werk an Gefühl und Verstand der Gegenwart heranführen, besser gesagt: bewegt es sich selber darauf zu. Man kann mit ihm neue Bekanntschaft schließen. Freilich muß man die

---

Harmlosen." Allerdings lauten die fatalen vorangehenden Sätze: „Der Mensch muß sein, damit der Gott offenbar werde. Was ist ein Gott ohne den Menschen? Die absolute Form der absoluten Langeweile." (Heidegger, Schelling, 207; vgl. dazu Hübner, Fundamentaltheologie, 96–98).

12 Edith Düsing (Nietzsches Denkweg, 6) stellt Zitate aus dem Abschnitt 9 des dritten Buchs von Nietzsches *Genealogie der Moral* als Motto über ihr großangelegtes, auch sehr bewußt eine theologische Perspektive einnehmendes wichtiges Nietzsche-Buch. Sie sind auf den Ton gestimmt „Nimmt sich unser ganzes modernes Sein" nicht „wie lauter Hybris und Gottlosigkeit aus?"

13 Charakteristisch anders Canetti: „Ich anerkenne *keinen* Tod. So sind mir alle, die gestorben sind, rechtens noch lebendig, nicht weil sie Forderungen an mich haben, nicht weil ich sie fürchte, nicht weil ich meinen könnte, daß etwas von ihnen noch wirklich lebt, sondern weil sie nie hätten sterben dürfen. Alles Sterben bis jetzt war ein vieltausendfacher Justizmord, den ich nicht legalisieren kann. Was kümmern mich massenhafte Präzedenzfälle, was kümmert mich, daß nicht ein Einziger von immer her lebt! (Canetti, Fliegenpein, 52).

Texte ein wenig ausreden lassen. Vorausgesetzt wird, daß uns die Erinnerung daran, eine *relecture*, zuverlässiger mit uns selbst bekannt macht. Dieses weitgespannte Werk, seine atemreiche Prosa, bleibt eine vernehmliche Aufforderung, es – in angefochtener Zeit, in der „kein Wahres mehr harmlos sein darf" – zur Durchdringung und Kritik der Gegenwart heranzuziehen, doch, vor allem, in besonderer Intertextualität zur Verdeutlichung des für die Gegenwart bestimmten, je schon in sich zeit- und situationsgenauen *Evangeliums*. Darum, in Position und Widerspruch, der Titel dieses Buches.

2. Was wäre eine Theologie, die eine besondere Mühe macht?

Ein solcher Versuch, um es vorwegzunehmen, wird sich ganz und gar nicht spätmodern (was ja in dieser Hinsicht heißen will: tendenziell ohne vorgezeichnete Barrieren der Erlaubnis), sondern möglichst alteuropäisch darstellen, also womöglich, sofern es gelingt, als eine Art Grenzwissen, das nicht zuletzt die Besonnenheit und die Anstrengung kennt, gerade nicht an die äußersten Grenzen und darüber hinaus zu gehen.[14] Über dessen Befremdlichkeit in der gegenwärtigen Systematischen Theologie meine ich mir einigermaßen im klaren zu sein. Ich will auch die Einschätzung nicht verhehlen, daß Barths Theologie nach meiner Erfahrung der leeren fröhlichen Fahrt der Moderne und Postmoderne und ihrem rasanten Verschleiß,[15] dem nervösen Löschen der Unterschiede, auch ihren faulen, als Reichtum ausgegebenen Vieldeutigkeiten, glücklicherweise erheblichen Widerstand entgegensetzt. Man kann sie aber in dieser Weise des Widerspenstigen, also als eine Art *Vorkehrung*, auch ausdrücklich in Stellung bringen. Verbreiteten Selbstverständlichkeiten, eingeschliffenen Konditionierungen der entsprechenden Einstellungen etc. stellt sie sich dann in den Weg. Das ist hier beabsichtigt. Sie wäre dann eine Theologie, die eine *besondere* Mühe machte, bei der wir längst noch nicht ausgelernt hätten.

Bertolt Brechts Beschreibung wäre also in dieser Hinsicht, der einer mühevollen, wirklich alternativen *Gegenmaßnahme* gegen die bestimmende Größe der Zeit, zu präzisieren:

---

14 Wiederum Canetti nennt die gute Grenze *der Augen*: „Was wären Augen ohne ihre Besonnenheit, ohne die Lider?" (Canetti, Fliegenpein, 19).

15 „Je mehr Pferde Du anspannst desto rascher gehts – nämlich nicht das Ausreißen des Blockes aus dem Fundament, was unmöglich ist, aber das Zerreißen der Riemen und damit die leere fröhliche Fahrt." (Kafka, Nachgelassene Schriften II, 56, 123). – Der Sache und auch der Metaphorik nach ähnlich bei Bonhoeffer (Bonhoeffer, DBW 6, 354): „Die sozialen, wirtschaftlichen, politischen etc. Probleme der Welt sind uns über den Kopf gewachsen, die vorhandenen ideologischen und praktischen Lösungsangebote versagen sämtlich; die Welt des technischen Fortschrittes ist damit an ihre Grenze gekommen; der Wagen ist in den Schlamm geraten, die Räder drehen sich mit Höchstgeschwindigkeit und können den Wagen doch nicht herausziehen […]."

> Wie lange
> Dauern die Werke? So lange
> Als bis sie fertig sind.
> So lange sie nämlich Mühe machen
> Verfallen sie nicht.[16]

Unter allen Umständen zu vermeiden ist dabei freilich, Barths Theologie nun ihrerseits im gerade zu überwindenden Schema aufzustellen, dem des *unbedingt* Machtförmigen, der, so Elias Canetti, „Religion der Macht",[17] also der Religion und Soteriologie von *Macht und Abermacht*. Das Dezidierte und bis zur Schroffheit Entschiedene, das sich in der Tat schon im Sprachgestus in Barths Texten findet, ist mit diesem Schema keinesfalls zu verwechseln. Vielmehr kennzeichnet es sie, daß sie sich ebensowenig wie Kafkas Texte „damit zufrieden geben will, nur mit den Fingerspitzen im Wahren zu stecken."[18] Theologie nimmt hier eine Dringlichkeit an, die in sonstiger Wahrnehmung nur als Durchsetzung von Interessen auftritt. Ihre Ernsthaftigkeit und Unbedingtheit als im ganzen machtförmig zu nehmen wäre indes ein Mißverständnis. Vielmehr zielt sie darauf ab, unterrichtet maßgeblich von den biblischen Texten, mit ihren Mitteln, also durchaus im entschiedenen Gestus theologischer Prosa, ohne an Bestimmtheit etwas nachzulassen, einer anderen Bewegung in annähernder Treue zu entsprechen: dem Aufwecken, wie Gott es übt.

„Es geht", legt Barth überaus eindrücklich nahe, „um das leise, nicht laute – milde, nicht harte – vertrauliche, nicht fremde Aufwecken der Kinder im Vaterhaus zum Leben in diesem Hause. So übt Gott Gewalt. Alle göttliche Gewalt hat letztlich und im Grunde diesen Charakter. Alles göttliche Herrschen, Gebieten und Fordern ist in seinem innersten Wesen von dieser Art." (IV/1, 108)

In dieser Weise also, mit dieser sehr besonderen Wirklichkeitsgewalt, wird der Mensch von Gott verwandelt – zu freier Wachheit als freier Selbstvergessenheit.[19] An den Schlaf der Welt wird gerührt. Keine Selbsterweckung vermag das.[20] Jetzt schon kommt zum Tragen, daß der Mensch „der in der Auferstehung Christi Angeredete und damit *Veränderte* ist", so daß „alle

---

16 Bert Brecht, Über die Bauart langandauernder Werke, in: Brecht, Gedichte, 387.
17 Vgl. Canetti, Provinz des Menschen, 34.
18 Kafka, Tagebücher, 429.
19 Kafka stellt freilich in einem Brief an Brod (Kafka, Briefe 1902–1924, 385) Wachheit und Selbstvergessenheit im Kontrast einander gegenüber: „[…] nicht Wachheit, Selbstvergessenheit ist erste Voraussetzung des Schriftstellertums […]." – Wie die Erneuerung der wahrnehmenden Urteilskraft „die ‚Weckung' der Sinne einschließt", beschreibt treffend Wannenwetsch (Wannenwetsch, Plurale Sinnlichkeit; das Zitat 300).
20 Eines der eindrucksvollsten Beispiele für Selbsterweckung findet sich im berühmten Schnee-Kapitel in Thomas Manns *Zauberberg* (Th. Mann, Der Zauberberg, 748): „Und damit wach ich auf …".

Veränderung seines Seins, Denkens, Redens und Tuns [...] doch nur dem Augenaufschlag eines vom Tode Auferweckten zu vergleichen" ist (IV/3, 345).[21] Um einen Augenaufschlag aber handelt es sich, der das tiefste, freieste Trotzdem der Welt in sich enthält (mithin nicht das der krampfhaft geschlossenen Faust). In dieser Konsequenz der nunmehr sich öffnenden Augen, einer neuen Anschauung der Welt, eines Wachheitsklimas, liegt dann allein eine sich zur Hauptsache der besonderen göttlichen Gewalt *aussetzende*, aber nicht eine sich weltlich *durchsetzende* Theologie.

Auf jene widersacherische Religion der Macht, den Traum und Traumbefehl der Machtvollkommenheit, wird in der Folge ausführlich und mehrfach einzugehen sein. „Wacht auf, denn eure Träume sind schlecht!", heißt es in einem Hörspiel Günter Eichs.[22] Im Bereich jener Religion erfüllen sie sich ja, einer nach dem anderen, zu Tode.[23] Von „Macht" ist also zu reden, selbstverständlich, doch im Bereich christlicher Theologie von einer sehr eigentümlichen – nicht zu verwechseln mit der in der harten Modernität sich durchvollziehenden Variante, der Macht, wie Barth sagt, „von unten" (III/4, 448) mit ihrer Einladung an jedermann, sich selbst zu sich selbst zu ermächtigen und in dieser oder jener Weise zumindest ein wenig an der Weltherrschaft teilzunehmen. Dem hochfahrenden *unbedingten* Willen zur Macht, genauer: dem Hybrid aus Selbstermächtigung, Selbstbegeisterung und Wider-Willen gegen Gott – der Grundanstrengung der Moderne –, kann aber abgeschworen werden. Mit ihm überhebt sie sich. Doch bietet sich ihm gegenüber eine Alternative. Unterbrochen werden kann die Reise zur dunklen Seite der Macht, auf die die Moderne sich begeben hat.

Gefragt ist der Theologe, der sich keineswegs die von wem auch immer in der Gegenwart vorgegebenen Fragen anzieht (etwa die, im machtförmigen Kampf der Sinnanbieter erfolgreicher zu werden) – mit ihrer einfachen Übernahme beginnt ja schon die geistige Unterwerfung –, der vielmehr heraustritt, hinschaut und denkend und handelnd standhält. Spannungslose Zugänglichkeit wäre gerade das Ende. Seit je gehört die Exponiertheit und Unzugehörigkeit der Theologie – daß sie beständig in eine Art Abseits gerät – zu ihrem Wesen. Für jede Generation steht das wohl neu zur Erfahrung an.

---

21 In dieser abgekürzten Form wird im folgenden Barths *Kirchliche Dogmatik* zitiert. – Zur Wachheit als *Verantwortung* (im Gegenüber zu Husserl) vgl. Lévinas, Gott, 59–78; 211 u.ö.
22 Eich, Träume, 46.
23 „Wie rasch hat das Fliegen, dieser uralte, kostbare Traum, jeden Reiz, jeden Sinn, seine Seele verloren", merkt Canetti in einem Aphorismus an (Canetti, Provinz des Menschen, 10). „So erfüllen sich die Träume, einer nach dem anderen, zu Tode. Kannst du einen *neuen* Traum haben?"

3. Übersetzungen ins Deutlichere mögen gelingen

Schon an dieser Stelle scheint mir die gar nicht hoch genug einzuschätzende Bedeutung neuer, treffenderer *Metaphorik* deutlich zu werden. Das suggestive Bild: das Aufwecken der Kinder im Vaterhaus, der „Ruf aus dem Vaterhaus, aus der Heimat" (IV/3, 313; vgl. 853); im weiteren Ausschreiten dieser Metapher: die Kongruenz von Wahrheit und Wachheit, entsprechend die Bestimmung der Theologie als einer Form der Wachheit ... – ausfindig macht Barths Theologie immer wieder neue Anschauungsformen des Gedankens und der Sprache (als des eigentlichen Elements menschlichen Weltverhaltens), präzisere Gleichnisse.

Es trifft wohl generell zu: „Try to be precise, and you are bound to be metaphorical."[24] Inszeniert werden im Spielplan jeden kreativen Denkens treffendere, reichere Bilder gegen untauglich oder mißverständlich erscheinende. Der produktive fremde Blick, vielleicht der Gegen-Blick, bringt – wo die Wirklichkeit womöglich tief in ihr Klischee eingesunken ist – eine gründlich veränderte innere und äußere Anschauung mit sich und womöglich eine daraus ableitbare Revision der Leitmetaphern, der grundstiftenden und hintergrundwirksamen Bilder,[25] auch, darüber hinaus, eine andere, vielleicht überraschende Syntax der Bildsprachen. Metaphorik sei als solche „Zurückweisung von Entropie", erklärt George Steiner sehr richtig.[26] Irreführende, sich unauflöslich gebende sprachliche Engramme (und die in ihnen mitgegebenen Vorentscheidungen) können vielleicht, nun im theologischen Denken, durch biblisch beglaubigte ersetzt werden – die das Evangelium faßbarer erscheinen lassen und der Fassungslosigkeit vor dem Fürchterlichen unter Umständen eine Sprache zurückzugeben vermögen. Das Fremde und das Vertraute können ihre Plätze tauschen. Übersetzungen ins Deutlichere mögen auf diese Weise gelingen.

Metaphorisch vergewissern sich Individuen, aber auch Zeitalter ihrer großen Themen. Die neue Metaphorik mag dann geänderte Anforderungen

---

24 Zitiert bei Ernst Robert Curtius, Französischer Geist, 302. – Untersuchungen zu Barths Metaphorik sind m.E. ein dringendes Desiderat.

25 Bredekamp (Bredekamp, Darwins Korallen) zeigt zum Beispiel die weitreichende Konsequenz eines Metaphernwechsels (mindestens einer Unklarheit) in Hinsicht auf Charles Darwins Evolutionstheorie: eine Skizze von Darwins Hand deutet darauf hin, daß eher von einer „Koralle des Lebens" als von einem „Baum des Lebens" die Rede sein muß. Träfe das zu, wofür nach Bredekamp vieles spricht, dann könnten in die Geschichte der Evolution die Momente des Irregulären, Unhierarchischen, der Querverbindungen, auch des Wachsens des Lebens auf dem Toten ungleich anschaulicher und bildgenauer Eingang finden.

26 Steiner, Garten des Archimedes, 161. – Die Überhöhung der metaphorischen Fähigkeit zum Demiurgischen bei Ortega y Gasset (zit. bei Friedrich, Struktur, 207): „Die Metapher ist die größte Macht, die der Mensch besitzt. Sie grenzt an Zauberei und ist wie ein Schöpfungsgerät, das Gott im Innern seiner Geschöpfe vergaß, wie der zerstreute Chirurg ein Instrument im Leib des Operierten liegen ließ."

des Sehens mit sich bringen, aber das Gemeinte besser treffen. Bilder sind ja immer auch Argumente, vielleicht die stärksten, von unmittelbarer Triftigkeit und Überzeugungskraft, unter Umständen von erheblichster Reichweite und penetranter Zudringlichkeit. Überraschende Kristallisation von Denkfiguren können sie bieten. Neubildungen lassen womöglich anders in der Welt sein. Gerade hinsichtlich innerer Bilder muß von starker, immer wieder sogar nahezu unwiderstehlicher *Bildaktivität* die Rede sein. Aufgestellt finden sich in jeder geschichtlichen Situation freilich gewiß auch weiträumige, gefährliche Bildfallen. Man muß auf der Hut sein. Denn Metaphern lenken den Strom unseres Weltverständnisses wie ein Flußbett. Womöglich halten sie uns nachhaltig zum Narren.

Der große Theologe erweist sich demgemäß wohl jedesmal als der kreative Metaphoriker.[27] Die sprachliche Schöpfung – mit Schlüsseln zum Sein, allem anderen voraus – zieht dann vieles nach sich. Aus gegebenen glücklichen Umständen, soweit neue Bilder gefunden oder Metaphernbereiche ausgeschritten werden, speist sich neue Theologie – die darum an Metaphernschulung interessiert sein wird: hoffend, im Interesse gesteigerter metaphorischer Bewußtheit um Möglichkeiten genaueren Ausdrucks und damit des Denkens wie des Empfindens bereichert zu werden. Wesentlich läuft wohl die hohe Schule der Theologie über ihre Bildgedanken. Gearbeitet werden kann an der immer schon vorgezeichneten Erlebnisgrenze des Auges (und der Sinne insgesamt) – so daß sich, im Interesse der Ausrichtung des Evangeliums, neue Präzision und größere Unbefangenheit, Reflexivität und Sinnenhaftigkeit einstellen.

An einer Regeneration der Sprache – immer: in diesem Interesse – auch durch die eindringlichen Erzähl- und Beschwörungs- und Benennungsstimmen außerhalb ihres unmittelbaren Bereiches muß der Theologie gelegen sein: durch die *Literatur* und deren womöglich unvergleichlich eigene Bilder, durch den nicht nachträglich illustrierten, vielmehr bereits ursprünglich bildwüchsigen Gedanken, durch Prosa oder Lyrik: die Dank und Verzweiflung, den Zauber und die Zerklüftung der Mehrdeutigkeit, die fürchterliche Gewalt der Vergänglichkeit (daß der Tag in die Nacht fließt und „alles Glück durch seine Widerruflichkeit entstellt"[28] scheint), die Verletzungen der Angst und die atmende Freiheit nicht bereden, sondern gestalten. Stimmen sind namhaft zu machen und können der Theologie unmittelbar lehrreich begegnen, wo jedes Wort und seine Plazierung *gilt*, Texte vielleicht, die Schmerz und Kränkung ungemildert in die Welt schreien –

---

27   „Aristoteles ist ein Mann der großartigen Metaphern und das hat ihn wohl zu einem der größten Lehrer der Menschheit werden lassen", vermutet Gadamer (Gadamer, Danken und Gedenken, 32).

28   Adorno, Negative Dialektik, 396 (bei Adorno nicht „scheint", sondern „ist").

einzelne Bilder oder ganze Bilderzüge, die uns auf ihre Weise wohltun oder etwas antun. Dann und wann mag es ihnen gelingen, die Worte neu und voller Lebenskraft erscheinen zu lassen, ihnen ihren ursprünglichen Gefühlston wiederzugeben oder eine notwendige Verschwiegenheit in sie hineinzulegen. Bisweilen mögen sie Bilder einer endlosen Verlorenheit bieten[29] oder der traurigen alten Weise der Welt zwar keine neuen Einsichten hinzufügen, aber einen neuen, eigenen Ton. Die Welt verlangt nach einfachen und mehr noch nach den üblichen Antworten. Ihr diese mit Gründen zu verweigern ist Aufgabe der Literatur von Rang. Stets aufs neue stellt sie die richtigen, die mühevollen, unbeantwortbaren Fragen – im Versuch, die volle Kompliziertheit der Welt zuzulassen. Dem Nichtssagenden, „das unsere Sprache mit großem Appetit auffrißt",[30] ist nicht noch Vorschub zu leisten. Umgekehrt: „Authentische Kunst", so Adorno, „kennt den Ausdruck des Ausdruckslosen, Weinen, dem die Tränen fehlen."[31] Freilich vermag Achtsamkeit für Verdecktes und Verborgenes dieser Art nicht erzwungen zu werden. Die großen, sich den Schlüsselerfahrungen der Zeit öffnenden literarischen Gestaltungen des 20. Jahrhunderts, abenteuerliche Wunderkammern, Erzählungen der Intuition, die sich an unbestimmte Orte wagen, Gedichte: Kristalle, vielleicht die gültigste Form der Reflexion, „ein Wort – ein Glanz, ein Flug, ein Feuer" (Benn)[32] ... warten zu weiten Teilen noch auf eine Verknüpfung mit dem theologischen Gedanken. Sie können (ganz der sogenannten „Lichterlehre" Barths entsprechend) als *„andere*, in ihrer Weise auch bemerkenswerte Worte – andere, in ihrer Weise auch helle Lichter – andere, in ihrer Weise auch reale Offenbarungen" (IV/3, 107) unbefangen theologisch *in Anspruch* genommen werden. Jene im besonderen, bei denen die Geschichten und Worte und Zeilen ihrerseits angeklopft und gebeten haben, erzählt und gesagt und gesungen zu werden. Die Themen *haben* dann ihn, den Autor.[33] Davon den Texten etwas abspüren zu können ist insofern wohl ein Qualitätsmerkmal.

Wo ist Theologie in tatsächlicher Augenhöhe mit großer, ja jedesmal ungemein viel Bewußtsein in Anspruch nehmender, womöglich zum Gleichnis

---

29 So in Thoméses tief anrührendem Buch *Schattenkind*. Die kleine Tochter ist gestorben. „[...] es ist unmöglich und wird unmöglich sein, sie nicht zu denken. Darum wird es schließlich keinen Ort mehr geben, an dem sie nicht gestorben ist" (Thomése, Schattenkind, 81).

30 Strauß, Der Untenstehende, 41.

31 Adorno, Ästhetische Theorie, 179.

32 Benn, SW I, 198. – „Warum ist das Gedicht", fragt Jünger in einem Brief an Benn (Benn – Jünger, Briefwechsel, 27), „ein so gewaltiges Mittel der Veränderung, als welches es von Ihnen erkannt und beschrieben wird?"

33 Angewandt auf die Musik, wird das wunderbar von Bettina von Arnim beschrieben: „Wenn man von einem Satz in der Musik spricht, und wie der durchgeführt ist, oder von der Begleitung eines Instruments und von dem Verstand mit dem es behandelt ist, da meine ich gerade das Gegenteil, nämlich daß der Satz den Musiker durchführt, daß der Satz sich so oft aufstellt, sich entwickelt, sich konzentriert, bis der Geist sich ganz in ihn gefügt hat." (von Arnim, SW II, 123).

von Versöhnung und Erlösung werdender Kunst – die uns nicht dort läßt, wo wir ohnehin schon sind? Wie läßt sich die dort womöglich begegnende existentielle Wucht und innere Notwendigkeit auf theologische Einsichten abbilden? Die sich auf diese Weise – vielleicht über dort wartende Sätze von ungemeiner Wahrheit – beträchtlich vertiefen und intensivieren ließen. Kann die sich in der Kunst findende Aussagekraft für die geistige Lage der Gegenwart[34] und auch die ungeheure Dringlichkeit, die von manchen ihrer Werke ausgeht, der bannende Zugriff, sich nicht nur der Predigt, sondern auch der Theologie nahelegen? Vielleicht sind neue Begegnungen möglich – mit Texten, die in poetischer Konzentration Gedanken lieber aufwerfen als herleiten. Kann Theologie selber zur Literatur werden (wie m.E. verschiedentlich bei Barth) und dabei zugleich wissend bei sich bleiben?

Im Paragraphen über die „Herrlichkeit des Mittlers" (§ 69; dort IV/3, 106–153) hat Barth ja die unter Umständen sehr wohl anzuerkennende erhellende (wenngleich natürlich sehr relative) Kraft von Worten, Lichtern, Offenbarungen *extra muros ecclesiae* gewürdigt, ihre kritische Grenze gezeigt, doch auch davor gewarnt, unnötige „Besorgnis vor allen möglichen ‚Gefahren'" (IV/3, 139) überhand nehmen zu lassen. Zahlreiche Beispiele für Bereiche, in denen solche besonderen Erhellungen gut denkbar wären, nennt er (IV/3, 138; 140), ausdrücklich nicht aber einzelne Namen, Ereignisse, Erscheinungen etc. (vgl. IV/3, 152). Im folgenden soll für unseren Zusammenhang in dieser Hinsicht durchaus anders verfahren werden, sollen nämlich vielfach und ausgiebig einzelne Beispiele – Namen, Texte, Wendungen, Werke – aus jenem Bereich „draußen" (IV/3, 107) zur Illustrierung, Bereicherung, Ergänzung, doch auch Kontrastierung und womöglich scharfen Abhebung des Unvereinbaren herangezogen werden. Spiegelvarianten in hundert Vermittlungen treten auf. Je nachdem sind sie in den verschiedenen Zusammenhängen und Konstellationen der folgenden Ausführungen von der biblischen Wahrheit, so Barth, zu „problematisieren" und zu „relativieren", aber auch ihr zu „integrieren" und zu „instaurieren" (vgl. IV/3, 174–188).

4. Einer fragt an beim anderen

Franz Kafka etwa, Außenseiter, der in Wahrheit ein Zentrum bedeutet, mit der in seinem Werk trotz allem sichtbaren, unverkennbaren Hoffnung nämlich auf ein „Hinausspringen aus der Totschlägerreihe",[35] Autor eines gro-

---

34 Es zeigt sich, urteilt Friedrich (Friedrich, Struktur, 15), „daß die Aussagekraft der Lyrik für die geistige Lage der Gegenwart nicht geringer ist als die Aussagekraft der Philosophie, des Romans, des Theaters, der Malerei und der Musik."
35 Kafka, Tagebücher, 892.

ßen, verzweifelten Protestes, macht eins ums andere Mal Bilder und Szenen ausfindig, die erschrocken in dunklem Licht ein zeitgenössisches Grundgefühl in Szene setzen: den bis in die letzte Tiefe reichenden *Gerichtsbedarf* (bei Verweigerung klar lesbarer Schuld), die *Fälligkeit der Welt für das Gericht*.[36] Angstvoll wird das derart Fällige registriert. Nirgendwo geht aus seinen Texten hervor, daß die Anklage zu Unrecht erfolgt. „Ich habe immerfort eine Anrufung im Ohr: ‚Kämest Du unsichtbares Gericht!'", notiert er in seinem Tagebuch.[37] Und überall sucht er einen „Fürsprecher".[38] Dabei fehlt den Aufzeichnungen dieses modernen, säkularen (wenn man so sagen will) *Lehrers des Gesetzes* jener sonst verbreitete anklägerische Ton, der auf moralischen Zugewinn für den Redenden zielt. Nicht zuletzt darum lassen sie sich m.E. theologisch ansprechen.

Für die theologische Rechtfertigungslehre zum Beispiel, etwa für den entsetzlichen Vorgang der hysterischen Selbstermächtigung, läßt sich aus seinem Werk eine ungemein eindrückliche Metapher unmittelbar in Anspruch nehmen: „Das Tier entwindet dem Herrn die Peitsche und peitscht sich selbst um Herr zu werden [...]."[39] Oder so etwas wie die soteriologische Uranstrengung des Menschen, seine Erste Religion, wird benannt: „In einem Land betet man nur zu einer einzigen Gruppe von Gottheiten, man nennt sie: die zusammengebissenen Zähne."[40] Der Bann, der über seinen Texten liegt, scheint aus demselben Stoff, aus dem der epochale Bann der Zeit ist.

Kafka – ein „Bote des Königs" (so Franz Werfel), ein entsetzlich Sachverständiger, zu Tode erschrocken in Angstblicken aus der Tiefe – scheint geeignet, in unserem Kontext als beständiges, gewissermaßen seitenverkehrtes Spiegelbild zur Theologie Barths angeschaut zu werden. Ein gewaltiger Hof des Ungesagten umgibt seine Texte – Bilder, die sich im Halbdunkel einer Zwischenwelt entfalten. Insistiert wird, weil keine falsche Klarheit in die Welt hineingeschwindelt werden darf, auf Uneindeutigkeit (auf eine Art kubistischer Ausdrucksgewalt). Gleichwohl: kaum ein Wort verschwimmt im Ungefähren. „Er war ein Künstler und Mensch von derart feinfühligem Gewissen", weiß Milena Jesenská über ihn zu sagen, „daß er auch dorthin hörte, wo andere, taub, sich in Sicherheit wähnten."[41] Die Möglichkeit, ihn und Barth – in dunkler Resonanz – in eine spiegelbildliche

---

36 Die Welt, läßt Thomas Bernhard ganz entsprechend jemanden sagen, sei „eine ganz und gar, durch und durch juristische, wie Sie vielleicht nicht wissen. Die Welt ist eine einzige ungeheuere Jurisprudenz." (Bernhard, Werke 14, 39; ähnlich 42).
37 Kafka, Tagebücher, 135.
38 Vgl. die Erzählung aus dem Nachlaß (Kafka, Nachgelassene Schriften II, 377–380).
39 Kafka, Nachgelassene Schriften II, 344.
40 Kafka, Nachgelassene Schriften II, 348.
41 Kafka, Briefe an Milena, 395.

Einheit zu bringen, bietet sich m.E. vielfach an. Einer fragt an beim anderen. Womöglich bedrängen sie einander wechselseitig. Hier: *Der Proceß*, und dort: in der *Lehre von der Versöhnung* die Abschnitte *Der Richter als der an unserer Stelle Gerichtete* und *Das Urteil des Vaters* (IV/1, 231–311; 311–394). Hier: das Gericht ist fällig. Aber dort: nur noch das Evangelium (unter Einschluß des wunderlichen Gerichtes) steht an und ist an der Zeit und kann zeitgenau laut werden. Mit einer Resonanz dieser Art versehen, können Barths Überlegungen unter Umständen noch einmal an Klang gewinnen.

Doch auch eine Reihe anderer weiterführender, illustrierender, eindringlich gegenbildlicher Spiegel- und Doppelfiguren sollen in den folgenden Überlegungen gleichsam hergebeten und in ein Gespräch einbezogen werden, so u.a. Überlegungen von Martin Heidegger, Theodor W. Adorno, Dietrich Bonhoeffer, George Steiner, Elias Canetti, Botho Strauß. Womöglich, so die Absicht, ergeben sich dialektische Bilder. Kontrapunktisch lassen sich gezielt kleinere Sequenzen, Zitate, Einzelwendungen aus unterschiedlichen Zusammenhängen einsetzen. Die Eigentümlichkeit von Barths Denken um so deutlicher erkennbar zu machen – nur darum geht es zunächst – ist vielleicht die besondere *Verfremdung* geeignet, die sich mit der Inszenierung solcher Konstellationen erzielen läßt. (Wir entdecken ein fremdes Land. Dann ist es – England. Wir entdecken eine vermeintlich ganz unbekannte, fremdartige Theologie. Und dann ist es die Theologie – Karl Barths.) Mindestens aber ergibt sich durch die Herstellung derartiger einander ergänzender oder spannungsvoller Allianzen eine Erweiterung sprachlicher Spielräume hinsichtlich der hier und dort verhandelten Sachthemen.

5. Er formuliert bis auf den Grund

Eines dieser Sachthemen – noch einmal: im Interesse der Ausrichtung des Evangeliums – ist eine einigermaßen adäquate, kritische Bestimmung des Standorts der Gegenwart. Gegenwärtige theologische Versuche, wirkliche Zeitgenossenschaft zu gewinnen, nämlich sich nicht abzufinden, nicht hinter die Neuzeit zurückzufallen, doch um so mehr entschlossen über die ihrerseits brutal und lärmend voranschreitende Moderne hinauszukommen, ihren ungeheuren Fehlschluß, einen gravierenden Anfangsfehler, wenigstens theologisch zu vermeiden, können sich m.E. immer noch und wieder konstitutiv auf Barths große Denkarbeit beziehen. Dabei bleibt – sofern Ignoranz sich nicht von vornherein den Zugang überhaupt verschließt – auch seine entzweiende Kraft nach wie vor stark. Zu den theologischen Streitigkeiten scheint er allerdings einen Blick für Größenordnungen und

Urteilsformate mitzubringen, vielleicht auch aufmerksamen Lesern mitzuteilen. Es gibt Texte, bei deren Lektüre einen das Gefühl eines lang ersehnten Verstehens überwältigt. Es ist ein Klarheitsrausch. Ich glaube, daß Karl Barth solche Texte geschrieben hat. Er formuliert immer einmal wieder bis auf den Grund. Ich meine: bis auf den Grund der biblischen Texte. Grundsätzlich vertraut er sich – mit der Neugier eines Abenteurers – ihrer Metaphorik an, ihrer Bildgenauigkeit und szenischen Kraft. Ihnen verdankt er das Wesentliche seiner Erfahrung, doch auch, vorher schon, die Weckung entsprechender Erfahrungsbereitschaft und von vornherein auch die Einsicht, daß man sich der eigenen Erfahrung nie gänzlich sicher sein kann. Er möchte nur – aber das ist viel – ein richtiger Leser sein, um sich im Grunde *als Leser* der Bibel zu verausgaben. Er berichtet zur Hauptsache vom gefährlichen Glück des Lesens.

Es handelt sich dabei um die Bemühung, sich soweit wie nur möglich in das Wort Gottes zu finden, genauer: sich auf den Grund des vehementen biblischen *Ja-Worts* zu versenken (2Kor 1,19f) – ein antwortendes Eingehen auf Leben und Wirklichkeitsgewalt dieses Wortes als des großen Dramas der Tiefe, als einer durchaus geheimnishaften literarischen Gegebenheit (die sich jederzeit ins *Unvorhersehbare* der Bejahung wenden kann). In dieser Bemühung macht er es sich *in gar nichts* leicht.[42] Keine Gründlichkeit oder Genauigkeit ist zu gering. Wie ja auch die Kunst nichts ist ohne ihre Details – die verschiedentlich in Großeinstellung in den Vordergrund gerückt werden können, ihre Leuchtkraft freilich nur vermöge des Ganzen gewinnen.

---

42 Eine Parallele mag die Sorgfalt des Schriftstellers bilden. So führt Guy de Maupassant aus: „Selbst das geringste Ding enthält ein wenig Unbekanntes. Wir müssen es finden. Um ein loderndes Feuer oder einen Baum auf einer Ebene zu beschreiben, müssen wir vor diesem Feuer oder diesem Baum stehenbleiben, bis sie für uns keine Ähnlichkeit mit irgendeinem anderen Baum oder irgendeinem anderen Feuer mehr haben." [„La moindre chose contient un peu d'inconnu. Trouvons-le. Pour décrire un feu qui flambe et un arbre dans une plaine, demeurons en face de ce feu et de cet arbre jusqu'à ce qu`ils ne ressemblent plus, pour nous, à aucun autre arbre et à aucun autre feu."] (*Pierre et Jean*, in: de Maupassant, Romans, 713). – Was geschähe, verführe man mit Barths Texten in annähernd ähnlicher Gründlichkeit, wenn man sie also *von nahem* sähe? Ist es unangebracht, auch hier mit feinen Gewichten zu operieren? Verfahren, der Monumentalität der *Kirchlichen Dogmatik* gerecht zu werden (also Blicke aus größerer Distanz), müßten dazu nicht im Gegensatz stehen. Der echte, der langsam gewordene Leser seiner Texte hörte auf, sich über „Redundanz", „Weitschweifigkeit" o.ä. zu beklagen. Barth stellt gern Fragen geduldigerer Art. Das Lesen der *Kirchlichen Dogmatik* – im Gegensatz zu so vielen anderen Büchern – ist ein *Zeitgewinn*. Zudem: warum hätte Barth, so fragt Hinrich Stoevesandt zu Recht, „bei jedem Einzelaspekt gleichsam ab ovo beginnen müssen, wenn nicht im *Stoff* selbst eine Widersetzlichkeit gegen jede reduktive Behandlung läge […]?" (Stoevesandt, Gottes Freiheit, 179). Wieviel der Autor sich gedacht hat, wird ja ohnehin vom Leser in der Regel unterschätzt. – Eine schöne Wendung zum sorgfältigen Lesen in einem Brief Benns an Jünger (Benn – Jünger, Briefwechsel, 12): „Ich bin ein sehr langsamer Leser, bei Ihnen verlangsamt sich das Tempo noch mehr, da ich alle Augenblicke das Buch absetzen muss, um über gewisse Themen und Einfälle von Ihnen nachzudenken."

Das möglicherweise Besondere seiner eigenen Theologie beschreibt er gelegentlich so, „daß ich die rein exegetische Grundlage der Theologie ein bißchen nachdrücklicher als Andere geltend mache."[43] In seinem Werk besitzen die biblischen Texte eine wirksamere Schwerkraft als anderswo. Insofern spielt der Theologe, der davon Bericht gibt – schon früh ein *eminenter* Leser –, mit Karten, in die er jedermann blicken läßt. Gerade dort, in der Vergewisserung der exegetischen Grundlagen, im „Kleingedruckten" finden sich m.E. immer wieder die emphatischen Augenblicke der *Kirchlichen Dogmatik*. Der Pulsschlag schlägt hoch. Eine biblisch deutliche Theologie bildet sich heraus. Wie lassen sich die von dort ausgehenden wesentlichen Impulse seiner Theologie forttragen in unsere Gegenwart? Eben was die Bibel betrifft, ihre an der Wahrheit entlang geschriebenen Texte, ihre unberührbaren Sätze, ist Barth mit nichts zu Ende, er begeht ihre Räume immer wieder mit anderen Schritten. Er versucht, sich im Atem ihres Enthusiasmus zu bewegen. Sie bietet sich nämlich für seinen Blick Schritt um Schritt als eine von Grund auf erstaunliche Erscheinung dar: dem Offensichtlichen *unmittelbar*; heller Abgrund des Bedeutens. Als Buch aus der Fremde tritt sie in Erscheinung. Darum setzt sie eindringliche Theologie frei, als Denken des Fremden seinerseits. Satz für Satz kann aus den Texten dieses Buches nicht weniger als unvorhersehbare Offenbarung hervorbrechen. Sie ist darum *jeder* Aufmerksamkeit wert. Ein großes freimütiges, demütiges Erstaunen pulsiert durch ihre Sprachräume. In ihr wird das Ungeheure der Liebe, auch der Wahrheitsliebe ermessen: jemand, Jesus Christus, *lebt* Liebe; nur ihr redet er das Wort, sie zeigt in ihm Gesicht. Alles kommt in ihr zum Vorschein. Alles muß Farbe bekennen. Sie weitet die Welt, breitet sie aus in ihren Widersprüchen. Darum kommt eine Vielzahl ihrer Sätze in einer mit nichts zu vergleichenden Unaufhaltsamkeit. Es ist ja ein besonderer Winkel, unter dem sie einfallen.

Im steten Blick auf Gott gibt die Bibel gerade das Wirkliche der Welt nicht aus der Hand. Ebenso strikt wie leicht spricht sie – Anklang des Jubels, doch Brevier auch der Nacht – vom Gewicht und von der Spannung des Lebendigen, auch von der Wildnis im Menschen (der an Verhältnismäßigkeit nicht liegt). An sie, die Heilige Schrift Alten und Neuen Testaments, als an das zuständige Gegenüber kann die Aufforderung von Ingeborg Bachmanns Gedicht gerichtet werden „Erklär mir, Liebe!"[44] Ausführlich

---

43 Zit. bei Stoevesandt, Gottes Freiheit, 199.
44 Bachmann, Werke I, 109f. Die Liebe selbst wird dort um Erklärung gebeten. – Christa Wolf hat in ihren *Frankfurter Poetik-Vorlesungen* (Wolf, Poetik-Vorlesungen, 126ff) eine Interpretation des Gedichts gegeben, die auf die schöne Wendung hinausläuft, dieses Gedicht gebe „ein Beispiel von genauester Unbestimmtheit, klarster Vieldeutigkeit." (129). – Das Gedicht wird *theologisch* in Anspruch genommen, wenn die Bitte um Erklärung der Welt, der Lieblosigkeit, der Sehnsucht ... an die fleischgewordene Liebe gerichtet wird.

erklärt sie und verständigt sie uns darüber, was es mit unserer Heiterkeit auf sich hat. Sie bietet eine Schule der Menschlichkeit, freilich auch, in diesem Interesse, eine große Schule des Zorns.

Jener Erläuterung nachgehend – und durchaus auch in dieser Schule – sucht Barth, ein Theologe, der nichts als Schrifttheologe sein will, wohl mehr für seine Zeit dazusein als für sich selbst. Theologie und Verkündigung stellt sich unter diesem Gesichtspunkt zusehends auch als eine Art öffentlicher Seelsorge dar: eine Seelsorge, die zeitweilig ins Große gedeiht – für zeitlich und räumlich verschieden weit angesetzte Öffentlichkeiten, für die Schweiz und für Deutschland, für Europa, für die Situation der Theologie nach dem Neuprotestantismus, zuletzt auch für die seiner Zeit (im Sinne der Weltsituation entfalteter Modernität), für das Selbstgespräch geradezu der Epoche, in das die Stimme der Bibel als die nun erst ausschlaggebende Referenz, als *Unterbrechung und Halt*, einzutragen ist. Als Unterbrechung und Halt – weil sich das Evangelium, das ganz und gar Ungebändigte, dem Lauf der Welt keineswegs integrieren läßt.

Das Problem der „Anschlußfähigkeit" (verräterisches Wort) stellt sich dann freilich – folgt man ihm darin – mit unumkehrbarem Richtungssinn. Zu fragen ist, gegenläufig zu einigen Tendenzen gegenwärtig vertretener, prinzipiell situativ gefügiger Theologie, nach der Anschlußfähigkeit der (aufzustörenden) Standards und Selbstverständlichkeiten der Epoche *an die Bibel*. Von ihr, ihrer *radikal* zeitgenössischen Kraft, ist „Gericht und Urteil" zu holen.[45]

Getragen wird seine Arbeit ersichtlich von einem Gewissen, das über seine Person weit hinausgeht, in europäische Verantwortungsbereiche (so besonders ausdrücklich in dem Band *Eine Schweizer Stimme*) und in ein weit gespanntes Heute, das, eben sofern hinreichend weit gefaßt und erschlossen, um so eher für die Zukunft vorbereitet. Anscheinend erkundet er auf diese Weise das Gelände konzentriert sehr weit voraus. Seine Texte lassen immer wieder zurückgelegte Entfernungen erkennen. Er scheint insofern von weiter herzukommen und eine weitere Strecke zurückgelegt zu haben als fast alle seine Kritiker. Man kann ja, von anderen Anspruchsstufen ausgehend, weiter zu sein glauben als die Vorgänger, in Wahrheit aber nur später gekommen sein. Das Problem ist ja nicht, daß wir nicht verstehen, was einige von ihnen uns sagen wollen. Sondern daß es nicht darauf ankommt. Man kann vieles davon unbesorgt umgehen. Im übrigen gilt auch für Barth, leicht versetzt, Sloterdijks schöne Wendung, „daß man von den alten Meistern zu viel verlangte, wenn man sie zu Komplizen moderner Zweifel und Depressionen machen wollte."[46]

---

45 Vgl. Luther, WA 7, 317, 6f.
46 Sloterdijk, Sphären II, 376. – Da sehen sie den Dogmatiker Texte auslegen, wissen nicht, wie er es macht (jedenfalls nicht so wie sie), und sind ihm böse. Es könnte aber sein, daß seine Exegese so weit voraus ist, daß gegenwärtig noch kein gemäßer Begriff sie einholen kann.

Barth spreche gegenwärtig eher vom Rande her? Vielleicht.[47] Doch ist das von irgendeiner Bedeutung, und gibt es denn geheime oder offensichtliche Zentren? Sind doch auch die theologischen Konturen inzwischen bis zur Verschwommenheit undeutlich geworden. Eher als von Zentren ist wohl von Schäumen oder von in den Zentren angekommenen Peripherien zu reden, zumal hinsichtlich jener nur noch subjektivitätstheoretischen und subjektivitätsmetaphysischen Inversionen, die umstandslos verfahren, als befänden wir uns immer noch, sagen wir im Jenaer „Wunderjahr" 1794/95 (Theodore Ziolkowski), und die vom armen (europäisch-amerikanischen) Selbstbewußtsein als dem kleinen Rest-Absoluten zehren, als habe es nicht den katastrophalen Sturz der Generalthese des Idealismus gegeben. Zudem aber erlaubt ja nichts den Schluß, daß sich Kraft und Vehemenz des theologischen Gedankens lediglich an den Spuren bemessen, die in den auffälligsten derzeitigen Diskursen auffindbar sind. Vielleicht haben wir auch nur verlernt, Barths Texte zu lesen, also „ein Reden mit etwas tieferem Atemholen"[48] zu hören.

b. Epochenbruch

Karl Barth heute. Aber was bedeutet dieses „heute"? Barth seinerseits verweist zunächst auf das Apostolikum:

„‚Er sitzt zur Rechten Gottes des Vaters': die Höhe ist erreicht, die Perfecta liegen hinter uns und wir treten ein in den Bereich der Gegenwart. Das ist es, was von unserer Zeit zu sagen ist: das ist das Erste und das Letzte, was von unserem Sein in der Zeit gilt. Ihm liegt zugrunde dieses Sein Jesu Christi: er sitzt zur Rechten Gottes des Vaters. Was auch geschehen mag in unserem Raum an Aufstieg und Niederlage, was da werden und vergehen mag, da ist eine Konstante, ein Bleibendes und Durchgängiges: dieses sein Sitzen zur Rechten Gottes des Vaters. Es gibt keine geschichtliche Wendung, die an diese Sache heranreicht. Da ist das Geheimnis dessen, was wir Weltgeschichte, Kirchengeschichte, Kulturgeschichte nennen, da ist das Allem Zugrundeliegende."[49]

Erzielt wird Zeitgenauigkeit und Rechtzeitigkeit des Evangeliums, ein evangelisches Heute, im je neuen Hinweis auf diese sich im Weltgeschehen durchhaltende Herrschaft Christi.

---

47 Man muß ja nicht gleich Steiners – an sich richtige – Einsicht geltend machen (Steiner, Garten des Archimedes, 58): „Das wahre Erfassen des Texts oder der Musik oder des Gemäldes kann für eine längere oder kürzere Zeitspanne der Obhut einiger weniger überantwortet sein [...]."
48 Barth – Thurneysen, Briefwechsel 3, 362.
49 Barth, Dogmatik im Grundriß, 148.

1. Die Gegenwart ist eine *terra incognita*

Doch, vordergründiger, was bedeutet das „Heute" im Sinne geschichtlicher Perioden und Epochen? Jedes Hier und Jetzt, das unterschiedlich jeweilige Heute, ist natürlich in sehr verschiedener Reichweite zu denken. Wir versuchen, einige Schritte zurückzutreten und wählen, in zunehmender Abstandnahme, zunächst kein unmittelbares, sondern ein jeweils weitgespanntes, geschichtlich tiefes Heute. Allerdings sollen dabei gerade aktuelle Konstellationen nach Möglichkeit hereinspielen. Die verschiedenen Stufungen des Derzeitigen werden dann in den Überlegungen vom Teil B an nicht selten ineinander übergehen. Kann doch auch die jeweils weiträumigere als Untergrund und Subtext der enger gefaßten gelten.

Zunächst ein genereller Vorbehalt. Das Heute als jeweiliges Insgesamt aus Hier und Jetzt muß als weitgehend undurchdringlich gelten. Es verschließt die Miene. An der Gegenwart habe ich kein Eigentum. „[...] wie es mit der Wirklichkeit unseres Seins in der Zeit steht", führt Barth aus (III/2, 618f), „das wird gerade da am dunkelsten, wo es uns am klarsten sein sollte, nämlich in der Zeit, die wir für unsere *Gegenwart* halten." Die Gegenwart – Barth zufolge einer der unklarsten Allgemeinbegriffe. Und Georg Picht meint zu Recht: das Hier und Jetzt bleibt gemeinhin „vor unserem Blick verborgen. Die Gegenwart ist eine *terra incognita*; sie ist das schlechthin Unbekannte."[50] In dem, was gerade ist, findet man sich in aller Regel nicht gut oder überhaupt nicht zurecht. Schlimmer womöglich, man sitzt, wie Petrus, am Feuer eines dunklen Jetzt, im Begriff, den Herrn des Heute zu verleugnen.

Fragt allerdings die Gegenwart im Übergang zum 21. Jahrhundert (herkommend von großen geschichtlichen Katastrophen und im Angesicht kommender) überhaupt im Ernst kritisch nach dem, was sie bestimmt und antreibt und verzweifeln oder hoffen macht? Jedenfalls wird man nicht sagen können, daß sie – statt lediglich zur Illumination und zur Herleitung der angeblich glorreichen Gegenwartsverhältnisse – endlich einmal, wie es dringend erforderlich erscheint, gerade umgekehrt fragt: aus der Perspektive einer *Verlustrechnung* und *Verlierergeschichte* und im Bewußtsein der Notwendigkeit einigermaßen glimpflicher *Schadensbegrenzung* und *Schadensabwicklung*. Wie also kann das großtuende Heute für den nüchternen, Klarheit suchenden Blick mit Tiefenschärfe versehen werden? Allgemeiner gefragt: was ist das ohnehin jedesmal befangene Bewußtsein aufzunehmen und festzuhalten imstande, wenn nahezu eine ganze Welt unmittelbar auf es einstürmt? Den Wind eines übermächtigen historischen Prinzips gegen sich zu haben heißt, gleichsam gegen den Wind *kreuzen* zu müssen.

---

50 Picht, Zeit, 391.

Für die folgenden Überlegungen legt sich darum in dieser Hinsicht eine Mischung aus systematischen und eher rhapsodischen Stilfiguren der Behandlung nahe (die ein wenig kreuz und quer verfahren oder dann und wann Details forcieren und auf ihnen beharren): die Behandlung des Themas „Karl Barth heute" in einem weiter gefaßten Essay, jedenfalls verschiedenartige essayistische Brechungen von Zusammenhängen.[51] Im übrigen soll auch auf Trennschärfe zwischen der Wiedergabe der Auffassungen Barths und eigenen Überlegungen in der Folge keinerlei Wert gelegt werden.

Kein Heute jedenfalls, wie weit immer gefaßt, kein Akutes, kann sich selbst zuverlässig deuten, weil es niemals auf die Erscheinung wie auf ein abgeschlossenes Geschehen vom sicheren Ufer aus zurückzusehen imstande ist. *Wie ihr geschieht* und wie die Karten ihrer Wirklichkeit zu zeichnen sind, wie aus der Gefangenschaft ihrer Unwirklichkeiten, Illusionen, Lebenslügen ... zu entkommen ist, weiß kein Derzeitiges wirklich. Immerhin kann man vielleicht an den vielerlei Grenzen einer Unverständlichkeit entlanggehen, sie ein wenig neu vermessen und sich ihnen unter Umständen gleichsam auf Sichtweite nähern, um hier und da wenigstens vorläufige Klärung zu erreichen. Der Vorbehalt dieser erheblichen Schwierigkeit – der Blick aus *ungesicherter* Entfernung – darf nicht heruntergespielt werden, muß sich vielmehr in die folgenden Erwägungen maßgeblich einzeichnen.

2. Der Mensch ist herabgesetzt worden

Zunächst: das Hier und Jetzt seit dem grundstürzenden Epochenbruch 1914, das in politisch-ideologischer Überwältigung bestialische, monströse 20. Jahrhundert – in dem, wer Welt sagt und Macht, immer Weltkrieg mitsagt und Gewalt der Entwürdigung, immer, nach Lage der Dinge, tiefste Ohnmacht benennt (Gott nämlich nicht loben zu können). Die Darstellung wird sich zur Illusionslosigkeit anhalten. Gibt es, wie Werner Spies es für den Surrealismus geltend macht, „*todsichere* Parameter [...], mit denen sich das zwanzigste Jahrhundert erfassen lässt"?[52] Was ist denn todsicher? Und was ist der mittlerweile modernste Tod?

---

51 „Es ist richtig", vermerkt Georg Lukács geistreich (Lukács, Seele, 22), „nach der Wahrheit strebt der Essay: doch [...] wird der Essayist, der die Wahrheit wirklich zu suchen imstande ist, am Ende seines Weges das nicht gesuchte Ziel erreichen, das Leben." Und Adorno (Adorno, Noten, 23) notiert, daß der Essay dazu nötigt, „die Sache mit dem ersten Schritt so vielschichtig zu denken, wie sie ist. [...] Seine Differenziertheit ist kein Zusatz, sondern sein Medium." „Seiner Form ist deren eigene Relativierung immanent [...]." (24f).

52 Spies, Surrealismus, 165 (Hv. M.T.).

„Mit dem Mord an Millionen durch Verwaltung", schreibt Adorno in der *Negativen Dialektik*, „ist der Tod zu etwas geworden, was so noch nie zu fürchten war. Keine Möglichkeit mehr, daß er in das erfahrene Leben der Einzelnen als ein irgend mit dessen Verlauf Übereinstimmendes eintrete. Enteignet wird das Individuum des Letzten und Ärmsten, was ihm geblieben war. Daß in den Lagern nicht mehr das Individuum starb, sondern das Exemplar, muß das Sterben auch derer affizieren, die der Maßnahme entgingen."[53]

Wie niemals zuvor wird das Leben unzähliger Einzelner von diesem modernen Todsicheren betroffen, vom Gefahr- und Todbringenden, vom Andrang auch des Fernen und Weiten, inzwischen des Globalen. Hoch hat sich eine Epoche aufgeworfen, die nahezu alles unter das Vorzeichen einer auf Weltformat gebrachten, sich fortzeugenden *Gewalt* setzt, der des Weltkriegs fürs erste und dann der Möglichkeit des völligen Untergangs, der atomaren Vernichtung, der vom Menschen selbstgemachten, nicht einzudämmenden Panepidemie, der großen Klimakatastrophe, der Umweltzerstörung (womöglich an bisher noch gar nicht erkannter Stelle[54]). Der Seesturm von Mk 4,35–41 ist unterdessen auch sehr real auf das Weltklima abzubilden. Jeder wird in Mithaftung genommen. Es gibt – bei der unheimlichen Rückkehr des herbeigerufenen Elementaren: Feuer, Wasser, Boden, Luft – keine toten Winkel der Weltgeschichte mehr bzw. nur noch solche. *Kein Ort. Nirgends* (Christa Wolf). Das Grauen wird generalisiert, in Kriegen, die dem Tod nahezu Allgegenwart verleihen, und in das Nichts aufrufenden Bedrohungen, die den Abgrund zu fühlen geben und nicht mehr aus der Welt zu bringen sind, die überdies die entsetzensvolle untergründige Spannung erzeugen, in der seitdem gelebt werden muß. Die Exzesse der Gewalt (ihr Fortgang, ihre sich steigernden Erwiderungen in zwingend erscheinender „Gegengewalt" und die den Widerstand herabsetzende Gewöhnung an die berühmte Spirale) stellen seit dem Ersten Weltkrieg zunehmend nicht mehr die Rückseite des Modernisierungsprozesses dar, vielmehr zusehends unverkennbarer dessen aufdringliche Vorderansicht. In eins damit scheint sich die optimistische, auftrumpfende Phase der Neuzeit (der neuesten aller Welten, die das Neue „anstelle des gestürzten Gottes" setzt[55]) ihrem Ende zuzuneigen. Die der spiegelbildlichen Depressionen, doch keineswegs die

---

53 Adorno, Negative Dialektik, 355.
54 Eingreifende Formen der Umweltzerstörung – womöglich bis in den Mikrokosmos hinein – nimmt Ernst Jünger in einer Notiz 1983 (Jünger, Siebzig verweht III, 260) in den Blick: „‚Umweltzerstörung' ist ein innerhalb der menschlichen Behausung gültiger Begriff. Darüber hinaus ein sich wiederholendes Schauspiel entfesselter Naturgewalt. Wir kennen die Periodik nicht, wissen auch nicht, ob eine solche existiert. Sie könnte auch schwärend im Mikrokosmos verborgen sein. Verborgen bleibt auch gemeinhin die Wirkung der Erosion. Einflüsse, die ein Gebirge unterminieren und sich hin und wieder durch schwache Beben verrieten, enden nach tausend Jahren mit dessen Zusammenbruch."
55 Adorno, Moralia, 269.

der heilsamen Ernüchterungen, scheint aufzukommen und bestimmend zu werden – beides in derselben großen dialektischen, verspiegelten Figur von aufgetriebenem Enthusiasmus und selbstzugefügter Verzweiflung und Unversöhnlichkeit (der gemäß man zu schwach und zu fanatisch ist, sich zu freuen[56]). Eine Zeit begibt sich auf die Suche nach Gründen, noch an die Zukunft zu glauben.

Elias Canetti notiert aphoristisch über einen Herrn Jedermann, eine Art „Man" des 20. Jahrhunderts, der freilich sogar glimpflich davongekommen scheint:

„Sein Leben, in dem nichts, gar nichts geschehen ist. Er ist auf keine Abenteuer ausgezogen, er war in keinem Krieg. Er war nie im Gefängnis, er hat niemand getötet. Er hat kein Vermögen gewonnen und hat keines verspielt. Alles was er getan hat, war, daß er in diesem Jahrhundert gelebt hat. Aber das allein hat genügt, um seinem Leben – in der Empfindung und im Gedanken – eine *Dimension* zu geben."[57]

Welche Dimension? Die Dimension historischer Traumata: mit einer so nicht gekannten exzessiven Gewalt und Extermination, dann, von der Mitte des Jahrhunderts an, mit der wahnsinnigen Vernichtungstechnologie und dem nicht weniger malignen Angriff auf die Lebensgrundlagen der wahllos mißhandelten Erde. Auf tut sich eine fürchterliche Bereitschaft. „Welttodeswunsch" ist sie genannt worden. Gibt es Zeiten, die im Grundsätzlichen vor dem Bösen regelrecht kapitulieren? Die Notwendigkeit zwingt sich auf, eine Epoche hinsichtlich einer radikalen Verheerung und einer um so größeren, unsäglichen Drohung, neu zu kartographieren. Höchst unterschiedlich, in unüberschaubarer Vielzahl der Entwürfe und der Versuche, ist ja seit langem unternommen worden, Stichworte zur geistigen Situation der Gegenwart zu sammeln und Beschreibungen und Umrisse einer Theorie der Gegenwart daraus zu gewinnen. Doch auch unter dem Gesichtspunkt, daß sie durchzogen ist vom Dunkel des Unfaßbaren? Und wie könnte das geschehen? Was kommt ans Licht, wenn die Steine umgedreht werden?

„Die Annahme ist plausibel", so legt zum Beispiel George Steiner nahe, „daß die Periode seit August 1914 vor allem in Europa und Rußland, von Madrid bis Moskau, von Sizilien bis zum Polarkreis, die bestialischste in der überlieferten Geschichte gewesen ist."[58] Das Ganze ging zum Teufel, und nur in mehr oder weniger großen Bruchstücken überlebte eine vormali-

---

56 „Ausdruck" im Kunstwerk, so erklärt Adorno (Adorno, Ästhetische Theorie, 169), läßt „kaum anders sich vorstellen denn als der von Leiden – Freude hat gegen allen Ausdruck spröde sich gezeigt, vielleicht weil noch gar keine ist […]." Und kurz darauf (170): „Ausdruck ist das klagende Gesicht der Werke."

57 Canetti, Hampstead, 44.

58 Steiner, Errata, 136. In Steiners Buch *Sprache und Schweigen* ist von der „politischen Bestialität unseres Zeitalters" die Rede (Steiner, Sprache und schweigen, 41). – Ernst Jünger (Jünger, Siebzig verweht III, 242) spricht vom „bestialischen Fundus".

ge, natürlich ihrerseits höchst zwiespältige Humanität. An späterer Stelle führt er den Gedanken in einer Konsequenz und Unabwendbarkeit weiter, die schaudern macht. Das Bild des Menschen, so wird erklärt, ist in seinen Grundzügen in Mitleidenschaft gezogen. „So ist es, glaube ich, schwer zu leugnen, daß das 20. Jahrhundert die Schwelle der Menschheit gesenkt hat. In einem umfassenden Ausmaß ist *der Mensch* herabgesetzt worden."[59]

Einzugestehen, mit Steiner, denke ich, ist der Bankrott, der das vorige Jahrhundert für die Menschheitsgeschichte bedeutet. Nicht etwa einzelne gesellschaftliche Gruppen, sondern die Spezies ist der Modernisierungsverlierer. Um ihre „Zukunftsfähigkeit" scheint es nicht so glänzend zu stehen, wie es der Enthusiasmus, der aus dem Ausdruck „offenen Gesellschaft" spricht, glauben machen will. Eingetreten ist eine Verdunkelung der Welt. „In den Todeslagern", so Steiner, „hat der Mensch als Spezies vielleicht auf Dauer die prekäre Schwelle seines Menschseins gesenkt."[60] An anderer Stelle wird der entscheidende Beginn dieser Verheerung in derselben Weise historisch lokalisiert: „Wir haben noch nicht damit begonnen, den Schaden zu ermessen, der dem Menschen – als Spezies, als einer, die sich selbst den Titel *sapiens* gibt – durch die Ereignisse seit 1914 zugefügt worden ist."[61] Den Schaden wirklich zu ermessen, soweit man das überhaupt kann, braucht es offenbar viel. Auch an diese Dunkelheit scheint sich das Auge furchtbarerweise gewöhnen zu können.

Die „Beschaffenheit unseres Bewußtseins", so Steiner, sei seit der Bruchlinie 1914 „tiefgreifend verändert" worden, und es sei deutlich, „daß die allgemeine Ausstreuung von kulturellen und literarischen Werten sich als kein Hindernis erwiesen hat für das Aufkommen des Totalitarismus."[62] Jedenfalls, das bittere Resümee bleibt: „Das Dach der Zivilisation hat sich nicht als Schutzdach erwiesen."[63] Und „die dünne Außenschicht unserer Hoffnungen ist noch dünner geworden."[64] Wirksam konnte sich die unheimliche moderne Zivilisation vor sich selbst nicht bewachen. Auschwitz, so ja bereits Adorno, habe „das Mißlingen der Kultur unwiderleglich bewiesen."[65] Ihr noch einmal mit einer Art Grundvertrauen zu begegnen muß als abwegig erscheinen.

Nicht nur Generationen widriger Jahre, getroffen von der „totalitären Erfahrung", sondern die in besonderer Weise traumatisierte, herabgesetzte

---

59 Steiner, Errata, 143 (Hv. M.T.).
60 Steiner, Errata, 72.
61 Steiner, Schöpfung, 10f. – Ähnliche Überlegungen finden sich bei Hannah Arendt und Golo Mann (vgl. Fest, Begegnungen, 186; 220f; 242).
62 Steiner, Sprache und Schweigen, 41.
63 Steiner, Sprache und Schweigen, 32.
64 Steiner, Sprache und Schweigen, 193.
65 Adorno, Negative Dialektik, 359.

Spezies – wie sie aussieht? Schwer zu sagen für diejenigen, die dazugehören, für „uns". Wer ist das – „wir"? „Die Ebbe legt seltsame Wesen frei", notiert Ernst Jünger in seinem Tagebuch.[66]

Offenbar hat man es in Gestalt der Weltkriegs-Erfahrung mit einem beispiellosen historischen Trauma zu tun,[67] dem mit dem Holocaust das noch einmal Furchtbarere gefolgt ist – so daß Verwundung, Betäubung, Abgestorbenheit auf das menschliche Bewußtsein, auf die Blicke und Hörgewohnheiten, auf das In-der-Welt-Sein insgesamt, immer gewaltsamer zugegriffen haben. Die Frage läßt sich nicht abweisen, in welchem Maße also diejenigen, denen in dieser Weise Gewalt zugefügt wird – weil die Worte versagen und der Sprache nicht mehr ohne weiteres zu trauen ist – überhaupt noch ihrer Zeit gemäße Erfahrungen zu machen imstande sind. Sind die aktuellen Bedingungen möglicher Erfahrungen überhaupt dazu angetan, mehr zu tun als nur Impressionen zu sammeln? Aufnahmefähigkeiten können sich zurückbilden. Schon so etwas wie auch nur entsprechende *Erfahrungsbereitschaft* steht damit in Frage. Nicht nur Geräuschfetzen dringen ja in die eigenen vier Wände, sondern die verletzende Geschichte ragt katastrophal umfassend in jede individuelle Gegenwart hinein. Statt eigene Erfahrungen sprechen zu lassen, bleiben dann zunächst sekundäre Auslegungen, der Jargon, das Hörensagen, die geborgten Gedanken, Zitate, die Sekundär- und Tertiärliteratur in jeder Hinsicht, Kostümierungen, Montagen des Hergebrachten – nicht der Nutzen, sondern nur der Nachteil der Historie für das Leben, Überlastung, Lähmung, der Geist aus zweiter Hand, aus geborstener Vergangenheit. Gottfried Benn sprach von „abgewetztem Palaver".[68] Nicht zu verkennen ist die dahinterstehende Notlage völliger Überforderung.

Die Situation verschärfte sich, es käme schlimmer, sofern nicht nur von einer gravierenden Beeinträchtigung des menschlichen Umrisses die Rede sein müßte, sondern sie ihrerseits gar keine Sprache fände, als solche nicht einmal bemerkt und zum Ausdruck gebracht würde – die Betroffenen blind wären für ihre Blindheit, mehr noch: geradezu um so unangefochtener aufträten, blindwütig, mit aufgerissenen Augen, mit der geweiteten Pupille verderblicher, rätselhafter Sucht. „Die Blinden, diese Besserwisser", ruft Canetti aus.[69] Eingetreten sein müßte dann eine Art Zerrüttung des Blicks, die es unmöglich machte, eine auch nur annähernd wahrheitsgetreue

---

66 Jünger, Siebzig verweht III, 221.
67 Vgl. zur historischen Trauma-Forschung Seidler, Verletzte Seelen.
68 Benn, Briefe, 138. Doch weiß Benn auch das andere: „Ich finde, fremde kluge Gedanken weitergeben u. weiterverwenden besser als eigene törichte zu produzieren [...]." (Benn, Briefe an Oelze II, 130). Und auch die Erinnerung an die alte Einsicht, daß wir „auf den Schultern von Riesen" stehen, mag davor schützen, sich ernsthaft für originell zu halten.
69 Canetti, Provinz des Menschen, 288.

Perspektive auf sich selbst, auf das Heute, durchzuhalten. Nicht recht weiter dürfte auch der hier und da begegnende Vorschlag führen, mehrere blinde Theorien miteinander zu kombinieren, so daß sie sich wechselseitig die Augen öffnen. Tatsächlich werden sie, scheint mir, gesteigerte Falschheit zur Folge haben.

„[...] was *vermögen* Katastrophen?",[70] fragt Heidegger und spricht gelegentlich verzweiflungsvoll von einer „Not der Notlosigkeit".[71] Sie läßt dann immer noch naiv als „Krise" bezeichnen, was doch längst furchtbarer Schaden ist. Ihr entspricht die Lüge, die Beirrung, die nicht lediglich die Wahrheit verkehrt, *fair is foul, and foul is fair*, vielmehr noch die Vorstellung von Wahrheit, ihre übergreifende Verbindlichkeit, ihren Raum ... in Mißkredit bringen und verschwinden machen will. Surrealistisch spricht Canetti von einer „Zunge, die bis in die Hölle reicht."[72] Es *klingt* eben nur heiter, was Goethe seinen Mephisto sagen läßt: „Den Teufel spürt das Völklein nie, selbst wenn er sie am Kragen hätte." Könnte es also sein, daß dem Menschen gegenwärtig eine tiefe, verstockte, notlose Unangefochtenheit und Saturiertheit als die eigentliche giftige Anfechtung entgegenschlüge? Die theologische Tradition spricht in diesem Zusammenhang von sich verhärtender *securitas:* die sich dann paradox zusammensetzte aus Saturiertheit (dem Verlust jeder Erfahrung, daß Entscheidendes nicht stimmt) und nicht zu stillendem Hunger. Von einer Verschärfung dieser Situation im Verlauf des 20. Jahrhunderts ist zu reden: insofern mit den Ausmaßen des Katastrophalen auch Wahrnehmungsverweigerung und -unfähigkeit anwuchsen.

In seinem Buch über Heidegger notiert Steiner die dementsprechende Beobachtung, daß sich die Gewalt der Krise von 1914 anders darstellt als die von 1945.[73] Obwohl die Literatur, wie man wohl sagen muß, sich an der entsetzlichen Gegenwart Kopf und Sprache blutig schlägt, ist ein gewisser noch reagierender, nicht gänzlich hilfloser Diskurs möglich. Daß das Leben nicht mehr im Umkreis des Ganzen wohnt, ist schwer genug zu realisieren. Die alte Erde scheint invalid geschossen – doch nicht ganz so tief wie nach dem Zweiten Weltkrieg reichen Verheerung und Erfahrungsabtötung. Damit ist (in Kunst, Literatur, Philosophie) auch eine Art Zugriff noch denkbar,

---

70 Heidegger Wegmarken, 394 (Hv. M.T.). – Selten wird das Spätwerk Heideggers in das theologische Gespräch einbezogen. Zu den wenigen Ausnahmen gehören die Arbeiten Hans Hübners (zum Beispiel seine *Fundamentaltheologie*, auf die im folgenden verschiedentlich Bezug genommen werden soll). – Die Christenheit habe „das Erbe Heideggers anzutreten", fordert ganz zu Recht Hans Urs von Balthasar (von Balthasar, Herrlichkeit III/1.2, 787).

71 Z.B. Heidegger, Nietzsche II, 354ff, oder, besonders eindrücklich, Heidegger, Grundbegriffe der Metaphysik, 243–249.

72 Canetti, Provinz des Menschen, 295.

73 Steiner, Heidegger, 9; ähnlich Canetti, Provinz des Menschen, 209.

eine umrißhafte Ikonographie der Zeit, wie hilflos und zu Tode erschrocken auch immer. Konnte es sein, daß sich etwas Wesentliches aus dem vormaligen selbstverständlichen Besitz der Menschheit nunmehr *zu verlieren* und *abhanden zu kommen* begann? Und fahle Farben, echohaft entschwindende Tönungen oder aber das nur noch Laute und Grelle gaben dem Ausdruck? Wie ein Artikel von Siegfried Kracauer in der „Frankfurter Zeitung" von 1922 dokumentiert, blieb nach dem Ersten Weltkrieg immerhin eine Art ungewisses *Warten*.[74]

3. Es gebe Sprache nur noch „nördlich der Zukunft"?

Doch jene furchtbare Geste der Ausweglosigkeit: die Hände vor das Gesicht zu schlagen – sie scheint erst in der großen Dichtung der zweiten Hälfte des Jahrhunderts Sprache geworden. So Paul Celans Lyrik: eigentlich ist die Sprache selbst bereits eingedunkelt, schon in einem aufgezwungenen, unerläßlich gewordenen Schweigen angelangt, in das alle Worte unweigerlich zurückfallen, sich mühevoll hin und wieder aus einem Übermaß von Sprachverlust und Unmöglichkeit zurückholend. Sie gibt einem alten und jetzt aufgeflammten Leidenserbe Ausdruck, indem sie noch größeres Stillschweigen darüber bewahrt. Der Lyriker schreibt, weil er keine bessere Form des Schweigens findet. Der Höllenzunft will er nicht aufs Maul sehen. Er sucht – oder unterstellt verzweifelt – eine Sprache in denkbar weitester Entfernung, „nördlich der Zukunft".[75]

> [...] es sind
> noch Lieder zu singen jenseits
> der Menschen.[76]

---

74 Kracauer, Die Wartenden. – In George Taboris Stück *Mein Kampf* (Tabori, Mein Kampf, 287) begegnet die Aufforderung: „Laß uns warten, Schlomo. Warten ist die wahre Zeit. Wenn man auf den Messias wartet, kommt es auf's Warten an, nicht aufs Kommen." – „Es ist nicht notwendig", gesteht Kafka demgegenüber zu, „daß Du aus dem Haus gehst. Bleib bei Deinem Tisch und horche. Horche nicht einmal, warte bis es Dich bedrängt. Warte nicht einmal, sei völlig still und allein. Anbieten wird sich Dir die Welt zur Entlarvung, sie kann nicht anders, verzückt wird sie sich vor Dir winden." (Kafka, Nachgelassene Schriften II, 254; nahezu gleichlautend 140). Freilich ist schon das Warten nicht ohne weiteres möglich. „Die wartende Arbeit ist ungeheuerlich." notiert Kafka in seinem Tagebuch (Kafka, Tagebücher, 843).
75 Celan, Gedichte II, 14.
76 Celan, Gedichte II, 26. – „Diese Lyrik", stellt Adorno (Adorno, Ästhetische Theorie, 477) überaus eindrücklich fest, „ist durchdrungen von der Scham der Kunst angesichts des wie der Erfahrung so der Sublimierung sich entziehenden Leids. Celans Gedichte wollen das äußerste Entsetzen durch Verschweigen sagen. Ihr Wahrheitsgehalt selbst wird ein Negatives. Sie ahmen eine Sprache unterhalb der hilflosen der Menschen, ja aller organischen nach, die des Toten von Stein und Stern. [...] Die unendliche Diskretion, mit der Celans Radikalismus verfährt, wächst

Es ist, sagt diese Lyrik, als könne die mißhandelte Sprache nichts mehr ausrichten, als hätte sie sich hinter den Horizont, weit vom Menschen, zurückgezogen, um jenseits seiner Gewalt ihren Platz zu finden. Etwas ungeheuer Verderbliches ist mit der Sprache geschehen.[77] Ist vorstellbar, daß Augen zuviel gesehen haben? „Das ist der Herbst, aber er bricht uns nicht das Herz, uns brach das Bewußtsein, – und das ist mehr", schreibt Benn an Oelze im Zuge einer Art grandioser Verabschiedung des „hohen Bewußtseins".[78]

Gibt es Trost? Von woher und aus welcher Veranlassung – wenn nicht von Gott? Eine Heilung des Bewußtseins und auch des Unbewußten? Doch ist nicht sogar das Phänomen „Trost" vom Katastrophalen betroffen? „Noch immer", so notiert Canetti 1967, „wie während des vergangenen Weltkriegs sind Nachrichten über Naturkatastrophen, die nicht durch Menschen verschuldet sind, etwas wie ein *Trost*." Und er fügt hinzu: „Kann man etwas Schrecklicheres über den Zustand unserer Welt sagen?"[79]

Kann indes davon die Rede sein, daß sich diese Abstumpfungen und Abtötungen im menschlichen Sein, eine Art Entzug des Seins, Asymptoten des Todes, unterdessen, zu Beginn des 21. Jahrhunderts, zurückgenommen hätten? Das ist angesichts aller Zeitumstände – wobei die Probleme des 20. Jahrhunderts fortbestehen, neue hinzukommen – nicht gut zu behaupten. Die Beschädigung, die Herabsetzung, der falsche Trost und die tiefe Untröstlichkeit, die Unfähigkeit zu Erfahrungen, die das Heute treffen, die also zu Recht *derzeitige* Erfahrungen angesichts des Riesenhaften heißen dürfen[80] – das sind jeweils unbarmherzige Infragestellungen der jetzt Lebenden. Ein Leerraum entsteht zwischen dem einzelnen Menschen und der gewalthaften Situation, in der er lebt. Mit Apathie und Zynismus mag er sich füllen. Es ist indessen ein Leerraum in der Seele, nützliche Gefühllosigkeit und Gleichgültigkeit. Womöglich dient die Abtötung dem Selbstschutz. Sind schleichende Vergiftungen vorangegangen? Und wie wären sie zu beschreiben? Auch Wörter sind nicht unverwundbar. Auch in der

---

seiner Kraft zu. Die Sprache des Leblosen wird zum letzten Trost über den jeglichen Sinnes verlustigen Tod."

77 „Es gehört zu den eigentlichen Schaudern der Nazizeit", bemerkt Steiner, „[...] daß man den Worten Dinge auszudrücken aufgab, die eigentlich von keinem Menschenmund ausgesprochen und auf keinem von Menschenhand hergestellten Stück Papier festgehalten werden sollten." (Steiner, Sprache und Schweigen, 162).

78 Benn, Briefe an Oelze I, 218; vgl. 216–218.

79 Canetti, Hampstead, 136.

80 Das „Riesige" ist immer wieder Thema bei Heidegger (z.B. Heidegger, Beiträge, 8; 97f; 120; 135–138; 277f; 441–443; Heidegger, Holzwege, 95f u.ö.). Charakteristisch die Dialektik: „das Riesending Mensch" wird „je riesiger um so kleiner" (Heidegger, Beiträge, 278; vgl. 495). Ähnlich Adorno (gleich einer der ersten Sätze der *Ästhetischen Theorie*): „Erweiterung zeigt in vielen Dimensionen sich als Schrumpfung." (Adorno, Ästhetische Theorie, 9).

Sprache, im Jargon, in den Schlagworten der Ideologie, des Weltdogmas, den Schreckbegriffen und Totschlageworten („Unaufhaltsamkeit"), *unbedingt* darauf angewiesen, recht zu haben, kann sich Todesgeruch ausbreiten (2Kor 2,16).

„Meine Zweifel", beobachtet Kafka – um ihn wiederum als symptomatisch zu zitieren –, „stehn um jedes Wort im Kreis herum, ich sehe sie früher als das Wort, aber was denn! ich sehe das Wort überhaupt nicht, das erfinde ich. Das wäre ja noch das größte Unglück nicht, nur müßte ich dann Worte erfinden können, welche imstande sind, den Leichengeruch in einer Richtung zu blasen, daß er mir und dem Leser nicht gleich ins Gesicht kommt."[81]

Von woher kommt Trost, wenn nicht von Gott, von woher Erneuerung?

Dietrich Bonhoeffer spricht während des Zweiten Weltkriegs von wirklicher Erneuerung in doppelter Hinsicht: in der „Vergebung" für den einzelnen; aber auch, für das „Leben der Völker", in der Möglichkeit von „Vernarbungen" und einem möglichen „allmählichen Heilungsprozeß". „Nicht alle geschlagenen Wunden", so gesteht er in den Überlegungen zur *Ethik* zu, „können geheilt werden, aber entscheidend ist, daß nicht weitere Wunden gerissen werden."[82] Kann aber von allmählicher Heilung seitdem – während anhaltend friedloser Welt – wirklich die Rede sein?

c. Eskalierende Moderne

1. Läßt sich ein epochales „Man" denken?

In der Bestimmung eines Heute in verschiedener Reichweite versuchen wir womöglich mehrere Schritte zurückzutreten. Indessen, der genannte Vorbehalt einer Gegenwartsbefangenheit und -blindheit verschärft sich damit, die übergroße Frage droht vielleicht erdrückend zu werden. In einem weiteren Schritt nun gleichwohl: die eskalierende *Moderne im ganzen*, nur in sich selber laufend, ihr besonderer, analogieloser Zuschnitt des Erfahrungsraums: die wissenschaftlich-technische, schlecht-unendliche geschichtliche Meistererzählung, jedenfalls Groß- oder Riesenerzählung.

„Die Wunder der Technik", ruft Emmanuel Lévinas aus, „eröffnen nicht das *Jenseits*, in dem die *Wissenschaft*, ihre Mutter, entstand! Kein Draußen in all diesen Bewegungen! Welche Immanenz! Welch schlechtes Unendliche!"[83] Und Heidegger fragt in einer Vorlesung im Wintersemester 1935/36:

---

81 Kafka, Tagebücher, 130.
82 Bonhoeffer, DBW 6, 134f. Zur „Vernarbung" vgl. Bonhoeffer, DBW 8, 63.
83 Lévinas, Gott, 32.

„Will man denn die Wissenschaft noch ‚lebensnäher' haben? Ich denke, sie ist schon so nahe, daß sie uns erdrückt. Eher brauchen wir die rechte Lebensferne, um noch einmal einen Abstand zu erlangen, in dem wir ermessen, was mit uns Menschen vor sich geht. Keiner weiß das heute."[84]

Die häufig begegnende naive Warnung, Wissenschaft und Technik, angeblich an sich ethisch neutral,[85] dürften sich nur nicht „absolut setzen", kommt zu spät, sie haben sich bereits absolut gesetzt und ganz weitgehend auch durchgesetzt. Sich das einzugestehen ist Voraussetzung für alles Weitere. Die folgenden Ausführungen gehen davon aus.

Heute – das ist dann die große Situation, die Welt- und Theoriesituation der Neuzeit mit ihrem spezifischen Zugriff auf das Individuum, die Groß-Atmosphäre und das entsprechende Atmosphärengefühl, das öffentliche Licht, das kulturelle Klima, die umgreifende Tönung des Raumes, das sich weit dehnende innere Selbstfeld dieser Zeit und daraufhin gewissermaßen der Augenhintergrund des neuzeitlichen Menschen – der des *epochalen Man* als des vorgängigen, durchschnittlichen, fürs erste immer ganz unauffälligen Subjekts. Man – der invasive Demiurg des Neuen. Die Subjektivität als „Epochenindex der Neuzeit" zu benennen ist sicher richtig[86] – doch, wird man sagen müssen, um so schlimmer, daß es so ist: daß, wie Heidegger vielfach gezeigt hat,[87] absolute „Subjektivität", die Hysterisierung des Subjekts, sich zunehmend in die Grundlagen der Moderne eingesenkt findet. Das absolutistische Subjekt, verfangen in der Täuschung, es sei sich unverlierbar, geriert sich als Nachfolger des Schöpfers. Wo es, wie durchaus häufig, im einzelnen abdankt, tut es dies im Interesse mächtigerer, nämlich noch deutlicher subjekthafter Subjekte. Ihre plurale Gestalt weitet und steigert ihre Subjektivität. Nicht anders als die Individuen orientieren sich auch die Groß-Subjekte an Absolutismen, werfen Größen der Welt zu letztem Halt oder zum Fluchwürdigen auf. Wie der je Einzelne bedürfen auch sie der Befreiung davon, „sich selbst Eschaton" sein zu müssen (IV/1, 9).

Von „Ichheit" spricht Heidegger und erklärt, sie sei auch dort „anzutreffen, „wo keineswegs das einzelne Ich sich vordrängt, wo dieses vielmehr zurücktritt und die Gesellschaft und andere Verbandsformen die Herrschaft haben. Auch da ist und gerade hier die reine Herrschaft des metaphysisch zu denkenden ‚Egoismus', der mit dem naiv gedachten ‚Solipsismus' nichts

---

84 Heidegger, Frage nach dem Ding, 13f.
85 Zur vermeintlichen „Neutralität" der Technik vgl. einen Text Heideggers aus einem unveröffentlichten Manuskript (wiedergegeben bei Vietta, Heideggers Kritik am Nationalsozialismus, 93f).
86 Wenz, Versöhnungslehre, 33; vgl. Schulz, Subjektivität, passim.
87 Genannt sei nur der berühmte Vortrag *Die Zeit des Weltbildes* (Heidegger, Holzwege, 75–113).

zu tun hat."⁸⁸ Heideggers berühmte Analyse des Subjektcharakters des „Man" in *Sein und Zeit* (§ 27) ist entsprechend auf höherstufige Subjekte, auf Zeitstile, sogar auf epochale Größen zu übertragen.⁸⁹ Bestürzend nimmt dann die Unheimlichkeit zu. Eine eigene große Weltanschauung, ein geschlossenes Weltbild mit normativer Gewalt (die Welt als Bild, als vor mich gestellt, als Gegenstand und Verfügungsbereich⁹⁰), wirksam ganz *offenkundig* oder hinter dem Rücken der vermeintlichen Akteure des Man, liegt ihm zugrunde: „*Neuzeit*". Wie sähe aber – um noch einen Schritt darüber hinauszugehen – eine an der Frage der *Soteriologie* orientierte genaue Ikonographie (oder besser: Idolographie) ihrer äußeren und inneren Bilder aus: von der Darstellung „Galilei vor der Inquisition" über die Jubelbilder vom August 1914 bis zu den Fotografien und Filmszenen von der Explosion der Wasserstoffbombe?⁹¹ Wo kehren sich (so auch Heideggers Ausdruck) *Vergötzungen* hervor?⁹² Wo tun sich Abgründe auf zwischen der realen Welt und der gottlosen, eine eigene Heilsgeschichte dozierenden Anschauung der Welt?

Läßt sich zur Moderne in ein theologisch begründetes Verhältnis gelangen? Nicht ernsthaft kann in Frage kommen, die Weltidee und Weltanschauung „Neuzeit" wegen ihrer Übergröße, ihrer schieren Dimension, nicht zu thematisieren, aber schon gar nicht, nur noch dem Ich (der zuletzt tautologischen Subjektivität, Meister der Spiegelungen ins Große) und seinem Selbstbewußtsein, also dem Ich-Ich, den Puls abzunehmen und dem Selbstgehorsam das letzte Wort zu lassen. Kann ich denn wirklich die Wahrheit in irgendeiner Weise bei mir – in irgendeinem Selbst – selbst ausfindig machen?⁹³ Spricht irgend Verläßliches aus dem Ich – das sich bespiegelt und *de facto* damit vereitelt? Es versagt als Vergewisserungsinstanz und unhintergehbare Ausgangsevidenz nie seinen Dienst? Sofern es aber im entscheidenden versagt, ist von seiner Analyse nicht viel mehr als

---

88 Heidegger, Vorträge und Aufsätze, 85.
89 Heidegger, Sein und Zeit, § 27. – Eine der schärfsten Fassungen, nicht zufällig 1935, bei Benn: „Ferner finde ich, daß im Mund des *öffentlichen* Menschen alles dreckig wird, ob er Auf- oder Untergang sagt." (Benn, Briefe, 51).
90 So in Heideggers *Die Zeit des Weltbildes* (Heidegger, Holzwege, bes. 88–96) vollkommen überzeugend dargestellt. Nicht entwirft die Neuzeit ein anderes Weltbild, vielmehr „daß überhaupt die Welt zum Bild wird, zeichnet das Wesen der Neuzeit aus." Hingegen sei im Griechentum „der Mensch der vom Seienden Angeschaute […]" (90).
91 „Von Galilei führt ein schnurgerader Weg zur Atombombe", so Carl Friedrich von Weizsäcker in einem Gespräch mit Barth (von Weizsäcker, Wahrnehmung der Neuzeit, 355; vgl. von Weizsäcker, Tragweite der Wissenschaft, 116).
92 Heidegger nennt „das Völkische" (Heidegger, Beiträge, 117; 398) oder „die Tatsachen" (435); vgl. auch Heidegger, Grundbegriffe der Metaphysik, 255.
93 Das gilt natürlich auch für die Kirche. Sehr schön hebt Beintker hervor (Beintker, Glaube und Religion, 47): „Das *solus Christus* entlastet die Kirche und die Christen davor, die Wahrheit bei sich selber suchen zu müssen […]."

die Einsicht zu erwarten, daß sich auch individuelle Erfahrung ganz weitgehend wissenschaftlich-technisch modern formiert, insofern wiederum in latenter Kollektivität, im Schema von Macht und Machbarkeit (sei es denn von Dispositionen zu produktiver Rezeptivität, von Gestaltungen kreativer Passivität etc.). Ist es aber möglich, diese fortwährend und stets aufs neue götzenhaft überhöhte Gesamt-Formierung der Selbstermächtigung und Selbstbegeisterung ohne Ende, ein Ermächtigungsgesetz, als das Durchgesetzte, doch ganz und gar nicht Selbstverständliche erkennbar zu machen?

Können nun Grundzüge dieses weltanschaulichen Heute und wesentliche Bestimmungen der Theologie Barths, sei es denn in einigermaßen präzisem Kontrast (in einem Verfahren der Verdeutlichung *e contrario*), aufeinander abgebildet werden? Wie weitgehend es Barth darum zu tun war, seinerseits Grundveranlassung und -habitus der Neuzeit, diesen wimmelnden Kollektivsingular, unvoreingenommen und mit kritischer Schärfe in den Blick zu nehmen, ist ja bekannt. „Die (kritische) Beschäftigung mit der Neuzeit", so urteilt Karl Gerhard Steck zu Recht, „durchzieht Barths Veröffentlichungen von Anfang an."[94] Mächtigere und geduldigere Entgegnungen auf die Moderne als seine (sowie die Martin Heideggers) lassen sich schwerlich denken. So sei gleich festgehalten, daß es in den folgenden Ausführungen in keiner Weise darauf ankommen wird, den an Barth oder an die hier beabsichtigte Wiedergabe seiner Gedanken gerichteten vorauszusehenden Vorwurf der „Modernitätsfeindschaft" o.ä. zu entkräften, zu mildern oder ihm wie auch immer zu entgehen. Man soll sich von ihm nicht über Gebühr, eigentlich überhaupt nicht beeindrucken lassen. Vielmehr soll ihm umgekehrt in den Überlegungen der folgenden Seiten möglichst kräftig Nahrung gegeben sowie, so gut es geht, kenntlich gemacht werden, worin diese Feindschaft liegt, aus welchen Gründen sie aber nur zu berechtigt erscheint, warum also die vielgescholtenen Konservativen der 20er Jahre (Friedrich Gogarten, Martin Heidegger, Ernst Jünger, Gottfried Benn und andere – und auf seine Weise wohl auch Barth) in dieser Hinsicht nicht radikal und gründlich genug verfuhren und nicht hinreichend aufgebracht waren in ihrer viel zu relativen und gemäßigten Skepsis gegen die Moderne. In durchaus unirritierter Ausführlichkeit der Darstellung soll der Sache – es geschieht m.E. zu selten – in jedem Kapitel der folgenden Darstellung eine offensive Wendung gegeben werden.

Zur Vermeidung von Mißverständnissen sei freilich noch etwas Entscheidendes hinzugefügt. Hinrich Stoevesandt hat darauf aufmerksam gemacht. Selbstverständlich hat Barth, so notiert Stoevesandt, „diese Gottferne der gegenwärtigen Weltzeit" gesehen, doch erschien sie ihm *symptomatisch*: „Sie wurde ihm zum Anlass zu der Entdeckung, dass diese neue Zeit

---

94 Vgl. Steck/Schellong, Barth und die Neuzeit, 9.

nur grell an den Tag gebracht hat, wie es im tiefsten Grunde mit der Welt überhaupt steht."[95] Insofern ist die Neuzeit eine in Anführungszeichen (sie trägt sie indessen wie Krallen). Doch darf dies Allgemeine eben unter keinen Umständen aus dem Heute und dem Derzeitigen entlassen.[96] Der Satz „Ich bin ein Sünder" trägt andere Qualität als der andere „Der Mensch ist ein Sünder", ebenso die eine Wendung „diese neue Zeit", unsere Zeit, und die andere „die Welt überhaupt". Dieses bin ich im allgemeinen, jenes im besonderen. Erst mit dem Aufwachen im Besonderen wird es wirklich ernst. Womöglich schneidet es tief ins Eigene. Auch und um so mehr wird die entsprechende Sinnrichtung – hin zum Derzeitigen, zum Akuten, zu „mir" (zum *pro me*) – ja vom *Evangelium* vorgegeben. In dieser Weise auf das Heute der Moderne kritisch und offensiv einzugehen meint also nicht etwa, ihm das Mittelalter, die Antike oder etwa eine vorsokratische Frühe als weniger korrumpiert entgegenzuhalten. Die dort anzutreffende, je spezifische „Gottferne" – wie nur auf andere Weise als in der Neuzeit das Thema gründlich verfehlt wird – ist hier nicht zu erörtern.[97]

2. Gottesdeutung ist der Agent der Moderne

Wie steht es mit der Moderne und, an ihr erkennbar, „im tiefsten Grunde mit der Welt überhaupt"? In einem Wort läßt sich m.E. das abgründige Problem der Neuzeit, ihr Grundübel, benennen: *Gottesdeutung* (nicht nur dessen Art und Weise, sondern das vermessene, entsetzliche Überhaupt). Gottesdeutung aus Urmißtrauen und grenzenlosem inneren Vorbehalt ihm selber gegenüber ist hinterrücks oder ganz ersichtlich der Agent der Moderne. Mit dem sie bestimmenden Gesetz des Willens zur Macht, nicht zuletzt der Deutungsmacht, mit der Macht als *unbedingtem* Programm, greift sie damit auch zu Gott aus. „Unverfügbarkeit" soll eigentlich nirgendwo und in

---

95 Stoevesandt, Wegweiser, 347.
96 Wenn Barth fordert „auf keinen Fall darf das Unbekanntsein Gottes in der Welt […] als ein spezifisches Problem unserer heutigen, der ‚modernen' Welt angesehen werden" und meint, die Versicherung habe aufzuhören, „die Kirche habe es in unserem Jahrhundert (als wären das neunzehnte oder das sechzehnte oder das Mittelalter in dieser Hinsicht goldene Zeiten gewesen) mit einer Gott in ganz besonders radikaler und raffinierter Weise entfremdeten, nämlich säkularisierten, autonom, mündig und profan gewordenen Welt zu tun" (Barth, Das christliche Leben, 207), so ist zu fragen, ob nicht dieser oder jener der von ihm zur Kennzeichnung der Moderne gebrauchten Begriffe sehr wohl ihr Spezifisches (und dann auch ihre spezifische Gottlosigkeit) zu bezeichnen geeignet sind, nur daß damit keineswegs die Behauptung verbunden ist, vorangegangene Epochen seien irgend „goldene" oder auch nur im geringsten weniger vom „Unbekanntsein Gottes" gezeichnete Zeiten gewesen.
97 Barth hat ausdrücklich unter dem Gesichtspunkt der in der Schwachheit mächtigen Kraft Christi zum Beispiel in I/2, 363–369 die Zeit der alten Kirche, das Mittelalter und die Moderne in gleicher kritischer Schärfe in den Blick genommen.

keiner Hinsicht sein – erscheint infolgedessen als eine Art Hintergrundgrauen der Moderne. Statt dessen eskaliert Machbarkeit. Wo sie noch nicht ist, soll sie umgehend sein. Adorno spricht von „Kollektivität als blinde Wut des *Machens*".[98] Emanzipation heißt demgemäß Gewinn von Verfügbarkeit. Wer etwas zu sagen hat, hat sich etwas zu sagen gemacht. Der ein Gefühl hat für das Machbare, der Pragmatiker, kommt in aller Regel am besten weg. Machbarkeit und Veranstaltung und Regie sind *überall*.

„Alles", erklärt Heidegger in den 1936–1938 entstandenen *Beiträgen zur Philosophie*, „‚wird gemacht' und ‚läßt sich machen', wenn man nur den ‚Willen' dazu aufbringt. Daß aber dieser ‚Wille' es gerade ist, der im voraus schon gesetzt und herabgesetzt hat, was möglich und vor allem notwendig sein darf, wird schon im voraus verkannt und außer Frage gelassen. Denn dieser Wille, der alles macht, hat sich im voraus der *Machenschaft* verschrieben, jener Auslegung des Seienden als des Vor-stellbaren und Vor-gestellten. Vor-stellbar heißt einmal: zugänglich im Meinen und Rechnen; und heißt dann: vorbringbar in der Her-stellung und Durchführung. Dies alles aber aus dem Grunde gedacht: das Seiende als solches ist das Vor-gestellte, und nur das Vor-gestellte ist seiend. Was der Machenschaft scheinbar einen Widerstand und eine Grenze setzt, ist für sie nur Stoff zur weiteren Arbeit und der Anstoß in den Fortschritt, die Gelegenheit zur Ausdehnung und Vergrößerung."[99]

Machbarkeit und Veranstaltung müssen eben selbstverständlich auch dem Heiligen beigebracht werden, dem Verbindlichen – Gott. „Schaffen wollt ihr noch die Welt, vor der ihr knien könnt: so ist es eure letzte Hoffnung und Trunkenheit", faßt Nietzsche in unüberbietbarer Prägnanz zusammen.[100] Barth hat im berühmten § 17 der *Kirchlichen Dogmatik* gerade die Verkehrung des Wortes und Werkes Gottes zum menschlichen *Gemächte* beschrieben (vgl. zum Beispiel I/2, 329; 336).

Die Neuzeit mag sich elementar für ihre eigenen Latenzen interessieren, sie kennt aber ihre eigene Untiefe und Nichtigkeit nicht: daß sie am Ersten Gebot aufläuft, an der ersten Bitte des Vaterunsers, an der ersten Seligpreisung, daß gleichsam ihr Unbewußtes, ihr Ungesagtes selbst das Unheil ausbrütet, daß sie infolgedessen nach innen zu stirbt. Sie kommt nicht umhin, sich selbst auszuweichen und vor sich selbst zu fliehen, weil sie sich nicht aufbrechen lassen kann. Man ist ja auch sich von sich selbst loszusprechen außerstande. Sie müßte – es wäre ein Anfang – mindestens

---

98 Adorno, Moralia, 178 (Hv. M.T.).
99 Heidegger, Beiträge, 108f; vgl. 126–134. – Daß Heidegger die christliche Schöpfungslehre im wesentlichen in den Kategorien der Machbarkeit verstanden wissen will (so z.B. Heidegger, Beiträge, 110f, 132, 350), beweist freilich kein angemessenes Verständnis. Barth, den auch Heidegger nicht so recht gelesen zu haben scheint, hat sogar ausdrücklich anders votiert: „[…] es darf Gott der Schöpfer mit einem Macher, sein Werk nicht mit einem Gemächte verwechselt werden. Es kann ein Macher, und wenn er noch so edel, genial und gewaltig wäre, sein Gemächte – und das je vollkommener dieses ist, um so leichter – hinter sich und sich selbst überlassen." (III/3, 8).
100 Nietzsche, KStA 4, 146.

aufhören, ihre faktische Existenz zu leugnen: daß „Zivilisation" nur wie ein dünner Firnis auf allem liegt. Auch ihre (natürlich möglichst gut gelaunte) Selbstkritik als auf sich gewendete Ideologiekritik vermag weder eine hinreichende Bejahung aus sich heraufzuholen und aufzuwerfen – sei es auch als (vermeintliche) „grundsätzliche Selbstbejahung des Seins"[101] –, noch an ihr Böses heranzureichen, weil das verspiegelt abgründige Böse, der Götzendienst, die Selbstheiligung, die verzehrende Leidenschaft zum geistlichen Reichtum ... noch die Ideologie und ihr jeweils Anderes (von dem aus sie sich allenfalls kritisieren ließe) *unterfängt*. Selbstkritik wird *de facto* wie ein geschliffener Spiegel gebraucht: zur insistierenden Vergrößerung der jeweiligen Ideologie selbst. Doch *„weil sie sich nur an sich selbst messen und mit sich selbst vergleichen, verstehen sie nichts"* (2Kor 10,12).[102]

In diesem Sinne gilt nun von vornherein: als maßgeblich kann keine *Selbstdeutung* und noch so gesprächige und kritische *Selbstauskunft* der Moderne anerkannt werden, kein epochales Unterfangen, „sich selber mit sich selber über sich selber zu verständigen" (IV/3, 295; dort gesperrt) – um so weniger: „sich selbst mit sich selbst zu verständigen *und zu versöhnen*" (IV/3, 311; Hv. M.T.). Denn das ist nach Lage der Dinge für Barth das Kennzeichen der „Weltanschauung", ihrer Anspruchshöhe und Maßlosigkeit. Sie will neue Absolutheit verfügen, indem sie sich in „Analysen, Beleuchtungen, Deutungen, Interpretationen der Wirklichkeit des Menschen, der Welt und auch wohl Gottes" ergeht (IV/3, 311) – doch nicht nur in der Abneigung, die Komplikationen der Realität nachhaltig in Betracht zu ziehen, sondern, weitaus schlimmer, in merkwürdiger Verschwörung gegen die Wahrnehmung des Offenkundigsten, nämlich Gottes. Den Begriff der „Weltanschauung" bestimmt Barth in den *Paralipomena* zur *Kirchlichen Dogmatik* dabei so:

„Wir verstehen unter Weltanschauung: eine vom Menschen gesuchte und gefundene, in sich abgeschlossene Konzeption von seiner Existenz und Umwelt, ein von ihm entworfenes Bild mit dem Anspruch und der Verheißung einer Auflösung dieses Problems, der er als solcher letzten Respekt und entscheidende Nachachtung entgegenbringen zu müssen meint. *Autonomie* auf der einen Seite: die Voraussetzung der menschlichen Meisterschaft zum Entwurf eines solchen Bildes – und *Autarkie* auf der anderen Seite: die Voraussetzung der Abgeschlossenheit und Gültigkeit eines solchen Bildes – das sind die beiden entscheidenden Merkmale des Begriffs einer Weltanschauung."[103]

Auch von *epochalen* Ideologien, von Weltdogmen in Autonomie und Autarkie und Aufbrüchen ins Autistische des Selbstgehorsams, muß die Rede

---

101 Vgl. Jonas, Prinzip Verantwortung, 155.
102 Bonhoeffer zitiert die Wendung an entscheidender Stelle in *Akt und Sein* (Bonhoeffer, DBW 2, 142).
103 Barth, Paralipomena, 200 (Hv. M.T.). Zu den *Paralipomena* cf. unten Abschn. A.f.1.

sein. Um so mehr von ihnen wird dann das Furchtbare gelten müssen, „daß jede ordentliche Weltanschauung als solche etwas dämonisch Imponierendes hat."[104] Genau als solches Weltdogma konstituiert sich die Moderne: als Gesamttableau und großer gottloser Selbstbetrieb, als universal deutende und grundlegend auch sich selbst deutende (dabei ihre Deutbarkeit genießende) Weltanschauung – näherhin als *Auratisierung von Macht und Machbarkeit* und dann auch als Versuch, den unbedingten Willen zur Macht auf den Wollenden zurückzubinden, ihn auf sein Subjekt zurückschlagen zu lassen, insoweit als Selbstvergiftung durch dieses besondere Unbedingte.[105] Sich selber darin ernsthaft ins Wort zu fallen kann ihr nicht einfallen. Vollmundig redet sie mit sich selbst – sei es im unablässigen Selbstverhör, doch letzthin unverschämt mit sich im reinen. Dies um so mehr, so Heidegger, in der „totalen Weltanschauung": „*Die totale Weltanschauung muß sich der Eröffnung ihres Grundes und der Ergründung des Reiches ihres ‚Schaffens' verschließen [...], weil die totale Weltanschauung damit sich selbst in Frage stellen müßte.*"[106] Gibt es indes andere als totale, auf das Ganze ausgreifende und das Zentrum erfassende Weltanschauung – ihre Kuriere jagen durch die Welt? Kommt dann aber die Verwahrlosung, das Abgelebte, nicht *aus der Mitte* der Moderne (jedenfalls der vermeintlichen Mitte), heute also im Sinne des geschichtlichen Heute: aus dem Innersten des Zivilisationsprozesses – und keineswegs lediglich von ihren Rändern? Doch dann trifft im Grundsatz zu, was George Steiner zwar für möglich hält, aber seinerseits doch nur vermutet: „daß die moderne Barbarei auf eine intime, vielleicht unvermeidliche Weise dem eigentlichen Kern und Schauplatz der humanistischen Zivilisation entsprang."[107]

Das Epizentrum ihres Bewußtseins, doch ebenso ihres Unbewußten, aber heißt *Selbstrechtfertigung* und *Selbstversöhnung* oder (dialektisch) *militante Untröstlichkeit*. Je mehr es sich hervorkehrt (der Mensch also selber Richter sein will), um so weniger ist es zu befriedigen.[108] Nicht weniger als ein *Krampf* stellt sich ein. Daß die Notwendigkeit zu dergleichen weit ausho-

---

104 Barth, Paralipomena, 356.
105 „‚Weltanschauung'", so Heidegger (Heidegger, Beiträge, 38), „ist ebenso wie die Herrschaft von ‚Weltbildern' ein Gewächs der Neuzeit, eine *Folge* der neuzeitlichen Metaphysik." Zum Begriff der „Weltanschauung" bei Heidegger vgl. Heidegger, Beiträge, 36–41; Heidegger, Holzwege, 93f. Zum Begriff der „Weltanschauung" in der Freiburger Vorlesung *Einleitung in die Philosophie* von 1928/29 vgl. Jean Greisch, Umbruch 1928–32, 117–120.
106 Heidegger, Beiträge, 40. Heidegger verkennt freilich m.E. die Bösartigkeit der Weltanschauung, wenn er formuliert: „Der ‚Weltanschauung' kann nur das Fragen und die Entschiedenheit zur Fragwürdigkeit entgegen gestellt werden." (Heidegger, Beiträge, 41).
107 Steiner, Sprache und Schweigen, 30.
108 Martin Walser (M. Walser, Selbstbewußtsein, 184f) sieht das Werk Kafkas von dieser Spannung bestimmt. – Gestrich (Gestrich, Wiederkehr des Glanzes, V; Hv. M.T.) unternimmt eine „Erschließung des Sündenphänomens *als* ‚Selbstrechtfertigung'".

lenden Verzweiflungsakten angesichts geschehener Versöhnung definitiv entfallen ist, will sie um nichts in der Welt wissen oder gar ernsthaft wahrhaben. Insofern fällt sie in allem vermeintlich innovativen Vorwärtsdrängen zutiefst reaktionär hinter die in Jesus Christus vollbrachte Versöhnung zurück. Darin, im Rückfälligen, in der grundsätzlichen Verspätung, liegt der Fluch des Neuen Geistes, des Geistes der Moderne, der „großen Irrealitätsblase".[109] Sie lügt sich eine Zukunft zusammen (greift sie aus dem Nichts), in der eine letzte, ernsthafte Versöhnung noch aussteht, selbst unternommen werden muß oder insgesamt unmöglich ist. Die versuchte Selbstversöhnung, die Erklärung, der Versöhnung unbedürftig zu sein, oder die generell vorausgesetzte Unversöhnlichkeit (im Genus der Eigenmächtigkeit lediglich Variante und Vollzugsform) stellen den fürchterlichsten Rücksturz dar, der sich denken läßt, das entschieden *Rücksichtslose*. Zu Boden geschlagen wird die allein mögliche menschliche Antwort auf die geschehene, bereits gegebene göttliche Versöhnungstat, die der Welt in Jesus Christus zugewendete Gnade Gottes. In Aufnahme von 2Kor 12,9 könnte diese Antwort nach Barth schlicht lauten: „Deine Gnade genügt mir."[110] Sie ist schon *die ganze Wahrheit*. Die Welt bedarf keiner Innovation, die darüber hinausginge. Es gibt kaum eine eindrucksvollere der späten Predigten Barths als die über diesen Text: *Meine Gnade genügt dir!*[111]

Diese Worte enthalten das der Neuzeit *gänzlich* Fremde, das in ihr immer schon regressiv Vorverurteilte. Dem unbedingten Willen zur Macht – als lediglich einer schrecklichen Folge – liegt also Ursprünglicheres, Abgründiges, voraus: die Weigerung, dieses Genügen wahrzunehmen und anzuerkennen. „Der ‚andere Gott'", hebt Barth hervor, „ist in allen seinen Gestalten das *sich selbst* gnädige Geschöpf […]."[112] Dort läßt sich so etwas wie der innerste Glutkern des Konflikts ausfindig machen. Womöglich kann man die daraus hervorbrechende Konfrontation am besten beschreiben, indem man sie von innen her, von diesem Kern her, zur Oberfläche hin verfolgt. Die (immer noch hinreichend tiefgehende) Oberflächentextur zeichnete sich dann aus dem allgemeinen, grundstürzenden und dann im einzelnen vielfach anzutreffenden Nichtgenügen, aus den noch jedesmal neu binnen kurzem nachwachsenden Erbitterungen, der in der Neuzeit rasant zunehmenden *Enttäuschbarkeit* (die ihre Veranlassung eben im Kern der Modernität hat). In ihr kehrt sich spezifisch hervor, was für den Sünder

---

109 So Sloterdijk (Sloterdijk, Zorn und Zeit, 74), natürlich in anderem Zusammenhang.
110 Vgl. Barth, Predigten 1954–1967, 225 (dort leicht verändert).
111 Barth, Predigten 1954–1967, 219–226. Bonhoeffer definiert in einer Predigt ebenso über diesen Text: „Laß dir an meiner *Gnade* genügen – das ist das Wort des Kreuzes […]." (Bonhoeffer, DBW 10, 507). Und im *Gebetbuch der Bibel* (Bonhoeffer, DBW 5, 123) verweist Bonhoeffer auf Lk 22,35: „Habt ihr auch je Mangel gehabt?" „Niemals!"
112 Barth, Paralipomena, 99 (Hv. M.T.); vgl. 101; 104.

und seinen Widerstand gegen das in 2Kor 12,9 Zugesagte generell gilt: er „lehnt sich gegen die Gnade auf, sie ist ihm zu wenig, er weicht ab von der Dankbarkeit."[113] Irreführung im Untergrund findet statt: er weicht ab von der *Grundbestimmung* menschlichen Daseins. Seine Erfahrungen, meint er, fühlen sich zu oft wie Narben an. Wie von vornherein schief ins Leben gebaut erscheint er sich. Er trinkt tief von seinen Erbitterungen und Enttäuschungen, auch wo er der Misere scheinbar zustimmt.[114] Auch der Tod wird eine „Enttäuschung" sein.[115]

In einer frühen Erzählung, *Enttäuschung*, hat Thomas Mann der Sache nach die „Unendlichkeit" (als das unendliche Begehren) dem „Horizont" (als der guten Grenze) gegenübergestellt:

„,Wissen Sie, mein Herr, was das ist: Enttäuschung?' fragte er leise und eindringlich, indem er sich mit beiden Händen auf seinen Stock lehnte. ,Nicht im Kleinen und Einzelnen ein Mißlingen, ein Fehlschlagen, sondern die große, die allgemeine Enttäuschung, die Enttäuschung, die alles, das ganze Leben einem bereitet?' [...]

[...] ,ich erwarte den Tod. Ach, ich kenne ihn bereits so genau, den Tod, diese letzte Enttäuschung! Das ist der Tod, werde ich im letzten Augenblicke zu mir sprechen; nun erlebe ich ihn! – *Was ist das nun eigentlich?*'"[116]

In Wahrheit ist 2Kor 12,9 nicht als Aufruf zu schmerzlichem Verzicht auf das Ersehnte zu lesen (dem Erbitterung antwortet) – und wenn dazu, dann zum Verzicht auf das Verrückte, Irrige und Irre, auf die ordinäre soteriologische Begierde, den höllischen, verheerenden geistlichen Hochmut. Dem schon immer unerfüllbar erscheinenden Begehren kann Genüge getan werden. Zugesagt wird mit den Worten „Meine Gnade genügt dir!" das *ganze Evangelium* – als Variante und Vollzugsform der Ersten Seligpreisung.

3. Ein anderes Gespräch kann gelingen

Niemand, der einigen Aufschluß über die Moderne will, ist dazu verurteilt, nur ihrem unendlich vielstimmigen *Selbstgespräch* zu lauschen, diesem

---

113 Barth, Dogmatik im Grundriß, 137.

114 Über Robert Walsers *Jakob von Gunten* liest man bei Martin Walser: „Hier stimmt zum ersten Mal einer der Gegenwart zu wie sie ist: und wir erkennen so scharf wie noch nie, wie furchtbar sie ist." (M. Walser, Selbstbewußtsein, 135). „Ein Gipfel der Verzichtrühmung ist erreicht." (138). Walser spricht von „exekutiver Ironie" (148). – Wohl überhaupt eines der schrecklichsten Bilder der Selbstvernichtung: die Gestalt des Marmeladow in Dostojewskis *Schuld und Sühne*.

115 Über Baudelaires *Fleurs du mal* schreibt Friedrich: „An die Spitze der Baudelaireschen Idealität stellt sich der völlig negativ und inhaltslos gewordene Begriff des Todes." (Friedrich, Struktur, 49).

116 Th. Mann, Erzählungen 1893–1912, 81; 86; vgl. dazu Baumgart, Selbstvergessenheit, 35f.

gewiß stets aufs neue radikal kritisch gespannten, doch tautologisch bleibenden, prinzipiell enttäuschten weltanschaulichen Monolog. Ein vielleicht nicht wieder erreichter Höhepunkt darin natürlich (nicht zufällig, daß es diese Form findet): das große, stellvertretend für die Zeit geführte Selbstgespräch Kants „*Was kann ich wissen? Was soll ich tun? Was darf ich hoffen?*"

Führt nichts aus den modernen autistischen Hallräumen hinaus? Mit einer Hellsicht ohnegleichen zeichnen Zeilen aus Hölderlins Gedicht *Der Archipelagus* das Bild dieser Räume: als das einer nächtlichen, infernalischen, lärmerfüllten, gottvergessenen Welt, einer in sich und in die eigenen gewaltigen, aber vergeblich bleibenden Machenschaften verkrümmten Menschheit, Abschnitt und Stückwerk vom Sinnlosen:

> Aber weh! es wandelt in Nacht, es wohnt, wie im Orkus,
> Ohne Göttliches unser Geschlecht. Ans eigene Treiben
> Sind sie geschmiedet allein, und sich in der tosenden Werkstatt
> Höret jeglicher nur und viel arbeiten die Wilden
> Mit gewaltigem Arm, rastlos, doch immer und immer
> Unfruchtbar, wie die Furien, bleibt die Mühe der Armen.[117]

In dem, was die Moderne auch im umfassenden, intensiven, kritischen Selbstgespräch von sich selbst zu hören und zu sehen bekommt, geht sie *sich* ebensowenig auf wie der in ihr befangene Einzelne. *Sich* in der tosenden Werkstatt, im Technizismus, dem Gestell gemäß, höret jeglicher nur.[118]

Vielmehr kommt es darauf an, sich gerade, soweit das nur möglich ist, den Blendungen durch die unbedingte Selbstdeutungsambition und das radikal und ausweglos invertierte Selbstkonzept der Moderne – ihrer Zentralperspektive – zu entziehen. Ihr hegemonialer Selbstentwurf, analog zur vermeintlich blanken Ich-Unmittelbarkeit des Individuums (dem kleinen Selbstbetrieb), kommt auf Selbstbetrug hinaus, ist dazu angetan, daß sie sich um so mehr in sich verfängt und in sich selbst stürzt, in die eigene Unterwelt – scheint indes nicht geeignet, daß sie sich ihrer selbst erwehrt. Mit Undeutlichkeit muß die Selbstdeutung bezahlt werden. Ihre sich selbstverständlich gebende Selbstentzifferung und Selbstreklame muß aber nicht

---

117 Hölderlin, Gedichte, 110. An das Erschrecken vor dem Nichts in Hölderlins *Hyperion* erinnert Martin Walser (M. Walser, Verwaltung des Nichts, 14).
118 Nur *sich* zu hören bedeutet aber, *gar nicht* zu hören. Nach Canetti wächst daraus die *Angst*. „Es ist in der Angst etwas, das hören will, um jeden Preis, verzweifelt hören. Es ist dann alles recht, das sich hören läßt, das Gute, das Schlechte, das Gemiedene, das Gefürchtete. Wenn die Angst am größten ist, würde man einen Befehl zum Morden entgegennehmen, nur um zu hören." (Canetti, Provinz des Menschen, 108).

auch noch im Bewußtsein *der Theologie* Epoche machen. Womöglich kann man sich – in besserer Theologie, bei besserer Gerechtigkeit (Mt 5,20) – wirksam sperren. Nicht zuletzt gegen das einnehmende Pathospronomen „Wir". Es gibt ein richtiges Leben im falschen. Formen unmittelbaren Selbstbezuges und Selbstbewußtseins, von Individuen, von Gesellschaften oder von ganzen Epochen, kurzgeschlossene oder auch weit ausholende, doch auf sich zurückkommende Selbstdeutungen, in denen man nur mit sich selbst zu Rate geht, starren sich allzu leicht *an sich selbst* blind, übernehmen sich, wissen nicht, wie ihnen geschieht.

> Sprich zu dir selbst, dann sprichst du zu den Dingen
> und von den Dingen, die so bitter sind,
> ein anderes Gespräch wird nie gelingen,
> den Tod trägt beides, beides endet blind.[119]

Gelingt aber – gegen den Tod – „ein anderes Gespräch"? Findet sich ein Ausweg aus dieser Falle – nun hinsichtlich moderner Blindheiten? Eine Erklärung von außen? Zumindest für ein Wegstück mehr Klarheit über die eigene Konfusion? Und nicht nur Blindfenster. Sondern ein tatsächliches Hineingelangen in das Innere des neuzeitlichen Selbstkonzepts, um ihm etwas anderes, Lebendiges, Verheißungsvolles, entgegenzusetzen? Eine Einmischung in ihr jahrhunderteschweres, untergründiges und lärmendes, hochmütiges und verzweifeltes, fauchendes Selbstgespräch (wie es sich im Inneren der Individuen auf seine Weise wiederholt)?[120] Das Hineinsprechen und nachhaltige Eingehen einer vernehmlichen Stimme von außen in den Gruppen- und Intersubjektivitätslärm, in die vorgängige moderne Gestimmtheit? Daß der Lärm einen Moment lang den Atem anhält?

4. Der Zeit kann ins Wort gefallen werden

Ja, soll geantwortet werden – das Hineinsprechen gelingt, von der Bibel her,[121] einer der Sache nach ganz unabhängigen Stimme, einer einmaligen, letztlich unbeherrschbaren Seinstatsache und -möglichkeit und -notwen-

---

119 Benn, SW I, 279.
120 „O dieser vielhundertjährige Sumpf, in dem wir stecken!", ruft Barth Thurneysen zu (Barth – Thurneysen, Briefwechsel 2, 252). „Es ist so gräßlich schwer, immer wieder das Gegenteil auch nur zu *denken*, geschweige denn zu *sagen*, geschweige denn *formuliert* und im *Zusammenhang* zu sagen."
121 Schon gar nicht ist natürlich das, wie Barth das nennt, „moderne Kulturbewußtsein" nun umgekehrt dazu geeignet, als Kriterium der christlichen Verkündigung zu dienen (vgl. I/1, 264f).

digkeit, deren Wahrheit nicht zur Disposition steht. Doch wenn von der Bibel ausgehend, dann nicht von der Antike als von einer anderen Zeit, also nicht von bloß historischer, sehr relativer Fremdheit, sondern *von Christus her* als einem uneinholbar anderen, göttlichen, evangelischen, aber immer auch strikt gegenläufigen Außen. Er ist es, der unsere Zeit im Innersten berührt, das nivellierende Allerweltseinerlei und das chaotische Weltvielerlei, wo sämtliches mit Selbstähnlichkeit geschlagen scheint – wo sich alles auffächern läßt, doch wirklich erschließen nie. Er fällt ihr grundsätzlich ins Wort. *Denn er gibt mit seiner Gnade die Situation der Welt vor.* Die von ihm heraufgeführte Situation ist das entscheidende Heute. Der Anspruch ist eine Ungeheuerlichkeit: „Meine Gnade genügt dir!" (2Kor 12,9). Nichts fehlt, nichts ist hinzuzusetzen. „Der ganze Reichtum der Allmacht des göttlichen Erbarmens", führt Barth aus, „ist in seinem Wort Eines, das Eine Notwendige, über das hinaus und zu dem hinzu der Mensch nichts nötig hat, mit Fug nichts begehren kann." Er „braucht sich nicht mehr den Kopf zu verdrehen, um nach dieser oder jener oder gar nach allen Seiten zu lauschen und zu spähen. Er darf, er soll, er kann das auch nicht mehr tun." (IV/3, 179) Im Widerwillen dagegen, einem Krampf des Willens, im verrückten Begehren (dessen Erfüllungen nur wiederum Leere bedeuten), daß er sich den Kopf, das Herz, das Gewissen verdreht – liegt das schmutzige Geheimnis der Moderne (wie auch die Geheimgeschichte jedes einzelnen), etwas Lechzendes. Der Grund des Seins, seine Veranlassung, erscheint als wildgewordenes Defizit. Im weiteren Verstande ist die Moderne insofern *selber* Desiderat. Kaum ein Text scheint für Barths Theologie bestimmender als 2Kor 12,9, sogleich auf der ersten Seite der *Kirchen Dogmatik* wird auf ihn angespielt, kaum einer ist auf der anderen Seite dem Bewußtsein der Gegenwart fremder.

Wesentlich *im Gegenzug* zur weltanschaulichen, epochal-ideologischen Moderne macht sich die Stimme der Bibel geltend, insofern nämlich „die Weltanschauungen samt und sonders für *Jesus Christus keine* Verwendung haben." (IV/3, 296) Bis ins Letzte bleibt er ihnen widrig und unheimlich. Er wird, wo nicht ganz mit Schweigen übergangen, so zumindest auf Abstand gehalten. Sie leben ja als Versuche, sich im entscheidenden aus der eigenen Hand zu lesen: abzielend auf umfassende menschlich-eigensinnige Vorgaben, auf Selbststimmungen, Horizontentwürfe, konzeptionelle und dann tatsächliche Verfügungen, letzthin auf menschlich-eigenmächtige Selbstversöhnung, eine Erlösung eigenen Rechts und eigener Gnade. „Wir wollen hier auf Erden schon das Himmelreich errichten" (Heinrich Heine). Ihr Kennzeichen ist, weil Christusblindheit, Situationsblindheit – insofern der Versuch, den Menschen aus seiner ureigenen Geschichte, der Geschichte der bereits geschehenen, großen, unglaublichen Errettung, zu verstoßen. Trotz *de facto* posttotalitärer (nämlich real durch die Versöhnung bestimmter)

Situation wird noch einmal das Totalitäre aufgeworfen. Gesucht wird der Zugang zum Maschinenraum des Seins. Das Ganze im Dispositionsblick, man kann es aufmischen: durch Natur-Politik, durch Geschichts-Politik. In einem damit liegt damit der Versuch vor, sich zum einstimmigen System zusammenzuziehen, das Unterfangen eines Gesamtverstehens, eines großen Übergriffs, bar der Mitte, und insofern ein unaufhörliches Draußen, zu dem es kein Drinnen mehr gibt.

In Anwesenheit Jesu Christi – er ist ja mitten unter uns – tut die Zeit so, als wäre er nicht da. „Ich mag deine Stimme nicht mehr hören." „Gott ist tot." Die Grundlosigkeit und Abgründigkeit im modernen Bewußtsein. Der ausgebürgerte Christus. Diskutiert gern als „Bedeutungsverlust" „des Christentums". Den Versöhner, dessen Gnade, dessen Anwesenheit in Wahrheit genügt, kennt man im wesentlichen vom Wegsehen. Allenfalls unter den Bedingungen nachsichtiger Erinnerung, derer er für würdig erklärt werden kann, eher aber noch forcierter Vergessenheit, lebt er fort. Indessen, man müßte ihn täglich tausendfach, unendlich oft vergessen und sich für ihn abtöten können. Kann man ein lebendiges Gesicht begraben?

Insofern liegt sogar Schlimmeres als Situationsblindheit und Vermeintlichkeit vor, nämlich Widerwille und Lüge. Es ist konsequent, daß Barth die Sünde in ihrer dritten Gestalt,[122] die Sünde als *Lüge*, im Band IV/3 der *Kirchlichen Dogmatik*, also dort zum Thema macht, wo das *prophetische Amt* Jesu Christi im Mittelpunkt steht. „Ist es ein Zufall", so fragt Barth gleich zu Beginn des „dritten Problems" der Versöhnungslehre, näherhin zu Beginn eines weitgespannten Exkurses über Grundlinien der neuzeitlichen Entwicklung (18–40),

„daß es gerade an der Schwelle der *Neuzeit*, die auch eine christlich-kirchlich-theologische Neuzeit wurde, zur Wiederherstellung der Lehre vom *munus Christi propheticum* gekommen ist? Es könnte ja sein, daß uns das Eintreten auf das ‚dritte Problem der Versöhnungslehre' nicht nur aus Gründen zeitloser wissenschaftlicher Richtigkeit, Genauigkeit und Vollständigkeit geboten wäre, sondern daß es sich dabei auch um die Beantwortung einer uns durch die geschichtliche Entwicklung insbesondere der letzten 450 Jahre aufgedrängten Frage handelt, vor der sich eine neuzeitliche Theologie die Augen auch darum nicht verschließen darf, weil sie in den Schicksalen, Ereignissen und Gestalten der neuzeitlichen Kirche unübersehbar auf sie zugekommen ist." (18)

Nicht aus dem Blick zu verlieren sind die umfassenden Lebenslügen der Zeit, ihre Launen und Ironien, ihre tödlichen Vergeßlichkeiten und heillosen,

---

[122] Während sich für Barth die Sünde, wie bekannt, in Hochmut, Trägheit und Lüge auseinanderlegt, ist für Jüngel die Sünde in ihrer Urgestalt *Lüge*. „[...] das Böse am Bösen ist die Unwahrheit der Sünde. In ihrer Urgestalt als Lüge ist die Sünde der Inbegriff des Bösen." (Jüngel, Rechtfertigung, 91; vgl. 93–97).

selbstgewählten Blindheiten: wie sie sich ausprägen in den modernen Vollzugsformen der Selbstabtötung für Gott im Mittel universalen Mißtrauens gegen ihn und der Unterstellung göttlicher Mißgunst; und infolgedessen in den modernen Varianten der Selbstzerstörung des Täter-Menschen im Mittel des Vertrauens auf seine eigenen Werke.

Der Wesenskern der Neuzeit, wie mit ihrem Fortgang zusehends deutlicher und nachdrücklicher hervortritt, ist ihr Ungesagtes, das Unsägliche: daß sie die Versöhnung mit Gott in Verruf bringen will, sie für entbehrlich und schädlich erklärt. Gelebt, gedacht, empfunden wird im Schema eines absurden Widerwillens: im forcierten Willen zum Vergessen eines im Wahrheit Unvergeßlichen und darum innerhalb einer großen, nur noch elend zu nennenden Befangenheit. Subjektive Ernsthaftigkeit und Wahrhaftigkeit im einzelnen und von Vielen, von der überwältigenden Mehrheit, ist damit nicht ausgeschlossen, im Gegenteil weit verbreitet. „Alles geschieht", wird man mit Kafka sagen können, „in der ehrlichsten Weise, nur daß innerhalb einer Befangenheit gearbeitet wird, die sich niemals löst, keine Ermüdung aufkommen läßt [...]."[123] Auch die Wahrhaftigkeit des Kunstwerks (Adorno meint geradezu, es könne nicht lügen[124]) ist in diesem Zusammenhang zu nennen – soweit es zum Beispiel auf Uneindeutigkeit insistiert oder sofern es, auf seine Weise womöglich vollkommen gültig, doch vollkommen befangen, die Unwahrheit wiedergibt.

Die Bejahung und Wahrheit, die demgegenüber von den biblischen Texten her auf den Menschen, den Modernen, zuhält, ist darum so unangreifbar, weil er an ihrem Zustandekommen und ihrer Aufrechterhaltung ganz unbeteiligt ist, sie zu keinem Teil in seine Verfügung übergeht und er sie infolgedessen nicht durch Voreingenommenheit und Befangenheit von sich selbst beeinträchtigen oder ihr mit sich selbst Abbruch zu tun imstande ist. Im Geltungsbereich ihrer Worte befindet er sich außerhalb der Reichweite seiner eigenen Maßnahmen, Veranstaltungen, Dispositionen, Machenschaften. Das wahrhaft Positive, die Versöhnung, muß nicht und kann nicht gemacht werden. Es steht aber auch nicht erst aus oder müßte als unerreichbar gelten. Das große bejahende Lebensgefühl, die Wahrheitsliebe und deren Herzschlag zu erzeugen ist er außerstande. Doch ungleich schwerer wiegt das andere: es ist gar nicht nötig, daß er es selber herbeiführt (oder ersatzweise herbeibehauptet). Das Entscheidende geschieht für ihn, doch ohne seine unmittelbare Beteiligung. Er kommt nicht umhin, es sich einzugestehen: er ist für eine mitwirkende Beteiligung nicht geeignet. Jederzeit

---

123 Kafka, Tagebücher, 321.
124 Adorno, Ästhetische Theorie, 16 (vgl. 196; 199). „Der Geist von Werken kann die Unwahrheit sein", wird allerdings an anderer Stelle zugestanden (136; vgl. auch 129). Auch Picht (Picht, Kunst und Mythos, 28) meint: „[...] Kunst kann nicht lügen."

würde das Mörderische und Lügenhafte in ihm alles gefährden. Wenn das Heil von ihm abhinge, fände er keine Ruhe. Das Rettende ist nicht planbar, es ereignet sich einfach. Der Gekreuzigte tritt als Mittler an seine Stelle. Dessen Anwesenheit als Mittler ist seine Gnade. Seine Gnade aber – *das ist er selber*[125] – genügt. Der Versöhnte braucht Gott gegenüber nicht den Mund aufzumachen zu irgendeiner Verteidigung, doch auch zu keiner Selbstanklage. Er kann ganz still bleiben. Ein Anderer macht das schon. Begreifen kann er, daß dort seine eigene Angelegenheit betrieben wird. Einzutreten vermag „Lösung, Lockerung, Entkrampfung" – auch die des Willens, auch die des Willens zu Macht und Abermacht.[126]

Das Besondere der aus den biblischen Versen sprechenden, intervenierenden Bejahung liegt in ihrer Unerschütterlichkeit. Die Würde des Menschen, vom Sohn Jesus Christus an Gott den Vater vermittelt, die Würde des Volkes Gottes ist unantastbar.

5. Jesus Christus vermittelt Phänomenalität

Beabsichtigt ist also eine *christologisch orientierte Zeitanalyse*, eine Zeitbetrachtung mit radikal fremdem Blick: vom Gedanken der Versöhnung und dann auch der Schöpfungsmittlerschaft Christi her – der nämlich als *umfassender* Schöpfungsmittler, als Weltvermittler, Sprach- und Zeit- und Geschichtsvermittler in Betracht kommen darf. Selbstverständlich mißt sich die Wahrheit nicht einfach an ihrer Entfernung zum Geist der Moderne. Sämtliches Wahre ist vielmehr nur wahr im Einklang mit ihm, positiv, lichtdurchkreuzt. In *jeder* Hinsicht datieren wir uns nach ihm. Er schreibt sich mir in meinen jeweiligen Lebensmoment ein, in meine Liebe und Hoffnung und Lebensnot, in die Luft, die ich atme, in meinen Sonnenaufgang und meine Kafka-Lektüre, in die gesellschaftlichen Verhältnisse und in die epochale Situation ... Es ist alles an ihn weiterzureichen. Maßgeblich ist folgerichtig ausschließlich sein Horizontentwurf, der Vorentwurf einer allem zuvorkommenden, in ihm anschaulichen und anwesenden Liebe. Sie rückt sämtliches in die Maßgabe der Gnade: in das unendliche, schöne Vorurteil, von dem Gott selbst sich bestimmen lassen will. Niemand liebt den Menschen so sicher wie er (Tit 3,4). Der Schöpfungsmittler Christus – geheimnisvoll zwischen den Zeiten, zwischen den Phänomenen, mitten unter ihnen – tritt zwischen mich und jede Art von Erscheinungen der Welt, unterbricht sie, präsentiert und bietet dar, was ist. In ihm liegt Beziehungsfülle. Er vermittelt *Phänomenalität*.

---

125 Vgl. Barth, Predigten 1954–1967, 224.
126 Barth, Ethik II, 430.

In Erinnerung zu rufen sind für diesen Zusammenhang die wenigen Seiten eines der eindrucksvollsten Kapitel der *Nachfolge* von Dietrich Bonhoeffer: „Die Nachfolge und der Einzelne".[127] Bonhoeffer beschreibt dort in großer Eindringlichkeit, wie Jesus Christus sich „zwischen mich und die Gegebenheiten der Welt gestellt" hat[128] – eine nichts auslassende, alles verdeutlichende und identifizierende Zwischen- und Mittelstellung. Der Gedanke der umfassenden Mittlerschaft Christi (nur einige Bereiche geht Bonhoeffer in diesem Text durch) bedeutet den „Bruch mit den Unmittelbarkeiten der Welt"[129] – und das im Sinne allumfassender Erneuerung: „[...] das Alte ist vergangen, siehe, es ist alles neu geworden. Es hat alles durch Christus hindurchgemußt."[130] Sämtliches, soll es nicht verfehlt und verdorben und besudelt werden, muß durch dieses Tor, durch diesen Eingang hindurch (und kommt dann erst zu sich und verdeutlicht sich), über diese Brücke hinweg, muß genau diesen Übergang nehmen. Was immer ist, war, sein wird, vermittelt sich durch ihn, nicht zuletzt der Umbruch vom Alten zum Neuen, vom unhaltbar alten, verendenden Äon zum neuen Äon. Jesus Christus – in jeder Hinsicht Übergang und Wegsinn – ist Schöpfungs- *und* Versöhnungs- *und* Vollendungsmittler.

Der Gedanke Bonhoeffers, eben eine Fortführung des alten Theologumenons der Schöpfungsmittlerschaft Christi, trägt, wenn man ihm ernsthaft nachgeht, außerordentlich weit. Dies um so mehr, sobald man ihn im Zusammenhang sieht mit dem zuletzt überaus scharf ausgeprägten Epochenbewußtsein Bonhoeffers, wie es etwa aus seiner Überlegung *Nach zehn Jahren* oder aus seinen *Gedanken zum Tauftag von Dietrich Wilhelm Rüdiger Bethge* hervorgeht.[131] Jesus Christus, verstanden als Weltvermittler, als Sprach- und Zeit- und Geschichtsvermittler, eben als umfassender Schöpfungsmittler, tritt ein in *epochale* Übergänge, Brüche, ja Abgründe.

Jesus Christus präsentiert, was ist. Sofern aber nicht er, dann unverzüglich eine widrig vorgelagerte, ihrerseits soteriologische, lediglich irgend wie christusförmige Gegenmacht, der Anti-Christus, das in sich Widrige, Widerwärtige und Nichtige. *Tertium non datur*. Christologisch präzisiert (1Kor 2,2), setzt das Erste Gebot, „das große Evangelium des ersten Gebotes",[132] eine nichts auslassende, irreduzible Grundspannung in die Welt. Keinen Moment lang läßt eine Antwort auf die Frage der Soteriologie auf sich warten. Die entsprechende Stelle – für die Offenbarung, für die Wahrheit und das Leben – bleibt nicht einen Augenblick lang unbesetzt. Der

---

127 Bonhoeffer, DBW 4, 87–95.
128 Bonhoeffer, DBW 4, 88.
129 Bonhoeffer, DBW 4, 89.
130 Bonhoeffer, DBW 4, 93.
131 Bonhoeffer, DBW 8, 19–39; 428–436; vgl. Körtner, Theologie des Wortes Gottes, 59f.
132 Barth, Paralipomena, 169.

Mensch leidet und jubelt, lebt und stirbt immer schon tief „religiös", indes niemals noch im Vorfeld oder neutral oder bereits jenseits der Alternative (diesseits noch oder schon jenseits von gut und böse). *De facto* spielt das vermeintliche Diesseits oder Jenseits hinterrücks dem Bösen in die Hände.[133] Und diese Alternative will ja stets in äußerster Zuspitzung Heil oder Unheil, Segen oder Fluch heißen.[134] Das Gefälle geht nach hierhin oder nach dorthin. Es gibt infolgedessen die *notwendige* Unversöhnlichkeit, die notwendige *soteriologische Brechung*.

6. Aus radikaler Erschütterung ist zu denken

Worum geht es also der Sache nach? Was gibt im Hier und Jetzt den Ausschlag? Das über Segen und Fluch Entscheidende ist das Gegenüber von Christus *und dem Bösen*, von Christus *und dem Nichts*: der nihilistische Sturz, der traumatische Schock, die, so Barth, *„Ankündigung* der Präsenz und Wirksamkeit des Nichtigen", die „Begegnung des Menschen mit dem Nichts" (III/3, 397),[135] mit einer, so Benn, „dumpfen, unerwiderbaren Welt".[136] Sich ihr wirklich zu erwidern ist der Mensch außerstande. Das

---

133 Es liegt darum durchaus in der Konsequenz der Behauptung Nietzsches („*Jenseits* von Gut und Böse"), wenn Benn Oelze gegenüber erklärt: „Es giebt innerhalb der geschichtlichen Welt kein Gut u. Böse. Es giebt nur das Böse, meine ich. Wer das nicht sieht, ist in der Substanz schmächtig und seelisch nicht herangereift." (Benn, Briefe an Oelze I, 245).

134 Die Alternative „unbedingt" oder „endlich", so eindrucksvoll sie auch im Sinne der Überlegungen Lévinas' von W. Krewani formuliert wird (im Vorwort zu: Lévinas, Spur des Anderen, 9), reicht darum nicht zu: „Der gottgleiche Mensch der Neuzeit, der die Geschichte an ihr befriedetes und erfülltes Ende zu führen gedachte, hat sich als eine beschränkte geschichtliche Form des Menschen erwiesen, deren Grenzen heute sichtbar geworden sind. Wie soll auch der Mensch, der auf vielfältige Weise abhängig und bedingt ist, in der Lage sein, eine Welt und eine Totalität einzurichten, da ihm sein eigenes Dasein undurchsichtig ist und bisher nicht hat durchsichtig gemacht werden können? Daher tritt nun der Rede von der Autonomie des Subjekts, die die Neuzeit in ihren wesentlichen Strömungen beherrscht hat, die Überzeugung von der Endlichkeit des menschlichen Daseins entgegen. Der Drang nach dem Unbedingten weicht dem Glauben an die Bedingtheit durch Tradition und Natur."

135 Zur Abgründigkeit des Nihilismus vgl. Bonhoeffer, DBW 6, 115f; 118f; 122; 171; DBW 8, 499; DBW 15, 224; 531; DBW 16, 169; 223; 275. In *Schöpfung und Fall* spricht Bonhoeffer vom „selbstherrlichen Nichts" (DBW 3, 32). Moltmann (Lebensgeschichte, 332) nennt einen „apokalyptischen Nihilismus", „der die Zukunft des Lebens verloren gibt."

136 Sogar Benn bekennt, er kenne sie im Grunde gar nicht: „Nihilismus ist für mich ein Wort, das klingt aus einer dumpfen, aschigen Welt herauf, die ich vielleicht einmal betrat, aber gar nicht kenne. Es ist eine dumpfe, unerwiderbare Welt, während ich jederzeit erwidert habe. Die Erwiderung – das ist es ja wohl." (Benn, SW VII/2, 301; eine Notiz aus dem Nachlaß; dort z.T. andere Orthographie und Interpunktion). – Das entsetzlich, höllisch Unerwiderbare in einer Szene, die George Steiner nennt (Steiner, Schöpfung, 290): „Ein Häftling, der vor Durst umkam, sah zu, wie sein Peiniger langsam ein Glas frisches Wasser auf den Fußboden goß. ‚Warum tun Sie das?' Der Schlächter antwortete: ‚Hier gibt es kein „Warum".' Und das bezeichnet, mit einer Knappheit und

ginge über seine Verhältnisse.[137] Vielleicht, allenfalls, vermag er das Meinetekel auf der Wand des Nichts zu lesen. Sich darin einzuüben mag er versucht sein. Weit kann man damit nicht kommen. „Einübung ins Nichts" überschreibt Martin Walser Ausführungen über Robert Walsers bestürzenden Roman *Jakob von Gunten* von 1909.[138] In fürchterlicher, exekutiver Ironie wird dort menschliche Selbsterniedrigung und unentrinnbare Nichtigkeit vernünftiggesprochen, das „Prinzip Hoffnungslosigkeit" aufgerichtet.[139] Eben in diesen Zusammenhang gehört auch die von Hugo Friedrich vielfach aufgewiesene Priorität der *Abwesenheit* der Dinge vor ihrer Anwesenheit in maßgeblichen Gedichten der modernen Lyrik. Friedrich spricht geradezu von einem „ontologischen Schema".[140] „[...] in der Tiefe dieser Phantasie [sc. Baudelaires] ist magische Schönheit eins mit der Vernichtung."[141]

Die wie auch immer augenblickshafte Begegnung mit dem Nichts macht Barth u.a. in einer Auseinandersetzung mit Jean Paul Sartre und Martin Heidegger zum Thema. Beide dürfen im emphatischen Sinne als authentische Zeitzeugen gelten. Bei beiden – als ob sie mit weit aufgerissenen Augen die Gegenwart beobachteten – geht es um ein zutiefst schreckhaftes Erwachen (und unendlich fern liegt jenes erwähnte sanfte „Aufwecken der Kinder im Vaterhaus zum Leben in diesem Hause").

„Das Staunen Heideggers ist [...] nicht weniger beredt als der Trotz von Sartre, und dieser nicht weniger zeugnishaft als jener. Sie denken beide in und aus der realen *Begegnung* mit dem Nichtigen. Sie mögen diese Begegnung und also auch das

---

Durchsichtigkeit aus der Hölle, die Scheidung von Menschlichkeit und Sprache, von Vernunft und Syntax, von Dialog und Hoffnung."

137 Barth hat diesen Gedanken in dem nicht in die Druckfassung der *Kirchlichen Dogmatik* aufgenommenen § 42 besonders deutlich immer wieder unterstrichen (Barth, Paralipomena, 82f; 162–164; 332f u.ö.).

138 M. Walser, Selbstbewußtsein, 115. – In kaum zu überbietender Schärfe und Bitternis stellt sich in Robert Walsers Roman die Theodizeefrage. Gott – „der ist zu erhaben zur Hilfe. Zu helfen und zu erleichtern, das würde dem Allmächtigen gar nicht ziemen, so fühle ich wenigstens." (R. Walser, Jakob von Gunten, 122) Die letzten Sätze lauten dann (162): „Jetzt will ich an gar nichts mehr denken. Auch an Gott nicht? Nein! Gott wird mit mir sein. Was brauche ich da an ihn zu denken? Gott geht mit den Gedankenlosen. Nun denn adieu, Institut Benjamenta."

139 Vgl. M. Walser, Selbstbewußtsein, 149.

140 So heißt es zu Mallarmé Gedicht *Éventail (de Mme. Mallarmé)*: „Auch hier hat die Abwesenheit der Dinge höheren Rang als ihre Anwesenheit, auch hier sind sie allein in der Sprache da. [...] Das ontologische Schema dringt durch: Dinge, sofern sie reale Gegenwart haben, sind unrein, nicht absolut; erst im Vernichtetwerden ermöglichen sie die Geburt ihrer reinen Wesenskräfte in der Sprache." (Friedrich, Struktur, 103; vgl. auch 99f; 102; 110: bes. 122–128). Vorher (80) ist vom Hinausstellen der Dinge „ins Beziehungslose" (ins Verhältnislose, in den Tod) die Rede. Friedrich zitierte eine Äußerung Mallarmés: „Nachdem ich das Nichts gefunden hatte, fand ich die Schönheit." (115) und (118): „Das Idealgedicht wäre, das schweigende Gedicht, aus lauter Weiß' [...]."

141 Friedrich, Struktur, 83.

Nichtige selbst mißdeuten. Sie können sie aber keinen Augenblick vergessen. Sie verstehen wohl nicht, was sie lesen, aber sie lesen sicher *diesen Text*. Sie denken und reden aus und in der – nicht radikalen, aber doch sehr beträchtlichen *Erschütterung*, die die beiden Weltkriege für das abendländische Denken und für die abendländische Sprache bedeutet haben." (III/3, 397)

Es ist kennzeichnend, daß Barth hier eine „beträchtliche" von einer „radikalen" Erschütterung unterscheidet. Jene, das wird Sartre und Heidegger zugestanden, mag aus geschichtlicher Erfahrung erwachsen, und es bedeutet viel, in dieser Hinsicht in die eigene Zeit eingetaucht zu sein, um über sie zumindest vorläufig Aufschluß geben zu können. Vom „großen *Entsetzen*" redet Heidegger in den *Beiträgen zur Philosophie*.[142] Aber diese, die *radikale* Erschütterung, kommt aus der Begegnung mit dem wahrhaft Nichtigen, wie es ausschließlich in der Konfrontation Jesu Christi mit diesem Widersacherischen zutage tritt.

Barth hebt sodann hervor, daß beiden Denkern das historisch Neue dieser Situation sehr wohl vor Augen steht und daß sie auf das Kernproblem der Zeit zumindest aufmerksam geworden sind:

„Das 18. und 19. Jahrhundert, *ihr* Optimismus und *ihr* Pessimismus, *ihr* Quietismus und *ihr* Aktivismus, *ihre* Spekulation und *ihr* Positivismus liegen für einmal hinter ihnen. Ist ‚der Weg zurück' wohl auch bei ihnen nicht einfach abgeschnitten – wer weiß, was wir noch erleben werden, wenn beide ihre Linien zu Ende ziehen? – so ist er doch zunächst kräftig verbaut. Sie können es jedenfalls vorläufig nicht verleugnen, daß das Nichtige – es könnte so etwas wie das wirklich Nichtige gewesen sein – in unüberhörbarer und unvergeßlicher Weise zu ihnen gesprochen hat, daß jedenfalls die Frage nach ihm für sie aus der Fülle *der* Probleme herausgetreten ist, daß sie für sie *das* Problem geworden ist."

Und Barth resümiert:

„Erhöhte, verschärfte Aufmerksamkeit in dieser Richtung – das ist es, was man, wenn man es sonst noch nicht gelernt hat, bei ihnen bestimmt lernen kann."

Denn unumgänglich erscheint, als Theologe mit den Ungeheuerlichkeiten der Gegenwart *in Berührung* zu sein, „in Tuchfühlung und im Handgemenge" (IV/3, 793). Darum die Notwendigkeit, jene Aufmerksamkeit an den Tag zu legen. Die Konsequenz reicht weit: ein „ordentliches" (nämlich nicht hinter der eigenen Zeit zurückbleibendes) Denken und Reden darf nicht hinter das dort, bei Sartre und Heidegger, Erreichte zurückfallen:

„In diesem Sinne verstanden kann heute niemand – ob er es gerade bei ihnen oder sonst gelernt hat – einen ordentlichen Gedanken denken, ein ordentliches Wort sagen, ohne ‚Existentialist' zu sein und als solcher zu denken und zu reden: gestellt und

---

142 Heidegger, Beiträge, 158.

betroffen durch die in unseren Tagen in besonderer Eindringlichkeit geschehene *Ankündigung* der Präsenz und Wirksamkeit des Nichtigen."

Und dann fügt Barth emphatisch hinzu, daß in seiner Zeit gar nicht anwesend wäre und an seiner Zeit vorbeireden müßte, wer sich von diesem nihilistischen Sturz, sagen wir dem Zeitbeben, unberührt glaubte:

„Wer den *Schock* nicht kennte, den Heidegger und Sartre in diesen Jahrzehnten empfangen und zu dessen Zeugen sie sich gemacht haben, der würde nicht als Mensch unserer Zeit denken und reden, der würde der Möglichkeit beraubt sein, sich den anderen Menschen unserer Zeit wirklich verständlich zu machen. Denn wir Menschen dieser unserer Zeit sind Menschen, die diesen Schock, ob bewußt oder unbewußt, nun einmal empfangen haben."

Allerdings ist sogar dieser Schock noch einmal auf die Begegnung mit dem wahrhaft Nichtigen hin zu relativieren:

„Die Begegnung des Menschen mit dem Nichts hat in unseren Tagen in einer Weise stattgefunden, die eine in dieser Hinsicht außerordentliche *Gelegenheit* bedeutet. Mehr kann und darf man wohl nicht sagen; denn der Mensch lebte *immer* in dieser Begegnung, und mehr als eine außerordentliche *Gelegenheit*, sich ihrer bewußt zu werden, ist uns auch in unserer Zeit nicht geboten. Zu der Prahlerei, wir, wir hätten ‚den Dämonen in die Augen gesehen', ist auch heute kein Anlaß. Denn daß uns heute eine außerordentliche Gelegenheit geboten ist, in jener Begegnung mit dem Nichts das Nichts auch zu erkennen, das bedeutet ja noch nicht, daß das wirklich geschehen ist. Wir haben Gründe zu der Annahme, daß das auch bei Heidegger und Sartre *nicht* wirklich geschehen ist." (III/3, 397)

Nicht auf Sartre, der dann einen anderen Weg genommen hat, aber auf Heidegger und seine „ungeheure Courage" soll in den folgenden Ausführungen wiederholt Bezug genommen werden.[143] In seinem Werk handelt es sich m.E. um die nach wie vor profundeste Gegenwartstheorie, die wir haben, ins Älteste zurücklaufend und ungemein erklärungskräftig. Über die Tiefenschichten der Moderne hat er uns soviel mitgeteilt wie kaum jemand sonst. Läßt es sich erklären, daß die Theologie sich, zu ihrem Schaden, seinem Werk gegenüber je länger je mehr weitgehende Ahnungslosigkeit leistet? Dem Irrtum Heideggers, es könne ein nach-christliches Denken geben,[144] ist dabei für unseren Zusammenhang so zu begegnen, daß seine Überlegungen von Fall zu Fall, soweit das möglich ist, ins Christliche zurückzuübersetzen sind.

---

143 Von Heideggers Werk, „vor dessen *ungeheurer Courage* zumindest man Respekt haben sollte", spricht Hannah Arendt in einem Brief an Dolf Sternberger (zit. bei Grunenberg, Geschichte einer Liebe, 320). – Zwei Gruppen von Denkern, die diesen Namen verdienen, unterscheidet Valéry. Zur ersten gehört m.E. Karl Barth, zur zweiten zählen nach meinem Urteil Ernst Jünger und Martin Heidegger. „Die einen Denker haben das Verdienst [,] klar zu sehen, was alle übrigen undeutlich sehen; die andern, undeutlich zu sehen, was noch keiner sieht." (Valéry, Windstriche, 45).
144 Vgl. Steiner, Heidegger, 221.

Fazit: das „Heute", ein womöglich quälend langer Moment, ist der real existierende Nihilismus, auch in seiner müden, schleichenden, womöglich depressiven, trivialen (nach Lage der Dinge verschärften) Variante und Verkleidung. Nun hat Heidegger die auch von Barth als ausschlaggebend angesehene Begegnung des Menschen mit dem Nichts seit den 30er Jahren komplexer, doch auch präziser gefaßt, indem er in immer erneuten Anläufen die *neuzeitliche Technik* als den nihilistischen Protagonisten identifizierte. Wer von der Technik nicht reden will – so muß man in diesem Sinne sehr konsequent folgern, – mag gleich ganz von der Moderne schweigen. Über die Frage nach den Technikfolgen ist entschieden hinauszugehen. Zu Recht gibt Walter Mostert zu bedenken:

„Wer heute die grosse Frage einfach unter das Thema der Machbarkeit stellt, des Tuns, der möchte vielleicht den Ernst der Situation noch gar nicht bedacht haben, die Probleme doch am Ende wieder als technische Probleme und ihre Lösung unter dem Gesichtspunkt der Operationalisierung betrachten."[145]

Das Heute, in anderen Worten, ist die Technokratie, dieses unter seinem Panzer von Verheißungen und Drohungen langsam verfaulende Reptil der *unbedingten* Macht. Ihre Entfaltung ist eins mit progressiver Verwahrlosung und dem Verfall des Sinnes für das Lebensdienliche und Lebensnotwendige. Läßt sich eine Rückzugsbewegung denken?

7. Der Sinn der technischen Welt verbirgt sich

Schon Bonhoeffer hat früh auf die Problematik der neuzeitlichen Technik hingewiesen. Auch er beläßt es nicht bei der Frage nach den Technikfolgen. Unter der Überschrift „Der Tag" legt er 1933 in *Schöpfung und Fall* Gen 1,4b–5 aus und kommentiert:

„Die Tages- und die Nachtgötter, die nach heidnischem Glauben die Welt beseelen und erfüllen, sind hier zwar gänzlich entthront, aber dennoch bleibt der Tag das erste Geschöpf Gottes, das Wunderbare und Mächtige in der Hand Gottes. Uns ist der Tag in seiner Geschöpflichkeit und Wunderbarkeit ganz versunken. Wir haben uns seiner Macht entzogen. Wir lassen uns durch ihn nicht mehr bestimmen. Wir berechnen und verrechnen ihn, wir lassen ihn uns nicht schenken, wir leben ihn nicht. Heute weniger denn je, *die Technik ist der Kriegszug gegen den Tag.*"[146]

Und zum Herrschaftsauftrag führt er aus:

„Auch wir meinen zu herrschen, aber es gilt hier wie in der Walpurgisnacht: man glaubt zu schieben und man wird geschoben. Wir herrschen nicht, sondern wir werden beherrscht, das Ding, die Welt beherrscht den Menschen, der Mensch ist Gefan-

---

145 Mostert, Leben und Überleben, 126.
146 Bonhoeffer, DBW 3, 45 (Hv. M.T.).

gener, Sklave der Welt, seine Herrschaft ist Illusion; *die Technik* ist die Macht, mit der die Erde nach dem Menschen greift und ihn bezwingt."[147]

Können wir freilich mit hinreichender Bestimmtheit sagen, womit wir es dabei zu tun haben? Nein. „Was durch die moderne Technik und mit ihr gleichzeitig aber im Menschen innerlich geschieht, ist noch völlig unklar", bekennt Karl Jaspers schon 1920.[148] Was sie Welt und Mensch angetan hat und antut, erscheint unterdessen m.E. keineswegs deutlicher, vielmehr, weil tief eingeschliffen und um vieles selbstverständlicher geworden, um so dunkler. Das konkrete Jetzt, die Technokratie, bietet nach Herkunft und Wesen ein zerrissenes Bild, ihr Sinn ist unverstanden, die angeblich postmoderne (ein ratloser Begriff) und nach-technokratische, die in Wahrheit um so modernere und lediglich anders-technokratische, besser-technokratische, sich nur mit sich bestätigende Zeit sitzt in sich selbst fest. Kein Potential zur Aufhebung ihrer eigenen Herrschaft läßt sich in ihr selbst ausfindig machen. Mangels stringenter Alternativen vermag kritische Distanz nicht aufzukommen. Gegenstimmen gibt es nicht. Auch in den – nur durch Technik überhaupt möglich gewordenen – verheerenden Katastrophen des 20. Jahrhunderts verblaßt ihr Glanz nur vorübergehend.[149] Sie kehrt sich als gebieterische, sich nach jeder Krise noch jedesmal fragloser aufdrängende Wirklichkeit hervor; der Versuch geht dahin, alles mit sich zu überziehen; man kann keine Bilanz über sie aufmachen. Schon gar nicht erscheint sie als Schadensfall, den es nur noch mit möglichst geringen Verlusten abzuwickeln gilt. Man kann ja auch, wie hier, durch Schaden dümmer werden.

Eine ihrer (vermeintlich unübersehbaren) Stärken liegt in der durch sie erzwungenen spezifischen Vereinheitlichung. „Bei der Verwirrung zu Babel", notiert Canetti in einem Aphorismus, „hat Gott sich verrechnet. Sie sprechen jetzt alle dieselbe Technik."[150] Die Technik, der Technizismus, das Heute, die Fusion aus Technik und Wissenschaft, Heideggers Gestell ... fährt in die Babel-Wesen, dringt ein in ihre Sprache, in ihr Weltverhalten, in ihre Empfindungen und Stimmungen – und reißt alles mit. Stigmatisiert bis

---

147 Bonhoeffer, DBW 3, 62 (Hv. M.T.). – Bonhoeffer identifiziert damit, ohne das im einzelnen auszuführen, die neuzeitliche Technik als *chthonische Gewalt* – wie dies später auch bei Barth in den Fragmenten der Ethik der Versöhnungslehre unter der Überschrift „Die herrenlosen Gewalten" begegnet (Barth, Das christliche Leben, 388ff; bes. 391; 394–396).
148 Jaspers, Rechenschaft, 27.
149 In einem irgendwie wesentlichen Sinne, so Barth, lernt der Mensch in aller Regel aus Katastrophen nicht. Schon gar nicht spürt er den Grund unter sich beben. In einem Vortrag kurz nach dem Zweiten Weltkrieg erklärt er: „Die Schläge kamen, die Bomben fielen, die Gerichte entluden sich in ihrer ganzen Furchtbarkeit, und die Menschen duckten sich, richteten sich wider auf und gingen ihren Weg weiter, wie sie ihn vorher gegangen waren. [...] Wir müssen in aller Ruhe feststellen: Katastrophen, Unheil und Not, wie sie über uns hereingebrochen sind, haben offenbar in sich und als solche keine erleuchtende und keine bekehrende Wirkung." (Barth, Zwei Vorträge, 17f).
150 Canetti, Fliegenpein, 14.

in den Kern findet sich die Zeit durch das System „Wissenschaft und Technik". Es herrscht der große quasi-personale, mörderische Bordcomputer, den man nicht abschalten kann, HAL, aus Stanley Kubricks Film *2001: A Space Odyssee.*

Der m.E. die neuzeitliche Technik am gründlichsten bedacht hat, Martin Heidegger, hat nun gleichzeitig immer wieder ihre tiefe Rätselhaftigkeit eingestanden. „*Der Sinn der technischen Welt verbirgt sich*", heißt es.[151] Daß uns der Grund des tiefgreifenden Wandels des europäischen Daseins, eben der Wendung zur neuzeitlichen Technik, „bis heute dunkel" sei, erklärt Heidegger in einer Vorlesung im Sommersemester 1936.[152] „Vielleicht steht auch unser Jahrhundert all dem heute noch zu nah, zu nah gerade auch noch im Willen zur Überwindung, um abzuschätzen, was eigentlich vor sich ging."[153]

Die Technik, schreibt Heidegger 1947 dann an Elisabeth Blochmann, sei „selbst nichts ‚Technisches' [...], sondern ‚Geist' u. d.h. eine Art, wie das Seiende im Ganzen offenbar wird u. als Offenbares waltet. Einfacher ließe sich auch alles so sagen: wir wissen noch nicht, was das Technische ist – es besteht nicht im Mechanismus der Atombombe, auch nicht darin, daß der Mensch diesen Mechanismus herstellt u. ihn der Natur abzwingt. Das Technische verbirgt sich vielmehr noch darin, *daß* die Natur solches zuläßt u. *daß* der Mensch auf diese mögliche ‚Meisterung' der Naturkräfte sich einläßt u. mit ihr die Welt einrichtet. *Daß* dies geschieht, besagt: daß die Erde zum Material der ‚Physik', daß der Mensch zum Material der ‚Psychologie' geworden ist u. erst noch werden wird."[154]

Und in einem Brief an Hannah Arendt wird ausgeführt:

„Was weltgeschichtlich abrollt, ist die Machenschaft aus einem Geheimnis, von dem uns unsere kurztragenden Vorstellungen fernhalten", und dann in einem weiteren Brief: „‚Das Gestell' ist schon eine rätselhafte Sache; je weniger wir das Geheimnis zu umgehen versuchen, um so eher wird es glücken, einmal seinem Wesen zu entsprechen. Vorerst sieht es so aus, als müßte erst seine zerstörerische Seite zu einem vollendeten Austrag kommen."[155]

Barth seinerseits sieht die Alternativstellung zur christlichen Verkündigung, eine schroffe Unverträglichkeit, durch keinen Kompromiß aus der Welt zu schaffen: „Dürfen sich die Christen wundern", so fragt er 1946, „daß materielle und technische Interessen außerhalb der Mauern der Kirche mehr als je die Menschen beherrschen?"[156] Dergleichen Interessen treten eben als

---

151 Heidegger, Reden, 527.
152 Heidegger, Schelling, 55.
153 In der Kunst hat demgegenüber das Phänomen des „zu nah" (zum Beispiel in Picassos Verformung von Körpern) einen eigenen Sinn.
154 Heidegger – Blochmann, Briefwechsel, 93.
155 Arendt – Heidegger, Briefwechsel, 120f.
156 Barth, Zwei Vorträge, 17f.

Kontrahenten des christlichen Glaubens auf. Dringend nahegelegt wird von ihnen, daß sie mit ihm ja gar nicht ernsthaft aneinandergeraten (sondern harmlos nebeneinandergeraten). Rächen muß sich ihre Unterschätzung oder die Bagatellisierung des Umstands, daß es sich um der Verkündigung zutiefst *widerstreitende* Ideen handelt – die selbstverschuldete Harmlosigkeit.

d. Die Unheimlichkeit des Niegekannten

Auf überaus eindrucksvolle Überlegungen ist zurückzukommen (sie sind in diesem Zusammenhang jedenfalls mindestens zu nennen): die aus noch ungleich größerer zeitlicher Distanz als der bisher genommenen, aus Distanzen der Erdgeschichte, ein Heute in den Blick zu fassen versuchen. *Ernst Jünger*, ein Leben lang beschäftigt mit der Frage nach einem möglichen Sinn der europäischen Katastrophe, sein Werk gezeichnet mit der traumatischen Erfahrung des Weltkriegs, ein Zeuge seiner Zeit, sich als solcher immer wieder zur Kälte zwingend, Teilnehmer als Soldat auch des Zweiten Weltkriegs, abzielend in seinen Texten weniger zu *werten* als vielmehr zu *sehen* – notiert in großer sprachlicher Kraft zu einem Teil bestürzende Diagnosen.

„Wir befinden uns", so heißt es, „in dem Zustande von Wanderern, die lange Zeit über einen gefrorenen See marschierten, dessen Spiegel sich bei veränderter Temperatur in große Schollen aufzulösen beginnt. Die Oberfläche der allgemeinen Begriffe beginnt brüchig zu werden, und die Tiefe des Elements, das immer vorhanden war, schimmert dunkel durch die Risse und Fugen hindurch."[157]

In Erinnerung zu rufen ist nach Jünger, daß die Erde die Zonen des ganz großen Umbruchs kennt, die weit ausgreifenden Rhythmen der Geschichte der Natur. Sie in irgendeiner Unmittelbarkeit wahrzunehmen müßte für den Menschen tiefste Bestürzung bedeuten. Genau sie indes, so Jünger, steht zur Erfahrung an; beispiellose Erschütterung kommt über die gegenwärtige Menschheit. Die Erde selbst gerät in evolutionäre Bewegung, sie „häutet sich", wie Jünger vielfach formuliert.[158] Ein Zeitfenster, wie es der bisherigen Menschheit zur Verfügung stand, ist dabei, sich für immer zu schließen. Eine jähe Wendung der Erdgeschichte, eine „Erdrevolution" findet statt, die Tiefe des Elementaren schimmert durch die Risse der historischen Zeit, das nicht Geheure macht sich in der Menschheitsgeschichte wie ein Grundsturz bemerkbar, etwas Niegekanntes steht vor der Tür, klopft mit

---

157 Jünger, SW 7, 152. Generell wird man sagen können, daß dieser Autor Bücher schreibt, die langsam zu ihren Lesern gelangen – und dann bleiben.
158 Nur ein Beispiel, Jünger, Siebzig verweht IV, 160: „Die Erde häutet sich; wieviel sie abstreift, bleibt ungewiß."

rätselhaften Tatsachen an, es läßt sich nicht wirklich begreiflich machen. Mit politischen Mitteln ist es schon gar nicht zu bewältigen. „Unsere historische Erfahrung ist zu kurz [...]."[159] Maßstäbe fehlen. Vergleichbares steht nicht zu Gebote. „Der Vorgang ist erdgeschichtlich; er übergreift die Menschengeschichte und schließt sie ab, wenigstens in dem Sinne, in dem wir sie bislang verstanden haben. Das erklärt, warum wir mit der geschichtlichen Erfahrung und den aus ihr entwickelten Methoden nicht auskommen."[160] Die „Großen Übergänge" sind ja „mit Formvernichtung verknüpft [...]. Sie unterscheiden sich darin von den Revolutionen, in denen sich das Bestehende wendet; das Sein wird tiefer als in den sich wandelnden Schichten berührt."[161] Es wird unheimlich.

Niemand hat m.E. diesen Gesichtspunkt der *Unheimlichkeit der Gegenwart* in vergleichbar bestürzender Dringlichkeit zur Geltung gebracht wie Jünger. Ich versuche eine weitgehend aus seinen eigenen, überaus bildkräftigen Wendungen zusammengestellte, etwas ausführlichere Erinnerung an Zeitdiagnosen, die vor fast einem halben Jahrhundert veröffentlicht wurden: *An der Zeitmauer* (1959) und *Maxima – Minima. Adnoten zum ‚Arbeiter'* (1964).[162] Für den heutigen Leser, der nach 50 Jahren Zuwachs oder Minderung der Plausibilität dieser Ausführungen prüfen kann, ist die andringende Aktualität dieser, soweit ich sehe, merkwürdig unentdeckten Überlegungen unmöglich zu verkennen.

Bereits zu dieser Zeit sieht Jünger „Anzeichen einer Weltwende" (600). Die Welt wird von rasanten erdgeschichtlichen Bewegungen erfaßt. Die Vermutung geht dahin, „daß sich die Spezies [...] zu verändern beginnt" (461), daß der Mensch unkenntlich wird, daß er sich „in seinem Wesen, als Wesen, zu verändern beginnt" (467). „Wird der Mensch", so fragt Jünger, „nicht noch mehr als damals [sc. mit dem Eintritt in die Geschichte] opfern, nicht noch mehr zurücklassen müssen – am Ende das Menschentum selbst?" (481) „Wir werden Organe einbüßen, andere werden sich umbilden. Das Kleid der Erde ändert sich." (553) Zu fragen ist, „ob, indem der Mensch sein historisches Wesen verläßt oder aus ihm hinausgepreßt wird, mehr auf dem Spiel steht als diese seine historische und selbst seine prähistorische Form – ob also die Veränderung ihn darüber hinaus als biologisches Wesen betrifft." (579) Der Vorgang stellt sich so dar – Jünger spricht durchaus schon vom „genetischen Experiment" (604f, 612–614) –, „daß der Mensch nun die Verantwortung für seine Evolution übernimmt" (603).

---

159 Jünger, SW 8, 586.
160 Jünger, SW 8, 640.
161 Jünger, SW 11, 325.
162 Beides in: Jünger, SW 8. Im folgenden die Seitenangaben im Text.

„Humane Einteilungen" der Zeit, etwa nach Antike, Mittelalter und Neuzeit, genügen jedenfalls nicht mehr zur Erfassung der Gegenwart (451–522). Denn es „überwiegt der elementare Charakter den historischen" (387). „Historische Macht" steht gegen weit überlegene, ungleich fundamentalere „Erdmacht" (632). Zu erwägen ist die „Möglichkeit metahistorischer Zeiteinteilung überhaupt, in der Absicht, Gegenwärtiges zu beurteilen" (510), ein „langwelliger Rhythmus" (580). Denn der Mensch – vieles deutet Jünger zufolge darauf hin – tritt aus der Geschichte, aus dem historischen Raum, heraus. „Nicht die Geschichte beginnt den Sinn zu ändern, sondern das Geschehen ist nicht Geschichte mehr. Wir nehmen Wissen mit wie Geister, jedoch der Traum ist tiefer, und Wissen genügt nicht zur Deutung der Zeichen in der Nacht." (332) Ein „Klimasturz" (400; vgl. 450, 588) herrscht, ein „neuer Erdstil" (465); „nicht Flut, sondern Sturmflut oder auch Sintflut" (478). „Der Vorgang ist erdgeschichtlich; er übergreift die Menschengeschichte [...]." (640)

Daraus ergibt sich eine weitreichende Konsequenz. „Das Geschehen kann vom Menschen nicht dirigiert, geschweige denn erklärt werden. Wenn aber der Historiker die Waffen streckt, wenn ihm die Sprache versagt, so bedeutet das nicht, daß er dem Sinnlosen gegenübersteht, sondern daß seine Mittel nicht ausreichen. [...] Nun werden nicht nur die historischen Strukturen gesprengt, sondern auch deren mythische und kultische Voraussetzungen, wenn nicht gar die humanen überhaupt, die dem allem zugrundliegen." (353) Wir erleben gegenwärtig „Wehen, in denen die Erde eine ihrer großen metahistorischen Phasen abschließt und eine andere beginnt." (376; vgl. 354; 538; 543; 562; 640)

Schub und Zug – beides ist am Werk (vgl. 579). Das Bisherige treibt über sich hinaus, doch auch umgekehrt: „Der Sog wirkt von vorne, vom zukünftigen Ergebnis her." (533; vgl. 460, 630) Etwas vollkommen Neues tritt ein, pocht an die Tür (515, 520, 539) – „aus dem Transhistorischen heraus, Zukünftiges ankündend" (544). „Da regt ein Ungeheuer, noch kaum geboren, die ersten Fühlhörner. Da kündet sich anderes an." (543) Dabei fühlen wir die „Unruhe großer Aufbrüche" (538, vgl. 563), eine Unruhe, „wie sie Tabubrüche zu begleiten pflegt" (594).

Der neuzeitlichen Technik nun kommt nur der Charakter eines Mittels zu – ihr Sinn ist für Jünger in diesem Zusammenhang lediglich „Verwirklichung", also Mittel zum Durchbruch, Bereitstellung (485), eine „Türöffnung" (384). Das gilt sogar noch für die Kriegstechnik (341) oder für ein so eingreifendes Phänomen wie die Bevölkerungsexplosion. Sie bedeutet „sprunghafte Vermehrung der Werkleute" (342; vgl. 377). Die Wissenschaft ist „Werkzeug zur Veränderung der Welt" (476). Sogar die Weltkriege erfüllen in diesem Prozeß eine bestimmte Funktion (349). So gesehen kann ein mögliches großes Abräumen einen übergeordneten Sinn haben.

Die Unheimlichkeit des Niegekannten 67

Jünger spricht von einer Art Weißung: „Das Haus wird geweißt; wo Neues einzieht, muß Leere sein." (544) Die geschaffene Leere wäre Stätte des Neuen. „Das neue Kapitel fordert ein weißes Blatt." (387) „Soll der Becher von neuem gefüllt, so muß er zuvor geleert werden." (343)

Führt also die ungeheure geschichtliche Fliehkraft auf etwas zu? Es handelte sich dann nicht um ein Zuviel, sondern um den Neues heraufführenden Ansturm des Vielen, dem das gegenwärtige Bewußtsein freilich kaum gewachsen scheint.

„Akzeleration", so heißt es, „ist ein finales, also auch kündendes Symptom. Zwischen Untergang und Aufgang ist nur ein perspektivischer Unterschied. Wenn die Ärzte um Mitternacht Konsilium halten, steht es schlecht um den Vater – ob für die Söhne auch? [...] Zur Akzeleration gehören die kurzwelligen Rhythmen, die engen Kreisläufe, die schnelle Abnutzung der Garnituren, nicht nur in der politischen Welt, sondern auch in jener der Ideen und Kunstwerke. [...] Immer schneller, präziser wird die Bewegung, immer durchdachter, einheitlicher die Form. Flamme, die durch Zerstörung wächst."[163]

Die gegenwärtige Welt erscheint als eine Werkstättenlandschaft:[164] ein „riesenhafter Bauplatz, den unruhige Geschäftigkeit erfüllt."[165] Teile eines Mosaiks, so Jünger, setzen sich Stück um Stück zu einem Gesamtbild zusammen.[166]

Gibt es bei den Menschen der Gegenwart nennenswerten Widerstand? Nein. All dies findet tiefe „Zustimmung, unerschütterliche Mehrheiten" (594). „Jede Entscheidung, jede Wahl und jede Dialektik kann nur das Ja bestätigen, die Grundrichtung fortsetzen. Darauf beruht auch die Unantastbarkeit der Wissenschaft." (597) „Von [...] Herbst- und Abendstimmung ist wenig zu bemerken – die Jahre fordern sowohl den Pessimismus wie den Optimismus stärker heraus. Auf der einen Seite werden sie nicht als Spät-, sondern als Endzeit gesehen, auf der anderen mit einem Jubel, einem Opfermut begrüßt, der nicht zu erklären, geschweige denn zu widerlegen ist. Beides zusammen deutet auf eine ungewöhnliche Zäsur." (462f)

Jünger seinerseits will, trotz einigen Widerstrebens, im Grunde zustimmen. „Der Autor muß [...] einen Stand anstreben, in dem er dem großen Gang der Dinge zustimmt, auch wenn der ihm konträr ist, ja über ihn hinwegzuschreiten droht." (349) Woher begründet sich sein Optimismus? Es handelt sich um eine Art *Erdvertrauen*. Die Erde häutet sich wie eine Schlange. Sie ist wie Leviathan – oder, treffender, wie eine Mutter. „[...]

---

163 Jünger, SW 8, 334f.
164 Vgl. Jünger, SW 8, 360 u.ö. – Vgl. noch einmal Hölderlins Zeilen aus *Der Archipelagus* (cf. oben bei Anm. 117).
165 Jünger, SW 8, 357.
166 Vgl. Jünger, SW 8, 357; 595 u.ö.

wenn wir uns selbst nicht aufgeben", so lautet der letzte Satz in dieser Abhandlung *An der Zeitmauer*, „so wird auch unsere Mutter, die Erde, uns nicht im Stich lassen" (645).[167]

Für die Theologie bestünde m.E. die Aufgabe darin, diese – ich meine: atemberaubenden – Überlegungen kritisch in eine christologisch informierte dimensionale Schöpfungslehre, aber auch in an Barth orientierte Überlegungen zu den „herrenlosen Gewalten" in ihrer chthonischen, eben erdgeschichtlichen Gestalt einzubeziehen.[168] Selbstverständlich ist auch die Geschichte der Natur theologischer Gegenstand, die Erdgeschichte, das Elementare und das Historische, wenn man so will: die Götter und auch die Titanen des Mythos. Was würde es für die Rede von Jesus Christus als Schöpfungsmittler bedeuten, wenn sich die menschliche Spezies nennenswert veränderte? Vollzieht sich gegenwärtig in der Geschichte der Evolution ein Übergang – in ein „Technozän"? Jüngers Lageberichte überzeugen m.E. unmittelbar in ihrer Erschrockenheit über die tiefe Unheimlichkeit der Gegenwart, provozieren darüber hinaus eine Fülle theologischer Fragen. Sie aufzunehmen soll einer gesonderten Veröffentlichung vorbehalten bleiben.

e. Der alte Äon

1. Die verwirkte Zeit läuft aus

Schließlich – *der alte Äon*: die „[…] Erde ohne Güte, / der nur die Macht gerät […]",[169] das Langzeit- und nahezu Ewigkeitsressentiment, die Geschichte, die nicht aufhört, nicht zu gelingen, doch ihre Unheilszonen erweitert. Die Verendensgeschichte.

---

167 Ähnliche Überlegungen, allerdings ohne jenes „Erdvertrauen", begegnen ja bei Benn. Ich zitiere nur eine Briefstelle (Benn, Briefe an Oelze II, 55f): „Immer stärker wird mein Gefühl davon, als ob die Stunde da wäre, in der sich etwas abzieht von der Erde, nennen Sie es den Geist oder die Götter oder das, was menschliches Wesen war. Es handelt sich nicht mehr um den Verfall einzelner Menschen, auch nicht einmal einer Rasse oder eines Kontinents oder einer sozialen Ordnung, eines geschichtlichen Systems, sondern um weit Ausholenderes, das mit keinerlei Methode des Denkens mehr zu erfassen ist. Es ist die Zukunftslosigkeit des Quartär, es ist hinüber. Man wird hier noch eine Weile ideologische Draperieen um politisch-historische Symbole ziehn, Paravents herumstellen. – Ihre Makartbuquetts – u. in Asien noch eine Weile einige Opfer für die Hexen u die Götter und einige Gebete an die Wasserratten richten, aber es ist einheitlich zu Ende. Etwas ist nicht mehr in Ordnung. Da sind noch einige Stellen mit Geist, einem sehr bewußten, tief melancholischen, schweigend sich erlebenden Geist, aber das Menschliche ist ausgeglüht, zerstoben. Die Schöpfung richtet ihr Ejakulat in andere Räume, andere Formen, andere Aufnahmeapparate, mit uns ist sie fertig." – In ähnlichen Formulierungen Benn, SW V, 20f.

168 Vgl. dazu Barth, Das christliche Leben, 388–396. Dazu wiederum Eberhard Busch, Leidenschaft, 145–149.

169 Benn, SW I, 134.

Eine Welt, die noch in den Fugen wäre, sähe anders aus. Das gewaltige, gewalthafte Heute des unhaltbar alten Äon, die undeutlichen, unheimlichen Fremdgestalten ... brechen sich herunter in die erwähnten Heute-Formen der Unheimlichkeit: in das geradewegs Derzeitige; in die Zeit nach dem Ersten Weltkrieg; in die Neuzeit im ganzen; und (sofern man Jünger folgen will) in eine zu Ende gehenden Phase der Erdgeschichte. Jeweils geht das Ungeheure des Großen auf je andere Art und Weise in das enger gefaßte Heute ein. Den tiefsten Untergrund legt der alte Äon (sofern hier von einem Grund die Rede sein kann). Er ist das Heute, das abscheulich Akute, *ganz von dieser Welt*, die Finsternis von der sechsten bis zur neunten Stunde.

„Die ganze Welt liegt im Bösen" (1Joh 5,19) – eine dunkle Unterströmung: mit dem „Meer von Torheit und Bosheit, von Betrug und Unrecht, von Blut und Tränen", verheerende *confusio*, mit dem Menschen als Subjekt (IV/3, 795).[170] Jeder Adam setzt das Gesamtwesen des alten Äon, den Anfang, der nicht enden will, *von innen* fort. Zu handeln ist von der Einrichtung der Welt, *dieser* Welt – vom alten Regime, der aufdringlichen und verrotteten Zeit, wie mit Ungeziefer überzogen, die im übrigen, noch im Vergehen, ihre Vermeintlichkeiten und Leit-Irrtümer durchaus wechseln und umformatieren mag: ihre kurzen oder nachhaltigen Induzierungen von Massenwahn und kollektivem Erwachen zum Beispiel.[171] Wie sie uns in Besitz nimmt, die verdrehte Zeit, ist zu fragen, und was sie gegebenenfalls von uns übrigläßt, wie sie Gewaltbereitschaft sät, tatsächliche Gewalt übt und wie sie uns brutal verstummen macht. Kafka beschreibt Momente ihrer Zwänge: „Es reißt einen herum, als ob es einen an der Zunge festhielte."[172]

Mit dem größten Recht ist hier zu sagen: wir können die Erscheinung dieses Weltgefüges nicht begreiflich machen, weil sich aus der Sünde, der widrigen menschlichen Tatsache, der Situationsblindheit (die die Realität der Versöhnung rigoros auf Abstand zu halten sucht), nicht klug werden läßt. Sie ist im Vagen begriffen. Die Sünde ist der Ursprung auch des Irrsinns, den wir Gegenwart und „die bestehenden Verhältnisse" und den *status quo* nennen. Sie – die unerfindliche Veranlassung, die sich in die

---

170 Barth fügt freilich hinzu: „*Confusio* spricht aber doch kein schlechthiniges Verwerfungsurteil aus, bezeichnet die Weltgeschichte nicht als eine Nacht, in der alle Katzen grau sind, nicht als ein Irrenhaus, nicht als eine Verbrecherhöhle, nicht als ein Leichenfeld, geschweige denn als ein Inferno [...]." (IV/3, 795; ähnlich 798). Einige Seiten später (801) ist von „Erniedrigung und Schändung" die Rede. Man mag fragen, ob der Ausdruck „confusio" das ἐν τῷ πονηρῷ von 1Joh 5,19 nicht doch abschwächt. In der ersten Auflage des Römerbriefkommentars spricht Barth noch von einem „Narrenhaus" (Barth, Römerbrief I, 33).

171 Lützeler (Broch, 272ff) berichtet von den jahrelangen Arbeiten Hermann Brochs zu einer Theorie des Massenwahns. Heideggers Rede vom *Entzug des Seins* läßt sich mit erweiterten Theorien dieser Art verbinden. Mit der epochalen Verfinsterung stellt sich der epochale Massenwahn ein. Nicht anders läßt sich eskalierende Vernichtungstechnologie begreifen.

172 Kafka, Briefe 1914–1917, 112.

Existenz gestohlen hat – flutet das menschliche Leben mit Dunkelheit, schlimmer vielleicht: mit einem glanzlosen Licht, das die Dinge ihrer Farben und Konturen beraubt, das die Leere des Todes und den Taumel des Irreseins in sich aufgenommen hat. Die Sünde *geht um* in der Existenz (Röm 7,17f). Der Sünder – der sich, wenngleich verrückt nach Liebe, aus der Liebe zurückgezogen hat – bewohnt einen ungenauen Ort, jenes Zwischenreich, zu dem das Nichts ungehindert Zugang hat. Lieblos, leblos. Eine der Folgen: der Nächste muß sich in der Begegnung mit mir auf die Suche nach dem Nichts begeben, zu dem er in mir geworden ist.[173]

In eindrücklicher Prägnanz hat Heidegger diesen Bereich als den einer Grundstimmung tiefer, entsetzensvoller *Langeweile* beschrieben, „der *Leergelassenheit* im Sinne des Sichversagens des Seienden im Ganzen".[174] Überdimensional erscheinen die Größenordnungen eines Zeitflusses der Zerstörung, winzig und kaum faßbar die alles durchsetzenden Splitter des Ungeheuerlichen. Für das Gemeinte, die verfehlte Lebensgründung, reicht die Bezeichnungs- und Nennkraft der menschlichen Sprache nicht zu, sie vermag nichts auszurichten. Hinter tausend Sätzen keine Welt.

Doch in tausend Sätzen Leugnung und Aufbegehren. Denn: „Die alte Welt", stellt Bonhoeffer in *Schöpfung und Fall* fest, „läßt sich nicht gern tot sagen."[175] Sang- und klanglos tritt sie nicht ab. Darin aber besteht der Grundschaden dieses umfassenden Subtextes der Zeit, dieses Gesamt-Bewußtseins: für die eigene Gottesblindheit, eingeschlossen in *securitas,* keine Augen zu haben, doch überdies zu meinen, auch noch über seine Augen gebieten zu können. Die alte Welt – der wahllose, verfluchte Tod geht in ihr um – läßt nicht gern an ihren Schlaf rühren. Läßt sie sich zumindest *als undurchschaubare* bloßlegen? Läßt sich aus ihr von innen her ausbrechen?

An Röm 11,32 erinnert Barth – daß Gott „*Alle* verschlossen hat unter den Ungehorsam" (IV/1, 558; dort z.T. andere Hervorhebungen) –, um die uneingeschränkte Universalität dieses Urteils hervorzuheben. Auch für die ganze *Weltgeschichte* gilt, daß sie sich eingesperrt findet in den Ungehorsam.

„Es dürfte [...] sachgemäß sein, bei dem Wort ‚Alle' (Röm. 11,32, auch 3,23, auch 5,12!) auch an das zu denken, was wir mit dem Wort ‚*Geschichte*' meinen. Gerade das Urteil, daß Alle sündigten, impliziert sicher auch ein Urteil über das, was[,] vom Willen, vom Wort und vom Werk Gottes abgesehen, in der für den Begriff ‚Historie' bezeichnenden Abstraktion, die menschliche Geschichte ist: ihre Phänomene, ihr kontinuierlicher und differenzierter Gang von einem unbekannten Anfang her einem ebenso unbekannten Ziel entgegen."

---

173 Canetti hat in einem Aphorismus dieses entsetzliche Verlorengehen beschrieben (Canetti, Provinz des Menschen, 135).
174 Heidegger, Grundbegriffe der Metaphysik, 254. Zum Thema Langeweile vgl. 111–116; 239–260. „*Ist der Mensch am Ende sich selbst langweilig geworden?*", heißt es (241).
175 Bonhoeffer, DBW 3, 21.

Doch ist nach Barth bereits das in diesem Begriff unterdessen üblicherweise Vorausgesetzte – die Unterstellung, nur der Mensch sei Subjekt der Geschichte – theologisch als ganz und gar verfehlt anzusehen:

„Man bemerke: diese Abstraktion, das Konzept einer solchen vom Willen, Wort und Werk Gottes gelösten Geschichte des Menschen, der Menschen, der Menschheit als solcher ist offenbar selbst schon das Werk eines *verkehrten*, sündigen, menschlichen Denkens: eine von den Erfindungen des menschlichen *Hochmuts*. Nur daß dieses Konzept insofern keine bloße Illusion ist, als es das Selbstverständnis der sehr real eben in dieser Abstraktion oder doch im Willen zu dieser Abstraktion existierenden, der eben diese Abstraktion fort und fort neu wollenden Menschheit zum Ausdruck bringt."

Dieser leeren Abstraktion liegen also tiefer Widerwille, Ignoranz und Lüge zugrunde; sie zeitigt dementsprechend höchst reale Folgen:

„Das gibt es tatsächlich: eine in der Ignorierung und Verwerfung des Willens, Wortes und Werkes Gottes begründete und durch und durch von dieser Ignorierung und Verwerfung her bestimmte *Weltgeschichte*. Und Erkenntnis der menschlichen Sünde und Schuld im Lichte des Wortes der Gnade Gottes impliziert die Erkenntnis, daß die Weltgeschichte tatsächlich so, von daher begründet und bestimmt ist: durch des Menschen *Hochmut* – impliziert die Erkenntnis, daß ihr Gang, ihre Bestrebungen und Bewegungen, ihre Anfänge und Abschlüsse und Neuanfänge bei aller Verschiedenheit, ja Gegensätzlichkeit von deren Richtungen das gemeinsam haben, daß sie alle unter dem *Gericht* Gottes verlaufen. Die Weltgeschichte ist ‚verschlossen unter den Ungehorsam'." (IV/1, 563f)

Unerschrocken schließt Barth noch einmal eine höchst brisante und provokative Konsequenz an:

„So sagt es ja von ihrem Standpunkt aus, so wie sie das verstehen und sagen kann, auch die sog. historische Wissenschaft. Sie sucht und findet in der Geschichte den Menschen, seine Unternehmungen und Werke, und nur ihn. Mag sie sich selbst unter den Vorbehalt stellen, daß es schließlich niemandem benommen sein könne, an eine die Weltgeschichte lenkende Vorsehung zu glauben, so kann, will und wird sie doch von Manifestationen oder gar Erscheinungen Gottes in dieser Geschichte bestimmt nichts wissen und sagen."

Gerade darin allerdings gibt sie einer relativen Wahrheit Ausdruck:

„Sie anerkennt damit, ohne es zu bemerken, das göttliche Nein, den Schatten, der in ihrer ganzen Ausdehnung auf ihr liegt. Denn das besagt ja dieses Nein: daß die Menschen als die Subjekte dieser Geschichte – sie, die in ihrem Hochmut, als die sich selbst Vergottenden, Verherrlichenden, Rechtfertigenden und Helfenden *unter sich* sein wollen – nun tatsächlich, so weit das Auge (ihr hochmütiges Auge nämlich) reicht, unter sich sein *müssen*, ἄθεοι ἐν τῷ κόσμῳ (Eph. 2,12) und daß es in ihrer Geschichte nun eben so zugehen muß, wie es da nicht anders zugehen kann, wo sie unter sich sind. ‚Gott gab sie dahin', wie es Röm. 1,24f. dreimal heißt. Das ist der Verschluß der Weltgeschichte unter den Ungehorsam." (IV/1, 564)

Doch nichts erlaubt den Schluß, die ordinäre Geschichte Adams – eine bis ins Absurde verstiegene unheimliche Normalität, die Liaison aus Normalität und Wahnsinn – sei schon „alles". Von Gott her ist Neues über die Welt gekommen, mehr als „alles". Sämtliches ist *überfällig*. Im Geschick Christi ist der alte, verendende Äon *im Wesen* (mit Sünde und Tod) dem neuen ausgesetzt und insofern ihm eingebunden worden: die sich absolutistisch und allumfassend gebende Sünde (mit dem Vorhaben, sich vollständig ihre eigenen Bedingungen zu setzen) hat sich in einen starken, sie dominierenden und geradezu aufzehrenden Kontext finden müssen, sie ist „relativ zu Jesus Christus" geworden (IV/3, 817), relativ zum Feuer des Geistes, zum Verzehrenden und Neuschaffenden. Heruntergebrannt sind damit bereits die Fundamente ihrer Zukunft. „O wer die Bitterkeit aus der Zukunft wegzuschöpfen vermöchte", ruft Canetti, „daß er allein sie schluckt, und die anderen sind glücklich!"[176] Die anderen *können* glücklich sein, wird man theologisch verdeutlichen – wenn sie nämlich das bereits vollzogene Wegschöpfen dessen wahrnehmen, an dem der Kelch nicht vorübergegangen ist. Der Gekreuzigte *bricht* das Gesamt-Bewußtsein des alten Äon, das Fatalwerden der Zeit. Er kann diesem Gesamt vorgreifen. Das Eingeschlossensein der Universalgeschichte in den Ungehorsam ist nicht das letzte Wort. Vielmehr ist die ἀπείθεια um Gottes willen *im Abgehen*.

Der Versöhner hat die stürzende Welt ins Leben zurückgelenkt, zurückgeliebt als hätte er die Liebe neu erfunden. Er nimmt mit auf eine Reise zum Anfang der Zukunft. Gott und Mensch gehen in Ewigkeit einander nicht mehr verloren. Die von ihm, in dieser Weise, heraufgeführte posttotalitäre, trotzige Situation ist das entscheidende Heute. Daran orientierte theologische Reflexion vermag darum synoptisch die Erscheinung des alten Äon womöglich um einige Spuren *kenntlicher* zu machen und ein wenig vorläufige Klärung nicht zuletzt hinsichtlich jener Blindheit zu erreichen. In welchem Licht kann es Aufhellung dessen geben, was man wohl dichten, zähen *Spätnebel* oder *Qualm* nennen kann?

2. Einige Einsicht ist möglich

Im Licht theologischer Ausführungen in der Fluchtlinie *Jesus Christus, Bibel, Verkündigung* (die darum durchaus ausführlicher dargestellt, allerdings auch auf die Sache hinstilisiert werden) soll in den folgenden Ausführungen dieses Buches das unverständliche, zuletzt nicht wirklich durchschaubare Phänomen dieses „Heute" zumindest für ein Wegstück besser konturiert werden. Ausdrücklich theologische, also trotzige, vorsätzlich

---

176 Canetti, Provinz des Menschen, 80.

unzeitgemäße Ausführungen dieser Art werden sich in ihrer die Einzelphänomene erschließenden Kraft nicht überschätzen, doch auch bewußthalten, daß sie vielleicht *um so zeitgenauer* zu sagen haben, was niemand sonst über das Weltgeschehen zu sagen vermag.

Gibt es doch, so Barth, spezifisch christliche Erkenntnis, „*Erkenntnis* begründende *Offenbarung*" (IV/3, 241) – die von einer unendlichen Bejahung her schützenden Abstand und Vorkehrung gewinnen läßt, also aus der Bibel hinreichende Distanz zur Welt des Widerwillens und Eigenwillens mitbringt und es so zu wirklichen Einsichten kommen läßt. Die Offenbarung ist ja der *enorme Sachverhalt*. In ihrer Kraft geschieht es, „daß sich das in Jesus Christus für Alle Geschehene *durchspricht* und *durchsetzt*" (IV/3, 241, Hv. M.T.), jene Bejahung also tatsächlich vor Augen tritt. Der unmittelbaren Geschichte der Versöhnung in Jesus Christus folgt nämlich ihre Konsequenz: „Diese dem Geschehen der Versöhnung folgende und entsprechende weitere, neue Geschichte ist die durch die Offenbarung, die Erscheinung, die Prophetie Jesu Christi begründete, erweckte und gestaltete *christliche Erkenntnis*." (IV/3, 241) Von wirklicher Einsicht darf also – aufgewacht, aufatmend – die Rede sein. Daß sie wiederum „auf *Verkennung*, Widerwillen und Widerspruch stößt" (IV/3, 241), ändert nichts an ihrem Wahrheitsgehalt.

Diese Erkenntnis schließt aber durchaus, wie Barth zugesteht, eine bestimmte klärende „Anschauung des Weltgeschehens" in sich. Gewiß, es handelt sich in dieser Hinsicht nur um „eine *bescheidene* Einsicht [...], eine *einigermaßen* klare Sicht in einigen Punkten und Fragen [...]". „Sie wird wahrscheinlich viele Vorbehalte und viele offene Stellen aufweisen." Dessen ungeachtet – der Glaubende wird, „indem er an Gott den Herrn allein glaubt, immer auch so viel Licht haben, daß ihm ein solches Stück Anschauung des Weltgeschehens – eben das Stück, das er jeweils nötig hat – nicht fehlen muß." (III/3, 66; Hv. M.T.)

Diese Anschauung des Weltgeschehens, wie partiell auch immer – wie kann sie gelingen, wie vermittelt sie sich? Hat sie Kenntnis von etwas, was das große Selbstgespräch des Weltgeschehens (das so vertieft in sich selbst oder ergriffen von sich selbst daherkommt) von sich selber nicht weiß? Barth bejaht diese Frage mit Nachdruck:

„Die wirkliche Gemeinde Jesu Christi ist [...] die Gemeinschaft, in der es Menschen gegeben wird, *um die Welt*, wie sie ist, *zu wissen*. Die Welt weiß nicht um sich selber. Indem sie nicht um Gott und darum nicht um den Menschen und darum nicht um den Zusammenhang und Bund zwischen Gott und dem Menschen weiß, weiß sie nicht, woher sie als Welt kommt, wo sie sich als solche befindet, wohin sie als solche geht – nicht um das, was sie trennt, und nicht um das, was sie zusammenhält, nicht um ihr Heil und nicht um ihr Unheil, nicht um ihr Leben und nicht um ihren Tod. Sie ist blind für ihre eigene Wirklichkeit. Ihr Existieren ist ein Tappen im Dunkeln."

Worin besteht dementsprechend der Dienst der Gemeinde für die Welt – die ihrer selbst *nicht* innewird, die um sich selbst *nicht* weiß?

„Die Gemeinde Jesu Christi ist in dem ersten Grundsinn für die Welt da, in die Welt gesendet, daß es ihr, indem sie Gott und den Menschen und den zwischen Gott und den Menschen aufgerichteten Bund erkennen darf, gegeben wird, die Welt, wie sie ist, zu *erkennen*."

Doch mehr noch: in der christlichen Gemeinde kommt die Welt zu sich, erst dort geht sie sich auf.

„Man darf und muß wohl sagen: sie [sc. die Gemeinde] ist, indem sie selbst ja auch zur Welt gehört, der Ort in der Welt, an dem dieser die Augen über sich selbst aufgehen, an dem ihrer Unwissenheit über sich selbst ein Ende gemacht wird: der Ort, an dem die Welt sich selbst, wie sie wirklich ist, in Wahrheit erkennen darf." (IV/3, 880).

Natürlich gilt auch für diese positive Erkenntnis der Gemeinde – die Erkenntnis Gottes, des Bundes, Jesu Christi, des Lebens – keine blanke Unmittelbarkeit. Eine entsprechende Theologie bleibt *theologia viatorum*, Theologie „in *gebrochener* Form, unvollkommen, gefährdet und fragwürdig – so gewiß ja auch die Gemeinde immer noch an der Finsternis Anteil hat [...]" (IV/2, 702).[177]

Wir existieren „nicht in einem ununterbrochenen, ganzen Sehen seines [sc. Jesu Christi] Seins und des unsrigen in ihm und also in einer perennierenden, ganzen Antwort auf seine Liebe – nicht darin, daß wir ihn auch nur von ferne beständig wieder liebten: *noch nicht!* Wir sind vielmehr [...] *Wanderer*: unterwegs von einer kleinen, vorläufigen Antwort, von einem kleinen, vorläufigen Sehen und Lieben zum anderen." (IV/2, 317f)

Doch kann eben bei aller Geringfügigkeit und Vorläufigkeit durchaus von „Antwort", von „Sehen" und von „Lieben" die Rede sein. Zuguterletzt, sobald die Zukunft endgültig auf die Gegenwart übergreift, wird das im vollen Sinne gelten, vorläufig aber in entschiedenem Vorbehalt.

„Die Durchbrechung ist auch von unserer Seite Ereignis, nicht Zustand, kein beständiges, vollkommenes Hellsein: *noch nicht!* – gerade von unserer Seite vielmehr ein so seltenes, schwaches, kümmerliches, immer wieder fliehendes Dämmern, das zu der Vollkommenheit auch des kleinsten Lichtstrahls von seiner Seite in einem sehr traurigen Verhältnis steht." (IV/2, 318)

Also:

„Der Glaube wird [...] nicht zum Schauen. Und er wird sich von einem vermeintlichen, angemaßten und dann gewiß trügenden Schauen zu unterscheiden wissen."

---

177 Adorno (Adorno, Noten, 25) schreibt es der literarischen Form des *Essay* zu: „Er denkt in Brüchen, so wie die Realität brüchig ist [...]."

Allerdings:

„Das heißt aber nicht, daß er blind ist. Das wäre nicht Glaube, der nicht auch in dieser Hinsicht *Erkenntnis* – relative, vorläufige, bescheidene, korrekturbedürftige, aber wirkliche, dankbare und mutige Erkenntnis wäre." (III/3, 25)[178]

Wirkliche, dankbare, mutige Erkenntnis findet sich – auch hinsichtlich des Weltgeschehens. Jedes Wort verdient hier Beachtung. Realitätssinn, Dankbarkeit und Mut können sich Barth zufolge auch in theologischer *Zeitdiagnose* vereinen. Deren Relativität, Vorläufigkeit, Bescheidenheit und selbstverständliche Korrekturbedürftigkeit muß dem nicht entgegenstehen.

Die Gemeinde *sieht* die in Jesus Christus sich begebende Geschichte der Liebe. Sie ist einfach, sie ist unbegreiflich. Die Gemeinde wendet sich also an ihn: „Erklär mir ...!" Sie wird den Versuch machen, ihre eigene Voraussetzung tatsächlich auch in Anspruch zu nehmen: der unabänderlich im Sinne der Liebe gefallenen Entscheidung in all ihren Vollzügen nachzukommen und ihrerseits die Liebe auszurufen.

„Sie folgt ihr gewiß nicht in einem großen absoluten, sondern in vielen kleinen, relativen Schritten – aber sie folgt ihr. Sie kann und wird das Kommen des neuen Menschen und seiner Welt und das Vergehen des alten und der seinigen nicht vollziehen, sie kann es nur bezeugen – aber eben das tut sie in entschlossenen *Entscheidungen* für und gegen."

Also lautet die Konsequenz:

„Es kann und darf nicht anders sein: wo sie ist, da kommt es zu vorläufigen *Klärungen,* die der großen endgültigen Klarheit vorangehen, der sie mit dem ganzen Kosmos entgegengeht. Da scheiden sich, soweit das diesseits des letzten Gerichtes Jesu Christi selbst möglich ist, die Geister, die Wege, die Möglichkeiten." (IV/3, 822)

Die Geister scheiden sich, die Wege, die Möglichkeiten. Der alte Äon ist im Abgang befindlich. – Vor allem dies ist über ihn zu sagen.

---

178 Barth nennt „die Sorge angesichts der Unansehnlichkeit, der Bescheidenheit, um nicht zu sagen: der Kümmerlichkeit ihres [sc. der Gemeinde] Vermögens und der ihr zur Verfügung stehenden Mittel, und vor allem angesichts von so viel fast unwiderstehlichen Versuchungen und infolgedessen von so vielen ihr immer wieder unterlaufenden Mißgriffen und Verkehrtheiten. Und dann eben die Sorge: was eigentlich bei ihrem Tun in jenem Dienst herauskommen, ob ihre ganze Bemühung um das ihr aufgetragene Zeugnis nicht ein Rufen in den Sturmwind, ein Schreiben in den Flugsand oder gar ins Wasser, ein vergebliches Anrennen gegen Felswände sein möchte?" (IV/3, 960).

f. Gott und die Zeit-Götter

1. Die Geister scheiden sich

Ein in theologischen Überlegungen, soweit ich sehe, bislang selten in den Blick genommener Bereich der erwähnten Heute-Situationen bedarf noch im besonderen der Klärung. Wir gehen noch einmal zurück auf den obigen Abschnitt über die „eskalierende Moderne".

Angezeigt findet sich dieser dringende Klärungsbedarf, schaut man auf eine der großen, empfindlichen *Aporien* der *Kirchlichen Dogmatik*. In der Erarbeitung des Riesenwerks Barths, ihrer sorgfältigen inwendigen Gefügtheit, läßt sich nämlich eine höchst auffällige gedankliche Bruchstelle erkennen, für den Autor selber womöglich die gravierendste unbeantwortete Frage des Gesamtentwurfs. Barth hat nach umfangreichen Vorarbeiten ein hochbrisantes Problem gleichsam liegengelassen, jedenfalls nicht unmittelbar weiter verfolgt, wir wissen nicht einmal genau, warum. Entsprechende Ausführungen hat er zwar mit der Paragraphennummer 42 unter dem Titel „Der Schöpfer und seine Offenbarung" mit den beiden Teilen „Gott und die Götter"[179] und „Der Glaube und die Weltanschauungen"[180] im Kolleg im Sommersemester 1943 und im Wintersemester 1943/44 vorgetragen, aber dann nicht (oder nur zu einem verschwindend geringen Teil) in die Druckfassung der *Kirchlichen Dogmatik* aufgenommen.

Nachdrücklich hingewiesen auf den Text aus Barths Nachlaß und die sich damit stellenden Probleme – und das Thema seinerseits neu aufgenommen – hat Hinrich Stoevesandt mit einem 1986 erschienenen fulminanten Artikel „Gott und die Götter".[181] Die Themenstellung, so Stoevesandt, bezeichne das Grundanliegen bzw. den Generalnenner der Theologie Barths. Auch sei sogleich darauf hinzuweisen, daß sich für Barth die Frage nach den Göttern „angesichts einer fraglos vorhandenen *Realität*, nicht angesichts einer durch Aufklärung zu beseitigenden *Illusion*" sowie „angesichts der schon geschehenen *Befreiung* von allen falschen Göttern" stellt.[182]

Bereits die vorentscheidende Frage der dogmatischen Lokalisierung des Problemfeldes, worauf Stoevesandt zu Recht hinweist, bereitet Verlegen-

---

179 Barth, Paralipomena, 82ff.
180 Barth, Paralipomena, 195ff.
181 Erschienen zuerst im Doppelheft der *Evangelischen Theologie*, das unter dem Titel „Theologie zwischen den Zeiten" an die Wiederkehr des 100. Geburtstages Barths erinnerte (dann abgedruckt in Stoevesandts Aufsatzband *Gottes Freiheit und die Grenze der Theologie*). Daß die in diesem Beitrag exponierte Problemstellung unterdessen hinreichend aufgenommen und weitergeführt worden wäre, wird man nicht sagen können.
182 Stoevesandt, Gottes Freiheit, 178.

heit. Das Thema „Gott und die Götter" bzw. (eine wichtige Erweiterung) „Mächte und Gewalten, die Gott zuwider sind", das Gelichter – welchen Ort hat es zur Hauptsache dogmatisch einzunehmen? Gehört es in vorgeschaltete Prolegomena, die auf eine Art Standortbestimmung der Überlegungen abzielen, in die Schöpfungslehre oder doch bereits in die Gotteslehre oder dann erst, qua Hamartiologie, in die Versöhnungslehre oder in deren Ethik? Oder handelt es sich um das Erfordernis jeweils gleichsam mitlaufender Erörterungen, die die Behandlung *jedes* dogmatischen Themas in je unterschiedlicher Weise, doch mit beständiger Rückbeziehung auf die theologischen Axiome des Ersten Gebots und der ersten Bitte des Vaterunsers, zu begleiten haben?

Sofern Letzteres zutrifft, wofür m.E. viel spricht, ergibt sich damit eine nachhaltig erhöhte Relevanz des Lageberichts jeder Theologie, weil das Heute, der Stand der Erfahrung sowohl des Bewußtseins als auch des Unbewußten, maßgeblich einwirkt auch auf die Ausarbeitung der theologischen Topoi im einzelnen, weil deshalb schon im Ansatz, bei Problembeschreibungen und allen Prämissen, tiefe Verfangenheit, Voreingenommenheit, geradezu Blendung droht. Deren Gefährlichkeit sieht Stoevesandt darin, daß ethisch-moralische *Unbedenklichkeit* vorgespiegelt wird. Es sind, urteilt er, „die eigentlich gefährlichen, weil versuchlichen Götter bestimmt nicht die als solche schon durchschauten, also bestimmt nicht diese oder jene -ismen, die einem sowieso unsympathisch sind, oder Lebensgebundenheiten, die sich bereits moralisch verdächtig gemacht haben." Und er fügt dann die Frage an, wie es mit weiteren Göttern steht,

„beispielsweise dem rang- und unsterblichkeitsmäßig [...] höherstehenden, der für die *Selbstrechtfertigung* des Menschen (die persönliche oder die der jeweiligen Gesinnungsgemeinschaft bzw. ‚Partei'-Farbe) zuständig ist? *Ganz* gefährlich wird es erst bei *den* Göttern, die noch kein moralischer Verdacht eingeholt hat. Und daß da immer noch ein paar Götter im Vorsprung und vor Verdächtigern wie vor Aufklärern und Leugnern in Sicherheit bleiben, dafür wissen die Götter mühelos zu sorgen."[183]

Das Erste Gebot und die erste Bitte des Vaterunsers, entsprechend der menschliche „Eifer um die Ehre Gottes"[184] gelten, so wird man folgern, konkret „jeweils" und „heute". Doch ist die Reichweite dieses „heute" womöglich erheblich. Ihre Jeweiligkeit und Konkretheit, eben die „theologische Existenz heute", bestimmt sich in durchaus verschiedenem Radius. Größere, sich über Jahrzehnte oder Jahrhunderte erstreckende Reichweiten in näheren Blick zu nehmen bedeutet nicht bereits, zeitlos und prinzipiell zu urteilen.

---

183 Barth, Gottes Freiheit, 184.
184 Vgl. Barths grandiose Auslegung der Ersten Bitte des Vaterunsers unter dieser Überschrift *Eifer um die Ehre Gottes* (Barth, Das christliche Leben, 180–346).

Die Kirche, erläutert Barth in einem Offenen Brief an Emil Brunner 1948,

„hat es nicht zeitlos mit diesen oder jenen -ismen und Systemen, sondern mit den jeweils in das Licht des Wortes Gottes und des Glaubens tretenden geschichtlichen Wirklichkeiten zu tun. Sie ist nicht irgend einem Naturrecht, sondern ihrem lebendigen Herrn verpflichtet. Sie denkt, redet und handelt darum gerade nie ‚prinzipiell'. Sie urteilt vielmehr geistlich und darum von Fall zu Fall. [...] Für die Einheit und Kontinuität der theologischen Existenz ist gerade dann aufs beste gesorgt, wenn sie es sich nicht verdrießen läßt, immer wieder theologische Existenz ‚heute' zu sein."[185]

In der Konsequenz geht es für unsere eigenen gegenwärtigen Überlegungen also darum, das (in allem bisher Gesagten zunächst natürlich nur bezeichnete, aber noch nicht wirklich exponierte) Problem der „Götter" abermals aufzunehmen: das Bewußtsein seiner Schärfe und Unheimlichkeit wachzuhalten – gegen die von ihm selbst ausgehende machtvolle Tendenz, es einschlafen zu lassen und vergessen zu machen. Seine Brisanz ist im letzten halben Jahrhundert *de facto* immens angewachsen, das Problembewußtsein hat indes m.E. nicht minder rasant abgenommen. Die Frage dort ein wenig weiter auszuarbeiten, wo Barth sie liegengelassen und wo Stoevesandt sie dann aufgenommen hat, wäre, sofern es gelänge, schon sehr viel. An dieser Stelle also ist weiterzudenken unter dem Titel *Karl Barth heute*.

Die Geister scheiden sich, die Wege, die Möglichkeiten (1Kor 12,10). Gemeint ist also erneut „theologische Existenz *heute*". Um eine Dimension umfänglicher als üblich ist die Bedeutung dieses „Heute" zu denken – wenn Zeit-Götter in Rede stehen müssen, *jahrhundertschwere* Mächte und Gewalten, „Herren der Welt, die in dieser Finsternis herrschen", „böse Geister unter dem Himmel" (Eph 6,12), wenn es eine *übergreifende* Weltanschauung ist, in der wir befangen sind, nicht einfach identisch mit dem alten Äon, doch eben umfänglicher und ungleich tiefer eingefahren als die Ideologien des 20. Jahrhunderts, von denen Barth unter dem Titel der „herrenlosen Gewalten" als von einer „besonders hochstehenden, gewissermaßen edlen Gruppe" handelt.[186] Also etwas dazwischen: der alte Äon bricht sich zur *epochalen* Ideologie herunter, als gewaltige „Irrealitätsblase",[187] als „deifizierter Fortschritt"[188] zum Beispiel, der sich im großen Stil am Zuge meint. *Ideologie kommt im Gewand der Weltgeschichte daher.* Läßt sich der bestimmende Geist der Neuzeit als eine solche machtvolle, soteriologische Großfigur begreiflich machen, als epochale, „gewissermaßen edle" Weltan-

---

185 Barth, Offene Briefe 1945–1968, 159.
186 Barth, Das christliche Leben, 383–388; dort 383.
187 Cf. oben bei Anm. 109.
188 Barth, Einführung, 17. Als „Mächte und Gewalten" identifiziert Barth dort (139): den Staat, Staatengruppen, die Weltwirtschaft, die Naturwissenschaft, die Technik, die Kunst, den Sport, die Mode, die Ideologien.

schauung und Weltidee, zuzuordnen den herrenlosen Gewalten und ihrer Beirrung, existierend also „in greulichem ‚Als ob'", nämlich in „eingebildeter Gottlosigkeit und also Herrenlosigkeit", also bodenlos, ohne spezifischen Grund?[189]

2. Das Widersetzliche im Menschen spreizt sich auf

Wie kommen Barth zufolge „herrenlose Gewalten" herauf? Zunächst durch die in die Tat umgesetzte Illusion des Menschen, ohne Gott, gegen Gottes Gnade, herrenlos, leben zu können. Eben jene „Möglichkeit des Loslassens der Gnade": „daß er sich an Gottes Gnade nicht genügen läßt und eben damit ihr Feind wird"[190] führt sie herbei. Darin liegt die *Sünde* des Menschen: „Sündigen heißt Gottes Gnade fahren lassen und eben damit den Göttern rufen, eben damit ihnen Wirklichkeit geben."[191] Diese sich dem Nichts und dem Chaos zuwendende wahrheitswidrige Bewegung hat nun aber statt eines Souveränitätsgewinns vielmehr die Desintegration der menschlichen Fähigkeiten zur Folge, geradezu ihre Dekomposition zu *widermenschlichen* Möglichkeiten. Die Lebensmöglichkeiten des Menschen, seine Vermögen, seine Potentialitäten emanzipieren sich von ihm, ihrem vermeintlichen Potentaten, entfremden und entfesseln sich, gewinnen eine merkwürdige Selbständigkeit, ja chaotische, bösartige Widrigkeit. „Seine Fähigkeiten werden nun", so formuliert Barth, „[...] wie Goethe es im Gedicht vom Zauberlehrling erschreckend tiefsinnig und anschaulich beschrieben hat, zu selbständig sich auslebenden und auswirkenden Geistern, zu herrenlos hausenden Gewalten."[192] Sie disponieren ihrerseits über den Menschen, unterwerfen, beschädigen und verwüsten ihn. Der „Rebellion des Menschen gegen Gott" entsteigt die „Rebellion der zu herrenlosen Gewalten sich erhebenden menschlichen Kräfte gegen den Menschen selbst".[193] Ein imperatorischer Gestus tritt auf – samt der Schwäche, Widerrede nur verstummen zu machen, doch nicht wirklich entkräften zu können.

Es handelt sich dabei um „irgendwie" selbständig existierende und agierende Wesenheiten, die insofern dieses „irgendwie" regelrecht *verkörpern,* als ihnen Dunkelheit, Unübersichtlichkeit, Vieldeutigkeit eignet, zudem Flüchtigkeit und Vielgesichtigkeit, sie sich in verschiedenen Zeiten in noch jedesmal neuen Formen hervorkehren. Da sie indes, so Barth, nun eben „mehr *als pseudo-objektive* Realität" nicht haben, mit *dieser* allerdings *sehr*

---

189 Barth, Das christliche Leben, 364.
190 Barth, Paralipomena, 158.
191 Barth, Paralipomena, 160.
192 Barth, Das christliche Leben, 365.
193 Barth, Das christliche Leben, 366.

wohl ausgestattet seien, könne man überhaupt nur „bewußt mythologisierend" von ihnen reden (Beispiel: Mammon).[194] Man kommt allerdings nicht umhin, sie zum Thema zu machen. Denn diese ihre prominente Realität und Aktivität ist von aufdringlicher Sichtbarkeit und außerordentlich wirksam: geradezu ist die *Weltgeschichte* immer „auch die Geschichte der unübersehbar vielen und vielgestaltigen *Absolutismen*", wie sie in merkwürdiger Lebenskraft und Anspruchshöhe dem Menschen über den Kopf wachsen und ihm zu Kopf steigen. Sie sind „Motoren der Gesellschaft", „die eigentlichen *Faktoren* und *Agenten* menschlichen Fortschritts, Rückschritts und Stillstands".[195] Von Zeitgöttern der Weltgeschichte, von „Belial" (2Kor 6,15), von epochalen Größen, Faktoren, Agenten ... muß die Rede sein. Mag man im Blick auf sie von Gelächter oder von Entsetzen geschüttelt werden. Ist doch jeder ihrer Gestalten immer auch ihr eigener Fluch.[196]

„[...] ohne [den] und über dem Menschen [...] wirkt in großer Unsichtbarkeit das Heer der Absolutismen, der herrenlos sein wollenden und eindrucksvoll genug sich als herrenlos gebenden und darstellenden Gewalten."[197] Gewiß ist das nun bewußt mythologisierend geredet: die Lebenswelt des Menschen, gewaltig überwölbt vom unsichtbaren Heer der Absolutismen. Barth erinnert in diesem Zusammenhang an die neutestamentliche Rede von den Gewalten, den Kräften, den Weltmächten – jeweils überindividuell, unpersönlich, jeweils überlebensgroß, jeweils tyrannisch, Ursache von Beirrung und Besessenheit, und doch Realisierungen der Kräfte des Menschen selbst. „Gott und die Zeit-Götter" heißt in diesem Sinne für unsere Überlegungen die bestimmende Ausgangskonstellation.

An dieser Stelle besonders liegt nun für das Folgende der gedankliche Anschluß für Überlegungen *Heideggers*. Eine Verschärfung und geradezu unheimliche Vertiefung ergibt sich, wenn der Geist der Neuzeit im ganzen als „herrenlose Gewalt" (im weiteren Verstande jener Erwägungen des Nachlaßbandes) und sofern ihre „Weltanschauung" (wie Barth sie in jenen nicht veröffentlichten Überlegungen beschreibt) mit Heranziehung wesentlicher Bestimmungen von Heideggers „Seinsgeschichte",[198] also epochal, verstanden wird.

Unter diesem Gesichtspunkt der „herrenlosen Gewalt" ist also noch einmal das Problem der „Weltanschauung" aufzunehmen, mit Blick auf den Geist der Neuzeit. Wahrheit (Christus zum Herrn zu haben) und Gegen-

---

194 Barth, Das christliche Leben, 367 (dort andere Hervorhebungen).
195 Barth, Das christliche Leben, 368f.
196 Generell bei Canetti (Canetti, Provinz des Menschen, 232): „Es ist, als wäre jeder Glaube sein eigener Fluch."
197 Barth, Das christliche Leben, 369.
198 Unberücksichtigt bleibt in diesem Zusammenhang, daß Heideggers Verständnis der Neuzeit unterfangen wird von einem weitgespannten Gesamtentwurf abendländischer Metaphysik seit Plato.

wahrheit (selber Herr sein zu wollen und insofern jene Gewalten zu entfesseln) stellt Barth einander gegenüber. Wohl oder übel muß eben auch eine vom Menschen verrückterweise ausgedachte *Gegenwahrheit* in Rede stehen: jene Illusion und Lüge, „worin er über sich selbst, d.h. über die Möglichkeiten seiner Zukunft *Bescheid* zu wissen meint" (Bescheid zu wissen meint, daß eben die Gnade nicht genügt) „und worin er sich darum dagegen sträubt, gerade über sich selbst mit der Anzeige und Eröffnung seiner wirklichen Zukunft ganz *anderen* Bescheid zu bekommen" (IV/3, 287) – daß nämlich die Gnade, anders als zunächst gedacht, gefühlt und erfahren, unter allen Umständen genügt und immer genügen wird. Ein dankbares Sein, Konsequenz des Genügens, kommt jener Gegenwahrheit zufolge nicht in Frage. Das der Gnade schroff Widerstrebende „haßt diesen Schenker, dieses Schenken, dieses Beschenktwerden, dieses Beschenktsein. Es haßt also wirklich die Gnade und darum die Dankbarkeit." (IV/3, 290) Namhaft gemacht werden muß ein „Etwas im Menschen", das von der ergehenden Prophetie Jesu Christi auf Gedeih und Verderb *bekämpft* wird.

Wie verschafft sich nach Barth dieses Widersetzliche Geltung? Zunächst als Indifferenz (vgl. IV/3, 291f; 315f), doch dann, gefährlicher, als Installierung eben einer „*Gegenwahrheit*" (IV/3, 293), die sich als kleine eigene Prophetie der Prophetie Christi entgegenstellt, als paradoxer Versuch ihrer Unterbietung. Was geschieht? „Das Widersetzliche im Menschen greift zur Möglichkeit der *Weltanschauung*." (IV/3, 293) Was darüber zu sagen ist, so Barth, vermag freilich eben „nur in fast oder ganz mythologischer Redeweise" (IV/3, 291) erörtert zu werden.

Die Weltschauung entwirft aus irgendeiner Distanz betrachtbare Bilder, ganze Panoramen, die sich nach Prinzipien und nach allenfalls zu folgenden Lehren durchordnen lassen. Irgendwie läßt sich das Leben dann verzeichnen, die Welt mehr oder weniger gut sortieren. Vor allem aber stellen Weltanschauungen (wir haben es oben zitiert) Versuche des Menschen dar, „*sich selber mit sich selber über sich selber zu verständigen*" (IV/3, 295). „Und so geht er dann ans Werk: in der dreifachen Eigenschaft als Betrachter, als Konstrukteur und als Betriebschef, [...] immer er, der Mensch." (IV/3, 295)

„Weltanschauungen sind nun einmal im Unterschied zu dem Wort der Gnade Gottes nur eben *Ideen* und *Ideologien*: darauf angewiesen, sich selbst als solche eindrücklich zu machen – Analysen, Beleuchtungen, Deutungen, Interpretationen der Wirklichkeit des Menschen, der Welt und auch wohl Gottes, von bestimmten Standorten her vielleicht sehr scharfsinnig und tiefsinnig gewagt und durchgeführt – aber doch nicht Aussprachen, doch nicht authentische Selbstkundgebungen dieser Wirklichkeit, doch nicht Worte, die unmittelbar die Wahrheitsmacht dieser Wirklichkeit selbst hätten, doch besten Falles nur relativ und partiell angemessene Gedanken und Worte *über* sie." (IV/3, 311)

Worin treffen diese Strukturmomente der „Weltanschauung" zusammen? Worin haben sie ihr nervöses, hysterisches Zentrum? Darin, wir haben es ebenso bereits zitiert, „daß die Weltanschauungen samt und sonders für *Jesus Christus keine* Verwendung haben." Er ist „abwesend unter den Einzelbildern und im Gesamtbild jeder Weltanschauung" (IV/3, 296).

Nach alledem wird das Bekenntnis der christlichen Wahrheit „heute" auf schneidende jeweilige Gegenwahrheiten gefaßt sein müssen.

„Ihm [sc. dem Bekenntnis] kann es widerfahren, daß es in den Raum einer Weltanschauung und eines Lebensgefühls hinein ertönen muß, in welchem es in seinen ganzen Voraussetzungen und dann auch Folgerungen gar nicht verstanden werden kann, in welchem es dem Gegner nur zu leicht fällt, es als eine willkürliche Neuerung oder auch als starre Reaktion, als Exponenten eines unfriedlichen Geistes, als Angriff auf irgendwelche allgemein anerkannten heiligsten Güter zu diffamieren und lächerlich zu machen." (I/2, 721)

Letzthin ausschlaggebend ist dabei dann aber erst die zugreifende Wendung des Gedankens auf Kirche und Theologie selbst: „What are the most prevalent false gods of our time and how do you access their relative significance?", wird Barth 1961 von der Zeitschrift „Christianity today" gefragt, und er antwortet:

„Der Ort, wo die falschen Götter stehen und verehrt werden, ist heute wie zu allen Zeiten zuerst die Kirche selbst. Sie glaubt an die Güte und Macht ihrer eigenen Tradition, Moral und religiösen Aktivität. Sie glaubt an die Vortrefflichkeit der Christen im Unterschied zu den sie umgebenden Indifferenten, Atheisten und Kommunisten. Sie glaubt an das von ihr entworfene Menschenbild, Weltbild und Gottesbild. Sie tut damit dasselbe wie die, die an das Geld, den Sport, die Technik, die Sexualität oder auch einfach an die Herrlichkeit eines bequemen Lebens glauben. Die Kirche hat zu beweisen, daß sie selbst an den Gott glaubt, der die Menschen von allen falschen Göttern befreit hat."[199]

g. *Stat magni nominis umbra*

Bei Barth begegnet eine Theologie, die in der ersten Hälfte des 20. Jahrhunderts ihren ursprünglichen Standort nimmt. „Über das, was als theologische *Wissenschaft* und als wissenschaftliche *Theologie* anzusprechen ist", so notiert er 1924 im Vorwort zu *Die Auferstehung der Toten*, „sind die Akten weniger als je geschlossen. *Alles*, was heute wir *Alle* treiben, sind *Notarbeiten* einer Übergangszeit."[200] Vielleicht hätte Barth auch die *Kirchliche Dogmatik* noch als solche Notarbeit angesehen? Doch seitdem? Nichts

---

199 Barth, Offene Briefe 1945–1968, 501; vgl. IV/3, 297–299.
200 Barth, Auferstehung der Toten, IV.

berechtigt zu der Einschätzung, daß Theologie mittlerweile grundsätzlich neu gedacht worden wäre, wie das bei Barth seinerseits dem Denken des Neuprotestantismus gegenüber geschieht. Die Gelegenheiten und besonderen Anfechtungen der Bewohner des 21. Jahrhunderts? Die großen ideologischen Vermeintlichkeiten und Zeit-Lügen, in das In-der-Welt-Sein seit langem eingefressen? Sie deutlicher zu identifizieren und begreiflich zu machen muß m.E. die „Notarbeit" der unmittelbar gegenwärtigen Übergangszeit ausmachen. Keine Zurücknahme oder Abschwächung jedenfalls, sondern ein möglichst ruhiges Weiterdenken der Neuzeitkritik Barths scheint mir erforderlich. Die Dimension seiner sogenannten „Modernitätsfeindschaft" ist stärker auszubauen, ein wenig, so gut es geht, weiterzuführen oder ausdrücklicher werden zu lassen – angesichts sich überschlagender Modernität, die sich lange krankhaft manisch und extrem selbstgefällig befand, jetzt eher, bei gelegentlichem Durchbrechen der alten Fortschrittseuphorie, des bekannten lauten Auftrumpfens, in eine depressive Phase überzuwechseln scheint.

Doch ist, wie gesagt, festzuhalten, daß die Erscheinung der neuzeitlichen Technik in ihrer ganzen Umfänglichkeit bis heute zutiefst unverstanden geblieben ist. Wie soll man es halten mit ihren zuletzt im Unklaren bleibenden, aber überwältigenden Kräften – die längst bösartige Formen angenommen haben? Möglich wohl, daß bereits tiefe, gesunde, vor-argumentative Aversionen mit ausdrücklichen späteren Einsichten konvergieren. Doch kommt man im Denken gegenwärtig nicht durch. Das Schema der Mittel-Zweck-Relation reicht nicht zu – als ginge es um eine bloße Fortschreibung antiken oder mittelalterlichen Werkzeuggebrauchs. Über mächtige Verschiebungen wird mit diesem oberflächlich bleibenden Schema hinweggetäuscht. In Wahrheit handelt es sich um tiefe Neubestimmungen der Licht- und Hörverhältnisse, der Stimmen und Stimmungen, der Verteilung von Licht und Schatten in der Phänomenalität selber, in dem, was erscheint und einleuchtet. Stimmen können Kreide fressen. Hinsichtlich der Herrschaft der neuzeitlichen Technik sucht man das klar Bestimmte vergebens. Es fehlt an Umrißschärfe. Was wirkliche Technokratie bedeutet und bis wohin sie geht: wie sie ins Tödliche ausläuft, wie Freiheit Zug um Zug an sie abgetreten wird und Entscheidendes nicht mehr in unserem Belieben steht, wie es ihr gemäß zusehends eindeutiger nur eine Richtung gibt, in der überhaupt *gewollt* werden kann (das Können zu steigern muß unbedingt gewollt werden!), ist immer noch erklärungsbedürftig. Das dunkle Wort von der „Neuzeit" verdeckt mindestens soviel, wie es zu erkennen gibt. In wie prekärer, „neuer", neuester Situation leben wir heute, wo eine einzige Windung des Zeitstroms die gesamte Zivilisation in eine unvorstellbare Wüste verwandeln kann. Welche Art offensichtlicher oder sehr verborgener Barbarei, unmenschlicher Landschaften, hat das wandernde Gottesvolk heute, neuerdings, zu durchqueren? Welche Gestalt hat das moderne *Floß der Medusa?* Werden wir auf die Dauer von der eigenen zutiefst unheimlichen Zivilisation und der ihr immanenten soteriologischen Irrlehre verbrannt, von einer unstillbaren soteriologischen Begehrlichkeit und Sucht?

Doch auch die Moderne, die Zeit der Gier, ist ein Übergang und hinsichtlich der Frist, die ihr womöglich bleibt, die Frage von Jes 21,11 angebracht „Wächter, wie weit ist die Nacht?" *Macht und Abermacht* heißt die Tonart, die Monotonie, der Lärm, in dem das Sein in der Moderne seine wesentlichen Stücke spielt. Denn die leise Gnade Christi genügt nicht. Aber die Macht auch der unbedingt gewollten Macht, wie sie aus dem Innern der Neuzeit kommt und wie sie sich unwiderstehlich am Zuge meint, vergeht. Sie scheint im Begriff, an Ränder zu treiben und zum Erliegen zu kommen. Auch sie altert und verfällt dem Gericht – das sich, so Kafka, eben durch merkwürdigen Lärm ankündigt:

„Über alle Einzelheiten hinweg erinnerte mich am meisten an ein Gericht *ein Dröhnen*, das unaufhörlich aus der Ferne zu hören war, man konnte nicht sagen, aus welcher Richtung es kam, es erfüllte so sehr alle Räume, daß man annehmen konnte, es komme von überall oder, was noch richtiger schien, gerade der Ort, wo man zufällig stand, sei der eigentliche Ort dieses Dröhnens, aber gewiß war das eine Täuschung, denn es kam aus der Ferne."[201]

Wie ist dieses Dröhnen, das in vielem Einzelnen hörbare bedrohliche Rauschen einer urtümlichen Finsternis, zum Schweigen zu bringen? Mag der Geist der Moderne abgeschafft werden, sich selbst abschaffen, erkalten, vergehen oder sich noch eine Zeitlang verzweifelt fortsetzen. Mag die moderne Technik langsam ihren technokratischen Geist aufgeben und andere Technik, aus anderem Geist, heraufkommen. Zu erkennen ist das nicht. Aber es gibt auch die historische Entropie, die das Ihre tun wird, das Einschlafen von Vorurteilen, Entwürfen, Erfordernissen – das „Ausbrennen des Kraters".[202] Um so mehr gilt christliche, gut begründete eschatologische Erwartung, für deren Erfüllung weder die Theologie noch der Glaube einstehen muß. *Stat crux, dum volvitur orbis.*

„Das Volk Gottes", hebt Barth hervor, „täuscht sich nicht über den Charakter dessen, was da unter seinen Augen (und übrigens nicht ohne seine eigene Beteiligung!) geschieht. Es weiß aber auch, daß es sich in dem, was da geschieht, um das *Vorübergehen* und *Vergehen* einer durch das Kommen und durch die heimliche Gegenwart des Reiches schon verurteilten, erledigten, *veralteten* Weltgestalt handelt, die es wohl in

---

201 Kafka, Nachgelassene Schriften II, 377f (Hv. M.T.).
202 „Maria Theresia", notiert Jünger in seinem Tagebuch (Jünger, Siebzig verweht III, 340), „hat die Hinrichtung der Tochter nicht mehr erlebt – wohl aber Kaunitz, der die Große Revolution als einen Vulkanausbruch bewertete. Man müsse den Krater ausbrennen lassen, meinte er dazu." An anderer Stelle (490) heißt es: „Der Sturz wird sowohl durch Wachstum vorbereitet wie auch durch Schwund."

allen ihren sich folgenden und ablösenden Bildern ernst nimmt, aber in keinem ihrer Bilder in letztem, sondern, wie es ihr gebührt, in jedem nur in vorletztem Ernst ernst nehmen kann." (IV/3, 820; vgl. 825)

Das wandernde Gottesvolk kann weiterziehen und auch gänzlich fatal werdende Zeiten durchqueren – ausgestattet auch mit der Kraft wegbereitender Theologie: die den Blick auf den Weg mit neuer Orientierung versieht. „Sag den Kindern Israel, daß sie weiterziehn!" (Ex 14,15)[203] Um von Versen Benns in unserem Zusammenhang Gebrauch zu machen:

> [...] die Macht vergeht im Abschaum ihrer Tücken,
> indes ein Vers der Völker Träume baut,
> die sie der Niedrigkeit entrücken,
> Unsterblichkeit im Worte und im Laut.[204]

Möglich aber auch, sogar wahrscheinlich, daß für diesen Zusammenhang zu übertragen ist, was Goethe in bezug auf seine Farbenlehre erklärt hat: daß die Wahrheit, „in Zeiten wo sie nicht durchdringen kann, nur gleichsam eine Protestation einlegt, um ihre Rechte, wo nicht zu behaupten, doch zu verwahren."[205]

So muß der große Name, die Wahrheit verwahrend und Protest erhebend, als vorausgehender Schatten einer künftigen Theologie stehen. Karl Barth, heute. Die *Kirchliche Dogmatik* – nach wie vor ein Hauptbuch der Zeit. Seine Theologie ist es m.E., die heute allein den Platz freihalten kann für eine künftige. *Stat magni nominis umbra*.[206]

---

203 Hertzsch hat den hoffnungsvollen Satz zum Titel seiner Lebenserinnerungen gemacht: *Sag meinen Kindern, dass sie weiterziehn.*
204 Benn, SW I, 185.
205 Goethe, LA I, 6, 216.
206 Vgl. Fest, Gegenlicht, 186. – „Ängstige dich nicht, du hast dich genug für uns geängstigt. [...] Vielleicht haben gerade deine Worte uns vor den Späteren zu vertreten." So spricht Canetti den Dichter Hermann Broch in einer Rede zu dessen 50. Geburtstag an (Canetti, Gewissen, 10).

B. Klärung der Lichtverhältnisse und Unterscheidung der Stimmen.
Zur Grundlegung der Hermeneutik

> Einen anderen Grund kann
> niemand legen. (1Kor 3,11)

Situationsgenau, haben wir gesagt, soll nichts anderes als das Evangelium Jesu Christi verstanden und ausgerichtet werden. Gesucht wird sein spezifischer Ort, sein Ton, sein Gesicht. Wie ist für den Blick auf das Heute, wie er sich dem christlichen Glauben eröffnet, von Anbeginn eine unmißverständlich *evangelische Blickrichtung* zu erzielen und womöglich durchzuhalten? Wir behandeln diese Frage unter dem Titel einer Grundlegung der Hermeneutik. Ihr gemäß ist Theologie nichts anderes als *Grundverstehen*. Es sind Barths späte Arbeiten, die in diese Blickrichtung m.E. in besonderer Zuverlässigkeit einweisen.

a. Die Offenbarung und ihre Verkennung

Ein alter Mann, so hat Carl-Friedrich von Weizsäcker im Rückblick auf seinen letzten Besuch bei Martin Heidegger verzeichnet, sei nicht anders, als er vorher gewesen ist, nur noch mehr er selbst.[1] Dasselbe wird man auch für den altgewordenen Karl Barth sagen können. Denn liest man die ganz späten Aufsätze, Vorträge und Predigten aus seiner Feder, so begegnet m.E. kaum grundsätzlich Neues – nur daß die Darstellung der theologischen Sachverhalte überall eine wunderbare Klarheit, Einfachheit und Unmißverständlichkeit einhält. In grandioser Weise löst Barth damit schließlich ein, was er als junger Mann im Vorwort zur 2. Auflage des *Römerbriefs*

---

1   Vgl. von Weizsäcker, Heidegger, 307. – Strauß spricht von seiner Hoffnung, daß „ein Satz, den angeblich Max Frisch zu einem Kollegen gesagt hat: ‚Werde im Altern nicht weise, sondern bleibe zornig' – als der Gemeinplatz kritischer Bequemlichkeit erkannt wird, der er in Wahrheit ist. Was muß ein Mensch auf sich nehmen, um weise zu werden! Was darf er nicht alles außer acht lassen, um seinen Zorn zu konservieren!" (Strauß, Anwesenheit, 65f). Überaus eindrucksvoll, doch gänzlich trostlos in der Weigerung, weise zu werden, das Buch von Jean Améry *Über das Altern*.

emphatisch einem Kritiker entgegengehalten hat: „Laßt uns in dreißig Jahren weiterreden von der Einfachheit, heute aber von der Wahrheit!"[2] Beides, Einfachheit und Wahrheit, wie es sich ihm darstellt, kommen beim alten Barth nach meinem Urteil so gut wie fugenlos überein. Was sich aber durchhält, von den Anfängen bis in die späten Äußerungen, ist eine beispiellos unabhängige gedankliche Energie, die Emphase sich ganz und gar evangelisch orientierenden Denkens. Deutlich soll für jedes Heute sein, so der einfach klingende Ertrag lange gewachsener, weitgespannter theologischer Erfahrung, daß *das Evangelium* das wahrhaft Denkwürdige darstellt und darum zuerst des Verstehens wert ist, daß um alles in der Welt und um Gottes willen ihm geglaubt werden will – diesem Wort unbedingt für heute, aber dem Wort aus der Fremde. Wie also vermag das Evangelium auch im Denken *anzukommen*? Wie kann es ihm dort einen Gang erschließen?

1. Zuerst das Evangelium ist des Verstehens wert

Als besonders aufschlußreich für die sich deutlich abzeichnenden evangelischen Blickrichtungen des alten Barth – nicht anders als vorher, nur noch mehr sie selbst – erscheinen mir die Bände der *Gespräche,* die Eberhard Busch im Rahmen der *Gesamtausgabe* ediert hat. Sie enthalten höchst vielgestaltige, mitunter eher skizzenhafte, dann auch wieder sehr eingehende, wörtliche Gesprächsprotokolle der Jahre 1959 bis 1968.[3] Barth äußert sich dort, wie ich finde, zugreifend und geradewegs, eher versöhnlich und heiter, in großartiger Lebhaftigkeit, immer noch, wie eh und je, zur Verwunderung bereit, doch dazu auch nach wie vor unmittelbar fähig. Unbeabsichtigt vermittelt er – vielleicht in manchem sogar vergleichbar dem berühmten „Schwanengesang" der *Einführung in die evangelische Theologie* von 1962 – so etwas wie Bruchstücke eines ausgreifenden theologischen Vermächtnisses. Fast jedesmal wird aus diesen sehr unterschiedlichen Gesprächsbeiträgen so etwas wie die Zentralperspektive seines Denkens ersichtlich. Auf sie – gegenläufig zu starken Tendenzen der Barth-Forschung

---

2   Barth, Römerbrief II, IX. – Die Einfachheit in den Predigten des alten Barth rühmt Albrecht Goes (Goes, Knecht, 171): „Daß sie [sc. die Einfachheit], wie in der Kunst, auch hier [sc. beim Predigen] am Ende des Weges steht, daß sie den höchsten Rang einnimmt, das ist mir gewiß, und daß der Weg, den ein großer Prediger wie Karl Barth von der Godesberger Adventspredigt von 1934 bis zur Strafanstalts-Sylvesterpredigt von 1960 gegangen ist, der Weg vom Glanz zur Einfalt, ein guter, weiter und wichtiger Weg ist." – Eher sarkastisch Adorno (Adorno, Moralia, 114): „Man wird als Schriftsteller die Erfahrung machen, daß, je präziser, gewissenhafter, sachlich angemessener man sich ausdrückt, das literarische Resultat für um so schwerer verständlich gilt, während man, sobald man lax und verantwortungslos formuliert, mit einem gewissen Verständnis belohnt wird."
3   Barth, Gespräche 1959–1962; Barth, Gespräche 1963; Barth, Gespräche 1964–1968.

hin zum Frühwerk –, auf diese sehr späten Texte in systematisch-theologischer Absicht bevorzugte Aufmerksamkeit zu wenden heißt wohl, gedankliche Figuren und Anschauungen in einem geschliffenen, auf das Wesentliche konzentrierten Spiegel zu sehen. Als dieses Wesentliche indes erscheint immer klarer das eindeutig Positive, das keineswegs selbstverständlich, das vielmehr erstaunlich Positive: der Gott, der unvorhersehbar staunen macht; das Evangelium als womöglich aufschreckend kühner Gedanke, als Richtungskraft und Duktus und Aufklärung; die evangelische Kenntlichkeit der Theologie. Jedesmal wird darum der Gedanke lebhaft, wenn es um das Evangelium geht.

Auf die „theologische Existenz eines Alten" ist Barth übrigens in einer dieser Unterredungen durchaus auch ausdrücklich eingegangen. Im Gespräch mit evangelischen Buchhändlern 1962 wird er z.B. gefragt: „Ist die irenische und also vermittelnde Haltung älterer Theologen [...]" – als Barth diese Wendung vorgelesen wird, fügt er seinerseits hinzu: „Hört, hört!" – „[...] eine Frucht der im Laufe des Lebens stärker werdenden Einsicht in die Fragwürdigkeit menschlichen Erkennens und Formulierens, oder ist sie mehr aus einem Nachlassen der Kampfbereitschaft zu erklären?" Barth antwortet zunächst: „Ich fasse das jetzt ganz als eine persönlich an mich gerichtete Frage auf. Denn ich bin ein ‚älterer Theologe'. Es ist nicht mehr zu ändern."[4] Dann geht er mit Ironie auf die gestellte Frage ein:

„Von mir aus war es einfach so, daß von einer gewissen Zeit an – vielleicht, sagen wir: ungefähr vom Ende des 2. Weltkrieges an, z.T. auch schon lange vorher – ..., daß mein ganzer Eifer sich darauf konzentrierte, etwas *Positives* zu sagen – einfach: ‚*So ist's, da* haben wir's, *das* brauchen wir, *das* ist wahr, *das* ist wirklich, *das* ist gut, *das* ist hilfreich' usw. Das nenne ich positiv. [Hingegen] früher, wenn ich jetzt zurückblicke, muß ich sagen, da habe ich eine jugendliche Freude am Neinsagen gehabt. ‚Zur Rechten sieht man wie zur Linken einen halben Türken heruntersinken.' So war es z.B. im ‚Römerbrief'. Und das hat den Leuten den ‚Römerbrief' so interessant gemacht, weil da so blutig rasiert wurde. [...] Ein Schlachtfeld war das. [...] Nun, seit ich dann lieber positiv redete als so, ist mir diese Freude an diesem Abschneiden und Absägen so ein bißchen vergangen. Das bedeutet nicht, daß ich weniger entschieden bin. [...] Wenn man nämlich ganz kräftig Ja sagt, dann ist fast selbstverständlich auch das Nein auf dem Plan."[5]

Das große, dezidierte *Ja*, die blitzende Entschiedenheit, der der Theologe sich verpflichtet weiß, das im Wortsinn Notwendige, das entsprechend zuerst und zur Hauptsache verstanden sein will, entläßt aus sich auch das gewiß kleinere, doch unumgängliche *Nein*. Theologie orientiert sich in dieser Hinsicht gar nicht anders als wache Literatur. Der Sache nach ähnlich lesen wir es etwa in einem Gedicht von Günter Grass:

4 Barth, Gespräche 1959–1962, 372.
5 Barth, Gespräche 1959–1962, 373–375.

> Mein großes Ja
> bildet Sätze mit kleinem nein [...]⁶

Und Paul Celan, mit dem besonderen Recht der Verneinung aus einem großen Leidenserbe, fordert auf, einen Zusammenhang zu belassen:

> Sprich –
> Doch scheide das Nein nicht vom Ja.⁷

Die zitierten Sätze Barths enthalten allerdings – bei allem Anspruch auf generelle Geltung – zunächst eher die Beschreibung des Unterschieds in der Mentalität des jungen und des mittleren Barth. Von Interesse sind sie gleichwohl auch für die „theologische Existenz eines Alten", alt von den Brüchen der Zeit, die ihm zugesetzt haben. Denn beim Zeitraum der letzten zehn Jahre seines Lebens scheint sich diese Tendenz zur positiven Aussage hin noch einmal merklich zu verstärken: „*So* ist's, *da* haben wir's, *das* brauchen wir, *das* ist wahr [...]" usw. Empfunden wird vom alt gewordenen Barth für die Grundlegung der Hermeneutik von Verkündigung und Theologie *die Notwendigkeit starker Striche* – weil, wie auch sonst vielfach, nun in der ihm vor Augen liegenden theologiegeschichtlichen Situation die Gehalte zu verfließen drohen. Aus dem weitläufigen Inventar theologischer Erfahrung, das ihm inzwischen zu Gebote steht, ist ihm zuletzt nur das wahrhaft Evangelische ebenso überhaupt *der Rede wert* wie dann auch in besonderer Weise *geboten*. Das Evangelische aber definiert sich als diejenige Größe, der alles an Deutlichkeit gelegen ist, die vor allem anderen, nämlich als Basis und Kriterium alles theologischen Verstehens begriffen sein will und die ihre Stärke auch darin hat, daß sie, weil sie im Recht ist, nicht darauf angewiesen ist, recht zu bekommen.

2. Das große Ja trägt ein scharfes Nein in sich

Diese späten Äußerungen, darauf aus, vor allem Weiterführendes zu sagen, wollen wir in unserem Zusammenhang zunächst im Bezug auf die Frage nach einer Grundlegung der Hermeneutik näher in Augenschein nehmen. Es wird sich zeigen, daß diese Frage (und mit ihr der Begriff der Hermeneutik), um sie einigermaßen zureichend beantworten zu können, dem üblichen Verständnis gegenüber umfassender *Erweiterung* bedarf.⁸ Dies

---

6   Grass, Gedichte, 52.
7   Grass, Gedichte I, 135. An anderer Stelle (173) spricht er vom „hellgeatmeten Nein".
8   Aufschlußreich wäre, dabei auch darauf zu achten, worauf Barth nicht eingeht, was er also für weniger oder für überhaupt nicht bedeutsam und der Rede wert hält. Das soll freilich jetzt nicht die Frage sein.

betrifft nicht zuletzt die dem Evangelium zukommende, das Heute situationsgenau treffende *kritische* Kraft. Das dort geltend zu machende Nein greift nun noch weiter aus als die erwähnten innertheologischen Dispute. Über die im Evangelium implizierten, überaus ernsten Abweisungen gilt es also nicht hinwegzugehen, sie vielmehr, so prononciert es geht, trotz der Gefährlichkeit des Vorgangs gerade herauszuarbeiten – in der Kraft der *Notwendigkeit* nämlich jener Verwerfungen. „Wie stimmt Christus mit Belial?" (2Kor 6,15) Nur sofern sich das Erfordernis, diesen und jenen auseinanderzuhalten, als zweifelsfrei erwiesen hat, scheint es berechtigt, überhaupt dem Abzuweisenden, dem Evangeliumswidrigen oder Untenzuhaltenden im theologischen Denken einen gewissen Raum zu geben. Erst unter ausdrücklicher Voraussetzung des im Sinne evangelischer Kenntlichkeit positiv zuerst zu Verstehenden erscheint der Blick auf den dunklen, verachtenswerten, bösen Hintergrund überhaupt sinnvoll – dann allerdings auch unumgänglich. Aufgedeckt werden muß also immer auch, im Wissen um die zu erwartende Gegenwehr, die vom Sünder getätigte und dann kultivierte *Verkennung* der evangelischen Situation: der absurde Versuch, hinter das Unhintergehbare zurückzugelangen und Jesus Christus zum Schweigen zu bringen oder vergessen zu machen.

In einer Adventsbetrachtung hebt Barth in diesem Sinne hervor, daß den starken Positionen, von denen der Glaube Kenntnis hat, als solchen sehr wohl starke Abweisungen innewohnen. Sehr grundsätzlich formuliert er:

„Das große Ja hat nun [...] auch ein deutliches *Nein* in sich: nicht neben sich, aber in sich! Nein heißt: Nicht einverstanden! Falsch, verkehrt, böse! Im großen Ja ist auch ein solches Nein enthalten. Und es gibt kein so scharfes Nein wie das, das in dem großen Ja enthalten ist. Wo das große Ja laut und gehört wird, da kommt der Hochmut, die Dummheit, der Betrug und Selbstbetrug der Welt und des Menschen ans Licht, da wird er verurteilt und gerichtet, da ist es mit aller Selbstzufriedenheit und Eitelkeit vorbei, weil diesem großen Ja gegenüber Keiner sich selbst rechtfertigen und rühmen kann. Kann Einer sich selbst noch für recht und gut halten, dann ist das ein sicheres Zeichen dafür, daß er das große Ja noch nicht gehört hat."[9]

Eine paradox erscheinende Szene stellt Elias Canetti sich vor: „Nein sagen und die Arme weit öffnen".[10] Mit einer Gebärde dieser Art ist vergleichbar, wenn Barth mit Bestimmtheit erklärt, „daß das Bekenntnis explizit oder implizit immer eine *Polemik*, eine Negation, ein damnamus enthält. [...] Die Kirche hütet mit ihrer Vorhaltung: damnamus! das Geheimnis der Gnade

---

9   Barth, Predigten 1954–1967, 267. „In der Tat", heißt es in einem Brief Barths, „es ist nötig, auch Nein zu sagen. Aber das rechte Nein kann nur ein solches sein, das von einem noch gewaltigeren Ja herkommt und getragen ist." (Barth, Briefe 1961–1968, 526). Und schon 1920 lautet der entsprechende Gedanke (Barth, GV I, 72): „Wir würden nicht verneinen, wenn uns nicht die Realität des Ja so stark beunruhigte." Vgl. auch Barth, Das christliche Leben, 340.
10 Canetti, Fliegenpein, 50.

[...]."[11] Denn strikt muß unterschieden werden: „die göttliche Herrlichkeit von den gut und weniger gut gemeinten Pseudoherrlichkeiten".[12] Energisch und uneingeschränkt konfliktbereit müssen sie vor allem gehindert werden, sich im Zentrum breitzumachen, sofern sie denn schon nicht gänzlich wegzuschaffen sind. In dieser Hinsicht dann ist unbefangen Ps 144,1 in Anspruch zu nehmen: „Gelobt sei der Herr, mein Fels, der meine Hände kämpfen lehrt und meine Füße, Krieg zu führen." Also muß das Widrige als „Falsch, verkehrt, böse!" ausdrücklich benannt, müssen Gegnerschaften dieser Art ertragen werden, „muß *Streit* sein in der Theologie, damit es nirgends zu einem Frieden komme mit den sicher überall mitherrschenden und mitanerkannten ‚andern Göttern'."[13] Bereits in die Grundlegung der Hermeneutik zeichnet sich notwendig das Erste Gebot ein. Dies zumal hinsichtlich seiner neutestamentlich präzisierten Fassung, daß nichts zu wissen sei als Jesus Christus und er als der Gekreuzigte (1Kor 2,2). Wie kann niemand und nichts gewußt und verstanden und gedacht werden als Jesus allein? So daß theologische Hermeneutik sich genau *darin*, im *Denkwürdigen*, bei Besinnung hält und genau in dem Maße, in dem das gelingt, an Deutlichkeit gewinnt. So daß Theologie als *Grundverstehen* ihren Begriff erfüllte. Wie ist anzugeben, was gar nicht erst gewußt und gedacht werden soll, aber auch nicht verstanden zu werden braucht? Worauf will sich der den Gekreuzigten Verstehende absolut nicht verstehen?

3. Von der österlich-pfingstlichen Situation ist auszugehen

Zum Ausgangspunkt für die folgenden Überlegungen, zu dem dann auch immer einmal wieder zurückgelenkt wird, möchte ich ein Gespräch nehmen, das Barth 1964 mit Studenten des Tübinger Stifts geführt hat und in dem er in, wie ich finde, aufregender Weise nicht nur auf einzelne Probleme der Schriftauslegung eingeht, sondern in der Art der Behandlung auch indirekt leitende Prinzipien seiner Exegese und Hermeneutik (und dann auch seiner Theologie in ihrem besonderen Zuschnitt im ganzen) erkennen läßt.[14] Die für unseren Zusammenhang wichtigsten Partien finden sich dort in einem „Zum Verständnis der Auferstehung Jesu Christi" überschriebenen Abschnitt.[15] Bevor wir darauf zurückkommen, muß freilich die Bedeutung

---

11   Barth, GV III, 262f. – Vgl. die Überlegungen Bonhoeffers zur „polemischen Einheit" von Gottes- und Weltwirklichkeit (Bonhoeffer, DBW 6, 44f).
12   Barth, GV III, 286.
13   Barth, GV III, 143 (Hv. M.T.).
14   Keine selbständige Aufmerksamkeit finden, so lohnend das wäre, kann in diesem Zusammenhang die sich durch diese Unterredungen ziehende Auseinandersetzung Barths mit Bultmann und seinen Schülern.
15   Barth, Gespräche 1964–1968, 33–52.

der Wahl einer solchen Zuordnung des Problems noch einmal eingehend kenntlich gemacht werden.

Es scheint mir bei einem Ansatz in diesem Bereich von entscheidendem Vorteil, daß man damit das hermeneutische Problem, wie es sich der Theologie Barths stellt, sogleich an der richtigen Stelle antrifft, es in diesem Gespräch nämlich gerade im Zusammenhang der neutestamentlichen *Osterberichte* lokalisiert findet. Genuin eben dorthin – und nicht in den Bereich lediglich formaler methodologischer Vorfragen oder gar bloßer Prozeduralität – gehört es Barth zufolge: als in das ebenso ganz ruhige wie ganz nervöse Zentrum christlicher Theologie, in das Areal der machtvollen, ursprünglichen Lichtquelle des Glaubens, der *Offenbarung*, hinter die nicht zurückgegangen werden kann. Zu begreifen ist die hermeneutische Aufgabe insofern von vornherein als ein unverwechselbar theologisches, genauer: als ein material-dogmatisches Fundamentalproblem. Man vermag sich ihm nicht von außen zu nähern. Ein Allgemeines, von dem es umgriffen würde, gibt es nicht. Es besteht, so gesehen, für Barth im Erfordernis einer durchdringenden Klärung der bestimmenden Lichtverhältnisse des Verstehens *von der Offenbarung her*. Sie aber überantwortet nicht beliebiger, richtungsloser Perspektivität und autarker Deutungshoheit, sondern gibt eine sehr bestimmte, im einzelnen benennbare Blickführung vor. Sie *entwirft* das ihr gemäße Verstehen. Mit ihr teilt sich eine Art Weglehre mit, eine zu durchlaufende Schule des Verstehens, in der neue Anleitungen maßgeblich werden. Latent oder ganz offensichtlich soll exakt diese Blickbahn in der Verfassung aller theologischen Gedanken eingehalten werden.

Was erschließt sich also dem Glauben und dem Verstehen als das Unhintergehbare, von dem mithin ausgegangen werden, mit dem der Sache nach *der Anfang* genommen werden muß? Was ist theologisch überhaupt des Verstehens wert? Was ist denkwürdig? Was vermag der Mensch von sich aus, in eigenem Licht, zu erkennen? Von woher und inwiefern und für wen, so will sehr generell gefragt sein, lichten sich zuverlässig individuelle und geschichtliche Situationen, Texte und Sachverhalte? Die nämlich keineswegs in jedem Fall ihr eigenes Licht zu ausreichender Aufhellung und Klärung mitbringen. Die sich womöglich als unzugänglich für menschliches Dafürhalten, für Deutungen und Wertungen erweisen. Wie läßt sich also, was theologisch verstanden werden soll, hinreichend aufklären – im doch strittigen Licht dieser Welt, in der bedrohlichen, weil soteriologische Unterscheidungen einziehenden Dämmerung dieses Äons, mit seinen langen Klüften und Schlagschatten der Aussichtslosigkeit (wie in den gottverlassenen Landschaften und dem gespenstisch weißen Bildlicht des Surrealisten de Chirico), mit seinem finsteren Teufelspakt (Eph 5,16; 6,10–17)? Grundzüge der Hamartiologie, wie sogleich erkennbar wird, sind im Interesse solcher Klärung schon bei der Frage nach einer Grundlegung der Hermeneutik scharf zu zeichnen. Bevorzugt an Barths eingehende Erörterung der *Lüge* als eine der Grundformen der menschlichen Sünde (IV/3, 425–531) ist zu erinnern.

Notwendig zur Beantwortung dieser einigermaßen weit ausgreifenden Fragen nach durchgängiger evangelischer Kenntlichkeit erscheinen also Überlegungen nicht nur zu einer Texthermeneutik, sondern zu einer Hermeneutik des Daseins, ja des Seins selbst. Wenn gefragt wird, von woher sich Verstehen entwirft, muß vom „Licht, das in der Finsternis scheint" (Joh 1,5), die Rede sein, von externem Lichteinfall und einer sich von dorther einstellenden Umbelichtung der Zeit, eben von Offenbarung. Bei ihr aber anzusetzen ist für Barth vornehmlich Sache einer material ganz und gar *österlichen* Theologie. Nur mit diesem Anfang anzufangen läßt es als möglich erscheinen, nichts anderes als Jesus Christus, den Gekreuzigten, zu wissen und darum nichts anderes als das Evangelium als Wort vom Kreuz zu verstehen und auszurichten. Strikt von einem unhintergehbaren und unersetzbaren *Neuzugang* geht eine solche Theologie aus, von einem göttlichen *Eigenlicht*: von der sich fortan jedem Heute vorgebenden, hellen österlichen Situation und ihrer genauen Blickführung – die dem Denken das Zurückfallen verwehrt, dem Verstehenden unmöglich macht, sich so zu verhalten, als befände er sich immer noch in der schmerzlich falschen Situation, *sich selbst* (unter dem dunklen Himmel als der großen Entgrenzung, im Todesschatten) seinerseits sein eigenes Licht anzünden und sämtliches in dieses eigene Licht ziehen zu müssen.

Eben davon, von dergleichen fürchterlich Eigenem – um wiederum ein eindrückliches Beispiel aus der großen Literatur zu nennen –, wird in Gottfried Benns Gedicht *Synthese* ausgegangen:

> [...] ich treibe auch mein eignes Licht
> noch in die eigne Nacht hinaus.

Derselbe Gedanke im tief verzweifelten Selbstgespräch seines Gedichts *Sommers*:

> Du – der von Aeons Schöpfungsliedern allen
> immer nur eines Reims gewußt und eines Lichts:
> „Ach, du Hinfälliger – in eigene Fallen – "
> „Ach, du Erleuchteter – vom eigenen Nichts – "[16]

Das ist zunächst als bittere, unwidersprechliche Wahrheit einfach festzuhalten. Der sich zur Wertungs- und Deutungshoheit Ermächtigende, der insofern sich selbst Erleuchtende, muß man folgern, umgibt sich paradox *de facto* mit Finsternis.

---

16 Benn, SW I, 50; 220.

4. Der Mensch hat sich als Szene gesetzt

Doch muß der Gedanke eines erforderlichen Lichtwechsels in unserem Zusammenhang nun entschieden weiter konzentriert werden, nämlich so zeitgenau wie möglich *auf die Moderne zu*, das fatale Heute mit der ihm eigenen Verteilung von Licht und Schatten. Mit Heidegger ist kritisch geltend zu machen, daß der neuzeitliche Mensch *sich selbst* als Subjekt und insofern als Lichtung des Seins setzt und mit dieser Maßgabe alles – sich selbst, die Welt, Gott – ans Licht zieht. „Der Mensch", erklärt Heidegger, „wird zu jenem Seienden, auf das sich alles Seiende in der Art seines Seins und seiner Wahrheit gründet. Der Mensch wird zur Bezugsmitte des Seienden als solchen."[17] Von ihm her, seinen Möglichkeiten und Grenzen, entwirft sich Verstehen. Er ist die Nabe der Realität. Sämtliches verhält sich relativ auf ihn. Das Wort „Vorstellung" erweist sich nach Heidegger als geeignet, als Titel dieses Vorgangs zu gelten; es ist beim Wort zu nehmen: „Vor-stellen bedeutet hier: das Vorhandene als ein Entgegenstehendes vor sich bringen, auf sich, den Vorstellenden zu, beziehen und in diesen Bezug zu sich als den maßgebenden Bereich zurückzwingen." Insofern „setzt sich der Mensch selbst als die Szene, in der das Seiende fortan sich vor-stellen, präsentieren, d.h. Bild sein muß."[18] Dahin zielen neuzeitlich Hysterisierung und Selbstermächtigung des Menschen, selber zum Grundlegenden, zum *subjectum*, zur Bezugsmitte und zum Austragungsort der Welt zu werden, zum Maß der Wahrheit und des Geistes, zu Szene und Lichtung – in der Meinung, daß dieses Subjekt auch noch über seine Aufnahmefähigkeit, über Augen und Ohren gebieten könne.

Wie könnte sich aber, dem nun geradewegs entgegen, eine Jesus Christus als das *externe* Licht der Welt wahrnehmende, eine *österlich-pfingstlich orientierte Hermeneutik* und ihre Umbelichtung ausprägen – eine Hermeneutik der Texte zunächst, dann des Daseins, dann des Seins insgesamt, die davon ausgeht, daß es dieser Selbstausrufung und Selbstbegeisterung wegen des *Heiligen* Geistes nicht bedarf, ja sie das Selbst verdirbt? Wie wird das Evangelium – als Wort aus der Fremde, aus österlicher Fremde – zeitgenau und kritisch das Wort *für die Moderne*, das Wort *für heute*? Wie geht es zur Offensive über?

Die dem gemäße Lektüre der biblischen Texte, wie auch die entsprechende Wahrnehmung der Welt wäre folgerichtig die des fremden, des hellen, wahrhaft situativen, vom fatalen Heute unabgelenkten Blicks. Alles setzte sie, von Ostern aus, ungebräuchlichen Fragen und neuen Blicken aus. Erfahren würde das Sein als das geschaffene und siegreich erhaltene *Unge-*

---

17 Heidegger, Holzwege, 88.
18 Heidegger, Holzwege, 91.

heure, nämlich als von unheimlicher *Bejahung* getragen. Denn dort, wohin dieser Blick geht, begegnet „augenblicklich", wiederum: von der Offenbarung aus, die vehementeste Bejahung und Aufhebung des Hinfälligen, die sich nur denken läßt, und insofern etwas, was den Blick des vom Eigenen nicht Verdunkelten *hält* – was ihn nicht fordernd, sondern für das Ungewohnte freigebend hält, statt ihn, wie bei Benn, sogar „in die eigene Nacht" noch und „ins eigene Fallen" noch hinauszutreiben. Dort haben „Vorstellung" und „Weltanschauung" und „Weltbild" und angemaßte Subjektivität ein Ende, beziehe ich nicht blasphemisch Gott auf mich zu, um ihn zu mir „als den maßgebenden Bereich zurückzuzwingen", stellt vielmehr Gott – Bezugsmitte, *subjectum*, Austragungsort der Wahrheit, Szene und Lichtung – mich vor sich, darf ich mich mit allem Seienden als den Angeschauten vorfinden, als den Wahrgenommenen, den überhaupt erst zutage und ans Licht Gebrachten. *Gott* vor mich zu stellen ist „falsch, verkehrt, böse".

b. Die Umstimmung und der Lärm

1. Ich bin, was ich höre

Im Ausgriff auf wesentliche Bereiche der *materialen Dogmatik*, so haben wir ausgeführt, ist das hermeneutische Problem zu denken: auszugehen ist nämlich, zur Erzielung und Beibehaltung evangelischer Kenntlichkeit, von der österlich-pfingstlichen Situation. Noch in einer anderen Dimension, in einem anderen Erfahrungs- und Metaphernbereich als bisher ausgeführt, kann sie allerdings in Betracht kommen. Sie läßt sich nach einer zweiten Richtung hin in derselben Weite und Erstreckung erörtern, soweit nämlich nicht nur (wie in den bisherigen Überlegungen) nach dem *Sehen*, sondern auch nach den Möglichkeiten des *Hörens* gefragt wird. In diesem Sinne geht das theologische Interesse wie auf eine Klärung der Lichtverhältnisse so auch auf strenge Unterscheidung der gebieterischen *Stimmen* der Welt, der Zeit, der Epoche, auf prüfende Artikulation jener andringenden, eintreffenden, womöglich atemberaubenden, tagesklaren oder auch nächtlichen Stimmen, die Gehör beanspruchen, sich durchsetzen und die sich, vielleicht in besonderer Intensität und Signifikanz, auch in unter Umständen lebensbestimmenden menschlichen Selbstgesprächen bemerkbar machen.[19]

Auch hier geht es um die evangelische Situation und ihre Verkennung, um pfingstliche Umorientierung und insofern um scharfe *discretio*. Wir

---

19 Auf die Bedeutung der Selbstgespräche macht Steiner aufmerksam (Steiner, Schöpfung, 90f). – Zum Tagebuch als Selbstgespräch vgl. Canettis eindrucksvolle Überlegungen unter dem Titel *Dialog mit dem grausamen Partner* (Canetti, Gewissen, 54–71).

nehmen das Gesagte auf und führen es auch in die Richtung dieses anderen elementaren Erfahrungs- und Anwesenheitsbereichs fort. Wiederum: eine Schule des Verstehens, der Stimmen und des Hörens, ein vorgegebener, strikter Richtungssinn bietet sich. Worauf kommt es an, wenn evangelische Kenntlichkeit erzielt werden soll? Was ist überhaupt des Hörens wert? Worin besteht die in ihren Stimmen zuerst und zur Hauptsache begreiflich zu machende evangelische Situation? Inwiefern muß Hörbereitschaft für sie erst geweckt werden? Und in welcher Hinsicht gibt es Recht und Pflicht und Möglichkeit, sich vor aufdringlichem Lärm und Gebrüll – etwa dem von Totschlageworten, die unbedingt Recht behalten wollen – die Ohren zuzuhalten?

Pfingsten bedeutet *Umstimmung,* Neuentwurf des Verstehens. Nach der Pfingstgeschichte kommt der Heilige Geist in Stimme, Klang und Ton,

„indem er die Gemeinde und ihre damalige Umgebung nicht nur durch das Lautwerden jenes sturmwindartigen Brausens senkrecht von oben, seines eigenen himmlischen Tones überraschte, sondern ihnen dies sein eigenes Tönen – als der Ton der Gegenwart, Vollmacht, Kraft und Wirkung Jesu selbst, als den Gleichklang ihres Wortes mit dem seinigen – auf ihre menschlichen Lippen legte [...]." (III/4, 364)

Der Heilige Geist gibt Stimme und stimmt um. Denn der Glaube kommt aus dem Hören (Röm 10,17: ἡ πίστις ἐξ ἀκοῆς). Der Glaubende findet sich als der auf das Evangelium und also auf Christus Eingestimmte, als der hellhörig Gewordene, der im Gehörten den Schicksalston gefunden hat, das schöpferische Wort, jenes Unerhörte, das Verstehen entwirft, das erst Ohren für es selber schafft. „Alles Sagen muß das Hörenkönnen mitentspringen lassen",[20] fordert Heidegger – und benennt dabei wider Willen das Wirken des Heiligen Geistes. Das Evangelium funktioniert gleichsam auf Zuruf. „Alle Morgen weckt er mir das Ohr, daß ich höre, wie Jünger hören." (Jes 50,4)[21]

Im Sinne einer Grundlegung der Hermeneutik des Daseins läßt es sich allgemein fassen. Innere Stimmen mit ihrem *crescendo* und *decrescendo* und ihrer unendlich verschiedenartigen Tonfärbung konstituieren, was mich wesentlich ausmacht, was man also vielleicht ein auditives Welt-, doch auch Selbstverhältnis nennen könnte. Was ist ein Ich? Ich bin, was ich höre, von außen und in mir selbst. Das sich weit dehnende, tiefgestaffelte innere Gesichts- und Hörfeld, die Innigkeit, Abgründigkeit im Nächstliegenden, in

---

20 Heidegger, Beiträge, 78. Der Satz mag ein Beispiel abgeben für das vermeintlich Nach-Christliche, das Heidegger geltend macht. In Wahrheit entstammt er christlicher Pneumatologie.

21 „Der Glaube", erklärt Ernst Käsemann mit Recht (Käsemann, Paulinische Perspektiven, 157), „lebt allein aus dem Hören, nicht aus dem Blick auf wunderbare Ereignisse. [...] Das Hören hat einen durch nichts ablösbaren Primat." Dabei leuchtet freilich die Alternative des ersten Satzes nicht recht ein.

dem uns der Vernichter gelegentlich näher kommen mag als der Verbündete, ist auch der Ursprungsort des Glaubens. Dort wird Christus als der Gekreuzigte „vor die Augen gemalt" (Gal 3,1), einem inneren Hören zugesprochen. Allerdings: ein störbarer, verletzlicher Ursprungsort.[22] Lebenslang muß das Ohr des Menschen auch auf anziehend klingende tödliche Täuschungen gefaßt sein. Schon in mein Hören, in die Bedingungen seiner Möglichkeit, in seine Verlaufsform, hat sich das Böse eingemischt. Canettis Aphorismus trifft nicht zu: „Dein Sündenfall: daß du den Mund öffnest. Solange du zuhörst, bist du unschuldig."[23] Auch nur der Einflüsterung zuzuhören ist schon der Sündenfall.

Wie kommt es dort, in dieser letzten Innigkeit, im Anwesenheitsfeld, zu veränderten Anschauungen, zum durchgreifend veränderten Stimmklang, zur Unterscheidung der Stimmen, auch zum entschiedenen inneren Hinhören und Weghören und Dazuhören, zum Hinsehen und Dazusehen und Wegsehen (das Auge auf Abwegen) – nach Maßgabe dessen, was uns rechtens überhaupt etwas angeht? Der Dichtung ist diese Frage vertraut. „Es gibt Gedanken", ruft Danton in Büchners *Dantons Tod* aus, „für die es keine Ohren geben sollte. Das ist nicht gut, daß sie bei der Geburt gleich schreien, wie Kinder."[24] Und Canetti nennt einen „frommen Freund": „Er glaubt, daß es Engel gibt, die einem im rechten Augenblick die Ohren zuhalten."[25]

2. Ich höre die Stimme Christi eintreffen

Wie kommt der Glaube in Betracht, wenn man ihn als innere Wanderung im Anwesenheitsfeld, als Umsicht im wahrhaft Ungeheuren begreiflich zu machen sucht – als neue Hörfähigkeit und Hellhörigkeit, die sich ursprünglicher, pfingstlicher Stimmung des Gehörs verdankt? Ausschlaggebende Bedeutung bekommt dabei, daß die christliche Gemeinde in jener Schule des Verstehens streng zu unterscheiden gelernt hat: daß ihr „gegeben und erlaubt ist, mitten in dem Gewirr der verschiedenen christlichen, halb- und unchristlichen Stimmen jederzeit die ganz andere Stimme des lebendigen, des in Jesus Christus handelnden und sprechenden *Gottes*, sein unterscheidendes Wort zu hören […]" (IV/3, 1027).

---

22 Die Sehnsucht Ulrichs in Robert Musils *Der Mann ohne Eigenschaften*, um ein besonders eindrucksvolles Beispiel aus der Literatur zu nennen, geht denn auch auf einen „Zustand der unzerstörten ‚Innigkeit' des Lebens" (Musil, Mann ohne Eigenschaften, 908). In einem Gespräch über „Für" und „In" wird Ulrich von Agathe gefragt (1332): „Was ist dieses In?" Und in seiner Antwort heißt es: „[…] jeder Affekt trägt den Totalitätsanspruch in sich, allein zu herrschen und gleichsam das In zu bilden, worin alles andere getaucht sei."
23 Canetti, Hampstead, 59.
24 Büchner, SW I, 48.
25 Canetti, Provinz des Menschen, 157.

Vor allem also betrifft diese Unterscheidungsfähigkeit das Gewirr, womöglich das Chaos, jedenfalls die unübersehbare Vielzahl ... der inneren Stimmen. Sie sind ja von heftiger, die äußeren Stimmen unter Umständen immer wieder überbietender Lebendigkeit. „[...] erst zwischen den inneren Gestalten werde ich wach [...]", gesteht Kafka.[26] Jeder beherbergt in sich unzählige Stimmen, den brutalen Lärm („der in mir ist und dem zu befehlen ich nicht Zeit habe"[27]) und auch das liebevolle oder bedrohliche Flüstern, die unendlichen inneren Diskurse, Autosuggestionen, Warnung, Trost, Anklage. Stimmen, das Tosen der Welt, Geräusche ... nisten im Ohr. Manche dieser Stimmen machen für lange oder für immer sozusagen Epoche in unserem Inneren. Sie bemächtigen sich eines ganzen Lebens. Andere wurden erstickt, leben indes abgedrängt rätselhaft weiter. Manche – die der Unversöhnlichkeit – sollen um Gottes willen gestillt werden, so daß wir im ganzen vor Gott „stille werden" (1Thess 4,11; 1Petr 3,4), die Seele „still ist zu Gott" (Ps 62,2) und Befreiung vom quälenden Lärm des Menschenwidrigen erhält. „Sei nur stille zu Gott, meine Seele", spricht der Beter sich selbst an (Ps 62,6).

Pfingstlich also solche Umstimmung im Inneren, im Selbstgespräch. Vielfältig begegnet sie in den biblischen Texten. Die göttliche Zwiesprache mit sich selbst bei der Schöpfung „Lasset uns Menschen machen!" (Gen 1,26) und nach der Sintflut (Gen 8,21f). Die Beter in den Psalmen „Was betrübst du dich, meine Seele, und bist so unruhig in mir?" (Ps 42,6; 42,12; 43,5), „Lobe den Herrn, meine Seele!" (Ps 103,1f; 104,1; 104,35; 146,1),[28] „Sei nun wieder zufrieden, meine Seele!" (Ps 116,7). Das Selbstgespräch des reichen Kornbauern (Lk 12,19) und des verlorenen Sohnes: εἰς ἑαυτὸν δὲ ἐλθὼν ἔφη (Lk 15,17–19). Sind auch die Gebete Jesu zum Vater in bestimmter Hinsicht (trinitarische) Selbstgespräche?

Eine Welt von Worten *im* Menschen: die Sequenzen, die kleinen und großen Geschichten, Liedzeilen, Melodien, Rhythmen, Assoziationen, die betörenden Gedichte ... sie hat sich im Lauf des Lebens herausgebildet, wir bringen sie immer schon mit in jede neue Lebenssituation. Ihre Sprache hat in uns, auf großer innerer Bühne, ihr mal kräftiges, mal gefährdetes Leben entfaltet. Ich *bin* Geschichte und Inhalt und Form meiner Innenräume. Im entscheidenden dann höre ich biblische Texte und in ihnen die Stimme Christi *in mir* eintreffen und dann, gerufen oder ungerufen, schützend,

---

26 Kafka, Briefe 1913–1914, 171.
27 Kafka, Tagebücher, 51.
28 In einer Predigt über Ps 103,1–4 (Barth, Predigten 1935–1952, 271–282; dort 272) geht Barth auf das in diesem Psalm geführte Selbstgespräch ein: „Haben wir auch schon bemerkt, daß da Jemand offenbar mit sich selber redet? ‚Meine Seele': das ist ja er selber, der hier spricht: ‚Lobe den Herrn!' Er selber, wie er leibt und lebt. Und ‚was in mir ist', das sind seine Gedanken und Absichten, seine Sorgen und Leidenschaften, sein Herz und sicher auch das, was wir heute seine Nerven nennen würden."

versöhnend, tröstend, ermutigend wunderbarerweise in meine Selbstgespräche eingreifen, in die weiten Echokammern des Selbst, die Anwesenheitsfelder, in das Stimmengewirr, das ich in mir berge, das ich bin. „Ich stand und lauschte. Lange stand ich und atmete den Laut."²⁹

Sogar spricht die Stimme Christi ihrerseits mit den Stimmen in mir. Ich bin mir nicht mehr selbst der Nächste. Ihrerseits entfaltet sie machtvolles, bestimmendes Leben in mir: bewirkt die wohltätige Spannung des Lebendigen, bringt hier zum Schweigen und bringt dort zum Klingen – in einer Tiefe, die nur ihr zugänglich ist. „Sprich zu meiner Seele: Ich bin deine Hilfe!", bittet der Beter (Ps 35,3). Gott wird gebeten, ins Selbstgespräch des Menschen bestimmend hineinzusprechen und ihn umzustimmen. Diese Weise des Eingreifens ist es, in der er über unser Bewußtsein und unsere Erinnerung zu kommen vermag, über das, was im Gedächtnis bleibend wohnhaft wird, über das Gewissen, auch über Handlungs- und Unterlassungsmotivationen. Gott selbst mischt sich in das Selbstgespräch des Kornbauern ein (Lk 12,20). Der Heilige Geist formt mein Selbstgespräch: „Seht", ruft Barth in einer Predigt aus, „das ist der Heilige Geist, der uns *so* mit uns selber reden macht. Und der hat den Heiligen Geist, der *so* mit sich selber redet: ‚Lobe den Herrn, meine Seele!'"³⁰

Auch im Innersten des Menschen bedarf es der Selbstermächtigung nicht. Eine andere Grundlegung der Hermeneutik gilt: du findest dich, du findest dein die Welt in besonderer Weise in Besitz nehmendes Selbstgespräch,³¹ deine sämtlichen Stimmen, den Monolog oder Dialog der vielen, *durch Christus* und *für ihn* reklamiert. Du sprichst fürs erste dich, herrschst dich an, sprichst dich frei, richtest dich – Selbstreflexionen, die keinen Grund finden können, die womöglich unlösbar und unerlöst ins Unendliche laufen. Aber bei alledem bist du „ahnungslos, wen du lebst" (Benn),³² wer in dir umgeht, was in dir umgeht. Doch dann (Gal 2,20) – lebt und spricht *Christus dich*. Er nimmt dich in Verwahrung. Das ist der „Grund, der gelegt ist, welcher ist Jesus Christus" (1Kor 3,11).

„Und das ist die entscheidende Frage für uns alle", so heißt es in einer Predigt Barths, „ob wir wirklich *ihn* hören? *Nicht* die Stimme unseres eigenen Herzens, auch nicht die unseres frommen Herzens: unser Herz hat Gottes Herablassung nötig, unserem Herzen darf und soll Gottes Herablassung zugute kommen, aber unser Herz kann uns nicht sagen, was uns nötig und heilsam ist."³³

---

29 Benn, SW III, 212.
30 Barth, Predigten 1935–1952, 272f. – Merkwürdig ungebrochen der Anfangssatz von Schleiermachers *Monologen* (328): „Keine vertrautere Gabe vermag der Mensch dem Menschen anzubieten, als was er im Innersten des Gemüthes zu sich selbst geredet hat [...]."
31 Die Welteroberung im Selbstgespräch der Seele beschreibt Lévinas, Spur des Anderen, 188f.
32 Benn, SW I, 298.
33 Barth, Predigten 1935–1952, 150.

Evangelische Kenntlichkeit ergibt sich nach alledem nicht im Ausgehen vom eigenen Herzen, wenn also der Glaubende sich selbst als Szene und Grund und Lichtung setzt und also von sich aus die Stimme Christi sich betreffen und angehen läßt, auf sich zu bezieht, auf sich „zurückzwingt". Vielmehr ist, unbeirrbar in dem Maßstäben, von der Offenbarung auszugehen, von der österlich-pfingstlichen Situation – die in nichts dem gleichkommt, was je und irgendwo auf der Welt erwartet werden kann, die das menschliche Dasein und das Sein in Verwahrung nimmt. Wie stellt sie sich *im Sinne der neutestamentlichen Texte* für Barth dar? Welchen Mißverständnissen darf eine in diesem Verstande situationsgerechte und textgemäße Theologie nicht aufsitzen?

c. Das prophetische Amt Jesu Christi und Adams Wahnsinn

1. Die neutestamentlichen Texte seien religiöse Deutungen?

In die Zeichnung einer österlich und pfingstlich genauen und getreuen Hermeneutik hat sich eine grundlegende Unterscheidung einzuschreiben; Ernst Käsemann hat sie überaus nachdrücklich geltend gemacht:

„Es ist ein abgründiger Unterschied", schärft er ein, „ob das Evangelium über Leben und Tod, Gott und Mensch, die Geschichte als Erlösungsdrama lehrt und also primär *Deutefunktion* hat oder ob man aus ihm die *Stimme des Herrn* vernimmt, ohne dessen forderndem Zuspruch und Anspruch wir nicht in der Jüngerschaft bleiben können. […] Es kann unmöglich Jünger sein, wer nicht derart vom Worte stigmatisiert ist und aus ihm lebt. Dieses Wort, das als Stimme unseres Herrn unablässig neu an uns ergeht, ist als Ruf in die Nachfolge zugleich Sendung in jenen Dienst, welcher seinerseits bestätigt, daß wir wirklich Hörer und Jünger geworden sind."[34]

Aufzugreifen ist in diesem Zusammenhang ein Detail aus dem Gespräch Barths mit den Tübinger Stiftlern. Es klingt nur beiläufig, ist aber von erheblicher Tragweite, wenn Barth es dort in einer bestimmten Gesprächsphase für verfehlt erklärt, das Auferstehungszeugnis des Neuen Testament als Zusammenstellung von „Deutungen" der apostolischen Autoren begreiflich zu machen.[35]

Es handelt sich vielmehr – um die Alternative gleich aufs Grundsätzliche zu stellen – zuerst und zur Hauptsache und unüberholbar um die Wiedergabe

---

34 Käsemann, Konflikte, 72 (Hv. M.T.).
35 Zum Begriff der „Deutung" vgl. Dalferth (Dalferth, Schöpfung, bes. 419–424), dort freilich ohne Einbeziehung der Kategorie der *Offenbarung*. Theologie sei „Deutungsdenken der Glaubensdeutung" (Dalferth, Gedeutete Gegenwart, 8). Die Differenz von Deutung und Gedeutetem wird nach Dalferth überhaupt nur durch andere Deutungen realisiert (187f).

des „Urteils des Vaters" (so in IV/1, 311–394), also, wenn man so will, um die *Deutung des Vaters*, und sodann um das klärende Licht und die Artikulation seiner „unmittelbaren Selbstbekundung": um das ganz und gar Positive also, „daß das Leben Jesu Christi *für sich selber spricht*" (so nun Formulierungen in IV/3, 56; 49). Wenn von existentialer Interpretation die Rede sein soll, dann in der Weise, daß sich das Sein Christi österlich-pfingstlich in erster Linie selber existential interpretiert – und mehr als existential, weil diese Existenz universale Bedeutung trägt. Ist doch der Tod Christi, im Zentrum der Welt, „*das* ‚Existential', vor oder neben oder nach dem in gleicher Ordnung kein anderes Raum hat" (IV/1, 326). Es vollzieht sich als ganz eigensinnige Bewandtnisganzheit. Im Geist Christi bekundet es sich selbst, und es erschließt seinerseits jede wesentliche Bewandtnis der Welt. Als Offenbarung ist es nur aus sich selbst heraus adäquat zu explizieren. Nicht die apostolische „Deutung" macht einsichtig und klar, was geschehen ist, vielmehr eignet dem Geschehen selbst – als Gottesgeschehen – unbändige erleuchtende und artikulierende Kraft. Dabei vorauszusetzen ist also stets, „daß dieses Ereignis für sich selbst spricht, sich selbst erklärt. Es braucht bloß eben angezeigt zu werden." (IV/1, 274f) Jede wahre Aussage über ihn beruht bereits darauf, daß Jesus Christus sich im entscheidenden, in der Kraft seines Geistes, selber verdeutlicht und unbedingt für sich selbst spricht – inspirierend, animierend, in Ermöglichung und Realisierung. Jene Ersetzung ist von vornherein blasphemisch. Aus diesem Grund die Verve der Abweisung.

„Diese Eigenmächtigkeit", präzisiert Barth, „ist offenbar selbst nur Symptom einer sehr eigentümlichen Meinung, die sich der Mensch von sich selbst, von Gott und von seiner Stellung zu Gott zu bilden erlaubt hat. Er meint nämlich, sich Gott [...] richterlich, als Partner und Gegenspieler, gegenüberstellen zu *können.* Er meint also, daß Gott und seine Offenbarung in den Bereich seines eigenen *Vermögens* gehören [...]." (I/2, 6)

In diesem Sinne nimmt Barth nun im genannten Gespräch mit den Studenten des Stifts auf die Zeit zwischen Kreuzigung und Himmelfahrt Bezug:

„Es *ist* [sc. bei der Kreuzigung Jesu Christi] Schluß gemacht mit diesem Jesus, mit seinem Leben. Aber halt!, wo Schluß gemacht ist, da wird ein neuer Anfang gesetzt [...] Und nun geht die Geschichte noch einmal ein Stück weiter, und von dieser weitergehenden Geschichte her, von diesem Inhalt der vierzig Tage her wird jetzt das ganze vorangegangene Geschehen verstanden. Denn das ist ja der Sinn dieser vierzig Tage. Es geht um *denselben* Menschen Jesus von Nazareth, der zuvor unter ihnen war und der jetzt in seiner Herrlichkeit gesehen wird. Folglich geht es jetzt nicht darum, etwa sein vorangehendes Leben, wie man wohl zu sagen pflegt, zu ‚deuten'; sondern es ist jetzt eben einsichtig geworden, um was es sich schon in diesem vorangehenden Leben [gehandelt hat]."[36]

---

36 Barth, Gespräche 1964–1968, 35f.

An dieser Stelle nur nebenher, doch immerhin in aller Ausdrücklichkeit, spricht sich Barth mit dieser Wendung gegen ein Verständnis der neutestamentlichen Texte als Dokumente religiöser Deutungsbemühungen aus. Doch bereits in der geltend gemachten Position – daß etwas *von sich aus* einsichtig geworden ist – liegt implizit diese rigorose Abkehr, mehr noch: ist Konfrontation angelegt. Sie soll wegen ihrer symptomatischen Bedeutung in den folgenden Bemerkungen in aller Ausdrücklichkeit benannt werden.

Wir treffen dabei womöglich auf einen neuralgischen Punkt gegenwärtiger theologischer Gewohnheiten und Plausibilitäten – die nämlich im Begriff sind, dem Ausdruck „Deutung" den Rang eines Grundbegriffs zuzuerkennen (also zum Beispiel mit grundbegrifflichem Respekt und ohne größere Nachfrage von „Deutungen des Todes Jesu im Neuen Testament" zu sprechen). Treffend, im Gegenzug (ein wohl eher vereinzeltes Beispiel), die Bemerkungen Hermut Löhrs in einem Aufsatz, veröffentlicht in einem eben so „Deutungen des Todes Jesu im Neuen Testament" betitelten Sammelband. Löhr widerspricht dem Titel:

„Wenn ich [...] von Wahrnehmung und Bedeutung – und nicht der Deutung – des Todes Jesu spreche, so geschieht dies, um den Gestus der neutestamentlichen Texte gegenüber dem Geschehen abzubilden: den Gestus des Empfangens, des Aufnehmens, des als wahr Annehmens und Weitergebens dessen, was überliefert und gepredigt, gehört und geglaubt wird. Daß die neutestamentlichen Autoren sich selbst als Hermeneuten und Deuter eines an sich blinden historischen Geschehens verstünden, kann ich nirgends erkennen. Das heißt, es gilt wahrzunehmen, daß die Rede von der Deutung des Todes Jesu als eines aktiven und subjektiven, umgestaltenden und allererst Sinn gebenden Tuns an die Texte herangetragen wäre und nicht ihrem Selbstverständnis entspräche. Natürlich ist es dem Interpreten des Textes erlaubt, die Kategorie der ‚Deutung' einzuführen. Nur impliziert sie eben ein Vorverständnis: die Zweiheit von Tod als *brutum factum* und Deutung als Sinngebung des vorderhand Sinnfreien, das nicht den Quellen selbst abgewonnen ist."[37]

2. Wir reden von einer Entgegensetzung

Deutung steht nach Barth alternativ gegen Wahrheit. Ich nenne aus verschiedenen Bänden der *Kirchlichen Dogmatik* einige Beispiele und rufe nur in Erinnerung, daß der jeweiligen Abweisung (die sich dem soteriologischen menschlichen Deutungsdrang, der Deutungsbesessenheit, verweigert) eine starke, maßgebliche Position zu Grunde liegt.

Zunächst zur „Selbstkundgebung des Schöpfers": „Wir reden von der der Wirklichkeit des Schöpfers entsprechenden göttlichen Selbstkundgebung.

---

37 Löhr, Wahrnehmung und Bedeutung, 456.

Wir reden also nicht von einer weiteren Setzung unseres Bewußtseins, sondern von einer unserem Bewußtsein widerfahrenden Entgegensetzung [...]." (III/1, 399)[38]

Dann ein Beispiel aus den Prolegomena (I/2, 755). Im entscheidenden kommt es darauf an, Ohren zu haben, zu hören, und Augen, zu sehen.

„Petrus [...] hat das Messiasbekenntnis (und damit das A und O alles biblischen Zeugnisses) ausgesprochen. Wie kam er dazu? Er kam gar nicht dazu – Fleisch und Blut haben ihm den Inhalt dieses Bekenntnisses nicht offenbart – sondern er ist selig zu preisen deshalb, weil ihm die Erkenntnis, die er bekennt, durch unmittelbare Offenbarung, durch Jesu Vater im Himmel zuteil geworden ist".[39]

Weiterhin III/2 (579; vgl. 539f; 541): Jesu Christi „Sein in der Geschichte Israels" ist keine Sache abwägender Deutung. Die Apostel und ihre Gemeinden

„deuteten nicht, sie konstruierten nicht, sondern sie wußten es offenbar von Grund aus nicht anders, als daß der Mensch Jesus die Erfüllung der prophetischen Geschichte Israels und also diese Geschichte keine andere, sondern das Anheben *seiner* Geschichte, das Alte Testament als Zeugnis jener Geschichte Zeugnis von *ihm* war."

Dann ein, wie mir scheint, wiederum besonders markantes Beispiel aus dem ersten Band der Versöhnungslehre:

„Die Redensart, daß man Jesus diesen und jenen Hoheitstitel ‚beigelegt' habe, ist jedenfalls nur unter dem Vorbehalt tragbar, daß man sich dieses ‚Beilegen' nicht als einen Willkürakt vorstellen darf, den man allenfalls auch hätte unterlassen oder in dem man sich allenfalls auch anders hätte entscheiden können. Es hat dieses ‚Beilegen' und die ihm zugrunde liegende ‚Schätzung', Bewertung und Beurteilung Jesu mit der freihändigen Apotheose eines Menschen nichts zu tun [...]."

Die Anführungszeichen, die Barth setzt, scheinen also nur allzu berechtigt. Kann von Beilegen, Schätzen, Bewerten, Qualifizieren, Beurteilen in einem präzisen Verstande überhaupt die Rede sein? Die neutestamentlichen Zeugen gehen nach Barth auf etwas grundsätzlich anderes aus:

---

38 Vgl. III/1, 144; 395; 399–401; 415–446 passim; 474. Vgl. IV/2, 210: „Jesus, das Reich Gottes, *zeigt,* erklärt, deutet ihnen ihr Sein, und er *bestimmt* es, er leitet und charakterisiert es."

39 Vgl. auch die pointierten Wendungen I/2, 63f, sowie Barth, Unterricht II, 23: „Fleisch und Blut offenbaren dem Petrus diese *Wende*, die *Offenbarung* im Geheimnis gerade *nicht* (Mt. 16,17), das tut ‚mein Vater im Himmel' oder (nochmals 2. Kor. 4,6) ‚der Gott, der da sprach: aus der *Finsternis* leuchte das Licht ..., *der* hat in unseren Herzen leuchten lassen jenen φωτισμός'. Das γινώσκειν *κατὰ σάρκα* Χριστόν aber stößt hier auf seine natürliche Schranke, es bricht ab; οὐκέτι, *nicht mehr* erkennen wir dann so; in Christus sein, auch in Christus erkennen, das ist *neue* Kreatur (2. Kor. 5,16f.). Aber das Erkennen der neuen Kreatur nennt Paulus ja gerade nicht mehr *unser* Erkennen, sondern unser Erkannt*werden. Unser* Erkennen, auch und gerade unser Erkennen Christi, ist Erkennen im *Geheimnis*, nicht *direktes* Erkennen".

„Sie wollen *seine* Zeugen sein. Sie antworten auf *seine* Frage. Sie geben Rechenschaft von *seiner* Existenz. Er hat sie in jene Haltung versetzt. Er hat ihnen auch jene Hoheitstitel auf die Lippen gelegt. Nicht sie wollen ihn damit gekrönt haben, sondern sie anerkennen ihn damit als den Gekrönten, dem sie zukommen. [...] nicht sie haben ihn, sondern er selbst hat sich ihnen in jener Hoheit dargestellt. Er *ist* ihnen eben der Christus, der Kyrios, der Menschensohn und Gottessohn, d.h. der schlechthin Andere und Hohe, *bevor* sie ihn so benennen. [...] Man müßte ja das neutestamentliche Zeugnis Schritt für Schritt auflösen und in sein Gegenteil verkehren, wenn man es als eine Dokumentation ‚religiöser Schätzungen' lesen, wenn man nicht sehen und zugeben wollte, daß es sich Schritt für Schritt auf das *Sein* und *Offenbarsein* dieses Menschen in dieser allerdings unerhörten und einzigartigen Bestimmtheit seiner Existenz bezieht."[40]

Insgesamt: „Er definiert jene Begriffe, nicht sie ihn" (IV/1, 141). Denn es gibt kein Jenseits seiner, das ihn mit eigenem Urteil, richterlich, einzugrenzen, zu betrachten und zu deuten erlaubte. Jesus Christus selbst, die von allem unabhängige Bejahung, wird weder durch kultische noch durch eschatologische, wird durch überhaupt keine Tradition umfangen und eingegliedert, umfängt vielmehr seinerseits jedes Verstehen, deutet und erklärt sich, impliziert sich selbst in die Logik des Kults und bricht sie auf, gliedert sich jede Eschatologie, Soteriologie, Anthropologie, Kosmologie ein. Die in deren Raum möglichen Bejahungen sind nämlich sämtlich zu schwach und schmächtig und verkehren sich über kurz oder lang ins Gegenteil. Jesus

---

40 IV/1, 176–178; vgl. III/3, 547 zu Apk 5,11: „Das ἄξιος εἶ, mit dem der Hymnus anfängt, besagt: Es ist Dir wesensmäßig angemessen, es kommt Dir, dem was Du bist entsprechend, zu ... Es bedeutet also, daß das, was Gott im Folgenden zugerufen wird, nicht als ein ihm zugesprochenes Prädikat, nicht als ein ihm von Anderem erst beigelegter Titel, sondern analytisch: als die Anerkennung dessen zu verstehen ist, was er von Haus aus und in sich selber ist, bevor irgend ein anderes Wesen es so beschließen oder begutachten und ihm zusprechen konnte – was er auch wäre, wenn *kein* anderes Wesen es ihm zusprechen würde! Dementsprechend ist das λαβεῖν zu verstehen. Es entspricht dem δώσουσιν, v. 9. Was könnte dem, der auf dem Thron sitzt, erst gegeben werden? Was sollte er erst empfangen müssen? Gerade das sagt dieser Hymnus, wie eben das schon v 9 gesagt war, daß δόξα, τιμή, δύναμις ihm, ihm allein und ihm in Fülle von Ewigkeit her schon zu eigen sind. Ruft die himmlische Kreatur ihm hier zu, er sei würdig, das Alles zu empfangen, so heißt das, daß er es nicht nötig habe, es erst von ihr zu empfangen, daß es nicht für ihn, sondern für sie selbst Zuwachs und Größe bedeute, ihm das Alles zu ‚geben', d.h. aber ihn zu anerkennen als den, dem das Alles zu eigen ist." – Auch des Anerkennens kann sich wiederum niemand rühmen: „Was vom Menschen im Glauben anerkannt und erkannt wird, das ist ja Gottes Lichtglanz, *kabod*, δόξα, *gloria*, Herrlichkeit, Ehre, Selbstkundgabe im Sein und Tun Jesu Christi. Dieser Lichtglanz Gottes kann sich aber in dem und durch den, der ihn anerkennt und erkennt, nicht aufhalten lassen. Er bricht gewissermaßen durch ihn hindurch, indem er ihn selbst hell macht." (IV/1, 868). – Vgl. auch Barth, Dogmatik im Grundriß, 85f: „Dieser Name und dieser Titel [s.c. Jesus Christus] sprechen etwas aus und zwar ist das ganz real zu verstehen: sie sind *Offenbarung*. Sie sind also nicht etwa eine blosse Bezeichnung oder Benennung, ein Schmuck, den der Benannte tragen oder auch nicht tragen könnte. [...] Und so ist auch der Christustitel nicht zu verstehen als Ausdruck einer menschlichen Erwägung, sondern dieser Titel gehört notwendig diesem Menschen".

Christus selbst ist „das Licht des Lebens (seines! des versöhnenden Lebens!)" (IV/3, 153).

„Was uns in der Kreuzigung Jesu widerfahren ist", so heißt es wiederum in IV/1 (327; Hv. M.T.), „wäre ja nicht unser Gericht, unser Ende, unser Tod, wenn wir es nun doch (und wäre es auch nur theoretisch) transzendieren, uns selbst auch nur hypothetisch in ein Oberhalb dieses Widerfahrnisses versetzen und dieses von dort aus überblicken und durchschauen, verstehen und *deuten* könnten. Hätten wir mit einem solchen überlegenen Jenseits zu rechnen, so würde das also auf gar keinen Fall und in keiner Form auf Grund eines eigenmächtigen menschlichen Urteils, einer noch so gelungenen Invention oder Intuition geschehen dürfen."

Schließlich bildet der dritte Teil der Versöhnungslehre (IV/3) im ganzen eine einzige große gedankliche Ausarbeitung der Selbstmächtigkeit des „wahrhaftigen Zeugen". Sie schließt das Einnehmen der hohen Warte menschlicher Deutung – die Deutungshoheit und -besessenheit, das Deutungsspiel Adams – selbstverständlich kategorisch aus. Darin unterläuft ein geradezu absoluter Kategorienfehler. *Er* ist es, der uns ermißt. *Er* bestätigt, legitimiert, bewahrheitet.

„So bedarf er, um der wahrhaftige Zeuge zu sein, keiner Bestätigung und Legitimierung von einer anderen Stelle aus. So bedarf er dessen nicht, zur Bekräftigung seines Ausspruchs, im Licht einer allgemein geltenden und bekannten Wahrheit oder auch im Licht einer aus seiner Erscheinung abgeleiteten besonderen (etwa kirchlichen) Wahrheit *gedeutet* zu werden." (IV/3, 437; Hv. M.T.)

Denn, so führt Barth im Blick auf das Damaskuserlebnis aus: „Er [sc. Jesus Christus] gibt sich ihm [sc. Paulus], indem er ihn mit sich bekannt macht, als *handelndes Subjekt* zu erkennen." Er macht *ihn mit sich* bekannt, und gerade dies ist „exemplarisch eben für das *prophetische Werk Jesu Christi*" (IV/3, 231).[41]

Die neutestamentlichen Zeugen, so Barth, deuten nicht, und sie konstruieren nicht; sie schreiben nicht zu. Sie „lesen ab",[42] was sich zeigt – mit

---

41 „Gegenwart", so erklärt auch Bonhoeffer in derselben Tendenz, „ist nicht irgendein Zeitgefühl, eine Zeitdeutung, ein Zeitgeist, sondern Gegenwart ist allein der Heilige Geist." (Bonhoeffer, DBW 14, 404; Hv. M.T.) – „Es deuteten vor alters / Die Himmlischen *sich, von selbst* [...]", notiert Hölderlin in einem hymnischen Entwurf (Hölderlin, Gedichte, 224; Hv. M.T.).

42 Vgl. zum Vorgang des Ablesens: II/1, 15; II/2, 621; IV/1, 39; 193; 200; 205; 234; 329; IV/2, 346; Barth, Gotteserkenntnis, 61 („ablesen, buchstabieren, entziffern"). – Ein anderes Ablesen nennt Barth: den Irrtum, „Gott aus dem Gegebenen sozusagen ablesen zu *können*", die vermeintliche Notwendigkeit, „daß Gott aus dem Gegebenen [...] abgelesen werden müsse" (Barth, Vorträge 1925–1930, 356). – Fischer trifft im Grunde die richtige Unterscheidung, wenn er bemerkt: „*Die wissenschaftliche Erkenntnis lokalisiert das Erkannte im Zusammenhang der Wirklichkeit des Erkennenden,* unter den Bedingungen seiner ontologischen Prämissen. *Die Erkenntnis des Glaubens dagegen lokalisiert den Erkennenden im Zusammenhang der Wirklichkeit des Erkannten.*" (Fischer, Glaube als Erkenntnis, 25; vgl. 34; 36; 42f; 46f; 98; vgl. Fischer, Anwesenheit

eröffnetem, von einem Anderen aufgetanem Blick, eigentümlich von Grund auf animiert, angesprochen von uneinholbar fremder Stimme, in der Kraft des Geistes. Das läuft auf etwas kategorial anderes hinaus. Der allseitig gegenwärtigen Person wird abgelesen, was sie umfassend und zuverlässig von sich aus zu erkennen gibt. Keinerlei Befähigung zu tatsächlicher Erhellung und Klärung bringt Adam mit. Es gibt keine auf Wahrheit gehende „Mächtigkeit unseres Erkennens" (II/1, 204). Woher sollte dieses Vermögen kommen? „So finster ist unser aller Ort, daß Gott selbst ihn betreten und einnehmen muß, damit es daselbst hell werde" (IV/1, 12).

Wie also kommen die neutestamentlichen Zeugen dazu, zu sagen: „Jesus ist der Herr"? „[...] sie sagen es nicht als Ergebnis einer eigenmächtigen Überlegung, sondern in Anerkennung einer Tatsache. Sie sagen es nicht, indem sie dem Manne ein Amt oder dem Amt einen Mann geben wollen, sondern daraufhin, daß der Mann das Amt hat und vollstreckt. Sie sagen es nicht als Ziel, sondern als Anfang ihres Denkens über ihn." (I/1, 470)

So steht es, daß „die Göttlichkeit Jesu Christi ihnen nicht auf Grund ihres Erkennens und Wählens, sondern auf Grund ihres Erkannt- und Erwähltwerdens (nicht als *Ergebnis*, sondern als *Anfang* ihres Denkens über ihn) einsichtig wurde" (I/1, 484; Hv. M.T.).

3. Gegen Deutung und Meinung steht Wahrheit

Für diese jedesmal energisch vollzogene Verwerfung selbstmächtiger Deutung, Schätzung und Wertung läßt sich also aus Barths Werk eine Fülle von Beispielen beibringen. Sie liegt in der Konsequenz der Grundorientierung seiner Theologie. Es geht kein Weg daran vorbei: *Offenbarung* als Gottes eigene, plötzlich, von heute auf morgen eintretende Wahrheit (Gal 4,4), die sich ihrerseits mit uns und dann uns mit sich in ein Verhältnis setzt, das „zweite Wunder der Liebe Gottes",[43] eben Offenbarung und nichts anderes, Offenbarung *sans phrase* – geht der christlichen Theologie voraus. Von ihr ist nicht einmal „um Nagelsbreite" abzuweichen (vgl. I/2, 322). Ohne sie blickt man nur ins Leere. Die sich dann stellende schroffe Alternative kann Barth gelegentlich in folgender Wendung verdeutlichen: „[...] dann unweigerlich, dann in höchster Objektivität und also nicht nur im Sinne einer menschlichen *Deutung*, sondern in Gottes *eigener Wahrheit*" (III/3, 61; Hv. M.T.).

Deutung, einer der hohen Sitze, eine der überhaupt höchsten Zitadellen im Turmbau neuzeitlicher Subjektmetaphysik (wo der Deutungshohe thront),

---

Gottes, 220). Vielleicht sollte man freilich besser von einem *Auffinden* einer Lokalisierung sprechen.
43 Vgl. Barth, Der heilige Geist, 43ff.

kommt nämlich selbstverständlich lediglich auf menschliche Meinung hinaus. Das Subjekt „meint" immerzu, „meint" in jeder Situation immer gleich los, errichtet dann (schräg hinauf) umfängliche, wehrhafte, zu verteidigende Meinungsbastionen. Jeden unbedingten Gültigkeitsanspruch kann man dann auf sich beruhen lassen und ihn statt dessen ironisch auf einen Pol des gesamtgesellschaftlichen Meinungsspektrums verbannen. Die Philosophie, so Lévinas, sei „als Opposition gegen die Meinung entstanden."[44] Natürlich ist die Frage, inwieweit sie sich dagegen hat im geringsten durchsetzen können. Von der *„Auflösung*, die in Christus über alles Meinen gekommen ist", spricht Barth in einer Predigt 1920. *„Die Wahrheit des Heilands* ist der stille Himmel, der sich über uns allen ausbreitet. Sie ist eben *nicht eine Meinung*, die die einen haben und die anderen nicht haben."[45]

Die intersubjektive Ausweitung und Stützung einer öffentlichen Meinungssicherheit, dem Geist und den Plausibilitäten fortgeschrittener Verhältnisse gemäß, ändert daran nicht das geringste. Dem Subjektiven scheint das intersubjektiv Abgesicherte in dieser Hinsicht verteufelt wie aus dem Gesicht geschnitten. „Der subjektive Egoismus", erläutert Heidegger, „für den, meist ohne sein Wissen, das Ich zuvor als Subjekt bestimmt ist, kann niedergeschlagen werden durch die Einreihung des Ichhaften in das Wir. Dadurch gewinnt die Subjektivität nur an Macht."[46] Um so besser *plural* versteht sie sich auf Macht. Durch die öffentliche Subjektivität (die nicht einmal höherstufige Subjektivität sein muß), durch die kollektiven Träume und Täuschungen, womöglich Jahrhunderte alt und aufgetrieben und eskaliert, gestaltet sich sämtliches nur noch zäher und hartnäckiger und steigert nicht selten die Sicherheit des Dafürhaltens zur fanatischen Intoleranz.[47] Was reißen die öffentlichen Redeströme nicht mit? Barth spricht von *„kollektivem* Egoismus" und hebt hervor: „Schwarzes Tun wird dadurch nicht weiß, daß eine Gemeinschaft ihr primäres, ich aber im Dienst oder im Auftrag dieser Gemeinschaft bloß ihr sekundäres Subjekt bin."[48] Ernüchterung ist von dieser Ausweitung nicht zu erwarten. Am wenigsten vom massenhaften Auftreten des Fachidioten.

Deutung steht alternativ gegen Wahrheit – dann jedenfalls, wenn das dominierende Meinungswesen, das Wahrheit zu einem System von Meinungen glättet, wenn das Babel der Diskurse, „wenn die Dialektik der

---

44 Canetti, Spur des Anderen, 137.
45 Barth, Predigten 1920, 257f. – Von der „Ummünzung von Wahrheit in Meinung" spricht Mostert (Leben und Überleben, 127).
46 Heidegger, Holzwege, 111.
47 Es muß ja nicht gleich Ludwig Börne Recht gegeben werden: „Der Ruhm; es ist ein schöner Wahnsinn, aber doch ein Wahnsinn aller. Was heißt Wahnsinn? Die Vernunft des *einzelnen*. Was nennt ihr Wahrheit? Die Täuschung, die Jahrhunderte alt geworden. Was Täuschung? Die Wahrheit, die nur eine Minute gelebt." (Börne, Briefe, 31 [1830]).
48 Barth, Ethik I, 278 (vgl. den ganzen Abschnitt 278–280).

Meinungen nicht auch hier das letzte Wort haben soll" (III/1, 420; Hv. M.T.).⁴⁹ In Kafkas *Proceß* rät „der Geistliche" zu etwas sehr Wahrem: „Du mußt nicht zuviel auf Meinungen achten. Die Schrift ist unveränderlich und die Meinungen sind oft nur ein Ausdruck der Verzweiflung darüber."⁵⁰ Sowenig wie nur deutende kommt der Bibel lediglich meinende Sprache zu. Als „fromme Meinung" verhält sich ihre Sache nur in den Augen der unbeteiligten Zuschauer (mit ihrerseits unfrommen Meinungen).

Meinungen und Dafürhalten, zum Beispiel das pseudo-ethische, meist einschlägig interessierte Geplapper (das nur diskutiert, um am Ende Erlaubnis und Sanktionierung zu erhalten), werden nahezu beliebig in den Verwertungskreislauf des Kulturbetriebs und der Öffentlichkeit eingespeist. Dann relativieren sie sich gründlich hinunter, und zwar im Raum der Öffentlichkeit durchaus erwünschtermaßen. „Steht nicht immer Meinung gegen Meinung?", fragt Hannah Arendt.⁵¹ „Wird nicht jede Wahrheit zur Meinung beziehungsweise zur fanatischen Unwahrheit im Raum des Öffentlichen?"

Dort dann kommt es – um ein Beispiel zu nennen – zu jener Meinungs-Rhetorik, die jede Erkundigung nach Recht und Ethos als „ideologische Scheuklappe" abtut, und dort wird dann „Moral" fast jedesmal zu „hehrer Moral" ironisiert, womit man sie los ist, womit ein probates Mittel nämlich gefunden ist, ihre Kritiker altmodisch und unerheblich und sich selbst als darüberstehend erscheinen zu lassen. Ebenso regelmäßig wie folgenlos führen die je neuen Herausforderungen durch die Biowissenschaften zu dem hilflosen Ruf nach einer neuen Ethik. Der Eindruck läßt sich freilich nicht abweisen, als diene nicht selten die Beschwörung von „Ethik" als

---

49 Zum Meinungswesen Benn (Diesterweg [1917], in: Benn, SW III, 72–81; dort 74): „Und in der Tat wurde im weiteren Verlauf noch diese oder jene Ansicht ausgesprochen und manche Überzeugung vertreten, ehe jedesmal das ausgleichende Moment hervortrat, das sich schließlich zu einem geselligen Zusammensein steigerte, das den Abend zu einer Erinnerung an schöne, unter den eigenartigen äußeren Verhältnissen ganz besonders eng verbindende Stunden machte." Oder (Querschnitt [1918], in: Benn, SW III, 82–92; dort 88): „[...] denn schließlich war man Mensch und Mann und hatte sich gewissermaßen eine eigene Meinung über diese oder jene Frage gebildet." – Vgl. auch Barths 1934 geäußerte Einsicht (Barth, Der Christ als Zeuge, 20): „Die Kirche stirbt, wenn es so weitergeht in bloßen Meinungen." In der *Dogmatik im Grundriß* wird festgestellt: „Glaube ist nicht eine Meinung, die ersetzt werden kann durch eine andere Meinung." Oder an späterer Stelle: „Die Kirche ‚meint' nicht, sie hat nicht ‚Ansichten', Überzeugungen [...]." (Barth, Dogmatik im Grundriß, 23; 101f). „Ist es uns deutlich, daß die Verkündigung Jesu Christi und also der freien Gnade und des Reiches Gottes nicht die Angelegenheit einer unverbindlichen Erwägung und Mitteilung sein kann, nicht die Sache eines Gefühlsausbruchs und nicht die einer Meinungsäußerung, sondern daß es in dieser Verkündigung nur um die Proklamation einer unmittelbaren und unerschütterlichen, einer absoluten Gewißheit geben kann.", heißt es (Barth, Zwei Vorträge, 21f). Vgl. zum „Meinungswesen" z.B. auch Barth, GV III, 243; Barth, Christliche Dogmatik, 34; Barth, Gespräche 1964–1968, 254 und Barth, Einführung, 109.
50 Kafka, Proceß, 298.
51 Arendt, Denktagebuch, 621.

Ersatz für ihre Anwendung. Die Feststellung, die Ethik sei eben noch nicht auf der Höhe der Zeit, befördert dann das unirritierte Weitermachen. Die mit Ethik und ihrer Anwendung notwendig verbundene Haltung des Verbindlichen und Unerbittlichen, die sich unter Umständen partout nichts abhandeln läßt, wechselt über kurz oder lang zum Gestus des Runden Tisches, der alles zur Verhandlungssache macht, zu deiner oder meiner, unserer oder eurer Wertung, Deutung, Meinung, zur Option und nichts sonst. Natürlich auch Religion, Bibel und Gott fallen darunter – als in diesem Kontext womöglich sogar fürs erste besonders interessant, weil vorerst irgendwie widerständig (sofern indes aufgegriffen, dann auch bald fallengelassen). „Religion" sei also vom Ballast der Universalitätsforderung zu befreien, ihre Abrüstung von Wahrheitsansprüchen und ihre Zurücknahme ins Feld der Poesie, jedenfalls in antiessentialistisches Denken zu vollziehen? Sie sei auf Wahrheitsunfähigkeit festzulegen?

Meinung und Deutung kommen auf dasselbe hinaus – im Unterschied zur Sprachform von Texten, die wirklich mit uns zu tun haben und für uns bestimmt sind, zur nicht anders als exklusiv zu denkenden übergreifend verbindlichen Rede, die vom irgendwie groß oder epochal Angesagten zu dem zurückkehrt, was wirklich spricht (bzw. von dort gar nicht zurückzukehren braucht, weil sie dort gar nicht war). Das Meinungs-Schema lautet allemal *Konsensbildung* über eine *Verhandlungssache.* So regelmäßig bereits das Theorie-Fenster, der maßgebliche Vorentwurf des Themas, der nur noch Belege gestattet. Jenes Verbindliche aber wird nur als die autoritäre Bevormundung gekannt.

Im übrigen beruht vermutlich der ewige, häufig nur noch auf die Nerven gehende Kampf gegen das Autoritäre, wie er in der Theologie der letzten Jahrzehnte erbittert und umkleidet mit dem Ehrennamen der Kritik geführt worden ist, zu weiten Teilen auf der sklavischen Unterwerfung unter das Autoritäre der Standards der Neuzeit – die gewohnt sind, in allen Belangen, zumal in kategorialen Vorentscheidungen, das letzte Wort zu behalten und eigenen Rechts zu entscheiden, ob der gewünschte „Anschluß" an sie (oder vorerst nur „Anschlußfähigkeit" oder wenigstens die Bemühung darum) gelungen ist. Ist für christliche Theologie wirklich schon Grund zur Genugtuung, bestätigt zu bekommen, daß in der „Religion" ein philosophisch unabgegoltener Eigensinn zum Ausdruck kommt und ihre „Perspektiven" sich nicht ohne weiteres in andere überführen lassen?[52] Vielmehr beginnt, scheint mir, im Begriff der Perspektive der Wahrheitsanspruch der Theologie jämmerlich zu verenden. Schon die Tatsache der öffentlichen Befassung

---

52 Nicht unbegründet der Hohn Adornos (Adorno, Ästhetische Theorie, 230), der von einer Theologie spricht, „die schon aufatmet, wenn ihre Sache überhaupt verhandelt wird, gleichviel wie das Urteil ausfällt [...]."

mit Religion sei zu begrüßen? Kirche und Theologie spielen dann gern die Rollen, die übrig bleiben, und sehen „postontologisch" davon ab, starke Erkenntnisansprüche zu erheben oder sich zu unterstehen, ihrerseits die modernen Verbindlichkeiten in Frage zu stellen. Hingegen stehen sie für motivationale Ressourcen der praktischen Vernunft zur Verfügung, sehr bald dann Beute der Langeweile. Es muß auch einmal danach gefragt werden, was an Respektbezeugung und Unterwerfung unwürdig ist, Gottes unwürdig und auch des christlichen Glaubens und dann auch der Theologie. An welcher Stelle beginnt das peinliche Schauspiel, daß Theologie im Interesse vager „Gesprächsfähigkeit" ihren eigenen Begriff verhöhnt?

„Schreckliche Vergeßlichkeit", ruft Barth aus (IV/3, 82f), „oder schreckliche Verwechslung [...], wenn es uns einfallen, wenn es uns möglich oder gar notwendig erscheinen kann, mit dem majestätischen Gottesspruch [...] umzugehen wie mit irgend einem Lehrsätzlein, das wir gegen unsere eigenen Zweifel, Bedenken, Einwände und die Anderer zu verteidigen hätten, wie es unsere menschlichen Lehrsätze, und wären es die besten, die selbstverständlichsten und tiefsinnigsten, allerdings nötig haben!"

Keinerlei Verteidigung in dieser Sache ist nötig und angebracht.

„Können wir übersehen, daß das eine Preisgabe, eine Lästerung, ja eine Negation dieses Gottesspruchs in sich schließt, die, wenn wir sie uns einmal geleistet haben, allen Ernst unseres Fragens nach seinem Grund und Recht gerade nur der Lächerlichkeit überantworten kann?"

Auch die großen Begriffe bedürfen unter diesem Gesichtspunkt noch einmal der Überprüfung.

„Was heißt Aufrichtigkeit? Was heißt Wahrhaftigkeit? Sicher nicht ein Verfahren, das darauf hinausläuft, mit der Wahrheit, um sie als Wahrheit zu erweisen, zunächst so umzugehen, als ob sie nicht die Wahrheit wäre, sie dann erst als solche anerkennen zu wollen, nachdem man außer dem, daß sie die Wahrheit ist, auch noch einige andere Motive gefunden hat, sich auf sie einzulassen! Das geht eben nicht. Es gibt keine psychologische, keine apologetische, keine pädagogische, keine seelsorgerliche Absicht – und es gibt auch keine Verpflichtung zu wissenschaftlicher Gewissenhaftigkeit, mit der solcher Frevel zu entschuldigen und zu rechtfertigen wäre."

Zu weiten Teilen, so Barth nun wiederum mit Bezug auf 2Kor 12,9, gilt auch für Theologie in der Neuzeit, daß sie „die Gnade Jesu Christi in ihrer radikalen kritischen Kraft" nicht recht zur Geltung brachte.

„Wieder stieß sie bei der ihr auferlegten Besinnung auf sich selbst und ihre Möglichkeiten innerhalb der neuen Lage nicht etwa vor zu jener Schwachheit, in der sie zu allen Zeiten allein stark sein konnte. Sie hat an Stelle dessen vor allem die neue Lage ebenso bejaht, wie sie zuvor die alte bejaht hatte: sie hat den so energisch auf sich selbst sich stellenden modernen Menschen grundsätzlich anerkannt, um sich dann zu fragen, wie sich das Christentum nun wohl diesem Menschen am besten empfehlen möchte." (I/2, 367f)

> Erstens: Es gibt einen Gott.
> Zweitens: Ich bin es nicht
> (und Sie sind es auch nicht).
> (David Myers)

4. Richter Adam urteilt

Warum jene scharfe Konfrontation von Deutung und Wahrheit? Um Vorgängigkeit und Unhintergehbarkeit der Offenbarung zu wahren. Um die evangelische Kenntlichkeit, die österliche und pfingstliche Genauigkeit nicht aufs Spiel zu setzen. Sofort ist wiederum material-dogmatische Orientierung zu suchen und das Problem auf eine grundsätzliche Ebene zu heben.

Die Deutung, untrennbar mit Schätzung und Wertung und Sinngebung verbunden und notwendig Schritt um Schritt in sie übergehend (wo nicht gar mit ihnen deckungsgleich), stellt sich in Hinsicht auf das Gottesgeschehen als eine Vollzugsform heilloser Eigenmächtigkeit heraus, als in aller Form machtförmiges, selbstmächtiges Hören und Sehen – das in das „Andere", die heilsam andere Wahrheit, statt sie zu bewahren, gewalthaft einfallen und ihr seinerseits mit Vorblick und Vorurteil die Fragen und alle dann möglichen Antworten diktieren will. Denn der so oder so Deutende, aber bereits der Sehende und Hörende – wertet. Schon Nietzsche beobachtet: „Es ist kein Zweifel, daß alle Sinneswahrnehmungen gänzlich durchsetzt sind mit *Werthurteilen* [...]."[53] Muß es aber nicht absurd erscheinen, wenn der Mensch die Wahrheit Gottes zu werten unternimmt? Barth spricht in diesem Zusammenhang von der „Nostrifizierung der Wahrheit und ihres Zeugen" (IV/3, 513; vgl. 298 „immunisieren, nostrifizieren, domestizieren"). An anderer Stelle verwendet er „Deutung" und „Verfügen" als unmittelbare Synonyme (IV/3, 938f). Vor Augen steht damit eine heranreißende Aneignung durch das Einarbeiten in das Vermeintliche: ins seinerseits vorgängig und unhintergehbar Meinige und Unsrige. Zuletzt – um dem Gedanken eine ganz grundsätzliche Wendung zu geben – handelt es sich bei dieser Nostrifizierung um die unruhige Bemühung, Gott, den fremden Gott, vor den menschlichen Augen zu zerstreuen, unbedingt selektiv und nach Belieben zu hören, wenn er spricht: um die Anmaßung Adams, der adamitischen Menschheit und ihres „Man", Gott zu *beurteilen*.[54] Von Adam, von

---

53 Nietzsche, KStA 12, 108. An anderer Stelle (Nietzsche, KStA 10, 652) wird entsprechend notiert: „Umfang der moralischen Werthschätzungen: sie sind fast in jedem Sinneseindruck mitspielend. Die Welt ist uns *gefärbt* dadurch." – Hilfreich in diesem Zusammenhang die Unterscheidung von äußerem und inneren Horizont der Wahrnehmung, an die Wannenwetsch (Wannenwetsch, Plurale Sinnlichkeit, 302) erinnert. Was also ist der Horizont, in dem die Dinge *wahrhaft* erkannt werden können (Röm 12,2)?

54 Vgl. Jüngel, Indikative, 316: „Die Öffentlichkeit vor Gott [...] schließt die Beobachterperspektive prinzipiell aus [...]. Und dementsprechend ist dem Menschen, gerade weil ihm vor Gott

„Richter Adam" und seiner Urgeschichte, ist nun in den nächsten Abschnitten durchaus ausführlicher zu reden. Zum Zuge kommen muß eine unabgeschwächte theologische Lehre vom Bösen.

Wie vollzieht sich die „Nostrifizierung der Wahrheit und ihres Zeugen"? Richter Adam versucht schon immer, diesen Fremden vor sein eigenes Forum zu bringen, diesen Gott, den er, selber von Grund auf dissoziiert, panisch und überfordert, mit unstetem Blick verfolgt, mit seinem Gegen-Blick, seiner Blickverlorenheit, infolgedessen in ruhelos wechselnden Blickwinkeln. Woher die Panik? Was könnte geschehen? Der in sämtlichem sein eigener Richter zu sein von allem Anfang an gesonnen ist und sich selbst, in aggressivem Bestehen auf sich, ein Leben lang zwanghaft dementsprechend versteht und deutet, könnte einmal oder gar definitiv ins Unrecht gesetzt – oder, vermeintlich noch weitaus furchtbarer, als amtierender, letztinstanzlicher Richter abgesetzt oder, am schlimmsten, als dazu überhaupt noch nie Eingesetzter identifiziert werden. Nicht einmal seinem Schöpfer gegenüber vermag er es, Unrecht haben zu können (vgl. Hiob 38,8), geistlich arm zu bleiben – weil er das auf den Tod nicht vermag. Geballt von Eigengeltung und Eigenrecht, gibt er sich selbst *a priori* recht.[55] Doch vor allem verteidigt er auf Leben und Tod *seinen Platz* auf dem soteriologischen, aber eben auch fundamental-hermeneutischen Richterstuhl des Urteilens, Wertens, Deutens, Qualifizierens und Entqualifizierens (Berufungsinstanz: nur abermals er selbst). Verstrickt in diese angemaßte Rolle und nur von dort aus auf alle Belange der Welt und seiner selbst bezogen, verschanzt er sich in einem autogenen Rechthaben ohne Gehör jener heilvoll anderen Stimme. So überkommt ihn seine ursprüngliche, dann fortgeschleppte und kultivierte und in ihn einwachsende Geisteskrankheit,[56] eine Stimmenkrankheit – der Ausfall des Gehörs. Er tut sich das furchtbarste Leid an: er tötet sich für Gott ab, für seinen Schöpfer und Richter, für dessen vehemente Bejahung. Im Streit mit Gott um die Deutungshoheit über die eigene Lebensgeschichte vollführt er damit, unsäglich albern, eine *reductio ad absurdum* seiner selbst.

Die Konsequenz kann nicht ausbleiben: er kommt dann unaufhaltsam zu der Meinung, daß der Tod, das Nichts, bei allem und überall den Ton angibt – als hielte das Leben für ihn von Anfang an kaum anderes als das Sterben und dessen vorauseilende rätselhaften Schatten bereit. Die Sprache selbst erscheint dann lediglich noch als Schwelle zum Schweigen. Er hört

---

die Beobachterperspektive sei es auf andere, sei es auf sich selbst unmöglich ist, auch die Möglichkeit des Urteilens entzogen. Wer vor Gott existiert, kennt Gott allein als Urteilenden und überläßt sich seinem Gericht (vgl. 1Kor 4,4)."

55   „[…] jeder, der ihm entgegentrat", heißt es sarkastisch bei Benn, „war geballt von Gültigkeiten […]." (Benn, SW III, 74).

56   Zur „Welt des kranken Geistes" vgl. Barth, Paralipomena, 125f.

ganz vorwiegend das Gebrüll und das Schweigen des Todes, die „Lärmtrompeten des Nichts".[57] Indes ist dieses Nichts so aufgeladen still, damit es im Medium seiner Stille um so lauter schreien kann. Wie der böse Blick stellt sich dann das radikal *böse Gehör* ein: „Hören Sie denn nichts, hören Sie denn nicht die entsetzliche Stimme, die um den ganzen Horizont schreit, und die man gewöhnlich die Stille heißt […]."[58] Büchner stellt im *Lenz* Seite für Seite in einer m.E. in der Literaturgeschichte nie mehr erreichten Intensität Adams Wahnsinn dar, Normalität und Wahnsinn der adamitischen Menschheit.[59]

5. Adam überwirft sich

Adam entäußert sich nicht, tritt nicht hinaus in das Hören der ihn tragenden, ihn von allen Seiten umgebenden und bis ans äußerste Meer und auch in die Hölle reichenden Stimme Gottes (Ps 139). Er will sie nur noch vom Weghören kennen. So erscheint er auf das tiefste – hinunter bis in eine unauslotbare Dimension – verstimmt und unstimmig und unmutig (wie der reiche Mann in Mk 10,22), umfassend verloren, weil ihn die ausschlaggebende, richterliche Stimme nicht mehr erreicht (der liebende Blick Jesu ihn nicht mehr trifft, Mk 10,21[60]), nämlich *Gott* nicht mehr sein Ohr hat. Die ursprüngliche Stimmung des Gehörs, entscheidend darüber, was unbedingt zu hören und worüber ebenso unbedingt hinwegzuhören ist (Joh 10,3–5), wird katastrophal verkehrt – mit sofort mörderischen Folgen. Nur wie nebenbei und wie selbstverständlich klingt es dann in Becketts *Endspiel*: „Da ist jemand", bemerkt Clov. Darauf Hamm: „Na, ja, geh ihn ausrotten."[61]

Was ist eigentlich geschehen? Nicht viel. Alles. Die Sünde, das Ur-Nein, ist das Gewöhnliche geworden, das ganz und gar Ordinäre. Adam (Ich und Menschheit) hat sich, merkwürdig aufgebracht, ebenso trauriger- wie lächerlicherweise mit seinem Gott überworfen – ein auf Unendlichkeit angelegter Konflikt. Nichts vermag ihn zur Versöhnung zu bewegen. Das unrettbar gewordene Ich. Sehen und Verstehen kommen vom Weg ab. Es wird sich verirren, als sei das Verirren seine Bestimmung. Die Folge könnte vernichtender nicht sein. Er wird sich mörderisch ausleben. Er wird der Mensch zum Fürchten. Gelegt ist ein blutiger Urgrund (Gen 4,1–16). Ein Geruch nach Verwesung breitet sich aus (2Kor 2,16), Gestank des Verrats

---

57 Kafka, Tagebücher, 818.
58 Büchner, SW I, 223–250; dort 249f.
59 Allenfalls wären m.E. noch die frühen Prosa-Texte Benns zu nennen.
60 Kategorial anders: Lévinas, bei dem das Antlitz des Anderen als solches das unbedingte Gericht darstellt (vgl. Lévinas, Spur des Anderen, 203).
61 Beckett, Dichtungen, 305.

und der Verleugnung. Die moderne Variante bei Baudelaire: „Le Printemps adorable a perdu son odeur!"[62] Die dunkle Strömung kommt über die Welt. Mit der Realität ist es ihm nicht geheuer. Irgendwie wartet er auf das Ende der ihm bereits durch das Reale zugefügten Demütigung. Die Welt ist fortan Feindesland. „Der Mensch ist der Feind und muß aufhörn", wird in Brechts *Fatzer* dekretiert.[63] Auf weiten Strecken hört sich nun die Erzählung der Lebensgeschichte jedes Adam wie finsteres Schweigen an. Jedenfalls er selbst hört sich so. Verfügt er überhaupt über so etwas wie Fallhöhe? Schwierig lebt er in der Zeit als jederzeit vom Sprungbereiten bedrohter Jedermann. Sein Leben (oder nur, wie häufig bei Thomas Mann, das Leben in Anführungszeichen[64]) ist stete Verweigerung: gegen die Zeit, die verstreicht, gegen den Tod, der bleibt. Es steht schlecht um ihn: der nunmehr kommt und geht wie ein verdrießlicher Schatten zwischen zwei Finsternissen. Etwas Dunkles zieht ihn fort. Alles ist verfahren von Anfang an. Doch hat er keine Kenntnis mehr davon, wie die Kälte in sein Leben kam. Er hat sich *sich selbst* aufgehalst, wo er doch ganz Gottes Sache sein und dies auch wahrnehmen könnte. Als sein eigener Gegenmensch tritt er sich gegenüber. Vom Leben holt er sich regelmäßig seine Niederlagen ab. Keineswegs gewinnt er notwendig im Lauf der Zeit an Kontur, womöglich wird er zusehends unfertiger. „Bemerken Sie", wird bei Botho Strauß gefragt, „das Unausgeprägte meiner Gesichtszüge? Wundert es Sie nicht? Ich bin der Unfertige erst mit den Jahren geworden."[65]

Die widrige menschliche Tatsache liegt jetzt vor. Was Benn gelegentlich notiert: „Wir wollen nun diese Tatsache als gegeben ansehn u. uns abwenden"[66] – es ist angesichts dieser Tatsache unmöglich. Weder sie als gegeben anzusehen, noch sich abzuwenden. So sehr scheint die Negativität ins Recht gesetzt, daß sie sämtliches zerschlagen wird, was sie aufheben möchte.

Es steht definitiv nicht gut um den Täter (den glattgesichtigen, zweifelsfernen Tätertypus), angetrieben von Unbedingtheitswillen, um den gekränkten Macher, Welt- und Gott- und Allesmacher, der sich in seine Kränkung hat fallen lassen – Täter, Opfer und unnachsichtiger Berichterstatter seiner selbst noch dazu, der sich mit seinem hochgezogenen Tun selber am nachhaltigsten in Mitleidenschaft zieht, er macht aber immer nur Vergangenheit, so daß, was bevorsteht, es nicht abwarten zu können scheint, zu nichtiger Vergangenheit zu werden, in unerträglicher, totenhafter Leichtigkeit des Seins. Vorab drängt für den gegenwärtig Lebenden die Endgültigkeit des Todes ihre Vergangenheit der ganzen Zukunft auf. Die Zukunft erscheint

---

62 Baudelaire, Œuvres, 72.
63 Brecht, Fatzer, 452.
64 Vgl. Baumgart, Selbstvergessenheit, 19.
65 Strauß, Das Partikular, 69.
66 Benn, Briefe an Oelze I, 228.

schon abgewohnt. Er weiß, daß sie die Vergangenheit lächerlich erscheinen lassen wird und kein Mittel existiert, sich dagegen zu wehren. Erzeugt hat er auf diese Weise eine eigene, verdorbene Zeitlichkeit.

Ingeborg Bachmanns Gedichtzeilen scheinen ihn anzureden, den Blinden, der, indem er lebt, sich selbst verzehrt:

> [...] von Flocken blind erhebst du dein Gesicht,
> du lachst und weinst und gehst an dir zugrund [...].[67]

Fortan schuldet er seiner Verstimmung und Lebenstrauer einen Tod. Unaufhörlich füllt sich die Liste der Traurigkeiten. Aufgerissen die Seele. Der Hohn ruft ihm zu: „Falsch gelebt!" Ewig Nicht-Ankommender wird er sich im Ungefähren verlieren. Dem Verfließen der eigenen Lebenszeit, dem Tod bei der Arbeit wird er zusehen. „So lebte er hin" (so am Ende von Büchners *Lenz*).

6. Gott gelangt zur Verhandlung

Als derart verkehrt und unstimmig und über seine Verhältnisse Redender, Hörender, Schweigender, Wertender, Deutender ... im vermeintlichen Besitz unumschränkter oder relativer oder vielleicht nur geringfügiger Deutungshoheit – sie bleibt die hohe Warte, sie steigt ihm zu Kopf –, hat Adam noch jedesmal Recht, zumindest potentiell und unseligerweise auch noch im Fluch auf sich selbst, nimmt sich der Mensch Gott gegenüber, dem in Wahrheit ihn zum Guten hin deutenden Gott gegenüber, lächerlich wichtig und hält sich bis zuletzt selbst für klug (Röm 12,16), sagen wir mit Barth: „jenem Frosche gleich, der ein Ochse sein wollte",[68] dem Kuckuck gleich, der immer nur sich selbst ruft.

Furchtbar Büchners Lenz: „Je höher er sich aufriß, desto tiefer stürzte er hinunter."[69] Er läßt sich nämlich, sein höchster Aufriß – so folgern wir für unseren Zusammenhang – möglicherweise dazu herbei, Gott, seinem Wort, seiner Offenbarung, dem enormen Sachverhalt, irgendeine Bedeutung zuzugestehen. Er macht sich an etwas Blasphemisches, er macht sich an Gottesdeutung. Das ist lächerlich. Der Gott zu beurteilen und zu bewerten und zu qualifizieren unternimmt – für die eigene Gottesblindheit blind und außerstande, die eigene Gottestaubheit wahrzunehmen – kommt damit in einem als tragische Existenz und als Spottgeburt zutage.

---

67 In Ingeborg Bachmanns Gedicht *Erklär mir, Liebe* (Bachmann, Werke I, 109f) wird dann die Liebe selbst angerufen, ihre Rätsel und die der Welt zu erklären, die der unaufhörlichen Selbstzerstörung, der Vergänglichkeit, der Einsamkeit, des Zwiespalts von Geist und Liebe.
68 Barth, Schweizer Stimme, 166.
69 Büchner, SW I, 239.

Eigenmächtigkeit in dergleichen Sinne aber, sei es auch in Gestalt von (sich bis auf weiteres kleinmachender) Selbstbindung,[70] will notwendig auf Christus- und auf Gottesmächtigkeit hinauskommen (vgl. I/2, 7). Sie hat sich, bereits wenn sie beginnt, über Gott hinausgedeutet und für ihn rigoros abgetötet. Was ja in Prämisse und Ergebnis dann heißen will: „Gott: nach allen Seiten hin verhandelbar!" Gott gelangt vermeintlich zur Verhandlung. Es handelt sich hinsichtlich seines Wesens und seiner Eigenschaften dann demgemäß um „Meinungen eines mündigen Konsumenten".[71] Begreiflicherweise sollen sein Begriff, die emotionale Besetzung und die Reichweite seiner Verbindlichkeit ... eingehen in den großen Gestus menschlicher Weltverwaltung.

In Wahrheit handelt es sich aber um den Herrn, „mit dem es keine Übereinkünfte gibt",[72] mit dem sich unter keinen Umständen paktieren läßt und der sich als für Deutungen unzugänglich erweist.

„So sind wir nicht bloße Hörer der göttlichen Selbstkundgebung. [...] So ist mit der Entscheidung, die sie uns verkündigt, die Entscheidung auch über uns und über unsere eigene Stellungnahme, über den Inhalt unseres eigenen Urteils gefallen. So sind wir unter Gottes Gebot gestellt: zu bejahen, was er bejaht, zu verneinen, was er verneint und beides in der Ordnung, in der er selber das tut. So ist es uns verboten, zur Linken oder zur Rechten falsch, d.h. eigenmächtig und ohnmächtig zu urteilen." (III/1, 445)

Angetastet, mehr noch: beim Adressaten zum Verschwinden gebracht – eben abgetötet – wird mit dem eigenmächtigen Urteilen, Werten, Deuten die göttliche Selbstkundgebung. Eine Ersetzung soll fatalerweise statthaben: überholt werden muß, so sieht es aus, „die eigene Kraft des göttlichen Selbstwortes in und trotz der Finsternis des ihm dienenden Menschenwortes" (I/1, 61), genauer: das prophetische Amt Jesu Christi, seine Selbstdeutung. *Selig scheint er* (*lucet*) *in ihm selbst* – „das in und aus sich selbst

---

70 Vgl. Barth (ZZ 1930, 390f): „An die Stelle der uns bindenden Kirche ist die grundsätzlich unverbindliche Geschichte getreten, der gegenüber wir uns höchstens auf Grund freier Auswahl und Deutung [...] selber von Fall zu Fall und auf Zeit binden können." Gesehen werden muß die Widerruflichkeit jeder Selbstbindung.

71 Charakteristisch im süffisanten Ton (dem man freilich nicht recht traut): Iris Radisch in einer Glosse der ZEIT (7.9.2006) unter der Überschrift *Oh Gott. Das Comeback der* Religion *in der Literatur*: „Eigentlich hat er uns verlassen. Vor so langer Zeit, dass wir uns an Gott kaum noch erinnern können. Und das ging lange Zeit in Ordnung. Die Frage, ob jenseits der unendlichen Räume ein großes Schweigen oder das Wort Gottes auf uns wartet, hat niemanden mehr um seinen Nachtschlaf gebracht. Ob Gott tot, unsichtbar oder in jedem Grashalm, jeder Bach-Kantate verborgen sei, ist eine Geschmacksentscheidung, gleich der, ob man lieber an die Ost- oder an die Nordsee in den Urlaub fährt – Meinungen eines mündigen Konsumenten. Von dem Ruf ‚Gott ist tot', der einst so emphatisch klang, als habe Nietzsche den Verstorbenen gerade noch gesprochen, ist nicht mal ein Schulterzucken übrig. Literarisch jedenfalls."

72 Barth, ZZ 1930, 387; vgl. 390.

leuchtende Licht" (IV/3, 56). *Selig klingt er in ihm selbst.* Auch in mantischer, semantischer, hermeneutischer, um so mehr soteriologischer Hinsicht ist aber eben Jesus Christus selbst der Richter, „Maß aller Gerechtigkeit" (IV/1, 240) – dem Sünder gegenüber, der „im Aufbruch zu allen Sünden" (IV/1, 259) gerade darin und darin vordringlich sich befindet, daß er, wütend und lächerlich vor allem im Drang nach Selbstdeutung, zutiefst regressiv sein eigener Richter und um nichts in der Welt geistlich arm sein will.

Genau auf diese absurde Weise aber „ist er und seine ganze Welt *mit Gott im Streit*, ist sie eine unversöhnte und darum elende, dem Verderben verfallene Welt" (IV/1, 241; Hv. M.T.). Er richtet und urteilt und wertet und deutet sich zu Tode. „Wir sind faktisch alle dabei", erklärt Barth, „an unserem angemaßten Richteramt zu sterben." (IV/1, 257) Sich für den an unserer Stelle gerichteten Richter abzutöten kommt darauf hinaus, sich zum Opfer seiner eigenen soteriologischen Vorentscheidungen zu machen und sich insofern selber demjenigen Nichtigen auszuliefern, das man selber ist oder schon immer zu sein meinte. Erkennbar wird damit die Sünde als die gewaltsame Einzeichnung der Schattenlinie in das eigene Leben, als die aus soteriologischer Sucht verübte geistliche Selbsttötung.

7. Ich bin nicht zuständig

Demgegenüber drängt uns der Versöhner aus der angemaßten Rolle heraus, aus dem Wahn, dem Krampf, dann auch der daraus hervorkriechenden Not, der Gier nach Gottgleichheit. Was geschieht also im Zuge der Versöhnung? Restitution und Rollentausch, Zuständigkeitswechsel und Stellvertretung.

„Jesus Christus ist als wahrer Mensch und wahrer Sohn Gottes an eines jeden Menschen Stelle, nämlich eben dahin getreten, wo ein Jeder in seinem Innersten aufs höchste bei und für sich selbst ist. [...] Es ist diese Funktion *Gottes* als des Menschen Richter, die in Jesus Christus ein für allemal wieder hergestellt ist." (IV/1, 254f)

Der Sinn des Satzes „Richtet nicht, auf daß ihr nicht gerichtet werdet!" (Mt 7,1) geht also über den einer einzelnen ethischen Anweisung weit hinaus. Er enthält als Moment einer Hermeneutik des Daseins eine befreiende anthropologische Basisbestimmung. Ich finde mich auf Freiheit hin erklärt und auf Freiheit verwiesen. In der Form des Imperativs verbirgt sich ein anthropologischer Indikativ, der des Evangeliums. Ich bin nicht Richter Adam, nicht mir definitiv zugekehrt, nicht auf mich selbst fixiert – so daß ich eigentlich nur noch die Konsequenz aus mir selbst zu ziehen hätte. Nicht soteriologischer, nicht hermeneutischer Richter, nicht Fundamentalethiker. Ich brauche es nicht zu sein. Ich soll es nicht sein. Ich bin überhaupt nicht zuständig. Jesus Christus, der Bergprediger, ist es. Letzthin, so ergibt sich im Fortgang der Evangelien, ist der Gekreuzigte Richter: „der Richter als der an unserer Stelle Gerichtete" (IV/1, 231–311). Die Sache, die Prozeßsache, vorher schon: bereits jede Zuständigkeit dafür, ist mir aus der Hand genommen, die Verrückung und verfluchte Unordnung[73] zurechtgerückt. Ich habe mich furchtbarerweise mit Jesus Christus verwechselt. Nun sehe ich mich evangelisch ausgelegt. In der Bergpredigt mit ihren Weisungen liegt die Kraft, vorab bereits das Sein des Menschen auszulegen. Nicht zuletzt depotenziert sie jenen Richter, der sich sein Richteramt vielgestaltig angemaßt hat: im großen Stil, weltanschaulich-ideologisch und in eindringlicher Liaison mit der Wissenschaft, oder von Fall zu Fall, klein und kleinlich; als Entwurf: theoretisch, kommunikations-theoretisch, oder als schnelle Praxis: instinktiv und aus dem Bauch. Demgegenüber und in Konfrontation dazu verdeutlicht sich der wahre Richter, in der Bergpredigt, doch darüber hinaus im ganzen Neuen Testament. Im Zuge dieser Klärung kann die menschliche Anmaßung zurücktreten – und damit die Überbeauftragung menschlicher Urteilskraft im angemaßten prophetischen Amt, die soteriologische Überlastung, der aggressive Hochmut, die Verzweiflung. Jene Verdeutlichung bedeutet Befreiung aus der den Menschen lediglich auftreibenden, ihn keineswegs erhöhenden Verwechslung. Sie meint soteriologische Brechung. Bereits die Bergpredigt stellt insofern eine genuine Kritik menschlicher Urteilskraft dar.

8. Wie weit reicht die Kraft von Wertung und Schätzung?

Doch wird durch die theologische Sündenlehre auch der Blick auf die allgemeinen Bedingungen der menschlichen Urteilskraft realistischer, das heißt verschärft sich die Skepsis. Schon generell (und nicht erst in soteriologischer Hinsicht) ist nach den Grenzen menschlichen Dafürhaltens, von Kraft und Treffsicherheit menschlicher Wertungen und gedachter oder empfundener Meinungssicherheiten zu fragen (vgl. III/1, 420). Regelmäßig kriechen sie doch ins Vorgefundene, ins große oder marginale, jedenfalls weitgehend unauffällige „Man" – und ändern nach seiner Maßgabe in einem fort ihre Größenwerte.

In Verlegenheit führt bereits die Vorfrage, ob die jeweiligen Wertungen denn überhaupt auch nur irgendwie als meine eigenen gelten dürfen. Erweist sich nicht auch „die ganze *anbefohlene* Werthierarchie"[74] aus Konventionen und ererbten Gültigkeiten und durchschauten oder undurchschauten gebietenden Affekten und Interessen (interessierten Irreführungen) als

---
73 Vgl. Barth, Das christliche Leben, 358ff.
74 Adorno, Moralia, 230 (Hv. M.T.).

immens wirksam und kaum abzuschütteln? Sämtliches muß in aller Regel mit ihnen abgeglichen werden. Mag das Tagesaktuelle kein großes Problem darstellen, da es ja über Nacht stirbt. Doch wie entkommt man dem nicht leicht zu identifizierenden, alles überlagernden Meinungsklima, dem penetrant allseitig durchschlagenden, doch sich wiederum selbstverständlich und alternativlos gebenden Theoriejargon und jenen geeichten Zwangssprachen, die der Öffentlichkeit das Bewußtsein machen? Alle Meinungen sind dort umsonst zu haben. Demgegenüber, so Barth in der *Einführung in die evangelische Theologie*, gilt „die Tatsache, dass in der Theologie nichts, gar nichts selbstverständlich, umsonst zu haben ist."[75]

Ist mit Aussicht auf Erfolg auszuweichen oder gar die Flucht anzutreten vor dem denn doch schwer zu umgehenden hohen Meinungssoll des Zeitgeistes, des großen Manitu,[76] der Besessenheit vom gedanklich, emotional, willensmäßig Durchschnittlichen (das man nicht umständlich zu beweisen braucht und das sich selbst nicht wenig gefällt)? Nicht mehr ich lebe, sondern die Zeit, näherhin das große Man, das epochale Man … lebt in mir.[77] Es dominiert mich. Es macht mich gleichlautend. Ich arbeite an vorderster Stelle in diesem Zeitgenössischen, sein Advokat und Bürodiener. In der Regel hält sich sein Niveau sehr in Grenzen, paktiert mit der Gemeinheit, verschafft ihr Auslauf. Von der „Revolution des Nihilismus" spricht Barth 1946 mit Blick auf den Nationalsozialismus, sie „war doch auch die Revolution der Barbarei, sie war doch auch einfach die Revolution der *Mittelmäßigkeit*".[78] „Weniges hat mich in der Nazizeit so leiden gemacht", so gibt Joachim Fest eine entsprechende Bemerkung Dolf Sternbergers wieder, „wie der dumme Jubel für die Gemeinheit überall, mit dem die Menschen sich, genau besehen, in die eigene Katastrophe hineinschrieen."[79] „Das Volk", wußte schon Kurt Tucholsky, „ist doof, aber gerissen." Und Adorno: „Das Volk ist Opium fürs Volk."[80] Dieses „Volk" ist das üble Man. Paßwörter regeln die Sprache. Das Reden besteht im Kern aus Mitreden, das Deuten aus Mitdeuten mit diesem zumeist unmerklichen Man. Wertungen, Deutungen etc. sind schon deshalb, als womöglich Aufgeblasenes, ausnahmslos ins Hypothetische zu relativieren.[81]

---

75 Barth, Einführung, 134.
76 Vgl. M. Walser, Verwaltung des Nichts, 248.
77 Der Christ, äußert Barth (Barth, Das christliche Leben, 329f), müßte sich „über sich selbst täuschen, wenn er es etwa nicht wahrhaben wollte, daß er selbst *auch* Welt und in ihr zu Hause ist, daß er auch ganz schlicht zum sogenannten ‚breiten Publikum', zu den ‚Leuten', zum ‚man', gehört […]." Er gehört freilich *im Entscheidenden* nicht dazu.
78 Barth, Zwei Vorträge, 12 (Hv. M.T.).
79 Fest, Begegnungen, 90.
80 Adorno, Dissonanzen, 66.
81 Bitter in Wilhelm Buschs Märchenroman *Der Schmetterling* (W. Busch, GA 4, 256): Vor einem Schloß findet sich eine große Zahl von „Lakaien". „[..] jeder trug in großen goldenen

Es handelt sich ja bei alledem um die Mediokrität Adams, der, zwar nackt (Gen 3,7), weil er sich bloßgestellt hat, doch nun umkleidet und umschlossen ist von einer Vermeintlichkeit, eben von dem seinem Normbewußtsein enganliegenden bösen Traum des autarken, nunmehr um Gut und Böse sowie um sich selbst scheinbar wissenden Ich. Wie dürfte er aber sich selbst und dem Traum von sich, dem Traumbefehl, den Gehorsam versagen? „[...] er war sich selbst ein Traum", heißt es in Büchners *Lenz*.[82] Und, ganz düster, in Joseph Conrads *Lord Jim* sagt eine der eindrucksvollen Gestalten: „To follow the dream, and again to follow the dream – and so – ewig – *usque ad finem* ..."[83]

9. Subjekt Woyzeck ist ein interessanter casus

Gern zeichnet Adam die Traumlinien seiner autogenen Ethik, denen entlang er eine Weile handeln und leben mag, immer im Bewußtsein, alles auf eigene Rechnung zu machen. Gern legt er mittlerweile das abendländische Kostüm selbstgewisser, selbstherrlicher,[84] sogar vermeintlich aufrichtig selbstkritischer Subjektivität an – mit der er aber tatsächlich nichts Nennenswertes von sich (und schon gar nicht sich selbst) preisgibt. Zugrunde liegt der Deutung dabei jedesmal die wie selbstverständlich in Anspruch genommene *Selbstdeutungsambition*: das als erfolgversprechend angesehene und sich den eigenen Erfolg bestätigende Unterfangen, sich selbst von sich selbst her maßgeblichen, richterlichen Aufschluß über sich selbst zu geben, sich seiner selbst mit eigenen Mitteln zu versichern, um dann endlich, im Gerichtstag über sich selbst, sich *sich selber* zuzuschreiben. Doch wie zuverlässig ist diese scheinbar treuherzige, in Wahrheit sich für Gott abtötende Selbstauskunft und -versicherung und -konstitution? Wie weit reicht die Befähigung zur Aufrichtigkeit? Wie nahebei liegt der Selbstbetrug, dessen jedesmal tief beschädigtes und zugerichtetes Opfer der Richter seiner selbst ist? *Maître et possesseur* seiner Deutungen, kennt er sich selbst,

---

Buchstaben einen trefflichen Wahlspruch auf der Livree, der eine ‚Gut', der andre ‚Schön', der dritte ‚Wahr', der vierte ‚ora', der fünfte ‚labora', und so ging's weiter. ‚Es freut mich' – sagte ich –, ‚solch biedere Leute zu sehn!' ‚Mit Recht!' sprach der dickste von allen, dem ‚Treu und Redlich' am Buckel stand. ‚Wir sind die guten Grundsätze'. Gerührt wollt ich ihm die Hand drücken, aber sie war weicher als Butter, und als ich ihm auf die Schulter klopfte, sackte der Kerl zusammen, wie ein aufgeblasener Schlauch, wobei ihm die ausströmende Luft geräuschvoll durch sämtliche Knopflöcher pfiff. ‚Ha, Windbeutel!' rief ich. ‚Seid ihr denn alle so?'"

    82 Büchner, SW I, 227.

    83 Conrad, Lord Jim, 164. „Ein Wort", so beschreibt es Benn (Benn, SW III, 200), „das die Verwirrungen des Menschenherzens und der Menschheitsgeschichte raunend erhellt [...]."

    84 Herzzerreißend demgegenüber der Schluß von Celans berühmtem Gedicht *Zürich, Zum Storchen* (Celan, Gedichte I, 214f).

eine hintergründige und zudem flüchtige Instanz, denn doch keineswegs. Überall kommt ihm sein nicht einholbares Ich dazwischen. Niemand vermag sich selbst überlegen zu sein. „Ich weiß nicht, was in mir das Andere belügt", gesteht Robespierre in Büchners *Dantons Tod* ein.[85]

Büchners *Woyzeck* dann, die Darstellung des armen Menschen schlechthin, stellt die wohl schneidendste Absage an die großspurige Geste der neuzeitlichen Subjektautonomie auf die Bühne. „Er ist ein interessanter casus, Subjekt Woyzeck", versichert der behandelnde Arzt beim Menschenversuch mit dem Gequälten, dem armen Stück Mensch.[86]

Zu fragen ist, welche Bereiche menschlichen Seins den so hergeleiteten autonomen Deutungen und dann auch Projektionen, Unterstellungen, Vormeinungen, Übertragungen ... diesem Spiegelkabinett allenfalls ausgeliefert werden können und was, sollte das überhaupt möglich sein, vor ihm in sorgsamen Vorkehrungen eher zu schützen ist. Das Entscheidende jedenfalls – abermals: sollte das überhaupt möglich sein – wird eher seinen Korruptionen zu entziehen sein, nicht zuletzt auch jenes in unaufhörlichem Kreislauf zu sich selbst befindliche „Selbst". „Das menschliche Selbstverständnis müßte", fordert Barth, „um Erkenntnis des wirklichen Menschen zu werden, umgekehrt und neu begründet, es müßte aus einem autonomen in ein theonomes Selbstverständnis gewandelt werden." (III/2, 148)[87]

So etwa auch hinsichtlich des Denkens insgesamt, hinsichtlich der Theologie und dann des dogmatischen Verfahrens: „Es muß", so heißt es, „die Autonomie, in der die Dogmatik ihre Methode zu wählen hat, bestehen in der Anerkennung ihrer Theonomie, d.h. aber in ihrer freien Unterwerfung unter die Herrschaft des Wortes Gottes ganz allein." (I/2, 969)[88] Daß alle Gedanken (und auch sämtliche *Gefängnisse* Eph 4,8, Ps 68,19) gefangengenommen werden sollen unter den Gehorsam Christi (2Kor 10,5), sich ihm frei zuneigen und zudenken können, jener Deutungskampf an ihm ein Ende haben muß, strikt darin der „öffentliche Vernunftgebrauch" der Theologie besteht und genau in bezug darauf niemand sich selbst für klug halten soll (Röm 12,16), weil Christus auch unsere Weisheit ist (1Kor 1,30), gilt selbstverständlich ausnahmslos. Wie er für uns eintritt in Handeln und Leiden, so *denkt* er für uns.

---

85 Büchner, SW I, 35.
86 Büchner, SW I, 158. Über die Doktor-Szene im *Woyzeck*: Canetti in seiner Büchner-Preis-Rede (Canetti, Gewissen der Worte, 230).
87 Zur „Selbstschau, Selbstbeurteilung und Selbstbeschreibung" des menschlichen *Narcissus* vgl. IV/3, 919. – Höchst charakteristisch, nämlich in soteriologischer Wendung, erklärt Robert Leicht in einem Artikel in der ZEIT (dort im Untertitel die Frage „Ist uns denn nichts mehr heilig?"): „Was also ist uns noch heilig? Erstens das Recht, dies für sich selbst zu bestimmen [...]."
88 Zum Verhältnis von Selbstbestimmung und Anerkennung des Wortes Gottes vgl. z.B. I/1, 217.

„Gott", so Barth in einer Predigt über Röm 12,17–18,[89] „ist, lange bevor wir aufgewacht sind, um klug zu werden, für uns klug gewesen! Gott Lob und Dank, es ist wahr, was der Apostel gesagt hat: Jesus Christus ist uns gemacht zur *Weisheit*. Wir haben in Jesus Christus Gott selber als für uns Denkenden und Handelnden."

Die wechselnden Stufen von Autonomie gehören nach Barth, eigentlich unnötig zu wiederholen, in den Rahmen von Theonomie, genauer: von Christonomie – die überhaupt erst dem zuvor tief befangenen Bewußtsein Freiheit, der vordem ziellosen Selbstbestimmung Grund und Halt verschafft. „Der Geist wird erst frei, wenn er aufhört, Halt zu sein", weiß Kafka.[90]

Mit außerordentlich scharfem Blick, doch fürchterlichem, groß-adamitischem Freiheitspathos läßt sich, sehr anders und darum im Kontrast überaus lehrreich, Jean-Paul Sartre im Oktober 1945 vernehmen:

„Nach dem Tode Gottes verkündet man jetzt den Tod des Menschen. Von jetzt an ist meine Freiheit reiner: weder Gott noch Mensch werden ewige Zeugen der Tat sein, die ich heute begehe. An eben diesem Tage und in der Ewigkeit muß ich mein eigener Zeuge sein. Ihr moralischer Zeuge, weil ich es sein will auf dieser unterhöhlten Erde. Und wenn die gesamte Menschheit weiterlebt, dann nicht einfach deshalb, weil sie geboren ist, sondern weil sie beschlossen haben wird, ihr Leben zu verlängern. Es gibt keine *menschliche Spezies* mehr. Die Gemeinschaft, die sich zur Hüterin der Atombombe gemacht hat, steht über dem Naturreich, denn sie ist für ihr Leben und für ihren Tod verantwortlich: jeden Tag, jede Minute muß sie bereit sein zu leben. Das also empfinden wir heute in der Angst."[91]

Die solchermaßen aufgeworfene *Autonomie der Menschheit als ganzer*, jenes beängstigend selbstvermögende, sich selbst zu sich selbst ermächtigende *Ich im großen*, bezeichnet dann nur eine abscheuliche quasi-eschatologische Schlußgestalt des sich allseitig bemerkbar machenden Selbstmächtigen, Selbstgehorsamen und vermeintlich Autarken. Sie ist die dünne Erdkruste, durch die das epochale Man stets aufs neue durchbricht ins Abgründige der Angst des Jahrhunderts.

10. Im Inneren lastet ein schweres Nein

Wir halten ein wenig inne. Die Absicht der vorangehenden Bemerkungen war, die in den Positionen der Theologumena Barths (im besonderen seiner Rede vom prophetischen Amt Jesu Christi) implizierten Abweisungen und Verwerfungen ausdrücklich zu machen. In diesem Interesse muß, für weit-

---

89 Barth, Predigten 1921–1935, 393.
90 Kafka, Nachgelassene Schriften II, 130.
91 Sartre, Paris, 75. Ungemein hellsichtig schon im August 1945: Canetti, Provinz des Menschen, 76f.

gespannte Zusammenhänge, auf den Einsichten einer radikalen *Sündenlehre* beharrt werden. Sie bedarf darum in den folgenden Überlegungen näherer Ausführung. Sie zu ermäßigen liegt allzu nahe – sie etwa in die „Existenz" zu setzen, aber aus der „Wissenschaft" herauszuhalten. Barth hat die menschliche Lüge im Rahmen des dritten Teils der Versöhnungslehre ausführlich zum Thema gemacht: dem wahrhaftigen Zeugen, Jesus Christus, beauftragt mit prophetischem Amt, widersteht und widerspricht der Lügner. Noch die Vorstellung, den Begriff, die Möglichkeit der Wahrheit sucht er verschwinden zu machen.

Worin besteht das *mysterium iniquitatis*? „Finster ist unser aller Ort", als undurchdringlich stellt sich im Sinne neutestamentlicher Hamartiologie der Schein der Welt, dieser Welt dar – der „Lügenwelt",[92] die der realen täuschend ähnlich sieht. Über ihrem Bewohner, ihrem Agenten und Gefangenen zugleich, schlägt diese Welt zusammen, unerwartet hinsichtlich der Art und Weise, doch unentwegt. Dies Gefängnis ist sein Leben, Summe des Unternommenen und Unterlassenen, er nimmt es überall hin mit, ist auch chronisch außerstande, sich ihm durch Flucht in den guten Willen entziehen. Mit Recht wird erschrocken resümiert: „soviel Lügen geliebt",[93] geradezu geliebt. Vielleicht weicht er einem fundamentalen, selbstgefertigten Nein aus – das ihn indes ständig wieder einfängt. Mit der Lüge kommt er sich noch jedesmal selbst in die Quere, kommt ihm dann die ganze Einrichtung der Welt in die Quere. Beides: man trägt die Unwahrheit überall hin; man bewohnt zunächst und immer schon die Unwahrheit. Man redet sich mit Vorwänden voneinander fort. Man lebt dementsprechend gegeneinander an: vorwiegend jede Wahrheit voreinander verhüllend und jede Lüge einander ins Gesicht schreiend. Man hält seine Lieblingsmaske für das eigene Gesicht. Nur hinter ihr meint man überleben zu können.

„In einer Welt der Lüge", so weiß Kafka, „wird die Lüge nicht einmal durch ihren Gegensatz aus der Welt geschafft, sondern nur durch eine *Welt* der Wahrheit."[94] Oder: „Es gibt Überraschungen des Bösen. Plötzlich wendet es sich um und sagt: ‚Du hast mich mißverstanden', und es ist vielleicht wirklich so."[95] Das einzelne Böse, die einzelne Lüge, tritt plötzlich heraus aus einer rätselhaften uralten Latenz, in der sie längst Fuß gefaßt und sich eingerichtet hat, baut sich binnen kurzem auf, führt sich zu einer durchgehenden Welt fort, eben zum widerwärtigen *mysterium iniquitatis*. Eine

---

92 Barth, Predigten 1915, 168.
93 Benn, SW I, 310f.
94 Kafka, Nachgelassene Schriften II, 82 (Hv. M.T.). – Die Lüge braucht die Wahrheit: „Es ist elend schwer zu lügen, wenn man die Wahrheit nicht kennt", heißt es in schöner Ironie zu Beginn des Romans *Harmonia Caelestis* von Péter Esterházy (Esterházy, Harmonia, 7).
95 Kafka, Nachgelassene Schriften II, 38. – Zur Kategorie der „Plötzlichkeit" vgl. Bohrer, Plötzlichkeit, sowie Bohrer, Ästhetik des Schreckens, 336–343.

ganze Welt, zu nah – und man versteht nicht mehr, wie man sie die ganze Zeit *nicht* hat sehen können. Man vermag sie nicht auf Abstand zu halten. Plötzlich begreift man: sie war schon immer da, hat im Hinterhalt gelegen, irgendwo im Durcheinander des Alltags. Jetzt ist sie hervorgekommen. Womöglich sieht man sie – das Abgelebte – dann Schritt um Schritt häufiger und vielleicht am Ende nahezu überall. Das Verquere dringt an. Schon immer war ein Mißverständnis zwischen dem Menschen und dem Bösen. Jetzt schon bringt die Lügenwelt einen Anflug und eine furchtbare Ahnung der „Wiederkehr uralter Verwirrung" (Hölderlin am Schluß der *Rheinhymne*), Tumult und Trauma aus der Zukunft.

Regelrecht zu definieren ist demgemäß der Mensch durch den nicht auszudenkenden Umstand, daß jedem einzelnen (wie auch jedem intersubjektiven Groß-Ich) das Böse auf Schritt und Tritt in kurzem Abstand *vorangeht*. Es ist ihm einen Schritt voraus. Nicht etwa liegt es hinter seinem Rücken, so daß er meinen könnte, es womöglich abschütteln und hinter sich lassen zu können. Ein Finsteres – einen entscheidenden Schritt vor mir. Es wendet mir den Rücken zu, als wolle es nicht gestört werden, macht sich unerkennbar. Infolgedessen kann es ernsthaft keine zuverlässige Phänomenologie des Bösen geben. Die Götter – „im Vorsprung".[96] Ein vorauseilender Gehorsam gegenüber dem Tod ebnet, seinerseits wegbereitend, für diesen (im Wortsinn) *Vorgang* des Bösen den Weg.

Doch wäre auch vorstellbar, nein – ist Wirklichkeit: daß ich bemerke, daß mich jemand, der Schöpfer, der Versöhner, die ganze Zeit geliebt hat, mir unerkannt vorangeht, mir weit voraus ist, eine Ewigkeit entfernt (unendlich nah), und sich nun zu mir umwendet - ein plötzliches Glück: „Du hast mich mißverstanden - in Wirklichkeit liebe ich dich." Zum Greifen nah und unbegreiflich zugleich. Das tiefe, genaue Gefühl der Erneuerung, neuer Atem. Mich selbst erfaßt und verwandelt er; das Böse vor mir, von mir mir selbst vorausgeworfen, erfaßt und verwandelt er mit. Was mich vorher auszumachen pflegte, fällt ab. Er läßt mich in eine andere Existenz hinüberwechseln. Im Zuge der Überraschungen des wahrhaft Guten erst, des Evangeliums, werden die „Überraschungen des Bösen" rückverfolgend zuverlässig identifizierbar – daß das Böse *als solches* wirklich hervorkommt und sich abhebt. Eins ums andere Mal spricht Jesus mit den Menschen „sich umwendend". Der Mensch wird in dergleichen Doppelerfahrung des Befremdlichen (dieses: die Zukunft eröffnend; jenes: das Überholte überhaupt erst nachträglich identifizierend) nicht kleiner, sondern größer. In einer Predigt über Lk 5,1–11 sagt Barth:

„Herr, gehe hinaus von mir! Ich bin nicht nur zu geringfügig, ich verdiene es nicht, daß du so bei mir bist, so deine Verheißung an mir wahr machst! Wie sollte der

---

96 Cf. oben Abschn. A. bei Anm. 183 den Satz Stoevesandts.

Mensch das vorher wissen, vorher sagen können: bevor ihm Gnade widerfahren ist? Was hat denn Paulus vor seiner Bekehrung von seinen Sünden gewußt?"[97]

Im Gegenzug also, Kafka und Barth in scharfer kontrastiver Verdoppelung. Hier Kafka: „In einer Welt der Lüge wird die Lüge nicht einmal durch ihren Gegensatz aus der Welt geschafft, sondern nur durch eine *Welt* der Wahrheit." Dort Barth: „Eine ganze *Welt* von Wahrheit" nennt er in einer Predigt 1915 und fügt hinzu: „Er [sc. Jesus Christus] hat mit seiner ganzen Person diese neue Welt verkörpert [...]".[98] Sie tritt mit ihm heran, ruft im Durchgang durch sein Böses den Angesprochenen bei seinem Namen, hilft ihm in seine Identität hinein (eine Identität aus fremder Hand), in nun erst erlangte Authentizität, so daß er, Vorgänger seiner selbst (1Joh 3,2), sich lokalisiert findet, sich voraushört, und eine eben durchaus andere Umwendung als bei Kafka möglich wird: die von Apk 1,12 „Und ich wandte mich um, zu sehen nach der Stimme, die zu mir redete".[99] Hört er diese Stimme, dann kommt, in böser Überraschung, die Gottes- und die Weltfeindschaft des Menschen, seine Wahrheitsfeindschaft, hervor, wird aber ihrerseits, im wunderbar Unverhofften einer machtvollen Gegenbewegung, durch eine „Welt von Wahrheit" endgültig Lügen gestraft und ersetzt durch die befreiende *Lokalisierung in der Wahrheit*, in der dem Tod sein Wesen nehmenden freien Anderswelt, in der Verbündung zum ewigen Leben:

[...] was wahr ist, rückt den Stein von deinem Grab.[100]

Die Kinder Adams, Gebilde von abgründigen, gottlosen Voraussetzungen, tragen von sich aus an die von ihnen mit Beschlag belegte Welt – „nach dem von *Zwingli* gebrauchten Bild: wie der Tintenfisch in der von ihm ausgestoßenen dunklen Flüssigkeit" (IV/3, 430) – nur Dunkelheit (mit grenzenlosem Versprechen und ungesäumter Drohung) und Verwirrung und Unaufrichtigkeit heran.[101] In ihrem Inneren lastet ein schweres Nein und

---

97 Barth, Predigten 1921–1935, 331.
98 Barth, Predigten 1915, 163 (Hv. M.T.).
99 Barth hat gesprächsweise höchst eindrucksvoll auf diesen Vers Bezug genommen (Barth, Gespräche 1963, 238–241).
100 Ingeborg Bachmann (Bachmann, Werke I, 118), in dem Gedicht *Was wahr ist*.
101 Vgl. I/2, 803: „Was das Wort Gottes, das uns in dieser Gestalt begegnet, dunkel und also erklärungsbedürftig macht, das sind die Vorstellungen, Gedanken und Überzeugungen, die der Mensch allezeit und überall von sich aus an dieses Wort heranbringt. Wir sind, indem uns das Wort Gottes begegnet, geladen mit den Bildern, Ideen und Gewißheiten, die wir uns selbst über Gott, die Welt und uns selbst gebildet haben. Immer im Nebel dieser unserer geistigen Welt wird das in sich klare Wort Gottes unklar. Klar für uns kann es nur werden, indem eben dieser Nebel sich zerteilt und weicht. Das ist gemeint mit der Unterordnung unserer Vorstellungen, Gedanken und Überzeugungen. Wir können ihnen, wenn uns das Wort Gottes klar werden soll, nicht die gleiche Würde zuschreiben wie diesem, wir können dieses nicht an jenen messen wollen, wir können jene diesem gegenüber nicht durchaus festhalten wollen. Die Bewegung, die wir – wohlverstanden: in aller Freiheit! – ihm gegenüber zu vollziehen haben, kann nur die Bewegung des

schwelt ein allzu leicht aufflammendes Aufbegehren gegen den Schöpfer und dann notwendig gegen seine Schöpfung und dann gegen sie selbst, die von Gott bejahten, gewollten Geschöpfe, die Versöhnten und zur Erlösung Bestimmten.

11. Wir haben für Gott keine Augen

Keine aus fortschrittlicheren zukünftigen Zeiten erhoffte Aufklärung des Menschen durch den Menschen wird jemals in diese Dunkelheit und Selbstverdunkelung (des unaufklärbaren Aufklärers) hineinreichen – die er ja sich selbst vorauswirft. Nur kurz reicht das kleine Irrlicht der Aufklärung (die überdies immer nur von den tatsächlichen oder vorgeblichen Verfinsterungen „der anderen" lebt).[102] Zumeist malt es sich den Menschen schön. Immer noch weiter reicht die Sünde: als ausgebildete Verbergungskunst. „Aufklärung" Gott aus der Hand nehmen zu wollen, um sie selber ins Werk zu setzen, erweist sich als ein Unterfangen, das die Dunkelheit vergrößert und dichter schließt.

Schon gar nicht bekommt mithin der auferstandene Herr, Gott von Gott, Licht von Licht, durch Adam und seine Versuche deutender Aufklärung erst Stimme und Deutlichkeit. Der Mensch ist nicht Gott. „Hier ist doch Alles so ganz anders als dort. *Wir selbst* sind doch so ganz anders als *Er*." (IV/3, 320; Hv. M.T.) Wir, die wir uns zur Nacht hin beugen, nicht lediglich zum noch in besserer Zukunft Aufzuklärenden, sondern zur finster bleibenden Gegend des Seins, des Bösen, haben an sich für Gott, den fremden Gott, keine Augen. Überaus markant der Filmtitel *Eyes wide shut* (Stanley Kubrick).[103] Bezeichnend auch ein Satz Martin Walsers: „Mit geschlossenen Augen schau ich zum Fenster hinaus."[104] Ich habe mich, wird man ergänzen, an mir selbst blind gestarrt. Überall kommt mir mein Ich dazwischen. Ich habe mich in *securitas* hineingestarrt.

Das Böse ist immer schon in den Blick hineingewachsen. Es hat ihn verdorben zur Blickverlorenheit oder zum Gegen-Blick. Etwas vorangehend

---

Nachgebens, des Zurückweichens, des Raumgebens sein." Vgl. auch Barth, Gotteserkenntnis, 78f. – Sehr anders, nämlich enthusiastisch: Hogrebe, Mantik, 175: „Gleichwohl darf uns [...] das Erblinden des allegorischen Auges, der Verlust der *allegorischen Pfingstlichkeit*, nicht irre machen daran, daß es eine sehr viel tiefer liegende, nämlich *mantische Pfingstlichkeit* gibt, die der privilegierten Spiritualität einer Offenbarungsreligion nicht bedarf, sondern in der *condition humaine*, in unserer Deutungsnatur selbst verankert ist. Wenn die allegorische Pfingstlichkeit die babylonische Sprachverwirrung rückgängig machen wollte, so *liegt die mantische Pfingstlichkeit aller sprachlichen Vielfalt bleibend voraus.*" Philosophengemurmel.

102 „Wir brauchen keine weitere Aufklärung mehr", vermerkt Strauß zu Recht (Strauß, Lessing). „Wir sind aufgeklärt bis zur innersten Zerrüttung."
103 Vgl. Kilb, Kubrick, 233–248.
104 M. Walser, Meßmers Reisen, 191.

Dunkles zieht ihn fort. Dieser durchwachsene Blick vermehrt den Schrecken. Kafka ruft in einer Tagebuchnotiz: „Die Angriffe, die Angst. Ratten, die an mir reißen und die ich durch meinen Blick vermehre."[105] Letzthin immer ins Leere, taghaft oder nächtlich, geht dieser furchtbar produktive Blick, ins Nichtige, in das Niemandsland der Furcht – und bleibt darum unersättlich. Bezahlt wird dergleichen vermeintliche *creatio ex nihilo,* eine die Erscheinungen der Wirklichkeit gespenstisch vermehrende Innenraumschöpfung, mit der Erfahrung nicht lediglich nichtiger, sondern aggressiver Leere. Von der „tiefen Angst" des Menschen vor sich selbst spricht Barth, „nämlich vor seiner inneren Leere" (IV/3, 800). Der leere Raum, Hallraum latenter Furcht, wird mit erschreckenden Innenlandschaften ausgestattet, mit Innenwesen aus dem Stoff des Bösen bevölkert. Es ist das Nichtige, das dem Angstvollen mit schauriger Ungestalt entgegendrängt.

Natürlich ist auch auf die Lüge kein Verlaß. Sie ist Kreterin. Zuweilen lügt sie die Wahrheit.[106] Freilich wiederum gewiß nicht in der Zuverlässigkeit, die aus dem Satz Jean Cocteaus spricht: „Je suis le mensonge, qui dit toujours la vérité." Zuweilen, wie in Jurek Beckers *Jakob der Lügner*, ist die Lüge die eigentliche Wahrheit. Man kann sich mit ihr nicht auskennen. Sie ist niederträchtig und von unmäßigen Dimensionen. So nimmt Erwin Chargaff Kafkas Wendung von der „Welt der Lüge" auf und folgert,[107] nun mit Blick auf eine mittlerweile wildgewordene Wissenschaft, „[...] daß unsere heutigen Naturwissenschaften in der Welt der Lüge wohnen."[108] Benannt wird die Entstehungsbedingung, der sie unterliegt: „Die Welt der Lüge ist nämlich angebrochen, als die Naturwissenschaften zu einer Art von Religions- und Philosophieersatz wurden."[109]

„Wenn ich Kafka recht verstehe, so meint er, daß in der Welt der Lüge auch Wahrheiten zu Lüge werden. Zum Beispiel werden sie es durch die Übertreibung ihrer Tragweite, aber besonders dadurch, daß wir uns des Unterschiedes zwischen ‚Wahrheiten' und ‚Wahrheit' nicht mehr bewußt sind. Auch eine von Wahrheit entfernte Wissenschaft kann ‚Wahrheiten' am laufenden Band produzieren. Deshalb bleibt sie nicht weniger verlogen."[110]

Bittere Realität ist – wie spätestens mit dem Aufkommen der totalitären Ideologien im 19. und 20. Jahrhundert zutage liegt – eben auch die *Großlüge des Groß-Ich* als umfassendes, hochdifferenziertes Lügensystem mit

---

105 Kafka, Tagebücher, 912.
106 „Schlimmer ist es wenn ein Lügner die Wahrheit sagt als wenn ein Liebhaber der Wahrheit lügt, schlimmer wenn ein Menschenhasser Bruderliebe übt als wenn ein Liebhaber der Menschen einmal vom Haß überwältigt wird", stellt Bonhoeffer fest (Bonhoeffer, DBW 6, 62f).
107 Cf. oben in diesem Abschn. bei Anm. 96.
108 Chargaff, Geheimnis, 204.
109 Chargaff, Geheimnis, 206.
110 Chargaff, Geheimnis, 204.

unabweisbaren immanenten Richtigkeiten.[111] Von ihren Voraussetzungen her abermals gänzlich stringente Deutungen und Erklärungen werden dann unbemerkt (oder sehr bewußt) beigebracht, die in Wahrheit alles nur noch weiter eindunkeln. Dies ja bereits im Individuellen mit seinen sinnverlangenden Kontingenzen, doch nicht minder, vielmehr um so mehr, in den großen analytischen oder empirischen Diskursen und gesellschaftlichen Interaktionen und Paradigmen. Wir haben erfahren, wie gut es sich gerade mit dem lügen läßt, was im großen Stil den Schein der Unaufrichtigkeit gerade zu entwirren oder aufzuklären beansprucht.

Bereits in der ersten Auflage des Römerbriefkommentars hat Barth in Auslegung von Röm 21, 22–32 vor dem Hintergrund des Weltkriegs von der Großlüge gesprochen:

„Während sie sich einbildeten, weise zu sein, wurden sie zu Narren", stellt Paulus fest (Röm 1, 22), und Barth kommentiert: „Die Verkapselung und der Mißbrauch der Wahrheit zugunsten des auf den Thron erhobenen Ich bricht, wie zuerst in der Verderbnis des innern Lebens (1, 21), so nun auch nach außen durch und erscheint in der Geschichte als *die große Kultur- und Morallüge*: Die Menschheit wird, was sie kraft ihres Widerstandes gegen das göttliche ‚Es werde!' sein muß: ein Tummelplatz aller möglichen Nichtigkeiten, ein Weltkriegsschauplatz, ein Narrenhaus."[112]

Was also darf demgegenüber zu Recht Klärung heißen? Und welcher Verfassung des Blickes bedarf es dazu? In schöner Ironie zählt Friedrich Schlegel „drei Arten von Erklärung in der Wissenschaft" auf: „Erklärungen, die uns ein Licht oder einen Wink geben; Erklärungen, die nichts erklären; und Erklärungen, die alles verdunkeln."[113] Letztere können als Ideologie regelrecht Epoche machen.

Schlimmer, eine Stimme aus der großen Lyrik des 20. Jahrhunderts: von weit offenen Augen, von Augen, deren Oberfläche zerrissen ist, weiß Nelly Sachs,

> wo von allen Seiten das Nichts einfährt […].[114]

Die Großlüge, die *Welt* der Lüge, hat sich weiträumig um den Lügner gebaut: um den Falschen, den mit den falschen Augen. Es gibt einen Blick,

---

111 Hannah Arendt (Arendt, Elemente und Ursprünge totalitärer Herrschaft, 727) beschreibt das totalitäre Groß-Ich: „Totalitäre Herrschaft beraubt Menschen nicht nur ihrer Fähigkeit zu handeln, sondern macht sie im Gegenteil, gleichsam als seien sie alle wirklich nur ein einziger Mensch, mit unerbittlicher Konsequenz zu Komplicen aller von dem totalitären Regime unternommenen Aktionen und begangenen Verbrechen."
112 Barth, Römerbrief I, 32f (Hv. M.T.).
113 Schlegel, Athenäum A 82 (in: Schlegel, Charakteristiken, 177).
114 Nelly Sachs (Celan – Sachs, Briefwechsel, 82). – Vgl. Herberts Gedicht *Gleichnis vom König Midas* (Herbert, Vermächtnis, 43–45; dort 44f): „laß uns ein wenig trinken / ein wenig philosophieren / vielleicht werden dann / wir beide / die wir aus blut und täuschung gemacht sind / uns endlich befreien // von der drückenden leichtigkeit des scheins".

der sämtliches durchdringt und am Nichts von allem haftenbleibt, anders gesagt: der alles wahrnimmt und dabei nur die Nichtigkeit jeglicher Sache sieht.[115] Mit diesen Augen ziehe ich mir meine nichtige Welt herein. Ähnlich, in entsetzlicher Metaphorik, Kafka: „[...] die giftige Welt wird mir in den Mund fließen wie das Wasser in den Ertrinkenden."[116] Auch das Groß-Ich, die sich in sich selbst hineinsteigernde Intersubjektivität, ein gesellschaftliches oder epochales, womöglich abgrundtief dummes Über-Ich, addiert oder multipliziert aus den törichten Klein-Ichs ... kann als dieser Lügner, als dieser Ertrinkende, auftreten – in den „von allen Seiten das Nichts einfährt." Das totenhafte *mysterium iniquitatis* drängt sich auf: eine ganze Welt, zu weitläufig, zu nah, als daß sich aus ihr her Erklärungen, Deutungen, Wertungen, Urteile, die diesen Namen verdienen, im geringsten erwarten ließen.

In die theologische Hermeneutik hat eine unabgeschwächte Lehre vom Bösen (und mit ihr tiefe Ernüchterung und Skepsis) bis in die letzte Tiefe einzugehen. Ihr gemäß ist – weit über den Bereich der individuellen Unwahrhaftigkeit hinaus – mit Hinweis auf die zahllosen Varianten, Umbenennungen und Verkleidungen von Großlügen der Ausweg des Rekurses auf das Intersubjektive und seine Absicherungen zu versperren. Das Groß-Ich erweitert und intensiviert die Lügenwelt, die benachbarte Dummheit und pharisäische Trägheit, den benachbarten Hochmut und womöglich aggressiven Sündenstolz ... statt all dies zu mindern oder zu relativieren. Um so mehr von ihm, dem großen Ich, gilt, was Benn schon 1930 notiert: „Ja, das Ich ist dunkler, als das Jahrhundert dachte."[117] Eben dies aber, worauf zurückzukommen sein wird, trifft auch für die vermeintliche Selbstaufhebung und -suspendierung „in eine überpersönliche Neutralität"[118] zu, für die demiurgische, auf ihre Weise machtförmige Phantasie der modernen Lyrik seit Baudelaire, Rimbaud und Mallarmé.

---

115 Ein Gegenbild wären Mariendarstellungen, auf denen Maria durch das Kind hindurchzusehen und ihr Blick an der Zukunft des Kindes, seiner Passion, seiner Auferstehung haftenzubleiben scheint.
116 Kafka, Tagebücher, 114.
117 Benn, SW III, 245.
118 Friedrich, Struktur, 109.

„Laß die Deutungen!", sagte K.[119]

d. Wahrheit und Zuschreibung

1. Wer mißt Bedeutung zu?

Gesteht man aber den Zusammenhang von Hermeneutik und Sündenlehre in dieser umfassenden Weise zu, entfällt um so selbstverständlicher die Behauptung, der auferstandene Herr bekomme durch den prädizierenden, wertenden, urteilenden Adam (oder Groß-Adam) erst Stimme und Deutlichkeit, Bewandtnis und Sinn.

Im dritten Band der Versöhnungslehre, geltend u.a. der Darstellung des prophetischen Amtes Christi, problematisiert Barth nun erneut den Begriff der „Zuschreibung" und benennt in diesem Zusammenhang ein weiteres Mal das wohl ernsteste Interesse dieser Abkehr:

„Wir haben [...] bis jetzt ohne Weiteres *vorausgesetzt* und *behauptet*, daß das Leben Jesu Christi als solches *Licht*, sein Dasein als solches auch *Name*, seine Wirklichkeit auch *Wahrheit*, seine Geschichte auch *Offenbarung*, seine Tat auch *Wort, Logos* sei. Wir haben ihm das, was die Bibel *Herrlichkeit* nennt und also sein prophetisches Amt bis jetzt einfach zugeschrieben. Mit welchem Recht und Grund? *Wurde* ihm – haben *wir* ihm das Alles bloß ‚zugeschrieben': so wie ihm ja nach der Ansicht mancher Historiker auch andere Funktionen und Titel nachträglich zugeschrieben sein sollen? Ist das, was wir das Licht seines Lebens nennen, vielleicht doch bloß das Licht eines ‚Werturteils', das wir an ihn herantragen, indem wir ihn beleuchten, d.h. einschätzen nach der Bedeutung, die wir ihm zumessen, so daß der eigentliche Lichtquell eben doch in uns selbst, nämlich in dem Maßstab zu suchen und zu finden wäre, mit Hilfe dessen *wir* das für *uns* (und *damit* objektiv und real) Bedeutende, und nun eben auch *seine* ‚Bedeutsamkeit' feststellen zu können meinen?" (IV/3, 78)

Doch würde auf diese Weise klar, worum es dem Deutenden zuletzt zu tun ist, nämlich nicht etwa um das Gegenüber, um die Person des zu Bewertenden oder zu Deutenden, sondern um ihn, den Urteilenden, selbst: der das Gegenüber urteilend, ihm dies oder jenes zuschreibend, ihn auf diese oder jene Weise beleuchtend und einschätzend, so oder so seinem Urteil unterwirft und sich seiner lediglich im unbedingten Interesse der Selbstprofilierung und -bestätigung und -erhöhung bedient.

„Sollte seine Wahrheit", fährt Barth fort, „vielleicht doch nur die einer Kategorie sein, unter der *wir* uns die Wichtigkeit seines Werkes begreiflich machen wollen, seine Offenbarung vielleicht doch nur ein anderes Wort für die schöpferische Erkenntnis, in der *wir* uns im Blick auf seine Figur, seiner Figur uns bedienend, des

---

119 Kafka, Das Schloß, 324.

Geheimnisses unserer *eigenen* Existenz, aber auch seiner Auflösung bewußt werden, sein Logos doch nur das, was *wir* für die *ratio unserer* eigenen Lebenstat halten? Und also seine Prophetie im Grunde doch nur die Macht und Autorität *unserer Selbstaussage*, der wir damit eine anschauliche Bestätigung verschaffen, der wir damit Würde und Gewicht verleihen, daß wir sie als die Aussage dieser uns in der Bibel dokumentierten Person verstehen und beschreiben, diese gewissermaßen mit der Herrlichkeit bekleiden, in der wir unsere eigene Selbstaussage machen möchten?" (IV/3, 78f)[120]

Es bedarf keiner Erwähnung mehr, daß Barth diese die Einwände Ludwig Feuerbachs aufgreifenden Fragen samt und sonders kategorisch verneint.[121] Nichts davon.

Warum diese Abweisung auf der ganzen Linie? Nicht zuerst aus historischer Gewissenhaftigkeit (weil mit der Kategorie der „Deutung" das Selbstverständnis der biblischen Autoren keinesfalls getroffen wäre), sondern, das vor allem, aus systematisch-theologischen Gründen. Jesus Christus selbst kommt das prophetische Amt zu – das er unter keinen Umständen an einen wie auch immer deutenden einzelnen oder kollektiven Adam abtritt. Er bleibt der Urteilende und Wertende und Deutende, der Richter in jedem Sinne – und dies zuerst hinsichtlich der Bedeutung seiner selbst. Auch für die Kirche bleibt er das souverän kritische Gegenüber. Nicht von der Kirche fortzusetzen oder gar ganz zu übernehmen, sondern lediglich zu bezeugen ist Jesu Christi prophetisches Amt.

Vielfach nachzuweisen und um so häufiger zu unterstellen ist demgegenüber ein gegenwärtiges, ein eigensinnig neuzeitliches vitales Interesse am umfassenden, nach Möglichkeit nichts auslassenden Gebrauch der Kategorie der „Deutung."[122] Sich die neutestamentlichen Autoren maßgeblich

---

120 Zur „Zuschreibung" vgl. I/2, 553: „Die Erkenntnis der Priorität Gottes, wie sie in der Bibel vollzogen wird, ist die Erkenntnis der göttlichen Wohltat, die uns nun wieder [...] erlaubt und gebietet, den undenkbaren Gedanken des Zusammenseins von Absolutem und Relativem, nein: des gnädigen Gottes und der durch seine Gnade geretteten Menschen im Gedanken des Schöpfers und des Geschöpfs in ruhiger Klarheit zu vollziehen. Wie sollte nun gerade die ausgezeichnete Stellung und Bedeutung der Bibel, der wir diese Erkenntnis verdanken, durch diese Erkenntnis in Frage gestellt sein können? Ausgeschlossen wäre gewiß, daß wir ihr diese Stellung und Bedeutung eigenmächtig, d.h. in irgendeinem Akt freier Wertung uns zuschreiben würden. Aber eben darum, also eben um eine ,Verabsolutierung' einer eigentlich und an sich relativen Größe, um eine Vergöttlichung oder Quasivergöttlichung von Menschen hat es sich für die ernsthaften Vertreter des evangelischen Schriftprinzips niemals auch nur von ferne handeln können. Hier wurde nichts verabsolutiert und niemand vergöttlicht." Vgl. auch I/2, 602; II/2, 38f; IV/4, 26. Zur Dialektik von Zuschreibung und Aberkennung vgl. I/2, 795. Zur „Bewertung" in diesem Sinne vgl. II/2, 759.
121 Zum Zusammenhang des Methodischen, des Eigenmächtigen und der Theorie Feuerbachs vgl. I/2, 7.
122 Zur „Gefahr von *Deutungen*" vgl. Sauter (Sauter, Prophetisches Reden, 179, 181). – Eine besonders energische Abweisung der Kategorie der Deutung findet sich bei Gogarten. Den Glauben stellt er scharf „geschichtsphilosophischen Deutungskategorien" gegenüber (so schon im Vorwort von *Ich glaube an den dreieinigen Gott*, und dann 17; 20; 38; 58; 78f; 132–139). –

als die ihrerseits Deutenden, Wertenden, Zuschreibenden etc. begreiflich zu machen[123] will ja grundsätzlich heißen, ihr Zeugnis einzustellen in eine sozusagen unendliche Reihe weiterer möglicher mehr oder weniger subjektiver, mehr oder weniger intersubjektiv abgesicherter Deutungen (der Unterschied spielt, wie gesagt, keine Rolle). Sie kommen dann – und darauf soll es begreiflicherweise hinauslaufen – in unmittelbare Nachbarschaft zu „uns" zu stehen, insofern auch der gegenwärtige Ausleger sich angesichts von unterschiedlichen, vielleicht kraß widersprüchlichen Deutungen (das wäre gerade willkommen) seinerseits die ihm gemäße Anschauung der Sache, ihre Bewertung, Einschätzung etc. aussuchen und in schöner Zuschreibungshoheit auf Widerruf zu eigen machen oder auch gegebenenfalls verabschieden und abwerfen kann. Vorausgesetzt bleibt immer der Definitions- und Deutungs- und Urteilsvorbehalt des jeweiligen hermeneutischen (und zuletzt: soteriologischen) Hegemon – der in verschiedenen „Deutungshinsichten" abwechseln, zuschreiben oder annullieren, akzeptieren oder verwerfen mag.[124]

Mit anderen Worten: in den ihrerseits autonomen – ganz selbstverständlich als solchen immer vorausgesetzten – Deutungssubjekten der neutestamentlichen Autoren findet sich grundsätzlich das vorgeblich autonome Denk-, Deutungs- und Auswahlsubjekt wieder. Das vermeintlich selbstbestimmte Denken, das sich selbst den Ton angibt, die selbstbestimmte Deutung, Akt erschließender Freiheit (in der Absicht auf eine klärende Selbstaussage) scheint ohne weiteres möglich.

Demgegenüber z.B. Ulrich Barth: „Religion als Deutung der Erfahrung im Horizont der Idee des Unbedingten" (U. Barth, Religion, 548) oder Korsch (Korsch, Religion mit Stil, 167): die Kirche als „Ort religiöser Deutungskultur" oder Gräb (Gräb, Sinndeutungen, 214): „Entsubstantialisierung [sc. überkommener biblischer oder theologischer Begriffe] meint, daß der Bedeutungsgehalt dieser theologischen Begriffe strikt auf die Funktion hin verstanden wird, den sie im Vollzug der religiösen Selbstdeutung humaner Subjekte für dieselben zu erfüllen vermögen." – um nur wenige Beispiele einer dominanten Tendenz zu nennen. Mit Bezug auf Ulrich Barth wendet Krötke zu Recht ein (Krötke, „Kant-Jahr", 460): „‚Religion oder [!] Gott' wird – was die Begründung der Theologie betrifft – [...] die Frage. So fragen aber heißt schon die Antwort geben. Die Religion bekommt den Zuschlag. Gott aber wird zur spielerisch zu handhabenden Deutekategorie unserer religiösen und kulturellen Befindlichkeiten. [...] Das *Gegenüber* und der entzündende Grund des Glaubens und damit Gottes Wort fällt als theologisch zu verantwortender Bezugspunkt des Glaubens und damit auch der theologischen Wissenschaft aus." – Zu Recht in diesem Sinne Dalferth (Dalferth, Interpretationspraxis, 57): „In entscheidender – nämlich über unser Leben letztgültig entscheidender – Hinsicht deuten wir nicht uns und unsere Welt, sondern wir werden mit und gegen unsere Deutungen von Gottes Urteil nicht nur deskriptiv, sondern kreativ gedeutet, also zu denen gemacht und als die bestimmt, die wir vor ihm und durch ihn in Wahrheit sind, wie immer wir vor uns und unserer Welt sind und zu sein meinen."

123 Vgl. Albrecht Ritschls Überlegungen zur „Schätzung Christi" (Ritschl, Unterricht, § 25; Ritschl, Rechtfertigung und Versöhnung III, 3).

124 Zum Wechsel der „Deutungshinsichten" in historischer Forschung vgl. Heidegger, Beiträge, 151f.

Indessen, wie weit ist es her mit Freiheit und (mit einigem Recht so zu nennender) Selbstbestimmtheit des Zuschreibens und Deutens und Denkens Adams? Wir haben die gravierenden Vorbehalte genannt. Sarkastisch wieder Benn: „Rönne setzte sich. Ich habe etwas freie Zeit, sagte er sich, jetzt will ich etwas denken."[125] Jetzt will Rönne/Adam etwas deuten. Er weiß oder meint sich frei zur Deutung, aber dann jeweils auch „endlich frei, sich uninteressiert oder rasch desinteressiert davon abzuwenden, um [...] anderen, dringlicheren Gedanken und Geschäften nachzugehen" (IV/3, 208).

Im Versuch einer unvoreingenommenen Klärung der Genealogie der Texte, zumal der Auferstehungstexte, führt Barth zufolge die Kategorie der „Deutung" (theologisch eben alles andere als unbedenklich) vollständig in die Irre. Sie ist geradezu ein Unrecht an diesen Texten. Fraglos vorausgesetzt ist mit ihr der das Geschehen letzthin doch von außen beurteilende, einschätzende, deutungshoheitlich überblickende Interpret (im Singular oder im Plural, subjektiv oder intersubjektiv), der – von dem her, was er mitbringt, von sich aus, autark, schließlich aber noch jedesmal zur Steigerung und Rechtfertigung des „Ich"[126] oder des „Wir" – wertet, konstruiert, zuschreibt und, mag das im einzelnen noch so treffende Beschreibungen geben, Bedeutung und Tragweite zumißt und zuerkennt (oder auch verweigert) und insofern hermeneutisch und semantisch völlig Herr der Situation bleibt:[127] unbelangbar, weil er jede Infragestellung über kurz oder lang wiederum entsprechend deutet, also im Regelfall sich je nach Affekt und Interessenlage zurechtdeutet.

Er meint, qua Deutung die Maßstäbe, das Licht, das den zu erläuternden, an sich dunklen, im Schatten liegenden Gegenstand erhellt, aus seiner Welt mitzubringen, an die Sache, an diese Sache, herantragen und sie so, vermeintlich ganz positiv, ins rechte Licht rücken zu können. Er fühlt sich zuständig. Doch wie ist seine Welt beschaffen? Es ist die im erwähnten vorauseilenden Gehorsam dem Tod gegenüber vorentworfene und vorausgeworfene Schattenwelt unter dem eingedunkelten Himmel, das Zwielicht und, schlimmer, der grelle, gewalttätige „Lichtzwang" der Zeit.[128] Das deutende Licht, keineswegs geistlich arm, sondern soteriologisch scheinbar

---

125 Benn, *Die Insel* [1916], in: Benn, SW III, 62–71; dort 63.
126 Vgl. III/1, 421.
127 Vgl. z.B. I/1, 170. – In einem Brief an Hromádka wendet sich Barth gegen eine „Deutung" der Geschichte, „wo es darauf ankäme, *in* der geschichtlichen Lage (im Blick auf deren jeweils tatsächliche Gestalt, nicht von ihrer ‚Analyse' her) das christliche *Zeugnis* von dem Reich laut werden zu lassen [...]" (Barth, Briefe 1961–1968, 152f).
128 So ja der Titel einer Sammlung von Gedichten Paul Celans (Celan, Gedichte II, 229–328). In demselben Sinne Adornos Rede von einer „unwahren Helle": die Kunst „setzt dem omnipotenten Zeitstil des Neonlichts Konfigurationen jenes verdrängten Dunklen entgegen und hilft zur Erhellung einzig noch, indem sie die Helligkeit der Welt bewußt ihrer eigenen Finsternis überführt" (Adorno, Philosophie der neuen Mu*sik*, 23f).

stark, vergibt, wie es scheint, auch noch die Prädikate „Existenz", „Wesen", „Würde", „Sinn", „Tragweite", „Relevanz"[129] etc. (und kein Ende abzusehen). Es schreibt Sinn zu[130] und lädt lichtstark mit Bewandtnis auf, *ubi et quando visum est homini* – wo und wann es einem (dem Man, dem wissenschaftlichen Man) gefällt. Die Kompetenz dazu holt man aus sich selbst heraus und mißt man sich selbst zu. In der Weise wird verfahren, „daß man die Verfügung darüber, was heilig, gerecht, gut, ewig und was in dem Allem das Eine sein möchte, sich selber zuschreibt." (II/1, 366) Wo hermeneutische, semantische, definitorische Machbarkeit und Veranstaltung noch nicht herrschen, muß sie den Phänomenen möglichst umgehend beigebracht werden. Und Freiheit des Deutens kommt überhaupt erst zustande, wo die Dinge als mehrdeutig unterstellt oder aufgewiesen sind.

Doch welcher Art kann dieses Deutungslicht sein – angesichts dessen, daß das wahre „Licht der Welt" in der Finsternis scheint (was Barth in IV/3, 188ff zum ausdrücklichen Thema macht), auch in der Finsternis der Deutungen, und um so mehr mit Rücksicht darauf, daß es im besonderen im Blick auf Jesus Christus[131] heißen muß: „In deinem Licht sehen wir das Licht" (Ps 36,10)? Barth zitiert die für ihn offenkundig wichtige Psalmstelle verschiedentlich.[132]

„Inmitten des dichten Zeitvertreibs das schiere dunkle Momentane: den Fluch erkennen", lautet die Beobachtung des Fürchterlichen bei Botho Strauß.[133] Aber, dem Fluch wiederum von der Auferweckung des Gekreuzigten her machtvoll trotzend – in dieses Momentane hinein, in das, was eben durchaus der Rede wert scheint, in jede noch so düstere Erkenntnis, in Urfluch und Hölle hinein (Gal 3,13) scheint *das Licht der Welt*. „Gewiß gibt es viel Hölle in dieser Welt", erklärt Barth in einem Interview 1963,[134] „aber nicht bloß Hölle, sondern etwas vom Himmel, das mitten in der Hölle *leuchtet.*" Etwas vom Himmel, das *e profundis* mitten in der Hölle *klingt* – was wiederum Kafka (doch wohl in trauriger Umkehr) benennt, wenn er an Milena Jesenská schreibt: „Niemand singt so rein, als die welche in der tiefsten Hölle sind; was wir für den Gesang der Engel halten, ist ihr Gesang."[135]

---

129 Vgl. in dem Gespräch mit den Stiftlern 1964 (Barth, Gespräche 1964–1968, 74): Fragesteller: „... ob man dem Sieg Jesu Christi eine ontologische Relevanz geben kann?" [...] Barth: „Wo habe *ich* dem Sieg Jesu Christi eine ‚ontologische Relevanz' *gegeben*?"
130 Zur Sinnzuschreibung vgl. Gumbrecht, Präsenz, 40–45.
131 Vgl. II/1, 133f sowie de Quervain, Ethik, 37. Die christologische Wendung der Psalmstelle auch Röm II, 71.
132 I/1, 488; II/1, 119; 123; 134; 295; III/1, 323; III/2, 717; IV/2, 136; IV/3, 585.
133 Strauß, Anwesenheit, 97.
134 Barth, Gespräche 1963, 229 (Hv. M.T.).
135 Kafka, Briefe an Milena, 242.

2. Wer ist derjenige, der versteht und deutet?

„[...] das Entscheidende bleibt, *wer* der ist, der den Text liest", urteilt Martin Heidegger.[136] Dieser Leser (ein Individuum oder ein großformatiges Man) ist zunächst derjenige, der selber ständiger Erläuterung und Selbstdeutung bedarf und unwiderstehlich darauf drängt.[137] Der, der eigenen Schatten wegen, vom Interesse gesteigerter Selbstdurchsichtigkeit besessen ist und infolgedessen nicht umhin kann, sich *partout* und um jeden Preis seiner selbst zu versichern, versteht sich freilich um so mehr – und gerade im Maß des Zwangs zur Selbstversicherung – auf Selbsttäuschung und -verblendung, auf intellektuelle, doch auch auf affektive Fiktionen unterschiedlichster Beschaffenheit – auf Lebenslügen, Fleisch- und Blutlügen. Sie sind ihm in Fleisch und Blut übergegangen.

[...] die wir aus blut und *täuschung* gemacht sind,

definiert der polnische Lyriker Herbert gelegentlich das menschliche Sein.[138] Es versteht sich auf Blut und Täuschung.

„*Wer* fragt da?", fragt Barth seinerseits in bezug auf jene angeblichen „Zuschreibungen" und antwortet (besser gesagt: weist die Frage folgendermaßen ab):

„Als ob wir uns an einem Ort befänden, von dem aus wir danach, ob Jesus Christus das Licht, die Offenbarung, das Wort, der Prophet sei und ob wir ihn als solchen zu anerkennen hätten, fragen *könnten,* um der Aufrichtigkeit und Wahrhaftigkeit willen, die wir uns selbst schuldig sind, wohl gar fragen *müßten!*" (IV/3, 80)

Der Sünder, hochmütig und zutiefst unaufrichtig, den Stachel der Lähmung und Abtötung in sich, mit den gehaltenen, von der Ahnung der Nichtigkeit durchtränkten Augen, mit von der Sünde schwarz gewaschenen Augen, „immer wieder *der Falsche*" (IV/1, 512), schlimmer: unentwegt der Fälscher, mit den von seinen vermeintlichen Interessen bestimmten großen Flecken in seinem Sehfeld, der Lügner, der das Rad der Werte arretieren möchte oder dem alles in Werte zerfällt,[139] beladen mit sich selbst,[140] der

---

136 Heidegger – von Bodmershof, Briefwechsel, 41. Vgl. Heidegger, Hölderlins Hymnen, 48f. – „Gute Ansichten sind wertlos. Es kommt darauf an, wer sie hat", urteilt Karl Kraus (Kraus, Aphorismen, 224).
137 Vgl. Henrich, Fluchtlinien, 20.
138 Herbert, Vermächtnis, 45 (Hv. M.T.).
139 Strauß (Beginnlosigkeit, 52) variiert so („[...] und es zerfiel mir alles in Werte") die berühmte Wendung aus Hofmannsthals *Chandos-Brief.*
140 „Mehrmals in dieser Nacht", so schreibt Kafka am 23. September 1912 in sein Tagebuch, in der Nacht, in der er „in einem Zug" die Erzählung „Das Urteil" niedergeschrieben hat, „trug ich mein Gewicht auf dem Rücken." (Kafka, Tagebücher, 460). – Vgl. auch Herberts Gedicht *Herr Cogito und die derzeitige Position seiner Seele* (Herbert, Gewitter, 30f).

sich selbst nicht auf den Grund zu sehen vermag (um so weniger der Welt), der, stets aufs neue von Todesfurcht geschüttelt und gleichwohl lebend *etsi mors non daretur*,[141] sich erfindungsreich gegen Gott blind macht und ihn hineinziehen will in seine Angst- und Argwohnhöhle – er wird, was von Gott her statthat, nicht erklären. Er ist „falsch" – hinsichtlich Gottes, auch hinsichtlich seiner selbst. Er fürchtet ja und geht davon aus, in Wahrheit von dem gnädigen Gott nie wirklich gemeint gewesen zu sein, auch wenn er gewiß irgendwie von ihm angetroffen worden ist.

Er versteht sich, ohne ihn im geringsten begreiflich machen zu können, nur auf den Tod (Röm 7,15): auf das vollkommene und unaufhebbare Debakel, das Grundeinfache und Stetsgewußte, das ihn ins Bodenlose schickt. „Sein schwarzes Auge, das vom Tode gespeist wird", notiert Canetti.[142] Allenthalben tritt darum der Tod, der eigentliche Regisseur des Lebens, als der heimliche Teilhaber auf, der sich immer schon ins Dasein hineingedrängt und hineingezwungen hat – mit ichbildender Kraft. Er oktroyiert ihm ein Ich auf, das ihn ein Leben lang aus Angst Sklave sein läßt und Mächten und Gewalten, dem Gelichter, gefügig macht (Hebr 2,15). Wieviel ist ein Leben unter den Bedingungen des Sterbens wert: ein Leben, das nichts ist als eine längere oder kürzere Anpassungsleistung an den Tod? Ist er imstande, den vorauseilenden Gehorsam eines *angstvollen* Seins-zum-Tode zu verweigern? Kann er *in* diesem Ich *gegen* es aufstehen? Gegen den wütenden Inkubus, der in ihm sitzt (Röm 7,17)?

Wer vermag an seinen Todesschlaf zu rühren? Womöglich ist er aus dem Leben gestürzt und sein Leben lang tot gewesen (Kol 2,13). Denn jedesmal, wenn er zu erwachen meint, stellt er fest, daß er nicht gelebt hat.

„Dein Leben", klagt Simplicius in Grimmelshausens *Simplicius Simplicissimus*, „ist kein Leben gewesen, sondern ein Tod; deine Tage waren ein schwarzer Schatten, deine Jahre ein schwerer Traum, deine Wollüste arge Sünden, deine Jugend eine Phantasie und deine Wohltat ein Alchimistenschatz, der zum Schornstein hinausfährt und dich verläßt, ehe du dich dessen versiehst."[143]

„Adam ist tot, bevor er stirbt", merkt Bonhoeffer in *Schöpfung und Fall* an. „Der sicut-deus-Mensch ist tot, denn er hat sich vom Baum des Lebens abgeschnitten, er lebt aus sich selbst und kann doch nicht leben. Er muß leben und kann doch nicht leben. Das heißt tot sein."[144] Derart Toten

---

141 Vgl. Barth, Unterricht I, 90.
142 Canetti, Provinz des Menschen, 230.
143 Zit. bei Koeppen, Skribenten, 11.
144 Bonhoeffer, DBW 3, 126f (ähnlich in *Akt und Sein*, Bonhoeffer, DBW 2, 147). – Kafka gibt in einem Brief an Max Brod (Kafka, Briefe 1902–1924, 385f) eine in diese Richtung weisende Überlegung wieder, die er seinerseits in Anführungszeichen setzt: „[…] Mein Leben lang bin ich gestorben und nun werde ich wirklich sterben. Mein Leben war süßer als das der andern, mein Tod wird um so schrecklicher sein. Der Schriftsteller in mir wird natürlich sofort sterben, denn

vermag man keinen Atem einzuhauchen. Wer überwindet das intransigente Desinteresse des Abgestorbenen, aus dem dummen Schlaf des Ich geweckt zu werden (wo er sich selbst interessant und sich selbst genug ist)? Wer erspart ihm die lächerlichen, selbstzerstörerischen, katastrophalen Dummheiten?

„Man steht an der Wand", notiert Kafka, „schmerzhaft festgedrückt, senkt furchtsam den Blick, um die Hand zu sehn, die drückt und erkennt mit einem neuen Schmerz der den alten vergessen macht, die eigene verkrümmte Hand, die mit einer Kraft, die sie für gute Arbeit niemals hatte, dich hält."[145]

Doch will der sich in sich Krampfende überhaupt aus der Eigenhölle freikommen? *A man is essentially what he hides*. Die menschliche Person – hat sie indes überhaupt Kenntnis davon, was sie verbirgt, um ungestört zu bleiben, ist sie wenigstens sich selbst einigermaßen einsichtig? Oder zu überheblich, liederlich und lügenhaft, um sich in noch so kritischer Selbstdeutung von sich wenigstens einen ungefähren Begriff zu machen? „Schleier trägt sie nicht über oder um sich, sondern durch und durch"[146] – das sagt noch mehr als die Konstatierung der jedem bekannten notorischen Unübersichtlichkeit von Leben und Leidenschaft. Die Diagnose *Lügenkrankheit* trifft es nicht. „Die Menschen", verzeichnet Barth in einer Predigt, „sehen dich nicht so, wie du bist. Du selbst kennst dich selbst erst recht nicht."[147]

> Du übersiehst dich nicht mehr?
> Der Anfang ist vergessen,
> die Mitte wie nie besessen,
> und das Ende kommt schwer.[148]

Der Mensch, Adam, lebt und redet und deutet sich unaufhörlich von Gott und darum von der Welt und auch von sich selbst fort. Seine Deutungsho-

---

eine solche Figur hat keinen Boden, hat keinen Bestand, ist nicht einmal aus Staub; ist nur im tollsten irdischen Leben ein wenig möglich, ist nur eine Konstruktion der Genußsucht. Dies ist der Schriftsteller. Ich selbst aber kann nicht weiterleben, da ich ja nicht gelebt habe, ich bin Lehm geblieben, den Funken habe ich nicht zum Feuer gemacht, sondern nur zur Illuminierung meines Leichnams benützt.' Es wird ein eigentümliches Begräbnis werden, der Schriftsteller, also etwas nicht Bestehendes, übergibt den alten Leichnam, den Leichnam seit jeher, dem Grab. Ich bin genug Schriftsteller, um das in völliger Selbstvergessenheit – nicht Wachheit, Selbstvergessenheit ist erste Voraussetzung des Schriftstellertums – mit allen Sinnen genießen oder, was dasselbe ist, erzählen zu wollen [...]." Von sich selbst redet Kafka, wenn er Milena gegenüber (Kafka, Briefe an Milena, 310) bekennt: „Dieser Krug war schon zerbrochen lange noch ehe er zum Brunnen ging." Mit seiner Erzählung *Der Jäger Gracchus* (Kafka, Nachgelassene Schriften und Fragmente I, 305–311) hat Kafka dann die gespenstischen Züge des aus dem Leben gestürzten, lebendigtoten Adam sichtbar gemacht.

145 Kafka, Tagebücher, 544.
146 Strauß, Niemand anderes, 42.
147 Barth, Predigten 1921–1935, 360.
148 Benn, SW I, 232.

heit, angemaßtes Wissen um gut und böse, ist ihm zu Kopf gestiegen. Er setzt sich notorisch in Vergleich mit seinem Schöpfer und hält sich für den besseren Soteriologen. Er verfällt, so wiederum Bonhoeffer, dem „Reiz dieses Urteilens über das Wort Gottes".[149]

Die Schlange, initiale Groß-Deuterin, hat es ihm offenbar unvergeßlich vorgemacht. Schon sie deutet eindringlich: „Sollte Gott gesagt haben ...?" (Gen 3,1). Ihr Reptilienhirn mit seinen Verzerrungen und Entstellungen der Realität formatiert sich, je nachdem, in die Einstellungen des Sünders um. Der versucht sich dann (nicht etwa geistlich arm, sondern geistlich stark) an einer katastrophalen Gottesdeutung: er deutet dann Gott als den zutiefst Mißgünstigen – der ihn nur irgendwie hinhält, der nämlich partout nicht will, daß er, Adam, Gott sei. Das kann er Gott nicht verzeihen. Aufgrund seiner Gottesdeutung meint er ein Leben lang, Veranlassung zum Hader und zur Rache zu haben.

Gott, so offenbar die biblischen Texte, braucht aber nicht gedeutet zu werden. „Selig sind, die da geistlich arm sind" (Mt 5,3). Vielmehr ist die Gottesdeutung das unvordenklich frühe Desaster. Aus ihr dann (wie in der Genesis erzählt) leitet sich die auf ihre Weise nicht minder katastrophale Deutung des Nächsten und der Welt und seiner selbst ab. Adam vermag keine Menschen zu lesen, er liest sie falsch. Sich selbst zu entziffern ist er außerstande. Sämtliches, Mensch und Ding, ist vom Sündenfall an dabei, sich eine häßliche Maske überzustülpen, die es nie wieder wird abziehen können. Kann die Kunst in die Darstellung eines Gesichts das Wissen um die Maskenhaftigkeit menschlichen Seins einbringen?[150]

Adam, so Bonhoeffer, „ist der Herr seiner Welt, aber nun freilich der einsame Herr und Despot seiner eigenen stummen, vergewaltigten, zum Schweigen gebrachten, toten Ichwelt."[151] Die „gedeutete Welt" indes, der gedeutete Deutende – und dann die eigene völlige Bedeutungslosigkeit und Unerheblichkeit – schlägt dann und wann über dem Lügner zusammen. Er hat sich ja immerfort selbst degradiert und unterboten. „Wir sind doch nicht im Begriff, etwas zu ... zu ... bedeuten?", stottert „Hamm" in Becketts *Endspiel* (wo das Spiel der Kunst zum Endspiel wird). Und „Clov" antwortet: „Bedeuten? Wir, etwas bedeuten? *Kurzes Lachen*. Das ist aber gut!"[152]

Der von Düsternis überläuft, der weder zu sehen gewillt ist noch zu sehen vermag, „deutet" angstäugig und hektisch, gleichsam in Notwehr, um so ungeduldiger und verzweifelter. Um so dichter schließt sich um den panisch Deutenden die Finsternis. „Der Held *sieht* nicht mehr so viel, dafür

---

149 Bonhoeffer, DBW 3, 101.
150 Vgl. Spies, Duchamp, 41.
151 Bonhoeffer, DBW 3, 131f.
152 Beckett, Dichtungen, 249 (Hamm: On n'est pas en train de ... de ... signifier quelque chose? Clov: Signifier? Nous, signifier! *Rire bref*. Ah elle est bonne!).

deutet er jetzt", charakterisiert Martin Walser treffend einen bestimmenden Zug des Spätwerks Franz Kafkas. Der sich sichtlich in der Moderne aufhält, Joseph K. in Kafkas *Prozeß*, urteilt: „[...] das war kein trüber Tag, das war schon tiefe Nacht", und er meint doch nur *so etwas* wie Nacht, nur tiefer, dunkler, einsamer, eine Art von Nacht, in der ihm „nur Dunkel von allen Seiten" förmlich entgegenfliegt.[153] Kann man sich aber die auch Bedeutungen und Sinn fressende Angst von der Seele schreiben? Kaum jemand hat die Entblößungen des modernen Ich – Adams und K.s –, sein Gefangensein in einem „Bau" rückhaltloser eingestanden als eben Franz Kafka.

3. Auch der Glaube ist keine Deutung

Auch der Glaube samt den „Bewertungen", die er tätigt[154] – so Barth in aller Entschiedenheit – ist dieses deutende Licht nicht. Einige Stellen mögen als Beispiel stehen, zunächst ein Satz aus IV/1 (828, doch vgl. den ganzen Abschnitt 826–846):

Der Glaube „ist subjektive Realisierung, d.h. er besteht als menschliche Tätigkeit in der Subjektivierung einer objektiven *res*, die in ihrer Existenz, ihrem Wesen, ihrer Würde, ihrer Bedeutung und Tragweite dieser Subjektivierung und so auch dem in ihr tätigen menschlichen Subjekt vorangeht, von ihm und seinem Tun und Nichttun unabhängig, ihm überlegen ist."[155]

---

153 M. Walser, Form, 21 (Hv. M.T.), der seinerseits aus Kafkas *Proceß* zitiert. Zum Problem der „Deutung" bei Kafka außerdem: 22; 31f; 37; 42f (*„ein Überhandnehmen ungesicherter Deutungen"*); 76. Eine erhellende Gegenüberstellung mit Homer: „Dieses endlose Deuten, an dem alle anderen Personen prinzipiell ebenso teilnehmen, weil das Dunkel allgemein ist, bewirkt die Retardierungen in den Werken Kafkas. Sie folgt also genau aus der entgegengesetzten Erscheinung wie bei Homer: dort zwingt die Helle zur ausführlichen Schilderung, hier zwingt das Dunkel zur endlosen Deutung. Dort entsteht ein gegenstandsreiches und hier ein nahezu gegenstandsloses Werk." (M. Walser, Form, 114) – Freilich kann sich natürlich auch noch das Phänomen „Helle" ambivalent darstellen. Zum „sinnlosen Sonnenlicht" in den Bildern Edward Hoppers etwa vgl. Schmid, Lebenskunst, 19f.
154 Vgl. IV/2, 312.
155 Vgl. I/2, 259: „Wir nannten jenes unbegreifliche Ereignis, in welchem die objektive Offenbarung für den Menschen da ist, das Ereignis seines *Überführtseins* durch Gott. In der Tat: es geht bei dem, was hier geschieht, um eine Überführung, das heißt um ein Eröffnen, um ein Aufdecken der Wahrheit der objektiven Offenbarung vor den Augen und Ohren und im Herzen des Menschen. Es geht darum, daß er selber sie als wahr *erkenne* und also auch für ihn wahr und geltend *habe*, daß seine Vernunft sie vernehme, daß er selber ganz in der Wahrheit sei, das heißt sich selber ganz und gar von der Wahrheit her verstehe. Die Wahrheit erfährt dadurch keinen Zusatz. Sie ist die Wahrheit, auch wenn der Mensch nicht in der Wahrheit ist. Daß Gott in Jesus Christus mit uns ist und daß wir seine Kinder sind, das ist wahr, auch wenn uns das nicht einleuchtet. Es ist von Ewigkeit her wahr, so gewiß Jesus Christus, der unsere Natur angenommen hat, der ewige Sohn Gottes ist." Vgl. auch II/1, 13: „Gott spricht, Er fordert, Er verheißt, Er handelt, Er zürnt, Er ist gnädig. Man nehme die Objektivität dieses Er weg und der Glaube bricht auch als Liebe, Vertrauen und Gehorsam in sich zusammen."

Schon in der *Christlichen Dogmatik* Barths liest man: „Es ist eine verhängnisvolle Zweideutigkeit, wenn man sagt, der Glaube sei auf die Geschichte begründet, d.h. doch wohl, er sei eine besondere Art von Geschichtsbetrachtung und Geschichts*deutung*."[156] Oder, an anderer Stelle: „Gerade als Wissenschaft des Glaubens vom Glauben hat die Theologie ein Licht, das *nicht* das Licht des Glaubens des Theologen ist."[157]

Oder es heißt in einer Predigt, wiederum wünschenswert deutlich:

„Unser Glaube ist [...] nicht eine bloße schöne Erinnerung an den Herrn Jesus Christus. Er ist auch nicht ein vielleicht sehr tiefes Verstehen, und er ist *am allerwenigsten* nur eine *Deutung*, in der wir den Wert dieser Sache ergründen könnten, so daß unser Glaube zum Schluß abhängig wäre von unserer Kunst zu deuten!"[158]

Insgesamt ist eben zu sagen, daß der alte Äon, die vom Sündenfall schwer überschattete Zeit, eben als von sich selbst her durchaus undurchdringlich gelten muß, ihm mit Deutungen und Wertungen auch mit den „Augen des Glaubens" keinesfalls wirklich beizukommen ist, insofern die Offenbarung sich auch in dieser Weise keinesfalls aus ihm freilegen läßt – die sich vielmehr von sich aus, in dem von ihr *mitgebrachten* Licht, Geltung verschafft. Dem kalten Entsetzen, der Finsternis von Golgatha, als die Sonne ihren Schein verlor – völlig unzugänglich für alle auf Offenbarung gehenden Interpretationen und Deutungen und Bewertungen –, steht das offenbarende Licht von Ostern gegenüber.

„Wird die allgemeine menschliche Zeit und Geschichte als die die Offenbarung uns verbergende Hülle ernst genommen, dann versteht man sie ja gerade als den besiegten, aber eben nicht von uns, sondern von dem Worte Gottes besiegten alten Aeon, als die Zeit des Sündenfalls, die zu durchbrechen und aufzuheben auf keinen Fall Sache unserer Kunst und unseres Werkes sein kann, die man in ihrer in der Kreuzigung Christi gipfelnden Furchtbarkeit und Undurchdringlichkeit gewiß erst dann erkennt, wenn man weiß, daß es an ihr *nichts zu deuten* und in ihr *nichts zu werten* gibt, daß sie nur fallen kann und vor unseren Augen wirklich fällt, wie sie längst gefallen *ist* kraft der Enthüllung in der Offenbarung selber, nämlich in Christi Auferstehung."

Das Bedenken betrifft auch eine Überhöhung des „Glaubens":

„Auch bei dem schon bei den altprotestantischen Orthodoxen gerne angeführten ‚Auge des Glaubens' (*oculus fidei*) sollte hier lieber bekannt werden, daß es blind ist, wenn es nicht ausgemacht ist, daß dieses Auge nur kraft der Enthüllung in der Offenbarung selber ein sehendes Auge ist." (I/2, 64; Hv. z.T. von mir).

---

156 Barth, Christliche Dogmatik, 317 (Hv. im Original).
157 Barth, Fides, 174.
158 Barth, Predigten 1935–1952, 384 (Hv. M.T.).

4. Hat Würde lediglich, wem sie zugeschrieben wird?

Eben diese ausgreifende gedankliche Figur nun – um eine Folgerung wenigstens anzusprechen – begegnet im Umfeld ethischer Überlegungen der Gegenwart, in der verbreiteten Rede von „Zuschreibungen". Die Bestimmung dessen, was der Mensch ist, wann menschliches Leben beginnt etc. – das sei, so hört man es hier und da in den Wertedebatten der westlichen Gesellschaften, eine kulturell vermittelte und insofern mehr oder weniger zufällige Attribution, eine Zuschreibung – sagen wir also: eine Bewertung, eine Deutung. Was denn auch sonst? mag man fragen. „Was Hände bauten, können Hände stürzen", wußte Schillers Tell (Barth zitiert es III/3, 479). Die Menschenwürde, der Umriß des Menschseins (in Wahrheit nicht ein Zuschreibungsakt, sondern ein ursprünglicher Anerkennungsakt eines Vorgängigen), erscheint hier als zuletzt disponibel, wie in den Sand gezeichnet, nämlich von vornherein als kulturell-sozial begründete und als solche radikal zu relativierende Attribution („Zuerkennung des personalen Status"): ein Prädikat kraft Verleihung; es „hat" sie, wem sie zuerkannt wird. Doch wem sie zuerkannt wird, dem kann sie begreiflicherweise im Prinzip ein andermal auch aberkannt werden.[159] Sie wird der Abwägung ausgeliefert.

Bestimmungs- und Zuerkennungshoheit schließt Dispositionsmacht in sich und befördert biegsame Optionen und zielvariable Werte. „Wesensbestimmung ist Wesensgestaltung", heißt es mit dem Anspruch auf allgemeine Geltung bei Troeltsch.[160] Die Wesensbestimmung „des Christentums", die Wesensbestimmung „des Menschen", und dann eventuell die Bewertung als nicht mehr verwertungsgeeignetes Humankapital ... es treibt alles auf „Gestaltung" zu (Prestigewort „Gestaltung"). Eine einmal nach Nutzenaspekten errichtete Barriere, überhaupt eine nach welchen Gesichtspunkten auch immer in eigenem Recht aufgerichtete, gesetzte Grenze, läßt sich natürlich jederzeit wieder verschieben. Geboten (und als selbstverständlich

---

[159] Von „transempirischer Zuschreibung" zu sprechen (so in dem Votum *Pluralismus als Markenzeichen. Eine Stellungnahme evangelischer Ethiker zur Debatte um die Embryonenforschung,* FAZ 23.1.2002) ändert an der Grundfigur nicht das geringste. Zu Recht hat Hans G. Ulrich in einem Leserbrief am 30. Januar 2002 auf die Problematik dieser Terminologie hingewiesen. – Eine bestimmte Fatalität von „Deutungsvielfalt" – um einen analogen Vorgang zu nennen - spielt hinein in die Sorge, mit der Ernst-Wolfgang Böckenförde eine Neukommentierung von Artikel 1 des Grundgesetzes sieht (Böckenförde, Neukommentierung). „Zum Leitfaden der Interpretation werden die Aufnahme und Mitteilung der Deutungsvielfalt, ein Abstellen auf das, was sich dabei als Konsens zeigt, und die zurückhaltend-skeptische Suche nach Evidenzurteilen." „Deutlicher kann das Programm, die nähere Bestimmung der Menschenwürde von ihrer meta-positiven Verankerung abzulösen und ganz auf sich zu stellen, nicht vollzogen werden. Was dann bleibt, ist die ‚Spannweite der staatsrechtlichen Exegese' mit ihrem ‚weiten Deutungsspektrum'." Die Folge ist: „Letztlich geht es um den Freiraum für die Gewährung und den Abbau von Würdeschutz nach Angemessenheitsvorstellungen des Interpreten".

[160] Troeltsch, GS II, 431.

gegeben vorausgesetzt) erscheint souveräne Grenzregie. Damit aber, mit dem gemachten Charakter von Zu- und Aberkennung und der offenkundigen Ausweitung des derart Machbaren bis hinein in Werte, Orientierungen, Ethiken etc. öffnet sich bereits im Prinzip abermals jene fatale Verfügungslogik und Dialektik von Leben und Tod, von „wertem" und „unwertem" Leben – eine der furchtbarsten Selbstermächtigungen der Gegenwart.

So mag sie gegenwärtig fragen: „Willst du, lieber Embryo, als Adoptivkind ausgetragen werden oder zugunsten der Forschung auf dein Leben gleich verzichten?" Der Durchbruch zur Selbstbestimmung eines vielleicht einmal nutznießenden Geheilten soll unter Vernutzung eines zu Entscheidungen noch nicht befähigten Wesens erfolgen. Was in der Konsequenz derartiger Machtfiguren allenfalls wächst, ist die Ehrfurcht vor dem je eigenen Leben – die in aller Regel so schonungslos mit dem anderen Leben wie nachsichtig gegen sich selbst verfährt.[161]

Doch auch damit ist es wohl nicht weit her. In Betracht zu ziehen ist, ob der einschränkungslosen Freigabe der Manipulation mit dem menschlichen Leben nicht insgeheim der nihilistische Gedanke der völligen menschlichen Unwesentlichkeit und Scheinhaftigkeit und Verächtlichkeit zugrunde liegt, der abgründige Selbsthaß und -ekel des *homo peccator*, des Zellhaufens – der nämlich meint, er könne zuletzt auch noch *sich* sich selbst zuschreiben, der darin sich entstellt, krank im Gefühl, ein Nichts zu sein, bedeutungsunfähig, epochenkrank. „Sterben hieße nichts anderes als ein Nichts dem Nichts hingeben [...]", vertraut Kafka seinem Tagebuch an.[162] Der Maler Francis Bacon, unter dem Deformations- und Selbstbezichtigungspathos der Gegenwartskunst, malt diesen Haß, die eigene Hölle: die malträtierten, entstellten Gesichter, erstickend am eigenen Schrei – man hört das Brüllen aus dem Bild aufsteigen. Ein Zeitbegriff macht sich unter seinem Blick augenfällig, der überall so etwas wie die schon eingetretene Verwesung des Augenblicks voraussetzt. Auch die Erstickungsräume, die Picasso inszeniert (der Luftschutzkeller in *Guernica*), gehören in diesen Zusammenhang. Und Max Scheler ist zu nennen, der meint, in bestimmte neuzeitliche Prozeduren

---

161 Eben der *Macht* stellt Lévinas (Lévinas, Spur des Anderen, 198) die unbedingte Verantwortung gegenüber. Der Wille zur Macht erlischt: „Gewiß, der Andere bietet sich allen meinen Vermögen dar, unterliegt allen meinen Listen, allen meinen Verbrechen; oder widersteht mir mit seiner ganzen Kraft und allen unvorhersehbaren Ressourcen seiner eigenen Freiheit. Ich messe mich mit ihm. Aber er kann sich mir auch jenseits allen Maßes entgegenstellen – und dann zeigt er mir sein Antlitz – mit dem vollkommen Ungedeckten und der vollkommenen Blöße seiner schutzlosen Augen, mit der Geradheit, der unbedingten Offenheit seines Blicks. Die solipsistische Unruhe des Bewußtseins, das sich bei all seinen Abenteuern als Gefangener des Selbst sieht, kommt hier zu ihrem Ende: Das wahre Außen ist in diesem Blick, der mir alle Eroberung untersagt. Nicht, daß die Eroberung meine zu schwachen Kräfte überstiege; nein, ich *kann nicht mehr können*: Die Struktur meiner Freiheit [...] kehrt sich vollkommen um."
162 Kafka, Tagebücher, 604.

finde sich „das tiefe Bewußtsein der Seinsunwürdigkeit und der metaphysischen Verzweiflung"¹⁶³ eingelassen. Furchtbar wiederum die nihilistische Realisierung selektiver Seinsunwürdigkeit, die Verurteilung zur Seinsschuld und zur physischen Vernichtung im Massenmord des 20. Jahrhunderts.

Es sehe „in der Tat so aus", vermerkt George Steiner, „als sei die Auslöschung der europäischen Juden durch die Nazis eine ‚Singularität', nicht so sehr, was das Ausmaß – der Stalinismus hat weit mehr Menschen getötet –, sondern was die Motivation angeht. Hier erklärte man eine Kategorie von Menschen bis hin zum kleinen Kind für *schuldig des Seins*. Ihr Verbrechen war die Existenz, war der bloße Anspruch auf Leben."¹⁶⁴

Auf Erfahrungen wie diese geht zurück, daß Steiner gelegentlich in furchtbarer Metaphorik vom „grauen Klumpen des Ekels im Herzen des Daseins" sprechen kann.¹⁶⁵

5. Die Wahrheit hebt aus der Nacht

Die Kategorie der Zuschreibung, wie sie sich in wesentlichen Bereichen der Ethik in Erscheinung bringt, erweist sich als fatal genug. Doch ist sie gänzlich fehl am Platz, sofern sie das alles von sich aus bestimmende, aus sich heraus leuchtende Ereignis, von dem das Neue Testament erschüttert berichtet und von dem es auf jeder Seite Kenntnis hat, das Auferstehungsgeschehen, erklären soll. In Wahrheit, so Barth, zeichnen sich die neutestamentlichen Auferstehungsberichte darin aus, daß sich dort ein Geschehen – alles andere als an sich dunkel – in beispielloser Ereignis- und Verstehenskraft zuschreibungsunabhängig selbst eröffnet und imponiert, interpretiert und scharf konturiert: sich selber in eigener Maßstäblichkeit und Ordnungsmächtigkeit, völlig hinreichend, suffizient, sichtbar und einsichtig macht. „[...] es ist jetzt *einsichtig* geworden", so Barth, „um was es sich schon in diesem vorangegangenen Leben [gehandelt hat]".¹⁶⁶ Vorauszusetzen ist zunächst nichts als Finsternis. Eine „Zerreißung dieses Dunkels" (IV/3, 435), ein „Zerreißen eines unzerreißbar dichten Schleiers" (I/1, 174) durch die Wahrheit *selbst* findet statt – in der Absicht, sämtliches vollkommen verstehbar zu bieten.

---

163 Scheler, Tod und Fortleben, 25. Vgl. dazu Blumenberg, Sorge, 206–209.
164 Steiner, Schöpfung, 9f; vgl. Steiner, Errata, 71f; 139f. Was man bei Steiner freilich in den entsprechenden Zusammenhängen über den christlichen Glauben, die Gestalt des Judas, die paulinische Theologie liest, scheint mir gänzlich verfehlt. – Zur furchtbaren Dialektik von Menschenverachtung und Menschenvergötzung vgl. Bonhoeffer, DBW 6, 72. Zur neuzeitlichen „Vergottung des Menschen" Bonhoeffer, DBW 6, 114ff.
165 Steiner, Warum Denken traurig macht, 50.
166 Cf. oben in diesem Abschn. bei Anm. 36.

Nicht nur ist die Wahrheit dem Menschen zumutbar – sie macht ihn dort ausfindig, wo er ist. Sie hebt ihn – auch in der Weise, daß Finsternis als Finsternis überhaupt erst manifest zu werden vermag – aus der Nacht, aus dem vorgängigen Wahrheitshaß, der ihn kein gemeinsames Maß mit der göttlichen Wirklichkeit finden und ihn absolut nicht verstehen läßt, woran er mit sich und der Welt ist. Wie soll das auch verstanden werden in jenem gänzlichen Alleinsein im „Bau" des Ichs (unmöglich, in das Zentrum der Einsamkeit eines anderen zu gelangen). Diese Wahrheit läßt Bewandtnisse in Klarheit hervorleuchten. Bedeutung sucht den Finsteren heim, widerfährt ihm. Die Wahrheit hält auf ihn zu, geht und rührt ihn an, nimmt und gibt ihm eigene Authentizität – als sei ihm mit seiner Erschaffung ein eigenes, kunstvolles Wasserzeichen aufgedrückt worden, das nun, ans Licht der Wahrheit gehalten, zum Vorschein kommt. Das Gegenüber erweist sich als der Fluchtpunkt des Selbst. Enteignende, aus einem bleibenden Gegenüber gewonnene Evidenz – gedacht nicht im Modell und in den ärmlichen Bezugskategorien des Selbstverhältnisses, sondern des Gewecktwerdens – durchdringt und verwandelt ihn: setzt ihn in einen anderen Modus. Indem er geweckt wird, hat er schon mit sich gebrochen.

„Eben in seinem [sc. Jesu Christi] prophetischen Wort, eben als Ausspruch seiner selbst bleibt er denen, die in dieser Finsternis wohnen, nicht ferne, geht und kommt er zu ihnen, um ihnen als Licht des Lebens – ihres eigenen, in ihm schon verwirklichtem! – Lebens zu leuchten, einzuleuchten [...]" (IV/3, 323).

Zur Einsicht kommt im Ostergeschehen die sich erneut von sich aus allseitig vergegenwärtigende und insofern wiedergefundene Zeit Jesu Christi, aus sich selbst heraus zur Sprache gebracht.

„Es ist", führt Barth im Gespräch mit den Stiftlern aus, „mit der Auferstehung wie mit allem, um was es überhaupt in der Bibel geht. Es geht immer um Wirklichkeit, es geht um Geschichte, die dann als solche Wort ist. Man darf da nicht abstrahieren und sagen: es ist nur Wort. Sondern es *geschieht* etwas, und es geschieht etwas *Sprechendes*. [...] Da, im Osterereignis, kommt die Geschichte zum Sprechen."[167]

Die bewegende Frage bei alledem ist also, was für Gott der Rede wert scheint.

Im Sinne Barths geht das Osterereignis den Zeugen als durchdringende, lebensumstürzende Klärung auf, leuchtend in der Kraft der Ewigkeit – Wirklichkeit und Wahrheit.[168] Es kommt als Lichtflut über die Welt, als lebendiges, verkörpertes Licht (Mk 9,3; Apk 1,16) – so unmittelbar, daß nicht einmal die Worte des Neuen Testaments sich an den Vorgang der Auferstehung selber herantrauen. „Jesu Christi Auferstehung von den

---

167 Barth, Gespräche 1964–1968, 38f.
168 Vgl. IV/3, 327.

Toten", predigt Barth, ist „*Gottes Herrlichkeit für uns.*"[169] Die Osterzeugen nehmen den Auferstandenen, „auferweckt durch die Herrlichkeit des Vaters" (Röm 6,4), übergegangen „vom Fluchtod zur Lebensherrlichkeit" (IV/1, 613), in demjenigen einzigartigen, lebensherrlichen Licht wahr, das ganz aus eigener Tiefe leuchtet, das geradewegs vom Schöpfer des Lichts kommt – ein neues Licht gegenüber dem der Schöpfung: nie gesehener Glanz, Morgenglanz der Ewigkeit, da aus Morgen und Abend ein neuer Tag geboren wird, der Schimmer, die Farbe (Schatten der Engel), kristallische Tiefe und Hintergrund des fortdauernden Geheimnisses, „unbedingte Klarheit" (IV/1, 577). Nelly Sachs findet die Ausdrücke „auferstehungsklar"[170] und „geheimnisgesättigt".[171] Sie lassen sich theologisch gut in Anspruch nehmen.

Mit dem Auferstandenen kommt die δόξα Gottes zum Vorschein – die ihrerseits überhaupt erst das furchtbare Dunkel von ihren Augen nimmt und die rätselhaften Schatten verscheucht: für die, von denen es damals wie heute heißt:

> Noch leben die gleich tot sind (Sarah Kirsch)

oder

> wir kommen ungefragt und müssen weichen.[172]

Wer ist denn derjenige, der versteht und deutet – und der so viele täuschende Rollen des Verstehens spielt? Wer fragt: so weitgehend schon dem Tode anheimgegeben, „so sehr schon in der Barke"?[173]

Von der „unheimlich erleuchtenden Kraft, die diesem Ereignis eigentümlich ist" oder vom „Übermaß der in ihr wirksamen und von ihr ausgehenden Erleuchtungskraft" kann Barth in IV/3 (373f) sprechen. „Wie sollen wir dieser überwältigenden Erkenntnis gewachsen sein und standhalten?", so fragt er. „Ist uns in der Osteroffenbarung nicht mehr gezeigt, als wir zu sehen vermögen?" (IV/3, 354)

Nicht weniger als diese Kraft ist dem scharfen Andringen der Düsternis gegenüber erforderlich. Nein, das Unglück ist nicht der Vorschein der Wahrheit (die dann der Tod wäre). Endlich entfällt der vorauseilende Gehorsam, die Notwendigkeit, die Welt jederzeit vom Tode aus zu sehen,

---

169 Barth, Predigten 1935–1952, 269. – „Für ‚Herrlichkeit'", merkt Sloterdijk an (Sloterdijk, Sphären III, 481), „haben sich ausschließlich einige unbelehrbar alteuropäische Theologen einen Sinn bewahrt." Sloterdijk ignoriert in seinen Auseinandersetzungen mit der Theologie, soweit ich sehe: durchgängig, gerade *Luther* und *Barth*. Das macht seine Aufstellungen in diesem Feld so schwach.
170 Celan – Sachs, Briefwechsel, 67.
171 In dem Gedicht *Wenn wie Rauch* (Sachs, Fahrt, 73).
172 In dem Gedicht *Es könnte viel bedeuten* (Bachmann, Werke I, 12).
173 Benn, SW I, 40.

vorzulaufen und mit ihm (mit seiner Verhältnislosigkeit) zurückzukehren ins Leben, immer nur sein paradoxerweise alles übertönendes Schweigen zu hören: das Gegenwort zum Evangelium (die ganz und gar schlechte Botschaft, ganz und gar von dieser Welt) – dem Tod also als dem Maß aller Dinge die nur zu vertraute lebenslängliche jämmerliche Reverenz zu erweisen.

In Jesus Christus, dem Menschen von weit her, kommt das Leben und das Licht der Menschen seinerseits machtvoll auf die Welt zu (Joh 1,4). Es sagt sich in die ungefüge Zeit hinein. Nicht etwa dringen Deutungen und Bewertungen zu ihm vor, vielmehr schlägt er die Bresche zum Sünder hin, zu seiner tiefen Widrigkeit und Ich-Verschattung hin, wie auch ineins damit, vom Menschen her, zu sich selbst zurück. Er übersetzt. Er verwandelt denjenigen, in dem die Sünde arbeitet und umgeht (Röm 7,17f). „Nos in verbum suum, non autem verbum suum in nos mutat", lautet die bekannte Wendung in der Römerbriefvorlesung Luthers.[174] Jesus Christus selber ist der Übersetzer der Zeit, der Sprache, des Heils. Er schafft sein Verstandenwerden. Er weiß von der mühevollen, dunklen menschlichen Frage – deren Antwort nur eine lange Geschichte, die helle Geschichte der Versöhnung, seine eigene Geschichte, zu geben vermag. Insofern ist er, zwar nicht von dieser Welt, doch alles andere als weltfremd. Er kommt in sein Eigentum. Unbegreiflicherweise ist ihm der Sünder in der Finsternis, der sich aus der Liebe immer weiter zurückgezogen hat, überhaupt der Rede wert. Er heilt dessen verzweifelte Situationsblindheit. Infolgedessen gibt den Grund für die christliche Gewißheit nicht die Zuversicht ab, daß die menschlichen Deutungen sich als zutreffend erweisen werden, sondern die von ihnen unabhängige, die zuschreibungsunabhängige, ihrerseits Verstehen heraufführende Tatsache,

„daß das Leben Jesu Christi" ganz generell *„für sich selber spricht*. [...] Indem Jesus Christus lebt, leuchtet er auch: nicht in einem fremden, von außen auf ihn fallenden und ihn erhellenden, sondern in seinem eigenen, von ihm ausgehenden Licht. Er lebt als Licht*quelle*, durch deren Schein es draußen hell wird. Er hat es also nicht nötig, Licht von außen, von den Menschen, von der Welt oder vom Glauben seiner Gemeinde her zu empfangen." (IV/3, 49)

6. Die Wahrheit erweist sich als wahr

Ich meine, daß sich in diesem Zusammenhang, was die so beabsichtigte Klärung der Lichtverhältnisse angeht, eine deutliche Konvergenz zwischen den Einsichten Karl Barths und (vielleicht überraschenderweise) denen Martin Heideggers feststellen läßt.

---

174 Luther, WA 56; 227, 4f.

Heidegger hat – wie mir scheint in ganz ähnlichem Interesse wie Barth – den Wahrheitsbegriff schon von den 20er Jahren des 20. Jahrhunderts an einer grundlegenden Revision unterzogen. Ich gebe nur sehr umrißhaft einige Züge des Wahrheitsverständnisses Heideggers wieder – eine, wie mir scheint, Ungeheuerlichkeit an Originalität und Dimension.[175]

Nach Heidegger gibt sich die Wahrheit als solche als ein Vorgang der Ent-bergung, ist keine *adaequatio* zuerst, kein deutendes Urteil, keine Satzwahrheit. „Wahrheit" bedeutet, daß etwas, ein Phänomen, eine Bewandtnis, eine Welt ... sich lichtet und von sich aus zugänglich macht.[176]

Die ἀλήθεια wird denkbar anfänglich genommen, nämlich nicht primär in bezug auf Richtigkeiten oder Satzwahrheiten, nicht als Übereinstimmung, sondern in bezug auf einen Vorgang des Seins selbst, sagen wir: auf die Ereignishaftigkeit der Welt. Phänomenalität selber – daß überhaupt etwas *als etwas* zugänglich ist – tritt im Wort ἀλήθεια in den Blick. Ein Bereich des Unverborgenen, des Offenen, des Offenbaren, läßt jedes Phänomen überhaupt erst für den Menschen in Erscheinung treten, eine Lichtung, die Lichtung der Wahrheit. Wahrheit ist eine Lichtfrage. Etwas erscheint, kommt zum Vorschein, tritt aus sich heraus gleichsam ans Licht, ist anwesend. Dieses An-wesen ist verbal zu verstehen. Was immer ist, kehrt sich in dieses Offene hervor. Die Lichtung der Wahrheit ist sowohl als eine Stätte als auch ein Vorgang gedacht, in der und in dem etwas als dieses etwas überhaupt erst gegenwärtig und anwesend wird. Das Denken aber – für Heidegger das entscheidende Handeln des Menschen – läßt sich auf das so Gelichtete ein, auf die Selbstlichtung des Seins. Denken ist Sein-lassen dessen, was sich von sich aus in dieser Offenbartheit hält. Insgesamt bestimmt sich angemessenes menschliches Handeln als vielfältiges, an Verzweigungen reiches, Qualitäten unterscheidendes Sein-lassen.

Wenn ich recht sehe, kommen Barth und Heidegger an dieser Stelle in dem Interesse überein, den Wahrheitsbegriff aus der Umklammerung unbedingter menschlicher Machtförmigkeit und Machtergreifung – der Schritte nach vorn – zu befreien. Es kommt der Sache nach zu einer prinzipiellen Begegnung, der nachzugehen über den Vergleich von Details hinausführt. Beiden liegt am entscheidenden „Schritt zurück": bei dem einen zurück aus der besonderen Hochmutsgestalt dessen, der auch als moderner Mensch unter keinen Umständen mitzugehen gewillt ist, wenn der Herr ein Knecht wird (und dann auch zurück aus der modernen Trägheit und Lüge); und

---

175 Vgl. z.B. *Vom Wesen der Wahrheit* (Heidegger, Wegmarken, 177–202). Weiter nachgehen kann ich dieser Übereinstimmung des hier und dort sehr anders Gefärbten und an der Oberfläche sogar vielfach gegensätzlich Erscheinenden jetzt nicht.

176 Vgl. z.B. Heideggers Schrift *Vom Wesen der Wahrheit* (in: Heidegger, Wegmarken, 177–202). Vgl. dazu von Herrmann, Wahrheit (*passim*) sowie Hübner, Fundamentaltheologie, 181–183.

beim anderen zurück „in die Nähe des Nächsten", „wo der Mensch sich in die Subjektivität verstiegen hat".[177]

Heideggers allgemein-ontologische Auffassung stellt sich für Barth allerdings zuerst als eigentümliche Einsicht des Evangeliums dar – wenn erklärt wird, daß mit der Auferstehung Jesu Christi „jetzt eben einsichtig" wird, „um was es sich schon in diesem vorangehenden Leben [gehandelt hat]." Diese singuläre Erscheinung, die österliche Erscheinung Christi – „Wie wenn es ein anderes Leben Jesu gäbe als das österliche! Denn als das österliche ist es eben an Ostern offenbart worden"[178] – lichtet und eröffnet und entbirgt sich selbst. *Der Auferstandene ist die Lichtung in der Zeit.* Die uralten Schatten halten ihn nicht.

Freilich läßt sich im Bedenken dieser Lichtung seinerseits ein allgemeiner, von Anbeginn theologisch bestimmter Begriff der Wahrheit gewinnen. Barth tut diesen Schritt durchaus entschlossen.

„Wahrheit", so Barth in genereller Formulierung in IV/1 (274), „ist die Eröffnung und Erkenntnis dessen, was *ist*, indem es dem Menschen *erscheint*. Sie ist also die Eröffnung und Erkenntnis dessen, ohne das der Mensch, soll er sich nicht eines bloßen, vielleicht trügerischen Scheins trösten, nicht leben kann, das er sich aber, weil ihm von sich aus nur die Erscheinung und nicht das Sein zugänglich ist, nicht selber sagen, das er sich nur sagen lassen, und zwar konkret sagen lassen kann, das er immer wieder konkret zu lernen hat. [...] Die Tat Gottes für uns vollzieht und enthält die Beantwortung der Frage nach ihrer eigenen Wahrheit [...]."

Als notwendiger Bestandteil einer differenzierten Wahrheitstheorie kann auch gelten, wenn es zum Begriff der Wahrheit bei Barth heißt:

„In und mit der Versöhnung *geschieht* – sie selbst *ist* auch *Offenbarung*. Indem Gott in ihr handelt, spricht er auch. Die Versöhnung ist eben kein stummes, sondern ein lautes, kein dunkles, sondern ein helles und also kein in sich verschlossenes, sondern ein transeuntes, ein kommunikatives Geschehen. Sie wird nicht anders Ereignis, als indem sie sich selbst auch äußert, erschließt, mitteilt: indem sie nicht nur wirklich, sondern auch wahr, ebenso wahr wie wirklich ist." (IV/3, 7)

Wenig später (IV/3, 10) lautet es in demselben Sinne:

„Menschliches Erkennen, Theologie der Versöhnung, gibt es daraufhin, daß die Versöhnung selbst und als solche nicht nur wirklich, sondern auch wahr *ist* – um sich im erleuchtenden Werk des Heiligen Geistes als wahr zu *erweisen*, aber zuerst in sich selber nicht nur wirklich, sondern auch wahr *ist*: Eröffnung, Erschließung, Mitteilung."[179]

---

177 Heidegger, Wegmarken, 352.
178 Barth, Gespräche 1964–1968, 36.
179 Ausdrücklich mit Bezug auf den griechischen Wahrheitsbegriff und indirekt auf Heidegger wird in der *Einführung in die evangelische Theologie* festgehalten (Barth, Einführung, 15): „Er, der Gott des Evangeliums, ist also weder ein Ding, eine Sache, ein Objekt, noch eine Idee, ein

Der Erweis der Wahrheit, ihre Erschließung oder Verteidigung, irgendeine Verifikation – ist keinesfalls des Menschen Sache. Er ist nur Gast der Wahrheit. Das ist viel. Nur wahr sein lassen muß er die ihm ursprünglich und radikal vorgesetzte, auch seinem Bösen real vorausgesetzte, die ihm vorangehende personale Wahrheit, die „leibhaftige göttliche Wahrheit",[180] die Person Jesus Christus. Gegeben ist mit ihm die Unvorhersehbarkeit und Lebendigkeit, die „Souveränität der Wahrheit" – die „Herrenmacht, die in der Theologie Wahrheit heißt und alle Wahrheit schenkt".[181] Was dann im einzelnen Wahrheit heißen mag: die Lebens- und Todeswahrheiten, die epochalen, übergreifenden Verbindlichkeiten oder die alltäglichen Richtigkeiten, Folgerichtigkeiten etc. ... sie sind nur wahr im Einklang mit Christus.

Nicht zuletzt im Hinweis auf diese strikte Unverfügbarkeit, in der Konstitution eines christlichen Wahrheitsbegriffs durch Rekurs auf das unendlich Vorausgehende, auf die Prädestination *Gottes*,[182] besteht das Ärgernis, der Anstoß, den die Theologie dem „heutigen Menschen" gibt, wie Barth 1930 ausführt und woran ein dreiviertel Jahrhundert später, unnötig zu sagen, um so mehr festzuhalten ist.

„Er besteht [...] entscheidend darin, daß die Wahrheit dieses in sich selbst begründeten Kriteriums [sc. des Wortes Gottes] hier als schrankenlos freie Macht, als persönlicher Herr, gedacht ist, der sich schenken, aber auch versagen kann, wo und wem er will, daß göttliche Wahl, Prädestination, die Entscheidung fällt über das, was in dieser Wissenschaft Wahrheit ist oder nicht ist."[183]

7. Sein Licht sucht meine Augen

Wir blicken noch einmal kurz zurück. Der erhobene Befund läßt vor allen Dingen einen *Zusammenhang* erkennen. Wie wir gesehen haben, zeichnen sich die Prinzipien der Schriftauslegung Barths in einen übergeordneten dogmatisch-theologischen Sachverhalt ein, in den dritten großen Sichtbereich der Versöhnungslehre: zu kennzeichnen als die „*Versöhnung als*

Prinzip, eine Wahrheit oder eine Summe von vielen Wahrheiten oder der personale Exponent einer solchen Summe – es wäre denn, man verstünde unter ‚Wahrheit', dem griechischen *aletheia* entsprechend, sein Sein in der Geschichte seiner Selbstenthüllung, in seinem Aufleuchten als der Herr aller Herren, in der Heiligung seines Namens, im Kommen seines Reiches, im Geschehen seines Willens als seinem Werk – und unter ‚Wahrheiten' die Folge der je besonderen, aber nicht isoliert, sondern in ihrem geschichtlichen Zusammenhang zu betrachtenden und zu fixierenden Elemente dieses Seins in seinem Tun und Aufleuchten." – Zur *aletheia* als Unverborgenheit vgl. den TRE-Artikel von Ingeborg Schüßler (dort 348).

180 Barth, Predigten 1935–1952, 98.
181 Barth, ZZ 1930, 386f.
182 Vgl. Barth, ZZ 1930, 380; 386f; 393.
183 Barth, ZZ, 380.

Offenbarung" (IV/3, 40). „Das dritte Problem der Versöhnungslehre", so heißt es (IV/3, 8f), „ist uns [...] damit vorgegeben und aufgegeben, daß die Versöhnung sich, indem sie geschieht, auch *kundgibt*." Behandelt wird dort zuerst, in spezifisch „österlicher Christologie" (IV/3, 329), das prophetische Amt Christi.[184] Damit geht einher: die Klärung der Lichtverhältnisse, die Artikulation der Stimmen – die unverzichtbare Grundlegung theologischer Hermeneutik, vielleicht besser gesagt: ihr Höhenzug. Ohne ihn eröffnen sich nicht Raum und Tiefe einer theologisch zu nennenden Hermeneutik und Schriftauslegung.

Von einer emphatisch österlich-pfingstlichen Hermeneutik ist also zu sprechen, zu der Barth früh gefunden und die er nicht mehr aufgegeben oder in Frage gestellt hat. Der hegemonialen Selbstschließung Jesu Christi, ihrem inneren Maß, ihrer eigenen Phänomenalität, Faszinations- und Deutungs- und Bewahrheitungskraft, wird der ihm zukommende absolute Vorrang eingeräumt. Darin besteht gerade die „Herrlichkeit des Mittlers", daß er, was er ist und tut, auch selber hell, wahrheitshell, offenbar und den Augen, den unklaren Augen Adams, die dafür zunächst keineswegs tauglich, aber seit jeher dafür vorgesehen sind, einleuchtend macht (vgl. z.B. IV/3, 317).[185] Denn: „Die Herrlichkeit *Jesu Christi* umfaßt *Beides*: Gottes *gloria* und die seiner würdige und ihm geschuldete menschliche *glorificatio*." (IV/3, 51) Bereits im Schlußteil des Kapitels über die Wirklichkeit Gottes, im Paragraphen über Gottes Ewigkeit und Herrlichkeit, hat Barth – worauf für unseren Zusammenhang an späterer Stelle noch einzugehen ist – die *glorificatio* als integralen Bestandteil der Herrlichkeit Gottes beschrieben (II/1, 753ff).

Dem Anerkennungs- und Bezeichnungsvorgang aber, wie ihn dann die biblischen Autoren vornehmen, kann lediglich eine nachträgliche, dem Geschehen der vorgängigen Entbergung der Wahrheit nur folgende, ganz zweitrangige Aktivität zuerkannt werden. Jene Entbergung ist die diese Bezeichnung überhaupt erst ermöglichende, ungleich wirklichere Größe. Aufmerksamkeit hat nämlich im entscheidenden den Anfangs- und Konsti-

---

184 Vgl. Ebeling, Lutherstudien III, 520–522. – Zu Recht urteilt Karin Bornkamm (Amt Christi Barth, 23): „Barths Umformung der Lehre vom Amt Christi, mit der er ausdrücklich über die Reformation hinausgeht, dient ihm als Grundriß für eine Versöhnungslehre, die den Erfordernissen der Neuzeit Genüge tun soll.". Verzeichnet wird von ihr an anderer Stelle (Amt Christi bei Luther, 382–385) Barths Anschauung insofern, als Bornkamm – wie in der Kritik an Barth häufig – Barths umfassendes „Anerkennen, Erkennen, Bekennen" o.ä. auf den „Glaubensintellekt" verkürzt. – Schellong weist zu Recht darauf hin, daß bei Barth das prophetische Amt Christ nicht einfach dem königlichen und priesterlichen Amt parallelgeordnet ist: „Das prophetische Amt ist kein Amt neben dem priesterlichen und königlichen Amt, sondern ein durchgehender Charakter der beiden anderen Ämter [...]." (Schellong, Barmen II, 495).

185 „Sein Licht sucht meine Augen", heißt es in einer Predigt Bonhoeffers (Bonhoeffer, DBW 13, 398).

tutionsbedingungen der Wahrnehmung der Zeugen zu gelten. Aus dergleichen Bedingungen ist dann auch die Sprachgestalt ihres Zeugnisses in keinem Moment entlassen. Sie können ihren Blicken und dann auch ihren Worten nicht einfach gebieten. Die Bibel „gibt eine Deutung nur, indem sie hindeutet [...]."[186]

Als orientierendes Modell aber, nämlich als „das A und O *alles* biblischen Zeugnisses" (I/2, 755), gilt für Barth das *Petrusbekenntnis* – ein machtvoller Lichtreflex in Anerkennung und Bezeichnung. „Fleisch und Blut haben dir das nicht offenbart, sondern mein Vater im Himmel" (Mt 16,17). Die bekennenden Zeugen bekommen demgemäß etwas auf die Lippen gelegt, registrieren, lesen ab, nehmen wahr, wollen wunderbarerweise, nämlich durch die Kraft des Heiligen Geistes, ihrerseits wahrhaben, was sich in keiner Weise selbständig erreichen oder gar erzwingen läßt, was sich von sich aus zur Erscheinung bringt und über sich selber zuverlässig und vollständig Aufschluß gibt. Eine Einheit aus dem Zuverlässigen und dem gebieterisch Wunderbaren trägt sich zu: Jesus Christus übermittelt sich selbst, als Herr der Lichtverhältnisse, als Herr der Blick- und Stimmführung, als Erscheinung aus sich (unwiderruflich, was er zu sagen hat), als eigene Daseinsdeutlichkeit und -verdeutlichung, als „Licht des Lebens" – in dessen Widerschein dann auch in sich flirrend undeutliche, unstetige, unzuverlässige Menschen Umriß und Farbe (und auch Schattierung) annehmen.[187]

Eine in konkreter Schriftauslegung auszuarbeitende österlich-pfingstliche Hermeneutik – zusehends entschiedener auf Christologie hinauszuführen, auf den Gedanken des prophetischen Amtes Christi – wird sich sodann, wiederum dogmatisch-theologisch, aus der Soteriologie herleiten, aus ihrem im Rahmen der Versöhnungslehre dritten Aspekt. Dem „Licht des Lebens", Christus, erwidert sich in Freiheit die christliche Gemeinde im ganzen als „die natürliche und geschichtliche *Umgebung* des Menschen Jesus" (II/2, 216) und in ihr der einzelne, von Gott berufene Christ. Er ist der nicht nur irgendwie vorhandene, in ein beliebiges Ringsum von Zeit und Welt geworfene, sondern, der neuen Situation gemäß, in der Spannung des Lebendigen wirklich anwesende „Mensch im Lichte des Lebens" (IV/3, 553–571): der berufene Einzelne, mehr und anderes von nun an als ein haltloser Zwischenruf im Weltgeschehen (gezwungen, sich, so gut es eben geht, in unüberwindliche Enge fügen zu müssen), vielmehr für immer nicht nur in die

---

186 Drewes, Auseinandersetzung mit Harnack, 197.
187 Zur *Deutlichkeit* erklärt Heidegger: „Das Deutliche und Lichte braucht indes das Dunkle und den Schatten, sonst gäbe es nichts zu verdeutlichen. Goethe erwähnt einmal [...] einen Satz von Joh. Georg Hamann, dem Freund Herders und Kants. Der Satz von Hamann lautet: ‚Deutlichkeit ist eine gehörige Verteilung von Licht und Schatten.' Goethe fügt kurz und bündig hinzu: ‚Hamann – Hört!'" (Heidegger, Satz vom Grund, 13).

Umgebung Christi, sondern mitten in sein Sein und damit in Weite überallhin und ins Recht und in das ewige Leben gesetzt.

e. Die Verwunderung und die bloße Beteuerung

1. Unwahrscheinlicher als Jesus Christus ist nichts

Nach den Konsequenzen der Selbsterschließung Jesu Christi für den Berufenen ist zu fragen. Was hat es damit auf sich, so fragt Barth, daß der Mensch „als der Mensch der Sünde und also als der Lügner, der er ist, ob er es wahrhaben will oder ob es ihm gefällt oder nicht, *in jenem Licht* steht – daß er, indem es in seinem Raum leuchtet, in jenes Licht gerückt, von ihm umgeben ist" (IV/3, 554)? Das Nichts bleibt nicht unerwidert.[188] Gott erwidert sich. Der Sünder bleibt nicht unerwidert. Wie verhält er sich, mit einem Mal nicht mehr auf seine an sich schattenhafte, die Perspektiven verzerrende Lügen-Optik gestellt, der Bejahung für Zeit und Ewigkeit, dem Wunder der Erscheinung Christi gegenüber? Was geschieht, wenn er, was wahr ist, tatsächlich wahrhaben will? Wie nimmt er die Ungeheuerlichkeit auf, daß sich auf seinem Angesicht die Herrlichkeit des Herrn spiegelt (2Kor 3,18) und insofern der Tod mit seinem Schatten aus dem Spiegel heraustritt? In welcher Weise also kommt der „Mensch im Lichte des Lebens" – der Spiegel strömt über vor Helligkeit – der Selbstverdeutlichung Christi nach? Das erwähnte Gespräch Barths mit den Tübingern gibt in einer bestimmten Wendung auch dazu einen Fingerzeig. Freilich wird dort nur ein einzelner Aspekt der Sache erwähnt: *das Staunen*. Es geht um „das schlechthin Erstaunliche der Person Jesu Christi" (II/2, 196)[189] – das Unvorhersehbare, eine wundersame Gottesverblüffung. Prägnant zum Ausdruck gebracht hat ein Staunen dieser Art wiederum Botho Strauß: „Unwahrscheinlicher als Jesus Christus ist nichts."[190]

Man muß ein wenig ausholen. Der in jenem Gespräch von Barth geäußerte Gedanke setzt zunächst an bei der Frage nach der Unterschiedlichkeit der neutestamentlichen theologischen Konzeptionen. Was die vermeintliche oder tatsächliche Widersprüchlichkeit der Traditionen betrifft, argumentiert Barth wiederum unkonventionell und offensiv. Der Tatbestand soll

---

188 Vgl. Benns (oben Abschn. A. Anm. 136 schon aufgeführte) Notiz (schon dort leicht verändert): „Nihilismus ist für mich ein Wort, das klingt aus einer dumpfen, aschigen Welt herauf, die ich vielleicht einmal betrat, aber gar nicht kenne. Es ist eine dumpfe, unerwiderbare Welt, während ich jederzeit erwidert habe. Die Erwiderung – das ist es ja wohl." (Benn, SW VII/2, 301).
189 Vgl. Barth, Predigten 1920, 259.
190 Strauß, Fehler des Kopisten, 136. Zur Umwertung des „Staunens" in der Neuzeit vgl. Daston, Wunder, 77ff, bes. 81–83.

zunächst natürlich nicht im geringsten geleugnet werden. Konstatiert wird beispielsweise, so eine Wendung in der *Kirchlichen Dogmatik* (IV/3, 357), daß „die Osterberichte in der bekannten unübersichtlichen, widersprüchlichen und darum verwirrenden Weise berichtet haben". Vielmehr handelt es sich dabei um die vielgestaltige, reiche Brechung des einen Lichtes „Leben aus dem Tode" in unterschiedliche Farben. Es kommt darauf an, so fordert Barth im Gespräch mit den Tübingern auf, „daß wir uns auf diesen Boden stellen, wo man nun – das ist doch nichts Ärgerliches! – freudig sieht: ja, es gibt da verschiedene Traditionen, natürlich, die man gar nicht harmonisieren kann und auch nicht harmonisieren muß. Es ist ja gar nicht nötig."[191]

Nicht etwa Veranlassung zu Irritation oder Verdruß ist die Vielgesichtigkeit und Spannweite der Traditionen, vielmehr etwas Erfreuliches, ein Geschenk, äußeres Zeichen einer Fülle, der nichts gleichkommt, einer Mannigfaltigkeit und eines Reichtums im Kern. Sie miteinander auszugleichen erübrigt sich, weil sie ja auf dem Feld eines gewaltigen Überschwangs spielen, der freien göttlichen Grenzüberschreitung.

„Du liebe Zeit, wenn es sich um ein solches Ereignis handelt wie das: also wahrhaftig Leben aus dem Tode! [...] – ja, wenn es sich um ein solches Ereignis handelt, ursprünglich in Jesus und dann für uns als Verheißung, [um ein Ereignis,] das euch alle angeht: daß es da verschiedene Traditionen gibt und daß die Berichte wie Häuser in einem Erdbeben wackeln und sich widersprechen, das ist doch kein Wunder! [...] Wo man doch eigentlich aus jeder Zeile des Neuen Testaments einfach das Staunen sprechen hören könnte vor etwas schlechthin Einzigartigem, vor dem sie da stehen. [...] diese Kerle, die sogenannten Apostel und Evangelisten, haben da in ganz *verschiedener* Weise geredet – ein bißchen protestantisch die einen, ein bißchen katholisch die anderen; und so ein bißchen Pietismus ist auch manchmal wahrzunehmen und auch ein bißchen Moralismus (es gibt auch Moralismus im Neuen Testament – denken Sie an den lieben Jakobus!), das gibt es alles – aber alle schauen in die *gleiche* Richtung."[192]

„Wo man doch eigentlich aus jeder Zeile des Neuen Testaments einfach das Staunen sprechen hören könnte vor etwas schlechthin Einzigartigem, vor dem sie da stehen." In diesem Satz begegnen wir einem, wie mir scheint, wiederum ausschlaggebend vorgängigen Moment der Schriftauslegung Barths. Es betrifft die Zugangsweise zu diesen Texten von Anfang an. Unmittelbar leitet sie sich vom Leuchten ihres Gegenstands ab.

Barth spricht ausdrücklich schon in der *Kirchlichen Dogmatik* vom „österlichen" Staunen (IV/3, 333) – dem gegenüber, was in nichts dem gleichkommt, was wir erwarten. Vielleicht darf man es *Schaulust* nennen, was sich mit dem Erblickten einstellt, ein Begehren der Augen angesichts von Glanz und Klarheit, angesichts des geradezu Betörenden der Offenbarung

---

191 Barth, Gespräche 1964–1968, 43.
192 Barth, Gespräche 1964–1968, 43.

und in ihr, als ihrer Form, der Schönheit Gottes. Sie vor Augen, die bezwingende Schönheit, *Schönheit aus der Fremde*, ein sich weit dehnendes Überraschungsfeld, jenes Feld des Unvorhersehbaren und des Überschwangs, bleibt nur ein unendliches, freimütiges, demütiges Staunen – das nicht einmal sogleich in der Pflicht des Verstehens steht, das darunter bleiben oder darüber hinausgehen mag (handelt es sich doch auch um Texte, die sich durch Verständnis erreichen, doch nicht im geringsten erschöpfen lassen).[193]

Wie eine elementare Lebenskraft animiert dann das österliche Staunen jede nennenswerte Theologie. Es macht sie nicht atemlos, sondern eröffnet Atemraum. „Der Ursprung der Freiheit liegt aber im *Atmen*", beobachtet Canetti sehr genau.[194] Es betrifft nicht nur Einzelheiten, sondern Dimensionen der Wahrnehmung. Schichten und Felder und Landschaften der gewohnten Wahrnehmung, des Gedankens, der Sprachgestalt werden mit dem Aufkommen dieser Lebenskraft – vielleicht geringfügig fürs erste oder sogleich wie in einen Erdbeben – verschoben oder umgestürzt. Die Möglichkeit dieses Staunens bezeichnet den gleichermaßen grundstürzenden wie grundsätzlichen, den eschatologischen Wahrnehmungswandel,[195] der sich für den einstellt, der, was wahr ist, in allem Ernst wahrhaben will.

Das Staunen der Christen, mit seinen vielfachen Deklinationen im Lauf der wechselvollen Geschichte der Auslegung und des Übergreifens der Heiligen Schrift, nimmt seinerseits Bestürzungen und Überwältigungen der neutestamentlichen Zeugen auf, zum Beispiel „ein maßloses Erstaunen des Apostels angesichts der mit dem Begriff ‚Gnade' (oder auch ‚Liebe') anerkannten göttlichen Grenzüberschreitung" (IV/1, 87). Vielfach gefährdet stets, doch in um so größerer, sich erneuernder Dankbarkeit wiederholt es auf seine Weise das Staunen der ursprünglichen Zeugen angesichts der Auferstehung Christi. „Wir sind unserem Gott", scheinen sie zu sagen, „ein unbeschreiblich herrliches Wunder wert!"

Denn, so Barth, „[...] das bedeutet das Bekenntnis zur Offenbarung als zu dem geschehenen Wunder: daß der Satz: ‚Gott offenbart sich' der Satz schlechthinniger Dankbarkeit sein muß, der Satz des reinen Staunens, in welchem sich das Staunen der Jünger in ihrer Begegnung mit dem Auferstandenen wiederholt – in gar keiner Weise

---

193 Botho Strauß – um den Gedanken noch einen Schritt weiterzuführen – weiß von einer wichtigen Konsequenz: „Wer aus dem Nichtverstehen des Ganz Anderen zurückkehrt, wird auch den anderen, den Menschen seiner Umgebung, mit größerem Nichtverstehen ehren." (Strauß, Fehler des Kopisten, 146). Der Geliebte mag dann vielleicht erkennen, daß er nicht nur verstanden wird, sondern, viel wichtiger, geträumt.

194 Canetti, Provinz des Menschen, 9f.

195 Er stellt das Gegenteil zu jenem Vorgang dar, demgemäß sich die Welt nur noch in *Probleme* zersplittert. Das Staunen bezeichnet einen Gegenbegriff zur derzeitigen hypochondrischen Problemkultur (die Strategien zur Bewältigung von Problemen herausbildet, die man ohne sie gar nicht hätte).

aber der Satz eines selbstbewußten überlegenen Erwerbens und Besitzens, Verstehens und Wissens sein kann. Die Gleichzeitigkeit des Bekenners mit den ersten Jüngern Christi, die in diesem Satz ausgedrückt ist, ist eben keine von des Menschen eigenen Möglichkeiten." (I/2, 72)

Man könne, so nun wiederum im Gespräch mit den Tübinger Studenten in ganz genereller Formulierung, „aus jeder Zeile des Neuen Testaments einfach das Staunen sprechen hören [...] vor etwas schlechthin Einzigartigem".[196] Das schlechthin Einzigartige, Auferstehung von den Toten, die das tiefste Trotzdem der Welt in sich enthält, eine eschatologische Zeitumstellung, scheint in den Augen des Staunenden wider. Verwundert – kommt er ihm ein Stück weit nach. Verwundert, feuerhell – schickt er sich an, zu dem, der staunen macht, zu beten, ihm aufrichtig zu danken. Er schaut auf in die evangelische Fremde. Seine Stimme – er selbst bringt sich in ihr zum Ausdruck – wird zur *Gebetsstimme*. In anderem Zusammenhang macht Barth auf diese Konsequenz aufmerksam: daß das Staunen gleichsam von selbst ins Gebet führt:

„[...] das Gebet stammt aus dem, was der Christ *empfängt*; es ist nichts als der menschliche *Vollzug* dieses Empfangens, die unmittelbare Lebensäußerung dessen, der staunend vor dem steht, was Gott für ihn ist und tut – nicht zuerst staunend vor Gottes Majestät in seinem Gegensatz zu ihm, nicht zuerst staunend vor seiner eigenen Niedrigkeit im Gegensatz zu Gott, sondern zuerst staunend vor der Tatsache, daß Gott für ihn ist und handelt." (III/3, 306f)

2. Zum Erstaunen bin ich da

Als gäben sie der platonischen und aristotelischen Bestimmung vom Anfang des Philosophierens[197] einen anderen bzw. überhaupt erst rechten Grund, *staunen* die neutestamentlichen Autoren[198] – vor das lichte Wunder gestellt, in das prophetische Licht, die Zukunftshelligkeit, gerückt, vor Augen den daraus erkennbaren liebevollen, dem Tod überlegenen Gott,

---

196 Cf. oben in diesem Abschn. bei Anm. 194. – Gelegentlich unterscheidet Barth ein „lässiges Staunen" von „wirklicher Verwunderung" (Barth, Predigten 1921–1935, 646–648).

197 Plato, *Theaitetos* (155) und Aristoteles (der aus Theaitetos wörtlich zitiert), *Metaphysik* (982). – Vgl. Arendt, Denktagebuch, 430–433 und Jüngel, Indikative, 47f. – Generell zur Geschichte des Staunens: Jeanne Hersch, Das philosophische Staunen. – Lévinas macht demgegenüber geltend: „Mag das Sein das Ich auch in Staunen versetzt haben, es ändert in [der] Wahrheit nicht die Identität des Ich." (Lévinas, Spur des Anderen, 210) Darum ist nicht das Staunen, sondern „das Antlitz des Anderen" der „eigentliche Anfang der Philosophie" (207). – Und Walter Benjamin (Benjamin, GS I, 1, 697) nennt das entsetzensvolle Staunen der Zeit: „Das Staunen darüber, daß die Dinge, die wir erleben, im zwanzigsten Jahrhundert ‚noch' möglich sind, ist *kein* philosophisches."

198 Vgl. z.B. IV/1, 262; IV/2, 234; 280.

angesichts des unbeirrt anwesenden Gottes, der auch in die abgewandte Seite der Liebe kommt, dorthin, wo der Tod sich eingenistet hat. Nur für den anwesenden Gott gilt, was Kafka (doch eher als verzweifelten Wunsch) generell formuliert: „daß man den andern durch sein Dasein retten kann und sonst durch nichts."[199] Es genügt jedesmal, daß er einfach nur da ist. Darin ist alles enthalten. Seine Anwesenheit ist nicht hinzuzufügen, sie ist nur auszuführen. Sein Name ist und wird sein: „Ich bin da" (Ex 3,14)[200] und „Hier bin ich! Hier bin ich!" (Jes 65,1). Geradezu ein Sturm des Staunens – der wirklich freimütig zu staunen überhaupt erst lernen läßt, um dann immer neue Staunensbereitschaft zu wecken. „[...] wir müssen es wohl unser Leben lang erst lernen, *hier* zu staunen, um dann zu wissen, was Staunen überhaupt ist! [...]" (IV/2, 382; Hv. M.T.). Die uneinholbar fremde Schönheit und Helligkeit lehrt es. Was also tritt als das Erstaunliche hervor?

„Doch nicht dies, daß Gott so groß, heilig und reich – und doch auch nicht dies, daß der Mensch ihm gegenüber so klein, unwürdig und arm ist! Daß Beides dem Christen unübersehbar deutlich und höchst erstaunlich wird, das ist doch nur das Komplement des eigentlich und primär Erstaunlichen: daß eben der große, heilige und reiche Gott durch sein Wort dem kleinen, unwürdigen, armen Menschen so nahe tritt." (III/3, 304)

Darin, daß sie über dasselbe staunen finden die Zeugen des Alten und des Neuen Testaments zusammen.[201] Ihr Glaube ist eine einzige große Verwunderung über diese Näherung. Ihnen ist erlaubt, das gewaltige Abenteuer des Glaubens, der Wahrheitsliebe, zu bestehen und von dem zu berichten, der sie, ihnen nahekommend, staunen macht. Und der heutige Leser und Ausleger dieser Texte könnte es auf seine Weise ganz ebenso. Er könnte sich etwas abgeben lassen von ihrer Verwunderung. Dabei büßt dieses Erstaunliche, in vorläufiges Verstehen überführt, dadurch nicht etwa seinen Charakter ein, steigert ihn vielmehr noch einmal.

Staunen kommt dabei auf eine Art Verlorenheit hinaus: der Schauende vergißt und verliert sich, sieht etwas ohne sich, entdeckt es nämlich als unergründlich. *Ich bewahre mich nicht,* lautet der Untertitel eines der schönsten Gedichte Hilde Domins.[202] Kann unter Umständen ein derart Überwältigter im Vorgang des Erstaunens, mehr noch: in dem, was ihn staunen macht, geradezu aufgehen? „Bewunderung ist glückliche Selbstverlorenheit", heißt es in Hinsicht auf das verwandte Phänomen in Kierkegaards *Die Krankheit zum Tode.*[203] Um Selbstverlorenheit geht es nicht als solche,

---

199 Kafka, Briefe an Milena, 180.
200 Franz Rosenzweig hat so den Gottesnamen wiedergegeben. Vgl. dazu Assel, Name und Negativität, 351–359.
201 Vgl. Barths schöne Auslegung der Wendung „Furcht des Herrn" (Spr 1,7) durch das *Staunen* – in einer Predigt von 1920 (Barth, Predigten 1920, 343f).
202 *Der Baum blüht trotzdem. Ich bewahre mich nicht* (Domin, Der Bogen, 7).
203 Kierkegaard, Krankheit, 85.

sondern um glückliche Verlorenheit an einen anderen, an den in seinen Bejahungen unergründlichen, mit ihnen allem zuvorkommenden Gott.

Zu betroffener Verwunderung in Abkehr von dem, was er nur allzugut kennt, in Abkehr vom dunklen Weggefährten, dem grausam vertrauten Tod, der Krankheit zum Tode, dem Schmutz, der über ihm zusammenschlägt – zum demgegenüber fremden Blick gibt die Bibel Anlaß, zur Freude also, zur trotzigen Zuversicht. Aufkommen läßt sie – als fortlaufende, stete Berichterstattung vom Unbegreiflichen – den „*Durst* des Staunens".[204] Zu wachsender Verwunderung hält sie an: dazu, daß das Staunen in unseren Augen nicht erlischt, daß wir, wie Barth feststellt, geradezu „aus dem *Staunen* nicht herauskommen […], aus dem Staunen *nie* herauskommen!" (IV/3, 330; Hv. z.T. von mir)[205] – wobei er den Begriff dieses Staunens gelegentlich wunderbar ausfaltet als Erschrockenheit, Überraschung, Dankbarkeit und Anbetung (IV/3, 331; vgl. 320). Der so Staunende ist dann vielleicht jedesmal auf noch stillere Weise verwundert. Goethes „Zum Erstaunen bin ich da" läßt sich gut auf die Bestimmung des Theologen übertragen. Desgleichen Blochs „fragendes, bodenloses Staunen" oder Chestertons „[...] der Hauptgenuss ist Ueberraschung".[206]

In einer besonders schönen, wortgenauen Betrachtung über Hölderlins Gedicht *Hälfte des Lebens* führt Erich Heller aus:

„Durch den Ausruf ‚Ihr holden Schwäne' werden wir also auf einmal der Anwesenheit des Dichters gewahr. Diese Anwesenheit aber zeigt sich allein im Anruf. Sonst erfahren wir nichts von der Person. Die Person geht ganz in der Äußerung des Erstaunens auf, das seinerseits dem Gedicht etwas von dem Sich-Wundern, welches Ursprung alles philosophischen Nachdenkens ist, mitteilt, dem Sich-Wundern darüber, daß Welt ist und nicht nichts, und gar etwas so Holdes wie die Schwäne. Muß der Dichter, erschreckt von dem unerwarteten und freudigen Anblick nicht erst wieder zu Atem kommen mit dem ‚Und', das gegen alle Regeln der Syntax am Anfang der fünften Verszeile steht, ein absolutes Und, das größte Und der deutsche Dich-

---

204 Canetti, Fliegenpein, 101.
205 „Die Doxologie hilft, daß wir aus dem Staunen über Gottes Barmherzigkeit nicht hinauskommen", bemerkt auch Sauter (Sauter, Prophetisches Reden, 188).
206 Goethe, Parabase (die Zeile wird von Barth I/1, 346 zitiert); Bloch, Spuren (216; vgl. 216–218, vgl. Bloch, Prinzip Hoffnung, 337; 350–356); Chesterton (Orthodoxie, 19), dort auch ein schöner Hinweis auf die echte Überraschung: „Man kann ein Interview mit einer Gorgo oder einem Vogel Greif beschreiben, mit Wesen, die es gar nicht gibt; etwas ganz anderes aber ist es, die Entdeckung zu machen, dass das Rhinozeros existiert, um dann Spass an der Tatsache zu finden, dass es aussieht, als ob es gar nicht existierte.". – Lore Jonas charakterisiert ihren Mann Hans Jonas im Geleitwort zu seinen Lebenserinnerungen: „Wenn das Sich-Wundern der Anfang aller Philosophie ist, wie die Alten sagten, so war dies bei meinem Mann sehr ausgeprägt. Er besaß, möchte ich fast sagen, eine Naivität, die es ihm erlaubte, die Dinge neu anzusehen, so als hätte sie nie jemand zuvor betrachtet." (Jonas, Erinnerungen, 7). – Schließlich noch einmal Goethe im Gespräch mit Eckermann (Goethe, Eckermann, 288): „Das Höchste, wozu der Mensch gelangen kann, […] ist das Erstaunen."

tung? *Ist* es aber der Dichter, der atemlos ist vor Verwunderung? Ist da wirklich eine Person und nicht vielmehr allein das Gedicht selbst, die Seele des Gedichts, dieselbe Seele, die in der zweiten Strophe die Klage über das winterliche Verblühen erhebt? Die Klage *erhebt*? Nein, die Klage *ist*."[207]

Das Sich-Wundern darüber, daß Welt ist und nicht nichts ist, daß bereits ihre Existenz wie ein Wunder anmutet, begegnet eindrücklich auch bei Wittgenstein. Zur Erläuterung dessen, „was ich unter absolutem oder ethischem Wert verstehe", nennt er „mein Erlebnis par excellence": „Am ehesten läßt sich dieses Erlebnis, glaube ich, mit den Worten beschreiben, daß ich, wenn ich es habe, über die Existenz der Welt staune." An späterer Stelle heißt es dann: „Und nun möchte ich das Erlebnis des Staunens über die Existenz der Welt mit den Worten beschreiben: Es ist das Erlebnis, bei dem man die Welt als Wunder sieht."[208] Die Sätze sind nicht mutig genug, sich als theologisch darzustellen, sie könnten es.

3. Das Verwunderliche verwandelt

In jenem glanzvoll resümierenden Werk, der *Einführung in die evangelische Theologie,* dort in dem Kapitel *Die theologische Existenz,* wird, meine ich, mit Bedacht die „Verwunderung" an die erste Stelle dieser Ausführungen gesetzt – noch vor „Betroffenheit", „Verpflichtung" und „Glaube".[209]

„Wer sich *nicht* verwundert fände", so erklärt Barth mit einiger Bestimmtheit, „wenn er es so oder so mit der Theologie zu tun bekommt – oder wer es dann nach einiger Zeit fertig brächte, sich *nicht mehr* zu verwundern – wer nicht vielmehr, je länger er sich mit der Sache abgibt, in immer *grössere* Verwunderung geriete, dem wäre zu raten, er möchte doch noch einmal, in einiger Distanz von ihr, unvoreingenommen überlegen, um was es sich da handelt, damit es ihm möglicherweise doch noch oder doch wieder widerfahre, dass die Verwunderung über sie in ihm aufsteige, um ihn dann nicht mehr los zu lassen, sondern auch in ihm immer stärker zu werden. [...] Am Anfang alles theologischen Wahrnehmens, Forschens und Denkens – und nicht zuletzt auch theologischen Wortes steht nämlich, wenn da bescheidene, freie, kritische und dann auch fröhliche Wissenschaft Ereignis sein und immer neu werden soll, eine ganz spezifische *Verwunderung*. Ihr Fehlen müsste das ganze Unternehmen auch des besten Theologen in der Wurzel krank machen, während auch ein schlechter Theologe für seinen Dienst und seine Aufgabe so lange nicht verloren ist, als er ihrer noch fähig ist [...]."[210]

---

207 Heller, Essays, 112f.
208 Wittgenstein, Vortrag über Ethik, 14, 18.
209 Vgl. Barth, Einführung, 71–82.
210 Barth, Einführung 72.

Anhand der biblischen Wundergeschichten erläutert Barth den weittragenden Gedanken. Nach ihrem eigenen Selbstverständnis übermitteln sie eben ein jeweils „prinzipiell *neues* Geschehen" und insofern ein „prinzipiell *neues* Wort". Verschiedentlich erwähnt Barth auch in den *Gesprächen* die „gute *neue* Mär" aus Luthers Weihnachtslied.[211] Sie kommt aus einer sehr anderen Welt als die religiöse Beteuerung. Etwas absolut Unerwartetes, fremde, ausnehmende Schönheit, tritt in die Welt. Die Wundergeschichten, so nun wieder in der *Einführung in die evangelische Theologie* sind „Zeichen des Neuen",[212] zur Hauptsache aber des neuen Menschen Jesus Christus, seiner unendlich bezüglichen, in sein Licht und in seine Konsequenzen gnädig einberaumenden Geschichte – „das unendlich Verwunderliche, das den Menschen, indem es ihm bekannt und von ihm erkannt wird, notwendig zu einem im tiefsten Grunde, ganz und gar, ein für allemal verwunderten Menschen macht."[213] Barth bezeichnet die Fähigkeit zu dieser Verwunderung ebenso ironisch wie ernsthaft geradezu als einen *character indelebilis* des Theologen.[214] Der Theologe betreibt eben Theologie, das ist: Denken des Fremden.

Nicht minder vehement wird das Moment des den Menschen verwandelnden Erstaunlichen der Wundergeschichten in einem Gespräch mit Vertretern des CVJM hervorgehoben. Verwunderliches Thema sei in dergleichen Berichten Jesus Christus selbst. Der Glaubende darf, ja soll in dieser Hinsicht ungeniert neugierig und schaulustig sein. „Da kommt alles darauf an, daß man staunt – nicht über den Jüngling, nicht über die zwei Fischlein, nicht über Lazarus, sondern staunt über den Mann Jesus, der beschrieben wird als das Subjekt dieser Taten. [...] Und da findet dann eine Explosion nach der anderen statt."[215]

Aus diesem Grund aber kann man förmlich „*aus jeder Zeile* des Neuen Testaments"[216] – aus dieser fortlaufenden Berichterstattung vom Unbegreiflichen und Unerhörten – ein Staunen heraushören. Barth fügt hinzu: „Und jetzt wäre ich halt dafür, daß man sich jetzt einmal und insbesondere auch beim Studium der Theologie vor dieses Erstaunliche heranführen lassen [...] würde".[217] Den Sinn des Studiums der Theologie macht es nach der Erfahrung des altgewordenen Professors Karl Barth aus, sich an das Wunderbare, das Überschwengliche – an das von Ewigkeit her aufgebotene unbändige

---

211 Barth, Gespräche 1959–1962, 175; Barth, Gespräche 1964–1968, 76. 298.
212 Barth, Einführung, 77.
213 Barth, Einführung, 79. Vgl. 74: „Widerfährt sie [sc. diese Verwunderung] ihm wirklich, dann wird er selbst ein ganz und gar, ein ein für allemal verwunderter Mensch."
214 Barth, Einführung, 81.
215 Barth, Gespräche 1964–1968, 409.
216 Cf. oben in diesem Abschn. bei Anm. 198.
217 Barth, Gespräche 1964–1968, 43.

Geheimnis, an Gottes dem Glaubenden gewährten *Unterricht in „Geheimnis"* – heranführen zu lassen. Natürlich lebenslang: ebenso wie für die Studierenden so auch, wohl erst recht, für die Lehrenden und Forschenden.[218]

Allerdings: „[...] nicht das ist hier interessant, ob unser bißchen Staunen diesem Geheimnis angemessen ist oder nicht – wir müssen es wohl unser Leben lang erst lernen, hier zu staunen, um dann zu wissen, was Staunen überhaupt ist! – sondern daß wir hier objektiv vor diesem *Geheimnis* stehen [...]" (IV/2, 382).

Ohne Verwunderung aber, die vielleicht als eine Spielart wieder unschuldiger Wahrnehmung (mindestens als eine Annäherung daran) beschrieben werden kann, muß Theologie regelrecht erkranken. Schon in einer Predigt 1920 hatte es geheißen:

„Eine Kirche, in der nicht gestaunt wird, hat keine Daseinsberechtigung. [...] Ich halte es geradezu für die einzige Aufgabe der *Kirche in der Gegenwart*, dieses Staunen zu wecken, zu nähren, groß und größer werden zu lassen mit allen Mitteln, bei Alten und Jungen. [...] Staunen müssen wir erst wieder lernen, Augen und Ohren bekommen für das ganz Andere, das im Evangelium im Spiel ist, und wollen froh sein, wenn sich die ersten Zeichen solchen Staunens unter uns zu regen beginnen." Und in derselben Predigt heißt es später geradezu: „Selig sind die Staunenden, denn sie werden Antwort bekommen."[219]

„[...] laßt uns gemeinsam wieder staunen", so ruft Barth dementsprechend auch noch Jahrzehnte später, in einem Interview 1966, aus, „und uns freuen und auch erschrecken über das von Gott her für den Menschen Neue des einen Evangeliums [...]."[220]

Dergleichen freimütiges Erstaunen – als ein untrennbar mit der Freude und durchaus auch mit dem Schrecken verbundener Wahrnehmungssinn für das Neue[221] – stellt sich als der Blick für das wahrhaft Positive heraus,[222] für

---

218 Ein Gegenbild: „Kann man sich einen Naturforscher vorstellen, der über die Vertiefung der Geheimnisse arbeitet?", fragt Erwin Chargaff (zit. nach Dietrich, Chargaff, 393). Zum „Staunen über den Erfindungsreichtum der Natur" Chargaff, Geheimnis, 23.

219 Barth, Predigten 1920, 259f, 267.

220 Barth, Gespräche 1964–1968, 214.

221 I/2, 72; 194; 833; II/1, 247f; 251; II/2, 329; III/1, 38; III/2, 662; III/3, 77; 286f; 300–302; 306; III/4, 109; 384; 386; 553; IV/1, 262; 721; IV/2, 94; 153; 175; 203; 234; 280; 343; IV/3, 331; 333. – Zum Staunen der Engel vgl. III/3, 579. – „Hilf in den Kirchen landauf landab zu einem frohen Erstaunen und Stillwerden vor ihm [sc. dem Menschensohn]", betet Barth in einem Gottesdienst 1915 (Barth, Predigten 1915, 495).

222 Vgl. auch III/3, 286f: „Es kann gar nicht anders sein, als daß Gott dem Menschen und daß der Mensch sich selbst im Glauben [...] immer wieder erstaunlich ist. Staunend steht er vor der Güte Gottes [...] und staunend vor dem, was er ihm dabei zu erkennen gibt: vor Gottes Vaterschaft, vor seiner eigenen Kindschaft, vor dem ihm vom Vater gegebenen und von ihm empfangenen Kindesrecht im Hause des Vaters. In diesem unvermeidlichen *Staunen* ist der Glaube des Christen als solcher auch Gebet: das Gebet des Dankes und des Lobes. Und wieder staunend steht er vor dem Unverdienten, das ihm eben damit zufällt, *daß* er glauben und *was* er glauben darf: er wird

eine Zeitumstellung, einen anderen Zeitlauf im ganzen. Um den Schritt handelt es sich, noch einmal auf „Anfang" zu gehen, in die Stimme des Anfangs, den Anklang. Diese Wahrnehmung ist blitzender Morgenbeginn, Aussicht in das ewig Neue und Erwartung der erstaunlichen, vertrauten Stimme, sobald ich hinausgetreten bin in das Hören. Das Eintreten in dieses „Vorwärts!" bedeutet dann, sich, erschrocken über sich selbst, von Gott von sich selbst abbringen und in eine andere affektive Situation und dann auch auf andere Gedanken, Empfindungen, Orientierungen bringen zu lassen, in einem anderen Geist zu leben, in lichtem Verstand – in der Aussicht in das ewig Neue. Ein anderer Zeitlauf setzt sich durch: sobald das Düstere sinnfällig oder unmerklich seine Zukunftsmacht einbüßt, ein gutes Gesicht gewinnt, sobald immer tiefer in das neue fremde Land hineingegangen werden kann, das mir die Näherung zu dem, der staunen macht, und die Entfernung von mir selbst auftut.

Die schöne sprachliche Wendung von der „überhellen Betroffenheit des Staunens"[223] trifft – in einem von Ernst Bloch nicht intendierten Sinne – für diese Wahrnehmung zu. Darauf kommt es an, so Barth in einem Interview 1965, daß man „wagt, mit der Offenbarung anzufangen",[224] mit dem enormen Sachverhalt, mit diesem Morgenbeginn und Aufbruch in das Sein. Die *Offenbarung* ist das junge Licht, der Morgenglanz der Ewigkeit. Vielleicht ist dann, in der Kraft des Anfangs (des Wiederanfangs), das fortdauernde

---

sich selbst in diesem Dürfen und im Empfangen dieses Unverdienten durchaus nicht verständlich sein. Er wird sich vielmehr, je freier er glauben darf und je völliger im Glauben empfängt, umsomehr seines eigenen Unvermögens, seiner eigenen Unwürdigkeit und Unfähigkeit bewußt sein. In diesem *Staunen* ist sein Glaube als solcher Gebet: das Gebet der Beichte, des Eingeständnisses, der Buße dem großen Gott gegenüber, der solches am Menschen getan hat und tut. Und noch einmal staunend steht der Christ vor der Nähe Gottes und des überschwenglichen Reichtums alles dessen, was ihn zum Glauben aufruft und was als Gottes Gabe geeignet ist, seinen eigenen Hunger zu stillen, seine Blöße zu bedecken, seine Fehler gut zu machen – staunend davor, daß er nur brauch zu fragen und eben anzuklopfen braucht, wie eben ein Kind an der nahen und vertrauten Türe, hinter der sein Vater wohnt, um wieder zu glauben und im Glauben wieder leben zu dürfen: in der Teilnahme an Jesus Christus und dann auch in der Teilnahme an Gottes Vorsehung und Weltherrschaft. Und noch einmal in diesem *Staunen* ist der Glaube des Christen als solcher auch Gebet: das Gebet der Bitte und Fürbitte, in welchem er jene Frage nach dem ihm so nahen Gott und seinen ihm so nahen Gütern wagt, um dann, auf alle Fälle erhört, getröstet, beschenkt – und vor allem aufs neue befreit dazu, wirklicher Glaube zu sein – alsbald wieder zum Gebet des Lobes und Dankes zu werden. Das wäre offenbar nicht der christliche Glaube, der nicht in seinem tiefsten Grunde immer auch dieses kräftige *Staunen* wäre, in welchem der Mensch nicht ganz von selbst, in und mit jenen zwei anderen Bewegungen nach innen und nach außen – der Schritt von dem einen in den anderen Bereich ist ja in seinem Woher? und in seinem Wohin? so unerhört – auch die Bewegung des *Gebetes* als die reine Bewegung nach oben vollzöge." – Die Bewegung nach oben, gegen die Gravitation des Todes und der „Trägheit" als Weise der Sünde. „Jene Stunde ... wird keine Schrecken haben, seien Sie beruhigt, wir werden nicht fallen wir werden steigen – ", schreibt Benn an Oelze (Benn, Briefe an Oelze III, 267).

223 Bloch, Prinzip Hoffnung, 353.
224 Barth, Gespräche 1964–1968, 202.

Geheimnis in der Sprache des Glaubens und dann auch der Theologie neu zu umschreiben – so daß die es aufbewahrenden Texte, in neuer Übersichtlichkeit und Klarheit, nicht zuerst zum sie aufbrauchenden öffentlichen Diskurs, sondern zum Leben erwachen. Es ist dann, als bräche das Bewußtsein der Texte im Raum des Glaubens und der Theologie sein Schweigen. Jederzeit stehen sie als Platzhalter für mehr, nämlich genau für das, was sie aufbewahren, aber nicht antasten. Möglich wird die Erkenntnis einer Sache, die sich je neu beim Wort nehmen läßt und dennoch verborgen bleibt. „Der Mystiker", weiß Chesterton, „lässt etwas Geheimnis bleiben, und alles andere wird klar."[225] Worauf käme es an? Das Geheimnishafte „in überheller Betroffenheit" *es selbst sein lassen* – wie die hellen Zimmer Jan Vermeers, in die wir durch offene Türen hineinschauen, verborgen bleiben – und dann wieder anfangen *zu sehen,* und dann kann man getrost *weitersehen.* Dann wird die Welt freigegeben.

Barth setzt diesen gewiß fortwährend bedrohten (doch um so deutlicher besonderen) Wahrnehmungssinn gelegentlich geradezu als Parameter ernsthafter Theologie überhaupt an – ein m.E. bis heute sehr brauchbares Kriterium:

„Ob dieses Staunen in ihr enthalten oder nicht enthalten ist, aus ihr spricht oder nicht spricht – daran scheiden sich – auch wenn die Worte und Sätze hüben und drüben ganz dieselben sein sollten – die Wege eines ernsthaften, fruchtbaren, auferbauenden christlichen Denkens und Redens in Kirche und Theologie von denen eines nur scheinbar erbaulichen oder auch wissenschaftlichen, im Grunde aber (und doch auch in seiner Wirkung) banalen, trivialen, langweiligen, christlichen Sinnierens und Geredes. Und es fragt sich, ob diese Scheidung nicht tiefer geht, praktisch nicht ernsthafter ist als alle konfessionellen und richtungsmäßigen Scheidungen christlicher Theologie und Kirchlichkeit – ob sie nicht in ihrer größeren Tiefe und Konsequenz quer durch diese alle hindurchgeht?" (IV/3, 331)

4. Eine Exkursion in Sachen Unmöglichkeit findet statt

Wiederum tritt die Eigentümlichkeit dieses Staunens in der Verfremdung durch eine andere (sich nicht im Sinne christlicher Theologie verstehende) ernsthafte Stimme womöglich um so deutlicher hervor. Treffend Albert Camus' Bemerkung zur Lektüre Kafkas: „Man kann sich nicht genügend wundern über diesen Mangel an Verwunderung"[226] – diesen natürlich entsetzlich scheinbaren Mangel an Verwunderung (der den Schrecken in vermeintlicher Indifferenz um so unmittelbarer augenfällig macht). Auch

---

225 Chesterton, Orthodoxie, 47.
226 Zit. bei Spies, Surrealismus, 120.

insofern erscheint Kafka für unseren Zusammenhang als verläßliches Spiegelbild. Nahezu kein Wort wird bei ihm als selbstverständlich genommen, fast jedes erscheint, in gebieterischer Gegenläufigkeit, ebenso unverrückbar wie nichtig – weil der Zweifel an jedem Wort dem Wort selbst vorausgeht und bereits zuvorkommt (wie insgesamt das Böse dem Menschen), es sich deshalb eigentlich schon vorab dementiert und Lügen gestraft findet und von vornherein als unmöglich erscheint. Was kann es dann aber überhaupt noch bedeuten? Der Tod mit seinem Schweigen ist dann ganz nahe, geradezu näher und früher als das Leben (dem darum jede Festigkeit abgeht). Nicht unmittelbar in Kafkas Romanen (für die im ganzen Camus' Bemerkung gilt), wohl aber in seinem Leben ruft dementsprechend bereits die ganz einfache Lebensäußerung Verwunderung hervor:

„Als ich", bemerkt er, „an einem andern Tage nach einem kurzen Nachmittagsschlaf die Augen öffnete meines Lebens noch nicht ganz sicher, hörte ich meine Mutter in natürlichem Ton vom Balkon hinunterfragen: ‚Was machen Sie?' Eine Frau antwortete aus dem Garten: ‚Ich jause im Grünen.' Da staunte ich über die Festigkeit, mit der die Menschen das Leben zu tragen wissen."[227]

Woher kommen Unzugehörigkeit und Nicht-Existenz? Irgendwann ist in der Welt Leichengeruch aufgekommen, ein „Geruch des Todes zum Tode", der sich nicht vertreiben läßt (2Kor 2,16). Oder war er immer schon da? Charakteristisch für eine lebensbestimmende Haltung (zugleich für die literarische Technik) der Zug um Zug getätigten Aufhebung und Zurücknahme, zuletzt auf den Tod, erscheinen darum die folgenden Sätze:

„Meine Zweifel", notiert Kafka in seinem Tagebuch, „stehn um jedes Wort im Kreis herum, ich sehe sie früher als das Wort, aber was denn! ich sehe das Wort überhaupt nicht, das erfinde ich. Das wäre ja noch das größte Unglück nicht, nur müßte ich dann Worte erfinden können, welche imstande sind, den Leichengeruch in einer Richtung zu blasen, daß er mir und dem Leser nicht gleich ins Gesicht kommt."[228]

Konträr dazu, im Sinne des Evangeliums, weht, wo und wann Gott es will, ein ganz anderes Fremdes ins Gesicht, ein unfaßlicher, flüchtiger Botenstoff, „der Geruch des Lebens zum Leben", Erinnerung an uralte Vertrautheit und Ahnung und Anwehen zukünftiger Erfüllung – seltsam vertraut und tief befremdlich in einem. Denn nichts erscheint für K. und für Adam (überlaufend vor bitteren Ressentiments und Rachbedürfnissen) so fremd und ganz und gar versunken wie allem vorangehende, unverrückbare und unverfügbare Bejahungen – die nun aber ihrerseits eben in der Kraft und

---

227 Kafka, Briefe 1900–1912, 40. – Vgl. dazu Baumgart, Selbstvergessenheit, 171f.
228 Kafka, Tagebücher, 130. Wir haben die Sätze oben Abschn. A. bei Anm. 81 bereits angeführt. – Zum Prinzip der „Aufhebung" bei Kafka vgl. M. Walser, Form, 76–84. Nicht nur den Worten, auch „jedem Tun ist seine Aufhebung immanent" (84).

Festigkeit des Evangeliums um jedes Wort und jedes Leben herumstehen, sie von allen Seiten umgeben und wirklich nur zu sehen und sein zu lassen und anzuerkennen sind, doch nicht erfunden zu werden brauchen. Eine Exkursion in Sachen Unmöglichkeit findet statt. Das Unmögliche, das in menschlichen Worten hinüberwehende Evangelium Jesu Christi, Kunde aus der Fremde, begegnet als uneingeschränkte Zusage der Beteiligung und Solidarität Gottes mit dem noch so alltäglichen, nicht festen, sondern unsicheren, auf den Tod zulaufenden menschlichen Leben. Wie ein Hauch, als ob er eine neue Luft einatmete, weht es Adam ins Gesicht (in eins erinnerungsvoll und aufs äußerste befremdlich) als das unhintergehbar Positive.[229] Unhintergehbar – denn hinter dem in menschlichen Worten noch so definitiv positiv Zugesagten wartet abermals ein Offenes: das Urwort, das letzthin für menschliche Sprache unsagbare, leidenschaftliche Ja der Erwählung und ihres zeitlichen Vollzugs in der Versöhnung. Gott in Wahrheit zu verstehen bedeutet ja, ihm das Beste nachzusagen, einzusehen, daß ich lebenslang auf die radikalste Weise der Bejahung, in Schöpfung, Versöhnung und Erlösung, mit ihm zu tun habe.

Diese unrevidierbare Bejahung aus einem Reich „nicht von dieser Welt" kann indes, Gott sei Dank, weder aufgebraucht werden noch auf der leeren fröhlichen Fahrt der Plünderung der Traditionen und Texte ins Zweifelhafte und dann ins Geisterhafte und Sinnlose herunterkommen. Auf ein in sich versperrtes Leben kann mit ihr wirkliche, befreiende Fremdheit auftreffen,[230] das Unbekannte und Unempfundene und so nicht Gesehene, und kann auch

---

229 In wunderbar sinnlich anschaulichen Sätzen beschreibt Augustin in den *Confessiones* die Wende zum Leben: „Vocasti et clamasti et rupisti surditatem meam, coruscati, splenduisti et fugasti caecitatem meam, flagrasti et duxi spiritum et anhelo tibi, gustavi et esurio et sitio, tetigisti me, et exarsi in pacem tuam." („Du hast gerufen und geschrien meine Taubheit zerrissen; Du hast geblitzt, geleuchtet und meine Blindheit verscheucht; Du hast Duft verbreitet, und ich sog den Hauch und schnaube jetzt nach dir; ich habe gekostet, nun hungere ich und dürste; Du hast mich berührt, und ich brenne nach dem Frieden in dir.") (Augustinus, Confessiones, X, 27. 38).

230 Ein großartiges Beispiel für die Suche nach dem Fremden bei Canetti: „Du bist aus dem Markt der Welt gerückt, in einen üppigen Kerker, wo kein Wind weht, geschweige denn ein Atem. O weg, weg von allem, das vertraut und persönlich und sicher ist, gib die Vertrautheiten alle auf, sei kühn, wie lange schon schlafen deine hundert Ohren. Sei allein und sag dir die Worte, die niemandem gelten, andere, neue, wie sie der Atem der Welt dir gibt. Nimm die bekannten Wege und zerbrich sie überm Knie. Wenn du zu Menschen sprichst, so seien es solche, die du nie wieder siehst. Such den Nabel der Erde. Verachte die Zeit, laß die Zukunft, lumpige Fata Morgana, fahren. Sag nie mehr Himmel. Vergiß, daß es Sterne gab, wirf sie weg wie Krücken. Geh unsicher allein. Schneide keine Sätze mehr aus Papier. Überschwemm dich oder schweige. Schlag die Bäume der Verstellung nieder, es sind nur alte Gebote verkleidet. Ergib dich nicht, der Atem der Welt mag dich wieder fassen und tragen. Du bitte um nichts, und es wird dir nichts gegeben werden. Nackt, wirst du die Schmerzen des Wurmes fühlen, nicht die des Herrn. Spring durch die Lücken der Gnade, tausend Fuß tief. Unten, ganz unten weht der Atem der Welt." (Canetti, Fliegenpein, 76f). – Die Überführung einer seinsvergessenen Menschheit in die Fremdheit einer beseelten Fauna sucht Franz Marc in seinen Bildern. Die Fremdheit des *tierischen* Blickes auf den Menschen – eine verzweifelte Verirrung – ist immer wieder Thema bei Kafka (vgl. Stach, Kafka, 214f).

als solche – als permanent verschieden und nicht lediglich als literarische „Würze des Befremdenden"[231] – bestehen bleiben, statt in das Viele, das Bekannte und längst Eigene (und schnell Langweilige) eingemischt und dadurch getilgt zu werden. Was sollen auch die Siege über das Widerstandslose? Auf eine Weise anders, die sich nur theologisch bestimmen läßt, vermag sie sich fern, fremd, in Sicht- und Hörbarkeit (aber Unverfügbarkeit) zu *halten*.

5. Das Evangelium ist eine fremde Sache

In diesem Erstaunlichen findet sich gerade das in den derzeitigen spätmodernen Debatten allenthalben verzweifelt gesuchte (nicht nur historisch und infolgedessen relativ und vorläufig, sondern) wahrhaft Fremde, nämlich – wo alles mit Gleichartigkeit geschlagen scheint, aus dem Eigenen nicht herausführt und nur quälende Langeweile hervorruft – das Unähnliche, das endlich einmal Widerständige, entschieden gegenhaltend dem Vorentwurf auf Machbarkeit und dem Zugriff der allmächtig erscheinenden Verfügbarmachung. Schrecklich inzwischen, diesen Prozeß der Erzwingung von allem und jedem als so weit getrieben zu erfahren, daß letzte Widerstände gebrochen werden, und für möglich und nicht unwahrscheinlich halten zu müssen, daß „die Evolution", die „indifferente Göttin des Werdens",[232] sich gleichsam umkehrt und damit, wie in der Schlüsselerzählung der letzten Moderne, in Kafkas *Verwandlung*, der Mensch (Gregor Samsa, Adam) in einem letzten Akt völliger Indifferenz seine Kontur verliert und, gentechnologisch präpariert und versetzt, zum ungeheuren Ungeziefer fortgeschrieben wird. Auch die Malerei kennt ja mittlerweile längst die Verwandlung des Menschen in die biomorphe Wucherung. Ausdruck gibt sich darin entsetzensvolle Entfremdung als Entstellung. Max Ernst sieht die künftigen Schimären der Gentechnologie voraus.

Doch hat der christliche Glaube Kenntnis von einer Fremde unendlicher *Bejahung*. Eine auf dieses wahrhaft fremde Evangelium zuhaltende, es erwartende Interpretation der biblischen Texte jedenfalls ist dann nicht genötigt (wie Adorno es für die Interpretation von Kunst argwöhnt), „Befremdendes, indem sie es auf den Begriff bringt, durch bereits Vertrautes auszudrücken und dadurch wegzuerklären, was einzig der Erklärung bedürfte".[233] Auf die Bejahung des Evangeliums kann durch Vertrautes allenfalls hingewiesen werden (weil es eine der Liebe Gottes vergleichbare

---

231 So Charles Baudelaire, zit. bei Friedrich, Struktur, 44.
232 Sloterdijk, Sphären I, 21.
233 Adorno, Noten, 101.

Bejahung sonst, „auf dieser Welt", nicht gibt), die bloße Verständigkeit und das rasche (sich auf diese Weise sichernde) Einverständnis erreichen sie nicht, sie wegzuerklären kann niemals gewollt werden. Vielmehr hätte „der versöhnte Zustand", so Adorno an anderer Stelle,[234] „[...] sein Glück daran, daß das Fremde in der gewährten Nähe das Ferne und Verschiedene bleibt, jenseits des Heterogenen wie des Eigenen." Von einem „versöhnten Zustand" dieser Art vermag freilich rechtmäßig wiederum nur theologisch die Rede zu sein. Gleiches gilt auch für Heideggers Einsicht: „Die Auslegung stellt das Verstehenwollen vor das Befremdliche."[235] Oder: „Was soll die Mitteilung eines Verständlichen, mit dem schon die Verständigkeit, ohne Besinnung und Wandlung, einverstanden wäre, so daß sie zuvor alles schon zum ihrigen gemacht und sich davor gesichert hätte?"[236]

Theologie hat es allerdings, darüber hinaus, nicht lediglich mit einem beliebig Befremdlichen, sondern mit dem (in seiner Bejahung) Ärgerlichen zu tun. Ohne es als solches zunächst anzuerkennen, kann es nicht überwunden werden. In einem Brief erklärt Barth 1933: „Die Exegese des Glaubens bedeutet Überwindung der Ärgerlichkeit des biblischen Zeugnisses in *Anerkennung* seiner Ärgerlichkeit."[237]

Dementsprechend ist jedesmal die Rede von der Fremdheit Gottes, für die jetzt einige Beispiele zu nennen sind, als Geltendmachen einer sehr bestimmten Ärgerlichkeit zu verstehen. Sie ist konstitutiver, allerdings vorläufiger Bestandteil des Erstaunlichen. Daß „*Gott* wahrhaftig und ganz in *Christus* war", ist „etwas höchst Gewaltiges und tief Erstaunliches" (IV/1, 200; vgl. IV/2, 45). In IV/3 (232) spricht Barth von der δόξα Christi als „der fremdartigen, ja schrecklichen Unwidersprechlichkeit seiner Majestät". Sogar Jesus Christus selbst bleibt den Glaubenden immer auch „ein *Fremder*" (IV/1, 613). Das von Jesus proklamierte Reich Gottes ist „das Befremdliche, das Verwunderliche, das Unbegreifliche" (IV/2, 238). Nie zu stillende, unaufhörliche Verwunderung, Verblüffung, ein Aufgeschreckt- und Wachwerden entspricht ihm. Ein Unheimliches erscheint. Ohne weiteres Einverständnis zu bekunden – ist unmöglich. Geradehin begreiflich machen läßt es sich nicht. Vielmehr „[...] wird uns das Wissen um dieses Geheimnis, wenn es nun um das *Verstehen* geht, in eine eigentümliche

---

234 Zit. nach Habermas, Profile, 195.
235 Heidegger, Über den Anfang, 164. Der ganze Abschnitt lautet: „Die ‚Auslegung' ist kein Angleichen der Dichtung an die vorhandene ‚Geschäftigkeit', der alles bekannt sein muß. Die Auslegung zerstört das Überwuchern des übereilten Meinens, das sich für den einzigen Maßstab der Wahrheit hält. Die Auslegung stellt das Verstehenwollen vor das Befremdliche. Sie bereitet eine Bereitschaft vor, von diesem Befremdlichen sich übereignen zu lassen in dessen verborgene Wahrheit. Die Auslegung zwingt die Allzuverständigen vor das ihnen unverständliche Beständige."
236 Heidegger, Über den Anfang, 147.
237 Barth, Briefe 1933, 137.

Scheu und Zurückhaltung versetzen, die uns sonst [...] nicht geläufig ist." (I/2, 520) Die Texte stellen das Verstehenwollen vor genau dieses uneinholbar Befremdliche: vor das Ärgernis, daß die zerrissene und sich zerreißende, die zerschundene und sich schindende, die zerstörte und sich zerstörende Welt versöhnt worden ist durch den zerrissenen, zerschundenen, zerstörten Jesus von Nazareth, der sich auf Erden nirgends mehr blicken lassen konnte – gekreuzigt, auferstanden, heilig, allseitig gegenwärtig.

Darauf wird es dann ankommen, eine theologische und eine Predigt-Sprache nicht zuerst als Vehikel der Verständigung, vielmehr zur Hauptsache als Mittel spezifischer Befremdung (nicht der Befremdung als solcher) ausfindig zu machen: die das positiv, unendlich bejahend Fremde nicht lediglich als vorläufige, vielmehr als bleibende Bestimmung zu erkennen gibt, also das Mysterium, den Hauch der Liebe, in seiner Unergründlichkeit beläßt, statt es in lebensweltlicher, alltäglicher oder auch (der Unterschied fällt nicht ins Gewicht) exorbitanter Erfahrung aufgehen zu lassen. „Bescheiden, besonnen und sorgfältig" ist mit ihm umzugehen.

Auf nicht einmal sonderlich stark zu modifizierende Sätze Paul Valérys kann man sich in diesem Zusammenhang gut beziehen:

„Jede Sicht der Dinge", so verzeichnet Valéry mit Anspruch auf generelle Geltung, „die nicht befremdet, ist falsch. Wird etwas *Wirkliches* vertraut, so kann es nur an Wirklichkeit verlieren. – Philosophische Besinnung heißt vom Vertrauten auf das Befremdende zurückkommen, im Befremdenden sich dem Wirklichen stellen."[238]

Theologische Besinnung, so kann man den Gedanken aufnehmen, bedeutet, vom Vertrauten auf ein bestimmtes Befremdendes zurückzukommen und sich in ihm dem Wirklichen zu stellen. Daß das Befremdende dann vertraut wird, liegt nicht in ihrer Hand. Es läßt sich von keinem Denken, keiner Einfühlung, keinem *sacrificium intellectus* transzendieren. „[...] das Evangelium", resümiert Barth in einem Interview 1965, „ist eine fremde Sache".[239] Dieser Charakter kann ihm nicht genommen werden. Es legt indes von sich aus den Weg von hier nach dort zurück, bleibt herrlich fremd oder transzendiert von sich aus vom Fremden und Ärgerlichen ins Vertraute.

Vertraut mit dem zunächst ganz und gar nicht Einverstandenen macht sich dann der geheimnisvolle Jesus Christus. Er ist es dann, nur er, der tatsächlich Ehrfurcht gebietet. Nicht höher läßt sich greifen, sofern der intensivste, nachhaltigste Grad der Verwunderung bezeichnet werden soll, als nach diesem Begriff. „Ehrfurcht", so Barth, „ist das Staunen, die Demut, die Scheu des Menschen vor einem Faktum, in welchem ihm ein Überlegenes begegnet: Hoheit, Würde, Heiligkeit, ein Geheimnis, das ihn nötigt,

---

238 Valéry, Windstriche, 121.
239 Barth, Gespräche 1964–1968, 242.

Distanz zu nehmen und zu bewahren, bescheiden, besonnen und sorgfältig mit ihm umzugehen." (III/4, 384)[240] Wiederum theologisch zu wenden, nämlich von diesem Überlegenen, Hohen, mit unvergleichlicher Würde Ausgestatteten, Heiligen her zu verstehen ist, was Heidegger in einem Brief an Hannah Arendt feststellt: „Der Ehrfurcht erschließt sich das Leben [...]."[241] Für Barth läßt sich von Jesus Christus nichts Größeres sagen, als daß er der zutiefst Ehrfurchtgebietende ist. Er ist der Außerordentliche, lichte Ungewißheit, insofern er sich nämlich immer neu ins Unvorhersehbare wendet. In ihm erschließt sich das zeitliche und das ewige Leben.

f. Das Außerordentliche und das Vorgefertigte

1. Gott ist nicht selbstverständlich

Bereits in Barths Denken zu Beginn der 20er Jahre kann man Züge dieser tiefen evangelischen Verwunderung vor dem Ehrfurchtgebietenden vor Augen bekommen. Die in Göttingen entstandenen *Vorträge und kleineren Arbeiten* weisen das aus.[242] Um charakteristische Anfangskonstellationen dieser Grundhaltung des glaubenden und denkenden Staunens zu verdeutlichen, doch auch um die Kontinuität des Denkens Barths in dieser Sache hervorzuheben, gehen wir in den letzten Abschnitten dieses Kapitels über die hermeneutische Grundlegung der Theologie Barths auf diese frühen Arbeiten zurück. Man wird von einer Konstante in Barths Theologie sprechen können. Ihre frühe Form enthält Momente unverkennbarer Entdeckerfreude.

Bemerkbar macht sich dort eine energische Art des Blicks, die Abstand nimmt von der kommunikativen Wohnlichkeit wie zugleich das so Distanzierte in Reichweite hält, eine unerhörte wahrnehmende Kraft, die sich ausbildet, an Sicherheit gewinnt und dann vor allem zu unterscheiden erlaubt, nämlich, indem sie einen merkwürdigen Normalisierungsbann

---

240 Zur „staunenden Ehrfurcht" vgl. II/1, 247–252.
241 Arendt – Heidegger, Briefwechsel, 30. – Die „oberste Eigenschaft" Kafkas sei Ehrfurcht gewesen, bemerkt Canetti sehr treffend (Canetti, Gewissen, 78). Und an anderer Stelle (Canetti, Provinz des Menschen, 265): „Mit Kafka ist etwas Neues in die Welt gekommen, ein genaueres Gefühl für ihre Fragwürdigkeit, das aber nicht mit Haß, sondern mit Ehrfurcht für das Leben gepaart ist."
242 Barth, Vorträge 1922–1925. – In einem Zeitungsartikel (M. Walser, Lieber schön als wahr) hat Martin Walser in diesem Zusammenhang auf Barth verwiesen: „Die theologischen Sprachmenschen, die mit den Wörtlichkeiten, die sie für Gott vorfinden, nicht leben können: das sind die Auskunftsreichsten, wenn man die Spannung Vokabular und Sprache erleben will. Gott ist eben nach ‚Ich' unser wichtigstes Wort. Deshalb hat sich seinetwegen auch so viel Vokabular gebildet. In Karl Barth kommt das exemplarisch zum Ausdruck. Außer Kierkegaard hat sich wohl keiner das religiöse Sprechen so schwer gemacht wie Karl Barth."

aufbricht, das Außerordentliche zu identifizieren hilft. Von heute auf morgen, plötzlich, scheint Einzigartiges in den Augen des Staunenden wider und Fähigkeit und Bereitschaft zu geläufigen Sätzen über den befremdlichen Gott schwinden. Man kann von einer großen frühen Intuition der Barthschen Theologie sprechen.

Das sich fraglos Gebende (Heidegger spricht bei Gelegenheit von „bodenloser Selbstverständlichkeit"[243]), die theologischen Orientierungskonventionen, jene sich ausbreitende Öde und Gehabtheit, das vielfache Spiel der Selbstähnlichkeit ... wird nicht hingenommen. Nicht zu übersehen ist ja auch sonst vielfach, so Adorno, der „sedimentierte geschichtliche *Zwang* in den Konventionen".[244] Und schon generell gilt, was Canetti aphoristisch benennt: „Das Denken verliert seine Wucht, wenn es zum Alltag wird, es soll wie von fernher auf seine Gegenstände stürzen."[245] Nicht nur für das Handeln, sondern auch für das Denken gibt es ja Sachverhalte und Umstände, die sich ohne Risiko nicht berühren lassen. Um so weniger wird aber der Theologe bereit sein, die überaus problematische Seltsamkeit seines ureigenen Themas zu übersehen. Erforderlich erscheint immer erneut eine große Bewegung ins Ungesagte hinein. Niemals bewegt man sich auf wirklich bekanntem Terrain. In Frage steht dabei bevorzugt die gewohnheitsmäßige (gewohnheitsblinde) Trägheit, der routinierte Zugriff auf den Namen *Gottes* – die eingespielten Sprach- und Metapherroutinen, wo das Gesprochene nur nach dem längst schon mehrfach Gesprochenen klingt. Eben sogar die erhabene Routine, das Reden von Gott, als ob man Gottes Bewandtnis bereits kenne, ist bedroht von Kulturkonformismus und Absturz in die Banalität. In Wahrheit ist „Gott" ja der enorme Ausdruck schlechthin, *selbstverständlich* ist er am letzten, die Theologie tatsächlich das gefahrvollste aller Metiers. Dem besonderen Ingenium Barths ist das m.E. immer wieder neu unabweisbar vor Augen getreten.

„Aber *Gott ist nicht selbstverständlich*", interveniert er in einer Predigt 1920. „Und unsere Wege sind nicht selbstverständlich und ein für allemal Gottes Wege. Wir reden *immer noch zu viel* von Gott. Wir *beziehen* das Göttliche viel zu schnell und zu leichtfertig auf uns selbst und unser Leben. Wir *tun viel zu sicher*, als ob wir von Gott etwas wüßten, als ob wir Gott hätten."[246]

Der Pfarrer Barth stößt auf überkommene theologische Selbstzufriedenheit. Gebrochen wird der Widerstand dieser schlechten, undankbaren Selbstverständlichkeit[247] durch eine eigentümliche (sich einer machtvollen externen

---

243 Heidegger, Grundfragen, 112.
244 Adorno, Ästhetische Theorie, 303 (Hv. M.T.).
245 Canetti, Fliegenpein, 35.
246 Barth, Predigten 1920, 14.
247 In einem Brief an Hannah Arendt schreibt Heidegger von der Einsamkeit: in ihr „werden auch die menschlichen Dinge einfacher und stärker, und sie verlieren ihr Verhängnisvollstes – die

170　Klärung der Lichtverhältnisse

Bezugnahme verdankende) Distanznahme. Mit großartig fremdem, verwundertem Blick beschreibt Barth in dem im Juli 1922 in Schulpforta gehaltenen Vortrag *Not und Verheißung der christlichen Verkündigung* die für ihn maßgebliche theologische Situation, das wiederkehrende, doch durchaus ungewöhnlich bleibende Geschehen eines normalen Sonntagsgottesdienstes. Wie von außen wird in diesem Vortrag das bei näherem Hinsehen überaus Merkwürdige, Unheimliche, im Grunde Ungeheuerliche dessen offengelegt, was dort in anhaltender Seltsamkeit, nur durch Gewöhnung nahezu unsichtbar, Woche um Woche geschieht: „die ganze groteske Situation des Sonntagmorgens".[248] Ich zitiere nur einige wenige Wendungen aus einer immer wieder wunderbar ironischen seitenlangen Beschreibung. Barth staunt sich durch einen Gottesdienst hindurch.

„Wenn am Sonntag morgen die Glocken ertönen, um Gemeinde und Pfarrer zur Kirche zu rufen, dann besteht da offenbar die *Erwartung* eines großen, bedeutungsvollen, ja entscheidenden *Geschehens*. [...] Da ist eine uralte ehrwürdige *Institution* [...] Da ist ein *Gebäude*, dessen Bauart schon [...] verrät, daß es als Schauplatz außerordentlicher Dinge gedacht ist. Da sind Menschen [...] die, von einem merkwürdigen Instinkt oder Willen getrieben, diesem Gebäude zuströmen [...]. Und da ist vor allem ein *Mann*, auf dem die Erwartung des da scheinbar bevorstehenden Geschehens in ganz besonderer Weise zu ruhen, zu lasten scheint [...]. Und dieser Mann wird nun vor der Gemeinde und für die Gemeinde *beten*, wohlverstanden: beten – zu Gott! Er wird die *Bibel* öffnen und Worte voll unendlicher Tragweite daraus zur Verlesung bringen, Worte, die alle auf Gott sich beziehen. Und dann wird er auf die Kanzel steigen und – welches Wagnis auf alle Fälle! – *predigen* [...] Und dann wird er die Gemeinde *singen* lassen, altertümliche Gesänge voll schwerer, unheimlicher Gedankenfracht, [...] alle an den Rand eines unermeßlichen Geschehens führend [...] ‚Gott ist gegenwärtig!' Ja, Gott *ist* gegenwärtig. Die ganze Situation zeugt, ruft, schreit ja offenbar davon [...]".[249]

All das wird im einzelnen weitläufig ausgeführt und dann auch fortgeführt – bis hin zu bestürzten Eingeständnissen: „Kirche ist eigentlich eine Unmöglichkeit. Pfarrer kann man eigentlich nicht sein. Predigen, ja wer darf, wer

---

Alltäglichkeit. Wir müssen uns immer wieder dahin bringen, daß alles neu ist, wie am ersten Tag [...]." (Arendt – Heidegger, Briefwechsel, 47). – Den Verlust des *lebensdienlich* Selbstverständlichen markiert das Werk Kafkas. Sarkastisch: „Alles, selbst das Gewöhnlichste, etwa das Bedientwerden in einem Restaurant [,] muß man sich erst mit Hilfe der Polizei erzwingen. Das nimmt dem Leben alle Behaglichkeit." (Kafka, Tagebücher, 850). – Zur guten Alltäglichkeit sehr schön von Schirnding, Bedenkzeit, 37: „Zwischen den Unendlichkeiten draußen und drinnen, den Eiszeiten vor und nach uns, den Milliarden von Sonnensystemen und Gehirnzellen der freundliche Streifen Alltag: Luft und Licht des Gewohnten, Worte hin und her."

248　Barth, Vorträge 1922–1925, 76.
249　Barth, Vorträge 1922–1925, 73–75. – „Alle Randgebiete sind gefährlich. Jede Begriffsstruktur ist verwundbar an ihren Rändern." So wird Mary Douglas in Christian Enzensbergers Buch *Größerer Versuch über den Schmutz* zitiert (32).

kann denn das, wenn er weiß, um was es geht?"[250] Dort liegt das Entscheidende: zuerst einmal zu wissen, worum es geht.

Das Geschenk des Abstands; ein *Apriori*-Sprung; die Fähigkeit, die grundsätzlichen Rahmen-Voraussetzungen: ihre Beschränkung, womöglich Borniertheit, ihre Gewalt, in Bewegung zu bringen ... Woraus erwächst diese Kraft des fremden Blicks: die die Distanz zur eigenen Zeit auszumessen hilft? Sie verdankt sich m.E. zuletzt einer unbedingten Orientierung an der ersten Bitte des Vaterunser: der aufmerksamen Wahrnehmung einer lodernden Gefahr und eines Glücks, einer Unausdenklichkeit („Gott ist gegenwärtig!"), und, sich daraus ableitend, einem um so nüchterner gewordenen Sinn für das Menschenmögliche, für den freien Gebrauch der Welt. Ein insistierend durchdringender Blick richtet sich auf den sonntäglichen Gottesdienst: er achtet dort in jedem seiner Momente auf die Notwendigkeit der Heiligung des Namens Gottes. Gott ist es, der das Unausdenkliche in unsere Ohren sagt. Um dieses Befremdliche geht es. Auf der Heiligung des Namens Gottes beruht der christliche Gottesdienst. Er verträgt keine müden Worte.

Offengelegt wird dementsprechend nicht weniger als eine innere Unmöglichkeit – die freilich mitten ins Leben einschlägt und dann Sorgfalt fürs Leben ermöglicht und erbringt. *Unbedingtheit* wird dort ja verhandelt, mehr noch: *Gott*, der mehr ist als Unbedingtheit, ist das ausdrückliche Thema. Goethes herrliche „Unmöglichkeit", das Unverhoffte in der Schöpfung, meint darum noch etwas anderes:

> Unmöglich scheint immer die Rose,
> Unbegreiflich die Nachtigall.[251]

Gott, das Unverhoffte des Schöpfers, ist demgegenüber das ausdrückliche Thema bei Barth. *„Wir sind aber Menschen und können als solche nicht von Gott reden"*, wird es im Oktober desselben Jahres in dem berühmten Vortrag *Das Wort Gottes als Aufgabe der Theologie* heißen.[252] Wer voraussetzt, man könne das ohne weiteres, hat sich heillos verstiegen. Nur Leichtfertigkeit oder sträflicher Unaufmerksamkeit kann das entgehen. Der Pfarrer hat es mit einer Unmöglichkeit *a priori* zu tun – als ob jemand, der dafür eigentlich keine Augen hat, ein unvorstellbares Wesen aus einem Lande sähe, das es nicht gibt. Weil das Erblickte strenggenommen gar nicht möglich ist, verändert sich die Blickrichtung auf seine nun doch zweifellose Realität von Grund auf. Blicke und Koordinaten, Metaphern und Begriffe werden neu arrangiert. Denn in die Wirklichkeit reicht eine Unmöglichkeit hinein.

---

250 Barth, Vorträge 1922–1925, 91.
251 Goethe, West-östlicher Divan (Hamburger Ausgabe 2), 76.
252 Barth, Vorträge 1922–1925, 151.

Ein Wirkliches findet sich in die eigene Unmöglichkeit verstrickt – welche Verstrickung sich allerdings wiederum dem gewöhnlichen kirchlich-theologischen Blick als ganz selbstverständlich gibt.

Durchgängig wird man, so besehen, Barths Werk ausgezeichnet sehen können durch die Fähigkeit zu einem gespannten, fremden Blick, zu einer gründlich veränderten inneren und äußeren Anschauung und zur Ausbildung einer daraus resultierenden bildintensiven neuen Metaphorik.

2. Glaube entsteht, wo man aufmerksam sein kann

Bereits in einer Predigt 1914 handelt Barth von der besonderen Emergenz des Glaubens: „Erstlich entsteht der Glaube, der rechte Glaube immer da, wo man die Fähigkeit hat, *aufmerksam* zu sein. [...] Glaube entsteht nur da, wo man aufmerksam sein kann."[253] Der Heilige Geist begegnet als der Geist ungezwungener, konzentrierter Aufmerksamkeit und Wachheit – die nämlich, ekstatisch, sich dem Raum vor sich öffnet und außer sich und womöglich ganz beim Wahrgenommenen sein läßt und die ihm geltenden Worte dann gerade nicht zu „Münze, Waffe, Vorrat" werden läßt.[254]

Schon bei der Abfassung des ersten Römerbriefkommentars hatte er in einem Brief an Thurneysen (1917) dieser sozusagen produktiven Befremdung in einprägsamen, lebhaften Wendungen Ausdruck gegeben. Wiederum spielt in die Sätze überlegene Ironie hinein.

„Ich lebte die ganze Woche in strengster Klausur im Studierzimmer und unter dem Apfelbaum und habe nun Röm. 5 fertig ausgelegt, der wievielte wohl, der nach heißem Mühen mit allen diesen Rätselworten meint ‚durch' zu sein, bis sie den nächsten wieder ebenso geheimnisvoll anschauen. Es war mir über der Arbeit oft, als wehe mich von weitem etwas an von Kleinasien oder Korinth, etwas Uraltes, Urorientalisches, undefinierbar Sonniges, Wildes, Originelles, das irgendwie hinter diesen Sätzen steckt, die sich so willig von immer neuen Generationen exegesieren lassen. Paulus – was muß das für ein Mensch gewesen sein und was für Menschen auch die, denen er diese lapidaren Dinge so in ein paar verworrenen Brocken hinwerfen, andeuten konnte! Es graut mir oft ganz in der Gesellschaft. Die Reformatoren, auch Luther, reichen doch *lange* nicht an Paulus heran, das ist mir erst jetzt überzeugend klar geworden. Und dann *hinter* Paulus: was für Realitäten müssen das sein, die den Mann *so* in Bewegung setzen konnten! Was für ein abgeleitetes Zeug, das wir dann über seine Sprüche zusammenschreiben, von deren eigentlichem Inhalt uns vielleicht 99%

---

253 Barth, Predigten 1914, 84. Vgl. Barth, Predigten 1920, 345f.
254 Instruktiv das Gegenbild, wie Canetti es für Büchners *Woyzeck* zeichnet: „Da er immer ausgesetzt ist, ist er immer wach, und die Worte, die er in seiner Wachheit findet, sind noch Worte im Stande der Unschuld. Sie sind nicht zerrieben und mißbraucht, sie sind nicht Münze, Waffe, Vorrat, es sind Worte, als wären sie eben entstanden." (Canetti, Gewissen der Worte, 238f).

entgeht! Ich bin gerade heute sehr stark unter dem Eindruck, wie deprimierend *relativ* alle unsre Künste, die Bibel ‚reden zu lassen', doch sind. Du kennst das sicher auch."[255]

Du kennst das sicher auch. Angesprochen ist der Mitbetroffene, seinerseits Ernüchterte. Es ist, als suchten dergleichen Sätze über die Jahrzehnte hinweg abermals die Gesprächspartner, die das auch kennen, die sich mit Aufmerksamkeit und Demut, mit gesteigerter Lebendigkeit, von der Bibel *her-* und die sich um so mehr *auf* sie *zu* schreiben.

Ähnlich im Ton und in der kräftigen Bildintensität: Sätze in einem Brief an Thurneysen einige Wochen vor dem Vortrag in Schulpforta: „Calvin ist ein Wasserfall, ein Urwald, ein Dämonisches, irgendetwas direkt vom Himalaja herunter, absolut chinesisch, wunderbar, mythologisch; es fehlen mir gänzlich die Organe, die Saugnäpfe, dieses Phänomen auch nur in mich aufzunehmen, geschweige denn richtig darzustellen."[256] Oder, in radikaler Antithese, in Auslegung von Röm 8,17 in der zweiten Auflage des Römerbriefkommentars: „Wir – Gottes Kinder! Das kann man doch nicht nur so *sagen*! Das ist entweder der Lobpreis der Erlösten oder blasphemisches Geschwätz."[257] Die Alternative stellt sich unüberbietbar schroff. Schließlich heißt es: „Gewohnheit, Gemütlichkeit, Leichtigkeit und Selbstverständlichkeit an diesem Wendepunkt [sc. zu Röm 5,1] ist die Lüge, der Urfluch, der kaum auszurottende Giftkeim in aller, fast aller Dogmatik, Predigt, Seelsorge und religiösen Beteuerung jeder Art."[258] Die beiden letzten Zitate sind im besonderen geeignet, die entscheidende Alternative, wie sie in der Neuorientierung der Theologie Barths vorgenommen wird, noch einmal prägnant auf den Begriff zu bringen. Es geht um die verheerenden Selbstverständlichkeiten, Blindheiten, Lügen ... Adams. Um so schlimmer, wenn in seinem Bereich der Theologe ihnen im verantwortungslosen Gerede oder „Gefrage" (IV/3, 88) verfällt, wenn er mit „Hinweisen auf Gottes Werk und Wort" verfährt „wie mit Spielmarken, die man [...] nach Laune und Belieben auf den Spieltisch des allgemeinen Geredes werfen kann".[259] Zu tun hat er es aber nicht mit einem irgendwie auf Gott bezogenen Weltgewäsch, in dem sich das Gesagte restlos von selbst versteht, sondern mit dem Unerhörten, der sich selbst zu verstehen gibt und für sich Augen schafft.

---

255 Barth – Thurneysen, Briefwechsel 1, 236.
256 Barth – Thurneysen, Briefwechsel 2, 80.
257 Barth, Römerbrief II, 282.
258 Barth, Römerbrief II, 126.
259 Barth, Einführung, 152.

3. Er schafft Augen

Fassen wir zusammen, indem wir noch einmal die einfache Grundfrage benennen. Das ist Barth zufolge die nach dem Anfang.[260] Womit ist in der Theologie anzufangen und womit sofort aufzuhören? Gibt es einen unhintergehbaren Basistext der Theologie? *Jesus Christus in seiner Selbstoffenbarung* nennt Barth den vieldimensionalen Grundtext der Theologie. Aus ihm, dem Unerhörten, leitet sich alles weitere ab.

„Dieser Grundtext ist aber eben jenes in Gottes Majestätsakt geschaffene Faktum selbst und als solches, sofern es nämlich *nicht nur* den Charakter eines Seins und Geschehens, *sondern* als dieses Faktum *auch* den Charakter von *Offenbarung* hat."

Keineswegs wird also ein von Gott gesetztes Faktum menschlich gedeutet (sei es denn mit göttlicher Hilfe). Vielmehr kommt ihm bereits von sich her souveräne Deutungs-, Bewertungs-, Urteilskraft zu.

„In diesem Charakter enthüllt, eröffnet, erschließt es sich selbst, gibt es sich selbst zu erkennen, schafft es selbst die Möglichkeit eines ihm zugewendeten und entsprechenden Sehens, Hörens, Verstehens, vielmehr: schafft es Augen, die es sehen, Ohren, die es hören, ein Denken, das es versteht."

Das sich selbst erklärende Faktum ermöglicht nicht lediglich seine Wahrnehmung und dann auch seine gedankliche Rezeption, *kreiert* sie vielmehr seinerseits.

„In diesem Charakter ist es Licht, das als solches sichtbar und tatsächlich gesehen wird – *in tuo lumine lumen videmus* (Ps. 36,10) – d.h. aber macht es sich selbst zum

---

260 „Jedes Buch", meint Martin Walser (M. Walser, Querfeldein, 159), „will eigentlich mit dem Anfang anfangen. Du müßtest hinschreiben, daß die Welt durch dich erschaffen wurde. In der Sekunde deiner Geburt. Mit deinem ersten Schrei, mit deinem ersten Blick. Und seit dem hast du nicht aufgehört, diese Welt zu erschaffen. Mit jedem Atemzug. Vergiß Gott, fang selber an." – Safranski (Safranski, Himmel) hat auf das Pathos des Anfänglichen in der philosophischen Phänomenologie bei Husserl und Scheler aufmerksam gemacht und Schelers Ausruf zitiert: die phänomenologische Forschung „wird sein wie der erste Tritt eines jahrelang in einem dunklen Gefängnis Hausenden in einen blühenden Garte ... Und jener Garten wird sein – die bunte Welt Gottes, die wir – wenn auch noch in der Ferne – sich uns auftun und hell uns grüßen sehen. Und jener Gefangene wird sein – der europäische Mensch von heute und gestern, der seufzend und stöhnend unter den Lasten seiner eigenen Mechanismen einherschreite ...". – Mit einem Gedicht von Lars Gustafsson gefragt (Gustafsson, Xanadu, 42): Was wäre zum Beispiel „ein Anfang"? Ein Anfang, das könnte sein, „wenn der Wind den Regen / über lichtgrüne Felder bläst und wenn keiner / mehr die geballte Angst / im Magen spürt [...]." Ein Anfang müßte etwas sein „aus Wind und aus Licht", halb irdisch, halb überirdisch. – Der „andere Anfang" ist bei Martin Heidegger geschichtlich, seinsgeschichtlich gedacht. Ich gebe lediglich ein einziges Zitat: „[...] wir müssen [...] uns darauf besinnen, was wir über den *Anfang* der Geschichte des abendländischen Denkens sagten und vielleicht zunächst nur behaupteten: daß der Anfang dasjenige sei, *was unentfaltet in seiner Größe in die Zukunft vorausgreift,* daß der *Rückgang in den Anfang* demgemäß ein Vorspringen, ja das eigentliche *Vorspringen in die Zukunft,* sein könnte, freilich nur unter der einen Bedingung, daß wir *wirklich mit dem Anfang anfangen."* (Heidegger, Grundfragen, 110).

erkannten Faktum. Es öffnet gewissermaßen die Schranke, das Tor seiner Objektivität, es erweitert sich selbst in der Richtung auf ein Subjekt hin, es umgreift und umschließt auch dieses Subjekt, es wird das erkannte Objekt dieses Subjekts." (IV/2, 136)

Die „*Objektivität* auch ihres [sc. der Versöhnung] Offenbarungscharakters" will Barth „ausdrücklich hervorgehoben" wissen (IV/3, 9). Nötig ist es, „wie die Objektivität der Versöhnung als solcher, ihres Geschehens in der Welt, so auch die ihres *Offenbarungs*charakters, die *Apriorität* ihres Lichtes allem menschlichen Hellwerden und Erkennen gegenüber festzuhalten" (IV/3, 10) – ohne „Auflösung oder Abschwächung des harten Realitätscharakters, der echten Gegenständlichkeit (,Objektivität'!) dieses Grundelements des göttlichen Tuns für und an uns" (IV/2, 117).

Jesus Christus in seiner Selbstoffenbarung gibt derjenigen Zusage, demjenigen Zuspruch und Anspruch Stimme, die für Gott *a priori* der Rede wert sind. Es kommt dann für menschliches Reden und Denken darauf an, nun seinerseits „mit der Offenbarung *anzufangen*"[261] – und, im „Aufhören des leidigen Anfangens des Menschen mit sich selbst und seinen Werken" (IV/1, 66),[262] bei diesem (nur bei diesem) anderen, guten, von Ewigkeit her bejahenden Anfang zu bleiben, in ihm geduldig auszuharren – im immer neuen Ansatz und in langen Linien der Allmählichkeit. Bleibt und hält sich der Anfang, die Offenbarung, das Unerhörte, Jesus Christus ... doch seinerseits (als Vorschein) in leuchtender Sichtbarkeit und (als Anklang) in Hörbarkeit.

Von dieser sich von Gott her zutragenden Voraussetzung aus klären sich indes die Lichtverhältnisse und artikulieren sich die Stimmen – kann sich dann auch in bezug auf die Frage der Schriftauslegung eine theologische und im Wortsinn evangelische (alles von der Deutungs-, Bewertungs-, Urteilskraft des Evangeliums erwartende) umfassende Hermeneutik ausprägen. Die Alternative: entweder neuzeitlicher Methodenzwang oder postmoderne Austauschbarkeit der Verfahren stellt sich nicht mehr. Beide Seiten dieser Alternative gehören im Pathos der Selbstermächtigung zu unbedingter Deutungsmacht zusammen und stecken dort fest. Auch scheint die Zeit beider langsam abgelaufen. Jene evangeliumsgemäße Hermeneutik hat das Eingezwängtsein in diese nur noch fatale Alternative bereits hinter sich gelassen. Evangelisch zu nennende Hermeneutik müßte streng auf die unbedingte Priorität des von der Wissenschaft eben nicht Handhabbaren achten, auf eine Größe, die dem Verfahren der Kennzeichnung durch beherrschende Gliederung, die also jeder *Methode* nicht nur voraus liegt, die

---

261 Cf. oben in diesem Abschn. bei Anm. 226.
262 Das mit Gott um den „Anfang" konkurrierende „Ich" beschreibt Bonhoeffer in Schöpfung und Fall in großartiger Prägnanz (Bonhoeffer, DBW 3, 27f).

vielmehr sogar (worauf zurückzukommen ist) das für die Moderne so ungemein bezeichnende Prinzip des Methodischen selbst in Frage stellt. Sie ist dann leidenschaftlich und eifersüchtig auf den Vorrang der *Selbstverdeutlichung* Gottes bedacht, eben auf die unvordenkliche und unableitbare Anfänglichkeit Jesu Christi in seiner Selbstoffenbarung. Vordringlich bedenkt sie diese Selbsterklärung und Selbstvermittlung und hütet diesen unerhörten Gedanken – statt ihn selbstverständlich zu nehmen oder ihn für theorienunfähig zu erklären. –

Wir ziehen eine Zwischenbilanz. Wie ein Schatz im Acker läßt sie sich nach Barths Verständnis der biblischen Texte das Unverhoffte auffinden: die herrliche, verschwenderische Daseinsfülle, die Substanz aus dem Stoff des Lebens, die Zeit-Gewölbe von großem Glück. Im Widerspruch aufgenommen wird damit das, wovon die Dichtung aller Zeiten oder was sie ahnt und als jederzeit sprungbereites Gefühl vielfältig benennt: „[...] irgendwann zerbricht jede Form, zerbrechen die Krüge, und die Zeit läuft aus".[263] Dem gegenüber wissen die Texte vom Haltbaren, das sich schenkt, an das kein Tod rührt (weder meiner noch der des Anderen). Die Öffnung auf dieses besondere Unermeßliche hin gibt Halt.

Es handelt sich um eine niemals selbstverständlich zu nehmende, vielmehr gedanklich je neu zu gewinnende Kostbarkeit. Sie weist auf die unverrückbare, unverbrauchbare, entlastende Wahrheit – auf das fortdauernde Geheimnis Gottes. Denn die Dimension des Geheimnisses, so erklärt Barth programmatisch im Vorwort zum ersten Band der *Kirchlichen Dogmatik*, ist dem modernen Protestantismus abhanden gekommen. Sie – als alle Tage gefährdete – abermals in einen näheren Blick zu nehmen wird dann mit dem Ausruf übereinkommen: „*So* ist's, *da* haben wir's, *das* brauchen wir, *das* ist wahr, *das* ist gut, *das* ist hilfreich [...]".[264]

---

263 Strauß, Anwesenheit, 57.
264 Cf. oben in diesem Abschn. bei Anm. 5.

C. Prophetische, aber nicht methodische Sachlichkeit.
Zu den exegetischen Prinzipien

Einigermaßen weit muß der Gedanke ausholen, der Barths Schriftauslegung erfassen will. „Nachkritisch" hat man sie mit einigem Grund genannt,[1] sie damit freilich von der historisch-kritischen Exegese her und wesentlich im Bezug auf sie definiert. Wir setzen erneut an. Zu durchmessen sind sehr unterschiedliche, verschiedene Zugangsweisen erfordernde, nicht gerade leicht zu übersehende gedankliche, auch geschichtliche Räume. Auszugehen hat die Überlegung indessen von schmalem Raum, von der Kanzel, einer Bruchstelle der Zeiten, in der Stunde der Wahrheit – im Gottesdienst. Bezeichnet ist damit zugleich die Ausgangssituation für die Neuorientierung der Theologie des 20. Jahrhunderts, wie sie vom Safenwiler Pfarrer Karl Barth ausgeht: die „bekannte Situation", wie Barth vermerkt, die mit fremdem, verwundertem Blick wahrzunehmende Situation „des Pfarrers am Sonntagmorgen".[2] Für seine ebenso konzentrierte wie weit ausgreifende, wohl immer noch auf die richtigen, ebenbürtigen Leser wartende, im ganzen nach wie vor unausgemessene Theologie und Schriftauslegung bleibt die Situation der Verkündigung verbindlich, der Gemeindegottesdienst, der Sonntagmorgen, der erste Tag der Woche.

a. Bibel und Predigt

> Fürchte in der blinden Mauer
> einen Blick, der nach dir späht.
> (Gérard Nerval)

1. Der Erwartete will erscheinen

Der christliche Prediger in der „bekannten Situation" auf der Kanzel, töricht genug zu hoffen, sehen machen zu können – mutig genug, das zu hoffen –,

---

1 Vgl. Smend, Nachkritische Schriftauslegung; Smend, Karl Barth als Ausleger. Dazu Neven, Barth lezen, 53; 141f; sowie Barth, Gespräche 1964–1968, 396f. Barth plädiert dafür, es beim Wort „kritisch" zu belassen. Man wird wohl sagen müssen, daß wir das richtige Wort für Barths Verfahren noch nicht gefunden haben. Der Ausdruck „nachkritisch" ist sichtlich ein Notbehelf.

2 Cf oben Abschn. B. bei Anm. 250.

zeichnet etwas in die Luft, malt etwas vor die Augen: wie mit Kreide ins Dunkel gezeichnet, mit der Kreide des Wortes in die Verdüsterungen einer Seele, auch in die Dankbarkeit eines lichterlohen Augenblicks, in sein Erschrecken und in seine Verwirrung, in seine plötzliche Hoffnung und in seine tiefe, düstere Unversöhntheit. Hell wird ein Lebendiger vor Augen gestellt, eine Person, der Gekreuzigte (Gal 3,1). An ihn kann sich der Blick verlieren. Jesus Christus entwirrt und besänftigt das anders niemals zu stillende Ich, er ist den unverständigen Galatern vor Augen gemalt worden. „Wer hat euch verzaubert? Wer hat eure Augen in Bann geschlagen?" Wer gab euch zum Beispiel jenen quälend paradoxen, fürchterlichen „Blick, der das Leben nicht mehr versteht, weil er es verstanden hat"?[3] Nein, er, der Anblick des gebrandmarkten, des gekreuzigten Christus, ist der entscheidende, blitzartige, zugleich uneinnehmbar lange Augenblick des menschlichen Lebens – weil er der Blick (der Blick der Augen Christi) *auf* das menschliche Leben ist, nicht so sehr ein Bruchteil der Zeit als vielmehr ein Riß in ihr. Wir werden wahrgenommen. *Videor ergo sum, ergo video.* „Sehen, angeblickt, habe ich wieder erlernt", heißt es überaus prägnant bei Ingeborg Bachmann.[4] Wir werden angeschaut. *Esse est videri a Deo.* Wir kommen der Wahrheit unter die Augen. Ein fest umrissener Augenschein. Wunderbar Bonhoeffers Wendung in der *Ethik*: „Glauben heißt gefangen sein von dem Blick Jesu Christi […]".[5] Ein Blick, der nicht nur sieht, sondern auch sich zeigt, der nicht durch uns hindurchsieht, sondern uns aufnimmt. Christus schaut uns *zu sich heran*. Nur die beiden Wörter stellt Kafka in einer Notiz nebeneinander: „Christus, Augenblick".[6]

Eine gänzlich andere Blickform (geeignet infolgedessen wiederum als seitenverkehrte Spiegelung) begegnet in Kafkas *Schloß*:

„Wenn K. das Schloß ansah, so war ihm manchmal, als beobachte er jemanden, der ruhig dasitze und vor sich hinsehe, nicht etwa in Gedanken verloren und dadurch gegen alles abgeschlossen, sondern frei und unbekümmert; so als sei er allein und niemand beobachte ihn; und doch mußte er merken, daß er beobachtet wurde, aber es rührte nicht im Geringsten an seine Ruhe und wirklich – man wußte nicht war es Ursache oder Folge – die Blicke des Beobachters konnten sich nicht festhalten und glitten ab."[7]

---

3 Szondi, Schriften I, 259 (dort in Hinsicht auf den Blick von Büchners *Danton*).
4 In dem Gedicht *Prag Jänner 64* (Bachmann, Werke I, 169).
5 Bonhoeffer, DBW 6, 138. – „Der Segen", stellt Steffensky fest (Steffensky, Träume, 29), „ist der Ort höchster Passivität. Es ist der tiefste Ort des Nicht-Ich und des Ich. Es ist der Ort, an dem wir werden, weil wir angesehen werden; es leuchtet ein anderes Antlitz über uns als das eigene; es ist ein anderer Friede da als der mit Waffen erkämpfte und eroberte."
6 Kafka, Nachgelassene Schriften II, 87. Zum „gefährlichen Augenblick" vgl. Bohrer, Plötzlichkeit, 43–67.
7 Kafka, Das Schloß, 156.

Malcolm Pasley interpretiert: „Nach K's Gefühl scheint das Schloß über eine Art von unbedingtem Auge zu verfügen, das sich aber gar nicht um ihn kümmert, ruhig vor sich hinsieht, und dem es unmöglich ist, direkt zu begegnen."⁸

Hier, sobald Christus in Vollmacht vor Augen gemalt wird: das Festhalten des Blicks, die Begegnung der Blicke, vielleicht die übermütige Sekunde. Der Prediger hofft, sehen machen zu können, das heißt seinerseits aufmerksam zu machen auf ein unvergleichlich eigenes Angeblicktwerden: auf den all-aufmerksamen Gott, auf, so Barth, „Gottes große Aufmerksamkeit".⁹ Er hofft, damit den je unterschiedlichen, individuellen oder kollektiven, womöglich sogar den großen, zeitspezifischen Bann anderer äußerer und innerer Blicke lösen zu können.¹⁰ Fasziniertwerden hier und Defaszination dort. Diese Hoffnung, so mutig und maßlos, stolz und selbstvergessen, gründet sich zunächst auf die ungeheure Bilderschrift, auf Gegenraum und Gegenspiel, auf die, wenn man so sagen will, auf uns geworfenen Blicke der biblischen Texte – ihre verwandelnde Bildaktivität. Anders als durch sie, die die Aufmerksamkeit bindet, gewinnt der Glaube keine Auffassung von dem, worauf er sich richtet.

Dies mit der Voraussetzung, so Barth, daß „das Gegenstandsbild der biblischen Texte [...] der Name Jesus Christus ist und daß diese Texte nur verstanden werden können, wenn sie in ihrer Bestimmtheit durch dieses Gegenstandsbild verstanden werden [...]" (I/2, 815). Bilder, auch sprachliche Bilder, zeigen etwas und zeigen sich selbst. Das „Gegenstandsbild der biblischen Texte" bietet sich selbst freilich lediglich in der Absicht, ihn, Jesus Christus, zu zeigen. Es hält von sich aus auf den Hörer zu. „Die biblischen Texte und Zeugnisse", erklärt Barth, „haben *in sich* den Drang in das Leben, zu den Menschen, in die Gegenwart."¹¹ Damit der Predigthörer allerdings tatsächlich innerlich zu sehen vermag, muß das Entscheidende wie zu den Predigttexten so auch zur Predigt erst noch *hinzutreten*.

Der Entschiedenheit gilt Barths theologische Leidenschaft, in jedem Kapitel der Dogmatik zur Geltung zu bringen und so für die Praxis der Kirche immer erneut einzuschärfen, daß sich diese Bilderschrift nur unter einer einzigen Bedingung belebt: wenn der, von dem in der christlichen Predigt aufgrund des Textes die Rede ist, *sich selber verdeutlicht*.¹² Etwas – in

---

8   Pasley, Essays, 157.
9   Barth, Römerbrief II, 129.
10 „Ist denn die ganze Welt unter den Bann des bösen Blickes der Riesenschlange geraten?", fragt Barth 1938 in seinem berühmten Brief an Hromádka (Barth, Schweizer Stimme, 58).
11 Barth, Gemeindemäßigkeit, 203 (Hv. M.T.).
12 Ob nicht „geschichtliches Wissen" und „kritisches Nachdenken" nötig seien zur „Feststellung des Inhalts des Evangeliums", fragt Adolf von Harnack in seinen *Fünfzehn Fragen an die Verächter der wissenschaftlichen Theologie unter den Theologen* (Barth, Offene Briefe 1909–1935, 59).

Farben des Zorns und der Liebe – in den Raum des Gottesdienstes zu zeichnen, Jesus Christus (expressionistisch oder surrealistisch oder wie auch immer)[13] vor die Augen zu malen, ist eines. Es ist den Zeugen aufgetragen und darf nicht unterbleiben. Aber natürlich geht darüber weit hinaus, wenn er – von dem ihn beherbergenden Text aus – in Wahrheit dann auch einleuchtet, wenn er für das Gewissen, für sein Spiel von Licht und Schatten, als etwas Eigenes und Unverwechselbares in Erscheinung tritt, es aufklärt, ihm in die Zukunft vorausscheint. Nur dann, wenn er selber eintritt in die Schriftbilder, fällt den ihn zeichnenden Texten und der ihn der Gemeinde vor Augen haltenden Predigt, fällt den schwachen menschlichen Worten *Leben* zu. Dann aber gewiß, dann in der Kraft des Geistes, ungezwungen, als Befreiung aus einer harten Verschlossenheit, als Angeschautwerden des Angesprochenen ... Was mißt ihm dieser Blick zu? Nicht nur irgend etwas. *Er weckt ihn auf.* Von heute auf morgen wird einem Hörenden oder innerlich Sehenden die Seele aufgetan (Act 16,14). Das innige Selbstfeld verwandelt sich: zur besonderen, ungemeinen Empfänglichkeit, Hellhörigkeit, nie gekannten freien Wachheit.

Der in der Predigt Gerufene, Erwartete, vor Augen Geführte, der mit dem Predigttext Hervorgerufene will erscheinen. Auf dem Schauplatz der Texte. Gewiß vorerst verborgen: in der Tiefe der Einbildungskraft, in den Augenhintergründen, im geheimen Raum des Selbstverständnisses, der Unausweichlichkeit, wo wir uns nicht mehr von uns selbst distanzieren können, in der Sphäre des inneren Gesichts- und Gehörfeldes, der Großinnenwelt mit ihren Einrichtungen, Erscheinungen und Einquartierungen, mit ihrer Kraft, Einstellungen und Lebenshaltungen zu verwandeln – im Herzen. Nachhaltig will er sich in allem Ernst ins Herz des Hörers prägen. Insofern ist die Indiskretion der Predigt geradezu total. Dort, der für das Menschsein konstitutiven Innenhaftigkeit gemäß, wird er, der Verheißene, anschaulich und hörbar, wann und wie er es will. Dort liegt sein Einzugsbereich, seine bevorzugte Ankunftsstätte. Ihn betritt sein Geist auf vielfältigen und gleichzeitigen Ebenen. Ermutigt dann dazu, Augen und Ohren zu trauen, sind wir am Besten zuinnerst beteiligt. Predigt und Auslegung, auch die Theologie, kommen erst zum Ziel, sobald er sich von sich aus dorthin über-

---

Darauf antwortet Barth (62): „‚Geschichtliches Wissen' könnte uns dann freilich sagen, daß die Mitteilung des ‚Inhalts des Evangeliums' jedenfalls nach dessen eigener Aussage nur durch eine Handlung dieses ‚Inhalts' *selbst* sich vollziehen kann. Aber ‚kritisches Nachdenken' könnte ja zu dem Ergebnis führen, daß diese Aussage des Evangeliums im Wesen der Sache (der Beziehung zwischen Gott und Mensch) begründet und also ernstlich zu respektieren ist".

13 Tillich (Systematische Theologie II, 126f) versteht das von den Evangelien gezeichnete Bild Jesu als expressionistisches Portrait (vgl. Körtner, Historischer Jesus, 120f). M.E. liegt zunächst der Vergleich mit der Kunst des Surrealismus näher. Doch auch der vor Licht brennende Impressionismus? Die unbändig eingesetzten Farben? Und das in die Bilder Jan Vermeers einsickernde Geheimnis?

trägt, sobald er, in der Kraft des Geistes, in diesen Bereich tatsächlich eintritt. Andernfalls versinken sie in Lächerlichkeit und Überhebung. Der Anschein und die Realität von Anmaßung und Vergeblichkeit begleiten Barth zufolge die Theologie wie ein Schatten.[14] Das gilt für die Predigt sogar um so mehr.

2. Die Texte geben eine Person zu verstehen

Nun geschieht es, daß den biblischen Worten Leben zufällt: indem der vor Augen Gemalte der jeweiligen Lebenssituation – wie ein Freund, wie ein Vertrauter – nahe kommt, auch dem „ungelebten" Leben nahe kommt, den tatsächlichen oder vermeintlichen Versäumnissen, auch dem Fortwirken und dem Überhangensein mit jenen Vergangenheiten, die nicht vergehen wollen, die sich furchtbar im Kreise drehen[15] und uns erpressen, nahekommt auch der Entwirklichung, dem jeweiligen Sein-zum-Tode, meinem wie auch dem des Anderen. Vor allem aber erweist er sich als identisch ist mit dem Evangelium, das von Gott her auf mich zukommt. Die Texte geben dann eine Person zu verstehen, nicht in erster Linie einen Tatbestand. Regeln brauchen sie nicht zu suchen, weil sie sie schon gefunden haben: die Regeln dieser Person – dessen Joch sanft und dessen Last leicht ist (Mt 11,30). Sie formulieren nicht nach dem Muster von Objekt-Beziehungen und reden nicht von sich, sondern in eines anderen Sache (und wenn von sich, wie verschiedentlich bei Paulus, dann um so mehr in eines anderen Sache). Sachverhalte, Erzähltes (noch so farbig Erzähltes), Theologie (noch so hochstufige, erklärungskräftige, dabei poetische wie die johanneische oder paulinische Theologie) – die Inhalte, die literarischen Gattungen, die Sprachformen: wie interessant und wissenswert und sogar faszinierend auch immer – sie halten sich gewissermaßen in einer Schwebe: sie stehen im Dienst eines für Zeit und Ewigkeit Definitiven, der *Verdeutlichung jener Person. Sie* soll die Aufmerksamkeit binden. Zuletzt nicht in Worte zu fassen ist die Verbindlichkeit, aber auch der Zauber, der von dieser Person ausgeht, sein Erbarmen und seine Zartheit für völlig Ohnmächtige.

Die Texte sind dazu da, schon jetzt in letzter entschiedenster Verlockung – gegen die Überredung zum Tod, die, von der anderen Seite der Sprache her, auf den Menschen von überallher eindringt – mit dieser Person als mit der ewigen Versöhnung, der eigentlichen Grundbewandtnis seiner Existenz, vertraut zu machen und darum, trotz allem, die Liebe bis zuletzt ernstzu-

---

14 Vgl. I/1, 22.
15 „Diese Geschichte dreht sich im Kreis, und je länger man sie erzählt, desto sinnloser wird sie." (Klüger, weiter leben, 31).

nehmen. Aus diesem Grund sind sie noch jedesmal auch ein aufständisches Manifest, Schule des Zorns und des Abwehrwillens. Und vielleicht muß ihre Komposition deshalb unzählige Male kunstvoll sein, weil so viel Schreckliches zu bändigen ist.

Insofern werden auf dem Schauplatz der Texte – in der Lichtung der Texte –, in der Bibel, in ihren extremen Beziehungswelten, die Seinskämpfe ausgetragen, die Kämpfe um das menschliche Gehör, um den Zugang zur Ergriffenheit. Beschreiben läßt er sich als ein Austrag im Medium der Stimmen und Sprachen – in außerordentlich polyphoner Weise, rebellisch lebendig und, um Gottes willen, die Stimme des Wildfremden von der des Hirten scharf unterscheidend (Joh 10,5). Mit der Bibel besitzt der Glaubende – soweit er sich in das Wort Gottes findet – einen Rückhalt machtvoller, auch klangvoller Stimmen gegen das zutiefst Monotone, gegen den Sirenengesang der Todesstimmen (wie Kafka ihn als „Schweigen der Sirenen",[16] das niemand zu überleben vermag, beschrieben hat). Das Herz mag sich davon nehmen, was es will.

Die Bibel ist ein gewaltiger glitzernder Sprachstrom, ein nicht abreißenwollender, unruhiger Fluß. Reichtum, Beziehungs- und Andeutungsfülle ihrer Sprache, das Vielsagende, bietet sich nämlich an als Gleichnis für die Fülle des Wortes, das am Anfang war und das Fleisch wurde, für den Logos, den sprachlichen, vernünftigen, sinnenhaften Leib Gottes. Gesehen und gehört und empfunden werden – im ahnungsvollen Gleichnis – kann seine Herrlichkeit, „Trost im Leben und im Sterben". Der erste Johannesbrief nennt gleich zu Beginn (1,1f) die herrliche Sinnenhaftigkeit des ewigen Logos, Kol 2,9 spricht davon, daß in ihm die Fülle der Gottheit, das Verschwenderische und Überschießende, leibhaftig war ($\sigma\omega\mu\alpha\tau\iota\kappa\tilde{\omega}\varsigma$).

Im Fluß der Bilder, verhüllt in poetische Schönheit (kein Ziel, sondern ein Indiz), in Glanz und Farbe der biblischen Texte, in scharf geprägte Gedanken hineingegeben, durchscheinend zum Beispiel durch das Hohelied der Liebe von 1Kor 13, in unterschiedlicher Weise verborgen also – ist doch immer die Rede von dem einen, der ist und war und kommt, das eine Wort Gottes: der dem Menschen, diesem zunächst namen- und gesichtslosen Wesen des Augenblicks, dem Schuldigen, verknotet in seine Schuld, nahe kommt, *unerreichbar nahe*, und sich ihm vertraut macht. Er nimmt ihn nicht beim Schuldwert, sondern beim Versöhnungswert. Die biblischen Texte – nicht Mitteilung über Inhalt oder Thema, sondern Lockruf – können *auf ihn hin* sichtbar gemacht werden. Ihre Bedeutung geht dann unendlich über das hinaus, was ihre manifesten semantischen, historischen etc. Bestandteile bilden. Empfindlich werden kann der Leser und Prediger dann gegenüber diesem Einen.

---

16 Kafka, Nachgelassene Schriften II, 40–42.

„Die Bibel", so Barth, „sagt wohl vielerlei; sie sagt aber in allem Vielerlei nur Eines, eben dieses Eine: den Namen Jesus Christus [...]. Die Bibel wird da klar, wo es klar wird, daß sie dieses Eine sagt: daß sie den Namen Jesus Christus verkündigt und damit Gott in seinem Reichtum und seiner Milde, den Menschen aber in seiner Bedürftigkeit und Hilflosigkeit, lebend von dem, was Gottes Milde ihm geschenkt hat und schenken will. Die Bibel bleibt uns da dunkel, wo wir jenen beherrschenden Namen in ihr nicht hören [...]" (I/2, 807f)

Luthers prägnante kritische Formel, „was Christum treibet", das sei evangelisch,[17] erinnert daran, daß als evangelisch, als befreiend und das Leben eröffnend, nur das gelten darf, was *ihn* verdeutlicht und erklärt und heraushebt aus dem Unbestimmten – so daß er, eine Person, immer mehr für sich einnimmt, an Kontur gewinnt, an Tiefenschärfe und Klarheit. Theologie vermag eine entsprechende, darauf zielende Wahrnehmungsgenauigkeit auszubilden. Man kann dann in bestimmten theologischen Texten womöglich den Atem der Bibel mithören. Die Schrift als heilige Schrift, die Heilige Schrift evangelisch zu verstehen bedeutet infolgedessen, alles in ihr, soweit es nur geht, persönlich zu nehmen (statt es nur kulturell oder historisch zu begreifen). Sämtliches ist in ihren Texten für die große *Begegnung* vorgesehen.

Denn mit dem Glauben wird ein auf Unähnlichkeit basierendes Abbildungssystem sichtbar, eine, freilich ungemein asymmetrische, Begegnung von Person zu Person, von Gesicht und in sich versunkenem, erloschenem Gesicht, erst noch aufzutuendem Nicht-Gesicht – darin enthalten also überhaupt erst das Erwachen von Begegnungsbereitschaft und Wahrheitsempfindlichkeit. Mit dem Glauben vollzieht sich das Zusammentreffen irgendwie verwischter, unaufklärbar undeutlicher, vom Tod gezeichneter und also gesichtsloser, in verschiedener Hinsicht auch für sich selbst ganz unklarer, dem Blick des Aufrichtigen ursprünglich ausweichender, doch ihm ausgesetzter Menschen – mit der Lauterkeit.

Was Büchners *Lenz* sich vom „Man" erhofft, gilt für Christus: er liebt den Menschen, das Nicht-Gesicht; keiner ist ihm zu gering, zu häßlich, zu unbedeutend. „Man muß die Menschheit lieben, um in das eigentümliche Wesen jedes einzudringen, es darf einem keiner zu gering, keiner zu häßlich sein, erst dann kann man sie verstehen; das unbedeutendste Gesicht macht einen tiefern Eindruck als die bloße Empfindung des Schönen [...]."[18]

---

17 Luther, WA. DB 7; 384, 26–32.
18 Büchner, SW I, 235. – Die unbedingte Auszeichnung des menschlichen Gesichts – freilich als unbedingte Forderung – dann bei Lévinas.

3. Der Liebe wird ein Gesicht gegeben

Der jeweilige biblische Text und die durch ihn provozierte Predigt – die eingeschlossen werden soll in die umfassendere gedankliche Syntax der Bibel – können darum als Medien zunehmender Verdeutlichung gelten.[19] Sie erlauben, das Geheimnishafte als solches zu belassen, doch immer neu zu umschreiben. Sie beherbergen es. Sie umschließen ein Geheimnis – gleich wird ein Wunder geschehen. Nicht ein Gedanke oder eine Vorstellung, sondern der lebendige, dem Tod für immer in den Weg tretende Christus steht hinter ihnen, die endgültige Person, der Herr, der Bruder, der Freund. Der mit ihrer Hilfe, in ihrer Formensprache, in der Kraft und Aktivität ihrer Bilder und Stimmen, der inneren Anschauung, vorgestellt wird, gewinnt Bestimmtheit – diejenige Bestimmtheit, so wird man sagen können, die als menschliche Urerfahrung die handgreiflichste sinnliche Erscheinungsform der Person darstellt, den Inbegriff kindlicher Vertrautheit: *die Konturen eines Gesichts*. Die Freundlichkeit kommt in die Welt. Jesus Christus gibt der Liebe ein definitives Gesicht.[20] Das „Angesicht" indes, merkt Kornelis Heiko Miskotte sehr schön an, „ist mehr als die Präsenz an sich, es ist die *erkannte* Präsenz, die nicht bloß faktische, sondern existentielle Gemeinschaft."[21]

Wir gehen dem Gedanken ein wenig nach. Das Angesicht ist eine *ursprüngliche* Anwesenheitsform. Es ist der ursprüngliche, große szenische, dramatische Ort. Infolgedessen findet sich die lebenslange unstillbare Leidenschaft jedes Menschen zum menschlichen Gesicht.[22] Von diesem

---

19 Von der Bibel spricht Barth (Barth, Vorträge 1922–1925, 426–457; dort 454) als von derjenigen „Stelle, wo die christliche Kirche merkwürdigerweise [...] jenes Medium zu sehen meint, durch das sie in die Offenbarung hineinsieht, durch das die Offenbarung sie zur Predigt nötigt." Und in Barth, Unterricht II, 20, heißt es: „[...] unser Erkennen Gottes hat es *direkt, anschaulich, an sich* (also dialektisch *un*reflektiert aufgefaßt) mit einem *Medium* zu tun. Dieses Medium kann uns Erkenntnis Gottes vermitteln. Aber damit ist schon gesagt: *indirekt* mitteilen. Es ist ein Medium. Nicht an sich teilt es Erkenntnis Gottes mit. An sich ist es vielmehr ein Rätsel, nicht des Rätsels Lösung, ,Stückwerk' nach dem anderen Ausdruck, Hinweis auf die Wahrheit, nicht die Wahrheit selbst. Das Medium kann transparent, das Rätsel kann gelöst werden, der Hinweis auf die Wahrheit kann Erfolg haben. Aber das ist dann ein Drittes, Neues, das hinzutritt. Das leuchtende Licht der Offenbarung macht das Medium transparent. Aber es bleibt das Medium. Und das Rätsel bleibt das Rätsel und das Stückwerk Stückwerk, und mit *ihm* hat es unser Erkennen zu tun, von *ihm* empfängt es seine eigentümliche Beschaffenheit, gerade im Offenbarungsverhältnis. Es ist und bleibt *indirektes* Erkennen".

20 Daß das Auferstehungsgeschehen *Nähe* meint und wunderbar die menschliche Sinnlichkeit anspricht, kehrt Barth in der Wendung „leiblich, sichtbar, hörbar, greifbar" hervor (Barth, Gespräche 1964–1968, 33–52). – Lévinas erläutert sehr schön die Bedeutung der „Nähe" im Phänomenbereich der „Berührung" (Lévinas, Spur des Anderen, 278–281; 292 u.ö.).

21 Miskotte, Götter, 392.

22 Vgl. Daniel McNeills Buch *Das Gesicht. Eine Kulturgeschichte*. – Ungemein eindrucksvoll Hugo von Hofmannsthals Darstellung des „sprechenden" Gesichtes in den *Briefen des Zurückgekehrten* (von Hofmannsthal, Werke 31, 157-161).

Gesicht dann, dem *Evangeliumsantlitz* und seiner Anwesenheitsform, gilt, was Lévinas generell für ein unbedingt forderndes Gesetzesantlitz formuliert: „Die Epiphanie des Antlitzes ist *Heimsuchung*. […] Das Antlitz spricht. Die Erscheinung des Antlitzes ist die erste Rede. […] Der *Eintritt* des Antlitzes in unsere Welt geschieht im Ausgang von einer absolut fremden Sphäre […]."[23] Aufgenommen und in einen anderen Modus gesetzt wird in dieser Anwesenheit der Liebe das ursprüngliche Drama, das sich zwischen Menschengesichtern vollzieht, der Blickkontakt gewissermaßen des ältestvertrauten menschlichen Anfangsgesichts, aus dem man im besten Falle ein zuverlässiges Urvertrauen zum Leben gewinnt, aus dem gemeinsames Leben entsteht, der Blick, der, in einem sehr genauen Sinn, die menschliche „Gesichtlichkeit"[24] weckt. Am Gesicht haben wir sehen gelernt. Als die Augen aufgingen, sahen sie ein Gesicht. Freilich ist spätere Erfahrung, daß man sich in dem, was in Gesichtern geschrieben steht, verhängnisvoll verlesen kann.

Das *Unverhoffte* des menschlichen Gesichts in der Welt nennt Benn: „Es ist völlig unerfindlich, warum die Natur die Aasgeier und Hyänen verliess und am sechsten Schöpfungstag nicht weiter in Schakalen machte, sondern das Antlitz schuf, über das Tränen rannen und das sich erhob."[25] Was bedeutet es freilich, eine Zeitlang nicht mehr in menschliche Gesichter schauen zu können? Benn erwähnt Momente solchen Erschrockenheit: „Je älter ich werde, umso rätselhafter wird mir, was der Mensch als zoologische Erscheinung eigentlich bedeutet. Er ist kein Tier, aber was er ist, ist so unheimlich und heimtückisch, dass ich tagelang in kein Gesicht mehr sehen kann."[26] Darum erschrecken wir vielleicht am tiefsten über ein zerstörtes, ein verbranntes Gesicht. „An meinem Tisch", beobachtet Canetti, „saß eine armselige alte Frau, mit halbtotem Gesicht."[27] Und die Bilder Francis

---

23 Lévinas, Spur des Anderen, 221f. – Zumindest auf ein Problem macht der russische Religionsphilosoph Rosanow aufmerksam: „Das abendländische Christentum, welches kämpfte, erstarkte, die Menschheit zum ‚Fortschritt' führte, das menschliche Leben auf Erden ausrichtete, ging an dem, was an Christus die Hauptsache ist, völlig vorüber. Es akzeptierte seine *Worte*, bemerkte aber sein *Antlitz* nicht." (Russische Religionsphilosophen, 105). – Zum „Antlitz Christi" vgl. Körtner, Theologie des Wortes Gottes, 254f.
24 Vgl. Sloterdijk, Sphären I, 166.
25 Benn, SW IV, 290.
26 Benn, Briefe an Oelze II, 177. – Das Buch von Claudia Schmölders *Hitlers Gesicht*, Untertitel: *Eine physiognomische Biographie* gehört in eben diesen Zusammenhang. – Sebastian Haffner berichtet von einer Begegnung mit einem Polizisten 1933 und resümiert: „Ich schauderte. Ich hatte das SS-Gesicht gesehen." (Haffner, Geschichte eines Deutschen, 114). – 1942 notiert Canetti in einer Aufzeichnung (Canetti, Provinz des Menschen, 10f): „Daß dieses Gesicht es bis zu diesem Krieg gebracht hat, und wir haben es nicht vertilgt! Und wir sind Millionen, und die Erde wimmelt von Waffen, Munition wäre da für dreitausend Jahre, und dieses Gesicht ist noch immer hier, über uns weit ausgespannt, die Fratze der Gorgo, und wir im Morden alle versteinert."
27 Canetti, Provinz des Menschen, 190.

Bacons, um darauf noch einmal zurückzukommen – immer ist entfachter Schrecken, Flut, Krieg, zerstörtes Leben in den zerdrückten, malträtierten Gesichtern, im Stauchen der Formen und dem Löschen personaler Anmutung, sie lösen Schrecken aus über den Verlust des Sehgrunds, über die Verletzung, die dem Sehen angetan wurde. Schon bei Grosz und Dix finden wir die furchtbaren „gueules cassées". Immer wieder bei diesem Schrecken über das entstellte Gesicht setzte die Polemik gegen die Malerei der jüngsten Moderne an.

Fürchterlich die versuchsweise Versetzung in den tierischen Blick bei Kafka in einer Tagebuchnotiz: „Im Gesicht hatte sie, wie ich zuerst nur partienweise sah so tiefe Falten, daß ich an das verständnislose Staunen dachte, mit welchem Tiere solche Menschengesichter anschauen müßten."[28]

Umgekehrt, so etwas wie Gesichtsgebung: „Können die Dinge ein Antlitz annehmen? Ist die Kunst nicht eine Tätigkeit, die den Dingen ein Antlitz verleiht?", fragt Lévinas.[29] Doch wieweit trifft das zu? Über Rimbaud bemerkt Hugo Friedrich: „Der künstlerische Impuls hinterläßt ein verzerrtes, unvertrautes Gesicht der Welt. Er ist ein Gewaltakt."[30]

„Soll ich euch das Geheimnis der ganzen Welt erklären?", fragt Gilbert Keith Chesterton und antwortet: „Wir erkennen immer nur die Rückseite. Wir sehen alles von rückwärts und sehen es häßlich. Das ist kein Baum, sondern die Rückseite eines Baumes. Das ist keine Wolke, sondern die Rückseite einer Wolke. Seht ihr nicht, daß alles ein Gesicht verbirgt? Wenn wir nur herumgehen könnten, um es von vorn zu sehen!"[31]

Auch menschliche Gesichter erscheinen dann in aller Regel als Rückseiten von Gesichtern. Und Peter von Matt sieht im schließlichen Erscheinen eines Gesichtes in einem Film geradezu den „Prototyp der Kunst":

„In jenem Film, den Samuel Beckett mit Buster Keaton gedreht hat, sieht man einen Mann von hinten, wie ergeht, zögert, steht, etwas tut, weitergeht, – immer von hinten. Das irritiert zunächst, dann wird es schmerzhaft, mit der Zeit ist es kaum mehr auszuhalten. Erst in der letzten Einstellung wendet der Mensch sich langsam um. Man sieht ein Gesicht. Das ist alles. Darin vollendet sich der kleine Film. Man könnte ihn als den Prototyp der Kunst überhaupt betrachten."[32]

Hier nun – sobald Jesus Christus beim Glaubenden der Liebe ein Gesicht gibt – nicht die Rückseite eines Gesichts, sondern es selbst, der sich zu uns umwendende Mensch, in einem Blick, der uns erhalten bleibt, sowie das absolute Gegenbild zum entstellten Gesicht. Die überwältigende personale

---

28 Kafka, Tagebücher, 213. Vgl. dazu von Matt, Angesicht, 28f.
29 Lévinas, Spur des Anderen, 117f; vgl. 280.
30 Friedrich, Struktur, 82.
31 Chesterton, Pfeil vom Himmel, 64.
32 von Matt, Angesicht, 156.

Anmutung, das Gesicht einer für jeden Menschen *für Zeit und Ewigkeit* vertrauenswürdigen Person, der Verläßlichkeit in Person, zeichnet sich ab, ein Portrait, sein Identitäts- und Authentizitätsausweis, das Portrait der Freiheit und der Liebe – die Lichtung des Seins, des Seins selber, in diesem Antlitz. „Ich suche, Herr, dein Antlitz" (Ps 27,8), *dieses* Antlitz der Liebe, *diese* Gegenwart. Vielleicht stellt es sich als ein klarer Bach dar (wie Else Lasker-Schüler erschütternd an Karl Kraus schreibt), „darin ich mein entsetztes zerrissenes, bespucktes Gesicht spiegeln kann."[33] Diese Liebe kann nicht anders, als Liebe zu wecken – die mich, den ungefähren Menschen, aufschließt und womöglich zittern macht. Geweckt wird gleichsam gesichtsschöpferisch der Glaube, eine andere eschatologische Gesichtlichkeit, die einmal ein Schauen sein wird. Das ewige Leben vermittelt sich über eine Liebe, die Wort hält. Ein ewiges gemeinsames Leben vollkommener Zugewandtheit πρόσωπον πρὸς πρόσωπον (1Kor 13,12) wird heraufgeführt. Gott und Mensch kommen ins reine miteinander.

In seinem Gedicht *Maria* benennt Bert Brecht, was für die Mutter Jesu mit dem Gesicht des Sohnes erscheint:

> All dies
> Kam vom Gesicht ihres Sohnes, der leicht war
> Gesang liebte
> Arme zu sich lud
> Und die Gewohnheit hatte, unter Königen zu leben
> Und einen Stern über sich zu sehen zur Nachtzeit.[34]

In Jesus Christus erscheint, so der Titusbrief (Tit 3,4), die Menschenfreundlichkeit Gottes. Sie wird, bei wie auch immer treulos schweifenden Blicken Adams … sie wird, was immer der Mensch seinerseits der Liebe antut, in einem strikten und tiefen Sinn Treue üben. Gott zeigt ein Gesicht. Kein Blick soll gefesselt oder gedemütigt werden. In einer Predigt spricht Barth in diesem Sinne die Erlaubnis aus: „Du darfst Gott frei in die Augen schauen."[35] Ein ungeheurer Satz. Wir kommen offenen Auges. Unermeßlicher Raum geht auf und Nähe und einander Festhalten und Entgegenkommen und ein Leuchten zwischen Gesichtern – was das Unverwechselbare der Personen betrifft, ganz im Einklang mit Montaignes Worten über den verstorbenen Freund: „Will man mit aller Gewalt von mir wissen warum ich ihn geliebt habe, so merke ich, daß ich dieses nicht anders ausdrücken kann,

---

33 „Ich buhle um keines Menschen Gunst, ich bin ein Malik und ein Hirte ein Meer und eine kleine arme Wiese, aber an ihrem Rand rieselt ein Bach ein *klarer* darin ich mein entsetztes zerrissenes, bespucktes Gesicht spiegeln kann." (Lasker-Schüler, Briefe, 298).

34 Brecht, Gedichte, 122.

35 Barth, Predigten 1935–1952, 276. – Anders Moser, Gottesvergiftung, 34: „Bedeutungsvoll war, glaube ich, daß du [sc. Gott] ein augenloses Wesen warst." Zu Mosers Buch vgl. Bayer, Gott als Autor, 65–72.

als durch diese Antwort: Weil er es war, weil ich es war."³⁶ „Du darfst Gott frei in die Augen schauen." Weil es Jesus Christus ist, weil ich es bin. Die Augen kommen voneinander nicht los. Jedes Gesicht ist eine helle Bühne für die Liebe. Gepflegt werden kann ein haltgebender Blick, in eins damit die beruhigte Vergewisserung des eigenen Gesichts. Was bringe ich dem Blick Christi entgegen? Ich lese mein Schicksal an seinen Augen ab, ich lebe von seinem Blick.³⁷ *Jesus Christus* ist das Schicksal.

Vertrautheit mit Jesus Christus, nicht weniger als das, die freie Begegnung mit dem allmächtigen, menschenfreundlichen Gott, wird in den biblischen Texten in Aussicht gestellt. Insofern kommt eine ernsthafte „Pluralisierung" der Bibel nicht in Frage. Gott und Mensch treten in ein einzigartiges Zusammenspiel. In Christus zieht Gott den Menschen ins Vertrauen (vgl. III/1, 445). *Gott bittet den Menschen zu sich.* Er mutet sich ihm zu. Die Predigt will den Blick dorthin erheben lassen, sie will auf diese Bitte hören lassen. Und ihr Text wird dazu zu Recht in Anspruch genommen.

4. Ausgelegt wird aus dem Hintergrund der Texte

Den Predigttexten im Kontext des Gottesdienstes – als des ihnen notwendigen Kontextes – wohnt ein innerer Richtungssinn inne, gleichsam eine Logik und ein Duktus ihres Wahrgenommenwerdens, eine ebenso sanfte wie bezwingende Lenkung des Blicks (anders als zum Beispiel die Nötigung zum abrupten Sehen im Kubismus). Sie gleichen Kristallen, die nur von einer Seite her durchsichtig sind, von dort aus aber ihr Geheimnis vorweisen können. Predigttexte erscheinen *in clairvoyance* in einem Neigungswinkel.

Anders formuliert: „Die Bibel ist nach außen sozusagen nur unter einem bestimmten Winkel nach unten geöffnet. [...] Wir werden hier an Jak. 1, 25 denken dürfen: ὁ δὲ παρακύψας εἰς νόμον τέλειον τὸν τῆς ἐλευθερίας καὶ παραμείνας [...]." (I/2, 806). Es ist der Heilige Geist, der Geist Christi, Offenbarungsgeist, der im gegebenen profunden Moment die Texte animiert, ihnen eine Blickbahn gibt und sie gleichsam gegen das Licht hält. Das ganze Pathos der Theologie Barths gilt ja im allgemeinen der unumschränkten Souveränität des dreieinigen, sich erneut (in Christus) und erneut (im Heiligen Geist) bestätigenden Gottes, im besonderen, bezogen auf unser Thema: der „souveränen Freiheit dieser Sache, sich selber zu sagen" (I/2, 520). Das unbändig Geheimnishafte wird selber die Texte auslegen, sie ungezwungen von sich aus erhellen.

---

36 Montaigne, Essais, 332.
37 Vgl. die entsprechenden Wendungen Kafkas in einem Brief an Milena (Kafka, Briefe an Milena, 276; 282).

Wer also legt aus? Wer interpretiert authentisch? Barth zufolge: der trinitarische Gott selber, indem er den biblischen Text für sich selbst transparent macht.

M.E. erfüllt sich im Blick auf diese Auslegung des biblischen Zeugnisses durch ihr genuines Subjekt – durch Christus, das Geheimnis der Welt – der eigentliche Sinn der Rede von der „Selbstauslegung der Heiligen Schrift". Insofern legt sie sich selbst aus, als der in ihr Bezeugte machtvoll für sich selber spricht.

„Es ist ein Geist in der Bibel", so führt Barth schon 1916 aus, „der läßt es wohl zu, daß wir uns eine Weile bei den Nebensachen aufhalten und damit spielen können, wie es unsre Art ist – dann aber fängt er an, zu drängen [,] und was wir auch einwenden mögen: wir seien ja nur schwache, unvollkommene, höchst durchschnittliche Menschen! er drängt uns auf die Hauptsache hin, ob wir wollen oder nicht. Es ist ein Strom in der Bibel, der trägt uns, wenn wir uns ihm nur einmal anvertraut haben, von selber dem Meere zu. Die heilige Schrift legt sich selbst aus, aller unserer menschlichen Beschränktheit zum Trotz."[38]

Authentisch ausgelegt wird die Schrift also aus unerwarteter Richtung, gleichsam von gegenüber, aus dem Hintergrund der Texte, von ihrem Fluchtpunkt her. Erklärt wird sie, Buch der Grenze und des Himmels, genauer: der Gutbegrenztheit, in ihrer scheinbaren Uneindeutigkeit und Verworrenheit durch Jesus Christus selbst, den klaren, grenzbewußten Gott. Er tritt ein in die Worte und macht sie zum Halt, macht sie verlockend, unwiderstehlich, überführend. Sie sollen den Hörer, in stets aufs neue sich aufbauenden Verführungen, in die Wahrheit locken. Gewiß herrscht kein Zwang, doch etwas Bezwingendes – eine „innere Notwendigkeit, so wie man etwas denkt, was man denken muß, weil man es nicht nicht denken kann" (I/2, 826) –, vergleichbar wohl der bezwingenden Kraft, die Licht und Stimme des großen, zeitübergreifenden Kunstwerks auszeichnet.[39] Man hat nichts von ihm wissen können, ehe es da war. Seine Freiheit führt zugleich das Gefühl des Notwendigen mit sich. „Jedes Kunstwerk", so urteilt Botho Strauß zu Recht, „tritt [...] absolut unerwartet in die

---

38 *Die neue Welt in der Bibel* [1916], in: Barth, GV I, 22.
39 Vgl. Steiner, Gegenwart, 248: „Die Geschichte unseres Sehens und unseres Gefühls für das Licht muß erst noch geschrieben werden. So wie es Doktrinen des Lichts in religiösem Denken und in der Mythologie oder in neuplatonischer Philosophie gibt, finden sich solche implizit und explizit in der Kunst. Unser politisches Bewußtsein, doch ebenso, wenn auch subtiler, unsere Deutungen der Tages- und Jahreszeiten, von Wind und Wetter werden vom Gebrauch des Lichts in Piero della Francescas flacher Raumtiefe, vom Licht aus Vermeers Flügelfenstern, von Turners erleuchteten Stürmen, von der Revolution, die der Impressionismus darstellt, modifiziert. Entsprechend achte man auf das Gewicht der Dunkelheit nach Rembrandts Radierungen, nach Goyas ‚schwarzen Gemälden' oder Ad Reinhardts *Schwarz auf Schwarz*. Es ist kein Schwelgen in Phantasie, wenn man sagt, daß seit van Gogh Pappeln in Flammen stehen oder daß nach Paul Klee Aquädukte Wanderschuhe tragen".

Welt",⁴⁰ und Jorge Luis Borges verzeichnet: „[...] in der Dichtung wirkt Vollkommenes nicht seltsam; es scheint unvermeidlich."⁴¹ Unmöglich, obwohl (oder weil) es sich letzthin diskursiver Darlegung widersetzt, daß sein Gehalt, durchgestaltete Intensität, nicht wahr sein könnte. „Jedes bedeutende Kunstwerk erledigt alle Probleme."⁴² Eine vergleichbare Erledigung der Probleme aber, wenigstens ihre fundamentale Neubewertung in jeder Problemtiefe, ergibt sich mit der unerwarteten Wahrheit und Unvermeidlichkeit, mit dem ganz und gar Ungebändigten der biblischen Texte.

Die Worte des Predigttextes und der Predigt nehmen in dieser besonderen Wendung des Lichts tiefere Farben an. Auf sie ist zu übertragen, was Canetti rühmt: „Schon um der Farben willen ließe es sich ewig leben"⁴³ – um *dieser* Farben willen. Durchsichtig bieten sie sich dann dar, aufscheinend für den Gekreuzigten, für den ins ewige Leben und seine Herrlichkeit Auferweckten. Aus ursprünglichen Hinweisen auf das Unmögliche werden aktuelle Übersetzungen ins Mögliche. In dem Grade, in dem sie als solche geistvolle Übersetzungen ins Gegenwärtige auch wahrgenommen werden, dürfen sie als verstanden gelten.⁴⁴ Für ein lebenslanges Erkunden und Fraugen nach einer solchen Übersetzung stecken sie ein Terrain ab.

Abstrahiert aber von diesem eigensinnigen, eschatologischen Gegenüber, büßen sie ihren besonderen, sich aus dem Geheimnis dieser Person erst beziehenden und darin die Glaubenden konstituierenden evangelischen Sinn ein. Sie werden im Grunde sinnlos, sinnlos im Grund. Für sich genommen, nicht gegen das Licht, sondern nur neben beliebige menschliche Erfahrungen gehalten oder neben religiöse Erscheinungen oder Strukturen, gehen sie ihrer besonderen, eben der eschatologischen Phänomenalität verlustig, ihrer *evangelischen Erscheinungsmacht*. Sie verblassen dann zu zwiespältigen Phänomenen, zerklüftet von Mehrdeutigkeiten, vielleicht immer noch von irgendeinem wissenschaftlichen Interesse, doch helldunkel wie alle Geschichte, flackernd im besten Fall, dem Tod nicht gewachsen, außerstande, den Schuldigen, den auf den Tod Schuldigen, gegen sein Gewissen in

---

40 Strauß, Beginnlosigkeit, 18.
41 Borges, Handwerk, 9. – So auch Benn (Benn, SW VI, 20): „Das Gedicht kann gar nicht anders lauten, als es eben lautet, wenn es fertig ist". Von der „notwendigen Möglichkeit" des Gedichts, des Gemäldes, des Musikstücks spricht Steiner (Steiner, Gegenwart, 14).
42 Fest, Gegenlicht, 164.
43 Canetti, Fliegenpein, 19.
44 „Wir haben die Realität der Gnade noch schlecht begriffen, solange wir sie nicht, von unserer wirklichen Existenz aus gesehen, als die große *Unmöglichkeit* begriffen haben", stellt Barth fest (Barth, Unterricht III, 424). Vgl. Barth gegen Harnack (Barth, Offene Briefe 1909–1935, 63): „‚Innere Aufgeschlossenheit' – Erfahrung, Erlebnis, Herz und dergleichen – einerseits und ‚geschichtliches Wissen' und ‚kritisches Nachdenken' andrerseits sind Möglichkeiten, die zum ‚Verstehen' der Bibel ebensowohl förderlich, gleichgültig oder hinderlich sein können. ‚Verstanden' wird die Bibel weder durch diese noch durch jene ‚Seelen- und Geistesfunktion', sondern kraft *des* Geistes, der ihrem Inhalt *gleich ist*, und das im *Glauben*".

Schutz zu nehmen, gegen das Pochen der Schuld, die trotzige, sich immer auch in schweren Vorwürfen ergehende vermeintliche Selbstverständlichkeit der eigenen Erfahrungen.

In der Kraft dieses Selbstzeugnisses, des Auftretens des klaren Gottes, vermag indes die sich um alles Leben lagernde Dichte des Todes aufzubrechen. Das Entscheidende, dieses Aufsprengen einer tödlichen Umklammerung, wird dann auch augenblicklich verstanden, vielleicht in „Blitzesklarheit".[45] Nicht in erster Linie werde ich belehrt oder informiert. Durch einen Text hindurch werde ich vielmehr meinem eigenen verborgenen Leben, ja dem ewigen Leben zugesprochen: vom Schöpfer augenblicksweise beim Namen genannt.

> Ich, kaum verzweigt, im Tiefen unverbunden,
> Ich, ohne Wesen, doch auch ohne Schein,
> meistens im Überfall von Trauerstunden,
> es hat schon seinen Namen überwunden,
> nur manchmal fällt er ihm noch flüchtig ein.[46]

Erneuert wird der abgetragene, zu Boden und ins Vergessen gesunkene Name. Alles ist in dieser Nennung enthalten. Die Vergebung, die Stillung jenes Ich- und Todes- und Lebensdurstes, der ewig ist in der alten Welt, die Eröffnung der menschlichen Namen- und Gesichtslosigkeit und Beschränktheit: ihre Eröffnung ins Offene der Vollendung. Meinen Namen, dieses „Ich", brauche ich nicht durch alles und jedes zu befestigen, ich kann mich und andere sein lassen, statt mich mit Macht durch qualvolle Selbstkonstitution zur Welt bringen zu wollen, *de facto* mir nach dem Leben zu trachten. Was definitiv für mich spricht, brauche ich nicht zu suchen, festzuhalten, zu sichern und mir bestätigen zu lassen. Es verblaßt immer so schnell. Es ist so trügerisch. Jesus Christus, das ewige Leben selbst, spricht für mich. Das genügt auch. Er wird mich neu erfinden.

Kafka unterzeichnet einen Brief an Milena Jesenská nicht mit seinem Namen, sondern nur mit dem Wort „Dein" und fügt hinzu: „(nun verliere ich auch noch den Namen, immerfort ist er kürzer geworden und jetzt heißt er: Dein)."[47] Geradezu gegenteilig an Felice Bauer: „Wollte ich mich mit Dein unterschreiben? Nichts wäre falscher. Nein, mein und ewig an mich gebunden, das bin ich und damit muß ich auszukommen suchen. Franz".[48]

Er, dem ich gehöre, schneidet mich aus dem Dunkel heraus. Er wird mich mit Sicherheit nicht verklagen. Er läßt sich etwas einfallen. Ich bin imstande, davon abzukommen und, womöglich zusehends besser, darauf zu verzichten,

---

45 Barth, Römerbrief II, 328.
46 Benn, SW I, 274.
47 Kafka, Briefe an Milena, 81.
48 Kafka, Briefe 1900–1912, 228.

bestätigende Gesichtspunkte aus der Heiligen Schrift, von Autoritäten oder von meinen Nächsten her oder aus meiner Vergangenheit zu sammeln und mich selbst daraus zu verfertigen. Das ist ein untaugliches Mittel. Er spricht mich lebendig. Die Nennung ist wie eine Ernennung. Sie schließt meinen Nächsten und mich zusammen. Ungeschützt sind wir beide. Das Glück sucht Gesellschaft. Der Nächste wird zu sich ernannt, ich werde zu mir ernannt. Der Nächste ist gemeint, niemand anderer. Ich kann ihm nicht lediglich beim Leben zuschauen oder das Gespräch mit ihm mit zur Seite gerichtetem Blick führen, mich unleserlich machen oder nur überlegen, wie man in der menschlichen Wildnis am besten überlebt. Bin ich imstande, ihn zu begrüßen, indem ich mich in Wirklichkeit von ihm verabschiede? Nur sehr selten lerne ich ihn ja als nur Verletzbaren, sondern meist als schon tatsächlich schwer Verletzten kennen. Doch auch ich bin gemeint, niemand anderer.

>„Weil: wir haben beide gefroren."
>„Denn unsere Röcke sind beide dünn."
>„Und wir sind beide verloren
>Wenn wir nicht beide gerettet sind."[49]

Meinen Nächsten und mich spricht der Geist Christi lebendig. Ich war tot. Ich konnte sagen: „Mein Kahn ist ohne Steuer, er fährt mit dem Wind der in den untersten Regionen des Todes bläst."[50] Ich bedurfte der Rettung. Daß ich das wahrhaben will, beruht auf Offenbarung, eben auf dem Wirken des Geistes. Was aber bei einem, so besehen, theologisch *geistlosen* Verstehen geschieht? Dann, so Barth,

> „gewahrt man wohl von der eigenen, in sich unerschütterten Geisteswelt aus die Umrisse der scheinbar in sich ebenso unerschütterten Geisteswelt der Bibel als solche; es mag dann wohl auch zu dem relativen Verstehen kommen, wie es zwischen Vertretern verschiedener Geisteswelten als solchen möglich ist. Es mag dann auch wohl zu dem entsprechenden Erklären der Bibel kommen. Als *Offenbarungszeugnis* erklärt sie sich dann nicht und kann sie auch von den sie in diesem Sinn noch so gut Verstehenden nicht erklärt werden."

Eine deutlich zu benennende Anfangsbedingung muß nach Barth erfüllt sein, wenn die Bibel als sie selber in Betracht kommen soll. Barth nennt das eben eine *Erschütterung innerer Sicherheit*.

> „Als Offenbarungszeugnis erklärt sie [sc. die Bibel] sich nur in eine in ihrer inneren Sicherheit erschütterte, ihr gegenüber nachgiebig und beweglich gewordene menschliche Geisteswelt hinein, wobei es dann so ist, daß ihre eigene, die biblische Geistes-

---

49 *Jonathan und David (Zwiegespräch)*, in: Brecht, Gedichte, 577.
50 Kafka, Nachgelassene Schriften und Fragmente I, 311 (in der Erzählung *Der Jäger Gracchus*).

welt[,] sich sofort als eine ebenfalls nicht unerschütterte Größe, sondern als ein bewegtes, in einem ganz bestimmten Dienst befindliches und funktionierendes, lebendiges Organ erweist. Damit sie uns diesen Dienst leiste und nur darum müssen wir ihr jene Unterordnung entgegenbringen. Indem sie uns diesen Dienst leistet, redet sie in allen ihren Bestandteilen richtiger und wichtiger, als wir selbst mit uns selbst reden können. [...] Dieser Dienst besteht aber eben in der Übermittlung des Offenbarungszeugnisses, das uns und unserer Geisteswelt nicht eigen ist, wohl aber der Bibel und ihrer Geisteswelt. (I/2, 806; Hv. z.T. von mir)

b. Anwesenheit und Bekehrung

1. „Ich bin da."

Kein Zweifel, daß mit der Selbstauslegung der Schrift – genommen als eine solche authentische Schriftauslegung „von der anderen Seite" – im strikten Verstande vom Wunder die Rede ist,[51] vom Überraschenden und geradezu Bestürzenden des reinen Anwesens, des Anwesens Christi, von seiner evangelischen, seiner identifizierenden und zusammenschließenden Macht. „Wo zwei oder drei in meinem Namen versammelt sind, da bin ich mitten unter ihnen." (Mt 18,20) „Ich bin bei euch alle Tage bis an der Welt Ende." (Mt 28,20) Vollständig hineinbegeben hat er sich in den Namen „Ich bin da" (Ex 3,14), hat ihn erfüllt mit seinem Sein. In der leibhaften Daseinsfülle der Gottheit (Kol 2,9) ist er dann einfach nur anwesend, und mehr braucht es nicht. In den Glaubenden, über ihnen, ihnen voraus ... existiert er in der Form seines Namens, dieses Namens.

Mit der Geistesgegenwart Christi tritt das schlechthin Unverhoffte ein. Ganz generell ist ja nach Barth Theologie ein „nur unter Voraussetzung des Wunders Gottes nicht zum Mißlingen verurteiltes Unternehmen".[52] In seiner besonderen, unvergleichlich intensiven Anwesenheit, so schon Luther, sei Christus „praesentissimus",[53] also, wird man erläutern können, in eigentümlich gesteigerter, tief atmender Präsenz näher und vertrauter als irgend jemand oder irgend etwas sonst[54] – vertrauter als unser eigenes Gewissen

---

51   Vgl. etwa I/2, 562f; 591. – Generell formuliert Barth im Blick auf die historisch-kritische Forschung: „Die sogenannte historisch-kritische Betrachtung der Heiligen Schrift hört in dem Augenblick auf, theologisch möglich und beachtlich zu sein, wo sie ihre Aufgabe darin erblickt, aus den Zeugnissen der Heiligen Schrift, die der Offenbarung durchlaufend den Charakter des Wunders zuschreiben, eine solche Wirklichkeit herauszuarbeiten und als das eigentlich Gemeinte herauszustellen, die diesen Charakter nun gerade entbehren würde, die als Wirklichkeit anders denn als aus Gottes freier, besonderer und direkter Tat zu verstehen wäre." (I/2, 71).
52   Barth, Vorträge 1925–1930, 351.
53   Luther, WA 40/I; 545, 28.
54   In einer Predigt wird Jesus Christus von Barth so benannt: „Der unser Nächster ist, näher als wir selber uns sein können, zu dem wir Du sagen dürfen." (Barth, Predigten 1954–1967, 6f)

(demgemäß ich mir zugleich zu nahe und zu weit von mir entfernt bin). Ich habe mich dann nicht mehr selber auf dem Gewissen. So nah bin ich mir nicht. Ich bin ungleich mehr, unendlich mehr, als ich je im Selbstverhältnis einholen könnte.

Das Selbstverhältnis, Selbstgefühl, Selbstbewußtsein, die Selbstvertrautheit (ist es mit ihr im Ernst sehr weit her?), kann ebensowenig als Urbild von Nähe und Anwesenheit wie als Inbegriff von Gewißheit und Evidenz gelten. Enthält es nicht immer auch winzige scharfe Splitter von Barbarei und Unmenschlichkeit? Was eine solche furchtbar überwältigende, soteriologische Evidenz des Eigenen im Gefolge hat, macht wiederum Kafka sichtbar, wenn er vom „Gott des Schmerzes" spricht.

„Mit primitivem Blick gesehn", notiert der Lungenkranke 1922 in seinem Tagebuch, „ist die eigentliche, unwidersprechliche, durch nichts außerhalb (Märtyrertum, Opferung für einen Menschen) gestörte Wahrheit nur der körperliche Schmerz. Merkwürdig daß nicht der Gott des Schmerzes der Hauptgott der ersten Religionen war (sondern vielleicht erst der späteren) Jedem Kranken sein Hausgott, dem Lungenkranken der Gott des Erstickens. Wie kann man sein Herankommen ertragen, wenn man nicht an ihm Anteil hat noch vor der schrecklichen Vereinigung."[55]

Dem Selbstverhältnis und seinen Stichhaltigkeits- und Evidenzerlebnissen, wie immer gedacht und erfahren, ist zuletzt nicht zu trauen; es enthält jedesmal das Gift möglicher Unaufrichtigkeit oder Lüge. „Wer Ich sagt", heißt es prononciert in der zweiten Auflage des Römerbriefkommentars, „der sagt Gericht."[56] Und der auf sich selbst gestellte menschliche Geist wird in dramatischer Metaphorik beschrieben: „Wie sollte er nicht […] letztlich ratlos hin und her rasen im Raum seiner eigenen Möglichkeiten wie eine hungrige Hyäne in ihrem Käfig?"[57] Letzteres läßt sich in bestürzender Anschaulichkeit in Robert Walsers Roman *Jakob von Gunten* wiederfinden.

„[…] kein anderer Roman", stellt Martin Walser fest, „erzählt so ausdrücklich von nichts als von der Bedeutung des Selbstbewußtseins, und das heißt hier: des fehlenden Selbstbewußtseins. […] Das ist die große Umkehrung aller idealistisch weltfrommen Romanwerke: Selbstbewußtsein heißt zu wissen, wie wenig man ist."[58]

Erst in der prinzipiellen Selbstverneinung, so resümiert Martin Walser die zerreißende Ambivalenz des Romans, ist jeder Anklage zuvorgekommen, „hat die Welt keine Chance mehr gegen uns. Es winkt auf der eisigen Scholle der Selbstlosigkeit die absolute Selbstherrlichkeit."[59]

---

55 Kafka, Tagebücher, 899.
56 Barth, Römerbrief II, 59.
57 Barth, Der heilige Geist, 54.
58 M. Walser, Verwaltung des Nichts, 155f. Vgl. Martin Walsers Interpretation des Romans Robert Walsers unter der Überschrift *Einübung ins Nichts* (M. Walser, Selbstbewußtsein, 117–152).
59 M. Walser, Verwaltung des Nichts, 158.

Zu trauen ist nicht der trügerischen und zuletzt hoffnungslosen, verderblichen Ich-Unmittelbarkeit, sondern dem *Christus praesentissimus extra nos in nobis*. Und der Inbegriff der Gewißheit ist nicht einmal die „innere Gewißheit des *Glaubens*" als „Selbstgewißheit" (IV/3, 305) – sondern die sich auf Christus beziehende „*Sieges*gewißheit" (IV/3, 303).[60]

Zu sprechen ist bei Barth (wie schon bei Luther) von einer *Theologie der Anwesenheit Christi*. In seiner Anwesenheit ist bereits sämtliches enthalten. Er ist auch als Abwesender – sobald er sein Angesicht verbirgt (Ps 27,9; 102,3; 143,7) – noch vehement anwesend. Der Glaube ist dann zu beschreiben als eine Art Anwesenheits-Gewißheit: die des Sich-Gebenden als des Siegers gewiß ist.

Alles Historische bleibt dabei vordergründig und (weil unterschied lich klar und einsichtig) in verschiedener Weise zu durchschauen, ist jedenfalls spätere Sorge und birgt die Gefahr der Beobachtungskälte und der bloßen Belauscher- und Zuschauerhaltung, die sich weder einläßt noch beteiligt, weil sie den sicheren Ort der Betrachtung von außen will. Kafka nennt in der häufig zitierten Notiz das „Hinausspringen aus der Totschlägerreihe Tat – Beobachtung, Tat – Beobachtung [...]".[61] Und Sloterdijk spricht im Extrem vom „Beobachtergesindel, das alles von außen nehmen will".[62]

„Welches auch immer", skizziert Barth, „unsere Stellung zu den Worten, zum Historischen des Zeugnisses sein mag – alle Worte, alles Historische als Zeugnis annehmen, als Transparent ansehen, durch das ein Licht leuchtet, in abgestufter Klarheit und Deutlichkeit gewiß – niemand braucht sich einzureden, daß ihm der Judasbrief in gleicher Kraft Zeugnis sei wie der Römerbrief –, aber immer ein Licht, *das* Licht. Alles darauf bezogen, Alles, was wir auch von dem transparenten Medium halten mögen, dorthin weisend. Auch der Judasbrief in seiner Weise Zeugnis von Jesus Christus, nicht von etwas Anderem. In diesem Sinn – noch einmal: das Verständnis des Historischen als solchen ist cura posterior – Alles Wahrheit. Keine Möglichkeit,

---

60 So z.B. auch in einer Predigt (Barth, Predigten 1935–1952, 33): „Dieser Kampf besteht einfach darin, daß wir es wagen, es jeden Tag ernst und wahr sein zu lassen: Gott war in Christus und versöhnte die Welt mit sich selber. Das ist ein Kampf, in den man hineingeht und durch den man hindurchgeht in voller Siegeszuversicht und eben darum mit Geduld, weil in vollem Vertrauen darauf, daß dieser Kampf schon gekämpft ist und wir nur dabei sein dürfen, die Früchte des vom Herrn erstrittenen Sieges zu pflücken."

61 Kafka, Tagebücher, 892. Vgl. dazu Pasley, Essays, 145–161. Zu nennen ist auch die Wendung in einem Brief an Milena (Kafka, Briefe an Milena, 295): „Du vergißt Milena daß wir doch nebeneinander stehn und dieses Wesen auf dem Boden anschauen, das ich bin; aber ich der dann zuschaut bin dann allerdings wesenlos."

62 Sloterdijk, Sphären I, 77. – Nach Barth soll die Kirche auch nicht „ihre eigene Zuschauerin" sein (I/1, 298). In IV/3, 280 ist von der „Rolle des gemächlichen *Zuschauers* des lieben Gottes, des Welttheaters, der Freuden und Leiden seiner Mitmenschen und nicht zuletzt seines eigenen Lebenslaufes" die Rede. Am wenigsten kommt dem Ersten Gebot gegenüber irgendeine Zuschauerrolle in Frage (vgl. Barth, GV 3, 130f).

die Schrift bloß historisch zu betrachten. Keine Möglichkeit, mit gekreuzten Armen Zuschauer-, Beobachterstellung einzunehmen."⁶³

Doch erst eine doppelte Wendung gibt den hermeneutischen Orientierungen Barths ihren einenden Zug: daß dieses Aufleuchten der Texte sich zwar unter keinen Umständen methodisch herbeiführen läßt, daß es aber mit Gründen erwartet werden darf. In der *Einführung in die evangelische Theologie* spricht er von dem in der Heiligen Schrift „vernehmbaren Selbstzeugnis des Geistes"⁶⁴ – das sich einerseits ausschließlich von sich aus zuträgt, doch andererseits sich keinesfalls willkürlich vorenthalten will. Es ist nicht planbar, es ereignet sich einfach. „Eben von daher", so heißt es, tritt die biblisch-theologische Wissenschaft „in der *Erwartung* – mehr ist nicht zu sagen, aber auch nicht weniger! – an diese Texte heran: dass ihr dieses Zeugnis in ihnen begegnen werde [...]."⁶⁵

Die theologische Exegese hat sich, so erklärt Barth bereits 1934, „in der Erwartung, daß dieser Text ein Offenbarungszeugnis sei, unter ihn zu stellen [...]. In der Erwartung – das ist alles, was sich hier sagen läßt. [...] Die Besonderheit der theologischen Exegese reduziert sich also auf diese Erwartung und auf den Respekt, die Aufmerksamkeit und Offenheit, die dieser Erwartung entsprechen."⁶⁶

Erhofft werden darf, daß Menschen mit einem Zutrauen über den Tod hinaus ausgestattet werden – gewissermaßen die Eröffnung einer neuen Dimension, die Zumessung eines Haltes, eines Rückgrates, der Gewinn unbedingter Verläßlichkeit. Der Text erhält mit dem Hinzutreten dieser Erwartung seinen freiesten Sinn. Der Hörer sieht dann sein dunkles Leben in eine fremde Klarheit einbezogen.

---

63 Barth, Unterricht I, 310.
64 In I/2 (572) ist in Auslegung von 2Kor 3,4–18 wiederum von der *Anwesenheit* des Geistes als des Herrn die Rede.
65 Barth, Einführung, 193. Hat damit freilich die Theologie nicht den Bereich der „Wissenschaft" hinter sich gelassen? Es wird darauf zurückzukommen sein.
66 Barth, Offenbarung, 40f; vgl. auch Barth, Credo, 153. – „*Es ist gut*", urteilt Barth in einer Predigt 1920 (Barth, Predigten 1920, 24f), „daß wir heute dieses Gefühl des Abstands allmählich wieder bekommen, wenn es auch zunächst die Folge hat, daß uns die Bibel fremder wird. Die gewisse *vertrauliche Art*, mit der man sich erlaubt hat, dem Heiland und seinen Jüngern gleichsam auf die Schulter zu klopfen, als ob wir natürlich ihre besten Freunde wären, als ob es etwas höchst Einfaches wäre, ein Christ zu sein, diese Art war eben doch eine Anmaßung, und diese Anmaßung mußte sich rächen. [...] Es ist uns besser, wenn wir vor diesen biblischen Menschen zunächst einmal *wieder Respekt* bekommen [...]."

2. Mit allen Mitteln kann der Wahrheit recht gegeben werden

Gibt es Illustrationen des seltsam Unerwarteten, der gemeinten Steigerung der Präsenz? Beim Vorgang des überraschenden Übertritts in eine andere Dimension kann im einzelnen Fall das Plötzliche tief treffen, bestürzen, aber auch belustigen. Wiederum die große und die kleine Kunst bedient sich nicht selten dieses Mittels der seltsamen Scherze. Zu denken wäre an die Inszenierung der Fremdheit, wie der Surrealismus sie übt, an Bilder René Magrittes, etwa *Versuch des Unmöglichen* (1928) oder *Ceci n'est pas une pipe* (1929).[67] Von „gebrochenen Dimensionen" spricht Botho Strauß,[68] „in denen die zerklüftete Linie oder der Übergang zwischen Körper und Fläche berechnet wird [...]". Schon Paul Klee gestand: „Es ist nicht leicht, sich in einem Ganzen zurechtzufinden, das sich aus Gliedern zusammensetzt, welche verschiedenen Dimensionen angehören."[69] In Woody Allens Film *A Purple Rose of Cairo* steigt mit einem Mal eine der Filmfiguren aus der Kinoleinwand heraus und begibt sich unter die Zuschauer. In Rembrandts Bild *Mädchen im Bilderrahmen* von 1641 scheint das dargestellte Mädchen das Bild gerade verlassen zu wollen, die Hände ragen über den Rahmen hinaus. Eine Statue, halb aus dem Stein gehauen, greift selber zu Hammer und Meißel und modelliert sich zu Ende. Oder Erwin Chargaff beobachtet: „Jemand wie ich, der sein ganzes Leben damit verbracht hat, den Teufel mit blassen Wasserfarben an die Wand zu malen, muß erschrecken, wenn das Gebilde sich ablöst, Leben und Farbe gewinnt und die Führung übernimmt."[70] Witzig auch, wie Peter von Matt einen Überschritt beschreibt: Er denkt sich einen Wasserbüffel, der sich aus dem Schilf erhebt, „triefend mit schweren Hörnern", zoologisch längst bestimmt, „ich schlage nach und die Sache ist erledigt. Außer der Büffel setzt sich in Bewegung und kommt auf mich zu. Jetzt verfliegt die Frage nach der Spezies, jetzt wird er einmalig, jetzt ist er etwas, wofür es keinen Namen gibt. Es geht auf Tod und Leben. Das will nur noch bestanden sein."[71]

Die Steigerung der Präsenz, das sonderbar oder herrlich Unerwartete. Ich erblicke zum erstenmal mein Kind.[72] Ich werde in einem anderen Medium meines Daseins, in einem der Stille des Schlafs entsprungenen Traum, mit meinem Namen angeredet. Die Stimme vermag mich ebenso erschreckend wie beglückend zu treffen. Woher kommt sie? Von mir selber. Doch wer ist

---

67 Zu Magritte vgl. Rubin, Surrealismus, 68–78.
68 Strauß, Beginnlosigkeit, 68.
69 Klee, Kunst, 15.
70 Chargaff, Geheimnis, 91.
71 von Matt, Nachwort, 126.
72 Vgl. die eindrucksvolle Beschreibung bei Strauß, Beginnlosigkeit, 131–133, oder Thomése, Schattenkind, 43; 86 u.ö.

das tiefe „Ich", das dort spricht und das dort angeredet wird, vielleicht erraten werden soll und dann hinüberlangt in die wache Gegenwart? Ein Moment von Unmittelbarkeit und Unausweichlichkeit, vielleicht von Unheimlichkeit, wie aus anderem, verborgenem Raum, den ich doch als den meinigen erkenne. Dem Rätselhaften gegenüber, was unvermittelt eintritt in einen verborgenen Raum meines Inneren, bin ich schutzlos und treffbar. Ich gehe auf Wegen, die ich weder zu wählen noch begreiflich zu machen imstande bin – jenseits des Willens zur Macht („Ich habe geträumt." „Mir hat geträumt.")?

In den biblischen Texten ist von den geheimnishaften, vielbedeutenden nächtlichen Bildersälen eins ums andere Mal die Rede. In der Unentrinnbarkeit eines Traumgesichts – wenn der Traum die Wörter beim Bild nimmt – spricht Gott zum Schlaf des Menschen.[73] „Wenn ein Mensch im Traum das Paradies durchwanderte", wird bei Coleridge erwogen, „und man gäbe ihm eine Blume als Beweis, daß er dort war, und er fände beim Aufwachen diese Blume in seiner Hand – was dann?"[74] Eine Erinnerung über die Bewußtseinsbarriere hinweg.

Ein Getroffenwerden im Sinne dieses Plötzlichen und Unmittelbaren bei Hiob. Nun keine Illustration, sondern die Sache selbst, von umstürzender Gewalt. „Vom Hörensagen", so flüstert Hiob, und darin kommt der entscheidende Überschritt am Ende des Hiob-Buches zum Ausdruck, „hatte ich von dir gehört; nun aber hat mein Auge dich gesehen." (Hiob 42,5) Die Sprache Gottes, die Hiob befähigt, durch einen Akt des Hörens Gott zu sehen! Ähnlich spricht Jakob es nach dem Kampf am Jabbok aus: „Ich habe Gott von Angesicht gesehen – und meine Seele ist genesen" (Gen 32,31; so in Gerhard von Rads Übersetzung[75]).

Barths Erwartung im Umgang mit der Heiligen Schrift im Zusammenhang des Gottesdienstes richtet sich gezielt auf dieses Wunder der Geistesgegenwart, schöpferischer Geistesgegenwart, auf diesen Überschritt, eine μεταφορά, eine Übertragung von Anwesenheit („Siehe, das Neue *ist da!*" 2Kor 5,17[76]), ein *real Metaphorisches*: daß derjenige, von dem die Sprache ist, sich selber zuträgt, indem er, vergleichbar dem Zugriff eines starken Nacht- oder Tag-Traums, ein verborgenes, mehr noch: ein überhaupt erst heraufgeführtes Ich mit Macht in Anspruch nimmt. Letzthin ergibt sich das Recht zu dieser Erwartung aus der Inkarnation. Mit der Menschwerdung des Wortes fällt Gott selber ganz und gar aus seiner Dimension, besser gesagt: wiederholt er sich in anderer, nun geschöpflicher Dimension – eine

---

73 Zum Reich des Traumes vgl. Rahner, Abendgespräch, 266ff. Vgl. auch Körtner, Theologie des Wortes Gottes, 131–135.
74 Zit. bei: Borges, Inquisitionen, 19. Vgl. Peter-André Alt, *„Schlaf der Vernunft"*.
75 von Rad, Predigten, 97.
76 So übersetzt Bultmann (Bultmann, GuV IV, 154).

unausdenkbare eschatologische μεταφορά seiner Anwesenheit, reale metaphorische Wahrheit, die im Augenblick, verborgen, doch wirklich und unausweichlich, bildgenau, im Evangelium an die Glaubenden herantritt und sie für immer ins Recht setzt.[77]

Der Ausdruck „christologische Konzentration", immer wieder verwendet für die wesentliche Orientierung der Theologie Karl Barths und an sich natürlich ganz zutreffend (weil christologisches Denken für Barth *per definitionem* begründendes Denken ist[78]), bezeichnet infolgedessen doch wiederum nur einen Vordergrund.[79] Die gedankliche Bewegung dieser Konzentration, als solche bemerkenswert und wichtig genug, stellt ihrerseits etwas Nachträgliches dar (wie alle Theologie), lediglich eine Erwiderung: sie erwidert sich dem freien Entgegenkommen Jesu Christi selbst. Erst mit seinem Kommen ist jene neue Dimension, der Überschritt, gewonnen.

Es gibt für die Relativierung der Rede von der „christologischen Konzentration", für das Erfordernis sozusagen ihrer Überbietung, eine, wie mir scheint, besonders charakteristische Äußerung. In einem Gespräch mit Göttinger Studenten beklagt Barth (der es natürlich gern genau hat): „Das ist das Schreckliche, daß wir immer wieder Christologie und Christus verwechseln." Und dann erinnert er sich an eine Tagung der Gesellschaft für evangelische Theologie 1956 in Wuppertal.

Bei diesem Anlaß geschah es, „daß ich [...] meinem lieben und in wichtiger Beziehung hoch über mir stehenden, verewigten Freund Hans Iwand entgegentreten mußte. Er hat uns einen Vortrag gehalten [...]. Und dort hat er nun mit großer Wucht, wie er das konnte, gesagt: christologische Konzentrierung der ganzen Theologie! [...] Und ich saß dabei und wurde aufgefordert, mich zu äußern, und dann habe ich gesagt, mir sei manchmal bei dem Wort ‚Christologie' nicht wohl. Denn es geht ja nicht um Christologie, es geht auch nicht um Christozentrik und christologische Orientierung, sondern es geht um *Ihn selber*. Und alle Beschäftigung mit Christologie [...] kann doch nur kritische Hilfsarbeit sein, um zu dem Punkt vorzudringen, wo es dann sein mag, ja, daß es heißt wie bei den Jüngern auf dem Berg der Verklärung: ‚Sie sahen niemand denn Jesum allein'".[80]

---

77 Gegenteilig wird bei Lévinas in diesem Zusammenhang auf „Abwesenheit" erkannt. „Der Andere kommt her vom unbedingt Abwesenden." (Lévinas, Spur des Anderen, 227; vgl. 284; 289). Was ließe sich freilich über ein *unbedingt* Abwesendes sagen? Kann es auch nur eine „Spur" hinterlassen, wie radikal auch immer sich diese Spur verflüchtigen mag?

78 Vgl. IV/3, 200.

79 „Christozentrik" im Sinne einer von einer Grundanschauung gesteuerten Systematik ironisiert Barth gelegentlich geradezu: „[...] war es nicht schon fast komisch, daß, nachdem Manche sich schon längst ihrer ‚christozentrischen' Dogmatik gerühmt hatten, jemand auf den Gedanken kam, die seinige als ‚theozentrisch' auszugeben, worauf wieder ein Anderer an Stelle dessen lieber ‚staurozentrisch' und wieder ein Anderer sogar ‚hamartiozentrisch' sein wollte? Was noch?" (I/2, 964).

80 Barth, Gespräche 1963, 137f. Vgl. dazu IV/3, 199f.

Man kann zeigen, daß Karl Barths Theologie sich nicht lediglich als ein allseitig christologisch bestimmtes Denken entfaltet. Wohl aus diesem Grund gehen immer wieder auch Ausführungen zu peripher erscheinenden dogmatischen Themen umstandslos ins Wesentliche. Selbst diese Konzentration aber gibt nur eine Vorstufe ab. Beabsichtigt ist fortwährende Aufgeschlossenheit, ein in Richtung auf Gott so weit wie nur möglich ungesichertes Denken: eine *Theologie zur Anwesenheit, zur Geistesgegenwart Jesu Christi hin* – eine sich strikt dorthin kehrende, sich genau dafür offenhaltende,[81] darum bittende, sich insofern Schritt um Schritt bekehrende, ihr Denken und ihre Lesehaltung erneuernde Theologie. Möglich wird dann ein Denken, das sich einfach den besten Gründen aussetzt – was bedeutet: gute Theologie.

Was im allgemeinen in der Situation des Menschen vor Gott gilt, ist in gleicher Weise, als in einem Anwendungsfall, im theologischen Denken zu bewähren. Vermag Gott nicht auch im Denken zu erscheinen? Kann man ihm vollends auch mit allen gedanklichen Mitteln recht geben? Ihn mit angemessenen Erörterungen verehren? Weil das Evangelium die Intelligenz selbst in ihren Bann zieht und dann die Intelligenzen durchwirkt und der Intellekt selber theologisch wird.

„‚Erneuerung unseres Denkens‘ nennt hier [sc. Röm 12,2] Paulus", so erklärt Barth in einer Predigt, „die Grundforderung, den Grundsinn alles unseres christlichen Tuns. Ich denke, ich greife nicht daneben, wenn ich das in Beziehung setze zu dem bekannteren Ausdruck Buße, μετάνοια. In dieser Wendung spielt aber das Denken eine entscheidende Rolle. Die Vernunft wird eingesetzt als Ort, wo fort und fort eine Erneuerung stattfinden soll, wo diese Wendung sich vollziehen soll: die Abwendung und die Zuwendung. Denken wir nicht gering vom Denken, machen wir nicht mit mit dem Antiintellektualismus unsere Tage! Man kann nicht handeln, ohne zu denken! Die große Forderung, die die Barmherzigkeit Gottes an uns richtet, ist primär die Forderung eines richtigen Denkens, eines Wissens, aus dem dann das richtige Tun hervorgehen soll! Buße heißt: es muß in unserem Denken die unseren Willen bewegende Erkenntnis Platz greifen, daß wir Gott dankbar zu sein haben."[82]

Leitend in aller Theologie, so in den Prolegomena zur *Kirchlichen Dogmatik*, kann nur die Absicht sein,

---

81 „Die christlich-menschliche Daseinserfahrung", so wird ausgeführt (IV/1, 274), „als Erscheinung dessen, was ist, d.h. dessen, der ist, kann wahr, aus der Wahrheit sein. Sie ist es aber nicht *in abstracto*, für sich und als solche. Sie ist wahr, sofern sie von der Wahrheit und also von jener Eröffnung und Erkenntnis her kommt. Sie ist wahr, sofern sie auf einem dem Menschen von ihm konkret Gesagten, von ihm konkret Gelernten beruht, sofern sie ganz und gar von ihm lebt und gerade nicht sich selbst genügend in sich selber kreist. Sie ist wahr in und aus ihrem Woher, in und aus Jesus Christus als ihrem Grunde, von dem sie abhängig ist, der aber von ihr unabhängig ist. Sie ist wahr in ihrer Offenheit nach diesem Sitz und Quellort ihrer Wahrheit hin." – Zur Theologie als einer „*offenen* und *öffnenden* Wissenschaft" vgl. noch Barth, Einführung, 197.

82 Barth, Predigten 1921–1935, 468.

„das menschliche Denken und Reden auf einen solchen Weg zu stellen, auf welchem es der Verfügungsgewalt seines Gegenstandes, dem Worte Gottes, möglichst ungesichert preisgegeben ist: auf einen um der *einen* Voraussetzung willen in jeder anderen Hinsicht möglichst voraussetzungslosen Weg also." (I/2, 969)

Nichts ist vorausetzungsvoller als christliche Theologie. Ihrer einen, reichen Voraussetzung *um so bewußter* vermag sie sich zu verhalten.

3. Theologie vermag sich offenzuhalten für das Erscheinen Christi

Der hier gemeinte seinerseits verfügende „Gegenstand" – „nicht ein Verfügbares, sondern ein Verfügendes" (I/2, 969) – ist freilich nicht Prinzip oder Gesetz, sondern Person. Es handelt sich in der Theologie überall um eine Personenbeschreibung, die von einer freien Preisgabe an einen Überlegenen herkommt oder darauf hinausläuft. *Offenhalten für das Erscheinen Jesu Christi* heißt das Prinzip aller theologischen Verfahren, insonderheit der dogmatischen Vorgehensweise mit ihrer spezifischen Ausgangsbedingung:

„Sie besteht" nämlich „in der immer wieder zu treffenden Vorsorge, daß der Gegenstand selber für sich sprechen kann, daß seine Wirkung auf das menschliche Denken und Reden nicht gestört werde. Sie setzt das Vertrauen voraus, daß ihm das *zukomme*, und zwar in solcher Souveränität zukomme: das Vertrauen, daß es das auch *tun könne* und daß er, was er könne, tatsächlich auch *tun werde*. Sie setzt also voraus die Wirkung des Gegenstandes selber, zu der ja auch die Erweckung solchen Vertrauens gehört." (I/2, 970)

Dementsprechend sucht der Glaubende die Begegnung, ist er bemüht, diejenigen widrigen Bilder hinter sich zu lassen und abzuwerfen, die selbständige Aufmerksamkeit beanspruchen und infolgedessen zunächst unaufmerksam, doch zuletzt blind machen für diesen besonderen gesammelten Anblick: daß niemand gesehen wird als Jesus allein (Mk 9,8). Wie vermag dementsprechend niemand *verstanden* und *gedacht* zu werden als Jesus allein (vgl. 1Kor 2,2) – so daß Theologie sich genau darin bei Besinnung hält? Wie kann jeder Gedanke unter den Gehorsam Christi gefangengenommen, von seiner Stimme erreicht und auf sie abgestimmt werden (vgl. 2Kor 10,5)? Wie kommt es zum Widerhall, zur Einmischung eben dieser Stimme mit ihrer lösenden Kraft in die tiefsten (individuellen, gesellschaftlichen, epochalen) menschlichen Selbstgespräche – so daß dort bereits ein heller innerer Himmel aufbricht?

In diesem Sinne ist Barths Denken nicht gesonnen, sich unter irgendwelchen Umständen von der Aufgeschlossenheit für das Evangelium abbringen zu lassen, möchte es vielmehr mit seinen Mitteln nun auch seinerseits zusehends deutlicher und ausdrücklicher, farbiger und artikulierter reflektieren. Der zu Recht gerühmte Reichtum dieser Theologie, vielleicht Ausdruck eines ursprünglichen Erschreckens über den unausdenkbaren Gott und seine Herrlichkeit, stellt diesen Versuch der als solcher noch jedesmal gefährdeten Beharrung dar, des Bleibens, der (als theologisches Denken kraftvoll artikulierten) Erwartung jenes entscheidenden göttlichen Einschreitens. Sein theologisches Verfahren, seine „Methode", kommt auf das in verschiedenen Zusammenhängen bewährte *Festhalten an dieser Erwartung* hinaus, auf die mit allen gedanklichen Mitteln, auch den Mitteln von Gelehrsamkeit, Scharfsinn und Gestaltungskraft, geübte „Haltung des Seufzens, des Bittens und Anklopfens".[83] Auch das Denken will von Christus nicht lassen.

„Mehr und etwas Besseres", so bekennt noch der alt gewordene Barth in seiner *Einführung in die evangelische Theologie,*[84] als die Bitte „*Veni, creator Spiritus!*" „in Gestalt von rüstiger Arbeit kann auch die beste Theologie nicht sein." Sehr schön beschreibt Hans Urs von Balthasar die Gesamtbewegung der Theologie Barths als ein „Öffnen ins immer Größere".[85] Noch jedesmal größer wird von Gott gedacht, immer mehr vom Aufkommen des Geistes der Wahrheit, der Erscheinungsmacht Christi, für das theologische Denken erwartet. Denn erst sein Eintreffen und Erscheinen und Wirksamwerden führt in der Theologie jeweils den ausschlaggebenden Nachweis.

Die „dialektische" Denkform aber, von Barth der Sache nach bis in die letzten Bände der *Kirchlichen Dogmatik* durchgehalten, will eben das: ein nicht-machtförmiges, nicht verfügendes, zu keiner Synthese fähiges und sie auch nicht anstrebendes Denken.

Das Band für Band der *Kirchlichen Dogmatik* vollzogene Insistieren auf dem Grundlegenden als auf dem Grund, dem gegenüber kein anderer gelegt werden kann (1Kor 3,11), bezieht allerdings die Wahrnehmung des Grundstürzenden ein und läßt möglicherweise entsprechend Hand anlegen. In der Bekehrung zu bleiben heißt auch, sich, je nachdem, resolut abzukehren, vom Hoffnungslosen, den ungeheuren Fehlschlüssen der Zeit, nichts mehr zu erwarten, ihnen auch deutlich abzusagen, der Brutalität des Derzeitigen mit dem Ungestüm der Hoffnung zu antworten. Wenn Barth leidenschaft-

---

83 Schellong, Bürgertum, 104. Vgl. Barth, Unterricht I, 372: „Das Denken, das draußen steht, anklopfend, wartend, harrend, verharrend vor dem Unzugänglichen, dem *Geheimnis* Gottes gegenüber, verharrend, weil es das Geheimnis *Gottes*, das *offenbare* Geheimnis ist, nicht verharrend aus eigener religiöser Kraft oder Denkmächtigkeit des Menschen, sondern weil drinnen das rechtfertigende, heiligende, segnende Wunder des Geistes wirklich ist, das ist das Denken des Glaubens und Gehorsams: des *Glaubens*, weil es ein Trauen und Wagen des Herzens ist, das, nicht wissend, was es tut, vordringt zum Throne Gottes selbst".
84 Barth, Einführung, 67f.
85 von Balthasar, Karl Barth, 39.

lich auf dem Positiven besteht, dem Reichtum der Güte Gottes, seiner Geduld, seiner Langmut, dann, so wird man sagen können, verharrt er gerade damit „zwischen den Zeiten". Es ist ihm darum zu tun, in der „Erweckung zur Umkehr" (IV/2, 626–660), in der Buße, zu bleiben.[86] Gottes *Güte* erweckt und leitet nach Röm 2,4 zur Umkehr und darum zur Abkehr von den Erstickungsmächten: „Oder verachtest du den Reichtum seiner Güte, Geduld und Langmütigkeit? Weißt du nicht, daß dich Gottes Güte zur Buße leitet?"

c. Der Weltkrieg und das Grauen

Ein Denken liegt bei Barth vor, das sich ganz grundsätzlich und in hellem Bewußtsein an Gott preiszugeben bereit sein will. Wie hat man seine Entstehung zu erklären? Natürlich läßt sich das nur zu einem kleinen Teil aufhellen. Jedenfalls kann Barths Erschütterung angesichts der Katastrophe des Weltkriegs („der noch nicht der Erste Weltkrieg hieß"[87]) m.E. nicht umfassend genug gedacht werden.[88] „Die bisherige Welt, in der wir lebten", bekennt er in einer Predigt zum Reformationstag 1914, „ist in ihren Grundvesten erschüttert."[89] Diese Bestürzung mehr als alles andere, scheint mir, ist ihm Anlaß zur Erneuerung der Theologie aus der „Haltung des Seufzens, Bittens und Anklopfens".[90]

Unmittelbar schließt sich daran die Frage an, ob gegenwärtig, aus dem Abstand nahezu dreier Generationen (einige Kriege später), zu einem solchen sich vollkommen an sein göttliches Gegenüber preisgebenden theologischen Denken nicht um so dringender Grund besteht, als das fürchterliche 20. Jahrhundert die Schwelle zum Katastrophalen noch weitaus niedriger gelegt hat.

---

86   Vgl. den letzten Abschnitt in Gogartens Manifest *Zwischen den Zeiten* (100f). – Als einen Zeit-Raum des Zwischen kennzeichnet Martin Heidegger die „Not" als den Raum dessen, *nicht aus noch ein zu wissen*. Diese sehr besondere, bestimmte Not schafft überhaupt erst dem Denken seinen „Wesensraum". Sie ist insofern „kein Mangel und kein Entbehren, sondern das Übermaß einer Schenkung" (Heidegger, Grundfragen, 152f).
87   Klüger, weiter leben, 39.
88   Besonders eindrucksvoll die Predigt vom 10. Januar 1915 (Barth, Predigten 1915, 12–22). – Eine pointierte Beschreibung bei Steiner (Steiner, Schöpfung, 8f): „Ungefähr von der Schlacht bei Waterloo bis zu den Massakern an der Westfront in den Jahren 1915–16 hat die europäische Bourgeoisie eine privilegierte Zeitspanne, einen Waffenstillstand mit der Geschichte erlebt. Gestützt auf die Ausbeutung der Industriearbeiter im eigenen Land und die Kolonialherrschaft in anderen Ländern, erfuhren die Europäer ein Jahrhundert des Fortschritts, der liberalen Ordnungen, der vernünftigen Hoffnung."
89   Barth, Predigten 1914, 545.
90   Cf. oben in diesem Abschn. bei Anm. 83.

1. Ich stehe dabei mit meinem bösen Blick

Die Literatur weiß es früher, spürt eine Art Entstellung der Realität und findet in ihren Bereichen in fast prophetischer Präzision zu gültigen Ausdrucksformen. Die Kunst vor dem Ersten Weltkrieg, eine große Formrevolution, im Widerstreit entstanden, spricht es mit ihren Mitteln eher aus als die Theologie. Etwas von vornherein Verhängnisvolles umgibt ihre Werke. Henri Rousseau, „le douanier", malt Bilder an der Grenze zu undurchdringlicher Wildnis. Joseph Conrads *Heart of Darkness* (1899) schildert den entsetzlichen Zusammenhang von vermeintlicher Allmacht und dem Fluch als dem endgültigen Urteil über die Welt, ihre Substanz: „He had summed up – he had judged. ‚The horror!'"[91] Franz Kafka – *Die Verwandlung* und *Der Proceß* sind bereits vor dem Ausbruch des Weltkriegs geschrieben – scheint sich abzuwenden oder das Geschehene bannen und rückgängig machen zu wollen: „Ich stehe dabei mit meinem bösen Blick".[92] Zu Baudelaire notiert Hugo Friedrich: „Das eschatologische Bewußtsein, das Europa seit dem 18. Jahrhundert durchzieht und bis in unsere Gegenwart reicht, trat bei ihm in die Phase erschreckter wie erschreckender Scharfsicht."[93]

Eine zu Tode erschrockene Kunst tritt hervor. In Gustav Mahlers 6. Symphonie ist es bereits Klang geworden. Wassily Kandinsky und August

---

91 „Es war, als zerrisse ein Schleier. Ich sah auf diesem Elfenbeingesicht den Ausdruck düsteren Stolzes, unbarmherziger Gewalt, feigen Entsetzens – durchdringender und hoffnungsloser Verzweiflung. Durchlebte er sein Leben noch einmal in allen Einzelheiten der Begierde, Versuchung und Hingabe, während jenes höchsten Augenblickes erfüllten Wissens? Flüsternd schrie er einem Bild, einer Vision zu – zweimal schrie er, ein Schrei, der nicht mehr war als ein Hauch: ‚Das Grauen! Das Grauen!' [...] Er hatte die Summe gezogen – er hatte das Urteil gefällt. ‚Das Grauen!'" (Conrad, Herz der Finsternis, 178f). Im englischen Original: „It was as though a veil had been rent. I saw on that ivory face the expression of sombre pride, of ruthless power, of craven terror – of an intense and hopeless despair. Did he live his life again in every detail of desire, temptation, and surrender during that supreme moment of complete knowledge? He cried in a whisper at some image, at some vision – he cried out twice, a cry that was no more than a breath. – ‚The horror! The horror!' [...] He had summed up – he had judged. ‚The horror!'" (Conrad, Heart of Darkness, 111; 113).

92 Kafka, Tagebücher, 547. Vgl. Stach, Kafka, 535: „Am 2. August 1914, nur wenige Stunden nachdem die Katastrophengeschichte des zwanzigsten Jahrhunderts ihren Anfang nahm, verabschiedete sich Kafka von all dem Jubel, den Extrablättern, den Gesängen, den Verlautbarungen, Ansprachen, Gerüchten, Hamsterkäufen, Marschschritten, hastenden Gepäckträgern, von Pferdegetrappel, rollenden Lafetten, sonnenbeglänzten Uniformen, frisch gebügelten Fahnen und weinenden Mädchen. Der Eintrag ins Tagebuch, mit dem er der Welt den Rücken zuwandte, ist berüchtigt: ‚Deutschland hat Russland den Krieg erklärt. – Nachmittag Schwimmschule.' Das war kalt und komisch, doch es war alles, was es zu sagen gab." – Die Situationen wiederholen sich. In einer Predigt zum Volkstrauertag 1932 sagt Bonhoeffer (Bonhoeffer, DBW 11, 400): „Die Kirche steht am heutigen Tag so merkwürdig unfestlich da, so wenig stolz, so wenig heldisch. Sie gleicht dem Seher der alten Zeit, der [...] daran leidet, daß er etwas sieht, was die anderen nicht sehen, und der nun davon reden muß, was er sieht, obwohl es keiner hören will."

93 Friedrich, Struktur, 42.

Macke und Georges Braque und die anderen haben es bereits gemalt, weil innere Bilder ihre Augen angefallen haben. In unbändigen Farbphantasien – nicht Fälschungen, sondern Erweiterungen unserer Seherfahrung – haben sie ihm bereits zu widerstehen gesucht: mit der Aufbietung von Gegenwelten, „entgiftet in den Farbschönheiten, die man dem kulturellen Sonnenuntergang abzugewinnen vermochte",[94] in der Kraft tönender Farben, als Klängen tönender Farben (indem sie wie beim frühen Kandinsky dem Betrachter unbeschwerte Schönheit gewissermaßen noch einmal in die Hände legen) oder mit der Gestaltung des Bestürzenden selbst. Einer der ersten ist van Gogh.

„Daß Werke", bemerkt Adorno, „die sich mit irgendwelchen erhabenen Vorgängen beschäftigen, deren Erhabenheit meist nur Frucht von Ideologie, von Respekt vor Macht und Größe ist, dadurch an Dignität gewönnen, ist demaskiert, seitdem van Gogh einen Stuhl oder ein paar Sonnenblumen so malte, daß die Bilder vom Sturm all der Emotionen toben, in deren Erfahrung das Individuum seiner Epoche erstmals die geschichtliche Katastrophe registrierte."[95]

Über Picassos *Les Demoiselles d'Avignon* (1907) urteilt Werner Spies: „Es gibt keine andere Arbeit, die zu Beginn des zwanzigsten Jahrhunderts, vom Klassizismus ausgehend, ein derart schmerzliches Requiem anstimmte."[96] Immer ist Krieg im unüberblickbaren Werk Picassos, in wie von Schmerzschüben verzerrten Bildern und Plastiken. Jedesmal herrscht Gedränge, gefährdete Balance, ironischer Kommentar, Bedrohung, eine Art gestischer Furor. Nie sind die Verhältnisse anders als gewalthaft. Der kubistische Verfall der Körper oder die Vitalitätsbeschwörungen wissen vom Leben nur als aufgebrochenem, vertanem Leben. Und auch die Konfrontation mit dem Außereuropäischen (zum Beispiel, schon früh, bei Gauguin) bietet nur zeitweilig Rekreation und Unterkommen. „Bei mir ist ein Bild die Summe von Zerstörungen", verzeichnet Picasso,[97] und Brassaï gegenüber äußert er, er wolle seine Werke einer zukünftigen Wissenschaft vom Menschen als Dokumente zur Verfügung stellen.

Die Theologen holen es wiederum auf ihre Weise erst langsam ein. Barth weiß vom Sturz relativ früh, schon 1914. Die damals gehaltenen Predigten weisen das unmißverständlich aus. Ein einsam Nüchterner zeigt sich entsetzt über das Delirium der Kriegsbegeisterung, schüttelt den Kopf über theologische Schwindel- und Schwachsinnsanfälle. Für Gogarten stellt wohl

---

94 Friedrich, Struktur, 42.
95 Adorno, Ästhetische Theorie, 124. – „[…] jawohl", bemerkt Benn (Benn, SW III, 114), „zwei Sonnen waren auf dem Bild, gewirbelt zwischen die Zypressen, und ein Kornfeld, auf das der Himmel schrie –: eine flache Stirn, eine Verbrecherstirn: der Idiot von Arles."
96 Spies, Duchamp, 11.
97 Zit. bei Hugo Friedrich, Struktur, 76.

der verlorene Krieg das Schlüsselerlebnis dar. Andere verstehen überhaupt nichts. Die spätliberale Theologie, doch wohl bis heute, behält alles in allem den Ausdruck der Zufriedenheit im Gesicht und will, durch kaum etwas wirklich zu beunruhigen, nichts Wesentliches geändert haben. Wenn es nur hinreichend „demokratisch" zugeht und „perspektivisch" gedacht wird (wenn der Perspektivismus also mit seiner Unterstellung, es gäbe einen freien Blick durch die Perspektiven, unbefragt bleibt[98]). Ihr Geist ist eingefangen in ihr unerschütterlich gutes Gewissen.[99] Es scheint erstrebenswert und fühlt sich gut an, sich zu den Wortführern der Moderne oder wenigstens zu ihren Verteidigern gegen deren Verächter rechnen zu dürfen.

„[...] heute zum erstenmal seit seinem Entstehen ist der moderne Geist bis ins Innerste erschüttert", vermerkt Gogarten 1924.[100] Und Paul Valéry eröffnet seine Briefe *Die Krise des Geistes* (1919) mit dem Satz: „Wir Kulturvölker, wir wissen jetzt, daß wir sterblich sind."[101] Unversehens brüchig erscheinen die Grundlagen, auf denen dieser Geist die menschliche Existenz aufzusetzen gewohnt ist. Dem entspricht in seismographischer Kunst die tektonische Gliederung des Bildraums, wie der Kubismus sie vorführt. Ein schweres Beben, dessen Zentrum in großer Tiefe vermutet werden muß, Schockwellen und Verwerfungen, an denen die vorangehenden Konstrukte aufbrechen, treten hervor. Wie vermag gleichsam seismographische Genauigkeit in der Beschreibung der Erdstöße der Zeit erzielt zu werden? Für denjenigen, der Augen hat zu sehen, ist eine Unhaltbarkeit ersichtlich

---

98 „[...] jede *Per*-spektive", so Heidegger (Heidegger, Beiträge, 447), „nimmt schon das *Durch*gängige für ihre Blickbahn in Anspruch."

99 Sarkastisch formuliert Barth gegen Harnack (Barth, Offene Briefe 1909–1935, 64): „Die ‚aus der Entwicklung der Kultur und ihrer Erkenntnis und Moral' stammenden Aussagen über Gott mögen als Ausdruck besonderer ‚Gotteserlebnisse' (z.B. des Kriegserlebnisses) neben denen primitiver Völker, die solch hohe Güter noch nicht kennen, ihre Bedeutung und ihren Wert haben (z.B. die Aussagen der Kriegstheologen aller Länder)." Auf denselben Ton ist der Bericht gestimmt, den Barth Thurneysen nach einem Gespräch mit Harnack und Eberhard Vischer 1920 in Basel gibt (Barth – Thurneysen, Briefwechsel 1, 379): „Die beiden Herren verwickelten sich bis zu der Behauptung, Sündenvergebung sei etwas ganz Einfaches, das einfach zur Nächstenliebe gehöre, und das er, Harnack, beständig übe. *Etwas* Erschütterung sei der Kirche wohl zu wünschen, aber ich solle meine Auffassung von Gott (καινὴ κτίσις) doch lieber für mich behalten, keinen ‚Exportartikel' (!) daraus machen".

100 Gogarten, Protestantismus und Wirklichkeit, 195. – Zum Ersten Weltkrieg als „epochaler Kulturkatastrophe" vgl. Körtner, Theologie des Wortes Gottes, 25–31; 59f. – In seiner Goethe-Rede von 1947 (Jaspers, Rechenschaft, 26) zieht Karl Jaspers den Radius noch weiter: „Eine Katastrophe des Abendlandes ja der Menschheit, wurde geahnt vom alten Goethe, – mit wachsender Klarheit gesehen von Niebuhr, Stendhal, Tocqueville, Burckhardt, – in ganzer Tiefe erfaßt von Kierkegaard und Nietzsche – als Weg zum endgültigen Heil erwartet von Marx. [...] Denn wir können mit Gewißheit feststellen, das das *technische Zeitalter*, dem wir angehören, den tiefsten Einschnitt aller bisherigen Geschichte bedeutet."

101 „Nous autres, civilisations, nous savons maintenant que nous sommes mortelles." (Valéry, Werke 7, 26; 553).

geworden, eine Entwicklung in ihre eigenen Konsequenzen gestürzt – die freilich, als Konsequenz der Konsequenzen, als Bann zu sich selbst, also „in seine eigene Geläufigkeit verfestigt",[102] noch lange fortzuwirken und nachzustoßen und abermals zuzuschlagen imstande ist. Man kann der eingetretenen Verfinsterung, dem epochalen Trauma auf verschiedene Weise Sprache zu geben suchen. Der „tolle Mensch" hat es, schon einiges früher, in machtvoller Bildhaftigkeit vor Augen gestellt: Ihr habt Gott getötet, ihr und ich; ein Meer ist ausgetrunken, ein Horizont weggewischt, die Erde von der Sonne losgekettet; es kommt immerfort die Nacht und mehr Nacht. Einen Abgrund sieht Nietzsche aufklaffen, die Existenz des Menschen nur noch wie in freiem Fall.[103] Der Weltkrieg, furchtbar zu sagen, bildet dann nur den militärischen Kommentar zu dieser Rede weltlicher Prophetie. Ähnlich kann man von Kafkas vor dem Krieg entstandenen Erzählungen *In der Strafkolonie* und *Der Proceß* nun für die Zeit des Krieges sagen: „[...] die Fortsetzung dieser Szenen stand jetzt in den Zeitungen, Tag für Tag."[104]

Nietzsche hat Kriege vorausgesagt, wie sie die Welt noch nicht gesehen hat. Vom Ausbruch des Ersten Weltkriegs an bekam er damit auf schreckliche Weise im Fortgang des Jahrhunderts immer mehr Recht. Es sieht auch nicht so aus, als sollte ihn das 21. Jahrhundert widerlegen – das schon zu Beginn hinreichend Anlaß zu bösen Vorahnungen gibt, am reifen Kriegsstil der Moderne, der totalen Vernichtung, jedenfalls unbeirrt festhält. Die die Rede des „tollen Menschen" hören, lachen freilich, und er gesteht ein: „Ich komme zu früh."[105]

Mit dem Ersten Weltkrieg sieht sich eine jahrhunderteschwere Weise des In-der-Welt-Seins einerseits demoliert, andererseits merkwürdig konsolidiert, nämlich um so strikter zu ihrer eigenen Folgerichtigkeit verurteilt. Dem Krieg geht der Atem nicht aus. Ein Fortstürzen und in seinem Zuge die „so notwendige und zugleich so sinnlose Katastrophe des Weltkrieges von 1914 bis 1918",[106] diese Flutwelle revolutionärer geschichtlicher Prozesse, eine Weltflutung – sie hat sich zu Beginn des 21. Jahrhunderts

102 Heidegger, Grundfragen, 138.
103 Vgl. Sloterdijk, Sphären I, 27; II, 23.
104 Stach, Kafka, 562.
105 Die fröhliche Wissenschaft, Nr. 12, (Nietzsche, KStA 3, 480–482). – In einer Vorlesung über Nietzsche im Wintersemester 1936/37 erklärt Heidegger: „Nietzsche war redlich genug, sich selbst einen Nihilisten zu nennen, das heißt nicht: einer, der nur ‚nein' sagt und alles ins Nichts überführen will, sondern einer, der im Ereignis des sterbenden Gottes steht und sich nichts vormacht, der allerdings ‚nein' sagt zu der allgemeinen Verlogenheit, der aber ‚nein' sagt, weil er schon ‚ja' gesagt hat, früher und strenger und ernster als seine ‚christlichen' Zeitgenossen, die mit einem Tremolo in der Stimme in Festreden sich auf das Wahre, Gute und Schöne beriefen." (Heidegger, Nietzsche: Kunst, 191f). – Zum Verhältnis Barths zu Nietzsche vgl. Peter, Barth als Interpret Nietzsches.
106 Barth, Schweizer Stimme, 251–271; dort 252. Vgl. zum Thema im ganzen Fähler, Barths Predigten 1913–1915.

keineswegs bereits verlaufen. Keinesfalls kann sich der Geschichtsverlauf als solcher als sinntragendes Geschehen erweisen. Was bedeutete es, wenn es zuträfe, daß „die Geschichte nicht aufgehört hat, ihre tragischen Dispositionen zu treffen", sich damit aber gerade die zunehmende Unfähigkeit verbände, „Formen des Tragischen zu verstehen"?[107] Das Phänomen des Tragischen kann auch für die Theologie nicht außer Betracht bleiben und ist nicht dadurch aus der Welt geschafft, daß Emanuel Hirsch und andere sich dieser Kategorie bedient haben.

„War der Aufbruch der Dialektischen Theologie in den 20er Jahren", so fragt Christian Link mit berechtigter Skepsis, „waren vollends die Weichenstellungen Barths und auch Bonhoeffers nur ein notwendiges Intermezzo der Theologiegeschichte, erzwungen durch die gesellschaftliche und kulturelle *Krise* einer Gegenwart, auf die wir heute – glücklicherweise – als historische Vergangenheit zurückblicken, erzwungen durch politische Herausforderungen, die sie sich nicht selbst gesucht haben?"[108]

Die Antwort kann nur Nein lauten. Kein Intermezzo, kein beruhigter Rückblick in die Vergangenheit, sondern Fortdauern und lediglich eine neue Windung und noch weitaus höhere Flutung in ganz demselben, nämlich neuzeitlichen, katastrophischen Abschnitt des Zeitstroms. Ausbrüche des Unberechenbaren sind um so mehr zu erwarten.

2. Eine zu Tode erschrockene Kunst tritt auf

Dasselbe steht vor Augen: in der großen, authentischen, zu Tode erschrockenen Kunst hier – und dort in Heideggers Rede von einer Wendung im „Seinsgeschick", von einer sich neu begründenden Befindlichkeit der Welt und des Menschen, in seiner Erwartung eines „neuen Anfangs" im Zeichen von Erschrecken, Verhaltenheit und Scheu.

Eine in ihren besten Momenten zu Tode erschrockene Kunst.[109] Sie fühlt die Wucht einer Erschütterung und die Schärfe eines durchdringenden Schmerzes. Über das Bewußtsein kommt ein „erstarrtes Erwachen".[110]

---

107 Strauß, Anwesenheit, 59; 64. „Die Tragödie gab ein Maß für das Erfahren des Unheils wie auch dafür, es ertragen zu lernen. Sie schloß die Möglichkeit aus, es zu leugnen, es zu politisieren oder gesellschaftlich zu entsorgen." (74). Die Namen Samuel Beckett, Heiner Müller, Botho Strauß stehen für das sich selbst reflektierende Theater des Tragischen in der Gegenwart. Vgl. Christoph Menke, Gegenwart der Tragödie. – Barth (Barth, Christus und wir Christen, 10), ich denke: unter dem Eindruck des Mißbrauchs, weist schon die Kategorie scharf ab: „Wie schön wäre es, wenn dieses Wort aus der christlichen Sprache wieder ganz verschwinden würde! Tragik ist nämlich die Quelle alles Unverstandes." Vgl. auch Barth, Gespräche 1959–1962, 358.
108 Link, Tambach, 334.
109 Vgl. das Kapitel „Das Erschrecken als Modus ästhetischer Wahrnehmung" in Karl Heinz Bohrers Buch *Die Ästhetik des Schreckens* (163–266).
110 Adorno, Noten, 105.

Freilich sei die lange angebahnte und dann plötzlich zum Ausbruch gekommene Katastrophe nicht mehr historischer, sondern elementarer, erdgeschichtlicher Art, bemerkt Ernst Jünger, wie oben erwähnt,[111] und sieht bevorzugt den *Surrealismus* als Ausdruck der dadurch zwingend gemachten fundamentalen Umorientierung der Kunst:

„Der Surrealismus ist eine Revolte, nicht nur ein neuer Stil. Er greift weiter zurück als die Romantik, die das Mittelalter neu beleben wollte und daran gescheitert ist. Das ist ein Unterschied wie zwischen Breughel und Hieronymus Bosch. Kein sittlicher, sondern ein fundamentaler Ernst. Die Katastrophe ist nicht mehr historisch, sie ist elementar."[112]

Mit dem Surrealismus, wird man feststellen können, verhält es sich ähnlich wie mit dem Gegenbild Kafkas; er scheint geeignet, wesentlich in Analogie und Kontrast den Neuansatz einer erschrockenen, sich bei Besinnung haltenden Theologie deutlicher hervortreten zu lassen. Werner Spies macht auf die Parallele zwischen dem Dichter und der neuen Kunstrichtung aufmerksam. „Die stärkste und tiefste Nähe, die man zur surrealistischen Bildlichkeit feststellen will, tritt aus der Rückschau ins Bewußtsein. Es ist die zu Kafka."[113] Beide, Surrealismus und Kafka, eignen sich ihrerseits zum wechselseitig konturierenden Vergleich mit der sich neu formierenden, auf dieselben Fragen wie jene Antwort suchenden Theologie.

Wir werfen einen kurzen Blick auf den Surrealismus. Voraus geht das dadaistische „Gesamtzerstörwerk", angetreten, den Satz vom Grunde in Frage zu stellen, provokant die Jämmerlichkeit der Gegenwart zu erweisen und den Fortschrittsglauben zu verabschieden (Leitspruch: „Dada gibt sich nicht als modern aus."). Auch Gottfried Benn kann als Vorreiter gelten. Der Surrealismus dann „erhebt sich", so Spies, „am Rande des Abgrunds, den der erste Weltkrieg hinterläßt."[114]

Artikuliert wird dort, wie Spies ausführt, „Sehen und Erleben der jungen Menschen, die in den Ersten Weltkrieg geschickt werden und dem Inferno, für immer gezeichnet, mit Mühe entkommen. In dem Umgang mit den *disjecta membra* der Welt, mit dem Unfassbaren spiegelt sich für die Generation surrealistischer Künstler und Dichter das Erlebnis der Zerstörungen und Verstümmelungen wider. [...] Wir stoßen nicht nur auf Fragmente von Körpern, Flugzeugen, Bomben, auf Skelette und Deformationen. Auch die Techniken zeichnen die unerträgliche Anschaulichkeit dieser jüngsten Jahre

---

111 Cf. oben Abschn. A.d.
112 Jünger, SW 5, 182.
113 Spies, Surrealismus, 118.
114 Spies, Surrealismus, 34f. – Zur Geschichte des Surrealismus ausführlich: Rubin, Surrealismus. – Vor dem Hintergrund des Expressionismus versteht Peter Steinacker das Frühwerk Tillichs und Barths (Steinacker, Passion und Paradox; Barths „Römerbrief"). – Sloterdijk spricht gelegentlich generell vom „theologischen Surrealismus" (Sloterdijk, Sphären I, 555), sagen wir: von der Theologie als Surrealismus. Das kann sich m.E. die Theologie in Grenzen ganz gut gefallen lassen.

nach. Schere, Messer, Prothese, rasante, Papier und Leinwand wie Schrapnells durchpflügende Gestik sind diese neuen Mittel."[115]

Eine Phantastik eigenen Rechts soll in den surrealistischen Werken inszeniert und darin darauf abgezielt werden, das Auge wie auch immer an den Schrecken zu gewöhnen – immer in demjenigen Bild, das jeweils eine möglichst scharfe Grenze zu allem bisher Gesehenen und Gebräuchlichen zu ziehen beabsichtigt. Von den „Explosionen" und den „Welttrümmern des Surrealismus" spricht Adorno.[116] Zerrüttet erscheint der Blick, unmöglich geworden unterdessen die früher einmal, in Zeiten vor dem Krieg, durchgehaltene eine Perspektive. Die Welt, im Gesamt und Punkt für Punkt unauffindbar geworden, ist in Stücke gehauen, zersplittert, tief unter die Wasseroberfläche versenkt, verschwommen, in Traum und Rausch verschoben und aufgelöst, unrettbar in uralte Verwirrung versunken. Benn redet suggestiv von einem „toten Traum".[117] Dabei ist, wie wir unterdessen wissen, zum Scheitern verurteilt und erscheint gleichwohl notwendig: die „fortwährende Suche nach dem Anfänglichen"[118] – als der Möglichkeit eines besseren Wiederanfangs.

Durch Anschauung soll das Fürchterliche verstanden werden. Abgezielt wird auf eine Art Bändigung und Bewältigung durch Darbietung und Darstellung.

„Der Surrealismus", beobachtet Jünger, „gibt ein Beispiel für die Annäherung, die freilich zu früh zur Kristallisation führte. Er ist ein erster Versuch des musischen Menschen, die technische Welt und ihre Häßlichkeit durch Geist zu bändigen – ein Versuch, bei dem die Werkstättenlandschaft nicht ausgeschlossen wurde, um Idylle zu bewahren, sondern der ihre Bauten, ihre Physiognomik, ihre Gefahren einbezog. [...] Der Bohrturm in der Sahara, sein Gerippe, sein Gestänge oder, nach Heidegger, sein ‚Gestell', können bewältigt werden, und zwar durch Anschauung, falls sie die nötige Dichte und Souveränität gewinnt. Sie geht den Phänomenen voraus, führt ihren Reigen an. Nicht umsonst haben die Surrealisten von Anfang an dem Rausch und dem Traum so große Aufmerksamkeit geschenkt. Dort erreicht der Geist die Grenze, an der die Zeit mehrschichtig wird und zu wanken beginnt. So wird sie verdächtig und damit fündig: der Auflösung der Bilder, also dem Stilwechsel, gehen solche Wahrnehmungen voraus."[119]

Dabei kommt in dergleichen Werken als Prinzip *die große Verweigerung* zur Geltung: die gewollte Absage an die irgendwie festlegende, identifizierende, sinnzuschreibende Ausdeutung, eine Art striktes Deutungsverbot bei

---

115 Spies, Surrealismus, 9.
116 Adorno, Noten, 102f. – Erstaunlich früh hat Max Ernst die sich abzeichnenden Umweltgefährdungen bemerkt und der Bestürzung in seinen Bildern Ausdruck gegeben.
117 Benn, SW I, 217.
118 Spies, Surrealismus, 110.
119 Jünger, SW 11, 330f.

gleichzeitiger dringlicher, gebieterischer Deutungsprovokation (so ja auch bei Kafka). Eine Kunst führt sich herauf, die den Betrachter in eine Form von Interpretationsnotstand versetzt, die mehr verschweigt, als sie äußert, die sich aber, mehr noch, der „Wiederkehr uralter Verwirrung" (Hölderlin) darin entgegenstellt, daß sie diese Entstellung namhaft macht: im leidenschaftlichen Versuch, etwas Nicht-Sagbares (oder sogar das Nicht-Sagbare selbst) zu sagen. Sie scheint versunken in eine Art wilder Resignation. Sie spiegelt eine europäische Vollzugsform der „Traurigkeit der Welt" (2Kor 7,10), die Versagung, die großen Trauerkämpfe. „Eher als tragisch", so Adorno, „ist alle Kunst traurig [...]."[120] Sie hat sich angesteckt mit finsterer Melancholie (keineswegs als solche ein Adelsprädikat der Seele). Darauf zielt sie ab, das Todsichere und Unsägliche anschaulich werden zu lassen, dafür eine Sprache zu haben. Sie beabsichtigt, „todsichere Parameter" zu liefern – und darin ihre Zeit, im Mittel der Kunst, zu erfassen.

„Wenn wir heute auf den Surrealismus zurückblicken", so beschließt Werner Spies sein großartiges Werk, „dann müssen wir die todsicheren Parameter heranziehen, mit denen sich das zwanzigste Jahrhundert erfassen läßt. In einem solchen übergreifenden Blickfeld wird diese Bewegung nicht zum unverständlichen, hermetischen Sonderweg: Ein Zeitalter, für das sich als einträglichster Nenner der Name Kafka anbietet, findet in den Bildern und Vorstellungen des Surrealismus seine beklemmende und haarscharfe Anschaulichkeit."[121]

„Die Surrealisten", so Spies, „untergraben die Vorstellung einer fortschrittsgläubigen Moderne."[122] Das trifft sicher zu. Doch setzen sie sie auf ihre Weise auch variiert fort. Bei allen Versuchen der Zersetzung von Kontrolle und Überwachung, bei allen künstlerisch ganz und gar überzeugenden Wendungen gegen ein hierarchisches, machtförmiges Sehen – darin bleibt, scheint mir, der Surrealismus denn doch ganz neuzeitlich, daß er Diskontinuität und Rätselhaftigkeit konstruiert und inszeniert, das Licht „führt" („Magie der widersprüchlichen Lichtführung"[123]), das Zweckdenken absichtsvoll zu betäuben sucht, den Mehrwert „Zufall" einsetzt und veranstaltet (dann doch als Herr des Zufalls), die Brüche eigens herstellt, nach dem Inkommensurablen und Unerwarteten greift, das Disparate kontinuierlich steigert und Fremdheit installiert, daß er zerschlägt, umgruppiert, montiert, mystifiziert, das Unsägliche zu gestalten sucht, noch die Spontaneität kalkuliert und überwacht, noch die Künstler selber zueinander montiert – zusammengefaßt: daß er sich das Vermögen zutraut, das Auge, so André Bretons berühmte Wendung, „in den Zustand der Wildheit" zu

---

120 Adorno, Ästhetische Theorie, 49.
121 Spies, Surrealismus, 165.
122 Spies, Surrealismus, 142.
123 So André Breton (zit. bei Rubin, Surrealismus, 18).

versetzen.¹²⁴ Wird nicht doch nur beklemmend spiegelbildlich umgekehrt und insofern paradox das wiederholt, dem doch schärfster Widerwille gilt? Das „Negativ des Surrealismus"¹²⁵ bleibt dem zu Überwindenden als einem furchtbaren „Positiv" antithetisch verhaftet. Es bewegt sich in der Voraussetzung des Kritisierten. Witzig und charakteristisch der Satz Salvador Dalis: „Der einzige Unterschied zwischen mir und einem Verrückten besteht darin, daß ich nicht verrückt bin."¹²⁶ Treffsicher urteilt William Rubin: „Dalis willentlich herbeigeführte ‚Paranoia' war im Grunde eine Pose, und so mußte er seine Ideen aus psychiatrischen Büchern beziehen […]."¹²⁷ Der Surrealismus, der Schock in Schönheit gehüllt, wetteifert womöglich mit dem Realen um schockhafte Wirkungen. Doch hat Adorno recht, wenn er im Blick auf die Vernichtungslager einwendet: „Nach der europäischen Katastrophe sind die surrealistischen Schocks kraftlos geworden."¹²⁸ Insgesamt gilt eben, „daß ästhetische Autonomie außerhalb jenes Leidens verharrt, dessen Bild sie ist […]."„[…] in der Distanz läßt sie die Gesellschaft, vor der ihr schaudert, auch unbehelligt."¹²⁹

Und wenn Werner Spies eine Linie vom Surrealismus zu Kafka zieht, so ist auch noch bei Kafka eine Art paradoxe Wiederholung festzustellen. Peter von Matt hat eindrücklich darauf aufmerksam gemacht. Ausgehend von einer Tagebuchnotiz Kafkas („Ich träume, daß ich Goethe deklamieren höre, mit einer unendlichen Freiheit und Willkür."¹³⁰) interpretiert er unter der Überschrift „Kafkas Glück"¹³¹ das Werk Kafkas als Ausdruck des beim Schreiben vollzogenen Triumphes über die ganze Welt. Der Schreibende, in demiurgischem Hochgefühl, übt zeitweise unumschränkte Herrschaft aus.

„Was der schreibende Kafka genießt, ist höchste Gewalt, ist Machtvollkommenheit, Herrschaft ohne Schranken. Mag, was er erfunden und niedergeschrieben hat, noch so sehr das zusammenhängende Epos von Erniedrigung, Hilflosigkeit, Ausgeliefertsein ans Unbegriffene darstellen, entstanden ist es in Stunden triumphaler Erhöhung und Selbstgewißheit."¹³²

Auch in dieser Hinsicht bekommt Canetti Recht: „Unter allen Dichtern ist Kafka der größte Experte der Macht".¹³³

---

124 Zit. bei Spies, Surrealismus, 62; vgl. 90; 168.
125 Adorno, Noten, 105.
126 Zit. bei Rubin, Surrealismus, 86.
127 Rubin Surrealismus, 86.
128 Adorno, Noten, 102.
129 Adorno, Ästhetische Theorie, 64; 335.
130 Kafka, Tagebücher, 1042.
131 von Matt, Angesicht, 13–21.
132 von Matt, Angesicht, 14.
133 Canetti, Gewissen der Worte, 137. Freilich meint Canetti, gerade umgekehrt, Kafkas eigene Machtlosigkeit: „Er [sc. Kafka] ist von allen Dichtern der einzige, den Macht in keiner Weise

Hugo Friedrich hat in seinem berühmten Buch *Die Struktur der modernen Lyrik* die von Frankreich ausgehende moderne Lyrik seit Baudelaire und Rimbaud eingehend als insofern zutiefst machtförmig beschrieben, als dort nicht nur schöpferische, sondern geradezu „diktatorische", „gewaltige und gewalttätige" Phantasie am Werk gesehen werden muß.[134] „Verfügungsgewalt des lyrischen Subjekts" lautet ein charakteristisches Stichwort.[135] Zugrunde liegt das empfundene Erfordernis, aus der wissenschaftlich-technisch überformten Realität zu fliehen, auszubrechen, nicht zuletzt im Mittel des intensiv Häßlichen – zum womöglich Überwirklichen hin. „Die wissenschaftliche Weltdurchdringung", heißt es, „wird vom künstlerischen Sinn als Weltverengung und als Verlust des Geheimnisses empfunden, daher mit extremer Machtausweitung der Phantasie beantwortet."[136] Gezeigt wird freilich von einer Kunst dieser Verfassung lediglich auf das leere Geheimnis. Immer wieder bleibt nur „ein Taumel des Unbestimmten":[137]

„Es ist die Wirrnis solcher Modernität, daß sie bis zur Neurose vom Drang nach Entrinnen aus dem Wirklichen gequält ist, aber ohnmächtig, an eine inhaltlich bestimmte, sinngefügte Transzendenz zu glauben oder sie zu schaffen. Das führt ihre Dichter zu einer Spannungsdynamik ohne Lösung und zu einer Geheimnishaftigkeit um ihrer selbst willen. [...] Die leere Idealität, das unbestimmte ‚Andere', mit Rimbaud noch unbestimmter, mit Mallarmé zum Nichts werdend, und die in sich selbst kreisende Geheimnishaftigkeit moderner Lyrik: das sind Entsprechungen"[138]

Auch hier wird man von spiegelbildlicher Umkehrung und insofern paradoxer Wiederholung dessen sprechen können, dem doch schärfster Widerwille gilt.[139] Dem zu Überwindenden als einem furchtbaren „Positiv" bleibt die

---

angesteckt hat; es gibt keine wie immer geartete Macht, die er ausübt." (Canetti, Provinz des Menschen, 110). Man wird m.E. in dieser Hinsicht von Matt gegen Canetti Recht geben müssen.

134 Friedrich, Struktur, 25f; 28; 73; 81–83; 202–206 u.ö. „Diktatorische Phantasie verfährt nicht wahrnehmend und beschreibend, sondern in unbeschränkter kreativer Freiheit. Die reale Welt bricht auseinander unter dem Machtspruch eines Subjekts, das seine Inhalte nicht empfangen, sondern selber herstellen will." (81). Einige Seiten später spricht Friedrich von der „absolut gewordenen modernen Phantasie" (84) und von ihrer „Verfügungsgewalt" (86; 196).

135 Friedrich, Struktur, 150.

136 Friedrich, Struktur, 56f. Von Matt sieht bei Kafka, was Friedrich generell für die moderne Lyrik geltend macht: daß ihr gemäß „der Mensch kraft seiner Traumvermögen der Herr der Welt ist" (Friedrich, Struktur, 191).

137 Friedrich, Struktur, 70.

138 Friedrich, Struktur, 49 (die Eigennamen dort in Kapitälchen).

139 Friedrich (Struktur, 90) nennt ein mögliches Motiv solchen Verfahrens. Über Rimbaud heißt es: „Wer für niemanden mehr spricht, warum dichtet er? Die Frage wird kaum zu beantworten sein. Es sei denn, man faßt solches Dichten auf als äußersten Versuch, im abnormen Sagen und in der Diktatur der Phantasie die Freiheit des Geistes zu retten inmitten einer geschichtlichen Lage, wo wissenschaftliche Aufklärung, zivilisatorische, technische, ökonomische Machtapparate die Freiheit organisiert und kollektiviert – also um ihr Wesen gebracht haben. Ein Geist, dem alle Wohnstätten unwohnlich geworden sind, kann sich im Dichten die einige Wohn- und Werkstätte seiner selbst schaffen. Vielleicht dichtet er darum." Ebenso in Frageform (64): „Hat RIMBAUD

ihrerseits zutiefst machtförmige Phantasie antithetisch verhaftet. Von einem nennenswerten Ausbruch kann keine Rede sein.

3. Der Schmerz des Glaubens ist älter

In den Werken des Surrealismus, so Adorno, „erstarrt der europäische Weltschmerz".[140] Augenfällig macht sich ein altes, von Bestürzung gezeichnetes Zeitgefühl. Wie bei de Chirico erzeugt ein mysteriöses weißes Licht den Effekt des Gespenstischen, Totenstille breitet sich aus, Schatten, Schlagschatten, werden geworfen, die mehr zu wiegen scheinen als jede Substanz, doch deren Herkunft unerklärbar bleibt.[141] Vielleicht kann man von nihilistischen Bildräumen sprechen. Buchstaben werfen Schatten.[142] Kann man also sagen, der Untergrund der Sprache selbst wird sichtbar, ihr Dunkel? Mit dem Aufkommen der abstrakten Malerei, mit Kandinsky, wird ein erkennbares Sujet ausgelöscht – als ob die Malerei erblindete. „Neue Kunst", vermerkt Adorno, „ist so abstrakt, wie die Beziehungen der Menschen in Wahrheit es geworden sind."[143]

Und Joachim Fest notiert eine Bemerkung Horst Janssens: „Janssen kommt noch einmal auf die Austreibung des Gegenstands aus der Kunst zurück. Er sagt: ‚Irgendwann wird einer aufstehen, auf einer Welt-Vernissage vielleicht, und rufen: ‚Gebt uns unsere Bilder wieder! Ihr habt uns die Anschauung der Welt genommen! Wir wollten sie doch niemals nur anglotzen! Es waren alles Denkbilder! Und mit den Bildern ist jetzt auch das Denken weg!'"[144]

Natürlich befindet sich die Theologie mitten darin.[145] Doch ist der dem Glauben eigentümliche Schmerz, die κατὰ θεὸν λύπη (2Kor 7,10), ungleich älter und sitzt um vieles tiefer. Seine Schärfe und Dringlichkeit rührt von einem anderen, vermeintlich die Liebe endgültig dementierenden und Lügen strafenden und dem Tod alle Macht im Himmel und auf Erden zumessenden Trauma, der Kreuzigung Jesu Christi, dem ultimativen Gewalt-

---

geahnt, daß die einander feindlichen Machtträger der Moderne, der technische Arbeiter und der poetische ‚Arbeiter', sich im geheimen begegnen, weil beide Diktatoren sind, der eine über die Erde, der andere über die Seele?"

140 Adorno, Noten, 104.
141 Vgl. Rubin, Surrealismus, 21; 24. Zur Darstellung von Schatten und ihrer symbolischen Kraft in der abendländischen Kunst vgl. Gombrich, Schatten.
142 Vgl. Rubin, Surrealismus, 32.
143 Adorno, Ästhetische Theorie, 53.
144 Fest, Janssen, 93. – „Das Unbehagen an der Kunst", stellt Adorno heraus (Adorno, Ästhetische Theorie, 503), „ist nicht nur das des stagnierenden gesellschaftlichen Bewußtseins vor der Moderne. Allenthalben greift es über auf künstlerisch Essentielles, auf die avancierten Produkte. Kunst ihrerseits sucht Zuflucht bei ihrer eigenen Negation, will überleben durch ihren Tod."
145 Vgl. zu den wichtigsten Linien dieser Entwicklung: Gestrich, Neuzeitliches Denken.

ausbruch des alten Äon und seiner tötenden Verfaßtheit, seiner Quintessenz, freilich dumm, überheblich und bösartig genug geworden, um endlich seinerseits, weil konsequent an seiner Selbstauflösung arbeitend, zu sterben. „Die Seinen nahmen ihn nicht auf" (Joh 1,11), der Name Gottes wurde im Fluch entheiligt, das Erste Gebot verhöhnt, Gott gefoltert und getötet. Daraus erklärt sich die Traumatisierung der neutestamentlichen Texte, das in sie eingelassene Entsetzen.

„[...] das neutestamentliche Denken", bemerkt Barth, „konnte angesichts der ausgeschlossenen, der untragbaren, der unerklärlichen, der unentschuldbaren, weil längst überholten Unkenntnis Gottes, der es sich in der Welt gegenübersah, gerade nur das tief *befremdete*, ja *entsetzte* – dann aber auch nur das a priori *sieghafte* Denken sein, das es war."[146]

Eben daraus wiederum leitet sich die Notwendigkeit des „Eifers um die Ehre Gottes" ab, eines Protestes gegen die „Grundstruktur der Welt", die Unumgänglichkeit „des großen Angriffs, der in und mit dem Naheherbeikommen des Reiches gegen die Welt (um ihrer Versöhnung mit Gott willen!) gerichtet ist" (IV/2, 615). Es gilt, merkt Barth an,

„wenn man seine Predigt auszuarbeiten hat, ein grundsätzliches Mißtrauen zu haben gegen das Gewicht und gegen die Gültigkeit aller, aber auch wirklich aller sowohl positiven wie negativen Urteile, die man sich selber gebildet hat oder die in der Gemeinde üblich sind oder die der offene Tenor einer ganzen Zeit und eines ganzen Volkes sind."[147]

Positive Legitimation aber erhält dieser unerschütterlich trotzige Protest nur im auferstandenen Christus. So hat es Barth in einem Brief an Miskotte geschrieben.

„[...] es gibt keinen Protest gegen die Grundstruktur der Welt als in Gemeinschaft mit Gott, d.h. aber im Glauben, daß Jesus Christus die Sünde der Welt *getragen* hat [...]. Nicht wahr, lieber Herr Pfarrer, das haben *Sie* doch nicht vergessen, daß unsere Legitimation zu dem bewußten Protest *in Christus* und nicht in uns selbst ruht, in ihm allein auch die Wahrheit und die Kraft dieses Protestes."[148]

---

146 Barth, Das christliche Leben, 206. Wenig später (221) nennt Barth auch „das *Entsetzen*, in welchem die Propheten und die prophetische Geschichtsschreibung von all dem sich ereignenden Abfall Israels reden." Und es heißt: „Das Entsetzen, mit welchem die neutestamentlichen Schriftsteller davon reden, daß die Gemeinde aus jenem ihrem Sein und Haben auch heraustreten kann, ist nicht geringer als das der alttestamentlichen Propheten über Israels Abfall von seinem Seinsgrund im Javebund." Das Zerreißende im göttlichen Nein des Kreuzesgeschehens beschreibt Barth vielleicht nirgendwo eindringlicher als im Abschnitt über die göttliche Vollkommenheit der Gerechtigkeit (II/1, 443–446). Zum Verhältnis des menschlichen Leidens zur Passion Christi vgl. noch Barth, Dogmatik im Grundriß, 119–26.
147 Barth, Gemeindemäßigkeit, 201.
148 Barth – Miskotte, Briefwechsel, 17f.

Nicht nur älter und tiefer ist der der Theologie bekannte Schmerz, vielmehr ist er von ganz anderer, gegenläufiger Verfassung als jede weltliche Düsternis.[149] „Die Traurigkeit der Welt wirkt den Tod"; sie, höhnische und militante Untröstlichkeit, die so tut, als folgte aus der Versöhnung nichts, nährt sich an der geheimen Quelle des Bösen. Sie läuft über zum Feind, zur Welt. Mit ihr bleibe ich in mich gebannt, bleibe ich „erst recht mein eigener Herr und Meister".

„*Die* Verzweiflung", so heißt es in Barths *Nein!* gegen Emil Brunner, „die wir als unsere eigene erleben und kennen, [...] ist weder ein mit dem Gericht Gottes kooperierender und also zu dessen Vollzug unentbehrlicher Faktor, noch ist sie, wie Brunner offenbar meinte oder noch meint, mit dem Gericht Gottes indirekt, als dessen subjektive Erscheinungsform identisch. *Die* ‚Traurigkeit', die wirklich unsere eigene Möglichkeit ist, ist immer jene Traurigkeit, von der es 2.Kor. 7,10 heißt, daß sie ‚den Tod wirkt'. [...] in *der* Traurigkeit, die *ich* als meine *eigene* erlebe, durchmache und kenne, bin ich immer noch und erst recht mein eigener Herr und Meister."[150]

Doch „die göttliche Traurigkeit wirkt zur Seligkeit eine Reue, die niemand gereut" (ἡ γὰρ κατὰ θεὸν λύπη μετάνοιαν εἰς σωτηρίαν ἀμεταμέλητον ἐργάζεται. ἡ δὲ τοῦ κόσμου λύπη θάνατον κατεργάζεται; 2Kor 7,10).

4. Das kritisierende Subjekt kommt abhanden

Welche Folgen zeitigt die traumatische Weltkriegserfahrung für den Umgang mit der Heiligen Schrift? Es hat seine Gründe, daß der emphatische Neuansatz der Theologie in Barths *Römerbriefkommentar* sich mit einer Wendung zum Neuen Testament und insofern mit unmittelbar hermeneutischen Umorientierungen konstitutiv verbindet. Von hier aus kommt es zum Trotz gegen die Zeit: machen sich die für Theologie und Kirche wichtigsten Brechungsmomente gegenüber dem heillos gesunden Zeitverstand geltend. „*Kritischer*", so ruft Barth aus, und zu Recht wird dieser Satz immer wieder zitiert, „müßten mir die Historisch-Kritischen sein!"[151] Ins Auge gefaßt wird eine nachkritische als eine im entscheidenden kritischere Schriftauslegung als bisher – eine sehr andere vorgängige Wahrnehmungs- und Lese- und Denkhaltung: die dem Grauen der Zeit und der Bestürzung über das unbelehrbar selbstsichere Subjekt historischer Kritik nicht länger ausweicht und ihm die Letztinstanzlichkeit entzieht. Insofern darf sie als eine *jetzt erst* kritische Schriftauslegung gelten.

---

149 Vgl. eine Predigt Barths zu Joh 16,5–7 (Barth, Predigten 1935–1952, 194–202; dort bes. 197f).
150 Barth, Nein!, 54f.
151 Barth, Römerbrief II, XII. So auch noch 1964: „[...] kritischer müßten sie sein, weitaus kritischer!" (Barth, Gespräche 1964–1968, 165).

Was ist das Entscheidende? Zunächst (eine erste Linie) kommt eine alles in allem für sicher gehaltene bzw. gar nicht ernsthaft in Frage gestellte Größe abhanden. „Kein Ausweg, lieber Herr Oelze! Treten wir ab!"[152] Eine Anmaßung wird zurückgenommen.[153] Die herkömmliche historisch-kritische Forschung braucht ja einen Agenten, das seiner selbst und der Anwendung seiner kritischen Methode mächtige (sei es denn kollektive, vermeintlich höherstufige) Subjekt, den Forscher, die *scientific community,* ein mehr oder weniger kluges Gesamtich mit unmäßigem kollektiven Druck. *L'art c'est moi, la science c'est nous.* Jeder von diesem Subjekt vorgenommenen wissenschaftlichen Operation liegt, bevor sie noch beginnt, seine (seiner selbst sichere) operative Selbstdeutung zugrunde. Angetrieben und gehetzt wird dieses Gesamtich aber nicht anders als das einzelne Ich von einem unbedingten Lebens- und Selbstbehauptungs- und insofern unbändigen Machtwillen. Barth spricht gelegentlich von der „Hybris des Subjekts der Wissenschaft"[154] – welches Subjekt eben nicht „,der Mensch' in abstracto" ist, „wie man es zum Ruhme besonders der Neuzeit darzustellen pflegt".[155] Diese Abstraktion, als ob nicht auch die große Wissenschaft in ganzer Banalität den kleinen Sünder zum Subjekt hätte, bedeutet vielmehr eine verzweifelte, nur scheinbar naive Irreführung.

„Als die uninteressierte Wahrheitsforschung und Wahrheitslehre, als die sie etwa in akademischen Festreden aufzutreten pflegt, existiert die Wissenschaft so gewiß nicht, als sie nie und nirgends ohne das menschliche Subjekt dieses besonderen menschlichen Handelns existiert. Das menschliche Subjekt ist aber wahrlich auch in seiner Eigenschaft als Subjekt der Wissenschaft das Subjekt, das eben, koste was es wolle, leben will."[156]

Es wird diesen unbedingten Lebenswillen (zum Beispiel um den Preis des Lebens des mit ihm Geschaffenen) auch *als* Wissenschaft und Technik ausformen und durchsetzen.

„Ich kann wohl den Juden ein Jude, den Griechen ein Grieche werden", erklärt Barth im Gegenzug dazu schon in der ersten Auflage des Römerbriefkommentars, „nicht aber den Herren ein Herr, den Ästheten ein Ästhet, den Wissenschaftlern ein Wissenschaftler. Wo Götzen angebetet werden, da darf ich nicht dabei sein."[157]

---

152 Benn, Briefe an Oelze II, 122.
153 Rendtorff (Rendtorff, Barth und die Neuzeit, 299f) spricht in diesem Zusammenhang abschätzig von Barths „Absagerhetorik und Bruchmetaphorik".
154 Barth, Vorträge 1925–1930, 170.
155 Barth, Ethik I, 288.
156 Barth, Ethik I, 289f. Zur Infragestellung des religiösen Subjekts bei Barth vgl. Spieckermann, Gotteserkenntnis, 68–71.
157 Barth Römerbrief I, 490. Entsprechend wird abgewehrt, „dem Feinde der *Feind*, dem Titanen ein *Titan* zu werden" (Barth, Römerbrief II, 456).

Dort auch, also bereits 1918, findet sich der Begriff „Wissenschaft" im Zusammenhang der Aufzählung möglicher Götzen. In Auslegung von Röm 1,22–32 wird erklärt, daß der Mensch Gott zu entthronen, „ihn bald durch diesen, bald durch jenen Nicht-Gott zu ersetzen" sucht. Die „abgeleiteten Herrlichkeiten von Staat und Kultur und Natur, von Mammon und ‚Persönlichkeit'" werden erwähnt – und dann auch, genau in diesem Zusammenhang, „Kunst *und Wissenschaft*". An die Stelle Gottes sind in der Verkehrung Adams die finsteren herrenlosen „Mächte und Gewalten" getreten, sagen wir: das Gelichter. Die Wissenschaft kann eine dieser Mächte sein, Diana (Act 19,28), Belial (2Kor 6,15).[158] Sind sie zur Erfolgslosigkeit verurteilt? Aber nein. „Und siehe, der Zorn Gottes läßt das Unternehmen gelingen. So werden die *Götzen* aufgerichtet."[159]

Gibt es gegenwärtig, drei Generationen später, einen Begriff, der machtvoller, unwiderleglicher, selbstverständlicher affektiv, pathetisch, soteriologisch und insofern quasi-christusförmig besetzt wäre? Schon bei Heidegger hieß es vor 70 Jahren: „[...] was kann es für einen heutigen Menschen Größeres geben als seine Wissenschaft!"[160] Unverkennbar ist ja die von soteriologischer Begehrlichkeit getriebene gegenwärtige Hysterisierung des Wissenschaftsbegriffs, die faktische Erhebung zum Einzigen. Im Prinzip will aber die als einzig daherkommende Option immer die Alternativen sterben lassen. Alle anderen Gewißheiten sollen kassiert werden. Man hat es bei der Wissenschaft unterdessen mit einer kompletten Unbelangbarkeit zu tun. Das genügte schon, sie als „gottfremd" zu identifizieren. Max Weber (ziemlich genau zu derselben Zeit, in der Barths erste Auflage des Römerbriefkommentars erscheint) hat es getan: „Und vollends: die Wissenschaft als Weg ‚zu Gott'? Sie, die spezifisch gottfremde Macht? Daß sie das ist, darüber wird – mag er es sich zugestehen oder nicht – in seinem letzten Innern heute niemand in Zweifel sein."[161] Mittlerweile muß (bei in aller Regel

---

158 Nur eine hervorzuheben verschärft die Brisanz des herausfordernden Gedankens. Die Pluralität aber (Staat, Kultur, Natur, Mammon, Persönlichkeit, Kunst, Wissenschaft) *mildert*. Warum „Wissenschaft" hervorzuheben ist, glaube ich gezeigt zu haben.

159 Barth, Römerbrief I, 34 (Hv. M.T.).

160 Heidegger, Nietzsche I, 329. – Wenn Habermas (Habermas, Vorwort, 21) Heidegger vorwirft, „Motive einer wissenschaftlich ungefilterten Krisendiagnose" seien in sein Denken eingeflossen, verkennt er absichtlich, daß sich diese Krisendiagnose gerade auf „Wissenschaft" richtet.

161 Weber, Wissenschaft als Beruf, 92. Einen der schärfsten Angriffe fährt Gottfried Benn (Benn, Briefe an Oelze I, 28): der Wissenschaft wird die Kunst entgegengestellt. „Sie ist Erkenntniss; während Wissenschaft ja nur Sammelsurium, charakterloses Weitermachen, entscheidungs- u. verantwortungsloses Entpersönlichen der Welt ist. [...] Die Kunst u. die perspectivistische Erkenntniss übernimmt die persönliche, ach so schmerzliche u. ewig angegriffene Verantwortung der Abgrenzung des Stoffes, der Gliederung u. Verwerfung unter dem Gesichtspunkt von Idee u. Blick u. existentiellem Recht. Die Wissenschaft läuft, sabbert staatsgeschützt, pensionsberechtigt, mit Witwen- u. Waisenversorgung ausflußartig dahin, wagt gar keine Entscheidung, keine Wertung, ist so begnügsam, methodisch verweichlicht, empirisch angezäumt, fürchtet das Allgemeine,

imponierender subjektiver Redlichkeit) von wildgewordener Wissenschaft die Rede sein. Ein wildgewordenes Großsubjekt agiert, machtgestützt und nach Ansatz und Intention überall unverkennbar machtförmig.

Wer also kritisiert die Bibel? Die Frage läßt sich nicht abweisen, ob das bisherige, weitgehend unangefochtene europäisch-neuzeitliche Subjekt, der „absolutistische Mensch" im allgemeinen,[162] „der sich selbst absolut setzende

---

flieht die Gefahr. Das wahre Denken aber ist immer gefährdet u gefährlich. Der Gedanke u das Wort kam ja nicht in die Welt, um die Wissenschaft u. den Sozialismus u. die Krankenkassen zu rechtfertigen, sondern als die furchtbarste Waffe, die grausamste Schneide, der blutigste Morgenstern dem waffenlosen Menschen in der grausamsten aller Welten zu helfen. Davon ein Rest blieb dem Gedanken, der wirklich denkt, der nicht wissenschaftlich denkt, sondern visionär, zwangshaft unter eingeborenen Ideen. Davon ein Rest blieb in der Kunst, im halluzinatorischen Denken, im Ausdrucksdenken. Das ist tiefes, von weither zwangsmässiges Denken. Daher der Satz, der oft in den Kritiken über meine Bücher zitiert wird: ‚überall der tiefe Nihilismus der Werte, doch darüber die Transcendenz der schöpferischen Lust'. Also: Nihilismus gegenüber den Ergebnissen der Wissenschaft, aber zwanghaft das Gesetz zur Form, zur Gestalt, zur Perspective."

162 Als solchen beschreibt Barth den Menschen des 18. Jahrhunderts, der in den folgenden Jahrhunderten diesen Charakter durchaus beibehält (Barth, Protestantische Theologie im 19. Jahrhundert, 19ff). Vgl. zu Barths Charakterisierung dieses Menschenbilds: Jenson, Barth, 29–32. – Schon im 17. Jahrhundert kann man einsetzen. Die Authentizität jenes Briefes Jan Vermeers muß wohl als problematisch gelten. Stammt er nicht von ihm, so scheint er doch gut erfunden. Zbigniew Herbert gibt ihn wieder (Herbert, Stilleben, 198–201): „Dieser Kaiser wollte, wie das Männern der Tat oft widerfährt, das Antlitz von Himmel und Erde verändern, damit sein Name für immer in das Gedächtnis künftiger Generationen eingegraben sei. Er begriff nicht, daß das Leben eines gewöhnlichen Bauern, Schusters oder Gemüsehändlers wesentlich bewunderungswürdiger ist, er selbst dagegen zum blutlosen Buchstaben werden würde, zum Symbol unter vielen sich monoton wiederholenden Symbolen des Wahns und der Gewalt.

Im Vergleich mit den vielen Verbrechen und Verwüstungen, die er in Geist und Seele der Menschen verursachte, starb er eines grausam banalen Todes. Er erstickte an einer Weinbeere. Um ihn von der Erdoberfläche zu fegen, bemühte sich die Natur weder um einen Orkan noch um eine Sintflut.

Du fragst gewiß, wozu ich das alles erzähle und welchen Zusammenhang diese Geschichte von dem fernen und fremden Herrscher mit Deinem Wassertropfen hat. Ich antworte Dir wahrscheinlich nicht allzu klar und geschickt, in der Hoffnung, daß Du die Worte eines Menschen verstehst, der voll böser Vorahnung und Unruhe ist.

Ich fürchte nämlich, Du und Deinesgleichen werdet zu einem gefährlichen Unternehmen aufbrechen, das der Menschheit nicht nur Nutzen, sondern auch großen, unrevidierbaren Schaden einträgt. Hast Du nicht bemerkt, wie die Ziele entfernter und ungreifbarer werden, je mehr sich die Mittel, die Instrumente der Beobachtung vervollkommnen? Mit jeder neuen Entdeckung öffnet sich ein neuer Abgrund. Wir sind immer einsamer in der geheimnisvollen Leere des Weltalls.

Ich weiß, Ihr wünscht die Menschen aus dem Labyrinth des Aberglaubens und des Zufalls herauszuführen, Ihr wollt ihnen sicheres und klares Wissen geben, Eurer Ansicht nach die einzige Abwehr gegen Angst und Unruhe. Aber wird es uns wirklich Erleichterung bringen, wenn wir das Wort ‚Vorsehung' durch das Wort ‚Notwendigkeit' ersetzen?

Vielleicht wirst Du mir vorwerfen, unsere Kunst löse kein einziges Rätsel der Natur. Doch unsere Aufgabe ist es nicht Rätsel zu lösen, sondern sie bewußt zu machen, den Kopf vor ihnen zu neigen und die Augen auf ein unablässiges Entzücken und Erstaunen vorzubereiten. Wenn Dir indessen unbedingt an Erfindungen gelegen ist, sage ich Dir, wie stolz ich darauf bin, daß es mir gelungen ist, eine besonders intensive Sorte Kobalt mit hellem Zitronengelb zusammenzustellen, so wie ich auch den Reflex des Mittagslichts notiert habe, das durch dickes Glas auf eine graue Wand fällt.

Mensch, wie er längst nicht nur das deutsche Lebensideal, sondern, im Zusammenhang mit der wirtschaftlich-technischen Entwicklung, das der ganzen modernen Bildung geworden war",[163] jener Forscher im besonderen, wie Zeit und Unzeit ihn seit mindestens zwei Jahrhunderten gebildet haben, wie er sich mit der Kantischen Selbstkritik noch einmal entscheidend konsolidiert hat und wie er sich nun als Weltkriegssubjekt entlarvt, das sich im Lauf des 20. Jahrhunderts als zu noch ganz anderem fähig erweist ... – ob und wie dieses Subjekt zu Kritik nach Belieben imstande sein kann, inwiefern es im besonderen zur Kritik an der Bibel legitimiert ist. Man könne irgendwie seiner Kompetenz vertrauen? Wie überzeugend nimmt sich – angesichts beispielloser Barbarei[164] und von Krieg zu Krieg dann zusehends offensichtlicher werdender Unbelehrbarkeit – seine Deutungs- und Wertungssouveränität aus? Was wird, allgemeiner zunächst gefragt, für den Blick dieses Kritikers überhaupt als eine Erscheinung, als ein Phänomen der Welt, gelten können? Denn Heideggers in einem Vortrag 1949 geäußerter Beobachtung kann nicht gut widersprochen werden: „Die Wissenschaft trifft immer nur auf das, was ihre Art des Vorstellens im vorhinein als den für sie möglichen Gegenstand zugelassen hat."[165]

Nun gibt es die Wissenschaft mit den Weisen solcher Zulassungen und Entwürfe nicht ohne den Wissenschaftler und ist auch das Subjekt der Wissenschaft im ganzen aus der Verfaßtheit der je einzelnen Subjekte keineswegs entlassen. Wird aber „der Wissenschaftler", dieser gegenwärtige Wissenschaftler, jedesmal „Herr des Verfahrens", geformt nach dem heutigen

---

Die Instrumente, deren wir uns bedienen, sind tatsächlich primitiv: ein Stock mit einem daran befestigten Bündel Borsten, ein rechteckiges Brett, Pigmente und Öle, und sie haben sich, ähnlich wie der menschliche Körper und die menschliche Natur, seit Jahrhunderten nicht geändert. Wenn ich meine Aufgabe richtig sehe, so besteht sie darin, den Menschen mit der ihn umgebenden Wirklichkeit zu versöhnen; darum wiederholen meine Zunftbrüder und ich unendlich viele Male den Himmel und die Wolken, Porträts von Städten und Menschen, diesen ganzen Krämerkosmos, denn nur in ihm fühlen wir uns sicher und glücklich.

Unsere Wege trennen sich. Ich weiß, ich habe Dich nicht zu überzeugen vermocht, Du wirst nicht aufhören, Linsen zu schleifen und Deinen Turm von Babel zu errichten. Gestatte jedoch, daß auch wir unsere archaische Prozedur betreiben, daß wir der Welt Worte der Versöhnung sagen, daß wir zu ihr sprechen werden von der Freude über die wiedergefundene Harmonie, von dem ewigen Verlangen nach erwiderter Liebe".

163 Barth, Schweizer Stimme, 255.

164 „Wenn der Pantheismus *Goethes* oder der Gottesbegriff *Kants* oder Verwandtes", so hatte Harnack gefragt (Barth, Offene Briefe 1909–1935, 60), „lediglich Gegensätze zu den wahrhaften Aussagen über Gott sind, wie läßt es sich vermeiden, daß diese Aussagen *der Barbarei* ausgeliefert werden?" Barth antwortet (64): „‚Wahrhafte Aussagen über Gott' werden überhaupt nur da gemacht, wo man sich statt auf irgendeine Höhe der Kultur oder der Religion vor die *Offenbarung* und damit unter das *Gericht* gestellt weiß, unter dem mit allen menschlichen Aussagen über diesen Gegenstand doch wohl auch die Goethes und Kants stehen. Schleiermachers Bangemachen vor der ‚Barbarei' ist als unwesentlich und unsachlich abzulehnen, weil das Evangelium mit der ‚Barbarei' so viel und so wenig zu tun hat wie mit der Kultur".

165 Heidegger, Bremer und Freiburger Vorträge, 8f.

In-der-Welt-Sein, im geringsten unterscheiden können zwischen der Konstatierung von Fakten hier (doch verdankt sich, was als „Tatsache" und was als „Vorliegen" dieser Tatsache gelten darf, nicht abermals einem Entwurf dieses Subjekts?) und dem Bedienen seiner tiefen Leidenschaft dort, dem im unbedingten Interesse von Selbstdeutung und Selbstwertung betriebenen Deuten und Werten und Umdeuten und Umwerten? Vermag er über möglich und unmöglich zu urteilen, also etwa in bezug auf die Geschichte „grundsätzlich zu wissen, was als wirklich allgemein möglich ist, was allgemein geschehen sein kann"?[166] Wie befindet er sich in der Welt: in einer von ihm – als von dem vorgeblich zum Bewußtsein seiner selbst erwachten Geschichtssubjekt – heraufgeführten und gestalteten Epoche, die freilich in Kriegen, die dem Tod nahezu Allgegenwart verliehen, ihm als der Machtmitte offenbar besonderen Rang einräumt, ja die Erde zunehmend verunstaltet?

Wie viel ist eine Wissenschaft wert: „innerhalb der offenbar schwer erkrankten menschlichen Gesellschaft"[167] und in der Verfügung dessen und von demjenigen ausgedacht, für den seit dem 20. Jahrhundert nun auf der Hand liegt (es galt indes der Sache nach immer schon), daß es nichts gibt, dessen er nicht fähig ist? Es handelt sich ja fortwährend und notorisch nur um Adam und noch einmal um Adam, die epochenkranke adamitische Menschheit. „Den Deutschen", so erinnert sich Joachim Fest an eine Äußerung Hannah Arendts,[168] „die ihr versicherten, sie schämten sich, Deutsche zu sein, hielt sie entgegen, sie schäme sich, ein Mensch zu sein." Irgendwie in Verlust gerät, wegen tiefster Unglaubwürdigkeit, das kritisierende, sich immer auch legitimierende Subjekt selbst[169] – nicht nur irgendwie, sondern

---

166 I/2, 813. Vgl. Barth, Protestantische Theologie im 19. Jahrhundert, 39f: „Seit diesem [sc. dem 18.] Jahrhundert gibt es die höchst problematische Sache, die wir als ‚kritische Geschichtswissenschaft' bezeichnen. Was heißt das aber Anderes, als daß der Mensch dieses Jahrhunderts beginnt, sich der ganzen Vergangenheit gegenüber eine grundsätzliche Überlegenheit zuzuschreiben, sich ihr gegenüber an einen Ort zu stellen, von dem aus er nicht nur über ihre Taten zu richten, nicht nur ihre eigenen Berichte zu sichern, sondern auch nach einem bestimmten Maßstab über das Geschehene selbst zu richten weiß. Und dieses Gericht wird vermöge des angewandten Maßstabes jedenfalls in den Händen der typischen Geschichtsbetrachtung dieser Zeit notwendig zu einem höchst radikalen Gericht über die Vergangenheit. Der angewandte Maßstab ist nämlich ganz einfach der Mensch der Gegenwart mit seiner Zuversicht zu seinem Beobachtungs- und Urteilsvermögen, mit seinem Sinn für Freiheit, mit seinem geistigen Eroberungstrieb, mit seinem Drang zur Gestaltung, mit seinem moralischen Selbstvertrauen. Was darf also schon in den geschichtlichen Tatsachenfragen wahr sein, als was dem Menschen der Gegenwart psychologisch und physiologisch wahrscheinlich oder doch nicht unwahrscheinlich ist?".
167 Barth, Schweizer Stimme, 252.
168 Fest, Anstößigkeit Hannah Arendts.
169 Zu Nietzsches und Barths Kritik am kritisierenden Subjekt vgl. Schellong, Hermeneutik und Kritik, 213–226. So formuliert Schellong: „Wieso gerade der 1. Weltkrieg für Barth die entscheidende Zäsur bedeutete, kann und muß man aus den Predigten vom August 1914 an ersehen [...]. Es ist 1914 an den Tag gekommen, daß die neuzeitliche Geschichte keine reale Basis

in Flandern, im Graben, vor Verdun, im Gaskrieg, in der Materialschlacht. Gott ist tot – der Mensch ist unmöglich, das Sein stumm. Das Wesentliche zerrinnt in Wissenschaft. Sie *ist* längst schon „der neue Gott",[170] oder die Welt wird auf weiten Strecken erfahren, als ob sie es wäre.

Wunderbar prägnant Nietzsche: es sei „sehr schätzbar, in Hinsicht auf Alles, was man später treibt, einmal ein wissenschaftlicher Mensch *gewesen zu sein*".[171] Doch wer ist der nach-wissenschaftliche Mensch? Ist mit ihm bereits ein wesentlicher Fortschritt erreicht? Was kann Wissenschaft sein, wenn man aufgehört hat, an sie zu glauben?

Der nach-kritische Mensch ist für Barths Römerbriefkommentar „der Starke" aus dem 15. Kapitel des Römerbriefs:

„Der Starke steht, weil er der Starke ist, gegen niemand und hinter Allen. Er eilt nicht voraus, er wartet. Er ruht nicht, er wacht. Er kritisiert nicht (er ist zu kritisch dazu!), er hofft. Er erzieht nicht, er betet, oder er erzieht, indem er betet. Er tritt nicht auf, er tritt zurück. Er ist nirgends, weil er überall ist."[172]

5. Das Erschrecken ist das erste Gebot der Stunde

Wie vielleicht noch nie in der Kirchengeschichte tritt eine zu Tode erschrockene Theologie auf den Plan.[173] Die Tatsache der Vernichtungslager wird

---

abgibt für ein Fortschrittsbewußtsein und für Kritik an der Vergangenheit. Barths Kritik greift dabei noch tiefer als die Nietzsches, weil sie auch die Sicht vom Übergang verabschiedet. [...] Was sich selbst als total kritikbedürftig präsentiert hat, ist nicht befugt, an der Bibel Kritik zu üben. Was selbst hoffnungslos geworden ist, nämlich der uns bekannte, historisch und psychologisch faßbare Mensch, kann nicht eine Position zum Maßstab der Kritik an der Hoffnungsbotschaft abgeben." (220f). – Von der „Abneigung des Wissenschaftlers gegen die wissenschaftliche Betrachtung seiner selbst" ist bei Ernst Jünger die Rede (Jünger, SW 8, 321).

170 Christa Wolf, Störfall, 37.
171 Nietzsche, KStA 2, 212 (Hv. M.T.).
172 Barth, Römerbrief II, 509.
173 Vgl. Barth, Menschlichkeit Gottes, 5f: „Hier *erschraken* einige von uns: nachdem sie mit allen Anderen die verschiedenen Kelche dieser Theologie bis auf die letzten Tropfen ausgetrunken hatten. Hier meinten sie (etwa von der Mitte des zweiten Jahrzehnts unseres Jahrhunderts an) nicht mehr mitzukommen. War uns der fromme Mensch, war uns die Religion, von deren Geschichte und Gegenwart wir auf der Universität so viel Herrliches gehört und nachher selbst noch zu sagen versucht hatten, in unserer eigenen Person problematisch geworden? War es die Begegnung mit dem durch Kutter und Ragaz interpretierten Sozialismus, der uns die Augen dafür öffnete, daß Gott auch noch ganz anders als in dem dumpfen Gehäuse des christlich-religiösen Selbstbewußtseins Gott sein und als solcher handeln und reden möchte? War es der eben damals im Verhältnis zu der vorangegangenen langen Friedenszeit unserer Jugend so plötzlich verfinsterte Weltaspekt, der uns darauf aufmerksam werden ließ, daß des Menschen Not zu groß sein möchte, als daß ihm der Verweis auf seine religiöse Möglichkeit ein trostvolles und Weisung gebendes Wort sein könnte? War es – dies hat für mich persönlich eine entscheidende Rolle gespielt – das Versagen gerade der Ethik der damals modernen Theologie beim Ausbruch des ersten Weltkrieges, das uns auch an ihrer Exegese, Historik und Dogmatik irre werden ließ? Oder war es positiv die merkwür-

einige Jahrzehnte später das Bewußtsein nicht nur erschüttern, sondern in einer Weise umstürzen, die sich der Bewältigung vollends entzieht. Geisterhaft, wie aus der Unterwelt heraufgeholt, zeichnet sich bei Franz Kafka schon vor den Weltkriegen eine Literatur aus dem Erschrecken ab,[174] die Reflexion der Verheerung in einem schwarzen Spiegel, später, so bei Samuel Beckett und Paul Celan, eine Literatur aus dem Entsetzen:[175] die an sich selbst, am Menschen, an der Zeit ... irre wird.

> [...] unterm
> Datum des Nimmermenschtags im September –:

lauten Gedichtzeilen bei Celan.[176] Von dem Entsetzen wird Hannah Arendt dann sprechen, „das sagt: Dies hätte nicht geschehen dürfen [...]."[177] Und Adorno bemerkt in seinem berühmten *Versuch, das Endspiel zu verstehen* über Beckett: „Alles wartet auf den Abtransport. Diese Schicht ist nicht symbolisch, sondern die des nachpsychologischen Standes wie bei alten Leuten und Gefolterten."[178] Und dem Surrealismus zwischen den Weltkriegen gilt seine oben bereits angeführte Bemerkung: „Nach der europäischen Katastrophe sind die surrealistischen Schocks kraftlos geworden."[179]

Wichtige Züge der dialektischen Theologie erklären sich m.E. als ein umgesetztes Erschrecken. Die veränderte, umgestürzte Metaphorik und nicht zuletzt die (ihre eigene Ohnmacht eingestehende) Sprache des Paradoxes zeigt das an. Zumal der scheinbar so unangefochtene und seiner Sache so provozierend sichere Karl Barth ist – ähnlich wie Martin Heidegger –

---

digerweise erst damals richtig aktuell werdende Blumhardt-Botschaft vom Reiche Gottes, waren es Kierkegaard, Dostojewski, Overbeck, gelesen als Kommentare zu jener Botschaft, durch die wir uns zur Ausschau und Ausfahrt nach neuen Ufern aufgefordert fanden? Oder nun doch – und gründlicher als das alles die Entdeckung, daß das Thema der Bibel – der kritischen und der gläubigen Exegese, von der wir herkamen, zuwider – bestimmt nicht des Menschen Religion und religiöse Moral, bestimmt nicht seine eigene heimliche Göttlichkeit sein möchte, sondern – das war der *rocher de bronze*, auf den wir zunächst stießen – die Göttlichkeit *Gottes* und nun eben: Gottes *Göttlichkeit*, Gottes Eigenständigkeit und Eigenart nicht nur dem natürlichen, sondern auch dem geistigen Kosmos gegenüber, Gottes schlechthin einzigartige Existenz, Macht und Initiative vor allem in seinem Verhältnis zum Menschen. So und nur so meinten wir die Stimme des Alten und des Neuen Testamentes verstehen, von da und nur von da aus meinten wir fortan Theologen und insbesondere Prediger, *ministri Verbi Divini* sein zu können".

174 Einprägsam charakterisiert bei Erich Heller, Unschuld, 198: „Wie zerbrechliches Glas liegt seine Sprache über Abgründen von Entsetzen und Trauer, sie bedeckend und zugleich sichtbar machend."

175 Vom „Entsetzen" ist in Gogartens *Zwischen den Zeiten* die Rede (100f). – Canetti spricht vom Entsetzen bei Karl Kraus: es sei „das eigentlich Biblische an ihm" gewesen (Canetti, Gewissen, 47).

176 In dem Gedicht „HUHEDIBLU" (Celan, Niemandsrose, 77).

177 Arendt, Elemente und Ursprünge totaler Herrschaft, 704.

178 Adorno, Noten, 293.

179 Adorno, Noten, 102. Cf. oben Anm. 128.

ohne diese mit geschichtlichen Daten benennbare Erschütterung nicht zu verstehen. Die *Kirchliche Dogmatik* läßt erkennen, daß sie dieses Erschrekken nicht etwa hinter sich gelassen hat, vielmehr hindurchgegangen ist und immer noch hindurchgeht. Von den den Predigten und den theologischen Texten eingeschriebenen Erschrockenheiten und Anfechtungen des altgewordenen Karl Barth wäre im übrigen auch zu reden. Sie werden freilich nirgendwo ausgebreitet, scheinen sich vielmehr unter dem Gewebe der Sachsprache dunkel zu bewegen. Zu verkennen sind sie bis in die letzten Ausarbeitungen hinein nicht.

Es handelt sich in Barths einschlägigen Absagen nicht lediglich um ein romantisches Ressentiment gegen die Neuzeit, sondern um die – gegenwärtig ins Offensive zu verschärfende – Kritik ihrer Soteriologie. Getroffen wird jedenfalls nicht das theologische Denken *Karl Barths*, wenn abschätzig von einer Theologie die Rede ist, die mit komischem oder beklagenswertem Modernitätsdefizit, eskapistisch oder lediglich im Interesse der Selbstbehauptung einer überkommenen Gestalt des Christentums einfach wieder alles umkehrt, was in 150 oder 200 Jahren in der Theologie an Plausibilisierung der christlichen Botschaft errungen wurde, und die „neo-orthodox" und „autoritär" und „ungeschichtlich" und „von oben" denkt.[180]

Das Erschrecken vielmehr, das Erschrecken über sich selbst, gewendet in wirkliche Buße als „das erste Gebot der Stunde",[181] kann und soll nach Barth eingehen in die Interessen, in die Wahl der Gegenstandsbereiche, in die Perspektiven der Befragung, auch in die konkreten gedanklichen Vollzüge der Theologie, nicht zuletzt in ihre Affekte. Es genügt nicht, Betroffenheit zu äußern (mag sie noch so authentisch sein), in allem entscheidenden, im Duktus der Grundorientierungen, aber weiterzumachen, als wäre nichts geschehen. Jederzeit ist ja der Theologie zur Pflicht gemacht, nach Möglichkeit theologischer zu werden, also jeweils im Vorletzten *„erst recht"* nach dem Letzten auszuschauen (IV/3, 1077; Hv. M.T.). So nun auch angesichts dieses katastrophalen Vorletzten, und um so mehr hinsichtlich alles sich als ein Letztes ausgebenden und aufwerfenden Vorletzten. Die Dogmatik selber, enthärtet gleichsam, in gebrechlicher Stellung, wird sich, so gut sie es vermag, als ein „Werk der Buße"[182] darzustellen haben – doch geradeso die Theologie im ganzen, mit Fragestellungen, Verfahrens-

---

[180] Kurz sind dann die Wege der Kritik und die Argumentationslinien dünn. Marginal und überschaubar muß der Gegner ja immer werden, damit man mit ihm fertig wird. Karl Barth erscheint als einer der überhaupt kleinsten.

[181] Barth, Vorträge 1922–1925, 79; vgl. 425. – Zum Erschrecken zu Beginn der Neuorientierung seiner Theologie vgl. noch Barth, Der Christ als Zeuge, 26. – Charakteristisch, welch große Rolle die Buße in Barths Ethik-Vorlesung von 1928/29 spielt (vgl. Barth, Ethik II, 260ff.326ff und 457–460)! Vgl. dazu Assel, Konflikt mit Hirsch, 214f.

[182] Vgl. Barth, Unterricht I, 45.

weisen, Grundeinstellungen und -haltungen, eben dem Duktus ihrer Orientierungen. Es scheint mir mitunter, als hätte die Theologie der Gegenwart zu weiten Teilen zu ihrem Schaden die damalige Erfahrung gründlich vergessen.

Eine solche Buße, sofern sie denn statthaben kann, verdankt sich aber nicht etwa dem Erschreckenden selbst, sondern gerade der unerhörten Beunruhigung durch das göttliche Ja. Schon nach dem frühen Barth stört es ungleich tiefer und nachhaltiger auf als das Nein Gottes – zu schweigen vom weltlich Negativen (das überhaupt nicht in die Buße zu führen vermag). Nichts anderes als das unausdenkbare Ja des Schöpfers und Versöhners ist der „Raum der Buße" (Hebr 12,17). Es ist diese Zusage, die so unglaublich daherkommt. Nirgends können Gewißheit und Evidenz verwirrender und, in eins damit, beglückender sein. Wie vermag dann auch ein strikt in dieser Weise beunruhigtes Denken, eine von Grund auf aufgestörte Theologie, diesem Anspruch gerecht zu werden? Auch für sie, wie für den einzelnen Menschen, besteht aller Anlaß, nach dem jeweiligen Selbstverhältnis, der Selbstdeutung und den Grenzen der Selbstgewißheit zu fragen, „sich *mit sich selbst* auseinanderzusetzen. Genau das zu tun, wird der in der Umkehr begriffene Mensch nicht unterlassen können" (IV/2, 645) – und ebensowenig eine in Umkehr begriffene Theologie.

6. Die Anfechtung lehrt auf das Wort merken

Nicht zuletzt – ich verwende einen Ausdruck, den Gerhard von Rad zur Kennzeichnung der deuteronomistischen Theologie gebraucht hat – ergibt sich das Erfordernis einer Art „Geschichtsschreibung der Buße".[183] Wie, so ist zu fragen, kann gleichsam der Umriß *des Gesetzes* sichtbar, seine Stimme hörbar werden, dem gemäß sich die bisherige Geschichte, auch Theologiegeschichte, zusammenfaßte (beim Deuteronomisten: die bisherige spezifisch gottwidrige Geschichte)? Barths Buch *Die protestantische Theologie im 19. Jahrhundert*, vorzugsweise mit dem großen Kapitel über das 18. Jahrhundert, doch auch viele der theologiegeschichtlichen Erörterungen der *Kirchlichen Dogmatik* stellen wohl annähernd Vergleichbares dar. Durchgesehen, mit Betroffenheit, ja mit Scham, wird die Theologiegeschichte von mindestens zwei Jahrhunderten – in dem Bewußtsein, daß Entscheidendes, was einmal galt, unhaltbar geworden ist, dem Fatalen nicht gewachsen war, es womöglich auf die eine oder die andere Weise mit herbeigeführt hat. Doch ist dieses Unhaltbare, das man benennen kann, eine bestimmte „Tücke des Subjekts", die die „Tücke der Objekte" aus sich herausgesetzt hat, unter keinen Umständen in Theologie und Kirche fortzuschreiben. Nach

---

183 von Rad, Geschichtsschreibung, 183.

Möglichkeit herunterzukommen ist von der erkannten Selbst-Hybris und dann Objekt-Hybris.[184] „Wir müssen heute", so kündigt Barth 1924 an, „durch die zwei hinter uns liegenden Jahrhunderte, durch die Katastrophe der christlichen Dogmatik, die sie gebracht haben, belehrt, [...] *schärfere Maßnahmen ergreifen.*"[185]

Zugestanden ist mit einer Absichtserklärung dieser Art nicht etwa eine letzte Maßgeblichkeit weltgeschichtlicher Ereignisse und ihrer Triumphe oder Schrecknisse[186] – die vielmehr als Anfechtung begegnen und jedesmal selbstkritisch zu fragen Anlaß geben, inwiefern Theologie noch ihren Namen verdient. Nichts erlaubt den Schluß, Theologie werde damit lediglich zum „Ausdruck" einer bestimmten Zeitstimmung, also die frühe Theologie Barths etwa zum bloßen „Ausdruck einer Revolutions- und Katastrophenstimmung".[187] Ihre Loyalität liegt woanders. Die Anfechtung, richtig verstanden, ruft zurück in die Treue zum Auftrag. Neuerlich konfrontiert sie Theologie mit ihrem eigenen Begriff. „Allein die Anfechtung lehrt auf das Wort merken!" (so Luthers Übersetzung von Jes 28,19). Auch die jeweilige Zeit drängt an: mit machtvollen Figuren und Ungestalten und dem Gelichter spezifischer, auch geistlicher Anfechtungen – jeweiliger Entdeckungs-, aber nicht Begründungszusammenhänge theologischer Einsichten. Wie können sie je neu um so aufmerksamer „aufs Wort merken" lassen?

Wie ist dieser Entdeckungszusammenhang zu beschreiben? Gleich auf der ersten Seite der *Göttinger Dogmatik* begegnet die Wendung „in unserer Zeit und Lage noch um einige große Grade verzweifelter" (nämlich als zur Zeit des Thomas von Aquin).[188] Als erforderlich erweist sich, einer weiten, aber nicht einer grenzenlosen geschichtlichen Bewegung ansichtig zu werden. Es geht um Einsicht in Entwicklungen einer sehr bestimmten Geschichte, vor diesem Hintergrund nicht um die Menschheitsgeschichte von der Steinzeit an (die scheinbare Radikalisierung gestattet in diesem Falle, *de*

---

184 Vgl. Karl Barth, Brunners Schleiermacherbuch, in: Barth, Vorträge 1922–1925, 425: „Können wir uns bei solcher Rebellion, bei solchem *Ungehorsam gegen die Geschichte* (der Neuzeit!) anders rechtfertigen als damit, daß wir eben noch viel mehr erschrocken sind vor der Hybris dieser drei Jahrhunderte und vor der Zumutung, in *dieser* Hybris zu verharren?"

185 Barth, Unterricht II, 56.

186 In besonders eindrücklicher Weise hat Barth nach dem Zweiten Weltkrieg die ganz fatale Unerschütterlichkeit des Menschen angesichts geschichtlicher Katastrophen beschrieben. Vgl. zum Beispiel: Barth, Heidelberger Katechismus, 38f, Barth, Zwei Vorträge, 17f.

187 Zu Recht weist van der Kooi diese Interpretation ab (van der Kooi, Zweiter Römerbrief, 70) und fügt hinzu: „So unrichtig es ist, die Genese der Theologie Barths mit der Krise in Deutschland nach dem Ersten Weltkrieg in Beziehung zu bringen, so wahr kann es sein, daß die Theologie Barths eine besondere Plausibilität bekommt in einer kulturellen Situation, wo man den eigenen kulturellen Werten gegenüber innerlich entfremdet ist." – Barths Zeitgenossenschaft, die ihn ein Gespräch *mit* seiner Zeit führen, seine Theologie aber nicht etwa als *Produkt* der Zeitumstände erscheinen läßt, erörtert zuverlässig Stoevesandt (Stoevesandt, Wegweiser, 344–348).

188 Barth, Unterricht I, 3. Vgl. zu dieser Stelle Stoevesandt, Dogmatikvorlesung, 77f.

facto alles beim alten zu lassen). Auf der anderen Seite griffe die Kritik offenbar zu kurz, bezöge sie sich nur auf eine eng begrenzte irregegangene historische Phase (auf Wilhelminismus und Preußentum o.ä.).

7. Die Welt des modernen Menschen ist unmöglich

Es geht um die Neuzeit,[189] um die verstockte Metaphysik (und dann auch Epistemologie) der Moderne, um ihre Todes- und Machtförmigkeit – daß sie ihr Heil in der Macht sucht –, um ihre Schau- und ihre Schattenseite, genauer: um die Frage nach dem Vorzeichen ihrer tiefen, verzweifelten Ambivalenz (nicht um die mittlerweile mehr als genug und besonders von den von der Weltsituation unmittelbar Profitierenden hervorgehobene Ambivalenz als solche), um grelles Licht und Dunkel, um nur emphatisch so genannte, tatsächlich mit Verdunkelungen einhergehende Aufklärung, ihren Rausch und ihren Ekel, um Unansprechbarkeit für geschehene Versöhnung. Gibt sie insofern spezifisch ignoranten Mentalitäten den Vorzug – im weiteren Verstande einer Wendung Adornos: „[...] unansprechbar sind sie auch darin, daß sie, was abzulehnen sie vorweg entschlossen sind, gar nicht erst erfahren mögen"?[190]

„Die (kritische) Beschäftigung mit der Neuzeit", so vermerkt Karl Gerhard Steck zu Recht, „durchzieht Barths Veröffentlichungen von Anfang an."[191] In welcher Weise, ist in seinem Sinne zu fragen, sind Theologie und Kirche in der Neuzeit ihrerseits einem Bann unterlegen? Haben sie es vermocht, mit Hilfe der Bibel, trotz allem, sehen zu machen – oder haben sie, eben nicht heraustretend aus einem rätselhaften Bannkreis, noch das Medium der Sichtbarmachung verdunkelt, die Lesbarkeit der biblischen Texte also sogar entscheidend erschwert?

„Die Kirche", so stellt Barth mit polemischem Grimm in einem selten zitierten Vortrag aus dem Jahr 1937 fest, „hat die Bibel vielleicht nie so verstanden, wie sie verstanden sein will in ihrem ganzen Reichtum. Sie hat sie aber wiederum seit zweihundert Jahren ganz besonders *schlecht* verstanden und ausgelegt. Sie hat sie nämlich so verstanden, als ob das, was in der Bibel zu lesen steht, keinen Gegensatz bedeute zu dieser Welt des modernen Menschen."[192]

Warum diese scharfe Abwesung? Barth nimmt eine dezidierte Standortbestimmung vor. Als das Entscheidende erweist sich eine defizitäre Hamartio-

---

189 Vgl. Steck/Schellong, Barth und die Neuzeit.
190 Adorno, Ästhetische Theorie, 349 (dort ein anderer Zusammenhang).
191 Steck/Schellong, Barth und die Neuzeit, 9. Cf. oben Abschn. A. bei Anm. 41.
192 Barth, Kirchenkampf, 10; 9; 7. Zur „Erschrockenheit" über die Anpassung der modernen Kirche an die moderne Welt vgl. noch Barth, Der Christ als Zeuge, 26.

logie bzw. Soteriologie. Als die Epoche bestimmend zeigte sich nicht der Glaube an Gott, sondern, in besonderer Ausprägung, der Glaube des Menschen an sich selbst und seine Güte (der an sich alt wie die Welt ist).

„Von der Bibel aus" ist „jene ganze Welt des modernen Menschen *unmöglich*, sowohl in ihrer liberalen wie auch in ihrer autoritären Form" – „[...] die moderne Welt, die man am besten charakterisiert, wenn man sie als die Welt bezeichnet, in welcher der Mensch sein eigener Herr ist. Das will sagen: die Welt, in welcher der Mensch sich selber für fähig hält, über sein Leben zu bestimmen, in welcher der Mensch im letzten Grunde auf sich selber steht und in welcher er nach der schönen Parole: Hilf dir selbst, so hilft dir Gott! an die Wahrheit seiner eigenen Ideen glaubt, weil er sich im letzten Grunde für einen guten Kerl hält. Diese moderne Welt des Menschen, der sein eigener Herr sein will und der sich selber für gut hält, diese Welt ist so alt wie die Welt überhaupt. Man kann aber doch wohl sagen, daß sie erst seit zweihundert Jahren das Gesicht bekommen hat, das sie heute hat. Diese Welt dieses Menschen ist durch den Weltkrieg, den wir alle noch in lebhafter Erinnerung haben, nicht, wie man damals wohl meinte, zerstört worden. Sondern auch nach dem Weltkrieg ist der Glaube des Menschen an sich selbst und seine Güte fröhlich wieder aufgelebt und hat neue Kraft gewonnen. Nun, zu dieser Welt gehört auch der Nationalsozialismus. Nicht nur der Nationalsozialismus und auch nicht nur sein großer Gegenspieler, der Kommunismus. Zu dieser modernen Welt gehören vielmehr wir alle."[193]

Seit dem Ersten Weltkrieg und von da an mit jeder der geschichtlichen Katastrophen in zusehends fordernderer Dringlichkeit stellt sich die Frage nach dieser „modernen Welt", ihren Grundlagen und Lebensbedingungen – und zwar als nach einem möglicherweise binnen kurzem zu räumenden Gebiet. Inwiefern vollziehen „wir alle", nun als Christen und Theologen, ihr Gesetz mit: stimmen ein, geben ihm weitere oder überhaupt erst Substanz, laufen mit? Trifft zu, was der kolumbianische Philosoph Dávila beobachtet, daß „die Menschheit in die Moderne lief, wie ein Tier in die Falle"?[194]

Stellt eine sehr bestimmte, weit über den Tag hinaus gehende, nämlich unnachgiebig genau auf die *Bedingungen der Moderne* zielende Buße heute eine notwendige Vollzugsform jener von Martin Luther angemahnten täglichen Buße dar (Barth präzisiert und spricht von „der in der *Dankbarkeit* wurzelnden täglichen Buße"[195])? Und kann in bezug auf das Jahrhundert beschrieben werden, inwiefern die Zeit aus den Fugen ist, wenn Barths Wendung gelten soll: „Als Offenbarungszeugnis erklärt sie [sc. die Bibel] sich nur in eine in ihrer inneren Sicherheit erschütterte, ihr gegenüber nach-

---

193 Vgl. Barth, Gotteserkenntnis, 53–55 (das Zitat dort 80f), wo Barth in wenigen Strichen die Entwicklung nach der „cartesianischen Revolution" skizziert und in diesem Zusammenhang präludiert, was dann in der Ethik der Versöhnungslehre über die „herrenlosen Gewalten" gesagt wird (Barth, Das christliche Leben, 363–399).
194 Zit. nach Franco Volpi, Dávila. – Zu den Anschauungen Dávilas vgl. Kinzel, Ästhetik des Widerstands.
195 Barth, Gotteserkenntnis, 135 (Hv. M.T.).

giebig und beweglich gewordene menschliche Geisteswelt hinein [...]" (I/2, 806). Welche von den Verhältnissen, in denen wir uns befinden und die in einem Ausmaß und mit der Drohung der Unrevidierbarkeit wie niemals zuvor „dem Tode Macht einräumen über unsere Gedanken", Worte und Werke, ihn unübersehbar gleichsam freigeben ... sind aufkündbar und welche nicht? Welche sind „in ihrer inneren Sicherheit" – von Überheblichkeit verdeckt, aber triumphal zum Vortrag gebracht – auch nur erschütterbar und im geringsten „nachgiebig und beweglich"? Welche werden im Interesse von Konsolidierung und Unangreifbarkeit überdies geistlich sanktioniert, also auch noch unter den Begleitschutz theologischer Theorien gestellt?

Um so schlimmer, daß Letzteres viele Male geschieht. Notorisch ist ja die christliche Kirche von der Gefahr verheerender Servilität begleitet.

In einer Predigt in der Zeit des Ersten Weltkriegs (1915) bekennt Barth nicht ohne Bitterkeit: „Unser Christentum ist nicht mehr der Sieg, der die Welt überwindet, sondern der Kleister und der Leim, der ihre Ritzen und Spälte ein wenig verstreicht, die bunte Farbe, die ihre Häßlichkeit ein wenig verdeckt und verschönert, die lysolgetränkte Watte, mit der ihre Wunden ein wenig verbunden werden, der Gips, mit dem die verlöcherte Mauer ein wenig repariert ist, oder, wie Jesus gesagt hat: der neue Lappen auf dem alten Kleid. [...] Unser Christentum ist nicht über der Welt, sondern in der Welt und von dieser Welt, ja es hilft ihr noch extra darin, Welt zu sein."[196]

Und Heidegger verzeichnet sarkastisch:

„Der Satz ‚Gott ist todt' ist keine Verneinung, sondern das innerste Ja zum Kommenden. In diesem Wissen und Fragen hat Nietzsche sein Dasein aufgerieben, während man in den gleichzeitigen Gründerjahren sehr bierfröhlich im Spruch ‚Gott, Freiheit und Vaterland' den lieben Gott für alle möglichen Dinge bemühte. Diese Leere und Verlogenheit aber erreichte erst ihr wahres Ausmaß, als zwischen den Jahren 1914 und 1918 das ‚christliche' Abendland bei Freund und Feind für seine Unternehmungen denselben lieben Gott für sich in Anspruch nahm."[197]

Nach dem Zweiten Weltkrieg heißt es entsprechend bei Barth:

„Die Kirche wird es wieder lernen müssen, ihrem Herrn wie Petrus nicht auf einem gebahnten, mit Stufen und schönem Geländer versehenen Pfad, sondern auf den Wellen entgegenzugehen. Sie muß es wieder lernen, über der Untiefe zu leben, wie sie es einst in ihren Anfängen mußte und getan hat. Sie muß es wieder lernen, ihren Auftrag *dennoch* auszurichten: allein in der Anziehungskraft ihres eigenen Anfangs und ihres eigenen Zieles. Das bedeutet, daß sie sich nicht wird aufhalten lassen können durch die Frage, ob und inwiefern der heutige europäische Mensch mit seinen besonderen Befürchtungen und Hoffnungen ihr entgegenkommen, ihr sein Interesse, seine Gunst, sein Wohlgefallen wohl zuwenden werde. Sie hätte sich das wohl immer verboten sein lassen müssen. Und gerade wenn sie den heutigen europäischen

---

196 Barth, Predigten 1915, 449.
197 Heidegger, Nietzsche, Kunst, 191.

Menschen richtig sieht und versteht, wird sie es nun wirklich unterlassen, weiterhin um sein Interesse zu werben und zu betteln."[198]

d. Wissenschaftsglaube und das Prinzip des Methodischen

1. *Groß ist die Diana der Epheser!*

Was also hätte eine geistliche Widerrede, die diesen Namen verdient, heute zu vertreten? Bietet zum Beispiel die Jona-Erzählung dafür Orientierung? Was würde es dann in der Übertragung besagen, daß „ganz Ninive" Buße tun soll?[199] Weltstürzende, doch durchaus konkrete, handgreifliche Buße steht dort in Rede – die, wohlgemerkt, eben nicht so unsinnig weit gefaßt wird, daß sie wiederum als realisierbare Möglichkeit gar nicht in Betracht kommt. Der Leser des Jonabuchs erfährt nicht, worin das besondere Unverhältnis zu Gott besteht, das Todesgesetz, nach dem sich Ninives Leben zusammenfaßt. Man könne mit ihm brechen? Offenbar vermag man das, wie die Erzählung zeigt.

Und ein modern-spätmodernes Ninive? Begegnet im derzeitigen Ninive, im großen *status quo*, als ein solcher beherrschender Ungeist, spezifische Wissenschaft (nebst entsprechender Epistemologie): Wissenschaft, die, mit der ihr innewohnenden Gewalt der Entstellung des Menschen, zum kalten funktionalen und prozessualen Monstrum wird, als eine der vielen Versionen im Spektrum der entsetzlichen Formen, die menschlichen Augen für Gott, darum für die Liebe, darum für das Maß des Menschlichen blind zu machen?

Die neuzeitliche Wissenschaft, der szientifische Geist, das mit durchdringender Prägekraft bestimmende Formgesetz der Moderne,[200] mit ihren Schreckbildern und Lockungen, mit Gewalt und Militär als fortgesetzter Geburtshelferin, müßte sich dann von Grund auf und durchaus handgreiflich wandeln und als eine ihrer Ausprägungen, gewiß in eigener Weise, die neuzeitliche wissenschaftliche Theologie. 1926 fragt Barth leicht ironisch (aber seine Ironie schließt Ernsthaftigkeit, wie man weiß, nicht im geringsten aus) nach einer möglichen „Bekehrung der neutestamentlichen Wissenschaft".[201] Äußerungen dieser Art seien schon „wissenschaftsfeindlich"? Vielleicht. Ist „Wissenschaftsfeindlichkeit" ein unumstritten letztes Kriterium? Und der Verdacht genügte? So sieht es aus. Ein Urteil „wissenschaft-

---

198 Barth, Zwei Vorträge, 19.
199 Ironisch Thurneysen an Barth mit Hinweis auf einen Beitrag Tillichs (Barth – Thurneysen, Briefwechsel 3, 754): „Ein Ninive des Modernismus tut Buße unter dem Druck der Verfolgung!".
200 Die Wissenschaften, so Heidegger (Heidegger, Identität und Differenz, 10), seien „heute imstande, der Geschichte des Menschen auf der ganzen Erde die spezifische Prägung zu geben."
201 Barth, Unterricht I, 152. Vgl. Smend, Karl Barth als Ausleger, 227.

lich" zu nennen läuft ja unter modernen Umständen auf die Aufforderung hinaus, entweder ein noch wissenschaftlicheres anzubieten oder sich ihm zu beugen. Der „Wissenschaft" beugt man sich. Etwas anderes kommt nicht in Frage. Wer es nicht mit ihr hält, isoliert sich. „Vorausgesetzt wird [...]", merkt Adorno an, „daß alle Erkenntnis potentiell in Wissenschaft sich umsetzen lasse."[202] Und nicht anders lesen wir bei Heidegger: „Sowenig wie die Kunst ist die Wissenschaft nur eine kulturelle Betätigung des Menschen. Die Wissenschaft ist eine und zwar entscheidende Weise, in der sich uns alles, was ist, darstellt."[203] Längst hat sie sich zur Religion erhöht – im Wahn einer All- und Alleinzuständigkeit für haltbare Wahrheit. Sich selbst setzt sie als den unhintergehbaren Horizont der Gegenwart. Jeder ist unbedingt zustimmungspflichtig. Was einmal Atheismus und Blasphemie hieß, kommt heute auf Wissenschaftslästerung hinaus, auf die Verletzung des „Geistes der Wissenschaft". Wissenschaftsglaube, Szientismus, heißt die weltweite, ökumenische Religion der Zeit. Schon 1959 in seinen *Gifford Lectures* hat Carl Friedrich von Weizsäcker den Gedanken angesprochen.[204] Seine Plausibilität hat unterdessen rasant an Gewicht gewonnen. Hat die Theologie diesen Zusammenhang als ein Problem des Ersten Gebotes hinreichend oder auch nur anfänglich wahrgenommen? Ninive, Ephesus. Wo hören wir es heute: „Groß ist die Diana der Epheser!" (Act 19,28)?

Theologie müßte, dieses beängstigenden, längst soteriologisch gewordenen szientifischen Geistes eingedenk, ihr eigenes Wissenschaftskonzept radikal überdenken. Hat sie sich ihrerseits auf „Wissenschaft" eingeschworen, und auf welche Bestimmung dieses Begriffs? Kann Wissenschaft gegen Aberwissenschaft strikt abgesetzt, das Soteriologische aus der neuzeitlichen Wissenschaft herausgenommen werden? Das, als soteriologische Brechung, wird mehr als ein Subtraktionsvorgang sein. Was geschähe, nähme sie Barths Sätze aus der zweiten Auflage des Römerbriefkommentars als gültig in ihre Vollzüge auf:

„Wissenschaftlichkeit bedeutet Sachlichkeit. Sachlichkeit in der Theologie ist der unbedingte Respekt vor der Einzigartigkeit des hier gewählten Themas: der Mensch in seiner letzten Not und Hoffnung, der Mensch vor Gott. Wissenschaftliche Theologie *ist* Buße, Umdenken, ‚erneuertes Denken' [...]. Sie ist Frage- und Ausrufzeichen am äußersten Rande der Universität [...]."?[205]

Der Begriff der Wissenschaft bestimmt sich hier geradewegs theologisch – statt daß sich Theologie, um an ihm Maß zu nehmen, einen geltenden,

---

202 Adorno, Noten, 15.
203 Heidegger, Vorträge und Aufsätze, 39.
204 von Weizsäcker, Tragweite der Wissenschaft, 3–19; 47; 169; 176; 189; 195. Vgl. auch Canetti, Provinz des Menschen, 28f.
205 Barth, Römerbrief II, 515.

allenfalls zu modifizierenden Wissenschaftsbegriff vorgeben ließe. Zudem hat schon Nietzsche gesehen: „[...] das Problem der Wissenschaft kann nicht auf dem Boden der Wissenschaft erkannt werden".[206]

Als nüchtern gewordene und bekehrte müßte Theologie eine neue Festigkeit und Entscheidungsstrenge an den Tag legen, natürlich nicht generelle Schreckhaftigkeit, aber ein die Anfechtung und die eigene Komplizenschaft überhaupt erst realisierendes Erschrecken in sich tragen. Das aber: ein epistemologischer Sturz, eine Unterbrechung der entsprechenden Konsistenz und Verfestigung, der Sturz der Despotie der Epistemologie selbst, epistemische Bescheidenheit – wäre eine Art Mindestbedingung.

2. Das Methodische ist das epistemologische Zentrum der Neuzeit

Eine bestimmte Zurückweisung der Welt, wie sie gerade ist, ihres bestimmenden Grundzugs, ihrer affektiven Grundstimmung, eine „objektive Buße", deren Notwendigkeit Barth schon in der ersten Auflage des Römerbriefkommentars mit außerordentlichem Nachdruck versieht, eine „Buße der Orientierung, Buße des Denkens und Wollens, Buße, die das geschichtliche *Ganze* der Kirche in Frage stellte, um für das *Ganze* eine neue Antwort in Gott und aus Gott zu gewinnen"[207] – was kann sie unbetroffen lassen? Sie wird sich, soweit es geht, dem *Gesetz* (und seinen Türhütern) entziehen wollen, den Determinanten der Zeit, der Sicht- und Hör- und Stimmungseinheit, nach der sich die bisherige Welt im ganzen (und mit ihr Strukturen und Erscheinungsformen der *ecclesia visibilis*) zusammenfaßte und über die diese Welt um so wütender wacht, je mehr sie es in Frage gestellt sieht. Sie hat sich dementsprechend – nicht zuletzt mit dem Recht der Desillusionierung nach einem Weltkrieg[208] – über die umgreifenden Lagen und die Ganzverhältnisse, die innere Logik und die totalitäre Weltforderung der bisher herrschenden Mächte der Zeit zu erheben. Gibt es benennbare totalitäre Zugriffe und Zurichtungen der Epoche – vergleichbar der Unmittelbarkeit eines Schmerzes, der den zerrissenen Menschen völlig in Anspruch nimmt? Wie können sie einigermaßen genau identifiziert werden?

„Die Anfechtung lehrt auf das Wort merken." Wie sind also in der Bemühung um eine neue „Antwort in Gott und aus Gott" dergleichen Mächte zu benennen? Die von den Zeitereignissen des ersten Weltkriegs erschütter-

---

206 Nietzsche, KStA 1, 13.
207 Barth, Römerbrief I, 418.
208 „Dichtung hat in das sich zurückgezogen, was dem Prozeß der Desillusionierung ohne Reservat sich überläßt, welcher den Begriff des Dichterischen verzehrt; das macht die Unwiderstehlichkeit von Becketts Werk aus", urteilt Adorno (Adorno, Ästhetische Theorie, 32).

ten Theologen – eine Generation mit einer bis dahin beispiellosen Grenzerfahrung – beantworten diese Frage unterschiedlich.

Rudolf Bultmanns Absicht, Sekurität für den Glauben strikt abzuweisen, seine radikalisierte Frage nach der Tilgung von „Sicherungen" (so ja auf seine Weise auch bereits Wilhelm Herrmann) verstehe ich im Sinne jenes Erschreckens. Es kann nicht das Vorhaben sein, sich für die Zukunft enttäuschungsfest zu machen, um sich darum vorab zu sichern. Ein Unverhältnis zu den biblischen Texten, das darauf abzielt, ist zu beenden. Gerhard Ebeling hat Bultmanns Gedanken aufgenommen, indem er von der „Zerschlagung aller vermeintlich die Glaubensentscheidung entbehrlich machender historischer Sicherungen" gesprochen hat.[209] Ob mit diesen Aufstellungen bereits eine hinreichende Tiefe jener notwendigen Kritik erreicht ist, scheint mir freilich fraglich. Bleiben für die essentiellen menschlichen Lebensvollzüge die „historischen Sicherungen", wie weit immer gefaßt, nicht doch eher vordergründig und abgeleiteter Natur – austauschbare Kulissen des immergleichen, immer enttäuschten Stabilisierungs- und Sekuritätstraums, doch notfalls preiszugeben angesichts ungleich stärkerer Stützen und Sicherungen? Schon auf die historische Sicherung durch die eigene Erinnerung – mögen Erinnerungen zuweilen in der Seele, aber auch im Körper lange Wurzeln haben – ist wenig Verlaß. Selbst als mit subjektiver Gewißheit vergegenwärtigte (wenn sie mit Gewalt auf uns niederstürzt), erweist sie sich von Fall zu Fall als ein Betrugssystem. In deutschen Zusammenhängen war das unübersehbar. „Wahrheitsgewebe – Lügengewebe" lautet charakteristischerweise der Untertitel zu den *Biographischen Notizen* von Max Ernst.

Gibt es also zuverlässigere, unbemerkte oder kaum verzeichnete Sicherungen? Sofern die historisch-kritische Forschung mit, wie wir wissen, einigem Erfolg historische Sicherungen kassiert und meint, damit den wahren Anspruch der Texte freizulegen, lenkt sie möglicherweise geradezu vom Entscheidenden ab, von kaum oder gar nicht registrierten, um so wirksameren, vermeintlich fassung- und haltgebenden Sicherungsprozessen. Welche Arten von Sicherungen, weil sie als allzu selbstverständlich erscheinen, entgehen dem forschenden Blick – der seinerseits, hartnäckiger als üblicherweise vorausgesetzt, bestimmt ist von der „nach Sicherungen verlangenden *Sorge*" (IV/2, 530)?

Nun sieht sich, wer von „historisch-kritischer Forschung" spricht, zunächst dem Einwand ausgesetzt, als eine homogene Größe zu behandeln, was auseinanderfällt in durchaus unterschiedliche Verfahren der Erschlie-

---

[209] Ebeling, Wort und Glaube I, 45. In späteren Überlegungen (Ebeling, Wort und Glaube IV, 509) hat Ebeling darauf hingewiesen, daß im Stichwort „historisch-kritische Methode" besonders das Prädikat „kritisch" Aufmerksamkeit verdiene – im Sinne der „Entbindung hermeneutischer Selbstkritik". Nicht in Frage gestellt wird *das Methodische*. – Zum Unabgegoltenen der Theologie Bultmanns vgl. Klein, Bultmann.

ßung von Texten. Indessen, was auch immer man nennt von Textkritik über Literarkritik und Redaktionsgeschichte zu semiotischen, sprachanalytischen, textpragmatischen oder sonstigen Verfahren – der noch so weit gefaßte Umkreis der Verfahren besitzt, für einen näheren Blick dann doch unübersehbar, einen Mittelpunkt: den spezifisch *methodischen* Charakter, der die möglicherweise weit voneinander entfernten Zugangsweisen strikt zu einer einheitlichen Figur zusammenordnet.

Das nervöse Zentrum der historisch-kritischen Methode, nicht anzuzweifeln und anscheinend unverzichtbar, das hypernervöse Zentrum läßt sich nach meinem Urteil eben nicht im Bereich des Historischen, sondern – mit der ganzen Emphase der eigenen Zentralität – im *Prinzip des Methodischen* ausfindig machen.[210] An das Unabgegoltene von Hans-Georg Gadamers Werk *Wahrheit und Methode* ist noch einmal zu erinnern. Sehr wohl Einzelzüge dieses Werkes sind von der Theologie aufgenommen und in ihre eigenen Zusammenhänge produktiv eingebracht worden, nicht aber, soweit ich sehe, die ausdrückliche Gegenüberstellung, die schon der Titel vornimmt – und damit die Hauptthese des Buches. Gadamer hat, mit Rückgriff auf Einsichten Heideggers, prononciert die Genese der modernen Wissenschaft insgesamt kritisch auf das Prinzip des Methodischen zurückgeführt:

„Die moderne Wissenschaft ist die im 17. Jahrhundert entstehende Wissenschaft, die auf den Gedanken der Methode und des methodischen Sicherns des Erkenntnisfortschritts gegründet ist. Sie hat unseren Planeten in einer einzigartigen Weise verändert, indem sie eine Form des Zugangs zur Welt privilegiert hat, der weder der einzige noch der umfassendste Zugang ist, den wir besitzen. Es ist der Zugang, der durch methodische Isolierung und bewußte Befragung – im Experiment – die partikularen Bereiche, die durch solche Isolierung thematisiert werden, einem neuen Zugriff unseres Tuns aufbereitet."[211]

Das Methodische als genuines Prinzip der wissenschaftlichen Prinzipien stellt das eisenharte, emphatische epistemologische Zentrum der Neuzeit dar, die neuzeitliche Sicherheitstechnik im umfassenden Sinne, eine operativ besonders effektive Erschließung der Welt für den invasiven Zugriff menschlicher Aktivität. Doch das bedeutet, daß das Methodische, seit dem 17. Jahrhundert Schritt für Schritt zum unhintergehbaren, axiomatischen Prinzip verfestigt, nun im besonderen als die neue Macht jener Sicherungen in Betracht kommt, die Rudolf Bultmann grundsätzlich gerade weggeschafft sehen möchte und in bezug auf historische Stützen ja auch vielfach

---

210 Vgl. die verschiedenen Artikel des HWP (Bd. 5, Darmstadt 1980, 1304–1386). – Das *Prinzip des Methodischen* hat Barth bei dem für die Neuzeit charakteristisch repräsentativen *Hegel* als zentral hervorgehoben (Barth, Protestantische Theologie im 19. Jahrhundert, 363ff). – Zur Zurücknahme des Cartesianismus zugunsten eines an Anselm orientierten theologischen Epistemologie vgl. Beintker, Fides, 117–120.

211 Gadamer, GW 2, 186.

schlüssig tatsächlich destruiert. In der Anwendung des neuzeitlichen historisch-kritischen Verfahrens, jenes Bündels von Methoden – aber eben von präzisen Bedingungen gehorchenden Methoden –, werden in anderer Hinsicht keineswegs Sicherungen zerschlagen, vielmehr gerade verbindlich und unersetzlich gemacht. Unter den neuzeitlichen Anfangsbedingungen sitzt Wissenschaft in der epistemologischen Festung des Methodenprinzips (bis hin zur davon nicht ausgenommenen extrem methodenpluralistischen Position zum Beispiel von Paul Feyerabend). Nicht lediglich nach „methodischen Umbrüchen" als nach neuen methodischen Zugängen zu möglichst durchformuliertem Können ist also zu fragen, sondern nach einem möglichen Umbruch hinsichtlich der Geltung des Methodischen selbst. Kann ihr die Grundlage entzogen werden?

Die Herrschaft der Methode, ihre Alternativlosigkeit in Zweifel zu ziehen bedeutet, am Bau der neuzeitlichen Wissenschaft zu rütteln, ihre alles zusammenhaltende epistemologische Konsistenz nämlich irritieren oder gar beeinträchtigen zu wollen. Was immer man ihr entgegenzustellen sucht (bei Gadamer vorsichtig: die Kunst), wirkt deshalb vage oder beliebig, mit unbestimmtem Umriß, jedenfalls zutiefst unsicher. Die Methode, die bestimmten benennbaren Bedingungen genügen muß, erweist sich „in ihrer inneren Sicherheit" (I/2, 806) als eine ganz dem Geist der Neuzeit adäquate Größe: als eine Macht, die fürs erste wenigstens einen Fetzen, doch dann zusehends bessere Machbarkeit und Veranstaltbarkeit und größere Herrschaft zu vergeben hat. (Jeder Fetzen menschlichen Könnens aber muß aufgehoben, aufbewahrt und verwendet werden.) Insofern gehört sie in den Rahmen einer immer stichhaltiger erscheinenden übergeordneten Notwendigkeit, des unbedingten Willens zur Macht, zum Vermögen, zum Können in all seinen Varianten und Ausartungen, zur (kubistischen, die Dinge auseinanderfaltenden) Perspektivenwahl und -herrschaft,[212] zur freien Vermittlung, zum *management* verschiedenster Referenzsysteme, zum Springen von „innen" nach „außen" (vorher schon: zur nur von einem Oberhalb möglichen Festlegung der jeweiligen Grenzen), und so immer fort. Das methodische Vorgehen ist das den Weg beherrschende, kontrollierende Verfahren – eine Sicherstellung aus einem Standort von oben. Methode ist operationalisierbar gemachtes Verfahren – das Zentralnervensystem der Moderne. Je moderner, desto methodischer.

Paul Valéry hat bereits 1896/97 in einem großartig eindringlichen Essay, betitelt *Eine methodische Eroberung*, das Prinzip des Methodischen als „eine zermalmende Übermacht" beschrieben und ihm eine große Zukunft

---

[212] Die Simultaneität auch disparater Perspektiven dann drastisch bei Picasso. Doch schon Cézanne unternimmt, so Picht (Picht, Kunst und Mythos, 348), „auf höchst kunstvolle und unmerkliche Weise auf ein und demselben Bild verschiedene Perspektiven miteinander zu kombinieren."

vorausgesagt: „Ich glaube, daß wir erst am Anfang der Methodik stehen."²¹³ Die expansive Macht des *deutschen Reiches* sieht er auf dem Prinzip des Methodischen gegründet: „So sehe ich in dem deutschen Erfolg vor allem den einer *Methode*. Die Methodik, *sie* erregt meine Bewunderung."²¹⁴ Diesem System verdankt der Nationalstaat Deutschland schon seine Existenz: „Zuerst wurde Preußen methodisch geschaffen. Dann hat es das heutige Deutschland geschaffen." Valéry sieht dann diesen Siegeszug zunächst im Bereich der *Wirtschaft*. „Es gibt also endlich", bemerkt er, „eine Nation, die auf dem Gebiet der Wirtschaft das Experiment der lückenlosen Vernünftigkeit, das heißt der Methodik machte, und das Experiment gelingt ihr nicht übel."²¹⁵ Doch dann kulminiert das System des Methodischen im geradewegs und blank Machtförmigen, dem preußisch-deutschen Militärwesen: „Die Organisation des militärischen Übergewichts ist das Werk des Großen Generalstabs. In der Schöpfung dieser berühmten Büros enthüllt sich das glanzvollste Beispiel der Methodik."²¹⁶ Moltke verkörpert förmlich das System. Schließlich nennt Valéry in diesem selben Zusammenhang die *Wissenschaft*. Auch sie verdankt ihre Schlagkraft und ihren Erfolg demselben ganz und gar gewalt- und macht- und effizienzförmigen Großprinzip.²¹⁷ Eben diese Identifizierung des Methodischen als eines weltgestaltenden Paradigmas läßt Valérys Überlegungen so hellsichtig und kraftvoll erscheinen.

Doch beschreibt natürlich bereits Hegel die Methode in der *Wissenschaft der Logik* im Schlußkapitel über die absolute Idee geradezu als „die Seele aller Objektivität", als „einzige und absolute Kraft der Vernunft", ausgestattet mit „unendlicher Kraft":

„Die Methode ist […] als der *sich selbst wissende, sich* als das Absolute, sowohl Subjektive als Objektive, *zum Gegenstande habende Begriff*, somit als das reine Entsprechen des Begriffs und seiner Realität, als eine Existenz, die er selbst ist, hervorgegangen. […] Die Methode ist deswegen als die ohne Einschränkung allgemeine, innerliche und äußerliche Weise und als die schlechthin unendliche Kraft anzuerkennen, welcher kein Objekt, insofern es sich als ein äußerliches, der Vernunft fernes und

---

213 Valéry, Werke 7, 7–25; 549–552; dort 24.
214 Valéry, Werke 7, 12.
215 Valéry, Werke 7, 13.
216 Valéry, Werke 7, 15.
217 Valéry, Werke 7, 21f. Zu Recht kommentiert der Herausgeber der deutschen Werkausgabe Jürgen Schmidt-Radefeldt Valérys Essay in folgenden Sätzen: „Gerade der Essay ‚Eine methodische Eroberung', in dem Valéry schon 1896 die Geschichte des 20. Jahrhunderts und die weltwirtschaftliche Rolle Deutschlands, Japans und Italiens mit außergewöhnlicher Hellsichtigkeit voraussah, weiterhin die Entwicklung zur Planzukunft, die Disziplinierung des Individuums, die zunehmende Gleichmachung und Mittelmäßigkeit im Gesellschaftlichen, die vergiftende Dichotomie von Freund- und Feindbildern, die zunehmende Gewalt des Staates gegenüber dem Individuum, wie auch den ‚totalen Krieg' (M. Rychner) – und dieses alles unter dem Aspekt des ‚Methodischen' – hat mit allen aufgezeigten Konsequenzen weiterhin bedrückende Aktualität […]." (Valéry, Werke 7, 549).

von ihr unabhängiges präsentiert, Widerstand leisten, gegen sie von einer besonderen Natur sein und von ihr nicht durchdrungen werden könnte. Sie ist darum die *Seele und Substanz*, und irgend etwas ist nur begriffen und in seiner Wahrheit gewußt, als es der *Methode vollkommen unterworfen* ist [...]. Sie ist darum die höchste *Kraft* oder vielmehr die einzige und absolute *Kraft* der Vernunft nicht nur, sondern auch ihr höchster und einziger *Trieb, durch sich selbst in allem sich selbst* zu finden und zu erkennen."[218]

Methode, die im Sinne der Neuzeit den Namen verdient, soteriologisch bei Hegel beschrieben, kommt auf Wegbeherrschung hinaus, auf die aufgetane Möglichkeit mindestens partieller Vereinnahmung: als ein Verfahren, das über sich selbst gebietet, als prozedurale, reproduzierbare, also in Regie zu nehmende *Vergewisserung* (mit Luthers Frage nach der Heilsgewißheit nicht zu verwechseln). Sie bestimmt aber auch, weit darüber hinaus, als Seele aller Objektivität und als einzige und absolute *Kraft* der Vernunft wie auch als ihr *Trieb*, was überhaupt als Wissen zu gelten hat, weil als gesichertes Wissen nur das methodisch gewonnene Wissen in Frage kommt. Denn „Methode", so Heidegger, ist „Weg zum Wissen".[219]

Wesentlich über die Bestimmung des Prinzips des Methodischen als jener „zermalmenden Übermacht" (Valéry) definiert sich der Begriff der Wissenschaft. Gadamer spricht in *Wahrheit und Methode* vom „Methodendenken der modernen Wissenschaft".[220] Neben Hegel ist in diesem Zusammenhang u.a. auch Schleiermacher zu nennen, dessen Hermeneutik eine deutliche Beförderung dieses Methodendenkens herbeiführt: „Schleiermacher", so erklärt Gadamer, „[...] sucht die Einheit der Hermeneutik *nicht mehr* in der *inhaltlichen Einheit* der *Überlieferung*, auf die das Verstehen angewendet werden soll, sondern abgelöst von aller inhaltlichen Besonderung in der *Einheit eines Verfahrens*, das nicht einmal durch die Art, wie die Gedanken

---

218 Hegel, Logik, 551f.
219 Heidegger, Sprache, 167. – Zur ursprünglichen Bedeutung im griechischen Denken, wie Heidegger sie erkennt: „Das geläufige griechische Wort für ‚Weg' heißt ἡ ὁδός, davon ἡ μέθοδος, unser Fremdwort ‚Methode'. Aber ἡ μέθοδος heißt den Griechen nicht ‚Methode' im Sinne eines Verfahrens, mit Hilfe dessen der Mensch den untersuchenden und forschenden Angriff auf die Gegenstände unternimmt. Ἡ μέθοδος ist das Auf-dem-Weg-bleiben, nämlich auf dem Weg, der nicht vom Menschen als ‚Methode' gedacht, sondern von dem sich zeigenden Seienden her durch dieses hindurch gewiesen ist und so schon ist. Ἡ μέθοδος ist griechisch nicht das ‚Verfahren' einer Untersuchung, sondern eher diese selbst als das Auf-dem-Weg-bleiben. Um dieses Wesen der griechisch verstandenen ‚Methode' zu erkennen, müssen wir allerdings zuvor sehen, daß zum griechischen Begriff des Weges, ὁδός, das Ausblickhafte und das Durchblickbietende gehört. ‚Weg' ist nicht die Strecke im Sinne einer Entfernung und des Abstandes zwischen zwei Punkten und so selbst eine Punktmannigfaltigkeit. Das durch- und ausblickhafte Wesen des Weges, der selbst zu Unverborgenem führt, und d.h. zugleich das Wesen des Ganges, ist von der Unverborgenheit her bestimmt und von dem geraden Zugehen auf das Unverborgene." So in einer Parmenides-Vorlesung 1942/43 (Heidegger, Parmenides, 87).
220 Gadamer, GW 1, 29. Eine ausführliche, überaus scharfe Kritik der Herrschaft des Methodischen auch bei Adorno (Metakritik, 19–22).

überliefert sind, ob schriftlich oder mündlich, in fremder oder in der eigenen gleichzeitigen Sprache, differenziert wird."[221]

3. Das Methodische gehört in die Metaphysik der Subjektivität

Die Herrschaftsstellung des Methodischen, in die sie mittlerweile eingerückt ist, erwächst aber, was im einzelnen zu zeigen wäre, aus der vermeintlich unbedingten Dringlichkeit der Selbstvergewisserung bzw. dann aus dem Zug um Zug überzeugender scheinenden Erweis der Brauchbarkeit für dieses vordringliche Interesse. Als was kommt der solcher Selbstvergewisserung so dringend (auf Gedeih und Verderb) Bedürftige zur Erscheinung? Wer ist er? Das Angst- und Mißtrauens- und infolgedessen Selbstdeutungs- und Selbstbehauptungs- und Macht-Ich. Dabei ist Macht immer wieder die Angst der Anderen. Die an sich selbst gerichteten Lebenszeichen können nicht markant genug, der Boden für die Abstützung seiner selbst kann nicht fest genug sein. Descartes' initiale Überlegungen zum Prinzip des Methodischen[222] und der Rekurs auf die Gewißheit des „cogito – sum", auf den Boden sämtlicher Böden, bilden eine einheitliche Figur. Sie skizziert einen Raum, den Europa seitdem nicht mehr verlassen konnte. Wiederum Gadamer hat an diesen Zusammenhang erinnert:

„Der Vorrang des Selbstbewußtseins, der als das Kennzeichen der neueren Philosophie zu gelten hat, steht in einem engen Zusammenhang mit den neuzeitlichen Begriffen von Wissenschaft und Methode. Denn der Methodenbegriff der Neuzeit unterscheidet sich gerade dadurch von den älteren Weisen des Welterkennens und der Welterklärung, daß er einen Weg der Selbstvergewisserung darstellt. Der Primat des Selbstbewußtseins ist der Primat der Methode. Das ist wörtlich zu verstehen: Nur das ist Gegenstand einer Wissenschaft, was die Bedingungen methodischer Erforschbarkeit erfüllt."[223]

---

221 Gadamer, GW 1, 182 (Hv. z.T. von mir).
222 So heißt es über die Neukonzeption des Prinzips der Methode bei Descartes im Historischen Wörterbuch der Philosophie (H.W. Arndt, 5, 1313): „Reichweite und Eigenart wissenschaftlicher Erkenntnis sind von der Anwendbarkeit wissenschaftlicher Methodik her bedingt." – Zum Prinzip des Methodischen bei Francis Bacon vgl. Gadamer, GW 1, 354–356.
223 Gadamer, GW 4, 46. In einer Gegenüberstellung von Hegel und Heraklit spricht Gadamer (Gadamer, GW 7, 40) von „jener Umkehrung und Verkehrung von Weltbewußtsein und Selbstbewußtsein, die das moderne Denken auszeichnet und die erst mit dem modernen Wissenschaftsgedanken und seinem Primat der Methode, mit dem Primat der Gewißheit gegenüber der Wahrheit zur Herrschaft gelangt ist." An anderer Stelle (Gadamer, GW 7, 43f; vgl. 256, 433f) wird festgestellt: „Es ist die Fortwirkung der Entstehung der modernen Wissenschaft, deren Pioniertat die Galileische Physik war, die all unsere Denkgewohnheiten beherrscht. Seitdem gilt der Begriff der Methode als konstitutiv für das, was Wissenschaft heißen kann. Damit hängt zusammen, daß die Philosophie der Neuzeit ihre philosophische Selbstbegründung auf dem Begriff des Selbstbewußt-

Unakzeptabel erscheint unter den Bedingungen der Moderne jeder Begriff der Wissenschaft, der nicht vom Prinzip der *unbedingten* Maßgeblichkeit des Methodischen getragen wird. Zu präzisieren ist in diesem weiteren Verstande die häufig zitierte Wendung, die Graf Yorck in einem Brief an Wilhelm Dilthey verwendet: das „Praktisch-werden-Können", so lautet es da, „ist der eigentliche Rechtsgrund aller Wissenschaft".[224] Genauer wäre wohl zu sagen, daß die Methodisierbarkeit und auf Grund ihrer ein entsprechend *gezieltes* Praktisch-werden-Können diesen Rechtsgrund abgibt.

Nun hat Martin Heidegger, m.E. tief in den Grund und gleichsam in den Regungsherd der Neuzeit hineinfragend, überaus einleuchtend den metaphysischen Charakter des neuzeitlichen Rekurses auf die Methode aufgewiesen: seine Unabdingbarkeit im Rahmen einer spezifischen nach innen gewendeten Metaphysik, die einer grundbegrifflichen Subjektivität, wie sie in Descartes ihren namhaftesten frühen Protagonisten und in Nietzsche der Sache nach ihren Endpunkt findet. Nietzsche spricht vom „Sieg der wissenschaftlichen *Methode* über die Wissenschaft".[225] Die Methode als Wegbe-

---

seins errichtet hat." Im Blick scheint mir mit solcher Selbstbegründung (die ja weit über die Philosophie hinausgeht) der spezifische *Fundamentalismus* der Moderne.

224 Dilthey – Yorck von Wartenburg, Briefwechsel, 42 (dort eine etwas andere Orthographie).

225 Nietzsche, KStA 13, 442. Vgl. eine ganze Reihe weiterer, hier wenigstens zu nennender Hinweise Nietzsches über die fundamentale Bedeutung des Methodischen. „Die Philister-Kultur glaubt an sich und darum auch an die ihr zu Gebote stehenden Methoden und Mittel." (Nietzsche, KStA 1, 201). – „Gleichniss vom Tanze. – Jetzt ist es als das entscheidende Zeichen grosser Cultur zu betrachten, wenn Jemand jene Kraft und Biegsamkeit besitzt, um ebenso rein und streng im Erkennen zu sein, in andern Momenten, auch befähigt, der Poesie, Religion und Metaphysik gleichsam hundert Schritte vorzugeben und ihre Gewalt und Schönheit nachzuempfinden. Eine solche Stellung zwischen zwei so verschiedenen Ansprüchen ist sehr schwierig, denn sie Wissenschaft drängt zur absoluten Herrschaft ihrer Methode, und wird diesem Drängen nicht nachgegeben, so entsteht die andere Gefahr eines schwächlichen Auf- und Niederschwankens zwischen verschiedenen Antrieben. Indessen: um wenigstens mit einem Gleichniss einen Blick auf die Lösung dieser Schwierigkeit zu eröffnen, möge man sich doch daran erinnern, dass der *Tanz* nicht das Selbe wie ein mattes Hin- und Hertaumeln zwischen verschiedenen Antrieben ist. Die hohe Cultur wird einem kühnen Tanze ähnlich sehen: weshalb, wie gesagt, viel Kraft und Geschmeidigkeit noth thut." (Nietzsche, KStA 2, 228f) – „Im Ganzen sind die wissenschaftlichen Methoden mindestens ein ebenso wichtiges Ergebniss der Forschung als irgend ein sonstiges Resultat: denn auf der Einsicht in die Methode beruht der wissenschaftliche Geist [...]." (Nietzsche, KStA 2, 360). – „Die werthvollsten Einsichten werden am spätesten gefunden; aber die werthvollsten Einsichten sind die *Methoden*. [...]" (Nietzsche, KStA 6, 179). – „Alles *Wesentliche* war gefunden, um an die Arbeit gehn zu können: – die Methoden, man muss es zehnmal sagen, *sind* das Wesentliche, auch das Schwierigste, auch das, was am längsten die Gewohnheiten und Faulheiten gegen sich hat." (Nietzsche, KStA 6, 248). – „In diesem Zeitalter, wo man begreift, daß die Wissenschaft *anfängt*, *Systeme* bauen, ist Kinderei. Sondern lange Entschlüsse über Methoden fassen, auf Jahrhunderte hin! – denn die *Leitung der menschlichen Zukunft* muß einmal in unsere Hand kommen! [...]" (Nietzsche, KStA 11, 49). – „Die Wahrheit, will sagen, die wissenschaftliche Methodik ist von solchen erfaßt und gefördert worden, die in ihr ein Werkzeug des Kampfes erriethen, - eine Waffe zur *Vernichtun*... [...]" (Nietzsche, KStA 13, 443). – „[...] die Methodik der Wahrheit ist *nicht* aus Motiven der Wahrheit gefunden worden, sondern aus *Motiven der Macht*, des *Überlegen-sein-*

herrschung gehört paßgenau in die machtförmige neuzeitliche Subjekt-Objekt-Konstellation, der gemäß der Mensch in soteriologischer Absicht – um sein Ich zu betreiben und zu sichern (das, was er für sein Ich hält, als wüßte er genau, was dieses Ich denn sei), um es als Maß aller Dinge zu installieren[226] und um sich selber endlich zu verdeutlichen – nach Vergewisserung als nach einem jederzeit gangbaren Weg zur Selbstsicherung sucht, nach einem *fundamentum absolutum inconcussum veritatis,*[227] nach einem archimedischen Punkt, einem Grund also, der gelegt ist und der jederzeit erreichbar erscheint: der ich schließlich wie auch immer jeweils selber bin (um mich letzthin noch jedesmal an mich selbst zu halten und mit allem zu steigern oder zu intensivieren). Heidegger spricht in diesem Zusammenhang gelegentlich vom „Idiotismus" als dem „unbedingten Wesen des Man".[228] Man kann vielleicht auch von häßlicher, fetter Ruhe reden. Die kollektive Ausweitung dieses Ich zur „Gesellschaft", einer „Klasse", der *scientific community* etc. – seinerseits eine Art Ich, das um so mehr an „Ich" um jeden Preis zunehmen will und sich Schritt um Schritt auf ein Mögliches hin überschreiten muß – ändert an der Grundkonstellation nicht das geringste. Auch der *senior point of view* bleibt Idiotismus.

---

wollens [...]" (Nietzsche, KStA 13, 446). – Pointiert die Formulierung von Ernst Robert Curtius: „Über das Schülerhafte hinaus gibt es in den Geisteswissenschaften keine Methoden. Oder doch nur eine, die nicht lehrbar ist: das Zusammenarbeiten von Instinkt und Intelligenz." (Curtius, Essays, 433).

226 Vgl. Barth, Gotteserkenntnis, 53f.

227 Vgl. Heidegger, Nietzsche II, 117: „Die Frage nach der ‚Methode', d.h. die Frage nach dem ‚*Einschlagen des Weges*', die Frage nach der Gewinnung und Begründung einer durch den Menschen selbst festgemachten Sicherheit, rückt [sc. mit der Neuzeit] in den Vordergrund. ‚Methode' ist hier nicht ‚methodologisch' als Weise des Untersuchens und Forschens zu verstehen, sondern metaphysisch als Weg zu einer Wesensbestimmung der Wahrheit, die ausschließlich durch das Vermögen des Menschen begründbar ist. Die Frage der Philosophie kann darum jetzt nicht mehr nur lauten: Was ist das Seiende? Im Zusammenhang der Befreiung des Menschen aus den Bindungen der Offenbarungs- und Kirchenlehre heißt die Frage der ersten Philosophie: Auf welchem Wege gelangt der Mensch von sich aus und für sich zu einer ersten unerschütterlichen Wahrheit, und welches ist diese erste Wahrheit? Descartes fragt zum erstenmal in dieser Weise klar und entschieden. Seine Antwort lautet: ego cogito, ergo sum, ‚ich denke, also bin ich'. Auch ist es kein Zufall, daß die Titel der philosophischen Hauptwerke des Descartes auf den Vorrang der ‚Methode' verweisen [...]". Und Heidegger, Nietzsche II, 125: „Die überlieferte Leitfrage der Metaphysik: Was ist das Seiende? wandelt sich im Beginn der neuzeitlichen Metaphysik zur Frage nach der Methode, nach dem Weg, auf dem vom Menschen selbst und für den Menschen ein unbedingt Gewisses und Sicheres gesucht und das Wesen der Wahrheit umgrenzt wird. Die Frage: Was ist das Seiende? wandelt sich zur Frage nach dem fundamentum absolutum inconcussum veritatis, nach dem unbedingten, unerschütterlichen Grund der Wahrheit".

228 Heidegger, Über den Anfang, 34f. „Der ‚Idiotismus' meint nicht eine psychiatrische Bestimmung der Beschränktheit von Geist und Seele, sondern jene Bestimmung des geschichtlichen Zustandes, der zufolge jedermann jederzeit überall sein ἴδιον – sein Eigenes als das Gleiche mit dem Eigenen aller Anderen erkennt und entweder willentlich oder unwissend betreibt. Das seynsgeschichtlich unbedingte Wesen des Man ist der Idiotismus."

Wegbeherrschung kommt auf diese Weise zuletzt darauf hinaus, diejenigen Wege zu verschütten, die einem anderen, besseren Ziel folgen, als das wachsen und sich gewinnen wollende, sich selbst verwirklichende und sich dann irgendwo verlierende (individuelle oder kollektive) Ich sich vorzunehmen oder auch nur vorzustellen vermag.

Im Interesse und im affektiven Bann der unterstellten Notwendigkeit solcher Vergewisserung und Selbstermächtigung ohne Ende müssen die Phänomene der Welt, letzthin nur noch gewaltige Medien der Selbstverdeutlichung und -sicherung, auf Machbarkeit und Verfügbarkeit hin entworfen und durchgearbeitet werden. Je länger desto weniger scheint für die Moderne die Leine dieser Notwendigkeit zerschnitten werden zu können. In diesen Kontext gerückt, erlangt der Begriff der Methode aber eine gegenüber Antike und Mittelalter erheblich veränderte Bedeutung.

In einem Vortragszyklus 1957/58 über das Wesen der Sprache formuliert Heidegger:

„Die Wissenschaften kennen den Weg zum Wissen unter dem Titel der Methode. Diese ist, zumal in der neuzeitlich-modernen Wissenschaft, kein bloßes Instrument im Dienste der Wissenschaft, sondern die Methode hat ihrerseits die Wissenschaften in ihren Dienst genommen. [...] In den Wissenschaften wird das Thema nicht nur durch die Methode gestellt, sondern es wird zugleich in die Methode hereingestellt und bleibt in ihr untergestellt. Das rasende Rennen, das heute die Wissenschaften fortreißt, sie wissen selber nicht wohin, kommt aus dem gesteigerten, mehr und mehr der Technik preisgegebenen Antrieb der Methode und deren Möglichkeiten. Bei der Methode liegt alle Gewalt des Wissens. Das Thema gehört in die Methode."[229]

Entsprechend wird in Heideggers Nietzsche-Buch ausgeführt:

„Die ‚Methode‘ erhält jetzt [sc. mit dem Beginn der Neuzeit] ein metaphysisches Gewicht, das im Wesen der Subjektivität gleichsam aufgehängt ist. ‚Methode‘ ist jetzt nicht mehr nur die irgendwie geordnete Abfolge der verschiedenen Schritte des Betrachtens, Beweisens, Darstellens und Zusammenfügens der Kenntnisse und Lehrstücke nach der Art einer scholastischen ‚Summa‘, die ihren geregelten und stets wiederkehrenden Aufbau hat. ‚Methode‘ ist jetzt der Name für das sichernde, erobernde Vorgehen gegen Seiendes, um es als Objekt für das Subjekt sicherzustellen. In diesem metaphysischen Sinn ist methodus gemeint, wenn Descartes in der erst nach seinem Tode erschienenen wichtigen Abhandlung ‚Regulae ad directionem ingenii‘ [...] Im Sinne der so verstandenen ‚Methode‘ ist alles mittelalterliche Denken wesentlich methodenlos."[230]

---

229 Heidegger, Sprache, 167f. Vgl. dazu von Herrmann, Weg und Methode, 28: „Die Methode ist es, die vorschreibt, was als Gegenstand des Wissens zu gelten hat und *wie* dieser gewußt wird. Nicht ist es das Seiende selbst, das den Zugangsweg zu ihm vorzeichnet, sondern die Methode zwingt das Seiende, nach ihrer Vorgabe sich zu zeigen. Dieses beherrschende Wesen der neuzeitlichen Methode ist eine wesentliche Weise, wie das neuzeitliche Subjekt seine Herrschaft über das Seiende einrichtet." Vgl. von Herrmann, Wege, 132.

230 Heidegger, Nietzsche II, 150f. – μέϑοδος wird von Heidegger an anderer Stelle bestimmt als „die Einrichtung des denkenden Vorgehens gegen ..., das einer Sache als Gegenstand Nachgehen,

4. Um „erkannte Erkenntnis" herrscht Sorge

Schon in seiner Vorlesung *Einführung in die phänomenologische Forschung* vom Wintersemester 1923/24 hat Heidegger mit Bezug auf Husserl und Descartes den Gedanken mit der Wendung „Sorge um die erkannte Erkenntnis"[231] eindrücklich expliziert. Im Hintergrund des auf Leben und Tod dringlichen, konstitutiven Rekurses auf das Methodische bei Descartes, so Heidegger, steht *die Sorge*. Die Frage nach der Wahrheit wird – unabsehbar folgenreich für die europäische Geschichte – von der Sorge um die Gewißheit verdrängt. Von ihrem Angsthintergrund vermag sie sich je länger desto weniger zu emanzipieren. Das *verum* wird in diesem weiteren Verstande zum *certum*,[232] das kleine oder riesige Ich zur Nabe der Realität. Das Erkennen geht dann so vor, daß es „jegliches Seiende auf seinen Charakter des möglichen Gewißseins befragt." (286) Gesucht wird dabei zur Hauptsache Beruhigung (vgl. 225; 289f). Ausschlaggebend ist also, „daß die Sorge, sofern sie auf etwas aus ist, das sie besorgt, in dem Besorgen von etwas *ihr eigenes Dasein* mitbesorgt" (284; Hv. M.T.) – insgesamt: „daß jedes erfassende Aussein auf etwas, Bestimmen des Waseins der Welt immer in irgendeinem Sinne ein Mitbestimmen des Seins des Erkennens als solchen ausdrücklich oder nicht ist" (285).

Es verrät sich in der solchermaßen habitualisierten „Sorge der Gewißheit", daß das Dasein vor sich selbst *auf der Flucht* ist (vgl. 284):

„Dem Erkennenden kommt es darauf an, *im Seienden heimisch zu werden*, in ihm selbst zu Hause zu sein in der Weise des gesicherten Daseins. Das besagt aber, sofern die Vertrautheit in der Welt das ist, wohin die Flucht flieht, nichts anderes als: *Wovor* das Dasein in der Weise der *Sorge der Gewißheit flieht*, ist die *Unheimlichkeit*. Die Unheimlichkeit ist die eigentliche Bedrohung, unter der das Dasein steht." (289)

Was Heidegger bei Descartes herausarbeitet, kommt im Grundzug ganz entsprechend bei Husserl zum Tragen: „*Die Sorge geht auf die erkannte Erkenntnis*, weil Erkenntnis die *Sicherung* des Daseins und der Kultur übernehmen soll" (60). Dies „derart, daß das Erkennen des Erkennens ausgewiesen und ausweisbar wird von einem letztlich *gesicherten Boden* her" (62). Absolute, sagen wir also: soteriologische, Sicherung der Erkenntnis wird gesucht (vgl. 89), eine durch Erkenntnis selbst „*gerechtfertigte Erkenntnis*" (101), sagen wir wiederum: soteriologische Reflexivität des

---

sie verfolgen, ihr nachstellen, um sie dem Zugriff des Begriffes verfügbar zu machen." (Heidegger, Erfahrung des Denkens, 233). – Gadamer (Gadamer, GW 1, 464) nennt Descartes' *Regulae* „das eigentliche Manifest der modernen Wissenschaft".

231 Gadamer hat 1986 (noch vor Erscheinen dieser Vorlesung Heideggers im Rahmen der Gesamtausgabe 1994) nachdrücklich auf den Gedanken hingewiesen (Gadamer, GW 3, 381).

232 Vgl. Heidegger, Phänomenologische Forschung, 221–228. Im folgenden die Seitenzahlen im Text.

Erkennens. Sie ist es, die Wissenschaftlichkeit garantiert – als solche gleichartige Evidenzen beschafft, als solche Verbindlichkeit.

„Diese Erkenntnis wird im vorhinein als *wissenschaftliche* Erkenntnis genommen. Die Sorge um erkannte Erkenntnis ist solche um eine bestimmte und letzte Wissenschaftlichkeit, und Wissenschaftlichkeit wird selbst bestimmt als ‚alle Vernünftigen bindend'. Wissenschaftlichkeit heißt Verbindlichkeit für jeden Einsichtigen; die Sorge um sie ist Sorge *um eine evidente Allverbindlichkeit.*" (201)

Neben der „Sorge der Verbindlichkeit" sind dabei zwei weitere Ausformungen dieser reflexiven Sorge zu erkennen: die „Sorge der *Neugier*" und die „Sorge der *Sicherheit*" (126). Zumal bei letzterer wird der Rekurs auf das Prinzip des Methodischen unverkennbar:

„Der eigentümliche Charakter dieser Sorge ist, sofern es der Sorge darauf ankommt, das Erkennen selbst zu haben, es einsichtig zu geben; sofern es der Sorge allein und primär auf die *Einsichtigkeit* ankommt, kommt sie dazu, für methodologische Betrachtungen ein besonderes Interesse zu zeigen. Der spezifische *Vorrang der methodologischen Betrachtungen* charakterisiert die heutige Art zu erkennen. [...] Dabei ist Methode im Zusammenhang der Sorge der Sicherheit in einem ganz bestimmten Sinne genommen: als der Weg zur Gewinnung größtmöglicher *Evidenz* [...]". (127)

Nun zeigt es sich nach Heidegger indes, daß „die *Sorge um erkannte Erkenntnis* heute in einer eigentümlichen Weise die *Herrschaft* hat [...]" (116). Eine fatale Absolutsetzung ist erfolgt: „Die so aufgesteigerte Wissenschaft übernimmt die führende Rolle der Aufklärung für alles Dasein jeglicher Art und nach den verschiedensten Zielen. Alle unterstehen der Rechtsprechung der Vernunft, die sich so repräsentiert" (303f).

5. Woran mißt sich der Wissenschaftscharakter der Theologie?

Abermals ist nach der Zugehörigkeit der Geisteswissenschaften zur neuzeitlichen methodengläubigen (an das Prinzip des Methodischen glaubenden), metaphysischen Machtförmigkeit zu fragen. Und die Theologie? Sich der Texte auf irgendeine Weise zu bemächtigen bedeutet, sie als Beutestücke zu behandeln. Einzelne Wendungen erscheinen ungemein aufschlußreich: „Ich sehe in dieser wissenschaftlichen Theologie", so wendet Harnack gegen Barth ein, „die einzige mögliche Weise, sich des Gegenstandes erkenntnismäßig *zu bemächtigen* [...]."[233] Auch die Theologie wird sich nach ihrer Beteiligung an diesem Großen und Ganzen, am System von Wissenschaft

---

233 Barth, Offene Briefe 1909–1935, 68 (Hv. M.T.). – Die Rede von der „Entsubstantialisierung" dogmatischer Traditionen (so Wilhelm Gräb) weist in dieselbe Richtung einschränkungsloser Verfügungslogik. So natürlich auch schon Troeltsch' berühmte Wendung „Wesensbestimmung ist Wesensgestaltung." (Troeltsch, GS II, 431).

und Technik, der Unantastbarkeit des Prinzips des Methodischen, der unbedingten Wegbezwingung, der Verfügungslogik etc. fragen lassen oder besser noch selber fragen – nach Notwendigkeit und Legitimität ihrer, wie Harnack es fordert, „festen Verbindung und Blutsverwandtschaft *mit der Wissenschaft überhaupt*".[234] Im Ernst positiv wird solche Allianz und Geschwisterlichkeit nur demjenigen erscheinen und ehrgeizig wird sie zu erweisen suchen sowie sich um nahezu jeden Preis um Anschluß bemühen, der an der „Wissenschaft überhaupt" nichts Wesentliches verändert sehen will, ihre Bemächtigungsnatur schon gar nicht. Gerade ihn, diesen selbstverständlichen, gierigen Charakter der gezielten Konfiszierung der Phänomene, der daherkommt wie ein Weltgesetz, und dann die von den Wissenschaften erborgte Sekurität wird eine in dieser Hinsicht zur Umkehr entschlossene Theologie, soweit es nur geht, in Frage stellen – und dann Theologie von Theologie unterscheiden.

Genau darin sieht Barth, gewiß vereinfachend, den Unterschied der „neueren Theologie" von der „älteren", „daß sie [...] auch *Gottes Offenbarung* vor Allem verstehen wollte als ein Ding, das der Mensch – der Mensch als das Maß aller Dinge – *haben*, über das er *verfügen*, dessen er *mächtig* sein kann".[235] Man kann das als Übergang von einem biblischen zu einem biblizistischen Denken beschreiben:

„Die Theologie steht dann den von ihr aus der Bibel erhobenen Offenbarungswahrheiten schon nicht mehr als einer dem Menschen überlegenen Instanz, sondern grundsätzlich in derselben Sicherheit und Verfügungsgewalt gegenüber, in der der Mensch als Vernunftwesen seiner selbst, seiner Erfahrung und seines Denkens, und so seiner Welt, sicher ist, über sich selbst als Subjekt und so auch über seine Objekte oder doch in seinem Verhältnis zu ihnen verfügen zu können meint." (IV/1, 406)

Von diesem Grundsätzlichen bemißt sich folgerichtig der auch hinsichtlich des Methodischen eigensinnige Wissenschaftscharakter der Theologie:

„Der Ausrichtung auf [...] ihre eigene Aufgabe hat sie vielmehr schlechterdings *jede* Rücksicht auf das, was sonst ‚Wissenschaft' heißt, unterzuordnen und nötigenfalls zu opfern. Die Existenz der anderen Wissenschaften, die höchst achtunggebietende Treue, mit der wenigstens manche von ihnen ihren Axiomen und Methoden nachgehen, kann und muß sie daran erinnern, daß auch sie ihrer eigenen Aufgabe ordentlich, d.h. mit entsprechender Treue nachgehen soll. Sie kann sich aber nicht von jenen darüber belehren lassen, was das in ihrem Fall konkret zu bedeuten hat. Sie hat methodisch nichts bei ihnen zu lernen. Sie hat sich nicht vor ihnen zu rechtfertigen, vor allem nicht dadurch, daß sie sich den Anforderungen eines zufällig oder nicht zufällig allgemein gültigen Wissenschaftsbegriffs unterzieht." (I/1, 6)

---

234 Barth, Offene Briefe 1909–1935, 62.
235 Barth, Vorträge 1925–1930, 215–295; dort 270f (Hv. z.T. von mir). Zum Zusammenhang des Methodischen mit dem Versuch, „das Heft in die Hand zu bekommen", vgl. I/1, 191f. – Zur Genese des Theologiebegriffs Barths bis zur *Kirchlichen Dogmatik* vgl. Th. Schlegel, Theologie.

Die Befremdlichkeit der Schriftauslegung Barths, so scheint mir, beruht jedenfalls nicht auf ihren faktischen Inkonsequenzen (daß der Dogmatiker sich zu keiner klaren Methode durchringen konnte oder wollte und statt dessen „intuitiv" verfuhr), sondern eben auf ihrem weithin durchgehaltenen prinzipiell „unmethodischen" Charakter, genauer gesagt, auf ihrer Weigerung, im neuzeitlichen Sinne der übergreifenden Verbindlichkeit der Methode den Vorrang vor der Maßgeblichkeit des Gegenstandes zuzuerkennen.[236] Auch nur der Versuch einer Bezwingung des Weges hat für eine Exegese dieser Art in diesem Zusammenhang zu unterbleiben. Darin ist ein deutliches antikritisches Element enthalten[237] – besser gesagt: ein Element radikaler Relativierung dieser Form der Kritik. Das geordnete wissenschaftliche Verfahren mit seinen bei Barth sehr zurückhaltend, aber durchaus so genannten „einzelnen praktischen Momenten des Vorgangs der Schrifterklärung" (I/2, 810) – wogegen nur Ignoranz etwas einzuwenden hätte – darf unter keinen Umständen für ein „Verfügen über den Text" (I/2, 521) die Begründung liefern, muß vielmehr alle Vorkehrungen zu treffen suchen gegen Bemächtigungsversuche dieser Art.

Als sein Ordnungsprinzip kommt nun umgekehrt nur eine eigentümliche Entmächtigung in Frage – dem gegenüber, auf den hin die Texte ursprünglich ihrerseits geformt sind. Es gilt im strikten Sinne: „Die Wahrheit *kommt* [...]."[238] Doch nicht anders verhält es sich mit der Wahrheit der biblischen Texte. Von sich aus gehen sie auf uns zu.

„Es gibt keine Methode, um die Offenbarung zur wirklich vernommenen Offenbarung zu machen, keine Methode einer wirklich pneumatischen, d.h. das Offenbarungszeugnis in der Bibel zur Sprache bringenden und insofern das Pneuma nun wirklich auf den Plan führenden Schriftexegese, vor allem auch keine Methode

---

236 In der Auseinandersetzung mit Harnack spricht Barth von dem „chaotischen Fakultätsbetrieb unserer Tage, dem der Begriff eines maßgeblichen *Gegenstandes* vor lauter Maßgeblichkeit der *Methode* fremd und ungeheuerlich geworden ist" (Barth, Offene Briefe 1909–1935, 74). – Über die „*Dialektik als Nicht-Methode*" führt Ruschke aus (Ruschke, Diastasentheologie, 66–68; dort 67): „Eine Methode [...] ist Barths Dialektik nicht. Dialektik bei Barth ist Nicht-Methode, ja Anti-Methode, ist bewußte Absage an das methodische Ziel, planvoll von Gott zu reden. Implizit ist die Dialektik damit pneumatologisch ausgerichtet insofern, als sie das unmethodische Reden des Heiligen Geistes in den menschlichen Wörtern erhofft. Darum wäre ein theologischer Methodenstreit für Barth wohl nichts anderes als eine Beratung darüber, wie denn der theologische Turm von Babel zu bauen sei." – Boshaft der Aphorismus Dávilas (Dávila, Einsamkeiten, 143): „Es gibt Wörter, um die anderen zu betrügen, wie ‚rational'. Und andere, wie ‚Dialektik', um sich selbst zu betrügen."

237 Vgl. Smend, Karl Barth als Ausleger, 243f.

238 I/1, 13. Entsprechend kann es dann in der *Einführung in die evangelische Theologie* (Barth, Einführung, 186) heißen: „In seinem Kommen, in seiner Bewegung von unten nach oben und von oben nach unten schafft ja der eine Heilige Geist die Eröffnung Gottes für den Menschen *und* des Menschen Eröffnung für Gott. Und so lebt die theologische Arbeit von und in der Bitte um sein Kommen – so können alle ihre Fragen, Untersuchungen, Ueberlegungen und Sätze nur eben *Gestalten* dieser *Bitte* sein."

lebendiger, erwecklicher, die Zuhörer in einem letzten Sinn wirklich treffenden Verkündigung. Es gibt das alles nicht, weil das Wort Gottes darin Geheimnis ist, daß es uns geistlich, d.h. unter allen Umständen nur durch den Heiligen Geist, in aller Mittelbarkeit nur unmittelbar von Gott selbst her wirklich trifft. In seiner Geistlichkeit unterscheidet es sich endgültig von jeder bloßen Idee oder Hypostase, der, damit sie uns auch nur als solche einsichtig werde, irgendeine Erfahrung, eine Haltung, ein Begriff auf unserer Seite mit irgendeiner, wenn auch noch so geringen und schwer greifbaren Sicherheit entsprechen muß." (I/1, 190f)

Dem Methodischen, dem Versuch der Bezwingung des Weges, ist eben das verzweifelte Sicherungs- und Ermächtigungsverlangen tief eingezeichnet. Ihm nachzugeben kommt für den Grundzug der Theologie nicht in Frage. So besehen, wird die Theologie „ihre Arbeit nur tun, sie kann sie aber *in keinem Sinn* sichern wollen."[239] Rudolf Bultmanns Frage nach dem Abtun von „Sicherungen" stimmt insofern mit Barths Intentionen ganz überein. Mir scheint freilich deutlich, daß Barth dabei entschieden radikaler und eingreifender als Bultmann verfährt.

6. Die Maßgeblichkeit des Methodischen wird in Frage gestellt

Verschiedene Brechungsstufen (1–5) wird man als kennzeichnend für Barths Sicht ansehen können. So gibt es (1) „keine *absolute Methode* der christlichen Lehre. Es sind in dieser Arbeit von jeher verschiedene Wege begangen worden [...]."[240] Auch gilt es nicht etwa das Wort zu verabschieden, aber (2) einen durchaus weiten Begriff der „Methodologie" durchzuhalten – so daß zum Beispiel 1Kor 15 als „Methodologie der Apostelpredigt" bezeichnet werden kann.[241] Nicht nur vor der Verabsolutierung einzelner Zugangsweisen zu den biblischen Texten ist zu warnen, sondern in erster Linie vor einem sie bestimmenden Geist der Bemächtigung, nebenbei auch generell vor einer Überschätzung methodologischer Fragen.[242] Rudolf Smend sieht bei Barth zu Recht einen „Vorrang der Exegese vor ihrer Methodologie".[243] Fragt man aber, woher die Theologie ihre Methode gewinnt, so antwortet Barth bewußt mit dem Hinweis auf einen Zirkel: „Sie hat im

---

239 Barth, Einführung, 59 (dort andere Hervorhebungen). Die ganze 5. Vorlesung *Der Geist* (57–68) wehrt den Gedanken der Sicherungen im Bereich der Theologie ab. Vgl. auch I/2, 969.
240 Barth, Heidelberger Katechismus, 14.
241 Barth, Auferstehung der Toten, 62 (dort hervorgehoben).
242 Vgl. z.B. das Vorwort zu Barth *Philipperbrief,* wo Barth das Stichwort einer „pneumatischen Exegese" nennt: dem Streit darüber könne er wenig Interesse entgegenbringen, „weil er, m.E. unglücklicherweise, in der Sphäre methodologischer Erörterungen steckengeblieben ist, in der eine Entscheidung schwerlich zu erwarten ist".
243 Smend, Karl Barth als Ausleger, 245. – Das Übergewicht der Methodologie vor der Exegese wäre Kennzeichen einer „Kirche im Defekt" (vgl. Barth, Das christliche Leben, 230).

Studium jener Schriften [sc. der Bibel] [...] die Methode eines auf das Wort Gottes ausgerichteten *menschlichen* Denkens und Redens zu lernen."[244] Tiefergehend noch wird man fragen müssen, ob sie „im Studium jener Schriften" nicht auch die Geltung des Prinzips des Methodischen selbst umfassend zu problematisieren, sein eisernes Band zu sprengen hat. Schließlich (3) steht ausnahmslos jede Methode jederzeit zur Disposition:

„Es muss [...] jeder Akt theologischer Arbeit in allen ihren Dimensionen [...] den Charakter einer *Uebergabe* haben, in der alles bisher schon betätigte Wollen, alles bisher schon gewonnene Wissen, vor allem auch alle bisher schon praktizierten und vermeintlich bewährten Methoden aus den Händen gegeben, noch einmal in den Schmelztiegel geworfen, dem lebendigen Gott vorgelegt, ausgeliefert, als Ganzopfer dargebracht werden."[245]

Die Maßgeblichkeit der neuzeitlichen Methode wird nun aber (4) *de facto* außer Kraft gesetzt, sofern andere Zugangsweisen dem methodischen Vorgehen als gleichberechtigt an die Seite gestellt werden. Eben dies geschieht bei Barth in aller Ausdrücklichkeit. So wird eine „irreguläre" einer „regulären Dogmatik" parallel geordnet. Sie mag essayistisch, assoziativ, sprunghaft, jenseits der üblichen literarischen Genera verfahren.[246] Die Gedanken können zusammenbleiben und die Sache genau treffen, auch wenn sie sich nicht in systematischer Ordnung darbieten. Stimmigkeit zerbricht an einem Übergeordneten.

Jene, die irreguläre, „kann nämlich auch *unmethodisch*, chaotisch, freischärlerhaft in vereinzelt angesetzten Vorstößen geübt werden, und es ist sofort zu sagen, daß sie in

---

244 Barth, Einführung, 39 (dort eine etwas andere Hervorhebung).
245 Barth, Einführung, 182f. Vgl. IV/1, 855. – Die Kritik Trutz Rendtorffs nimmt sich in diesem Zusammenhang sehr vordergründig aus. Rendtorff bedauert die „Tatsache, daß Barth sich weitgehend aus der wissenschaftlichen Diskussion der Theologie im Sinne historischer, religionsgeschichtlicher, philosophischer und erkenntnistheoretischer Fragestellungen herausgezogen hat und auch, wo er auf entsprechende Themen und Fragestellungen eingegangen ist, doch nirgends methodisch und inhaltlich den Diskussionsstand akzeptiert und respektiert hat, der für die wissenschaftliche Diskussion im engeren Sinne maßgeblich war und ist." (Rendtorff, Theologie in der Moderne, 124). Interessant wäre erst die Frage, was daran volle Absicht war und wie sich diese Absicht begründet. Barths Überlegungen gelten ja gerade den *Voraussetzungen* dieser wiederum sehr ungebrochen formulierten Kritik. An anderer Stelle (242) lautet der Vorwurf: „Barth war zu keinem Zeitpunkt bereit, seine Methodologie zu diskutieren. Er haßte diese Art von Fragen, weil sie sich auf etwas bezogen, was außerhalb des Hauses der Theologie lag." Mit solchen Sätzen wird allenfalls das Problem bezeichnet, aber kein Einwand formuliert. Durchaus kehrt Barth auch die Theorie seiner Schriftauslegung nach außen, aber materialdogmatisch und nicht vor- oder außertheologisch, wie Rendtorff das wohl möchte.
246 „Empirismus nicht weniger als Rationalismus", merkt Adorno in seiner Überlegung *Der Essay als Form* (Adorno, Noten, 17; vgl. 18f) an, „war seit Bacon – selbst einem Essayisten – ‚Methode'. Der Zweifel an deren unbedingtem Recht ward in der Verfahrensweise des Denkens fast nur vom Essay realisiert." Nicht zuletzt im Blick darauf haben wir oben (cf. Abschn. A. bei Anm. 51) die Überlegungen dieses Buches einen weiter gefaßten Essay genannt.

solche Form oder Unform oft unendlich viel fruchtbarer ist als bei den entsprechenden und scheinbar schon an sich überlegenen wissenschaftlichen, d.h. methodisch aufs Ganze gehenden Versuchen solcher Besinnung. [...] Wird sie in strenger Sachlichkeit getrieben – *und dazu ist ‚Methode' nicht durchaus nötig* –, dann kann sie sehr wohl zu Teilerfolgen führen, die bedeutsamer und ernsthafter sind als die Leistungen von Dutzenden *allzu methodischer Methodiker*, die von der Sache vielleicht wirklich weniger wissen als solche Freischärler."[247]

Als Vertreter, der für jene Dogmatik einsteht, gilt für Barth immerhin Martin Luther:

„Was uns von der dogmatischen Arbeit der alten Kirche auch aus der Feder ihrer bedeutsamsten und gelehrtesten Vertreter erhalten geblieben ist, ist in der Hauptmasse nicht reguläre, sondern [...] irreguläre Dogmatik. *Athanasius* hat im Unterschied zu Origenes und Johannes Damascenus keine eigentliche Dogmatik geschrieben. *Luther* war im Unterschied zu Melanchthon und Calvin ein geradezu charakteristisch irregulärer Dogmatiker. [...] Hält man sich den ganzen Unterschied beider sachlich und geschichtlich deutlich vor Augen, dann wird man sich in acht nehmen vor voreiligen Wertungen und Abwertungen nach der einen oder nach der anderen Seite. Man wird dann vor allem nicht etwa ohne weiteres die Wissenschaftlichkeit der regulären und die Unwissenschaftlichkeit der irregulären Dogmatik zusprechen."[248]

„Wissenschaftlichkeit" (5) wird von Barth für die Theologie nebenbei und selbstverständlich, doch ohne sonderliche Betonung oder gar Insistenz in Anspruch genommen. Beim Gebrauch der Ausdrücke „Wissenschaft" oder „Methode" ist jedesmal starke Gewichtung vermieden und wird jedes Pathos herausgenommen. „Nehmt ihnen das Pathos, so hungert ihr sie am gewissesten aus!", wird emphatisch in der zweiten Fassung des Römerbriefkommentars durchaus auch in bezug auf die „Wissenschaft" ausgerufen.[249] Wieder „möglich" mag sie werden „von dem Augenblick an, wo der absolute Ton aus den Thesen wie aus den Gegenthesen verschwindet".[250] Angetroffen wird dieser absolute Ton aber bereits, wenn die wissenschaftliche These ausschließlich durch eine gleichermaßen wissenschaftliche Gegenthese falsifiziert werden kann.

Theologie spricht jedenfalls eine um Dimensionen reichere Sprache als die der Wissenschaft: „Der Begriff des Wissens, der *scientia*", so Barth, „genügt nicht, um das zu beschreiben, was christliche Erkenntnis ist. Wir müssen vielmehr zurückgehen auf das, was im Alten Testament die Weisheit genannt wird, was der Grieche *sophia* nannte und der Lateiner *sapientia*, um das Wissen der Theologie in seiner Fülle zu erfassen."[251] So kann

---

247 Barth, Christliche Dogmatik, 151 (Hv. M.T.); vgl. Barth, Unterricht I, 48.
248 I/1, 294. Vgl. auch: Barth, Christliche Dogmatik, 151f, sowie Barth, Unterricht I, 47f.
249 Barth, Römerbrief II, 467.
250 Barth, Römerbrief II, 472.
251 Barth, Dogmatik im Grundriß, 31.

zum Beispiel die Dogmatik „nebenbei", sie soll aber nicht in erster Bestimmung, „eine Wissenschaft sein".²⁵² Um so weniger steht und fällt die Theologie mit ihrem methodischen Charakter – der ihr gerade Sperren auferlegt, von denen sie sich um ihrer selbst willen befreien muß. Etwas anderes macht konstitutiv ihren Begriff aus:

> „Wer sich mit der Theologie einlässt, lässt sich vom ersten Schritt an und bis hin zum letzten mit dem Wunder ein – mit dem Ereignis der Gegenwart und Wirkung des grundsätzlich und definitiv *Inkoordinablen*. Theologie ist nicht nur, sie ist aber notwendig auch: Logik des Wunders. Wollte sie sich dessen schämen, dass sie ihren Gegenstand nirgends unterzubringen vermag, wollte sie sich weigern, sich dem ihr gerade damit aufgegebenen Problem zu stellen, so müsste sie aufhören, Theologie zu sein."²⁵³

Sofern sich Theologie freilich „vom ersten Schritt an bis zum letzten" (das heißt selbstverständlich auch als exegetische Theologie) mit dem Wunder einläßt, mit dem *verum* und nicht zuerst mit dem *certum*, kann bei Barth der grundsätzliche theologische Einwand – formuliert mit Blick auf Descartes als den markantesten Protagonisten neuzeitlicher Wissenschaftstheorie – formelhaft so gefaßt werden: „Gottesgewißheit geht *vor* Selbstgewißheit [...]."²⁵⁴ Diese Gewißheit verdankt sich dem Gegenüber eines Du, dem Wahren, dem „Felsblock eines Du, aus dem kein Ich wird" (I/1, 146), sie kommt von dort her, eben vom *verum*, ist also himmelweit entfernt von Sicherheits- und Vergewisserungstechnik als eigens getätigter, herbeigeführter Produktion von Offenkundigkeit. Nichts erlaubt den Schluß, das Selbstverhältnis (mit seinem lediglich zirkulierenden, tautologischen Du) könne als unüberbietbarer, zuverlässiger Inbegriff von Gewißheit und Evidenz gelten – so daß sich darauf eine Art Selbstontologie bauen ließe. Und keineswegs können Reflexivität, Selbstaufmerksamkeit und -durchsichtigkeit (mit ihrer beklemmenden Nähe zur *incurvatio*, „Selbstpaarung" und „Autosymbiose"²⁵⁵ und der akuten Gefahr, im eigenen Nabel zu verschwinden) als Prinzipien aller Prinzipien gelten. Sie bedürfen zwar natürlich nicht der Tilgung, aber der Einklammerung – in das entscheidend Vorausgehende hier und das sich ganz von sich aus geltend machende Folgende dort.

Relativierungen des konstitutiv methodisch informierten Wissenschaftlichen, wie sie von Barth in solchen Wendungen vorgenommen werden, sind in der neuzeitlichen Wissenschaft jedoch schlechterdings nicht vorgesehen

---

252 Barth, Unterricht I, 378.
253 Barth, Einführung, 74.
254 Barth, Vorträge 1925–1930, 166; vgl. Barth, ZZ 1930, 378. Vgl. Beintker, Fides, 117–120. – Zur Bedeutung der Gewißheitsfrage bei Barth stellt Schellong (Schellong, Barmen II, 499 Anm. 38) zu Recht fest: „Es ist merkwürdig, wie wenig gesehen wird, daß die Gewißheitsfrage der Nerv des Barthschen Theologisierens ist."
255 Vgl. Sloterdijk, Sphären III, 582ff; 587.

und unter keinen Umständen statthaft. Sie lassen eine derart entworfene Theologie ins Vage und Beliebige rücken. Erkennbar wird in den damit gesetzten unbedingten und eben keinesfalls zu relativierenden Kriterien eben ein Ausschließlichkeitsanspruch, das unhintergehbare Prinzip des Methodischen. Es gibt sogar, so Barth, unter Umständen einen „Götzendienst der Methode".[256]

Theologie wird ohnehin auf Ansprüche dieser Art allergisch reagieren. Sie kommt aber, mehr noch, nicht umhin, in diesem Fall von vornherein und selbstverständlich in aller Offenheit zu bekennen, daß sie in ihrem Bereich schon gar nicht diesem Prinzip, aber nicht einmal dem Großbegriff „Wissenschaft" letzte Verbindlichkeit zumessen kann. Sie tritt, wenn sie sich nicht aufgeben will, grundsätzlich nur zu ihren eigenen Bedingungen an. Man kann ein entsprechendes eigenes Vorgehen vielleicht, soweit man denn überhaupt am Begriff der Methode festhalten will, im Unterschied zur gesuchten „Blutsverwandtschaft mit der Wissenschaft überhaupt"[257] die „Kirchlichkeit" der theologischen Methode nennen,[258] die sich dann freilich durch das *„grundsätzlich Ungrundsätzliche"* (I/2, 972) nicht nur des dogmatischen, sondern jedes theologischen Verfahrens ausweist. Wissenschaft in ihrer herkömmlich-gegenwärtigen Form wird dann konsequenterweise geneigt sein, über einer so verstandenen Theologie die Akten zu schließen.

Gelegentlich, gesprächsweise, beschreibt Barth das Verfahren seiner Schriftauslegung in folgender Weise:

„Natürlich, natürlich, in der Auslegung [kommt man auf die Methodenfrage]. Aber ich suche meine Auslegungsmethode aus dem Text selber zu gewinnen, verstehen Sie. Ich bringe sie nicht an den Text heran, sondern ich lasse mich durch den Text leiten, und dann gibt es eine μέθοδος, einen Weg, der sich eröffnet. Aber das kann sich ja nur in actu entscheiden, welches diesem Text gegenüber der rechte Weg ist. Aber das Apriori der Methodenfrage könnte ich allerdings nicht zugeben."[259]

Wer das unhintergehbare Apriori der Methodenfrage nicht zugibt, so wird man nüchtern konstatieren müssen, hat sich bereits vom alles beherrschenden Prinzip neuzeitlicher Wissenschaft unverzeihlich distanziert. Unter Umständen findet eine sich derart umorientierende Theologie dann allerdings überraschende Verbündete (auf Zeit). Ungemein eindrucksvoll, wie etwa Nietzsche gegen die vermeintlich *„alleinwissendmachende* Methode der Wissenschaft" die Mannigfaltigkeit verschiedenster Zugänge aufbietet:

---

256 Barth, Christliche Dogmatik, 145.
257 Cf. oben in diesem Abschn. bei Anm. 234.
258 1924 spricht Barth in einem Vortrag von der „Unkirchlichkeit" der Methoden der neueren Theologie (Barth, Vorträge 1922–1925, 453).
259 Barth, Gespräche 1963, 311.

„Wir müssen versuchsweise mit den Dingen verfahren, bald böse, bald gut gegen sie sein und Gerechtigkeit, Leidenschaft und Kälte nach einander für sie haben. Dieser redet mit den Dingen als Polizist, Jener als Beichtvater, ein Dritter als Wanderer und Neugieriger. Bald mit Sympathie, bald mit Vergewaltigung wird man ihnen Etwas abdringen; Einen führt Ehrfurcht vor ihren Geheimnissen vorwärts und zur Einsicht, Einen wiederum Indiscretion und Schelmerei in der Erklärung von Geheimnissen. Wir Forscher sind wie alle Eroberer, Entdecker, Schifffahrer, Abenteuerer von einer verwegenen Moralität und müssen es uns gefallen lassen, im Ganzen für böse zu gelten."[260]

Nur vereinzelt führen dergleichen Bedenken bei Barth dazu, nun auch vom Ausdruck „Methode" Abschied zu nehmen. Die Notwendigkeit gerade nicht „methodischer", sondern *„prophetischer* Sachlichkeit" hebt er 1926 hervor.[261] In dieser Wendung kündigt sich die besondere Gewichtung des prophetischen Amtes Jesu Christi schon an, die Barth später vornimmt. Nicht nur muß indessen diese möglicherweise irreguläre, mehr als wissenschaftliche oder nur nebenher wissenschaftliche, prophetische Sachlichkeit nicht an Strenge hinter der methodischen zurückstehen. Sie gebietet auch über eindringlichere kritische Kraft. Denn die Perspektive der „methodischen Sachlichkeit" besitzt zwar innerhalb der Machbarkeits- und Verfügungslogik ihre unwiderlegbare Gültigkeit, sie büßt jedoch jede Erheblichkeit ein und wird bedeutungslos, sobald man ihren geheimen Blickpunkt verläßt, die beabsichtigte Sicherstellung mit ihrer regulierten und deshalb im Grunde immer eng begrenzten Selbstkritik, die in Wirklichkeit im Dienst von Stabilisierung und Selbststeigerung und Verhinderung wirksamer Kritik steht. Ist doch in niemandes Macht gegeben – keines Ich, keines Groß-Ich –, sich selbst überlegen zu sein. Jedenfalls wird ein gerade nicht an „methodischer", sondern an „prophetischer Sachlichkeit" orientiertes theologisches Denken den Versuch machen, die Absage an den unbedingten Willen zur Macht auch an sich selbst Gestalt annehmen zu lassen.

7. Ist das Methodische ein wirksames Mittel der Selbstkritik?

Das Prinzip des Methodischen möchte zwar als Prinzip möglicher Selbstkritik verstanden werden, muß aber als eine viel zu vordergründige, sich im Grunde um so zuverlässiger sichernde, wiederum Verfügung erlangende

---

260 Nietzsche, KStA 3, 266.
261 Die Kirche und die Kultur [1926], in: Barth, Vorträge 1925–1930, 6–40; dort 38. – Zuweilen kommt es bei Barth in dieser Sache gesprächsweise auch zu kleinen Wutausbrüchen: „Der ‚Beweis des Geistes und der Kraft' kann von beiden Seiten nur geliefert werden in Form von vollzogenen, besseren Exegesen und nicht von, ja, eben von Methodengesprächen. Die habe ich satt bis da hinauf." (Barth, Gespräche 1963, 311).

und deshalb zuletzt irreführende, den Kritiker gerade konsolidierende Kritik gelten.[262] Der Kritiker *en marche*, durch Selbsteinwürfe unterbrochen, vielleicht geradezu in eskalierendem Selbstverdacht, doch ohne reales kritisches oder gar verurteilendes Gegenüber, vermag begreiflicherweise *sich selber* nicht wirklich Einhalt zu gebieten.[263] Er nimmt sich überallhin mit – auch wo er gegen sich andenkt und sich gegen sich selbst auf die Spur macht. Dabei härtet der (flüchtige) Blick in Richtung auf die eigene Mördergrube womöglich das Bewußtsein. „Man nimmt ein Angebot von Selbstauffassung an", vermerkt Blumenberg in diesem Sinne, „um des beruhigten Bewußtseins willen, hart mit sich umgegangen zu sein [...]."[264] Und Canetti weiß vom „Freispruch durch Selbstbeschuldigung".[265]

Ich werde *mehr* durch Selbstkritik, vielleicht nicht im schmerzlichen Augenblick, doch über kurz oder lang um so zuverlässiger. In dem immerhin bemerkenswerten Vorhaben, für die eigene Blindheit nicht blind zu bleiben und beispielsweise mit Benns *Der Ptolemäer* zu berücksichtigen „Rechne mit deinen Defekten [...]",[266] schließt sich um den noch so subjektiv Aufrichtigen und Selbstkritischen die Finsternis der Sekurität und Selbstermächtigung nur um so dichter. Noch jedesmal definiert zuletzt der Hegemon selber, Regisseur seiner selbst, was er als Fehler und Bitterkeit der eigenen Wahrheit betrachten möchte. Immer muß seine Selbstkritik vor ihm selber Bestand haben. Das gilt auch für die zuweilen sympathische, die radikal ironische, doch sich nur sehr partiell selbst relativierende Vernunft, die Distanz in alle ihre Aufstellungen einzuschreiben sucht – deren Freiheit und deren Gesten des Darüberstehens aber schließlich leer bleiben.[267]

Nur vermeintlich wird durch das Geltendmachen dieses Prinzips auf den Weg gebracht und befördert, was erreicht werden soll, nämlich profunde Selbstkritik. Und, mehr noch, selbst wenn es so wäre: noch so radikale kritische Selbstbefragung vermag entscheidende Entsicherung nicht zu bewirken. Ich gehe mit mir kritisch zu Rate, aber bleibe dabei notwendig in den eigenen Umriß gebannt. Denn mich begutachtend, bin ich in einem das kritisierte Objekt wie auch das im Moment der Kritik unbelangbare Subjekt, Angeklagter und Richter in einer Person. So wie ich, sofern ich zweifle, bin – so sichere ich mich, wenn ich mich kritisiere. Mich von meinen

---

262 Zum Überholtsein einer bestimmten Selbstkritik vgl. Barth, Gotteserkenntnis, 150.
263 Zu Wilhelm Buschs bekanntem, wunderbar komischem Gedicht über die Selbstkritik vgl. Willems, Abschied, 45.
264 Blumenberg, Verführbarkeit, 40.
265 Canetti, Hampstead, 130.
266 Benn, SW V, 32.
267 „Selbstkritische Vernunft", wird bei Luhmann festegestellt (Luhmann, Wissenschaften, 46), „ist ironische Vernunft." Vgl. auch Martin Walser, Selbstbewußtsein, passim. Behandelt werden bei Walser vor allem Friedrich Schlegel, Thomas Mann, Robert Walser und Franz Kafka.

eigenen Befangenheiten loszubinden bin ich nur imstande, indem ich mich in anderer Weise wiederum in Fesseln schlage.[268] Schon die Prinzipien der auf mich gewandten Unterscheidungen und Beurteilungen unterwerfe ich meinen Maßen, den mitgebrachten, nicht so einfach zu verabschiedenden Bildern, Ideen und Gewißheiten. Ich werde mich selbst nicht los,[269] verstricke mich vielmehr im Vollzug und unter dem Anschein der Selbstzurücknahme um so mehr in mich selbst. Die wir selber dunkel sind und schlechte Grenzen haben, keinen sicheren Umriß und keine Stetigkeit, sie auch nicht aus uns selbst heraus entwickeln können, die wir nicht an uns halten können, vermögen die „Verdunkelung im Prisma unseres menschlichen Verstehens" (I/2, 810) nicht wirklich aufzuhellen, nämlich von Grund auf, von Anbeginn selbstkritisch uns von uns, das Licht von der Finsternis, zu unterscheiden. Aus diesem Unvermögen erwachsen Gerichtsbedarf und Gerichtsverlust. Daß der Mensch sich selbst kritisiert, ist eines (er denkt auch darin auf Rechthaben hin, da es auf tautologische Weise feststeht, daß er im Recht ist), aber ein anderes, „daß er Gott gegen sich selbst recht gibt".[270] Doch das läuft, wenn es denn geschieht, auf etwas kategorial anderes hinaus als auf Selbstkritik.

Die theologische Wissenschaft – in Vorgaben, Standards, Regularien, unsichtbaren Vorurteilen, vorgeblichen Unverzichtbarkeiten projizierter Geist des neuzeitlichen Menschen wie die moderne Wissenschaft insgesamt, Spiegel seines sehr besonderen, in zusehends schärferem Licht sich als machtförmig hervorkehrenden In-der-Welt-Seins, an dem Christen und Theologen, unnötig zu sagen, irgendwie teilhaben – kommt nicht umhin, sich mit den Vollzügen ihrer Selbstbefragung und Selbstkritik ihrerseits zu bekehren. Beitragen zu dieser Verwandlung kann vielleicht der von den biblischen Texten orientierte, skeptische Blick auf das verborgene Interesse in der Aufrichtung des Prinzips des Methodischen.

Wovon die theologische Anthropologie prinzipiell Kenntnis hat, von der immens erfolgreichen, bis in den Grund reichenden Ich- und Welt- und Gottes-Fälschung – es darf keineswegs als im Bereich der Wissenschaft

---

268 Franz Kafkas Werk im ganzen gibt dafür den eindrücklichsten Beleg ab. Vgl. Stach (Stach, Kafka, 536–563), ein Kapitel mit dem charakteristischen Titel „Selbst-Justiz".

269 Plastisch bei Horst Janssen beschrieben (Fest, Janssen, 34): „Die Wolke, die sich nicht ausregnen darf. Sie flieht über die Welt und wird sich nicht los."

270 Barth, Ethik II, 282. – Martin Walser (M. Walser, Querfeldein, 135ff) hat gelegentlich gemeint, im „Selbstgespräch" müsse man nicht unbedingt recht haben. Kein Zweifel, er irrt sich. Bemerkt er selber doch in demselben Zusammenhang: „Im Selbstgespräch ist man auch im Schlimmsten der Komplize seiner selbst. Das heißt, man kann ruhig gegen sich sein, man weiß ja, daß man für sich ist. Sieht man krassen Anlaß zur Selbstverurteilung, ist man für den, der sich selbst kraß verurteilt." (138) – Schön eine Pointe bei Wedekind: „Ich möchte Sie gern in einer wichtigen Angelegenheit um ein Selbstgespräch ersuchen." (zit. bei Blumenberg, Verführbarkeit, 135). Kritik als Aufforderung zur Selbstkritik?

außer Kraft gesetzt gelten. Ihr intersubjektiver Charakter (mit dem es meistens ja auch nicht sehr weit her ist) oder gar die pathetisch besetzte „kollektive Vernunft"[271] hebt die Bedürfnisse, Phantasien und Obsessionen der sie Betreibenden lediglich auf eine neue Stufe – auf der sich der Bann eher verdichtet als auflöst. Die Widrigkeit kehrt im großen Areal des Überindividuellen, der Institutionen und gewaltigen Artefakte, eben auch der Wissenschaft – nicht nur in ihrer Anwendung, sondern selbstverständlich bereits in ihrem Entwurf und Vollzug – vergrößert, schwerer zu durchschauen und mit noch ungleich weiter reichenden Folgen wieder. Sie weitet lediglich das Feld ihrer Gültigkeit. Es formieren sich dann überaus ausgedehnte, kaum zu überblickende Bereiche verwirklichter Widervernunft.

Entsprechend kommt in der theologischen Wissenschaft (ebensowenig in der Wissenschaft überhaupt), keineswegs zum Erliegen, was für den einzelnen Menschen in der Begegnung mit Gott gilt: „Wir sind, indem uns das Wort Gottes begegnet, geladen mit den Bildern, Ideen und Gewißheiten, die wir uns selbst über Gott, die Welt und uns selbst gebildet haben. Immer im Nebel dieser unserer geistigen Welt wird das in sich klare Wort Gottes unklar." (I/2, 803) Der Nebel, der wir sind, nimmt jegliche Anhaltspunkte. Die irritierende Unklarheit und Unlauterkeit, der Qualm, der „eine geistige Welt" sein sollte und könnte, kommt aus der raffinierten, auch mit intellektuellen, wissenschaftlichen, streng methodischen, intersubjektiv beglaubigten Mitteln betriebenen übermächtigen *incurvatio in seipsum*, dem Krampf und dem Einwärtsdrehen, womöglich in weitem Bogen. „Sich hündisch umlaufen", heißt das bei Kafka,[272] der, Virtuose von Teufelskreisgeschichten, die Sache vielfach in schrecklicher Anschaulichkeit zu beschreiben weiß. Er selbst sei, bemerkt er zum Beispiel in einem Brief, „ein schwer erträglicher, in sich vergrabener, mit fremdem Schlüssel in sich versperrter Mensch". Oder, es habe einen Augenblick gegeben, „wo ich mich ganz als eine Faust fühlte, in deren Innern die Nägel in das Fleisch gehen".[273] Doch um so komplexer kehrt die Selbstverkrümmung im Großen wieder –

---

271 Bill Joy (in: Schirrmacher, Darwin AG, 171). – „Man wird sich einem Luftgeist unterwerfen, einer Hypostase der allgewaltigen Kommunikation, einem herkunftslosen Tyrannen, einem mehr oder minder emergenten Phantom, einer von allen gezeugten leiblosen Bestie. Und dieser Unkenntliche und Unberührbare wird seine Gewalt ganz aus Abwesenheit schöpfen. ER, endlich das eine und ganze Bild, das aus der Opulenz der Zerstückelungen entsprang." (Strauß, Anwesenheit, 100).

272 Kafka, Tagebücher, 608. „Aber ein Schuldiger", schreibt er an Felice Bauer (Kafka, Briefe 1900–1912, 154), „dreht sich immer mehr in seine Schuld hinein." – Lévinas (Lévinas, Spur des Anderen, 211; 215f) stellt dem zu sich zurückkehrenden *Odysseus* (repräsentierend „Selbstbewußtsein", „Identität", „Autonomie") den für immer sein Vaterland verlassenden *Abraham* gegenüber (repräsentierend „Güte", „Werk", „Geduld"). Jener steht für die „Angst des Ich um sich, die ursprüngliche Form der Identifikation, die wir Egoismus genannt haben" (218).

273 Kafka, Briefe 1900–1912, 373; 143.

welches kollektive oder epochale „Selbst" auch immer sich in sich schlägt, sich zu sich ermächtigt, dabei auf nichts verweist als auf die eigenen Begierden und sich *de facto* gerade dadurch entgeht.

Selbstverständlich muß also die theologische Sündenlehre und mit ihr schärfste Skepsis Eingang in den Begriff der Theologie und dann auch in eine allgemeine, theologisch gedachte, nämlich sich zu theologischer Anthropologie hin von Anfang an öffnende Wissenschaftstheorie finden. Nennen wir mit Bloch dergleichen Skepsis den „Tauwind der Negation".[274] Vielleicht vermag er sogar das Prinzip des Methodischen aus seiner eisigen Starre zu lösen. Für sehr wahrscheinlich wird man das freilich unter den Bedingungen der Gegenwart nicht halten.

Positiv gewendet: für den Theologen, so wiederum in der *Einführung in die evangelische Theologie*, heißt „Methode" – „das Wort ist lästig" – „das Gesetz der *Freiheit*, in der er zu forschen, zu denken, zu reden hat."[275] Dem entspricht dann sehr genau, daß „Freiheit" die beste Kennzeichnung des Schriftgebrauchs darstellt, den *Paulus* übt.[276] Mit dieser Bestimmung gibt

---

274 Vgl. Bloch, Tübinger Einleitung, 23.

275 Barth, Einführung, 96f (vgl. zu diesem Zitat Barth, Gespräche 1963, 134f). Vgl. zudem I/2, 963: „Die Freiheit der dogmatischen Methode ist die Freiheit des Gehorsams." (vgl. I/2, 957; 960–962). Zum Grundsatz *methodus est arbitraria* vgl. I/2, 962; II/1, 396; IV/3, 3. – Schon durch das Wort „Methode", so Stoevesandt (Stoevesandt, Erwählungslehre, 99) im Sinne Barths, komme ein „gewisser Studierstubengeruch" auf. Später (108) spricht er von einem „eigentlich oberflächlichen, weil viel zu sehr am denkenden Menschen orientierten Wort".

276 Der Apostel folgt keiner bestimmten Hermeneutik, die Voraussetzung für das Verstehen der Schrift wäre. „Die Freiheit", erklärt Ulrich Luz (Luz, Geschichtsverständnis, 135), „mit der das Alte Testament in Christus Verstehen setzt, wäre dann eingeschränkt, wenn eine bestimmte Hermeneutik zur Bedingung des Verstehens würde." „Vielmehr bleibt der Zugang zur Schrift frei [...]" (107). „Eine große Freiheit im Umgang mit der Schrift ist unverkennbar. [...] So kommt es bei Paulus zu keiner christlichen Bewältigung des Alten Testaments, weder durch eine besondere Methode, noch durch ein kirchliches Amt." (108) Anmerkungsweise gibt Luz K. Galley recht, der die Aufnahme des Alten Testaments bei Paulus einen „charismatisch-eklektischen Vorgang" nennt (108 Anm. 345). Um so weniger, wird man folgern dürfen, folgt Paulus dem Prinzip des Methodischen als einem Prinzip der Sicherungen. Das πνεῦμα steht gerade für die *Abwehr* der Sicherungen. – „Möglich", schreibt Dietrich-Alex Koch (Koch, Schrift, 344–347), „ist diese Inanspruchnahme der Schrift als Zeuge des εὐαγγέλιον nur *a) aufgrund eines grundsätzlich veränderten Verstehensrahmens* [...] *b) durch eine ausgesprochen selektive Verwendung der Schrift* [...] *c) durch z.T. massive Eingriffe in den Wortlaut der Schriftzitate* [...] *d) durch eine mehrfach zu beobachtende eigentümlich distanzlose Verwendung der Schrift* [...]. " – Noch einmal *Luz*. Paulus, so führt er aus, „entwickelt keine neue Methode, um die Schrift zum Sprechen zu bringen" (Luz, Geschichtsverständnis, 106f), und „[...] auch aus dem ‚pneuma'" darf im Sinne des Paulus „keine Methode zur Auslegung alttestamentlicher Texte abgeleitet werden" (134). Dem widerspricht nicht, wenn Käsemann (Perspektiven, 267) mit Blick auf 2Kor 3,6ff meint: „Der Geist erhält hier eine hermeneutische Funktion." Nicht anders auch Koch (Koch, Schrift, 341): „Das πνεῦμα, auf das Pls [sc. Paulus] verweist, ist [...] nicht handhabbarer Besitz oder exegetisches Prinzip, sondern als πνεῦμα κυρίου dem Verstehen grundsätzlich vorgeordnet und auch nicht in eine bestimmte Auslegungsmethodik umsetzbar." Vielmehr gibt es nach Luz „auffällige Analogien zwischen dem Umgang des Paulus mit dem Alten Testament und der Verkündigung der Propheten und ihrem

Barth den Methodenbegriff an seinen ursprünglichen Bereich zurück: an die Situation des Menschen vor Gott, an den *Wegsinn* der christlichen Existenz, nämlich an den „*Weg*, den Gott in Jesus Christus durch den Heiligen Geist tatsächlich gegangen ist, geht und gehen wird mit den Menschen und in dessen *Beschreiten* die Methode der kirchlichen Verkündigung und der Dogmatik besteht und allein bestehen kann." (I/2, 958). Der *Heilige Geist* ist Atem und Stimme der Vernunft. Theologie und überhaupt jedes Denken ist nicht mehr als ein Anwendungsfall des dort, in der Situation des Menschen vor Gott, Gültigen.

e. Wehrlosigkeit und Erwartung

1. Was ist „nachkritische Schriftauslegung"?

Eben eine Auslegung „nach" der Einsicht in die Erschöpfung der Möglichkeiten von Kritik und Selbstkritik kann vielleicht, solange keine bessere Kennzeichnung zur Verfügung steht, durch den Titel „nachkritische Schriftauslegung" bezeichnet werden. Sie steht an und ist an der Zeit, wenn der Optimismus und die problematische Hochgemuthheit des berühmten, bis in unser Jahrhundert tragenden Satzes aus der *Kritik der reinen Vernunft* schal geworden sind: „Unser Zeitalter", so Kants berühmte Wendung, „ist das eigentliche Zeitalter der Kritik, der sich alles unterwerfen muß."[277] Das wirklich „radikal Böse" hat Kant nicht sehen können. Daß es um seiner selbst willen getan werden könnte, war ihm ein unvollziehbarer Gedanke.[278] Das Böse, die „Wucherung des Bösen",[279] das abscheuliche *mysterium iniquitatis*, müßte uneingeschränkt in Rechnung gestellt werden bei dieser

---

Umgang mit Tradition" (Luz, Geschichtsverständnis, 108). Dabei sei als erstes „eine große Freiheit im Umgang mit Tradition" zu nennen (108). „Mit dem Alten Testament ist für Paulus nicht das Problem verbunden, eine ferne, vielleicht zweideutige und schwierige Vorgeschichte der Heilsgegenwart heimzuholen – auch nicht mittels speziell hierfür anwendbarer hermeneutischer Methoden, sondern es selber bringt durch sein Sprechen Verstehen Gottes und der Welt, der Gerechtigkeit und der Sünde. Etwas überscharf und pointiert gesagt: Für Paulus ist das Alte Testament nicht in erster Linie ein zu Verstehendes, sondern es selbst schafft Verstehen." (133f).

277 Kant, Kritik der reinen Vernunft, 1. Auflage, Vorrede, A XII. – Zu Recht stellt McCormack fest (McCormack, Der theologiegeschichtliche Ort, 39): „Die Tatsache, daß Barths Theologie schnell das philosophische Gedankengerüst, das er anfangs benötigte, als obsolet erscheinen ließ, zeigt uns, wie weit Barth sich 1924 von seinen theologischen Ursprüngen bereits entfernt hatte. Was seine Theologie von jetzt an bestimmte, war nicht eine ‚abstrakte epistemologische Theorie', sondern es waren die konkreten materialen Erfordernisse aus der Trinitätslehre und der Christologie, die das Subjekt der Offenbarung zur Geltung bringen. Stellt dies einen ‚Bruch' mit den Theologien des späten 19. Jahrhunderts dar? Ich würde dies bejahen."

278 Vgl. Kant, Religion, 33–41 (Erstes Stück: III).

279 Benn, SW I, 215.

Kritik und Unterwerfung von „allem". Inwiefern die Theologie allerdings, wenn sie dergleichen geltend macht, es ihrerseits nicht lediglich im allgemeinen behaupten, sondern immer wieder in ihren eigenen Vollzügen wahrnehmen will (um sie insofern als radikal relativiert zu erkennen), inwiefern sie also in dieser Hinsicht keine Sicherheit kennen kann, bleibt um so mehr die Frage.

In eine „nachkritische", nun erst eigentlich kritische Schriftauslegung hätte eine möglichst gezielte theologische Hamartiologie und Anthropologie ausdrücklich Eingang zu finden. Immer ist zu fragen, *wer* auslegt (gleichviel ob Einzelner oder Groß-Subjekt). Das hat natürlich nichts damit zu tun, den Auslegern ein permanentes Schuldgefühl aufzunötigen. Das Wissen um die Sünde und ihre Vergebung meint anderes. Sehr wohl kann Schriftauslegung „recht und brauchbar werden und sein", wenn sie nämlich in Erinnerung hält, inwiefern

„auch die Theologie, und wäre sie die beste, ein an sich und als solches sündiges, unvollkommenes, ja verkehrtes, dem Nichtigen verfallenes *Menschen*werk ist, das zum Dienste Gottes und seiner Gemeinde und in der Welt an sich nichts taugt, ganz allein durch Gottes Barmherzigkeit recht und brauchbar werden und sein kann."[280]

Anders formuliert:

„Wir werden [...] keinen Augenblick vergessen können, daß, wenn und sofern wir in der kirchlichen Verkündigung und in der Dogmatik die Wahrheit denken und reden, Gott selber und allein der ist, der dann, den Menschen als seinen Knecht gebrauchend, ohne daß er ihm dafür zu danken hätte, *seine* Gedanken gedacht, *sein* Wort geredet hat. Anders als in dieser Bescheidung würden wir nicht die Wahrheit denken und reden. Und diese Bescheidung schließt in sich die Erkenntnis, daß wir im Lichte Gottes offenbar sind als Finsternis, in Gottes Gericht durchschaut als Lügner, daß wir die Wahrheit immer gegen uns selbst denken und reden werden." (I/2, 989f)[281]

Barth, so haben wir gesagt, versucht, auch in den Räumen des Denkens in der Buße zu bleiben, zwischen den Zeiten – gerade in der Weise freilich, daß er positiv auf dem Evangelium des klaren Gottes besteht und also unter allen Umständen die Erwartung auf ein bestimmtes Aufkommen festhält: daß die Texte freigegeben werden[282] und daß dann niemand gesehen wird

---

280 Barth, Einführung, 150. Vgl. I/2, 383: „Es gibt keine Methode, keine Einstellung, keine Orientierung, mittelst derer es sich erzwingen ließe, daß die Theologie etwas anderes ist als rabbinische Schriftgelehrsamkeit oder griechische Spekulation. Ist sie etwas Anderes, ist sie echte kirchliche Wissenschaft, dann auf Schritt und Tritt auf Grund von Erwähnung, und nichts sonst."
281 „Wir haben unsere eigenen Gedanken lieber als die Gedanken der Bibel", formuliert Bonhoeffer 1932. „Wir lesen die Bibel nicht mehr ernst, wir lesen sie nicht mehr gegen uns, sondern nur noch für uns." (Bonhoeffer, DBW 11, 353).
282 Zur Freigabe der Erscheinungen im phänomenologischen Denken Heideggers vgl. von Herrmann, Weg und Methode, 29f.

„als Jesus allein". „[...] keine Negation", so liest man es schon 1922,[283] „ist so groß, so prinzipiell wie *die* Negation, auf die alles Negieren doch nur hinzielen kann, die Negation, die unmittelbar erfüllt ist von der Positivität Gottes."

Den obigen Anfangsüberlegungen war es darum zu tun, schon einige Voraussetzungen und Grundzüge jener nachkritischen, eigentlich-kritischen Schriftauslegung vorauszunehmen und positiv zu zeichnen. Alles bisher Gesagte würde freilich dementiert, sobald wir an dieser Stelle wiederum methodische Folgerungen im herkömmlichen Sinne für die exegetische Arbeit anschließen wollten. Der erwähnte Gewinn von Vertrautheit; das Verständnis der Texte mit ihrem weit gespannten Netz geistlicher Erfahrung als Medien der Verdeutlichung; ihr jedesmal evangelischer, personaler Sinn; die dringende, durchzuhaltende Erwartung des Überschritts, der μεταφορά der Geistesgegenwart Christi und dementsprechend auf Seiten des Auslegers die prophetische Sachlichkeit – es ist alles *nicht methodisierbar*. Lediglich Beispiele sind womöglich beizubringen, und sie ist vielleicht beschreibbar: als eine seinlassende, nicht machtförmige, sorglose, unter Umständen förmlich absichtslose, wenn auch erwartungsvolle, die Texte in der Spannweite ihrer Fächerung als innere Vielheiten und als Wege anerkennende, den Gottesdienst als ihren ursprünglichen Kontext in Anspruch nehmende und insofern kontextbewußte Auslegung: eine Annäherung an die Texte, die weder über sie noch auch über sich selbst gebieten will, die ein Gewissen hat für deren ihrerseits überführende Kraft und Überlegenheit, die die Bestürzung kennt, die Faszination, welche von ihrem Geheimnis ausgeht, das Nachgeben[284] und die Kapitulation vor ihrer Unvermessenheit und Größe.[285]

Eine Schriftauslegung zu gewinnen, die den Namen kritisch verdiente, käme auf das Zulassen einer eigenen Wehrlosigkeit und Treffbarkeit hinaus: sie wäre eher ein Zurücktreten, ein Abstandnehmen vom deutenden Zugriff auf Zeugnisse, die sich aus dem Unfaßbaren entfalten, aus dem

---

283 *Das Wort Gottes als Aufgabe der Theologie*, in: Barth, Vorträge 1922 – 1925, 166.
284 Zum Prinzip des „Nachgebens" in der „dogmatische Methode" vgl. I/2, 972f. Natürlich ist es ausgeschlossen, nun wiederum dieses Nachgeben methodisch zu bewältigen. Zur Unmöglichkeit einer „*Methode* des Hörens des Wortes Gottes" vgl. I/1, 193. Und zur Unmöglichkeit einer Methode, mittels derer man dazu kommen kann, das Wort Gottes zu „bejahen", vgl. I/1, 198.
285 Ursula von Rad beschreibt mit diesem Wort, was in Gerhard von Rads Predigten vorging und was er in den späteren Predigten dann gelegentlich auch ausdrücklich reflektierte (von Rad, Predigten, 8). Barth spricht in der *Einführung in die evangelische Theologie* (Barth, Einführung, 184) von der Theologie als einem „rüstigen" Werk: „Es ist schon so: gerade rüstig kann und wird es immer nur da vollzogen werden, wo es nicht etwa in irgendeiner Aufrüstung, sondern in unerschrockener Abrüstung und Kapitulation seinem Gegenstand gegenüber und also in der Arbeit des Gebetes vollzogen wird." – Zur „Kapitulation" Hiobs vgl. IV/3, 495. – Zum „Nachgeben" in diesem Sinne vgl. I/2, 753; III/3, 289; IV/2, 349.

ihrerseits den Menschen gültig Deutenden. In pneumatologischen Zusammenhängen spricht Barth generell von der „Wehrlosigkeit" des Menschen.[286] Gedacht ist dabei an jene geistliche Armut, die nicht auch noch Gott gegenüber die eigene Präsenz hervorkehrt oder gar das eigene Selbst ausspielt und sich ermächtigt, die sich am Soteriologischen nicht versucht, den Gottesschwindel und die Gottesdeutung weiträumig vermeidet, jedenfalls entsprechende Vorkehrungen zu treffen sucht. Sie überantwortet sich und setzt sich aus, sie gibt der Wahrheit nach, schutzlos, sie gibt klein bei, sie gibt groß bei. Wunderbar wiederum Hölderlins Zeilen in dem Gedicht *Dichtermut*:

> Drum! so wandle nur wehrlos
> Fort durchs Leben und sorge nicht![287]

Schon bei der Abfassung der ersten Auflage des Römerbriefkommentars hat Barth den Theologenmut, ein solches Wehrloswerden vor dem Andringenden, beschrieben. „Die Nähe des Feuers, in die ich mich da begeben habe", so heißt es in einem der Entwürfe zum Vorwort,[288] „ist mir [...] bedrängend und demütigend genug gewesen." Entmächtigung ist im näheren Blick auf die Heilige Schrift geltend zu machen: auf die fremde, eben heilige Bibel, das diskrete Gefäß des Ungeheuren, diese ihrerseits verbindliche, bezwingende Geschichte von Liebe und Finsternis, so einfach wie unbegreiflich, da sie jedes Verstehen zu erwirken wie zu überwältigen vermag, mit dem Erzählkern einer unter keinen Umständen verhandelbaren, einer ganz unverrückbaren, meinungsresistenten Wahrheit. Sie gilt, und sie bedarf keiner Verabredung. Sie läßt sich nur verraten oder anerkennen[289] – weil sie eben Wahrheit zu lesen gibt. Darüber diese oder jene Meinung zu haben ist schlechthin irrelevant. Wer das die Bibel Konstituierende souverän bewertet, sie mit Deutungen bestürmt und belagert und ihr zuletzt Bedeutung und Bewandtnis zugesteht (er könnte sie ihr indes auch aberkennen), „macht" sie sich „zurecht" (vgl. II/2, 759) – und versperrt sie sich zugleich als Zufluchtsraum. Doch ist sie in Wahrheit „über alle Deutung und Schätzung erhaben".[290] Ihre Auslegung hat „Unterordnung" zum Prinzip (vgl. I/2,

---

286 IV/2, 357; 359; IV/3, 473 („in der heiligen Unverantwortlichkeit und heiligen Wehrlosigkeit des Menschen"); vgl. auch III/4, 496. Demgegenüber: die unendliche Verantwortung bei Lévinas (vgl. z.B. Lévinas, Spur des Anderen, 50).
287 Hölderlin, Gedichte, 66; vgl. 68.
288 Barth, Römerbrief I, 597.
289 Zum Phänomen „Anerkennung" vgl. Ricœur, Anerkennung; Honneth, Kampf um Anerkennung.
290 Barth, Schweizer Stimme, 202. – Zur Überhebung über das Gedeutete *qua* Deutung vgl. Iwand, Vorträge und Aufsätze, 134f. – Gegen die Maßgeblichkeit der Kategorie der „Deutung", in strikter Alternative von „Deuten" und „Glauben" und in schärfster Form vom Vorwort an: *Gogarten* (Gogarten, Glaube und Geschichte, z.B. 61f; 64–67; 69f und passim). Vgl. auch Bonhoeffers Wendung gegen die „Deutung" in *Akt und Sein* (Bonhoeffer, DBW 2, 138; 152).

802ff): „Hintanstellung, Nachfolge, Fügsamkeit" (I/2, 805), „die Bewegung des Nachgebens, des Zurückweichens, des Raumgebens" (I/2, 803). Keineswegs kann man ihren Wahrheitsanspruch methodisch sistieren – als ob man ihn irgendwie auch nur augenblicksweise distanzieren könnte, um sich zu ihm dann, nach Belieben, zu verhalten, statt ihm seinerseits sofortige und unmittelbare Wahrheitsverpflichtung zu entnehmen. Hier gilt Entweder – Oder. Das menschliche Erkenntnis- und Deutungs- und Urteilsvermögen, da es der Kraft und Vehemenz des Offensichtlichen zuletzt nicht gerecht zu werden vermag, hat ihr gegenüber den Atem anzuhalten.

Der Selbstmächtigkeit des *ganzen* „Geistesleben" des Menschen kann dies widerfahren, daß sie „weichen, flüssig werden, ihre Absolutheit verlieren, sich unterordnen, dem Worte Gottes wie ein gezähmtes Raubtier seinem Herrn nachfolgen muß. Beides wollen, beides nebeneinander und *pari passu* gelten lassen wollen: das Zeugnis der Bibel [...] *und* die Autonomie unseres Geisteslebens – das ist ein unmögliches hermeneutisches Programm." (I/2, 808)

Ausgehen, so haben wir oben gesagt,[291] wird die Überlegung von begrenztem Raum, von der Kanzel, in einer begrenzten Zeit, der Stunde der Wahrheit, im Gottesdienst – einer Bruchstelle der Zeiten. Dort vermag der biblische Text in seine Rechte zu treten – oder wird dann Punkt für Punkt verfehlt werden, sofern Ausleger oder Hörer auch ihm gegenüber abermals auf Rechthaben hin denken. Gelingt es, daß der Hörer auf Grund des Textes den Blick erhebt, in einem Zutrauen über den Tod hinaus? Es ist die Zuversicht der theologischen Exegese, zu wissen, wie man wartet, nämlich eben das zu erwarten: „Die Besonderheit der theologischen Exegese", so Barth, „reduziert sich [...] auf diese Erwartung und auf den Respekt, die Aufmerksamkeit und Offenheit, die dieser Erwartung entsprechen."[292] Doch kann der Exegese selbst, auch in den Schritten ihres Verfahrens, diese Erwartung bemerkbar innewohnen.

2. Kann Theologie noch Wissenschaft heißen wollen?

Muß also nicht, was in dieser Weise die theologische Schriftauslegung charakterisiert, generell für den Begriff der Theologie im ganzen geltend gemacht werden – nicht „methodische", sondern „prophetische Sachlichkeit"? Theologie ist demgemäß wesentlich eine Weise, *sich auszusetzen*, das Denken wehrlos der Wahrheit, persongewordener Wahrheit, zu überantworten. Sie ist zur Hauptsache Wiedergabe des Vernehmens des Fremden, Denken aus der Begegnung mit Gott, also Personbeschreibung Jesu

---

291 Cf. oben den Beginn von Abschn. C.
292 Cf. oben Abschn. C. bei Anm. 66.

Christi, also Portraitkunst, das Unternehmen, das Denken, den menschlichen Geist, dem Heiligen Geist Jesu Christi auszuliefern. Theologie nimmt dann insofern alles persönlich. Kann sie, so beschrieben, dann noch Wissenschaft heißen wollen?

Gewiß: „Die Theologie hat keinen Anlaß, sich den Namen einer Wissenschaft verbieten zu lassen." (I/1, 9) Schien bis zu diesem Satz, 1932 formuliert, einiges dafür zu sprechen, auf diesen Titel nicht aus äußeren Gründen Verzicht zu leisten, weil eine gänzlich eigene Prägung des Begriffs möglich war und es schließlich auch vorneuzeitliche „Wissenschaft" gab, so hat sich die Situation, wie mir scheint, mittlerweile dramatisch verändert. Es gibt inneren Anlaß, diese Zugehörigkeit aufzukündigen – nach einem entsetzlichen Jahrhundert der Weltgeschichte: der ineinander verschränkten, miteinander verschmolzenen Wissenschafts- und Technik- und Waffentechnik- und Katastrophengeschichte.

Die Frage aber, so Barth, „ob die Theologie überhaupt eine ‚Wissenschaft' sei [...], ist auf keinen Fall eine Lebensfrage für die Theologie. Denn es gibt keine *prinzipielle* Notwendigkeit, keine *inneren* Gründe, die sie veranlassen könnten, ihre Zugehörigkeit gerade zu *diesem* Genus in Anspruch zu nehmen." Und dann fügt Barth in einiger Entschlossenheit hinzu: „Es könnte vielmehr allerlei Anlaß bestehen, in aller Form darauf Verzicht zu leisten." (I/1, 5)[293] Genau dies – in aller Form darauf Verzicht zu leisten – erweist sich m.E. aber in dem Maße als angezeigt, in dem sich die neuzeitliche Wissenschaft in jener Verschränkung noch weiter, noch fundamentaler als ohnehin schon diskreditiert, in dem sich also „die quasi-religiöse Unbedingtheit" der Interpretation des Begriffs „Wissenschaft" (I/1, 10) vielleicht nicht in diesen Worten ausgesprochen, aber *de facto* durchsetzt. Ist der Name „Wissenschaft" also mit dem vereinbar, was als der Theologie wesentlich gelten muß, und nach welchem Maßstab handelt es sich überhaupt noch um einen Ehrentitel? Kann Theologie, wie sie oben beschrieben wurde, also noch Wissenschaft heißen? Besser: kann sie noch so heißen wollen? Wenn also „Protest" anzumelden ist „gegen jenen zuge-

---

[293] Fischer ist meines Wissens einer der wenigen, die in diese Richtung einen Vorstoß unternommen haben. Ganz ausdrücklich wird nach der Notwendigkeit der „Beibehaltung des Titels einer Wissenschaft" für die Theologie gefragt: „[...] könnte der Titel einer Wissenschaft ihr nicht nach außen hin nützen?" und antwortet skeptisch: „Letztlich ist dies eine rein pragmatisch zu entscheidende Frage, wobei vermutlich mehr für einen Verzicht auf den Status einer Wissenschaft spricht: Dieser gibt Anlaß zu Mißverständnissen und setzt die Theologie im Raum der Universität unter den Druck, sich als etwas legitimieren zu müssen, was sie nicht ist – nicht zuletzt, um ihren Platz an der Universität auf Dauer zu erhalten. Das Ausmaß, in welchem sich die Theologie in ihrer Geschichte durch die Sorge um ihren wissenschaftlichen Status hat bestimmen lassen und dabei ‚an die Wissenschaft verkauft' [Franz Overbeck] hat, läßt den Wissenschaftsanspruch eher als Ballast erscheinen." (Fischer, Glaube als Erkenntnis, 73f) Freilich muß ausgeführt werden, *warum* sich an die Wissenschaft zu „verkaufen" für die Theologie heute wie schon zu Overbecks Zeiten schlechthin *ruinös* ist.

standenermaßen ‚heidnischen' allgemeinen Wissenschaftsbegriff", wie Barth meint (I/1, 9), ist er dann nicht besser durch einfachen Verzicht auf diesen Titel einzulegen?[294]

Sehr problembewußt in dieser Sache formuliert Gerhard Ebeling. Das für die Dogmatik „leitende Wahrheitsverständnis" sei „aus seinen üblichen Verengungen zu öffnen in die Richtung lebensbezogener Wahrheit." Und Ebeling fährt dann fort:

„Daß sich dies im Rahmen heutiger Wissenschaftstheorie nicht vollziehen läßt, ohne diesen Rahmen zu sprengen, ist offensichtlich. Wenn man so ängstlich oder so ehrgeizig wäre, christliche Dogmatik als Wissenschaft in den Grenzen des heute vorherrschenden Wissenschaftsbegriffs zu treiben, so könnte man damit die Aufgabe der Dogmatik nur verfehlen. Damit ist aber keineswegs die Erlaubnis erteilt, sich die Auseinandersetzung mit diesem Wissenschaftsanspruch zu ersparen. Im Gegenteil, von der Theologie ist zu erwarten, daß sie von ihrer Sache her kritische Anstöße zum Überdenken des Wissenschaftsproblems vermittelt. Die Frage der Wissenschaftlichkeit der Theologie ist, recht verstanden, nicht ein apologetisches Bemühen um wissenschaftliche Anerkennung der Theologie, sondern ein stellvertretendes Bemühen der Mitarbeit daran, daß das Verhältnis von Wissenschaft und Leben zurechtgebracht wird, das weltweit in ein Stadium akutester Lebensbedrohung geraten ist."[295]

Wenn es nach Nietzsche, wie wir zitiert haben, „sehr schätzbar" sei, „in Hinsicht auf Alles, was man später treibt, einmal ein wissenschaftlicher Mensch *gewesen zu sein*",[296] so mag das auch für eine nach-wissen-schaftliche Theologie gelten. Sie müßte entschlossen sein, das Überlebte abzuwerfen.

3. Die Macht des Hintergrunds leuchtet in den Texten

Wir versuchen am Schluß dieses Kapitels, einige Züge des bisher Gesagten in einer Predigt wiederzufinden. Herangezogen wird eine Predigt nicht von Karl Barth, doch eine auf denselben Ton gestimmte, von einem Ausleger, für den das wohl zutrifft: „Du kennst das sicher auch."[297] Mitten im Zweiten Weltkrieg 1943, Stadtkirche Jena, der Predigttext ist Joh 20,11–18. Der Prediger – eins ums andere Mal ganz am Anfang und über seine Texte aufrichtig erstaunt – Gerhard von Rad, hofft, sehen machen zu können,

---

294 Barth erinnert an Johann Gerhards Abweisung des Wissenschaftsbegriffs: Theologie sei nicht *scientia*, sondern *sapientia* (I/1, 6). Gerhard nimmt damit die Auffassung Augustins wieder auf (vgl. Pannenberg, Wissenschaftstheorie, 12f; 18). – In einem umfassenden Begriff von „Weisheit", so Oswald Bayer (Bayer, Theologie, 430f), soll „Wissenschaft" einen relativen Ort finden.
295 Ebeling, Dogmatik I, 60.
296 Cf. oben in diesem Abschn. bei Anm. 171.
297 Cf. oben Abschn. B. bei Anm. 257.

zeichnet etwas in die Luft, mit der Kreide des Wortes ins Dunkel der Stadtkirche, malt den Gekreuzigten und Auferstandenen vor Augen.

„Er – der auferstandene Herr – will und muß ganz allein auf den Plan treten. Sein Anruf wird und muß ganz persönlich an die Menschen ergehen, und dieser Anruf wird in Sekundenschnelle von den Menschen verstanden werden. Das unbeschreiblich Schöne und Tröstliche liegt doch darin, daß Christus die hoffnungs- und glaubenslose Frau nicht in irgendeinem Sinn belehrt, ihr ein Weltgeheimnis mit deutenden Worten lüftet, sondern daß er nur ein Wort sagt, eine ganz persönliche Anrede: Maria! Und bei Maria kein Schwanken, kein Tasten, kein langsames Hinfinden, sondern in Sekundenschnelle ist alles klar: Rabbuni! Mein Meister! Ist es nicht, als habe mit dieser Antwort ihre Seele die Augen aufgeschlagen, ja als schlüge hier seit Anbeginn der Welt die Seele zum ersten Mal die Augen auf!"
Und gegen Schluß der Predigt heißt es:

„So, wie es in dieser hintergründigen Geschichte angedeutet ist, so geheimnisvoll verborgen will er uns rufen [...]. Nur eine kleine Begebenheit hat uns Johannes erzählt, fast will sie uns nur wie ein feines altes Bildchen erscheinen. Aber sie strahlt einen unsagbaren Glanz aus. Ja, je länger wir sie ansehen, um so mehr merken wir, daß sie in ihrer Unergründlichkeit jenseits aller Maße und Begriffe unseres vernünftigen Verstehens liegt. Sie ist ein Kleinod aus der Schatzkammer der Herrlichkeiten unseres Vaters im Himmel."[298]

In kurzer Zusammenfassung: Er geht unerkannt voran, ist weit voraus, eine Ewigkeit entfernt, zugleich unendlich nah. Und er wendet sich plötzlich um. Ein Jetzt: lebenshell, nah und unbegreiflich. Ein Moment der Stille. Atemraum. Dann Worte, Namen. Die Macht des Hintergrunds leuchtet in den biblischen Texten, das augenblickliche, lichterlohe Geheimnis, der sich womöglich in jedem Heute neu und unverhofft ausfaltende Verweis auf eine Pracht, der der Tod nichts anzuhaben vermag.

---

298 von Rad, Predigten, 19f; 22.

D. Der ewigreiche Gott und der Nicht-Gott. Zur Gotteslehre

Mit den Studenten, so berichtet Karl Barth bei Gelegenheit, habe er bei dem erzwungenen Abschied aus Bonn 1935 diese Liedstrophe gesungen und dann 1946 wieder, als er nach dem Zweiten Weltkrieg in die zerstörte Stadt zurückkam, um abermals theologisch und evangelisch, evangelisch im ursprünglichen Sinne, von der Not des Menschen zu reden und von der göttlichen, den Menschen erhaltenden Gnade, vom Frieden, diesem hohen Gut, von der Freude und der Erlösung, doch vor allem von Gott, von Gott selbst, dem interessanten Gott, vom ewigreichen Gott – er habe eben diese Liedstrophe gesungen, den zweiten Vers des Liedes von Martin Rinckart *Nun danket alle Gott* (EG 321):

> Der ewigreiche Gott
> woll uns bei unserm Leben
> ein immer fröhlich Herz
> und edlen Frieden geben.
> Und uns in seiner Gnad
> erhalten fort und fort
> und uns aus aller Not
> erlösen hier und dort.

Der ewigreiche Gott: in unermeßlicher Verschwendung beziehungs- und begegnungsreich, liebend, nämlich unaufhörlich, ewig an uns interessiert, und frei, nicht zuletzt deshalb der ewig interessante Gott – er ist das ursprüngliche und lebenslang festgehaltene Thema dieser Theologie. Während des Ersten Weltkriegs, also angesichts einer bis dahin beispiellosen geschichtlichen Katastrophe, bricht dieses evangelisch-theologische Denken, woran oben erinnert worden ist, zu wirklicher Zeitgenossenschaft durch. Dabei vereint sich stärkstes Gegenwartsinteresse mit der Bemühung, ganz in die Epoche einzutauchen, schneidende Kritik mit anhaltendem Rekurs auf die Bibel, auf das Grenzbuch. Der bisher auch in der Theologie so außerordentlich hochgeschätzte abendländisch-kultivierte religiöse Mensch hatte sich als der erwiesen, der diesen Krieg mit Millionen von hingeschlachteten Menschen mit vorbereitet oder geführt oder ihn nicht verhindert oder ihn, beteiligt durchaus mit eigenen Einsätzen, christlich-ideologisch sanktioniert, zumindest Verständnis gezeigt hatte. Seine Rede von Gott, seine

Bibelauslegung erwies sich zu weiten Teilen als diskreditiert. Von welchem Leben – von welchem Tod – sprach man, wenn man von diesem Gott sprach? War seine Sache dort, bei den so Redenden, wirklich in einigermaßen guten Händen?

Noch einmal neu und ursprünglicher war vom lebendigen biblischen Gott zu reden, von seinem unverkennbar eigenen *modus vivendi*, dem ganz Anderen (noch auf andere Weise anders, als alles andere anders sein mag[1]), dem Gegenläufigen und Freien, dem nämlich in seiner Liebe Reichen, in dem nämlich „die Liebe"

> alle Umwege zu Ende gegangen

ist.[2] Doch diese Themenstellung prägte sich für Barth im Laufe der Jahre und Jahrzehnte zusehends schärfer dahingehend aus, daß dies Eine zur Geltung zu bringen war: dieser unendliche, umwegige Reichtum Gottes, diese Attraktivität und völlige Unabhängigkeit, das Wesen, die Daseinsfülle, die Glut, das Verschwenderische ... macht sich in Jesus Christus zugänglich. In ihm begegnet und gibt sich zu verstehen: „die *Fülle* der Gottheit in Christus leibhaftig" (Kol 2,9), die Gnade, die genügt – so daß unverrückbar gilt und infolgedessen auch in Glauben und Denken die neutestamentliche Einsicht geltend zu machen ist: „In Christus liegen verborgen *alle* Schätze der Weisheit und der Erkenntnis" (Kol 2,3).

Die auf die Gotteslehre Barths bezugnehmenden folgenden Überlegungen – zusammengestellt wiederum eher nach der Logik von Aspekten und weniger von Begriffen – verfolgen, nun in modifizierter Sichtweise, natürlich abermals das immer wieder genannte Gegenwartsinteresse, eine systematisch-theologische Absicht, das heißt, sie bemühen sich, die eigene Zeit zumindest für ein Wegstück auf andere Gedanken zu bringen,[3] aus ihrem Machtschatten wenigstens einen Schritt herauszutreten, die „Gesellschaft" ein wenig zu verändern, indem man sie an den Menschensohn erinnert, der sich ihren Opfern und Tätern sehr verschieden zugesellt, der „der Zöllner und Sünder Geselle" genannt wurde (Mt 11,19). Wie kann das Heute deutlich als in die Verwandlungsmacht Gottes gewiesen erblickt werden?

Sich selbst wird die christliche Gemeinde, wenn sie sich in den Dienst dieser Verweisung stellt, nicht unterschätzen, doch um so weniger überschätzen:

---

1   Ganz witzig Robert Gernhardts Gedicht *Finger weg* (Gernhardt, Gedichte, 289): „Nun soll man ja nicht fragen: / Mein Gott, wer bist dann du? // „Ich bin das gänzlich Andere, / das wortentrückt Besandere, / stand stets und steh auch hier und jetzt / hoch über Sprach- und Reimgesetz, / so durch und durch besonders: / Noch anders bin ich onders." // Nein, man soll ja nicht fragen ..."

2   So Nelly Sachs in dem Gedicht *Wenn wie Rauch* (Sachs, Fahrt, 72).

3   Ungleich radikaler formuliert: „Im Besitz solcher Kräfte, der forschenden und der beschwörenden, will dieser Rudolf Borchardt nicht etwa sein Jahrhundert in die Schranken fordern, dazu findet er's viel zu schwach, er will es verjagen und ein neues ausrufen." (Strauß, Anwesenheit, 7).

„In seiner Gestalt als an die Menschen ergehender Appell wird und ist der Dienst der Gemeinde selber ein (allerdings sehr eigentümlicher) Weltfaktor, der den Zusammenhang der anderen Weltfaktoren zwar nicht sprengt, wohl aber über ihn hinausweist und ihn damit heimlich revolutioniert. *Mehr* als einen solchen innerweltlichen Anstoß kann die Gemeinde der Welt *nicht* geben." (IV/3, 977)

Eben mit ihrer Rede vom ewigreichen Gott: indem sie sich Jesus Christus und das Genügen seiner Gnade unter keinen Umständen ausreden läßt, gibt die christliche Gemeinde diesen Anstoß.

Wie ist diese heimliche Revolutionierung innerhalb der heutigen Weltfaktoren zu denken? Welche Gedanken, Überzeugungen, Stimmungslagen – von denen die Gegenwart nach Möglichkeit um einige Spuren abgebracht werden soll – haben den unmittelbaren, vielleicht zwingenden Zugriff auf sie? Und welche Rolle vermag die Theologie Barths mit ihrer prononcierten Rede von dem in Christus ewigreichen Gott in diesem Zusammenhang zu spielen? Wie können wir heute, durch Barth angeleitet, genügend außerhalb stehen, um womöglich gegen dieses Ganze hinblicken zu können? Auf welches heutige widersacherische Ganze also trifft eine Erinnerung an die Gotteslehre?

a. Der unbedingte Wille zur Macht, zur Gewalt und zur Waffe

1. Der Wille zur Macht durchfährt die Neuzeit wie ein Anfall

Mir scheint, man kann sich von der dominierenden Tendenz der Zeit, ihrem nahezu alles erfassenden Aggregatzustand – von ihrer Selbstvergiftung – zumindest einen annähernden Begriff bilden. Indessen, man wird zu seiner Bestimmung im folgenden noch einmal durchaus ausführlich werden müssen. Jenes eine Ganze zerfällt in zahlreiche Anwesenheits- und Gegebenheitsformen, in hundert einander vergrößernde Spiegelungen. Einige von ihnen sollen möglichst ohne Beschönigung und ohne optische Täuschungen in den Blick gefaßt werden.

Es gibt für die Neuzeit, für den Aufenthalt dieses Menschen in dieser Zeit, zunächst eine allgemeine Formel. Zu nennen, was naheliegen mag, sind für diesen Zusammenhang nun keineswegs Synkretismus, Pluralismus, das im ganzen Diffuse, Entgleitende und Fahrige, die ausdifferenzierte, heterogene Gesellschaftsstruktur etc. – die vielmehr m.E. lediglich mehr oder weniger bunte oder rissige Oberflächenerscheinungen der Zeitglasur darstellen. Demgegenüber herrscht in der Tiefe nicht Vielheit, sondern das Monologische, Totalitäre, völlig Einsinnige und Alternativlose, wo alles sich gleichartig gibt, sich zum einstimmigen, invarianten System zusammenzieht – *das Ganze aus einem Wurf.* Noch jedesmal läßt sich die eine harte Frage hinter den weichen Modethemen ausfindig machen. Lenin erklärt: Wer wen, so lautet die Machtfrage. Universalisiert beantwortet sie sich so: Wer? Der Mensch, die Nehmer-Subjektivität. Wen oder was? Die Welt, das zu Nehmende, reif für die Sichel der Zivilisation. Die Welt scheint im ganzen zur Revision freigegeben, zur Schaffung allseitig revidierter, gestalteter, technikbestimmter Verhältnisse, zur Welt- und Selbst- und Gottesnahme. Die Grundregel der Zeit, ihr Energiezentrum – seit dem weltgeschichtlichen Auftakt, den Gründungsaugenblicken bei Galilei, Descartes, Bacon und anderen zunächst im prätotalitären Wartestand, doch dann in einigen Jahrhunderten konsolidiert und erhärtet – ist das wütende Verlangen des „machthungrigen Tiers"[4] auf bedingungslose *Machtergreifung in jeder Hinsicht* – ihre prinzipielle, eben totalitäre und rigoristische, vollkommen geheimnislose Machtförmigkeit, ihr Wille zur Macht im weitesten Verstande. Materialismus und Konsumismus mit dem aktuellen Gott „Wirtschaftswachstum" bilden nur eine seiner allerdings mächtigen Spielarten (Währung ersetzt Wahrheit).[5] Der unbedingte Wille zu Macht und Herbeiführung von Machbarkeit ist in die Innenwelt der Zeit eingewachsen. Er geht in ihr um und wirft sich als vermeintlich alles bestimmende Wirklichkeit in Geräten, Systemen, Institutionen, Einstellungen etc. aus. Sämtliches zu bestimmen kann dabei *de facto* darauf hinauskommen, alles zu verheeren. Mit den Katastrophen und Bedrohungen des 20. und 21. Jahrhunderts wird die Moderne dann nur von ihrem Geburtsfehler eingeholt.

Man hat es beim Modernisierungsfeldzug mit einem extremen Langzeitangriff zu tun. Leitend ist die große Verführung zur Totalität: die Leidenschaft, die Welt möge sich so umfänglich es geht, am besten im ganzen, als zugänglich für den menschlichen Zugriff erweisen und, wie Blumenberg notiert, Wirklichkeit möge sich zeigen „als die plastische Masse einer Gesamtheit von Verfügungen, die den demiurgischen Zugriff auf sich zieht […]."[6] Eine vielleicht fürs erste unmerkliche Schieflage läßt dann einen Weltbereich nach dem anderen in ein entsprechendes Gefälle geraten. Ein Lernzyklus, der 350 Jahre überspannt, weist Schritt um Schritt seine eigene operative Effektivität vor. Gut lassen sich dabei anämischer Liberalismus und eisenharte Technokratie miteinander verbinden. Bedenken im Grundsätzlichen, aber auch im einzelnen sind immer nur, heißt es, Sache von ängstlichen Bedenkenträgern, bleiben in der Regel ein Kräuseln an der Oberfläche einer durchaus ungestört bleibenden Tiefe – rufen aber gleich-

---

4 „Man as a powerthirsty animal" bei Arendt (Arendt, Denktagebuch, 21; die Formulierung, so die Herausgeber, ist bei Hobbes nicht nachzuweisen; eine ungefähr entsprechende Wendung im *Leviathan* läßt sich allerdings nennen; vgl. 914).
5 Schon Benn spricht 1930 von einer „Zeit, in der die Banken Hügel versetzen und vor den Trusts die Berge weichen" (Benn, SW III, 252).
6 Blumenberg, Lesbarkeit, 15.

wohl, wegen des Anspruchs auf totale Subsumtion, nach Sanktionen. Denn unter keinen Umständen darf das Ganze aus der Perspektive einer Verlustrechnung angesehen und nur Schadensabwicklung und eine Art Rückbau intendiert werden.

Das machthungrige Tier, sagen wir: Picassos vielfach gemalter *Minotaurus*, mit dem Regungsherd eines rasenden Willen *zu sich* als einem Willen *über sich selbst hinaus* (ohne sich dabei zu verlieren), mit seinem in diesem Interesse exponentiell und dimensional anwachsenden Erfassungs- und Zugriffswissen, bildet mittlerweile „Tigerstaaten der Wissenschaft" heraus, Minotaurusstaaten. Dort herrscht die richtige Gestimmtheit, ein „wissenschaftsfreundliches Klima". „Dort forscht man einfach."[7] Völlig klar, was mit dem „einfach" gemeint ist.

Die Neuzeit wird vom Willen zur Macht in seinem materialistischen, doch um so mehr in seinem technokratischen Grundton wie von einer Lärmglocke überstimmt. Dem Fehlläuten dieser Nachtglocke ist sie einmal und dann zusehends eiliger gefolgt. Interessant wird das Reale überhaupt erst nur in der Tonart der Macht – in die, was immer ist, transponiert werden soll. Wie gesättigt erscheint die neuzeitliche Situation von der Gestimmtheit auf den Machtwillen. Dabei verfährt das Wort „Machttechnik" durch und durch tautologisch. Jede Technik ist Technik der Macht. Gesucht werden, in einer auf absolute Bemächtigung ausgerichteten Grundhaltung, alle Formen des Aufbaus, der Befestigung und der Verwendung von Macht. Als entscheidendes Programm will sie *Machtvollkommenheit*. Man kann sie herzuträumen versuchen. Entsprechende Träume gibt sie auf den Weg.

In schöner Mischung aus Ernst und Ironie vertraut der junge Bert Brecht seinem Tagebuch an:

> „Wiewohl ich erst 22 Jahre zähle, aufgewachsen in der kleinen Stadt Augsburg am Lech, und nur wenig von der Erde gesehen habe, außer den Wiesen nur diese Stadt mit Bäumen und einige andere Städte, aber nicht lang, trage ich den Wunsch, die Welt vollkommen überliefert zu bekommen. Ich wünsche alle Dinge *mir* ausgehändigt, sowie Gewalt über die Tiere, und ich begründe meine Forderung damit, daß ich nur *ein*mal vorhanden bin."[8]

Am interessantesten erscheinen dabei begreiflicherweise nicht zuerst Realisierungen, sondern, elementarer, Ermöglichungen: Ermöglichungen nämlich des bisher für unwahrscheinlich oder, besser noch, geradezu unmöglich

---

7 „In asiatischen Ländern gibt es – wie in Israel oder Brasilien – viel weniger Bedenken gegenüber der biotechnologischren Forschung. Während ein Stammzellenforscher im Westen vor einem neuen Experiment zunächst endlos Anträge schreiben und sich vor Kommissionen rechtfertigen muß, verliert man in China keine Zeit mit moralischen Erörterungen. ‚Dort forscht man einfach', bringt es der deutsche Sinologe Ole Döring auf den Punkt." (Spiewak, Schwellenländer).

8 Brecht, Journale, 118.

Gehaltenen. Sloterdijk spricht treffsicher vom „neuzeitlichen Feldzug gegen den Begriff Unmöglich".[9] Unter anderem wird er in jüngster Zeit dadurch geführt, daß jedem Dingsbums und Unsinn das Wort „,-kultur" angehängt wird, womit der derart ausgezeichnete Bereich als der Gestaltung zugänglich bestimmt ist. Die Sehnsucht, das Delirium der Technikbegeisterung, geht auf den großen, flächendeckenden Triumph der ermöglichten Möglichkeiten: soweit sämtliches möglichkeitsförmig gemacht, ihm nämlich als *Potential* ein zuverlässiger Sitz im Wirklichen verliehen ist, in den zur Verfügung offenstehenden Registern des Realen. Wo Reales war, soll Potential werden. Heidegger spricht vom „Ablauf des sich steigernden *Machens von Machbarkeiten*".[10] Gezielt wird insofern letzthin auf eine Apotheose der Macht, auf Macht über alles, auf die Welt im ganzen, auf Zurichtung der in den Willen zurückgerissenen Verhältnisse. Über allem, sämtlichen Dingen und Gegenwarten, die die Zeit bevölkern, liegt fortan dann der Schatten des Vermißten, des derart zuviel und maßlos und zunehmend um jeden Preis Gewollten – doch eben noch nicht Erzielten. Bereits mit ihrem Begriff des Neuen wirft die Neuzeit diesen Schatten: „Das Neue", merkt Adorno an, „ist die Sehnsucht nach dem Neuen, kaum es selbst, daran krankt alles Neue."[11] Und die moderne Idee des Neuen setzt eben „*sich* anstelle des gestürzten Gottes".[12]

Die menschlich zuträglichen Abmessungen brechen dabei zusammen. Berührt wird in einem Ausgriff ins Riesenhafte und Unverhältnismäßige ausnahmslos alles, das Größte wie auch das Marginale. Ein rasender Wille zur Macht durchfährt die Neuzeit wie ein Wahnsinnsanfall – der sich doch rational gibt (auf die Bühne gebracht, noch außerordentlich kunstvoll, zum Beispiel in Dürrenmatts *Die Physiker*). Das um jeden Preis Gewollte, die Verfügungsmacht, hat soteriologische, christusförmige Qualität angenommen. Die unbedingte Macht stigmatisiert die ihr Verfallenen. Das Pseudo-Soteriologische indes ist gegen jede Aufklärung gefeit. Es ist, als leuchte jemand in den Nebel und alles verschwimmt in Weiß und Zerblendung.

Von einer Drehung des Bewußtseins ist zu reden. Wissenschaft hier und Technik dort, Theorie und Praxis, Grundlagenforschung und Anwendung unterscheiden sich nicht im Prinzipiellen, sie gehorchen demselben Gesetz, stehen unter demselben ungestümen Druck der Zurichtung und Verwandlung der Erscheinungen der Welt in ein unendliches Feld verfügbarer Potentiale.

---

9   Sloterdijk, Sphären II, 874. So schon Heidegger, Beiträge, 442: „Das einzig Unmögliche ist das Wort und die Vorstellung ‚unmöglich'."
10 Heidegger, Vorträge und Aufsätze, 91 (Hv. M.T.).
11 Adorno, Ästhetische Theorie, 55.
12 Adorno, Moralia, 269 (Hv. M.T.).

„Das Ziel der Herrschaft über die Natur", so Georg Picht zu Recht, „bestimmt schon die theoretische Grundlegung der neuzeitlichen Wissenschaft. [...] Die Unterscheidung von Wissenschaft und Technik ist schon im Ansatz falsch [...]. Die neuzeitliche Wissenschaft und Technik sind durch eine Umwendung des menschlichen Bewußtseins möglich geworden. Das Denken hat gleichsam eine Drehung vollzogen, die viele Jahrhunderte in Anspruch genommen hat. Es blickt nicht mehr in den Horizont der Wahrheit; es blickt in das Feld der unbegrenzten Möglichkeiten."[13]

Dergleichen Gesetz, die Tendenz zur kontinuierlichen Ausdehnung der Selbstermächtigung des Siegers, zum Zuge gebracht in Selbstbegeisterung, im merkwürdig kalten Rausch eines Optimismus der Weltbeherrschung (in seinem ersten Hauptsatz dann noch jedesmal der Appell zu technikkonformem Verhalten), beansprucht nicht weniger als den Umfang der Welt. Es greift in rigorosen Begradigungen durch alle Verhältnisse hindurch und macht sich über alles her. Dabei handelt es sich um das Gesetz des radikalen Siegers. Martin Heidegger spricht gelegentlich von einem „Fortschritt in der Richtung auf eine unbeschränkte Beherrschbarkeit von Allem"[14] – ein ohne Vorbehalt (im Gegenteil: in tiefem Zivilisationsvertrauen) losgelassener, siegreicher „Fortschritt", der Fortschritt im pathetisch aufgeladenen Singular, als könne der Weltlauf wie ein Fahrzeug gesteuert und die Welt im großen Umschwung, doch dann auch bis ins kleinste, nach vorn geworfen werden. Der Fortschritt – das ganz Große Fahrzeug.

Kann man, wie Ernst Bloch es noch tat, guten Gewissens den Begriff feiern?

„Es gibt Worte", so Bloch mit Enthusiasmus, „die an sich selber besonders hell wirken. Sie haben offene Züge, man läßt sich ruhig bei ihnen nieder. Ihre Bedeutung, also ihr Begriff, scheint so klar, auch schlicht zu sein, daß es nichts weiter daran zu fragen gibt. Zu diesen Wörtern gehört in vorderster Reihe der Begriff Fortschritt [...]." Oder: „Der Fortschrittsbegriff ist uns einer der teuersten und wichtigsten."[15]

---

13 Picht, Maß, 84f. – Vgl. schon Guardini, Neuzeit, 51: „Die Neuzeit liebte es, die Maßnahmen der Technik mit ihrem Nutzen für die Wohlfahrt des Menschen zu begründen. Damit deckte sie die Verwüstungen zu, welche ihre Skrupellosigkeit anrichtete. Die kommende Zeit wird, glaube ich, anders reden. Der Mensch, der sie trägt, weiß, daß es in der Technik letztlich weder um Nutzen noch um Wohlfahrt geht, sondern um Herrschaft [...]." Zur „Dämonie" der Technik: Guardini, Neuzeit, 71.

14 Heidegger – von Bodmershof, Briefwechsel, 91. – Lévinas reduziert Heideggers Technik-Kritik auf dessen Privilegierung des Provinziellen und spricht von „Gagarins Großtat" (Lévinas, Gagarin, 175) und den „großen Hoffnungen unserer Zeit" (173). Das Judentum habe im Unterschied zum Christentum „die Götzenbilder nicht sublimiert", sondern „ihre Zerstörung gefordert": „Wie die Technik hat es das Universum entmystifiziert" (176). Das darin erkennbare Technik-, aber auch Christentums-Verständnis scheint mir ganz verfehlt.

15 Bloch, Tübinger Einleitung, 118; 146. – Merkwürdig ungebrochen idealistisch auch Steiner (Steiner, Meister, 183): „Eine Unterwerfung von Entdeckungen der Genetik unter finanzielle Gewinnerwägungen ist obszön, ebenso wie die Zensur mathematischer und physikalischer For-

Die Welt, alles Hiesige, wird – nicht zuletzt qua hegemonialer Definitionsmacht – in der Totalen erfaßt. Sämtliches soll in den Sog dieser tosenden Allgemeinheit gezogen werden. Sie ist gesonnen, das Ganze an sich zu bringen. Mt 16,26, die anti-imperiale Mahnung schlechthin, von dringlichster Gebärde in einer Welt, die Miene macht, die ganze Welt gewinnen zu wollen, steht dagegen: „Was hülfe es dem Menschen, wenn er die ganze Welt gewönne und nähme doch Schaden an seiner Seele?" Diesem Wort ist am Anfang des dritten Jahrtausends eine Aktualität zugewachsen, deren prophetischer Kraft sich nicht zu entziehen vermag, wer dabei bleibt, daß keiner Macht des Totalen, sondern nur dem Evangelium um alles in der Welt geglaubt werden will.

Höhnisch übrigens – und darin epochentypisch für das Schadennehmen an der Seele – die Wendung gegen das leere Ganze in Becketts *Endspiel*: „Clov" fragt „Hamm": „Gibt es Sektoren, die dich besonders interessieren? (Pause) Oder bloß alles?" Darauf „Hamm" (die Regiebemerkung sagt: „schwächlich"): „Alles."[16] Sämtliches, die ganze Welt, ist „interessant" – und damit ist eigentlich gar nichts mehr von Bedeutung. Man ist imstande, durchs Leben zu gehen, ohne etwas zu berühren. Fahrt ohne Fracht. Dem entspricht eine bestimmte, von Inhalten entsorgte Malerei, die – so gibt Werner Spies eine Äußerung Becketts wieder – lediglich zum Ausdruck bringen wolle, „daß es nichts auszudrücken gebe."[17]

2. Die Technik ist der Gott an der Macht

Dabei lautet die Formel jener Allgemeinheit, jenes Systems prästabilierter Disharmonie, etwa so: *sich von kontingenten Naturzwängen und vom lediglich naturwüchsigen Erleiden seines Geschicks befreien* (signifikant dabei

---

schung unter militärischen Gesichtspunkten. Dort, wo sie einem Ideal von interesselosem, gemeinschaftlichem Fortschritt nahekommt, ist die naturwissenschaftliche Entdeckung das reifste Konstrukt menschlicher Freiheit". Ebenso unverständlich: seine emphatische Zustimmung zu trunkenen Sätzen von Trotzki (Steiner, Errata, 85). Demgegenüber Walter Benjamins berühmte Interpretation von Klees *Angelus Novus*: „Dieser Sturm treibt ihn unaufhaltsam in die Zukunft, der er den Rücken kehrt, während der Trümmerhaufen vor ihm zum Himmel wächst. Das, was wir den Fortschritt nennen, ist *dieser* Sturm."(Benjamin, Über den Begriff der Geschichte, GS I, 2, 697f).

16 Beckett, Dichtungen, 299.

17 Spies, Duchamp, 117; vgl. 101. – Sehr treffend zu Beckett Adorno (Adorno, Ästhetische Theorie, 53): „Weil der Bann der auswendigen Realität über die Subjekte und ihre Reaktionsformen absolut geworden ist, kann das Kunstwerk ihm nur dadurch noch opponieren, daß es ihm sich gleichmacht. Auf dem Nullpunkt aber, in dem Becketts Prosa ihr Wesen treibt, wie Kräfte im unendlich Kleinen der Physik, springt eine zweite Welt von Bildern hervor, so trist wie reich, Konzentrat geschichtlicher Erfahrungen, die in ihrer Unmittelbarkeit ans Entscheidende, die Aushöhlung von Subjekt und Realität nicht heranreichten. Das Schäbige und Beschädigte jener Bilderwelt ist Abdruck, Negativ der verwalteten Welt. Soweit ist Beckett realistisch."

z.B. ein Stichwort: „Geburtenfatalismus"[18]). Man will in jeder Hinsicht „nach der Natur" ankommen und von dort aus weitersehen. Die Macht – trotz erkennbar schwerwiegender Folgen-Ungewißheit – spricht mit verstellter Stimme, kreideweich, von sich als Freiheit zum Besseren. „Zukunft", so scheint es, läßt sich zuallererst durch technische Innovation gewinnen, man kann sie in Besitz nehmen. Gelockt wird mit den Ködern der Zusicherung neuer Weltentage und der Utopien, der glückspolitischen Verheißungen und Segnungen einer fröhlichen Wissenschaft: sie ermögliche die Selbstgestaltung der Gattung, einen neuen Zug auf dem Schachbrett der Evolution. Ein Selbstoptimierungstraum derer, die von allem tief beeindruckt sind, was sie verbessern dürfen (besser gesagt: begeistert sind von sich als den alles Optimierenden), überzeugt jedesmal davon, daß Gegenwart und Zukunft vorrangig als Machwerk des Menschen begreiflich zu machen sind, durchdrungen dann um so mehr von der Vorstellung einer prinzipiellen Konvergenz von Zukunft und Verbesserung.

Dieser Traum fungiert etwa als Vorreiter der permanenten, in zusehends kürzeren Abständen aufeinander folgenden bioethischen Grenzverschiebungen. Am Ende halten ihre Standards bekanntlich solange, wie ein Schnupfen dauert. Leicht läßt sich dabei die Grauzone zwischen Therapie und Züchtung nutzen.[19] Längst sind die Barrieren eingerissen. Zudem gibt es in diesem Bereich Siege, die sich von Niederlagen schwer unterscheiden lassen. „Man kann nicht atmen, es ist alles voll Sieg", notiert Canetti gelegentlich.[20] Maßlos erscheinen die Therapiewünsche. Es gibt, wird man

---

18 Sloterdijk, Menschenpark, 46. – Das „Schicksal" kommt demgemäß immer als Feind. „Ich fragte ihn schließlich", so gibt Fest (Fest, Gegenlicht, 112f) die Begegnung mit einem alten Sizilianer wieder, „ob man den nach wie vor unübersehbaren Abstand zwischen Sizilien und Europa auf eine kurze Formel bringen könne. Zunächst erschien die Andeutung eines Lächelns. Dann aber, sich sammelnd und wiederum die Worte bedächtig zusammensuchend, erwiderte er: ‚Wir wissen noch, was Schicksal ist.' [...] Was er [...] vortrug, lief darauf hinaus, daß Europa immer noch, trotz aller Einbrüche der jüngeren Zeit, im Erbe des späten 19. Jahrhunderts lebe. Nach wie vor halte es daran fest, daß die Welt in die Macht des Menschen gegeben sei. Diesem Lebensgefühl sei der Schicksalsbegriff unerträglich. Der aufgeklärte Europäer verweise statt dessen auf Gesetze, die gemacht seien, Gerechtigkeit und Glück herzustellen; auf die Systeme sozialer Sicherung; auf die Ärzte; auf die Polizei; auf eine Gleichheit, die alle Unterschiede als menschenunwürdig ansehe: ‚Alles bloß Versuche, das Schicksal abzuschaffen', sagte er. Sizilien jedoch, das uralte, häretische Sizilien, fuhr er fort, habe diesen modernen Glauben niemals angenommen. Seine Bewohner beharrten darauf, daß es noch Unterschiede gebe: verdienstloses Glück ebenso wie Verhängnisse, denen nichts auf dieser Welt abhelfen könne und die auf unerklärliche Weise mit Blut, Magie, Besessenheit und Sünde zusammenhingen. Vom archaischen Stolz, mit dem sie an diesen Überzeugungen festhielten, rühre die Stärke der Sizilianer im Ertragen wie im Aufbegehren her. Und nach einigem Nachdenken fügte er hinzu, nur wer sich dem Schicksal unterwerfe, der sei ihm auch gewachsen".

19 Die „Züchtung" stellt schon Heidegger als Exponenten von Machenschaft und Technik heraus (vgl. Heidegger, Beiträge, 148; Heidegger, Holzwege, 94 u.ö.).

20 Canetti, Provinz des Menschen, 74.

selbstverständlich sagen müssen, keine falschen Wünsche, wohl aber kann es gute Gründe geben, sie nicht zu erfüllen. Und es läßt sich begreiflicherweise genug und immer noch mehr ausfindig machen, das noch nicht wegzuheilen oder wegzulügen ist. Eine neuzeitliche Menschheit, mit dem Labor als epistemischem Zentrum (das Labor hat die Maße der Welt angenommen, „Labor" ist überall), die das Angebot der Gentechnik ausschlüge, müßte freilich wohl erst noch geschaffen werden. „Dabei ist das Therapieversprechen", merkt Frank Schirrmacher an, „von der Qualität jener Wurfsendungen, die einem mitteilen, man habe bereits eine Million gewonnen und wisse es nur noch nicht."[21] Die Kopplung zwischen biomedizinischer Forschung und Ethik ist in alledem stark genug, daß die Bioethik letztlich harmlos bleibt und immer zu spät kommt. Womöglich gelten dabei Theologen als besonders unbarmherzig, weil sie einer „Ethik des Heilens" den Segen verweigern und das indifferente, nicht-christliche Fußvolk mit metaphysischen Verboten belästigen, die man nur noch einer kleinen Herde von Gläubigen zumuten könne.[22] In Wahrheit gibt es Krankheiten, die wie Ärzte auftreten. Und Menschenwürde läßt sich nun einmal nicht gegen Arbeitsplätze aufrechnen. „Die brave new world", liest man in Ernst Jüngers Tagebuch, „ist nicht so einfach; sie wirft auch magische Schatten – wenn Yoricks Schädel zu antworten beginnt, wird es unheimlich."[23] Jedenfalls ist die Ideologie der totalen Therapie auf ihre Antriebskräfte zurückzuführen. Tatsächlich wird, unwiderstehlich angetrieben von therapeutischen Verheißungen, in projektivem Größenwahn, *Macht an sich* gesucht, der Zuwachs an Verfügungschancen um seiner selbst willen, wird also Technik – eben als „Macht an sich" – im weitesten Sinne akkumuliert. Aus der Macht für etwas wird als das eigentlich Gewollte Macht an sich herausgefiltert. Die scheint indes keiner Begründung zu bedürfen. Verwendungen finden sich.

„Dabei umfaßt dieser Name [sc. „die Technik"]", wie Heidegger unermüdlich einzuschärfen suchte, „alle Bezirke des Seienden, die jeweils das Ganze des Seienden zurüsten: die vergegenständlichte Natur, die betriebene Kultur, die gemachte Politik und die übergebauten Ideale."[24] Die Neuzeit

---

21 Schirrmacher, Bioputsch.
22 Zu Recht Joachim Kardinal Meissner: „Man kann in den Landstrichen an der Küste Kompromisse machen, wenn es darum geht, wie tief man ackert, wo man ackert und wann man ackert. Aber beim Deich gibt es keine Kompromisse. Wenn man den Deich an einer kleinen Stelle ein bißchen durchsticht, um nicht als völliger Blockierer zu gelten, dann wird er nämlich über kurz oder lang brechen. Gute Politik machen in diesen Grenzgebieten nur Politiker, die genau merken, wo sie mit den üblichen Methoden der Politik normale Felder beackern und wo dem gegenüber der Deich beginnt, bei dem feingesponnene Kompromisse katastrophale Konsequenzen haben." (Meissner, Am Deich gibt es keine Kompromisse, FAZ 23.1.2002).
23 Jünger, Siebzig verweht III, 99.
24 Heidegger, Vorträge und Aufsätze, 78. Daß „die Macht an sich böse" ist, erklärt in der berühmten Wendung Jacob Burckhardt. Warum? Weil sie „kein Beharren" ist, „sondern eine Gier

denken bedeutet, ihre spezifische, so zu verstehende Technik denken. Sie ist die neuzeitliche Allmachtsgeste, die imperiale, alles überwölbende Entgeisterung der Zeit. Sie steckt das sich weit dehnende grundbegriffliche Feld ab. Einher geht sie mit eigentümlicher Verrottung der Natur, der Kultur, der Politik, der Ideale. Die *Technik* ist der Gott an der Macht, der epochale, der Zeit-Gott, der sich absolut gesetzt hat.

3. Macht an sich erfüllt den Begriff des Guten

Dabei liegt auf der Hand, daß „das neuzeitliche Denken das Phänomen der Macht nicht zu durchdringen vermochte".[25] Es hätte sich dann mit eigenen Mitteln selber identifiziert. Derart untrennbar ist die Macht mit dem neuzeitlichen Ich verwachsen, daß der Denkende in kein vernünftiges Verhältnis zum Willen zur Macht zu kommen vermag, geschweige denn, daß es ihm gelänge, seiner selbst mächtig zu werden.[26] Doch dieses scheint die Voraussetzung von jenem. Der Mensch wird aus sich selbst nicht klug – wird um so weniger in die Lage kommen, sich selbst zu besitzen oder sich selbst zu vergessen. Er vermag von der Macht so wenig zu lassen wie von sich selbst. Die Subjektivität ist die Machtmitte. Treffend Canettis Aphorismus: „Wer sich mit der Macht befaßt, wird, ohne daß er's merkt, von ihr angesteckt. Er kann sie nicht vergessen, es sei denn, es gelingt ihm, sich selbst zu vergessen."[27] Wer „befaßt sich" indessen unter den Bedingungen der Neuzeit nicht mit der Macht? Sich mit ihr intelligent zu befassen darf als die wohl zuverlässigste, erfolgversprechende Gebrauchsanweisung für ein erfolgreiches In-der-Welt-Sein in der Gegenwart gelten.[28]

Also von einer, wie man sagt, „normativ nicht mehr gebundenen" Moderne könne die Rede sein? Keineswegs. Wohl lehrt die große Schule der Gleichgültigkeiten, unter dem Titel der „Toleranz", ein vermeintliches Jenseits von gut und böse. In Wahrheit gibt es dieses Jenseits nicht. Wo es gesucht und hervorgekehrt wird, erscheint das Böse. Die Verkehrung besteht darin, daß Macht an sich der Sache nach bereits den Begriff des Guten erfüllt.[29] In jedem Fall ist es besser, mehr zu können als weniger, über

---

und *eo ipso* unerfüllbar, daher [sc. ist sie] in sich unglücklich und muß also Andere unglücklich machen" (Burckhardt, Weltgeschichtliche Betrachtungen, 419). Burckhardt hat bei diesen Aufstellungen die moderne europäische Machtpolitik vor Augen. – Zu Burckhardt vgl. Fest, Nachwort.

25   Picht, Maß, 161.
26   Vgl. Guardini, Neuzeit, 75f.
27   Canetti, Hampstead, 51.
28   Zur Erfolgsförmigkeit von Naturwissenschaft und Technik vgl. IV/3, 855.
29   Erwin Chargaff gibt zu bedenken, „daß es zwar das Ziel der Forschung ist, die Wahrheit zu finden, aber daß nicht alles, was der Forscher findet, Wahrheit ist; manchmal ist es nur des Teufels Visitenkarte, die er vom Boden aufhebt." (Chargaff, Geheimnis, 168).

größere Gestaltungsmöglichkeiten zu verfügen, den Dingen nicht ihren Lauf lassen zu müssen, weitere Handlungsoptionen zu entwickeln etc. (und kein Ende abzusehen). Sein begegnet hier als *Machbarkeit*, dort als *Verfügungsmacht*. Was zukunftsweisend, was durchaus überholt, was gut, was böse ist – erweist sich nach Parole. Eine allseitig eingebaute oder vollkommen selbstverständlich unterstellte Steigerungsnotwendigkeit (die man nicht umständlich zu beweisen braucht), ein kategorischer Komparativ, das sich überschlagende Gesetz, wohnt sämtlichem inne. Oder muß allem beigebracht werden. Der Vergrößerungsbefehl ist sich selbst Gesetz.

Jürgen Mittelstraß hat gelegentlich formuliert:

„In der Aneignung des Menschen durch seine Welt wird deutlich, daß der wissenschaftlich-technische Fortschritt kein Maß in sich selbst hat. Wenn es ein inneres Maß von Wissenschaft und Technik geben sollte, dann dies, über jedes Maß hinaus zu gehen. Der Fortschritt der Wissenschaft treibt den Fortschritt der Technik voran und umgekehrt."[30]

Der Wille zur Macht braucht nicht entgrenzt zu werden. Das ist er als solcher immer schon, eingeschworen auf ein unbedingtes Vorwärts, schwanger mit seiner eigenen Überbietungs-Tendenz. Seinem Gebrüll, der in das Bewußtsein dringt und es versehrt – und das ist seine spezifische Weise, die Welt zu *bestimmen* –, kann man nicht entrinnen.

Auf keinen Fall ist monologische Macht gesonnen, abzutreten – begreiflicherweise auch nicht aufgrund von herrschaftsfrei gemeinten, gut gemeinten, doch binnen kurzem immer wieder robustere Motive zum Zuge bringenden Diskursen. Nicht einmal auf der Stelle zu treten ist sie gewillt, sie will aus sich heraus *mehr Macht*. Sie existiert nur im Gefälle, im Mehr oder Weniger. Ihre Gravitation zieht sie hin zur Selbststeigerung. Sie treibt sich hinaus. Durch die Flucht ins Größere, schräg hinauf, hält sie sich aufrecht. Befriedigungen schmecken alsbald schal. Wer ihr verfällt, trinkt Salzwasser und wird durstiger. Woher die Dynamik? Der Tod ist die existentielle Machtmitte. „Die Situation des Überlebens ist die zentrale Situation der Macht" stellt Canetti mit Recht fest.[31] Macht: *Himmelhoch, zutode.*[32] Aus dem Unscheinbaren wird Anscheinendes, dann, mit mörderischer Konsequenz, Wirkliches, dann Notwendiges. Die volle Konsequenz aber bedeutet: alles treibt auf *bedingungslose* Disponibilität hinaus – eben im vollen Umfang, in der ganzen Reichweite der Welt. Der Kern des Lebens, die Würde des Menschen, gut und böse – all dies soll nach allen Seiten hin verhandelbar sein und dann gemacht werden, nämlich gesetzt oder zunächst noch belassen, aber *dann* gemacht werden.

30 Mittelstraß, Maß des Fortschritts.
31 Canetti, Gewissen, 27.
32 So der Titel eines FAZ-Artikels von Volker Braun.

Schließlich soll das auch für Gott gelten: „Gott" – nach allen Seiten hin, in Verfolgung aller möglichen Interessen und Affekte, verhandelbar. Auch er soll irgendwie überlebt werden. „Nun wollen wir, daß der Übermensch lebe!" Auch auf Gott richtet der Prozeß der Moderne die Gewalt des Machens, will das zumindest. Er wird fort- oder herbei-, jedenfalls zurechtgedeutet. Religion wird daraufhin bedarfsorientiert gefertigt und gestaltet, erfährt durchaus vorsätzliches, absichtsvolles „Design". Die Welt im ganzen, das eigene Dasein, Gott ... – das sind plastische Aufgaben. Der Himmel ist leer? Das ist zu harmlos. Man vermag ihn zu bevölkern, je nachdem. Das Hochfahrende wird kreativ. Nirgends macht die Selbstmacher-Hybris halt. Heilig und letztinstanzlich ist sie nur sich selbst – im Stolz der eigenen Gesetzgebung. Man kann sich bedenkenlos, machttrunken, an sämtlichem vergreifen. Nietzsche bringt es auf den Begriff: „Schaffen wollt ihr noch die Welt, vor der ihr knien könnt: so ist es eure letzte Hoffnung und Trunkenheit."[33]

4. In der *ultima ratio* enthüllt sich die *ratio*

Jede Anfangs-, doch vordringlich jede Schlußfrage muß infolgedessen gebieterisch lauten: *Was sollen wir nun tun?* Der „Sinn von Sein"? Optimierung, Maximierung, Intensivierung. Alle drei Begriffe kommen dabei auf die vielfältigen Parameter der Machtsteigerung hinaus und bedienen das Paradigma Machbarkeit. Als *ultima ratio* erweist sich dabei jedesmal das enthemmte, um jeden Preis überlebende, gewalttätige Verfügen. In der *ultima ratio* aber erschließt sich der intrinsisch bestimmende Charakter dieser *ratio*[34] – ihre unverhüllte, barbarische Reinform, die gewissenlose, militante Vernunft, ultimativ mitten durch die zerstörerische Moderne hindurchlaufend. Goethes bekannte Bemerkung, der Handelnde sei immer gewissenlos, gibt dem prägnanten Ausdruck. Als Gewalttäter, prinzipiell gewaltbereit, stellt der Täter und Macher sich bloß. Dieser *ratio* wohnt notwendig ein Gewaltmoment inne, folglich: sie denkt letztlich in Gewalt – die zudem offenbar zunehmend einen starken unterschwelligen oder bei bestimmten „Gewaltkarrieren"[35] geradezu euphorisierenden Reiz ausübt.

---

33 Nietzsche, KStA 4, 146; cf. oben Abschn. A. bei Anm. 100.

34 „Wie", so fragt Hans Joachim Iwand (Iwand, Theologiegeschichte, 348), „wenn ohne den Glauben an den Gott dieses [sc. Ersten] Gebotes die ratio ihre eigene Rechtschaffenheit und Nüchternheit eben nicht behalten kann, sondern ‚besessen' wird?" Vgl. Arendt, Denktagebuch, 714: „Ad irrationalism: Science is compromised since atomic warfare. Science can result in annihilation. This is a *rational* argument, but is believed to be irrational because Science and Reason have been identified".

35 Vgl. Ferdinand Sutterlüty, Gewaltkarrieren. Die Gewalttat folgt Motiven, die aus der Erfahrung von Gewaltausübung selbst hervorgehen – so daß Gewalt sich von sich selbst nährt und, diabolisch überschießend, autonom zu werden scheint.

Sie fühlt in Gewalt und hungert nach ihr. Ihr Wille kommt aus Militanz. Und was sich nicht durch Gewalt erreichen läßt, läßt sich durch noch mehr Gewalt erreichen. Die jederzeit erneuerbare Gewißheit wohnt ihr inne, Dinge *geschehen* machen zu können. Sie bringt zur *Raison*. Sie verschafft unter Umständen jämmerlichen Tätern einen wundersamen Bedeutungsgewinn. Was bedeutet es, wenn Menschen erst durch Gewalt einen Schlüssel zu ihrem Leben finden? Gewalt oder fatalistische Hinnahme des Unannehmbaren lautet die miserable Alternative. Barth zählt die Gewalt als eine der möglichen sich „mit dem Anspruch auf absolute Würde und Geltung" umgebenden „Geschichtsmächte" bzw. regelrecht „Götter" auf (IV/2, 615ff). Der Mensch als solcher, seine „kleinen Revolutionen und Angriffe" ... sind ihnen keinesfalls gewachsen. „Jesus *ist* ihr Besieger." (IV/2, 615). Er weckt aus dem Traum auf, daß es sich in Wahrheit um „göttliche oder gottgegebene Wirklichkeiten" handelt (IV/2, 616).

Wer in dieser Hinsicht ein Zeuge Jesu Christi sein will, wird erfahren müssen, daß er

„der ihn umgebenden Welt gegenüber, obwohl er doch nur andeuten kann, um was es eigentlich geht, notwendig als ein Fremdling, ein Narr, ein Schädling, erscheinen muß [...]. Er muß und wird es darauf ankommen lassen, seiner Umgebung – und wenn er sich mit deren Augen sieht, auch sich selber – *ärgerlich* zu werden." (IV/2, 617).

Er wird womöglich in eine Art Abseits geraten, „auffällig, verdächtig, widrig" werden (IV/2, 617f), weil er jenen Mächten, die in der Geschichte ihre verheerende Gewaltspur ziehen, „den Respekt und den Gehorsam verweigert" (IV/2, 618). Es kann sein, daß er „in seiner Umgebung ein *Einsamer* werden muß" (IV/2, 618) – eben in der „Bezeugung des Reiches Gottes als des Endes der fixen Idee von der Notwendigkeit und Heilsamkeit der *Gewalt*" (IV/2, 621).

Der Christ, gesteht Barth in einer Predigt 1934 zu, „kann gut und gern in der Minderheit und auch wohl einmal, wenn es denn nicht anders geht, ohne Groll und Stolz ganz allein stehen."[36] Gut und gern kann er ein Unzugehöriger bleiben. Ist doch auch die Gemeinde ein Fremdling in ihrer Zeit (1Petr 1,1; 2,11) – in andersartiger, andersortiger Fremde, als es das sonst gibt, himmelweit anders. *Ultima ratio,* wie Barth sogleich auf der ersten Seite der *Göttinger Dogmatik* feststellt,[37] ist dann die *Anrufung Gottes*.

Überall scheint die Zeit sofern nicht mit tatsächlicher, so mit beginnender, sich zu exekutieren anschickender Gewalt geladen. Sachlich: Modernisierung; menschlich: Tod. Sie hört nach eigenem Selbstverständnis auf, rational zu sein, wenn sie sich die militante *ultima ratio* nicht in jedem Falle vorbe-

---

36 Barth, Predigten 1921–1935, 365.
37 Barth, Unterricht I, 3; vgl. 7.

hält. Sie auszuschließen ist irrational. Ohnmacht kennt sie nur als verzweifelt tobende Ohnmacht, doch keinesfalls als Memento der Ohnmacht der Macht.[38] Durch subtile oder grobe Manipulation werden Gegenmeinungen (Wehrdienstverweigerung, Technikfeindschaft) als bizarre Abweichungen vom gemeinen Menschenverstand hingestellt, doch mag ihnen möglicherweise hoheitsvoll Toleranz zugesagt werden. Doch diese *ultima ratio*, eben mehr als beigemischter trüber Bodensatz, vergiftet die *ratio* zu überwältigender Unvernunft. Denn die *ultima ratio,* ins Äußerste getrieben, also wirklich ultimativ vollzogen und ausagiert, ist der exekutierte Vernichtungswille, die unbewohnbar gemachte Monosphäre: als totaler Krieg mit den Mitteln der atomaren, bakteriellen, gentechnologischen Vernichtungstechnologie.

Indessen, so Barth im Römerbriefkommentar: „Nichts ist natürlicher als der Krieg",[39] als die größtmögliche Geste des Bösen. Nichts ist im alten verrotteten Äon natürlicher als der Einbruch des Unsagbaren, seine Quintessenz. „Das Verbrechen", liest man schon bei Baudelaire, „an dem das Menschentier vom Mutterleib an Gefallen hat, ist natürlichen Ursprungs"; und: „[…] die Natur ist außerstande, uns anderes zu raten als das Verbrechen"; schließlich: „Das Böse geschieht mühelos, natürlich, schicksalhaft; das Gute ist immer das Ergebnis einer Kunst."[40]

Gibt es Höllenstürze, die nicht Jahrzehnte, sondern Jahrhunderte dauern? Etwas quälend Unausweichliches scheint ihnen innezuwohnen. Menschlichkeit geht dann in langsamer Unaufhaltsamkeit zum Teufel. So spricht Heidegger in einem Brief vom „Geschickhaften einer Zerstörung der Menschlichkeit des Menschen durch die Biophysik".[41]

5. Der Nationalsozialismus ist Exponent neuzeitlichen Machtdenkens

Im Gespräch mit Nietzsche – in denkbar radikaler Ideologiekritik – hat Heidegger (in Überlegungen von spätestens 1936 an) den *Nationalsozialismus* als den Exponenten neuzeitlichen Machtdenkens dargestellt.[42] Schon

---

38 Vgl. Adorno, Negative Dialektik, 399.
39 Barth, Römerbrief II, 454. – Canetti (Canetti, Provinz des Menschen, 18) bildet den Krieg furchtbar „natürlich" auf Individuen ab: „Er stahl mir das linke Ohr. Ich nahm ihm das rechte Aug. Er versteckte mir vierzehn Zähne. Ich nähte ihm die Lippen zu. Er sott meinen Hintern gar. Ich stülpte ihm das Herz um. Er aß meine Leber. Ich trank sein Blut. – *Krieg."*
40 „Le crime, dont l'animal humain a puisé le goût dans le ventre de sa mère, est originellement naturel." „[…] la nature ne peut conseiller que le crime." „Le mal se fait sans effort, naturellement, par fatalité; le bien est toujours le produit d'un art." (Baudelaire, Œuvres, 715).
41 Heidegger, Seelchen, 363.
42 Zur umfangreichen Debatte zum Thema „Nationalsozialismus und Moderne" vgl. etwa H. Mommsen, Vorgetäuschte Modernisierung; N. Frei, Wie modern war der Nationalsozialismus?;

Habermas hatte die entscheidende Umorientierung in Heideggers Denken verzeichnet. Er setzt sie in der Zeit nach 1934 an und formuliert:

„Während bisher die nationale Revolution mit ihren Führern an der Spitze eine *Gegenbewegung* zum Nihilismus darstellte, meint Heidegger nun, daß sie ein besonders charakteristischer *Ausdruck*, also ein bloßes Symptom jenes verhängnisvollen Geschicks der Technik sei, dem sie doch einst entgegenwirken sollte."[43]

Unter dem Titel *Heideggers Kritik am Nationalsozialismus und an der Technik* ist dann Silvio Vietta der Frage im einzelnen nachgegangen und hat vor allen Dingen im Rekurs auf Heideggers *Beiträge zur Philosophie* die Unhaltbarkeit des (auch bei Habermas beibehaltenen) Vorwurfs erwiesen, Heidegger sei aus der Nähe zum Faschismus nie herausgekommen. Vielmehr zeigt sich in Heideggers Arbeit spätestens seit 1936 zusehends deutlicher (Vietta führt eine Fülle von Belegen an), „daß *jener* politische Aufbruch, den der Nationalsozialismus wollte, eben kein wirklicher Neuanfang war, sondern im Gegenteil eine brutale Erscheinungsform des Nihilismus selbst."[44] Dabei weitet sich, so Vietta, die Kritik am Nationalsozialismus: „Am Faschismus ist offenbar Heidegger das Aggressive der modernen Technologie und des modernen rationellen Denkens überhaupt erst aufgegangen [,] und von dieser Basis aus denkt er seine eigene spätere Technikkritik weiter." Einige Seiten später heißt es: „Die Heideggersche Kritik am Nationalsozialismus kann so bruchlos in eine globale Technikkritik übergehen, weil ihm das Wesen dieser Technik an der totalitären Herrschaftsform des Nationalsozialismus aufging."[45] Der in der Neuzeit latente und immer wieder manifeste Nihilismus stößt im Nationalsozialismus zu sich selbst vor.[46] Hitler erscheint als reiner „Energieausbruch" im Sinne unbedingten

---

A. Schildt, Hochkonjunktur. Bezug genommen wird dort u.a. auf die Arbeiten von J. Alber, G. Aly, Z. Bauman, D. Peukert, K. H. Roth, D. Schoenbaum, H.-U. Wehler, R. Zitelmann. Vgl. auch den von Prinz und Zitelmann herausgegebenen Sammelband *Nationalsozialismus und Modernisierung*. Natürlich differieren die Ansichten – nach Maßgabe des Modernisierungs-Begriffs – erheblich. Heidegger spielt in dieser Diskussion, soweit ich sehe, unverständlicherweise keine Rolle.

43 Habermas, Vorwort, 26.

44 Vietta, Heideggers Kritik am Nationalsozialismus, 18. George Steiners Vorwurf, Heidegger habe „jede Antwort auf die Frage nach dem wahren Wesen des Hitlerismus und der Konsequenz, die Auschwitz heißt, verweigert" (Steiner, Heidegger, 33), trifft darum nicht.

45 Vietta, Heideggers Kritik am Nationalsozialismus, 37; 43.

46 Harry Mulisch hat in seinem Roman *Siegfried* die Unerklärlichkeit Hitlers („Personifikation des Nichts") mit der Macht des Nichts erklärt: „Dann unterschied er sich nicht graduell, sondern essentiell von anderen Despoten wie Nero, Napoleon oder Stalin. Das waren dämonische Gestalten, doch auch Dämonen sind noch etwas Positives, während Hitlers Wesen in der Abwesenheit eines Wesens bestand. Auf paradoxe Weise war dann gerade das Fehlen eines ‚wahren Gesichts' sein wahrer Charakter." (Mulisch, Siegfried, 82) „Mit Hilfe der Psychologie kann man ihn nicht erklären, dazu bedarf es eher der Theologie." (81; vgl. 136–146) Die Theologie wird freilich dem Dämonischen keinesfalls „noch etwas Positives" zuerkennen können und das Nichtige nicht lediglich als Fehlen von etwas bestimmen.

Willens zur Macht.⁴⁷ Nichts kennzeichnender als das am Anfang stehende „Ermächtigungsgesetz".

Zu Heideggers offensiv kritischer Nietzsche-Lektüre (entgegenlaufend der Verwendung der Texte Nietzsches durch die Nazi-Ideologen) bemerkt Vietta:

„Erst durch Nietzsche hat Heidegger den *Nihilismus* seiner Zeitgeschichte erkannt, die zwar ,Ideen' und ,Werte' propagierte, in Wahrheit aber nur die militarisierte und totalitäre Form des ,Willens zur Macht' darstellte. Umgekehrt aber auch: erst durch die realgeschichtliche Entwicklung des Nationalsozialismus hat Heidegger begriffen, was Nihilismus *realgeschichtlich* bedeuten kann."⁴⁸

Im Ergebnis ähnlich, wenngleich nun nicht mehr in umfassend geschichtslogischer, metaphysikkritischer, sondern, enger geführt, in soziologischer Perspektive, liest man bei Ralf Dahrendorf:

„Der Nationalsozialismus hat für Deutschland die in den Verwerfungen des kaiserlichen Deutschland verlorengegangene, durch die Wirrnisse der Weimarer Republik aufgehaltene soziale Revolution vollzogen. Der Inhalt dieser Revolution ist die *Modernität*. […] Der brutale Bruch mit der Tradition und *Stoß in die Modernität* ist […] das inhaltliche Merkmal der sozialen Revolution des Nationalsozialismus."⁴⁹

Und auch in der großen Hitler-Biographie von Ian Kershaw⁵⁰ wird gleich zu Beginn in großer Ernsthaftigkeit die Frage gestellt, ob es sich bei diesen

---

47 Fest (Fest, Hitler, 17; Hv. M.T.) beschreibt gleich auf in den ersten Sätzen seines Buches Hitlers verhunzte Größe: „Die bekannte Geschichte verzeichnet keine Erscheinung wie ihn; soll man ihn ,groß' nennen? Niemand hat soviel Jubel, Hysterie und Heilserwartung erweckt wie er; niemand soviel Haß. […] Hitlers eigentümliche Größe ist ganz wesentlich an diesen exzessiven Charakter gebunden: ein ungeheurer, alle geltenden Maßstäbe sprengender *Energieausbruch*." Und die letzten Sätze des Buches lauten entsprechend (1042; Hv. M.T.): „Hitler hatte kein Geheimnis, das über seine unmittelbare Gegenwart hinausreichte. Die Menschen, deren Gefolgschaft und Bewunderung er sich erworben hatte, waren niemals einer Vision, sondern einer *Kraft* gefolgt, und im Rückblick erscheint dieses Leben wie eine einzige *Entfaltung ungeheurer Energie*. Ihre Wirkungen waren gewaltig, der Schrecken, den sie verbreitete, beispiellos; aber jenseits davon ist wenig Erinnerung."

48 Vietta, Heideggers Kritik am Nationalsozialismus, 49. Heidegger selber berichtet in dem berühmten *Spiegel-Interview* von 1966 (in: Neske, Antwort, 93): „1936 begannen die Nietzsche-Vorlesungen. Alle, die hören konnten, hörten, daß dies eine Auseinandersetzung mit dem Nationalsozialismus war."

49 Dahrendorf, Gesellschaft und Demokratie, 416 (Hv. M.T.). Die Sätze sind in der Debatte über die Modernität des Nationalsozialismus immer wieder zitiert worden.

50 „Die Diktatur Adolf Hitlers", so Kershaw sogleich auf den ersten Seiten (Kershaw, Hitler, 15f), „besitzt für das 20. Jahrhundert paradigmatische Bedeutung, mehr als die von Stalin oder Mao. Extrem und eindringlich spiegelt sie den ,totalen' Anspruch des modernen Staates, eine bisher ungeahnte staatliche Repression und Gewaltanwendung, beispiellose Manipulation der Medien zur Kontrolle und Mobilisierung der Massen, einen unerhörten Zynismus in den internationalen Beziehungen, die Sprengkraft eines überhitzten Nationalismus, die ungeheure zerstörerische Energie der Ideologien ,rassischer Überlegenheit' und die äußersten Konsequenzen des Rassismus, begleitet von der pervertierten Anwendung der modernen Technologie und ,Sozial-

Geschehnissen um „ein Ergebnis und ein Merkmal der modernen Zivilisation" handelt. Auch Barth hält in diesem Zusammenhang für erwägenswert, den Nationalsozialismus als einen Exponenten der Moderne zu verstehen. Bezeichnenderweise kommt er zum Beispiel[51] beim Thema „Selbstmord" darauf zu sprechen: „Wenn der deutsche Nationalsozialismus nicht etwa als eine Entartung, sondern als eine Spitzenerscheinung und Blüte des spezifisch modernen autonomen Menschentums zu verstehen ist, dann ist auch das kein Zufall, daß gerade seine prominentesten Gestalten gerade so aus dem Leben geschieden sind, wie es geschehen ist." (III/4, 467)[52]

6. Waffen sollen es sein ...

In der neuzeitlichen Technik als in der auf Weltformat gebrachten, universalen Machenschaft stößt der bedingungslose Wille zur Macht zu sich selbst vor. Dort repräsentiert er sich mit dem Plausibelsten, was es gibt, mit überwältigendem Erfolg – und auf diese Weise keineswegs lediglich auf der aufgetriebenen Gipfelhöhe politischer oder militärischer Gewalt (der „Neugestaltung Europas" o.ä.), sondern ebenso und sogar um so mehr im ameisenhaft fleißigen, tief unheimlichen Betrieb der Zivilisation, in einer Ökonomisierung, die sich gegen politische Steuerung zunehmend resistent erweist. Die ihr eigentümliche Rationalität entlarvt sich überall dort in ihrem

---

technik'. Vor allem war die Hitler-Diktatur ein warnendes Fanal, das noch immer hell leuchtet: Sie zeigt, wie eine moderne, fortschrittliche und kultivierte Gesellschaft so rasch in die Barbarei sinken kann, die in einem ideologischen Krieg, räuberischen Eroberungen von kaum vorstellbarer Brutalität und einem Völkermord gipfelte, wie sie die Welt noch nie zuvor gesehen hatte. Die Hitler-Diktatur führte zu einem Kollaps der modernen Zivilisation – zu einer Form des nuklearen Super-GAUs in der Gesellschaft. Sie hat gezeigt, wozu wir fähig sind.
  Grundlegende Fragen sind bislang nicht geklärt. Was war an dieser katastrophalen Entwicklung spezifisch deutsch? Was war typische Zeiterscheinung? Was war Teil einer allgemeineren europäischen Krankheit? Waren die Geschehnisse ein Ergebnis und ein Merkmal der modernen Zivilisation? Besteht ihre Kraft untergründig fort, oder lebt sie gar am Ende des Jahrhunderts wieder auf?" Eben letztere Fragen stellen sich von Heidegger her noch einmal in neuer Schärfe und Unausweichlichkeit.
  51 Vgl. etwa den oben (Abschn. C. bei Anm. 192) zitierten Vortrag aus dem Jahr 1937: *Der deutsche Kirchenkampf*.
  52 Bei der Behandlung der Frage, wie mit dem Suizidalen umzugehen sei, nimmt Barth, charakteristisch wiederum, das *Genügen der Gnade* zum Ausgangspunkt (hier als Anrede formuliert): „Das Alles – die Souveränität, die Einsamkeit, die Leere, die Verzweiflung, der Selbstmord – wäre ja nur für dich, wenn du leben *müßtest*, wenn Leben nicht von Gott geschenkte Freiheit wäre! Das Alles wäre für dich, wenn es dir aufgetragen wäre, dir selbst helfen zu müssen, wenn du von irgendwoher unter dem Druck stündest, dein Leben in deine eigene Hand zu nehmen, dein eigener Meister zu sein und irgend etwas Bedeutendes aus dir zu machen, dich selbst zu rechtfertigen, zu heiligen, zu retten, zu verherrlichen – um dann irgend einmal und irgendwie einsehen zu müssen, daß du damit nicht durchkommst. Aber damit ist es ja von der Wurzel aus nichts: Gott ist dir ja *gnädig*." (III/4, 464).

machenschaftlichen, technischen Charakter. Rationalität ist Operationalität. Vom „Zusammenfluß aller Intelligenzen in der einen technischen" spricht Botho Strauß.[53] Jedenfalls rücken die Intelligenzen jedesmal, mit jedem Modernisierungsschub, in diese Richtung des Operationalen näher zusammen.

Als spezielle Form kehrt sich dabei stets aufs neue dabei die Erfolgslüge und selbstgestellte Effizienzfalle der Technokratie hervor, sie siegt sich zu Tode – mit der Arroganz von Stärke und Realitätstüchtigkeit, mit ihren langen Erfolgen. Der Mensch des Hier und Jetzt: „Atemlos horcht er auf Erfolg, auf jeden, unter der Erde, am Nordpol, am Mond."[54] Immense Erfolgslinien heben sich auch durchaus ab, allerdings vor dem Hintergrund einer um so größeren wachsenden Gefahr für das Weiterleben der Menschheit. In Katastrophen verblaßt ihr Glanz nur vorübergehend, sie tun dem Anschein ihrer Unwiderstehlichkeit keinen Abbruch. Offenbar der hohle Mensch, ein ausgeblasenes Innenleben, die Unersättlichkeit, ist Bedingung für den die Leere unverzüglich (vermeintlich) ausfüllenden Erfolg.

Endgültig kehrt sich das eigentlich Gemeinte aber im Willen zur *Waffe* hervor. Der rasende Wille zur Macht wird notwendig zum Willen zur Waffe. Dazu braucht kein Weg zurückgelegt zu werden. Begreiflich wird die neuzeitliche Technik am einfachsten *als* (reale oder potentielle) Waffe – jene Technik, „in der", wie Ernst Jünger beobachtet, „nicht die kleinste Erfindung gemacht werden kann, die nicht ihr verborgenes *potentiel de guerre* besitzt".[55] Eine blutige Vernunft macht sich geltend. Im Willen zur Waffe kommt Modernität wie ein Schlag. Immer neu wird das Gewissen aus der Vernunft herausgenommen (wirklich „vorurteilsfrei" ist der Waffenhändler). Verstimmung und Ressentiment und ein Rachegefühl dem Schöpfer und dann der Welt gegenüber bewaffnen sich – um gegen alles, gegen jede Machtminderung, gerüstet zu sein und sich gegen alles (doch vor allem gegen den übermächtigen Gott des Evangeliums, gegen die Gnade) zur Wehr setzen zu können. Denn die Schwachheit erscheint als das größte aller Übel. Wer ist „schwach"? Der sich nicht selbst ermächtigt, steigert, verwirklicht, erbringt, richtet, rüstet. 2Kor 12,9 dürfte darum – wir haben oben darauf hingewiesen[56] – für die Gegenwart einer der provozierendsten, widrigsten Texte des Neuen Testaments sein. „Meine Gnade genügt dir. *Denn meine Kraft ist in den Schwachen mächtig.*"

In diesem Rüstungs-Willen, natürlich sich ins Wahnhafte steigernd, nämlich ständig im Großen und bis ins kleinste auf Optimierung bedacht,[57] liegt

---

53 Strauß, Anwesenheit, 96.
54 Canetti, Hampstead, 45.
55 Jünger, SW 9, 74 (Hv. M.T.).
56 Cf. z.B. oben Abschn. A.c.4.
57 Charakteristisch ein Satz in der europäischen Verfassung: „Die Mitgliedstaaten verpflichten sich, ihre militärischen Fähigkeiten schrittweise zu verbessern." Art. I–41 (3).

das Betriebsgeheimnis der spätmodern-modernen Welt. Ihrer ist noch nicht ansichtig geworden, wer nicht auf diese oder jene Weise durch die hohe Schule der Waffen gegangen ist. Entsprechend läßt sich aus ihr der Grundzug des neuzeitlichen Menschenbildes ablesen. Verstand, Wissen, der Wille, Gefühle, Phantasie – sind jeweils wie eine Waffe zu führen. Denn die Waffen ihrerseits, so schon Hegel, „sind nichts anderes als das *Wesen* der Kämpfer selbst [...]"[58] – die nichts zu rechtfertigen vermag als der Sieg. Kann man die Kämpfer *im Wesen*, also von innen her, entwaffnen? Absperren die furchtbare Zugänglichkeit für den kriegerischen Appell? „Im Militärischen als solchem", erklärt Barth in einem Gespräch 1968, „steckt eine Dämonie."[59] Diese Dämonie setzt sich in die Wissenschaft hinein fort. Unnachahmlich sarkastisch Gottfried Benn: „Erst die Piraten, dann die Militärs, jetzt die Wissenschaftler."[60]

Jener blutigen Vernunft entsprechend wird im Zeitalter der biogenetischen Aufrüstung und Selbstverbesserung in das Innen von Welt und Mensch eingegriffen. Der gegen Machtminderungen relativ wehrlose Altmensch läßt sich durch den *homo novus* ersetzen. Der ist nicht nur mit „bewaffnetem Auge", sondern u.a. mit besseren Machtblicken ausgerüstet. Was sieht er schärfer als zuvor? In Instrumenten welcher Art auch immer, in ihrem Inneren, wohnt, abrufbereit, *Gewalt-* und *Rüstungs-* und *Waffenförmigkeit*. Gleichsam auf ihrer Innenwand bilden sich Waffen ab und können als solche mit dem richtigen Blick auch immer wieder bemerkt werden (Passagierflugzeuge, an sich bereits eine Art Geschosse,[61] werden zu verheerenden Waffen). Auf der Innenwand des Menschen selbst bildet sich eine Waffe ab – sobald der Selbstmordattentäter sich selbst als Bombe zu sehen lernt. „*Ich* bin ein Automat", schreibt Georg Büchner an seine Braut.[62] Der kurze, unscheinbar daherkommende Satz, einzutragen freilich in prekäre Gleichgewichte und dann wie ein Aufschrecken, bezeichnet in der Geschichte seiner Abgründe einen neuen Sturz des Ich. Der Satz „Ich bin eine mörderische Waffe" kommt noch einmal tiefer herunter.[63]

---

58 Hegel, Phänomenologie, 285.
59 Barth, Gespräche 1964–1968, 513.
60 Benn, Fazit der Perspektiven [1930], in: Benn, SW III, 299–304; dort 303.
61 Vgl. Jüngers Tagebuchnotiz (Jünger, Siebzig verweht IV, 97): „Der Verkehr nimmt ballistische Formen an. Was bedeutet es, in einem Geschoß dahinzufliegen, in dem man sich innerhalb eines ausgeklügelten Komforts bewegt?"
62 Büchner, SW II, 378.
63 „Behaupten oder vermuten", so schreibt Baumgart über Kafka (Baumgart, Selbstvergessenheit, 72), „darf man auch, daß ein Schriftsteller, der von sich sagen kann: ‚Ich habe kein literarisches Interesse, sondern bestehe aus Literatur, ich bin nichts anderes und kann nichts anderes sein' –, daß für den ein Schreiben *über* irgendeinen Gegenstand, und sei es der weltbewegende Krieg, unvorstellbar und unvollziehbar geworden ist. Der Autor der im Oktober 1914 entstandenen Erzählung ‚In der Strafkolonie' hätte auch sagen können, er habe kein Interesse am Krieg, sondern bestehe aus Krieg, er sei nichts anderes und könne nichts anderes sein."

Die Piraten, die Militärs, die Wissenschaftler – die Ethiker. Dasselbe, ein stets erweiterbares Zu- und Durchgreifenkönnen, kommt, wie Nietzsche wußte, um so mehr für die in höherem, doch undeutlichem Licht schimmernden *Werte* zum Tragen: „Gut und Böse, und Reich und Arm, und Hoch und Gering, und alle Namen der Werthe: Waffen sollen es sein und klirrende Merkmale davon, dass das Leben sich immer wieder selber überwinden muss!"[64]

Die alledem zugrundeliegende Rationalität ist folglich, in dieser Konsequenz, schon im Kern zur „Vernunft" willkürlich ernanntes, nur hochgeredetes Machtdenken. Wahrheit kehrt sich prinzipiell als Macht- und Rüstungswahrheit hervor. „La raison du plus fort est toujours meilleure" (La Fontaine, *Le loup et l'agneau*). Nicht im einzelnen, doch im Grundsatz vorhersehbar ist der unendlich vielfältig mögliche, unter Umständen verheerende „Mißbrauch" des riesigen Macht- und Waffenpotentials.[65] Seine Möglichkeit (oder Wahrscheinlichkeit oder Unabwendbarkeit) wird in Kauf genommen, mit Gesten der Nachdenklichkeit, zumeist achselzuckend – weil es keine Alternative zur Nötigung zu geben scheint, die gewaltige, gewalthafte, sämtliches in sich hineinreißende Technikfront in weitester Linie zu bedienen und, möglichst *zügiger* als bisher, auf *mehr* als bisher, vorrücken zu lassen.

Eine Gegenbewegung oder Weigerung? Was wird bei diesem Vorrücken, das seiner eigenen Rationalität entsprechend nicht umhin kann, über alles sich ihm Widersetzende hinwegzugehen, „aus der wehrlosen Anzeige der Wahrheit" (IV/3, 1002)?[66] Diese besondere Wahrheit, nur wehrlos anzuzeigen, trägt eine eigene, hinsichtlich Christi gewissenhafte, den Maßstäben des unbedingten Willens zur Macht zuwiderlaufende Rationalität in sich. „Wir haben den Sinn Christi ἡμεῖς δὲ νοῦν Χριστοῦ ἔχομεν" (1Kor 2,16) zitiert Barth gelegentlich (IV/3, 624) und fügt hinzu: „– kraft seines Lebens in uns: *seine* Vernunft!" Vernunft gegen die scharfgemachte *ratio*.

Die Unterscheidung der Rationalitäten, der Ansprüche und Vorgaben und Muster der Vernunft, der Geister ... wird damit unumgänglich: nämlich „seine Vernunft" hier – und eine widrig andere, widersacherische Vernunft dort, Scheinvernunft, nicht nur Unvernunft, sondern macht- und rüstungsförmige totalitäre Abervernunft. Erforderlich erscheint – im wilden Land der Weltgedanken – eine Kritik der soteriologischen Vernunft, mit dem Geltendmachen nicht nur mehr oder weniger marginaler Unterschiede, sondern eines Differenz-Abgrunds. Als das der bedingungslosen Machtförmigkeit im Grunde Fremdeste stellt sich dann der Dank heraus – wo doch

---

64 Nietzsche, KStA 4, 130.
65 Zur Möglichkeit des Mißbrauchs der neuesten Techniken vgl. Schirrmacher, Darwin AG 40; 49; 51f; 66; 74; 102; 116; 124; 186; 193f; 195; 200.
66 Vgl. Stoevesandts Vortrag *Wehrlose Wahrheit*.

der „rechte Gebrauch" der Macht, auf den es ankäme, so Barth, gerade „ein Akt der Dankbarkeit" wäre (III/4, 447). Die härteste Differenz zur Herrschaftsförmigkeit, das ihr gemäß Verbotene, kommt in einer Liedzeile zum Ausdruck: „Nun danket alle Gott".[67]

7. Innenräume lassen sich hinzuerobern

Bei *Friedrich Schleiermacher* liege ein Gegenzug gegen die neuzeitliche Bewegungsform der Vernunft vor? Ich glaube nicht. Theologe und Philosoph aus Passion, nimmt Schleiermacher in das Innere der disponierenden, machtförmigen neuzeitlichen Anstrengungs- und Aufrüstungsmetaphysik das Andere auch noch hinein: die Elemente unterschiedlicher Abhängigkeit, der nicht lediglich beteuerten, sondern verstandenen, ausgebildeten Betroffenheit, der differenzierten, kultivierten, zumal individuierten Rezeptivität. Theologe und Philosoph ist Schleiermacher aus bewußtgemachter, gedankenfähig gemachter Passion. Bestimmtheit manifestiert sich für ihn nicht zuletzt als vielstellige, perspektivische Offenheit. *Machbarkeit kommt weit nach innen.*

Als Theoretiker durchaus praktischer Philosophie, als *Ethiker* mit dem entschiedenen Willen zur Integration der menschlichen Vermögen, zur Einheitsstiftung im Zeichen dessen, wogegen man sich offenhält, spricht er in die Gegenwart des 21. Jahrhunderts hinein: in begriffsstarker, auf Anschlußfähigkeit und Konsistenz hin gearbeiteter, vielfältig erfahrungsbezogener gedanklicher Erschließung jener Elemente, in ihrer Hinzunahme in der Absicht auf umfassende und nachhaltige Erweiterung der Humanität, auf Ausbildung des anderen Flügels, auf Lebenserhöhung als Intensivierung, auf Ganzheitlichkeit ... Anscheinend wirft für ihn der Begriff „Ganzheit" noch keinen totalitären Schatten. Das Böse in der Dimension einer zunehmenden Abgründigkeit hat er vielleicht nicht sehen können. Die ungeheure Sicherheit seiner begrifflichen Arbeit kann beängstigen.

Als „Bewußtsein" geschieht nach Schleiermacher indes der alles bestimmende Vorentwurf eines auf Gestaltung ausgerichteten In-der-Welt-Seins. Seine Wachheit läßt die Welt als zu bildende erscheinen. Als gestaltender wird der Mensch lebhaft. Nur im Theorie-Fenster möglicher Welt- und Lebensgestaltung läßt er, das Gestaltungs- und Optimierungssubjekt, sich begegnen, was ist. Sich die Natur als Gegenstand und Material der Gestaltung entgegenkommen zu lassen bedeutet immer auch: die Begegnung in der

---

67 „Hängt am Ende die Krise der wissenschaftlich erforschten und technisch genutzten Welt damit zusammen", so fragt Biser eindringlich (Biser, Dankbarkeit, 159), „daß die Dankbarkeit aus dem Grundverhältnis zu ihr gewichen ist?"

Kultivierung vernehmender Vermögen vorzubereiten, sich *als Rezipierenden* aufzuhellen, den Vernehmenden selbst immer sensibler zu disponieren: die Instrumente der Wahrnehmung zu schärfen. Die Begegnung führt dann eine Verdeutlichung herauf: daß die Natur sich um so präziser als sie selbst darstellt, im Sinne des Vorentwurfs, nämlich als Stoff und Ressource möglicher Bildung. Im weiteren Verstande dieser höchst spezifischen Offenheit läßt das Bewußtsein die Erscheinungen erscheinen, regelt es vorab die Weise ihres Erfahrenwerdens. Diese Sphäre der Weltoffenheit regelrecht zu denken, ihrer Gesetze innezuwerden, sie methodisch im Begriff zu fassen, daraufhin Regelungen und Verfügungen treffen zu können, sie für Gestaltungen zu erschließen, möglicherweise ihre innere Umfänglichkeit zu erweitern – hieße dann Bewußtseinsbildung, Bewußtseinswandel und -zuwachs und damit Beförderung von höchst realen, vielleicht ganz unerhörten, abermals über sich hinaustrachtenden *Ermöglichungen*.

Einen Gegenzug findet die neuzeitliche Bewegungsform der Vernunft – der unbedingte Wille zum Wissen, zum Vermögen, zur Disposition, zur Herrschaft über die Perspektiven und zum beliebigen Perspektivenwechsel, zur Macht – in Schleiermachers Denken nur scheinbar. Das Andere, das Schleiermacher geltend macht, ein bestimmtes Passiv des modernen Aktiv, bleibt nicht nur das Andere des Einen, ihm darum in kurzer Antithese verhaftet, sondern wirkt als seine scharfe dialektische Fortsetzung und Verstärkung. In die ihrerseits ungemein weiträumig zu entwerfenden Innenhorizonte einer Theorie der Praxis, eines universalen Prinzips Praxis, die Reflexion auf Wahrnehmungs-, Motivations- und Werteschichten hineinzunehmen macht diese Theorie leistungsfähiger und unangreifbarer; sie vertieft sich, erobert Innenräume hinzu. Auch die prozedurale Zubereitung rezeptiver Potentiale – wenn z.B. Blicke entwickelt werden – gehört zum Repertoire des Machtförmigen und Verfügungslogischen, in dessen Zeichen eben durchaus auf Ganzheitlichkeit gesehen wird, auf Einbeziehung des Zulassens und des Vernehmens, des Emotionalen, Spirituellen, Religiösen. Die Entdeckung und gedankliche Fassung perspektivischer Offenheiten wird eingestellt in die Grundbewegung der Heraushebung und Beförderung von bereitliegenden, abrufbaren Möglichkeiten, besser noch: von Ermöglichungen, die ihrerseits neue Generationen ganzer Möglichkeitsareale erschließen. Freiheit und Abhängigkeit können einander im Sinne des Willens zur Offenheit wechselseitig ausgestalten. Der um so bessere Einbau von Aufmerksamkeit in Lebensformen zum Zwecke wirksamerer Regelung wird möglich.

Lebenssphären beschreibbar, gedanken- und begriffsfähig und damit erreichbar zu machen, Dialektik auszubilden als den Versuch, Gewalt über das Für und Wider zu gewinnen und sie darin zu versöhnen, den Kreis von sittlich-kulturellen Möglichkeiten im Blick auf ihr funktionelles Gefüge vollständig auszuschreiten, im Interesse künftiger Konstruktion zu rekonstruieren, was immer vorgeht bewußtzumachen und regelmäßig zu machen als Steigerung von Zugänglichkeit und Verfügbarkeit – das sind Vollzugsformen dogmatistischer Produktivität, Zurichtung und Herstellung von höchst spezifischen, nämlich etwas hergebenden Möglichkeitsbeständen, Erweiterungen von Handlungsspielräumen im prinzipiell Grenzenlosen, wo sehr bald die Bereiche menschlicher, überschaubarer Verantwortungsweiten unbedenklich und ganz konsequent, in einer Art Selbstfortsetzungsautomatik, überschritten werden. Eine maßlose Ethik der Allverantwortlichkeit, ihrerseits funktional konstruiert: auf das Allmögliche und Allzumögliche hin, läßt dann, folgerecht, die Praxis im allgemeinen, das Konstruieren im besonderen und auch die Ausbildung rezeptiver Potentiale, als soteriologische Größen erscheinen.

8. Wer widersteht oder kann sich entziehen?

Eine Reise ans Ende der Macht? Hoffnung für Augen, aus denen alle Hoffnung gewichen ist? Ein Ausweg?[68] „Kein Ausweg, lieber Herr Oelze! Treten wir ab!"[69]

„‚Von mir willst Du den Weg erfahren?' ‚Ja', sagte ich, ‚da ich ihn selbst nicht finden kann.' ‚Gibs auf, gibs auf', sagte er und wandte sich mit einem großen Schwunge ab, so wie Leute, die mit ihrem Lachen allein sein wollen."[70]

Wer ist den zwanghaften Gedanken der Zeit überhaupt gewachsen, den von ihr ausgesandten und im Bewußtsein der Zeit auftreffenden achselzuckenden oder heiseren, ungeduldigen Verzweiflungen? Der Narrheit der Unaufhaltsamkeit und hoffnungslosen Alternativlosigkeit, des Tunnelblicks: vermeintlich geradeaus vor sich selber nur zu sich selber zu fliehen.[71] Dem

---

68 „Ich habe Angst, daß man nicht genau versteht, was ich unter Ausweg verstehe. Ich gebrauche das Wort in seinem gewöhnlichsten und vollsten Sinn. Ich sage absichtlich nicht Freiheit. [...] Nein, Freiheit wollte ich nicht. Nur einen Ausweg; rechts, links, wohin immer; ich stellte keine andere Forderungen; sollte der Ausweg auch nur eine Täuschung sein; die Forderung war klein, die Täuschung würde nicht größer sein. Weiterkommen, weiterkommen! [...] Heute sehe ich klar: ohne größte innere Ruhe hätte ich nie entkommen können." (Kafka, *Ein Bericht für eine Akademie*, in: Drucke zu Lebzeiten, 299–313; dort 304f). Größte innere Ruhe, übermenschliche Ruhe ist angebracht. Sagen wir: *die Reglosigkeit der Mücke am Klebeband*. Diese Ruhe als Verhaltensmodell dem neuzeitlichen Menschen zu empfehlen heißt, ihn aufs äußerste zu brüskieren. – Eine ganz und gar scheinbare Ausweglosigkeit bei Tilmann Moser (Moser, Gottesvergiftung, 28f): „Ich saß wie in einer Falle mit dir [...]. Du hast aus mir eine Gottesratte gemacht, ein angstgejagtes Tier in einem Experiment ohne Ausweg".
69 Benn, Briefe an Oelze II, 122.
70 Kafka, Nachgelassene Schriften II, 530.
71 „Die Furcht vor Narrheit. Narrheit in jedem geradeaus strebenden, alles andere vergessen machenden Gefühl sehn." (Kafka, Tagebücher, 606).

Sturz immer nur ins Eigene. Dem Unterkommen bei sich. Der Rundumbewegung (und Bewegungsgewalt) bis an den unbestimmten Rand des Bewußtseins, die den Horizont zuzieht und die Hoffnung verschwinden macht. In schrecklicher Prägnanz faßt Adorno Becketts zeitdiagnostisches *Endspiel* zusammen: „Hoffnung kriecht aus der Welt [...], dorthin zurück, woher sie ihren Ausgang nahm, in den Tod."[72] Der tief problematische Status der Hoffnung in der Gegenwart. P. F. Thomése, der niederländische Schriftsteller, hat diesem Prekären melancholischen Ausdruck gegeben: „Dort, wohin er sich verirrt hatte", heißt es in seinem Buch *Über der Erde*, „stand geschrieben, daß Gott der Welt die Wahrheit genommen und durch die Hoffnung ersetzt hatte."[73] Genannt ist damit indessen eine Hoffnung, die auf ihrer eigenen Unerfüllbarkeit besteht.

Die ganze Angst der Welt: daß sie um sich schlägt und krank macht, steht der Hoffnung entgegen. Der 1948 erschienene Roman Ilse Aichingers *Die größere Hoffnung* gibt ein Gespräch zwischen jungen Frauen wieder.[74] In anrührender Paradoxie erscheint der gelbe Judenstern als Stern der Hoffnung:

> „‚[...] Ich meine – was erhoffst du?'
> ‚Alles', sagte Anna. Und der Glanz einer größeren Hoffnung überflutete wieder die Angst in ihrem Gesicht.
> ‚Alles?', sagte Ellen leise. ‚Alles – haben Sie gesagt?'
> ‚Alles', wiederholte Anna ruhig. ‚Ich habe immer alles erhofft. Weshalb sollte ich es gerade jetzt aufgeben?'
> ‚Das –' stammelte Ellen, ‚das habe ich gemeint. Das bedeutet der Stern: alles!'"

Und in ihrer kleinen Erzählung *Mein grüner Esel* verwandelt sich ein Esel, indem die Farbe der Hoffnung auf sein Fell ausgegossen wird, zum geheimen Lehrer.[75] Alles Offensichtliche widerspricht indes diesem Geheimen.

Wie vermag man gegen das ersichtlich Intolerable, aber doch irgendwie Hingenommene in Bewegung oder ihm gegenüber gerade zur Ruhe zu kommen? Wie gewinnt sich Resistenz gegen die bewährten Beschwichtigungsrituale? Wer widersteht oder kann sich entziehen?[76] Wer urteilt? Der

---

72 Adorno, Noten, 321.
73 Thomése, Über der Erde, 114.
74 Aichinger, Hoffnung, 119.
75 Aichinger, Erzählungen 1958–1968, 79–82.
76 Dem im „Eifer um die Ehre Gottes" notwendig enthaltenen *Widerstand* hat Barth gelegentlich mit politischen Widerstandsbewegungen verglichen, „die darum nicht sinnlos und vergeblich waren, weil sie die totalitäre Macht, gegen die sie sich richteten, bekanntlich nicht stürzen, sondern nur praktisch da und dort in Frage stellen, ihre Grenzen sichtbar machen, den Nonkonformismus ihr gegenüber stärken, vor aller Kollaboration eindrucksvoll warnen, die Hoffnung auf die von ganz anderer Seite zu erwartende und dann auch kommende Befreiung wach erhalten konnten. Wie denn auch jene Hugenottin das Wort ‚Résistez!' nicht sinnlos und vergeblich in die

Mensch nicht, nicht Adam oder Groß-Adam, kein Vorgang, das Gewissen an Gremien zu delegieren, kein internationales oder interreligiöses Sinn- und Werte-Gremium,[77] kein demnächst einzurichtender globaler Ethikrat (es wäre ein Gremium vollendeter Anmaßung, eine Hybridform), keine von wem auch immer entworfene und in irgendeinem Rezeptionsprozeß zu ratifizierende Gattungsethik.

9. Der Wille zur Macht würdigt Gott herab

Über Ausmaß und Härte des Problems läßt sich für die Theologie Entscheidendes (wie m.E. bei niemand anderem) von Martin Heideggers spätem Denken lernen. Aufmerksam gemacht wird dort auf epochale Differenzen im Aufenthalt des Menschen in der Welt: daß nämlich das An-wesen der Welt im ganzen und also entsprechend das In-der-Welt-Sein des Menschen (Erziehung und Sozialisation des Auges und des Ohres, „das In [...], worin alles andere getaucht" ist,[78] Politik, Kultur, Religion ...), sich geschichtlich radikal unterschiedlich, also nach Maßgabe der jeweiligen „Grundstellung" des Seins eben von Grund auf vielfältig zur Darstellung bringen kann. Eintreten und bereits jedes Vorfeld präparieren kann in der Seinsgeschichte ein je Anfängliches: eine Veränderung des Realitätsklimas, ein je anderes (zum Beispiel machtförmiges) An-wesen alles Anwesenden, das der Menschheit einen neuen Umschwung gibt, ein Umbau der „Grundstellung", die dem Menschen neu vorgibt, woran er ist, welche Bewandtnis es mit ihm hat, ihm auch ein eigentümliches, eigensinniges Ich aufprägt, im Individuum, doch auch in den großen Figuren des Ich. Es ist, als ob die Welt bei aller inneren Differenzierung dann eine andere Konsistenz annähme, auch zum Beispiel einen veränderten politischen Aggregatzustand. Sie übersetzt sich in vorab bestimmte Farben und Beschaffenheiten, Stimmen und Stimmungen des Lebens. Es gibt dabei keinen Ort, der unberührt bleibt.[79]

Fensterscheibe ihres einsamen Gefängnisses gekritzelt hat. Die Engel haben diese Inschrift und ihre Botschaft gelesen. Das genügte, denn sie haben sie sicher in der ihnen eigenen Weise auch weitergetragen. Der von uns Christen zu betätigende ‚Eifer um die Ehre Gottes' kann nur je ein Moment solcher sehr vorläufiger, sehr relativer, sehr bescheidener Résistance sein, die oft genug auch nur von den Engeln konstatiert und gewürdigt werden wird, woran dann aber auch wir uns sehr getrost genügen lassen können. Sicher ist, daß wir sie unmöglich unterlassen können, sondern mutig zu leisten haben." (Barth, Das christliche Leben, 293).

77 Ein entsprechendes Überwachungsgremium schlägt Bill Joy vor (vgl. Schirrmacher, Darwin AG, 164f). Ähnlich naiv erscheint ein „hippokratischer Eid für Wissenschaftler".

78 Musil, Mann ohne Eigenschaften, 1332.

79 Nur vereinzelt sieht Heidegger „Gott" als Subjekt der Seinsgeschichte, so etwa in einem Brief an seine Frau (Heidegger, Seelchen, 204), wenn er die „Wege des Gottes" nennt, „der das Sein immer wieder umwälzt u. aus den Abgründen die neuen Tiefen u. Höhen entspringen läßt."

In anderen Worten: nicht nur wird die Welt anders gelesen, angeschaut oder erkannt. Die Welt, die Zeit, der Tod ... begegnen vielmehr Heidegger zufolge von sich selbst her dem Menschen geradezu in unterschiedlicher *Phänomenalität*, in je anderer Wahrheit. Die Erscheinungen – in virtueller Allgegenwärtigkeit der Voraussetzungen – kommen ihrerseits spezifisch zum Vorschein. Der Mensch (1) der griechischen Antike zum Beispiel ist charakteristisch anders in der Welt als der Mensch der Neuzeit. Doch ist ihn (2) das Sein auch von sich her anders zugekehrt. Beides gehört zusammen. Die Erscheinungen der Welt lichten *sich* als Idee, als Subjekt, als Monade, als Geist, als Wollen, als Wille zur Macht ... Sie kommen ideenförmig, subjektförmig etc. oder eben machtförmig (als Dispositionsmasse) auf den Menschen zu. Entsprechend umgekehrt: ideen-, subjekt-, machtförmig ist der Mensch in der Welt, liest er sie, geht er auf sie ein, erfährt er sie gleichsam in unterschiedlicher Temperatur,[80] sieht er sie in spezifischer Perspektivität.

Zu einer wenigstens annähernden jeweiligen Identifizierung des geschichtlich je anderen Habitus des In-der-Welt-Seins, seiner Gemeingeister und Rhythmen, seiner Projekte, Wahnsysteme und Rituale ... bedarf es dabei in der Regel keiner Feinbestimmung, es genügt, die signifikanten Extreme offen zu legen. „[...] Maxima und Minima eines Thermometers", so Jünger, „genügt".[81] Vielleicht genügen Barth und Kafka, Schrift und Spiegelschrift, oder die (zumindest dem Titel nach) *Minima Moralia* Adornos und die (der Sache nach) *maxima moralia* von Lévinas. Aus einer Winzigkeit läßt sich unter Umständen das Gesicht einer Epoche ablesen. Die äußerste Banalität, der große Müll und die Ablagerung des Alltags, die abgründige Langeweile, der große, graue Fluch hier (die Farben sind aus dem Leben herausgespült) und der GAU dort, der Lichtsturm der Atombombe, die Erderwärmung und der globale Klimawandel – sie zeigen zumindest an, wie der Stand der Dinge ist. Vorläufig wenigstens definieren Maxima und Minima die Epoche, kartographieren das Welthaus, prägen Empfindungstendenz, Signatur und Merkmal der Modernität. „Auch noch die schmutzigsten Requisiten aus dem Abfall des modernen Lebens", bringt Steiner in Erinnerung, „verwendete Schwitters und versicherte, gegen Krieg und ökonomische Unterdrückung könne ‚selbst Müll aufschreien'."[82] Der Müll spricht. Der Abraum charakterisiert eine Beschaffenheit des In-der-Welt-Seins. Schmutz etc. ist die Währung Adams (vgl. Phil 3,8).

Formuliert im Sinne Heideggers: geschichtlich fundamentaler Vorprägung, dem Geschick des Seins unterliegt die Weise, in der im Prinzip sämtliches –

---

80 Höchst signifikant: die Zeitdiagnose in dieser Metaphorik, zum Beispiel die „Kälte" der Welt bei Hölderlin und Nietzsche. Vgl. Michel, Hölderlin, 30; 152; 220.
81 Jünger, SW 8, 348.
82 Steiner, Schöpfung, 339.

und in der nun auch die eigensinnige göttliche Anwesenheit – gedacht werden soll. Wozu besteht dann Veranlassung? Epochale, seinsgeschichtliche Veranlassung besteht gegenwärtig (freilich in jahrhunderte-schwerer Gegenwärtigkeit), auch den Gottesbegriff vorwiegend und konstitutiv in den Vorentwürfen, Begrifflichkeiten und Kategorien der Macht begreiflich zu machen. Auch die Erscheinung „Gott" gilt dementsprechend primär als Machterscheinung. Ein Denken des Seins Gottes in Kategorien der Ohnmacht, wie seit längerem in der evangelischen Theologie unternommen, bildet offenbar nur eine umkehrende Variante aus, die das Schema keinesfalls alteriert oder gar sprengt, es vielmehr ein weiteres Mal um so fester konsolidiert. Entsprechend beobachtet zum Beispiel Heidegger: „Die Willenlosigkeit, die überall umgeht, ist nur das Gegenstück zur Herrschaft des Willens, aus dessen Sucht nie ein Segen kommt."[83] Gleiches gilt, wie mir scheint, für die Bemühung um die Ersetzung des „starken" durch ein „schwaches" Denken (Gianni Vattimo). Am deutlichsten verbliebe in diesem Schema: der Wille oder die „Bereitschaft zur Unterwerfung", wie sie Hans Blumenberg (zu Unrecht, wie mir scheint) bei Heidegger vorliegen sieht.[84]

Wäre denkbar, sich einer derartigen seinsgeschichtlichen Veranlassung zu verweigern? Wie entgeht die Theologie der Versuchung, auch noch „Evangelium" (das Evangelische darin) und auch noch „Gott" (Gott als ihn selbst) ganz im – zugegeben ungeheuer weiträumigen – Schema des bedingungslosen „Willens zur Macht" zu denken, in der Vielfalt des Spektrums seiner Formen und seiner Versionen, seiner Derivate oder seiner Dialektik, auch seiner Verkleidungen?

Zuerst und zur Hauptsache zu entledigen hat sie sich dazu, wie dargestellt, des Versuchs der Gottesdeutung – der gemäß der Machtwille sich anschickt, wie zu allem, so auch zu Gott auszugreifen. Gott kommt dort, wie wir oben ausgeführt haben, als Gegenstand für die Schätzung des Menschen in Betracht. Der Mensch hält ihn für wirklich, läßt ihn gelten (möglicherweise aber auch nicht). Er läßt ihn zunächst überhaupt und dann als dies oder jenes gelten, vielleicht (die theologische Variante) als höchsten Wert. Dergleichen grundsätzliche Bemächtigungsabsicht liegt ja noch vor allen primär machtförmigen inhaltlichen Bestimmungen des Gottesbegriffs (als „alles bestimmende Wirklichkeit" oder als „schlechthinnige Ursächlichkeit" etc.).

Heidegger hat, von Nietzsche ausgehend, ausführlich dargestellt, wie der vollzogene Wille zur Macht die bedingungslose Privilegierung der Wertung, das Denken in Werten, unausweichlich impliziert.[85] Seinlassen und

---

83 Heidegger, Seelchen, 221.
84 Blumenberg, Verführbarkeit, 56–62.
85 Vgl. Heidegger, Nietzsche I, 438–445; 457–464; Heidegger, Nietzsche II, 60–68; 83–94 u.ö.

Geltenlassen, Würde und Wert, sind um eine Welt voneinander getrennt. Was schon die Würde des Menschen antastet: ihm „Wert" zuzuschreiben (sie könnte ihm aber auch aberkannt werden) – es ist hinsichtlich Gottes, so Heidegger, „aus dem Glauben gesehen, die Gotteslästerung schlechthin". Gerade eine theologische Vollzugsform der Wertschöpfung würdigt Gott am schlimmsten herab.

„Der letzte Schlag gegen Gott [...]", klagt Heidegger mit einiger Verzweiflung über eine böse theologische Verirrung, „besteht darin, daß Gott, das Seiende des Seienden, zum höchsten Wert herabgewürdigt wird. Nicht daß Gott für unerkennbar gehalten, nicht daß Gottes Existenz als unbeweisbar erwiesen wird, ist der härteste Schlag gegen Gott, sondern daß der für wirklich gehaltene Gott zum obersten Wert erhoben wird."[86]

Die Gottesdeutung, -bewertung, -schätzung subjektiviert ihn: läßt ihn von Gnaden des menschlichen Subjekts sein, was er ist (und daß er ist), sucht ihn, noch vor aller inhaltlichen Bestimmung seines Seins in vorwiegenden Machtkategorien, eben indem es ihn „bestimmt", menschlicher Macht zu unterwerfen.

Es gilt „endlich einzusehen", heißt es in Heideggers *Brief über den Humanismus*, „daß eben durch die Kennzeichnung von etwas als ‚Wert' das so Gewertete seiner Würde beraubt wird. Das besagt: durch die Einschätzung von etwas als Wert wird das Gewertete nur als Gegenstand für die Schätzung des Menschen zugelassen. [...] Alles Werten ist, auch wo es positiv wertet, eine Subjektivierung. Es läßt das Seiende nicht: sein, sondern das Werten läßt das Seiende lediglich als das Objekt seines Tuns – gelten."[87]

Theologie, die – ohne Anspruch auf Konstruktion – der Offenbarung und Selbstdeutung Gottes, der unmittelbaren Selbstbekundung Jesu Christi, dem Selbstzeugnis des Geistes lediglich nachdenkt, vermag sich darin womöglich dem Willen zur Macht zu verweigern. Heideggers Denken, das eben dies im „Seinlassen" beabsichtigt, mag dabei streckenweise zu Hilfe kommen.

b. Der Nicht-Gott und das verrückte Gespräch

1. Die Welt scheint noch nicht zu Ende geboren

Am abscheulichsten eben in der Herabwürdigung *Gottes* verrät sich die menschliche Feindschaft und Machtgier, jene Fehlform nur vermeintlicher Freiheit, die ausnahmslos alles zu subjektivieren unternimmt, die ihr

---

86 Heidegger, Holzwege, 259f.
87 Heidegger, Wegmarken, 349.

Schicksal ganz sich selbst zuschreiben will und alles Entscheidende sich selbst zu verdanken glaubt. Ich (der ich mir aber definitiv nicht gehöre) bin dann versucht, selbstgierig, Gott etwas zu stehlen, *mich*. Alles andere wird sich finden, meine ich, soweit ich mich habe. Wenn ich nur mich habe, frage ich nichts nach Himmel und Erde. Die ganze Arroganz des *Eritis sicut deus* spricht sich darin aus – mit seiner tiefen Defizienzerfahrung, der ältesten Empörung und Verstimmung, und dem sich daraus ableitenden grundsätzlichen, selbstherrlichen, giftigen Ressentiment. Geradezu von einer „Machtergreifung des Ressentiment"[88] gleich zu Beginn muß hamartiologisch die Rede sein. Die Welt scheint zu klein für Gott *und* Adam. Adam will sein wie Gott, weil es ihm nicht genügt, Mensch zu sein,[89] weil ihm infolgedessen überhaupt nichts genügt. Er verübelt Gott etwas Entscheidendes: daß Gott Gott ist – und entsprechend das andere: daß er, Adam, nur ist, was er ist, ein Mensch und der *Nicht-Gott*. Er definiert sich selbst im wesentlichen und zur Hauptsache als Nicht-Gott. Er könnte und sollte aber Gott sein. Darin liegt der Große Weltfehler, die metaphysische Beleidigung. Und daher stammt sein tiefes, nie gestilltes Kompensationsbedürfnis – das ihn zur Selbstermächtigung ohne Ende treibt. Er hysterisiert und begeistert sich von unten zu sich selbst, will sagen: zu sich selbst als Gott.

Genug ist nicht genug.[90] Der scharfe Biß der Mißtrauensregungen, ihre gewaltige Rüstung. Die Grundgereiztheit, der Hader. Die Operation Rache beginnt. Sie prägt schon den Erlebnismodus. Jener dort, der nicht will, daß der Mensch wie er ist, der Schöpfer, muß wohl, Adams Deutung zufolge, abgrundtief mißgünstig sein. Selbstüberdruß und Selbstungenügen und die wahnsinnige Unterstellung göttlicher Mißgunst drohen dem Mißtrauischen die Kehle zuzuschnüren. Er starrt sich an seiner eigenen Gottesdeutung blind – und dann blindwütig. Nietzsche spricht, natürlich in seinen Kontexten, vom „*Giftauge* des Ressentiments".[91]

Die Gestalt des Judas sieht Barth in genau dieser grausigen Konsequenz. Auf ihn läuft es hinaus. Judas steigert Adam und Kain. Er will Gott, der Liebe, der Welt, sich selbst ... ans Leben.

„Man sehe die Sünde des Judas in ihrer letzten furchtbarsten Bedeutung: Hier ist Adam, der doch eigentlich, dem Rat der Schlange lauschend, nur sein wollte wie Gott, nur göttlicher Mensch neben Gott, nur nicht begrenzt und gestört durch seine bloße Geschöpflichkeit in ihrem Unterschied von Gott – hier ist dieser Adam zum offenen Angriff auf Gott übergegangen. Nun hat Adam, um seines Anspruchs sicher

---

88 Sloterdijk, Eurotaoismus, 166 (vgl. die Wendung „Weltreich des Ressentiments" 167).
89 Vgl. Barth, Gotteserkenntnis, 77.
90 Die Wendung ursprünglich in Conrad Ferdinand Meyers Gedicht *Fülle*.
91 Nietzsche, KStA 5, 274 (Hv. M.T.). – Weil er Rache und Ressentiment *Adams* nicht in den Blick bekommt, bleiben Sloterdijks Aufstellungen (in seinem Buch *Zorn und Zeit*) im ganzen – harmlos.

zu sein, seine Hand gegen Gott selbst erhoben, wie Kain gegen seinen Bruder Abel, um sich seiner zu entledigen, um in seiner göttlichen Menschlichkeit hinfort ganz unangefochten zu sein." (II/2, 558)

Die Operation Mißtrauen gipfelt im Gottesmord. Genug ist nicht genug.

Und der moderne Judas (mit Adam und Kain in sich), mein *alter ego*? Ein vorgebrachtes Genug (die Gnade genügt) wäre für ihn die Beleidigung des axiomatischen Mangels, der negativen Essenz und Grundspannung der Modernität. Immer scheint der Mangel – den er überall in die Welt hineinblickt – dem irgendwie geborenen Verlierer über den Kopf wachsen zu wollen. Der nimmt indes grundsätzlich seinen Ort *vis-à-vis* des Fehlenden. Der Gedanke läßt sich sogar ontologisch ausweiten, in der Fluchtlinie etwa folgender allzu direktiver, marxistischer Formulierung: „[...] die Wirklichkeit ist, wenn sie den Menschen einschließt, nicht nur das, was sie ist, sondern auch alles, was ihr fehlt, alles, was sie noch werden muß [...]."[92] Vorwiegend als das, was sie noch werden muß, scheint sie sich nahezulegen und aufzudrängen. Was sie ist, mutet als eine nahezu zu vernachlässigende, immer so schnell wie möglich zu verlassende Größe an. Es handelt sich um eine Art Mangel-Ontologie, der gemäß das Vorhandene immer lediglich das Ausgangsniveau für Mehrforderungen darstellt. Im Gedanken der Unumgänglichkeit *bedingungsloser, himmelhoher* menschlicher Machtergreifung verschafft sich dieses tiefe Ungenügen Ausdruck, das prinzipiell Unauskömmliche und Ungesättigte. „Ihm fehlte nichts" – das gilt in Kafkas Erzählung *Der Hungerkünstler* nur für den Panther, doch beileibe nicht für den Menschen.[93] Macht: himmelhoch, zutode. Sobald aber aufgetrieben himmelhoch – dann zutode.

Das Himmelhöchste, Gott – so Hölderlin – wird eben in diesem Sinne „dienstbar" gemacht, „verbraucht". Der Konsumismus, die neue Lehre von den letzten Dingen, macht vor ihm nicht halt. Gott erscheint für dies oder jenes brauchbar: in erster Linie immer für Machtinteressen.

> Zu lang ist alles Göttliche dienstbar schon
> Und alle Himmelskräfte verscherzt, verbraucht [...]

Und die Menschheit lebt „danklos, ein / Schlaues Geschlecht [...]".[94] Als das Absonderlichste für dieses Geschlecht, schlau, gierig und zutiefst ahnungslos, erscheint der Dank. Er wäre ja das vollständige Dementi des

---

92 Garaudy, Marxismus, 227.
93 Kafka, Drucke zu Lebzeiten, 349.
94 Hölderlin, *Dichterberuf* (Hölderlin, Gedichte, 47); zum „Gebrauch" des Heiligen vgl. auch die letzten Zeilen in Hölderlins hymnischen Entwurf *Einst hab ich die Muse gefragt* (Hölderlin, Gedichte, 221). – Barth handelt im Nachlaßband *Das christliche Leben* (214–216) von dem furchtbaren Versuch einer „Nostrifikation Gottes". Und: „Nun", sagt Barth in einer Predigt (Barth, Predigten 1935–1952, 7), „der Mensch ist ein schlaues Wesen [...]."

Mangels. Kaum einmal auch nur einen Augenblick kommt „des Menschen Gieriges"[95] aus ohne das Fehlende, Mißgönnte, Versäumte, Vorenthaltene ... Mittlerweile ist ihm das Versagte „das Wichtigste auf Erden, wie etwa einem Irrsinnigen sein Wahn (wenn er ihn verlieren würde, würde er ‚irrsinnig' werden)."[96]

Der Irrsinnige sitzt fest auf dem Mangel, auf der Dauerempörung, ein noch so geringfügiger Abstand fehlt. Statt dessen kommt er aus innersten Gründen nicht umhin, davon auszugehen, in jeder Hinsicht mit sich selber begonnen zu haben. „Ist nicht die Neuzeit auf dem Axiom gegründet", so fragt Sloterdijk, „daß, wer mit sich selbst beginnt, die Last der Dankespflichten ein für allemal abgeschüttelt hätte?"[97] Die „Pflichten"? Deren „Last"? Gott gegenüber? Nur der ganz und gar Verstimmte, Verdrossene, bis auf den Grund Frustrierte, der Neuzeitmensch, der Gott und die Welt mit der Antriebskraft des Urfluchs Verwünschende[98] wird es so empfinden, der Sünder im neuzeitlichen Gepräge: eingraviert der Undank, die affektive Pest, in seine Mentalität, zwanghaft zu sich selbst hingedreht, Anderes nur als Moment des Selbstbezuges geltend lassend. Die Welt scheint ihm den Dank an Gott verboten zu haben. Allseitig scheinen in sie Leerstellen eingelassen, die wie blinde Spiegel unsere Blicke nicht erwidern. Die Welt ist noch nicht zu Ende geboren, am wenigsten bin „ich" es.

„[...] es ist als wäre ich nicht endgültig geboren [...]", schreibt Kafka in sein Tagebuch, und an anderer Stelle: „Mein Leben ist das Zögern vor der Geburt." und: „Noch nicht geboren und schon gezwungen zu sein, auf den Gassen herumzugehn und mit Menschen zu sprechen."[99]

2. Wer ist „ich"?

Wie weit reicht die innere Spannweite eines Textes wie Joh 5,39–47? Welches sind die entferntesten Extreme, die Punkte größter sachlicher Gegensätzlichkeit? Nicht zuerst duale Begriffe (Licht-Finsternis; Lüge-Wahrheit o.ä.) kommen in Betracht. Am weitesten voneinander entfernt befinden sich

---

95 Benn, SW I, 139.
96 Kafka, Briefe 1902–1924, 431.
97 Sloterdijk, Sphären I, 593.
98 Vgl. Büchners *Lenz* (Büchner, SW I, 242).
99 Kafka, Tagebücher, 807; 888; 912. – Figuren in Robert Walsers *Jakob von Gunten* charakterisiert Martin Walser: „Herr Benjamenta ist um die vierzig, wirkt aber vollkommen alt, fertig, verfestigt, leblos, autoritär. Und er wirkt, als habe er noch gar nicht gelebt. Jakob war nie ein richtiges Kind, ist aber auch nie über das Kindhafte hinausgekommen; er hatte keinerlei Entwicklung. Herrn Benjamenta hatte zwar nicht gelebt, aber er hatte alles hinter sich. Jakob hat alles vor sich. [...] Bei dem steht von Anfang an fest – wenn er auch diesem Feststehenden noch eine Zeit lang widerspricht –, daß er gar kein Leben haben wird." (M. Walser, Selbstbewußtsein, 149f).

der Anredende und die Angeredeten! Hier das „Ich" und dort das „Ihr" des Textes – in extremer Gegensätzlichkeit! Der äußerste Widerpart zu Jesus Christus bin „ich", sind „wir", seid „ihr". Nicht Prinzipien, Begriffe, Einstellungen und Überzeugungen, Welten ... stehen im letzten unvereinbar einander gegenüber, nicht Wahrheit und Lüge, sondern die Wahrheit in Person und die Lügner, das Leben in Person und die Mörder, der heilige Gott in Person und die Sünder. Doch läßt auch diese Wendung noch die Möglichkeit der Flucht ins Allgemeine. Nur die Personalpronomina schließen das Entkommen aus. Dort der mich Anredende – hier „ich", in äußerster Konfrontation. Das ist die unausweichliche Rede Jesu Christi *ad hominem.* „Ich", *totaliter aliter,* bin geradezu der Gegenbegriff zu Gott, in den entscheidenden Lebensvollzügen, -rhytmen und -richtungen in der Gegenbewegung begriffen, auf das Verhängnisvolle und Unausgleichbare zu. Das Evangelium findet mich dort vor, sehr fern, verloren, auf der Gegenseite, nirgendwo anders als im Nichtlebbaren. Die Abgötter sind entsetzlich nahe und sehr schnell. Sie sind scheinbar auf meiner Seite und laufen mir ganz parallel. Sie werfen sich in meinem eigenen Herzen auf, als Stimmen, Rufe, Einflüsterungen. Ich bin sie auf widrige Weise selbst. Ich stürze zu mir selber ab.

Aber wer ist „ich"? Mögliche Antworten liegen auf denkbar verschiedenen Ebenen. „Emma Bovary, c'est moi", erklärt Flaubert. Die komische Variante: „Ich bin nämlich eigentlich ganz anders, aber ich komme nur selten dazu", heißt es in Ödön von Horváths Stück *Zur schönen Aussicht.*[100] Oder: „Ich bin ich", stellt „nach langem Besinnen" in Büchners *Leonce und Lena* der König fest, nicht ohne die Frage hinzuzufügen: „Was halten Sie davon, Präsident?" Und der antwortet „gravitätisch langsam": „Eure Majestät, vielleicht ist es so, vielleicht ist es aber auch nicht so" (was der ganze Staatsrat im Chor wiederholt).[101] *Je est un autre* – so Rimbauds berühmte, definitiv nicht mehr komische Formel der Dissoziation. Ich bin viele, ich beherberge viele (vgl. Mk 5,9) – das ist die entsprechende um vieles radikalere, herzzerreißende biblische Formel, „daß zwei (warum nicht drei oder mehr?) Seelen – ach! – in des Menschen Brust wohnen."[102]

Wer ist das also, der da verkrampft ins Ich lebt (in ein unbekanntes Ich), im Selbstarrest, häßlich und undankbar, in flackerndem Licht: „in dem ganzen Zwielicht dieser Welt",[103] in einer Unzufriedenheit dem Ganzen gegenüber, die im Mißtrauen fußt und den Dank niederhält oder ihn diskreditiert? „[...] wie kann ein Herz", fragt Kafka, „ein nicht ganz gesundes

---

100 Horváth, Werke 1, 98.
101 Büchner, SW I, 100. – Barth nimmt übrigens die Wendung in *Römerbrief II* (275) auf.
102 Barth, Römerbrief II, 337. – Vgl. Klein, Mensch, 343.
103 Barth, Predigten 1935–1952, 102.

Herz soviel Unzufriedenheit und soviel ununterbrochen zerrendes Verlangen ertragen."[104] Wer ist das überhaupt, „der mit verhärtetem Gemüte den Dank erstickt, der ihm [sc. Gott] gebührt" (EG 609,1)? Vielleicht nicht mehr als eine Leerstelle.

Die Sünde hat sich mit dem Sünder blutsverwandt gemacht, sie wohnt ihm inne, hetzt ihn[105] mit dem Pulsschlag der Unerfülltheit (das Herz schlägt bis zum Hals), durchfährt ihn eins ums andere Mal wie ein Anfall (Röm 7,17). Er lebt daraufhin von Grund auf *ichlich*, in sich verhärtet und verkehrt, süchtig nach der Droge „Ich", in schlechter Gesellschaft, mit sich selbst als Nächstem: „Aber er sagte: ‚Ich bin verheiratet. Ich bin mit mir selbst verheiratet.'"[106] Er ermächtigt sich zu sich selbst. In lediglich prätendierter Selbsttranszendenz dekliniert er nur seine eigene Identität, vernarrt in sich selbst, in seine ihn vergiftenden eigenen Werke (denn was wäre er sonst?). Nicht einmal spiegelt er sich einfach nur selber, sondern starrt sich – ein gesteigerter, lächerlicher Narziß, wie jener Mann auf dem *La Reproduction interdite* betitelten Bild von René Magritte im Spiegel – nur unentwegt *auf den eigenen Nacken*.

3. Gott kommt in Verruf

Im Scholion zu Röm 1, 23 in seiner *Römerbriefvorlesung*[107] nennt Luther als die erste Stufe des Sündenfalls die *Undankbarkeit*, die initiale, verzweifelt folgenreiche Unterlassung und Abdrängung der Dankbarkeit: „Vide ergo ordinem et gradus perditionis. Primus est Ingratitudo seu omissio gratitudinis." Überraschend ähnlich (wenngleich natürlich im Sinne seiner Schöpfungsfrömmigkeit) Ernst Jünger:

„Es gibt nur eine Sünde, der alle möglichen entwachsen wie dem Kopf der Hydra und der sie entfliegen wie der Büchse der Pandora, wenn sie geöffnet wird. Das ist die Undankbarkeit. Und es gibt nur eine Tugend: Dankbarkeit. Sie zelebriert der Säugling, wenn er schlummert, nachdem er sich an der Brust genährt hat, und die Sonnenblume, die ihr Haupt zum Licht wendet."[108]

---

104 Kafka, Tagebücher, 751.
105 Vom Bösen spricht Kafka in einem Brief an Milena (Kafka, Briefe an Milena, 275), „was hinter mir ist und mich hetzt." – Und „Du bist ein guter Mensch, ein guter Mensch. Aber denkst zu viel, das zehrt, du siehst immer so verhetzt aus", heißt es in Büchners *Woyzeck* (Büchner, SW I, 156).
106 Nooteboom, Philip, 14. „Von allen Worten aller Sprachen, die mir bekannt sind", merkt Canetti an (Canetti, Provinz des Menschen, 44), „hat die größte Konzentration das englische ‚I'."
107 Luther, WA 56; 178, 24f.
108 Jünger, Siebzig verweht V, 73. Auch Simmel (Simmel, Dankbarkeit, 216) erklärt, „daß vielleicht keiner anderen Verfehlung des Gefühls gegenüber ein Urteil ohne mildernde Umstände so angebracht ist, wie der Undankbarkeit gegenüber."

Und Bonhoeffer zeigt eine abschüssige Ebene, die im Abgrund, im Fluch, endet: „Undankbarkeit beginnt mit dem Vergessen, aus dem Vergessen folgt Gleichgültigkeit, aus der Gleichgültigkeit Unzufriedenheit, aus der Unzufriedenheit Verzweiflung, aus der Verzweiflung der Fluch."[109]

So auch Barth: „[...] die große Sünde ist die Undankbarkeit".[110] Sie ist geradezu der Inbegriff des Sinnlosen. Denn es hat „keinen Sinn, undankbar zu sein gegen den, der nicht nur etwas, sondern *Alles*, und nicht nur einmal, sondern *ein für allemal* Alles für uns getan hat."[111] Den Sünder, verfallen diesem Sinnlosen, kennzeichnen die von ihm fortgesetzt ausgestoßenen oder unterdrückten Bezichtigungen oder gar Flüche, die nur selten unterbrochene verneinende Gebärde. Die Undankbarkeit ist die schleichende Selbstvergiftung. Unermeßlich – in der Welt der Gewichtslosigkeit, der Leichtrealitäten – der Intensitätshunger. In vieles scheint das Versprechen definitiver oder wenigstens vorläufiger Erfüllung eingelassen – und sie zu verweigern. Sämtliches steht im Weg. Das meiste kommt noch jedesmal falsch. „Eine Art Leben", sagt er und nicht: das Leben. Anders formuliert, in der vollkommen trostlosen Vollzugsform: „Er hat das Gefühl, daß er sich dadurch, daß er lebt, den Weg verstellt."[112] Er paßt nicht in sein eigenes Dasein. Jeder meint, ungleich mehr zu verdienen, als er tatsächlich haben kann. In der Welt scheint im Grunde nichts anderes zu holen als der Tod. Er als einziges will als endgültig genommen sein. Grundstimmung, Stimmung des Gehörs vor Zeiten, von Adam an, ist die Verstimmung.

Die Stimme Jesu Christi, sofern sie denn, historisch gesehen, überhaupt je mehr war als eine widrige Begleiterscheinung, scheint sich im Lauf der Jahrhunderte verausgabt zu haben. Wurde sie nicht in der Moderne endgültig von Tosen und Lärm und Gebrüll überstimmt? Gott vor allem, letzte Veranlassung jeder Verstimmung, vermeintlich giftiger Klang, wird täglich und stündlich unter Verruf gestellt. Die Wahrheit sagt man ihm nicht nach, eher die Vergiftung des Lebens.[113] Zunehmende Ahnungslosigkeit herrscht (die allerdings immer bedeutet, von anderem, z.B. von Vernichtungsmitteln, um so mehr „Ahnung" zu haben), mit ihr das Austrocknen des wesentlichen Wahrnehmungsvermögens, der *discretio* soteriologisch relevanter Geister (1Kor 12,10), mit ihr abermals, paradoxerweise, das Gefühl der Souverani-

---

109 Bonhoeffer, DBW 16, 493.
110 Barth, Gespräche 1964–1968, 244.
111 Barth, Predigten 1921–1935, 394.
112 Kafka, Tagebücher, 849 (dort eine etwas andere Interpunktion).
113 Vgl. Tilmann Mosers Gottesvergiftung; noch härter, weil scheinbar witzig: Robert Gernhardt, z.B. in den Gedichten *Schöpfer und Geschöpfe; Gebet; Jakobinischer Wandersmann* (Gernhardt, Gedichte, 290; 37; 382–384) *Choral; Enttarnt; Hiob im Diakonissenkrankenhaus* (Gernhardt, Lichte Gedichte, 60; 200; 57); *Gespräch des Geschöpfs mit dem Schöpfer* (Gernhardt, Im Glück, 166).

tät. Dieses Gefühl legt alles in dieselbe triviale Fläche. Es rechnet sich seine Blindheit freilich als unstreitigen Vorzug an. Die Moderne hat gelernt, von Gott abzusehen, an ihm vorbeizudenken und neben ihm her zu diskutieren. Er genügt nicht. Er hat seit langem den Bedarf nach Abwechslung geweckt. Er ist irgendwie unmöglich geworden, eine entladene Batterie. Wir sind, meinen wir, hinter ihn gekommen. Seine ernsthafte Nennung erweckt nur schlechte Laune oder macht nervös, wird jedenfalls als eine nicht mehr akzeptable Zumutung empfunden. Der neuzeitliche Mensch, auf der Höhe des Bewußtseins, versperrt sich solchem Ansinnen, er fühlt sich je länger je mehr durch die christliche Rede von Gott ernsthaft gekränkt. In seinem *Wörterbuch der Gemeinplätze* notiert Flaubert unter dem Stichwort „Conversation" sarkastisch: „La politique et la religion doivent en être exclues."[114] Gott ist darum – im Interesse um so eindringlicherer Selbstthematisierung der Individuen oder eines wie weit auch immer gefaßten Wir – zu dethematisieren. Unwilligkeit breitet sich aus, ihn eigens auch nur für fragwürdig zu halten. Der Mensch verlangt, merkwürdig aufgebracht, nach mehr als nach ihm und deshalb auch nach unendlich viel mehr als nach der gegebenen Welt. Und insofern vollends (eigentlich zuerst) nach unendlich viel mehr als nach sich selbst. Das Gegebensein der Welt – die Kategorie der Gabe selbst – steht im Zeichen entscheidender Vorenthaltung. Den Grund nennt Benn:

> Du mußt dir alles geben
> Götter geben dir nicht [...].[115]

Und so heißt es in Brechts Stück Aufstieg und Fall der Stadt Mahagonny:

„Ich war es, der sagte: Jeder muß sich sein Stück Fleisch herausschneiden, mit jedem Messer. Da war das Fleisch faul! Die Freude, die ich kaufte, war keine Freude, und die Freiheit für Geld war keine Freiheit. Ich aß und wurde nicht satt, ich trank und wurde durstig. Gebt mir doch ein Glas Wasser!"[116]

4. Das Begehren frißt sich fort

> It is not nor it cannot come
> to good. (Hamlet)

Wie die große Kunst der Neuzeit (einige Beispiele im folgenden) so weiß es auch die alltägliche Erfahrung: die Begehrensgewalt, entsprechend der

---

114 Flaubert, Dictionnaire, 62.
115 Benn, SW I, 127.
116 Brecht, Mahagonny, 386.

Gewalthunger, das verrücktgemachte Begehren (die im Neuen Testament beschriebene ἐπιθυμία), das zusehends begehrlicher wird, je weniger es davon Kenntnis hat, was ihm fehlt, gesteigert durch jede vermeintliche Verweigerung, von jeder Erfüllung durch schnell nachwachsende verräterische Leere enttäuscht, darum unter Umständen vor Erbitterung und Verlorenheit zitternd, treibt das Bewußtsein vorwärts, findet aber *in the middle of nowhere* nach keiner Seite Zusammenfassung und Halt. Es frißt sich fort. Ein Virus der Unerfüllbarkeit nistet in ihm. Es treibt den Sehnsüchtigen um die Welt, wie groß hier oder wie beschränkt und borniert dort diese Welt jeweils sein mag. Es greift – trivial oder absolut herzzerreißend – nach dem großen Verlorenen, dem möglich gewesenen Glück, der verlorenen Mutter (*L'énigme du désir – ma mère, ma mère, ma mère*, lautet in sehnsüchtiger Wendung der Titel eines Bildes Salvador Dalis aus dem Jahr 1929), der verlorenen Kindheit, die sich fortsetzt in ein verlorenes Leben, möchte eintauchen in eine (in die eigene) verschollene Geschichte und sie wiederhaben, es will die Ressourcen seiner selbst, ihre Prämissen und ihre Konsequenzen, ausschöpfen, die Reste des Gelebten verlebendigen und verwerten, sämtliches aus sich und von sich mitnehmen, den Hof des Möglichen um das Wirkliche herum vollständig ausleben. Da nichts davon auch nur annähernd gelingen kann, erscheint, folgerecht, das maßlos Verlangte um so begehrenswerter. Doch hat das tatsächlich wirklich Gewordene das Mögliche von einst ja immer schon endgültig überspült. Canetti spricht gelegentlich von einem „Hunger nach einer Unermeßlichkeit in einem selbst".[117] Die Gier trägt ein Alltags-, doch auch ein Sonntagsgesicht: „[...] das Interesse an Kunst", vermerkt Sloterdijk sarkastisch, „ist in der Regel nur das Sonntagsgesicht der Gier."[118] Und er sieht, etwa „was die kapitalistische Ausprägung der Erotik angeht", ein „Menschenrecht auf Gierverhalten" proklamiert – in einer „gierdynamischen ‚Gesellschaft'".[119]

Eine tragisches oder eine hybride Begierde? Verzweiflungsvoll und lächerlich zugleich? Oder nur tief traurig, wie bei Joachim Fest mit Blick auf Vergil wiedergegeben:

„[...] die Kultur ist nichts anderes als ein Ausdruck der Fähigkeit, den nie zum Schweigen gelangenden Widerspruch zwischen dem Ersehnten und dem Möglichen auszuhalten. Der berühmten Wendung Vergils von den ‚lacrimae rerum' liegt daher nicht nur die melancholische Einsicht zugrunde, daß vieles auf Erden beweinenswert ist; vielmehr nimmt sie auch, gefaßt ins Unvermeidliche, hin, daß die Dinge und die Tränen eins sind."[120]

---

117 Canetti, Provinz des Menschen, 116.
118 Sloterdijk, Zorn und Zeit, 59.
119 Sloterdijk, Zorn und Zeit, 310; 318.
120 Fest, Gegenlicht, 262f. – Auch in Adornos *Negativer Dialektik* (399f) hat das „Wünschen", das „Bedürfnis", das Begehren ... das letzte Wort.

Quälende Gesetzlichkeit hingegen, die unhintergehbare Vorgängigkeit und Unvordenklichkeit des Gesetzes, kommt zum Ausdruck, wenn Lévinas das (unerlöste) „moralische Bewußtsein" als „wesentlich unbefriedigt" und als stetes „Begehren" beschreibt.

„Das Leben der sich selbst als ungerecht entdeckenden Freiheit, das Leben der Freiheit in der Heteronomie, besteht für die Freiheit in der unendlichen Bewegung, sich selbst mehr und mehr in Frage zu stellen. Und so tut sich die Tiefe der Innerlichkeit selbst auf. Das Anwachsen der Forderung, die ich an mich stelle, verschärft das Urteil, das über mich ergeht, d.h. meine Verantwortlichkeit. Und die Verschärfung der Verantwortlichkeit erhöht ihre Forderungen. In dieser Bewegung hat die Freiheit nicht das letzte Wort, ich finde mich niemals in meiner Einsamkeit wieder; oder, wenn man so will, das moralische Bewußtsein ist wesentlich unbefriedigt; oder noch anders, es ist immer Begehren."[121]

Unerträglich wird der Druck indes, sobald von einer Verantwortung die Rede ist, „als ob das ganze Gebäude der Schöpfung auf meinen Schultern ruhte"[122] – und er erhöht sich maßlos zum Hypermoralischen bis hin zum Selbstopfer,[123] ja bis zur eschatologischen Selbstaufgabe, wenn es heißt: der Handelnde „zielt ab auf diese Welt ohne Ich, er intendiert eine Zeit jenseits des Horizontes seiner Zeit. Eschatologie ohne Hoffnung für sich oder Befreiung von meiner Zeit."[124]

Der unbedingten Nachforderung und tiefen, rettungslosen Verstimmung, dem Hungeraufschrei, der Klage, gibt wie gesagt im besonderen die große Kunst der Moderne Ausdruck und Stimme. Sie spielt die Defizienz- und Resignations- und Gesetzesfiguren immer von neuem durch: die unlösbaren Konflikte, die Unerreichbarkeiten der Liebe. *E profundis* wird geschrieen. „Trauriger Anblick einer gränzenlosen Verwirrung [...]", notiert Goethe 1826 in seinem Tagebuch, „das Wahre hie und da nur aufseufzend."[125] Es ist eine alte Freundschaft zwischen der Literatur und der Melancholie. In unübersehbares Leiden scheint die Welt versenkt. Von einer „allem endlichen Leben anklebenden Traurigkeit" weiß Schelling und sieht sogar Gott von ihr betroffen, wenn er fortfährt:

„und wenn auch in Gott eine wenigstens beziehungsweise unabhängige Bedingung ist, so ist in ihm selber ein Quell der Traurigkeit, die aber nie zur Wirklichkeit

---

121 Lévinas, Spur des Anderen, 205. Zur Anklage: „Die Präsenz des Anderen klagt mich mit einer solchen Dringlichkeit an, daß die Weise, in der diese Gegenwart sich mir gewärtigt, d.h. erscheint und zur Repräsentation wird, kein Maß für sie sein darf." (283). Illustrieren ließen sich am Beispiel entsprechender Wendungen, wie sie bei Lévinas beggnen, Züge der *paulinischen Gesetzeslehre* (vgl. dazu Klein, Gesetz, 64–72).
122 Lévinas, Spur des Anderen, 224.
123 Vgl. Lévinas, Spur des Anderen, 258; 321 u.ö.
124 Lévinas, Spur des Anderen, 217.
125 Goethe, Sophienausgabe 87; 273.

kommt, sondern nur zur ewigen Freude der Ueberwindung dient. Daher der Schleier der Schwermuth, der über die ganze Natur ausgebreitet ist, die tiefe unzerstörliche Melancholie alles Lebens."[126]

„[…] fast scheint es mir manchmal, daß es das Leben ist, das mich stört", schreibt Kafka an Max Brod.[127] Die „schönste, weil leiseste aller Künste", die Malerei (so Robert Gernhardt), ist zu nennen: Picassos Unersättlichkeit der Augen und die anrührende Klage des Surrealismus über das „peu de réalité".[128]

Die Welt – ein Gong, der vom Unerreichbaren und Unerträglichen widerhallt. Ihre Ungereimtheit und eine fortwährende, notorisch lautwerdende bittere Verhöhnung. Die Untröstlichkeit. Wie aufgebahrt derzeitig schon: die Zukunft als etwas doch niemals zu Gewinnendes. Die Melancholie ins Vergangene. Noch jedesmal sind die schönen Tage von Aranjuez schon vorüber, sobald das Stück zu spielen beginnt. „Es wurde ein Fehler gemacht, wie wir geschaffen wurden, es fehlt uns was, ich habe keinen Namen dafür [..]", klagt Danton in Büchners *Dantons Tod*, und Camille antwortet: „Pathetischer gesagt würde es heißen: wie lange soll die Menschheit im ewigen Hunger ihre eignen Glieder fressen?".[129] „An allem ist etwas zu wenig", heißt es lakonisch in einer Erzählung Ingeborg Bachmanns.[130] Und in einer frühen Erzählung Robert Walsers ebenso: „Mir fehlt so viel, mir mangelt eigentlich alles."[131]

Die Phänomene selbst scheinen zu kurz, zu schwach, zu oberflächlich, zu tot. Das Leben endet bedürftig. „[…] über allem steht die Doppelschwinge / einer zehrenden Unendlichkeit […]."[132]

---

126 Schelling, Wesen der menschlichen Freiheit, 343. Steiners Essay *Warum Denken traurig macht* nimmt von diesem Zitat seinen Ausgangspunkt.
127 Kafka, Briefe 1902–1924, 293.
128 Vgl. Spies, Duchamp, 49; 66; Spies, Surrealismus, 90. Zu nennen ist in diesem Zusammenhang auch die moderne Lyrik: „Für die antike und für die nachantike Lebenskultur, bis zum 18. Jahrhundert", führt Hugo Friedrich aus (Friedrich, Struktur, 30), „war die Freude derjenige seelische Gipfelwert, der die eintretende Vollendung des Weisen oder des Gläubigen, des Ritters, des Hofmanns, des Gebildeten der gesellschaftlichen Elite anzeigte. Trauer, sofern sie nicht vorübergehend war, galt als unwert, den Theologen als Sünde. Seit den vorromantischen Leidstimmungen des 18. Jahrhunderts kehrten sich diese Verhältnisse um. Freude und Serenität traten aus der Literatur zurück. Ihren Platz nahmen Melancholie und Weltschmerz ein. Sie bedurften keiner Ursache, zogen ihre Nahrung aus sich selbst und wurden zu Adelsprädikaten der Seele."
129 Büchner, SW I, 39.
130 Bachmann, Werke II, 68. – Vgl. auch Strauß, Beginnlosigkeit, 54: „Die Masse des Unerreichbaren bleibt immer gleich; sie fließt von einem Kolben der Sanduhr um in den anderen: das Unerreichbare, das uns später innehalten und zurückblicken läßt, unterscheidet sich von dem, das uns einst antrieb, nur darin, daß es ein Gesicht besitzt". – In diesen Zusammenhang gehört auch, daß Kafka, wie bekannt, sein Mißtrauen dem eigenen Werk gegenüber so weit treibt, daß er Max Brod bittet, den gesamten Nachlaß zu vernichten – in der Selbsterfahrung nahezu absoluten Ungenügens.
131 In der Erzählung *Helblings Geschichte* von 1913 (R. Walser, Erzählungen, 92).
132 Benn, SW I, 143.

> Durch jede Stunde
> durch jedes Wort
> blutet die Wunde
> der Schöpfung fort [...].[133]

An Oelze schreibt Benn im November 1940 in einer sarkastischen Abrechnung mit der Zeit: „Irgendwas stimmt nicht [...]".[134] Immerhin – gibt es den *Traum*: „[...] manchmal eine Stunde, da bist Du, der Rest ist das Geschehen; manchmal die beiden Fluten schlagen hoch zu einem Traum".[135]

Mein Eigenstes, das sieht man, kann sich im Leben nicht verwirklichen. Ein hoffnungsloses, zuletzt klägliches Zurückbleiben hinter den weitgesteckten Erwartungen, die Verkümmerung.[136] Das Gedächtnis wird zum Instrument zur Ermessung der erlittenen Verluste. Ich hatte die Welt so und so gewollt, doch sie wollte mich ganz anders, sonstwie, und hat in dem ungleichen Kampf den Sieg davongetragen. Zu sagen ist am Ende dann nur dies:

> Die Fahrt ist zu Ende,
> doch ich bin mit nichts zu Ende gekommen,
> jeder Ort hat ein Stück von meinem Lieben genommen,
> jedes Licht hat mir ein Aug verbrannt,
> in jedem Schatten zerriß mein Gewand.[137]

Jede einzelne Erfahrung (wie auf den Bildern, den Verfallstudien, von Edward Hopper) hat Kenntnis von einem immer schon verlorenen, drangegebenen, doch nie spurlos getilgten lebhaften Ganzen. Tief eingeschrieben ist ihr ein Zug zu dem, was sie nicht war und ist, niemals sein wird, doch womöglich sein könnte, hätte sein können. Botho Strauß spricht von einem „Urvermissen".[138] Und Gottfried Benn: „Es ist keine Rettung vor diesen

---

133 Benn, SW I, 150.
134 Benn, Briefe an Oelze I, 252: „Das alles ist ja ein Vorspiel, ein Vorkrieg. Der nächste sammelt die Erdteile in eine Hand, ob die Hand weiss, gelb oder niggerbraun sein wird, wissen die Götter, aber es wird nur noch ein Zentrum geben u. die Stratobomber mit 1000–1500 km Geschwindigkeit pro Stunde u. einem Radius von einem halben Dutzend von Äquatoren sausen durch die eiskalten, blauen, steinernen Räume in den lautlosen Explosionen der Atomzertrümmerung. Gehn wir ein Pilsener trinken u. dann schlafen! Die Welt ist tief, aber es ist besser, man spricht nicht mehr darüber. Wahrscheinlich giebt es gar keine Zeit, aber ziehen wir ruhig weiter die Armbanduhren auf. Bekämpfen wir ruhig weiter das falsche Deutsch, aber seien wir uns klar darüber, dass die Völker ihre Genies ausspeien wie das Meer die Perlen: für die Bewohner anderer Elemente. Irgendwas stimmt nicht, aber streichen wir ruhig am I. von Neuem unseren Wehrsold ein. Zum Wohle, lieber Herr Oelze!"
135 Benn, Briefe an Oelze I, 311; vgl. Benn, SW III, 50.
136 Überaus eindrücklich wird sie – in der Konstellation von Wirklichkeit und Möglichkeit – im Gespräch zwischen Lotte und Goethes Sohn August in Thomas Manns *Lotte in Weimar* zum Thema (Th. Mann, Lotte in Weimar, 250–252; im Kap. 6).
137 So in Ingeborg Bachmanns Gedicht *Die Welt ist weit* (Bachmann, Werke I, 22).
138 Strauß, Beginnlosigkeit, 80. Vgl. 101: „Im Grunde ging er voller Mißtrauen und voller Begierde zugleich zwischen den Menschen umher. Ja, wenn er es recht bedachte, war er sogar

hungrigen Wölfen. Sie bellen wieder Tag und Nacht."¹³⁹ Ein seltsamer Optimierungsfuror, abgrundtief trostlos, doch immer wieder zitiert, findet sich, merkwürdig versetzt, sogar bei Beckett, auch beim „Scheitern": „Alles seit je. Nie was andres. Immer versucht. Immer gescheitert. Einerlei. Wieder versuchen. Wieder scheitern. Besser scheitern."¹⁴⁰

Gaben werden demgemäß in aller Regel in Aufgaben umgebrochen. Niemals darf irgendein Gutes das Bessere vergessen machen. Die Unabsehbarkeit des je aufspringenden Möglichen, das Ermangelte, fasziniert, stellt überall die entscheidende Handlungsmotivation dar – und überfordert maßlos. Kafka benennt die soteriologische Uranstrengung: „In einem Land betet man nur zu einer einzigen Gruppe von Gottheiten, man nennt sie: die zusammengebissenen Zähne."¹⁴¹ Der Lebensdruck steigt mit Dringlichkeit und Lautstärke der Übermüdungsverbote, ausgesprochen über den doch nur begrenzt Belastbaren, über das längst tief erschöpfte Selbst. Dem Traum von den unendlichen Möglichkeiten ist eben auch die beste Wirklichkeit nicht gewachsen. Zugrunde liegt ein offenbar unbehebbares Versäumnisgefühl, die quälende Ahnung von den glitzernden Münzen, den unendlichen ungehobenen Schätzen des Lebens. Stehen sie nicht den anderen Menschen unzählige Male zur Verfügung? *Le vrai bonheur, c'est le bonheur des autres.* Der neuzeitliche Mensch – sein Leben: der große Möglichkeitsraum, in dem jeder sich selbst entwirft – ist konstitutionell der Lebensüberforderungsmensch, die total überspannte, überanstrengte und dann verbissene Subjektivität. „Es ist *nie* an dem", weiß Barth, daß der Mensch „sich auch nur die Dinge wirklich unterworfen hätte, *nie* an dem, daß er auch nur sein eigener Herr wirklich geworden wäre."¹⁴²

Die Gesetzesstimme nicht nur der Grundanstrengung, die jeder Einzelne der Behebung des Mangels zu schulden scheint, sondern die drängende, schneidende Stimme der Überforderung ist über ihm ausgesprochen, steht hinter ihm und hetzt ihn. „Hinter diesem Wünschen und Drängen", so lesen wir in einer Vorlesung Martin Heideggers,¹⁴³ „steht das Gedränge jener Unruhe, für die jedes Genug alsbald ein Niegenug wird." Faustische Unruhe. „Faustische Motive" bei Benn: „[...] erst benehmen sie sich wie die Schweine, dann wollen sie erlöst werden."¹⁴⁴ Sarkastisch auch bei Martin

---

unablässig zwischen zwei Alarmglocken hin- und hergerannt. Schwieg eine Weile das Mißtrauen, so schellte die Begierde. Ruhte sie aber vorübergehend, so ratterten die Signale des Argwohns. Nie fand er zum Schlaf in der Nähe eines andere ...".

139 Benn, Großhirnrinde.
140 „All of old. Nothing else ever. Ever tried. Ever failed. No matter. Try again. Fail again. Fail better." (Beckett, Worstward Ho, 6f).
141 Kafka, Nachgelassene Schriften II, 348.
142 Barth, Paralipomena, 284 (Hv. M.T.).
143 Heidegger, Grundbegriffe, 4.
144 Benn, SW IV, 292.

Walser: „Hätte man doch, als man lebte, gelebt" oder: „Das Leben, das nie beginnen wollte, stellt sich nachträglich als ein versäumtes heraus".[145] Schließlich Hans Blumenberg: „zu wenig Zeit für zu viel Welt."[146]

Generell formuliert: hinauskommen über die sehr gute Schöpfung, bei sich als Gott ankommen will die peitschende Erwartung (*eritis sicut deus*), die Arroganz, der Enthusiasmus, nach Luthers *Schmalkaldischen Artikeln* vom Teufel in Adam und die Adamskinder „gestiftet und gegiftet",[147] die Schöpfungs- und Gottesverachtung, eine hybride Wut gegen Gott und die völlig insuffizient erscheinende Welt. „Der Wutwind weht und reißt alles mit." (Elfriede Jelinek)

Verrückte Zwiesprache wird geführt, das psychotische, fauchende neuzeitliche Selbstgespräch: „Die moderne Geschichte ist der Dialog zwischen zwei Männern: einer, der an Gott glaubt, ein anderer, der Gott zu sein glaubt".[148]

Dabei wird, wie unschwer erkennbar, die Stimme des zweiten (des Unzurechnungsfähigen) zusehends lauter. Wie kann er hinausgeworfen werden aus seiner aufgeblasenen Selbstheit? Er ist gesonnen, endlich weltweit Gott zu spielen: hinsichtlich des Größten, was er kennt, der „Geschichte" und der „Evolution", als Geschichtssubjekt und als Evolutionssubjekt und als Wissenschaftssubjekt (das Wort „Wissenschaft" je länger je mehr in „quasireligiöser Unbedingtheit"[149] interpretiert). Technologie und Technokratie ermächtigen ein Selbst, das kein Gegenüber mehr hat und, wie man sieht, nicht zu ernüchtern ist. Der Wille zur Göttlichkeit, eingegraben ins Bewußtsein als tiefste Fatalität, im technischen Lärm hörbar, ist identisch mit dem „Willen zum Übermenschen".[150] Was nach Barth für die nationalsozialistische Ideologie gilt: daß der Mensch „sich heute aufreckt wie ein Gott"[151] – es steigt aus tieferen Wurzeln auf. Der der Einflüsterung des *eritis sicut deus* nicht widersteht, reckt sich, so Benn, auf verfluchte Weise „von Himmel zu Himmel".[152] Er – kein Gott zuletzt, sondern nur ein jammervoller Irgendwer – leistet Götzen, großen und kleinen Ideologien, sich christusförmig aufwerfenden Mächten und Gewalten (Eph 2,2; Kol 2,15), dem

---

145 Walser, Meßmers Reisen, 178; 189. – Vgl. Marianne Gronemeyers Buch *Das Leben als letzte Gelegenheit*.
146 So faßt Harald Weinrich Überlegungen Hans Blumenbergs zusammen (Weinrich, Zeit, 159–163).
147 BSELK, 455. Entsprechend muß umgekehrt von einer eminent *kritischen* Funktion der Schöpfungslehre die Rede sein (vgl. Barth, Paralipomena, 80).
148 Dávila, Einsamkeiten, 142 (zit. bei Strauß, Anwesenheit, 47).
149 Vgl. I/1, 10; dort ist im Zusammenhang des Wissenschaftsbegriffs auch vom „heidnischen Pantheon" die Rede. Vgl. dazu Molendijk, Auseinandersetzung mit Scholz, 259.
150 Barth, Schweizer Stimme, 257.
151 Barth, Schweizer Stimme, 152.
152 Benn, Großhirnrinde.

Gelichter, epochalen Göttern, Weltdogmen in letzter Instanz ... *Beihilfe zum Erscheinen*. Darin mag er der „Übermensch" sein.

Der Dialog zwischen zwei Männern: einer, der an Gott glaubt, ein anderer, der Gott zu sein glaubt. Aber auch die erste Stimme ist permanent gefährdet, etwa durch Herablassung. Natürlich scheint auch die Offenbarung nicht zu genügen, so daß es sein kann, daß

„wir, von der objektiven Offenbarung, wie sie ebenso objektiv in der göttlichen Zeichengebung an uns herankommt, nun doch wieder lüstern hinwegschielen [...] nach einem Besseren, das uns Gott vielleicht sagen *könnte* an Stelle des vermeintlich weniger Guten, das er uns tatsächlich gesagt *hat*." (I/2, 258)

5. Es gibt nichts, doch davon reichlich

In nicht minder scharfen Kontrast tritt diese Allgenugsamkeit nun wie gegenüber dem Mangel so ebenso gegenüber dem „schrecklichen Allzusehr",[153] den verwirrenden Bildermengen, dem Zuviel z.B. an Interdependenzen der Handlungsbereiche, der „Not des Überflusses", dem „überfüllten Bewußtsein"[154] ... Canetti spricht von „unserer Zeit, *die an Macht erstickt*."[155] Gibt es in der Anwesenheit Christi ein Genug und wunderbares Mehr-als-genug der Gnade, so kommt jenes Zuviel als das gerade Gegenteil dessen daher.

Wie soll man damit umgehen, daß schon weitaus zuviel geschehen ist und daß man zuviel weiß und Entscheidendes nicht vergessen werden kann? „[...] wir wissen zu viel und glauben zu eilig", erklärt Heidegger schon 1943,[156] „um in einem recht erfahrenen Fragen heimisch werden zu können. Dazu braucht es das Vermögen, vor dem Einfachen zu erstaunen und dieses Erstaunen als Wohnsitz anzunehmen". Und Kierkegaard wußte: „Wenn man einen sieht, der sich den Mund mit Eßbarem so vollgestopft hat, daß er nicht mehr schlucken kann, dem muß man das Essen wegnehmen, damit er nicht verhungert".[157] Gar nicht anders der späte Barth: „Die Gefahr unserer heutigen Kirche ist das *Zuviel*."[158] Es gibt nichts, doch davon

---

153 Zum „Allzusehr" bei Hölderlin vgl. Michel, Hölderlin, 380f; 491.
154 Strauß, Anwesenheit, 98; 28.
155 Canetti, Provinz des Menschen, 250 (Hv. M.T.).
156 Heidegger, Vorträge und Aufsätze, 266.
157 Kierkegaard, Nachschrift, 271: „Wenn ein Mann den Mund so voll Essen hat, daß er aus dem Grunde nicht zum Essen kommen kann und es damit enden muß, daß er Hungers stirbt, besteht dann das Ihm-Speise-Mitteilen darin, daß man ihm den Mund noch voller stopft, oder nicht vielmehr darin, daß man dafür sorgt, etwas davon zu entfernen, damit er dazu kommen kann zu essen?".
158 Barth, Gespräche 1964–1968, 242. In der *Einführung in die evangelische Theologie* (Barth, Einführung, 142–144) ist von der „Ueberfütterung" einer nicht lediglich konzentrierten, sondern einer exklusiven theologischen Existenz die Rede.

reichlich, wüst und überdimensioniert und womöglich faszinierend. „Nichts, aber darüber Glasur".¹⁵⁹

Botho Strauß hat ein modernes Zuviel, die falsche Vielfalt, gelegentlich benannt, den sinnlosen, Beziehungsräume verschlingenden Wirbel der sich selber annullierenden Möglichkeiten.

Strauß spricht von jenem „gestaltlosen Ungeheuer von zuviel neuem Sinn, zuviel sinnversprechender Literatur, das uns von allen Seiten anschnaubt. Hunderte von Bestseller-Konfessionalisten, Weltanschauler in einer Fülle, wie sie nur im großen Durcheinander von Schwellenepochen aufkommt, Mahner und Warner an jeder Ecke, rationalistische Propheten, die alle guten Willens sind, bis auf einen entscheidenden böswilligen Defekt: ihre krankhaft eitle Mitteilungssucht."¹⁶⁰

Unmittelbare Folge, weil die Pluralisierung mit progressiver Dezentralisierung einhergeht, scheint eine „Vermehrung der Gleichgültigkeit"¹⁶¹ – die schon im aufkommenden Zweifel dann noch jedesmal dem Druck des Mächtigeren nachgibt. Ist doch auch die Beliebigkeit in der Anhäufung (samt seltsamster Pluralbildungen) von Theorien, Moralen, Ethiken und Religionen eine besonders hämische Form ihrer Entwertung und Vergleichgültigung. Das Zuviel des Einerlei produziert den *amor vacui*. Die Beliebigkeit indes wird selber despotisch und duldet nichts außer sich. „Alle Moral", weiß schon Albert Camus, „wird provisorisch."¹⁶²

Ein halbes Jahrhundert zuvor hat Franz Kafka Ähnliches gesehen: ein Zuviel, ein Zuschnell, das die Wahrheit verhängnisvoll verfehlen läßt. Als charakteristisch für eine konventionelle Vorstellung erscheint die Unfähigkeit, zur Wahrheit *vordringen* zu können. Hier aber, Kafka zufolge, liegt das Verhängnis darin, über die Wahrheit als über einen Bereich guter Grenzen *hinauszuschießen*. „Wäre nur einer imstande, ein Wort vor der Wahrheit zurückzubleiben, jeder (auch ich in diesem Spruch) überrennt sie mit hunderten."¹⁶³ Stets aufs neue in der Kunst des 20. Jahrhunderts ist die Auseinandersetzung mit diesem Überrennen anzutreffen: bei Picasso zum

---

159 Benn, SW IV, 175; SW VI, 146; vgl. Benn, Briefe an Oelze III, 29.
160 Strauß, Beginnlosigkeit, 13f. – „Ich erfahre nichts als das Grauen des Zuviel ... des dreckigen proliferierenden Zuviel ... Ich verstehe nicht, mich der grenzenlosen Mittel und Vermittlungen zu bedienen ... Verstehe ich aber, mich ihrer zu erwehren?", heißt an anderer Stelle (Strauß, Anwesenheit, 96). Oder (Strauß, Niemand anderes, 49): „Wir retten in der Liebe das Eine vor dem maßlos Vielen."
161 Strauß, Anwesenheit, 69.
162 Camus, Mensch in der Revolte, 117.
163 Kafka, Nachgelassene Schriften II, 344. – Die furchtbare Überfüllung in einer Skizze des Nachlasses: „Auch große Städte liegen auf dem Weg, viel größer als unser Städtchen. Zehn solche Städtchen nebeneinander gelegt und von oben noch zehn solche Städtchen hineingezwängt ergeben noch keine dieser riesigen und engen Städte." (Kafka, Nachgelassene Schriften II, 261) – Zum Zusammenhang von *Zuviel* und *Leere* auch die Notiz im Tagebuch (Kafka, Tagebücher, 131): „Das viele Leben schmerzt ihn [...], aber die Leere ist nicht weniger arg, denn sie macht seinen eigentlichen Schmerz los."

Beispiel, im Unmaß an eng nebeneinander liegenden, bis zur Ermüdung durchgespielten, die Inhalte abnutzenden Variationen und Modulationen und Virtualitäten, der schieren, unerschöpflichen, quälenden Fülle als der eigentlichen Wahrheit des Themas. Die obsessive Wiederkehr des Motivs überrennt es. Die Omnipräsenz der ästhetischen Möglichkeiten bringt das Bezwingende des Einzelnen zum Erliegen. Oder die *readymades* von Marcel Duchamp, die gegen das technisch reproduzierte Zuviel mit bewußter Willkür reagieren, kommen als Beispiel der Gegenwehr gegen die falsche Vielfalt in Betracht. Zu nennen sind aber generell die maßlose Erfahrungsbeschleunigung, die stürmischen Prozesse überall in der Welt, eine „ins Schleudern geratene Moderne" (Habermas), der drohende Modernisierungsinfarkt im vorwärtslaufenden Zuwachs des technischen Wissens und Könnens. Nirgendwo verlangsamt sich der Pulsschlag der Zeit. Sämtliches soll erfaßt werden durch ein von einem dämonischen Unbedingtheitswillen angetriebenen Tempo. Ständig sieht sich, entsprechend, die aggressive künstlerische Avantgarde zum Stilwechsel gezwungen. Unterdessen hat im übrigen, so Adorno, „der Begriff der Avantgarde, über viele Dezennien hinweg den jeweils sich als die fortgeschrittensten erklärenden Richtungen reserviert, etwas von der Komik gealterter Jugend."[164]

Was Barth vor mehr als einem halben Jahrhundert, 1951 in der Ethik der Schöpfungslehre (III/4, 638), in Sachen „Arbeitsfieber" in Erinnerung gerufen hat, hat an Dringlichkeit mittlerweile rasant gewonnen:

„Es gibt nämlich wenig Dinge, die der heutige, von der modernen europäisch-amerikanischen Kultur und Zivilisation geprägte Mensch – dem übrigens der Sowjetmensch unter anderem Vorzeichen nur zu ähnlich zu werden droht – sich einzuprägen so nötig hätte wie dies: daß er es, um vor Gott und für sich selbst am Leben zu bleiben, koste es, was es wolle, mit der *Ruhe* halten sollte. Es ist ja merkwürdigerweise so, daß er sich durch all die erstaunlichen Intensivierungs-, Vervielfältigungs- und Beschleunigungsmöglichkeiten, die er sich in der immer aufsteigenden Entwicklung seiner Arbeitstechnik zu verschaffen gewußt hat, als arbeitender Mensch bis jetzt ganz und gar nicht hat entspannen, erleichtern und befreien, zur Entkrampfung, zur sinnvollen Zerstreuung und eben damit zu rechter Arbeit hat veranlassen und anleiten lassen. Im Gegenteil: alle diese neuen Möglichkeiten haben ihn bis jetzt nur dazu veranlaßt, sich von dem immer beschleunigten Tempo seiner Maschinen und Apparate seinerseits immer mehr Tempo diktieren, sich von ihnen gewissermaßen vor sich her treiben, jagen, hetzen zu lassen."

Barth bringt sodann die Sache auf den Begriff und spricht von der zusehends bedrohlicher werdenden Gefahr des möglichen Untergangs „einer ganzen Kulturstufe":

---

164 Adorno, Ästhetische Theorie, 44.

„Er hat sich von ihnen in ein zunehmendes *Arbeitsfieber* versetzen lassen, und wenn es noch nicht ausgemacht ist, ob dieses Fieber sich nicht später einmal als der Durchgang zu einer neuen, erhöhten Gesundheit erweisen könnte, so könnte es doch auch so sein – und es ist eigentlich mehr, was eben darauf hinweist – daß der Patient eines Tages daran zugrundegehen wird, daß es das Symptom eines nahenden enormen Unterganges mindestens einer ganzen menschlichen Kulturstufe ist. Es könnte sein, daß es nicht mehr lange so weitergeht. Daß das, was der neuzeitliche Mensch in diesem zunehmenden Fieber bis jetzt geleistet hat, sehr erfreulich und hoffnungsvoll sei, wird man jedenfalls nicht behaupten können." (III/4, 638)

Die Erfahrungseskalationen der Gesellschaft spiegeln sich in der Asynchronizität äußerer und innerer Zeit. Wiederum sei Kafka genannt: er spricht vom Puls der Existenz, von einem „Jagen", von der „Wildheit des inneren Ganges" des Zeitbewußtseins. „Die Uhren stimmen nicht überein, die innere jagt in einer teuflischen oder dämonischen oder jedenfalls unmenschlichen Art, die äußere geht stockend ihren gewöhnlichen Gang."[165] Als Bedenkzeit jedenfalls kommt Zeit weder im persönlichen noch im wissenschaftlichen Bereich ernsthaft in Betracht. Verlegenheitspausen gibt es nicht, weil Verlegenheit nicht auftritt und immer gewußt werden kann, in welchem Sinne es weitergeht. Im Reich der Genforschung werden zeitliche Vorgaben ständig überboten, so daß die Gesellschaft immer wieder weitaus schneller vor schwerwiegenden Entscheidungen steht, als es die Experten in der Regel vermutet haben. Eine gewisse Flüchtigkeit in Überzeugungsfragen stellt sich ein. Als was kommt „Gott" unter den Eiligkeitsimperativen in Frage, sofern er denn überhaupt in Betracht kommt? Antwort: „Gott als Beschleunigung des gedoppelten Subjekts"![166]

Das Zuviel als ständiger Druck, wo immer die Moderne ihrem typischen zwanghaften Vorwärts folgt, erzeugt Überdruß und, angesichts hochgezogener, soteriologischer Erwartungen, bodenlose Desillusionierung. Die Müdigkeit von hohen Graden schon bei Georg Büchner: „[...] die letzten Tänzer haben die Masken abgenommen und sehen mit todmüden Augen einander an."[167] Sie sind der lebenslangen Überforderung müde, müde der Notwendigkeit, stets neu, weil sie ihre tiefste Schwäche täglich unkenntlich machen, der eigenen Sterblichkeit überführt werden zu müssen. Setzt danach das neue, das maskenlose höhere Maskenspiel ein?

Wo wäre aber etwas ausfindig zu machen, das den modernen Überfüllungen, Vervielfältigungen, Beschleunigungszwängen, auch Enthemmun-

---

165 Kafka, Tagebücher, 877.
166 Strauß, Niemand anderes, 58.
167 Büchner, *Leonce und Lena* (in: Büchner, SW I, 103). Vgl. das von Lenz zitierte Gedicht (Büchner, SW I, 244; die Herkunft ist unklar): „O Gott in Deines Lichtes Welle, / In Deines glüh'nden Mittags Zelle / Sind meine Augen wund gewacht, / Wird es denn niemals wieder Nacht?"

gen, und dann dem Überbeauftragten und Zukunftsmüden, den zusehends kürzeren Zeittakten ... etwas in die Quere stellt, womöglich die Dynamik und Fliehkraft dieses Unbedingten zum Erliegen bringt? „Eine Eile reicht mir nicht, ich brauch zwei", fordert Martin Walser sarkastisch.[168] Das Leben geht schnell und noch schneller vorbei, und je mehr wir uns beeilen, um so mehr beeilt es sich zurück. Übereilt wird die Gegenwart des Guten.[169]

Doch das ohne Einheit und Einhelligkeit Vielfältige, das Vielgesichtige schlechthin, scheint Kennzeichen des *Dämonischen*. Im bloßen Vielerlei, in schlechtester Unendlichkeit verloren, ist es unvermögend, bis eins zu zählen. Generell, in Anspielung auf Mk 5,9, formuliert George Steiner: „Es ist die Wirklichkeit selbst, die zu Leviathan und Legion geworden ist"[170] – die wimmelnde Realität. „Da ist nichts leer", befindet Danton bei Büchner mit kaltem Entsetzen, „Alles voll Gewimmels."[171]

c. Gottes Herrlichkeit und Schönheit

Demgegenüber bringt sich, so Barth, der in der Bibel bezeugte Gott als der lebendige *Eine* zum Zuge, als die Fülle des Wahren, absolut einzig und unvergleichlich einfach (vgl. II/1, 495–518) – mithin nicht als das wahllos Mehrere oder gar als ein zum Aussuchen des Geeigneten zur Verfügung stehendes Vielerlei. Ein „nicht einzuschränkender Totalitätsanspruch", „eine durch nichts zu mildernde Exklusivität", „radikalste Götterdämmerung" (II/1, 499) geht mit dem Geltendmachen dieser Einsicht notwendig einher. „Kein gefährlicherer, kein revolutionärerer Satz als dieser: daß Gott Einer ist, daß Keiner ihm gleich ist!" (II/1, 500)[172]

Wir wollen versuchen, diesen Totalitätsanspruch im Gegenüber zur totalitären Anmaßung des auf neuzeitliche Weise Gottförmigen vor Augen zu bekommen, und folgen dazu besonders einer gedanklichen Linie des Kapitels über die „Wirklichkeit Gottes" im Band II/1 der *Kirchlichen Dogmatik*.

---

168 Walser, Meßmers Reisen, 68. – Zum Thema vgl. Borscheid, Beschleunigung.
169 So in Hölderlins Gedicht *Dichterberuf* (Hölderlin, Gedichte, 47).
170 Steiner, Schöpfung, 320.
171 Büchner, SW I, 72.
172 Einer der nächsten Sätze lautet dann bekanntlich (der Band KD II/1 ist 1940 erschienen): „An der Wahrheit des Satzes, daß Gott Einer ist, wird das Dritte Reich Adolf Hitlers zu Schanden werden."

1. Der freie Gott kann nur groß lieben

Ein überaus farbiges, gewaltiges Panoramabild des lebendigen, freien Gottes in der Gotteslehre der *Kirchlichen Dogmatik*, II/1 und II/2. Gott, so Eberhard Jüngels treffende Formel, ist um seiner selbst willen interessant.[173] Man wird wohl sagen können, daß Barth Gott, das Wort „Gott" in seiner besonderen verschwenderischen Bedeutung, soweit es Gott selbst meint, Gottes Beziehungsleben, seine Beziehungsfreude und -fülle – sichtlich um seiner selbst willen interessant findet. Denkwürdig und zugänglich dem intensiven Affekt muß er für ihn nicht erst gemacht werden.

Dem lebendigen, freien Gott soll aber in kleinem Widerspiel eine lebhafte, tiefenscharfe Theologie entsprechen. Unberührt kann die Weise der Behandlung – starke Striche und feinste Auffächerungen zugleich – von ihrem Thema nicht bleiben. Ausdrücklichkeit herrscht demgemäß, Begeisterung und Sprachmacht. Alles enthält vollständig explizit oder implizit, wenngleich unverkennbar, den Einspruch gegen jene kurzen Prozesse der Erkenntnis, die jeder nachdenklichen Absicht zuwiderlaufen. Leitend ist vielmehr eine Hermeneutik der bereits gegebenen Fülle. Als Berufungsinstanz finden dabei nur die unerschöpflichen biblischen Texte Anerkennung, ihre weitausgreifenden, nur aus gemessenem Abstand erkennbaren Panoramen hier und ihre funkelnden, kristallinen Miniaturen dort. Der die Langsamkeit und den scharfen Geschmack der Gedanken liebt, hat die Bürde mitbekommen, alles noch einmal selber zu durchdenken.

Durch Architektonik, Entwurfskraft, Arbeit am Detail und an einer Art Binnendynamik, Ausdrucksmacht zeichnet sich die *Kirchliche Dogmatik*, wie bekannt, durchgängig aus. Das mag man, muß man aber nicht anstrengend finden.[174] Im Sinne dieser Kennzeichnung nun der weitgespannte Entfaltungsraum von 1680 Seiten Gotteslehre: zu sorgfältiger Ausdrücklichkeit gebrachte Rede von dem Gott, der um alles in der Welt zu denken und zu sagen und in alledem zu verherrlichen ist. Zunächst ein Kapitel mit drei Paragraphen über die Erkenntnis Gottes am Anfang von II/1 (erschienen 1940, einem Jahr äußersten Machtwahnsinns); dann das große Kapitel über das helle, unbändige Geheimnis, über Gottes Gnadenwahl; und schließlich die grundlegenden Ausführungen über Gottes Gebot in II/2. Und in der Mitte, noch in II/1, in besonders schlüssigem gedanklichen Rhyth-

---

173 Vgl. Jüngel, Entsprechungen, 193–197.
174 Vgl. den Anfang eines – sagen wir einfach: auf Barth zu geschriebenen – Gedichts Herberts (Herbert, Gewitter, 10): „Herr, / leih mir die gabe, lange sätze zu bilden, deren / linie von atemzug zu atemzug sich spannt / wie hängebrücken, wie regenbogen, wie das alpha und omega / des ozeans / Herr, / leih mir kraft und geschick derer, / die lange sätze bilden, / ausladend wie die eiche, geräumig wie ein weites tal, / damit in ihnen platz finden welten, weltenschatten, / welten aus dem traum [...]".

mus: das Kapitel 6 über die Wirklichkeit Gottes. Es geht nicht um prinzipielle, sondern um lebendige, atmende und pulsierende Unbedingtheit, um Gottes Eigenschaften als um seine Vollkommenheiten, um den wundervollen Gott. Gott zeigt sich, so wird es bei Barth dargestellt, wesentlich als der Liebende, unaufhörlich an uns interessiert, dessen Achtung wir gewiß sein können, er kann nur groß lieben. Gott erweist sich, ebenso wesentlich, als der vollkommen Freie, ewig unerreichbar für menschliche Machtergreifungen. Beide Bestimmungen erschließen einen unerhört weiten gedanklichen Raum. Die Vollkommenheiten der Liebe Gottes, das ist der Pulsschlag von Gnade und Heiligkeit, Barmherzigkeit und Gerechtigkeit, Geduld und Weisheit. Als Vollkommenheiten der göttlichen Freiheit aber falten sich – wiederum in weitläufigen gedanklichen Bewegungen – aus: Einheit und Allgegenwart, Beständigkeit und Allmacht, Ewigkeit und – jene letzte Vollkommenheit, „dieses letzte und höchste Freiheitsprädikat" (II/1, 722), dieses womöglich letzte Wort über die Wirklichkeit Gottes. Gibt es ein Innerstes, in dem die göttlichen Vollkommenheiten in einem Inbegriff zusammengeführt würden? Jene erwähnte Pointe seiner Gotteslehre?

Ja, zum hellen Schluß dieses Kapitels kommt Barth darauf zu sprechen. Inbegriff und Summe der Vollkommenheiten Gottes ist Gottes *Herrlichkeit*. In dieser Darstellung hat die *Kirchliche Dogmatik* m.E. einige ihrer wunderbarsten emphatischen Augenblicke.

Die Rede von Gottes Herrlichkeit hier – und die manifesten gegenwärtigen Zeitgedanken, -worte und -werke von der menschlichen Machtergreifung um jeden Preis dort. Jenes Licht – *mitten in* der Menschheitsdämmerung, in der maßlosen, lächerlichen, machtförmigen Daten- und Zahlen- und Informations- und Technikdämmerung der Gegenwart. In angemaßter Gottförmigkeit und tatsächlicher Götterdämmerung.

Es gebe also Schritte hinaus aus dem Haus der Spiegel, der wechselseitig einander vergrößernden dunklen Spiegel der bedingungslosen Macht? Die Zeit könne zumindest ein wenig auf den Gedanken gebracht werden, auf den freien, unverfügbaren Gott, auf den unbegreiflichen Überschwang, auf Gottes Herrlichkeit zu schauen? So daß etwas uneinholbar Fremdes durch sie hindurchginge, ihr Massiv aus akkumulierter und sich zusehends immer weiter hochtreibender unbedingter Macht vielleicht schleichend erodierte oder in sich selbst stürzte oder sonstwie zerginge? So daß die sich mit der Befolgung des Ersten Gebots notwendig einstellende Götterdämmerung einträte? Eben dies kann dargetan werden.

Natürlich nicht die christliche Theologie von sich aus (doch ebensowenig das Handeln des Glaubens), keinerlei menschliche Aktivität vermag jene Götterdämmerung einzuleiten oder gar herbeizuführen, die Zeit also im entscheidenden endlich auf gute Gedanken zu bringen – etwa indem sie ihrerseits Gottes Einheit oder dann seine Herrlichkeit und Schönheit gegen den bedingungslosen menschlichen Machtwillen in Stellung brächte, entsprechende ethische Konsequenzen anmeldete und insofern die machtförmige Gesetzlichkeit der Gegenwart durch eine Art ästhetischer Freiheit gleichsam zu enthärten suchte. Vielmehr ist auch an dieser Stelle selbstverständlich festzuhalten, daß es einzig in Gottes Macht gegeben ist, das Derzeitige (wie es oben bestimmt wurde) aus seiner seit langem angesammelten Kraft herauszuheben, daß nur Gottes *gloria* selbst, Gott selbst in der Schönheit seiner Offenbarung, in *seiner* ästhetischen Freiheit, gegen den maßlosen menschlich-unmenschlichen Willen zur Macht ankommt, längst angekommen ist und in seinem errungenen Sieg – im Glauben nachholend, was von ihm her schon geschehen ist – dann auch wahrgenommen werden will.

Ausgehen müssen theologische Überlegungen, die nach einem Ausweg fragen und nicht weniger als göttliche Fremdheit in Erinnerung rufen wollen, von der Einsicht letzter Macht- und Hilflosigkeit allen menschlichen Handelns, doch um so mehr dann von der unermeßlichen Hoffnung auf den einen, einzigen Gott – eine Hoffnung auf den ganz anderen, den freien, liebenden, eine fremde Welt heraufführenden, also nicht etwa weltenfernen, sondern in seiner Offenbarung und Anwesenheit, also zugewandt herrlichen, von keinem Machtdenken einzuholenden Gott. So unbeirrt wie nur möglich müssen sie im Interesse jener Widerrede die Einzigkeit Gottes vor Augen behalten und dann, mit diesem Blick, in die Tiefe und in die Hintergründe der Zeit gehen.

Indessen – was bedeutet in diesem Zusammenhang „Tiefe" und „Hintergrund"? Wie sähe es aus, in Theologie und Kirche „mit Hintergrund", dimensional, zu erzählen, was der Erzählung wert ist? Zu erzählen (etwa in Predigten) sind die kleinen menschlichen Geschichten, vom Zufall verweht und zernichtet, überschwemmt immer wieder von der dumpfen Wucht weltpolitischer Flutwellen und Desaster, doch auch (etwa in kirchengeschichtlicher und theologie- und ideologiegeschichtlicher Darstellung) die kritische, bußfertige epochale Groß-Erzählung (um die neuzeitliche Riesen-Erzählung zu unterminieren) – ausdrücklich beides vor dem Hintergrund und unter dem Licht und in ihrer unverlierbaren Zugehörigkeit zur wahrhaft großen, der göttlichen, der herrlichen – ganz anderen – Geschichte.[175] Keineswegs liegt ja über allem von vornherein nur erbarmungslose Schicksal- und Rätselhaftigkeit, so daß die Rede von Versöhnung und Erlösung, von

---

175 In einer der eindrucksvollsten Szenen in Joachim Fests autobiographischem Buch *Ich nicht* (71) wird ein 1936 geführtes Gespräch zwischen den Eltern des Autors wiedergegeben. Die Mutter: „Die Unwahrheit sei immer das Mittel der kleinen Leute gegen die Mächtigen gewesen; nichts anderes habe sie im Sinn. Das Leben, das sie führe, sei so entsetzlich enttäuschend! Nun schien die Überraschung auf seiten meines Vaters. Jedenfalls sagte er einfach: ‚Wir sind keine kleinen Leute. Nicht in solchen Fragen!'"

der völlig genügenden Gnade, als falsche Tröstung abzuweisen wäre. Und „Tiefe"? Was wäre in diesem Sinne „ein Reden mit etwas tieferem Atemholen"[176] – so daß Theologie nicht lediglich das Verfahren der kurzen Assoziationen und der verbreiteten selbstsicheren (moralistisch-ethizistischen) Oberflächlichkeit teilte,[177] sondern es zu irritieren sogar schließlich zu zerbrechen suchte und insofern als *christliche Theologie*, redend vom Gott des Evangeliums, erneut in Erscheinung träte? Nicht weniger wäre dafür erforderlich als der Rekurs auf eine vollkommen konsequent christologisch orientierte (sich nicht erst in ethischen Erwägungen verifizierende) Gotteslehre.

Erforderlich ist also für ein „tieferes Atemholen" und entsprechend für theologisch-dimensionale Ausführungen, daß die Theologie bei ihrer Sache bleibt: daß sie trotzig wirklich zur Hauptsache auf der Grundlage der biblischen Texte nach der Wirklichkeit und Anwesenheit des einen und einzigen, des herrlichen, schönen Gottes und seiner Offenbarung trachtet – so daß darin ihr überdies zufällt, ihrer Zeit nahezukommen. Wieviel Widerstandskraft gegen das beschriebene Widrige und dessen zahlreiche Anwesenheits- und Gegebenheitsformen vermag sie dann ihrerseits auf diese Weise freizusetzen? Ist sie imstande – eben indem sie auf den Gott der Offenbarung zurückkommt, ihn so konkret und strikt und genau wie möglich der Zeit gegenüber vorbringt und sich seiner unter keinen Umständen schämt – dem unbedingten Willen zur Macht, zur Gewalt, zur Waffe ... mit ihren Mitteln, hilflos vielleicht, aber tatsächlich entgegenzutreten? Läuft die Gotteslehre Barths mit dem Rekurs auf die Rede von der göttlichen „Herrlichkeit", wie sie das Kapitel über die Wirklichkeit Gottes abschließt und krönt, auf eine dementsprechende, jenem Willen Trotz bietende Pointe zu – „trotzig, klar und hart"?[178] Diese Zuspitzung müßte dann das „große Störungscentrum" abgeben, von dem Barth gelegentlich spricht.[179] Inwiefern bringt sich dort eine andere Gravitation des Seins (eben der kleinen, aber auch der riesenhaften, soteriologischen Geschichten), ein freigesetzter Widerstand gegen das absolute Machtdenken und insofern unendlich Hoffnungsvolles zum Zuge? Wie ist indes – einer theologischen Kritik der

---

176 Barth – Thurneysen, Briefwechsel 3, 362.

177 Eine spezifische Oberflächlichkeit nennt Botho Strauß in einem Interview: „Keiner der Autoren, die wir kennen, würde sich heute anheischig machen, das Ganze anzuführen. So wie etwa Carl Friedrich von Weizsäcker oder Gräfin Dönhoff vor Jahr und Tag in Ihrer Zeitung davon sprachen. Da gab es noch die Vorstellung, dass man das Schiff steuern könne, wenn man sich die ethischen Probleme bewusst halte. Diese Art von Moralismus, dieser Appell, sich am Portepee zu packen, hat nichts, aber auch gar nichts gefruchtet, es läuft alles seinen autonomen Innovationsgang. Da ist eine riesige Oberflächenstruktur, die sich mit größter Eigendynamik weiterentwickelt." (Strauß, Rand).

178 So Bonhoeffer in einem Brief an Bethge (20.5.1944; Bonhoeffer, DBW 8, 440).

179 Barth, Briefe 1933, 360.

soteriologischen Vernunft gemäß – die Gravitation des Seins, die Sinnrichtung und Ereignishaftigkeit der gegenwärtigen Welt zu beschreiben? Deren moderne Gegebenheitsform – die Weise, in der sämtliches anwesend ist –, so die hier vertretene, oben ausführlich erläuterte These, heißt Macht- und Gewalt- und Waffenförmigkeit. Zu fragen ist demgegenüber nach der in Liebe und Freiheit gänzlich anderen Anwesenheitsform *Gottes* und dann danach, wie eben diese Anwesenheitsgestalt des einen, einzigen, fremden Gottes die der heutigen macht- und gewalt- und waffenförmigen Welt in Mitleidenschaft zu ziehen, von innen her aufzubrechen, zu verändern, umzustürzen vermag.

2. Gottes Anwesenheit ist herrlich

Als in sich frei und insofern als absolut unerreichbar für alle menschliche Einwirkungsmöglichkeit und Verfügung, so haben wir ausgeführt, muß nach Barth Gott gedacht werden, doch genauer: eben so ist Gottes *Anwesenheit* zu verstehen. Gott gibt sich selbst kund, er zeigt sich in seiner eigenen Wahrheit. Gottes Wahrheit kommt als Gottes eigene Unverborgenheit zutage. Auf seine, auf unvergleichliche Weise ist er anwesend.

Hermeneutische Verfügung welcher Art auch immer, ein interpretatorisches Richteramt, religiöse Einstellungen und Kommentare, Deutung und Wertung, menschliches Dafürhalten, Zuschreiben, Titulieren etc. – dies alles kommt ernsthaft hier selbstverständlich nicht in Betracht. Gottes Selbsterschließung wird von Barth, im ausdrücklichen Gegenzug dazu, als die souveräne, auch ihren eigenen Begriff mitbringende ἀ-λήθεια gedacht. Verstehenskapazitäten, doch auch ausgebildete Betroffenheit, differenzierte, kultivierte Rezeptivität, sogar eine umfassend gewährenlassende Offenheit des Menschen ... vermögen als solche gar nichts. Gott lichtet sich selbst. Seine Anwesenheit ist Lichtung: der Bereich der *Lichtung zum ewigen Leben*.

Das Neue Testament, so Barth, beschreibt „jene Lichtung (ohne uns an der objektiven Wirklichkeit und Wahrheit dessen, was da ans Licht kommt, in Zweifel zu lassen) als ein Geschehen, zu dem es entweder *von ihrer Seite* oder dann *gar nicht* kommt" (IV/2, 332; Hv. M.T.).[180] Niemals kann Gottes Anwesenheit und Wahrheit in die Reichweite methodisch gewonnener Vergewisserungen kommen. Doch genau darin, in dieser Unzugänglichkeit

---

180 Zur „gesteigerten Betonung des Objektiven" bei Barth vgl. K. Bornkamm, Amt Christi Barth, 21. Zutreffend gibt sie Barths Meinung wieder: „Die Glaubenswahrheit besitzt als geoffenbarte Wahrheit höchste und per definitionem unbestreitbare Objektivität [...]". Freilich scheint sie zu meinen, man könne dem „neuzeitlichen Subjekt-Objekt-Schema" dadurch entgehen, daß man die Verwendung der Kategorien „subjektiv" und „objektiv" vermeidet.

für menschliche Einwirkung, liegt die wahre Hoffnung des Menschen, der, nur auf sich hoffend, verloren wäre.

Noch einmal: auf eigene, allem Geschöpflichen gegenüber schlechthin vorgängige, überlegene, es umfassende Weise ist Gott anwesend. Als Schöpfer zuerst. In diesem Sinne muß zunächst sehr allgemein Gottes Allgegenwart als seine freie, allem Sein gegenüber ontologisch frühere, schöpferische „Phänomenalität" in Rede stehen.

„Allgegenwart", so liest man in dem entsprechenden Paragraphen der Gotteslehre, „ist zweifellos eine Bestimmung der Freiheit Gottes. Sie ist die Souveränität, in der er als der, der er ist, [...] allem Anderen, Allem, was nicht er selbst, sondern von ihm verschieden ist, *gegenwärtig* ist. Sie ist die Souveränität, auf Grund derer Alles, was ist, nicht ohne ihn, sondern nur mit ihm sein kann, auf Grund derer es eigene Gegenwart nur unter der Voraussetzung seiner Gegenwart hat." (II/1, 518f)[181]

Gottes Allgegenwart bietet demzufolge den Ermöglichungsgrund von weltlicher Gegenwart, von An-wesen des Seins. Was immer an-west – ihm kommt gegebene, unendlich vielfältige Präsenz aufgrund der göttlichen Lebensgegenwart zu. Es beruht auf gutem Grund: auf der Voraussetzung des Schöpfers.

Doch weitaus mehr noch darf in der Vollmacht der biblischen Texte gesagt werden. Auf eine Weise ist Gott anwesend, die in nichts dem gleichkommt, was sonst „Anwesenheit" heißen mag. Welche Weise ist das? Seiner Offenbarung gemäß: die Erscheinungsweise unbeschreiblicher Herrlichkeit. In Rede stehen darf als ein letztes, klang- und verheißungsvollstes, denkwürdigstes Wort die „*Glorie* der Gegenwart Gottes in der Welt" (IV/3, 1005; Hv. M.T.). Die höchste Wesensbestimmung Gottes, die Vollkommenheiten der göttlichen Freiheit wie auch die des göttlichen Liebens ... finden darin einen hellen Inbegriff.[182]

„Herrlichkeit", so heißt es, ist „*Gott selber in der Wahrheit, in dem Vermögen, in dem Akte, in [sc. der und in] dem er sich als Gott kundgibt*" (II/1, 723).

181 Gegen Heidegger ist also von Seiten der Theologie geltend zu machen, daß der Gottesbegriff fundamentaler gedacht werden muß als der Seinsbegriff, weil auch das verbal zu verstehende „Wesen" des Seins in der Gegenwart des Allgegenwärtigen gründet, im unendlichen *Überschwang* des göttlichen Seins. Zudem kann das Sein nicht nur schöpfungstheologisch, muß vielmehr immer auch – wovon Heidegger weit entfernt ist – hamartiologisch, mindestens als betroffen von der menschlichen Sünde (Röm 8), gedacht werden. Das wäre freilich, was hier nicht geleistet werden kann, ausführlich zu zeigen. Heideggers Rede von der *Seinsgeschichte* ist zum Beispiel in den Abschnitt *Das Volk Gottes im Weltgeschehen* in der *Kirchlichen Dogmatik* (IV/3, 780–872) einzutragen. Über die Schwierigkeit dieser Übertragung meine ich mir ungefähr im klaren zu sein.

182 Sehr angemessen läßt Eberhard Busch seine vorzügliche Einführung in die Theologie Barths (Busch, Leidenschaft, 296f) in Zitaten aus Barths Bestimmungen der *Herrlichkeit* Gottes ausklingen. – „Die Vollkommenheit aller dieser Vollkommenheiten Gottes [sc. Allmacht, Barmherzigkeit etc.] ist seine Herrlichkeit", definiert, m.E. ganz im Sinne Barths, Heinrich Vogel (Vogel, Der Christ und das Schöne, 104).

Sie ist, erläutert Barth wenig später, „der sichtbarwerdende *Inbegriff aller göttlichen Vollkommenheiten*. Sie ist die Fülle der Gottheit Gottes, sie ist die hervorbrechende, die sich äußernde, sich manifestierende Realität Alles dessen, was Gott ist. Sie ist das Wesen Gottes, sofern es in sich selbst ein sich kundgebendes Wesen ist" (725).

In der Versöhnungslehre dann begegnen ähnliche Sätze:

„Gottes Herrlichkeit [...] ist aber eben die Gott eigene, in seinem Wesen als freie Liebe begründete Macht, sich selbst als der, der er ist, zu bezeichnen, kundzutun, zu beweisen – seine Kompetenz und Kraft, sich Anerkennung, Glanz, Ehre, Geltung zu verschaffen, in und unter seinem Namen nicht nur real, sondern sich äußernde, sich manifestierende, sich offenbarende Realität zu sein." (IV/3, 51)

Dabei will Barth von vornherein die strenge theologische „*Objektivität* des Begriffs" der Herrlichkeit Gottes festhalten (II/1, 725; Hv. M.T.). Alles liegt an dieser Objektivität – die also keineswegs als „bloße Meinung, Behauptung oder Hypothese", als Gegenstand von „bloßen Wünschen oder Titulaturen" (II/1, 723), als Ergebnis von mehr oder weniger schnellen anerkennenden Zuschreibungen, Interpretationen, Wertungen, mehr oder weniger ehrerbietigen Deutungen etc. in Betracht kommt. Immer ist zu beachten, „daß der, der dort dem Menschen in der Objektivität eines göttlichen Er gegenübertritt, wie mit keinem ihn erkennenden menschlichen Subjekt identisch, so auch nicht ein Objekt in der Reihe der anderen Objekte menschlichen Erkennens ist" (II/1, 15). Das Wort Gottes „ist nicht ein Objektives. Es ist *das* Objektive, indem es *das* Subjektive, nämlich das Subjektive Gottes ist" (I/1, 141) – ein ebenso verläßliches, wie unerfindliches, nicht zu vereinnahmendes, ein absolutes Gegenüber.

Höher als zu den jetzt zu verwendenden Worten kann aber in der menschlichen Sprache nicht gegriffen werden: „Herrlichkeit (*kabod,* δόξα, *gloria*)", so wird definiert (IV/3, 51), „ist in der Sprache der Bibel eine, die höchste Eigentümlichkeit des göttlichen Seins, der göttlichen Lebenstat [...]".[183]

---

183 Hans Urs von Balthasars großes Werk *Herrlichkeit* beginnt mit den programmatischen Sätzen: „Versucht wird hier, die christliche Theologie unter dem Licht des dritten Transzendentale zu entfalten: die Sicht des Verum und des Bonum zu ergänzen durch die des Pulchrum. Die Hinführung wird zeigen, welche Verarmung aus dem immer stärkeren Verlust dieses Gesichtspunktes dem christlichen Denken erwachsen ist, der einst die Theologie so machtvoll durchgestaltet hat." (von Balthasar, Herrlichkeit I, 9). Von Barth heißt es: „Gerade aus Barths Dogmatik bricht (trotz aller Verneinungen) neu und elementar ein Sinn für ‚Herrlichkeit' auf" (von Balthasar, Herrlichkeit III/1.2, 377). von Balthasar nimmt dann das Gespräch mit Barth in dieser Sache immer wieder auf.

3. Gottes Herrlichkeit zeigt Gesicht

Kann die Rede von Gottes Herrlichkeit, einer Anziehungsmacht nicht von dieser Welt, eine verbindliche Alternative zur Seinsform und Anwesenheitsgestalt der Moderne zeigen, etwas Unzeitgemäß-Verschiedenes? Das dann natürlich nicht seinerseits wiederum vorwiegend im zum Schema und zur Grundstruktur verhärteten Machtmäßigen gedacht werden darf.

Zwar schließt Barth nun eine innere Mächtigkeit der Herrlichkeit Gottes keineswegs aus (Gott ist der „*Herr* der Herrlichkeit", II/1, 364). Doch kommt Wichtigeres hinzu und prägt das Verständnis um. Denn es „ist mit dem Begriff der Herrlichkeit", so lesen wir, „noch etwas gesagt, was in dem Begriff der Kraft nicht erschöpft ist. [...] Licht hat und ist auch Kraft, aber nicht das ist es, was es zum Licht macht. Hat und ist Gott nicht auch mehr als das, was mit Kraft zu bezeichnen ist, wenn er *Licht* hat und ist, wenn er herrlich ist?" (II/1, 733) „Licht ist dein Kleid, das du anhast", heißt es im Psalm 104 (vgl. II/1, 736; III/1, 132). Worin besteht dieses dann nicht mehr machtmäßige, aus dem harten Schema heraustretende Plus?

Noch einmal präzisiert Barth den Begriff der Herrlichkeit und sieht seine Bedeutung intensiviert und gesteigert (II/1, 733–751). Erreicht ist an dieser Stelle offenkundig ein wahrhaft strahlender Höhepunkt in der Gedankenführung der *Kirchlichen Dogmatik*. Das weiträumige Kapitel über die Wirklichkeit Gottes und darin wiederum die Erörterung des Inbegriffs der göttlichen Vollkommenheiten, der göttlichen Herrlichkeit, läuft wunderbarerweise zu auf Ausführungen über die ausnehmende göttliche Schönheit.

Inwiefern darf auf Veranlassung der biblischen Texte und kraft seiner Offenbarung von Gottes Schönheit die Rede sein?[184]

„Es liegt in der Natur der Sache", gibt Barth sofort zu bedenken, „daß die eigentliche Begründung unseres Satzes, daß Gott schön ist, weder in wenigen noch in vielen Worten *über* diese Schönheit, sondern nur durch diese Schönheit selbst gegeben werden kann. Gottes Wesen spricht in seiner Offenbarung selbst für seine Schönheit." (II/1, 741)

Als „schön" ist nach Barth die Art und Weise bestimmt, in der Gottes Offenbarung ergeht. Ihre Vollzugsform ist die Anmutung des Schönen. In seiner Offenbarung ist Gott aber – wie Barth zu betonen nicht müde wird – ganz und gar er selbst. Von seiner *ureigenen* Schönheit ist mit Grund zu reden.

„Dürfen und müssen wir sagen", so wird ausgeführt, „daß Gott schön ist, dann sagen wir eben damit, *wie* er erleuchtet, überführt, überzeugt. Wir bezeichnen dann nicht bloß die nackte Tatsache seiner Offenbarung und auch nicht bloß deren Gewalt als

---

184 Vgl. Moltmann, Die ersten Freigelassenen, 43f.

solche, sondern die Form und Gestalt, in der sie Tatsache ist und Gewalt hat." (II/1, 733)[185]

Die Form also, in der Gottes Offenbarung „Gewalt" hat, erweckende Gewalt, ist unwiderstehliche Schönheit. Das Bezwingende und Betörende und Bezaubernde ihrer Schönheit macht den spezifischen Machtcharakter seiner Offenbarung aus (wobei von „Macht" dann überhaupt nur noch sehr uneigentlich oder in ganz neuem Sinne die Rede sein kann).

Gewachsen, stellten wir fest, ist den ausgreifenden, himmelhohen, theoretischen und praktischen Machtgedanken der Zeit (samt ihren Verheerungen und neuerlichen Drohungen) nur Gott selber in seiner Offenbarung, nur das von ihm in Kraft gesetzte, unverbrüchliche Evangelium selber: das (um zu steigern, was nicht gesteigert zu werden vermag) „Evangelische im Evangelium" (II/1, 739). Hier nun, an dieser Stelle, im Kontext der Ausführungen über die Schönheit Gottes wird dieses Innerste benannt.

Bietet sich ein Wort für diese leuchtende, selige Intensivierung und Steigerung, für „das Evangelische im Evangelium"? Nach Barth ist es *„das Freudestrahlende"* der Herrlichkeit Gottes (II/1, 739). Denkbar größte, weltenferne Fremdheit, das göttlich Andere stellt sich darin jenem Nicht- und Wider-Evangelischen entgegen, dem absoluten Widerpart zum Freudestrahlenden: jener Faszination und Berauschung durch die Macht (vgl. Gal 3,1), dem irren Begehren, der wahllosen Gier (Röm 7,7) ... Jedes Wort verdient Aufmerksamkeit, wenn bei Barth in diesem Zusammenhang formuliert wird: *Gott* ist der, „der *Wohlgefallen* erregt, *Begehren* schafft und mit *Genuß* belohnt und das damit, daß er wohlgefällig, begehrenswert und genußvoll ist [...]". Er kann nur groß lieben, sich groß freuen, sich herrlich, anmutig, berückend offenbaren, seine Freude als unüberbietbares Evangelium mitteilen, als Ansturm der Freude, als Wortherrlichkeit, die Welt ohne Einschränkung mit sich versöhnen, sie definitiv neuer Schöpfung und ewigem Leben zuwenden – er ist überall darin „als Gott *liebenswürdig*" (II/1, 734).

Barths Ausführungen, so scheint mir, gewinnen im Rahmen der *Kirchlichen Dogmatik* im ganzen an dieser Stelle den vielleicht überhaupt hellsten und hochgemutesten Klang. Die Freude Gottes ist unbedingt und unendlich und voll Seligkeit. Ist Größeres darüber hinaus denkbar? Ja, mehr als denkbar: in der Kraft der Offenbarung Gottes ist Größeres wirklich. Ein „Jauchzen, von dem die Gottheit von Ewigkeit zu Ewigkeit erfüllt ist" (II/1, 730), bestimmt und durchdringt den Raum des ewigreichen Gottes – doch ein überströmendes Jauchzen, überströmende, ausstrahlende, anteilgebende Freude. Gottes Herrlichkeit läßt sich nicht an sich selbst genügen. Zunächst:

---

185 Zu vergleichen ist die oben (Abschn. A. vor Anm. 19) zitierte Wendung vom Aufwecken der Kinder im Vaterhaus als der Weise, in der Gott „Gewalt" übt.

„selig scheint sie in ihr selbst".[186] Sie bedarf nicht der Zustimmung oder auch nur des Bemerktwerdens – doch unendlich mehr als das: selig scheint (*lucet*) sie *über sich hinaus,* „sich selbst mitteilend", überschießend und verschwenderisch, sich „in der eigenen Überfülle nicht genug tuend", „überströmend" aus dem Unerschöpflichen ... Gott *will* den Menschen in seiner Freude.[187]

„Gottes Herrlichkeit", so heißt es in überaus glücklichen Wendungen, „ist die ihm innewohnende und eben als solche nun auch von ihm ausstrahlende, die aus seinem Reichtum überströmende, die in der eigenen Überfülle sich nicht genug tuende, sondern sich selbst mitteilende *Freude* seines Gottseins. Man muß alle Werke Gottes auch und entscheidend von daher verstehen: sie geschehen alle miteinander, sie geschehen ohne Ausnahme im Zuge dieser seiner Selbstverherrlichung und Freudenmitteilung. Sie sind das Lichtwerden *außer* ihm auf Grund des Lichtes, das *in* ihm, das er selber ist. Sie sind die Äußerungen des unendlichen Jubels in der Tiefe seines göttlichen Wesens." (II/1, 730)

Und etwas später wird in demselben Sinne eines Genug und wunderbaren Mehr-als-genug ausgeführt:

„Er, der keines Anderen bedarf, der volles Genügen an sich selbst hat, dem auch kein Anderes auch nur von ferne genügen kann – gerade er genügt sich selbst in der Weise, daß er sich selbst als der, der er ist, erweist, manifestiert, mitteilt. Gerade er als der, der ganz er selber und in sich selber ist, bricht hervor und ist äußerlich ebenso wie er innerlich, transeunt ebenso wie er immanent ist." (II/1, 752)

Das „Strahlende" der Freude. Bereits die Verwendung der Lichtmetaphorik erleichtert es, wie wir gesehen haben, die Kategorien von Kraft und Macht hinter sich zu lassen. Doch sogar der elementare und reiche, wie kaum anderes in menschlicher Sprache zur Bezeichnung von Faszination und Schönheit, von Pracht und Glanz geeignete Bildbereich „Licht" kommt dem Gemeinten noch nicht nahe genug. Vielmehr leistet das erst die Rede von Gottes *Antlitz*. Die intensivste, getreueste, überhaupt wundervollste Bestimmung dessen, was „Anwesenheit *Gottes*" heißen darf, bietet die Rede vom Freudestrahlenden des *Angesichts* Gottes. Was immer in der Begeisterung des Glaubens – folgt man nur den biblischen Texten – über Gottes Herrlichkeit oder über das Licht, über Pracht und Glanz, über das Berückende göttlicher Nähe zu sagen ist, es findet mit dieser Bestimmung (ein vor überschwenglicher Freude leuchtendes, zugewandtes, offenes Gesicht) seine denkbar menschlichste Anschauungsform. Daß wir „vor Gottes Angesicht gestellt" werden, bietet den emphatischen, ungeheuerlichen Ausdruck

---

186 Auf Mörikes Gedichtzeile ist unten noch einmal zurückzukommen.
187 Gadamer hat gelegentlich (Gadamer, Danken und Gedenken, 32) so das griechische Wort χάρις wiedergegeben: „*Cháris* ist ein Äquivalent für Dank und meint ‚den andern in seiner Freude wollen'."

dafür, daß Gott ganz als er selbst erscheint. Gewiß nichts Unzutreffendes, doch noch zu wenig über sein göttliches, sein gott-menschliches Erscheinen bringt dabei jede noch so kunstvolle sprachliche Ausformung der Lichtmetaphorik zum Ausdruck. Statt dessen wird die theologische Sprache in Richtungssinn und Duktus äußersten Wert darauf legen, der Menschlichkeit Gottes gerecht zu werden, seiner Personalität, unbedingt personaler Präsenz, dem vertrauten Namen – also dem vertrauten Antlitz.

„Das ist *mehr* als Lichtglanz: Gottes Angesicht" (II/1, 729; Hv. M.T.), verzeichnet Barth darum und fügt hinzu: „[...] Gottes Herrlichkeit ist die Herrlichkeit seines Angesichtes, ja selbst sein Angesicht: Gott *in Person*, Gott, der einen *Namen* trägt und der uns wiederum mit Namen ruft."

Wunderbarerweise darf also, in einfacher Aufnahme der biblischen Texte, als die herrliche Beschaffenheit der Unverborgenheit Gottes, als seine *Anwesenheits- und Lichtungsform* – die offene Zuwendung seines väterlichen, mütterlichen, geschwisterlichen, kindlichen ... Antlitzes gelten (offenbarend, was überhaupt „Antlitz" und „Gesicht" heißen darf). Als die tiefste Anmutung des Schönen, von der der christliche Glaube Kenntnis hat, als österliche Offenbarung (die die Ewigkeit vorwegnehmende Lichtung in der Zeit), als Veranlassung zeitlicher und ewiger Begeisterung, leuchtet die Ehre, die Gültigkeit und Triftigkeit, die Pracht, der Glanz, die δόξα Gottes, seine unendliche, betörende Schönheit – das Freudestrahlende eines Gesichtes. Diese Gnade genügt (2Kor 12,9). Die unendliche, selige und überströmende Herrlichkeit zeigt Gesicht.

Sie zeigt Gesicht im anschaulichsten Geheimnis, das sich in der Welt ausfindig machen läßt, *im „Evangeliumsantlitz" Christi*.[188] Mit größter Genauigkeit vermag der christliche Glaube also zu sagen, wo diese Lichtung der Welt zum ewigen Leben anzutreffen ist, wo sie *geschieht*. Er findet – in ungestümer Freude – die Lichtung auf dem Angesicht des auferstandenen Christus (ἐν προσώπῳ Ἰησοῦ Χριστοῦ). In unerhörter Synopse – es verschlägt dem Leser den Atem – spricht Paulus von der „Erleuchtung zur Erkenntnis der *Herrlichkeit* Gottes": „in dem Angesicht Jesu Christi" (2Kor 4,6). Dort tritt die „Herrlichkeit des Mittlers" in Erscheinung (so ja der Titel von § 69 der *Kirchlichen Dogmatik*, IV/3, 1–424): die Herrlichkeit dessen, der „das Licht des *Lebens* (seines! des versöhnenden Lebens!)" ist (IV/3, 153).

Jetzt sehen wir dieses Gesicht, Bildnis eines Unsichtbaren (Joh 1,18), wie in einem Spiegel in einem dunklen Wort, dann aber – ganz und gar Blick und ebenbildliches Gesicht geworden und Aufmerksamkeit und Anerkennung und Bewunderung – werden wir schauen „von Angesicht zu Angesicht" (1Kor 13,12). Im Glauben schon, der hellen Anwesenheits-

---

188 Wir haben oben bereits davon gehandelt. Cf. den Abschnitt C. a. 3.

Gewißheit, die sich gewahrt und gemeint und gefunden weiß, geschieht die anfängliche Geburt eines Gesichtes, seine Verdeutlichung und Eröffnung ins Vertraute, Tröstliche und Unverlierbare, ins Selige. Das Schauen dann (wir werden an späterer Stelle noch einmal darauf zurückkommen) wird der Augenblick der vollendeten Gottebenbildlichkeit sein, der definitiv wahren Blicke – wenn das Bild erscheint, das alle anderen Bilder erübrigt, und es der Sonne und des Mondes nicht mehr bedarf, weil geradewegs und unmittelbar die Herrlichkeit Gottes selbst alles erleuchtet (Apk 21, 23).

„Viel mehr als Ziele braucht man vor sich, um leben zu können, ein *Gesicht*", bekennt Elias Canetti.[189] Wir sagen: *dieses* Gesicht, dieses ganz von der *Liebe* gewirkte Gesicht. Seine reine, lautere Intensität, seine unvergleichliche Liebenswürdigkeit und Berückung. Sein Leuchten aus lauter Freundlichkeit. Die Gnade, die genügt.

4. Der hat alles, der Gott hat

Diese Gnade, die genügt, – als Evangelium ausgesprochen – stellt sich dem unbestimmt Gierigen entgegen, offeriert das Kriterium, das unverrückbare Maß,[190] die erkennbar gültige Grenze des Menschlichen. Fraglos und in großer Bestimmtheit findet sich im Neuen Testament die Erinnerung an die notwendige, zureichende, überschießende Fülle, an das πλήρωμα τῆς θεότητος, wie es nicht nur gedacht und ersehnt wird, wie es vielmehr σωματικῶς in Christus wohnt (Kol 2,9) – „keiner Überbietung fähig und keiner Ergänzung bedürftig" (IV/4, 130), niemals ins Allzusehr übergehend, die ganze ungeteilte Wahrheit. Anschaulich wird in Christus der befremdliche Hinweis auf ein tatsächliches volles Genügen, das Abtun des Mangels, doch auch die Aufhebung der Faszination der Leere, der Erweis der Absurdität der Gier (der Lebensgier, der Selbstgier), weil fortan kraft der Auferweckung des Gekreuzigten unmöglich sein wird, daß das Leben durch den Tod absolut erniedrigt wird, weil Lebenszeit also nicht länger gierig und maßlos und entmutigt verschlungen werden muß.[191] „Meine Gnade genügt

---

189 Canetti, Fliegenpein, 45.

190 Düster und erschüttert: Hölderlin. „Gibt es auf Erden ein Maß?", so fragt er in dem *In lieblicher Bläue* überschriebenen Stück, und er antwortet unverzüglich: „Es gibt keines." (Hölderlin, Gedichte, 372) In der *Rhein-Hymne* hingegen begegnet das Wort „seeligbescheiden" (Hölderlin, Gedichte, 153) – Zur Bescheidenheit bei Hölderlin vgl. Michel, Hölderlin, 442f.

191 Welche „religiösen Überlieferungen" meint Jürgen Habermas, wenn er erklärt: „Religiöse Überlieferungen leisten bis heute die Artikulation eines Bewußtseins von dem, was fehlt. Sie halten die Sensibilität für Versagtes wach. Sie bewahren die Dimensionen unseres gesellschaftlichen und persönlichen Zusammenlebens, in denen noch die Fortschritte der kulturellen und gesellschaftlichen Rationalisierung abgründige Zerstörungen angerichtet haben, vor dem Vergessen." (Habermas, Aufsätze, 13)? „Religion" soll hier noch einmal zur Aufrechterhaltung der neuzeitlichen Grundfrustration funktionalisiert werden.

dir!" Nichts fehlt, nichts ist hinzuzusetzen. „Der ganze Reichtum der Allmacht des göttlichen Erbarmens", weiß Barth (IV/3, 179), „ist in seinem Wort Eines, das Eine Notwendige, über das hinaus und zu dem hinzu der Mensch nichts nötig hat, mit Fug nichts begehren kann."

Ein in die Offenbarung schon eingelassenes Überholtsein aller Fragen und Rückfragen, aller Bedenken, Vorbehalte und Zweifel kann aus diesem Grund theologisch geltend gemacht werden:

„Gottes *gloria*", stellt Barth fest, „ist [...] identisch mit seiner *Allgenugsamkeit, omnisufficientia*. Gott ist der, der sich kundgibt als der, der vermöge seines Wesens und in der Fülle seiner Vollkommenheit sich selbst und damit – weil alles Andere sein Geschöpf ist – auch jedem Anderen *genügt* [...]. In ihm ist kein Mangel und darum kann auch da kein Mangel sein, wo er sich zu erkennen gibt. *P. Gerhardt*: ‚Du füllst des Lebens Mangel aus.' Gott tut das entscheidend eben damit, daß er herrlich ist, daß er sich in jener Vollkommenheit kundgibt – so kundgibt, daß alle Fragen und Rückfragen, alle Bedenken und Vorbehalte, alle Zweifel an ihm durch seine Selbstkundgabe zum Vornherein überholt sind, nur subjektive aber keine objektive Bedeutung haben, keiner Realität entsprechen können, sodaß ihre Erledigung immer nur ein Nachholen dessen sein kann, was seinerseits schon erledigt ist, ein Augenauftun für das Licht, von dem sie faktisch längst umgeben sind."[192]

Doch Barth fügt dieser Hervorhebung der umfassenden göttlichen *sufficientia* nun – als selbstverständliche Konsequenz – Überlegungen hinzu, die gegenwärtigen Stimmungslagen und Plausibilitäten wiederum nur tief befremdlich, soweit nicht gar lächerlich erscheinen müssen. So ziemlich alles in gegenwärtigen Mentalitäten sperrt sich dagegen, auch nur einen Augenblick die Sache zu erwägen – wenn Barth jetzt, als dem Gegenteil von Selbstzufriedenheit,[193] von „christlicher *Zufriedenheit*" spricht.[194]

„Der hat tatsächlich Alles, der Gott hat", wird mit Bestimmtheit erklärt, „schwerlich so wie er es haben möchte, aber nur umso sicherer so wie Gott will, daß er Alles habe[,] und eben darum bestimmt so, daß er sich zufrieden geben, daß er sich daran genügen lassen kann. Er lasse sich nur an Gott genügen." (II/ 1, 727)

---

192 II/1, 726; zur Allgenugsamkeit vgl. II/2, 616; 622 sowie IV/1, 232, wo die göttliche δόξα dahingehend beschrieben wird, daß Gott „*sich selbst* genug tut und so *sich selber* Sinn, Grund und Ziel ist." Schon im Römerbriefkommentar hieß es, das Evangelium als Kraft Gottes sei „*selbstgenugsam*, unbedingt und in sich wahr" (Barth, Römerbrief II, 12; Hv. M.T.).
193 Zur Selbstzufriedenheit vgl. Spinoza, Ethik IV, 52.
194 Von „Zufriedenheit" weiß auch Bonhoeffer. Im letzten Abschnitt seiner Überlegung *Nach zehn Jahren* (Bonhoeffer, DBW 8, 19–39; dort 38f) spricht er vom „Blick von unten" und betont: „Es kommt nur darauf an, daß diese Perspektive von unten nicht zur Parteinahme für die ewig Unzufriedenen wird, sondern daß wir aus einer höheren Zufriedenheit, die eigentlich jenseits von unten und oben begründet ist, dem Leben in allen seinen Dimensionen gerecht werden, und es so bejahen." – Eine schöne Sammlung einschlägiger Texte zu „Muße" und „Faulheit" bei Schneider, Faulheit.

Er lasse sich nur von Gottes Herrlichkeit trösten, von der Anmutung und der Schönheit seiner Offenbarung bezwingen. „Dieses Getröstetsein durch die Herrlichkeit Gottes ist die echte und also die christliche Zufriedenheit." (II/1, 727) Mit Gott ist sie im Frieden. Ihr genügt die *göttliche Gnade*. Sie ist geistlich arm und darum selig zu preisen. Sie ist nur reich „in Gott" (Lk 12,21). In um so schärferem Licht vermag im Widerschein die menschliche Sünde hervorzutreten: mit dem zehrenden, verbrennenden Lebensgefühl des Ausbleibens dieses Genügens und in der „mit ganzem Herzen, von ganzer Seele, von allen Kräften und von ganzem Gemüte" veranstalteten Recherche nach anderer, besserer, am besten eigener Gnade, nach geistlichem Reichtum – betrieben auf Gedeih und Verderb, auf Leben und Tod, bedingungslos, jedesmal hochmütig oder träge oder lügenhaft.

Schon mit der Verwendung des Wortes „Zufriedenheit" (ob geistlich oder sonstwie) scheint in den prekären Befindlichkeiten und Gestimmtheiten des zeitgenössischen Menschen – mit seiner total-revisionistischen Manie – ein äußerst empfindlicher Nerv getroffen. Reflexartig werden mindestens „Biedermeier" und „Spießbürgertum" assoziiert, mehr noch, schlimmer, „Faulheit", „die Hände in den Schoß legen", „dem Bösen seinen Lauf lassen und es damit weiter befördern" und so fort. Was immer eine Handbreit abweicht vom üblichen Aktionismus muß „fatalistisch" oder „quietistisch" heißen.[195] Die schärfste Form derartiger Kritik, bittere Satire – vom propagierten Willen zur Macht aus entworfen – findet sich vermutlich im Kapitel über den „letzten Menschen" in Nietzsches *Also sprach Zarathustra*.[196] Der nicht-machtförmige ist danach der knochenlose, ganz weiche, unbedingt quietistische, unbedingt verächtliche „letzte Mensch".

Die geistliche Armut meint nun zwar zunächst Zufriedenheit mit *Gott*. Durchaus auch in allen Bereichen der Lebenswelt ist aber wiederzugewinnen, nicht dahingehen zu lassen, zu entreißen dem prinzipiell und permanent und unstillbar Gierigen des Übermenschentums: die Haltung einer „christlichen Zufriedenheit", sogar Bescheidenheit, die Hinwendung zur kleinen Welt,[197] der bewußte Rückzug, Passivität, Ausweichen, Hinhalten,

---

195 So zum Beispiel Habermas über Heidegger (Habermas, Vorwort, 27).
196 Nietzsche, KStA 4,18–21.
197 „Daß es sich", führt Willems in seinem Buch über Wilhelm Busch aus (Willems, Abschied, 97f), „bei der Hinwendung zur kleinen Welt um eine Fluchtbewegung handele, um einen Versuch, es sich leicht zu machen, nämlich um die Resignation vor den Anforderungen der großen Welt, ist ein Gedanke, der seit jeher geläufig ist und bis heute in großem Umfang und mit der größten Selbstverständlichkeit in mancherlei Zusammenhängen zum Einsatz gebracht wird, wobei solcher Flucht bald im Blick auf den verheerenden Zustand der großen Welt verständnisvolle Anerkennung zuteil wird und sie bald als ein Versagen vor diesen Zuständen kritisiert wird. Daß auch die Hinwendung zur großen Welt, die Erhebung in die weiten Räume der Weltpolitik, der Weltgeschichte und des Kosmos den Charakter einer Flucht haben könne, war und ist demgegenüber vergleichsweise selten zu hören."

das Dilatorische, nicht nur die Möglichkeit, sondern sogar die Notwendigkeit, die Hände im richtigen Moment in den Schoß zu legen, sogar außer „Widerstand" auch noch „Ergebung" ...

Theologie sei eine „bescheidene" Wissenschaft, merkt Barth entsprechend in der *Einführung in die evangelische Theologie* an.[198] Gemeint sind Maß und Grenze.[199] „Es gibt keine Wissenschaft", merkt er an, „der so wie der Theologie durch ihren Gegenstand von Haus aus Bescheidenheit nahegelegt und zugemutet wäre."[200] Theologie auf diese Verhaltenheit hin zu bestimmen kommt auf nicht weniger als auf die Erinnerung an das Erste Gebot hinaus, daß es nämlich genügt, ein Mensch zu sein, und Adam sich sehr gut, ohne ein Opfer bringen zu müssen, ohne auch nur das geringste einzubüßen, damit bescheiden kann (nicht einmal muß er, woran Benn auf seine Weise erinnert, „ins Helle streben"[201]). Entsprochen wird in solcher Zurückhaltung der ersten Bitte des Vaterunsers: weil es nämlich für Himmel und Erde, für Ewigkeit und Zeit – auch (worauf es uns ankommt) für alles Derzeitige – vollkommen genügend ist, daß Gottes Name geheiligt wird. Und zur Hauptsache eben die erste Seligpreisung – als der Text, an dem die Neuzeit katastrophal aufläuft – findet Gehör: daß es mehr als geistlicher Armut für Zeit und Ewigkeit nicht bedarf.

„Zufriedenheit" und „Bescheidenheit", hinreichend provozierende Begriffe, lassen sich nicht nur in gutem Sinne theologisch verstehen, sie bedürfen nicht nur nicht der Rettung – das in diesen Titeln Gemeinte erscheint vielmehr unverzichtbar. Freilich steht dem Canettis prekäre Einsicht

Aber bedeutet das redende Sich-Hineinbegeben in weltgeschichtlich-weltweite Zusammenhänge wirklich immer und in jedem Fall, es sich schwer werden zu lassen und mit dem Schicksal der Menschheit und der Welt überhaupt schwierigste Aufgaben auf sich zu nehmen? Stellt es sich nicht in der Tat vielfach als ein willkommener Ausweg aus den Bedrängnissen der Nähe dar, der nahen Lebenswelt, in der Menschen und Dinge unmittelbar auf den Leib rücken, Widrigkeiten unmittelbar zu bestehen sind und man insbesondere ständig mit der eigenen unvollkommenen Person konfrontiert ist? [...] Und ist solche Flucht in die große Welt im geistig-kulturellen Leben der Moderne nicht eine ebenso große, ja unter den modernen Intellektuellen womöglich eine größere Versuchung als die Flucht in die Idylle?"

198 Barth, Einführung, 12f; 25.
199 Vgl. Barth, Gespräche 1964–1968, 545. Vgl. auch 424: „Der Heilige Geist wirkt nicht in Massenversammlungen, sondern der Heilige Geist geht einen stillen – ich hätte fast gesagt: einen bescheidenen Weg, aber einen sicheren Weg". Vgl. zum Thema „Bescheidenheit" auch Barth, Gespräche 1963, 93; 163; 266; 288; oder Barth, Gemeindemäßigkeit, 204; und Barth, Das christliche Leben, 306; 337. – „Man muß", beschreibt Canetti die Wirkung angemessener Kafka-Lektüre (Canetti, Provinz des Menschen, 109), „die kleinen Schritte mit ihm gehen und wird bescheiden. Es gibt nichts in der neueren Literatur, das einen so bescheiden macht."
200 Barth, GV III, 251.
201 „[...] wir sollten nicht das Geschlecht sein, das aus dem Dunkel ins Helle strebt, sondern endlich bescheiden uns begnügen, wir strebten garnicht ins Helle, sondern ins Überhebliche, Hybride, nun sollten wir uns endlich etwas im Dunkeln verbergen." (Benn, Briefe an Oelze III, 146; vgl. SW VI, 70).

entgegen: „Die Menschheit als Ganzes wird sich nie wieder *bescheiden* können."[202] Dieses „nie wieder", verständlich im Blick auf das Heute, gibt dem Derzeitigen denn doch zuviel Bedeutung.

d. Die Verherrlichung Gottes durch die Kreatur

1. Die *gloria Dei* wird zur *glorificatio Dei*

Ein letztes Mal in diesem Abschnitt über die Herrlichkeit Gottes scheint der Gedankengang in unerwarteter Weise eine ganze Dimension hinzuzugewinnen. Es ist, als ob sich noch einmal der Atem wendete – wenn Barth nun die *glorificatio* (die der göttlichen *gloria* entsprechende Verherrlichung Gottes durch den Menschen) als in den Begriff der göttlichen Herrlichkeit geradezu eingeschlossen zu verstehen lehrt: nicht als hinzukommend, vielmehr als ihren integralen Bestandteil.

In einem letzten, diese *glorificatio* nun ansprechenden Abschnitt findet das weit ausgreifende, sich über Hunderte von Seiten erstreckende Kapitel über die Wirklichkeit Gottes (II/1, 288–764) weniger einen Abschluß, als daß es noch einmal – zum Menschen hin – neuen Raum eröffnet und gewinnt. Gleich dessen erster Satz bezeichnet unverhofften Dimensionsgewinn: „Es liegt im Wesen der Herrlichkeit Gottes, daß sie nicht als *gloria* allein bleibt, sondern zur *glorificatio* wird." Sie selbst *wird* dazu. Einige Zeilen weiter heißt es in demselben Sinne dieser überraschenden Ausweitung: „Gottes Herrlichkeit ist auch die von Gott selbst geweckte und hervorgerufene Antwort des ihm durch seine Kreatur dargebrachten Lobpreises, sofern dieser in seiner ganzen Kreatürlichkeit der Widerhall seiner Stimme ist." (II/1, 753) Herrlichkeit Gottes und Verherrlichung (mit der der Mensch in der Kraft des Heiligen Geistes Gott die Ehre gibt) – in einer Atemwende einander zugeordnet, stimmen sie im gleichen Atem zusammen.

Des näheren kann dann diese *glorificatio* als unwiderstehlich und wunderbar selbstverständlich (weil nur einer Erlaubnis folgend) bestimmt werden: von ihrem Ursprung her, als der kreatürliche Widerhall der Stimme Gottes:

„So wird das, was die Kreatur als solche hier tun darf, zu beschreiben sein: sie *dient* der Selbstverherrlichung Gottes[,] wie eine widerhallende Wand als solche dem Wiederklingen und Weiterklingen der Stimme, auf die der Widerhall ‚antwortet', nur dienen kann." (II/1, 756)

Indem also kreatürliche „Reflexe der göttlichen Herrlichkeit" möglich werden (II/1, 759), wirklich authentische, getreue Antworten, bleibt die Herr-

---

202 Canetti, Provinz des Menschen, 14.

lichkeit Gottes nicht bei sich, geht vielmehr über sich hinaus und greift auf ihre Weise geradezu auf Leben und Stimme und Atem des Menschen über. In die Herrlichkeit Gottes, seltsam und wunderbar zu sagen, kann er sich mit seiner von sich aus schwachen Antwort uneingeschränkt hineingezogen finden.

Wohl kann im strengen Sinne zunächst nur im Blick auf Jesus Christus gesagt werden, daß überhaupt ein solcher authentischer, angemessener Lobpreis Gottes in der Welt laut zu werden vermag:

„Er ist [...] als der wahre Menschensohn", so liest man im späteren Zusammenhang der Versöhnungslehre, „auch das maßgebende *Urbild* des Gott von Seiten des Menschen zukommenden Lobes, der Prototyp aller Doxologie als der selbstverständlichen Beantwortung und schuldigen Anerkennung des ihm von Gott zugewendeten Selbstbeweises." (IV/3, 51)[203]

Doch bleibt es nicht dabei. Vermöge eben der in Christus geschehenen Neuordnung aller Gesichtsfelder, Zugehörigkeiten und Erlaubnisse – geht der Blick darüber hinaus. „Im Blick auf unser Angenommensein durch ihn und in ihm" (II/1, 754) darf aufrichtige Verherrlichung Gottes dann auch ganz des Menschen Sache werden.

„In der ‚Herrlichkeit des Mittlers' selbst und als solcher", lesen wir bei Barth, „ist [...] auch das inbegriffen, daß er sich unter uns, in und durch uns zu verherrlichen im Begriff steht, daß wir dazu bestimmt sind und befreit werden, an seiner Herrlichkeit empfangenden und tätigen Anteil zu nehmen. *Jesus Christus* ist in dieser Hinsicht – in der Herrlichkeit seines mittlerischen Werkes – wie in jeder anderen *nicht ohne die Seinen*." (IV/3, 321)

Mit ihrem Sein beteiligt wird die neue von Christus für immer zu sich gezogene Kreatur. Gott, der Herrliche, *will* den Menschen in seiner Freude, im Widerhall, im großen Atem der Verherrlichung. –

Wir müssen einen Moment innehalten. Mit der Einsicht, die Verherrlichung Gottes durch den Menschen sei integraler Bestandteil der Herrlichkeit Gottes selbst, ist m.E. etwas Unüberbietbares erreicht, etwas unüberbietbar Positives zuerst: das Höchste und Ehrenvollste, was für den Theologen Karl Barth überhaupt über den Menschen auszusagen ist, göttliche Bejahung über alle Maßen.[204]

Für Barth liegt nicht weniger als *Sein* und *Wesen*, als „die *Bestimmung* des Menschen" genau darin, „durch sein Dasein als Geschöpf Gott den

---

203 Vgl. schon II/1, 753; und dann (Barth, Das christliche Leben, 202f): hier, bei Jesus Christus, „ist Gottes eigene Glorie als Schöpfer und die ihm von seiten seiner Kreatur zukommende Glorifikation [...]."

204 Doch wird damit im Gegenbild zugleich sichtbar, wie tief jener hochfahrende unbedingte Wille zur Macht den Menschen herunterkommen und verwahrlosen läßt.

Schöpfer zu verherrlichen [...]."²⁰⁵ Jetzt schon, eingelassen noch in die Bedingungen des alten Äon, gewinnt er mit dieser *glorificatio Dei* Anteil an seiner ewigen Bestimmung: vermag sich schon vollständig an sie auszugeben, in ihr zu atmen, in ihr seinen Frieden zu finden ... Wiederum erscheint 2Kor 12,9 maßgeblich: dergleichen – nur seinem Sein und seiner Bestimmung im Lob Gottes nachzukommen – geschieht im besonderen in der Verherrlichung der göttlichen *Gnade*:²⁰⁶ wenn sämtliches (die Lebenszeit, die Weltgeschichte) in deren befreiende Maßgabe, die Maßgabe ihres Genügens, gerückt wird.

Wem, genauer gefragt, kommt es jetzt schon zu, den herrlichen Gott in solcher Weise zu preisen und insofern der ewigen Bestimmung jedes Menschen unter den Bedingungen der Zeit nachzukommen? „Die *Kirche* darf ihn erkennen und preisen. [...] Die Kirche darf alle Menschen zum Bewußtsein dessen rufen, was für alle Menschen gilt und wahr ist." (II/2, 632; Hv. M.T.; vgl. II/1, 761–764) Es ist die eigene „Herrlichkeit der Gemeinde, die darin besteht, daß sie Gott verherrlichen darf in Zeit und Ewigkeit." (II/2, 544) Darin liegen Privileg und Auszeichnung und darin besteht die nun ganz eigentümliche Ehre auch der christlichen Gemeinde, jetzt schon aussprechen zu dürfen, was einmal ausnahmslos alle Welt wahrnehmen und bekennen wird, wofür dereinst alle Welt, das Sichtbare und das Unsichtbare, Himmel und Erde mit ihrer ganzen Existenz, in großem Atem danken wird.

In lebendigem, atmendem *Dank* artikuliert sich die Verherrlichung und macht sie sich ausdrücklich. Er ist es, der die neue Kreatur auszeichnet: „Diese Kreatur ist frei für Gottes Herrlichkeit [...]." Wiederum nicht hat sie von sich aus dazu gefunden, sondern ist zu aufrichtiger, erfüllender, stiller oder jubelnder Dankbarkeit als zu einer neuen Weise, im Gegenüber zu Gott und im Zusammenhang der Welt zu sein, befreit worden. „Diese Kreatur ist dankbar. Darin erkennt sie Gott und darin wird sie selbst neue Kreatur: daß sie dankbar wird. An Jesus Christus glauben heißt dies: *dankbar werden.*" (II/1, 755)

Die Verherrlichung Gottes kommt für Barth auf nichts anderes als auf Dankbarkeit hinaus. Eben sie ist Sein, Wesen, Bestimmung des Menschen: die neue Kreatur orientiert sich und handelt und leidet und lebt nicht nur anders, nämlich nunmehr dankbar – sie „*ist selber Dank*" (II/1, 755; Hv. M.T.). Insofern aber *ist*, was „neue Kreatur" genannt werden darf, nun nichts anderes als *glorificatio Dei*. „Was die Kreatur, in dieser ihrer neuen

---

205 Die Wendung begegnet hier (II/2, 587; Hv. M.T.) zunächst als Wiedergabe römisch-katholischer Moral-Philosophie, dürfte aber auch genau der Position Barths entsprechen.
206 So II/1, 44; 171; 253; 659; 697; II/2, 67; 875 (dort mit großem Gewicht betont); IV/1, 26; IV/3, 68 u.ö.

Kreatürlichkeit, in Jesus Christus zum Dank gegen Gott geworden, tut", erläutert Barth, „das ist die Verherrlichung Gottes [...]." (II/1, 755)

Die Dankbarkeit erhebt den Menschen. Nichts Größeres kann ihm widerfahren. Sie ist der Stoff, aus dem sein Selbst gefertigt ist. Es besteht aus Dankbarkeit. In hellerem Licht kann er nicht erscheinen.

Ein folgendes Kapitel muß noch einmal in aller Ausdrücklichkeit dem Thema der Dankbarkeit gelten.

2. Der Spätling Mensch kann hinzukommen

An anderer Stelle hat Barth dieses große Drama der Höhe – Gottes Herrlichkeit und Verherrlichung – in Sätzen von ganz außerordentlicher Schönheit beschrieben. Im Vorgriff bereits auf den eben herangezogenen Abschnitt über die Verherrlichung Gottes durch die Kreatur (II/1, 753–764) hat Barth einige Seiten zuvor (II/1, 730f) schon einmal die aus der göttlichen Herrlichkeit selber hervorgehende, ihr zugehörende *glorificatio* angesprochen.[207] Auf zwei Seiten geschieht das – deren Dichte und deren sprachlichen Glanz man nur atemberaubend nennen kann. Vergleichbares findet sich m.E. nur in den ganz großen Texten der Theologiegeschichte.

Auf ein Letztes, Unaufhörliches, Ewig-Reiches, Überbordendes – das nicht nur genug ist, sondern auf wunderbare Weise mehr als genug – läuft die Rede von der göttlichen „Herrlichkeit" zu:

Denn „das ist das Letzte, was auf dieser Linie von Gottes Herrlichkeit zu sagen ist: sie ist Gott selber in der Wahrheit, in der Kraft, in dem Akte seiner durch sich selbst vollzogenen Verherrlichung an und in dem und durch das, was in sich selbst finster, weil von ihm verschieden, was nicht göttlich, ja widergöttlich ist. Gottes Herrlichkeit ist die von ihm hervorgerufene Antwort des ihm durch seine Kreatur dargebrachten Lobpreises [...]." (II/1, 730)

Darin haben alle Geschöpfe Gottes Wesen, Dasein und Bestimmung, „dem Jauchzen, von dem die Gottheit von Ewigkeit zu Ewigkeit erfüllt ist, in der Zeitlichkeit unangemessene, aber treuliche Antwort zu geben." (II/1, 730) Das große, vehemente Ja-Wort Gottes – ein Jauchzen.

Die einige Zeilen später folgenden Sätze suchen ihresgleichen an Glanz theologischer Prosa. Erkennbar wird, was eine durch dieses Thema in letzter Intensität herausgeforderte Sprache herzugeben vermag. Theologie gewinnt mit nicht weniger als triumphalen Obertönen doxologische Kraft.

---

207 Er folgt dabei einer Viergliederung des reformierten Orthodoxen Petrus von Mastricht, der die *gloria Dei* unter den Gesichtspunkten der *eminentia*, des *fulgor,* der *facies Dei* und eben der *glorificatio* behandelt hat (II/1, 731f).

„Und das ist's, was von aller Kreatur zu erwarten ist, weil sie als Kreatur eben davon herkommt, darauf hin ist sie anzusehen und anzuhören, das ist ihr Geheimnis, das einmal hervorbrechen und offenbar werden wird, nach dem auszusehen und auf das zu lauschen, dessen Offenbarung entgegenzuharren doch jetzt und hier schon immer geboten und lohnend sein wird: sie hat keine eigene Stimme, sie zeigt nicht auf ihr eigenes Bild, sie tönt wieder und sie spiegelt die Herrlichkeit des Herrn. Sie tut das in ihren Höhen und in ihren Tiefen, in ihrer Lust und in ihrer Qual." (II/1, 731)[208]

Gott überschwenglich zu rühmen, die Herrlichkeit des Herrn zu spiegeln – und gerade darin ihre Ehre zu haben – ist das seinerseits herrliche, zeitliche und ewige, unauslöschliche Geheimnis der Kreatur.

„Die *Engel* tun es – wir haben leider fast völlig vergessen, daß wir von den Engeln als von den Kronzeugen der göttlichen Herrlichkeit umgeben sind – aber auch die *geringste* Kreatur tut dasselbe. Sie tut es mit uns und ohne uns. Sie tut es auch gegen uns, zu unserer Beschämung und zu unserer Belehrung. Sie tut es, weil sie es nicht lassen kann, weil sie nicht existieren würde und könnte, ohne zuerst und zuletzt und eigentlich das und nichts Anderes zu tun. Und wenn der *Mensch* [sc. seinerseits die Herrlichkeit des Herrn spiegelt], indem er in Jesus Christus seine Bestimmung wiederempfängt in der Verheißung und im Glauben künftiger Offenbarung seiner ihm jetzt und hier schon gegebenen Teilnahme an Gottes Herrlichkeit, dann tritt er doch nur wie ein beschämter Spätling ein in den Chor der himmlischen und irdischen Schöpfung, dessen Jubel nie unterbrochen war, der immer nur darunter gelitten und geseufzt hat und noch leidet und seufzt, daß gerade diese seine lebendige Mitte, gerade der Mensch seine Stimme, seine Antwort, sein Echo auf die göttliche Herrlichkeit in unbegreiflicher Torheit und Undankbarkeit nicht gehört, vielmehr völlig verkehrt gehört und die Mitwirkung seiner eigenen Stimme dem ihn umgebenden Jubel versagt hat."[209]

Und dann folgt ein eschatologischer Ausblick, der den herrlichen Fluchtpunkt des menschlichen Seins vor Augen stellt: Ankommen, Unaufhörlichkeit, Vollendung, ewige Erfüllung seiner Bestimmung.

„Es wird dann und dort, in der Ewigkeit *vor* uns das Seufzen der Kreatur verstummt sein und auch der Mensch nur noch in seiner Bestimmung leben, Gottes Spiegel und

---

208 Barth wird dann in der Schöpfungslehre auf ein Musik gewordenes „doppeltes, aber doch übereinstimmendes Gotteslob" (III/3, 338) aus Höhen und Tiefe, aus Lust und Qual bei *Wolfgang Amadeus Moza*rt verweisen. In Mozarts Musik läßt sich der große Zusammenklang der Schöpfung hören. Ihre Schönheit gibt zu verstehen, „daß alles Geschaffene nach seiner Licht- *und* nach seiner Schattenseite, nach recht *und* nach links sehr, sehr gut, daß es überaus herrlich" ist. (III/3, 336).

209 „Seit dem Tag der Schöpfung", so führt Gerhard von Rad genau in diesem Sinne in einer Predigt aus, „ergeht von der Schöpfung aus unablässig ein Lobpreis. Die Welt hat eine Aussage. Tausendstimmig rühmt sie Gott. Aber das ist zunächst eine Sache allein zwischen der Welt und ihrem Schöpfer. Ob der Mensch diesen Ruhm hört, ist sehr die Frage. Seltsame Vorstellung: Der Mensch lebt in einer Welt, in der ein brausender Lobpreis zu ihrem Schöpfer ergeht. Aber dem Menschen dröhnen davon keineswegs die Ohren. Der Mensch geht in dieser Welt umher, verdrossen und verlegen und stumm." (von Rad, Predigten, 112).

Echo und so Zeuge der transeunten Herrlichkeit Gottes zu sein, sich mitzufreuen mit dem Gott, der selber ewige Freude hat und die ewige Freude selber ist." (II/1, 731)

3. Die Geschöpfwelt zeigt eine eigene Helligkeit

Nichts erlaubt den Schluß, dieses hymnische, einschränkungslose Lob der Herrlichkeit Gottes gehe bei Barth nun gleichsam zu Lasten der Schöpfung – deren Unabhängigkeit und Eigenmacht vielmehr gerade darum *um so entschiedener* gegen den Überwältigungswillen menschlicher Machtbesessenheit hervorgehoben zu werden vermag. Um so entschiedener (wie zu zeigen sein wird). Nicht zuletzt deshalb erscheint das besonders bemerkenswert, weil die Aussagen, die Barth trifft, in dieser Sache dem dramatischen Bewußtseinswandel hinsichtlich der ökologischen Krise, der methodischen *Plünderung des Planeten* (Herbert Gruhl), der sich abzeichnenden Klima-Katastrophe mit der Rückkehr des Elementaren etc., zeitlich weit voraus liegen.

Zunächst ist festzuhalten, daß die Schöpfung ja Barth zufolge als solche keineswegs ohne weiteres zugänglich ist. Sie wird leuchtend sichtbar gemacht vielmehr durch Offenbarung des Schöpfers,[210] als Schöpfung lesbar also dem nur, dem die Augen eigens für ihr besonderes Sein geöffnet wurden. Umfassend und völlig hinreichend ist solche Lesbarkeit bestimmt, wenn klargestellt ist, daß die Schöpfung unumschränkt im Dienst der göttlichen Herrlichkeit steht. „Was geschöpflich ist", so lesen wir, „das *ist* ja, um der Herrlichkeit Gottes im Werk seines Sohnes dienstbar zu sein" (III/1, 423; Hv. M.T.). Ihr Sein, ihr wunderbares Gelungensein (Gen 1,31; 1Tim 4,4), liegt in ihrer vollkommenen Eignung, den unüberbietbar passenden Ort, den wohlgeordneten, ihrem Dienst ganz und gar genügenden, seinerseits herrlichen Schauplatz für das Versöhnungsgeschehen abzugeben – für den Triumph Gottes. Mehr als dies kommt ihr nicht zu. Ihr eignet also von sich aus nicht einmal ein „Vermögen", geschaffen zu werden. Sie ist insofern, mit einer Wendung von Lévinas zu reden, „passiver als alle Passivität",[211] ruhend in einem „absoluten Akkusativ".[212] Doch schon damit, mit ihrer Indienstnahme von Gott, ist ihr unendlich viel zugesprochen. Und bereits Umfang und Dimension dieser Eignung reicht weit über das vom Menschen Wahrnehmbare hinaus. Die Schöpfung ist also, wie Barth mit

---

210 Vgl. Barth, Gotteserkenntnis, 52, wo davon die Rede ist, daß Gott „sich in der Welt sichtbar macht und von der Welt unterscheidet als ihr Schöpfer und damit die Welt sichtbar macht und unterscheidet als seine Schöpfung".
211 Vgl. Lévinas, Spur des Anderen, 271; 312f; 316 u.ö.
212 Vgl. Lévinas, Spur des Anderen, 313f. Dort geht es freilich um das Subjekt im absoluten Akkusativ der Anklage.

Calvin erklärt, als ganze das ungeheure *theatrum gloriae Dei*: „Schauplatz und Hintergrund, [...] Raum und Ort des Geschehens und des Offenbarwerdens der Versöhnung als des Triumphes seiner Herrlichkeit".[213]

Und zunächst bleibt es, mit derselben Selbstverständlichkeit, bei der großen, unumschränkten Freiheit Gottes. Gott, so heißt es, ist „ein großer Herr, der es sich leistet, unzählige wunderliche Kostgänger zu haben, an die seine Gabe nur eben nutzlos verschleudert scheint. Er redet tatsächlich auch für verschlossene, taube Ohren." (IV/3, 482) Er läßt seine Sonne aufgehen über die Bösen und über die Guten (Mt 5,45), liebt auch noch seine Feinde und läßt trotz der menschlichen Blindwütigkeit sein unsichtbares Wesen wahrnehmen an seinen Werken (Röm 1,20).

Auch die Versöhnung bleibt entsprechend „in sich selber auch da Erkenntnisgrund, wo ihr *keines* Menschen Erkenntnis entspricht. Sie redet, sie zeigt sich an, sie verherrlicht sich, sie ist transeunt und kommunikativ, bevor sie, und insofern auch, ohne daß sie in der Kreaturwelt, in der sie geschieht, zu ihren Zielen kommt." (IV/3, 9)

Doch ist überraschenderweise nun von der Schöpfung Ähnliches zu sagen.

„Es redet [...]", führt Barth zu Hiob 38ff aus (IV/3, 497), „der *Kosmos*, von Jahve zur Sprache gebracht, als Echo der Stimme seines Wortes von einer in ihm in vielen Gestalten wirksamen *Eigenmacht*, in der er sich der Macht des Menschen, indem dieser sie erfährt, entzieht – von einem ihm innewohnenden *Eigensinn*, dem der Mensch mit seinen Sinngebungen, indem er sie versucht, nicht beikommen, nicht folgen kann – von seinem Dasein und Sosein in einer konkretesten *Eigenwilligkeit*, deren Respektierung geradezu die Voraussetzung aller Betätigung menschlicher Freiheit in seinem Raume ist. Und das indem er dem Menschen gerade in dieser seiner Eigenheit – hier mehr, dort weniger, aber im Grunde durchgängig – unheimlich, fremd, bedenklich, erschreckend genug gegenübersteht, entgegentritt, entgegenwirkt. Er fragt ihn nicht nach seinem Verständnis, seiner Zustimmung, seinem Beifall."

Mit Nachdruck muß von *Eigenmacht, Eigensinn, Eigenwilligkeit* des Kosmos (dem Menschen, aber natürlich nicht dem Schöpfer gegenüber) die Rede sein. In solcher starken, geradezu unüberwindlichen Eigentümlichkeit und Widerständigkeit gibt sich der Kosmos freilich erst zu erkennen, sobald er von Gott „zur Sprache gebracht" wird. Dann allerdings kann er in dieser Weise respekt- und einhaltgebietend gehört und verstanden werden – widersetzlich dem bedingungslosen menschlichen Willen zur Macht und im strikten Kontrast zu ihm: sich, mit Eigenmacht, der Überwältigung schlechthin verweigernd.

Als Pendant zum Gedanken der Unabhängigkeit Gottes darf also eine spezifische Unabhängigkeit der Schöpfung dem Menschen gegenüber gedacht werden, eine ihr ganz eigene Freiheit! Der unbedingte Wille zur

---

213 IV/3, 171. Vgl. III/1, 58; III/3, 55f; IV/3, 155; 158; 171–174; 497; 796.

Macht läuft auf. Er kollidiert mit jener Eigentümlichkeit der Schöpfung. Ein entschiedenes Sein-Lassen des Menschen als des Mitgeschöpfs, eine entsprechende Anerkennung und Würdigung hätte dieser Unabhängigkeit zu entsprechen: er könnte und sollte es nämlich bei ihrer unverrechenbaren und nicht zu funktionalisierenden und keiner sichtbaren Wirkung oder Zweckbestimmung bedürfenden Eigenmacht, bei ihrem Eigensinn und ihrer Eigenwilligkeit bewenden lassen. Er soll sie schlechterdings nicht abermals in jeder Hinsicht durch die Machtfrage in seinem Sinne überwachen und drangsalieren wollen.[214] Statt dessen also: ein Sein-Lassen im emphatischen Sinne des Wortes.

Aber, hört man natürlich sogleich als Einwand, wo bleiben die absoluten neuzeitlichen Vorzugsthemen „Herrschaftsauftrag" und „Weltgestaltung"?[215] Darauf ist zu antworten, daß sich dem freigebenden Seinlassen als Grundform des Umgangs mit der Schöpfung Planung, Objektivierung und Weltgestaltung *einfügen* können. Deren Varianten können Deklinationen jener Grundform abgeben: eben der des differenzierten, intelligenten Gewährenlassens. Dergestalt wären die Prioritäten und Proportionen gewahrt. Dabei

---

214 Ist freilich – um das sich sogleich regende Bedenken generell zu fassen – unter den Bedingungen einer auf „Sieg" gestellten und „auf Effekte geeichten Welt" überhaupt auch nur denkbar, „daß es solches gibt, was dadurch ist, daß es nicht wirkt und keiner Wirkung bedarf" (Heidegger – von Bodmershof, Briefwechsel, 94)? – Überdies: „Was heißt denn das: Siegen! Erfolg haben auf einem bösen Wege!" (Barth, in einer Predigt im September 1914; Barth, Predigten 1914, 466).

215 Vgl. Barths deutliche Relativierung des „Herrschaftsauftrags" von Gen 1,28 in III/1, 231 (vgl. III/4, 400). Zunächst handele es sich um die Herrschaft über die Tierwelt. Aber auch mit Blick auf sie gilt: „Daß die Tiere dem Menschen gehören, ist nicht gesagt und kann nicht gesagt sein: ‚Des *Herrn* ist die Erde und was sie erfüllt, der Erdkreis und die darauf wohnen' (Ps. 24,1)." Und zur „Weltgestaltung", im besonderen dann zum Thema „Arbeit" wird ausgeführt: „Die praktischen Erfordernisse, die Ideale und doch auch der Mythus der modernen europäisch-amerikanischen Kultur und Zivilisation mit ihrem Arbeitsethos sind Eines, das Gebot Gottes ein Anderes. [...] Das sollte klar sein, daß man den *Jesus* der Synoptiker und des vierten Evangeliums für jene besondere ‚Hochschätzung zivilisatorischer Arbeit' doch wohl kaum in Anspruch nehmen kann. [...] Nach dem Pathos, mit dem man vom 16. Jahrhundert ab etwa das ‚Machet euch die Erde untertan!' (Gen. 1,28) ausgelegt und angewendet hat, wird man sich bei ihm und so auch im übrigen Neuen Testament vergeblich umsehen. Es steht aber schon im Alten Testament nicht anders. Das Wort Gen. 1,28 wird sicher überinterpretiert, wenn man ihm entnimmt, daß die Kultur die eigentliche, dem Menschen vom Schöpfer gestellte Aufgabe sei, und so auch die Bemerkung Gen. 2,15, wonach Gott den Menschen in den Garten Eden gesetzt habe, ‚daß er ihn bebaue und bewache'. [...] Irgendeiner Geringschätzung der Arbeit soll damit, daß wir uns das Alles in Erinnerung rufen, gewiß nicht das Wort geredet sein. Es ist klar, daß sie nach dem biblischen Zeugnis innerhalb dessen, was dem Menschen zu tun geboten ist, ihren Ort und an diesem ihrem Ort ihre eigentümliche Würde und Wichtigkeit hat. Es ist aber ebenso klar, daß wir hier durch das biblische Zeugnis zu einer größeren Zurückhaltung (man könnte auch sagen: zu einer größeren Krampflosigkeit) gemahnt sind, als sie gerade in der protestantischen Ethik im Ganzen – wahrscheinlich doch weniger ‚von der Bibel her' als unter dem Eindruck der neueren Entwicklung der europäischen Wirtschaft und Wirtschaftsgesinnung – üblich geworden ist." (III/4, 540–542).

ist freilich einem Mißverständnis sofort entgegenzutreten. Die von Gott im Interesse der Versöhnung gesetzte und vom Menschen vorgefundene freie Unabhängigkeit der Schöpfung stellt sich als etwas kategorial anderes dar als ein ihr zuerkannter „Eigenwert". Auch die Zuerkennung von Eigenwerten, wie oben dargestellt, denkt wiederum fatal in Werten. Vorausgesetzt als maßgebliche Größe bleibt der Wertende mit seiner grundsätzlich nicht in Frage stehenden Wertungskompetenz. Und der Zuerkennung entspricht allzu genau die unbedingt zur Verfügung gehaltene Möglichkeit gelegentlicher Aberkennung. Natürlich ist jeder „Eigenwert" von sehr provisorischer Natur. Morgen kann und wird alles anders sein.

Theologisch ist demgegenüber, so Barth, auf der so beschriebenen, vorgefundenen Unabhängigkeit der Schöpfung zu bestehen. Sie folgt einem von Gott selbst, keineswegs einem vom Menschen gesetzten Zweck: der Versöhnung in der Kraft von Eigenmacht, Eigensinn und Eigenwilligkeit eine Stätte zu geben. Die Selbständigkeit, mit der sie dem Menschen „gegenübersteht, entgegentritt, entgegenwirkt" (IV/3, 497), kommt ihr von ihrer Bestimmung her zu, eben von der für die Wirklichkeit in Zeit und Raum vorgesehenen Versöhnung her. Eben insofern fragt sie den Menschen „nicht nach seinem Verständnis, seiner Zustimmung, seinem Beifall" (IV/3, 497). Unabhängig von des Menschen Bewertung, seinem Dafürhalten, seiner Einstellung ihr gegenüber gebietet sie über ihre eigene Wahrheiten.

„Es geht schlicht darum, daß auch die Geschöpfwelt, der Kosmos, die dem Menschen in seinem Bereich verliehene Natur und die Natur dieses Bereichs als solche ihre eigenen *Lichter* und *Wahrheiten* und insofern ihre *Sprache*, ihre *Worte* hat. Daß und was und wie die Geschöpfwelt dank der Treue ihres Schöpfers war, ist und sein wird, das gibt sie ja auch kund und zu vernehmen, das bezeugt sie ja auch, das gibt sie ja auch zu sehen, zu hören, zu bedenken. Sie kann, indem sie das tut, übersehen, überhört, mehr oder weniger schrecklich mißverstanden werden. Aber sie tut es: ebenso *kontinuierlich* wie sie dank der Treue ihres Schöpfers Bestand hat. Sie tut es also unabhängig davon, ob der Mensch, zu dem sie in diesem ihrem Selbstzeugnis redet, weiß oder nicht weiß, bekennt oder leugnet, daß es die Treue ihres Schöpfers ist, der sie wie ihren Bestand, so auch diese ihre Sprache verdankt." (IV/3, 157).

Die Schönheit der Schöpfung aber, ihre Helligkeit, Merkmal ihrer Güte, umschließt ein sich genügendes Geheimnis, ein weltlich Geheimnishaftes[216] –

---

216 Eines der vielleicht eindrucksvollsten Beispiele für die Erfahrung des Geheimnisses der Welt in Dostojewskis *Die Brüder Karamasow* (am Ende des Kap. 4 *Die Hochzeit zu Kana in Galiläa* des Buches VII). – Von Schönheit und Reichtum der Welt spricht Steiner (Steiner, Gegenwart, 263): „Die strotzende Üppigkeit der Welt der Phänomene, ihre unerschöpfliche Entwicklung (ihr ‚Da-Sein') sensorischer, kommunikativer Energien und Formen sind von einer Art, daß auch der heftigste Hunger nach Wahrnehmung, auch die geräumigsten Kapazitäten für Rezeption zu sättigen wären. Die Farben, metamorphischen Gestalten und Klangentfaltungen des Tatsächlichen gehen über menschliche Fähigkeiten zu Registrierung und Reaktion unermeßlich weit hinaus.

einen lichten Raum in der reichen, vergänglichen Welt, das Selbstgespräch der Schöpfung im Zeichen eines wunderbaren Welteinverständnisses, Klang und Helligkeit, die „Polyphonie der Schöpfung" (IV/3, 182).[217] Zu ihrer „Lichtseite" (III/1, 424–426) gehört freilich auch ihre „Schattenseite" (426–430). Keineswegs ist ihre Vergänglichkeit mit Nichtigkeit gleichzusetzen.

Eben von der „Helligkeit" der Geschöpfwelt kann Barth sprechen:

„Es geht in der Tat um eine sowohl gegenüber der mit der Sünde eingetretenen Verfinsterung des menschlichen Sehens als auch in der Erleuchtung des Menschen durch das Licht Gottes selbst *durchhaltende Helligkeit* der geschaffenen Welt als solcher. [...] Es gibt eine Helligkeit der Geschöpfwelt, weil und indem sie nicht ohne bestimmte, dauernd in ihr leuchtende Lichter, dauernd in ihr vernehmbare Worte und Wahrheiten ist, weil und indem sie ihren Bestand und das ihr eigentümliche Wesen nicht nur hat, sondern auch nicht verbirgt, sich in ihm auch fort und fort erschließt, sichtbar und hörbar, verständlich – erkennbar und insofern offenbar macht." (IV/3, 158)

Indessen, diese aufbrechende Helligkeit, die Anmut des Geschaffenen,[218] ist Indiz, Übergang und Erwartungsglanz – aber kein letztes Ziel. Sie spielt in der Dialektik von Erschließung und Verbergung, also als „Rätselgestalt" (IV/3, 169); sie ist „kein unbegrenztes, kein absolutes, kein schlechthin unaufhebbares, kein ewiges Geheimnis" (IV/3, 170). Denn allem Zauber wohnt ein Abschied inne. Keineswegs scheint sie wie in Mörikes Gedicht „selig in sich selbst".[219] Auch die Anmutung des jeweils weltlich, schöpfungsmäßig Schönen verraucht in der Zeit. Gehört doch auch das Vergehen selbst zur Wohlordnung der Schöpfung.[220] Ewigreich, in leidenschaftlicher Fülle, darf nur der allmächtige, alles über die Welt vermögende

---

Die beseelte Logik kongruenter Symmetrien, organischer Motive beim menschlichen Körper ist ein ausersehenes Wunder – ein Wunder des Entwurfs, wie wir es in Leonardos berühmter Ikone des frontalen und kosmischen Menschen sehen – , das jedes Verstehen überwältigen kann. Und es geschieht in diesen gespannten Zäsuren zwischen analytischer Faßlichkeit und Wahrnehmung, wenn das Erkenntnisvermögen seinen Atem anhält, daß unser Daseinsgefühl der Schönheit Gastrecht gewährt".

217 Immer wieder gibt Ernst Jünger Eindrücke in dieser Metaphorik wieder. Ich nenne nur einen Satz (Jünger, Siebzig verweht IV, 18): „Die Stämme und Familien der Pflanzen und Tiere ergänzen einander wie die Instrumente eines Orchesters – oft erkennt man schon physiognomisch, wer dieses oder jenes zu spielen berufen ist."

218 Eine schöne Beschreibung der Anmut findet sich bei Bollnow (Bollnow, Dankbarkeit, 50): „Versuchen wir diesen schwer zu fassenden Reiz der Anmut, so gut es geht, ein wenig näher zu bestimmen, so fällt das eigentümlich Zögernde auf, etwas Verhaltenes, um nicht zu sagen Vorläufiges, das tastend über sich selbst hinausweist, ein gewisses ‚noch nicht'. [...] Man wird vielleicht allgemein vermuten können, daß die Anmut eine eigentümlich jugendliche Form der Schönheit ist, die mit einem ‚noch nicht' auf eine zu erreichende Vollendung hinweist, aber eben in diesem ‚noch nicht' ihren eignen Reiz hat."

219 Cf. unten Abschn. G.a.2.

220 Vgl. III/3, 334–342.

Gott heißen. Doch ist das *theatrum gloriae Dei*, auf dem sich das Geheimnis der Versöhnung abspielt, in aller Vergänglichkeit „sehr gut" (1Tim 4,4; Gen 1,31; vgl. III/1, 418–476) und führt, wie Barth an Zuckmayer schreibt, „objektiv einen – von uns Menschen übersehenen oder mißverstandenen – Gottesbeweis".[221]

Fortwährend und stets aufs neue tritt eine Helligkeit der Geschöpfwelt hervor, „für deren Leuchten dankbar zu sein wir allen Anlaß haben" (IV/3, 171). Zusammen mit ihrer Schattenseite stellt sie so etwas wie „Schickung im Zusammenhang" (Christian Fürchtegott Gellert) dar, den „Einklang der Schöpfung" (III/3, 338).[222]

4. Was dir nicht zugehört, was nichts von dir will

Neben anderen Themen benennt Barth auch einige Dimensionen der *Schöpfung*, die unter Umständen von den relativen Wahrheiten, Lichtern und Offenbarungen *extra muros ecclesiae* gerade in ihrer Eigenmacht, ihrem Eigensinn und ihrer Eigenwilligkeit in besonderer Weise zum Leuchten gebracht werden können. Um den „Frieden" der Schöpfung kann es sich dabei handeln, wie Barth beispielshalber anführt, um ihre „tiefe Rätselhaftigkeit" oder den „Aufruf zu einer von dorther auch hier durchhaltenden Dankbarkeit" (IV/3, 140) – oder (IV/3, 138) um die „Güte der ursprünglichen Schöpfung", ihre „Bedrohung", ihre „Befreiung" oder ihre „künftig zu offenbarende Herrlichkeit", also das, was noch nicht erschienen ist (1Joh 3,2).

„War es nun nicht doch zu allen Zeiten so", so fragt Barth, „daß die Gemeinde immer wieder Gelegenheit und Anlaß hatte, in ihrer näheren und in ihrer ferneren Umgebung gewisse Worte zu vernehmen, die mindestens der Prüfung, ob sie nicht wahre Worte sein möchten, sehr wohl wert waren? Worte, in denen sie früher oder später etwas von ihrem Eigensten freudig wiedererkennen durfte, vielleicht auch tief beschämt wiedererkennen mußte, weil ihr durch sie ganz bestimmte Vernachlässigungen oder Verkürzungen ihres Eigensten vorgehalten und zum Bewußtsein gebracht wurden?" (IV/3, 139f)[223]

Einige Beispiele für Stätten jenseits oder diesseits des unbedingten Willens zur Macht, von denen Kunst und Dichtung *extra muros ecclesiae* Kenntnis haben, seien angeführt – „mindestens der Prüfung, ob sie nicht wahre Worte sein möchten, sehr wohl wert".

---

221 Barth – Zuckmayer, Briefwechsel, 54. Barth fügt dann hinzu: „[...] würde aber nicht wagen, dasselbe von der (alten oder modernen) *Naturwissenschaft* zu behaupten."

222 Zur „Schickung im Zusammenhang" vgl. III/3, 26 und IV/2, 952 sowie Barth, Briefe 1961–1968, 10; und Barth, Gespräche 1964–1968, 166; 411.

223 Ähnlich in: Barth, Das christliche Leben, 199; sowie Barth, Menschlichkeit Gottes, 18.

Barth selber hat ja in der Schöpfungslehre Mozart als denjenigen genannt, der in besonderer Weise („eine Musik [...], für die ‚schön' gar kein Wort ist") zum Ausdruck gebracht hat, „daß die Schöpfung Gottes in ihren *beiden* Aspekten und also auch in ihrem *negativen* Aspekt seine *gute* Schöpfung ist!" (III/3, 337) „Unendliche Wehmut" ist bei Mozart zu hören, „die doch nicht unter dem Zwang steht, sich selbst absolut setzen zu müssen" (III/3, 338).

„Er hörte konkret und so waren und sind seine Hervorbringungen *totale* Musik. Und indem er die Geschöpfwelt ganz ohne Ressentiment und unparteiisch hörte, brachte er eigentlich nicht seine, sondern ihre eigene Musik hervor, ihr doppeltes, aber doch übereinstimmendes Gotteslob." (III/3, 338)

Einige weitere Beispiele, nun außerhalb des Œuvres Barths, führe ich an. Natürlich bedürfen sie gründlicher Relativierung. Wir setzen Texte, die von der Absicht des jeweiligen Autors her gesehen gar nichts mit der Rede von Gott zu tun haben sollen, in den Zusammenhang der *glorificatio Dei*. Sie können dort einen Ort finden, können nämlich *als Auslegung* genommen werden, als Erläuterung womöglich wider Willen und unter der Hand, als ganz und gar unwillkürliche, Richtiges und Grundfalsches durcheinander werfende, doch gleichwohl auf ihre Weise, eingebracht in einen neuen Kontext, authentische Auslegung der Heiligen Schrift. Es gibt auch eindrückliche unfreiwillige theologische Wahrheiten. Über das jeweilige subjektive Meinen des Autors, sowenig es einfach beiseite geschoben werden soll, ist insofern unbefangen hinauszugehen, als ein ungleich weiterer Zusammenhang, eben die Rede von Gottes Herrlichkeit erst den spezifischen Lichteinfall vermittelt, der diese Sprache kenntlich macht. Und so, nämlich relativ auf biblische Texte und theologische Themen, ist diese Sprache aufzuklären. Relativ auf die Offenbarung Gottes ist sie gleichermaßen zu würdigen wie mit kritischer Schärfe zu belichten. Gerühmt wird zum Beispiel die Schönheit der Schöpfung.

Nicht wenige von *Nietzsches* Texten lassen sich aus ihren eigenen Kontexten hinausinterpretieren: wenn man die Heimat der Bilder ahnt, den Schöpfungsgrund, wenn man den Autor frei atmen hört bei den vielen Gedankenstrichen seiner Texte, über deren soteriologische Ansprüche aber hinwegsieht, wenn man seinen eigenen Intentionen in diesem Sinne ganz und gar nicht folgt, ihn vielmehr auf die Einholung der Schönheit anspricht, auf sein Klanggefühl, seine unermüdliche Wahrnehmungsfreude, und ihn zur Hauptsache dort, jenseits der Willens- und Machtwelt, vor allem in Hinsicht auf die Treue zur Erde, auf die Treue zur Schöpfung, auf das „Glück des hohen Mittags", ihn selbst sein läßt:

> An der Brücke stand
> jüngst ich in brauner Nacht.
> Fernher kam Gesang:
> goldener Tropfen quoll's
> über die zitternde Fläche weg.
> Gondeln, Lichter, Musik –
> trunken schwamm's in die Dämmrung hinaus [...].[224]

Oder *Georg Büchner* ist zu nennen. Fähig zu unverstellter Wahrnehmung der Armut, wehrlos geradezu, erschließt sich dem Autor, in derselben Aufnahmebereitschaft, auch wunderbarer Reichtum. Ein Glücksgefühl überflutet ihn (und mit ihm den Leser). Ein machtvoller Lebensschimmer bricht manchmal in diesen Texten auf. Die Herrlichkeit in der Vielzahl der Zeichen der Schöpfung, der Lilien auf dem Felde, schöner bekleidet als Salomo in all seiner Pracht, die Schönheit von Himmel und Erde, von Licht und Nacht, ein Zauber schlägt ihm entgegen und wird in hinreißenden Wendungen beschrieben: „Die Erde ist eine Schale von dunklem Gold, wie schäumt das Licht in ihr und flutet über ihren Rand, und hellauf perlen daraus die Sterne [...] Der Mond ist wie ein schlafendes Kind, die goldnen Locken sind ihm im Schlaf über das liebe Gesicht heruntergefallen."[225] „[...] die Erde war wie ein goldner Pokal, über den schäumend die Goldwellen des Monds liefen."[226] Oder ein Gottesdienst nimmt Augen und Ohren für sich ein: „Die Kirche fing an, die Menschenstimmen begegneten sich im reinen, hellen Klang; ein Eindruck, als schaue man in reines, durchsichtiges Bergwasser."[227] Das sind Beschreibungen großer Bezauberung und Zartheit, ein farbiges, bewegtes, sehr sinnliches Lob des Lebens, hindurchgegangen durch Erschütterungen der Sprache, doch darum um so klangvoller. Man glaubt zu hören, daß eine tiefe Lebenssaite schwingt.

Aufmerksam und gespannt wie kaum jemand sonst und mit besonderer Begabung zur Würdigung der Farben der Welt hat nach meinem Urteil *Ernst Jünger*[228] die reiche Welt angeschaut (die reiche, nicht die *ewig*reiche Welt), ihre Schönheit, die stets mehr bedeckt, als sie preisgibt, die Unbekanntes durchblicken läßt. Immer auch nimmt sie eine Prüfung des menschlichen Herzens vor. Bereits die Farben selber, so Jünger, verweisen auf ein

---

224 Nietzsche, KStA 6, 291; 421.
225 Büchner, SW I, 118.
226 Büchner, SW I, 250.
227 Büchner, SW I, 231.
228 Was Friedrich Sieburg in einer Rezension eines Buches von Arno Schmidt 1962 in schöner Ironie vermerkt (Sieburg, Literatur 1957–1963, 269), gilt freilich nach wie vor: „Es fehlt [...] auch nicht der heute schon fast rituelle Fußtritt gegen Ernst Jünger. Auf den kann niemand verzichten, der heute literarisches Ansehen genießen will. Das gewährt Zutritt, das öffnet Türen, das hat die Macht eines vollgültigen Ausweises." Solche Fußtritte leider auch bei von Matt (von Matt, Luftgeister, 254) und bei Jüngel (Jüngel, meschugge, 21f).

ihnen Jenseitiges: „Die Farben sind durch unsere Nebelwelt und ihre Melancholie gebrochen, nur ihre Säume tauchen in die Sinnenwelt."[229]

Eben nicht vom Wert, sondern von der Pracht der Schöpfung wird in einer Aufzeichnung 1962 gesprochen. Angeschaut wird die Imago der Schönheit in einer leuchtend farbigen Meeresmuschel, „ein Inbild der Tiefe [...], in kurzem Branden der Lebenswoge ans Licht gehoben und sodann in den Abgrund versenkt". Und Jünger knüpft daran die folgende Überlegung:

„Von [...] Absicht zur Prachtentfaltung in unserem Sinn kann nicht die Rede sein. Die Pracht ist Ansicht, nicht Absicht der Natur. Es ist die äußerste Haut des Wunders, was wir sehen. Die bunten Muscheln, deren Schönheit uns bezaubert, ruhen in der Tiefe, sind im Seesand vergraben oder in den Klüften verborgen, und oft ist ihre Innenseite prächtiger als die Außenwand. So wird kein Werk geschaffen, das geschaut, bewundert werden soll. Wir nehmen nur die Schatten des Wunderbaren wahr."[230]

In Tagebuchaufzeichnungen von 1995 nimmt der Hundertjährige den Gedanken wieder auf: „Muscheln und Schnecken", so heißt es, „prunken mit Farben in einer Tiefe, zu der kein Lichtstrahl dringt. Ist also ihre Schönheit umsonst? Müßige Frage im Hinblick auf eine verborgene Harmonie, die sich selbst genügt und genießt."[231]

---

229 Jünger, SW 3, 522.
230 Jünger, SW 13, 68. – Vgl. eine Impression aus Thomas Manns *Zauberberg* (im Kapitel „Strandspaziergang", 824f): „Wir meinen den Spaziergang am Meeresstrande [...] Die Brandung siedet, hell-dumpf aufprallend rauscht Welle auf Welle seidig auf den flachen Strand, – so dort wie hier und an den Bänken draußen, und dieses wirre und allgemeine, sanft brausende Getöse sperrt unser Ohr für jede Stimme der Welt. Tiefes Genügen, wissentlich Vergessen ... Schließen wir doch die Augen, geborgen von Ewigkeit!".
231 Jünger, Siebzig verweht V, 195; vgl. Jünger, Siebzig verweht IV, 71f. – Vgl. Schopenhauer, Gedanken § 388, 556f: „Ich fand eine Feldblume, bewunderte ihre Schönheit, ihre Vollendung in allen Theilen, und rief aus: ,aber alles Dieses, in ihr und Tausenden ihres Gleichen, prangt und verblüht, von niemandem betrachtet, ja, oft von keinem Auge auch nur gesehn.' – Sie aber antwortete: ,du Thor! meinst du, ich blühe, um gesehn zu werden? Meiner und nicht der Andern wegen blühe ich, blühe, weil's mir gefällt: darin, daß ich blühe und bin, besteht meine Freude und Lust.'" Oder: Strauß, Beginnlosigkeit, 60: „Die Formen verständigen sich untereinander, sie brauchen den Menschen und seine Auslegung nicht. Die Formen der Welt befinden sich in einem unablässigen Gespräch, in unablässiger Fern-Fühlungnahme, reagieren, antworten, weisen aufeinander, sie schaffen, sie erspielen aus ihrem Variantenübermut ein Gesetz, sie halten sich schließlich an Regeln, die wir nicht kennen. Wir können sie nur beobachten, klassifizieren, wir stellen mühsam ihre Ähnlichkeiten und Veränderungen fest, während sie über Raum und Zeit hin sich lebendig zueinander verhalten und das erschaffen, was wir Sehen und Gesehenwerden, was wir Ding und Organ nennen. Formen selbst sind jener Geist, der über den unseren sich unterhält." – „Einmal", so beobachtet Adorno (Adorno, Noten, 204), „verherrlicht Proust mittelalterliche Meister, die in ihren Kathedralen Zierate so verborgen angebracht hätten, daß sie wissen mußten, es werde nie ein Mensch sie erblicken. Die Einheit ist keine fürs menschliche Auge veranstaltete, sondern unsichtbar mitten im Zerstreuten, und erst einem göttlichen Betrachter würde sie offenbar. Im Gedanken an jene Kathedralen ist Proust zu lesen [...]." Vgl. auch Prousts berühmte Schilderung der „kleinen gelben Mauerecke" („un petit pan de mur jaune") in Jan Vermeers *Ansicht von*

„Blicken Sie noch einmal in den Sommer u über das Wasser", fordert *Gottfried Benn* den Briefpartner F. W. Oelze auf, „u schweigen Sie sich die schöne Erde zu, [...] nichts gehört Ihnen als das Atmen in der von Rosen erfüllten Nacht."[232] An anderer Stelle: „Alles kommt u. alles geht u. einen Augenblick schimmert es in unseren Herzen, da alles verhüllt ist, ist das viel."[233]

Wunderbar auch *Paul Valéry* über Camille Corot: „Er denkt nicht daran, sich zum Herren über einen Sklaven zu machen. Doch hofft er, aus uns sich Freunde zu schaffen, Gefährten seines glückhaften Schauens an einem schönen Tage vom silbernen Morgen bis an die Schwelle der Nacht."[234]

Oder Vladimir Nabokov:

„Dann und wann löste sich ein Blütenblatt von einem der blühenden Bäume, es fiel und fiel und fiel, und mit dem seltsamen Gefühl, etwas zu sehen, was weder für das Auge des Andächtigen noch für das des zufälligen Zeugen bestimmt war, erhaschte man einen Blick seines Spiegelbildes, welches schnell aufstieg, schneller, als das Blütenblatt fiel – um sich dann mit ihm zu vereinen; und den Bruchteil einer Sekunde lang fürchtete man, das Kunststück würde mißlingen, das geweihte Öl sich nicht entzünden, das Spiegelbild würde das Blütenblatt verfehlen, und dieses müßte allein wegtreiben."[235]

Botho Strauß ist zu nennen:

„Die Gräser und Gewächse machen nicht Figur für dich, Bäume und Seeufer sind nichts als das Ihre. Ihr Erscheinen ist vollkommen in sich gekehrt, und du mußt etwas von dir dazutun oder hineinwerfen, wenn sie dir näher kommen sollen. *Dich* lockt keine Blume, *dir* bietet kein Baum Schutz, du mußt ihn suchen. Alles was dich erfreut, steht kühl und spröd vor dir. Hier draußen ist Tag für Tag, was dir nicht zugehört, was nichts von dir will."[236]

Schließlich *Marie Luise Kaschnitz*, mit einer Gedichtstrophe voller Jubel:

> Schön wie niemals sah ich jüngst die Erde.
> Einer Insel gleich trieb sie im Winde.
> Prangend trug sie durch den reinen Himmel
> Ihrer Jugend wunderbaren Glanz.[237]

Delft: sie sei „von einer Schönheit, die sich selbst genüge" (Proust, Suche 9, 248; „d'une beauté qui se suffirait à elle-même").
232 Benn, Briefe an Oelze I, 199.
233 Benn, Briefe an Oelze I, 228.
234 Valéry, Kunst, 76. – Das Stichwort „Staunen" nennt Kurt Marti und notiert dazu: „Wenn im Murmeln eines Gebirgsbaches das Meer zu singen beginnt." (Marti, Delphin, 182).
235 Nabokov, Erinnerung, 367.
236 Strauß, Der Untenstehende, 168.
237 Kaschnitz, Gedichte, 58.

e. Theologie als *glorificatio*

1. Es kann gottesfürchtig geredet werden

Zunächst noch einmal eine sehr allgemeine Bemerkung zur Theologie Barths. Diese Theologie – ich halte es für ausschlaggebend – schämt sich weder Gottes selber noch der direkten, sich bei niemandem entschuldigenden Rede über ihn noch auch der genau daraus womöglich erwachsenden schweren Konflikte. Vielleicht darf man sie insofern einfach gottesfürchtig nennen. Sie spricht über den lebendigen, zeittiefen, allseitig gegenwärtigen Gott keinesfalls in irgendeiner Zuschauer- oder Belauscherhaltung,[238] vielmehr offenbar im hellen Bewußtsein dieser Lebendigkeit und also beteiligt und verbindlich – in der Absicht, ihr in der Bewegung und vielleicht sogar ein wenig im Flug der Gedanken zu folgen. (Wer den Gedanken lieber kurz- und untenhält, wird versuchen, Barths Theologie möglichst naiv aussehen zu lassen.)

Nur um den, der Gott genannt zu werden verdient, geht es ja in der Theologie – also um jene unbändige, unbedingte Lebendigkeit, vor der das ganze verkehrte Wesen der Zeit davonfliegt und zu Schanden wird. Wir, die von ihm Redenden oder Schweigenden, sind aber begrenzt und bedingt, in schlechter Gesellschaft: verwoben in den Tod, in das Widrige und Verkehrte, in die wimmelnde Realität. *„Wir sind aber Menschen und können als solche nicht von Gott reden"*, lautet ja der Vorbehalt in dem berühmten frühen Vortrag *Das Wort Gottes als Aufgabe der Theologie*.[239] Wer voraussetzt, man könne das ohne weiteres, hat sich heillos verstiegen.[240]

Ebenso groß wie die Gefahr, ihn zu verschweigen, stellt sich freilich für christliche Verkündigung und Theologie die andere dar: daß ihr Gott und die Rede von ihm etwas Gewöhnliches und scheinbar nach Belieben Mögliches wird, sie sich damit einrichtet im Gewohnten und Bekannten und sich verliert in den immergleichen Worten – um ihn (in erkennbarem Interesse) laut und häßlich zu übertönen womöglich.

„Oft kam's mir vor", so sinnt der alte ismaelitische Kaufmann in Thomas Manns *Joseph und seine Brüder*, „als ob die Welt nur darum so voller lauten Geredes sei,

---

238 Pfleiderer (Pfleiderer, Barths praktische Theologie; dort ein vielfach verhandeltes Thema) will diese Haltung freilich verteidigen. – Adorno (Adorno, Noten, 46) hat gelegentlich am Beispiel Kafkas die Unerlaubtheit einer Zuschauerhaltung dargelegt: „Durch Schocks zerschlägt er [sc. Kafka] dem Leser die kontemplative Geborgenheit vorm Gelesenen. Seine Romane, wenn anders sie unter den Begriff überhaupt noch fallen, sind die vorwegnehmende Antwort auf eine Verfassung der Welt, in der die kontemplative Haltung zum blutigen Hohn ward, weil die permanente Drohung der Katastrophe keinem Menschen mehr das unbeteiligte Zuschauen und nicht einmal dessen ästhetisches Nachbild mehr erlaubt."
239 Barth, Vorträge 1922–1925, 151.
240 Cf. oben Abschn. B. bei Anm. 254.

daß sich besser darunter verberge das Verschwiegene und überredet werde das Geheimnis, das hinter Menschen und Dingen ist."[241]

Eines ist es deshalb, ihn, das Geheimnis, nicht zu kennen, ein anderes, kaum weniger Verheerendes, in leerer Routine nur allzu gut von ihm zu wissen, dies jedenfalls zu meinen. Doch nur der heilige Gott selber übersetzt schöpferisch das ganz Unmögliche, das Wort Gottes für Menschen, in das menschlich Mögliche und dann Wirkliche. Herabzusteigen ist also wie aus Willkür und Schreckensstarre des Schweigens so auch aus der Verstiegenheit haltlosen Geredes, einer fürchterlichen Geläufigkeit. Jenes ist eher die gegenwärtige Gefahr, dieses eher die dominierende Tendenz, der die frühe Theologie Barths entgegentritt.

„Gott", so ruft Barth demgegenüber in wunderbarem Pathos in der zweiten Auflage des *Römerbriefkommentars* Gottes Fremdheit in Erinnerung, „die reine Grenze und der reine Anfang alles dessen, was wir sind, haben und tun, in unendlichem qualitativem Unterschied dem Menschen und allem Menschlichen gegenüberstehend, nie und nimmer identisch mit dem, was wir Gott nennen, als Gott erleben, ahnen und anbeten, das unbedingte Halt! gegenüber aller menschlichen Unruhe und das unbedingte Vorwärts! gegenüber aller menschlichen Ruhe, das Ja in unserm Nein und das Nein in unserm Ja, der Erste und der Letzte und als solcher der Unbekannte, nie und nimmer aber eine Größe unter andern in der uns bekannten Mitte, Gott der Herr, der Schöpfer und Erlöser – das ist *der lebendige Gott*!"[242]

2. Was macht Theologie häßlich?

Nicht unerwähnt läßt Barth wie in anderen Zusammenhängen so nun auch in dem oben herangezogenen Abschnitt über die Vollkommenheit der Herrlichkeit (und dann der Schönheit) Gottes – als ihren gewiß nicht direkten, doch vielleicht ahnungsvollen Reflex – die eigentümliche Schönheit der Theologie.

„Es darf hier gewiß einmal hingewiesen werden auf die Tatsache", führt er aus, „daß die *Theologie* als ganze, [...] wenn ihre Aufgabe nur richtig gesehen und angegriffen wird, eine eigentümlich *schöne* Wissenschaft, man darf ruhig sagen: unter allen Wissenschaften auch die schönste ist. [...] Man kann nur gerne, mit Freuden Theologe sein oder man ist es im Grund gar nicht. Grämliche Gesichter, verdrießliche Gedanken und langweilige Redensarten können gerade in dieser Wissenschaft unmöglich geduldet werden." (II/1, 740)[243] (Mag man sich ausmalen, was übrigbliebe, wenn ein Heilungswunder all das tatsächlich einmal abtäte?)

---

241 Th. Mann, Joseph und seine Brüder 1, 676.
242 Barth, Römerbrief II, 315.
243 Vgl. Barth, Gespräche 1964–1968, 442. – Neven (Barth lezen, 27ff) hat schön die Bedeutung des kleinen Wörtchens „gerne" bei Barth hervorgehoben.

Zur Schönheit der Theologie, sagen wir also: zu ihrem Bewußtheits- und Aufmerksamkeits- und Wachheitsreichtum, zu ihrer spezifischen Genauigkeit, gehört (freilich mindestens genauso gefährdet) notwendig ihre Unabhängigkeit und eine Art Hochgemutheit. Theologie spricht, sobald ängstlich und vage, hektisch und mit ständigen Seitenblicken, immerzu in Verteidigungsstellung, nichtssagend, weil allgemeine Richtigkeiten ausbreitend ... – dann von allem Möglichen, doch nicht von dem Gott, den sie unverhofft bezeugen darf, von dem zu reden ihr aufgetragen ist, nicht vom Gott des Evangeliums, vom „Freudestrahlenden der Herrlichkeit Gottes" (II/1, 739). Gott selber, seine Gnade, das Evangelium scheinen dann bei weitem nicht zu genügen und einer Art Aufenthaltsgenehmigung im Bereich der Kultur oder wo immer zu bedürfen. Eine Rede aber, die sich insgeheim des Evangeliums schämt (womöglich wegen der mit ihm notwendig aufkommenden Konflikte), verfehlt und verfinstert (und besudelt) ihn von vornherein, ist seiner unwürdig und macht Theologie genau im Maße, in dem solche Scham zugrunde liegt, sich auch nur ahnen läßt oder sich bemerkbar macht, ihrerseits für alle Beteiligten beschämend und häßlich.

Vielmehr von Gott als von dem um seiner selbst willen Interessanten und Genügenden und Denkwürdigen redet christliche, biblische Theologie – „wenn ihre Aufgabe nur richtig gesehen und angegriffen wird" (II/1, 740). *Um alles in der Welt* ist er zu denken, zu sagen, zu feiern, zu loben. *Soli Deo gloria*. In evangelischer Theologie, die ihren Namen zu Recht führt, geht es um seine Ehre – aber nicht zuerst, nicht im Zentrum und auch nicht zuletzt um den Erweis gesellschaftlicher Relevanz von „Religion" in Wertevermittlung, Sinnstiftung, Bereitstellung von Trostkapazitäten, Kontingenzbewältigung. Zumal dies alles denn auch nie durchgreifend gelingt.[244] Die bedarfsorientierte, servile Rede von Gott, von irgendeinem Oben her lediglich funktionalisiert für vermeintlich höhere Interessen: für die Begründung von Ethiken (also mittlerweile, im 21. Jahrhundert, von Ethiken mit sichtbarem Verfallsdatum), benötigt und eingesetzt für Motivationsschichten oder die Beförderung gefährdeten (abendländisch-christlichen) Zusammenhalts und gesellschaftlicher Tiefenkohärenz, entstellt das Evangelium. Wo also sind Rückzüge zu verzeichnen, wo Kleinmut, die „Kirche im Defekt":[245] unwürdige Apologetik und Leisetreterei, Positivismus, Flucht ins Historische, die Angst vor der Verbindlichkeit und darum ein verhee-

---

[244] „Unversehens wird das Kind in der Krippe zum Sponsor einer spirituellen Unternehmensressource, zum Geheimnis des Erfolgs, zur Energiequelle für geistige Fitness oder – eher staatstragend – zur Kraft, die unsere Gesellschaft im Innersten zusammenhält. Der Theologe, der sich auf diese bedarfsorientierte Rede über die Menschwerdung einläßt, ist von Esoterik-Gurus und Vitaminpräparatherstellern nicht weit entfernt", bemerkt Christian Geyer in einem FAZ-Artikel (Geyer, Gleichnisse für das Himmelreich).

[245] Vgl. Barth, Das christliche Leben, 227–231.

render Spannungsverlust, die Angst vor der Kanzel, die Unterwerfung unter fremde Kriterien und Standards (die Diskurspolizei mit Diskursmacht, die „Aufmerksamkeit" verleiht oder entzieht), die Tendenz, nahezu um jeden Preis Anschluß an die Prinzipien der Gegenwart zu gewinnen und sie geradezu zu verkörpern, statt ihnen offen zu widersprechen – und in alledem die chronische Unfähigkeit, zu sich zu stehen? Muß Gott denkwürdig *gemacht* werden? Und erscheint ein Bezug jener souveränen anti-apologetischen Wendung Gottfried Benns auf die Theologie undenkbar: „Auch gibt es Dinge, die es verdienen, daß man Niemanden von ihnen überzeugt"[246] – weil sie nämlich in sich überzeugend sind?

„Ohne sich lange zu erklären und zu entschuldigen", so erklärt Barth in der *Einführung in die evangelische Theologie*,[247] ohne unentwegt ihre Daseinsberechtigung in vermeintlich Höherem, in anderem als dem ihr Aufgetragenen aufweisen zu wollen, hat die Theologie ihr Wort frei und unmittelbar zu sagen. Darf sie sich wirklich nur mit zahllosen Absicherungen ans Licht trauen? Gerade indem sie Gott allein die Ehre gibt, dient sie demütig dem Menschen (der eben nicht in Selbstbeglückwünschung und Selbstfeier, sondern im Vollzug der Verherrlichung Gottes seine besondere Ehre findet).

Dieser, ihr dienender Charakter aber, so wird ausgeführt, schließt „nicht aus, sondern ein, daß ihre Arbeit in ruhigem Selbstbewußtsein getan werden darf und soll. Es steht nirgends geschrieben, daß das Volk der Theologen sich den langen Zügen des Gewürms anzuschließen habe, das nach einem Gesang in Haydns ‚Schöpfung' nur eben dem Boden entlangkriechen darf. Schämt es sich des Evangeliums nicht, dann braucht es sich für seine Existenz bei Niemandem zu entschuldigen und braucht es sein Tun auch durch keinen ontologischen Unterbau oder andere apologetische oder didaktische Künste zu rechtfertigen: der Welt gegenüber nicht und der Gemeinde gegenüber auch nicht. Theologische Arbeit will gerade als Dienst erhobenen Hauptes getan sein, sonst lieber gar nicht!"[248]

In dem Maße wird Theologie häßlich, in dem sie auf ihrem Grund die *glorificatio Dei* vermissen läßt. Umgekehrt: schön wird sie, wenn sie ein so zu benennendes „Allerheiligstes" umschließt und zu erkennen gibt – in Übertragung, *servatis servandis*, einer schönen Beobachtung Canettis:

„Die Schönheit der Figuren auf griechischen Vasen beruht darauf, daß sie einen leeren und geheimnisvollen Raum umspannen und zusammenhalten. Das Dunkle innen macht ihren Reigen außen heller. Sie sind wie Stunden für die Zeit, aber reich und verschieden und gegliedert. Man kann, während man sie betrachtet, die Höhlung nie vergessen, die sie umrahmen. Die Ereignisse, die sie darstellen, sind um diese

---

246 Benn, SW III, 223.
247 Barth, Einführung, 23.
248 Barth, Einführung, 205.

Höhlung tiefer. Jede Vase ist ein eigener Tempel mit ungestörtem und einheitlichem Allerheiligsten, von dem nie gesprochen wird, das aber schon in Name und Form allein enthalten ist. Am schönsten sind die Figuren, wenn sie einen Tanz darstellen."[249]

Sagen wir: einen Auferstehungstanz, an den Moltmann erinnert. „Der erhöhte Christus reißt die Erlösten durch seinen wehenden Mantel im spiralenförmigen Reigentanz zum Vater empor."[250]

3. Theologie gehört in einen Übergang

Eine unabhängige, lebhafte – schöne – Theologie, betrieben in ruhigem Selbstbewußtsein, soll sich Barth zufolge so klar wir möglich als eine *theologia gloriae* darstellen: der es, von Ostern herkommend, ihrerseits Gottes Herrlichkeit und Schönheit feiernd, mit ihren Mitteln und Möglichkeiten eben letzthin um seine Verherrlichung zu tun ist. Benannt wird mit dem Stichwort *glorificatio* dabei nicht weniger als die der Dogmatik und der Ethik gemeinsame Grundorientierung,[251] ihr Sinn und Zweck – weitaus umfassender noch: Grundorientierung, Sinn und Zweck des menschlichen Seins, der ganzen Schöpfung: der Lobpreis, die *glorificatio*, wie sie zur Herrlichkeit Gottes selbst hinzugehört, die in Gottes Herrlichkeit eingeschlossene „von Gott selbst geweckte und hervorgerufene Antwort des ihm durch seine Kreatur dargebrachten Lobpreises" (II/1, 753).

Theologia gloriae – die Wendung wird hier sehr anders verstanden, als sie bei Luther in der *Heidelberger Disputation* gemeint ist. Gedacht ist bei Barth an eine in jeder Hinsicht österliche und genau insofern gottesfürchtige (dem Ersten Gebot und der ersten Bitte des Vaterunsers entsprechende) evangelische Theologie – Theologie aus der Fremde des dritten Tages. Eben jener für den christlichen Glauben schlechthin entscheidende Umbruch, Jesu Christi „Übergang vom Fluchtod zur Lebensherrlichkeit" (IV/1, 613), vermag einer freieren, schöneren Theologie – einer Theologie in größerer Sachnähe, mit weiter ausgespannten, die Herrlichkeit Gottes und die Helligkeit und Schönheit der Welt einbeziehenden Diskursen – immer neu vor Augen zu stehen. Sie nimmt ihren Ort dann also im Bereich eines Übergangs in die Helligkeit ein. Diesem Wegsinn folgt sie.

Im Verhältnis zum Kreuzesgeschehen stellt die Auferweckung ja eine selbständige, neue Tat Gottes dar – deren Besonderheit und Herrlichkeit und eigene Schönheit nach Barth aber nicht zur Geltung kommt, eher ver-

---

249 Canetti, Provinz des Menschen, 92f.
250 Moltmann, Die ersten Freigelassenen, 41.
251 „Das Problem der ‚Ethik'", so wird im *Römerbriefkommentar* von 1922 erklärt (Barth, Römerbrief II, 417), „ist identisch mit dem der ‚Dogmatik': *Soli Deo gloria!*"

dunkelt wird, soweit ausschließlich *theologia crucis* (begriffen als eine Theologie, die alles Entscheidende im Kreuzigungsgeschehen enthalten sieht) ihren Rahmen vorgibt.

„Sie [sc. die Auferweckung] ist also in jenem noch nicht enthalten, sondern sie folgt auf jenes, als ein von ihm *verschiedenes* Geschehen. [...] Es kann und darf die *theologia crucis* die *theologia resurrectionis* nicht resorbieren, so gewiß auch das Umgekehrte nicht geschehen darf." (IV/1, 335f) Denn: „Wer ‚Jesus Christus' sagt, der kann nicht nur ‚Erniedrigung des Gottessohnes' sagen; er hat eben damit schon ‚Erhöhung des Menschensohnes' gesagt. Er kann also nicht in einer abstrakten *theologia crucis* stecken bleiben, denn eben sie ist voll heimlicher *theologia gloriae*." (IV/2, 30f)

Theologia gloriae, so verstanden, will stets aufs neue die Herrlichkeit Gottes auf dem Angesicht des auferstandenen Christus entdecken und sich zeigen lassen und so gut es geht ihrerseits bedenken und beschreiben – will beitragen insofern, nun auch mit gedanklichen Mitteln, zu seiner Verherrlichung. Jesus Christus dergestalt lediglich *ihn selbst* sein zu lassen ist sie gewillt: den Erniedrigten wie auch den Erhöhten, den auferstandenen Gekreuzigten. Sie blickt verwundert auf „die Fülle der Gottheit in Christus leibhaftig" (Kol 2,9), auf den ewigreichen Christus (vgl. Eph 3,8), und hält darum unverrückbar und hochgemut daran fest: „In Christus liegen verborgen alle Schätze der Weisheit und der Erkenntnis" (Kol 2,3).

Österliche Theologie erst gewinnt das genuine Recht, von Gottes Herrlichkeit zu sprechen.

Denn, so erläutert Barth es in einer Predigt, „Jesu Christi Auferstehung von den Toten ist *Gottes Herrlichkeit für uns*. Laßt uns das recht verstehen: *für uns*, denen Gottes Herrlichkeit mangelt, denen sie verborgen ist, die wir keine Augen für sie haben, für uns, die wir sie nicht erlangen, suchen und finden können, für uns, die wir Gottes Herrlichkeit nicht verdient, in keiner Weise verdient haben, für uns, deren Leben – gestehen wir es! – kein herrliches Leben ist, sondern ein mühseliges, ein ohnmächtiges Leben, ja ein häßliches Leben. Gottes Herrlichkeit für uns, die wir es nicht gut haben, die wir aber auch nicht gut sind."

In einem Kriegsjahr, 1943, werden solche Worte gewagt – allem trotzend, was mit Macht dagegen zu sprechen scheint.

„Gottes Herrlichkeit für uns Menschen im Jahre 1943, welche wie alle unsere Väter und Vorväter mitten drin in dieser herrlichen Schöpfung Gottes, in der wir leben und atmen dürfen, so viel Leid zu tragen haben und so viel Leid sehen müssen, das andere tragen, denen wir nicht helfen können, und – und das ist das Schwerste! – so viel Leid einander gegenseitig zufügen, an so viel Leid, das die Menschen gerade heute einander antun, mitschuldig sind. Gottes Herrlichkeit *für uns*!"[252]

Und entsprechend heißt es in der *Kirchlichen Dogmatik*:

---

252 Barth, Predigten 1935–1952, 266f.

„Es ist also das besondere Ereignis seiner *Auferstehung* die Ur- und Grundgestalt seiner Herrlichkeit, des Aufgehens und Leuchtens seines Lichtes, die Ur- und Grundgestalt seiner Äußerungen, seines Wortes als seines Ausspruchs seiner selbst, und so seines Ausgangs, Durchbruchs und Eingangs in seiner Umwelt, zu uns hin, seines prophetischen Werkes." (IV/3, 324)[253]

Theologia gloriae als menschliches Unternehmen hofft auf österliche Inspiration, und sie wird ihr wunderbarerweise bei Gelegenheit und unter Umständen, *ubi et quando visum est Deo*, auch zuteil. Es eröffnet sich dann für menschliche Worte so etwas wie unendliche Tiefenschärfe. Österlichkeit trägt sich dann alltäglichen Situationen zu, alltäglichen Sätzen, Liedern, Gebeten. „[...] *das gibt es*", ruft Barth aus, „christliche Gemeinde als *Oster*gemeinde, *Oster*predigt, *Oster*lieder, des *Oster*glaubens – *theologia crucis* nicht nur, sondern auch *theologia resurrectionis* und also *theologia gloriae* [...]" (IV/2, 396; Hv. z.T. von mir). Die „Herrlichkeit des Herrn" (Lk 2,9) leuchtet um das Alltägliche. Doch vermag ihr Theologie mit ihren Mitteln die Ehre zu geben. Selber kann sie eine Gestalt des Lobes sein, Tendenz und Übergang dorthin können ihr innewohnen. „Das gibt es." Im Grunde, intentional, was ihren inneren Impuls, doch auch was ihre sprachliche Beschaffenheit anbelangt, verfährt Theologie also doxologisch, ist sie selbst eine Weise der *glorificatio,* Bewunderung und Würdigung dessen, was Jesus Christus in Kreuz und Auferstehung für uns getan hat und für uns ist.[254] Dieser überlegenen Perspektive ordnet sie sich ein.

„Eine *theologia gloriae*", so führt Barth aus und macht eine Verschränkung von Kreuzes- und Herrlichkeitstheologie geltend „das Lob dessen, was Jesus Christus in seiner Auferweckung für uns empfangen hat und als der Auferstandene für uns ist, hätte keinen Sinn, wenn sie nicht die *theologia crucis* immer auch in sich schlösse: das Lob dessen, was er in seinem Tode für uns getan hat und als der Gekreuzigte für uns ist. Es hätte aber auch eine abstrakte *theologia crucis* keinen Sinn. Man kann Jesu Christi Passion und Tod nicht recht loben, wenn dieses Lob die *theologia gloriae* nicht schon in sich schließt: das Lob dessen, der in seiner Auferstehung der Empfänger unseres Rechtes und unseres Lebens ist, der für uns von den Toten Auferstandene. Das Lob dieses in Jesus Christus Ereignis gewordenen *Übergangs* in seinem Zusammenhang ist das rechte Bekenntnis unserer Rechtfertigung." (IV/1, 622)[255]

Dieses Lob Gottes aber – in dieser doppelten Weise, in dieser Übergänglichkeit – nimmt die christliche Gemeinde als ihren genuinen Auftrag entgegen, in dem niemand sie vertreten kann und in dem ihre Aktionen und Passionen ihrerseits zusammenfinden und das Maß ihrer Angemessenheit

---

253 Vgl. IV/3, 328: „In ihr [sc. in seiner Auferstehung] ist seine Prophetie in ihrer Ur- und Grundgestalt ins Werk gesetzt worden."
254 Eine Systematische Theologie *als* Doxologie bietet Geoffrey Wainwrights Buch *Doxology*.
255 Zur Zuordnung von *theologia crucis* und *theologia gloriae* vgl. noch Barth, Dogmatik im Grundriß, 134f.

haben. „Alle ihre Dienste", so Barth, „ob sie nun Dienste ihres Sprechens oder ihres Handelns seien, sind insofern wohlgetan, als sie alle auch an dem ihr aufgetragenen *Gotteslob* partizipieren." (IV/3, 992; Hv. M.T.)

4. Läßt sich „das Schöne" für die Theologie zurückgewinnen?

Vielleicht ergeben sich also von der *Kirchlichen Dogmatik* her Möglichkeiten einer allmählichen Rückgewinnung der Sprache des Schönen für die Theologie: für die Gotteslehre, doch auch, wohl um so mehr sogar, für die Eschatologie. Daß uns eine Kategorientafel des Bösen nicht zur Verfügung steht, hat Ernst Bloch gelegentlich beklagt.[256] Eine neu zu entwerfende Elementartafel des Schönen für die Theologie (nicht ohne eine durchgreifende Kritik der ästhetischen Vernunft) wäre m.E. auch erforderlich.[257] Mehr noch: es geht darum, weite Erfahrungsfelder, Phänomenbereiche, Erscheinungswelten, und deshalb ganze Kategoriengefüge, Sprachformen, Bildwelten, vielleicht sogar literarische Gattungen wiederzugewinnen, sie für die Theologie abermals zu „erobern" (vgl. I/1, 360): für ein das Areal ihrer Gültigkeit weitendes und ihre metaphorische Kraft beförderndes theologisches Denken, das dadurch an spezifischer Strenge[258] und Durchformung und Präzision m.E. nichts einbüßt, sondern gewinnt (sofern aber daran womöglich einbüßt, dann an Wahrheit gewinnt).

Anders als in einigen neueren Überlegungen der Praktischen Theologie ist in der Systematischen Theologie m.E. das Phänomen des Schönen noch nicht hinreichend wiederentdeckt worden.[259] Zu erwähnen ist immerhin die Berner Dissertation von Matthias Zeindler *Gott und das Schöne* aus dem Jahr 1993. Sowohl in Gerhard Ebelings *Dogmatik des christlichen Glaubens* (1979 in 1. Auflage) als auch in Wilfried Joests *Dogmatik* (1984–1986), in Wilfried Härles *Dogmatik* von 1995, doch auch in Wolfhart Pannenbergs *Systematischer Theologie* (1988–1993) spielen indes Begriff und Erscheinung des Schönen eine verschwindend geringe Rolle.

---

256 Berichtet bei Jüngel, Wie ich mich geändert habe, 20.

257 Ein Ansatz dazu unten Abschnitt G.a. – Zum Projekt einer „Kritik der poietischen Vernunft" vgl. Picht, Maß, 26–36.

258 Freilich – „in unserer ganzen Wissenschaftsgeschichte", so führt Heidegger in einer Vorlesung 1923/24 aus (Heidegger, Phänomenologische Forschung, 103), „ist die *mathematische Idee von Strenge* unkritisch als *absolute Norm* angesetzt worden." – Spinoza, erinnert Steiner (Steiner, Errata, 96), „sah in der Mathematik das wirkliche Antlitz der Wahrheit." – Höhnisch Benn (Benn, Briefe an Oelze III, 31): „[…] wo es die Mathematik *nicht mehr* giebt, beginnt die Fragestellung." Geradezu gegenläufig Canettis Notiz (Canetti, Provinz des Menschen, 249): „Den Menschen ganz und gar auslassen: Mathematik. – Die Folgen." Die Zahl kennt keinen Rang. Die Mathematik ist die schwarze Prosa.

259 Vgl. Körtner, Theologie des Wortes Gottes, 22–24; 246–255. – Zum Thema Ästhetik in der praktischen Theologie vgl. etwa Albrecht Grözinger, Praktische Theologie.

Eine der wenigen Ausnahmen hochstufiger Aufnahmen des Problems bildet ein Aufsatz Eberhard Jüngels *Auch das Schöne muß sterben* von 1984[260] sowie der Schlußabschnitt in Jürgen Moltmanns 1995 erschienener Eschatologie *Das Kommen Gottes*. Dieses Kapitel ist überschrieben „Herrlichkeit. Göttliche Eschatologie" (350–367), es läuft auf einen, wie ich finde, rasanten Schlußparagraphen hinaus „Die Fülle Gottes und das Fest der ewigen Freude". Schon 1971 hat Moltmann sich dem Thema in einer anregenden Skizze genähert: *Die ersten Freigelassenen der Schöpfung,* Untertitel: *Versuche über die Freude an der Freiheit und das Wohlgefallen am Spiel.* Wie mir scheint, brauchen wir – in Fortschreibung dessen – doxologische theologische Vernunft: eine sich aus der Verstrickung in die Machtförmigkeit nach Möglichkeit lösende, doxologische Theologie der Herrlichkeit Gottes – eine „bescheidene, freie, kritische" *theologia gloriae*.

Allerdings, so Ernst Jünger: „Die Schilderung des Schönen setzt Maß, Entfernung und scharfen Blick voraus; mit bloßem Stammeln ist nichts getan."[261] Sie wird deshalb – qua Theologie, qua Systematische Theologie (und nicht erst für die Predigt[262]) – entschieden lernbereit abermals das Gespräch mit der Kunst, mit den Dichtern und Schriftstellern suchen. Von denen ist zu lernen, die womöglich ein Leben lang die Wörter abwägen, sie auf ihre Frische, ihre Schönheit, ihre schmerzliche Triftigkeit prüfen und von dieser Prüfung Bericht geben. „Was wir von den Dichtern wollen, sind die Zeichen, die leuchtenden, brennenden, ätzenden, lieblichen Zeichen, die sie aus ihren Träumen gewinnen", vermerkt Peter von Matt.[263]

Ausdrücklich und durchaus ausführlich – und dies 1940 – redet Karl Barth von Gottes Schönheit. Ein Mißverständnis freilich will er gar nicht erst aufkommen lassen.

„Es kann sich [...] nicht etwa darum handeln", räumt er ein (II/1, 735), „nun zuguterletzt einem Ästhetizismus das Wort zu geben, der, wenn er das letzte Wort haben und behalten wollte, ebenso falsch und unchristlich sein müßte, wie jeder Dynamismus, jeder Vitalismus, jeder Logismus, jeder Intellektualismus, jeder Moralismus [...]." Freilich fügt Barth nun unmittelbar hinzu: „Es wird aber immerhin gut sein, sich klar zu machen, daß der hier drohende Ästhetizismus doch nur ebenso schlimm ist wie jene anderen -ismen, wie jeder -ismus als solcher. Gefahren sind sie alle [...]. Es besteht nun doch kein Anlaß, gerade die von der Ästhetik her drohende Gefahr – wie es [...] besonders im Bereich des Protestantismus geschehen ist – *besonders* tragisch zu nehmen und also an dieser Stelle mit einer besonderen Ängstlichkeit bezw. Prüderie zurückzuschrecken und vor lauter Schrecken ein Problem, das uns durch die Sache selbst und durch ihre biblische Bezeugung nun einmal gestellt ist, als solches zu unterdrücken und abzuweisen."

---

260 In: Jüngel, Wertlose Wahrheit, 378–396. Dazu kritisch Zeindler, Gott und das Schöne, 76–83.
261 Jünger, SW 2, 33.
262 Vgl. Bieritz, Predigt-Kunst.
263 von Matt, Luftgeister, 218.

Die Gefahr des Ästhetizismus in theologischen Zusammenhängen ist nicht besonders tragisch zu nehmen. Es muß ja nicht gleich, fügen wir hinzu, unbesehen dem Rat Gottfried Benns gefolgt werden: „Wenn dir jemand Ästhetizismus und Formalismus zuruft, betrachte ihn mit Interesse: es ist der Höhlenmensch, aus ihm spricht der Schönheitssinn seiner Keulen und Schürze."[264]

Von ästhetischen Begriffen und Kategorien kann Barth zufolge in der Gotteslehre unbefangen Gebrauch gemacht werden. Dessen besondere Unvoreingenommenheit aber, so können wir hinzufügen, wird sich auch daran bemessen, ob nun nicht doch auch noch der Bereich des Ästhetischen (sagen wir qua Rezeptionsästhetik) wiederum zur Hauptsache in Kategorien von Kraft und Wirkung gedacht wird. Die theologische Gotteslehre hätte dann Ausschau nach einer anderen Ästhetik zu halten, an eine bessere, freiere zu appellieren – vielleicht im vorsichtigen Anschluß an Beobachtungen wie die folgende:

„Die Musik, die Zustände des Glücks, die Mythologie, die von der Zeit gewirkten Gesichter, gewisse Dämmerungen und gewisse Orte wollen uns etwas sagen oder haben uns etwas gesagt, was wir nicht hätten verlieren dürfen, oder schicken sich an, uns etwas zu sagen; dieses Bevorstehen einer Offenbarung, zu der es nicht kommt, ist vielleicht der ästhetische Vorgang."[265]

Oder, so Adorno:

„Der Blick, der ans eine Schöne sich verliert, ist ein sabbatischer. Er rettet am Gegenstand etwas von der Ruhe seines Schöpfungstages."[266]

Die Welt ist für diesen sich verlierenden Blick *anfänglich* anwesend. Ausdrücklich bezogen auf das Problem der Macht heißt es:

„Im Zauber dessen, was in absoluter Ohnmacht sich enthüllt, des Schönen, vollkommen und nichtig in eins, spiegelt der Schein von Allmacht negativ als Hoffnung sich wider. Es ist jeglicher Machtprobe entronnen. Totale Zwecklosigkeit dementiert die Totalität des Zweckmäßigen in der Welt der Herrschaft [...]."[267]

---

264 Benn, SW V, 32f. Milder urteilt Blumenberg (Blumenberg, Verführbarkeit, 34): „Ästhetische Darbietung der Wahrheit macht sie noch nicht verdächtig. Ihre abstoßendste Nacktheit erhebt sie nicht zur Bedingung theoretischer Tugend. Es läßt sich geradezu fragen, ob Wahrheit nicht einen Anspruch darauf hat, die Zugangsvorteile zum Gemüt durch Annehmlichkeit zu gewinnen. Der traditionelle Zusammenhang der ‚Transzendentalien' des Wahren, Guten und Schönen wird dadurch nicht wiederhergestellt, doch die Trauer über seinen Verlust angezeigt." – Mit Blick auf Nietzsche spricht Bohrer allerdings zu Recht von Erscheinungen eines „aggressiven Ästhetizismus" (Bohrer, Plötzlichkeit, 113).
265 Borges, Inquisitionen, 14.
266 Adorno, Moralia, 85.
267 Adorno, Moralia, 256. Vgl. auch die unter der Überschrift „Freiheit von der Zeit. Ästhetisches Anschauen als Verweilen" (Theunissen, Zeit, 285–298) gebotenen Überlegungen Theunissens. –

5. Theologie ist Denken des Denkwürdigen

Wenn aber Theologie nach Grund und Veranlassung, im Kern (und nicht lediglich zusätzlich), *glorificatio* ist und sehr bestimmt sein will, kann sie wesentlich nun auch aus diesem Grunde nicht als Wissenschaft gelten; sie braucht es auch nicht zu wollen.[268]

Mit Heidegger mag man zunächst „Wissenschaft" und „Denken" einander kontrastieren: die Kluft sei unüberbrückbar. „Die Wissenschaft denkt - nicht", wird in dem Vortrag (1952) *Was heißt Denken?* erklärt. Was ist gemeint?

„Sie denkt nicht, weil sie nach der Art ihres Vorgehens und ihrer Hilfsmittel niemals denken kann – denken nämlich nach der Weise der Denker. Daß die Wissenschaft nicht *denken* kann, ist kein Mangel, sondern ein Vorzug. Er allein sichert ihr die Möglichkeit, sich nach der Art der Forschung auf ein jeweiliges Gegenstandsgebiet einzulassen und sich darin anzusiedeln. […] die Beziehung der Wissenschaft zum Denken ist nur dann eine echte und fruchtbare, wenn die Kluft, die zwischen den Wissenschaften und dem Denken besteht, sichtbar geworden ist und zwar als eine unüberbrückbare."[269]

In einem Interview hat Heidegger den Sinn dieses Satzes noch einmal erläutert.

„[…] dieser Satz: Die Wissenschaft denkt nicht, der so viel Aufsehen erregte, als ich ihn in einer Freiburger Vorlesung aussprach, bedeutet: Die *Wissenschaft* bewegt sich nicht in der *Dimension der Philosophie*. Sie ist aber, ohne daß sie es weiß, auf diese Dimension *angewiesen*. Zum Beispiel: Die Physik bewegt sich in Raum und Zeit und Bewegung. Was Bewegung, was Raum, was Zeit ist, kann die Wissenschaft als Wissenschaft nicht entscheiden. Die Wissenschaft *denkt* also nicht, sie *kann* in *diesem* Sinne mit ihren Methoden gar nicht denken. Ich kann nicht z.B. mit physikalischen Methoden sagen, was die Physik ist. Was die Physik ist, kann ich nur denken, in der Weise des philosophischen Fragens. Der Satz: Die Wissenschaft denkt nicht, ist *kein Vorwurf*, sondern nur eine *Feststellung* der inneren Struktur der Wissenschaft: Zu ihrem Wesen gehört, daß sie einerseits auf das, was die Philosophie denkt, angewiesen ist, andererseits selbst aber das zu-Denkende vergißt und nicht beachtet."[270]

Doch ist ein halbes Jahrhundert nach diesen Überlegungen Heideggers angesichts der ausschließlich durch Wissenschaft und Technik möglich gewordenen weltgeschichtlichen Katastrophen und fortdauernden Drohungen noch ungleich mehr Anlaß, nicht nur die „Wissenschaft", sondern erst

---

Aus dem Schema des Machtförmigen ganz auszusteigen nimmt sich zum Beispiel Paul Klee vor, wenn er formuliert: „Weder dienen noch herrschen, nur vermitteln" (Klee, Kunst, 13).

268 Cf. oben C.d.5. und C.e.2.

269 Heidegger, Vorträge und Aufsätze, 133. Vgl. Heideggers gleichnamige zweisemestrige Vorlesung von 1951/2 *Was heißt Denken?* (Bd. 8 der Gesamtausgabe; dort 9f; 15–17; 138).

270 Neske, Antwort, 24.

recht jenes zugrundeliegende *Denken der Philosophie* kritisch zu befragen, eben die Grundbegrifflichkeit und die Grundstimmung, den entscheidenden Vorentwurf der so gefaßten Wissenschaft. Um so mehr das diese Wissenschaft und deren Folgen hervortreibende spezifische Denken – als Herrschaftsförmigkeit nämlich von Grund auf und als bedingungsloses Macht-Denken – hat sich verheerend gezeigt.[271] Heidegger hat das seinerseits an anderer Stelle wiederholt durchaus scharf bedacht.

Zunächst also: Theologie ist nicht positive Wissenschaft,[272] sondern ihrerseits Denken. Doch ausschlaggebend erst: Theologie ist Denken des in Wahrheit Denkwürdigen. Denkt das die neuzeitliche Wissenschaft Hervortreibende *wesentlich* das Denkwürdige? Nein. Die Macht an sich ist nicht denkwürdig. Das Theorie-Fenster auf Machbarkeit von allem „wertet", schreibt Wert und Unwert zu, behält sich Zuerkennung und Aberkennung vor – jeweils nach jenem vorentworfenen Kriterium. Doch wird das Bewertete, so Heidegger, vorab seiner Würde beraubt.[273] Die *glorificatio sui ipsius*, die selbstherrliche *glorificatio* menschlichen Könnens und Vermögens und bedingungslosen Regieführens – die καύχησις der Werke – geht in die Irre. Demgegenüber setzt sich die Theologie dem in Wahrheit Denkwürdigen aus, sie ist seiner gewiß und rühmt sich seiner (2Kor 10,17). Ihre Sorge geht dahin, daß das Evangelium im denken wirklich ankommt. „Was heißt denken?", fragt Heidegger und präzisiert: „Was heißt uns denken? [...] Das ‚uns' wird nicht als Dativus, sondern als Akkusativus verstanden. Was ist Jenes, das uns in das Denken verweist und dann anweist?"[274]

Gott in seiner Herrlichkeit ist das Denkwürdigste. Eberhard Jüngel berichtet von einem Gespräch mit Heidegger:

„Gegen Ende seines Lebens habe ich ihn noch einmal besucht und am Ende eines langen Gespräches ganz ungeniert gefragt, ob es nicht die Bestimmung des Denkens

---

271 Demgegenüber ein nahezu ungebrochenes Zutrauen zur neuzeitlichen Vernunft in Pannenbergs *Wissenschaftstheorie und Theologie*.
272 So Heidegger, Wegmarken, 49 u.ö. (in dem Vortrag *Phänomenologie und Theologie* von 1927). Erhebliche Zweifel am Wissenschaftscharakter der Theologie dann 1964 (Wegmarken, 77; Hv. M.T.): „Aber hinter der genannten Problemstellung verbirgt sich die positive Aufgabe für die Theologie, in ihrem eigenen Bereich des christlichen Glaubens aus dessen eigenem Wesen zu erörtern, was sie zu denken und wie sie zu sprechen hat. In dieser Aufgabe ist zugleich die Frage eingeschlossen, ob die Theologie noch eine Wissenschaft sein kann, *weil sie vermutlich überhaupt nicht eine Wissenschaft sein darf.*" Man wird das als Versuch verstehen können, Theologie zu „retten".
273 So im *Humanismusbrief* (Heidegger, Wegmarken, 349): „Das Denken gegen die ‚Werte' behauptet nicht, das alles, was man als ‚Werte' erklärt – die ‚Kultur', die ‚Kunst', die ‚Wissenschaft', die ‚Menschenwürde', ‚Welt' und ‚Gott' – wertlos sei. Vielmehr gilt es endlich einzusehen, daß eben durch die Kennzeichnung von etwas als ‚Wert' das so Gewertete seiner Würde beraubt wird. Das besagt: durch die Einschätzung von etwas als Wert wird das Gewertete nur als Gegenstand für die Schätzung des Menschen zugelassen."
274 Was heißt Denken?, 118; vgl. 164.

sei, unterwegs zu Gott zu sein. Heidegger antwortete: ‚Gott – das ist das Denkwürdigste. Aber da versagt die Sprache ...'"[275]

Dann, muß entgegnet werden, versagt die Sprache nicht, wenn und solange ihr Verifikation von jenem Denkwürdigen selbst zuteil wird, wenn also der, von dem die Rede ist, auf seine Weise in der Sprache, im Evangelium und dann auch in einer ihm entsprechenden Theologie, *ubi et quando visum est Deo*, seiner Verheißung gemäß in Erscheinung tritt.

Das Denken vermag dann – indem es die Verheißung, das dies geschehen soll, ergreift – vorbehaltlos und ausführlich seinen Gegenstand zu feiern. Die Sprache theologischen Denkens – sehr wohl möglichst strengen, durchgeformten Denkens[276] (das mit der Arbeit an Begriffen nicht deckungsgleich sein muß), sehr wohl auch die scharf bedachte Fügung des Satzes – kann sich in höchst unterschiedlicher Weise, verhalten oder sehr ausdrucksvoll, als eine solche zu erkennen geben, die sich ehrerbietig dem Denkwürdigen und nur ihm ganz überlassen will, der Fremde des dritten Tages, dem Evangelium. „Es gibt auch einen Lobpreis Gottes durch den Gedanken", erklärt Wolfgang Trillhaas zu Recht.[277] Diesen Lobpreis auf tausenden von Seiten der *Kirchlichen Dogmatik* und in der Vielzahl seiner anderen Texte zu leisten ist Barths Absicht. Sehr emphatisch, doch ganz zutreffend spricht Kornelis Heiko Miskotte eben mit Bezug auf die Theologie Barths von einem „Jubeln der Vernunft".[278]

Insofern also ist Theologie nicht positive Wissenschaft, sondern ihrerseits sehr besonderes, gründendes, vorentwerfendes (von einem Vorentwurf wissendes) Denken: Denken des Geheimnisses, Gelassenheit statt Wille zur Macht, die vernünftige Gelassenheit zum Denkwürdigen.[279] Sie ist eine Weise der Verehrung, Vernunft aus der herrlichen Fremde des dritten Tages, ehrfürchtiges Denken, doxologische Vernunft, von doxologischem Geist.[280]

---

275 In: Wie ich mich geändert habe, 18.

276 Vgl. Barth, Gotteserkenntnis, 60f: „Es kann [...] kein sachlicheres und strengeres Erkennen geben. Es kann keines bestimmter den Anspruch auf allgemeine Gültigkeit erheben als das Erkennen des Glaubens. Das ist freilich wahr, daß es nicht nur in seinem Inhalt, sondern auch in seiner Entscheidung und Form von dem, was man sonst Erkennen nennt, völlig verschieden ist. [...] Aber eben darin, daß das, was in Erkenntnis des Glaubens gesagt ist, ursprünglich und eigentlich zu Gott und nicht zu den Menschen gesagt ist, ist es auch streng, kräftig und allgemein gültig für die Menschen gesagt". *Begrifflos* verfährt nach Adorno (Adorno, Ästhetische Theorie, 205f) „durch ihren formalen Charakter" auch die Mathematik: „[...] ihre Zeichen sind keine von etwas, und so wenig wie die Kunst fällt sie Existentialurteile; oft hat man ihr ästhetisches Wesen nachgesagt."

277 Trillhaas, Dogmatik, 7. – Barth beschreibt die Theologie als *Lob des Schöpfers* in der *Einführung in die evangelische Theologie* (Barth, Einführung, 25).

278 Miskotte, Präludien, 56ff.

279 Bei Heidegger heißt es: „Gelassenheit zum Fragwürdigen" (Heidegger, Vorträge und Aufsätze, 63).

280 Vgl. Edmund Schlink, Ökumenische Dogmatik, 64f; 725–733.

„Wahr und eigentlich kann von Gott nur antwortend und also offen oder heimlich, explizit oder implizit immer nur in der zweiten Person gedacht und geredet werden. Das heisst aber, dass theologische Arbeit – der Schleier ihres Denkens und Redens in der dritten Person muss immer durchsichtig bleiben – eigentlich und wahrhaftig in Gestalt eines liturgischen Aktes, als Anrufung Gottes, als Gebet zu ihm stattfinden muss."[281]

6. Soli Deo gloria!

Es wäre reizvoll, nun zum Schluß der Überlegungen dieses Kapitels jene auf zwei Seiten des Bandes IV/2 (396–398) vollzogene hinreißende Gegenüberstellung der auf die Erniedrigung des Gottessohnes bezogenen *theologia crucis* hier mit der die Erhöhung des Menschensohnes bedenkenden *theologia gloriae* dort im einzelnen zu interpretieren. Hier, qua *theologia crucis,* so führt Barth aus, wird von Fall zu Fall erschrocken und mutig „Trotzdem!" gesagt und „Dennoch!", aber dort, qua *theologia gloriae,* in Freude und Dank „Darum!" und „Deshalb!".[282] Und das Verhältnis dieser *Darum*- zu jener *Dennoch-Theologie* wird als prinzipielle Äquivalenz beschrieben – in kleiner ironischer Brechung freilich, wenn nämlich zunächst betont wird, daß sich im Sinne einer *theologia crucis* das Rätsel der Existenz Jesu mit der Verausgabung, der *Erniedrigung* des Gottessohnes stellt, um dann folgendermaßen anzuschließen:

„Aber ist es nicht fast noch größer, wunderbarer und notwendiger, daß sich das eine Rätsel der Existenz Jesu Christi derselben christlichen Gemeinde [...] noch von einer ganz anderen Seite erschlossen [...] hat: in einer Gestalt und Form, in der aus dem Dennoch! ein *Darum!*, aus dem Trotzdem! ein *Deshalb!* geworden ist? [...] Ist es – jedenfalls im ganzen Bereich der Westkirche! – nicht fast noch dringlicher, festzustellen, daß der Glaube und das Bekenntnis notwendig auch *diese* Gestalt und Form haben müsse, und also die Legitimität nicht nur, sondern die Unentbehrlichkeit einer *theologia gloriae* zu proklamieren, in der die *theologia crucis* zu ihrem Ziele kommt?" (IV/2, 397)

Die Legitimität nicht nur, sondern die Unentbehrlichkeit einer *theologia gloriae* wird dergestalt hervorgehoben.

Diese *theologia gloriae* entwirft sich als eine ehrerbietig, sein-lassend verfaßte Theologie. Sie denkt hin auf den ewigreichen Gott. Von seinem Reichtum und seiner Bedeutungs-Vielheit her ist dann das Prädikat seiner „Einfachheit" begreiflich zu machen:

---

281 Barth, Einführung, 180f.
282 Zuweilen projiziert Barth das „Dennoch" und das „Darum" auf das Alte und das Neue Testament: „Die neutestamentliche Übersetzung, Erklärung und Anwendung des alttestamentlichen ‚Dennoch' heißt: ‚Darum'." (III/1, 435).

„Sie ist [...] die Einfachheit dessen, der in sich selbst als Vater, Sohn und Heiliger Geist die *Liebe* ist, der also in sich selbst nicht nur existiert sondern *koexistiert*, der in sich selbst einen *Raum* mit *Dimensionen* und der in sich selbst das *Leben* hat (Joh. 5,26). Sie ist die Einfachheit dessen, der in seinem Wesen keineswegs nirgends, sondern *überall*, keineswegs nie, sondern immer ist und also vor, über und nach allen geschaffenen Räumen *allgegenwärtig* und vor, über und nach aller Zeit *ewig* ist: fern und nahe zugleich, gestern, heute und morgen zugleich. Dieser in sich selbst nicht arme sondern reiche Gott, ist der, der mit seinem Geschöpf zusammenwirkt. Er tut es darum nicht uniform, nicht monoton, nicht indifferent, weil er das Alles auch in sich selbst nicht ist [...]." (III/3, 156; vgl. 155)

Sofern eine solche auf den verschwenderisch reichen Gott hindenkende Theologie gelingt, „wenn ihre Aufgabe nur richtig gesehen und angegriffen wird",[283] ist sie wohl imstande, wie wir mit Kafka sagen können,[284] *ein* Wort vor der Wahrheit zurückzubleiben. Dann, wenn es gelingt, mag die Zeit um einige Spuren auf andere Gedanken gebracht, vielleicht zur Erosion ihres harten, ganz verfestigt erscheinenden Massivs beigetragen worden sein. Barth, hieß es oben, habe „bei Gelegenheit" berichtet, er habe die Strophe vom ewigreichen Gott mit den Bonner Studenten gesungen. „Bei Gelegenheit" – nun, es war eine sehr herausgehobene Gelegenheit, nämlich seine Dankesrede zu seinem 80. Geburtstag.[285] Der altgewordene Theologe hat dann noch einmal sehr betont – ich meine: ehrfürchtig – diesen Vers an den Schluß seiner Rede gestellt. Das Fremdeste ist die Liedzeile „Nun danket alle Gott". Im ursprünglichen Sinne *evangelisch* war letztlich zu reden. Kein Imperativ, der ins Denken schlägt, sondern der Dank im Hinweis auf die Ehre Gottes sollte das letzte Wort behalten.[286] Soli Deo gloria.

---

283 Cf. oben in diesem Abschn. vor Anm. 244.
284 Cf. oben in diesem Abschn. bei Anm. 163.
285 Barth, Dankesworte.
286 Der letzte Paragraph der Eschatologie der *Göttinger Dogmatik* ist dementsprechend überschrieben: „Die Ehre Gottes" (Barth, Unterricht III, 481).

E. Die Zeit Jesu Christi und die Aufführung des Todes. Zur Versöhnungslehre

a. Offenheit für die Zeit

1. Aus diesem Äon läßt sich nicht klug werden

Prägnant hat Georg Picht, Freund Carl Friedrich von Weizsäckers und Schüler Martin Heideggers, in beeindruckenden Vorlesungen über das Thema „Zeit" ein besonderes Problem menschlicher Zeitwahrnehmung herausgearbeitet. Von einer merkwürdigen, nicht leicht aufzuklärenden Kraftlosigkeit des Menschen sei zu sprechen, von seiner Unfähigkeit zur Gegenwärtigkeit.[1] Picht erinnert damit an eine bekannte Beobachtung. Durchaus verschiedene Varianten weist diese Unfähigkeit auf: etwa – um zunächst eine weniger gravierend erscheinende zu nennen – wenn von einer eigentlichen Erfahrung von Gegenwärtigkeit *qua* Erinnerung die Rede ist. Man findet diese Form der Indirektheit beispielsweise in einem Brief Martin Heideggers an Karl Jaspers: „‚Eindrücke' wirken bei mir überhaupt nicht unmittelbar", teilt er mit, „die Dinge sinken anscheinend einfach in einen hinein – und dann kommen sie eines Tages in der Erinnerung erst herauf; und diese scheint stärker zu sein als die Gegenwart [...]."[2] Sodann kann Blaise Pascals berühmte Notiz in den *Pensées* als Beispiel stehen. Mit scharfem Blick wird dort eine Vollzugsform eben dieses Unvermögens beklagt:

„Niemals halten wir uns an die Gegenwart", so beobachtet Pascal. „Wir nehmen die Zukunft vorweg, als käme sie zu langsam, als wollten wir ihren Gang beschleunigen; oder wir erinnern uns der Vergangenheit, um sie aufzuhalten, da sie zu rasch entschwindet [...]. Wir denken fast gar nicht an die Gegenwart [...]. Niemals ist die Gegenwart Ziel [...]. So leben wir nie, sondern hoffen zu leben, und so ist es unvermeidlich, daß wir in der Bereitschaft, glücklich zu sein, es niemals sind."[3]

---

1   Picht, Zeit, 389–421. – Thomése (Thomése, Schattenkind, 106f) spricht von der Unmöglichkeit, die schreckliche Realität zu realisieren, um dann eine Art Ausweg zu benennen: „So erträgt man es: Man ist nicht dabei." (106).
2   Heidegger – Jaspers, Briefwechsel, 161.
3   Pascal, Pensées, 93f (Fragment 172: [„Nous ne nous tenons jamais au temps présent. Nous anticipons l'avenir comme trop lent à venir, comme pour hâter son cours; ou nous rappelons

Wiederum eine andere, nun ausgesprochen böse Version begegnet in Christa Wolfs *Kindheitsmuster*. In den Jahren des Nationalsozialismus, stellt sie fest, habe es eine spezifische Zeit-Abwesenheit gegeben: jene Zerrissenheit, daß man „zugleich anwesend und nicht dabeigewesen sein kann". Man hat es alles mit ansehen können. Genannt wird diese Abtötung von Gegenwärtigkeit das „schauerliche Geheimnis der Menschen dieses Jahrhunderts".[4] Es handelt sich offenbar, können wir den Gedanken aufnehmen und fortführen, bei diesem widrigen Zugleich um noch einmal Allgemeineres als nur um das Spezifikum eines Jahrhunderts, nämlich um eines der Merkmale des *Man*: wie es eben in verschiedenen Bereichen Fertigkeiten des organisierten Wahrnehmens entwickelt, Abtötungen vornimmt, im tiefsten Grunde, in unterster Lagerung, schweigend und mit abwesendem Blick irgendwie einverstanden.

Zu einer Dimension heutiger ethischer Ungegenwärtigkeit zum Beispiel bemerkt Klaus-Peter Hertzsch dringlich:

„Wie, wenn in zwanzig oder in wieder vierzig Jahren aufs Neue eine Enquête-Kommission zur Aufarbeitung der dann vergangenen Periode zusammenträte? Und wenn ich mir vorstelle, dass ihr nicht mehr Rainer Eppelmann vorsitzen wird, sondern dass zu ihr – sagen wir: eine Frau aus Ruanda gehört und ein Mann aus Bangladesch, Hungerkinder aus den Favelas in Südamerika, die trotz allem herangewachsen sind, oder die Kinder derer, die heute an den Rand unserer eigenen Gesellschaft gedrängt worden sind, und dazu die Klimaexperten und Umweltfachleute von morgen, die wenigstens als Kinder noch erfahren haben, wie Schmetterlinge aussehen und Tannenschläge, dann höre ich sie schon fragen: Was habt ihr euch denn damals am Jahrhundertanfang gedacht? Ihr habt das doch alles gewusst: Dass sie bei uns mit ihren Kindern Jahr für Jahr zu Hunderttausenden elend verhungert sind, während in euerem eigenen Land laut allgemein zugänglicher Statistik etwa 100 Milliardäre gelebt haben und dabei etwa 7 Millionen an der Armutsgrenze! Und ihr habt alle gewusst, welchen irreparablen Schaden auf unsere Kosten ihr mit euerem Konsumverhalten und euerem

---

le passé pour l'arrêter comme trop prompt [...]. Nous ne pensons presque point au présent [...]. Ainsi nous ne vivons jamais, mais nous espérons de vivre; et, nous disposant toujours à être heureux, il est inévitable que nous le soyons jamais."]). – Auch an Bilder von Edward Hopper ist zu denken, an Blicke, in die Ferne gerichtet, als spiele sich dort das eigentliche Leben ab (vgl. Schmid, Lebenskunst, 19). – Wie *Beschleunigung* Anwesenheit tilgt, beschreibt treffend Strauß (Strauß, Beginnlosigkeit, 43): „Das Wesen des Sprechenden besteht nun aus Flucht. So sehr er sich zusammenfassen will, strebt doch das Innerste auswärts, auswärts immerzu, den alten, oft durchquerten Korridor entlang, an den die halbgeöffneten Türen grenzen, Spalten, durch die man Menschen nur in Umrissen, Begebenheiten nur für Sekunden wahrnimmt. Da man in kein Zimmer hineingehört, sondern in diesem unsäglichen Haus nur laufen kann, nicht wohnen, einem unbekannten Ausgang zustrebt, während Haut und Geist schon verderben und nur der Flur sich unabsehbar verjüngt, wird man hier nie ausruhen können, wird man, wenn's einer bezeugen müßte, hier auch nie gewesen sein".

4 Wolf, Kindheitsmuster, 42. Vgl. Coetzee, Tiere, 12–16, der dort dieselbe Abwesenheit benennt. – Einen Schritt weiter, und man hält sich gerade die Ungerührtheit wie einen moralischen Sieg über sich selbst zugute.

Umweltleichtsinn anrichtet! Ihr habt das doch alles gewusst, weil es täglich in eueren Zeitungen stand, so dass es schon niemand mehr lesen oder hören wollte. Warum habt ihr denn trotzdem so gelebt, dies getan und dies alles unterlassen? Was wollen wir ihnen dann antworten?"[5]

Die alltäglichste, unheimlichste Variante jener Unfähigkeit aber – die Erscheinung einer Art Zwischenwelt zwischen Etwas und Nichts – begegnet wiederum bei Kafka, in einem Brief an Felice. Kafka berichtet von einer Abendgesellschaft:

Ich „biß mir in die Lippen, um mich bei der Sache zu halten, war aber trotz aller Anstrengung doch nicht da, war aber durchaus auch nicht anderswo; existierte ich also vielleicht nicht in diesen zwei Stunden? Es muß so sein, denn hätte ich dort auf meinem Sessel geschlafen, meine Gegenwart wäre überzeugender gewesen."[6] Ähnlich an Milena Jesenská: „[…] ich war wie nicht von dieser Welt, aber auch von keiner andern […]."[7]

Das anfallende Heute – das Wort nun durchaus, wie oben,[8] in verschiedener Weite gedacht: vom „Dunkel des gelebten Augenblicks" des Individuums (Ernst Bloch) und dem von Pascal angesprochenen merkwürdig unbewohnten und ungelebten Jetzt und unentwegt aufgeschobenen Leben bis zur je derzeitigen, zeitlich weiträumigen, doch wiederum von sich selbst, von ihrer eigenen Unfaßlichkeit rätselhaft abgewandten geschichtlichen Epoche – die Gegenwart in diesem vielfältigen Sinne ist jeweils überhaupt erst gültig in besonderen Akten wahrzunehmen, er ist erst in ihnen womöglich unverstellt vor Augen zu bekommen und im genauen Verstande zu „erfahren".[9] Das Hier und Jetzt, so merkt Picht an, bleibt eben gemeinhin „vor unserem Blick verborgen. Die Gegenwart ist eine *terra incognita*; sie ist das schlechthin Unbekannte".[10] Keineswegs vermag man sich mit dem Heute ohne weiteres auf Augenhöhe zu begeben. Als ein widerständiges, womöglich undurchdringliches Rätsel tritt uns das im Wort „Gegenwart" Gesagte entgegen.[11]

Zu einem Gegenwartsbewußtsein, das diesen Namen verdient – daß also nicht erlebte Vergangenheit, sondern das Heute selbst gegenwärtig wird –, ist ohne weiteres, so zeigen diese Beispiele in verschiedener Weise, niemand

---

5   Hertzsch, Erinnerungen, 262.
6   Kafka, Briefe 1913–1914, 101.
7   Kafka, Briefe an Milena, 327.
8   Cf. oben Abschn. A. b.–f.
9   Picht, Zeit, 417.
10 Picht, Zeit, 391. Vgl. Strauß, Beginnlosigkeit, 79: „Gegenwart als Mysterium. Man ist der Eingeweihte einer Passage, die man nicht überblickt. Man verstellt alles um sich herum in etwas zu alten Begriffen. Gegenwart ist immer unentschiedene Totale, Meer. Nur die Vergangenheit läßt sich in Bahnen verfolgen, Flüssen".
11 Vgl. Picht, Zeit, 419.

in der Lage, im Grunde dazu wohl nicht einmal willens. Man muß in die Präsenz des Jetzt erst aufwendig versetzt werden. Das mag mißlingen oder gar nicht gewollt sein. Jedenfalls befindet man sich zunächst nicht einmal mit sich in Augenhöhe. Man ist lediglich ein sich gegenwärtig Meinender. Nicht gegenwärtig zu sich und mit sich, bemerkt man um so weniger seine Zeit. Der schwache oder abgelenkte oder böse Blick findet keinen Halt im Derzeitigen. Von einem kalten, erloschenen, gegenwartslosen, geradezu toten Heute muß die Rede sein. Der augenblickliche *status quo* scheint real unbewohnbar. „Denn hier bin ich, aber nicht jetzt", heißt es in lakonischer Prägnanz bei Botho Strauß.[12] Man lebt insofern seltsam an der Wirklichkeit vorbei. Sie wird nicht getroffen. Wiederum: man ist lediglich ein sich wirklich Meinender. Ein besonderer „Durchbruch in die geschichtliche Gegenwart", in ein lebbares Jetzt, ist vonnöten. Er ist auch erreichbar, so Picht, schwer genug zwar und keineswegs jederzeit möglich. Dabei müsse man sich allerdings der „Mächte erwehren, die uns [...] unsere eigene Gegenwart verdunkeln".[13]

Im besonderen in bezug auf diese letzte Wendung schließe ich einige Fragen an. Gerichtet werden sollen sie wiederum so deutlich wie möglich an unsere eigene Gegenwart: an das lebensmäßige Hier und Jetzt, die große Situation als die geschichtliche Epoche.

Können die so angesprochenen, möglicherweise wie auch immer rätselhaften, gegenwartsverstellenden und -abtötenden Mächte der Moderne überhaupt zuverlässig identifiziert werden? Worauf beruht ihre spezifische Unwiderstehlichkeit und Blendungskraft? Theologisch gewendet und grundsätzlich gefragt: sind wie in der Emmaus-Geschichte die „gehaltenen", die verdunkelten Augen, verzweifelt unwillig und außerstande, zu sehen, was vor Augen liegt, ganz generell Kennzeichen einer alles überwölbenden, dimensionalen Zeitgewalt (die sich, als solche überlebensgroß, freilich über den Menschen vermittelt), Kennzeichen des alten, finsteren, unser Leben verbrauchenden Äon, Merkmal der zu Ende gehenden, verkommenen, von der Sünde gezeichneten Zeit „dieser Welt" (vgl. 1Kor 7,31) – dessen akute Gegenwartsform dann allerdings auch dies mit sich brächte, das Heute der Neuzeit einzudunkeln, unkenntlich und unzugänglich zu machen? Was an der Zeit ist: die besondere Zeit-Wahrheit, wahre Gegenwärtigkeit, wird dann nicht erreicht – wohl verzweifelt genau in den Momenten verfehlt, in denen wir sie am nötigsten hätten. Aus diesem Äon, dem Zeitfluß der Zerstörung und der Angst (Joh 16,33), läßt sich nicht klug werden. Ebensowenig aus der von ihm überschatteten geschichtlichen Epoche.

---

12 Strauß, Fragmente, 53.
13 Picht, Zeit, 413. Eine ähnliche Gefährdung hat Adorno vor Augen, wenn er erwägt: „Gegenwärtig wäre nicht das zeitlose Jetzt sondern eines, das gesättigt ist mit der Kraft des Gestern und es darum nicht zu vergötzen braucht." (Adorno, Noten, 70).

Ausdruck gibt dieser Dunkelheit und Unerklärbarkeit und dann der mit ihr einhergehenden Angst wiederum eine Äußerung Kafkas. Man findet sie häufig zitiert.

„[…] ich suche nur immerfort etwas Nicht-Mitteilbares mitzuteilen", schreibt Kafka an Milena Jesenská, „etwas Unerklärbares zu erklären, von etwas zu erzählen, was ich in den Knochen habe und was nur in diesen Knochen erlebt werden kann. Es ist ja vielleicht im Grunde nichts anderes als jene Angst von der schon so oft die Rede war, aber Angst ausgedehnt auf alles, Angst vor dem Größten wie Kleinsten, Angst, krampfhafte Angst vor dem Aussprechen eines Wortes."[14] Milena ihrerseits würdigt die Person Franz Kafka: „Er weiß von der Welt zehntausendmal mehr als alle Menschen der Welt. Diese seine Angst war richtig."[15]

Sofern im alten Äon die Realität des Heute im ganzen als *status corruptionis* in Erscheinung tritt und sich angsterregend hervorkehrt (insofern der Geist „dieser Welt" aus der Flasche ist), wenn die Finsternis, die Rattenschwärze, der alten, hinfälligen Zeit darin besteht, daß sie quasi-subjekthaft mit dem Versprechen auf „Leben" und „Genüge" *sich verstellt* (wie nach 2Kor 11,14 der Satan sich verstellt in einen Engel des Lichts) – kann man der verschatteten, sich selbst verschattenden Derzeitigkeit der Moderne dann überhaupt beikommen, da man doch selber Teil dieses augenblicklichen *status quo* ist, er in einen fährt und einen mitreißt?

Das Schema dieser Welt (1Kor 7,31), verwittert in seinen Formen, ausgezehrt in seinen Substanzen und hinfällig gegenüber realistischen Erwartungen in das Künftige – welche seiner Elemente lassen sich überhaupt ins Begreifliche zurückdenken? Die gegenwärtig Lebenden, wir, „die Gierigen der letzten Tage",[16] die in das neue Jahrtausend Blickenden, die wir ebenso wie die Generationen vor uns von einem „schauerlichen Geheimnis", dem *mysterium* des Bösen, gezeichnet sind, hineingetrieben und -gezwungen in uns selbst von seiner Schwerkraft (eben darum uns selbst abtötend) – können wir es in irgendeinem Sinne aufnehmen mit der jeweiligen Verfinsterungsgewalt der Zeit, mit den optischen Täuschungen, die sie für uns, die Täter und Opfer, bereithält, mit den Blendungen und düsteren, sich ins immer noch Größere projizierenden Spiegelwerken? Worin bestünde ein „Durchbruch in die wirkliche Gegenwart", eine *Freigabe* des Derzeitigen? Und wie weit könnte solche Freigabe reichen?

---

14 Kafka, Briefe an Milena, 310.
15 Kafka, Briefe an Milena, 386.
16 Sloterdijk, Sphären I, 27.

2. Ich lebe auf eine Weise wie sonst nicht

Erst dieser Durchbruch in die Gegenwart, so Picht, läßt den Ausgangspunkt gewinnen, der überhaupt im emphatischen Sinn ein Jetzt zu denken erlaubt, nämlich die eigene Zeit (als das, was sie ist) in Gedanken zu erfassen, sie, weniger anspruchsvoll, jedenfalls standhaft zu betrachten ermöglicht. Erst wenn es gelingt, sich der „Mächte zu erwehren, die uns [...] unsere eigene Gegenwart verdunkeln",[17] vermag (wenn man so sagen will) der sich wehrende Biograph der Gegenwart, dem machtvoller Trotz zuwachsen muß, eine diskutable Reflexion über den Zustand des menschlichen Geistes vorzunehmen. Eben trotzig also ist der auch für die individuelle Existenz verläßliche Ausgangspunkt eines Derzeitigen zu gewinnen oder aufzufinden: der zu glauben, zu hoffen, zu lieben, der glücklich und traurig zu sein erlaubt, der – mit einem Wort – *rechtzeitig* zu leben und der die eigene Zeit in theologischen Gedanken zu erfassen, zumindest ihr ein wenig standzuhalten ermöglicht.

Beizeiten zu leben – um das zunächst sehr summarisch vorwegzunehmen –, das bedeutet, ganz der Erde treu, der Schöpfung treu, doch *coram deo* zu existieren.[18] im Angesicht Gottes, unter seinen gegenwärtig machenden Augen, augenblicklich also und in diesem Sinne *heutig* zu leben,[19] im Glauben, dem seltsamen, haltbar gemachten Augen-Glück, dem Heute-Glück. Vielleicht hat, noch einmal, Kafka Ähnliches vor Augen, wenn er 1911 in seinem Tagebuch notiert: „[...] – im letzten Jahr bin ich nicht mehr als fünf Minuten lang aufgewacht – [...]."[20]

---

17 Cf. oben in diesem Abschn. bei Anm. 13.

18 „Wo stehen die Menschen, die diese Botschaft ausrichten? Antwort: im Bereich der Herrschaft dessen, der diesen Namen trägt, im Licht und unter der bewegenden Macht seines Geistes, in der von ihm versammelten, erhaltenen und regierten Gemeinde. Nicht sie haben sich, sondern er hat sie dahingestellt, und indem sie durch ihn daselbst stehen, ist ihr Bericht Bericht von *Wirklichkeit*." (IV/1, 17) Vgl. Beintker, Rechtfertigung, 5: „Sie [sc. die Rechtfertigungsbotschaft] ermutigt uns dazu, die Wirklichkeit wider den Augenschein zu lesen und sie dabei zu behaften, daß sie immer schon vor Gott, *coram Deo* existiert, daß also das Gottesverhältnis von Welt und Mensch keineswegs von seiner bewußtseinsmäßigen Realisierung abhängig ist, so als seien wir mit unserer intellektuellen Kapazität auch noch für Gottes Existenz verantwortlich".

19 „Das Genie hängt an einem Augenblick", erklärt Valéry (Windstriche, 19), „Liebe entsteht auf einen Blick; und eine Blick genügt, ewigen Haß zu erzeugen. Und wir sind nichts, wenn wir nicht imstande waren und imstande wären, einen Augenblick außer uns zu sein." – Mit Bezug auf W.B. Yeats bezeichnet Ruth Klüger (Klüger, weiter leben, 48) ein furchtbares Gegenbild: „Man sieht sich im Spiegel boshafter Augen, und man entgeht dem Bild nicht, denn die Verzerrung fällt zurück auf die eigenen Augen, bis man ihr glaubt und sich selbst für verunstaltet hält".

20 Kafka, Tagebücher, 145. – Martin Walser hat gelegentlich eine kleine Szene fragloser Augenblicklichkeit entworfen: „Die Sonne sagt mir, wenn sie pazifikwärts versinkt und breit und massiv Altgold verströmt, halt du mich fest, sag mich weiter. Du bist der Schnittpunkt von Zeit und Raum, dein Name ist Augenblick, stimmt's. Ja, Sonne, sag ich, es stimmt." (M. Walser, Meßmers Reisen, 141).

Eine Augenblicklichkeit *coram Deo* bei Barth: „Du darfst Gott frei in die Augen schauen", heißt es in einer Predigt.[21] Ich lebe dann auf eine Weise wie sonst nicht. „Durchbruch in die Gegenwart" geschieht höchst unverhofft, indem ein in singulärer Weise qualifiziertes, je erst zu gewinnendes, gewissermaßen ertrotztes Heute *angetroffen* wird. Dem unzeitig und zeitverloren Widrigen kann dann womöglich von Fall zu Fall die Stirn geboten werden. Erreicht wird ein grimmiges oder heiteres Trotzalledem.[22] Es öffnet sich das Zeitfenster der Perspektive Gottes, ein Heute von weither, sehr nahe, immer auch, widerständig, als Jetzt der gebrochenen, niedergeworfenen Realität des alten Äon: der mit Gott auch die Welt freigebenden *Offenbarung*, die Zeit Jesu Christi, die Zeit seiner Prophetie,[23] die auch unsere Zeit, auch die Epoche und ihr Jetzt erschließt, verwandelt und heilt. „Das Alte stürzt, es ändert sich die Zeit [...]" (aus *Wilhelm Tell*). Die Zeichenflüsse im Raum des Todes versiegen.

„Denn nun", so Barth in einer Predigt, *„tritt Gott für uns ein.* Er gibt dir nicht einen Trotz, sondern er selbst, der Herr, *ist dein Trotz,* dein vorbildliches [?], unbestechliches Nein gegen alles Haltmachen und Zurückbleiben, gegen alles Verweilen und Genießen und Verfaulen. *Nein sagt Gott,* nicht du, sondern er selbst, und du wirst voll von seiner eigenen Trotzkraft [...]."[24]

Der alte Äon, nichtig, in sich den Keim der Selbstzerstörung, braucht von Gott nur „dahingegeben", nur konsequent an sich selbst verwiesen zu werden (vgl. Röm 1,24;26;28). Er kommt dann nicht umhin, wenn Gott ihn gewähren läßt, wider Willen seine eigene Aufhebung zu betreiben.[25]

Dieser neuen Rechtzeitigkeit gemäß vermag dann aber, wie Dietrich Bonhoeffer scharf formuliert, gerade die „servile Gesinnung vor dem Faktum" abgewehrt zu werden, die sich verbiegende und andienende Anpassung, der „völlige Verfall an das Jeweilige, Gegebene, Zufällige, augenblicklich Zweckmäßige"[26] – der blinde Sturz in die Zeit. Statt dessen stellt das Zugegensein Christi selber im gegebenen Moment eine womöglich strenge Schule der Nicht-Anpassung dar, des Widerstands gegen ein einfaches Mitspielen.[27] Es läßt dem Heute: seinem nervösem Zentrum und dann auch seinen Gefahren, um so näher kommen und ermöglicht ein unvoreingenommenes, womöglich tapferes Eingehen auf den geschichtlichen

---

21 Barth, Predigten 1935–1952, 276.
22 „Danke für das Trotzdem, ein Zauberwort das mir unmittelbar ins Blut eingeht", schreibt Kafka an Milena Jesenská (Kafka, Briefe an Milena, 154; vgl. 166).
23 „Dieser totale Umbruch ist der Inhalt seines [sc. Christi] prophetischen Wortes." (IV/3, 277).
24 Barth, Predigten 1920, 15.
25 „Totalitäre Herrschaft", weiß Hannah Arendt (Arendt, Elemente und Ursprünge totaler Herrschaft, 730), „gleich der Tyrannis trägt den Keim ihres Verderbens in sich."
26 Bonhoeffer, DBW 6, 221, 260, 39.
27 Nach Adorno (Adorno, Ästhetische Theorie, 26) ist dies die Funktion des *Kunstwerks*.

Moment. Seine Herausforderungen, das Herantreten unterschiedlicher Dringlichkeiten, Erfordernisse oder auch vermeintlich unabweisbarer Zwänge gilt es überhaupt erst zu erblicken und dann, *je nachdem,* abzuweisen, an sich vorübergehen zu lassen oder anzunehmen und zu fördern.

Vom prophetischen Wort Christi spricht Barth: es geht kritisch *geradewegs* auf das Heute. „,*Jetzt eben*' sagt dieses Wort und scheidet mitten in der Gegenwart, und das ohne die geringste Reserve, zwischen Vergangenem und Künftigem [...]." (IV/3, 277) Biblisch darf eben vom Heute *Gottes* die Rede sein. Es läßt die abgetötete Gegenwart erwachen. „*Heute*, da ihr seine Stimme höret, so verstocket eure Herzen nicht", „Euch ist *heute* der Heiland geboren", „*Heute* ist dies Wort der Schrift erfüllt vor euren Ohren."[28] Ein Durchbruch in das, was vor den Augen Gottes liegt und von Menschen *coram Deo* wahrgenommen zu werden vermag, in das „Nun aber ..." *kann geschehen*: „*Nun aber* ist ohne Zutun des Gesetzes die Gerechtigkeit, die vor Gott gilt, offenbart, bezeugt durch das Gesetz und die Propheten" (Röm 3,21). Ankommen können schuldige, von Abtötungen gezeichnete Menschen in Gottes Heute, in der Augenblicklichkeit der Liebe, am Ort der Wende der Zeit *innerhalb der Zeit*. Eine Szene der Augenblicklichkeit: Jesus und der reiche Jüngling. „Und Jesus *sah ihn an* und liebte ihn" (Mk 10,21). Er ist eigentlich für einen solchen Blick von Ewigkeit her gemacht. Oder, ein entsprechender Augenblick: „Und als Jesus von dort wegging, *sah er* einen Menschen am Zoll sitzen, der hieß Matthäus" (Mt 9,9).

Rechtzeitig und situationsgenau lebt der ἐν Χριστῷ Erwachende, der sich dort Vorfindende, der sich in seinem Blickfeld weiß und es nicht zu verlassen beabsichtigt (Mk 10,21f), mit ihm in Augenhöhe und in dieser Weise manifest gegenwärtig, vorbehaltlos der Welt zugewandt, der sich also in einem emphatischen Sinne aufs Leben versteht: der, so Ernst Käsemann, im Herrenmahl „Gast des Gekreuzigten" sein darf, *coram Christo*. „Herrenmahl heißt: vor sein Angesicht gerufen zu werden, und das ist die einfachste, umfassendste und schönste Bezeichnung der Jünger, welche auch himmlische Heerscharen nicht überbieten können: Wir stehen im Angesicht Jesu."[29]

Dort – im Raum Christi, ἐν Χριστῷ, in diesem inneren, festgefügten, bergenden *datum*, in der Region der heutigen Zeit und Geschichte Jesu Christi, der nun einmal nicht unter den Toten zu suchen ist (Lk 24,5), um den herum überhaupt erst lebendige Gegenwart ersteht – erscheint und vermittelt sich eine Zeitumstellung: lebhafte geistliche und darum dann

---

28 „Warum", so beschließt Barth eine Predigt 1915 (Barth, Predigten 1915, 11), „warten wir noch auf diesen erlösenden Augenblick, der uns Sicherheit und Ruhe bringt nach rückwärts und nach vorwärts? Er kann jetzt da sein, er *ist* jetzt da".

29 Käsemann, Konflikte, 130.

auch weltliche Derzeitigkeit, eine aufschauende, in die ewige Erfüllung, aber nicht in den unaufhörlichen Vorwurf aufschauende[30] Gegenwartsqualität (Lk 21,28), ein lebbares Heute, ein substantielles, intensives, aufmerksam und gespannt wahrgenommenes Hier. In ihm, der *Gunst der Stunde*, kann ich verweilen, in ihm aufgehen, von mir selbst lassen – so daß ich nicht, mich ewig verpassend, im aussichtslosen Wettlauf mit den zerrinnenden Sekunden des Lebens, immer nur auf Zeitgewinn spielend, mein Ich vor mir hertreiben und eines Tages auf die verzweifelte Suche nach der verlorenen Zeit gehen muß. Bin ich tatsächlich immer nur hineingerissen in ein unstillbares Verbluten von Zeit? Komme ich nicht umhin, die Stunden zu verlieren und die Jahre und dazwischen auch die Liebe? „Wie soll man da leben?", fragt Gottfried Benn und fügt kühl hinzu: „Man soll ja auch nicht."[31] Und Kafka gesteht Felice Bauer, in bewegender Resignation: „Ich halte eben die Zeit mit den Zähnen fest, und sie wird mir doch herausgerissen."[32] Oder an anderer Stelle: „Man versucht sich durchzuwinden durch das Gedränge der dunklen Zeiten."[33]

Bei Barth läßt sich eine Fülle von Belegen für das Erfordernis ausfindig machen, dieses Hier und Jetzt zu treffen, durchzubrechen in die Lichtung der Offenbarung, in die allseitige Gegenwart Christi, besser: in ihr unversehens voller Staunen, vom Staunen ganz und gar befangen, *anzukommen*, aufzuwachen, in sie versetzt zu werden – und damit selber Präsenz zu gewinnen, Gegenwärtigkeit von weither, den erfüllten Augenblick und dann Fähigkeit und Willen zu erreichen, zu sehen, was vor Augen liegt, dann so etwas wie Zeitklarheit zu bemerken, hinter dem Flug der Sekunde, hinter den Wolkenschatten die Geschichte der Liebe, hinter dem Tod das Leben ... In der Gegenwart Christi erwachen die Glaubenden Mal um Mal aus der Betäubung, aus dem Todesschlaf, zur kritischen Bejahung des Hiesigen, zum Heute – „um jedes Mal im Geschehen dieses Erwachens *Christen* zu sein" (IV/2, 628).

---

30 So Kafka in einem Brief an Milena (Kafka, Briefe an Milena, 269): „Sonst aber ist mir so sehr um andere Dinge zu tun, als im Sanatorium liegen, gefüttert werden und in den ewigen Vorwurf des Winterhimmels hinaufschauen." Ähnlich auch der Anfang von Kafkas *Schloß* (7): „Es war spät abend als K. ankam. Das Dorf lag in tiefem Schnee. Vom Schloßberg war nichts zu sehn, Nebel und Finsternis umgaben ihn, auch nicht der schwächste Lichtschein deutete das große Schloß an. Lange stand K. auf der Holzbrücke die von der Landstraße zum Dorf führt und blickte in die scheinbare Leere empor."

31 Benn, SW III, 130. Klaus Mann zitiert es (K. Mann, Gottfried Benns Prosa, 139) und fügt hinzu: „Dies zynische Achselzucken birgt mehr Verzweiflung und mehr Erkenntnis als ein pessimistisches Lehrsystem." Für Benn selbst sind Optimismus und Pessimismus dann überholte Kategorien: „Optimismus-Pessimismus werden sich umarmen wie zwei Jünglinge im feurigen Ofen [...]." (Benn, SW V, 208).

32 Kafka, Briefe an Felice, 267.

33 Kafka, Briefe an Felice, 658.

b. Böse Zeit und volles Gehör

1. Die Zeit verstellt sich

Die Zeit der Sünde, der vergifteten Atmosphäre der Welt, die, so Barth, prinzipiell „verlorene" Zeit, in der alles verloren ist, der finstere, übermenschlich selbstsichere, sich durch den Menschen hindurch und über ihn hinweg unentschieden zwischen Nichts und Etwas am Leben erhaltende alte Äon – verstellt sich. Er verstellt sein Gesicht. Eben die Verdeckung, so stellt Barth in den hamartiologischen Partien der Versöhnungslehre verschiedentlich heraus, muß als ein niemals ausbleibendes Strukturmoment der Sünde gelten.[34] Folgerichtig provoziert sie zum Beispiel Lebensvollzüge mit feige abgewendetem Blick, also etwa die genannte fürchterliche Möglichkeit, zugleich ganz anwesend, doch in keiner Hinsicht dabeigewesen zu sein – irgendwie fähig, alles mit ansehen zu können. Das Derzeitige, sagen wir wiederum gleich: das Gesicht unserer eigenen Gegenwart, Beginn des 21. Jahrhunderts, macht sich unkenntlich. Selbstverständlich reicht solche Verdeckung weit hinein auch in alle Bereiche von Kirche und Theologie – die somit, heute wie zu jeder Zeit, ebenso zu Konzentration und Aufmerksamkeit wie zu radikaler Selbstkritik, vor allem aber zur Wahrnehmung jener Zeitumstellung aufgerufen sind.

Die sich Menschen und Verhältnisse solchermaßen einzeichnende alte Gegenwart, die große Ideologie, will von Christus nichts wissen, wendet de Blick ab, ist bei der Versöhnung anwesend, aber in keiner Hinsicht dabeigewesen. Er genügt nicht. Insofern bringt sie schon von vornherein Maßstäbe, Ausgangsbedingungen – Wahrheit, Halbwahrheit, Unaufrichtigkeit und Lüge – durcheinander: darin, daß sie Dunkelheit behauptet, wo Licht ist, das Licht der Welt (Joh 8,12), und wiederum (in Hinsicht auf „Autonomie" und „Autarkie") Klarheit und Selbstverständlichkeit voraussetzt und *de facto* durchsetzt, wo in Wahrheit nur Konformitäts- und Konsenszwänge, Unverzichtbarkeitspostulate oder falsche Versöhnungen herrschen; daß sie Axiomatik unterstellt, ein erstes und letztes Wort, also zum Beispiel „Unaufhaltsamkeit des wissenschaftlich-technischen Fortschritts", wo tatsächlich mit jedem großen technologischen Durchbruch immer auch das Unfaßliche befördert wird, und wiederum umgekehrt beim Bestehen auf unbedingter Gültigkeit des Evangeliums, auf „Fundamentalismus" erkennt, Rätselhaftigkeit und Zweifelhaftigkeit suggeriert, Ungenügen und Geringschätzung an den Tag legt, wo einzig Gewißheit angebracht ist, stärkere Gewißheit womöglich als alle Erfahrung, „*gegen* diesen ganzen Augenschein" (IV/3, 1073), *certitudo contra experientiam*. Wird der Blick auf die Versöhnung

---

34 Vgl. IV/1, 467f; 481; 483f; 492; 497f; 513; 515 u.ö.

verfehlt, das Größte geistlos gemacht, der Geist von Christus abgezogen, wenn also das tiefe Ungenügen Raum gewinnt und den Blick lenkt, dann verzerren sich heillos alle Perspektiven. Alles Wesentliche: Ausgangspunkte, Blickrichtungen und Zielvorgaben allesamt, sehen sich auf verrückte Weise durcheinandergebracht, wenn das in die Welt gekommene helle Geheimnis, das ihrer Klarheit, ihrer Bestimmung, ihres Lebensatems – die *Offenbarung, die Versöhnung* – verkannt und mißverstanden und vergiftet wird.

2. Die Offenbarung kann das erste und das letzte Wort sein

Die Offenbarung ist indes, so Barth, eben nur verstanden, „wo das erste und das letzte Wort [...] von ihr und nur von ihr erwartet wird" (I/2, 321). Mehr noch: sie wird bereits „geleugnet, wo sie als problematisch behandelt wird" (I/2, 322) – schon dort. Die im Interesse des Todes alles durcheinanderwerfende und Mal um Mal Bereiche des Menschlichen abtötende Sünde bricht dann auf. Sie tritt in diesem Fall als eine Untröstlichkeit hervor, die sich verstellt, indem sie sich harmlos gibt: als „die Geringschätzung Christi, die da sofort anfängt, wo man ihn nicht mehr eins und alles sein läßt, das heimliche Ungenügen an seiner Herrschaft und an seinem Trost." (I/2, 320)

Demgegenüber gilt es, mit dieser eben nur vermeintlichen Harmlosigkeit rigoros zu brechen und ausnahmslos „*alle* unsere denkerischen und sprachlichen Entscheidungen" in einer „guten, gesunden Luft zu vollziehen", im Bedeutungsfeld Christi, im neutestamentlichen *Lebensatem* nämlich, wo Atem und Bewandtnis sich ununterscheidbar mischen, im Geist, in der Atmosphäre, in die wir versetzt sind: „in die wir durch Gottes in der Auferweckung Jesu Christi von den Toten gefallene Entscheidung versetzt sind [...]" (IV/3, 333; Hv. M.T.). Als maßstäblich kommt allein – buchstäblich auf Leben und Tod – die Zeit Jesu Christi, seine Lebens-, seine Sterbens-, seine Auferweckungszeit in Frage, die Zeit seines Geistes. Denn: „An die Gegenwart und Aktion des lebendigen Christus – daran, daß er bei uns ist alle Tage bis an der Welt Ende – kann man, wenn überhaupt, dann nicht halb, sondern nur ganz glauben" (IV/3, 332). An ihn halb zu glauben, ihm „das dritte oder vierte Wort" zu geben (IV/3, 297) bedeutet, ihn zu verleugnen oder zu verraten (ihn auszuliefern und hinüberzuverraten an die Welt). Die halbe Wahrheit ist in dieser Hinsicht die ganze Lüge. Demgegenüber ist eine biblische Linie einzuhalten, der entlang immer die ganze Wahrheit sich einstellen will. Mit Barth kann man sie in folgender Akzentuierung zuverlässig benennen: „*Gott* hat die Aufmerksamkeit dieser Menschen auf sich gezogen. Gott verlangt ihr *volles* Gehör, ihren *ganzen* Gehorsam."[35]

---

35 Barth, GV I, 84.

Der von sich sagt „Meine Gnade genügt dir!" (2Kor 12,9), spricht von dem Umfassenden und Fürsorglichen, das nur er geben kann, von der ganzen Wahrheit, die die Erlösung schon in sich schließt,[36] *von seiner Person*. Barth gibt es in einer seiner Gefängnispredigten wieder:

„Meine Gnade – das bin *Ich selber*: Ich für dich nämlich, Ich als dein Heiland an deiner Stelle – Ich, dein Befreier von Sünde, Schuld, Elend und Tod, die ich auf mich und so von dir weggenommen habe – Ich, der ich dir den Vater zeige und den Weg zu ihm auftue – Ich, der dich das große Ja hören läßt, das er von Ewigkeit her auch zu dir, gerade zu dir gesprochen hat – Ich, der dich hiemit einsetzt und einstellt in den Dienst Gottes und der dich eben zu diesem Dienst auch brauchbar, willig und bereit macht."[37]

Nur der Zeit Christi, der „Gegenwart und Aktion des lebendigen Jesus Christus", kommt „das Metall des Axiomatischen, des Erstlichen und Letztlichen und so des Selbstverständlichen" zu (IV/3, 332). *Er* ist der Blitz des Axiomatischen. Von ihm geht „jener schneidend in die Gegenwart hineingreifende Indikativ und Imperativ" aus (IV/3, 298). Es gibt nur einen, des Beweises nicht bedürfenden Ausgangs- und Fluchtpunkt der Wahrheit, ihn. In bezug auf ihn gilt Georges Braques Wort „*Les preuves fatiguent la vérité*." Insofern untersteht Theologie einem präzise zu benennenden Wahrheitsgesetz, einem dies Gesetz in sich enthaltenden Wahrheitsevangelium, vollzieht und vollstreckt sie eine so unerbittliche wie um so mehr befreiende Logik von Form und Inhalt. Was gilt? *Er* als sich voraussetzende, ungefragte, später zu befragende Antwort (*fides quaerens intellectum*). Zum Tragen, sofern es um den Blick der Wahrheit geht, kommt der Ausgangs- und Fluchtpunkt, den *er* setzt, in deren Perspektive *er* stellt.

Daß der gekreuzigte Jesus Christus lebt, nennt Barth dementsprechend emphatisch das „Axiom aller Axiome".[38] Und er fügt hinzu: die Gemeinde ist insofern – in der Kraft dieses Axioms – „an ihn ganz gebunden und in ihm ganz frei. Sie interpretiert dann die Schöpfung und den Lauf der Welt, die Natur des Menschen und auch seine Größe und sein Elend von ihm her, in seinem Licht, und nicht etwa umgekehrt." Durchaus auch den „Lauf der Welt", auch ihre Zeit, das Derzeitige, die geschichtliche Stunde macht sie definitiv „von ihm her" begreiflich. Anderes als das sich in dieser Weise Erschließende braucht dann auch nicht verstanden zu werden. An ihn ganz gebunden, ist sie dann in ihm ganz frei: fähig vollends, für ihre eigene Zeit, für ihre jeweilige Gegenwart, aufgeschlossen zu sein, am großen *status quo*, der Moderne, teilzuhaben, doch sich ihrer Dämonie keinesfalls gefangen

---

36 So wird in dem Vortrag *Die Kirche und die Kultur* 1926 hervorgehoben (Barth, Vorträge 1925–1930, 30): „Zweifellos: die Gnade *genügt*. Sie hat die Erlösung, das ewige Leben schon in sich."
37 Barth, Predigten 1954–1967, 224.
38 IV/1, 382; vgl. IV/2, 900. Zuweilen spricht Barth von „mehr als axiomatischer Kraft" o.ä. (z.B. I/1, 159; II/2, 104f; III/3, 17).

zu geben, auch nicht, schon gar nicht, sich zufrieden zu geben mit derjenigen Realität, die, als wäre sie alles, die groß-technische Zivilisation ihr vorgibt.

3. Die Gegenwart Jesu Christi ist axiomatisch gewiß

„[...] ‚unsere' Zeit, die Zeit, die wir kennen und haben, bewährt sich als ‚unsere' Zeit offenbar darin, daß sie uns auf der ganzen Linie zum Narren hält", formuliert Barth gelegentlich sarkastisch (I/2, 54). Der finstere alte Äon, ein tödliches Rätsel, so haben wir gesagt, verstellt sich – gegenwärtig indem er eine Modernität ohne Gegenüber und darum ohne Halt entwirft[39] (keiner vermag sie zu halten, und wir finden in ihr keinen Halt), indem er dem Haltlosen, der Wirklichkeitsverweigerung, der Gier, Raum gibt, nämlich die Offenbarung, das „Osteraxiom" (III/2, 560; 573), den Sieg göttlichen Lebens, zutiefst problematisiert, relativiert, ironisiert, Konsequenzen auf „später" verschiebt und sekundär erscheinen läßt, vergleichgültigt, vergessen machen will – und kein Ende ist abzusehen.

Der theologisch Fragende kann demgegenüber Schritt um Schritt darin Grund zu fassen beginnen, daß er das Überflüssige unterläßt und sich dem Interessanten zuwendet: „Der nach christlicher Erkenntnis Fragende fragt auf Grund der keinen Augenblick in Frage stehenden Voraussetzung, *daß* es so ist, wie er christlich glaubt, *danach, inwiefern* es so ist."[40] Ansonsten aber gilt „der alte Schulgrundsatz: ‚*contra negantem principia non est disputandum* '".[41] Wäre Theologie insgesamt bereit, diesen Grundsatz zu beherzigen: Festigkeit im Grundsätzlichen – viel überflüssige apologetische Literatur käme geräuschlos in Wegfall (die antwortet, wo niemand gefragt

---

39 Ich nenne nur ein Beispiel für die Relevanz des „Standhaften" für das Rechtswesen. Böckenförde (Böckenförde, Verlust des Standhaften) erwägt die Möglichkeit eines folgenreichen Verlustes: „Es kann allerdings mit Blick auf die Zukunft nicht mehr ausgeschlossen werden, daß dem geltenden Recht eine kohärente Vorstellung vom Menschen überhaupt abhanden kommt. Die gerade entbrannte Diskussion um Gentechnologie und Bioethik gibt dafür Anhaltspunkte. Verblaßt aber zunehmend das Rechtsbild der Menschen von sich selbst, so verliert das Recht für die konkrete, gar richtige Lebensführung an Orientierungskraft. Eine seiner Sinnkomponenten büßt es damit ein." – Allgemeiner schon Benn (*Gehirne* [1914], in: Benn, SW III, 29–34; dort 33; Hv. M.T.): „Er sei keinem Ding mehr *gegenüber*; er habe keine Macht mehr über den Raum, äußerte er einmal [...]". – Ein furchtbares Gegenüber bei Strauß (Strauß, Fehler des Kopisten, 57f): die Technik entwickelt qua Gentechnologie „Konvergenzprogramme mit dem Leben selbst". „Auch hier ist das einzige Gegenüber der gewaltsame Strich durch die Rechnung." Vgl. Strauß, Fehler des Kopisten, 28: „Welch ein anderes könnte dem Weltnetz denn begegnen als nur der Blitz, der es zerreißt?".
40 Barth, Fides, 25f. – Vgl. z.B. die Anwendung des Grundsatzes auf die Frage nach der Wirkung des Heiligen Geistes I/2, 265.
41 Barth, Christliche Dogmatik, 462.

hat, und mit einiger Aufdringlichkeit Rechenschaft ablegt, wo eine solche gar nicht gefordert wird[42]). Paulus jedenfalls erklärt in unmißverständlicher Strenge: „Der geistliche Mensch beurteilt (ἀνακρίνει) alles, wird selber aber von niemandem beurteilt" (1Kor 2,15). Rudolf Bultmann, dem nicht anders als Barth durchgehend an Deutlichkeit gelegen ist, hebt in diesem Sinne hervor:

> „Der Satz von der *doppelten Wahrheit* hilft gar nichts, weil jede Betrachtung die ganze Welt, den ganzen Menschen sich unterwirft und zeigen will, wie die Welt, wie der Mensch wirklich ist. [...] *Der Glaube* ist nur ernstgenommen, wenn er als die Sicht verstanden ist, die Mensch und Welt so sieht, wie sie wirklich sind, wenn er also von jeder anderen Betrachtungsweise, die das gleiche beansprucht, getrost sagt, daß sie falsch ist."[43]

Bultmann und Barth scheinen diese schöne Getrostheit zu teilen. Barth führt entsprechend aus – und trifft damit m.E. zielsicher und mit provozierender Schärfe eine verbreitete Haltung:

> „Offenbarung Gottes in Christus, wie die heilige Schrift sie als geschehen behauptet, ist nun einmal kein problematisches Etwas, das vielleicht (vielleicht auch nicht) irgendwo hinter jener Mauer von andersartiger Wirklichkeit verborgen wäre, so, daß diese andersartige Wirklichkeit das Unproblematische, ja das Axiomatische wäre, an das man auf alle Fälle gebunden wäre, demgegenüber man tausend Rücksichten der Wahrhaftigkeit zu nehmen hätte und von dem aus man dann vielleicht einmal (vielleicht auch nicht) mit größter Vorsicht und Zurückhaltung zu jenem Geheimnis vorstoßen dürfte."

Gültigkeiten und Verbindlichkeiten wären dergestalt von allem Anfang an verkehrt angesetzt, die Kriterien grotesk vertauscht, die Maßgabe der Offenbarung wäre im Grunde in Abrede gestellt. Als Rahmen und Kriterium träte das Dubiose auf.

„Man muß vielmehr wissen", fährt Barth mit Bestimmtheit fort, „daß in der Sache, um die es hier geht, alles genau umgekehrt läuft: das Problematische ist hier gerade die andersartige Wirkung des alten Aeon [...]. Unproblematisch axiomatisch ist hier dagegen das *Deus dixit* [...]. Wer nicht diese Wende, diesen Übergang vor sich hat als Text, wer noch nicht gemerkt hat oder wer sich aus irgendeinem Grund nicht daran halten will, daß im Neuen Testament und vom Neuen Testament her gesehen auch im Alten alles beständig und ausschließlich von dieser Wende der Zeiten und so von der

---

42   Zu 1Petr 3,15 vgl. Barth, Paralipomena, 334. Dort auch (334–336) prägnante Ausführungen zur falschen Apologetik.

43   Bultmann, Enzyklopädie, 196f. Vgl. auch Ebeling, Wort und Glaube I, 401: „Der Unglaube behauptet, der Glaube sei wirklichkeitsfremd und wirklichkeitsfeindlich. Es ist nicht ein Zeichen von Glauben, dies schlechten Gewissens halb und halb zuzugeben und zu entschuldigen. Sondern der Glaube sagt dazu entschieden: ‚Nein! Der Unglaube ist wirklichkeitsfremd und wirklichkeitsfeindlich.' So allein gewinnt der Streit zwischen Glauben und Unglauben an Schärfe."

Zeit Gottes redet – wie soll der je dazu kommen, in der ganzen Frage Offenbarung und Zeit sachverständig mitzureden?" (I/2, 63)[44]

Die nur vermeintlichen Axiome liegen also auf unsicherem, brüchigem Grund. Ihre Problematik und Unhaltbarkeit verschärft sich aber wegen ihrer scheinhaften Sicherheit. Als verläßliche Kriterien taugen sie nicht. Die *gemeinen Beweise* beweisen nichts. Dergleichen Selbstverständlichkeiten, wie der alte Äon und seine Derivate sie ausgibt, haben sich nur hochgeredet und geben sich nur unangreifbar. So kommt – vermeintlich – auch der Offenbarer nicht umhin, sich uns plausibel zu machen, bestimmten Kriterien zu genügen, sich im Horizont moderner Wertewelt unterbringen zu lassen und schlüssig zu beglaubigen. Ernstlich muß er sich fragen lassen, auf Leben und Tod (es wird zuletzt sein Tod sein!), was denn eigentlich letzthin für ihn spricht. Ob dann aber überkritisch oder sehr wohlwollend die Sache geprüft wird – einen Moment lang scheint die Position des Abwägenden überlegen. Vielleicht läßt er sich mit der Prüfung auch ein bißchen Zeit und stellt sie gelegentlich wieder zur Disposition? Soll man ihm „glauben"? Sollen man ihm die Ehre geben (oder die Dornenkrone)? Die Frage wird bis in den bittern Ernst getrieben. Nicht erst der Zweifel, schon die beanspruchte Prüfungskompetenz läßt in den Systemzwang des Legitimationsschemas eintreten, in dem Christus gegenüber niemand bestehen kann, das vielmehr den Abwägenden stürzen läßt.

Jesus Christus „gegenüber gibt es allerdings kein Recht zum Zweifel." (IV/3, 201) Wie hat sich der Mensch dem Wort Gottes gegenüber zu verhalten?

„Es nötigt ihn nicht, es erlaubt es ihm aber auch nicht, sich über die Begründung seiner Aussage durch Einholung anderweitiger Auskünfte erst zu vergewissern. Es ist das Wort, das den, der es vernimmt, in keine Diskussion verwickelt, sondern ihn allem Diskutieren enthebt, das ihm die Ängstlichkeiten und die Eitelkeiten einer Nachprüfung dessen, was es ihm sagt, in gleicher Weise erspart. [...] Das Wort Gottes *kann* gar nicht der Gegenstand von echten Fragen werden." (IV/3, 183f)

Sich Gott gegenüber sorgfältige (oder auch nur vorläufige) Nachprüfung und anderweitige Vergewisserung vorzubehalten, ob ihm die Ehre zu geben ist, bedeutet bereits, ihm die Ehre zu verweigern, sie sich selbst als Götzen seiner selbst (als dem zur Prüfung Berechtigten) zuzugestehen und sich auf diese Weise für Gott abzutöten. Der eine Moment des Zögerns schon reißt einen tiefen Riß. Der Tod drängt sich durch ihn hindurch. Soll aber ernst-

---

44 Dieselbe Umkehrung Barth, Einführung, 109: Der Glaube ist „nicht so etwas wie ein hypothetisches und also problematisches, sondern von Hause aus ein intensivstes, strengstes, gewissestes Wissen: ein solches, an dem gemessen, vielmehr das vermeintlich sicherste Wissen diesseits jener Grenze nur als vielleicht brauchbare, aber grundsätzlich problematische Hypothese gewürdigt werden kann." Zum Unproblematischen des *Gebetes* vgl. III/4, 117.

haft, nämlich wie in der Bibel, Offenbarung in Rede stehen, wird sie selber Maßstäblichkeit innehaben und setzen. „[...] wenn es nun", diese rhetorische Frage stellt Barth gelegentlich (III/2, 536), „ein Gebot der Wahrhaftigkeit gäbe, das [...] *noch* zwingender wäre als das, sich den Forderungen des neuzeitlichen *common sense* unter allen und jeden Umständen zu unterziehen?"[45]

Die Welt, das weit- oder enggefaßte Heute mit seinen Verbindlichkeiten und Wahrheits-Standards, versteht sich von selbst, so scheint es. Was muß aber als in Wahrheit problematisch und dubios, was darf andererseits als ganz unproblematisch gelten? Die Antwort fällt eindeutig aus: „Wenn für die ‚Christen' hier etwas *problematisch* ist, so ist es nicht Jesu, sondern ihre *eigene* Gegenwart! Und wenn hier etwas *axiomatisch* gewiß ist, so ist es nicht ihre, sondern *Jesu* Gegenwart." (III/2, 561)[46]

4. Anzufangen ist, wo das Neue Testament selber anfängt

Karl Barth zufolge, einem Theologen sichtlich aus selbstbewußteren, doch auch erschrockeneren Tagen, muß folglich, soll vom Thema „Heute" „sachverständig" und vom richtigen Ausgangspunkt her die Rede sein, unirritiert mit dem Axiomatischen begonnen werden, mit der Offenbarung in Jesus Christus: mit der Offenbarungszeit. Daß etwas, das Entscheidende auch hinsichtlich ihres Verständnisses, von ihr selber ausgeht, wird ihr zugetraut, und die entsprechenden Folgerungen werden gezogen. Theologie nimmt dann lediglich ihre eigenen Voraussetzungen in Anspruch und läßt sich mit ihrem eigenen Begriff konfrontieren. Auch „was Zeit ist, werden wir uns also durch die Offenbarung selbst sagen lassen müssen" (I/2, 50). Dort nämlich – ohne jede Bitte um mildernde Umstände und ohne Verbeugungen in alle möglichen Richtungen – ist zu beginnen, „wo das Neue Testament selbst anfängt" (I/2, 63).[47]

---

45 Dieser *common sense* stellt sich, zum Beispiel was hochgeredete Begriffe betrifft, mitunter sehr merkwürdig dar: „Was Debatte genannt wird", erklärt Frank Schirrmacher zu einem Thema verbrauchender Embryonenforschung in scharfer Pointierung, „scheint zuweilen nichts anderes als ein Test darauf zu sein, wie lange man von Töten reden kann, ehe die Nachbarn die Polizei rufen" (Schirrmacher, Privatschule des Lebens).

46 Auf die Problematik der Gewißheitsfrage selber weist Stoevesandt (Stoevesandt, Gottes Freiheit, 28) mit der treffenden Bemerkung hin, „daß in der Logik der Frage, wessen ich im Glauben gewiß sein kann, die Kapazität des fragenden und erkennenden Subjekts als die relativ am wenigsten problematische Größe des ganzen Prozesses mitgesetzt ist."

47 Vgl. auch III/2, 670f: „Alle Spekulation auf Grund eines noch so vollkommenen Gottesbegriffs, geschweige denn einer anderen, könnte und würde uns hier nur im Kreis herumführen. Wir haben aber in der Theologie keine Freiheit, an der Wirklichkeit des göttlichen Seins, Aufbruchs und Werks vorbeizusehen, unserem Denken einen anderen Einsatz und Anfang als eben diesen zu gestatten. Von diesem Einsatz und Anfang her wird ein Durchbruch und eine Umkehrung des

Warum muß das von allem Anfang an so und nicht anders sein? Weil Furchtbares, wie nun ein kluger Nicht-Theologe weiß, zu den „Listen des Teufels" gehört: „Wenn man ihm den kleinen Finger reicht, gibt er einem seine ganze Hand."[48] Weil es auch vor der Anerkennung jeder sich noch so neutral gebenden Formalität, weil es von Anbeginn – immer auch im unverzüglich erforderlichen Gegenzug gegen das Widersacherische – der ganzen ungeteilten evangelischen Bejahung bedarf. Weil die Existenz des Christen nicht anders als das Haus der Theologie möglichst von vornherein und möglichst in jeder Hinsicht auf den Felsen des Axiomatischen und nicht auf den Sand des Problematischen zu bauen ist. Verhängnisvoll wird das Widrige verharmlost, wo nicht von Anbeginn dies ergriffen und dann entschlossen festgehalten wird, daß sich Gott selbst gegen die ungeheure Gewalt des Niederträchtigen aufbietet, doch auch nur er dazu erfolgreich in der Lage ist. Nur so dann – im Zuge der Einsicht in den durch Ostern gebrochenen Charakter der Realität – können möglicherweise wenigstens Elemente der bösen Zeit, ihrer eisernen Dialektik von Vorkriegs- und Nachkriegszeit, ihrer anwachsenden Bedrohungen, ohne Beschwichtigung und ohne sich im Harmlosen zur verirren zu Bewußtsein gebracht werden.

1940 eröffnet Barth einen Vortrag mit den Worten: „Ich sage niemandem etwas Neues, wenn ich sage, daß wir in einer *bösen* Zeit leben".[49] Und 1942 stellt er in seinem *Brief nach Holland* fest: „Niemand versteht, daß der Herr nahe ist, der nicht mit tiefstem Entsetzen hineingesehen hat in die Abgründe der menschlichen Torheit und Bosheit [...] Niemand versteht, daß der Herr nahe ist, der nicht von Herzen verzagt ist [...]".[50] Selbstverständlich erklärt sich die Düsterkeit solcher Sätze zunächst aus dem Hintergrund des Weltkriegs. Doch herrscht sie in einem weitergefaßten Heute gleichermaßen. „Das ist eine böse Zeit", klagt schon Lucille in Büchners *Dantons Tod* im Schatten der Guillotine. „Es geht einmal so. Wer kann da drüber hinaus? Man muß sich fassen."[51]

Theologische Rechtzeitigkeit jedenfalls in der Einschätzung der Zeiten, in der Bewertung von Axiomen und Prämissen, doch vor allem im Auffinden

---

Zeitbegriffs in der Richtung, in der wir es nun versucht haben, möglich und notwendig, zwingend und einleuchtend".

48 Chargaff, Geheimnis, 225.
49 Barth, Schweizer Stimme, 157.
50 Barth, Schweizer Stimme, 304.
51 Büchner, SW I, 46. – Ähnlich Matthias Claudius: „Als wenn jemand zu Wagen sitzt und nach Königsberg fahren will; so ist er nicht mit einmal an Ort und Stelle, sondern die Räder des Wagens müssen solange umgehen bis er ist wo er sein will, und ein jeder Umgang hat seine Zeit und der zweite kann nicht zur Würklichkeit kommen bis der erste vollendet ist etc. und da geht es denn oft über Stock und Stein und der auf dem Wagen wird des wohl gewahr; er muß indes aushalten und sich fassen, denn es ist kein anderer Rat." (*Sprüche des Prediger Salomo*, in: Claudius, Werke, 243f). In einem Brief an Martin Heidegger hat Hannah Arendt wohl diese Stelle zitiert, und Heidegger nimmt Bezug darauf (Arendt – Heidegger, Briefwechsel, 125; vgl. 300f).

und Geltendmachen des Ersten Gebots, ist nicht zuletzt eine Frage des richtigen, des frühestmöglichen Beginns. *Anfängen* hat vorrangige Aufmerksamkeit zu gelten. Die Grundspannung des Ersten Gebots durchzieht jeden Anfang. „Einmal dem Fehlläuten der Nachtglocke gefolgt [...]", so heißt es am Ende von Franz Kafkas Erzählung *Ein Landarzt*, und es klingt dort fast komisch, was sich in Lebensschicksalen als absolut herzzerreißend darstellen kann, „Einmal dem Fehlläuten der Nachtglocke gefolgt – es ist niemals gutzumachen."[52]

„,Gott offenbart sich' [...]", so erläutert Barth in I/2 (60) den einschränkungslos positiven Zusammenhang des Offenbarungs- mit dem Zeitbegriff, „heißt: ,Gott hat Zeit für uns'. Gottes Offenbarung ist Gottes unbegreifliches Freisein und damit Dasein für uns. [...] In diesem Zeithaben Gottes für uns liegt, weil seine Zeit die rechte, echte, wirkliche Zeit ist, die ganze Fülle der Wohltat der göttlichen Offenbarung und der in ihr vollstreckten Versöhnung."

Die „ganze Fülle der Wohltat" darf und soll in Rede stehen – und das ohne Verzug. Der Begriff der Zeit, so verstanden, findet sich von vornherein vom Evangelium her gewonnen: in unmißverständlich evangelischer Theologie, in (in diesem strikten Sinne) rechtzeitiger, zeitgenauer Theologie, ganz ausdrücklich mit diesem unverrückbaren Ausgangs- und Fluchtpunkt, mit seinem positiven Entwurf, dem als gefährlich erkannten Widrigen aber strikt entgegen, also axiomatisch, unproblematisch.

Nicht in Frage stehen kann insofern die extreme Exponiertheit aller Theologie. Daß aber das in theologischem Sinne Axiomatische nicht ohne weiteres öffentliche Anerkennung findet, macht nicht etwa Apologetik erforderlich – weil der verbreiteten Verweigerung nämlich die *Selbstabschließung* der Öffentlichkeit von der Wahrheit zugrunde liegt. Wenn christliche Theologie auf Alleinstellung und -verbindlichkeit insistiert und nicht etwa um mildernde Umstände bittet, so verrät sich darin nicht etwa Überheblichkeit. Solche Alleinstellung zu bestreiten spiegelt vielmehr die ausdrückliche oder unausdrückliche, bedauerliche Selbstberaubung und Selbstabsperrung der Unwilligen vom Besten wider[53] – ihre radikale Selbstunterbietung und -verfehlung.

5. In der Zeit führt sich der Tod auf

Ein starker evangelischer Ansatz hält also von Anbeginn immer auch dagegen: gegen das Unfaßliche und Ungenießbare und Widerwärtige. „Wenn man nämlich ganz kräftig Ja sagt", so Barth gesprächsweise, „dann ist fast

---

52 Kafka, Drucke zu Lebzeiten, 261.
53 Sloterdijk (Sphären I, 13) behauptet eben dies von der *Philosophie*.

selbstverständlich auch das Nein auf dem Plan."⁵⁴ Dem Fehlläuten der Nachtglocke wird um Gottes willen nicht gefolgt. Es wird ausdrücklich wahrzunehmen und zu benennen – und dann im Hören eines Besseren zu überhören sein. „Ist das zu fassen und anzunehmen? Nein, es ist ungenießbar. Ich speie es aus wie der Vogel das Gewöll. Da liegt es. Möge Gott damit anfangen, was er mag, denn es ist nichts für mich", erklärt mit Nachdruck in Thomas Manns *Joseph und seine Brüder* der alte Vater Jaakob, als man ihm die falsche Nachricht vom Tode des geliebten Sohnes überbringt.⁵⁵

Was herrscht im alten Äon als der „Widerpart", „der dich veracht so freventlich" (EG 242), als das widerlich Axiomatische? „Es ist ungenießbar." Zuletzt wird genau dies zu sagen sein: „Möge Gott damit anfangen, was er mag!" Gleichwohl, es muß seiner Widrigkeit zum Trotz zum Thema werden. Die Erfahrung der Menschheit nennt und ruft an und verabscheut in unendlicher Brechung den „letzten Feind" (1Kor 15,26). Wir führen aus Dichtung und Literatur einige Beispiele an. Was durchdringt und erfüllt die verkommene, die verwirkte, doch weltalterlange Zeit, das Heute des alten Äon?

In tausend Beschaffenheiten der Tod – „das große Selbe, das auch uns verwirft".⁵⁶ Er drängt unaufhaltsam und ohne Alternative auf. Kein Entkommen – außer in den Tod? Nicht einmal das. Ausweglos Kafkas Satz: „Unsere Rettung ist der Tod, aber nicht dieser."⁵⁷ „Das Lebende", so Nietzsche, der immer einmal wieder den Gedanken ihre schlimmstmögliche Wendung zu geben wußte, „ist nur eine Art des Todten, und eine sehr seltene Art".⁵⁸ Der Tod markiert den Grundriß der Zeit, der Sprache, der Vernunft. Im Grundriß ist Enge. Das Leben scheint eingepfercht in seine Geltungssphäre. In einem Vers von Gunnar Ekelöf heißt es, daß in jedem Augenblick „der Schleier der Zeit" zerreißen kann.⁵⁹ Der Tod läßt die Welt

---

54 Barth, Gespräche 1959–1962, 375. – „Es gibt kein Ja zu Gott ohne ein Nein zu den Götzen, und je gewisser das Ja, desto klarer das Nein!", erklärt Hans Joachim Iwand in einer Predigt (Iwand, Predigten, 96).
55 Th. Mann, Joseph und seine Brüder 1, 643.
56 Strauß, Beginnlosigkeit, 86.
57 Kafka, Nachgelassene Schriften II, 101.
58 Nietzsche, KStA 3, 468.
59 Zitiert in einem Interview mit Botho Strauß in der ZEIT (Strauß, Rand). Vgl. auch Pascal (Pascal, Pensées, 190, Fragment 425): „Was schreit aus dieser Gier und dieser Unmacht, wenn nicht das, daß ehemals der Mensch wirklich im Glück war, wovon uns nichts blieb als die Narbe und die völlig leere Spur, die der Mensch nutzlos mit allem, was ihn umgibt, zu erfüllen trachtet, da er von dem Ungegenwärtigen erlangen will, was er von dem Gegenwärtigen nicht erlangen kann; wenn nicht das, daß alles hierzu ungeeignet ist, da diesen unendlichen Abgrund nur ein Unendliches und Umwandelbares zu erfüllen vermag, das heißt nur Gott selbst?" [„Qu'est-ce donc que nous crie cette avidité et cette impuissance, sinon qu'il y a eu autrefois dans l'homme un véritable bonheur, dont il ne lui reste maintenant que la marque et la trace toute vide, et qu'il essaye inutilement de remplir de tout ce qui l'environne, recherchant des choses absentes le secours qu'il n'obtient pas des présentes, mais qui en sont toutes incapables, parce que le gouffre infini ne peut être rempli que par un objet infini et immuable, c'est-à-dire que par Dieu même?"] –

durch die Zeit hindurchstürzen. In zierlichen, melancholischen Jamben (der Boden ist ihm aber unter den Versfüßen weggezogen) sagt es Erich Kästner in dem Gedicht *Der November*:

> Wer noch nicht starb,
> dem steht es noch bevor.[60]

Geradezu herzzerreißend Elisabeth Borchers:

> Ich sitze hier wie krank,
> wie allein, wie verlassen,
> [...] Aber ich kann doch nicht immer nur sterben.[61]

In der Zeit führt sich der Tod auf. „Geh vorüber und rühre mich nicht an!", sage ich. Er kommt aber und will sich zu meinem Verderben, in abscheulicher Zweisamkeit, mit meiner Seele und meinem Leib versöhnen: „Wir zwei!". *Der Tod und ich, wir zwei*, lautet der Titel eines Buches von Arnold Stadler.[62]

Der Tod kommt ohne Anstand daher, vielmehr natürlich: er ist immer schon da. Ich vermag ihn nicht auf Abstand zu halten. Unseligerweise scheint er mein unüberbietbar Nächster, widerwärtig aufgerückt meiner Seele, meinem Körper. „Zum Gähnen benutzt der Tod meinen Mund."[63] Eins ums andere Mal wird die Zeit plötzlich durchsichtig auf ihn – ein Riß im Gewebe der Tage, durch den das Düstere hereinsieht und der mir auf unheimliche Weise meinen eigenen Schatten entgegenbringt, die Finsternis, die ich *bin*. Der Tod, mein Tod, ist Grundriß und Schattenriß meiner Zeit. Er zerreißt meine Zeit: Kohärenz *und* Diskontinuität. Der argentinische Dichter Jorge Luis Borges resümiert in einem *Neue Widerlegung der Zeit* betitelten Essay mit poetischer Kraft „Die Zeit ist ein Fluß, der mich davonreißt, aber ich bin der Fluß; sie ist ein Tiger, der mich zerfleischt, aber ich bin der Tiger; sie ist ein Feuer, das mich verzehrt, aber ich bin das Feuer. Die Welt, unseligerweise, ist real; ich, unseligerweise, bin Borges."[64]

Der Tod kommt gleichermaßen als Macht der Verfinsterung der Gegenwart, der tiefen Verfinsterung von Menschen, von menschlichen Seelen und Gesichtern, wie als Macht aufdringlichster, überfülltester, engster Präsenz.

In Kurzform im Evangelischen Gesangbuch, Bayern / Thüringen 1994, 1061: „In jedem Menschen ist ein Abgrund; den kann man nur mit Gott füllen".

60 Kästner, Zeitgenossen, 311.
61 Borchers, Gedichte, 9.
62 Stadler, Der Tod und ich, wir zwei, 1996.
63 Walser, Meßmers Reisen, 177. Vorher schon heißt es dort (20): „Übertrieben alles, was sich nicht auf den Tod bezieht; was den angeht, kann man nur untertreiben".
64 Borges, Inquisitionen, 205 (im spanischen Original: *Nueva Refutación Del Tiempo*, 771: „El tiempo es un río que me arrebata, pero yo soy el río; es un tigre que me destroza, pero yo soy el tigre; es un fuego que me consume, pero yo soy el fuego. El mundo, desgraciadamente, es real; yo, desgraciadamente, soy Borges.").

„Der Tod war immer da", beobachtet Botho Strauß, „immer der ganz Nahe, er war es, der lediglich in *diesem* Augenblick nicht zustößt. Und war doch der Schöpfer des Jetzt. Der in diesem Augenblick Nicht-Zustoßende."[65] Dieser Widersacher ist erstickend präsent. Er hat die Macht des Heute. Daß er „irgendwie" gegenwärtig ist, bedeutet: man kann in irgendeinem Moment auf seine nichtige Fülle stoßen, auf seine andringende Leere – auf sein Nichts und Alles. Er *erscheint* und ist dann schon in der Ankündigung bedrängend anwesend: näher, gegenwärtiger, als ich mir selber bin. Was wir erleben, ist deshalb jedesmal schon von seiner Nähe versengt. Von seiner perversen Parusie kann die Rede sein. Er bringt sich unentwegt zur Welt. Irgendwann vormals scheint er sich in mir angesiedelt zu haben. Mit seiner eigenen Anfänglichkeit stellt sich früh die Erfahrung der von ihm ausgehenden Erstickungsmacht ein, der Zugriff der Angst. Sarkastisch notiert Thomas Hobbes: „Meine Mutter brachte Zwillinge zur Welt, mich und die Angst" (My Mother did bring forth Twins at once, both Me, and Fear).[66] Begreiflich machen läßt er sich nicht. Er liegt auf der anderen Seite des Wortes. „[...] der Gott, zu dem ich bete als Kind", schreibt Hölderlin an Neuffer, „mag es mir verzeihen! ich begreife den Tod nicht in seiner Welt [...]".[67]

Günter Kunerts Gedicht *Versuch des Begreifens* hält vor der Unbegreiflichkeit des Todes inne:

> Immer wieder überrascht
> daß sie sterben. Die Gebilde
> aus Haut und Knochen und Hoffen
> und böser Arglosigkeit.
> Viel glaubhafter sie verschwinden
> ganz einfach und säuberlich
> hinter weißlackierten Türen.
> Dort wechselt die Zeit ihren Fluß
> und reißt sie mit
> in eine Tiefe, von der keiner
> Bilder kennt,
> entgegen den Panoramen
> der Wasserfälle
> die Ewigkeit vortäuschen.[68]

Es gibt am Tod nichts zu begreifen. Er ist zu dunkel, die leere Unkenntlichkeit. Der Tod ist es, der sich schlechthin nicht ins Begreifliche zurückdenken läßt – deshalb aber zuletzt auch nicht unser von ihm durchwirktes, von

---

65 Strauß, Fehler des Kopisten, 33.
66 Zit. in: Hobbes, Leviathan, XI.
67 Hölderlin, Briefe, 171.
68 Kunert, Gedichte, 18.

der Angst verletztes Leben. Und darum Ilse Aichingers bestürzende Antwort auf die Frage im „Fragebogen" der FAZ (3.12.1993) „Welche natürliche Gabe möchten Sie besitzen?" – „Auf der Welt sein zu können."

6. Der Tod lügt

Der Tod, der letzte Feind, will als unüberholbares, ewiges Wort über Mensch und Welt genommen sein. Er breitet Todförmigkeit, tödliche Deformation, Todesgestalt, Abtötung ... über die Welt – in unendlichen Parusien. Er kommt über mich mit seiner Soteriologie (daß, was entsteht, wert ist, daß es zugrunde geht), mit seinem eigenen Evangelium (daß es am besten ist, nicht geboren zu werden, am zweitbesten, früh zu sterben), mit einer ganz und gar schlechten Botschaft, der Endgültigkeits- und Nichtigkeits-Lüge, mit der lärmenden Stimme des feindlichen Prinzips, des Wildfremden (Joh 10,5). Alles Große in der Welt scheint nur durch Tod und Untergang beglaubigt zu werden. Das Ohr des Menschen muß auf Täuschungen gefaßt sein.

Diese Macht, die den Menschen übergreift, die kalte Majestät, nötigt ihm nach ihrem Gesetz sich selber als unrettbar todförmig auf. Jenes todförmige Ich als unhintergehbares Selbst oktroyiert er ihm auf, das ihm früh als solches aufgeht und ihm zusehends unzweifelhafter als das Ich schlechthin erscheinen muß. Im Grunde glaubt er dem völlig evidenten Nichtigkeitsbeweis. Nah ist ihm mit dem Tod als angeblich letztem Wort aber sein eigener Lügengrund. Und also ist es diese Lüge universaler Todförmigkeit, die dem Ich: seinen Beziehungsräumen, der menschlichen Sprachbefindlichkeit ... seine Verfassung diktiert, als sei es zuletzt, in einem letzten Prozeß, ins Sinnlose und Unbezügliche, in die Verhältnislosigkeit ausgebürgert. „[...] da blitzt", interpretiert Steiner, „das nichtige Licht über der Hinrichtung von Joseph K."[69] – auch wenn noch im letzten Moment in Kafkas *Proceß* ein Fenster aufgeht und irgendeine (aber welche?) Gebärde erkennbar wird.

In dem Maße kommt diese Lüge auf, in dem ich mich für Gott, für Jesus Christus, für sein prophetisches Werk – eben für die Zumutungen der Wahrheit – gefühllos und gedankenlos und phantasielos mache. Abtötung ist die Weise, gegen sie zu wüten (was also gar nicht direkt zu geschehen braucht). Sie scheint schrecklicherweise auch nur zu gut zu gelingen. Ich gebe dann, in der Weise der langsamen oder jähen Abtötung, dem Tode in mir Raum. Das In-der-Welt-Sein wird zum Im-Tode-Sein. Ich mache mich für die Wahrheit unerreichbar, ich vermag sie nicht seinzulassen. Die Antwort, die der Mensch dem Wort Gottes gibt, so Barth (IV/3, 432), ist

---

[69] Steiner, Gegenwart, 299.

„seine *Lüge*, d.h. sein Versuch, das, was zwischen Gott und ihm wahr ist, nicht wahr sein zu lassen – der Wahrheit, die ihm von Gott gesagt ist, ausweichend, eine, seine eigene Wahrheit hervorzubringen, die als solche [...] nur eben seine Unwahrheit sein kann." Die Sünde steht „in der Beziehung des *Streites*" gegen die Wahrheit (IV/3, 430). Sie läßt Wahrheit nicht *sein*. So will sie kurzerhand Gottes Freiheit „weglügen" (IV/3, 514). Ich stelle dem Licht die Finsternis entgegen. Ich sterbe nach innen zu: auf meine endgültige Abtötung für Gott zu. Ich bestätige sie und zerstöre mich.

„Die Sünde als Lüge", führt Barth aus, „ist [...] im Besonderen: des Menschen unbegründetes, unentschuldbares Herausbrechen und Heraustreten aus dieser Wirklichkeit, sofern diese auch *Wahrheit* ist – die mutwillige Obstruktion, mit der er dem *prophetischen* Werk des Mittlers zwischen Gott und ihm begegnet – die Finsternis, die er dem *Licht* der Erwählung, der Schöpfung, der Versöhnung entgegenstellt, in der er sich – nach dem von *Zwingli* gebrauchten Bild: wie der Tintenfisch in der von ihm ausgestoßenen dunklen Flüssigkeit – vor Gott, vor dem Mitmenschen und nicht zuletzt vor sich selbst verbergen möchte." (IV/3, 429f)

Er möchte es. Doch gibt es kein wirksames „Herausbrechen und Heraustreten": keine wirklich zum Ziel gelangende Reise ans Ende der Nacht. Sünde und Obstruktion sind nicht definitiv. Sie sind der Gnade nicht gewachsen. Die Sünder mögen sich totstellen, sie können sich aber nicht für Gott unerreichbar machen. Eine Vollendung des Schweigens tritt nicht ein. Der Tod wird zurechtgewiesen. Er lügt. Der Auferstandene straft ihn Lügen. Denn die Liebe läßt sich nicht erbittern. Sie ist allmächtig. Es gibt eine Axt „für das gefrorene Meer in uns".[70] Abweisung und Todfeindschaft Gott und sich selbst gegenüber, der eisige Haß, die Selbstabtötung ... kommen nicht zum Ziel, weil diese Liebe zwar der Sünde nicht im geringsten entgegenkommt, aber von sich aus hervorbringt und in Ewigkeit heraufführt, was ewig für den Sünder spricht. Sie ist im Trotz kreativ. „Ich lebe – und ihr sollt auch leben!" (Joh 14,19)

c. Der Herr der Zeit

1. Jesus ist der Herr der Zeit

Gewachsen ist den unendlichen Parusien des Todes allein das vehemente *Zugegensein Christi* in der Wahrheit seiner Auferstehung, seine Begleitung bei den Schritten im Schatten, in den Labyrinthen des Todesförmigen, sein Durchbruch in die verschlossene, bedrängende, angststarre Gegenwart: in

---

[70] So die berühmte Wendung Kafkas in einem seiner frühesten Briefe (Kafka, Briefe 1900–1912, 36).

der wieder und wieder und in jeder Epoche anders Unzeit über uns hereinbricht. Es war ja, „was am Ostertage geschah, *schon* das *Ende* des Weltseins, des Seins des Menschen in seiner bisherigen, seiner Todesgestalt und *schon* der *Anfang* seines Seins in der ihm von Gott geschenkten neuen, ewigen Lebensgestalt." (IV/3, 364) Wunderbarerweise kommt der auferstandene Christus mir näher als der Tod – seinerseits als Gebrandmarkter und Gekreuzigter fast überwältigt von Angst, gemein mit jedermanns Angst, als Auferweckter „noch tief erschrocken vom Totsein" (Peter Handke). Mit Christus kommt aber der besiegte Tod. Todesförmigkeit wird durch Christusförmigkeit triumphal überformt (Röm 8,29; Phil 3,21). „Als der Tod ihn verschlungen" hat, ruft Barth in einer Predigt aus, „da – wie sollte es anders sein? – wurde der Tod von ihm verschlungen."[71]

Denn für den Gekreuzigten gilt: „Die Gegenwart schreibt auf seinen Rücken."[72] Die Todesgegenwart – Summe des Seins des alten Äon, in einem Augenblick, in einer einzigen Kollision kristallisiert und zum Stillstand gebracht – schreibt sich in den Leib und die Seele Christi ein, prägt sich ihm furchtbar und bleibend auf (Joh 19,20) – und er trägt sie, weil die Liebe alles duldet (1Kor 13,7), weil sie es vorzieht, die vollendet Dumme zu sein und das Nachsehen zu haben und ein Grab zu sein für Haß und Abtötung. Seine singuläre Gegenwartskraft und -qualität liegt auch darin, die Todesgegenwart als überwundene („verschlungen") in sich zu tragen – und dann den Glaubenden, allen ihren Schicksalsverwerfungen zum Trotz, jene Überformung zuzutragen, um sie in das Abenteuer der Freiheit (Hebr 2,14f) zu verwickeln.

Wie ist diese große Revision, der starke, das Niederträchtige verkraftende Gegenhalt Jesu Christi zu denken? Ich versuche einige Annäherungen.

Im ersten Band der Versöhnungslehre, dort in § 59, einem der m.E. glanzvollsten Texte der Theologiegeschichte, wird von Barth darauf abgezielt, das bestimmende Merkmal der Zeit Jesu Christi zu bestimmen. Er sieht eine personale Konstellation, ein dramatisches Selbstverhältnis. Eine mit nichts sonst zu vergleichende Bezüglichkeit liegt dort vor, nämlich ein einzig vom Schöpfer, vom Urteil des Vaters, ermöglichter Fortgang über einen klaffenden Abgrund hinweg: das „zeitliche *Miteinander* des Jesus Christus vom Karfreitag und des Jesus Christus vom Ostermorgen" (IV/1, 348; Hv. M.T.).[73] Eine göttliche Zurechtweisung des Todes findet statt. Jene Endgültigkeits-Lüge bricht zusammen.

---

71 Barth, Predigten 1935–1952, 61.
72 So, mit Anspielung auf Kafkas *In der Strafkolonie*, Strauß in seiner Rede zur Verleihung des Georg-Büchner-Preises (Strauß, Anwesenheit, 28), allerdings bezogen auf den Rücken „des Dichters" – den er damit maßlos überfordert.
73 Christus habe „den Abgrund des Todes durchschritten und überschritten", hält Barth fest (III/3, 549). Denn: „Die Liebe Gottes schlägt immer eine Brücke über einen Abgrund." (II/1, 312).

Dieses gegen den Fürsten dieser Welt durchgehaltene zeitliche Miteinander, Grundzug und Grundspannung der Zeit Jesu Christi, ereignet sich in mehrfacher Hinsicht als ein überwältigender, unbegreiflicher Umbruch. Der alte Äon wird zum Erliegen gebracht, das Nichtigkeits-Axiom getilgt. Okkupiert und durchquert wird eine einzigartige Landschaft in der Zeit wird. In dieser Durchquerung, in ihrem Zukunftsglanz, liegt auch der Übergang zu uns.

„Eben dies", so wird ausgeführt (IV/1, 348), „daß der Gekreuzigte auferstanden ist und als solcher ‚für Gott lebt' (Röm. 6,10) – gestern und heute derselbe und in Ewigkeit, eben dieses durch Gottes Urteil geschaffene zeitliche Miteinander des Jesus Christus vom Karfreitag und des Jesus Christus vom Ostermorgen ist als der Realgrund seines Lebens für die Menschen aller Zeiten der Realgrund der *Veränderung* ihrer *Situation*. Das Ereignis des Ostertages ist die Öffnung der Schranke zwischen seinem Leben in seiner Zeit und ihrem Leben in ihren anderen Zeiten, der Antritt seiner Herrschaft als der Herr aller Zeit."[74]

Unübersteigbare zeitliche Schranken, Gegenwart und Vergangenheit, endgültig wie nichts sonst auf der Welt („Was vergangen ist, ist vergangen"), werden in dieser Initiationsgeschichte niedergelegt. Lebensräume, unsere und seine, vordem unüberbrückbar, mit der Kraft völliger Unabänderlichkeit voneinander geschieden, kommen kongruent überein, fallen nämlich ineinander und gehen vollkommen ineinander über. Es geht um den „Antritt seiner Herrschaft als der Herr aller Zeit." Christus – hinabgestiegen in das Reich des Todes, niedergefahren zur Hölle, am dritten Tage auferstanden von den Toten – bekommt Zugang auch zu unserer Vergangenheit, zumal zu den verschwiegenen Vergangenheiten, die sich womöglich plötzlich als ungetilgte Belastung zeigen, zu den Vergangenheiten, die nicht aufhören wollen, die wir, Sklaven alter Unglücke, wie eine Fußfessel hinter uns herziehen. Seine versöhnende Stimme, um die bedrängte, verletzte, zerbrochene Seele, um Bewußtsein und Unbewußtes zu heilen, erreicht auch die Stimmen unserer Vergangenheit, denn keine von ihnen, die jemals eine Rolle gespielt haben, ist wirklich verstummt.

Von Anbeginn – schon in der Schöpfungslehre – stellt Barth das Zeitproblem in den Kontext der Machtfrage. „Jesus, *der Herr* der Zeit" (III/2, 524–616; Hv. M.T.) lautet der erste Abschnitt des § 47 *Der Mensch in seiner Zeit* (524–780).[75] Darin liegt nun die Einmaligkeit des Ostertages,

---

74 Zur Herrschaft Christi über die Zeit vgl. auch Barth, Schweizer Stimme, 304.
75 Michael Theunissen, ein außerordentlicher Gesprächspartner in dieser Sache, hat seinerseits das Zeitproblem unter diese Überschrift der *Macht* gerückt. Zunächst wird bei ihm in eindrücklichen Wendungen die Herrschaft der Zeit namhaft gemacht: „Die Zeit herrscht über uns, über uns Menschen ebenso wie über die Dinge. Und zwar richtet sie eine entfremdende, keine befreiende Herrschaft über uns auf. Wohl herrscht sie so über uns, daß sie zugleich in uns und letztlich durch uns herrscht. Aber ihre Herrschaft in uns verlängert und vertieft nur ihre Herrschaft

daß er ein totales, alles überwölbendes, definitives, also nichts unbetroffen lassendes Vermittlungsgeschehen in sich enthält[76] – und dann auch aus sich entläßt. Eine denkbar weitgespannte, nicht nur alle Menschen, sondern die Welt, Sein und Zeit, einbegreifende *inklusive Christologie*[77] ergibt sich als notwendige Konsequenz. Jesus Christus, folgerecht, ist Inklusionsmacht schlechthin. „[...] die Welt", so heißt es (IV/3, 344), ist „nicht mehr dieselbe wie zuvor". Keineswegs wurde sie „in irgendeiner Heimlichkeit und also gewissermaßen in ihrer Abwesenheit versöhnt" (IV/3, 344). In bezug auf Sein und Zeit kommt „die volle Kraft des *göttlich Ontischen*" zur Wirkung (IV/3, 344, vgl. 343). In Christus tut Gott „in *Freiheit*, was er nicht tun muß, [...] *meistert* er die Zeit, schafft er sie neu, heilt er ihre Wunden [...]" (II/1, 696). Er meistert Sein und Zeit, er erbringt und schafft sie neu, er bricht sie auf, bricht ihre spezifische Despotie und Todesförmigkeit, heilt ihr Gebrechen, verändert die Zeitbewegung, die das Neue noch jedesmal unverzüglich ins Gewesene und Nichtige zurückfallen ließ. Er ist der perspektivische Ort, an dem sich alles Sein trifft.

Der Mensch, seines Menschseins in der Begegnung mit ihm gewiß geworden[78] (weil die Stätte ausfindig gemacht ist, an dem das Humane geborgen wird), herausgehoben aus dem, was zu sein er immer schon meinte, aus jenem aufoktroyierten Ich, muß nicht nach Maßstäben der Identität und nicht einmal nach denen der Kohärenz verfaßt sein. Meine eigene Todesförmigkeit wird überformt. Das neue Sein, ein neues Paradigma, beugt sich nicht als bloße Deklinationsform der alten Subjektivitätsspannung. Mir, dem neu im Leben Angekommenen, wird Gewicht und Sinn verliehen. Neue Begabungen, Charismen, werden aufgerufen, alte geweckt. Zu sich zu finden muß nicht unweigerlich mit Einsamkeit bezahlt werden. Ich, ein Textbuch, eine Bildsequenz, verstrickt in Geschichten, aus Bildern und Szenen zusammengeschnitten, gemacht aus Komödie, Tragödie und Satyrspiel ... werde ganz neu inszeniert. Ein guter Spielplan liegt vor. Ich bin Sein-zum-Leben. Neue *Schöpfung* wird heraufgeführt. Die große Bergung.

Sie läßt sich auch bemerken. Der neu Erschaffene, der Aufgeweckte, schlägt die Augen auf. Für den Glaubenden kommen dergleichen Meta-

---

über uns. Auch über die Dinge herrscht die Zeit, indem sie in ihnen herrscht und ihre Macht über sie aus ihnen selbst heraus entfaltet, ohne daß die Dinge dadurch ihrer selbst mächtig würden. Daß die Zeit *über* die Dinge herrsche, besagt: Sie überantwortet die Dinge dem Nichtsein. Daß sie *in* ihnen herrsche, kann dann nur heißen: es sind die Dinge selbst, die ihren Weg ins Nichtsein gehen; ihr Sein ist ein Sein zum Ende. Daß die uns beherrschende und durchherrschende Zeit auch *durch* uns herrscht, haben wir Menschen den Dingen zwar voraus. Aber das Subjekt, durch das die Zeit ihre Herrschaft ausübt, ist sich entfremdet." (Theunissen, Theologie der Zeit, 41)

76   Vgl. IV/3, 347ff.
77   Vgl. IV/1, 385.
78   „Kafka ist unter allen Menschen derjenige, der sich seines Menschseins am wenigsten sicher ist. *Das hier*, scheint er zu sagen: *das* ist das Ebenbild Gottes?" (Coetzee, Tiere, 27f.)

phern nicht eine Ewigkeit zu früh. Vielmehr gilt: „Mit uns ist dort am Ostertag der große Anfang ewigen Lebens in Gottes Reich schon gemacht."[79]

Denn, führt Barth aus, so gibt Gott sich selbst kund, „daß alle Fragen und Rückfragen, alle Bedenken und Vorbehalte, alle Zweifel an ihm durch seine Selbstkundgabe zum Vornherein überholt sind, nur subjektive aber keine objektive Bedeutung haben, keiner Realität entsprechen können, sodaß ihre Erledigung immer nur ein Nachholen dessen sein kann, was seinerseits schon erledigt ist, ein Augenauftun für das Licht, von dem sie faktisch längst umgeben sind. Eben dieses Nachholen und Augenaufschlagen ist aber selber das Werk seiner Herrlichkeit. Sie ist es, die uns zu diesem Nachholen und Augenaufschlagen nötigt. Sie ist in sich selbst die Wahrheit, die Kraft und der Akt, durch den blinde Augen sehend werden." (II/1, 726)

2. Christus ist an jedem unserer Tage heutig

Dieses Vermittlungsgeschehen, das Aufgewecktwerden, beschreibt Barth überaus differenziert, doch durchgängig immer wieder als Übertragung eines Heute: eigensinniger, unaufhörlicher Gegenwärtigkeit Christi, an die Seinen. *Christus praesentissimus.* Nämlich jenes nur als Wunder zu verstehendes zeitliches Übereinkommen, jene tatsächliche „Horizontverschmelzung" bringt die Auferweckung Christi mit sich: *als* der Gekreuzigte lebt und regiert Jesus Christus in Ewigkeit; *als* der Gewesene ist er kein Vergangener; „als der, der er in dieser seiner Zeit war", ist er „der Herr der Zeit".

„Eben daß er auferstanden ist [...]", so erklärt Barth in jenem § 59, „schließt in sich: sein *damaliges* Leben, Reden und Handeln, sein Sein auf dem Weg vom Jordan bis nach Golgatha, sein Sein als der dort Leidende und Getötete wurde und ist als solches sein *ewiges* und also auch sein an jedem Tag unserer Zeit *heutiges* Sein."

Christus – in der Fülle seines Seins – ist an jedem unserer Tage heutig, gleichzeitig überall dem Erlebnisstrom, der wir sind. „Eben was am dritten Tag *nach* seinem Tode geschah, erhob ja das ganze *zuvor* Geschehene in seiner ganzen *Einmaligkeit* (nicht trotz, sondern wegen seiner Einmaligkeit!) zum ein *für allemal* Geschehenen." (IV/1, 345)

Die Kraft des Osterereignisses, seine singuläre, leuchtende Zeitmacht im Zentrum der Welt, läßt das damalige Leben Christi, seinen leuchtenden Pfad, „sein Sein auf dem Weg vom Jordan bis nach Golgatha", als ein nicht erst nachträglich zu übersetzendes, nicht erst „zu vergegenwärtigendes", „sondern als solches ein gegenwärtiges, ja das alle Gegenwart erfüllende und bestimmende Ereignis" erkennbar werden (IV/1, 345). Eine eigentüm-

---

[79] Barth, Predigten 1935–1952, 269.

liche Geschichte, die Geschichte der Liebe selbst, kam im österlichen Aufleuchten für immer zutage, in der alles Vergangene des irdischen Weges Jesu lebensmächtig um so mehr in der Gegenwart spielt. Seine und meine Zeit finden sich übereinandergeblendet. Ein „Heute" trägt sich zu.

Seine Stimme macht mich stimmig. „Was immer ich bin, ich bin nicht ich selbst" (Chesterton).[80] Wenn ich „ich" sage, meine ich dann fortan etwas anderes. „[...] ich bin mehr du als ich", kann im Aufblicken zu Jesus Christus bekannt werden (vgl. Gal 2,20),[81] oder, um eine Wendung Kafkas danebenzuhalten: „daß wir immerfort ineinander übergingen, ich war Du, Du warst ich."[82] Oder, an Max Brod: „Denn Du weißt, Max, meine Liebe zu Dir ist größer als ich, und mehr von mir bewohnt als daß sie in mir wohnte [...]."[83]

Ich – ein anderer (Imre Kertész). Das läßt sich als Befreiung verstehen. Warum?

„*Weil*", so Barth, „Er, der da kommt und der Welt und uns allen entgegenkommt, das Geheimnis der Welt und auch das Geheimnis des Lebens eines jeden einzelnen von uns ist. Und dieses Geheimnis ist nicht traurig, nicht finster, nicht böse. Sondern dieses Geheimnis ist voller Herrlichkeit."[84]

Er lebt mein Leben mit. Meine Gegenwart wird in seine, sich dicht um mich schließende, einberaumt. Sie läuft dann nicht mehr aus. Sie sitzt dann nicht mehr reglos in einem Kokon aus Einsamkeit und Entrücktheit. Sie vermag sich zu erholen (ich kann mich von mir erholen, von mir lassen). Sie wird dann nicht nur zu einer geräumigeren, sondern zu einer gewissermaßen überhaupt erst bewohnbaren, freien, weiten, substantiellen Zeit, nämlich nicht vom Tod ausgefüllt und überfüllt (damit entkernt, im Inneren abgestorben, genichtet, ein Nichts ihrer selbst).[85] Ich muß nicht flüchten und mich nicht unentwegt in die Zukunft stürzen. Das wäre gerade die nihilistische Pointe. „Wir wollen uns [...] als Theologen klar sein darüber", erklärt Barth mit großer Bestimmtheit, „daß der luftleere Raum dort ist, wo der Mensch ist. Es ist nicht so, daß da, wo der Mensch ist, die Fülle ist, die

---

80   Zitiert bei Strauß, Der Untenstehende, 96.
81   Strauß, Partikular, 41.
82   Kafka, Briefe an Milena, 288. – Im Gegenbild: „Und die Angst, die mich nicht fahren läßt, ich kenne sie schon lange, sie ist lebendiger als ich und wird es beweisen." (Kafka, Briefe 1902–1924, 398).
83   Kafka, Briefe 1902–1924, 57. Freilich kennt Kafka auch ein anderes Größeres. „Es muß Narrheiten geben", vermutet er, „die größer sind als ihre Träger. Dieses Sich-spannen der kleinen Narren in ihrer großen Narrheit ist vielleicht das Widerliche." (Kafka, Tagebücher, 606).
84   Barth, Predigten 1935–1952, 342.
85   In seinem Gedicht *Variationen über Nichts* (*Variazioni su nulla*) vergleicht Giuseppe Ungaretti das Gedicht mit einer Sanduhr. Es bringt eigentlich „nichts" hervor, doch läßt es den Sand der Sprache fließen, so daß man die Zeit sieht und hört und sie dadurch „nicht im Dunkeln verschwindet" (Ungaretti, Menschenleben, 32f).

Wirklichkeit, Gott und sein Wort aber wären leer und unwirklich."[86] Statt dessen: der luftleere Raum des Menschen, seine an sich verwirkte Zeit wird in der Kraft des Geistes ein Feld, auf dem Gegenwart überhaupt erst zu erscheinen vermag; durchlässig das Jetzt und Hier; eine Ausweitung nach innen – wenn ein Leben noch einmal Atem holt. Sie wird zu einem tiefen Atemraum.

„Wenn es irgend etwas gibt, was nötig ist", sucht Barth im Gespräch mit Göttinger Studenten einzuschärfen, „so ist es die Verkündigung des Evangeliums, gerade *weil* es so ist, gerade *weil, weil* die Versöhnung geschehen ist, weil das die Luft ist, in der wir atmen. Und jetzt sitzen wir wie ein ganzer Verein da, und statt zu atmen, halten wir den Atem an. Bitte, hört doch auf! Fangt jetzt an zu schnaufen! Es ist ja Luft da!"[87]

Gott will es geben: „jetzt die Gewalt, den nächsten Schritt zu tun, in diesem Augenblick den Atem, um im nächsten seine Ehre zu verkündigen".[88] Wunderbar die Wendung bei Paul Celan – wir nehmen sie als von Christus dem Glaubenden zugesagt:

> Komm mit mir zu Atem
> und drüber hinaus.[89]

„Gott dienen [...] heißt: da bleiben, wo wir atmen können, nicht dorthin gehen, wo wir ersticken müßten."[90] Vor Überanstrengung, vor der Anstrengung, die ich mir bin, vor „Ich" und „nichts als Ich", komme ich nicht zu Atem, halte den Atem an. Wir sind aber definitiv entkommen und entkommen immer noch. „Ich speie es aus, denn es ist nichts für mich."[91] Ich speie mich aus, ich speie Adam aus, denn ich, der ich war, bin nichts für mich. Er, Christus, ist etwas für mich. Er atmet in mir und ist mir in Fleisch und Blut übergegangen (Gal 2,20). Er spricht *mich*. Wir brauchen ihn – um atmen und sein zu können mit Leib und Seele, im Unbewußten, im Bewußtsein, in der Zeit „und drüber hinaus". Hoffnung, definiert Elias Canetti, „ist das Wissen um kommende Atemzüge, solange sie nicht gezählt sind."[92]

Augenblicke eines vollkommen übereinstimmenden Zeitsinns treten zutage. Es hat sehr viel zugleich Raum im wiedergewonnenen dichten syn-

---

86 Barth, Gemeindemäßigkeit, 197f.
87 Barth, Gespräche 1963, 149.
88 Barth, Predigten 1921–1935, 227.
89 Celan, Eingedunkelt, 21.
90 Barth, Gotteserkenntnis, 139. – Ein anderer Raum: „‚Warum können wir die vierundzwanzigbändige Encyclopedia Britannica nicht auf dem Kopf einer Stecknadel schreiben?' fragte vor 41 Jahren der große amerikanische Physiker Richard Feynman und gab sogleich die Antwort: Es gebe genug Platz. ‚Damit', sagt Robert Freitas, ‚begann die Nanotechnologie. Und wissen Sie was: Es gibt genug Platz da für uns alle.'" (Schirrmacher, Darwin AG, 180).
91 Cf. oben in diesem Abschn. bei Anm. 55.
92 Canetti, Hampstead, 37.

chronen Augenblick, sogar Widersprüchliches, sogar schroff Heterogenes. Alle Menschen, schreibt Kafka an Milena Jesenská, erschienen ihm in bestimmter Weise „unsterblich", nämlich „in die Tiefe ihres augenblicklichen Lebens hinab".[93] Möglich wird, nicht nur derzeitig und nicht nur hier im *status quo* zu leben: herauszutreten aus dem scheinbar undurchdringlichen Dunkel des gelebten Augenblicks, aus seinem Gefängnis. „Zwischen Gestern und Morgen / Steht der Cherub"[94] (Nelly Sachs) – das war einmal, dort steht er nicht mehr.

d. Zwischenzeit und Geist Christi

1. Christus selber will die Zeit des Geistes

„Man kann nicht nur", urteilt Barth, „man muß das im Ostereignis Geschehene, Jesu Christi neues Kommen als der zuvor Gekommene, zusammenfassen in den neutestamentlichen Begriff der *Parusie* Jesu Christi." (IV/3, 337) In Anbetracht gleichsam eines Übermaßes an Anwesenheit Gottes in der Ostergeschichte unterscheidet Barth in IV/3 (337ff) drei Formen der Parusie Christi: die Auferstehung, die Geistausgießung und die letzte Wiederkunft.

„Also da muß ich ja nun zugestehen", so bekennt er, darauf angesprochen, 1964 in einem Gespräch mit Tübinger Stiftlern, „daß ich ein bißchen etwas Kühnes gemacht habe, daß ich in der Dogmatik diesen umfassenden Gebrauch vom Begriff παρουσία gemacht habe. Ich könnte nirgends eine Stelle im Neuen Testament angeben, wo diese Sache so gesehen und gelehrt ist, wie ich es jetzt entfaltet habe. Diese Zusammenfassung des Ganzen in dem Begriff der ‚Parusie' folgte für mich einfach aus der Anschauung dessen, auf was es ankommt." „Parusie", so fährt Barth dann fort, „heißt: Gegenwart, Erscheinung."[95]

Um das Übermaß an heller Gegenwart zu ordnen, sind drei Erscheinungs-, Gegenwarts-, Anwesenheitsformen voneinander abzuheben.

Ausdrücklich und sehr ausführlich, auf über hundert Seiten, insistiert Barth im Abschnitt „Die Verheißung des Geistes" im Band IV/3 der *Kirchlichen Dogmatik* (317–424) darauf, daß die Zeit zwischen Himmelfahrt und jener letzten Wiederkunft Christi, in der dann zuguterletzt der Himmel sich ausspannen wird als eine „große Gegenwart" (Ludwig Fels), daß also die „Zwischenzeit" bis dahin gerade nicht als Zeit der Defizienz, des Stillstandes, irgendeines Ausbleibens oder Vakuums, gerade nicht als ein vage

---

93 Kafka, Briefe an Milena, 289.
94 Sachs, Fahrt, 65.
95 Barth, Gespräche 1964–1968, 70.

„trauriges Jetzt" (IV/3, 415) anzusprechen ist.[96] Eine Minderung des Heute kommt nicht in Frage. Denn der diese Zeit bestimmende Geist ist ja der in eine eigene Andersheit übergehende, sich in *seiner* Anwesenheit wiederholende Gott. Selbstverständlich ist ja der Heilige Geist Gott noch einmal, der noch einmal leuchtend präsente Gott. Wiederum darf die Zeit des Geistes als die Zeit der Fülle gelten, durchaus spezifischer Daseinsfülle des Heute.

Schon in der Schöpfungslehre (III/2, 562) liest man:

„Gerade eine ‚konsequente' Eschatologie, der die Zwischenzeit zwischen Jetzt und Dereinst als eine Zeit der Leere, der Nichtigkeit, des bloßen Entbehrens, der wachsenden und mühsam verdeckten Enttäuschung erscheinen müßte, ist nicht die Eschatologie des neutestamentlichen Christentums."

Und dementsprechend heißt es im ersten Band der Versöhnungslehre (IV/1, 361):

„Nicht das Minuszeichen eines betrübten ‚*Noch nicht*', das dann als solches nach Beseitigung riefe, bedeutet die ‚eschatologische' Perspektive, in der die Christen den Gekreuzigten und Auferstandenen, in der sie die in ihm geschehene Veränderung der menschlichen Situation sehen, sondern das Pluszeichen eines ‚*Schon*', kraft dessen ihnen der lebendige Jesus Christus vor ihren Augen noch größer, ganz groß wird [...]."[97]

Kein betrübtes „Noch nicht", schon gar keine sich hinziehende Agonie kennzeichnet die „Zwischenzeit".

„Nicht mit Rücksicht auf die große irgendwie in sich, jedenfalls anderweitig begründete Vorläufigkeit der Situation der Welt, der Kirche und der Gemeinde und damit

---

96 Zu Recht charakterisiert darum Stoevesandt (Stoevesandt, Gottes Freiheit, 115–142) Barths Ekklesiologie als konsequente *Ostertheologie*. – Ganz anders, als „dürftige Zeit", gekennzeichnet durch Schweigen und Armut, wird die „Zwischenzeit" in Hölderlins *Brot und Wein* gesehen. Vgl. dazu Michel, Hölderlin, 419–426; 474.

97 Vgl. IV/3, 414f: „Die ‚Leiden dieser Zeit' (Röm. 8,18) – daß wir in dieser Zeit mit aller Kreatur der Erlösung und Vollendung und also dem Kommen Jesu Christi in seiner letzten Gestalt mit jenem ‚Seufzen' von Röm. 8,19f. entgegensehen [...], kann nicht bedeuten, daß die Christen sich über eine Mangelhaftigkeit des ihnen als ‚Unterpfand' oder ‚Erstlingsgabe' jener letzten Zukunft gegebenen Geistes, seiner ewigen und zeitlichen Zusage, der ihnen mit dieser verliehenen Lichter, Kräfte und Gaben zu beklagen Anlaß hätten. An der Verheißung des Geistes gibt es nichts zu beseufzen. [...] Diese Feststellung ist zum rechten Verständnis der menschlichen Situation in dieser unserer Zeit unerläßlich. Die Vorstellung von ihr als einem Vakuum muß bis zum letzten Rest verschwinden: auch in der Form, daß sie mindestens als eine ‚Zeit geringer Dinge' zu beurteilen und den gemäß hinzunehmen und auszuhalten wäre." Auf den folgenden Seiten hebt Barth dann sogar hervor, „daß die Wiederkunft Jesu Christi gerade in dieser ihrer *mittleren* Gestalt" „ihre *besondere Herrlichkeit* hat" (416). „Warum sollte es sich nicht gerade so um eine *besondere* und in dieser Besonderheit notwendige, unentbehrliche, rechte, unseres Lobes und Dankes würdige Entfaltung seiner *Herrlichkeit* handeln, zu der wir, da sie bestimmt auch eine besondere Entfaltung der Herrlichkeit seiner uns zugewendeten *Gnade* ist, statt zu zweifeln und zu murren, von Herzen Ja sagen dürfen?" (417). Vgl. auch Barth, Gespräche 1964–1968, 71.

auch der unsrigen konnte der Ostertag nicht sofort und als solcher auch der jüngste Tag, die Offenbarung der Versöhnung der Welt und der Menschen nicht alsbald auch der Vollzug ihrer Erlösung und Vollendung, Jesu Christi erste Wiederkunft nicht unmittelbar auch seine letzte sein. Gerade *umgekehrt*: die Vorläufigkeit unserer Situation ist dadurch begründet, dadurch bedingt, daß es Jesu Christi guter Wille ist, vom Anfang seiner Offenbarung her nach deren Vollendung hin auszuschreiten, Anfang und Vollendung seines Werkes also nicht einfach zusammenfallen zu lassen, und insofern *selber* – zuerst er selber! – *vorläufig* zu sein, der er ist, *vorläufig* zu tun, was er tut, sich selber für seinen Kampf Raum und Zeit zu lassen." (IV/3, 381)

Er selber, Christus selber, *will* die Zwischenzeit, die Zeit des Geistes, des Wiederanfangs, der Vorläufigkeit, doch um so mehr die des „Schon" – eine Zeit, lebendig vor Kampf und Offensive, vor *militia Christi*, lebendig vor Wahrheitsliebe und Trotz gegen die Lüge, kräftig in der Überformung des Todesförmigen. Passiert werden muß bis zur Erlösung eine Zone des Kampfes Christi selbst, aber dann auch des guten Kampfes des Glaubens (1Tim 6,12).

2. Er führt einen „wunderlichen Krieg"

Vom Zugriff und Angriff des Lichtes auf die Finsternis muß die Rede sein (IV/3, 271ff), von einer bis zum Ende der Zeit dauernden Geschichte der Prophetie Jesu als einer Geschichte tödlicher Konflikte. Allerdings gilt es, um Verwechslung zu vermeiden, zunächst in Augenschein zu nehmen, was Barth eine „etwas kümmerliche Sicht des Verhältnisses von Christentum und Kirche zu der sie umgebenden Welt" nennt (IV/3, 272–274):

„Es ist [...] nicht so, daß da so etwas wie eine Wahrheit [sc. die des christlichen Glaubens] in einer ihr fremden, irgendwie in sich selbst begründeten und gefestigten Welt aufgetaucht und auf dem Plan wäre: eine rechte, schöne und gute Wahrheit, sogar mit dem Anspruch erstliche und letztliche Wahrheit, Wahrheit Gottes zu sein, die aber doch nur gelegentlich ihre Stimme ein bißchen lauter erheben, im Ganzen aber nur eben da sein und vor sich hinreden, die sich selbst beständig ein wenig schüchtern fragen würde, ob sie wohl Anklang und Beifall finden möchte, die tatsächlich darauf angewiesen wäre, solchen zu finden."

Eine ängstliche, geist- und kraftlose Wahrheit, so betrachtet, träte in eine irgendwie fertige, in sich gültige, „irgendwie in sich selbst begründete und befestigte Welt". Berechtigt zu Zustimmung oder Ablehnung – und nur zu bereit dazu – käme diese Welt als unhintergehbar maßgebliche Urteilsinstanz in Betracht. Jene Wahrheit aber, die Offenbarungswahrheit, hätte sich deren Bewertungskompetenz gebeugt und sich von ihr abhängig gemacht. Sie hätte sie tragisch ernst genommen. Gewiß erhöbe sie ihre Stimme, jedoch angesichts eines im Grunde stärkeren, auch seinerseits streitbaren, zudem durchsetzungswilligen und -fähigen Gegenübers. Wie wäre die Situation dieses Gegenübers zu beschreiben – in jener „kümmerlichen Sicht"?

Der Offenbarungswahrheit „gegenüber [...] stünden und bewegten sich, zunächst unbeteiligt, im Grunde auch immer indifferent, weil ihrer eigenen Sache ganz sicher, dann freilich mit wachsendem Mißtrauen, gelegentlich wohl auch in offen ausbrechender Feindschaft, die großen und kleinen Gültigkeiten, Selbstverständlichkeiten, Mächte und Gewalten der sie umgebenden Welt. Ihr würde von deren Seite leider nicht oder nur spärlich Anklang und Beifall, im Ganzen aber Ablehnung, Haß und noch schlimmer: Verachtung zuteil. Sie wäre also angegriffen. Sie hätte sich also, wollte sie sich nicht selbst aufgeben, zu rechtfertigen, zu verantworten, zu verteidigen. [...]"

Zwingend, zur Vermeidung von Kategorienfehlern, erscheint nun die Unterscheidung zwischen der Angriffs- und Konfliktgeschichte der Prophetie Jesu Christi selbst einerseits und der Kirchen- und Christentumsgeschichte andererseits:

„Wir haben [...] einzusehen, daß dieses Bild – ich wiederhole: einer etwas kümmerlichen Sicht [–] zwar der Geschichte des Christentums und der Kirche in der Welt allenfalls entsprechen dürfte, auf keinen Fall aber der Kampfgeschichte der Prophetie Jesu Christi entspricht."

In zehn parallel gebauten, markanten Sätzen wird sodann – nun, wie man sieht, nicht mehr in kümmerlicher Sicht – die Besonderheit der Angriffsgeschichte Christi selbst herausgestellt:

„In ihr geht es nicht bloß um eine in sich selbst rechte, schöne und gute Wahrheit, die schüchtern einer ihr fremden, autarken Wirklichkeit gegenüberstünde. In ihr wird nicht nur ein Anspruch erhoben, wird nicht nur ein Angebot gemacht. In ihr gibt es kein Fragen: was aus der Sache wohl werden möchte? In ihr gibt es eben keine Anerkennung einer mündigen, einer zur Bejahung oder Ablehnung ihrer Aussage befugten Welt. In ihr gibt es also kein Warten auf deren Zustimmung und darum auch keine schmerzlichen Überraschungen durch deren Ausbleiben. In ihr gibt es keine ihr selbst zuvorkommende Initiative und Offensive irgendeines Gegenspielers. In ihr wird jeder Gegenspieler zuerst angegriffen – ist er schon angegriffen, noch bevor er dessen gewahr geworden, noch bevor er sich aufgerafft und entschlossen hat, als Gegenspieler in Tätigkeit zu treten. In ihr wird er als solcher erkannt, entdeckt, herausgefordert und behandelt, um damit erst seinen Charakter als Gegenspieler zu bekommen. In ihr kann von Rechtfertigungen, Verantwortungen, Verteidigungen darum keine Rede sein, weil es in ihr keine Instanzen gibt, denen gegenüber solche nötig wären. In ihr besteht die Auseinandersetzung mit den Gegenspielern, mit ihrer Indifferenz, ihrem Mißtrauen, ihrem Haß, ihrer Verachtung vielmehr darin, daß sie ihrerseits – und das ohne ihnen irgendeinen Respekt zu bezeugen, irgendeine Erfolgschance zu geben – zur Rechtfertigung aufgefordert, zur Verantwortung gezogen, in die Verteidigung gedrängt werden."

Woher aber kommt jene „kümmerliche Sicht"?

„Von daher offenbar", so Barth, „daß die Christenheit es nicht wagt, sich selbst in der Welt und der Welt gegenüber als das Volk, den Leib Jesu Christi und also auf der Linie seiner Sendung und Prophetie zu verstehen, und also in dem ihr auferlegten Kampf, statt sich selbst und ihre Widersacher tragisch zu nehmen, schlechthin guten Mutes zu sein. Es kann seine Gründe haben, daß ihr das nicht so leicht fällt, daß ihr das vielleicht schrecklich fern liegt. [...] Sie unterlasse es aber unter allen Umständen, ihr betrübtes Selbstverständnis auch auf das Verständnis ihres *Herrn* zu übertragen! Für sie hängt, welches auch ihre guten oder bösen Umstände und welches auch ihre optimistischen oder pessimistischen Meinungen von sich selbst sein mögen, Alles daran, daß ihr Herr der Mann ist, der in seinem Kampf – den sie ja nur eben mitzukämpfen hat, und den sie eigentlich wirklich guten Mutes mitkämpfen dürfte – der überlegene Angreifer, und dem gegenüber die Finsternis, sei sie so dicht, wie sie wolle, nur eben die Finsternis ist. Ihr Blick auf ihn als auf diesen Mann muß unter allen Umständen offen bleiben." (IV/3, 274)

Allerdings darf nun das Entscheidende in der Kennzeichnung dieser „Kampfgeschichte" nicht unerwähnt bleiben. Ihr Charakteristikum wirft vollständig um, was sonst „Kampf" heißen mag. Bei dem Angriff des göttlichen Lichtes gegen die Finsternis handelt es sich nämlich um einen „wunderlichen Krieg": „Es ist ja der Angriff der *Liebe* des Vaters und des Sohnes, der da geführt wird – der Angriff der *Gnade* Gottes – der Angriff seiner *Bejahung* der Welt, seiner gütigen Hingabe an sie [...]." (IV/3, 275f) Die offensive *Bejahung* der Welt führt diesen Kampf. Denn: „Jesus Christus ist diese große Bejahung, ist die christliche Position." (IV/3, 912) „Angriff" und „Konflikt" bedeutet hier, einer Bejahung den Weg bereiten, sie zum Zuge bringen, ihrem endgültigen Sieg entgegengehen. Und was „Kampf" bedeutet, läßt sich durch eine Reihe abgrenzender Stichworte kennzeichnen: keine Autarkie jener ihr entgegenstehenden Welt, kein bloßer Anspruchs- oder Angebotscharakter dieser evangelischen Bejahung, kein Kleinmut hinsichtlich ihres Erfolgs, keine Akzeptanz einer unhintergehbar maßgeblichen anderen Urteilsbefugnis, keine Abhängigkeit von deren Wertungen, keine Vorgängigkeit von deren Opposition, statt dessen: das Zuvorkommen des göttlichen Ja, die tatsächliche Identifizierung oder Entlarvung des Gegenspielers, das selbstverständliche Beharren auf Eigeninstanzlichkeit, die nicht abzuschwächende Forderung auf Rechenschaftsablage vor dem Forum des göttlichen Ja. Gleichgültigkeit, fressendes Mißtrauen, Haß, Verachtung, was immer an dergleichen Widerwillen das göttliche Licht zu treffen gewillt ist – es kommt „zu spät" (IV/3, 275). „Es kann wie die Fahrbahn einer zusammengebrochenen Brücke nur ins Leere, nirgendwohin führen." (IV/3, 278)

Ein „wunderlicher Krieg". Ihn vermag die christliche Gemeinde, mit beständigem Blick auf ihren Herrn und seinen Kampf, „guten Mutes" und unter Vermeidung jenes „kümmerlichen Blicks" mit auszutragen. Sie kann, so besehen, entschlossen und offensiv als *ecclesia militans* auftreten, als mutig missionierende Gemeinde: mit der Bejahung des Evangeliums und mit nichts sonst in die Welt gesendet, nicht willens und in der Lage, anderen Aufträge entgegenzunehmen oder von dieser Mission abzulassen oder diesen Kampf aufzugeben. „Es muß Ernst gelten mit dem Wort von der ecclesia militans", bemerkt Barth im *Unterricht*, „in dem Sinn Ernst, daß jedes ihrer Glieder in die militia, in den Streit, der hier zu führen ist, verwickelt und nicht wieder daraus entlassen wird. Sonst ist sie nicht reine, wahre christliche Kirche."[98]

Denn natürlich ist diese Zwischenzeit auch als der Raum „einer Verdichtung und Zunahme der Finsternis" zu beschreiben, als Zeit im Zustand ausgebreiteter und gestockter Widersprüche, eines „Größerwerdens auch des menschlichen Widerspruchs, der die Welt bestimmenden und bezeichnenden Macht des Hochmuts und der Trägheit und zuhöchst der Lüge", als das sich weit dehnende „Feld erhöhter Widerspenstigkeit" (IV/3, 453). Doch wiederum verbinden sich – schaut man auf denjenigen, der in dieser Zwischenzeit vorangeht – Trotz und Trost:

Diese „negative Bestimmtheit unseres Zeit- und Geschichtsraumes bringt es [...] mit sich, daß die Gestalt, in der Jesus Christus, der Sieger, in ihr unterwegs ist, mit uns geht, uns begegnet, keine andere sein kann als eben: die des Siegers von Gethsemane und Golgatha und also die Gestalt des *leidenden* Gottesknechtes, des *angefochtenen* Propheten. Noch und wieder und nun erst recht widerfährt es – nicht zuerst uns, sondern zuerst *Ihm*, daß er den Widerspruch und Widerstreit der geschlagenen, aber noch nicht aus dem Feld geschlagenen, der intensiver als je sich daselbst behauptenden Feindmacht, des noch und nun erst recht – rechtlos und machtlos, aber um so obstinater – sich wehrenden Menschen der Sünde ertragen und also sein Kreuz auf sich nehmen und tragen muß. *Dieser* Jesus lebt und ist mitten unter uns in dieser unserer Zeit: der wie einst Bedrängte und Verlassene, Angeklagte und Verurteilte, Verachtete und Geschlagene." (IV/3, 454)

3. Wir sind Zeitgenossen Christi

Das Jetzt dieser Zwischenzeit: lebendig vor Kampf, lebendig vor Anwesenheit. Und darin stellt es für die Mitkämpfenden der streitenden Kirche als etwas tief Hoffnungsvolles dar: als versehen mit dem ebenso herausfordernden wie tröstlichen „Pluszeichen eines ‚Schon', kraft dessen ihnen der lebendige Jesus Christus vor ihren Augen noch größer, ganz groß wird [...]" (IV/1, 361). Sein Durchbruch in unsere Gegenwart geschieht und wird geschehen. Christus, ich wiederhole es, ist Barth zufolge in der ganzen Fülle seines Seins, also auch als der „Bedrängte und Verlassene, Angeklagte

---

[98] Barth, Unterricht III, 371.

und Verurteilte, Verachtete und Geschlagene" (IV/3, 454), und um so mehr dann als der Kämpfende an jedem unserer Tage *heutig*. Als solcher tritt er in uns über. Er lenkt uns als Mitkämpfende in die Zeit, unsere ganz eigene Zeit. Wiederum: ein Heute trägt sich zu und eröffnet sich. Daraus jedoch ergibt sich eine umfassende, positive, für Leben und Denken völlig zureichende Bestimmung menschlicher Zeitlichkeit. Unsere Zeit, so führt Barth aus, steht „unter *einem*, unter *dem positiven Vorzeichen* sondergleichen" (IV/3, 418).

Es ist zwar richtig: jeder unserer Tage ist „auch ein Tag, an dem wir Alle, Christen und Nichtchristen, ‚in bösen Gedanken, Worten und Werken' sündigen, als ob wir nicht die in seinem Leben und Tod Gerechtfertigten und Geheiligten wären, auch ein Tag, an welchem die Erde (wie einst von der großen Flut) bedeckt ist von so viel schuldigem und unschuldigem Leid – auch ein Tag, an welchem kein Augenblick vergeht, in dem der Tod nicht mit irgendeinem Menschenleben, so weit wir sehen und wissen können, unwiderruflich Schluß macht – auch ein Tag des Teufels und der Dämonen, der zurückweichenden, aber doch auch immer wieder vordringenden Finsternis" (IV/3, 418).

Doch ausschlaggebend ist etwas anderes, Verborgenes, je Hervortretendes, Leuchtendes: jeder unserer Lebenstage „jetzt und hier in der Mitte der Zeiten, die unser Ort ist", geht um so mehr auf und läßt sich um so mehr wahrnehmen als „*ein Tag Jesu Christi* [...]: ein Tag seiner Gegenwart, seines Lebens, seines Handelns und Redens" (IV/3, 419).

Denn: „Immer macht er sich, wo Menschen lebten, leben und leben werden, [...] zu ihrem Zeitgenossen: anders denen, die mit ihm leben, anders denen, die vor ihm lebten, anders denen, die nach ihm leben werden – aber allen zum Zeitgenossen, weil für Gott und für sie alle lebend, darum ihnen allen gleichzeitig." (III/2, 528)

Aus diesem Grund können wir, „davon ausgehen, daß für unsere Gleichzeitigkeit mit ihm faktisch aufs Gründlichste – und zwar ganz anders als durch die Kunst eines das Rechnen mit ihr erlaubenden Zeitbegriffs – gesorgt sein dürfte" (IV/1, 384f).

So kommt Barth zu der wohl belangvollsten und überhaupt hellsten Bestimmung der menschlichen Zeitlichkeit, mehr noch, der Anthropologie generell, eines christlichen Heute: „Wir sind", so wird festgestellt (IV/3, 419), „in erster Linie *Zeitgenossen Jesu Christi*, mit verschlossenen und offenen oder blinzelnden Augen, ob passiv oder aktiv [...]." Denn dies geschieht: „daß der lebendige *Jesus Christus* bestimmten Menschen zu bestimmter Zeit ihrer Lebensgeschichte als ihr Zeitgenosse in den Weg tritt [...]." (IV/3, 577)

Oder, an anderer Stelle, in kaum weniger prägnanten Wendungen:

„[...] das ist unser, der ganzen Menschheit und eines jeden Einzelnen *Anteil* an diesem positiven Vorzeichen dieser mittleren Zeit und Situation seiner Parusie, Gegenwart und Offenbarung: wir sind – ob wir es wissen oder nicht wissen, wollen oder nicht wollen – *dabei, neben* ihm, *mit* ihm. Sein Heute ist ja wirklich das unsrige, unser Heute das seinige." (IV/3, 419)

Schließlich enthält bereits die Anerkennung der in Jesus Christus geschehenen Offenbarung die Einsicht in eine damit gegebene umfassende Zeitgenossenschaft in sich:

„,Gott offenbart sich' – das ist, wenn es angesichts der in der Heiligen Schrift bezeugten Offenbarung gesagt ist, gesagt im Blick auf einen faktischen, schon Ereignis gewordenen *Herrschaftsakt*, dem sich derjenige, der das sagt, nicht entziehen kann. Die Zeit, und zwar mit der Zeit der Offenbarung selbst auch die Zeit dessen, der das sagt, hat ihren Meister gefunden; sie ist beherrschte Zeit geworden. Wer das sagt, der hat selbst keine andere Zeit mehr als solche, die begrenzt und bestimmt ist durch die erfüllte Zeit, weil er in seiner Zeit um diese erfüllte Zeit weiß, in diesem Wissen ihr gleichzeitig, ein Genosse dieser Zeit, also ein Zeitgenosse Jesu Christi, der Propheten und der Apostel, geworden ist." (I/2, 65).

Unsere Lebenstage, die Lebensnot, „unsere großen und kleinen Aufstiege und Niedergänge, Fortschritte und Rückfälle, Erhellungen und Verdunkelungen, Freuden und Leiden" (I/2, 65) stehen mit lösender Kraft in lebendiger, versöhnender Beziehung zu ihm.

„Keiner ißt und Keiner trinkt", so heißt es in wunderbar umfassender Weite überallhin, „Keiner wacht und Keiner schläft, Keiner lacht und Keiner weint, Keiner segnet und Keiner flucht, Keiner baut und Keiner zerstört, Keiner lebt und Keiner stirbt außerhalb dieser Beziehung." (IV/3, 420) Ähnlich später: „Er [sc. Jesus Christus] *lebt* ja, u. zw. nicht nur im Himmel, nicht nur zur Rechten des Vaters, sondern in seiner Parusie in der Gestalt der Heiligen Geistes als der, der er dort ist, auch auf Erden, auch in unserer Mitte, auch als der Zeitgenosse des Menschen aller Zeiten." Worum das Vaterunser bittet „wie im Himmel – so auf Erden", es ist in ihm Realität, sogar gesteigerte Wirklichkeit. „Er lebt, er handelt, er *redet* als dieser Zeitgenosse – gewiß ganz anders als unsere sämtlichen anderen Zeitgenossen, aber darum nicht weniger real, recht verstanden: unendlich viel realer als sie." (IV/3, 579) Er ist – wie die Mutter die Situation des Kindes[99] – die Situation der Welt, insofern ihr wunderbares Heute.

---

99 Vgl. Sloterdijk, Sphären III, 388.

> Als wir uns herrlich fremd und
> sonst nichts waren.
> (Mascha Kaléko)

4. Er ist eines jeden Menschen Nächster

Christus, fremd ganz aus der Nähe, lebt „in *jedem* Heute" (IV/3, 694; Hv. M.T.; vgl. 931). Und keiner stirbt außerhalb dieser Beziehung zu ihm. Bei allem Nahen, was uns sonst noch umgibt, wird er unser Nächster, der reine Nächste. Christus, der Nähegott, der nahbare Mensch – der mir so herrlich fremd ist und dem ich, wie ich weiß, so herrlich vertraut bin. Das Herz des Glaubenden fliegt ihm zu. Ihm gilt seine Wahrheitsliebe, seine Freude an der Wahrheit (1Kor 13,6). Er wirft, nehme ich ihn nur als diesen Nächsten wahr, mein Verhältnis zum anderen Menschen um. Er verändert durchgreifend mein Selbstverhältnis. Nach Maßgabe von Barmherzigkeit vermittelt er mir mich, vermittelt er mir den anderen Menschen. Die Gegenwart Christi schließt dann zusammen, denn im Vergleich zu ihm sind alle anderen gleich. Doch gilt das andere ebenso: daß der Einzelne, das Individuum in seiner ganz eigensinnigen Kontur und Reichweite, in sein jeweiliges Recht gesetzt wird, weil in der Begegnung mit ihm Personen unerschöpflich eigentümlich gemacht, ins Unverwechselbare gesteigert werden – so daß gerade die Sorge um die eigene Identität zu verblassen vermag. Macht doch der Glaube, die Kraft, sich angesichts Christi ganz und gar selber dahingestellt sein lassen zu können, überhaupt das Bestimmteste im Menschen aus.

Christus, der umfassende Schöpfungsmittler, Mittler eben auch für den einzelnen Glaubenden, der Weltvermittler, der Sprach- und Zeitvermittler, tritt gnädig zwischen mich und mich, zwischen das Wortlose in mir und meine Sprache – er übermittelt mir, besser als jede Selbstdeutung, zureichende und überraschende Bekanntschaft mit mir selber. Er tritt, mehr noch, interessanter noch zwischen mich und alle Erscheinungen der übergänglichen Welt, zwischen mich und meine Vergangenheit, meine Gegenwart, meine Zukunft, zwischen mich als alten und mich als neuen Menschen – zwischen die Zeiten.

„Näher und eigentlicher", erläutert Barth, „als jeder andere Mensch – er allein sogar ganz nahe und eigentlich – ist *Er* eines jeden Menschen Nächster, der barmherzige Samariter unser Aller, der so oder so notorisch unter die Räuber Gefallenen." (IV/3, 419)

Es gibt also fortan „*keinen* Menschen, der einfach ohne ihn existierte, zu dem Christus *nicht* gehörte, dem er *nicht* (ob er es wisse oder nicht wisse, und wie er sich auch dazu stelle) als sein Herr so *gegenwärtig* wäre, wie er sich selbst – ja als sein Herr und Haupt, in welchem auch über ihn, allen seinen Entscheidungen vorangehend, schon entschieden ist, *gegenwärtiger* ist [,] als er sich selbst gegenwärtig sein kann." (IV/3, 692)

Unvergleichlich sorgfältige, behutsame, strenge oder milde, doch immer barmherzige Nähe ist das Kennzeichen seiner Anwesenheit. Sie läßt sich durchaus auch bemerken. Dabei enthält diese Nähe das Einhalten der angemessenen Distanz in sich. Keineswegs schließt sie ein bleibendes Gegenübersein aus oder macht sie eine Begegnung mit diesem besonderen, uns immer auch richterlich entgegentretenden Nächsten unmöglich. Der ganz Nahe, durch einen unbeeinträchtigen Majestätsabstand geschieden, bleibt um so mehr Gegenstand der *Anbetung*.

„Der Christ ist ja auch als Kind Gottes und also in der Analogie seiner Existenz zu der des ewigen Sohnes Gottes im Fleisch nicht, was dieser ist, was diesem zu sein allein vorbehalten bleibt. Es hat und behält also seine Gemeinschaft mit diesem den Charakter einer *Begegnung*, in der ihm die Gnade Jesu Christi in ihrer ganzen Fülle – aber eben *seine* und also freie und frei bleibende Gnade widerfährt. Die übrigens immer auch ein in ihr über den Menschen ergehendes Gericht in sich schließt, die ihn also immer auch zur Distanznahme auffordert, der gegenüber auch seine höchste, freudigste Dankbarkeit immer notwendig auch den Charakter von Anbetung haben und immer aufs Neue annehmen wird!" (IV/3, 620)

Christus praesentissimus. Ein „*spezifisches* Zusammensein" von Gott und Mensch „in einem *hic et nunc* sondergleichen" (IV/1, 6)[100] ereignet sich – und dies in höchster Gegenwärtigkeit. In ihm hat der Glaubende jemanden, der ihm ein Leben lang näher ist als der Tod, der ihm in der Stunde des Sterbens näher ist als das Nichts – da er auch dann *coram Christo* lebt, *ihm* vor Augen. Er vermag Christus seinem eigenen Gewissen gegenüber vorzubringen. Er hat sich nicht mehr selbst auf dem Gewissen. Liebe wird in sein Leben gebracht und Leben in seinen Tod. Er kann ihm den Tod hinhalten, den eigenen, aber auch jeden Tod. Er wird Christus entgegensterben, geradewegs auf ihn zu.

Wem gehört eigentlich der Tod? „Der Tod hat jetzt ein Gesicht, das uns erlaubt, ihm in die Augen zu sehen" (III/2, 778). Der Tod läßt ein zweites Gesicht erkennen. Es läßt sich über ihn hinausblicken, hinter sein Gesicht. Sein ehernes Gesetz lautet: „Es ist niemals gutzumachen". Das Endgültigkeits-Axiom. Doch dieses Gesetz kommt zum Erliegen, es zergeht. Von Ostern an hat es der Mensch mit der niedergeworfenen Realität des todbestimmten und -geformten alten Äon zu tun. Ein „schlechthiniges Schweigen" wurde gebrochen.[101]

---

100 Von dort aus ergibt sich der theologische Begriff der Zeit. Dalferth hat Barths Zeitbegriff prägnant bestimmt: „Zeit ist die von Gott selbst mit der Geschöpflichkeit des Menschen gesetzte Bedingung seiner Selbstvergegenwärtigung im menschlichen Leben, sie ist die schöpfungstheologische Selbstvoraussetzung von Gottes soteriologischer Selbstvergegenwärtigung." (Dalferth, Der Mensch in seiner Zeit, 178).

101 Vgl. IV/3, 473f: „Das Wort des gekreuzigten Jesus Christus kennzeichnet sich, indem es das Wort dieses Menschen ist, im Unterschied zu den Worten aller anderen dadurch als *Gottes*

In der Konsequenz dessen bricht sich die Realität im Glaubenden um – in ihm als dem Kind eines Zeitenbruchs, angeschlagen womöglich (Gen 32,32), doch seltsam erleuchtet vom Schimmer noch der Bruchstellen. Ein lebenshelles Heute: der „Lichtglanz Gottes kann sich [...] in dem und durch den, der ihn anerkennt und erkennt, nicht aufhalten lassen. Er bricht gewissermaßen durch ihn hindurch, indem er ihn selbst hell macht." (IV/1 868).

5. Er spricht mich gegenwärtig

Mit der „*Realpräsenz* der Prophetie Jesu Christi" (IV/3, 320),[102] der sich mir bezeugt, stellt sich *meine* Realpräsenz ein, ein plötzlicher Lebensanschluß, von heute auf morgen, der wieder einlenkt ins Maß. Ich werde in jene Zeitbrandung hineingezogen. Etwas Fremdes, ein Umbruch, ein geheimnisvoller Wechsel im Fluß der Zeitlichkeit geht durch mich hindurch. Ich kann mich meines Daseins als eines Seins-zum-Leben über meine Vergänglichkeit vergewissern. Er macht mich gegenwärtig, so daß ich in realer Gegenwart mit mir selbst bin, nämlich der Gerettete, begriffen im Übergang, Vorgänger meiner selbst, lebenslang hinter mir her stolpernd, geduldig wartend im besten Falle, ausgestattet mit dem Privileg, mit dem *Ziel* als überschwenglicher Voraussetzung bereits *beginnen* zu dürfen. Der Überschwang „gegen das Nichts" ist schon da. Hybride Vorhaben, wie das in einem Text Benns wiedergegebene „Den Überschwang galt es zu erschaffen gegen das Nichts",[103] übernehmen sich und bleiben hinter dem Tatsächlichen zurück. Es gibt nicht den todbestimmten Spannungsdruck des Zukünftigen. Aus jeder denkbaren Ferne vermag ich auf das Ziel als auf diese meine Voraussetzung, auf meine Bestimmung zum ewigen Leben, *zurückzukommen*. Das ist etwas anderes als – wie im Modell von Selbstgewißheit und Selbstgefühl – im Kurzschluß auf sich selbst zurückzukommen. Er spricht mich gegenwärtig – der ich merkwürdig aus der Gegenwart gefallen schien. Die Gegenwart aber – das ist der jeweilige Wegabschnitt mit der Herkunft aus dem *et incarnatus est* und mit dem Warten auf das *iterum venturus est*, ausgehend vom „Es ist vollbracht" und in der Gewißheit „Der Herr ist nahe".[104] Ich halte mich an diese Wegmarke. Ich bewohne die Zone des Übergangs von hier nach dort. Ich bin als Glaubender nichts als Rich-

---

Wort, daß es aus dem großen, dem endgültigen, dem schlechthinigen *Schweigen* heraus gesprochen ist, in welchem alle Worte aller anderen Menschen zu ihrem Ende und an ihre Grenze kommen: aus dem Schweigen des *Todes* dieses Menschen".
102 Vgl. IV/1, 385; IV/3, 242.
103 Benn, SW III, 54.
104 Vgl. Barth, Gemeindemäßigkeit, 196. Ein eindrucksvolles Gegenbild wiederum in der gegenwärtigen Lyrik: Günter Kunerts Gedicht *Ins Morgenland* (Kunert, Gedichte, 34).

tungsbewußtsein und Duktus, gerade dabei, als der zeitlich zu geschehen, der ich ewig sein werde – Zeitgenosse der Zukunft.

Tief wird mein Zeiterleben damit affiziert. Ich weiß, wie man wartet. Ich erfahre, so kann man eine Wendung Heideggers in diesem Zusammenhang aufnehmen, „erst dort, was Anwesenheit ist".[105] Mein Leben ist verborgen mit Christus in Gott (Kol 3,3). Mir kann dann, in seinem Dabeisein, nichts mehr geschehen. Die Welt kreist mich nicht ein. Mir, der ich zur Derzeitigkeit an sich ebenso unfähig wie unwillig bin, wendet er seine Anwesenheit zu, atemnahe Anwesenheit, und damit Gegenwart überhaupt, Gegenwart von strahlender Undurchdringlichkeit – er, der Schöpfungsmittler, der innige Eigentümer und Vermittler der Zeit, der Vermittler auch von Derzeitigkeit und Augenmaß. *Er vermittelt das Heute.* Auf diese Weise bricht und geht Gegenwart überhaupt erst auf, wird offenkundig und augenblicklich, eine anstrengungslose, tiefe Verweildauer:[106] relativ, übergänglich, bescheiden und dann und wann vielleicht fraglos schön.

„Die Natur hat es mit der großen Zahl, einer wird überleben. Wer, ist ihr gleichgültig. Sie hat Zeit. Zeit ist unheimlich. Sie ist schrecklich", bekennt Wolfgang Koeppen in einem Interview, aber dann einige Sätze später: „Ich bin nicht unzufrieden. Vielleicht bin ich von meinem Kopf berauscht. Ich finde den Augenblick manchmal schön."[107]

„Die Zeit heilt nicht alle Wunden. Die Zeit ist die Wunde" (Elke Heidenreich). Entsprechend bereits der Titel von Hans Carossas Gedicht[108] *O verlerne die Zeit* oder Ingeborg Bachmanns Gedichtzeile:

„Mit meinem Mörder Zeit bin ich allein."[109]

---

105 Ich wende ins Theologische, was Martin Heidegger über einen Griechenland-Aufenthalt festhält: „Mächtiger als die Kunstwerke spricht die große Natur, die auch erst den Werken in ihr Erscheinen verholfen hat. Und in der Natur – ein unzureichendes Wort – spricht nicht das Großartige, sondern das einfache Unscheinbare in seiner geheimnisvollen Anwesenheit. Ja, wir erfahren erst dort, was Anwesenheit ist, welche Geheimnisse sie in sich birgt." (Heidegger – von Bodmershof, Briefwechsel, 78f).

106 Theunissen hat überaus eindrucksvoll das „Glück des Verweilens" beschrieben (vgl. Theunissen, Theologie der Zeit, 57ff). Sie erschließt „eine Gegenwärtigkeit, die mehr ist als ein punktuelles Jetzt und sogar mehr als das, was wir gewöhnlich unter Gegenwart verstehen. In ihr wird Gegenwart weit." (58) Sie ist ein Ausruhen: „Im Verweilen [...] leiste ich gewissermaßen nichts. Sein Glück ist gerade, daß ich mich von der Anstrengung, die mich das Zusammenhalten von Zukunft und Vergangenheit in jedem Augenblick kostet, ausruhe. Sonst würden mir auch die Menschen, Dinge und Sachen nicht gegenwärtig. In der Freiheit von der Zeit eröffnet sich Gegenwart, in dem ich mich für die der Welt öffne; und ich kann mich der Welt nur öffnen, wenn die Leistung, die ich zu vollbringen habe, mich nicht beschlagnahmt. Wie immer in der Gegenwart des Verweilens Zukunft und Vergangenheit mitgegenwärtig sein mögen – ich muß um sie auch unbekümmert sein" (60; vgl. 285–295; 314).

107 Koeppen, Rücksichtslos, 110f.

108 Carossa, Gedichte, 65.

Demgegenüber der Theologe:

„Er [sc. Gott] normalisiert die Zeit", führt Barth im ersten Band der Schöpfungslehre aus (III/1, 80). „Er heilt ihre Wunden. Er erfüllt, er verwirklicht sie. Und so gibt er sie uns zurück, damit wir sie [...] wieder hätten, nachdem wir sie als [...] die Zeit der von uns begangenen Sünde, verloren haben. So ladet er uns ein, im Glauben an ihn Zeitgenossen wirklicher Zeit zu werden, in ihm und durch ihn unsererseits wirkliche Zeit zu haben. Wirklich Zeit haben heißt: in ihm und mit ihm kraft seines Todes und kraft seiner Auferstehung in *der* Gegenwart leben, welche die *Wende* ist, in der die Sünde, die Knechtschaft, die Verdammnis, der Tod des Menschen [...] als Vergangenheit hinter uns liegt [...]. Wirklich Zeit haben heißt: in ihm und mit ihm, kraft der Teilnahme an seiner Gegenwart, auf dem Wege aus dieser Vergangenheit in diese Zukunft sein. Wirklich Zeit haben heißt – *simul peccator et iustus* – in diesem seinem Übergang (*transitus*) leben, mit ihm von da nach dort gehen."

Es geht darum, in *seinem* Übergang zu leben, in Weite und Erstreckung, wie sie sich von ihm her einstellt. Seine ganz eigene Zeit bringt er mit – wie die große Kunst eine Zeit hervorbringt, die nur ihr eigentümlich ist, den von ihr Ergriffenen in Zeitraster zieht, die gänzlich ihr selbst zugehören. Mit anderen Worten: Christus pflanzt Umbruch und Wende in meine Lebenstage, in die haltbar gemachten Augenblicke, in die leichten und in die dunklen Stunden: den Übergang vom Schattenriß des alten zur hellen, zukunftssicheren Kontur des neuen Äon. Er wird nicht aufhören, dazusein. Und davon auszugehen bedeutet, in überwältigend verheißungsvoller, tröstlicher Übergänglichkeit begriffen zu sein. Sie kann dann zum Beispiel der Schwermut entgegengesetzt werden, die am Ende von Francis Scott Fitzgeralds Roman *Der große Gatsby* poetischen Ausdruck findet: „So regen wir die Ruder, stemmen uns gegen den Strom – und treiben doch stetig zurück, dem Vergangenen zu."[110]

Genauer wird man sagen müssen: im Umbruch zum neuen Äon liegt die Möglichkeit, sich, inmitten der Verwandlung, hinüberwechselnd in eine andere Existenz, von dorther, vom Neuen her wiederum auf die Gegenwart zurückzunehmen. Präzise trifft auf diesen Übergang zu, was Michael Theunissen in scharfer Beobachtung über das „verweilende Aufgehen" anmerkt:

„Es kommt [...] nicht schon durch den Ausgriff auf Zukunft zustande, sondern erst dadurch, daß man sich aus der Zukunft zurücknimmt. Das Sich-Zurücknehmen aus der Zukunft erklärt seine eigentümliche Entlastetheit. In einer Sache aufgehen kann der und nur der, welcher sich um Zukünftiges nicht kümmert und auch seiner vergangenen Leiden nicht gedenkt. Freilich unterscheidet sich die Entlastetheit des Verwei-

---

109 Im Gedicht *Strömung* von Ingeborg Bachmann (Bachmann, Werke I, 156).
110 „So we beat on, boats against the current, borne back ceaselessly into the past." (Fitzgerald, Gatsby, 189).

lenden von der Sorglosigkeit dessen, der sich bloß ausruht oder gar bloß vor sich hindöst. Der Unterschied wird daraus verständlich, daß sich nur aus der Zukunft zurücknehmen kann, wer sich bereits auf sie hin entworfen hat."[111]

Wirkliche Gegenwart, ein lebendiges Heute, spielt sich erst ab mit dem *Zugegensein Christi*, genauer: mit seinem Unterscheiden des Kommenden vom Vergehenden: „im Kommen des Reiches und im Vergehen dieser Welt" (I/2, 73; vgl. II/1, 707). Wer bin ich dann? Ich bin dann in Übergang und Kehre begriffen. Das ist mein Sein. So lebe ich rechtzeitig: in seiner Person aufgehend, mich in sie versenkend, entlastet – ein kurzer Moment womöglich jeweils, der lebhafteste Augenblick, in einem damit eine unendlich weite Reise aus langer Abwesenheit von der Gegenwart. Gegenwartsbewußtsein ist sehr bestimmtes *Übergangsbewußtsein* – gerade darin Ausruhen und Unbekümmertheit. In langsamen oder schnellen Schritten, auf Wegen im Schatten, gehe ich mit: mit ihm – genau von hier genau nach dort, von jenem Vergehen zu diesem Kommen, vom Tod zum Leben. Soweit wirkliches Zugehörigkeitsgefühl gewonnen ist, hat dann das unendliche Leben wieder auf sich aufmerksam gemacht und ist dem Menschen für Zeit und Ewigkeit geholfen. Es ist, als ob das nicht nur arg mitgenommene, sondern das verlorene Ich dann eine Stimme hörte: „Dahin war es mit dir gekommen. Weit fort bist du gewesen. Aber nun bist du da."

e. Prophetischer Dienst

1. Die christliche Gemeinde ist nicht „Man"

Kann sich nicht nur der einzelne Glaubende, sondern auch die christliche Gemeinde rechtzeitig verhalten und insofern in qualifiziertem Jetzt *da sein*? Sie übernimmt dann mit diesem Verhalten den ihr aufgetragenen prophetischen Dienst. Er geht in die Tiefe und vermeidet eine Untiefe, besteht nämlich darin, den „tiefsten Grund" der Zeit zu sehen, aber „nicht etwa aus der Tiefe der jeweiligen Gegenwart", des alten Äon also, zu schöpfen (III/4, 585).

„Gerade weil der Gegenstand ihres Dienstes das ewige Wort Gottes ist", führt Barth aus, „geschieht er gewissermaßen in der Mitte jeder Zeit: im Blick auf den Punkt, in welchem die Zeit von ihrem Anfang und von ihrem Ende her jeweils Gegenwart ist, mitten in allem Weltgeschehen: als Bezeugung seines heilsgeschichtlichen Kernes, und darum wahrhaftig auch in der Mitte all der zu einer bestimmten Zeit als Teilnehmer an ihrem besonderen Geschehen bewegten und sich bewegenden Menschen." Das Tun der christlichen Gemeinde „bezeugt eben damit auch, was jetzt, heute, hier

---

111 Theunissen, Theologie der Zeit, 291.

im tiefsten Grunde wahr, wirklich und gültig ist. Die Gemeinde sieht die Zeit, ihr Geschehen, ihren Menschen, sie sieht die jeweilige Welt von *daher*." (III/4, 584).

Wenn aber dies konkret zu bezeugen Aufgabe und Möglichkeit der christlichen Gemeinde ist, vollzieht sie gerade mit diesem Zeugnis den immer erneut notwendigen, schwierigen Durchbruch in die Gegenwart. Ein die Welt von der Wahrheit her sehendes prophetisches Zeugnis der Gemeinde darf also nicht darauf hinauskommen, die Prinzipien und immanenten Bewegungskräfte dieser Gegenwart umstandslos zu übernehmen, zu bestätigen oder gar ihrerseits auf diese oder jene Weise zu verkörpern. Vielmehr wird seine Stärke umgekehrt darin liegen, daß es sich wohl treffen läßt von den akuten Sorgen und Hoffnungen, von der besonderen, je einmaligen Signifikanz der Wirklichkeit der Zeit und durchaus eindeutig bei ihr anlangt, im Weinen mit den Weinenden und im Lachen mit den Lachenden (Röm 12,15) – doch dies nur, um dem bestimmenden Zug der Zeit, ihrer Wirklichkeit, um so zielsicherer und nachhaltiger mit der Wahrheit zu widersprechen.[112] Dieses kann sich von jenem schroff unterscheiden. Denn – daran erinnert Barth mitten im Weltkrieg, 1940 – „ein Meer von Wirklichkeit [...] bedeutet für uns Christen noch keinen Tropfen von Wahrheit".[113]

In der Konsequenz dieser Unterscheidung kommt es darauf an, sich dieses (lediglich irgendwie wirklichen, aber nicht wahren) *status quo* zur

---

112 So führt es Link beispielsweise sehr treffend für Barths *Tambacher Vortrag* aus (Link, Tambach, 333f; 336f): „Er hat wie alle derartigen Unternehmungen einen genau bestimmbaren zeitgeschichtlichen Ort, und zwar am Ausgang des Ersten Weltkrieges. Er erhebt den Anspruch, die Klammer, die das Christentum bisher mit dem Weg der Gesellschaft und ihrer Kultur, aber auch mit der neu aufgekommenen Bewegung des religiösen Sozialismus verband, als ‚Verrat an Christus' aufzusprengen und derart mit nahezu allen Voraussetzungen A. Ritschls, W. Herrmanns und A. von Harnacks zu brechen. Das macht ihn zu einem Dokument der Theologiegeschichte. Der alarmierend neue Ton dieses, wie man nicht zu Unrecht gesagt hat, ‚antimodernistischen' Aufbruchs wurde denn auch nicht nur von den dezidierten Kritikern der etablierten Kirche sofort verstanden. Auch heutigen Leserinnen und Lesern nötigt sich der Eindruck auf: Hier war der Theologie der Durchbruch in die eigene Gegenwart gelungen. Hier hatte sie auf die europäische Krise des Ersten Weltkriegs nicht nur eine glaubwürdige Antwort gegeben, sondern sich selbst als Antwort auf diese Krise neu formiert. Sie hatte ihre Zeit eingeholt, statt ihr atemlos nachzulaufen." „Während das 19. Jahrhundert die Wahrheit des christlichen Glaubens sozusagen in der Fluchtlinie der gesellschaftlichen Tendenzen des eigenen Zeitalters auslegt, trennt sich der Entwurf Barths bewußt von dem, was diesem Zeitalter als das Wahre und Allgemeine gilt. Er führt den Wahrheitsanspruch des Glaubens scharf pointiert gegen die Evidenzen der gesellschaftlichen und politischen Vernunft ins Feld." Link spricht dann von Barths „konsequenter Weigerung", „die neuzeitlich-wissenschaftliche Wahrnehmung der Welt, ihrer Kultur und Geschichte, als den Rahmen anzuerkennen, in dem sich das theologische Reden von Gott zu verantworten hätte." Und, wiederum sehr prägnant, einige Seiten später (343): „Aufklärung, auch theologische Aufklärung, setzt für Barth die uneingeschränkte Anerkennung der neuzeitlichen Welt voraus, freilich nicht – hier liegt die umstrittene Differenz – als die Wahrheit selbst, sondern als die zur Wahrheit *berufene* und deshalb an ihrer Unwahrheit, ihrer Unerlöstheit leidende Welt."

113 Barth, Schweizer Stimme, 150. Dasselbe, wird man ergänzen können, gilt für ein Meer von Wahrhaftigkeit.

Hauptsache zu erwehren, ihn auf Abstand zu bringen, sich ihm nicht gefangenzugeben, jedenfalls sich nicht abzufinden. Mit der Möglichkeit ist zu rechnen, daß die Gegenwart schweren, kaum oder gar nicht aufzuhellenden Täuschungen, geradezu Besessenheiten unterliegt. Zeitgenossenschaft, die distanzlos an sich selbst verfallen ist, müßte solche Täuschungen noch vergrößern. Viel bedeutet dabei schon die individuelle Reserve, der *refus* des Einzelnen. Das oben immer einmal wieder genannte Aufwachen wird dann darauf hinauskommen, ein im geschichtlichen Heute vorgefundenes auf diese oder jene Weise mieses oder mörderisches Spiel als solches überhaupt erst zu bemerken und sich dann mit ihm möglichst ausdrücklich grundsätzlich nicht einverstanden zu erklären. Zum Beispiel eine Äußerung Rudolf Bultmanns ist in diesem Sinne zu verstehen: wenn Bultmann, sonst wenig zum Überschwang geneigt, 1953 in großer Erschrockenheit fragt, „wie dem reißenden Zuge einer besessenen Zeit Einhalt geboten werden kann".[114] Selbstverständlich können nicht die Akteure selbst dieses Einhaltgebietende aus sich heraussetzen. Die soteriologische Brechung von Besessenheit kann nur Gottes eigene Sache sein.

Allerdings, so Botho Strauß: es „werden sich strengere Formen der Abweichung und der Unterbrechung als nötig erweisen".[115] Der notwendige Durchbruch kommt dann – auf der Suche nach einer *anderen Moderne* – auf die Bereitschaft nicht nur der Einzelnen zu Abweichung und Unterbrechung hinaus. Vielmehr muß auch die Theologie zu einem unübersehbaren Konflikt bereit sein oder dazu bereit werden. Unvereinbarkeiten können sich zeigen, an denen nicht zu rütteln ist: wo nichts mehr miteinander ausgeglichen werden kann. Die Bezeugung Jesu Christi, so konkret und handgreiflich auch immer im einzelnen, vollzieht sich ja immer auch unter den Gesetzen und Vorgaben der Großräume und dann womöglich in Regionen harter, seit langem wie Gewichte lastender Schatten. Das macht für Verkündigung und Theologie erforderlich, die Erfahrungen der Neuzeit auf sich zu beziehen – doch um sich darin um so mehr in entscheidender Hinsicht dem Derzeitigen zu verweigern, sich nämlich immer wieder gezwungen zu sehen, ein bequemes, weil übliches, zur Nachgiebigkeit drängendes (doch gegebenenfalls das Widerstrebende aus dem Weg räumendes) Denken zu verlassen.

Bezichtigt wird konkret damit niemand. Kaum überraschend, daß niemand wirklich verantwortlich zu machen ist, alle Welt, die Öffentlichkeit, als wissend-unwissend gelten muß, als verführend-verführt beteiligt, als verstrickt, unauffällig, auf trübe Durchschnittlichkeit eingeschworen, die

---

114 Bultmann, GuV III, 78. Ähnlich hat sich Heidegger verschiedentlich geäußert, vgl. z.B.: „Die Wissenschaften geraten mit der Technik, zu der sie gehören, selbst in eine Raserei und werden unübersehbar." (Heidegger – von Bodmershof, Briefwechsel, 76).

115 Strauß, Anwesenheit, 67.

Möglichkeiten einebnend, Verantwortung abgebend ins Unbestimmte. Auch der einfache Gang der Dinge, *la force des choses*, der Zwang der Umstände, hat seine Mitläufer, das eherne „Gesetz" hat seine „Türhüter". „Die Moral samt ihrem Kodex verwischt sich mit der Menge der Beteiligten [...]", beobachtet Ernst Jünger.[116] Das Dasein als Man, „zunächst und zumeist von seiner Welt benommen",[117] ist auch als ins Epochale gesteigertes, sich überfliegendes Man, als die große Öffentlichkeit, abermals jedermann und niemand. Natürlich gibt es auch das Man in der Form wildgewordener Mittelmäßigkeit. „Das Man ‚war' es immer und doch kann gesagt werden, ‚keiner' ist es gewesen."[118] Der *„Durchschnittsmensch"* hat Jesus gekreuzigt (IV/2, 438). Was in der Begegnung mit Jesus Christus, „in seinem Lichte an den Tag kommt, ist im Guten wie im Bösen mittelmäßige, gewöhnliche, triviale Menschheit" (IV/2, 437).[119]

Die christliche Gemeinde ist aber im Entscheidenden nicht Man. Sie sollte es nicht sein. „Die Kirche muß nicht nur Dinge aussprechen dürfen, in denen alle einig *sind*, sondern Dinge, in denen alle einig sein *sollten*."[120]

Im Band I/2 der *Kirchlichen Dogmatik* (I/2, 319) hat Barth in allgemeinerer, doch für den konkreten Zeitbezug 1938 vollkommen transparenter Wendung formuliert:

„Ein unwissendes oder verstocktes Vorbeigehen an den Sorgen und Hoffnungen der jeweiligen Gegenwart ist wirklich nicht das, was von der Theologie um der Kirche willen zu erwarten und zu fordern ist. Aber etwas anderes ist es, für die Anliegen, und, sei es denn, auch für die Dämonie einer bestimmten Zeit, offen zu sein, etwas anderes, sich ihre Anliegen zu eigen zu machen, sich ihrer Dämonie gefangen zu geben. Das letztere ist es, was die Theologie nicht tun darf [...]"[121]

---

116 Jünger, Siebzig verweht III, 251.
117 Heidegger, Sein und Zeit, 152.
118 Heidegger, Sein und Zeit, 170. Vgl. den ganzen § 27 *Das alltägliche Selbstsein und das Man* (168–173). Vgl. auch Dürrenmatt (Dürrenmatt, Theater-Schriften, 122): „Alle können nichts dafür und haben es nicht gewollt." Am härtesten: Hannah Arendt (Arendt, Denktagebuch, 520): „Der Jemand ist da, die Schöpfung zu hüten; der Niemand kann sie zerstören. Wenn wir sie zerstört haben und uns einer fragt, werden wir antworten: Niemand hat es getan. Die Wüste des Nichts, bevölkert vom Volk der Niemand."
119 Von den frühen Predigten bis zur *Einführung in die evangelische Theologie* zieht sich eine Linie der Erwähnung des ominösen „Herrn Omnes" „Es steht [...] zu erwarten", heißt es zum Beispiel in der *Einführung* (Barth, Einführung, 131f), „dass sich die Theologie mit ihrem Fragen und Antworten gerade auf diesem Feld in der Regel in mehr oder weniger ausgesprochener *Opposition* zu dem Meinen und Gutfinden der grossen und kleinen, der unchristlichen, aber auch der christlichen Herren und Frauen ‚Jedermann' befinden wird." Vgl. auch IV/2, 752.
120 Barth, Gespräche 1964–1968, 219.
121 Es ist richtig, daß Barth nach den Zweiten Weltkrieg die Rede von der „Dämonie" des Nationalsozialismus eher mit Skepsis begleitet hat – jedenfalls, wenn sie ihm aus deutschem Munde begegnete. In einem Interview mit der *Weltwoche* im September 1945 (4.9.1945, 12) erklärt er: „Der religiöse Deutsche neigt dazu, der politischen Verantwortung in der Tiefe der Religiosität zu entwischen. Es ist bezeichnend, dass an den von mir besuchten Tagungen von den

Sie ist *Theologie* und erfüllt ihren Begriff genau im Maß der Wahrnehmung der Gefahr, doch dann um so mehr ihrer Immunität gegen diese Fesselung, im Maß ihrer selektiven und präventiven Intelligenz und Nicht-Ergriffenheit, Nicht-Verführbarkeit, ihres unbeirrten Vorbei- und Weghörens. Vor dem, was im Zeitgeist umgeht und der Öffentlichkeit das Bewußtsein macht, muß sie nicht in die Knie brechen. Ähnlich führt Barth es in einem Vortrag desselben Jahres aus, nun hinsichtlich des christlichen Bekenntnisses:

„Der Vollzug des Bekenntnisses ist seine konkrete Gestalt als Bekennen, als *bestimmtes*, heute, *jetzt* und *hier* abgelegtes Bekenntnis. In seinem Vollzug greift das Bekenntnis notwendig hinein, in die die Kirche und die Welt bewegenden Fragen der jeweiligen Gegenwart. Es tut es nicht um dieser Fragen und um ihrer Beantwortung, sondern es tut es um der notwendigen Bezeugung Jesu Christi in der Gegenwart willen. [...] Es tut es also gewiß zu jeder Zeit ‚als wäre nichts geschehen' – so gewiß es heute wie gestern, hier wie dort nur Jesus Christus zu bezeugen hat. Es tut es aber immer angesichts dessen, was tatsächlich geschehen ist. Es redet nicht zur Lage, sondern in der Lage – in der besonderen, von ihm selbst gewählten und charakterisierten Lage! – zur Sache. Es redet nicht aus dem Zeitgeist, wohl aber zu ihm und mit ihm [...]."[122]

Theologen viel von Dämonen gesprochen wurde. ‚Wir haben dem Satan in die Augen geblickt.' Solche Sätze wurden fast mit Enthusiasmus ausgesprochen. Als Gegenpol zu dieser dämonisierten Welt bot das Sakrament Hilfe, Trost und Rettung, die Liturgie mit Anrufungen und Responsorien. Ich hörte mir das alles eine Zeitlang an. Schliesslich konnte ich nicht mehr schweigen. ‚Seid ihr damit nicht im Begriff, in ein magisches Weltbild hineinzurutschen?' fragte ich meine Freunde. ‚Warum redet ihr immer nur von Dämonen? Warum sagt ihr nicht konkret: wir sind politische Narren gewesen? Erlaubt bitte eurem schweizerischen Kollegen, euch zu einem *rationaleren* Denken zu ermahnen.'" (zit. zum Teil bei Busch, Lebenslauf, 341) Gleichwohl hat Barth selber häufig und kräftig von dieser Redeweise Gebrauch gemacht (vgl. nur Barth, Schweizer Stimme, 22; 24; 26–28; 78; 85; 100; 153; 155; 185f; 190; 192; 258; 409). Jene Interview-Äußerung erklärt sich aus der Situation. Sie ist nicht geeignet, mit Berufung auf Karl Barth die Rede vom Dämonischen als historisch abständig generell zu verabschieden. Beispiele für Barths ungebrochene Rede von den „Dämonen" aus dem Spätwerk: IV/2, 465; 760; IV/3, 418; 1022; 1075. Die Reihe wäre erheblich zu verlängern. – Ähnlich Thomas Mann in einem Brief vom April 1944 an Siegfried Marck (Th. Mann, Briefe, 360), wir Deutsche seien immer „tragisch" und „dämonisch" bei der Hand, „wenn es sich um unsere Unfähigkeit handelt, mit dem Leben in ein gesundes, uns und anderen wohltätiges Verhältnis zu kommen". Freilich fügt er sogleich hinzu: „Ich sehe das wohl, kann aber doch auch nicht anders, als einen Roman zu schreiben, der die deutsche Tragik und Dämonie zum mehr oder weniger geheimen Gegenstand hat".

122 Barth, Schweizer Stimme, 73f. – Vom Wort Gottes, „das heute, heute an die Menschen gerichtet werden soll", spricht Barth in der Göttinger Dogmatik (Barth, Unterricht I, 358), um dann hinzuzufügen: „Das wird nicht Konnivenz [sic!] der Dogmatik gegenüber dem Zeitgeist bedingen, im Gegenteil, sicher zu jeder Zeit *Kampf* gegen den Zeitgeist, der christlich verstanden gerade der Feind der Zeitgenossen ist [...]. Ich füge noch hinzu: natürlich auch nicht etwa Anpassung an den *kirchlichen* Zeitgeist. Das wäre der schlimmste Dienst, den die Dogmatik der Kirche leisten könnte [...]". – Vgl. auch Schopenhauers schwermütige kleine Skizze: „Denn ein Mann von richtiger Einsicht unter den Bethörten, gleicht Dem, dessen Uhr richtig geht, in einer Stadt, deren Thurmuhren alle falsch gestellt sind. Er allein weiß die wahre Zeit: aber was hilft es ihm? alle

Das christliche Bekenntnis redet oder streitet, geleitet durch den Heiligen Geist, die Geister in scharfer *discretio* unterscheidend, ausdrücklich oder unausdrücklich *mit* dem Zeitgeist und seinen seltsamen Mandaten, *mit* den eigensinnigen Geistern der Epoche – deren Systematik als solche jeweils zu identifizieren ist und die natürlich ihrerseits gegebenenfalls das Gespräch aufnehmen oder verweigern, die sich zu wehren, ihre eigenen Fragen zu stellen und entschiedene Antworten zu erteilen wissen, die darauf abzielen werden, das christliche Bekenntnis unter Umständen ihrerseits mit zu definieren, seine Bestimmungen zu durchdringen und zuletzt unwirksam zu machen. Die Gefahr für Predigt, Bekenntnis und Theologie ist dieselbe: vereinnahmt und dann zu nichts aufgelöst zu werden. Im Sinne der drastischen Wendung Canettis handelt es sich in allem Christlichen deshalb um „vereinzelte Erkenntnis": „Jede vereinzelte Erkenntnis ist kostbar, solange sie sich abgesondert hält. Sie löst sich zu nichts auf, wenn sie in den Darm des Systems gerät."[123]

2. Nun erst recht das Evangelium!

Das positive Zugegensein Christi, der unterscheidende Gegenhalt seiner Anwesenheit, läßt Mal um Mal „diese Welt" vergehen: diesen alten Äon, das alte Heute, die Aberzeit, die Todes- und Nichtszeit (doch auch den alten Raum, den Abraum, die Abraumhalde im weitesten Sinn). Der Glaubende, keineswegs länger (wie ohne den Glauben) in sein eigenes Nichts gebannt, kommt ihr abhanden (Röm 6,2; 6,11). Wie sich in der Versöhnungslehre der *Kirchlichen Dogmatik* die Sünde nicht als selbständiges Thema, sondern lediglich als Widerschein und dunkles, beschreibbares, doch zuletzt unbegreifliches Gegenbild des Seins Jesu Christi abzeichnet, so Entsprechendes für unseren Zusammenhang. Die fürchterliche Gegenläufigkeit zur Zeit Jesu Christi: nennen wir sie *Gegenzeit*, die besessene, die unmögliche Zeit – sie wälzt sich mit Gewalt fort, nicht zuletzt damit, daß sie den ihr entsprechenden banal-bösen Gewaltmenschen ausbildet (dem es unter Umständen genügt, daß ihm unter bestimmten Bedingungen Gelegenheit gegeben wird, rechenschaftslos Gewalt über andere auszuüben). Doch unterderhand vergeht sie Stück für Stück. Sie ist deshalb, auf Leben und Tod, auf Abstand zu bringen.

In diesem Interesse darf das Zeugnis der Gemeinde, so Barth (III/4, 587), nie abstrakt zeitlos, nie bloß „abstrakt evangelisch" ausfallen. „Das zeitlose Welt richtet sich nach den falsch zeigenden Stadtuhren; sogar auch Die, welche wissen, daß seine Uhr allein die wahre Zeit angiebt." (Schopenhauer, Aphorismen, 443).

123 Canetti, Hampstead, 45.

oder überzeitliche, das dem Zeitgeschehen ausweichende, das neutrale Evangelium", so führt er zum Thema des „*prophetischen* Dienstes der christlichen Gemeinde" aus (III/4, 583; vgl. dort 583–590), „wäre sicher nicht das reine Evangelium, und ihr Zeugnis wäre gerade dann, wenn es bloß abstrakt evangelisch sein wollte, nicht nur kein prophetisches, sondern ein *falsch* prophetisches Zeugnis" (III/4, 587; Hv. M.T.), wäre also, weil in die falsche Richtung führend, schlimmer als die bloße Verfehlung des Prophetischen. Jedesmal liegt das „falsch prophetische Zeugnis" ist entsetzlich nahe. Es drängt sich auf und ist darum sehr früh, eigentlich schon immer, auf dem Plan. Sein Inhalt lautet seit je: „Friede, Friede und ist kein Friede" (Jer 8,11), oder, noch weitaus folgenreicher, es besteht in der gelebten oder gedachten heillosen, friedlosen Gegenläufigkeit zu Röm 5,1: „Wir *haben* Frieden mit Gott durch unseren Herrn Jesus Christus." Eins ums andere Mal wird es laut als fauler Friede, als unfaßbare, ungeheure Teilnahmslosigkeit (die in Wahrheit bei näherem Hinsehen als äußerste Teilnahme für irgend etwas anderes erkennbar wird), oder als das ordinäre Hohngelächter der Zeit über σκάνδαλον und μωρία des Wortes vom Kreuz als Botschaft des Friedens mit Gott. Eben aus dieser Veranlassung ist jener Wächterdienst der Kirche vonnöten – der dem Zeitgeschehen nicht ausweichen, kein zeitloses, neutrales Evangelium propagieren läßt, sondern aus dem Zugegensein Christi in jeweiliger Zeit Kraft und Vollmacht, Konfliktbereitschaft und Konfliktfähigkeit bezieht.

Freilich nimmt dieser Dienst zuerst Richtung nach innen, auf die Kirche selbst hin, die sich an ihre Sache zu erinnern oder erinnern zu lassen jedesmal Anlaß hat. „Das Kriterium des *munus propheticum ecclesiae*", so konstatiert Ernst Wolf (ich meine, ganz im Sinne Barths), „ist der Vollzug der Selbstkritik der Kirche [...]." Durchaus kann in der Zuordnung von Kritik und Selbstkritik ein Maßstab für die Ernsthaftigkeit ihres prophetischen Dienstes namhaft gemacht werden. „[...] das Wächteramt in der Kirche", so noch einmal Wolf, „fällt als Auftrag jeweils dem zu, der es zu allererst sich selbst gegenüber als die kritische Stimme gelten läßt."[124] Die sich zuerst nach innen richtende Kritik wird dann indessen auch, nach Maßgabe ihrer

---

124 Im prophetischen Amt der Kirche „wendet sich nicht, wie man gemeinhin meint, die Kirche im Namen Gottes gegen die Welt im allgemeinen [...], sondern im prophetischen Amt wendet sich die *libertas christiana* jeweils kritisch gegen die Verweltlichung der Kirche selbst. Die verweltlichte Kirche, gerade auch die durch die politische Parole der ‚Freiheit der Kirche' verweltlichte Kirche ist der eigentliche Adressat der prophetischen Mahnung. [...] Das Kriterium des *munus propheticum ecclesiae* ist der Vollzug der Selbstkritik der Kirche [...]." (Wolf, Libertas christiana, 140f). Das zweite Zitat: Wolf, Gegenwartslage, 289. – Zur „prophetischen Rede" vgl. Körtner, Theologie des Wortes Gottes, 270–287. – Der allgemeine Sprachgebrauch kennt allerdings mittlerweile nahezu nur noch „Untergangspropheten" („Schwarzmaler", „die apokalyptische Ängste schüren"). Ganz einfach, muß man feststellen, sind „Untergangspropheten" diejenigen, die nicht sagen „Es wird schon gutgehen!".

Ernsthaftigkeit, entschieden nach außen gehen. Anlässe der genannten Art, denen Maßgeblichkeit in keinerlei Hinsicht zukommt, die aber *de facto* aus jener Gegenläufigkeit der Zeit mit Gewalt andringen und denen nicht ausgewichen werden darf, sind also (in aller Regel zunächst jedesmal ausgesprochen ungelegen kommende) Gelegenheiten zur Erneuerung aus dem Evangelium – im Sinne eines „nun erst recht, nun gerade".[125] *Nun erst recht das Evangelium.* Nun *gerade* nicht das neutrale und abstrakte, sondern das konkrete, auch konfrontative und insofern das reine Evangelium. Nun, so gleich zu Beginn von *Theologische Existenz heute!*, „gerade nicht, zur Lage, sondern nun erst recht, ein Jeder in den Schranken seiner Berufung ‚zur Sache' […]".[126] Fortwährende Erneuerungskraft liegt nur dort, im Merken auf das Wort. Seiner bedarf es unbedingt, denn zwar gilt: „‚Gott ist's, der regiert und das Szepter führt.' Aber wie er das tut, das ist uns nicht offenbar, auch der christlichen Gemeinde nicht. […] Im Zeitgeschehen als solchem […] ist uns der Wille und die Regierung Gottes nicht offenbar, sondern verborgen."[127] Diese Verborgenheit gibt jedoch Anlaß, Hals über Kopf, Herz über Kopf, zum reinen Evangelium zu fliehen.

„Es kann dann geschehen, daß es aller Wahrscheinlichkeit zuwider unter einem kleineren oder größeren Teil der Gemeinde zu einer gründlichen Besinnung, zu einer freudigen Entschlossenheit und also zu einem unbekümmerten *Widerstand* kommt: zum Widerstand gegen den Zeitgeist und seinen innern Druck, gegen die zermürbende Wirkung der äußern Drangsal, gegen die Verführungskünste der Irrlehrer in der Mitte der Gemeinde selber – zu einem neuen Lieben und Bejahen des einen wirklichen Evangeliums *nun erst recht, nun gerade.*"[128]

3. Noch muß gestritten sein

„Nach allem, was das Jahrhundert der Welt angetan hat", so hat Hannah Arendt gelegentlich bemerkt, verlangt „gerade das Böse die ganze Erkenntniskraft"[129] – nämlich, füge ich hinzu, mehr als menschliche Erkenntniskraft. Es wahrzunehmen verlangt die identifizierende Kraft des Evangeliums, zur Geltung gebracht „nun erst recht" – was nicht ausschließt, den

---

125 Barth, GV III, 299. Vgl. Barth, Einführung, 167: „*Contra spem in spem* darf, kann und soll gerade da und da erst recht auf ihn [sc. auf Gott] gehofft – auf sein Wort gerade und erst recht da das Netz ausgeworfen werden."
126 Barth, Theologische Existenz heute!, 3f.
127 Barth, Schweizer Stimme, 310.
128 Barth, GV III, 299 (Hv. z.T. von mir).
129 Zit. bei Fest, Begegnungen, 179. Dabei wird die *dichterische* weiter vordringen als die *wissenschaftliche* Erkenntniskraft, wie Dolf Sternberger offenbar verschiedentlich geltend gemacht hat (vgl. Fest, Begegnungen, 95).

Widerpart, das Böse, soweit es uns Schweigen abfordert, auch gelegentlich, statt dem Schatten überdies noch Substanz zu verleihen, definitiv ohne Worte zu lassen. Nicht zum Gegenteil darf der Vorgang der Identifikation ausschlagen. Besagt das Böse in der Welt doch seinerseits genau das, was besser ungesagt geblieben wäre. Die Dogmatik soll „die Zeitgeister innerhalb und außerhalb der Kirche prüfen, nicht aber sich ganz unberufenerweise zu ihren Zeugen machen" (I/2, 943). Ersichtlich besteht diese Gefahr, den ideologischen, weltdogmatischen, zynischen, technokratischen Zeitgeistern auch noch aufzuhelfen, also den Schatten Inhalt und Substanz zu verleihen und selbständig zu Gehör zu bringen, was doch in Wahrheit bereits Lügen gestraft und zum Schweigen verurteilt ist. „Ihr eigenes Zeugnis wird immer das ganz andere Zeugnis sein, das die Zeitgeister nicht zu *geben* vermögen, sondern das sie von der Kirche und darum auch von der Dogmatik zu *hören* haben." (I/2, 943)[130]

„Es ist wahrscheinlicher", so hebt Barth im Zusammenhang von Ausführungen über den „prophetischen Dienst der christlichen Gemeinde" (III/4, 583ff) hervor, „daß das, was sie zu sagen hat, im Verhältnis zu dem, was man den jeweiligen Zeitgeist seufzen oder jubeln, murmeln oder schreien hört, das höchst *Unzeitgemäße* sein wird. [...] Sehr wahrscheinlich – und von daher ihre Unzeitgemäßheit – wird es dann so sein, daß sie je mit dem Einen und mit dem Anderen jeweils immer das sagt, was in der Welt, was im Zeit- und Ortsgeist, im Geist der Mächtigen und im Geist der Mehrheit gerade *nicht* an der Reihe ist. Sie wird es also den Leuten wahrscheinlich nie recht machen. Es wird wahrscheinlich immer ein gewisses Befremden, eine gewisse Sorge, ein gewisser Unwille um sie her sein. Man wird ihr zureden, ihr Zeugnis dem ein wenig zu koordinieren, was etwa sonst die Meinung und Tendenz der durchschnittlich vernünftigen Leute ist." (III/4, 585f)[131]

Oder an anderer Stelle: „Noch muß also gestritten sein – nicht ‚ohne Hoffnung', wie es in ihrer Weise auch die Heiden tun, sondern in Hoffnung, aber eben in Hoffnung *gestritten* sein" (IV/3, 1053). Und schon Martin Luther fragt bei Gelegenheit: „Soll ich denn nun so scheu werden, daß ich [...] meinen Feind nicht nennen soll?"[132] Der Feind will zunächst überhaupt identifiziert werden. Jedesmal erfreut er sich fürs erste allgemeinen Einverständnisses. „Sed vere verbum Dei", so erläutert Luther in seiner *Römerbriefvorlesung*, „si venit, venit contra sensum et votum nostrum. Non sinit

---

130 Zur Unmaßgeblichkeit des Zeitgeistes „als Richter über wahr und falsch" vgl. IV/1, 787; Barth, GV III, 297; 299.

131 Unzeitgemäß „das heisst gegen die Zeit und dadurch auf die Zeit und hoffentlich zu Gunsten einer kommenden Zeit" wirken (Nietzsche, KStA 1, 247). – Erinnern kann man in diesem Zusammenhang an das schöne Diktum Hermann Diems „Ich habe mein Leben lang auf das richtige Pferd gesetzt, obwohl ich wußte, daß das falsche gewinnt." (Diem, Ja oder Nein, 231).

132 Luther, WA 26; 402, 10–12: „Sol ich denn nu [so] schew werden [...] das ich auch meinen feind nicht nennen sol?"

stare sensum nostrum, etiam in iis, que sunt sanctissima, sed destruit ac eradicat ac dissipat omnia."¹³³

Gefragt werden muß daraufhin, wie die Kirche, jeweils einige Grade quer zu ihrer Zeit, dem ihr aufgetragenen Wächterdienst entsprechend das prophetische Amt Christi ihrerseits bezeugen soll. Dabei ist, nicht zu vergessen, der Einzelne durchaus seinerseits gefordert: „In dem allem an ihrem [sc. der Gemeinde] Dienst in der Welt mitzuwirken", erklärt Barth (III/4, 588), „ist nun auch jeder *einzelne* Christ berufen." Zunächst kommt dabei nun eine unumgängliche Voraussetzung zum Tragen:

„Wer im Gehorsam gegen den Willen Gottes und also im Namen Gottes *reden* zu müssen meint, wer also das Amt der Propheten aufnimmt und weiterführt in der Welt – und das muß der Fall sein, wo christliches Glaubensbekenntnis geschehen soll –, der muß der Meinung sein [...], daß er von Gottes Ratschlüssen etwas Richtiges und Wichtiges zu sagen und zugleich in seinem Namen etwas Bestimmtes zu gebieten hat."¹³⁴

Natürlich gilt dabei, „daß noch Keiner, der ein Prophet, und wäre es auch ein kleiner, *sein wollte*, es wirklich gewesen ist".¹³⁵ Zur Vermeidung von Mißverständnissen hat man sich von Anbeginn die besonderen Merkmale dieses Wächterdienstes vor Augen zu halten.

Barth spricht vom Auftrag der christlichen Gemeinde, „unter allen Umständen und also auch mit ihrem prophetischem Wort allein die frohe Botschaft von Jesus Christus, ihre Verheißung und ihre Mahnung zu proklamieren." „[...] es kann sich", heißt es dann, „auch in der Ausübung ihres prophetischen Wächteramtes nicht um die Proklamation und Verteidigung eines religiös-sozial-politischen Gesetzes handeln, sondern nur um die Verkündigung des einen Evangeliums, der frohen Botschaft von Gottes freier Gnade in Jesus Christus. [...] es geht darum, sichtbar zu machen, daß Gott für den Menschen und darum gegen sein Verderben ist. [...] So und nur so ist die Verkündigung der Gemeinde echte Prophetie."¹³⁶

---

133 Luther, WA 56; 423, 19–22.
134 Barth, Vorträge 1922–25, 635; vgl. 640. Zur Aufgabe der Theologie, ein „Wächteramt an den Wächtern" wahrzunehmen, vgl. 678.
135 Barth, Vorträge 1922–25, 333. – Insofern erscheint Sigmund Freuds Resümee in seinem Buch *Das Unbehagen in der Kultur* wohltuend: „So sinkt mir der Mut, vor meinen Mitmenschen als Prophet aufzustehen, und ich beuge mich ihrem Vorwurf, daß ich ihnen keinen Trost zu bringen weiß [...]." (Freud, Unbehagen in der Kultur, 506).
136 Barth, Ungarnreise, 43f. – In diesem Sinne auch Fischer (Fischer, Glaube als Erkenntnis, 200f): „Wenn heute über das Erfahrungsdefizit von Theologie und kirchlicher Verkündigung geklagt wird, dann liegt die Ursache für dieses in solch mangelndem Mut zum Prophetischen. [...] So gesehen, resultiert das für Theologie und kirchliche Verkündigung beklagte Erfahrungsdefizit aus dem Verzicht darauf, die Erfahrungen der Gegenwart prophetisch in eben den Zusammenhang zu stellen, der durch das Kreuz Christi bezeichnet wird [...]. Das Evangelium setzt sich [...] selbst präzis in Beziehung zum Ganzen gegenwärtiger Erfahrung (den Bereich der Politik, Gesellschaft, Wissenschaft und Technik eingeschlossen), und es will und kann gar nicht anders als in dieser Beziehung – und das heißt eben: prophetisch – *als Evangelium* zur Sprache gebracht werden." – Anders Graf (Graf, Munus Propheticum Christi). Dort die merkwürdig schiefe Alternative „nicht:

Oder ähnlich in der *Kirchlichen Dogmatik*:

„Im prophetischen Element und Charakter ihres Dienstes blickt, greift, schreitet die Gemeinde in der jeweiligen *Gegenwart* und aus ihr hinaus hinüber in die *Zukunft*: nicht willkürlich, nicht auf Grund eigener Analysen, Prognosen und Projekte, wohl aber lauschend auf die Stimme ihres Herrn, der auch der Herr der Welt ist [...]" (IV/3, 1027)

Sie ist damit gleichzeitig das Ende jeder „*eigenmächtigen Prophetie*",[137] nämlich nichts als „Organ der *Wahrheit*".[138] Als solches konzentriert es sich in dem einen Ruf: „In dem einen jetzt und hier zu vernehmenden und zu befolgenden Ruf: *Vorwärts*! drängt sich ja hier das ganze Evangelium als Botschaft an die Gemeinde und durch ihren Dienst an die Welt zusammen." (IV/3, 1028)

Letzthin aber trägt das *Gebet* der christlichen Gemeinde prophetischen Charakter. So führt Barth aus:

„Wo hier und dort ein Christ, wo die christliche Gemeinde auch in ihren bescheidensten Gestalten Gott als ‚unseren Vater' anruft, da geschieht – eben stellvertretend! – auf kleinstem Raum und in aller Bescheidenheit das, was eigentlich das Werk Aller sein müßte und endlich und zuletzt auch das Werk Aller wird sein müssen. [...] Ihr Beten ist, indem sie so ‚*Unser* Vater!' rufen, ein *prophetisches* Beten."[139]

---

prophetisches Wächteramt, sondern: *fromme Selbstbegrenzung*" (100). Gegen die „Kampfgeschichte" Barths (die man nicht dadurch diskreditieren sollte, daß man ihr eine Affinität zur politischen Theorie Carl Schmitts unterstellt; 98f) stellt Graf die pathetische Formel von „der harten Anstrengung konkreter Vermittlung mit gesellschaftlicher Realität". In Wirklichkeit geschieht diese „Vermittlung", wenn prinzipiell auf den „ethischen Kompromiß" (99) gesetzt wird, gar nicht „hart", sondern in schnell erreichten Akzeptanzen.

137 Barth, Vorträge 1922–1925, 345. – Man muß ja nicht mit Hegel nur auf den Begriff setzen und als Alternativen lediglich „Konversation", „die Unmethode des Ahnens und der Begeisterung" und „die Willkür des prophetischen Redens" (Hegel, Phänomenologie, 48) anerkennen.

138 Barth, Unterricht I, 298 (obige Hv. M.T.): „Ich brauche wohl kaum zu sagen, daß dieses Wächter- und Führer-Amt der Kirche, das in jedem geschichtlichen Augenblick darauf wartet, versehen , ausgeübt zu sein als Organ der Wahrheit, die heute, jetzt, hier Wahrheit ist, und ausgesprochen zu werden, natürlich von allen nationalen, gesellschaftlichen, kulturellen Bindungen schlechthin frei und nur in solcher Freiheit Autorität ist, wie das Wort, auf das Israels Propheten lauschten. Frei auch von der Rücksicht auf die Kirche als äußere Institution, grundsätzlich undiplomatisch, inopportun, *nicht* nach dem fragend, was die Leute, was die Gutgesinnten wollen und sagen, überhaupt nicht fragend, sondern wissend, aus letzter Hand wissend das Wort, wie es heute zu vernehmen ist." Vgl. 302f; 319; sowie Barth, Christliche Dogmatik, 499: „Es gibt ein Wächter- und Führeramt der Kirche, das darauf wartet, versehen und ausgeübt zu sein, als Organ der Schriftwahrheit, wie sie heute, jetzt, hier erkannt und ausgesprochen sein will. Was die Kirche in Ausübung dieses Amtes, ihres *prophetischen* Amtes hören und sagen müßte, das ist das Wort der Stunde." – K. Bornkamms Beschreibung der Auffassung Luthers vom „prophetischen Amt der Christen" (Amt Christi bei Luther, 290–300) zeigt, daß sich Barth im Grundsatz, Differenzen im einzelnen natürlich zugestanden, gar nicht anders orientiert als Luther: „Die inhaltliche Ausrichtung auf die Christusverkündigung bleibt für Luthers Verständnis rechter Prophetie konstitutiv." (291).

139 Barth, Das christliche Leben, 166.

4. Aber die Zeit verliert uns

Abermals gilt es, die Abstraktion des bloßen Referates der Überlegungen Barths hinter sich zu lassen. Mit Blick auf Dürers *Ritter, Tod und Teufel* bemerkt Barth gelegentlich in großer Eindringlichkeit: „Es ist uns die Frage gestellt: Wo *ist* heute der Tod und wo der Teufel? und wo sind sie beide zusammen da an unserem Weg?"[140]

Wo läßt sich konkret *heute* das mit dem Teufel identische „Widersetzliche im Menschen" (vgl. IV/3, 300) ausfindig machen? Unser eigenes Wort ist gefragt. Wir haben diese Frage im Vorangehenden von Anbeginn ja durchaus beständig vor Augen gehabt und wiederholt zu beantworten gesucht. Es geht auch gegenwärtig nicht, will man sie nicht durchaus mißverstehen, um Barths Theologie um ihrer selbst willen. Unsere Überlegungen haben Anlaß, sich immer wieder daran zu erinnern und von der Darstellung der Überlegungen Barths zur Sache zu kommen. Karl Barth hin oder her – die heutige böse Gegenläufigkeit, der „Widerpart" (EG 242), ist namhaft zu machen, möglichst genau, möglichst gegenwartsbewußt, so unmißverständlich und unbefangen es irgend geht. Und dies im Interesse jener wiederum heutigen Erneuerung aus dem Evangelium, auf die allein es ankommt.

Ein Versuch soll ja mit diesen Ausführungen unternommen werden, den gegenwärtigen prophetischen Dienst der Gemeinde mit Hilfe einiger Züge der Theologie Barths zu unterstützen, sie zur Verdeutlichung des für die Gegenwart bestimmten, je schon in sich zeit- und situationsgenauen Evangeliums heranzuziehen. Dazu sind die Theologie Barths und das Derzeitige, wie wir es genannt haben, aufeinander abzubilden. Auch das haben wir im bisherigen Verlauf der Überlegungen in verschiedener Form immer schon unternommen, zumindest beabsichtigt, die Gesichtspunkte zusammenzuführen. Präzision darin zu erreichen ist nicht leicht. Barths Theologie will in ihrer das Jetzt erschließenden Stärke aufgerufen sein. Doch schwieriger noch: die Gegenwart muß *getroffen* werden. Wie ist Zeitklarheit zu erreichen? Was ist um Gottes willen an der Zeit? Der theologisch informierte prophetische Dienst der Gemeinde verlangt die Beantwortung dieser Frage.

Ich stelle also noch einmal einander gegenüber: „Jesus – der Herr der Zeit" hier und „die Gegenzeit" dort. Kann man diese widrige Form der Nichts- und Todes-Zeit heute – in Beziehung auf Barths Theologie – zuverlässig identifizieren: deutlicher noch einmal ihren bestimmenden Zug benennen?

Die große Situation, die Gegenzeit heute, wir haben es ausgeführt, ist die Zeit des Ungenügens (gegen 2Kor 12,9), der endlosen Selbstermächtigung und -begeisterung von unten und entsprechend des besessenen Willens zur

---

140 Barth, Gespräche 1964–1968, 393.

Macht (gegen Mt 28,18). Will man das Heute treffen, so ist vom neuzeitlichen unbedingten Willen zur Macht, vom haltlosen, aus alten Fassungen werfenden Willen zu jedem Können, zur Grenzregie, zu Regie und Kontrolle um jeden Preis, zur Erweiterung aller, auch der bestialischen Möglichkeiten (ein Teufelsbeweis?) zu handeln, von Plünderungen, vom zusehends schnelleren Verbrauchtwerden der Autoritäten (es sei denn der unverrückbaren Autorität des Verbrauchs selbst). Um überhaupt Grenzen zu haben, werden Schranken wenigstens fingiert: auf Zeit; natürlich bis auf weiteres. Es ist, als ob die Bemächtigungsblicke aus Augen kämen, die keine Lider haben. Zu identifizieren ist eine auf absolute Bemächtigung, auf substanzlose Macht, auf „Macht an sich", ausgerichtete Grundhaltung.

Sehr anders, als Barth es in seinen Ausführungen über den „Menschen in seiner Zeit" (III/2, 524–780) großartig beschrieben hat, ist hinsichtlich solcher „Gegenzeit" von der Flucht zu reden, die (wie wiederum Kafka vielfach zum Ausdruck gebracht hat) die Zeit unter unseren Füßen angetreten zu haben scheint, von der permanenten Flucht nach vorn, einem vorgeblich unaufhaltsamen Sturz nach oben, einem Ziel entgegen, zu dem der Abstand sich freilich nicht verringern will – gehetztes Vorspiel zu weiteren, unaufhörlichen Vorspielen. Furien der Zukunft. Dabei scheinen nur Einwände zugelassen, die zwar eine noch erforderlich erscheinende Alibifunktion erfüllen, den technologischen Durchmarsch selbst aber, den Durchmarsch durch sämtliches, im Ernst nicht in Frage stellen. Das Zeitgefühl einer Epoche, umgeben von einem unbekannten Schrecken, von schwindelerregendem Veränderungsdruck, scheint zu sagen, es sei spät im Leben geworden. Die katastrophischen Zyklen scheinen sich zu verkürzen. An Georg Büchners *Dantons Tod* wäre vielleicht zu erinnern: „Rasch Danton", ruft Camille, „wir haben keine Zeit zu verlieren." Doch Danton antwortet: „Aber die Zeit verliert uns."[141] Eine Flüchtigkeit jagt die andere.[142] Muß Gegenwart aber etwas sein, was im Moment seiner Betrachtung schon

---

141 Büchner, SW I, 38. Vgl. Turk, Büchners „Danton".
142 Eine kleine Zusammenstellung bei Strauß, allerdings bereits 1989 (Die Erde – ein Kopf. Dankrede zum Georg-Büchner-Preis [1989], in: Strauß, Anwesenheit, 25–35; dort 27): „Aus Australien wird eine neue Sportart gemeldet, das Zwergewerfen. Die internationalen Liliputanerverbände haben schärfsten Protest erhoben. In Amerika ist jeder dritte unter den Jungen ein Analphabet. Wir sind aus Tabellen und werden zu Tabellen. Im Smog von Mexico City fallen die toten Rotkehlchen vom Himmel. Die Japanerinnen lassen sich Haut aus den Augenlidern schneiden, das Kinn anstücken, damit sie europäischer aussehen und einen guten Bürojob bekommen. In den Augenkammern erwachsener Mäuse werden Hühnerzehen gezüchtet. Einskommazwei Milliarden Chinesen wollen Amerikaner werden. Selbst in den strengen Vereinigten Emiraten ist das Video bis hinter den Schleier gedrungen." Vgl. auch Strauß, Anwesenheit, 96f: „Ich weiß mein Alter nicht. Aber auch die Welt irrt sich in ihrem Alter. Mit jeder Neuerung gerät sie in einen Verjüngungsrausch und täuscht sich über ihre Gebrechen. Man könnte sie ohne Beleidigung eine sterile aufgetakelte Greisin nennen, die längst alles künstlich ersetzen muß, was ihr an natürlichen Gaben verlorenging."

wieder vergeht? Geht der Welt die Zeit aus? Greift eine mächtige Erschöpfung um sich – aus der auch keine Selbsterweckung der Gattung Mensch mehr aufzuhelfen vermag? Ein hochmythologisch klingender Satz aus der Johannesoffenbarung wäre womöglich ganz unmittelbar heranzuziehen: Der „Teufel" hat einen großen Zorn und weiß, daß er wenig Zeit hat (Apk 12,12).[143] Seine Anführungszeichen trägt er wie Krallen. Das von ihm inspirierte todesförmige, deformierte In-der-Welt-Sein wird fett und stinkt schon. Er vervielfältigt sich.[144] Seine Realität ist die des Unwesens, der unmöglichen Möglichkeit. 1977 dreht Robert Bresson einen Film mit dem Titel „Der Teufel *möglicherweise*".

Bei alledem ist allerdings immer zuerst Anlaß, sich an die von Barth ja überaus scharf herausgearbeitete Einsicht zu erinnern, daß Gott selber (und sein zorniger Zugriff) sich gegen das Gegenläufige und Widersacherische aufbietet – das genau aus diesem Grund nicht verharmlost zu werden braucht. Der Gekreuzigte, der Erhöhte, weist, während rings die Zeit ihre Drohungen türmt, in die Gegenwart ein, rückt die Erscheinungen kritisch in die Lichtung des Derzeitigen, präsentiert von sich aus das, was ist. Er ist der Ort, an dem alles Sein *auftrifft*. Diesen seinen Affront gilt es im Blick zu behalten, ihn unter allen Umständen ohne Abmilderung zur Geltung zu bringen und insofern sich in einer Art Gegen-Blick zu üben. Es kommt dann für die Ausrichtung ihres Dienstes darauf an, von welchem göttlichen Zorn die Gemeinde weiß und – davon durchaus verschieden – welchen sie daraufhin ihrerseits hat und pflegt und zum Ausdruck bringt. Der „prophetische Dienst der christlichen Gemeinde" besteht ja immer nur in der möglichst vielfältigen und unerschrockenen Bezeugung des prophetischen Amtes *Christi*[145] – freilich in hundert Vermittlungen. Die Gegenzeit, wie gewaltförmig und vermeintlich unaufhaltsam auch immer, trifft auf *ihn*. Er beendet den „Zwang zu den Zwängen".[146] Die Reise zur dunklen Seite der Macht wird unterbrochen, abgelegt die mächtige Rüstung des Mißtrauens gegen Gott.

---

143 Vgl. Blumenberg, Lebenszeit, 71ff.

144 „Wenn wir vom Teufel besessen sind", vertraut Kafka wiederum seinem Tagebuch an (Kafka, Tagebücher, 426), „dann kann es nicht einer sein, denn sonst lebten wir, wenigstens auf der Erde, ruhig, wie mit Gott, einheitlich, ohne Widerspruch, ohne Überlegung, unseres Hintermannes immer gewiß. Sein Gesicht würde uns nicht erschrecken, denn als Teuflische wären wir bei einiger Empfindlichkeit für diesen Anblick klug genug, lieber eine Hand zu opfern, mit der wir sein Gesicht bedeckt hielten. Wenn uns nur ein einziger Teufel hätte mit ruhigem ungestörtem Überblick über unser ganzes Wesen und mit augenblicklicher Verfügungsfreiheit, dann hätte er auch genügende Kraft uns ein menschliches Leben lang so hoch über dem Geist Gottes in uns zu halten und noch zu schwingen, daß wir auch keinen Schimmer von ihm zu sehen bekämen also auch von dort nicht beunruhigt würden. Nur die Menge der Teufel kann unser irdisches Unglück ausmachen."

145 Vgl. z.B. Barth, Schweizer Stimme, 69; 71.

146 Jüngel, Sakrament, 56.

5. Noch nie waren wir solche Idioten

Von besonderen „kritischen Augenblicken" in der Geschichte spricht Barth, in denen deutlich wird, „daß die Lüge auch in ihrer Höchstform nur eben Lüge, daß ihr ganzer heuchlerischer Wahrheitsglanz fern davon ist, die Wahrheit zu reden." Und Barth fügt hinzu: „Die Gemeinde Jesu Christi ist beständig, es ist aber auch jeder einzelne Christ beständig gefragt: ob ein solcher kritischer Augenblick nicht eben jetzt vor der Türe stehen oder schon Gegenwart sein möchte?" (IV/3, 507)

Ich meine, daß es dieser Frage heute nicht mehr bedarf. Zu aufdringlich stellt sich das Stürzen im Zug einer sich schlagenden und überschlagenden Zeit dar.

Wie „dem reißenden Zug einer besessenen Zeit Einhalt geboten werden kann", hat Rudolf Bultmann gefragt.[147] Unterdessen scheint eine nochmalige katastrophale Verschärfung eingetreten. Die heute notwendige Situationsbestimmung kann vermutlich, wie schon verschiedentlich vorgetragen, im wesentlichen mit Hilfe einer Variation eines Benjamin-Titels getroffen werden: „*Der Mensch* im Zeitalter seiner technischen Reproduzierbarkeit", nämlich seiner schleichenden oder auch abrupten Manipulierbarkeit, Selbstinstrumentalisierung und Selbstverdinglichung.[148] Die industrielle Moderne stürzt als unerbittliche Maschinerie der Weltläufte vorwärts, als eine wildgewordene Menschen- und Kriegs- und Schuldschreibmaschine (wie in Kafkas *Strafkolonie*). Fernand Légers optimistische Maschinenikonographie bezieht menschliche Figuren wie selbstverständlich ein – und verweigert ihnen damit ihre eigene Dimension in den Gestellen des Technischen. Sie malt sich die Technik schön. Le Corbusier spricht (wie ironisch auch immer) von Wohnungen als von *machines à habiter*. Man kann auch einen Wiener Literaten, Günter Nenning, zitieren: „Noch nie glaubten wir so klug zu sein wie seit dreihundert Jahren, und noch nie waren wir solche Idioten" und entsprechend den polnischen Lyriker Herbert:

wahrlich wir lebten in zeiten wie ein idiot sie erzählt.[149]

Weltbestimmend findet sich irrationale Rationalität, die technisch hochgerüstete Dummheit (dem Hochmut und der Lüge benachbart). Eingehend hat Barth die Sünde als reine Dummheit beschrieben (IV/2, 460–486). Der

---

147 Cf. oben in diesem Abschn. bei Anm. 114.
148 „Hat die Gründerzeit des neunzehnten Jahrhunderts", so stellt Schirrmacher fest, „innerhalb von kürzester Frist Natur und Landschaft verändert und die soziale Infrastruktur fast vollständig revolutioniert, hat sie die großen Städte erzeugt und Zeit und Raum verwandelt, so wendet die ungebremste Veränderungsenergie sich nun dem Menschen selber zu." (Schirrmacher, Darwin AG, 9).
149 Herbert, Vermächtnis, 90 (mit Bezug auf Shakespeares *Macbeth*, 5. Akt, 5. Szene).

Vergleich zu jener radikalen Ernüchterung, die an hervorgehobener Stelle in Dostojewskis *Dämonen* in äußerster Schärfe ausgesprochen wird, drängt sich auf. Mit Blick auf Proklamationen des anarchistischen Terrorismus im Rußland des 19. Jahrhunderts heißt es dort in einer Rede des Stepan Trofimowitsch:

„Meine Herrschaften, [...] das ganze Geheimnis ihrer Wirkung besteht – in ihrer Dummheit! [...] Wäre alles nur eine Winzigkeit klüger formuliert, jedermann würde sogleich die ganze Armseligkeit dieser einfältigen Dummheit erkennen. So aber stehen alle fassungslos: Niemand glaubt, dies könne so uranfänglich dumm sein. ‚Unvorstellbar, daß nicht mehr dahintersteckt', meint jeder und sucht nach dem Geheimnis, glaubt, vor einem Rätsel zu stehen, will zwischen den Zeilen lesen – der Effekt ist erreicht! Oh, noch nie zuvor wurde der Dummheit eine so triumphale Auszeichnung zuteil [...]."[150]

Darüber hinaus sogar hat Barth 1938 von der Gefahr eines „Sprungs in den hellen *Wahnsinn*" gesprochen.[151] Inwiefern besteht eine solche Gefahr gegenwärtig? Kann man wirklich, wie Hans Jonas gemeint hat, auf eine Geburt der Zukunft aus dem Geist der wahrgenommenen Gefahr hoffen? Wie lernt wer auf Gefahren achten? Oder ist der Sache nach schon erfolgt, was nur nicht beim Namen genannt werden darf oder gar nicht genau bezeichnet werden kann? Vermag man überhaupt begreiflich zu machen, was die Worte bedeuten: die „Gefahr der Auslöschung des Menschen", die Gefahr, „daß wir die Biosphäre zerstören"?[152] Was kann die Sprache angesichts des Unfaßbaren, das wie ein ewiger Luftzug durch die Zeit weht, an das der Gedanke auch nicht entfernt heranreicht, überhaupt noch ausrichten? „Kein Ausweg, lieber Herr Oelze! Treten wir ab!", empfiehlt Gottfried Benn.[153]

---

150 Dostojewski, Die Dämonen II, 36f (Dritter Teil. Kap.1, 4).
151 Barth, Schweizer Stimme, 99 (Hv. M.T.). Dürrenmatts *Die Physiker* haben das Thema weltbestimmenden Wahnsinns hat früh durchgespielt.
152 Bill Joy (in: Schirrmacher, Darwin AG, 62; 51; vgl. 166: „Es gibt sogar Dinge, die wir völlig unterlassen sollten, selbst im Laboratorium. Manche Zweige der Nanotechnologie sind derart gefährlich, daß ich sie auf der Erde überhaupt nicht entwickeln würde – vielleicht auf dem Mond oder anderswo, weit weg."). Ray Kurzweil (in: Schirrmacher, Darwin AG, 75f): „Deutlich gesagt: Nanotechnologie ist potentiell viel gefährlicher als Biotechnologie, denn Nanoboter können physisch stärker und intelligenter sein als proteinbasierte Entitäten." Freilich: „Es bringt keinen Gewinn, Gefahren öffentlich bekanntzumachen." (Joy, in: Schirrmacher, Darwin AG, 53).
– Trotz alledem, auch bei Joy das berühmte, unvermeidliche, überall vorherrschende technoide „Dennoch" (166), nämlich *weitermachen* mit der modernen Technik, ihre Segnungen nutzen, ihren Gefahren besser begegnen! Zuweilen wird sogar Hölderlins *Patmos* bemüht (207).
153 Benn, Briefe an Oelze II, 122.

6. Was kommt herauf?

Im Jahr 2000 – um eine einzelne, wenngleich signifikante Veröffentlichung zu nennen – bei einer Heidegger und Bultmann gegenüber um ein halbes Jahrhundert in exzessiver Dynamik beschleunigten Entwicklung, bei in zahlreichen Bereichen exponentiellen Steigerungen erscheint in der *Frankfurter Allgemeinen Zeitung* der Abdruck eines Artikels des amerikanischen Computerspezialisten, Chief Scientist von *Sun Microsystems*, Bill Joy, Überschrift *Warum die Zukunft uns nicht braucht. Die mächtigsten Technologien des 21. Jahrhunderts – Robotik, Gentechnik und Nanotechnologie – machen den Menschen zur gefährdeten Art.*[154]

Ich zitiere nur einige Sätze aus diesem alarmierenden Artikel. Es geht dort um eine Übereinanderblendung, Gegenwärtigkeit, Vermittlung, „Horizontverschmelzung" etc. noch ganz anderer Art, nämlich um die etwa für das Jahr 2030 prognostizierte Verschwisterung und Verschmelzung von Mensch und ganz neu zu denkender „Maschine" bzw. um die Verdrängung des Menschen als Spezies.[155] Vielleicht kann vom Übergang in eine Art

---

154 FAZ 6.6.2000 (Schirrmacher, Darwin AG, 31–71; dort 40; 45f; 51).

155 Doch eher behauptend als fragend Sloterdijk (Sloterdijk, Menschenpark, 46f): „Ob aber die langfristige Entwicklung auch zu einer genetischen Reform der Gattungseigenschaften führen wird – ob eine künftige Anthropotechnologie bis zu einer expliziten Merkmalsplanung vordringt; ob die Menschheit gattungsweit eine Umstellung vom Geburtenfatalismus zur optimalen Geburt und zur pränatalen Selektion wird vollziehen können – dies sind Fragen, in denen sich, wie auch immer verschwommen und nicht geheuer, der evolutionäre Horizont vor uns zu lichten beginnt." – Es klingt noch harmlos, wenn Kafka an Felice schreibt: „Eine Maschine mit ihrer stillen, ernsten Anforderung scheint mir auf die Arbeitskraft einen viel stärkern grausamern Zwang auszuüben, als ein Mensch. Wie geringfügig, leicht zu beherrschen, wegzuschicken, niederzuschreien, auszuschimpfen, zu befragen, anzustaunen ist ein lebendiger Schreibmaschinist, der Diktierende ist der Herr, aber vor dem Parlographen ist er entwürdigt und ein Fabriksarbeiter der mit seinem Gehirn eine schnurrende Maschine bedienen muss. Wie werden dem armen, von Natur aus langsam arbeitenden Verstand die Gedanken in einer langen Schnur abgezwungen! Sei froh Liebste, dass Du an diesen Einwand in Deinem Offertbrief nicht antworten musst, er ist unwiderlegbar ..." (Kafka, Briefe 1913–1914, 30f). Härter in: *Der Verschollene* (Kafka, Der Verschollene, 66f): „Der Saal der Telegraphen war nicht kleiner, sondern größer als das Telegraphenamt der Vaterstadt, durch das Karl einmal an der Hand eines dort bekannten Mitschülers gegangen war. Im Saal der Telephone giengen wohin man schaute die Türen der Telephonzellen auf und zu und das Läuten war sinnverwirrend. Der Onkel öffnete die nächste dieser Türen und man sah dort im sprühenden elektrischen Licht einen Angestellten gleichgültig gegen jedes Geräusch der Türe, den Kopf eingespannt in ein Stahlband, das ihm die Hörmuscheln an die Ohren drückte. Der rechte Arm lag auf einem Tischchen, als wäre er besonders schwer und nur die Finger, welche den Bleistift hielten, zuckten unmenschlich gleichmäßig und rasch. In den Worten, die er in den Sprechtrichter sagte, war er sehr sparsam und oft sah man sogar, daß er vielleicht gegen den Sprecher etwas einzuwenden hatte, ihn etwas genauer fragen wollte, aber gewisse Worte, die er hörte zwangen ihn, ehe er seine Absicht ausführen konnte, die Augen zu senken und zu schreiben. Er mußte auch nicht reden, wie der Onkel Karl leise erklärte, denn die gleichen Meldungen, wie sie dieser Mann aufnahm, wurden noch von zwei andern Angestellten gleichzeitig aufgenommen und dann verglichen, so daß Irrtümer möglichst ausgeschlossen waren. In dem gleichen Augenblick als der Onkel

„Technozän" die Rede sein. Der Satz, man wolle, daß die eigenen Kinder es besser haben mögen, gewinnt neue, befremdliche Aktualität. Man kann auch sagen, es wird unheimlich.

Bill Joy: „Die Technologien des einundzwanzigsten Jahrhunderts – Genetik, Nanotechnologie und Robotik – bergen [...] Gefahren, die sich in ganz anderen Dimensionen bewegen. Und am gefährlichsten ist wohl die Tatsache, dass selbst Einzelne und kleine Gruppen diese Technologien missbrauchen können. Dazu benötigen sie keine Großanlagen und keine seltenen Rohstoffe, sondern lediglich Wissen. An die Stelle der Massenvernichtungswaffen tritt damit die Gefahr einer wissenbasierten Massenvernichtung, die durch das hohe Vermehrungspotential noch deutlich verstärkt wird. Ich denke, es ist nicht übertrieben, wenn ich sage, wir stehen an der Schwelle zu einer weiteren Perfektion des Bösen in seinen extremsten Ausprägungen; und diesmal werden die so geschaffenen schrecklichen Möglichkeiten nicht nur Nationalstaaten zur Verfügung stehen, sondern auch einzelnen Extremisten. [...]"

Die Sätze finden sich ein Jahr vor dem 11. September 2001 formuliert. Doch ist die folgende Perspektive noch einmal bedrohlicher.

„2030 werden wir wahrscheinlich in großen Mengen Maschinen produzieren können, die eine Million mal leistungsfähiger als die heutigen Personalcomputer [...]. Die Verbindung dieser Computerleistung mit den manipulativen Fortschritten der Physik und der vertieften genetischen Wissen wird gewaltige Veränderungen ermöglichen. Wir werden die Welt vollkommen neu gestalten können, im Guten wie im Schlechten [...]. doch da wir nun schon in dreißig Jahren mit einer dem Menschen vergleichbaren Computerleistung rechnen können, drängt sich mir ein anderer Gedanke auf: dass ich mich möglicherweise an der Entwicklung von Instrumenten beteilige, aus denen einmal die Technologie hervorgehen könnte, die unsere Spezies verdrängen wird. [...] Wie die Kerntechnik, so lässt sich leider auch die Nanotechnologie leichter für zerstörerische als für konstruktive Zwecke nutzen. Die Nanotechnologie bietet leicht erkennbare militärische und terroristische Anwendungsmöglichkeiten, und man braucht nicht einmal ein Selbstmörder zu sein, um destruktive nanotechnische Instrumente massiv einzusetzen, denn diese Instrumente lassen sich so konstruieren, dass sie ihre Zerstörungskraft selektiv entfalten und zum Beispiel nur bestimmte Regionen oder

---

und Karl aus der Tür getreten waren, schlüpfte ein Praktikant hinein und kam mit dem inzwischen beschriebenen Papier heraus. Mitten durch den Saal war ein beständiger Verkehr von hin und her gejagten Leuten. Keiner grüßte, das Grüßen war abgeschafft, jeder schloß sich den Schritten des ihm vorhergehenden an und sah auf den Boden auf dem er möglichst rasch vorwärtskommen wollte oder fieng mit den Blicken wohl nur einzelne Worte oder Zahlen von Papieren ab, die er in der Hand hielt und die bei seinem Laufschritt flatterten." – Rainer Stach (Kafka, 199) kommentiert diese Textstelle: „Man muss sich vor Augen halten, welcher Hellsicht es im Jahr 1912 bedurfte, um die schmerzenden Schnittstellen zwischen Mensch und Technik derart bildmächtig in Szene zu setzen, Jahre vor Einführung des Fließbandes, Jahrzehnte vor der Erfindung des Industrieroboters. Wenn die gehetzten Individuen auf den Fußboden starren, weil dieser die fundamentale Voraussetzung des Gehens ist, dann scheint hinter der Komik dieses Bildes das Grauen einer völlig funktionalisierten Sinnlichkeit auf, deren unkörperliche Abstraktion den Menschen zum ‚selbstlernenden System' erniedrigt".

bestimmte Menschen mit spezifischen genetischen Merkmalen treffen. Der Preis des faustischen Handelns, der uns die Nanotechnologie beschert, ist ein schreckliches Risiko, die Gefahr nämlich, dass wir die Biosphäre zerstören, von der alles eben abhängt."

Eine Reihe ähnlich lautender Stimmen wären zu nennen.[156]

7. Die Kirche schwimmt gegen den Strom

Man kann Stimmen dieser Art als „aufgeregt" oder – als wäre das die größte Gefahr – als Alarmismus und Panikmache abtun[157] und erneut empfehlen, man müsse mit alledem eben nur „verantwortlich" umgehen. Bisweilen, doch leider nicht zuverlässig von der Theologie, bekommen wir die Dinge so unnachgiebig genau und strikt und gegenwartsbewußt mitgeteilt, wie wir es möglicherweise gar nicht wissen wollten. Man darf jedenfalls die Zukunft nicht durch einen Mangel an Phantasie beleidigen. Eine Art Panik, das alles verschlingende Gefühl vollkommenen Ausgeliefertseins, erscheint gegenwärtig nicht als Zustand eines Menschen, sondern als Zustand der Welt. Sie scheint auf dem Grund der Zeit zu hocken, zum Ausbrechen jederzeit bereit. Daraus leiten sich dann bittere Aphorismen wie der folgende ab: „Ich versuche nicht, die Zukunft zu beschreiben. Ich versuche, sie zu verhindern." (Ray Bradbury). Doch noch die düstersten Beschreibungen

---

156 Lediglich zum Thema Beschleunigung der Entwicklung zitiere ich kurz aus einem wiederum ursprünglich in der FAZ abgedruckten Interview mit einem der, wie es heißt, einflußreichsten amerikanischen Wissenschaftstheoretikers, Ray Kurzweil (Schirrmacher, Darwin AG, 99): „Schauen Sie sich das Humangenomprojekt an: alle Wissenschaftler dachten in den achtziger Jahren, es dauere Jahrhunderte bis zur Entschlüsselung. Es dauerte keine fünf Jahre. Das 21. Jahrhundert wird uns Fortschritt nicht nur für hundert Jahre, sondern für zwanzigtausend Jahre bieten. Denken Sie daran, wenn Sie Ihr Kind anschauen." Oder, in einer Auseinandersetzung mit Stephen Hawking zum Problem der künstlichen Intelligenz (FAZ 8.9.2001): „Hawkings Beobachtung, wonach die Entwicklung nichtbiologischer Intelligenz sich ständig beschleunigt, trifft im wesentlichen zu. Dahinter steckt nicht nur das exponentielle Wachstum der Computer- und Kommunikationstechnik, sondern auch unsere Beherrschung der künstlichen Intelligenz als solcher durch den exponentiellen Fortschritt in der technischen Nachbildung von Hirnfunktionen, dem sogenannten ‚reverse engineering'. Wenn unsere Maschinen erst einmal die menschlichen Fähigkeiten der Mustererkennung und -wiedererkennung beherrschen, werden sie in der Lage sein, diese menschlichen Talente mit den spezifischen Vorzügen zu verbinden, die Maschinen bereits besitzen: Geschwindigkeit (elektronische Schaltkreise, die unsere Neuronen miteinander verbinden), Genauigkeit (ein Computer kann Milliarden von Tatsachen präzise speichern, während wir Mühe haben, uns ein Handvoll Telefonnummern zu merken) und vor allem die Fähigkeit, Wissen unmittelbar untereinander auszutauschen."

157 „Schon hat [...] das Wort ‚Ethik' selber in den Mund der Politiker gefunden, und obwohl es nur stark ramponiert wieder herauskommt, sind wir doch angenehm überrascht, es dort zu sehen." „Sie ‚warnen' permanent und vehement, aber nicht vor der Sache, sondern vor ‚Hysterie' und ‚Panikmache' [...]." So stellt Hans Wollschläger fest (Wollschläger, Denn es gehet den Menschen wie dem Vieh, FAZ 2.4.2001).

träumen in der Regel davon, daß irgendwann ihr Gegenteil wahr sein könnte. Sagen sie „Das ist so", so meinen sie womöglich gerade damit, daß es nicht so sein sollte. Zwingend ist allerdings jene „Dialektik" nicht, „die darin bestünde, dass aus dem *Beobachten* [bereits] hervorginge, wie es denn anders sein solle."[158]

Natürlich stehen wir für unsere Gegenwart in derselben Gefahr, die Christa Wolf für eine andere Zeit benannt hat, „daß man zugleich anwesend und nicht dabeigewesen sein kann",[159] daß man sieht, doch nicht hinsieht. Was ist also, häßlich vertraut, das „schauerliche Geheimnis" des Menschen unserer Zeit? Welches Gesicht trägt eine heutige Zeit-Abwesenheit – für die Gegenwärtigen, die wir, vielleicht „unbegabt für die Epoche",[160] doch nicht umhinkönnen, uns in unserer Zeit zu befinden? Und wie stellt sich in bezug darauf eine auch nur einigermaßen zeitklare und rechtzeitige Theologie dar: die darauf abzielt, dem unmäßigen Konformitätsdruck nicht (oder nicht sofort oder nicht in jeder Hinsicht) nachzugeben? In welcher Art von Nüchternheit begegnen wir dem fatal Enthusiastischen, dem scharfen, umwerfenden Sturm der Emotionen und der nahezu alles durchdringenden Gestimmtheit, die die Zeit uns eingibt und in die sie uns taucht? Wodurch wird ein angemessenes Zeit-Bewußtsein verschluckt, inwiefern das Wahrnehmungsvermögen ausgetrocknet? Worauf also trifft dann die gezielte Konfrontation mit dem Evangelium, die die Distanz zur eigenen Zeit ausmißt – eine sich erneuernde schöpferische Dissidenz? Kann man das genau sagen? Wie wird Theologie zu immer neuer, fortgesetzter Unabhängigkeitserklärung?

„Ich kann [...] nicht zugeben", erklärt Barth in seiner *Antwort an Emil Brunner* 1948, „daß es eine christliche, eine kirchliche Aufgabe wäre, mit theologischer Begründung auch noch einmal zu sagen, was jeder Bürger ohnehin täglich kopfnickend auch in seiner Zeitung lesen kann [...]. Nein, wenn die Kirche bekennt, dann geht sie in Furcht und Zittern gegen den Strom und nicht mit ihm."[161]

Das aber bedeutet nach meiner Überzeugung, daß das „freie Zeugnis" der Gemeinde von Jesus Christus (III/4, 585) um des Evangeliums willen heute zu einem fundamentalen, *unversöhnlichen* Konflikt, zu einer deswegen so unübersehbaren Konfrontation bereit sein muß, weil sich die Erscheinung selber, die Besessenheit der Zeit (vielleicht im „letzten Jahrhundert des Menschen"[162]), ihrerseits so unübersichtlich darstellt, so todesträchtig und

---

158 „Ich würde niemals mehr einer Dialektik folgen, die darin bestünde, dass aus dem Beobachten hervorginge, wie es denn anders sein solle", hat Botho Strauß in einem Interview gesagt (Strauß, Rand).
159 Cf. oben Abschn. E. bei Anm. 4.
160 Strauß, Anwesenheit, 101.
161 Barth, Offene Briefe 1945–1968, 164. Vgl. Barth, Das christliche Leben, 360.
162 Strauß, Anwesenheit, 99.

deshalb so schwer auf Abstand zu bringen,[163] so wenig ins Begreifliche zurückzudenken. Insofern ist die Wahrheit Christi nur hinzunehmen und nur wahrzunehmen, ist ihr nur Recht zu geben – doch ist sie, gerade soweit nur das geschehen soll, immer auch zu erstreiten. Widersetzlichkeit ist eines ihrer Momente – die sich sehr verschiedenen Ausdruck zu geben vermag, als Stärkung von Alternativen, als lauter oder leiser Protest (vielleicht mit einigen kleinen, harten Kieselsteinen der Kritik), als Mischung aus Renitenz und Resignation (wie man sie zum Beispiel im Werk Wolfgang Koeppens finden kann), als Verweigerung der Begeisterung, Ungerührtheit und Abwarten, als die List des kleinen Mannes, Obstruktion, Eigensinn an unerwarteter Stelle, *désinvolture* (wie bei Ernst Jünger in den Blick genommen), als irritierendes, beeinträchtigendes Zögern, als das Ungebärdige, die hinhaltende Gangart, Ekel und Schweigen und Ertragen und Ausweichen, als Verschonung der Lebensgrundlagen des Planeten vor den Attentaten des unbedingten Willens zur Macht[164] wie auch vor den „Attentaten ungewaschner Subjektivität",[165] auch Groß-Subjektivität, auf die Texte ...

Theologie, so fordert Walter Mostert auf, „muß zu einem grundlegenden Konflikt mit dem modernen Selbstbewußtsein unter Einschluß der Wissenschaft bereit sein." „Sie muß ihre Solidarität mit dem Menschen anders als in der Verbrüderung mit dem zeitgenössischen Denken bewähren. Sie muß sich von diesem Denken entfremden, weil es selbst dem Menschen entfremdet ist."[166]

Wert und Kraft eines Gedankens würde sich dann – statt an Anschlußfähigkeit und Gesprächsfähigkeit – an seiner Distanz zum Geist dieses zeitgenössischen Denkens bemessen, am Willen und an der Fähigkeit, auch nur die geringste Geste zu vermeiden, die als Zustimmung genommen werden könnte. Die Wölfe, mit denen man heult, fressen einen bekanntlich auch dann.

Dabei können Konflikte natürlich ebenso wie die Weisen, sie auszutragen, höchst verschiedenartige Formen annehmen. „Der Autor", so heißt es

---

163 Vgl. Volf, der eine „weiche" von einer „harten Differenz" unterscheidet (Volf, Identität, 366).

164 „Vielleicht", erwägt Adorno (Adorno, Moralia, 179), „wird die wahre Gesellschaft der Entfaltung überdrüssig und läßt aus Freiheit Möglichkeiten ungenützt, anstatt unter irrem Zwang auf fremde Sterne einzustürmen."

165 Franz Overbeck, Christentum, 76.

166 Mostert, Sinn oder Gewißheit, 24; 108. – „Wirkliche Religiosität und wirklicher Glaube", bemerkt Fischer (Fischer,, Glaube als Erkenntnis, 115), „wird sich freilich nicht an die Bedingung der Vereinbarkeit mit der herrschenden Auffassung der Wirklichkeit binden lassen, sondern dem unbedingten Anspruch des Evangeliums folgen, auch auf die Gefahr hin, damit der Welt als Torheit zu gelten." Und an anderer Stelle (201): „Theologie und kirchliche Verkündigung sind gefordert, das, was Gott in seiner Erkenntnis vollzogen hat, ihrerseits nachzuvollziehen und zur Sprache zu bringen und dafür auch bereit zu sein, den vorhersehbaren Konflikt mit all jenen Mächten, Gestalten und Wahrheiten aufzunehmen, die die Deutung gegenwärtiger Erfahrungen für sich usurpiert haben." Vorausgesetzt scheint dabei freilich, daß es sich grundsätzlich um einen Konflikt der „Deutungen" handelt. Doch ist mit dieser Voraussetzung m.E. die Auseinandersetzung schon so gut wie verloren.

in Adornos *Negativer Dialektik*, „legt, soweit er es vermag, die Karten auf den Tisch; das ist keineswegs dasselbe wie das Spiel."[167] Oder, so in bestürzender Wendung in einer Erzählung Wolfgang Koeppens: das Kind „blickte ernst, wehrte sich nicht, gab auch nicht nach".[168] Schließlich Giuseppe Tomasi Lampedusa: „Auf die Frage nach seinem Beruf pflegte Lampedusa bis zuletzt zu antworten, er sei Fürst. Es war die Weigerung, die Dinge hinzunehmen, nur weil sie übermächtig schienen. Aber noch weniger war er bereit, dagegen aufzubegehren."[169]

Um so dringender ist bei alledem mit Canetti zu fragen: „Wie erlernt sich das Aufgeben des Beherrschten? Wie öffnet man die Hand, ohne im Gefühl zu schrumpfen? Wie sehnt man sich nach dem Vertrauten, ohne es *herbeizusehnen*? Wie verzichtet man auf seinen Besitz, ohne ihn zu zerstören?"[170]

All dies nun – so ja die hier vorzunehmende Pointierung – hinsichtlich des *Heute der Moderne*. „[...] etwas anderes ist es" – wir haben diese Sätze Barths genannt – „für die Anliegen, und, sei es denn, auch für die Dämonie einer bestimmten Zeit, offen zu sein, etwas anderes, sich ihre Anliegen zu eigen zu machen, sich ihrer Dämonie gefangen zu geben." Doch fügt Barth eben pointiert hinzu: „Das letztere ist es, was die Theologie nicht tun darf, was sie aber im 17. Jahrhundert zu tun begonnen und im 18. offen getan hat. Sie verfiel dem Absolutismus, mit dem der Mensch dieser Zeit sich selbst zum Mittelpunkt, Maß und Ziel aller Dinge machte."[171]

---

167 Adorno, Negative Dialektik, 9. „Noch das kontemplative Verhalten zu den Kunstwerken [...]", hebt Adorno (Adorno, Ästhetische Theorie, 25f) in ähnlicher Metaphorik hervor, „fühlt sich als Kündigung unmittelbarer Praxis und insofern ein selbst Praktisches, als Widerstand gegen das Mitspielen."

168 Koeppen, Jugend, 34. – Das dichterische Werk Ilse Aichingers ist in diesem Zusammenhang zu nennen. „Die wenigsten können sich wehren", gesteht sie ein (Aichinger, Schlechte Wörter, 13), aber sie ist weit entfernt davon, nun an ihrer Stelle zu den Waffen zu greifen. Sie versucht lediglich, den Wehrlosen und Verlorenen auf unterschiedliche Weise recht zu geben. So weit soll die Stimme der Dichtung vordringen. Das ist viel. Es erfordert eine Tapferkeit und Widerstandskraft, wie nur die Liebe sie vergibt. Die Texte Aichingers wissen etwas vom Bösen und von der Schuld bis auf den Grund. Sie scheinen durch härteste Gegenströmungen hindurchgegangen, einem Widrigen abgewonnen und darum erschöpft. Was noch zur Sprache findet, hat sich nicht durchgesetzt, hat sich ausgesetzt und wurde ausgesetzt, hat sich gerettet und läßt immer wieder einen Untergrund von Lautlosigkeit erkennen. Dieses Schweigen, eingelassen in nahezu jede Zeile, beglaubigt zusätzlich. Unterschieden wird daraufhin, was zu benennen und was ohne Worte zu lassen ist, was als unverständlich stehen bleiben muß und wogegen die Sprache aufbegehren wird – daß es so viele Weisen der Dunkelheit gibt und auch eine Dunkelheit Gottes. Ilse Aichingers Texte erfordern konzentrierte Aufmerksamkeit, sie geben insofern Sprachhilfe, als sie auffordern, den Tag vor dem Abend zu loben, als sie ein besonderes Schweigen abfordern und von dem Recht handeln, sich vor dem Lauten die Ohren zuzuhalten.

169 Fest, Gegenlicht, 91.

170 Canetti, Provinz des Menschen, 159.

171 Cf. oben in diesem Abschn. bei Anm. 121.

8. Wie ist Zeitklarheit zu erreichen?

Ich versuche ein ganz knappes Resümee. Wie ist für den prophetischen Dienst der christlichen Gemeinde Zeitklarheit zu erreichen? Sie stellt sich ein mit der Anwesenheit Christi, mit seinem lebensmächtigen Zugegensein, *coram Christo,* und das *ubi et quando visum est deo,* also rechtzeitig – in einer aufgeschlossenen Theologie, in einer Theologie *zur Anwesenheit Christi hin*: die sich für seine Selbstvergegenwärtigung und Gegenwartsvermittlung,[172] für seine Zeitgenossenschaft, für seine unvergleichlich liebevolle Nähe offenhält, sich dorthin kehrt, sie dringend erwartet, sie aufrichtig und in unterschiedlicher Weise immer wieder erbittet. Es geht bei dem, was Theologie von sich aus vermag, um Achtsamkeit und orientierte, konsequente Aufmerksamkeit.[173] Ziel ist dann, Jesus Christus ungeteilt Recht zu geben, ihm mit allen gedanklichen Mitteln auf kluge und kenntnisreiche und sensible Weise – auf wahrheitsempfindliche Weise – nur Recht zu geben. Der Begriff der Theologie gewinnt auf diese Weise Freiheit und Einfachheit. Gefangenzunehmen ist jeder Gedanke unter den Gehorsam Christi (2Kor 10,5), das bedeutet ja unter den Gehorsam der Freiheit. Ungesucht und von selbst kommt das dann auf Konfrontationen mit dem Widrigen hinaus. Provozieren muß man sie nicht, vielmehr dann nur annehmen und durchhalten.

Sagen wir es mit einem einzigen Wort. Das ist nun, so Ernst Käsemann, eines der schönsten deutschen Wörter, aber eine der seltensten deutschen Tugenden.[174] Es handelt sich bei dem, was wir ausfindig zu machen suchen, um diesen hervorgehobenen, intensiven Moment eines wirklichen, aufgeschlossenen Heute, um ein Widerfahrnis von weither, um eine Rechtzeitigkeit, die Menschen in ihrer Lebenszeit und die Theologien in ihrer jeweiligen geschichtlichen Epoche in verschiedenem Maße und in unterschiedlicher Weise zuteil wird, um etwas, das nun, wie mir scheint, diesen Theologen Karl Barth in vielen seiner Äußerungen vorzugsweise auszeichnet, es handelt sich um den lebhaftesten Augenblick – es handelt sich um Geistesgegenwart.

---

172 Zur „Selbstaktualisierung Jesu Christi" vgl. Krötke, Christologie Barths, 1.
173 Die Aufgabe der Predigt, so Barth 1924, „kann nur darin bestehen, Gottes eigenem Wort Aufmerksamkeit, Respekt und sachliches Verständnis zu verschaffen" (Barth, Vorträge 1922–1925, 441; dort kursiv; vgl. 444). Zur „Aufmerksamkeit" vgl. Barth, Unterricht III, 320f.
174 Käsemann, Konflikte, 141.

F. Die Grundbestimmung menschlichen Daseins.
Der Dank

> Andererseits: man muß nicht in die
> Hände spucken, ehe man sie faltet.
> (Franz Kafka)

a. Macht und Dankbarkeit

1. Es gibt einen gebotenen Willen zur Macht

Die Neuzeit, haben wir gesagt, findet ihren Exponenten in der modernen, naturwissenschaftlich bestimmten, als Wille zur Macht zu begreifenden Technik. Sie läuft auf *Technokratie* zu und hat sie bereits erreicht. Sie hat sich als alternativlos gesetzt. Oder (so Heidegger in anderer Akzentuierung): die Technik als ursprüngliche Größe neuzeitlichen In-der-Welt-Seins, als eine sich alternativlos gebende Weise der Entbergung dessen, was ist, prägt sich in der neuzeitlichen Naturwissenschaft aus. Relativ selten kommt Barth auf das Thema der neuzeitlichen Technik zu sprechen.[1] Eine prominente Ausnahme freilich begegnet im Band III/4 der *Kirchlichen Dogmatik*, der Ethik der Schöpfungslehre, erschienen 1951. Dort taucht das Thema in einer in mancher Hinsicht überraschenden Wendung des Gedankens auf. Viele Linien des oben Ausgeführten laufen auf diesen wenigen Seiten zusammen. Vor allem aber eröffnet eine in diesem Kontext begegnende, sich zunächst unscheinbar gebende Wendung – eine einzige beiläufige Bestimmung dessen, wie „Macht" recht zu gebrauchen ist – den Zugang zu einer der Zeittendenz gegenläufigen Neubestimmung der *conditio humana*. Darauf ist am Ende des Abschnitts zurückzukommen.

Es geht zunächst um die Ehrfurcht vor dem Leben. Barth führt aus, daß dem Menschen von Gott das Leben als Leihgabe überantwortet ist, dementsprechend ein Wille zum Leben regelrecht geboten sei. Daß der Mensch leben *wollen* soll, schließt indes eine bestimmte Willensrichtung ein, Barth erklärt selber, er bediene sich einer etwas gewagten Formulierung – einen „Willen

---

[1] Vgl. noch Barth, Das christliche Leben, 388–396; aber auch den ganzen Abschnitt über die „herrenlosen Gewalten" (363–399).

zur Macht" (III/4, 445).² Ich hebe einige Gedanken aus diesem konzentrierten Abschnitt hervor.

„[…] indem Gott", so wird festgestellt (III/4, 445), „den Menschen ins Leben ruft, indem er und solange er ihn als lebendigen Menschen anredet, will er, daß der Mensch dieses Vermögen, die ihm gegebene Macht, Kraft und Gewalt, nicht vernachlässige, sondern bejahe, wolle, annehme." Freilich ist an dieser Stelle sogleich zu unterscheiden: es geht nicht um „Macht als solche", um „Macht zu allem und jedem", um „unqualifizierte Macht" – um „Goliathsmacht", die „Attribut des Nichtigen" sei, „des Chaos, der Lüge und ihrer ‚Mächte'" (III/4, 446).³

Mit dieser blinden, blindwütigen Macht, der „Macht an sich", hat Barth *de facto* indessen genau jene Größe benannt, die im Sinne des oben Ausgeführten für die Moderne als die unbedingte, schlechthinnige Orientierungsgröße – als ihre Besessenheit – gelten muß, als ihr gravierender Anfangsfehler bereits und dann als sich fortschreitender, immenser, sich immer noch aufsteigernder Fehlschluß.⁴ Irreführung im Untergrund menschlichen Wissens und Wollens ist mit der Maßgeblichkeit von „Macht an sich" am Werk. Sich heute in der Moderne aufzuhalten meint, von ihr benommen, an der großen Situation des Willens zur *Goliaths- und Abermacht* teilzuhaben, an dem *Macht als solche* suchenden epochalen Man, am *bedingungslos* machtförmigen Perspektiven- und Augenhintergrund des neuzeitlichen Menschen.

Welche Macht demgegenüber – also in strikter Entgegensetzung zu jenem Unqualifizierten, nur noch Quantifizierenden – zu wollen geboten sei, bestimmt Barth in folgender Weise: diese Macht muß erstens vom Menschen als von Gott gegebene erkannt werden, als Macht „von oben" (vgl. Joh 19,11), der eben die Macht „von unten" durchaus widerstehe, diese nur scheinbar erhöhende, in Wirklichkeit tief erniedrigende, die dubiose Verfügungsgewalt vermittelnde, in Wahrheit mit Besessenheit überwältigende, gefangensetzende „Lügen- und Todesmacht" (III/4, 447). Die dem Menschen

---

2   So auch schon in Barth, Ethik I, 222–228.

3   Vgl. IV/3, 800, wo Barth von einer verhängnisvollen Jagd nach „einer Macht um der Macht willen" handelt. In II/1 (589) widerspricht Barth einem Verständnis der Allmacht Gottes als „Macht an sich": „Macht an sich ist ja nicht nur neutral, sondern Macht an sich ist böse. Denn was kann Macht an sich Anderes sein als Entfesselung und Unterdrückung, Ausbruch und Überwältigung. Wäre die Macht an sich die Allmacht Gottes, dann hieße das, daß Gott böse, daß er der revolutionäre und tyrannische Dämon *kat'exochen* wäre." Vielmehr gilt (II/1, 676): „[…] wir haben sie, die Allmacht des göttlichen Wissens und Wollens und also die allein wirkliche göttliche Allmacht, als *Allmacht der Liebe* zu erkennen."

4   Pointiert der Gedanke bei Canetti (Canetti, Provinz des Menschen, 117): „Dann kam einer, der bewies, daß alle Experimente, vom ersten angefangen, eben durch das erste, falsch waren; daß sie in sich, in ihrer Folge, später wohl stimmten, und nur da das erste unbestritten blieb, war man nie auf den Fehler gekommen. So war plötzlich die ganze technische Welt als Fiktion entlarvt und die Menschheit konnte aus ihrem bösesten Traum erwachen."

gebotene Macht sei zweitens jeweils individuelle Potentialität. Sie sei aber drittens – und vor diesem Hintergrund kommt Barth nun auf das Thema der neuzeitlichen Technik – Macht mit dem Charakter des dem Menschen Notwendigen.[5]

Der dem Menschen gebotene Wille zur Macht meint mithin den Willen zur unumgänglichen Verfügungsgewalt, zum Lebensnotwendigen. Darauf soll er sich verstehen. Die Gier aber, die Lebens- und Welt- und Selbstgier … stellt den pervertierten Machtwillen dar. Die Welt erscheint in ihrem Zusammenhang als Beute. Um es sich an nichts von ihr fehlen zu lassen, wird sie am besten verschlungen. „*Die Welt hat genug für jedermanns Bedürfnisse, aber nicht für jedermanns Gier*" – der Mahatma Gandhi zugeschrieben Satz gibt einer neuzeitlich jederzeit angebrachten, doch letzthin überall niedergeschlagenen Erinnerung Ausdruck.

Die Gier und das Unersättliche? Nach einer Aufzeichnung Nietzsches bilden sie den Untergrund des menschlichen Seins. Geahnt kann zuweilen werden, „dass auf dem Erbarmungslosen, dem Gierigen, dem Unersättlichen, dem Mörderischen der Mensch ruht".[6] Zum soteriologisch Unersättlichen, der Verachtung der geistlichen Armut, dem Ungenügen an der Gnade müßte der Gedanke freilich gegen Nietzsche fortgeführt werden.

Die gebotene Ehrfurcht vor dem Leben soll also zwar sehr wohl das Moment des Willens zum Lebensnotwendigen in sich enthalten. Durchaus energisch ist es zu wollen. Verfehlt man es indessen, steht eine furchtbare Gefahr auf. In dem Maße, in dem sich die Beschränkung auf das Lebensnotwendige lockert oder gar gänzlich dahinfällt, bricht eine Widrigkeit ein, ein Wider-Wille, der das Unwesentliche und dann das Nichtige will, folglich umgehend auch herauführt und ihm schließlich zur Herrschaft verhilft und alternativlos erscheinen läßt. „Es ist nämlich", verzeichnet Barth, „der Wille zu aller dem Menschen unnötigen, unwesentlichen Macht das Vakuum, in das die böse, die chaotische, die dämonische ‚Macht an sich' früher oder später, so oder so, einzuströmen pflegt." (III/4, 450) Am Problem der neuzeitlichen Technik will Barth diesen Sachverhalt verdeutlichen. Er ist in Kategorien des finster Dämonologischen zu beschreiben. Um so mehr, ist zu folgern, wird eine in vergleichbare Tiefe reichende alternative helle Grundbestimmung dagegen aufzubieten sein. Sie wird die Macht an sich ins Unrecht setzen.

---

5   Vgl. Barth, Ethik I, 223.
6   Nietzsche, KStA 1, 877.

2. Macht an sich ist böse

In der modernen Technik steigert sich Barth zufolge in unerhörter Progression und Gier, in kategorischem Komparativ, das menschliche Können. Unermeßlich erweitert sich der Bestand des Möglichen, Zu-Realisierenden, neue Ermöglichungen Hervortreibenden. Gleichlaufend mit der Beistellung dieser Bestände und Potentiale kommt es zu einem ungebrochenen, zusehends selbstverständlicher erscheinenden Wollen dieses Könnens, dieser zu Gebote stehenden Macht, dieser „Regimentsfähigkeit" und „Verfügungsgewalt" (III/4, 450).

Das Verderbliche sieht Barth nun in der sich rasch auftuenden und verbreiternden Diskrepanz zwischen dem ungeheuren Bestand des Potentiellen einerseits und dem wahrhaft Lebensnotwendigen und Lebensdienlichen andererseits. Insofern verrät sich die neuzeitliche Technik als eine Entstellung in bezug auf das Verhältnis der Modalitäten Notwendigkeit und Möglichkeit. Sie äußert sich in geradezu monströser Form. Die Technik kann, so Barth, zum nihilistischen „Ungeheuer" werden:

„Wir können, wir wollen, wir vollbringen viel, immer mehr, aber die Räder laufen heimlich weithin leer, weil wir eine Macht wollen und brauchen, deren wir im Grunde durchaus nicht bedürfen, die wir teilweise vielleicht zu unserem Heil besser nie kennen gelernt, geschweige denn gewollt und entfesselt hätten. Es kann nicht anders sein: die unsere wirkliche Lebensnotwendigkeit überschießende Macht, die Technik, die im Grunde sich selber Sinn und Zweck ist, die um bestehen und um sich weiter verbessern zu können, immer neue problematische Bedürfnisse erst hervorrufen muß, muß wohl das Ungeheuer werden, als das es sich heute weithin darstellt, muß schließlich, absurd genug, zur Technik der Störung und Zerstörung, des Krieges und der Vernichtung werden." (III/4, 451)

Dieselbe fatale Figur einer *incurvatio in se ipsum* einer Groß-Subjektivität, die Barth hier in bezug auf den Willen zur Macht als Technik geltend macht (sie ist sich selbst Sinn und Zweck, ergriffen von sich selbst), sieht Martin Heidegger in Nietzsches allgemeinem Begriff vom Willen zur Macht gegeben, wenn er diesen Willen als den sich in sich zurückbiegenden, zirkulären Willen zum Willen interpretiert.[7] Es handelt sich, so begriffen, in der Technik um eine wuchernde Willenserscheinung, um ein sich bedingungslos aufsteigerndes, in sich haltloses, schwer oder gar nicht wieder einzufangendes Energie- und Machtphänomen. Wir hätten es, so Barth, vielleicht besser „nie kennen gelernt, geschweige denn *gewollt* und *entfesselt*". Dabei kommt offensichtlich dieser Ausbruch, die angespannt und dann krampfhaft gewollte und betriebene Entfesselung, mit jener *incurvatio* sehr genau überein. Vorher hat Barth eben von der „Macht an sich" als von der *dämonischen*

---

7 Vgl. etwa Heidegger, Nietzsche I, 46 ff.

Macht gesprochen. Am besten zu bestimmen ist sie als die herrenlos gewordene, die losgebundene und, in eins damit, sich an sich selbst kettende, die nur noch selbstbezügliche Macht. „Macht an sich" unterhält keine Freundschaft mit dem Leben, ist verhältnislos, leer und böse.[8] Die neuzeitliche Technik kann zum Exponenten dieser „Macht an sich" werden. Sie ist es geworden. Sie fällt uns dann erbarmungslos als Ungeheuer an, als „Technik der Störung und Zerstörung, des Krieges und der Vernichtung". Ein Satz, formuliert schon 1951, noch vor der Explosion der ersten Wasserstoffbombe, lange vor den drohenden Szenarios des „atomaren Winters" oder den heutigen Phantasien und Realitäten terroristischer Massenmörder von „schmutzigen Bomben" etc.

Barth versucht schließlich noch einmal das eigentliche Problem der Technik zu bezeichnen. „[...] der Mensch", so wird aufgefordert, „sollte nicht die Technik als ‚seelenlos' anklagen, sondern sich selbst, seinen vernunftlosen Willen zur Macht. Er selbst ist das Problem der neuzeitlichen Technik."[9] Das Problem der Technik wird anthropologisch-hamartiologisch lokalisiert: in der Sünde, in der Absage an die „Macht von oben", im gottlosen Willen zur „Macht von unten".

Darin aber besteht dieser verfluchte Machtwille, so führt Barth in seinen *Gifford Lectures* von 1937/38 aus, daß wir uns maßlos zu allem und jedem selbst ermächtigen zu müssen meinen, weil wir nur „unsere eigene Macht" lieben und nur ihr vertrauen und nur sie für einigermaßen genügend halten. Wir sollten aber vor ihr als vor etwas Bösem erschrecken. Wiederum, wie oben vielfach gezeigt, begegnet in Barths Denken an zentraler Stelle der Hinweis auf ein elementares Erschrecken.

„Ohne die Erkenntnis der Gnade Gottes", so heißt es, „werden wir [...] etwas anderes als die Macht, unsere eigene Macht, nicht lieben können. In dieser Erkenntnis aber,

---

8 Gottes Freiheit, stellt Barth fest (Barth, Geschenk der Freiheit, 4), „ist nicht einfach unbegrenzte Möglichkeit, formale Majestät und Verfügungsgewalt, leere, nackte Souveränität also. So werden wir auch die dem Menschen geschenkte Freiheit nicht verstehen können: eben darum nicht, weil sie, so verstanden, in unversöhnlichem Widerspruch zu Gottes eigener Freiheit stünde – weil sie, so verstanden, identisch wäre mit der falschen Freiheit der Sünde, in der der Mensch in Wahrheit ein Gefangener ist. Gott selbst, als Inbegriff unbedingter Macht gedacht, wäre ein Dämon und als solcher sein eigener Gefangener." Ebenso grenzt Barth an anderer Stelle (Barth, Dogmatik im Grundriß, 54f; vgl. 105) die Allmacht Gottes ausführlich strikt von der „Macht an sich" ab.

9 In diesem Sinne auch die Bemerkung in dem Vortrag *Das Problem der Ethik in der Gegenwart* (1922, in: Barth, GV I, 144): „Man sagt, diese Zwecke [sc. Wissenschaft, Technik, Politik, Kunst] könnten doch gewiß dem Endzweck, dem Guten dienen. In theologischen Ethiken werden sie sogar fröhlich in den ‚Dienst des Reiches Gottes' gestellt, was ja noch mehr sein soll als das tausendjährige Reich! Ja, wenn sie zu trennen wären von uns *Menschen*, wenn sie nicht immer und überall die von uns gewollten Zwecke wären! Als solche sind sie doch nichts anderes als wunderbaren Blähungen unseres Ingeniums, die an sich, ich erinnere nur an die Verwendung der Technik im Kriege, auch die größte Sinnlosigkeit bedeuten können."

wenn Jesus Christus uns *seine Herrschaft und Macht* lieb gemacht hat, beginnen wir zu hassen, was wir zuvor liebten. [...] Wir beginnen dann zu erschrecken vor unserer eigenen Macht und ihrem Vermögen. Wir lassen uns dann durch Gottes Wort sagen, daß sie böse ist."[10]

Ebenso am Schluß des Abschnitts (nun wiederum in III/4) findet sich ein Beispiel der starken, spezifischen Gestimmtheit des theologischen Denkens Barths: tiefe Bestürzung, die Frage: „[...] was ist das für eine Macht, in deren Besitz und Ausübung er [sc. der Mensch] nun wie ein Betrunkener irgendeinem kollektiven Abgrund entgegenzutaumeln scheint?" (III/4, 451)

An das Bild des Gekreuzigten erinnert Barth, wenn er diesen Gedankengang mit Überlegungen zur *Ohnmacht* beschließt.[11] Schon in der Beschreibung des „Weges des Sohnes Gottes in die Fremde" (§ 59, 1) hatte Barth an das Spezifikum göttlicher Allmacht erinnert: „Es ist gerade seine *Allmacht* darin groß als göttliche Machtvollkommenheit, daß sie (im Unterschied zu aller abstrakten Mächtigkeit) auch die Gestalt der Schwäche und Ohnmacht annehmen und als Allmacht auch, gerade in dieser Gestalt triumphieren kann." (IV/1, 205) Es begegnet nicht nur die tobende, in Gewalt ausbrechende, es gibt auch die gute Ohnmacht, das Ablassen von hysterischer Selbstermächtigung und Macht-Vergötzung, den Rückbau und Machtverzicht, die einfache Abwicklung. Shakespeares Prospero in dem Stück *Der Sturm* – zu Beginn der Neuzeit, doch auf der Theaterbühne nur – legt den Zauberstab aus der Hand. Der Mensch, so wird bei Barth ausgeführt, muß,

„wenn er im Dienste Gottes steht, ganz bestimmt gelegentlich und vielleicht für lange, vielleicht einmal auch endgültig, auch verzichten, abwarten, schweigen, leiden und dabei sein sonstiges Können *entbehren* können. Auch das ist Macht, auch das ist ein Können. Es kann für bestimmte Menschen in bestimmtem Dienst zu bestimmter Stunde eben das Können sein, dessen sie bedürfen, die Macht, die sie nun wählen müssen."

Barth erinnert schließlich eindringlich an 2Kor 12,9: daß die Kraft in der Schwachheit zur Vollendung kommt.[12] Es ist nur konsequent, daß die Überlegungen zum „Willen zur Macht" auf diesen Text zusteuern und er buchstäblich ihr letztes Wort darstellt.

Was Barth in diesem Zusammenhang hinsichtlich des Individuums im Blick hat, angezeigt „für bestimmte Menschen in bestimmtem Dienst zu bestimmter Stunde", ist nun, wie oben wiederholt ausgeführt, m.E. gerade für die heutige Welt-Stunde geltend zu machen, für die Groß-Atmosphäre,

---

10 Barth, Gotteserkenntnis, 130 (Hv. M.T.).
11 Auch diese Wendung schon in der Ethik-Vorlesung (Barth, Ethik I, 227f). Menschliche Macht und Ohnmacht sind dazu da, Gottes Macht zu *verherrlichen*.
12 III/4, 452f. – Noch einmal sei an Kafka erinnert: Stendhals Werk, so beobachtet Canetti (Canetti, Gewissen, 69), sei „in die Farbe des Glücks getaucht, Kafkas in die der Ohnmacht."

das öffentliche Licht und das innere Selbstfeld der Zeit: „auch verzichten, abwarten, schweigen, leiden und dabei sein sonstiges Können *entbehren* können".

Nahezu beiläufig bedient sich Barth an dieser Stelle nun einer Wendung, deren Bedeutung freilich für die Orientierungen seiner Theologie im ganzen nicht hoch genug angesetzt werden kann: die gleichsam die Tür aufstößt zu jenem alternativen Bereich, der, weil hier nichts erzwungen zu werden vermag, dem Bann des Willens zur Macht nicht unterliegt, jenseits seiner seine Stätte hat. Wie ist nämlich *der „rechte Gebrauch" der Macht*, auf den es ankäme, Barth zufolge zu beschreiben? Er wäre *„ein Akt der Dankbarkeit"* (III/4, 447; Hv. M.T.).

Genannt ist damit die Möglichkeit einer ganz anderen Grundstimmung menschlichen In-der-Welt-Seins, einer neuen Grundlage von Sensibilität und Wahrheitsempfindlichkeit und Weltgestaltung – die nun m.E. geeignet erscheint, letzte Intentionen Karl Barths (wie auch Martin Heideggers)[13] zu benennen. Beim Umgang mit der Macht wird der vom Heiligen Geist Angerührte zur Dankbarkeit bestimmt. Die profunde Umorientierung des *modus vivendi*, von durchdringender Prägekraft, die Umstimmung, die tiefgehende Buße, von der wir gesprochen haben,[14] geht auf die Dankbarkeit zurück. Von „der in der *Dankbarkeit* wurzelnden täglichen Buße"[15] spricht Barth. Von hier aus ist neu einzusetzen.

b. Die Grundstimmung der Zeit

1. Eine Gegenstimmung kommt auf

Verstehen wir die Neuzeit, wie oben immer wieder versucht, als einen sehr spezifischen Stimmungsraum: als einen vieldimensionalen, verqueren, zutiefst unordentlichen Kommunikationszusammenhang, als ein umfassendes Gespräch und Geschrei nämlich, mit Einflüsterungen und Wehelauten und vor allem mit dem Lärm tödlicher Kommandos, begreifen wir sie als ein

---

13 „Die höchste Feier bleibt für uns Sterbliche der Dank", heißt es in einem Brief Heideggers an Imma von Bodmershof (Heidegger – von Bodmershof, Briefwechsel, 143) „Heideggers Denken ist Danken [...]", resümiert Hannah Arendt (Arendt, Denktagebuch, 697), und Dieter Henrich bemerkt, die Dankbarkeit habe von Heidegger „als eine Grundstimmung im Verhältnis zur Welt und zum eigenen Leben verstanden werden können" (Henrich, Gedanken zur Dankbarkeit, 153). Das Danken bei Heidegger nennt Blumenberg abschätzig „Grundgebärde einer entchristlichten Demut" (Blumenberg, Verführbarkeit, 60). – Zum Dank bei Heidegger vgl. auch Steiner (Steiner, Heidegger, 193). Auch hierin bezieht Heidegger Wesentliches von Hölderlin. „Dank und Treue sind Grundworte Hölderlins", stellt Henrich fest (Henrich, Gang des Andenkens, 17).
14 Cf. oben Abschn. C. bei Anm. 207.
15 Barth, Gotteserkenntnis, 135 (Hv. M.T.).

Stimmendurcheinander zwar, das doch in einheitlicher Weise gestimmt wird von benennbaren epochemachenden, den Menschen anherrschenden Stimmen – so liegt dabei das πρῶτον ψεῦδος im gottlosen, enttäuschten Unterfangen einer vorgängigen und umfassenden *Selbststimmung*. Man (Adam) muß hinter sich kommen oder sich vor sich bringen, um sich vorab zu bestimmen, bevor Gott es tut oder um ihn zu korrigieren. Der Versuch der Selbststimmung aber, genommen in diesem fundamentalen Sinne, muß zur schreienden Verstimmung führen.

Aufkommen läßt das Evangelium demgegenüber eine Gegenstimmung. Die Stimme Christi, als die gute, evangelische Stimme, führt so etwas wie eine Umstimmung herbei. Pfingsten ist *Umstimmung*. Verändert wird die Stimmungslage der christlichen Gemeinde: die sich nämlich als ἐκκλησία herausgerufen sieht aus dem bestimmenden Geist nicht nur des neuzeitlichen Menschheits-Bewußtseins, sondern auch (sofern das eine Kategorie sein kann) des Menschheits-Unbewußten, dann auch aus seiner Unterwelt und Untiefe, wie sie sich in Gespräch und Selbstgespräch, im Gesagten und Ungesagten, Verschwiegenen und Verdrängten Ausdruck gibt. Eine Umstimmung des Expliziten und auch des Impliziten tritt ein. Dies also von vornherein – mit einer eigenen unabsehbaren Gefährlichkeit – in einer Gegenstimmung, die die Stärke eines großen Widerrufs besitzt, also im gezielten Konflikt, geradezu in einem „*Kampf* der Umstimmung":[16] gegen die tiefe Verstimmung, das Urvermissen und Ungenügen neuzeitlichen In-der-Welt-Seins, das, wie oben beschrieben, den Dank niederhält, ja dazu veranlaßt, sich gegen ihn abzutöten und sich dadurch den Atem zu nehmen. Die Moderne ist ja arm und jämmerlich im Ausdruck von Dankbarkeit. Sie hat dafür keine Sprache. Sie weiß vor allem nicht, an wen sie sich dabei wenden soll[17] (genausowenig hat sie einen zuverlässigen Adressaten für Zorn

---

16 Heidegger, Hölderlins Hymnen, 146 (Hv. M.T.).
17 Henrichs Überlegungen zur Dankbarkeit können aus diesem Grunde nicht überzeugen (Henrich, Gedanken zur Dankbarkeit). – Eine intensive Beschreibung von Dankbarkeit bei Unbestimmtheit des Adressaten eindrücklich bei Vladimir Nabokov: „Ich gestehe, ich glaube nicht an die Zeit. Es macht mir Vergnügen, meinen Zauberteppich nach dem Gebrauch so zusammenzulegen, daß ein Teil des Musters über den anderen zu liegen kommt. Mögen Besucher ruhig stolpern. Und am meisten genieße ich die Zeitlosigkeit, wenn ich – in einer aufs Geratewohl herausgegriffenen Landschaft – unter seltenen Schmetterlingen und ihren Futterpflanzen stehe. Das ist Ekstase, und hinter der Ekstase ist etwas anderes, schwer Erklärbares. Es ist wie ein kurzes Vakuum, in das alles strömt, was ich liebe. Ein Gefühl der Einheit mit Sonne und Stein. Ein Schauer der Dankbarkeit, wem sie auch zu gelten hat – dem kontrapunktischen Genius menschlichen Schicksals oder den freundlichen Geistern, die einem glücklichen Sterblichen zu Willen sind." (Nabokov, Erinnerung, 186). – Freilich ist nun auch nach Barth nicht zu übersehen, daß gerade der von Gott Erreichte sich immer wieder als *undankbar* identifiziert sieht: „Wie sollte Gottes Gnade dem Menschen [...] wirklich und wirksam widerfahren, ohne daß er sich sofort noch einmal und erst recht durchschaut und bloßgestellt fände in der gänzlichen Unangemessenheit seines darauf antwortenden Verhaltens, in der erschütternden Armut seines Dankes [...]" (Barth, Das christliche Leben, 34f).

und Wut). „Danken kann man nur Personen [...]", hat Helmut Gollwitzer zu Recht in Erinnerung gerufen.[18]

2. Die Grundstimmung eröffnet die Welt

Nun hat Martin Heidegger mit m.E. großer Erklärungskraft die großen geschichtlichen Epochenbrüche eben mit Hilfe des von ihm neu umschriebenen Begriffs der *Grundstimmung* vor Augen zu bringen versucht. Einige Züge der Überlegungen Heideggers dazu lassen sich (zumindest wiederum zu einem Teil und natürlich *servatis servandis*) zur Verdeutlichung auf den von Barth gemeinten Zeitenwechsel übertragen. Zudem erscheint das Wortfeld dafür besonders geeignet, wenn man den Ausdruck „Grundstimmung" noch einmal nachhaltiger beim Wort nimmt, als das ohnehin schon bei Heidegger geschieht. Wird doch jene Wende der Zeit, der Aufbruch in das Sein (der Aufbruch in das Heil), herbeigeführt durch die *Stimme* Christi und liegt doch alles dann am neu geweckten, genauen, unterscheidenden Hören. „Das Hören" aber, so insistiert Ernst Käsemann, „hat einen durch nichts ablösbaren Primat."[19]

Schon in *Sein und Zeit* wird in *§ 29 Das Da-sein als Befindlichkeit* zunächst für das einzelne Dasein die welterschließende Kraft der Stimmung und des Gestimmtseins herausgearbeitet. Keine Welt kommt ohne Gestimmtheit zum Menschen, und im Medium der Stimmung, wie es ihm also im Grunde zumute ist, wird er auch über sich selbst verständigt und vermag er sich überhaupt intentional auf die Welt zu richten. „Die Stimmung", so wird dort festgestellt, „hat je schon das In-der-Welt-sein als Ganzes erschlossen und macht ein Sichrichten auf ... allererst möglich."[20] Entsprechend heißt es in der Freiburger Antrittsvorlesung *Was ist Metaphysik?* von 1929: „Die Befindlichkeit der Stimmung enthüllt nicht je nach ihrer Weise das Seiende im Ganzen, sondern dieses Enthüllen ist zugleich – weit entfernt von einem bloßen Vorkommnis – das Grundgeschehen unseres Daseins."[21] Doch fragt Heidegger dann in den folgenden Jahren nach einer denkbar weit gespannten Konstellation, nach den kapitalen Zeit- und Stimmungsumstellungen in der Geschichte des Seins. Solche Umstellungen im *Bedingungsgefüge* möglicher Erfahrungen sind geheimnisvolle Wechsel von Ganzheiten, eines bei aller inneren Differenzierung Einheitlichen, eben der „Grundstimmung", der von einer sehr wohl so zu nennenden „Stim-

---

18 Gollwitzer, Glaube als Dank, 391.
19 Käsemann, Paulinische Perspektiven, 157.
20 Heidegger, Sein und Zeit, 182 (dort kursiv). Dazu, in ständigem Gespräch mit Heidegger, Bollnow *Das Wesen der Stimmungen*.
21 Heidegger, Wegmarken, 110.

mung" gesättigten *großen Situation* – von schwerlich zu überschätzender Bedeutung für alle Dimensionen des In-der-Welt-Seins des Menschen, für die unerwarteten Kältestöße, für den Fluß der unterirdischen Wärmeströme der Zeit, für die Ausbildung eines so oder so zu begreifenden Jetzt. Die Grundstimmung, so wird erklärt, „eröffnet das Seiende im Ganzen anders und in einer wesentlichen Weise."[22]

Eine Erläuterung des Gemeinten bietet Heidegger zum Beispiel im Umfeld seiner Hölderlin-Auslegungen. Zunächst ist dabei ein Mißverständnis abzuweisen: „Das Wesen der Grundstimmung müssen wir von aller psychologischen Mißdeutung, von jeder klügelnden Herabsetzung zu einem bloßen sogenannten Gefühl freihalten."[23] Daraus dann folgt: „Die Grundstimmungen sind, um eine übliche Unterscheidung hier zu gebrauchen, nichts Seelisches, sondern etwas Geistiges."[24] Sie bezeichnen nicht etwa lediglich subjektive Empfindungen des Individuums (begrifflich formlose Diffusität im Erleben), stellen vielmehr diejenige Größe dar, die den Menschen vorab in eine jeweils so oder so gestimmte Welt, ihre Weite und Tiefe, überhaupt erst versetzen, in Färbungen und Weisen von Selbstsucht und Grausamkeit, Mitleid, Trauer, Schmerz, der keinen Abstand kennt, von Glück, Traum und Sehnsucht:

„Bedenken wir das Wesen der Grundstimmung [...]", heißt es, „dann wird sofort deutlich, daß gerade die Stimmung das am allerwenigsten Subjektive und sogenannte Innere des Menschen ist, denn die Grundstimmung ist dem entgegen die ursprüngliche Versetzung in die Weite des Seienden und die Tiefe des Seyns."[25]

Gedacht werden soll mithin eine Gestimmtheit der Zeit, der Epoche, der Weltsituation, der der Mensch von vornherein ausgesetzt ist, die sich ihm atmosphärisch, eben als *Bestimmung* vor allem Einzelnen machtvoll mitteilt: „Nicht", so erläutert Heidegger, „sind die Stimmungen in das Subjekt oder in die Objekte gelegt, sondern wir sind, in eins mit dem Seienden, in Stimmungen *ver-setzt*. Die Stimmungen sind das durchgreifend umfangende Mächtige, die in eins über uns und die Dinge kommen."[26] Sie durchwehen die Zeit im ganzen. Auch die Begriffswelten brechen sie um.

Wenn also, so Heidegger nun in seiner Hölderlin-Interpretation, diese Dichtung angemessen vor Augen kommen soll, muß das Grundlegende bedacht werden,

---

22 Heidegger, Hölderlins Hymnen, 82. Vgl. Heidegger, Identität und Differenz, 21–25.
23 Heidegger, Hölderlins Hymnen, 223.
24 Heidegger, Hölderlins Hymnen, 82. – Von der Dankbarkeit als einer „durchgehenden Gestimmtheit" spricht auch Bollnow (Bollnow, Über die Dankbarkeit, 58), freilich nicht als epochaler Grundgestimmtheit, sondern im Sinne individueller Verfassung.
25 Heidegger, Hölderlins Hymnen, 142.
26 Heidegger, Hölderlins Hymnen, 89.

„daß die Stimme des Sagens gestimmt sein muß, daß der Dichter aus einer Stimmung spricht, welche Stimmung den Grund und Boden be-stimmt und den Raum durchstimmt, auf dem und in dem das dichterische Sagen ein Sein stiftet. Diese Stimmung nennen wir die Grundstimmung der Dichtung. Mit Grundstimmung meinen wir aber nicht eine verschwebende Gefühlsbetontheit, die das Sagen nur begleitet, sondern die Grundstimmung eröffnet die Welt [...]."[27]

In ihr finden sich Einzelne, Gesellschaftsformen, Jahrhunderte ... als in einer Stimmungseinheit umfassend Bestimmte bereits vor.

„Indem sie [s.c. die Grundstimmung] solchergestalt stimmt, eröffnet sie überhaupt das Seiende als ein solches, und zwar ist diese Eröffnung der Offenbarkeit des Seienden so ursprünglich, daß wir kraft der Stimmung in das eröffnete Seiende eingefügt und eingebunden bleiben." Die Stimmung *„eröffnet* den Bezirk, innerhalb dessen erst etwas eigens vor-gestellt werden kann. [...] Die Welteröffnung geschieht in der Grundstimmung. Die entrückende, einrückende und so eröffnende Macht der Grundstimmung ist damit zugleich *gründend*, d.h. sie stellt das Dasein in seine Gründe und vor seine Abgründe. Die Grundstimmung bestimmt unserem Dasein den ihm selbst offenbaren Ort und die Zeit seines Seins [...]."[28]

Wie kommt ein solches durchdringendes, hintergrundwirksames Gestimmtsein auf, worin liegt für Heidegger der Ursprung eines Wechsels der Stimmungslage? Jede Grundstimmung entspringt einer Notwendigkeit, dementsprechend einer Not. „Alle Notwendigkeit springt auf den Menschen zu aus einer *Not*. Jede Not wird nötigend *aus* einer und *in* einer *Grundstimmung*."[29]

„Die Not, die gemeint wird, bestimmt den Menschen, indem sie ihn durchstimmt [...]. Die Stimmung kann den Menschen in seine Leiblichkeit wie in ein Gefängnis einsperren. Sie kann ihn aber auch durch die Leiblichkeit als eine ihrer Ausschwingungsbahnen hindurchtragen. Jedesmal wird dem Menschen die Welt anders *zu*getragen, jedesmal ist sein Selbst anders erschlossen und entschlossen zum Seienden. Noch wesentlicher ist zu sagen: die Stimmung ist nicht, wie die bisherige, d.h. biologische und psychologische Auffassung des Menschen das jetzt Gesagte noch mißdeuten könnte, ein sehr wichtiges und vielleicht bisher nicht genug eingeschätztes und gedeutetes Vermögen des Menschen, sondern die recht verstandene Stimmung führt zu einer Überwindung der bisherigen Auffassung des Menschen. Wir sagen gewöhnlich: ‚Wir werden in die und die Stimmung versetzt'. In Wahrheit, d.h. aus dem ursprünglichen Wesen des Seins begriffen, ist es umgekehrt: die Stimmung versetzt uns je so und so in diesen und jenen Grundbezug zum Seienden als solchem. Genauer: *die Stimmung ist dieses Ver-setzende*, das dergestalt versetzt, daß es den Zeit-Raum der Versetzung selbst mitgründet.

---

27 Heidegger, Hölderlins Hymnen, 79.
28 Heidegger, Hölderlins Hymnen, 140f.
29 Heidegger, Grundfragen, 129; zum Begriff der „Not" vgl. 151.

[...] Jene Not des anfänglichen Denkens, die hier gemeint wird, kann stimmend nur nötigen in einer wesentlichen oder, wie wir sagen, in einer *Grundstimmung*."[30]

Eine Umstimmung jedoch – sagen wir für unseren Zusammenhang also: eine Veränderung förmlich der Weltsituation, eine Umprägung und Umschaffung, die umfassende Buße ermöglicht, die „Macht von oben" und „Macht von unten" nicht durcheinanderwirft – kann es nur durch eine Gegenstimmung geben.

„Weil das Dasein – sofern es ist – gestimmt ist, deshalb kann die Stimmung je nur durch eine Gegenstimmung umgestimmt werden, und eine Umstimmung von Grund aus vermag nur eine Grundstimmung zu erwirken, d.h. ein Wandel des Daseins, der gleichkommt einer gänzlichen Umschaffung der Ausgesetztheit in das Seiende und damit einer Umprägung des Seyns."[31]

Aus diesem Grund muß geradezu von einem „Kampf der Umstimmung" die Rede sein:[32] so bei Hölderlin zum Beispiel von der „Gegenstimmung der Freude".[33] Barth seinerseits – um nun einfach zu übertragen – präzisiert diese Gegenstimmung: „Freude ist eigentlich die einfachste Form der *Dankbarkeit*." (III/4, 429)[34]

---

30 Heidegger, Grundfragen, 155. Die von Heidegger gemeinte „Not" muß freilich als Geschenk verstanden werden: „Die Not, die da gemeint wird, ist [...] keine unbestimmte, sondern sehr bestimmt in ihrer Nötigung, indem sie bereits dem Denken seinen Wesensraum schafft, ja nichts anderes ist als dieses. Denn Denken heißt hier, das Seiende in der Entschiedenheit seines Seyns aufstehen und vor sich stehen lassen, es als solches vernehmen und damit in seiner Seiendheit erstmals nennen.

Diese Not – das Nicht-aus-und-ein-Wissen innerhalb des selbst ungegründeten Inmitten des noch unentschiedenen Seienden und Unseienden – diese Not ist kein Mangel und keine Entbehren, sondern das Übermaß einer Schenkung, die freilich schwerer zu tragen ist als jede Einbuße. Diese Not – sagen wir – ist eine Art des Seyns und nicht etwa des Menschen, so daß in ihm ‚seelisch' diese Not als ‚Erlebnis' entspränge und ihren Platz hätte, sondern umgekehrt: Der Mensch entspringt selbst erst aus dieser Not, die wesentlicher ist als er selbst, der nur und erst aus dieser Not, die wesentlicher ist als er selbst, der nur und erst von ihr be-stimmt wird.

Diese Not gehört zur Wahrheit des Seyns selbst. Sie *besitzt* ihre höchste *Schenkung* darin, der Grund der Notwendigkeit zu den höchsten Möglichkeiten zu sein, auf deren Wegen der Mensch schaffend über sich hinaus durch das Seiende hindurch in die Wahrheit des Seyns zurückkommt." (Heidegger, Grundfragen, 153).

31 Heidegger, Hölderlins Hymnen, 142.
32 Heidegger, Hölderlins Hymnen, 146.
33 Heidegger, Hölderlins Hymnen, 148. – „Auch Nietzsche", erklärt Heidegger (Heidegger, Nietzsche I, 238), „will mit dem Wenigen und Verhüllenden, was er über seine Wiederkunftslehre mitteilte, nicht ein vollendetes Begreifen erwirken, sondern einen Wandel der Grundstimmung anbahnen, aus der heraus seine Lehre erst faßbar und wirksam werden kann."
34 Vgl. III/4, 429: „Gibt es einen *Willen zur Freude*? und wenn ja: wie ist er beschaffen und nicht beschaffen, wenn er ein *rechter, guter, gehorsamer* Wille, wenn die begehrte Freude in den Grenzen, in denen sie das sein kann, Erfüllung und also von einer eitlen, leeren, bösen Lust verschieden, wenn sie vielmehr der echte Akt jener einfachsten Dankbarkeit ist?"

3. Der Starke tritt nicht auf

Einen sich der ganzen abendländischen Metaphysik gegenübersetzenden Neubeginn erwartet Heidegger, eine für die nähere oder weitere Zukunft zu erwartende elementare Umstimmung der Zeit. Deren Grundstimmung bezieht sich für ihn aus den Elementen der *Verhaltenheit*, des *Erschreckens* und der *Scheu* – der großen behutsamen, tonangebenden, sämtliches neu stimmenden Terz des *anderen* Anfangs.[35] Wegen seiner durchaus merklichen Entsprechung zu Überlegungen Barths ist darauf einzugehen. Das beim Theologen anzutreffende Erschrecken ist ja bereits mehrfach erwähnt worden. Doch auch Verhaltenheit und Scheu kommen bei Barth als konstitutiv in diesem Zusammenhang in Betracht.

In Auslegung von Hölderlins Gedicht *Andenken* gibt Heidegger eine Umschreibung der Stimmungseinheit der „Scheu". Sie ist neu zu gewinnen, zeichnet sich zumindest von Ferne ab, klingt aber bei Hölderlin bereits an. „Scheu" läßt Halt finden und vermag infolgedessen an sich zu halten. Demjenigen neigt sie sich zu, vor dem Scheu empfunden wird. Sie befördert die Langsamkeit und das Zögern. Ihre prägende, einflußnehmende Vehemenz der Bestimmung übertrifft, so Heidegger, sogar die der Gewalt.[36] Barths und Heideggers Überlegungen sind, wie mir scheint, in dieser Hinsicht durchaus nicht weit voneinander entfernt: eine bestimmte Verhaltenheit und eine unverwechselbare, spezifische Scheu, doch auch das Erschrecken, bei beiden auf je eigene Weise zum Zuge gebracht, bedeuten hier wie dort nicht Unentschiedenheit oder Unsicherheit im Entscheidenden, können vielmehr Stärke und Strenge des Daseins, aber auch des Denkens ausmachen.

So spielt etwa die Verhaltenheit bei Barth eine erhebliche Rolle. Sehr grundsätzlich spricht er von der „*Zurückhaltung* des gerade dadurch, daß

---

35 Vgl. z.B. Heidegger, Beiträge, 14ff; Heidegger, Grundfragen, 1f.
36 „Die Scheu [...] ist gehalten durch das eindeutig Einzige, wovor sie Scheu ist. Die Scheu wird nicht unsicher und hält doch an sich. Ihr Ansichhalten jedoch der Gefahr, daß die Scheuen sich in eine Bekümmerung um sich selbst verstricken nach der Art der Furchtsamen. Das Ansichhalten der Scheu kennt aber auch nie den Vorbehalt. Die Scheu ist als ursprünglich gefestigtes Ansichhalten vor dem Gescheuten zugleich die innigste Zuneigung zu diesem. Was zur Scheu stimmt, läßt zögern. Doch die zögernde Scheu kennt kein Zagen und Verzagen. Ihr Zögern ist die wartende Entschiedenheit zur Geduld. Zögerung ist hier der längst entschiedene Mut zum Langsamen. Die Zögerung der Scheu ist Langmut. Aber die Scheu erschöpft ihr Wesen nicht in solcher Zögerung. Denn in dieser selbst waltet das zugeneigte Hindenken zu dem Gescheuten. Die Scheu ist das an sich haltende, langmütig hinüberstaunende Andenken an Jenes, was nahe bleibt in einer Nähe, die einzig darin aufgeht, ein Fernes in seiner Fülle fern und dadurch für sein zuquellendes Entspringen bereit zu halten.[...] Die Scheu hemmt nicht. Aber sie legt das Langsame auf den Weg. Sie ist die feiertägliche Grundstimmung für die langsamen Stege. Die Scheu stimmt den Gang auf den dichterischen Wegen. Die Scheu bestimmt zum Gang an den Ursprung. Sie ist bestimmender als alle Gewalt." (Heidegger, Hölderlins Dichtung, 131f).

Gott zu ihm gesprochen [hat], in seine Schranken gewiesenen *Menschen*."[37] Diese Zurückhaltung kommt zum Beispiel für das Zeugnis zum Tragen, das der Christ dem Nächsten schuldig ist:

„Ich will nichts und ich darf nichts wollen, indem ich Zeugnis ablege. Ich lebe nur das Leben meines Glaubens im konkreten Gegenüber mit dem Nächsten. Die Kraft des christlichen Zeugnisses steht und fällt damit, daß ihm bei aller Dringlichkeit auch diese Zurückhaltung eigen ist." (I/2, 487f).[38]

Oder: von dem „Starken" von Röm 15 wird im Römerbriefkommentar gesagt: „Er tritt nicht auf, er tritt zurück."[39] Bezeichnend scheint es überdies, daß gerade im Zusammenhang der ultimativen Frage, der Frage der ἀποκατάστασις πάντων, bei Barth das Wort „Zurückhaltung" begegnet:

„Verbietet sie [sc. die verkehrte menschliche Situation] uns bestimmt, damit zu rechnen, als ob wir einen Anspruch darauf hätten, als ob das nicht in seiner letzten höchsten Gestalt das Werk Gottes wäre, auf das der Mensch keinen Anspruch hat noch erheben kann, so gebietet sie uns doch wohl noch bestimmter, eben darauf – wie wir es ja schon diesseits dieser letzten Möglichkeit mit Grund tun dürfen – zu *hoffen*, darum zu *beten*: in aller Zurückhaltung, aber auch in aller Bestimmtheit [...]." (IV/3, 550f)

Parallelen zwischen Heidegger und Barth sind in dieser Hinsicht m.E. also nicht zu verkennen. Doch ist die ganz neue Grundstimmung – dem Christen durch das Versöhnungsgeschehen als der eschatologischen Zeitwende mitgeteilt – für Barth wesentlicher noch als durch Erschrecken, Verhaltenheit und Scheu bestimmt zu kennzeichnen, nämlich eben als von Dankbarkeit erfüllt. Denn der Ursprung dieser Grundstimmung ist verschieden von dem von Heidegger genannten: nicht die Not, sondern das Evangelium, nicht eine neue Schickung des Seins, sondern – als herausrufende, stimmende Macht – die neue Stimme Jesu Christi. Er stimmt, er bestimmt, er stattet mit neuer Grundstimmung aus – nicht nur eine geschichtliche Epoche, sondern den neuen Äon, die ganze Vergangenheit der Welt, ihre ewige Zukunft.

„Ja, deine Gnade genügt mir!" wird, so Barth, der Glaubende als endgültige Antwort dem lebendigen Christus in Ehrfurcht und Scheu entgegnen. „Liebe Brüder", bittet der Prediger in einer seiner Gefängnispredigten zur Jahreswende 1962/1963, „sagt ihm das als Letztes im alten und dann wieder

---

37 Barth, Unterricht III, 385.
38 Ein bewegendes Beispiel für die gemeinte Zurückhaltung bietet m.E. Steiner, wenn er sich 1969 zu den Möglichkeiten eines deutsch-jüdischen Gesprächs äußert: „Dialog ist ein leichtfertiger Ausdruck, und es ist dafür noch viel zu früh. Vielleicht sollten Deutsche und Juden nicht miteinander sprechen, sondern jeder mit sich selbst, so klar und unerbittlich wie nur möglich. Dann wird der andere zuhören." (Steiner, Sprache und Schweigen, 11). Ein Zuhören beim Selbstgespräch des Anderen wäre ein erster Schritt.
39 Barth, Römerbrief II, 509.

als Erstes im neuen Jahr! *Sagt es ihm leise, schüchtern, bescheiden.* Wer dürfte es ihm schon anders sagen?"[40]

4. Die Grundstimmung schreibt sich in theologische Vollzüge ein

Um so mehr aber – um eine unmittelbare Folgerung zu nennen – kommt als entsprechende theologische Exegese nur eine dankbare Schriftauslegung in Betracht. Durch prinzipielle Nachträglichkeit ist sie zu kennzeichnen. Voraus geht ihr das Verstehen des Entscheidenden. Nicht irgend etwas, sondern diese Person, den in der Schrift Bezeugten, hat sie schon verstanden, sobald sie mit ihrer Arbeit beginnt. Besser gesagt: bereits *weiß sich* vorab der Ausleger durch ihn verstanden und gedeutet. Keinerlei auch nur im geringsten eigenmächtige Gottesdeutung (oder Christusdeutung) in der Schriftauslegung kommt mehr in Betracht. Die durchgreifend veränderte Situation der Zeit, die vollbrachte Versöhnung, steht nicht mehr zur Debatte. Sie genügt. Ebenso genügt (von *sufficientia* spricht die theologische Tradition) die Bibel, Buch aus Grenze und Himmel, zur verläßlichen Mitteilung des Evangeliums. *Dank* gilt den biblischen Texten in ihrer unbändigen grundbestimmenden Kraft. „Der nach christlicher Erkenntnis Fragende fragt auf Grund der keinen Augenblick in Frage stehenden Voraussetzung, *daß* es so ist, wie er christlich glaubt, *danach, inwiefern* es so ist."[41] Und dies auch in den einzelnen Vollzügen seiner Schriftauslegung.

Barths Exegese, schwer im Detail zu charakterisieren, ist dementsprechend jedenfalls vor dem Hintergrund jener Veränderung der Grundstimmung zu verstehen. So wird von dem Geheimnis gesprochen, daß sich – mit stimmender Macht – das in der Bibel Gesagte selber zum Zuge bringt und selber hören läßt. Folgern läßt sich dann: „[...] es wird uns das Wissen um dieses Geheimnis, wenn es nun um das *Verstehen* geht, in eine eigentümliche *Scheu und Zurückhaltung* versetzen, die uns sonst [...] nicht geläufig ist."[42]

Für einen eher formalen Bereich theologischer Vollzüge gilt indes Ähnliches. Geradezu liegt der „Sinn der Dialektik in der Theologie" im „Freibleiben *der* Stelle, wo das entscheidende Wort zu sprechen wäre".[43] Die Dialektik ist nichts als mehr oder weniger verlegener, im Augenblick freilich durch nichts zu ersetzender Platzhalter. Der Wechsel zur dialektischen Sprache in der Theologie nach dem Ersten Weltkrieg stellt, so genommen,

---

40 Barth, Predigten 1954–1967, 225 (Hv. M.T.).
41 Barth, Fides, 25f. – Vgl. z.B. die Anwendung des Grundsatzes auf die Frage nach der Wirkung des Heiligen Geistes I/2, 265.
42 I/2, 520 (Hv. z.T. von mir). Vgl. Barth, Vorträge 1922–1925, 445.
43 Barth, Vorträge 1922–1925, 674.

nur die folgerichtige Konsequenz von fortan um so eher angebrachter Scheu und Verhaltenheit dar. Diese aber finden in der Scham über das Geschehene nur einen Anlaß, doch ihren bestimmenden Grund darin, daß in Verkündigung und Theologie von Anfang an jeweils mehr verschwiegen ist als ausgesagt, das Ungesagte, erst von Gott selber zu Sagende, sich also als das dann erst Entscheidende erweist.

Erneut ergibt sich auch ein Blick auf den Theologiebegriff generell. Kann ein Denken *aus Dank*, aus bleibender, sich in seine Vollzüge einschreibender Dankbarkeit, Wissenschaft im genannten Sinne heißen wollen?

c. Dankbarkeit und Grundstimmung

1. Die Dankbarkeit ist die christliche Grundstimmung

Nicht die große Deutungsambition und -anstrengung, sondern die in die Tiefe reichende, die Welt, wie sie in Wahrheit ist, endlich erschließende Dankbarkeit ist es, eine vorgängige Grundstimmung, die die große Theologie ermöglicht. Ich meine, Barths Theologie muß ausdrücklich vor diesem Hintergrund einer profunden Dankbarkeit verstanden werden.

Der Dankbarkeit Gott gegenüber kommt für Barth jedenfalls „das letzte Wort" zu; sie ist, sobald die entsetzliche Verstimmung Adams sich endlich aufhebt und weicht, „das *allein* Mögliche."[44] In dem Maße aber, in dem sie als Grundstimmung tatsächlich aufkommt, drängt sie jene verrückte Begierde zurück, vermag sie umfassend unser Welthören und Weltsehen zu bestimmen: Warten und Eilen (2Petr 3,12), den menschlichen *modus vivendi* mit seinem Zeit- und Heute-Gefühl im ganzen. Auf Dankbarkeit als innerer Melodie gestimmt zu sein tritt als die neue ursprüngliche, tonangebende, die ganze Instrumentierung, Höhen und Tiefen, Intensitäten und Klangfarben vorgebende Gestimmtheit des menschlichen Gehörs in Erscheinung. Mit ihr wechselt die Sinnrichtung der Welt. Andere Stimmungen werden von ihr überboten, wie in der folgenden Wendung gesagt: „nicht nur erschrocken, nicht nur beschämt, sondern *dankbar*."[45] Wer sich von Gott hinreichend und überreich beschenkt weiß, kann dem Dank im Leben nicht nur augenblicksweise, sondern wird ihm umfassend nach Leib und Seele Raum geben – „[...] er *ist* eben dankbar, jedes Wort, jede Handlung, jede Miene und jede Gebärde wird bestimmt sein von diesem Dank."[46] Zu handeln ist eben auch von einem Dank, der eingelassen ist in die Schichten

---

44 Barth, Predigten 1921–1935, 189; 262.
45 Barth, Predigten 1921–1935, 149; vgl. 157.
46 Barth, Predigten 1921–1935, 373.

und Räume des Unbewußten, der Körpersprache, der Gesichtszüge, der Träume, des menschlichen Verhaltensrepertoires im ganzen – in Räume, deren Größe sich mangels Maßstab gar nicht messen läßt. Wiederum können Literatur und Kunst sie zu beschreiben und zu würdigen helfen.[47]

Nur „gerne" kann dieser Dank dargebracht werden. Denn Gott vermag wiederum gerne erkannt zu werden, mit einer Freude, die den Menschen über sich selbst hinausblicken läßt. Er ist dann ganz bei sich selbst und, in eins damit, weit draußen.

„Opfer und Dank", führt Barth aus, „ist nur das, was gerne dargebracht wird. Und der Grund, der die wahrhafte Erkenntnis Gottes notwendig macht, ist in sich selbst auch der Grund, Gott gerne zu erkennen. Wo er nicht gerne erkannt würde, da würde er auch nicht notwendig, da würde er gar nicht erkannt. Gerne heißt aber: in der Freude jener Erhebung des Menschen über sich selbst, in dem Überschwang jener Bewegung, in der er wohl bei sich selbst bleibt und nun doch wenigstens zeichenhaft auch über sich selbst hinausgreift, in der er wohl ein Mensch bleibt und im Raume seines menschlichen Vermögens und nun doch und gerade im Raume dieses seines menschlichen Vermögens das bezeugt, was über all sein Vermögen geht, weil er es auf Grund seiner Gegenwart bezeugen darf." (II/1, 247)

Erzwungen werden aber kann der Dank ebensowenig wie die Freude. Gewalt verträgt sich *partout* nicht mit ihm. Umgekehrt: „Nur Dankbarkeit vermag ja den Menschen wirklich zu binden."[48] Eine andere *ratio* – und um so mehr *ultima ratio* – herrscht im „Reich des Dankes",[49] in seinem Einfluß- und Bestimmungsbereich. Von Machtförmigkeit und Gewalthaftigkeit gründlich verschiedene Ordnungen, Bewußtseinsstellungen, Deutlichkeiten, Traurigkeiten, auch Höhenflüge ... werden maßgeblich.[50] „Das einzige Verhältnis des Bewußtseins zum Glück ist der Dank; das macht dessen unvergleichliche Würde aus", hebt Adorno hervor.[51]

Der Dank trägt das Leben ungleich umfassender als ein Gefühl, ist größer als das Herz des Menschen, das sich, sofern dem Dank anvertraut, aus

---

47 Von einer Überwältigung berichtet Jünger eindrücklich (Jünger, Siebzig verweht IV, 57): „Nach Mitternacht weckte mich eine Dankeswelle für Eltern, Lehrer, Kameraden, Nachbarn, unbekannte Freunde, ohne deren Hilfe ich nie mein Alter erreicht hätte. Meine Knochen würden in der Sahara bleichen, in einem Granattrichter modern; ich würde in Lagern oder Zuchthäusern verschmachtet sein. Wer, weiß, wer für mich eintrat, wo um Köpfe gehandelt wurde, wer für mich Akten fälschte oder verschwinden ließ. Man sagt: ‚Freunde in der Not gehen hundert auf ein Lot.' Aber einer genügt; ich habe gute Erfahrungen. Ob bei leichten Havarien, ob in schweren Katastrophen – es war immer einer da. Das kann kein Zufall sein."
48 Barth, Predigten 1935–1952, 269.
49 Barth, Predigten 1935–1952, 212.
50 Heidegger, der mit Nietzsche den Willen zur Macht im Willen zum Willen gegründet sieht, weiß (Heidegger, Zu Hölderlin, 302; Hv. M.T.): „Im Dank ist unerschöpflich aufgespart die wehrlose *Überwindung* jedes Willens zum Willen."
51 Adorno, Moralia, 126.

der Enge entlassen erfährt⁵² – ist als solches Hingerissensein nicht Sache des Willens oder eines Entschlusses. So beschrieben, bleibt er dem neuzeitlichen Lebensgefühl, der Willens- und Entschluß- und Aktivitäts- und Machtstimmung im Grunde unüberbrückbar fremd. Er stellt ja keine Variante des Begehrens dar. Unter keinen Umständen läßt er sich herbeiführen. Genau darin liegt seine moderne Mißlichkeit. „Wir können das Loben und Danken nicht an uns reißen", so heißt es wiederum in einer Predigt Barths, „es muß in uns erweckt werden; es muß unendlich viel stärker als wir selbst zu uns und über uns kommen."⁵³ Ist doch „[...] des Menschen Herz [...] viel zu klein für den großen Strom von Sehnsucht und Dankbarkeit".⁵⁴

Die Grundstimmung wird vielmehr „erweckt". Gegen die Macht- und Gewaltförmigkeit der Welt hat sich die Stimme der eigentümlichen „Gewalt" Gottes gesetzt, die seiner hinreichenden, überreichen Gnade. Wir haben die Sätze oben bereits⁵⁵ angeführt:

„Es geht um das leise, nicht laute – milde, nicht harte – vertrauliche, nicht fremde Aufwecken der Kinder im Vaterhaus zum Leben in diesem Hause. So übt Gott Gewalt. Alle göttliche Gewalt hat letztlich und im Grunde diesen Charakter. Alles göttliche Herrschen, Gebieten und Fordern ist in seinem innersten Wesen von dieser Art." (IV/1, 108)

Das Leben im Haus des Vaters ist Sein in der Dankbarkeit. Nur „eben wache, bewußte, entschlossene Dankbarkeit" (IV/4, 174) kommt mit dieser Erweckung auf. Der Dankbare ist dann der überhaupt erst *zu Gott* und *zur Welt* Erwachende. Der besinnungslos war vor unendlicher Gier nach einer anderen Stätte (nicht von Gott geschaffen, sondern von sich selbst erbracht), nach einer anderen Zeit (nicht von Gott, sondern von sich selbst gegeben) – jetzt „kommt er zur Welt", jetzt „kommt er zu Gott", dankbar in der Konsequenz des Genügens. Nicht mehr Traumgebilde sieht er, das allseitig Ungenügende,⁵⁶ die elenden, schmählichen Resignationsfiguren, sondern die zur Wahrheit entborgene Wirklichkeit, die mit Tiefenschärfe versehen Zeitdimensionen Vergangenheit, Gegenwart und Zukunft:⁵⁷ daß sie nämlich

---

52 So hält Gadamer fest (Gadamer, Danken und Gedenken, 35), „daß Dankbarkeit ihrem Wesen nach eigentlich eine unendliche Dankbarkeit ist".
53 Barth, Predigten 1935–1952, 24.
54 Barth, Predigten 1935–1952, 386.
55 Cf. oben Abschn. A. bei Anm. 19.
56 Über den Dank notiert wiederum Heidegger (Heidegger, Zu Hölderlin, 302): „Das Wunder seines Wesens ist, daß er frei sich genügt (und nichts will), aber gleichwohl nicht in sich selbst ruht. Er ist beruht von dem, worin er ruht, indem er sie wahrt: von der Huld."
57 „Dank", definiert Gollwitzer (Gollwitzer, Glaube als Dank, 394), „ist gegenwärtiges Handeln, das sich auf ein vergangenes Geschehen und auf Zukunft bezieht. Der Dankende sagt von einem vergangenen Geschehen, von einer vergangenen Tat eines anderen, durch diese Tat sei ihm Zukunft geschenkt worden." – Sehr anders wiederum Kafka: „[...] nichts ist mir geschenkt,

nichts als freies, reiches Geschenk sind, Formen der geschaffenen, zum Schauplatz der Versöhnung bestimmten Welt. „Ehrfurcht vor dem Leben" kann sich einstellen: „Es geht jetzt darum, daß das Leben ein uns von Gott gemachtes *Geschenk* ist: [...] als Werk Gottes des Schöpfers eine Gabe seiner Gnade, seines Wohlmeinens, seiner überaus herrlichen Absicht mit dem Menschen." *Dieser Gott ist unersättlich im Gewähren.* Aufhören kann die vom Ungenügen angetriebene, wahnsinnige Beschleunigung, bereit werden der Mensch „nicht nur [...] zum Weitereilen im eigenen Werk des Lebens, sondern auch zum *Stillstehen in der Dankbarkeit* für das, was das Leben als Gottes Gabe *vor* und *nach* und *über* allen seinen eigenen Werken in Wahrheit ist" (III/4, 430; Hv. z.T. von mir).

Gegen die aufdringliche Zeit, die uns einen bestimmten Umgang mit ihr aufzwingen will, die grundsätzliche Verspätung, läßt sich dann geltend machen, daß der „Herr der Zeit" Versöhnung definitiv geschaffen und alles zur Versöhnung bestimmt hat und der Umgang des Menschen mit der Zeit Rechtzeitigkeit zu gewinnen vermag, wirkliche Zeitgenossenschaft, Gegenwärtigkeit, *das erfüllte Heute*, nämlich das Erreichen dessen, was um Gottes willen an der Zeit ist – in der Gleichzeitigkeit mit dem Versöhner. Heideggers Einsicht, wenn christologisch gefaßt, kann in den theologischen Zusammenhang hinübergenommen werden: „Die ins Danken gelangen, erfahren die geheimnisvolle Kraft der Vergegenwärtigung, die der Dank in sich birgt."[58]

Geradezu kann der rechtzeitig und heutig gewordene Mensch, der Gerechtfertigte und nunmehr Gleichzeitige, als ein *neues Subjekt* bestimmt werden, bereit dann auch zu Taten der Dankbarkeit.

Das „rechtfertigende Urteil Gottes", stellt Barth fest, „ist seine Entscheidung, in welcher dem Menschen das Sein als Subjekt jener Tat [sc. des Hochmuts] abgesprochen und damit seine Belastung durch diese Tat, seine Schuld, vergeben, durchgestrichen, aufgehoben – und umgekehrt ein Sein als Subjekt von lauter Taten der Dankbarkeit für solche Befreiung ihm zugesprochen wird." (IV/1, 160)

Regelrecht wird der Mensch also als Subjekt des Hochmuts weggeschafft und zum Subjekt der Dankbarkeit erst konstituiert: zu dem Geschöpf, das lebensmäßige Einsicht in das wiedergewinnt, was überhaupt „Gabe" und was das Wort „Empfangen" bedeutet, dem also Gott als der Schenkende und die reine Gegebenheit der Welt aufgeht: daß die Schöpfung sich als Geschenk verwirklicht, bestimmt dazu, der Versöhnung als freier Gabe den guten, den sehr guten (Gen 1,31) Ort zu verschaffen. Für dieses neue, glaubende, umgestimmte, dankbare Subjekt ist insofern das Anwesende im

---

alles muß erworben werden, nicht nur die Gegenwart und Zukunft, auch noch die Vergangenheit [...]." (Kafka, Briefe an Milena, 308).
58 Heidegger, Erfahrung des Denkens, 239.

ganzen als Gabe anwesend. Es kann nicht mehr fahrlässig gelebt werden. Der so Herausgerufene und Umgestimmte hat dann ins Freie des Gegenübers zu Gott gefunden. Zu Gott und zur Welt, wie sie in Wahrheit sind, ist er in seiner Dankbarkeit erwacht. Neu, versöhnlich, ihn rechtfertigend, begütigend ... hört er die Stimme Gottes, neu auch, im Ausdruck des Geschaffenseins, die Stimme der Welt. Verwandelt hat ihn eine andere Grundstimmung. Von der genau insofern „neuen Kreatur", einem neuen Subjektsein in der Wahrheit, spricht Barth in diesem Zusammenhang:

„Diese Kreatur ist dankbar. Darin erkennt sie Gott und darin wird sie selbst neue Kreatur: daß sie dankbar wird. An Jesus Christus glauben heißt dies: *dankbar werden*. Man verstehe dies nur so radikal, wie es in diesem Zusammenhang verstanden werden muß: nicht bloß als eine Stimmungs- und Gesinnungsänderung also, auch nicht bloß als eine Veränderung des Verhaltens und Tuns, sondern als die Veränderung des Seins des Menschen vor Gott: dadurch hervorgebracht, daß Gott sein Verhalten ihm gegenüber verändert hat: seine Veränderung aus dem unmöglichen und lebensgefährlichen Stand der Undankbarkeit in die Dankbarkeit als neuen, besseren, den allein möglichen und aussichtsvollen Stand vor Gott. Man verstehe Dankbarkeit nicht nur als eine Eigenschaft und Tätigkeit, sondern als das Wesen dieser Kreatur: sie dankt nicht nur, sie ist selber Dank; sie kann sich selber nur noch als Dank erkennen, weil sie tatsächlich nur noch als das, als ein einziger Dank gegen Gott existieren kann." (II/1, 755)

2. Der Mensch ist zur Dankbarkeit bestimmt

Niemand hat die Bedeutung der Dankbarkeit für Barths Theologie nachdrücklicher hervorgehoben als Helmut Gollwitzer. „Gibt es", so fragt er, „ein Zentralwort, das bei Barth regelmäßig auftaucht, wenn er vom Menschen spricht, ein zentrales Wort für die Grundbestimmung menschlichen Daseins?" Zu Recht wird geantwortet, dieses zentrale Wort eröffne eine Perspektive auf Barths Theologie im ganzen:

„Wer sein Lebenswerk etwas genauer kennt, wird mir zustimmen, wenn ich darauf mit dem einen Worte ‚*Dankbarkeit*' antworte. [...] Es lohnt sich, dies darzustellen – zum einen, weil es einen Zugang zum Werke Barths, zu seinem Verständnis und seiner Auslegung des christlichen Glaubens gibt, wie er einladender nicht gedacht werden kann – zum anderen, weil dies nicht nur nicht sehr bekannt, sondern auch gar nicht selbstverständlich ist. Nicht selbstverständlich, was das Denken unseres Jahrhunderts anlangt – nicht selbstverständlich auch angesichts des Bildes von Barth, das sich durch das Gerücht von ihm in vielen Köpfen festgesetzt hat."[59]

Und mit demselben Tenor, der Dankbarkeit als Grundbegriff der Theologie Barths identifiziert, heißt es an späterer Stelle: „Jeder Satz über Gott [sc. im

---

59 Gollwitzer, Glaube als Dank, 387.

Sinne Barths] ist nur dann ein christlicher Satz, wenn er ein ‚Gott sei Dank' zur Folge hat."[60] Oder: „Die Worte Dank und Freiheit werden auf diese Weise für Barth zu den Grundbegriffen seiner Ethik, d.h. seines Nachdenkens über Sinn und Aufgabe unseres Lebens."[61] Dem entspricht, daß Barth die Ethik der Versöhnungslehre ja mit Ausführungen über das Abendmahl beschließen wollte, das Mahl des Herrn aber bestimmt „als die auf die Präsenz Jesu Christi in seinem Selbstopfer antwortende und seiner Zukunft entgegenblickende *Danksagung*" (IV/4, IX; Hv. M.T.).

Daß Barth die Dankbarkeit als grundbegriffliche Kategorie ausgezeichnet sieht, geht nicht zuletzt daraus hervor, daß die Unterscheidung Dankbarkeit oder Undankbarkeit bei ihm gültig geradezu für die von für Gut und Böse eintreten kann:

„Gut", so wird erklärt, „ist dasjenige Tun des Menschen, in welchem der Mensch für Gottes Gnade *dankbar* ist. Nichts sonst? Nein, nichts sonst! Weil alles Gute, was man sonst nennen könnte, der Glaube, die Liebe, die Hoffnung, jede nur denkbare Tugend und Pflicht, in diesem Einem enthalten ist: daß der Mensch dankbar sei für Gottes Gnade" Und: „Böse ist das Verhalten und Tun des Menschen, in welchem er dem Inhalt und Tun der Geschichte Gottes widerspricht [...], in welchem der Mensch offen oder heimlich, aus Angst oder Hochmut, *undankbar ist*. Das ist böse. Nichts sonst? Nein, nichts sonst, weil alles Böse von Adam an bis auf diesen Tag vom großen Geschehen der Weltgeschichte bis hin zu den kleinen Lügen und Unfreundlichkeiten, mit denen wir uns gegenseitig unser Leben vergiften, dem menschlichen *Haß* gegen Gottes Gnade entspringt."[62]

In ähnlicher Entsprechung: nun statt „gut und böse" – „Gerechtigkeit und Ungerechtigkeit":

„Und wenn nun das Sein Gottes als Gott des Menschen seine Gnade ist, dann kann das Sein des Menschen als das Sein seines Volkes, dann kann das, das im Bunde mit Gott ihnen zukommt und zugemutet ist, eben nur der *Dank* sein [...]. Der Dank ist der eine, Alles umfassende, aber eben so gültige und unumgängliche Inhalt des den Menschen auferlegten *Gesetzes* des Bundes. Er ist das Eine, Notwendige, das von Seiten des Menschen zu geschehen hat. [...] Daß er dankbar sei, das ist die Gerechtigkeit vor Gott, die von ihm gefordert ist. Und ist er undankbar, dann ist das seine Ungerechtigkeit." (IV/1, 44f)

---

60 Gollwitzer, Glaube als Dank, 395.
61 Gollwitzer, Glaube als Dank, 403. Ein merkwürdiges Mißverständnis bei Hanna Arendt. „Dankbarkeit", vermerkt sie (Arendt, Denktagebuch, 10f), „ist keine christliche Tugend, kommt im Christentum nicht vor, sondern ist abgelöst von Ergebenheit in den Willen Gottes, d.h. eigentlich von der Überwindung des Ressentiments gegen Gott.".
62 Barth, Christliche Ethik, 5f. Der Text liegt in zwei Fassungen vor. Ich zitiere ThEx NF 3. Die andere Fassung (ThSt 23) liest nicht „vom großen Geschehen der Weltgeschichte", sondern härter: „von den großen Ungeheuerlichkeiten der Weltgeschichte".

So kommt zuletzt, Barth zufolge, die Dankbarkeit geradezu mit dem Christsein überein. Sich als Christ zu wissen bedeutet, sich, herausgerufen, hingenommen von einem offensichtlich Gewordenen, umgestimmt, als Dankbaren erfahren.

„Er [sc. der Christ] vollzieht dieses Glauben und Kommen gerade nur, indem er Zeuge des Werkes dieser anderen, größeren Kraft, indem er für ihr Werk und dafür, daß er sein unmittelbarer Zeuge sein darf, *dankbar* ist. In allem, was er sonst und mehr sein wollte als dankbar, wäre er nicht Christ. In allem Selbstverständnis, in welchem er sein Christsein anders verstehen wollte denn als den Vollzug dieser Dankbarkeit, würde er sich selbst gerade als Christ mißverstehen." (IV/2, 345)

Infolgedessen aber begegnet bei Barth vielfach der Hinweis auf die Dankbarkeit als geeignete, das Entscheidende zuverlässig integrierende Zusammenfassung dessen, was als menschliche Entsprechung zum Handeln Gottes geboten erscheint. Mit dem Satz „Dankbar sein ist Alles", beschließt Barth eine Predigt 1915.[63] Oder er fragt: „Wie wird man Zeuge?", um zu antworten: „Ich habe das, was als Antwort auf diese Frage zu sagen ist, nach der hl. Schrift zusammengefaßt in das Wort: *Dankbarkeit*."[64] Sie ist des Menschen höchste Bestimmung – dabei, wie ausgeführt, immer auch radikale Umstimmung, stets Trotz, verbunden mit Kampf, immer auch Entgiftung. Die Erlaubnis, die mit ihrem Geist gegeben ist, vermag sich wie eine Atmosphäre auszubreiten, den Dankbaren zuweilen wie zum Bersten erfüllen, und die emphatischen, aber auch die alltäglichen Bewegungen seines Lebens ausmachen. Auf die Dankbarkeit zielt zuletzt Gottes Gnadenwahl, die unvordenkliche Maßgabe der Gnade: die unendliche Voreingenommenheit, von der Gott selbst sich bestimmen lassen will. Gemeint ist dann „[...] der *Bundesmensch*: der Mensch, der als solcher zum Danken bestimmt und aufgerufen ist" (IV/1, 45), dessen Grundstimmung der Dank sein kann, der vielfältige Dank für diesen Bund, pulsierendes Zentrum seines In-der-Welt-Seins.

„Dazu erwählt ihn Gott, damit es zum Danken (und damit zum Leben aus und in der Gnade!) komme in seinem Leben. Dazu erwählt ihn Gott, daß seine Existenz zu einem einzigen Dank werde. Daß er diesen Dank leiste und in seiner ganzen Person dieser ganze Dank sei, das ist die Bestimmung des Erwählten. [...] Er darf danken. Das ist das Geheimnis der Gnadenwahl des Einzelnen." (II/2, 457)

---

63 Barth, Predigten 1915, 141.
64 Barth, GV III, 189.

3. Die Grundstimmung stimmt ein in den Dank Christi

Wer vermag diese Grundstimmung *anzustimmen*?[65] Die Dankesstimme Christi – als Stimme noch tief gegründet unter den Stimmen, die ich beherberge und deren Summe ich bin, – bestimmt mich, gibt mir die Grundgestimmtheit vor, setzt damit die Grundbewandtnis meiner Existenz, entwirft und formt Sensibilität und Verstehen, weckt mich als mich selbst auf, gerade indem sie meinen Dank weckt, macht denjenigen zum Erwachenden, der eher geneigt ist, träge in sich und mit sich (vermeintlich bei sich) einzuschlafen und danklos bei sich selbst (beim eingebildeten Selbst) wie am Ziel todbereit und schon abgestorben stehenzubleiben. Die Dankbarkeit kommt aber, als Ende der Selbstvergiftung, auf Verlebendigung und freie Wachheit schlechthin hinaus.[66] Wunderbar treffend spricht Nietzsche von „uns" als von denjenigen, *„deren Aufgabe das Wachsein selbst ist"*.[67] Ja – doch *dieses* Wachsein, in *diesem* Wachheitsklima. Wie kommt es zustande? Aus der Resonanz mit einem stimmlichen Gegenüber entsteht es: als Einstimmen, als Konsonanz. Die Stimme des apostolischen Zeugnisses vermittelt den Ruf an den Herzensträgen, der, zu schwach, sich zu freuen, sich abgetötet hat: „Wach auf, der du schläfst und steh auf von den Toten, so wird Christus dir leuchten!" (Eph 5,14)[68] Bonhoeffer spricht schön von der „unter der Verkündigung des Wortes Gottes *erwachenden* Gemeinde".[69]

„*Wer dankt?*", fragt Barth und antwortet: „Jesus Christus zuerst. Ihm nach der Apostel. Wir hören die Worte des Apostels, damit sie ein zweites Echo fänden in unseren Herzen und Lippen. Wir sind eingeladen, uns ist erlaubt und befohlen, an diesem Danken teilzunehmen, in dieses ‚ich danke Gott' einzustimmen."[70]

Diese Einstimmung ist es indes, die dem menschlichen Dank eine unerhörte Vehemenz verleiht: die Kraft – bei aller Unvollkommenheit und Problematik der Person des Dankenden selbst – Gott zu erreichen und zu bewegen. Denn wir sind ja jeweils nur „uns selbst *zum Trotz* dankbar".[71] Auch der Dank, gezeichnet natürlich auch er immer wieder vom Lügner (Ps 116,11; Röm 3,4), bedarf der gnädigen göttlichen Erhörung. Sie aber wird – Kraft des Dankes des Sohnes – vom Vater gewährt.

---

65 Vgl. Heidegger, Beiträge, 16.
66 Gibt es eine Phänomenologie des Aufwachens? Wie wird in der Literatur das Aufwachen geschildert? An den berühmten Beginn des 7. Kapitels in Thomas Manns *Lotte in Weimar* wäre beispielsweise zu denken.
67 Nietzsche, KStA 5, 12.
68 Vgl. Barths berühmte Predigt über 1Joh 4,18 (Barth, Predigten 1954–1967, 193–201; 289–296; dort 200 bzw. 296).
69 Bonhoeffer, DBW 6, 401 (Hv. M.T.).
70 Barth, Predigten 1935–1952, 212.
71 Barth, Unterricht III, 340 (Hv. M.T.).

„Er erhört ihren *Dank*. Er geht nicht ins Leere. Er wird ihm in seiner ganzen Unvollkommenheit nicht umsonst dargebracht. Er nimmt ihn als ‚Eucharistie', als Anerkennung seiner Gnade gnädig entgegen – obwohl sie, seine Menschenkinder, kaum ahnen, geschweige denn wissen, was sie sagen, wenn sie ihm dafür danken, daß er freundlich ist ‚und seine Güte währet ewiglich', obwohl sie ihm faktisch selten genug und sicher nie auch nur von ferne ernstlich genug danken. Er notiert und akzeptiert ihren Dank, weil sie ihn ihm ja als Brüder seines Sohnes darbringen: als Anerkennung seiner ihnen in Ihm widerfahrenen Gnade und indem sie einstimmen in sein vollkommenes Danken. Er läßt sich bewegen durch ihre Danksagung, indem er ihre dissonanten und schwachen Stimmen hört als getragen durch die eine starke Stimme des Einen, durch dessen ‚Eucharistie' das Ungenügen der ihrigen im voraus bedeckt und verherrlicht ist."[72]

Es wird nur eingestimmt, und die sich damit einfindende Grundgestimmtheit des Dankes läßt erwachen. Erhalten bleibt freilich die Angewiesenheit auf den Erweckenden selbst und auf sein neues Aufwecken des Schlafenden und Toten, auch des Abgetöteten. Nirgends sonst ist Wahrheit so fragil und von Besinnungslosigkeit bedroht wie hier – in ihrer Kongruenz mit Wachheit. Während sich das göttliche Geschenk der Versöhnung ein für allemal zugetragen und gegeben hat, bedarf die menschliche Erwiderung der jeweiligen Erneuerung. „Wo echte Wohltat nach Dank ruft", stellt Barth fest, „und wo echter Dank auf Wohltat antwortet, da besteht eine Beziehung, die, von der einen Seite geschaffen, von der anderen nur hinzunehmen und nicht wieder aufzuheben, sondern nur immer wieder zu erneuern ist." (III/2, 199) Wiederum scheint Barth also eine bestimmte Zurückhaltung angebracht:

„Es wird [...] geboten sein", hebt er hervor, „die Christen nicht etwa als die im Gegensatz zu der schlafenden Welt *Wachen* zu definieren, sondern ein wenig zurückhaltend als Erwachende, in der Meinung: als irgendeinmal zuerst und dann zu ihrer Beschämung und zu ihrem Glück wieder Erweckte – des Erwecktwerdens immer aufs neue Bedürftige und ganz und gar darauf angewiesen, daß sie immer aufs neue erweckt *werden* – insofern dann: als hoffentlich immer wieder Erwachende." (IV/2, 627f)

Denn auch das echte Danken bleibt Bitte. Es gibt „nur als *Bitte* ein echtes Danken und Loben".[73] Die Glaubenden bleiben geistlich arm und können sich Gott gegenüber in keiner Hinsicht ermächtigen.

„Auch ihre Anrufung, ihr Danken und Loben, wird immer in den peinlichen *Grenzen* ihrer Menschlichkeit stattfinden. [...] Ihr Danken und Loben kann nur das von Solchen sein, die seiner und seines weiteren freien Gebens gänzlich *bedürftig* sind. Noch mehr: es kann nur in rückhaltlosem Eingeständnis dieser ihrer gänzlichen Bedürftigkeit, nur als Schreien nach Gott, nach seinem weiteren freien Geben – es kann nur als *Bitte* ein echtes Danken und Loben sein."[74]

---

72 Barth, Das christliche Leben, 174f.
73 Barth, Das christliche Leben, 143.
74 Barth, Das christliche Leben, 142f.

Denn wir wissen auch nicht, wie wir danken sollen, wie es sich gebührt, und sind auch darin angewiesen auf den Geist, der uns vertritt mit unaussprechlichem Seufzen (Röm 8,26). Insofern wird auch der Dank ein Seufzen sein – gerichtet an Gott, den Vollender der Welt: „Ihm gebührt wirklich Lob und Dank u. zw. *e profundis* in und unter allem Seufzen nach dem Fortgang und Abschluß seines Werkes [...]." (IV/3, 418)

4. Seine Lektüre der Welt ist die des ersten Blicks

Um Einzelnes zunächst geht es im Dank. Soweit die Dinge stumm vor Selbstverständlichkeit sind, zugeschüttet mit zufälligen Namen, wir sie, besser gesagt, faul selbstverständlich nehmen, sofern, derselben Trägheit gemäß, Phänomene, Dinge, Worte nichtssagend werden – erschließt der Dank eine Qualität der Zeit, in der jeder Augenblick zählt, weil das Auge am Vorübergleiten an den Dingen gehindert wird. Seine Lektüre der Welt ist die des ersten Blicks, der unwillkürlichen Zustimmung zum Augenblick, der nicht wiedererkennt, nur erkennt. Was fast unsichtbar wurde durch Gewohnheit, gibt sich zu erkennen. Womöglich herrschen Momente vollkommener Gegenwartsintensität. Erblickt wird ein unbekanntes Land der ersten Male. Auf seine Merkmale richtet sich der Scheinwerfer lebendigen Interesses. So genau werden sie angeblickt, daß sie ihre Selbstverständlichkeit einbüßen. „*Sieh jene Kraniche in großem Bogen!*" Dabei ist dieser Blick ein kategorial anderer als der neuzeitlich übliche (der das Nichtselbstverständliche lediglich um der Veränderbarkeit willen ausfindig machen will).[75]

Der Dankbare findet sich eingeweiht in die Schöpfung. Er ist auf der Welt tiefer daheim. Die Dinge können nicht ins Beliebige wegtauchen. Sie werden dem Akzidentellen entrissen und kommen in ihr Recht. Der Dank ist eine Weise der Aufmerksamkeit und insofern gesteigerte Lebendigkeit. Nicht mehr nehmen Blicke die Welt wahr wie eine Abwehr. Eine Art Substantialisierung geschieht. Ans Herz der Dinge wird gerührt – als wären sie, sobald Dankbarkeit sie trifft, sofort zum Aufflammen bereit. Das Glück des Sehens, das Glück der Sinne, ein Aufwachen und Verweilen ... Marcel Prousts *Recherche* gibt dafür das wohl eindruckvollste, begeisternde Beispiel der Literatur. Man vermag stehenzubleiben und sich den Augenblick zu merken. Für immer. „Der Herbst, die Straßenecke, der heutige Tag. Das bin ich." Der Dankbare wird zu einem Chronisten auch des Beiläufigen, bereit, der Schönheit des Alltäglichen ihren Tribut zu zollen – sei es im

---

[75] Furchtbar der Satz Adornos: „Nur wenn, was ist, sich ändern läßt, ist das, was ist, nicht alles." (Negative Dialektik, 391).

Sturz durch die Flächigkeit der Dinge in ihre Dimensionalität, sei es im Erkunden ihrer herrlichen, womöglich ins Triviale verwebten Oberfläche.[76] Auf eine durchaus flüchtige Weise erweisen sie sich als schön. Die Oberfläche ist womöglich tief genug. Oder sie wird durch den Untergrund jedenfalls nicht widerlegt.

Versetzt findet sich der Dankbare geradezu in ein Überraschungsfeld, das sich auch im Alltäglichen aufschließt, beim Erkundungsgang durch das Unspektakuläre – auch in der einfachsten Geste. Gewahr wird er plötzlich bedeutungsvoller Erscheinungen, die dem Augenblick angehören. Plötzlich. Es ist dieses Wort. Will man das Aufmerksamwerden der Dankbarkeit in kurzer Form fassen, dann in diesem Wort. Plötzlich. Tritt die Wahrheit ein. Tanzt ein Schatten. Zerbröckelt Erde unter den Fingern. Fügen sich Klänge zu einer Melodie. Rufen Texte hinein in eine geheimnisvolle Textwelt. Öffnen sich Türen ins Unvertraute. Ist in allem Gehörten das Unerhörte zu finden. Erhalte ich Kenntnis von Dimension und Weite und Fläche der Dinge der Welt. Atme ich Weite überallhin. Lassen sich Unmerklichkeiten wie selbstverständlich als kapitale Gründe der Freude aufspüren. Ist nichts beiläufig, nichts unerheblich, auch die Oberfläche ein Geheimnis, ein unübersehbar weiter Platz, auf dem gewohnt wird, ist der Augenblick reich. Findet der Dankbare womöglich angemessene Sprache für das Unscheinbare ...

„Hast Du schon gemerkt, wie Spätsommerschatten auf durchwühlter dunkler Erde tanzen, wie körperhaft sie tanzen. Hast Du schon gemerkt, wie sich die Erde entgegenhebt der fressenden Kuh, wie zutraulich sie sich entgegenhebt? Hast Du schon gemerkt, wie schwere fette Ackererde unter den allzu feinen Fingern zerbröckelt, wie feierlich sie zerbröckelt?", fragt Kafka in einem der ersten Briefe, die wir von ihm haben.[77]

So gewinnt die Welt für den Entdeckungsfreudigen an Deutlichkeit, an verborgener, doch dann vernehmlicher Beredsamkeit des Alltäglichen. Die scheinbar unbedeutende Täglichkeit, das Jetzt, vermag ausführlich zu reden.[78] Ein Beispiel mag ein Gedicht Zbigniew Herberts abgeben:

---

76 Vielleicht kann man in diesem Zusammenhang an Peter Webbers Film *Das Mädchen mit dem Perlenohrring* denken, in dem der Blick der Kamera über die Maserung der Holzvertäfelungen gleitet, das struppige Fell eines Esels am Straßenrand streift, den groben Stoff des Kittels der Dienstmagd ebenso bemerkt wie den gestärkten Spitzenkragen der Hausherrin, auf den Verstrebungen der Fenster verweilt, über das Gefieder der Hühner und Tauben huscht, vor allem aber angezogen wird von einem überirdischen Leuchten der Perlen.

77 Kafka, Briefe 1900–1912, 16 (Herbst 1902).

78 „[...] dazwischen aber immer jeden zweiten, dritten Tag ein völliges Umstellen auf die erschütternden Dinge des Tages, dieses unheimliche Geheimnis: Wirklichkeit", schreibt Hugo von Hofmannsthal an Rudolf Borchardt (Borchardt, Briefe, 195). Und Canetti (Canetti, Gewissen, 54) leitet Überlegungen zum Tagebuchschreiben mit folgenden Sätzen ein: „Es ist aber so, daß ein Mensch, der die Heftigkeit seiner Eindrücke kennt, der jede Einzelheit jedes Tages so empfindet, als wäre es sein einziger Tag, der – man kann es nicht anders sagen – recht eigentlich aus Über-

> Brevier
>
> Herr,
> dank sag ich Dir für diesen lebenskrämpel, worin ich
> ewiglich rettungslos versinke, unentwegt suchend nach
> irgendeinem kleinkram.
>
> Gelobt sei für die gaben – für knöpfe stecknadeln hosen-
> träger brillen tintenströme für das allzeit gastfreundliche
> papier heftklammern plastikhüllen mappen geduldig wartend.
>
> Herr, dank sag ich Dir für all die spritzen mitsamt nadeln
> dick oder hauchdünn, bandagen, heftpflaster, schmiegsame
> kompressen, dank für den tropf, die mineralsalze und ganz
> besonderen dank für all die schlaftabletten mit namen
> wohllautend wie die der römernymphen
>
> > die gut sind, weil sie den tod erbitten, an ihn erinnern,
> > stellvertretend.[79]

Der Dank geht, sagten wir, zuerst auf Einzelnes. Jeder Schritt führt an ein Ziel. Jedesmal, überall, bin ich ein Ankommender. Befördert wird ein spezifisches Verweilen. Die Dankbarkeit, einfach als konsequente Aufmerksamkeit, kommt dann auf Entwicklung von Achtsamkeit und Gespanntheit hinaus.[80] Der Dankbare ist der eminent aufmerksame Hörer, Zeitgenosse, Nächste, Sterbende, Handelnde, Zögernde, Entschlossene. Er sieht und hört sich nicht müde an der Welt, um so weniger am Wort Gottes. Bewußtsein verbraucht sich nicht und lebt sich nicht ab, schon gar nicht das der Anwesenheit Christi. Wie es sich anfühlt, am Leben und gerettet zu sein, ist ihm sehr bewußt. Vielleicht weiß er, was es bedeutet, nach einer Menschheitskatastrophe – und um so mehr nach der Kreuzigung des Gottessohnes – zu leben, so daß sich als Folge das Bewußtsein von der Abgründigkeit und Ungeheuerlichkeit jeden einfachen gelebten Augenblicks schärft. „[...] manchmal eine Stunde, da bist Du, der Rest ist das Geschehen; manchmal die beiden Fluten schlagen hoch zu einem Traum"[81] – zu mehr als zu einem Traum. Die so unwahrscheinliche Gegenwart des anderen, des geliebten Menschen, nimmt der Dankbare als solche wahr – doch dann auch das Leben im ganzen. Barth spricht von Augenblicken des Lebens, in denen

---

treibung besteht, der aber auch diese Anlage nicht bekämpft, weil es ihm um das Herausheben, um die Schärfe und Konkretheit aller Dinge zu tun ist, die ein Leben ausmachen, – es ist so, daß ein solcher Mensch explodieren oder sonstwie in Stücke gehen müßte, wenn er sich nicht an einem Tagebuch *beruhigte*."

79 Herbert, Gewitter, 9.
80 Nicht übel die Wendung (wer hat sie erfunden?), man ginge in revolutionären Zeiten mit dem Gefühl ins Bett, nicht einfach morgen früh, sondern in der Zukunft aufzuwachen.
81 Benn, Briefe an Oelze I, 311; vgl. Benn, SW III, 50.

„etwas aufblitzt an Erfüllung, in denen durch alles Laufen, alle Anstrengung, allen Kampf und Krampf, in welchem er es leben *muß*, hindurchbricht die Dankbarkeit dafür, daß er es leben *darf*." (III/4, 430) – Blitze der Präsenz, Augenblicke, in denen so etwas wie Selbstaufbietung sich erübrigt.

Als „Lösung, Lockerung, Entkrampfung" hat Barth in seiner *Ethik-Vorlesung* von 1928/29 die Dankbarkeit beschrieben.[82]

Die dergestalt zum Ebenbild Berufenen kennen den aufrichtigen „Dank schon dafür, daß sie sind und nicht nicht sind und daß sie als die, die sie sind, in den Grenzen ihrer Natur und Zeit da sein dürfen!"[83] Beendet werden kann das Ringen um die Autorschaft am eigenen Leben und um das Urheberrecht auf sich selbst.

„Dank", so gibt Gollwitzer Barths Anschauung wieder, „ist eine die ganze Welt umfassende Dimension. Denn im Dank wird der Mensch zum Sprecher der ganzen Schöpfung, die aus der Gnade ihres Schöpfers und also in der Schuldigkeit des Dankes lebt. Das ist die eigentliche Bedeutung der biblischen Rede vom Menschen als dem Geschöpf, das zum ‚Ebenbilde Gottes' berufen ist [...]."[84]

Dank für das Sein wird möglich: das Sein selbst als Geschenk wahrzunehmen, die umfassende Seins-Schenkung, seine Kontingenz, zugleich die andere Möglichkeit (die der Nichtigkeit) nicht unbemerkt zu lassen, die unerklärliche Tatsache also zu realisieren, daß die Welt ist, während sie auch hätte nicht sein können, und daß wir darin sind, während dieses Unbegreifliche auch hätte nicht sein können. Ich lebe, statt tot zu sein. „Allmählich begreife ich, *wieviel da ist*", wundert sich Canetti.[85] Der Dank geleitet ins Sein zurück. Er entdeckt den *Überfluß der Wirklichkeit*. Mit Verweis auf KD III/4, 369 erinnert Gollwitzer an Barths Gedanken, „daß das *ganze* Leben des Menschen, sein ‚geistliches' wie sein natürliches, für den Dank beschlagnahmt ist [...]."[86] Aus diesem Grund kommt es zu Wendungen wie „*wieder* und *wieder* danken"[87] oder „*unbedingt* danken".[88]

Wiederum wird in ähnlicher Weise diese Einsicht atemberaubender Nicht-Selbstverständlichkeit anschaulich *in der Kunst*: dies Herbstgedicht, diese gemalte Ansicht von Murnau oder Delft, diese Sonate und dieses

---

82 Barth, Ethik II, 430.
83 Barth, Das christliche Leben, 138. – „Das Sein ist unser Gastgeber. Wir sind vom Leben eingeladen. Niemand hat ein Recht, geboren zu sein" erklärt George Steiner in seiner Rede zur Verleihung des Börne-Preises. Und in derselben Rede: „Ich sagte, daß wir Gäste des Lebens sind. Welch Glück hat man, wenn man auch Gast der Wahrheit sein darf." (Steiner, Gäste des Lebens).
84 Gollwitzer, Glaube als Dank, 404f.
85 Canetti, Provinz des Menschen, 192.
86 Gollwitzer, Glaube als Dank, 406. – „Wir können nur mit uns selbst danken", hebt Heidegger in einem Brief an Hannah Arendt hervor (Arendt – Heidegger, Briefwechsel, 13).
87 Barth, Das christliche Leben, 139.
88 Barth, Predigten 1935–1952, 213 (Hv. M.T.).

Klarinettenkonzert mit ihrer in Worten nicht auszudrückenden Daseinsenergie – sie könnten sehr wohl nicht existieren. „Jedes Kunstwerk", wir haben den Satz bereits zitiert,[89] „tritt [...] absolut unerwartet in die Welt". An Heideggers Staunen ist zu denken, *daß Seiendes ist und nicht vielmehr nicht ist,*[90] und zum Beispiel an Schopenhauers „Unruhe, welche die nie ablaufende Uhr der Metaphysik in Bewegung erhält, das Bewußtsein, daß das Nichtsein dieser Welt ebenso möglich ist wie ihr Dasein".[91] Aus der dankbaren Entgegennahme der Welt spricht immer auch mindestens unausdrücklich die Nicht-Selbstverständlichkeit des Seins und der Gedanke des möglichen Nichts, das insofern in die Tatsächlichkeit der Welt wunderbar eingezeichnete Trotzdem. Den „Gedanken unserer möglichen Nichtigkeit" stellt Dieter Henrich vor Augen. Er tritt auf im „Dank für mein Dasein, in dem der Gedanke der Möglichkeit meiner Nichtigkeit für immer eingeschlossen ist".[92] Zurückhaltend gibt er eine mögliche Folgerung zu bedenken:

„So kann also schließlich sogar erwogen werden, ob wir in eine Beziehung zur Welt als solcher zu gelangen vermögen oder gar zu gelangen bestimmt sind, welche eine Beziehung selbst schon der Dankbarkeit ist, oder ob unsere Weltbeziehung, wenn sie zur Vollendung oder in das rechte Verständnis ihrer selbst gelangt, sich zu einer solchen des Dankes verwandelt."[93]

Entschieden und ohne (in diesem Fall nämlich unangebrachte) Zurückhaltung demgegenüber der Theologe: „Das Gotteslob der Gemeinde hat eine im Leben der Welt klaffende Lücke auszufüllen. Was hätten alle Menschen Würdigeres und Dringlicheres zu tun, als den allein wahren Gott zu loben?" (IV/3, 992) Der Mensch vertritt darin die ganze Schöpfung.[94] „*Die Schöpfung schuldet Gott Dankbarkeit. [...] Es ist der Mensch dazu berufen, dem Schöpfer den Dank der Schöpfung darzubringen.*" Er ist „berufen zur Dankbarkeit, zu derselben Dankbarkeit, die die ganze Schöpfung ihm schuldig ist. *Unsere* Dankbarkeit kann nur diese sein. Diese *unsere* Dankbarkeit wird aber dem Schöpfer und Herrn der *ganzen* Welt gelten!"[95]

---

89   Strauß, Beginnlosigkeit, 18. Cf. oben Abschn. C. bei Anm. 40.
90   Vgl. Heidegger, Wegmarken, 122; 382. Maliziös (wie fast immer, wenn er auf Heidegger zu sprechen kommt) nennt Blumenberg den „[...] Dank, den Heidegger als den neuen Bezug des Denkens zum Sein entdecken wird." (Blumenberg, Zu den Sachen, 125).
91   In Hans Blumenbergs Fassung: „Dahinter steht, daß die Welt nicht sein muß; nicht nur nicht so sein muß, wie sie ist, sondern überhaupt nicht sein muß." (Blumenberg, Sorge, 60).
92   Henrich, Gedanken zur Dankbarkeit, 170f.
93   Henrich, Gedanken zur Dankbarkeit, 175.
94   Ebenso wie im *Dank* vertritt der Mensch die ganze Schöpfung in der *Bitte*: „Das Bitten der Gemeinde antizipiert gewissermaßen das Bitten der ganzen Kreatur. Es gibt ihrem bloßen Seufzen Stimme und Ausdruck." (III/3, 316; vgl. 320).
95   Barth, Gotteserkenntnis, 70; 73; 74. Vgl. II/1, 128f. – Bonhoeffer sieht es ähnlich (Bonhoeffer, DBW 16, 491): „Dem Dankbaren wird alles zum Geschenk [...]. Jesus Christus ist die Grenze der Dankbarkeit. Jesus Christus ist auch die Fülle der Dankbarkeit; in ihm ist die

5. Der Dankbare läßt Gottes Gnade *sein*

Im Kapitel *Das Urteil des Vaters* (IV/1, 311–394) spricht Barth von der durch Kreuz und Auferstehung Jesu Christi umfassend veränderten Situation. Wie können Menschen ihr entsprechen, und zwar genau entsprechen, nämlich präzise in dem dort *vorgegeben*, guten, unveränderlichen Sinne? Bezeichnenderweise münden die Sätze, die solche Entsprechung beschreiben, im Verb „sein lassen":

Menschen „können und sollen" diese von Christus herbeigeführte Situation „nur als die in ihm und durch ihn veränderte *erkennen* und *anerkennen*, nur die *Folgerungen ziehen*, die sich aus dieser Veränderung ergeben, sich nur *beugen* unter Gottes Urteil, nur *Buße tun* angesichts des über sie ergangenen und noch ergehenden Gerichts. Sie können und sollen die ihnen widerfahrene und noch widerfahrende Rechtfertigung nur *glauben*, es nur *annehmen*, daß sie Gottes Kinder sind, das Alte nur eben das Alte, das Neue nur eben das Neue *sein lassen*." (IV/1, 349; Hv. M.T.)

Nichts scheint weniger selbstverständlich als solches Seinlassen. Worin liegt also die besondere Angemessenheit dieser ebenso unscheinbaren wie anspruchsvollen Wendung: was bedeutet, nimmt man den Ausdruck beim Wort und betont den ersten Bestandteil, *Seinlassen* im theologischen Sinne?[96]

Grenze der Dankbarkeit. Jesus Christus ist auch die Fülle der Dankbarkeit; in ihm ist die Dankbarkeit ohne Grenze. Sie umschließt alle Gaben der geschaffenen Welt. Sie umfaßt auch den Schmerz und das Leid. Sie durchdringt die tiefste Dunkelheit, bis sie in ihr die Liebe Gottes in Jesus Christus gefunden hat. Danken heißt ja sagen zu allem, was Gott gibt, ‚alle Zeit und für alles' (Eph 5,29)." An späterer Stelle verweist Bonhoeffer dann auf den notwendigen Zusammenhang von Dankbarkeit und „aufrichtiger Buße" (492f).

96 Wiederum ergeben sich Parallelen zwischen Barth und Heidegger. Ich zitiere lediglich einen einzigen einschlägigen Passus aus einer Vorlesung Heideggers: „[...] was verlangt die Anerkenntnis des Seienden als solchen in seinem Grundcharakter der φύσις und ἀλήθεια? Nichts Geringeres als die *Grundhaltung des einfachen Hinnehmens des Seiendem in seiner Seiendheit*, somit in dem *Einen*, was das Seiende als solches bestimmt. [...] Deshalb wurde der Mensch in eins mit diesem Anfang des Denkens selbst zu jenem Seienden bestimmt, das seine Auszeichnung darin hat, der *Vernehmende des Seienden als solchen* zu sein.

Dieses Vernehmen heißt griechisch νοεῖν – νοῦς, und dieses ursprüngliche Zusammennehmen und Sammeln des Seienden von da her, was es zuvor in dem Einen, ἕν, ist, heißt griechisch λέγειν, zusammenlesen, und λόγος. Dieses Vernehmen ist das Gegenteil eines bloßen nur leidenden Hinnehmens, ist vielmehr das ständige Hervorkommen – und in der Anwesenheit Stehenlassen, wodurch das Seiende selbst gerade *auf sich selbst zurückgestellt* wird. Das Vernehmen, νοεῖν, ist das Waltenlassen der φύσις oder, wie wir auch sagen, das Seinlassen des Seienden in dem, was es ist. Der Mensch ist der Vernehmer des Seienden, der Verwahrer seiner Seiendheit und d.h. seiner Wahrheit." (Heidegger, Grundfragen, 139) „Amo heißt volo, ut sis, sagt einmal Augustinus", schreibt Heidegger an Hannah Arendt (Arendt – Heidegger, Briefwechsel, 31; vgl. 33; 269f) „ich liebe Dich – ich will, daß Du seiest, was Du bist." – Der Begriff „Seinlassen", wie Heidegger ihn faßt, wird bei Lévinas als Untätigkeit und Fahrlässigkeit mißverstanden (vgl. Lévinas, Spur, 110f, 209). – Ein furchtbares „Lassen" wiederum bei Kafka. Max Brod teilt er mit: „Nun, ich pflege Fragen dadurch zu lösen, daß ich mich von ihnen auffressen lasse [...]." (Kafka, Briefe 1902–1924, 336).

Zunächst: dankbar sein Bewenden haben lassen, Raum geben; etwas bereits Gutes und sehr Gutes gegen jeden Versuch des Machtförmigen: der Ersetzung, der Überformung, der Entstellung ... auf sich beruhen lassen; doch dann, positiv: zugleich dort anwesend *und* dabei sein, sehen *und* hinsehen, also in dessen *eigenem* Heute und Hier wirklich ankommen, genau dort. Gottes Sein – nicht irgendwie, sondern unverstellt, wie es ist – „seinzulassen" bedeutet ein lebhaftes, lebendiges Willkommenheißen Gottes. Nur so wird Gottes herrliches, anteilgebendes, unverwechselbares Sein gewahrt. Dieses Seinlassen ist ein Empfangen[97] und Anerkennen.[98]

> Dich
> dich sein lassen
> ganz dich

heißt es in einem Gedicht Erich Frieds.[99] Auf den angeredeten Gott sind diese erstaunlich schönen Zeilen zu übertragen. Der Dankbare läßt Gott ganz *Gott* sein. Das Seinlassen, da es sich um den sich in seinem Wort offenbarenden Gott handelt, meint hier sehr Bestimmtes: er läßt sich Gott *sagen*, „in deutungsloser Klarheit und Wirklichkeit",[100] ohne jede Gottesdeutung, -schätzung und -wertung. Gott genau sein lassen, der er ist, wiederum bedeutet, sich Gott vom Evangelium sagen lassen – als von dem, was zuerst der Rede wert ist und dem entgegen niemand recht behalten muß oder auch nur zu irgendeinem Dafürhalten befugt oder aufgefordert wäre. Das Evangelium aber spricht Gott als Anwesenden zu: als den in Christus in überwältigender Bejahung Anwesenden. Der aufrichtige Dank ist dann eine Weise, die Anwesenheit Gottes und die Vertrautheit mit Christus zu bestätigen.[101] Herrlich Hölderlins Wendung: „Ihn kennt / Der Dank."[102] Der Dank weiß also sehr bestimmt, wer er ist, vermag ihn darum ohne Widerstreben und Aufbegehren geradehin als solchen *wahrzunehmen*, einfach *wahrhaben zu wollen* und in seiner Bejahung lediglich *gewähren zu lassen*.

Der Christ also, auf Dankbarkeit gestimmt, dankt für etwas Einfaches: dafür, daß Gott in Christus da ist, für sein reines, situationsbestimmendes, grundstimmendes, unerschöpfliches *Heute*. Mit seinem Sein gibt Jesus Christus meine eigene und die Situation der Welt vor, er setzt die Koordina-

---

97 „Wir können Gott nicht anders danken als damit, daß wir empfangen, was er uns gegeben hat." (Barth, Gotteserkenntnis, 189).
98 „Danken heißt: die frei geschenkte Gabe eines Anderen als solche anerkennen." (Barth, Das christliche Leben, 139).
99 Fried, Gedichte, 40.
100 Bonhoeffer, DBW 2, 98f.
101 Barth kann gelegentlich die Theologie bzw. theologische Lehre als „Empfangsbestätigung" kennzeichnen (Barth, Vorträge 1922–1925, 218).
102 Im Gedicht *Dichterberuf* (Hölderlin, Gedichte, 48).

ten des Wirklichen. Durch Anwesendsein auch in Finsternis und Tod rettet er heraus, durch auch durch Tod und Sünde nicht zu beirrende, von der vehementen Bejahung nicht abzubringende Gegenwärtigkeit – in der Fülle der Zeit, in der leibhaften Fülle der Gottheit (Kol 2,9). Der Dankbare läßt also vor allem die bergende große Situation sein, die des Friedens mit Gott, die Versöhnung; er nimmt genau dieses unveränderliche Heute als solches aufmerksam wahr.[103] Auf dieses Seinlassen versteht er sich. Getragen wird er von einer Art Anwesenheits-Gewißheit: die des Anwesenden als dessen, der er ist, als des Siegers über Finsternis und Tod (auch des Siegers je über mich), gewiß ist. Er siegt aber, weil sich in ihm nicht Ja und Nein verteilen, sondern Ja lebt und wirkt (2Kor 1,19f), das Ja vom Anfang (Joh 1,1). Ich bin dann, so bejaht und besiegt, unendlich viel Verheißungsvolleres, als ich je im Selbstverhältnis auch nur überblicken, geschweige denn einholen könnte. „Darum sprechen wir auch durch ihn das Amen, Gott zu Lobe" (2Kor 1,20). Dank und Seinlassen sind dieses *Amen*. Es *wahrt* Gottes Sein, gerade indem es Christus die heutige unüberbietbare Bejahung sein läßt, die er ist. „Blicket auf *zu Ihm*!", ruft Barth in einer Predigt aus. „Und das will nun sagen: Laßt ihn sein, der er – da droben, über uns, im Himmel – ist! Laßt es einfach wahr sein und gelten, daß eben er da droben und von dort oben her für euch da ist und lebt!"[104]

Es ist bemerkenswert, daß Barth, schaut man näher hin, sich geradezu regelmäßig und in durchaus konstitutiver Weise dieser Wendung „Seinlassen" bedient. So schwer wiegt der Gedanke dieser zuverlässigen Entsprechung und so deutlich folgt er der Grundbewegung der Theologie Barths, wie sie sich aus der Nachzeichnung des vorgängigen göttlichen Seins und des ihm eben nur folgenden menschlichen Seinlassens ergibt, daß man ihn in nahezu allen Hauptstücken der Dogmatik Barths antrifft. Jeweils scheint mit ihm verläßlich *das Wesentliche* erfaßt. Eben in jeder Hinsicht läßt es der Dankbare mit dem enormen Sachverhalt des Seins Gottes: mit Gottes Handeln, mit der Offenbarung, mit der Schöpfung, mit der Versöhnung, mit der Erlösung, mit seinem und dem wahren Heute der Welt ... nur sein Bewenden haben. Er muß die von Gott heraufgeführte Situation der Herrschaft der Gnade nicht überbieten wollen, er muß nicht hinter sie lügenhaft katastrophal zurückfallen wollen. Vielmehr ist er imstande, sie zu *treffen*. Die Wahrung aber – in ihren verschiedenen Hinsichten des Seinlassens – läßt sich dann als eine Schule der Genauigkeit im Widerstand gegen die Herrschaft des Willens zur Macht verstehen. Im besonderen kann in diesem präzisen Seinlassen ja das Nicht-Machtförmige und Nicht-Selbstmächtige, das dem

---

103 Zur achtungsvollen *Wahrnehmung der Situation* als des Grundvorgangs der Ethik vgl. Fischer, Glaube als Erkenntnis, 101; 111–114; Fischer, Behaupten, 239.
104 Barth, Predigten 1954–1967, 42. Unser Gebet, so Barth (III/4, 110), „muß Gott als Gott, das heißt aber als Vater und Heiland, gelten lassen."

Genügenden und Befremdlichen wirklich *Entsprechende* menschlichen Verhaltens zum Ausdruck kommen.

Ich nenne lediglich einige Stationen bei einem Durchgang der dogmatischen Themen unter diesem für Barth offenbar maßgeblichen Gesichtspunkt.

Zuerst der *status integritatis*. Dem Sturz in das *eritis sicut deus* ist Barth zufolge herrliche Freiheit vorausgegangen: die Freiheit des ersten Menschenpaares, es mit Gott und der von ihm geschaffenen Welt ohne das Bewußtsein des Fehlenden und Ausbleibenden, des schmerzhaften Mangels, ohne Unterstellung göttlicher Mißgunst und geheimen Neides ... geradehin sein Bewenden haben zu lassen.

„Vorher", nämlich im „Urstand" der Unschuld, „stand Gott für sie: Gott mit seinem Willen und Plan als ihr Schöpfer, er ihre Ehre, er ihre Unschuld – und konnte ihr eigenes ‚Stehen' nur darin bestehen, daß sie es dabei *sein Bewenden haben ließen*, daß sie dem Werk und der Gabe Gottes aus ihrem Eigenen nichts hinzuzufügen fanden, weil ihnen eben so nichts fehlte, daß also gerade ihre freie Tat nur ihre Bestätigung dessen war, daß sie Gott ganz für sich *einstehen ließen*, ohne seine Absicht und das Werk seiner Hände durch eigene Absichten und Werke verbessern und ergänzen zu wollen." (III/1, 351; Hv. M.T.)

Mit einer eigenmächtig unternommenen Steigerung des Ja, das Gott gesprochen hat, also mit versuchter Überbietung und Optimierung über den Schöpfer und seine Schöpfung hinaus, übernimmt sich der Mensch in grotesker Weise. Katastrophal geht dieser Versuch über seine Verhältnisse und bewirkt ein faktisches Zurückstürzen. Nur noch verheerend ausfallen können dann die Folgen aus dem ins Werk gesetzten Widerwillen gegen den Willen Gottes, aus der generalisierten Undankbarkeit.

„Es ist Gottes Wille, daß es bei dem Ja, das er als Schöpfer zu seinem Geschöpf gesprochen hat, *sein Bewenden habe*, daß alle Menschen und alle Kreaturen vor dem Argen, nämlich vor dem, wozu Gott als Schöpfer Nein gesagt hat, bewahrt bleiben, vor seiner Bedrohung und aus seiner Gewalt errettet werden." (III/2, 171; Hv. M.T.)

Sodann kommen unter diesem Aspekt des dankbaren Seinlassens wesentliche Momente der *Anthropologie* in Betracht. Wie vermag der Mensch sein Menschsein – freie Wachheit, die atmende Freiheit – zu wahren? Barth antwortet:

Der Mensch „lebt davon, daß Gott selbst das [...] Nötige weiß und tut, daß Gott die große Krisis ist, ohne die Himmel und Erde und der Mensch selbst keine Sekunde Bestand haben könnten. Er ist freier Mensch – frei denkend, beschließend und handelnd – indem er es dabei *sein Bewenden haben läßt*." (IV/1, 499; Hv. M.T.)

Eben darin besteht die Erfüllung der Lebenszeit des Menschen, es bei Gottes Tat immer erneut dankbar sein Bewenden haben zu lassen:

„Wir sollen und dürfen es nur sein Bewenden – aber nun wirklich jeden Tag unseres Lebens und in jeder Beziehung sein Bewenden! – haben lassen bei dem, was Gott unter jenem Namen und in jener Person, was Jesus Christus für unser Bestehen und Siegen an jenem Tag schon getan hat. Dazu haben wir Zeit, diese unsere Lebenszeit: um es dabei immer aufs neue sein Bewenden haben zu lassen."[105]

Ich zitiere einen längeren Passus, der die Aussagen der *Christologie* lediglich als Eröffnung eines Raumes für Christi *Selbstaussage* begreiflich macht. Wiederum also: ihr ist lediglich Raum zu geben – respekt- und erwartungsvoll, wie Barth hinzusetzt.

„Das Osterereignis, in welchem er als der Lebendige aus den Toten hervorgegangen ist, um nicht nur zu sein, sondern als der, der er ist, offenbar und erkennbar zu sein – dieses Ereignis und Ihn, der sich darin als der Lebendige, in seinem Sein und Tun für uns, unter und in uns authentisch bezeugt, kann keine Christologie reproduzieren. Sie wird vielmehr in Predigt, Unterricht, Liturgie, Seelsorge und Dogmatik dann und nur dann österliche Christologie sein, wenn sie auf solche Reproduktionen bewußt verzichtet, wenn ihre Aussagen seiner Selbstaussage nicht nur Raum lassen, sondern darauf hinauslaufen, ihr *Raum zu geben*. [...] Österliches Denken und Reden [...] ist ein solches Denken und Reden, das mit der souveränen Gegenwart und Aktion des Auferstandenen selbst und also mit seiner eigenen Kundgebung in geziemendem *Respekt* und in freudiger *Erwartung* rechnet, diese eben darum nicht zudecken und ersetzen will, sondern ihr *Raum gibt*, damit er selbst aus diesem Raum heraus und in den unsrigen trete und also jenen Übergang wirklich und damit wahr mache." (IV/3, 329f; Hv. z.T. von mir)[106]

Keine Selbstversöhnung ist irgend erforderlich. Niemand muß sich selbst freisprechen und sich zu sich ermächtigen wollen. Definitiv ist die Notwendigkeit dazu entfallen. Gott selber vermittelt der Welt die Botschaft von der vollbrachten, nicht zu ergänzenden oder erst noch zu verifizierenden Versöhnung. „Er sagt es ihr natürlich, damit sie es *höre,* sich gehorsam danach richte, daß sie es bei dem, was er für sie, sie für ihn ist, sein Bewenden haben lasse." (IV/3, 275) Niemand muß darum auch sein eigener Richter sein. Zur „Anerkennung des *göttlichen* Richteramtes" durch den Menschen soll es kommen – „und daß es dabei sein Bewenden hat. Und nun stehen wir vor dem kritischen Punkt: Wird es dazu kommen und wird es dabei sein Bewenden haben?" (III/1, 296; vgl. 298) Die Fälligkeit der Welt für das Gericht, wie sie sich in Kafkas Werk überall darstellt (Symptom ist die in jeder Hinsicht, nahezu in jedem Satz fällige Selbstzurücknahme, das nicht

---

105 Barth, Schweizer Stimme, 131f.
106 Vgl. etwa auch folgende Sätze: „Gott war in Christus" und „Also hat Gott die Welt geliebt" – „[...] das *ist* nun so, das *gilt* nun, und dabei muß und wird es nun, ob Wenige oder Viele davon wissen, ob sich die Welt so oder so dazu stelle, objektiv sein Bewenden haben." (IV/1, 81) „Es muß [...] sein Bewenden dabei haben, daß der Satan und Alles, was von ihm ausgeht und herkommt, verworfen ist." (II/2, 133)

endenwollende, quälende Adversative), ist also überholt durch die Gnade: durch die stete Fälligkeit der Wahrnehmung eines auf überaus wunderliche Weise gnädigen Richters, des „Richters als des an unserer Stelle Gerichteten" (vgl. IV/1, 231–311). Darum wird das künftige Gericht die Stunde der allumfassend offenbarten Treue Gottes sein – offenlegend, daß alles vollbracht war und alles genügt hat.

Diesen Gott nicht Gott sein zu lassen kommt dann darauf hinaus, selber Gott sein zu müssen. Niemand muß aber, sich selbst ermächtigend, je wieder zu jenem „Tier" werden, das Kafka nennt: „Das Tier entwindet dem Herrn die Peitsche und peitscht sich selbst um Herr zu werden [...]".[107] Das ist in jeder Hinsicht absurd und verheerend. Mit etwas ganz anderem kann es in Wahrheit sein Bewenden haben: mit der gnädige Unterscheidung von Gott und Mensch, und deshalb gilt es das rücksichtslose Abwerfen, die Entlastung von der verdammten Bürde des eigenmächtig aufgeworfenen Soteriologischen, seine Brechung.

„Er ist Souverän und nicht du. Er hat und trägt die Verantwortung für dein Leben und nicht du selbst. [...] Er rechtfertigt, heiligt, rettet und verherrlicht dich: nicht von dir ist das verlangt. Von dir ist gerade nur das verlangt, daß du es dabei *sein Bewenden haben lassest*, daß du ihm gehorsam seist, indem du seine freie Gnade annimmst und gelten läßt." (III/4, 464f; Hv. M.T.)

Auch aus dem Bereich der *Pneumatologie* nenne ich ein Beispiel für Barths Hervorhebung nur des Gewährenlassens. Wie ist der Anrede des Heiligen Geistes genau zu entsprechen?

Der Heilige Geist hat uns „*nichts anderes als eben dies* zu sagen: daß wir durch Christus in Christus sind. Und also haben wir uns eben dies und grundsätzlich gar nichts anderes als dies *sagen zu lassen*: daß wir Brüder des Sohnes Gottes, Hörer und Täter des Wortes Gottes sind und also eingeladen und aufgefordert sind, uns von da, immer wieder nur von da aus zu verstehen." (I/2, 262; Hv. M.T.).[108]

Was dem Menschen also insgesamt zu tun bleibt – da Gott gehandelt hat, da er den Sünder gerade nicht hat gewähren lassen? Barth nennt es in Predigten verschiedentlich in diesem umfassenden Sinne eben ein Gelten- und Gewähren- und Dahingestelltsein- und Seinlassen – sagen wir: eine ebenso ruhige wie leidenschaftliche wie dankbare *Gelassenheit zu Jesus Christus*.[109]

---

107 Kafka, Nachgelassene Schriften II, 344.
108 Zwei charakteristische Zitate für die Konstitution des *Glaubensbegriffs* durch den des „Seinlassens" nenne ich noch: „Glauben heißt: Gott und die Welt und sich selbst in der Weise *wahr und wirklich sein lassen*, wie es uns durch das einstige, gegenwärtige und künftige Handeln Gottes in Jesus Christus gesagt und vorgeschrieben ist." Und: „Wir leben genau insofern, als wir glauben, als wir Gott in Jesus Christus unseren Herrn *sein lassen*." (Barth, Gotteserkenntnis, 121; 147, Hv. je von mir). Vgl. auch Barth, Predigten 1954–1967, 42.
109 Bei Heidegger geht es um „Gelassenheit zu den Dingen" (Heidegger, Reden, 527).

Es kommt darauf an, ihn reden, sein Wort und seine Bejahung wahr sein und sich selbst als Gottes Sache dahingestellt sein zu lassen.[110] Der Glaubende *versteht sich* auf dieses Seinlassen.

Durchaus natürlich auch auf weitere Bereitschaft für seine Anwesenheit kommt dann Dankbarkeit hinaus: auf Aufmerksamkeit und Gespanntheit, die auf das Gute vorbereitet ist. Zudem führt sie zu einem – dem nun wiederum genau entsprechenden – neuen, bejahenden Selbstverhältnis. „Was wir uns wirklich sagen *lassen*, das müssen wir uns als solches, als uns Gesagtes, auch *selber* sagen." (I/2, 265; Hv. M.T.)

6. Das Danken wird zum Lobpreis

Vielfach gibt Barth dem Gedanken Ausdruck, daß sich die menschliche Dankbarkeit darin bereits erfüllt, die Gnade Gottes nur widerzuspiegeln.[111] Dem Dank kommt in dem Sinne gar kein selbständiges Sein zu, das auf sich bestehen könnte; er ist lediglich Erwiderung. Doch kann das nicht Minderung bedeuten, denn „Gottes Gnade ruft nach dieser bescheidenden, aber

---

110 Ich zähle eine kleine Reihe weiterer Beispiele auf: „Wenn es soweit ist, daß wir *schweigen* müssen, daß wir endlich einhalten müssen mit unserem Reden, auch mit unseren schönen Reden, auch mit unseren christlichen Reden, auch mit unseren noch so wichtigen und ernsten Fragen, daß wir *hören* müssen, *daß wir Jesus reden lassen*, dann sind wir mit Jesus zusammen, dann stehen wir wohl in der Bekehrung." (Barth, Predigten 1943–1948, 130; Hv. z.T. von mir). „Menschenleben ist Nachfolge, alles verändernde, alles neu machende Nachfolge dessen, mit dem Simon es zu tun hatte. Das sagen uns diese Worte. Es gibt nichts zu erklären an ihnen. Sie stehen da, wahr, gültig, Verheißung und Gebot, Gerichtswort und Gnadenwort, gesprochen zu einem jeden von uns. Wir können sie nur hören. Wir können sie nur wahr sein lassen." (Barth, Predigten 1943–1948, 17). „Was muß geschehen? Es muß geschehen, daß das, was uns geschenkt ist für unser Leben und unseren Wandel geschenkt durch die göttliche Kraft, daß dieses Geschenkte, uns zu eigen Gewordene nun wirklich seinen Lauf hat bei uns, daß wir es *unser* sein lassen, daß wir uns nicht sträuben dagegen, daß wir von Gott angesprochen sind, als seine lieben Kinder, daß wir uns ganz schlicht zu diesem unserem neuen Sein bekennen, ohne daß wir uns dessen zu rühmen hätten, ohne daß wir uns anzustrengen brauchen, ohne daß wir uns darum sorgen müssen: einfach indem wir es geschehen lassen. [...] Liebe Freunde, nicht wir sind es, die dem Worte Gottes dazu verhelfen müssen, daß es gelte und herrsche und walte. Aber wir sind aufgerufen, die Finger davon zu lassen, ihm keine Hindernisse in den Weg zu legen, wir sind aufgerufen, es zu unterlassen, andere Herren, andere Mächte und Gewalten gelten und herrschen und walten zu lassen" (Barth, Predigten 1943–1948, 44). „Aber wir, wir dürfen *dabei* sein, dabei sein, wo *er* redet, wo *er* handelt. Wir dürfen ihm folgen und das heißt, wir dürfen es *zulassen*, daß unsere Tugenden und guten Eigenschaften, wie wir sie mehr oder weniger alle haben mögen, nichts mehr gelten sollen zu unserem Ruhm, sondern allein in seinem Dienst ihre Wirksamkeit und ihr Recht finden. Und wir dürfen es *zulassen*, daß auch unsere Fehler und Sünden, die wir alle kennen, in seinem Dienst, im Lichte seiner Wahrheit zugleich offenbar und verdeckt werden, daß er uns haben und daß er uns brauchen will, obwohl Alles dafür zu sprechen scheint, daß er uns wirklich nicht brauchen kann." (Barth, Predigten 1943–1948, 72; Hv. z.T. von mir).

111 Deutliche Momente von Übereinstimmung finden sich, wenn Heidegger von „Huld" und Barth von „Gnade" spricht. Vgl. z.B. Heidegger, Zu Hölderlin, 301–312.

tunlichen Gegengabe" (IV/1, 44). Sie „verlangt nach keinem anderen Gehorsam als nach dem einer freien und fröhlichen, weil natürlichen Dankbarkeit." (IV/1, 484). Angesichts der Gnade – die es an nichts fehlen läßt – vermag sie sich mit Selbstverständlichkeit einzustellen. „Gnade ruft der Dankbarkeit wie die Stimme dem Echo. Dankbarkeit folgt der Gnade wie der Donner dem Blitz" (IV/1, 43; vgl. III/2, 210). Anders gesagt: nur als lautere, reine Fläche genauer Wiedergabe spannt sie sich aus. Sich seinerseits ihrer zu rühmen ist für den Dankbaren kein Anlaß. Dessen bedarf es auch nicht. „Sie hat ihre Güte nur in der Güte, die sie widerspiegelt." (II/1, 244) Das ist aber unendlich viel. Diese Güte in Lauterkeit wiederzugeben kommt auf eine Erhöhung sondergleichen hinaus. Gerade mit Selbstvergessenheit aber geht sie einher. Der wahrhaft Dankbare *hat* schon von sich selbst abgelassen. Bereitwillig und gern läßt er sich dahingestellt sein. In keiner Weise muß er auf sich insistieren. Er findet sich ja Gott zugekehrt. Er weiß: Gott insistiert auf ihn. Geradezu kann von Barth – im Sinne solcher Spiegelung – die menschliche *Gottebenbildlichkeit* als Dankbarkeit beschrieben werden.[112] Gollwitzer faßt zusammen: „Danken ist immer Antwort" und „Dankbarkeit ist die subjektive Übereinstimmung des Menschen mit seiner objektiven Wahrheit."[113]

In einer treffenden phänomenologischen Beobachtung hebt Georg Simmel den uneinholbaren Vorrang der Gabe vor der „Gegengabe" hervor:

„Wo wir", beobachtet Simmel, „von einem andern Dankenswertes erfahren haben, wo dieser ‚vorgeleistet' hat, können wir mit keiner Gegengabe oder Gegenleistung – obgleich eine solche rechtlich und objektiv die erste überwiegen mag – dies vollkommen erwidern, weil in der ersten Leistung eine *Freiwilligkeit* liegt, die bei der Gegenleistung nicht mehr vorhanden ist. […] das ist der Grund, weshalb in der ersten, durch keinen Dank veranlaßten Darbietung eine Schönheit, eine spontane Hingebung, ein Aufquellen und Hinblühen zum andern gewissermaßen aus dem *virgin soil* der Seele liegt, das durch keine inhaltliche noch so überwiegende Gabe ausgeglichen werden kann."[114]

Entsprechendes können wir nun um so mehr in der „Vorleistung" der Gabe *Gottes* erkennen, seiner „Freiwilligkeit", der „Schönheit" und „Hingebung", dem „Aufquellen und Hinblühen" zum Menschen hin. Doch ergibt sich nun, im Dank an Gott für dieses „Hinblühen", die Blickführung einer geradezu unendlichen Vertiefung: sie lenkt den Blick von der überreichen Gabe auf den ewigreichen Geber – um jetzt schon einmal, Künftiges vorwegnehmend, bei ihm zu verweilen. „Dankbarkeit sucht über der Gabe den Geber", bemerkt auch Bonhoeffer.[115] Das reine Geschenk hier, Geschaffenwerden,

---

112 Vgl. Barth, Gotteserkenntnis, 70; 72f; 74.
113 Gollwitzer, Glaube als Dank, 391f.
114 Simmel, Dankbarkeit, 215.
115 Bonhoeffer, DBW 16; 491.

Versöhntwerden – ein überaus Erstaunliches, nicht genug zu Lobendes. Die Schöpfung verwirklicht sich als Geschenk: ein „Aufquellen und Hinblühen". Aber dort das andere: daß im Gegebenen das ungleich Bessere liegt, daß nämlich all das geschieht „aus lauter väterlicher göttlicher Güte und Barmherzigkeit, ohn' all mein Verdienst und Würdigkeit". Dort er selbst, der überwältigend Gütige und Barmherzige. Auf ihn, der all das gibt, führt die Dankbarkeit herrlich zu.

„Danken", so Barth, „heißt: annehmen mit dem Geständnis, daß wir das Angenommene nicht erworben und nicht verdient, daß wir dieses Annehmen nicht vorhergesehen, daß wir keinen Anspruch darauf gehabt haben. Danken heißt: Anerkennen, daß es sich um das Annehmen eines reinen Geschenkes handelt, dessen Wirklichkeit anderswo als in der Güte des Schenkers keinen Grund hat, im Blick auf das wir also nur diese Güte des Schenkers preisen können." (II/1, 222)

Nicht genug damit. Sogar eine weitere, noch einmal höhere Stufe der Eröffnung der Gnade ist in dieser Blickfolge zu erkennen. Tatsächlich nehmen noch einmal Intensität und Helligkeit zu. Zunächst also: der Dank, lauter Widerspiegelung und Widerhall, bestimmt sich ganz und gar vom Verdankten, vom Geschenk her; sodann: von der Gabe aus führt der nähere Blick, der Aufblick, zum Geber. Doch ist die genaueste und definitive Überantwortung an die Wahrheit der unendlichen „Vorleistung" Gottes erst erreicht, wenn dies Ungeheure geschieht und einsichtig wird und Dankbarkeit findet: *der Geber schenkt sich selbst*. So wirft die Dankbarkeit alles ihr Fremde ab und wird zur reinen Begeisterung über den um seiner selbst willen interessanten Gott, zur Feier seiner Herrlichkeit,[116] zum Lobpreis. Die Stimme des Menschen, Ausdruck seiner selbst, gewinnt dann eine Art Lauterkeit, sie erhebt sich und klärt sich zur nun wahrhaft menschlichen, zur vollends selbstlosen und selbstvergessenen, für Gott freien, ihn ehrenden, seine Herrlichkeit bewundernden und an seiner Gnade Fülle und Halt und Genüge findenden *Gebetsstimme*. Der Dankbare ist nichts für sich, er ist ganz außer sich. Er erkennt Gott vorbehaltlos an.

„Im *Lobe* Gottes zeigt es sich einmal: daß der Dank für seine [sc. Gottes] Wohltat nicht verborgen bleiben, nicht verschwiegen werden kann, sondern nach außen, in die Öffentlichkeit, zum Bekenntnis drängt, daß es sich bei der Anrufung Gottes so oder so immer auch darum handeln wird, ihn *auszurufen*. Sodann aber: daß es in ihr über alle Anerkennung seiner schon empfangenen und noch zu erwartenden Gabe hinaus immer auch darum gehen muß, ihn um seiner selbst willen zu ehren. Dank für Gottes *Wohltat* ist sie – zum Dank für Gottes Wohltun wird sie, um schließlich zum Dank für seine Existenz als *Wohltäter*, zu seiner Anerkennung als solcher zu werden. [...] Er als solcher – und also relativ unabhängig von seinem dem Menschen zugewendeten beneficium und benefacere, er, der benefactor selbst, steht ihm nun vor Augen, erregt

---

116 Zum Dank als Feier vgl. Heidegger, Zu Hölderlin, 303.

nun seine Bewunderung, nimmt nun seinen Dienst in Anspruch: *seine* Herrschaft, *seine* Gerechtigkeit, *seine* Heiligkeit, *seine* Weisheit und Geduld – *seine* alle seine Werke und sein ganzes Wirken durchstrahlende und überstrahlende Selbstoffenbarung, seine ihm *eigene* Herrlichkeit. [...] In der wahrhaftig gebotenen Wendung von Gottes beneficium zu seinem benefacere und schließlich zu ihm selbst als dem benefactor wird das Danken zum *Preisen*. Und man darf wohl sagen, daß das der Prüfstein der *freien* Menschlichkeit der Kinder Gottes ist: daß in ihrer Anrufung des Vaters diese Wendung stattfindet. [...] Die Feststellung ist wohl unvermeidlich: erst in dieser Wendung zum selbstlosen Lob Gottes wird die Anrufung des Vaters, was sie sein soll: zum Werk freier, weil von Gott für Gott befreiter Menschen."[117]

---

117 Barth, Das christliche Leben, 140f. Zum Lobpreis vgl. IV/3, 992.

G. „... auf daß er sich aller erbarme."
Zu den Grundzügen der Eschatologie

a. „Es ist noch nicht erschienen, was wir sein werden" (1Joh 3,2)

Bevor wir einige Züge der Eschatologie Barths nachzuzeichnen versuchen, ist eine Übergangsüberlegung angezeigt.

1. Die Schöpfung befindet sich in Erwartung

Im Evangelium hört der Glaubende die Stimme des κύριος. Ihm gibt er endgültig recht. Der Herr nimmt ihn auf in sein Sein, in die Versöhnung, in seinen Dank wiederum und in seinen Lobpreis. Neu eingesetzt ist Gottesfurcht aufgrund der Furcht Christi (Act 9,31) – Anfang einer anderen, versöhnten, sein- und gewährenlassenden Weisheit. Welche Stimme hört er darum aus der *Schöpfung*? Inwiefern provoziert sie ihn, dringt an, ist in spezifischer Weise in allem Anwesenden anwesend? Paulus antwortet auf diese Frage höchst überraschend. Ja – die Schöpfung verfügt ihrerseits über eine vernehmliche Stimme, man vermag sie zu hören. Sie dringt an das Ohr der Glaubenden. Die Schöpfung befindet sich *in Erwartung*, in guter Hoffnung, sie seufzt, sie stöhnt in Geburtswehen. Der zweiten Bitte des Vaterunsers gibt die Schöpfung ihrerseits auf ihre Weise für den, der Ohren hat zu hören, umfassenden Ausdruck „Dein Reich komme!"

Erich Gräßer hat in einer Auslegung von Röm 8,19–22 von der „anthropomorphen Rede" von der Schöpfung bei Paulus gesprochen.[1] Das Sein der Schöpfung im ganzen *ist* nach Paulus ἀποκαραδοκία,[2] Wehmut, erwartungsvolles Harren, Ausdruck tiefer Erneuerungsbedürftigkeit, doch mehr noch: positive Ankündigung, Beginn einer Initiation, eine Anweisung auf Zukunft. Das Sein des Seienden, die Weise der Anwesenheit alles Anwesenden, der Modus, wie dem Menschen die Welt entgegenkommt, wie sie ihn aufruft und sich ausgibt – ist ἀποκαραδοκία: sehnsüchtiges, vorlaufendes Harren darauf, daß eschatologisch Neues, das Himmelreich, ein-

---

[1] Gräßer, Seufzen der Kreatur, 102f.
[2] Vgl. Gräßer, Seufzen der Kreatur, 104.

zieht, darum ein schmerzvoller, doch um so mehr ein verheißungsvoller Geburtsvorgang, ein gewaltiges *Sein zum Leben*.

„Das Leiden der gegenwärtigen Zeit bedeutet nichts gegenüber der zukünftigen Herrlichkeit" (Röm 8,18). Um das Recht dieses Satzes zu erweisen, lenkt Paulus die Aufmerksamkeit auf das Seufzen und Stöhnen der Schöpfung: als auf eine Vorankündigung von sich aus eintretender Herrlichkeit, auf ein Vorlaufen in die unvordenklich umgreifende δόξα, in das Wunder als zukünftigem *allgemeinen* Weltcharakter. Das Sehnen der Schöpfung ist nicht – wie die Kunst – lediglich Postulat, vielmehr in sich schon Erneuerungsgewißheit. Mit dem Atem von Erneuerungsgewißheit ist demgemäß für die Glaubenden das Anwesende als das von Gott Geschaffene anwesend. Ihr Gegenwartsbewußtsein ist dieses gewisse, erwartungsvolle *Übergangsbewußtsein*. Dem Zeitgefühl der Gegenwart ist dieser Gedanke – wie ja für die entsprechenden Ausführungen vielfach zu unterstreichen auch bisher schon Anlaß war – offenbar denkbar fern.

In der Furcht Christi aber, der anderen Weisheit (die *ihn* machen und gewähren läßt), tritt die Schöpfung als relativ und augenblicklich (Mt 6,28–30), als in keiner Hinsicht unbedingt, sondern eben als im ganzen transitorisch in Erscheinung. Alle Schönheit der Schöpfung – die Lilien auf dem Felde – kann zwar nicht als „Morgenglanz der Ewigkeit" selbst, doch als *Erwartungsglanz* vom Glaubenden wahrgenommen werden. Insofern, wenn man so sagen darf, träumt die Schöpfung von ihrer Vollendung, läßt sie auch etwas sehen von diesem Traum.[3] Ihre Schönheit, das Berückende der Welt, träumt die Erlösung. Sie ist insofern *sichtlich* auf die Erlösung gefaßt. Sie ist bereits auf sie eingestellt, im Begriff zu erwachen. Im Schönen der Schöpfung wird das Selbstbewußtsein des Geschaffenen sichtbar, das Bewußtsein seiner gegenwärtigen und seiner zukünftigen Bestimmung – daß es Geschöpf ist dieses herrlichen Gottes und insofern auf dem sicheren Wege dorthin, wo er in ihr *alles* ist (1Kor 15,28). Zur Erscheinung kommt, daß es jetzt und hier Vorgänger seiner selbst ist.[4] So stolpert es hinter sich her oder, anders gesehen, auf sich zu – und ist insofern, jetzt noch in vorläufiger Beschaffenheit, gefaßt auf sich selbst in seiner definitiven Gestalt. Die Schöpfung ist ein Phänomen der als *Beginn* gesetzten Grenze – im Sinne

---

3 Überraschend ähnlich Adorno (Adorno, Ästhetische Theorie, 114), wenn er erklärt: „Daher bleibt das Naturschöne so versprengt und ungewiß wie das, was von ihm versprochen wird, alles Innermenschliche überflügelt. Der Schmerz im Angesicht des Schönen, nirgends leibhafter als in der Erfahrung von Natur, ist ebenso die Sehnsucht nach dem, was es verheißt, ohne daß es darin sich entschleierte, wie das Leiden an der Unzulänglichkeit der Erscheinung, die es versagt, indem sie ihm gleichen möchte."

4 Platonisch gewendet der Gedanke bei Ernst Jünger: „Die vollkommene Welt entzieht sich der Vorstellung. Immerhin muß etwas von ihr durchsickern, denn sonst könnte sie nicht gedacht und gefühlt und vor allem nicht vermißt werden." (Jünger, Schere, 86; vgl. 78).

der treffenden Definition, die Heidegger bietet: „[...] die Grenze ist jenes, von woher etwas *sein Wesen beginnt*."⁵

Daraus ergibt sich eine folgenreiche Konsequenz. Die Seufzende und Harrende braucht nicht mehr mit dem Soteriologischen, mit Göttern und Mächten, mit dem auf diese oder jene Weise „Seligen", belastet und überbeauftragt zu werden. Das Soteriologische geht über ihre Verhältnisse. Erforderlich ist infolgedessen ein soteriologisch strikt unterscheidendes, nüchternes Verstehen, eine offensive theologische Kritik der soteriologischen Vernunft. Als ihr Kriterium, ein Leitfaden zur Nüchternheit, an dem sie sich bemißt, kann gelten, daß den Gekreuzigten zu verstehen *genügt* (1Kor 2,2). Den Irrlichtern, Groß-Subjekten, Absolutheiten, gut systematisierten Fortschritts-Euphorien und -hysterien, den *Mächten* ... darf unter keinen Umständen gedient werden, man soll ihnen nicht die Hand reichen, ihnen jede Respektbekundung verweigern, da sie „in Wahrheit nicht Götter sind" (Gal 4,8). Die Schöpfung darf in keinem ihrer Bereiche „verherrlicht", divinisiert oder redivinisiert, mit einer aus ihr selbst exponierten Größe als Himmel überwölbt werden. Das ist auch nicht nötig. Ein Heiliges aus ihr zu entäußern überfordert und entstellt sie genau in dem Maße, in dem das zu gelingen scheint. Aus der religiösen Überbeauftragung ist sie gerade zu entlassen, man vermag sie im ganzen und sämtliche ihrer Dimensionen im einzelnen ohne Soteriologie sein zu lassen – partiell, nicht nichtig, aber vergänglich und als solche keineswegs zu irgendeinem Heil oder zu irgendeiner Rettung bestimmt. Denn noch jedesmal aus dieser maßlosen Überforderung, die aus den geschöpflichen Dimensionen herausfallen läßt, kommen die großen verheerenden Zwangsläufigkeiten. Umgekehrt: sie sind, soweit es nur geht, soweit die Kraft reicht, zu „entherrlichen".⁶ Ablösungen und Aufkündigungen, notwendige Unversöhnlichkeiten ergeben sich in der Folge aus solchen soteriologischen Unterscheidungen: die Aufforderung und auch die Möglichkeit, an dieser oder jener Erscheinung vorbeizugehen, sei es ohne sie, sei es um sie um so mehr zu verachten.⁷ Auch Unverstandenes oder Unverstehbares kann als solches hingenommen werden (Hiob 38ff). Von einer auch nur potentiell vollständigen Lesbarkeit der

---

5 Heidegger, Vorträge und Aufsätze, 156.

6 Von „Entherrlichung" dessen, was sich selbst vergottet hat, spricht Moltmann prägnant (Moltmann, Die ersten Freigelassenen der Schöpfung, 47).

7 Vgl. Heidegger, Holzwege, 211f: „Zum vorbereitenden Denken und zu seinem Vollzug gehört eine Erziehung im Denken inmitten der Wissenschaften. Hierfür die gemäße Form zu finden, so daß diese Erziehung im Denken nicht einer Verwechslung mit der Forschung und der Gelehrsamkeit anheimfällt, ist das Schwierige. In der Gefahr bleibt dies Vorhaben vor allem dann, wenn das Denken zugleich und stets seinen eigenen Aufenthalt erst finden muß. Inmitten der Wissenschaften denken heißt: an ihnen vorbeigehen, ohne sie zu verachten." Schon dieses Vorbeigehen – was Heidegger natürlich sehr wohl wußte – erscheint nach Maßgabe der Wissenschaft als unerträglich.

Welt kann keine Rede sein. Zusammenfassend: dem wie auch immer aus der Welt exponierten Soteriologischen muß theologisch eine Wachsamkeit *auf Leben und Tod* gelten.

Wo sich die Erscheinungen nach der Maßgabe soteriologischer Kritik aber voneinander absetzen, wird das Denken seinerseits den Charakter des Erwartungsvollen gewinnen können.[8] Luther hat zum Beispiel in seiner Auslegung von Röm 8,19 in der *Römerbriefvorlesung* eindrücklich eine solche übergängliche Hermeneutik ins Auge gefaßt.[9] Die *exspectatio* erweist sich als ihre Vollzugsform, der Ausblick, das Vorlaufen ins Leben – ein aufschauendes Verstehen (Lk 21,28; Hebr 12,2), das der Endlichkeit und Wandelbarkeit dieser Welt, ihrem spezifischen Zonenwechsel, ihrem Charakter als einer eschatologischen Wende: daß sie in die neue Schöpfung hinein vergeht, und das ihrer darin eingelassenen Einladung zum Hoffen mit allen gedanklichen Mitteln recht gibt und das sich insofern selber als ein Modus des Wartens darstellt. Ein aufschauendes, wartendes Bedenken der Welt – kann es „wissenschaftlich" heißen? – zeichnet sich aus dem Zusammenhang einer großen Passage, aus einer Atemwende. Um die obige Frage[10] aufzunehmen: Läßt sich eine Wissenschaft denken, die sich nicht mehr ausschließlich auf den unbedingten Willen zur Macht verstünde, sondern in jenem aufschauenden Verstehen, in Entdecken und *exspectatio* geradezu *aufginge*? Welche Bedeutung bliebe der Wissenschaft, wenn man aufgehört hätte, an sie zu glauben? Welche Züge nähme eine gänzlich relativ bleibende, *soteriologisch gebrochene* Wissenschaft an? Ist Dankbarkeit eine im geringsten ins Gewicht fallende epistemische Kategorie?

Angesichts ersichtlicher Regenerationsbedürftigkeit der Weltaneignung der Neuzeit einen Ansatzpunkt zu bestimmen für ihre Erneuerung im Sinne des Nicht-Machtförmigen ist eine der vordringlichen Absichten unserer Überlegungen. In welchem Bereich diese Ausgangsbestimmung liegt, können wir immerhin sagen: im Bereich *sich vollziehender* Regeneration. Erneuerung geht mit der Verkündigung des Evangeliums bereits vonstatten: in der Krisis von Heil und Unheil, in folgenschwerer soteriologischer Unterscheidung – und in dieser Weise als „Erneuerung des Sinns" (Röm 12,2), der Grundgestimmtheit. „ἀποκαραδοκία", wie Ernst Käsemann erklärt, „erkennt den irdischen Status quo nicht an [...]".[11] Soteriologisch aufgeworfene Wissenschaft und Technik zeichnen gegenwärtig die Linien und Umrisse

---

8 Ein übergängliches Denken ist nicht nur Thema, sondern auch Vollzugsform in Heideggers *Beiträgen zur Philosophie (Vom Ereignis)*.

9 Luther, WA 56, 371. Zu denken ist aber auch an die 35. These der *Disputatio de homine*: „Quare homo huius vitae est pura materia Dei ad futurae formae suae vitam." (Luther, WA 39,1; 177,3f).

10 Cf. oben die Abschnitte C.d.5. und C.e.2. und D.e.5.

11 Käsemann, An die Römer, 225. Link (Link, Welt als Gleichnis, 238) nimmt die Wendung auf.

dieses irdischen *status quo*. Sie prägen die Bewegungsform der modernen, sogenannten „offenen" Gesellschaft: die sich – darin liegt vornehmlich ihre „Offenheit" – mit einer einzigen Ablenkung des Zeitstromes in die uralte Verwirrung verwandeln kann. Doch ist dem – in der Konsequenz der neutestamentlichen Nüchternheitsgebote und in Auslegung von Röm 8,19 – insistierende *Erneuerungsgewißheit* entgegenzusetzen. Der neue Status von universaler, in jeder Hinsicht zugänglicher Erlösung, von Vollendung und in sich scheinender Seligkeit *kündigt sich an*.

2. „Selig scheint es in ihm selbst"

Erforderlich erscheint an dieser Stelle, bevor fortgefahren werden kann, die Auseinandersetzung mit einem gewichtigen Einwand, den die bisherigen Überlegungen als dezidiert *theologische* Optionen auf sich ziehen. Wiederum geht es um eine Klärung der Lichtverhältnisse. Liegt nicht schon, so mag dieser Einwand formuliert werden, im *Kunst-Schönen,* in der ihm eigenen Vollendung und Herrlichkeit, das definitiv Nicht-Machtförmige vor, das Nicht-Begehrliche, also das in sich Genügende und insofern, soteriologisch und quasi-eschatologisch, das bereits Erlöste, Antezipation,[12] ein zumindest kurzes Aufleuchten des Himmels auf der Erde, *lumen gloriae*? Da doch, so Eduard Mörike, wenn man ihn beim Wort nimmt und ihm beipflichtet, das Schöne „*selig* scheint in ihm selbst". Da doch vom Schönen kein Appell zur Veränderung und Steigerung auszugehen scheint, vielmehr, wie es aussieht, bei seiner immanenten Seligkeit verweilt zu werden vermag. Da es sich anscheinend mit nichts verrechnen läßt, man mit ihm nichts anfangen kann noch soll und jedes In-Dienst-Nehmen womöglich seine Vernichtung bedeutet. Da es doch, so Adorno in der *Ästhetischen Theorie*, „das Gewaltlose an Mozart" gibt[13] und, so in der *Negativen Dialektik* mit einer Wendung gegen die Theologie, „jeglicher Ausdruck von Hoffnung [...] von den großen Kunstwerken noch im Zeitalter ihres Verstummens mächtiger ausgeht als von den überlieferten theologischen Texten".[14] So daß insgesamt „Ästhetik" oder „das Kunstwerk" gegen jenes widrig

---

12 Vgl. Vogel, Der Christ und das Schöne, 82; 110. Link (Welt als Gleichnis, 198) verwendet in diesem Zusammenhang den nicht unproblematischen Ausdruck „Repräsentation".

13 Adorno, Ästhetische Theorie, 454. Paetzold (Ästhetik, 85; Hv. M.T.) interpretiert Kants Ästhetik als „Utopie einer gewaltlosen Beziehung der Menschen zu den Dingen".

14 Adorno, Negative Dialektik, 389. Beethoven schreibt an Bettina von Arnim: „Musik ist höhere Offenbarung als alle Religion und Philosophie" (zitiert bei Vogel, Der Christ und das Schöne, 37; vgl. 60). Zur Kunst als Religion vgl. Vogel, Der Christ und das Schöne, 36f; 60–65; 110; 156 u.ö. Gelegentlich (42f) verdeutlicht Vogel die Differenz: von der Schönheit der Wahrheit, nicht aber von der Wahrheit der Schönheit müsse die Rede sein

Absolute und Totale, von dem ausführlich die Rede war, aufzubieten wären und der Rückgriff auf die Herrlichkeit Gottes ganz entbehrlich erschiene.

Nimmt mithin bereits das Schöne an sich, das Bezwingende, aber nicht Machtförmige, gegen den Willen zur Macht Aufstellung – wenn nicht ausdrücklich, aber *de facto*? *Die Ästhetik des Widerstands* (Peter Weiß), der Widerstand der Ästhetik, „bewußtlos" zwar, doch „bewußtlos *polemisch*"?[15] Also – der ernsthafte Anspruch, eine Alternative zu bieten, kann nicht übergangen werden. Erhebt er sich aber zu Recht? Gibt das Kunstwerk irgend haltbaren Grund zu einer Hoffnung, die aus dem Bann herausträte?

Den Gedanken von der freien Unabhängigkeit des Kunst-Schönen finden wir in besonders großartiger Gestalt bekanntlich bei Hegel. Die „letzte und größte Ästhetik des Abendlandes ist diejenige Hegels", urteilt Heidegger.[16]

---

15 „Noch das sublimste Kunstwerk", führt Adorno aus (Adorno, Ästhetische Theorie, 15), „bezieht bestimmte Stellung zur empirischen Realität, indem es aus deren Bann heraustritt, nicht ein für allemal, sondern stets wieder konkret, bewußtlos polemisch gegen dessen Stand zur geschichtlichen Stunde." Und an anderer Stelle: „Im Zauber dessen, was in absoluter Ohnmacht sich enthüllt, des Schönen, vollkommen und nichtig in eins, spiegelt der Schein von Allmacht negativ als Hoffnung sich wider. Es ist jeglicher Machtprobe entronnen. Totale Zwecklosigkeit dementiert die Totalität des Zweckmäßigen in der Welt der Herrschaft [...]" (Adorno, Moralia, 256). Doch weiß Adorno um den gewichtigsten Einwand: „Kunst führt heraus und doch nicht heraus, die Welt, die sie reflektiert, bleibt, was sie ist, weil sie von der Kunst bloß reflektiert wird." (Adorno, Ästhetische Theorie, 521) Was kann also Kunst sein? Aus dem Erschrecken des 20. Jahrhunderts kommt der Einwand, den Adorno gegen die idealistische Kunstdeutung erhebt. „Allegorie scheinlos gegenwärtigen Glücks, mit der tödlichen Klausel des Schimärischen: *daß es nicht ist.*" (Adorno, Ästhetische Theorie, 197; Hv. M.T.). Was ist sie also schließlich? „[…] vollkommen und nichtig in eins" (Adorno, Moralia, 256). Sie ist *Postulat* und *Konflikt*. „Indem Kunstwerke da sind", wird festgestellt (Adorno, Ästhetische Theorie, 93), „postulieren sie das Dasein eines nicht Daseienden und geraten dadurch in Konflikt mit dessen realem Nichtvorhandensein." Sie ist Anweisung auf Zukunft, Versprechen, *Versprechen auf Glück*. Verschiedentlich kommt Adorno auf Stendhals Diktum zurück: *La beauté n'est que la promesse du bonheur* (Adorno, Ästhetische Theorie, 128, 205, 461). „Noch auf ihren höchsten Erhebungen ist Kunst Schein; den Schein aber, ihr Unwiderstehliches, empfängt sie vom Scheinlosen. […] Im Schein verspricht sich das Scheinlose." (Adorno, Negative Dialektik, 396f) Eine unmittelbare soteriologische Ambition findet man in diesem Sinne bei Adorno m.E. nicht. – Picht (Kunst und Mythos, 193) macht darauf aufmerksam, daß die für Adorno maßgebliche Kunst erst nach der Französischen Revolution beginnt, seine Kunsttheorie also in dieser Hinsicht zu relativieren sei.

16 Heidegger, Nietzsche. Kunst, 99. – Nicht ohne gravierende Einschränkung Adorno (Adorno, Ästhetische Theorie, 495): „Er [sc. Hegel] und Kant waren die letzten, die, schroff gesagt, große Ästhetik schreiben konnten, ohne etwas von Kunst zu verstehen." Adornos entscheidender Einwand gegen Hegel liegt aber an anderer Stelle: „Hegels zentrales ästhetisches Prinzip, das des Schönen als des sinnlichen Scheinens der Idee, setzt deren Begriff als den des absoluten Geistes voraus. Nur wenn dessen totaler Anspruch honoriert würde, wenn Philosophie vermöchte, die Idee des Absoluten auf den Begriff zu bringen, hätte jenes Prinzip seine Kraft. In einer geschichtlichen Phase, in der die Ansicht von der Wirklichkeit der Vernunft zum blutigen Spott ward, verblaßt Hegels Deutung, trotz des Reichtums an wahrer Einsicht, den sie aufschloß, zum Trost. Hat seine Konzeption Geschichte mit der Wahrheit glücklich vermittelt, so ist ihre eigene Wahrheit vom Unglück der Geschichte nicht zu isolieren." (523). – Zum Kunst-Schönen bei Hegel vgl. Wenz, Religion, 187–196.

Hegel hat in den *Vorlesungen über die Ästhetik* das Kunstwerk emphatisch, mehr noch: soteriologisch überhöht: das Ideal stehe „mit sich selbst zusammengeschlossen frei auf sich beruhend da, als sinnlich selig in sich, seiner sich freuend und genießend." „Wir können", so erklärt Hegel daraufhin, „in dieser Rücksicht die heitere Ruhe und Seligkeit, dies Sichselbstgenügen in der eigenen Beschlossenheit und Befriedigung als den Grundzug des Ideals an die Spitze stellen. Die ideale Kunstgestalt steht *wie ein seliger Gott* vor uns da."[17] Wir befinden uns nach Hegel eben im Bereich des absoluten Geistes. Das Absolute erscheint.[18] Nichts steht aus. So etwas wie Erlösung hat im Kunstwerk schon stattgehabt. In seinem Raum steht die Welt in souveräner Ruhe still. Sie ist in der Kunstgestalt in ihrer Ruhe angekommen. Erschienen ist, was sie sein wird. *Lumen gloriae* leuchtet.

Nicht anders liest man es gelegentlich bei Goethe. „Die Schöne bleibt sich selber selig", wird über Helena im zweiten Teil des *Faust* bekannt (V. 7403). Und – die berühmteste Wendung – in Eduard Mörikes Gedicht *Auf eine Lampe* begegnet der eben schon genannte Satz:

> Was aber schön ist, selig scheint es in ihm selbst.[19]

Unmittelbar voraus steht die Zeile:

> Ein Kunstgebild der echten Art. Wer achtet sein?

Mit der vor Augen stehenden Lampe, so Mörike, ist ein authentisches Kunstwerk in die Welt getreten. Zur Anschauung kommt in ihr das Schöne selber. Wird es freilich als solches hinreichend gewürdigt? Wiederum: *bedarf* es aber solcher Würdigung? Anscheinend nicht, meint das Gedicht. Es scheint ja selig „in ihm selbst"

Martin Heidegger hat diese Zeilen in einem Brief an den Zürcher Germanisten Emil Staiger von seinen Voraussetzungen aus erläutert:

„Die Frage lautet so, daß sie zur Antwort neigt: Niemand mehr, kaum einige, nur wenige. Die Frage ist traurig gestimmt. Wehmut spricht in dem Gedicht, daß das Kunstwerk in seinem Wesen den Menschen entgeht. [...]" Aber: die Wehmut kann ihn „nicht niederdrücken. Er hält in ihr stand. Denn er weiß: die rechte Art eines Kunstgebildes, die Schönheit des Schönen, waltet nicht von Gnaden der Menschen, inso-

---

17   Hegel, Ästhetik, 207f (Hv. M.T.).
18   Vom „Absoluten" spricht zuletzt auch noch Steiner (Steiner, Schöpfung, 197): „Ist selbst das vollendetste Gedicht der gelähmte Schatten dessen, was zu sein es angetreten war, seine Umsetzung in gesättigten Diskurs? In diesem Falle würden die Überzeugungskräfte des Gedichts und sein Anspruch auf unsere wiederholte Lektüre die latente Gegenwart, den nahen Druck desjenigen Gedichts beinhalten, welches (noch) nicht ist. Dieser Druck einer geformten Abwesenheit, einer Verheißung unerfüllter, aber immer beginnender Offenbarung ist der entscheidende Punkt religiöser und mystischer Erfahrung ebenso wie derjenige idealistischer Philosophien. Er definiert das Absolute in lyrischer Dichtung."
19   Mörike, SW I, 735.

fern sie das Kunstwerk achten oder nicht, ob sie, was schön ist, in ihren Genuß nehmen oder nicht. Das Schöne bleibt, was es ist, unabhängig davon, wie die Frage *Wer achtet sein?* beantwortet wird.

Was aber schön ist, selig scheint es in ihm selbst [...]. Das *aber* spricht gegen das entscheidende Gewicht dieses Achtens, insofern das Schöne niemals erst durch solches Dafürhalten das Schöne wird."[20]

Anders orientiert sich Staigers Interpretation. Während Heidegger das Wort „scheint" im Sinne von *lucet*, das Werk der Kunst also selber als Subjekt des Scheinens begreiflich macht, will Staiger es als *videtur*, also vom Betrachter her lesen. Die Differenz ist nicht unerheblich. Heidegger sieht Mörike in diesen Zeilen der Sache nach ganz bei Hegel. Staiger hingegen betont das Potentielle und den Vorbehalt des „Spätlings" Mörike: der das Wesen des Schönen umstandslos und gleichsam von innen zu bestimmen (wie noch Hegel und Goethe) sich nicht mehr getraut:

„Diese Bedeutung [sc. des videtur]", so Staiger, „halte ich für dominant. In ihr kommt Mörikes besondere, von ihm selbst tief empfundene Lage, der Unterschied seiner Existenz von der eines Goethe (oder auch von der Sicherheit eines Hegel) unübertrefflich zum Ausdruck. Er, der Spätling, kann nur noch vermuten und als möglich bezeichnen; das Wesen ist ihm schon halb verhüllt."[21]

Entsprechend ergibt sich daraus eine Differenz im Verständnis dessen, was die Gestimmtheit der „Wehmut" in diesem Gedicht ausmacht. Hier, bei Heidegger, mit Bezug auf die Frage „Wer achtet sein?", die traurige Gestimmtheit, weil „das Kunstwerk in seinem Wesen den Menschen entgeht" und „es die seinem Wesen gemäße Achtung der Menschen nicht mehr um sich hat".[22] Bei Staiger aber spricht in Mörike der vorsichtige, wehmütige Epigone, der „sich nicht mehr sicher als Eingeweihter zu fühlen wagt."[23]

3. Aus dem Schönen spricht Wehmut

Wir können für unseren Zusammenhang das Interpretationsproblem, ob *lucet* oder *videtur* zu lesen sei, offenlassen. Schwerer wiegt die Sachfrage

---

20 Heidegger, Erfahrung des Denkens, 105f. – Vgl. auch Heidegger, Der Satz vom Grund, 85. Heidegger nimmt dort auf Mörike sowie auf die Verse des Angelus Silesius Bezug: „Die Ros ist ohn warum; sie blühet, weil sie blühet, / Sie acht nicht ihrer selbst, fragt nicht, ob man sie siehet." (53ff).

21 Staiger, Interpretation, 33. – Bei Adorno ist der „Schein" der Kunst offenbar im Sinne des *videtur* verstanden, so wenn es heißt: „Noch auf ihren höchsten Erhebungen ist Kunst Schein; den Schein aber, ihr Unwiderstehliches, empfängt sie vom Scheinlosen. [...] Im Schein verspricht sich das Scheinlose." (Adorno, Negative Dialektik, 396f.).

22 Heidegger, Erfahrung des Denkens, 105; 107.

23 Staiger, Interpretation, 42.

nach dem Wesen des Schönen selbst bzw. nach der Veranlassung jenes Unerfüllten, jener Wehmut, die – so ja beide Interpreten – offenbar in bestimmter Weise notwendig mit seiner Erscheinung mitgegeben ist. Warum, fragen wir noch einmal, kommt so etwas wie Wehmut auf? Was steht also aus und wirkt, weil unerfüllt, bedrängend? Was ist noch nicht erschienen? Ein Seliges scheint oder erscheint, doch ein starkes Moment von Unerlöstheit macht sich geltend. Wer unterliegt ihr? Der Betrachter allein? Das liegt zunächst nahe.[24] Handelt es sich also um das Schmerzliche von Sehnsucht und Wehmut, das aus der Wahrnehmung des Schönen für den Wahrnehmenden erwächst, im *Rezipienten* also seinen Grund hat?

Von der „Affinität aller Schönheit" zum Tode spricht wiederum Adorno.[25] Handelt es sich dabei aber um den Tod des Wahrnehmenden, an den das Erlebnis des Schönen gemahnt, oder findet sich das Schöne selbst dem Tode unmittelbar benachbart?

> Auch das Schöne muß sterben, das Götter und Menschen bezwinget

klagt bitter Schillers Gedicht *Nänie*.[26] Und *den Tod* benennt die berühmte Zeile aus dem *Wallenstein*: „Das ist das Los des Schönen auf der Erde". Immer gebunden erscheinen die Geschichten, die die große Musik erzählt, an die Gefahr, daß der Ton sterben wird. Noch jedesmal stirbt er dann auch. Das Schöne vergeht. In der ersten Strophe von Benns Gedicht *Melancholie* ist von der Täuschung die Rede, vom Glück, das nicht stimmt und nicht standhält:

> Wenn man von Faltern liest, von Schilf und Immen,
> daß sich darauf ein schöner Sommer wiegt,
> dann fragt man sich, ob diese Glücke stimmen
> und nicht dahinter eine Täuschung liegt,
> und auch das Saitenspiel, von dem sie schreiben,
> mit Schwirren, Dufthauch, flügelleichtem Kleid,
> mit dem sie tun, als ob sie bleiben,
> ist anderen Ohren eine Fraglichkeit:
> ein künstliches, ein falsches Potpourri –
> untäuschbar bleibt der Seele Agonie.[27]

---

24 So spricht auch beispielsweise Adorno von der „unstillbaren Sehnsucht *angesichts* des Schönen" (Adorno, Ästhetische Theorie, 128; Hv. M.T.). An anderer Stelle (353) erscheinen die Kunstwerke geradezu als „gesellschaftliches Wundmal."
25 Adorno, Ästhetische Theorie, 84.
26 Schiller, Gedichte, 326. Vgl. dazu Adorno, Ästhetische Theorie, 49. Anders die wunderbare Wendung in Thomas Bailey Aldrichs Gedicht *A shadow of the night* (Aldrich, Poems, 74f; dort 75): „What is lovely never dies / But passes into other loveliness [...]".
27 Benn, SW 1, 285.

Auch die Schönheit zeigt ein verbranntes Gesicht. Das *lumen naturae* bedeutet immer auch Zwielicht. Auch das Schöne der Kunst gehört zur gefallenen Welt.[28]

Zunächst schöpfungstheologisch argumentiert in dieser Sache Barth. Anlaß zur „Wehmut" gibt nach Barth nicht etwa lediglich die Differenz des Schönen der Kunst zu seiner (mangelnden) Wahrnehmung und auch nicht die Situation des „Spätlings" gegenüber einer früheren Sicherheit der Bestimmung des Wesens des Schönen. Nicht erst im Wahrnehmenden kommt Wehmut auf, sondern aus dem Schönen selber spricht sie; in ihm selbst als in der noch nicht erlösten Schöpfung waltet das bei näherem Hinsehen offenkundig Unvollendete, das über sich hinausweist, und macht sich das noch Ausstehende, das definitiv noch nicht erschienen ist, ebenso schmerzlich wie hoffnungsvoll bemerkbar. Auch Barth spricht in diesem Zusammenhang von „Wehmut". So wird in der zweiten Auflage des Römerbriefkommentars bemerkt: „Was geschaffen ist, ob Geschöpf oder Werk, ist für die *Zeit* geschaffen. Wenn Geschöpf oder Werk in ihrer höchsten Schönheit zu uns reden (Mozart!), dann, gerade dann ists tiefste *Wehmut*, die da redet."[29] Bereits erwähnt wurde,[30] daß Barth in der *Kirchlichen Dogmatik* die Musik Mozarts als von „unendlicher Wehmut" erfüllt beschreibt. Aus Geschöpf oder Kunstwerk spricht ein Sehnen, eben auch aus jener Musik, die, sich selber unbeirrbar gegenwärtig und insofern *ganz* Gegenwart, die schiere Freude eben an sich selbst zu feiern scheint, gleichwohl sich als solche zu einem noch Ausstehenden *verhält*. „Immer ist die Kunst", wie Barth dann in seiner *Ethik-Vorlesung* von 1928/29 ausführt, „gerade als wesenhaft freudiges Tun von einem letzten tiefsten *Schmerz* getragen [...]." Erscheinung und künftiger Zerfall treten aus dem Kunst-Schönen selbst so gut wie

---

28 Ist auch die bloße Verzierung der Barbarei, auch widrige Kunst vorstellbar, in der sich abermals nur der Wille zur Macht in höheren Formen seiner selbst gefällt, einen hinreißenden Eindruck auf sich selbst macht, in der der Ungeist sich aufführt oder dem Krieg aufgespielt wird. Die Macht braucht wenigstens ab und zu den schönen Schein, die eigene autistische Verzückung. Sie mag dem Unmenschlichen als Ornament dienen. Hexenhafte Schönheit tritt auf. Oder die hohen Werke der Kunst prunken auf einem Fundament von Barbarei und Ungerechtigkeit. Vor dem Bösen kann das Kunstwerk zerbrechen. Beispielsweise für Chaplins Film *Der große Diktator* stellt Dolf Sternberger das erschrocken fest. „So mag man den *Großen Diktator* als die Antwort eines Genies auf das Unbegreifliche verstehen [...]. Es ist die Antwort eines wahren und reinen Künstlers, der alle seine Mittel, all seine Einbildungskraft, all seine Spielfreiheit und all seine Scharfsicht, das Leichte und das Schwere, das Heitere und das Kühne anwendet, um am Ende einzusehen und alle fühlen zu machen, daß die Kunst über das Böse nicht triumphieren kann, daß sie ohnmächtig bleibt. Daher ist der *Große Diktator* kein Kunstwerk im sonst gültigen Sinne des Wortes geworden, kein wohlgeratenes Gebilde. Es ist ein zerbrochenes Kunstwerk. Ein Kunstwerk, das vor unseren Augen aufsteigt und zerbricht vor der Gewalt des Bösen. Ein *großes* zerbrochenes Kunstwerk." (Sternberger, Gang zwischen Meistern, 88).
29 Barth, Römerbrief II, 420.
30 Cf. oben Abschn. D. nach Anm. 223.

gleichzeitig hervor. Ihre Schönheit ist immer in sich schmerzliche Schönheit. Um so mehr dann überführt sie den Wahrnehmenden der eigenen Vergänglichkeit und Erlösungsbedürftigkeit: eben dessen, daß definitiv noch nicht erschienen ist, was er sein wird.

„[…] das wäre kein wahres Kunstwerk", fährt Barth in dieser Vorlesung fort, „das nicht, von der Freude erzeugt, aus dem Schmerz geboren wäre. Warum ist dem so und muß dem so sein? Offenbar darum, weil gerade die Kinder Gottes wissen, daß noch nicht erschienen ist, was sie sein werden, weil gerade sie mit der seufzenden Kreatur Leid tragen um die Gegenwart, in der die Zukunft eben doch nur als Zukunft gegenwärtig ist, deren *Vergänglichkeit* gerade sie, indem sie sie freudig – um der gegenwärtigen Zukunft willen freudig – bejahen, nicht übersehen und vergessen können."[31]

4. Kunst bezieht sich auf Erlösung

„Mir stand immer fest", teilt noch der alte Barth in einem Brief 1963 mit, „daß das Problem der Kunst bzw. der Künste im Zusammenhang mit der *eschatologischen Apokalypsis* zur Sprache kommen müßte."[32] Schon in der *Ethik-Vorlesung* 1928/29 wird festgestellt: „Die *Kunst* gehört in einer theologischen Ethik […] in den Zusammenhang *eschatologischer* Betrachtung […]."[33] „Kunst" wird dort mit „Humor" zusammengeordnet, und Barth führt aus:

„Kunst und Humor haben das gemeinsam, daß beider streng und genau genommen nur die *Kinder Gottes* fähig sind. Kunst und Humor bezeichnen ja das Tun des Menschen als ein gerne, freiwillig, freudig getanes, seinen Gehorsam zugleich als innere Notwendigkeit. So ist der Mensch aber nur unter dem einfallenden Licht seiner eschatologischen Wirklichkeit." (437)

Nicht dem Bereich der Schöpfung, auch nicht dem der Versöhnung, sondern primär dem Thema Erlösung, dem *lumen gloriae*, gehört diesen frühen Überlegungen zufolge die Kunst zu: „Kunst liegt weder in der Linie des Handelns des Menschen als Geschöpf noch in der Linie des Menschen als begnadigter Sünder. Kunst bezieht sich als reines Spiel auf Erlösung." (439)

Außerordentliches wird der Kunst damit zugesprochen. Zwar verkörpern ihre Werke weder unmittelbar das eschatologisch Neue selbst, noch stellen sie dessen reale Antezipation dar, aber sie sind doch als solche Zeichen der Verheißung eines neuen Himmels und einer neuen Erde. Dementsprechend

---

31 Barth, Ethik II, 438 (Hv. z.T. von mir).
32 Barth, Briefe 1961–1968, 145 (Hv. M.T.). – Schiller nennt in einem Brief an Goethe das Christentum sogar „die einzige aesthetische Religion" (Schiller, Briefe, 28).
33 Barth, Ethik II, 437 (Hv. z.T. von mir). Im folgenden mit Seitenzahlen im Text.

geht mit der Kunst, eine Handbreit neben ihr, nach Barth große Gefahr einher („die große Gefahr der ganzen ästhetischen Möglichkeit"): „daß mit ihrer Hilfe ein vermeintlicher Himmel auf der Erde errichtet wird", daß also geltend gemacht wird, in ihren Werken erscheine bereits real jeweils eine kleine Szene der Welt, *wie sie sein wird,* „wo es sich doch auf der ganzen Linie nur um die Aufrichtung jenes *Zeichens* der Verheißung handeln könnte" (442; Hv. M.T.). Als solche bezieht sich die Kunst, so Barth, auf das künftige erlöste Sein, doch führt sie es nicht herauf. Sie ist „im Prinzip *futuristisch*", keineswegs indes beginnt mit ihr und in ihrer Gestalt bereits die Zukunft selbst. Sie sieht, sie ahnt und zeigt die Wirklichkeit: „die von Gott geschaffene, aber mit Gott versöhnte Wirklichkeit, aber nun diese als *erlöste* Wirklichkeit, in ihrer geahnten, vorweggenommenen Vollendung, insofern eine verklärte, gereinigte Wirklichkeit [...]" (440). Zumindest *Vorschein* auf diese Wirklichkeit ist sie als solche, eben das „aufgerichtete *Zeichen* der Verheißung" (439; Hv. M.T.), hinausweisend zwar über das vorfindlich Derzeitige, doch den *status quo* auch im Einzelnen nicht aufhebend. Auch ihre Werke bedürfen der Erlösung. Sie ist „Verkünderin der grundsätzlichen Überbietbarkeit der gegenwärtigen Wirklichkeit" (443) – allerdings, ausschlaggebend, ausschließlich einer von Gott zu vollziehenden Überbietung. Darum aber sind der Kunst „streng und genau genommen nur die *Kinder Gottes* fähig" (437), nur der also, der eben „als Kind Gottes die Augen hat, im Gegenwärtigen das Künftige zu sehen [...]" (441).

Barth hat entsprechende Ausführungen in der *Kirchlichen Dogmatik* aus gutem Grund nicht wiederholt. Dem Kunstwerk als solchem, genommen allemal (wie bei Hegel und Mörike) als „selig in ihm selbst", scheinend also im *lumen gloriae,* doch auch (wie in Barths eben angeführten *Ethik-Vorlesungen*) dem Kunstwerk als einem „Zeichen" der Verheißung – das es also nicht erst in der Kraft Gottes *werden* muß, sondern als solches bereits *ist* – wird zuerkannt, was es zu tragen außerstande ist. Vielmehr bedarf es dessen, so der späte Barth, daß es von Gott selbst zu Zeichen und Gleichnis jeweils erst gemacht wird. Die Differenz zum oben Dargestellten ist erheblich. Nicht im geringsten – das ohnehin nicht – können die Kunstwerke den Anspruch erheben, selig *in sich selbst* zu leuchten. Doch können sie auch nicht *an sich* als Zeichen der Verheißung des Künftigen gelten. „An sich und als solche zeigen sie wohl – aber ins Leere, ins Unbekannte. Eben darauf beruht ihre letzte Unverbindlichkeit, die sie vom Worte Gottes unterscheidet." (IV/3, 177)

Aus welchem Zusammenhang erschließt sich nach den späteren Überlegungen Barths positiv die Bewandtnis der Kunst? Auf einen Gedanken der (hier und da durchaus mißverstandenen) „Lichterlehre" Barths ist zurückzukommen. Außerhalb des unmittelbaren Bereichs der Prophetie Jesu Christi, im Raum der „Profanität" (IV/3, 131), so lesen wir dort, lassen sich verschiedentlich „wahre Worte", „leuchtende Lichter", „große und kleine Offenbarungen" (122; 107) ausfindig machen – eben auch solche in den Bereichen der *Kunst*.³⁴ Sie als solche zu würdigen bedeutet keineswegs, den Boden der Christologie zu verlassen (vgl. 131) und ihnen wie auch immer zu bestimmende soteriologische Bedeutung zuzuerkennen. Denn als ernsthafte Konkurrenten der Offenbarung in Christus kommen sie keinesfalls in Betracht (vgl. 111). Allerdings bleiben sie – im Sinne einer theologischen Kritik der ästhetischen Vernunft – der Prüfung bedürftig (vgl. 140): für die es auch sehr wohl angebbare Kriterien gibt (vgl. 141ff). Zu beachten ist beispielsweise ihre Partikularität und Variabilität: „Sie werden *hier* und *dort* laut, in *dieser* und *jener* Situation der mitten im Weltgeschehen existierenden Gemeinde und ihrer Glieder, zu *dieser* oder *jener* Zeit ihrer Geschichte in der zu Ende gehenden, aber noch dauernden Weltzeit." (148) Ihre Bedeutung ist insofern durchaus nicht unerheblich: sie können für Barth die biblische Bezeugung „in bestimmter Zeit und Situation beleuchten, akzentuieren, erklären und so – im tiefsten Sinne dieses Begriffes – bestätigen, fest, konkret klar und gewiß machen helfen" (128).

In der Kraft der Prophetie Christi vermag die an sich (*qua* Disposition) nicht gleichnisfähige Welt allseitig zum Gleichnis zu werden.³⁵ Das *Schöne* der Kunst aber (das ihren Begriff nicht erschöpft) kann im besonderen zum Gleichnis der *Herrlichkeit Gottes* in Anspruch genommen werden. Heinrich Vogel, den Anschauungen Barths sehr nah, spricht in diesem Zusammenhang von einem „königlichen Akt des Usurpierens" oder davon, daß „durch jenes Herrscherwort" die Werke der Kunst „in Gebrauch genommen werden als *Gleichnis des Zukünftigen.*"³⁶ „Das Wort nämlich", heißt es, „das die Auferstehung des Gekreuzigten verkündigt, beschlagnahmt die Schönheit der ganzen Schöpfung […]. Das Wort versiegelt selbst noch die Werke und die Gestalten menschlicher Kunst trotz ihrer Dämonie zum Gleichnis einer zukünftigen Vollkommenheit, von der diese Werke in sich selbst nicht wissen."³⁷ Und: „Durch das Wort wird sie [sc. auch die christliche Kunst] zum *eschatologischen Gleichnis* versiegelt."³⁸

---

34 Tiefgründig die Wendung von Borges (Borges, Inquisitionen, 14): „Die Musik, die Zustände des Glücks, die Mythologie, die von der Zeit gewirkten Gesichter, gewisse Dämmerungen und gewisse Orte wollen uns etwas sagen und haben uns etwas gesagt, was wir nicht hätten verlieren dürfen, oder schicken sich an, uns etwas zu sagen; dieses Bevorstehen einer Offenbarung, zu der es nicht kommt, ist vielleicht der ästhetische Vorgang." Wir haben den Satz oben im Abschn. D. bei Anm. 265 bereits zitiert.

35 Vgl. Link, Welt als Gleichnis, passim. Z.B. 302 (Hv. M.T.): „Die Welt ist kein Gleichnis des Himmelreichs, sie kann es nur *werden.*"

36 Vogel, Der Christ und das Schöne, 113; 117. Vogel bedient sich der Wendungen „in Anspruch nehmen", „in Gebrauch nehmen", „beschlagnahmen", „usurpieren", „versiegeln" (46–48; 84 u.ö.). Zu Vogels Buch vgl. Zeindler, Gott und das Schöne, 50–61.

37 Vogel, Der Christ und das Schöne, 47f; vgl. 85.

38 Vogel, Der Christ und das Schöne, 83; vgl. 25.

Warum kommt das Schöne dafür im besonderen in Betracht? Weil gerade seine relative Vollendung ein immanentes Noch-nicht freigibt. Barth, wie wir gesehen haben,[39] spricht von „Wehmut", Vogel von der Sehnsucht:

„Was ist das Geheimnis jener kindlich-tiefen Lust, die uns unsere Feste mit Schönheit schmücken läßt, was das Geheimnis jener unstillbaren Sehnsucht, die durch den Anblick der Gestalt des Schönen hinausgeführt wird aus allen bekannten und besiedelten Bezirken unseres Daseins [...]?"[40]

Genau an diese Stelle kann also eingetragen werden, was nach Barth die Schönheit der Kunst im besten Fall – als soteriologisch gebrochene – zu leisten vermag. Womöglich, in der Kraft der Prophetie Jesu Christi selbst, können Werke der Kunst als Kommentare der Schönheit der über gänglichen Schöpfung die zweite Bitte des Vaterunsers „Dein Reich komme!" im Raum der „Profanität" illustrieren: eben ihr neue Beleuchtung und überraschende Akzente und schärfere Deutlichkeit geben und sie auf diese Weise unverhofft bestätigen. Nicht nur von der „Güte der ursprünglichen Schöpfung" mag dann entsprechende Literatur in Lyrik und Prosa illustrierend und kommentierend reden, sondern auch, so Barth ausdrücklich, „von ihrer künftig zu offenbarenden Herrlichkeit" (IV/3, 138). Der ἀποκαραδοκία der Schöpfung, die dem Reich Gottes entgegenwartet, vermögen sie im Licht des *lumen naturae* gestalteten Ausdruck zu geben: gerade dem Noch-nicht (statt des Absoluten und der Prätention auf das *lumen gloriae*) – doch ihm als dem Übergänglichen, das zur neuen Schöpfung aufzuwachen im Begriff ist. Entsprechend umgekehrt macht die zweite Vaterunserbitte das in ihnen eigentlich Gemeinte erst ausdrücklich und klar.

Was geschieht, wenn sich das Schöne als Gleichnis tatsächlich eröffnet? Vogel beobachtet die Berührung durch ein Geheimnis:

„[...] hingegeben an den *Klang* werden wir von einem Geheimnis angerührt, das in der *Stille* bleibt, auf das aber gerade die schöne Gestalt des Klanges uns hinweist. Im *Anblick* des Sonnenunterganges überkommt uns, wenn anders wir ihn in seiner überschwenglichen Schönheit zu schauen vermögen, die Ahnung eines *unsichtbaren* Glanzes, der sein Geheimnis ist."[41]

---

39 Cf. oben in diesem Abschn. bei Anm. 29.
40 Vogel, Der Christ und das Schöne, 16. Auch Adorno (Adorno, Ästhetische Theorie, 114) nennt die Sehnsucht: „Daher bleibt das Naturschöne so versprengt und ungewiß wie das, was von ihm versprochen wird, alles Innermenschliche überflügelt. Der Schmerz im Angesicht des Schönen, nirgends leibhafter als in der Erfahrung von Natur, ist ebenso die Sehnsucht nach dem, was es verheißt, ohne daß es darin sich entschleierte, wie das Leiden an der Unzulänglichkeit der Erscheinung, die es versagt, indem sie ihm gleichen möchte. Das setzt im Verhältnis zu den Kunstwerken sich fort."
41 Vogel, Der Christ und das Schöne, 24.

b. Der „Gott der Hoffnung" (Röm 15,13)

Am Beginn unserer Überlegungen wurde als Aufgabe die „Klärung der Lichtverhältnisse und die Artikulation der Stimmen" angegeben. Arbeit an der Klarheit, Theologie, christliche Theologie, bezieht sich auf eine besondere Luzidität. In den Blick kommt ein großes Lichtungsgeschehen. Das Licht des Lebens, das „unverlierbare Licht" (Gottfried Benn),[42] scheint in der Finsternis – eine Lichtquelle „inmitten der sie umgebenden und bedrohenden Finsternis der Menschenwelt: sieghaft, siegeskräftig [,] auch wo sie ihrem Sieg erst entgegengeht" (IV/3, 9). Ein Wunder der Sichtbarkeit erscheint und entgegnet sich mit dem Osterereignis dem Zwielicht der Welt, eine durchdringende Klärung ihrer Lichtverhältnisse tritt ein. In dieser besonderen österlichen Augenscheinlichkeit liegt die sachliche Orientierung, die Barth der Behandlung des Themas „Erlösung" vorgegeben sein läßt. Programmatisch erklärt er im eröffnenden Kapitel der Versöhnungslehre, daß ihr abschließender Teil, handelnd vom prophetischen Amt Christi, den Übergang vermitteln soll zur Lehre von der Erlösung: „[...] abschließend und zugleich eröffnend und überleitend in der Richtung auf die Lehre von der Erlösung oder Vollendung, auf die ‚Eschatologie', in der dann das Ganze der Dogmatik zu seinem Ziel zu führen ist." (IV/1, 150) Daß die Auferweckung des Gekreuzigten prophetisch überhandnimmt in die Zukunft, das Sein dementsprechend überallhin Grenzen zur Herrlichkeit erkennen läßt, zum Zauber des Letzten, überall nahe daran ist, als geklärt ans Licht zu kommen, und einmal endgültig einbezogen sein wird in die Freude Gottes, des „Gottes der Hoffnung" (Röm 15,13), kann vielleicht als die Hauptthese seiner Eschatologie gelten.[43]

Alle Werke Gottes, so heißt es in dem Abschnitt über Gottes Ewigkeit und Herrlichkeit als zwei Weisen der Vollkommenheiten der göttlichen Freiheit

„sind das Lichtwerden *außer* ihm auf Grund des Lichtes, das *in* ihm, das er selber ist. Sie sind die Äußerungen des unendlichen Jubels in der Tiefe seines göttlichen Wesens. Und so, daraufhin sind auch alle seine Geschöpfe erstlich und letztlich anzusehen: gerade darin und darum will sie Gott und liebt er sie, daß sie, weit entfernt davon, ihre Existenz aus sich selber und ihren Sinn in sich selber zu haben, im Zuge der göttlichen Selbstverherrlichung, im Transeuntwerden seiner immanenten Freudigkeit geworden sind, ihr Wesen und ihr Dasein haben und darin ihre Bestimmung haben, dem Jauchzen, von dem die Gottheit von Ewigkeit zu Ewigkeit erfüllt ist, in der Zeitlichkeit unangemessene, aber treuliche Antwort zu geben. [...] das ist der Sinn auch des Waltens seiner Heiligkeit, der Sinn auch seines Gerichtes, der Sinn, der auch

---

42 Benn, SW III, 41.
43 Zum Thema im ganzen vgl. Oblau, Eschatologie.

in Verdammnis und Hölle nicht erlöscht, sondern sich durchsetzt: daß Gott herrlich ist und seine Herrlichkeit sich nicht nehmen, in seiner Freudigkeit und in deren Äußerung sich nicht stören, in dem Überquellen seiner Fülle sich nicht aufhalten läßt." (II/1, 730f)

War jenes, die Lauterkeit Christi, die sachliche Orientierung, so ist mit emphatischen Sätzen dieser Art überdies der Ton angeschlagen, den Barth der Behandlung des Themas vorgibt. Die Sprache ist von großem Atem getragen.

Der unendliche Jubel in der Tiefe des göttlichen Wesens, das Jauchzen, von dem der Sprachmächtige von Ewigkeit zu Ewigkeit erfüllt ist, Gottes Herrlichkeit und als ihre besondere Bestimmung: Gottes Schönheit – sie treten in Freiheit und Liebe unaufhaltsam nach außen. Dann – geschieht Teilgabe daran, Anteilgabe für das Geschöpf. Das bedeutet aber zuletzt: Einbeziehung *des Menschen* in dieses Jauchzen,[44] Einstimmung seines Atems, seiner Lebensstimme in diesen tiefen Jubel – Verherrlichung gelebten Lebens (so Barths Wendung). Verherrlichung meint dabei *Vermenschlichung*. Denn mit der Erlösung erst stellt sich das endlich fraglose und endlich universale Einhalten der Differenz von Gott und Mensch ein. In der endgültigen, eschatologischen Grenzwahrung dieser Differenz wird der Mensch auch seine Schönheit wiedererlangen.

Alle Werke Gottes, auch das der endgültigen Erlösung, treten nach Barth als ein Lichtwerden in Erscheinung. Vielfach und wunderbar – doch nach Schöpfung, Versöhnung und Erlösung wunderbar *verschieden* – bricht sich dieses Licht in der Welt. Eine Farbenlehre eigener Verfassung wird möglich, auch ein theologisches Nachzeichnen der „Taten des Lichts", seiner „Taten und Leiden", seiner Wege und Wandlungen, seines Ursprungs. Auch das *lumen gloriae* – im Schlußkapitel dieser Farbenlehre letzter, schönster Beweis der göttlichen Unaufhaltsamkeit – verbreitet den Schein des Lichtes, das ganz aus eigener Tiefe, das zuerst in Gott selber leuchtet. Es wird, was „Erscheinung", „Phänomenalität", „Sein" überhaupt bedeutet, noch einmal auf eine neue Stufe der Wahrnehmung erheben. Die definitive *Wiederkehr des Glanzes in der Welt* (Christof Gestrich) wird sich begeben. Barth nimmt die von Luther am Ende von *De servo arbitrio*[45] vorgenommene Unterscheidung auf: voneinander abzuheben und einander zuzuordnen, je als Bestimmung und Neubestimmung der Welt, sind drei *lumina*, das

---

44 Vergleichbar erscheint ein anderes von Nietzsche gehörtes Jauchzen: „Ich merke wohl: unsere philosophirenden Jünglinge, Frauen und Künstler verlangen jetzt gerade *das Gegentheil* dessen von der Philosophie, was die Griechen von ihr empfiengen! Wer das fortwährende Jauchzen nicht hört, welches durch jede Rede und Gegenrede eines platonischen Dialogs geht, das Jauchzen über die neue Erfindung des *vernünftigen* Denkens, was versteht der von Plato, was von der alten Philosophie?" (Nietzsche, KStA 3, 314).

45 Luther, WA 18; 785.26–38.

lumen naturae, das *lumen gratiae* und das *lumen gloriae*. Worin liegt nach Barth die Besonderheit des *lumen gloriae*? Ich nehme eine Antwort vorweg: sie liegt in der vollendeten Unverborgenheit, die dieses andere Licht bewirkt. Das *lumen gloriae* bringt universale Entbergung zur Erscheinung, läßt die Phänomene im Glanz aufgehen, Augenscheinlichkeit, die Sichtbarkeit Christi triumphieren. Trotz der „sie umgebenden und bedrohenden Finsternis" (IV/3, 9) ist sein schöpferischer, in bezug auf die Arten des Lichts erfinderischer Sieg mit Gewißheit zu erwarten.

Christof Gestrich hat vor einiger Zeit den „Kleinmut" der gegenwärtigen eschatologischen Überlegungen der Theologie beklagt.[46] Karl Barths Eschatologie jedenfalls – an ein Geheimnis rührend und es doch bestehen lassend, entschlossene Explikation der Luzidität Christi – findet sich nicht von Vorbehalten heruntergezogen. Sich auf sie zu beziehen und sie aufzurufen, in der Überzeugung ihrer unverminderten Gegenwärtigkeit, heißt Hilfe zu erhalten zur Gewinnung evangelischer Kenntlichkeit nun auch hinsichtlich der Eschatologie von einer Theologie aus selbstbewußteren Tagen. Sie hilft wohl, sich nicht so leicht aus der Fassung bringen zu lassen. Indessen, ihre Stärke, worauf abermals zurückzukommen ist, liegt nicht darin, daß sie die Prinzipien des Derzeitigen verkörpert, sondern darin daß sie ihnen entgegensteht.

In verschiedenen Durchgängen – in durchaus unterschiedlichen Verfahren – soll in der Folge eine solche Nachzeichnung der Wege und Wandlungen des Lichts, dieses Lichts, des *lumen gloriae*, im Sinne Barths versucht werden. Vor allen Dingen Ausführungen der *Kirchlichen Dogmatik* selber kommen dabei in den Blick. Überschrieben sind die Durchgänge jeweils mit biblischen Worten, die den vorgängigen gedanklichen Raum der Überlegungen, die aber auch und um so mehr den Bildbereich, sozusagen den szenischen Bereich der jeweiligen Metaphorik anzeigen. Getroffen werden eschatologische Aussagen ja in den biblischen Texten in wunderbar in- und gegeneinander strömenden Bildern. Bildgenau legen sie Leitbahnen für den Gedanken. Um evangelische *Grundbilder* in untilgbaren Farben, leuchtend im Durchschein des Künftigen, handelt es sich dabei. Nichts eschatologisch Denkbares gibt es jenseits dieser Bilder. Eine eingehende, differenzierte Metaphorologie der den biblischen Bildern und Bildsequenzen folgenden Eschatologie Barths, jetzt nicht zu leisten, wäre ein lohnendes Unternehmen.

Notwendig vollzieht sich bei diesem Thema dann eine Verschränkung von Anschauungen und Gedanken. Ein eventueller Fortschritt des Gedankens wird sich also jedenfalls nicht einfach linear darstellen. Gewonnen werden soll größere Bestimmtheit, nämlich zunehmende Deutlichkeit der in den verschiedensten Zusammenhängen bei Barth begegnenden reichen,

---

46 Vgl. Gestrich, Wiederkehr des Glanzes, 93.

doch in sich einheitlichen Erscheinung. Barths Eschatologie, soweit sie sich bereits im vorliegenden Werk findet, gibt zu denken, indem sie viel und Besonderes zu sehen gibt. Schon darum ist es unumgänglich, wiederum einigermaßen ausgiebig zu zitieren. Die Sprache, in der in den folgenden Erläuterungen an dieses Ineinander von Begriffen und Szenen erinnert wird, darf vielleicht dann und wann ihrerseits ein wenig emphatisch werden.

Besonders scheint eine Predigt Barths geeignet, einen ersten Blick auf seine Überlegungen zur Eschatologie zu eröffnen. Der damit gegebene unmittelbare Bezug auf einen biblischen Text legt dieses Verfahren nahe. Wir versuchen mit der Nachzeichnung einiger Züge einer Predigt, eine Grundfigur der Eschatologie Barths ausfindig zu machen.

c. „Alle!" (Röm 11,32)

1. Woher des Wegs?

Natürlich wird sogleich, wenn dieser Exeget und Prediger theologisch nach dem Rechten sieht, die Reihenfolge der Textabschnitte, die für die Predigt leitend sind, in der richtigen Weise gewendet. Das Gefälle der Predigt wird ja einen dem Evangelium gemäßen, strikt einzuhaltenden Richtungssinn in sich tragen. Reihenfolgen werden gedankliche Entscheidungen abbilden. Denn eine bestimmte Sinnrichtung und ein bestimmter Duktus des Handelns Gottes liegt ja auch dem Text zugrunde. Angebracht erscheint also von vornherein eine *Weglehre* für das an sich Unwegsame, keine aus anderen Zusammenhängen gewonnene indes, sondern eine spezifisch *theologische, evangelische* Methodologie: nun auch, wenn das letzte Woher und Wohin des menschlichen Weges, wenn seine Bestimmung in den Blick kommen, also deutlich werden soll, wohin es nach dem Willen Gottes mit der Welt will.

„Gott hat Alle eingeschlossen in den Unglauben, um sich Aller zu erbarmen!", so übersetzt Barth 1957 bei einer Predigt in der Basler Strafanstalt den Text Röm 11,32.[47] In der zweiten Auflage des Römerbriefkommentars hatte er diesen Satz des Paulus ein „grimmig beunruhigendes Axiom" genannt.[48] Das ist auch jetzt ganz offensichtlich nicht zurückzunehmen. Die Beunruhigung ist nicht gewichen. Aber kaum überraschend, möchte man sagen, selbstverständlich, im Sinne unumgänglicher theologischer Textorientierung, kehrt Barth für diese Predigt nun die Reihenfolge der Textteile um und beginnt mit dem zweiten Teil („um sich aller zu erbarmen").

---

47   In: Predigten 1954–1967, 81–89.
48   Barth, Römerbrief II, 407.

„Denn", so wird erläutert, „das ist so etwas wie ein Berg, den man nicht erklettern kann, auch nicht in Gedanken, auch nicht in einer Predigt, sondern von dem man eigentlich nur herunterkommen kann. Auch der Apostel Paulus", fährt der Prediger fort, „hätte das Erste: daß Gott Alle eingeschlossen hat in den Ungehorsam, nicht sagen können, wenn er nicht zuerst und vor allem das Zweite gewußt und bedacht hätte: daß Gott sich Aller erbarmt."[49]

Ein besonderer Weg, ein Berg, von dem man eigentlich nur herunterkommen kann ... – es ist dieselbe Metapher, derer sich Barth bedient, als er zehn Jahre zuvor in dem für unser Thema zentralen Paragraphen über den Menschen in seiner Zeit in wunderbarer Beobachtung den Sabbat, den siebten Tag Gottes, als den „ersten Lebenstag des von ihm geschaffenen Menschen" beschreibt:

„So beginnt des Menschen Zeit auf Grund des vor seiner Zeit geschehenen Werkes Gottes und nicht im Blick auf ein vor ihm liegendes eigenes Werk. So beginnt des Menschen Zeit an einem Sonntag und nicht an einem Werktag, mit Freiheit und nicht mit einer Verpflichtung, mit einer Feier und nicht mit einer ihm gestellten Aufgabe, mit Freude und nicht mit Mühe und Arbeit, unter dem Evangelium und nicht unter dem Gesetz." (III/2, 549)[50]

Ein Berg, von dem man herunterkommt, so daß der Mensch, wie es dann heißt (III/2, 550), „von der Höhe dieses Tages in die Tiefe seines ersten Werktages hinunterschreiten darf."

Wo komme ich her – mit meinem Leben, mit meinen theologischen Gedanken, sogar mit der einzelnen gedanklichen Sequenz? „Woher des Wegs?" – so stellt sich in einfacher Form eine theologische Grundfrage. Und welcher Weg in welchem Richtungssinn gibt sich mir daraufhin vor?[51] „Woher des Wegs, Mensch?" Vom Sabbat her, vom sich schöpferisch regenerierenden Anfänglichen her: von der „Einsetzung", so Barth, „des in der Folge der Wochen immer wiederkehrenden, abschließenden, in Wahrheit immer neue Anfänge setzenden Sabbattages" (III/ 2, 550). „Woher des Wegs, Paulus?" Von Ostern her, von Damaskus, *vom Evangelium her*. Zu leben vermag er nur *im steten Ursprung*. Denn, so Barth, das hat der Apostel zuerst und das hat er vor allem gewußt und bedacht, den ebenso unumkehrbaren wie unaufhaltsamen Richtungssinn des Evangeliums, seinen Duktus, seine Laufrichtung, seine wunderbare Konsequenz: daß Gott sich aller erbarmt.

Damit muß also begonnen werden, und zwar eins ums andere Mal neu. „Wir müßten ja", so wird nun in dieser Predigt der ausschlaggebende Grund

---

49 Barth, Predigten 1954–1967, 82.
50 Vgl. auch Barth, Gemeindemäßigkeit, 198.
51 Von „Weg-Christologien" bei Barth spricht Dalferth (Dalferth, Der auferweckte Gekreuzigte, 140). – In einem Gespräch 1963 erklärt Barth (Barth, Gespräche 1963, 301), er habe „die ganze Kirchliche Dogmatik verstanden als Anleitung zu einem *Weg* [...]."

für dieses Verfahren genannt, „Jesus Christus beiseite lassen, wenn wir es anders halten wollten." Denn er „ist die Tat und in dieser Tat das Wort von Gottes Erbarmen über Alle."[52] Nicht weniger als das Sein Jesu Christi kommt mit Gottes Erbarmen überein. Gottes *Weg des Erbarmens* verkörpert sich in ihm, dieser gleichermaßen beunruhigende wie um so mehr ganz helle Weg, beunruhigend gerade seiner Helligkeit wegen.

2. Welchen Weg geht der Mensch?

Jesus Christus: Weg, Wahrheit und Leben – er stellt notwendig und von sich aus nun einen *eschatologisch* evangelischen Weg dar. Nelly Sachs spricht von der „großen Wegwende zur Ewigkeit hin".[53] Verschiedentlich ist ja als charakteristisch hervorgehoben worden, daß Barth in der Versöhnungslehre die traditionelle Lehre von den *status Christi* umformt in eine Lehre von seinen Wegen, von unermeßlichen, die umschrittenen Bereiche einbeziehenden Wegen (der Weg des Sohnes Gottes in die Fremde; die Heimkehr des Menschensohnes). Christologie, reich an Möglichkeiten, doch auch streng in sehr bestimmten, unabweisbaren gedanklichen Orientierungen, stellt auch eine eschatologische „Methodologie" bereit.

Eben als eine Weglehre, als eine (das Wort sehr anders verwendet als üblich) „Methodologie" der paulinischen Predigt bezeichnet Barth schon 1924 das Kapitel 1Kor 15.

„Besser denn als Eschatologie", so wird in seiner Schrift *Die Auferstehung der Toten* vorgeschlagen, „würde man die im I. Kor. 15 entwickelten Gedanken als *Methodologie der Apostelpredigt* bezeichnen, weil sie wirklich nicht von diesem und jenem Besondern, sondern vom Sinn und Nerv ihres Ganzen handeln, von dem Woher? und Wohin? des menschlichen Weges als solchem und an sich."[54]

Einen unendlichen Sinnraum, ein weites, unvordenklich umgreifendes Gesichtsfeld, das der Herrlichkeit Gottes und des Menschen, sieht Barth mit dem zweiten Teil des Verses Röm 11,32 aufgetan: „– um sich Aller zu erbarmen". Reichweite und Unverrückbarkeit dieser Worte beziehen sich vom Sein Jesu Christi her. Gott selber hat uns in Jesus Christus deutlich „Bescheid gesagt", darüber nämlich, womit wir im Denken und im Tun, im Leben und im Sterben *anfangen* können. Dieser Bescheid setzt in machtvoller, evangelischer Entwurfskraft den Anfangs- und den Fluchtpunkt.

---

52 Barth, Predigten 1954–1967, 82. Die *„allein* auf Römer 11,32 zu begründende, aber darauf zu *begründende* Einheit der Christenheit" nennt Barth in einem Rundbrief im Januar 1923 (Barth – Thurneysen, Briefwechsel 2, 131).
53 Sachs, Fahrt, 130 (dort allerdings ein anderer Zusammenhang). In diesem Sinn läßt sich der Titel von Friedrich Gogartens Buch *Jesus Christus Wende der Welt* (1966) präzisieren.
54 Barth, Auferstehung der Toten, 62.

Wir können, so wird festgestellt, „in unserem ganzen Denken und Leben immer nur bei ihm [sc. bei Jesus Christus], mit ihm [...] anfangen" Dieser Beginn aber öffnet den Blick wie für den Weg so auch für das Ziel, denn, so wird nun präzisiert: mit der Gewißheit können wir anfangen, „daß Gott sich Aller erbarmt hat, erbarmt und erbarmen will und wird, daß Gottes Wollen und Vollbringen bestimmt und regiert ist durch sein Erbarmen."[55] Gott bestimmt sich selbst nach Vergangenheit, Gegenwart und Zukunft zum Erbarmen – im freien Vorentwurf, in der herrlichen Voreingenommenheit einer allem zuvorkommenden und allem bevorstehenden Liebe. Er erblickt die Dinge auch bis zum Ende. Er taucht von allem Anfang an die Welt in das Licht seiner Wahrnehmung. Er läßt die Glaubenden auch wissen, was allem vorangeht und worin alles mündet. So ist *eben damit* im menschlichen Leben wie im menschlichen Denken zu beginnen, doch ebenso darauf *hin* zu leben und darauf *zu* zu denken.

Wenn Barth sich in einem zweiten Teil der Predigt nun dem ersten Versabschnitt von Röm 11,32 zuwendet, beschreibt er diesen Übergang als ein Hinuntersteigen aus der Höhe. Zugleich gibt die Reihenfolge der Behandlung vor, daß von diesem Zweiten, dem Eingeschlossenwerden in den Ungehorsam, nunmehr lediglich noch *im Zusammenhang* mit dem Ersten, dem Erbarmen über alle, geredet wird. Keineswegs wird lediglich umgestellt, so daß B zu A würde und A unverändert bliebe. Vielmehr wird zuerst B behandelt, um dann A und B *miteinander* in Betracht zu ziehen. Anders gesagt: die Behandlung des Eingeschlossenwerdens in den Unglauben, also der Finsternis, wird ihrerseits durch die Darstellung der Position, also der Helligkeit, *eingeschlossen*. Der sachliche Gehalt des paulinischen Satzes spiegelt sich im Aufbau der Predigt.

Ich will auf die Einzelheiten dieses Abschnitts nicht weiter eingehen, nur noch einmal hervorheben, daß, formal gesprochen, jener strenge Einschluß der Negation in die Position dazu führt, ihre kritische Kraft akzeptieren zu können, sie wahrhaben zu wollen, nicht aufbegehren zu müssen gegen ihre Wahrheit – und daß, auf der anderen Seite, die Kostbarkeit der Position hervortritt. Die Angesprochenen können sich daraufhin im Text finden. Wirkliche Freude, so redet Barth am Schluß dieser Predigt seine Gefängnisgemeinde an, beginnt damit, „daß du nicht mehr, nichts Anderes sein willst als Einer von den Allen, die Gott eingeschlossen hat in den Ungehorsam, um sich ihrer aller zu erbarmen. Sie fängt also damit an, daß wir uns beides, Gottes Erbarmen und Gottes Einschließen, ohne Widerspruch und ohne Widerstand gefallen lassen."[56]

---

55 Barth, Predigten 1954–1967, 82.
56 Barth, Predigten 1954–1967, 88.

"Christologische Methodologie", "ein eschatologischer Weg der Einberaumung" – so lauten Stichworte erster Hinweise für die weitere Orientierung des Themas. Wir versuchen, in einem zweiten Abschnitt, dieser gedanklichen Figur des Umschlossenwerdens, einer Grundfigur des Denkens Barths, ein Stück weit nachzugehen.

d. "Von allen Seiten umgibst du mich" (Ps 139,5)

1. Gott wacht über das vergängliche Sein

In eingehender Darlegung und mit m.E. ungewöhnlich scharfem Blick gleichermaßen für die Würde wie für die Misere des Menschen werden in Barths Schöpfungslehre die entscheidenden Merkmale der Eingelassenheit und Verflochtenheit des Menschen in die Zeit herausgearbeitet, zumal seine Endlichkeit und Beschränktheit, sein in der Dichtung aller Zeiten beklagtes unabwendbar auf Vergänglichkeit gestelltes Weltverhältnis: daß er, auf Dauer bedeutungsunfähig, nach kurzem Lichtflug dahingeht, sein Leben nur einen kleinen Lichtspalt abgibt zwischen zwei Ewigkeiten des Dunkels. Eben dieses befristete, auch noch jedesmal versehrte oder gebrochene menschliche Sein aber findet sich vom Schöpfer wachsam und barmherzig umschlossen. "Von allen Seiten umgibst du mich und hältst deine Hand über mir", weiß der Psalmist (Ps 139,5). Über das endliche Sein, flüchtig wie ein Hauch, anscheinend dem Vergessen vorbestimmt, wacht Gottes Mehrzeitigkeit, seine Allzeitigkeit, seine große Zeitliebe: göttliche Haltekraft, die die Zeit *beherrschende* Ewigkeit. Der in jeder Hinsicht um uns ist, der uns gnädig einberaumt – er hat nicht nur das komplementär oder total andere zu unserer Zeit inne, also abstrakte Unaufhörlichkeit, er ist vielmehr "sich selbst Lebensraum: der Lebensraum, der den Lebensraum seines Geschöpfs begründet, bedingt und umschließt, sodaß der Lebensraum seines Geschöpfs immer auch sein eigener Lebensraum ist, sodaß wo sein Geschöpf ist, immer auch er ist." (III/2, 677) "Kein Teil unserer Zeit, der nicht als solcher auch in seiner Zeit wäre. Gewissermaßen eingebettet in seine Ewigkeit." (III/2, 690)

Gott umgrenzt und umhegt die Zeit des Menschen. Ihre Befristung, keineswegs ein Mangel, kommt positiv auf ihre *Bergung* in seinen Händen hinaus. Er umschreibt sie, umspricht sie mit seiner Stimme, stimmt ihren Grund, umleuchtet sie mit Klarheit. Vom Hüter der Zeit werden wir behütet – wir,

> die wir uns selbst so wenig zu hüten vermögen.[57]

---

[57] So in Ingeborg Bachmanns Gedicht *Ein Monolog des Fürsten Myschkin zu der Balettpantomime "Der Idiot"* (Bachmann, Werke I, 64).

Die Zeitdimensionen allesamt, Vergangenheit, Gegenwart, Zukunft, wie Barth im einzelnen eingehend ausführt, können sich in der Farbenpracht, im Leuchten eines unendlich vielfältig gebrochenen Lichtes, im Schein der zeittiefen Liebe Gottes erfüllen: *amabar, amor, amabor.* Ein kurzer Satz – formuliert im Sinne so bestimmter Zukunftsgewißheit – sei aus der Schöpfungslehre beispielshalber zitiert: „Da wir da vorne unter allen Umständen unter Gott und mit Gott sein werden, ist da vorne bestimmt fester Boden, der uns gewiß tragen wird: Lebensraum, in welchem wir so oder so gewiß atmen und sein können werden." (III/2, 663). Auch „da vorne" wird den an sich Hilflosen, nur scheinbar dem Vergessen Vorbestimmten Boden unter den Füßen verschafft, Boden aller Böden, Halt, Verläßlichkeit; auch dort wird Atemraum sein.

2. Er hebt die Fassungslosigkeit auf

Mit der inhaltlichen Bestimmung dieser Begrenzung der Zeit des Menschen durch *Bejahung*, also mit dem Hinweis auf die Wachsamkeit *Gottes*, wird dann auch ohne weiteres deutlich, inwiefern das Episodische als solches – das Unvordenkliche dieser schöpfungsmäßigen Beschränkung: daß der Mensch von Geburt an Vergänglichkeit atmet – sogar als etwas höchst Positives in Betracht kommen darf. Daß etwas Episode bleibt, gibt ihm noch nicht unrecht. Nichts anderes als ein aufrichtiges *Lob der Begrenzung* – in Worten, im Schweigen – ist angebracht.[58]

„Man befreie sich", so wird aufgefordert, „von dem Vorurteil, als ob Beschränkung etwas Deteriorisierendes oder gar so etwas wie einen Fluch und also etwas Betrübliches bedeute. Beschränkung – wir reden von der von Gott ausgehenden Beschränkung – ist nicht Negation, sondern höchste Position. Beschränkung als göttliche Verfügung heißt Umschreibung, Abgrenzung und insofern *Bestimmung*. Unbestimmt und also unbeschränkt ist nur das Nichtige." (III/4, 651)

Oder an anderer Stelle:

„Es ist offenbar zweierlei, ob wir unser Leben abstrakt als ein beschränktes oder ob wir es als ein durch *Gott* beschränktes Leben zu verstehen haben [...]. Was ist es mit dem *Jenseits*: diesem uns auch in unserem tiefsten, legitimsten Anliegen zweifellos problematisierenden und bedrohenden Jenseits? Es gibt nur ein Jenseits hinter uns und vor uns, vor unserem Anfang und nach unserem Ende. Er, *Gott,* ist dieses Jenseits." (III/2, 684f; vgl. 770)[59]

---

58 Vgl. Jüngel, *Lob der Grenze* (in: Jüngel, Entsprechungen, 371–377).
59 Die Besonderheit und Bestimmtheit je dieses endlichen Menschen bildet dann sogar einen Widerschein der Einzigkeit Gottes: „Die ewige Einzigkeit Gottes spiegelt sich in der kleinen geschöpflichen Einmaligkeit seines einmal anfangenden und einmal endenden Lebens und wer weiß, ob diese so klein ist?" (III/3, 262f).

Zwar nicht selbständig betont, doch durchaus wiederholt nennt Barth in diesem Zusammenhang allerdings auch die schreckliche Alternative zu dieser positiven Bestimmung. Die Spanne des Lebens, nicht durch Gott und sein Ja begrenzt, durch etwas anderes, durch jenes unfaßlich andere als rahmende Gewalt begrenzt, müßte sich dann zusammenkauern: als umschlossen vom Nichts, vom Bösen. Zu erinnern ist in diesem Zusammenhang daran, daß Barth im Band III/3 ja, etwa in der Auseinandersetzung mit Sartre und Heidegger, das Nichtige in seiner das Individuelle weit übergreifenden Dimension vor Augen stellt. Muß sich auch die Schöpfung zusammenkauern vor den sich modern steigernden Nichtigkeitsschlägen des Menschen? Jean Paul hat in seiner *Rede des toten Christus vom Weltgebäude herab*, früher häufiger zitiert, der Vorstellung des Umringtseins durch das Böse unvergleichliche poetische Anschaulichkeit verliehen. Von der „Riesenschlange", der Ewigkeitsschlange, „die sich um das Welten-All gelagert hatte", ist die Rede.[60] Das Leben, im Verfall, faulte dann immer schon und erstickte an sich selbst: in Selbstbejahung als der insistierenden Bejahung, Ermächtigung und Steigerung des eigenen Nichts. Barth faßt die Möglichkeiten ausdrücklich in die strikte Alternative: es gibt „nur das Entweder-Oder: entweder der gnädige Gott (er ganz allein!) [...] – oder eben das Nichts [...]." (III/2, 691) Sobald aber nicht die Gewißheit der Begrenzung durch Gott – dann die Fassungslosigkeit und die schauerliche Frage im Sturz,

„ob dieses unser Nichtsein – vor uns und hinter uns – nicht die fürchterlichste Gefährdung unseres Seins, nämlich unsere Bedrohung durch das Nichts – durch unser eigenes, auf uns zukommendes Nichts – bedeuten möchte, dessen übermächtigem Zugriff gegenüber unser Sein dann ein bloßer Schein, unser Leben ein schlechthin verfallenes Leben wäre." (III/2, 696; vgl. 701)

Wiederum Jesus Christus hält diese positive, überlegene Grenze inne. Er hebt die schreckliche Fassungslosigkeit auf, ersetzt *mit seinem Sein* die vielerlei ungewissen Grenzen, die zwischen dem Menschen und dem Nichts gezogen sind. „In Ihm, in diesem Einen, ist Gott also wirklich die Grenze des uns begrenzenden Todes" (III/2, 747).

Höchst bemerkenswert stellt sich die Struktur dieser Begrenzung im einzelnen dar. In Kraft tritt Fassung und Bestimmung nämlich von der *Mitte* her. Dies in verschiedenen Weisen, deren Besonderheiten in der Folge in wenigen Strichen wenigstens skizziert werden soll.

Es ist ein unvergleichliches Wunder: mitten unter uns, in unserer Mitte, existierte, lebt und wird sein: der Eine, Jesus Christus – unser Bruder, unser Nächster. Dieses Wunder definiert und bejaht uns für immer.

---

60 Jean Paul, Siebenkäs, 55. – Höchst eindrücklich, wie Hugo Friedrich (Friedrich, Struktur, passim) die „leere Transzendenz" in maßgeblichen Gedichten der modernen Lyrik beschreibt

„Über jedes Menschen Sein und Wesen", so zeigt Barth (III/2, 159), „ist eine Entscheidung damit gefallen, daß neben ihm und in der Mitte aller seiner sonstigen Mitmenschen auch Dieser ein Mensch gewesen ist. [...] Zu seinem menschlichen Wesen gehört dies, daß auch Jesus Mensch ist, daß er in diesem Einen seinen menschlichen Nachbarn, Genossen und Bruder hat."

Wir verfertigen uns nicht selber, auch nicht unser Selbstverhältnis, haben uns nicht, als wäre die eigene Existenz ein herrenloses Gut, das man nur zu nehmen bräuchte, können uns vielmehr vorfinden: als diejenigen, die sich gegeben sind, die nicht länger sich selbst, sondern Jesus Christus zum Nächsten haben. Darin liegt nicht weniger als eine fundamental-anthropologische Bestimmung, die unverrückbare Vorgabe nämlich, „daß *jeder Mensch als solcher der Mitmensch Jesu ist*" (III/2, 159).[61] Nach Maßgabe dieser Mitte finden wir uns für Zeit und Ewigkeit definiert, umschrieben, geklärt, begrenzt.

Dietrich Bonhoeffers in *Schöpfung und Fall*[62] vorgestellter scharfsinniger Gedanke der Begrenzung von der Mitte her (der Baum in der Mitte des Gartens Eden) läßt sich der Sache nach, mit Bezug auf Jesus Christus, auch bei Karl Barth ausfindig machen. Es handelt sich dabei um eine sehr spezifische Begrenzung: vollzogen durchaus durch das Andere zum Begrenzten – welches freilich das Begrenzte selber nicht aus-, sondern einschließt, ja überhaupt erst verwirklicht. Jesus Christus, Gott und Mensch, begrenzt den Menschen. Und dieser Umriß setzt sich insofern „von allen Seiten" in Kraft, als er das so Bestimmte in jeder Hinsicht einer Mitte zuordnet.

3. Er trat in unsere Mitte

In besonderer Weise gelangt diese eigentümliche Verdeutlichung, die Begrenzung von der Mitte her, im Osterereignis zur Erscheinung. „Er trat in ihre Mitte" (Joh 20,19). Barth formuliert dazu in einer Predigt 1964: „Er trat in die Mitte seiner Jünger. Er trat also an eben die Stelle, die sie in den langen Stunden seit dem Abend des Karfreitags nur noch leer sehen, wo sie

---

61 Vgl. III/2, 158: „*Die ontologische Bestimmung des Menschen ist darin begründet, daß in der Mitte aller übrigen Menschen Einer der Mensch Jesus ist.* Man wird immer nur bis zu den Phänomenen des Menschlichen vorstoßen, solange man in der Frage nach dem Menschen einen anderen Ausgangspunkt wählt. Man wird sich immer in Abstraktionen bewegen, solange man dabei wie gebannt auf alle übrigen Menschen, oder vielmehr: auf einen Menschen überhaupt und im Allgemeinen blickt, als ob dessen Anblick – nachdem man davon abstrahiert hat, daß Einer in ihrer Mitte der Mensch Jesus ist – und über den wirklichen Menschen belehren könnte. Man verfehlt dann den einzigen uns wirklich gegebenen archimedischen Punkt oberhalb des Menschen und damit die einzige Möglichkeit zu dessen ontologischer Bestimmung. Theologische Anthropologie hat in dieser Sache keine Wahl." In demselben Sinne IV/3, 41f.
62 Bonhoeffer, DBW 3, 75–87.

nur das Nichts wahrnehmen konnten [...]."⁶³ Mit anderen Worten: er kommt dem Nichts als der gegenläufigen, bösen Mitte der Welt machtvoll zuvor. Jenes hätte in schaurigem Hohn diesen Platz einnehmen können. Im Sinne dieser Abwehr tritt der Auferstandene aber auch, so Barth, „in die Mitte des ganzen Weltgeschehens". In der Mitte der Zeit, aller Zeit, hat nichts anderes seinen Platz. „Was an jenem Tag geschah", so wird herausgestellt, „das wurde, war und blieb die Mitte, um die sich alles Andere bewegt, von dem es erstlich herkommt, dem es letztlich entgegeneilt."⁶⁴ So aber tat sich für die Auferstehungszeugen ein lebensheller eschatologischer Sichtbereich auf. So bekamen die Jünger, wie Barth nun fortfährt, „Ausblick auf eine letzte Durchbrechung aller Bande, auf eine letzte und endgültige Lösung aller Rätsel, auf ein Erkennen und Sein im Reich des ewigen Lichtes, dessen erster Strahl sie jetzt eben, an jenem Tage, getroffen und erleuchtet hatte."⁶⁵ Sie können jetzt aufblicken, führt Barth in einer anderen Predigt aus, zu dem „Geheimnis, von dem wir Menschen auf der Erde von allen Seiten umgeben sind. Er, Jesus Christus, ist *dort*. Er ist in der Mitte dieses Geheimnisses über uns."⁶⁶

Bereits in der Gotteslehre der *Kirchlichen Dogmatik* hatte Barth ausgeführt, daß die Zeit selber im Christusgeschehen „ihre verborgene Mitte und damit auch nach rückwärts und vorwärts eben ihren Sinn, ihren Inhalt, ihr Woher und Wohin, eben damit aber auch je und je sinnvolle Gegenwart bekommt" (II/1, 705). Übergang und Wegführung von der abgetanen Vergangenheit („es ist eine alte Geschichte"; sie wird auch nicht mehr neu) in starke und eindeutige Zukunft, in den neuen Äon, wird geschaffen. „Jesus Christus ist dieser Weg." (II/1, 706) Wiederum er. Er ist derjenige, der „die Zeit selbst, indem er ihr in sich selbst ihre Mitte gab, neu gemacht, der sie nicht nur als den Weg aus dieser Vergangenheit in diese Zukunft, aus dem alten in den neuen Aeon gedeutet und interpretiert, sondern der sie real (in der Macht des Schöpfers der Zeit und aller Dinge!) zu diesem Weg gemacht hat." (II/1, 707) Christus fügt sich in die Mitte der Zeit, begrenzt und bestimmt und verwandelt den alten Äon, die aufdringliche Zeit, von dort her – unter dem Licht der Versöhnung, „das also der Welt doch nicht nur einen neuen *Schein*, sondern einen neuen Charakter, eine neue Gestalt gegeben hat" (IV/3, 344).

In diesem Sinne kommt das wunderbar Allgemeingültige zum Tragen,

daß „*Jesus Christus* eines Jeden in seiner Zeit seienden und vorübergehenden Menschen Mitmensch ist. Jesus Christus ist die Mitte und der Sinn des Kosmos und der

---

63 Barth, Predigten 1954–1967, 254.
64 Barth, Predigten 1954–1967, 257.
65 Barth, Predigten 1954–1967, 258.
66 Barth, Predigten 1954–1967, 41.

Geschichte. In dem der Mensch am Sein des Kosmos und am Leben der Geschichte Anteil hat, ist Jesus Christus objektiv die Mitte und der Sinn auch *seines* Seins." (III/4, 662)

In anderen Worten: „Indem Jesus Christus von den Toten auferstanden ist, ist kein Mensch, der je gelebt hat und noch leben wird, der, der er und das, was er wäre, wenn Jesus Christus nicht auferstanden wäre." (IV/3, 344)

Nach alledem kann die Begrenzung der Zeit durch den Erhöhten so umfassend und so befreiend wie möglich gedacht werden. Zum Kleinmut ist kein Anlaß. *Von allen Seiten umgibst du mich, Jesus Christus. Umgebung, Umgrenzung und damit Fassung stellt sich auch und um so mehr von innen her ein. Flüchtete ich mich ganz in mich hinein, nähme ich Flügel der Nacht und flöge in die innersten Tiefen, wo ich mich abgetötet habe – mit dem Licht deiner Auferweckung wärest du auch dort bei mir.* Psalm 139 wird von Barth gelegentlich ausdrücklich auf Jesus Christus zu und durchaus eschatologisch verstanden: „Eben er [sc. Jesus Christus]", so wird anerkannt, ,,'hält uns hinten und vorn umschlossen' (Ps. 139,5) und also durchaus, also in Ewigkeit. Eben daß wir ‚in ihm' sind, gilt ohne Vorbehalt und ohne Lücke." (IV/1, 360) Entsprechend ist von der Schöpfungsmittlerschaft *Jesu Christi* her, von seiner Konfrontation mit dem Nichts her, der wunderbare Satz Hiob 26,7 zu verstehen: „Er hängt die Erde über dem Nichts auf!"[67] Der Schöpfungsmittler ist auch der Mittler der Bewahrung der Schöpfung, der Neuschöpfung von Himmel und Erde.

Zu Beginn des Abschnitts haben wir an die Formulierung aus Barths Gotteslehre erinnert, die Werke Gottes seien „Äußerungen des unendlichen Jubels in der Tiefe seines göttlichen Wesens" und der Mensch werde einschränkungslos Anteil daran bekommen. Doch Begrenzung, so Barths Einsicht, ist Sinngebung (vgl. IV/1, 604). Inwiefern von einer Umhegung und Sinngebung des menschlichen Seins durch Gottes Herrlichkeit und Schönheit,[68] durch das unendliche Jauchzen in der Tiefe des göttlichen Wesens die Rede sein kann, wird eben von der christologischen Bestimmung und Begründung dieser Wendung her klar.

---

67 Vgl. Kern, Verhunzung des Nichts.
68 Barth habe „die Doxa als Summe aller göttlichen Eigenschaften verstanden", hält Krötke fest (Krötke, Kirche im Umbruch, 19f), um dann rätselhafterweise hinzuzufügen, „auch wenn er diese Einsicht m.E. dadurch verdorben hat, daß er Gottes Herrlichkeit dann ästhetisierend als ‚Schönheit' der ‚Gestalt' Gottes interpretierte".

e. „Ich lebe – und ihr sollt auch leben!" (Joh 14,19)

1. Er pflanzt Hoffnung

Nicht Merkmal von Verlegenheit, kein Aufschieben ist es, sondern Zeichen der Kraft, wenn die christliche Kirche in der *Hoffnung* die beginnende Realität der Erlösung sieht:

„[...] mit unerhörtem Gefälle bricht hier – allerdings aus dem unergründlichen Geheimnis heraus (aber dieses Herausbrechen aus dem Geheimnis ist der Sinn der Sache, nicht das mühselige menschliche Klopfen an seinen Pforten) – der lebendige Strom der Erkenntnis heraus [...]."[69]

Etwas durchaus Neues zeichnet sich in die inneren und äußeren Linien, die verschiedenen machtförmigen Demarkationslinien und Meridiane der Welt ein, fügt sich in die Zeit, in das Heute, in seine Mitte, läßt sich daraus nicht mehr vertreiben – unermeßliche, ihrer Erfüllung gewisse *Hoffnung*: eingepflanzt „von außen, aber hinein in ihr Innerstes", so formuliert Barth in einer Osterbetrachtung 1967.[70] „Das Geheimnis des Ostertages ist die der Welt ein für allemal nicht nur zugesprochene, sondern eingepflanzte *Hoffnung*." Denn, so nun wieder die *Kirchliche Dogmatik*, erst die Menschen des Neuen Testaments „wissen, was Zukunft, was Erwartung, was Hoffnung ist" (IV/1, 356).

„Aber was heißt hoffen? Wir sagten von der göttlichen Verheißung, daß sie in der von Jesus Christus geschehenen Versöhnung wie das göttliche Urteil und wie die göttliche Weisung von oben, von Gott her, gewissermaßen in die von ihm geliebte Menschenwelt *hineingesenkt*, ihrem Bestand, Wesen und Unwesen gewissermaßen *einverleibt* und *eingepflanzt* ist, sodaß sie nun objektiv nicht mehr ohne sie ist, objektiv in Jesus Christus und als im Dienste Gottes ihr Ziel und ihre Zukunft hat. Man kann und muß die christliche Hoffnung von da aus verstehen als das Lebendigwerden der der Menschenwelt einverleibten oder als das Wurzelschlagen der in sie eingepflanzten Verheißung Gottes."

Daraus folgt:

„Im Akt der christlichen Hoffnung ist das verheißende ewige Leben (als verheißenes und also künftiges!), ist der Verheißene, ist Jesus Christus als der ewige lebendige Mensch (als Verheißener, als Kommender!) auch schon *Gegenwart,* und zwar [...] in der Person des Christen auch aktuelle, wirksame Gegenwart" (IV/1, 130)

Denn:

---

69   Barth, Unterricht III, 411.
70   Barth, Predigten 1954–1967, 278f. Vgl. eine ähnliche Wendung in einer Weihnachtsbetrachtung (Barth, Weihnacht, 45): „Hier ist die Zukunft, die Fülle aller zukünftigen Güter, hineingepflanzt in die Gegenwart: ohne darum aufzuhören, reine strenge Zukunft zu sein."

„Wie sollte die Zukunft Gottes nicht die intensivste Gegenwart sein, unverhältnismäßig viel intensiver als alles, was wir für Gegenwart halten?" (I/2, 104)

Nicht nur drei Daten, sondern drei christologische Relationen, genauer: drei Relationen der Einbeziehung und Einfassung muß man, Barth zufolge (III/2, 758), zum Verständnis der neutestamentlichen Hoffnung „streng ins Auge fassen und im Auge behalten":

„1. das *Verhältnis* zwischen dem *Kreuzestod* Jesu als dem Ereignis, in welchem mit der menschlichen Sünde und Schuld der Tod als deren Folge und Strafe erledigt und damit die Zeit erfüllt ist [,] und seiner *Auferstehung* als der vorläufigen, den Glauben an Jesus als den Erretter aus dem Tode begründenden Anzeige dieses Ereignisses" – die christliche Hoffnung ruht dann auf der schon erfolgten Erledigung des Todes –

„2. das *Verhältnis* zwischen der *Auferstehung* Jesu als der vorläufigen die Endzeit eröffnenden, die Gemeinde und ihre Sendung begründenden Anzeige und seiner *Wiederkunft* in Herrlichkeit als der abschließenden, allgemeinen und endgültigen Offenbarung dieses Ereignisses" – die christliche Hoffnung ruht dann auf der Verheißung der endgültigen Wiederkunft –

„3. und vor allem: das dem Glauben an Jesus zugesagte und in ihm realisierte Sein des Menschen ‚mit ihm', kraft dessen er in Jesu Tod auch seinen eigenen Tod, den Anbruch der Endzeit *selber* schon hinter sich hat, in Jesu Auferstehung *selber* zu einem jetzt – während der Dauer der Endzeit – freilich noch verborgenen Leben in Gott wiedergeboren ist, in seiner Wiederkunft in Herrlichkeit als dem Ziel der Endzeit *selber* als dieser in Gott Lebendige in Herrlichkeit offenbar werden wird."

Die christliche Hoffnung ruht dann auf dem kommunikativen Sein Jesu Christi. „Ich lebe – und ihr sollt auch leben!" (Joh 14,19) Sie erhebt sich also von festem Grund aus. Sie verfügt über verläßlichen Rückhalt.[71] Die Kraft ihres „Dennoch" ist groß.[72] In der Kraft jener drei schon realisierten Einberaumungen liegt ihr verschwenderische, unerschöpfliche *Fülle* zugrunde. Sie schärft nicht etwa den Mangel der Gegenwart ein, vielmehr lebt und zehrt sie von der Licht- und Lebens- und Daseinsfülle der Auferweckung Christi, dem „Aufleuchten des letzten Tages [...] inmitten der irdischen Geschichte" (IV/1, 739). Verschiedene Lichtarten – nicht zuletzt prophetischen Lichts – fließen dort zusammen: eine Mehrfachbelichtung, ein

> glorreiches Ineinander der Lichter
> der Schatten, der Dinge, der Farben.[73]

---

71 Anders Adorno, Moralia, 110: „Am Ende ist Hoffnung, wie sie der Wirklichkeit sich entringt, indem sie diese negiert, die einzige Gestalt, in der Wahrheit erscheint. Ohne Hoffnung wäre die Idee der Wahrheit kaum nur zu denken [...]".

72 „Ist der Glaube das trotzige Dennoch! *angesichts* des Gegensatzes zwischen Gott und dem Sünder, so ist die Hoffnung das noch trotzigere und noch notwendigere Dennoch! des Ausblicks auf die *Überwindung* dieses Gegensatzes." (Barth, Unterricht III, 413).

73 So, in einem anderen Zusammenhang, Robert Gernhard in seinem (in der FAZ vom 1.7.2006 abgedruckten) Gedicht *Rückblick, Einsicht, Ausblick*.

2. Er läßt das Ziel erkennen

Mit der Erfahrung eines geheimnisvollen, ganz und gar erfüllten Heute – mit dieser Bestürzung durch das Vollkommene – tut sich den neutestamentlichen Zeugen ein überwältigender Ausblick in die Zukunft auf. Das Dunkel wird von ihren Augen genommen. Von dieser starken, hellen Zukunft her aber kommen sie auf die Gegenwart zurück. „Nicht das Minuszeichen eines betrübten ‚*Noch nicht*' [...]", führt Barth im ersten Band der Versöhnungslehre aus, „bedeutet die ‚eschatologische' Perspektive, [...] sondern das Pluszeichen eines ‚*Schon*', kraft dessen ihnen der lebendige Jesus Christus vor ihren Augen noch größer, ganz groß wird [...]." (IV/1, 361) Es ist die „Fülle Jesu Christi selbst", so Barths Formulierung (IV/1, 360), sagen wir: ein Wunder der Augenscheinlichkeit, das große Lichtungsgeschehen des österlichen Heute, das der eschatologischen Rede Sichträume eröffnet, umfassende Zeit- und Sinnräume – und damit ein Anfluten von Bildern. Von der „unheimlich erleuchtenden Kraft, die diesem Ereignis eigentümlich ist" oder vom „Übermaß der in ihr wirksamen und von ihr ausgehenden Erleuchtungskraft" kann Barth in IV/3 sprechen (373; 374). Indem also für das Neue Testament die Erfahrung des gekommenen Herrn die Erscheinung der konzentrierten *Fülle der Zeit* einschließt, blickt es ihm eigens erst recht entgegen, darf und soll der Glaubende – vermöge der Auferweckung Christi von den Toten, kraft des Urteils des Vaters – auf ihn warten und hoffen und insofern jederzeit gefaßt sein auf die gnädige Entgegnung des ewigen Lebens, auf den Augenblick des definitiv wahren Gesichts. In überaus energischen, höchst positiven Wendungen schärft Barth ein:

„Das Urteil *Gottes* verbietet es den Menschen des Neuen Testamentes, sich an Jesus Christus als dem, der war und als solcher in der folgenden Zeit der Gemeinde in der Welt ist und in dieser Zeit fernerhin sein wird, genügen zu lassen. Es verbietet es ihnen, ‚nur in diesem Leben auf Christus zu hoffen' (1. Kor 15,19), d.h. nur auf Fortsetzungen seiner Gegenwart in dem Modus, in welchem er jetzt der ist, der er war. Das Urteil *Gottes* gebietet es ihnen, über alle weitere Zukunft ihres jetzigen Seins in und mit ihm hinaus [...] noch einmal ganz neu auf ihn selbst zu blicken: auf ihn als auf die letzte Zukunft der Welt und des Menschen, ihre eigene letzte und endgültige Zukunft." (IV/1, 357f).

Angesichts dieser „Fülle Jesu Christi" (IV/1, 360), des „Reichtums Christi",[74] im einzelnen: seiner Anwesenheitskraft, seiner Kraft als vielfältiger Beweggrund, der Fülle der Vergegenwärtigungen, der Fülle des Neuen, seiner Macht unterschiedlicher Definitivität – gebietet sich bezwingend die Erwartung der erneuten Wiederkunft des Gekommenen. Sie gebietet sich –

---

74 Barth, Gespräche 1959–1962, 398.

und sie wird erlaubt.⁷⁵ Sie kann gar nicht unterbleiben. Sie zu unterdrücken wäre gewaltsam. Es wäre ein unfaßlicher Wahnsinn. „In jenem Anfang", so heißt es (IV/3, 396), „erkennen die Christen auch schon das *Ziel*, die Gegenwart der Heilszukunft ihres und alles Daseins." Eingefügt hat sich in die Mitte der Geschichte ein lichtes, ein dimensionales, unbändiges Geheimnis – das überhandnimmt, dessen Offenheit und Anwesenheits- und Anfangskraft überhandnimmt, unaufhaltsam, vielleicht in der Unscheinbarkeit oder im Gegenteil Verborgenen, vielleicht auch einmal mit der List jeweiligen Neubeginns, allseitig Grenzen zur Herrlichkeit offenlegend. Vom „*großen Anfang*" weiß Hölderlin:

> Zu Geringem auch kann kommen
> Großer Anfang.⁷⁶

Die „*Endzeit*, d.h. die von der Auferstehung Jesu Christi her ihrem Ende entgegengehende, aber noch nicht zu ihrem Ende gekommene Zeit" ist, so Barth, „kein Vakuum, nicht eine Zeit der geringen Dinge, nicht die Zeit einer ‚Verzögerung', eines ‚Ausbleibens' der Parusie, der persönlichen Gegenwart und Aktion Jesu Christi" (IV/3, 1037).⁷⁷ Vielmehr herrscht in diesem Heute eine *Position* vor, stärkste Bejahung, der Hoffnung weit ausgespannte Flügel gebend, eine vehemente Vergegenwärtigung, Fülle des Neuen, wenn auch noch keine Vollendung. Den jetzt Hoffenden, beschenkt mit ἀπαρχή (Röm 8,23) und ἀρραβών des Geistes (2Kor 1,22; 5,5), wird also der sich dann eröffnende Inhalt und die lebenshelle Substanz der endgültigen Vollendung nicht fremd, vielmehr bereits tief vertraut sein.

Die Auferweckung Jesu Christi selbst, durchflutet von prophetischem Licht, leuchtend vor machtvoller Anfänglichkeit, greift in die Zukunft über – eine Initiationsgeschichte. Nie Begonnenes soll Mal für Mal neu beginnen. Anfänglichkeit wird losgebunden.⁷⁸ „Hoffnung [...]", so lesen wir schon im

---

75 Gelegentlich erinnert Barth an Goethes „Wir heißen euch hoffen": „Wer heißt uns hoffen? Viele – aber sie *heißen* uns nur hoffen, sie *geben* uns keine Hoffnung, sie richten kein solches Zeichen auf, des wir uns trösten, dem wir glauben *müßten*, sie pflanzen keine Zukunft hinein in unsere Gegenwart." (Barth, Weihnacht, 44).
76 Hölderlin, Gedichte, 267.
77 Vgl. auch IV/3, 417: „Warum sollte es sich nicht gerade so um eine *besondere* und in dieser Besonderheit notwendige, unentbehrliche, rechte, unseres Lobes und Dankes würdige Entfaltung seiner *Herrlichkeit* handeln, zu der wir, da sie bestimmt auch eine besondere Entfaltung der Herrlichkeit seiner uns zugewendeten *Gnade* ist, statt zu zweifeln und zu murren, von Herzen Ja sagen dürfen?" Vgl. auch IV/1, 824f.
78 Vgl. den Beginn eines Gedichtes von Nelly Sachs (Sachs, Fahrt, 145): „Engel auf den Urgefilden / die ihr den Anfang losbindet". – Vom Gedanken schrecklicher *Anfangslosigkeit* ist das Buch von Botho Strauß (Strauß, Beginnlosigkeit) durchzogen. – „Oft genug sorgt ja eine ganz langwierige Inszenierung einzig dafür, daß am Ende die überraschende Höhe des *Anfangs*, der Anfang selber wiedergefunden, erfüllt und festgehalten wird", stellt Strauß an anderer Stelle fest (Strauß, Der junge Mann, 20).

Unterricht in der christlichen Religion von 1925/26, dort in dem „Die Lehre von der Erlösung" überschriebenen 7. Kapitel,[79] „ist nicht eine letzte Auskunft, sondern ein prinzipieller Anfang", wiederbringliche, machtvolle Frühe. Den Hoffenden trägt eine mächtige Lebenswelle. Bei fortgehender Geschichte wahrt sich die Auferweckung Christi jeweils neu ihre eigene, besondere, sich selbst ihre Bedingungen und Bezugskategorien schaffende Anfänglichkeit.[80] Sie zieht ihre Bahn durch den individuellen und öffentlichen und epochalen Raum, sie breitet Anfänglichkeit über die Zeit, über die Kirchengeschichte, die Theologiegeschichte, den Echoraum der Bibel. Jedes Jetzt kann zur Stätte des neuen Anfangs werden, des Anlaufnehmens, der neuen Anknüpfungen. Als Geist zunächst: als die Zukunftshelligkeit, als das Licht „von oben", das zuverlässig durch das Dunkel der Zeit getragen wird. Als Eschaton schließlich: als dann fraglos evidente, allgemeine, endgültige Unverborgenheit, als ein Licht aus allen Richtungen, ein Leuchten auch von innen. „In der Ewigkeit", heißt es bei Canetti, „ist *alles* am Anfang, duftender Morgen."[81]

Vielleicht kann man sagen, daß Barths Eschatologie im ganzen auf die Erläuterung dieses Vorgangs hinauskommt, daß die Luzidität der Auferweckung Jesu Christ in stetiger Verwirklichung begriffen bleibt und so fortgehend überhandnimmt. Ihre Frühe, wiederkehrende Frühe, geht durch die Geschichte. Im buchstäblichen Sinne *augenscheinlich*, in der Gestalt der Hoffnung, ist sie bereits. Synoptisch läßt sie jede geschichtliche Gegenwart in ausdrücklicher Verbindung mit der Auferweckung Christi und mit seiner letzten Wiederkunft wahrnehmen. Lediglich ihre Vollendung steht aus. Doch geschieht diese Vollendung ihrerseits ganz aus Eigenem: sie steht wiederum im Zeichen der „Selbstüberbietung Jesu Christi als des einen Wortes Gottes" (IV/3, 114).

3. Er wird neu gegenwärtig sein

Nicht also im Interesse der Aufwertung eines eher Defizienten, sondern in Anbetracht gleichsam dieses *Übermaßes an Anwesenheit* unterscheidet Barth in IV/3 (337ff) drei Formen der Parusie Christi: die Auferstehung, die Geistausgießung und die letzte Wiederkunft.

Die Vergegenwärtigung des Gekreuzigten vollzieht sich demgemäß, so ausdrücklich schon in IV/1 (355f), in unterschiedlicher „Art", „Form",

---

79 Barth, Unterricht III, 411.
80 Natürlich ist der Begriff des „Neuen" wiederum vor Mißverständnissen zu schützen. Das „hohe Neue" nennt Strauß (Strauß, Beginnlosigkeit, 116), „nicht zu verwechseln mit dem Neuesten und der Neuigkeit, seinem Abfall."
81 Canetti, Provinz des Menschen, 76 (Hv. M.T.).

„Gestalt", „Erscheinung". Gegenwärtig ist er, war er, wird er sein – in fundamental verschiedenen Weisen eines verbal zu verstehenden An-wesens, Andringens, Zur-Welt-Kommens, In-der-Welt-Seins. Durchaus unterschiedlich, sagen wir: auch in verschiedenen Farben, Lichtarten, Stimmführungen, Klangfarben etc., ist er in der Welt – auch in wortloser, strahlender Präsenz; auch im Wechsel des Lichts, das die Traumwelt erhellt; auch in den Varianten jenes Lichts „von oben", das Barth gern „Oberlicht" nennt. Diese Weisen aber, unvordenklich umgreifend jedesmal, wirken als Gesamtentwürfe, erscheinen wie Horizontziehungen und Gesamtperspektiven. Vielgestaltig setzen sich die Lichtverhältnisse voraus: als Vorentwürfe, in deren je spezifischer Umgrenzung sich Gott in Christus der Welt zudenkt. Anders ist der Gekreuzigte in der Zeit der 40 Tage inmitten der Jünger, anders in der Gestalt des Heiligen Geistes inmitten seiner Kirche – doch jedesmal so, daß er bei aller Veränderung Wort hält, daß seine Stimme jenen Grundklang heraufführt, jene Grundstimmung, die umfassende Dankbarkeit weckt.

Er wird in seiner letzten Wiederkunft ganz neu gegenwärtig sein. Durchgreifend verändert wird sich darstellen, was überhaupt *Anwesenheit* bedeutet. In seinem Licht wird, wie für den Erwachenden, alles anders da sein. „Der Erlöser", bemerkt Barth, „ist kein Anderer als der Versöhner und Offenbarer, aber sein Kommen, die Art, in der er erkennbar ist, die *Weise, in der er da ist*, ist eine ganz andere."[82] Es handelt sich hier und dort, zuvor und dann, um verschiedene Verfassungen von Licht, von Welt-Atmosphäre und Welt-Fluidum, um Zeitformen und Anwesenheitsarten – entsprechend dann um gründliche Veränderungen menschlicher und geschöpflicher Wachheit. Auch die Schöpfung als ganze wird noch einmal – als Neuschöpfung – zu sich selbst erwachen.[83]

4. Er ist uns unmittelbar

Noch einmal der Gedanke der *Fülle*, im Gegenüber zum quälenden Ungenügen, erweist sich in diesem Zusammenhang als maßgeblich. Wenn nämlich „Naherwartung" verstanden werden soll, die *besondere* Nähe der letzten, vollendenden Wiederkunft Christi, ihre Nähe zur Gegenwart des jeweiligen Augenblicks. Denn natürlich nicht vom quälenden Warten auf einen Sankt Nimmerleinstag, sondern von herrlich andringender Nähe einer neuen Bejahung an das Heute muß die Rede sein: „[...] das *Dann*", wird in einer Predigt Barths hervorgehoben, „ist dem *Jetzt* ganz nahe."[84] Gleichsam atmet

---

82   Barth, Unterricht III, 440 (Hv. M.T.).
83   Hölderlin sieht in dem Gedicht *Wie wenn am Feiertage* die Natur geradezu „mit Waffenklang" erwachen. Heidegger interpretiert: „Das Wort ist Waffe." (Heidegger, Hölderlins Dichtung, 58).
84   Barth, Predigten 1935–1952, 231 (Hv. M.T.).

es ja schon tröstend neben uns, ein wenig vor uns, mitten schon im Heute. Folgerichtig versteht sich das Dann Christi aus der gegen Tod und Teufel, gegen jede schlechte Unendlichkeit schützenden und rettenden *Nähe dieser Person*, nicht aus den Abmessungen einer als Parameter begriffenen Zeit.

„Es ist [...] – das glauben und wissen wir schon jetzt – Einer, der diesen Starken selber längst gebunden, seine Macht zu töten ihm längst genommen, der ihn längst in seinen eigenen Dienst gezwungen hat. Das werden wir dann sehen, wenn wir sehen werden von Angesicht zu Angesicht. Aber das Dann ist dem Jetzt ganz nahe."[85]

Gemeint ist also gelebte, unmittelbare, tröstende und trotzige Nähe, ein Blickfeld gegenüber, Unmittelbarkeit auch der zukünftigen Begrenzung unseres Lebens, eben der Begrenzung durch das *lebendige Eschaton*. Kein Zweifel: wir existieren hoffend *unmittelbar* zur Wiederkunft Christi. Was hier erstaunlicherweise ohne Verzug – umgehend und sofort – zur Erfahrung ansteht, erlaubt keinerlei Ausweichen, keinen Aufschub, kein Rechnen mit einer neutralen Zwischenzeit oder mit einem Interim, in dem noch andere Mächte und Gewalten, angebliche Zwangsläufigkeiten und Eigengesetzlichkeiten eine unser Handeln motivierende Kraft entwickeln oder gar als Quelle unserer Verkündigung in Frage kommen könnten.[86] All das ist nicht nur unnötig, sondern wäre fatal und schrecklich. Denn die von der Auferweckung Christi ausgehende Lockung

„ist *keine leere* Verheißung von der Art der schönen Erwartungen, an denen man sich zwar freuen und aufrichten, mit denen man aber vorläufig praktisch nichts anfangen kann, sondern die Verheißung des ewigen Gottes, die als solche, indem sie gegeben und entgegengenommen wird, sofort auch brauchbar ist, an die man sich sofort halten, mit der zu leben man umgehend beginnen kann." (IV/1, 663)

Die Ortsbestimmung des jeweiligen Augenblicks, des Heute, solchermaßen vollzogen, seine Begrenzung durch die letzte Wiederkunft Christi, geradewegs vor uns, absehbar, atmend ... enthält also wiederum nichts Bedrohliches. Unmittelbar in Aussicht steht mit der Initiation in das fremde Sein Christi – die mir unaufhörlich meinen Ort und Zusammenhang, mein Hier und Heute, zuspielt und die den lediglich erweiterten Selbstgeschichten ein Ende bereitet – auch die große, universale Lichtbrechung des Jüngsten Tages. Es wird dann ungeheuerliche Bejahung, die Gleichung von Menschsein und Lichtung, gelten. Doch hält dieser Glanz *geradewegs* auf uns zu. Von dem „jede Ferne in Nähe verwandelnden Lichtglanz" Gottes ist in Barths Gotteslehre die Rede (II/1, 729). Es ist dieses Licht, das den Jüngsten Tag stets noch an jeden Augenblick menschlichen Lebens heranrückt und ihn an allen Lebenszügen und -sequenzen entlangführt. Das Abend-

---

85 Barth, Predigten 1935–1952, 230f.
86 Vgl. Klein, Predigten, 19–28; bes. 22f.

mahl aber als die Feier der Zukunft mitten im Heute, des Weges und der Aussicht (1Kor 11,26), vergewissert die Gemeinde dieser Nähe und steigert die Erwartung.

Wiederum kennen wir das Gegenbild furchtbarer, nun luziferischer Unmittelbarkeit. Was hinsichtlich eschatologischer „Naherwartung" schwer nachzuvollziehen scheint, hier läßt es sich sofort begreifen. Der Teufel, widerlich abgelebt zwar im Immergleichen, feiert unzählige Male Auferstehung. Dieser Tod, der in mir steckt, dieses kleine, engumrissene Ereignis, Jeremias Gotthelfs „schwarze Spinne", restlos real, der dumme Schluß – er kommt nicht von weither, er war seit jeher mit und neben mir. Er schweigt neben mir. Er spiegelt mir vor, wie ich ersticke. Er hat an mir gearbeitet. Auch er wird durch die verschlossene Tür eintreten.

Strikt unmittelbar zu unserer Existenz verhalten sich auch – schrecklich verwandt und zugleich ganz anders als jene gelebte Nähe – Ausgänge in die Finsternis. Im Untergrund ist der unheimliche Ort des Existierens immer da. Ich zitiere einige Sätze Ernst Jüngers:

„Gedanke, daß in die Lebenslandschaft Höhleneingänge ragen, die am hellen Tage verborgen sind. Wir treten im Zwielicht in sie ein und gehen dann der Welt verloren wie der Mönch von Heisterbach. So das Inferno, so der Wahnsinn, die Magie, der Tod. Schrecklich, wenn wir so die Nächsten neben uns im Unsichtbaren verschwinden sehen."[87]

Entsprechend bei Ernst Bloch das „Staunen in Angstgestalt":

„Die Hölle ist kraft der Aufklärung verschwunden, doch das Korrelatsproblem des ganz und gar durchdringenden, des metaphysischen Grauens ist geblieben. Sein Aufenthalt ist allemal das Jetzt, ein blutiger Spalt im Dunkel des Jetzt und des in ihm Befindlichen. Daß ein solch unmittelbares Grauen existiert, daß es von anderer Art ist als die entsetzliche Realangst vor wirklich Gewordenem, steht außer Zweifel. Sein Element ist der *unerträgliche Augenblick* [...]."[88]

f. „... da nichts zu hoffen war" (Röm 4,18)

1. Christliche Eschatologie erhebt sich gegen den stärksten Widerstand

Was ist der stärkste Widerstand, das schlechthin Widersacherische? Röm 4,17 benennt es in großer Konzentration: dieser Gott redet schöpferisch gegen den Tod und gegen das Nichts an: ζωοποιῶν τοὺς νεκροὺς und καλῶν τὰ μὴ ὄντα ὡς ὄντα. Von Anfang an und bei Christus in ganz

---

[87] Jünger, SW 2, 62.
[88] Bloch, Prinzip Hoffnung, 350.

neuer, unverhoffter Tat stellt er sich machtvoll dem Tod und dem Nichts entgegen.[89] Der folgende Vers erinnert an Abraham. 4,18: Abraham hat geglaubt auf Hoffnung, da nichts zu hoffen war – παρ' ἐλπίδα ἐπ' ἐλπίδι. Das παρ' ἐλπίδα mit seiner furchtbaren, abgründigen Negation („gegen alle nur denkbare Hoffnung") greift der Sache nach zurück auf den vorangehenden Vers. Der Glaube hat es auch – indirekt, als Widersacher – mit dem Tod und mit dem Nichts zu tun: zugleich mit schneidender Eindeutigkeit, die den Betroffenen auf den Mund schlägt, und mit letzter Undeutlichkeit, die ihn das Nichtssagende reden läßt.

Wie sind sie zu bestimmen: die konkrete Gestalt, der Ton und die Farbe christlicher Eschatologie, herauswachsend aus jenem trotzigen, in der Weise der Kinder Gottes trotzigen (Mt 18,3) ἐπ' ἐλπίδι, bezogen auf den Gott, der die Toten auferweckt und ruft dem, was nicht ist, daß es sei, orientiert am Ersten Gebot? Sie werden gewiß nicht in erster Linie, werden indes nachträglich immer auch durch diejenige Größe gekennzeichnet, gegen die sie heimlich oder in aller Ausdrücklichkeit *anredet*. Sie entspricht insofern dem christlichen Bekenntnis:

> „In seinem Vollzug greift das Bekenntnis notwendig hinein in die die Kirche und die Welt bewegenden Fragen der jeweiligen Gegenwart. [...] Es tut es, weil diese Bezeugung heute, jetzt und hier bestimmt nur in ihrer bestimmten Beziehung zu den die Kirche und die Welt heute, jetzt und hier bewegenden Fragen Gestalt, Ton und Farbe haben und also laut werden kann."[90]

Wie das Bekenntnis so enthält auch – weil immer auch Gang an die innere Grenze – eine auf ihm beruhende christliche Eschatologie ein hartnäckiges Moment des Gegenstrebigen in sich. Generell, so wird man sagen können, erhebt sie sich jeweils gegen den *stärksten* Widerstand, gegen die Heils- und Unheilsgötzen der Zeit, gegen allzu deutliche und überdeutliche und sich darin gerade wieder versteckende Mächte, gegen deren je eigensinnigen, jeweils nicht vorhersehbaren, von Zeit zu Zeit je anderen Bezugsbann. Worin liegt die spezifische Widerständigkeit von *Barths* Eschatologie? Welche besondere Verwahrlosung, Verlorenheit, Hoffnungslosigkeit, der nichts entgegenzustellen ist, welches Verlöschen hat sie vor Augen, welches höhnische oder verzweiflungsvolle Gelächter der Zeit (den nicht selten anzutreffenden entsetzlich desparaten Humor) – also welche Gestalt des paulinischen παρ' ἐλπίδα?

Über die Anfechtungen des Theologen Karl Barth ist hier gewiß nicht zu handeln. Seine angefochtene Theologie freilich – eingewebt die Momente der Anfechtung in die positiven Aufstellungen – liegt vor Augen. „Theolo-

---

89 Sauter (Prophetisches Reden, 179f) hat die prophetische Zeichenhandlung Jer 32 schön als „Zeichen der Hoffnung wider aller Hoffnung" beschrieben.
90 Barth, Schweizer Stimme, 73.

gische Aussagen", heißt es zudem – und das bedeutet keine Ermäßigung ihrer Schwere –, „sind als solche angefochtene Aussagen, angefochten von der Unvergleichlichkeit ihres Gegenstandes her."[91]

Im Gegenbild und Widerschein wird m.E. in Barths Eschatologie durchaus etwas Weltstürzendes mit erkennbar: eine in die Zeit eingewachsene widrige Eschatologie des Nichts, der zerstörten Sprache, des tödlichen Schweigens. Insofern, also dieses dunklen Hintergrundes wegen – zur Sprache gebracht nahezu als eine Form des Schweigens zum Beispiel bei Paul Celan[92] oder bei Samuel Beckett, zur Anschauung gebracht etwa im Szenario des „atomaren Winters" –, wegen ihres in den positiven Ausführungen immer auch mit sichtbaren, merklichen Gegenbildes handelt es sich, meine ich, bei Barths Ausführungen um eine unverwechselbare Eschatologie des 20. (und dann wohl auch des 21.) Jahrhunderts.

In ungewöhnlicher Aufmerksamkeit, mit Momenten besonderer Geistesgegenwärtigkeit, also immer auch mit flagrantem Widerspruchsgeist, hat Barth sich m.E. auf seine Zeit wie kaum ein anderer eingelassen. Wohl jedesmal ereignet sich der Durchbruch zur Zeitgenossenschaft[93] zuerst in Unbefangenheit und Geistesgegenwart, also positiv, doch dann nicht ohne den Sturz in die Zeit, nicht ohne ein notwendiges Moment von vehementem Trotz, nicht ohne Bekanntschaft mit der Tiefe der Zeit – mit der „Neige" der Verlorenheit, den „Bränden der Zeit", wie Paul Celan formulierte.[94] „Gemeinschaft dieses Menschen mit Gott", so formuliert Barth in einer Weihnachtsbetrachtung 1930, „ist alle Zeit Aufleuchten eines Lichtes im Kampf gegen ein unergründlich tiefes Meer von Finsternis [...]".[95]

Wie geschieht die Näherung an die kritischen Bruchstellen der Zeit? „[...] die Philosophie soll nicht prophezeien, aber sie soll auch nicht schlafen", erinnert Heidegger.[96] Apokalyptische Sätze in seinen *Beiträgen zur Philosophie*:

„Das plötzliche Verlöschen des großen Feuers, das zurückläßt, was weder Tag noch Nacht, was keiner faßt und worin der zu Ende gegangene Mensch sich noch umtreibt, um nur noch am Gemächte seiner Machenschaften sich zu betäuben, vorgebend, es

---

91 Barth, Fides, 29.
92 „[...] um die abgenutzte Sprache im Dunkel zu verjüngen" – was Gerhard Nebel über Hamann sagt (Nebel, Essays, 41), gilt, in anderem Dunkel, auch für Celan.
93 Bethge hat diesem Thema ja hinsichtlich des Zeitbewußtseins Bonhoeffers besondere Aufmerksamkeit geschenkt. „In seiner ersten Wendung um die Jahre 1931/32 hatte der Theologe Bonhoeffer bewußt sein Christsein ergriffen. Mit der Wendung des Jahres 1939 trat der Theologe und Christ Bonhoeffer in die volle Gegenwart seiner Welt, seines Ortes und seiner Zeit ein." (Bethge, Bonhoeffer, 761).
94 Celan, Gedichte I, 213; 133.
95 Barth, Weihnacht, 43.
96 Heidegger, Grundprobleme, 254.

sei für die Ewigkeit gemacht, vielleicht für jenes Und-so-weiter, das weder Tag noch Nacht ist."⁹⁷

Die menschliche Vernunft und ihr Licht, ihre Wachsamkeit, genügt freilich nicht zur Identifizierung der Zeichen in der Nacht, nicht einmal die Kraft der Dichtung reicht zu. In anderer Hinsicht ist indessen auch an Wolfgang Hildesheimers gelegentliche Äußerung zu denken, daß es gegenwärtig mit jeder Stunde weniger Prophetie brauche, um die brennenden Zeichen zu verstehen. In diesem Sinne Kafka: „[...] das Unglück selbst war fertig, es bedurfte nur eines durchdringenden, keines prophetischen Blicks, um es zu sehn."⁹⁸

2. Es gibt keine Unaufhaltsamkeit des „Fortschritts"

Ich versuche von Barth aus eine Pointierung in die unmittelbare Gegenwart und nenne eine der mir epochentypisch erscheinenden gegenwärtigen Verzweiflungsgestalten einer widersacherischen Eschatologie. Trostlosigkeit und aggressiver Hochmut kommen in ihr überein. Das aufgedunsene Wort lautet *Unaufhaltsamkeit*. Gemeint ist die Unaufhaltsamkeit des wissenschaftlich-technischen Fortschritts (Stichwort: „sich von kontingenten Naturzwängen befreien"), geltend gemacht immer wieder in bezug auf jede neue gesteigerte, noch einmal katastrophenträchtigere einschlägige Entwicklung (Stichwort: „das Wesen des Menschen besteht in seiner Veränderbarkeit"). Wir schaffen immer mehr Dinge, die uns abschaffen können. Man muß befürchten, daß wir machen werden, was wir machen können (der technokratische Imperativ: *can implies ought*); daß wir machen werden, was wir machen können, nämlich alles; daß wir machen werden, was wir machen können, nämlich alles, nur nicht halt. In sarkastischer Variante bei Botho Strauß: das alles „bringt dann ein ähnliches Ungeheuer hervor wie das Katoblepas bei Flaubert, das seinen gigantisch schweren Kopf nicht mehr aus dem Schlamm heben konnte".⁹⁹

Dabei sind – ohne daß natürlich die Furcht vor Wiederholungen einfach unbegründet wäre – die Verheerungen jedesmal durch eine andere, bisher unbewachte Tür hereingestürzt. „Der Teufel tritt immer zu einer anderen Tür herein", sagt das wissende Sprichwort. Das Uralte beginnt sein Stück jeden Tag neu. Mag dergleichen Fortschritt, die Fortschrittsfalle, die

---

97 Heidegger, Beiträge, 263. Einer der m.E. überhaupt verzweiflungsvollsten Texte der Philosophiegeschichte: Heideggers *Überwindung der Metaphysik* (Heidegger, Vorträge und Aufsätze, 67–98).
98 Kafka, Tagebücher, 891.
99 Strauß, Der Untenstehende, 30f.

Lebenslüge der Zeit, mittlerweile die Bedingungen des Lebens auf der Erde angreifen,[100] in tödlicher Bedrohung gefährden oder Bereich um Bereich, Species, ja Genera von Tieren und Pflanzen, für immer zerstören – er gibt sich irgendwie steuerbar, doch stellt sich im ganzen als völlig unaufhaltsam und ohne nennenswerte Gegenregung dar.[101] Er ist außerstande, an sich zu halten. Die Devise heißt deshalb kategorisch und prinzipiell: weitermachen, denn es gibt kein Zurück. So einfach scheint die Alternative. Ein sich härtendes, zudringliches Axiom, hochmütig und träge und lügenhaft mit seinen unangenehm selbstbewußten, chiliastischen Verlaufsankündigungen. Eine pseudo-eschatologische Figur, ausgestattet zuletzt mit der kalten, zerstörerischen Macht des absolut Hoffnungslosen – die überdies immer wieder dem guten, dem penetrant guten Gewissen zu sich selbst verhilft. Ein Totschlagargument obendrein. Warum etwas problematisieren, bei dem es kein Halten zu geben scheint, das ohnehin kommen wird? Entsprechend: morgen wird ohnehin normal sein, was gegen die Normen von heute verstößt. Es ist die „Kälte, die das Unausweichliche allzu gern unterschreibt",[102] das Geheiß des Unmenschlichen.

Unaufhaltsamkeit des wissenschaftlich-technischen Fortschritts, nicht zu unterbrechen, nicht zu befristen, nicht zu beschränken, mit der man sich abzufinden hat – eine scheinbare Evidenz und ein Bezugsbann, zwingend, abweisend und unbefragbar, eine Variante im vielfältigen Spektrum der Formen des Gottes Chronos. παρ' ἐλπίδα – da nichts zu hoffen war, da es

---

100 Schon sehr genau hat Sigmund Freud die Möglichkeit vor Augen, daß man „mit Hilfe der von der Wissenschaft geleiteten Technik zum Angriff auf die Natur übergeht und sie menschlichem Willen unterwirft" (Freud, Unbehagen in der Kultur, 435). – Eine zeitgenössische Stimme, Erwin Chargaff (Chargaff, Interview): „[...] die Naturwissenschaftler führen ja nun einen Krieg gegen die Natur, die Zukunft wird uns deshalb verfluchen. Sie manipulieren ungestüm an den Genen herum, die in Milliarden von Jahren langsam entstanden sind, Sie hauen der Natur auf den Kopf und spüren nicht, dass sie sich selbst auf den Kopf hauen. Sie wollen langes Leben, ewiges Leben, sie wollen den Tod besiegen, das ist teuflisch." „Die Gentechnik hat das Denken brutalisiert. [...] Wie viele exekutionswürdige Wesen wird es geben, bevor ein lebensfähiges Etwas entsteht? Wird es gehunfähig sein? Denkunfähig? Wird man die verkrüppelten Klone in Klon-Heime stecken? Sie ermorden, sie hinrichten?" – Uns aber, aus dem 20. Jahrhundert kommend, lehren die menschlichen Monster, die wir schon kennen, das Fürchten vor den menschlichen Monstern, die wir erst noch machen werden. Der Surrealismus hat einige von ihnen bereits vor Augen gebracht (vgl. Spies, Surrealismus, 137–141).

101 Noch Karl Jaspers spricht von „Unausweichlichkeit" (Jaspers, Rechenschaft, 34f): „In Goethes Entsetzen steckte die Wahrheit, daß hier in der Tat heraufkam, was zum Bruch mit der gesamten bisherigen Menschheitsgeschichte führen mußte. Goethe, hellsichtiger fühlend als seine Zeitgenossen, erkannte zwar nicht mit Klarheit diesen Weg, sah weder die Wahrheit noch die Unausweichlichkeit dieses Weges, aber er spürte, daß alles bedroht war, was ihm und was bisher wesentlich und wertvoll war. Die Grenze Goethes ist, daß er sich vor dieser heraufkommenden Welt verschloß, ohne sie begriffen zu haben, daß er nur Unheil sah, wo der Grund der Zukunft des Menschen gelegt wurde."

102 Adorno, Moralia, 83.

sich eben um Unaufhaltsamkeit[103] handelt, eine Großfigur im Weltumspannenden der Gefahr, der gemäß sich vermutlich bald unbekannte Schrecken einstellen werden, eine geschärfte Anmaßungs-, eine Hochmutsgestalt widriger Eschatologie.[104] Eine Art gänzlich entmutigter, verzweiflungsvoller „Jetzt-Eschatologie" entspricht ihr. „Und Frühe, was ist sie? Nur jetztgemacht, anders gibt es sie nicht." (Botho Strauß)[105] Wir sind vermeintlich die Götter des Jetzt. Doch soteriologisch hochgezogene große, vermessene Hoffnungen – insonderheit beim dann eben doch immer wieder erforderlichen Herunterbrechen vom großen Wir zum ersichtlich marginalen Ich – geraten regelmäßig zu einer kleinen, schäbigen, womöglich abscheulichen Gegenwart. Hart schlagen sie auf dem Boden der Tatsachen auf. Der aber scheint eine so feste, unüberwindliche Form angenommen zu haben, daß der einzelne mit seinem kleinen Schicksal, das schwere, arme Leben, in das er eingesperrt ist, nur noch wie ein haltloser Zwischenruf wirkt – ein Leben, das sich zu etwas kaum noch Wahrnehmbaren zusammenfalten ließe. Zumindest ist das „Wir" im Fortschrittsprozeß zu differenzieren, denn zahllose kleine Ichs, die in ihrem Leben nur traurige Graden und wirre Krümmungen gelaufen sind, werden von den neuen radikal begradigenden Optionen mit Sicherheit überhaupt nicht profitieren können.

„Mit einer Technologie", so kann es im Sinne solcher Verstiegenheit heißen, „die fast alles kann, und einer Intelligenz, die klugen Gebrauch von dieser Technologie zu machen weiß, könnte die Zukunft ein Ort des Lichts und der Kraft sein, den zu verstehen wir nicht einmal in unserem kühnsten Träumen hoffen können – obwohl wir vielleicht dazu imstande sind, diese Zukunft zu schaffen."[106] Oder: „Wenn das Bewußtsein bald kein Thema mehr ist, wird auch der Tod wohl allmählich in Vergessenheit geraten. [...] Wir erlangen die Macht über Leben und Tod."[107]

Sichtbar wird damit eine Hochmutsgestalt widriger Eschatologie. Ihr gegenüber muß eine wirklich zeitgenössische, eine in ihre Zeit vertiefte christliche Eschatologie ihrerseits offensive, radikale kritische Kraft entwickeln.

---

103 In der Debatte um die atomare Bewaffnung der Bundeswehr erklärt Gustav Heinemann in einer Rede vor dem Bundestag im Januar 1958: „Verehrte frühere Freunde von der Christlich-Demokratischen Union! [...] Sie werden nicht etwa mit dem Satz durchkommen, daß eine solche atomare Bewaffnung zwangsläufig sei, weil andere Mächte, weil die Sowjetunion solche Massenvernichtungsmittel besitze. ‚Zwangsläufig' – das ist eine atheistische Denkkategorie! [...] Von Zwangsläufigkeiten kann nur derjenige sprechen, für den Gott nicht mehr im Weltregimente sitzt." (Christus ist nicht gegen Karl Marx gestorben [1958], in: Heinemann, Aufsätze und Reden, 289).
104 Vgl. Barths Beschreibung von gegen Gott aufgeworfener Übermächte III/3, 125f.
105 Strauß, Wohnen, 188.
106 Eliezer S. Yudkowsky, in: Schirrmacher, Darwin AG, 137.
107 Ray Kurzweil (in: Schirrmacher, Darwin AG, 108). – „Die Frage ‚Wozu?', den Selbstzweifel der Informierten, beantwortet nur noch das Lachen des Idioten. [...] Und der Idiot antwortet aus dem Halbschlaf des Lebens ohne einen Schimmer von Zukunftssorge, ohne Angst." (Strauß, Anwesenheit 105).

„Es wird die Demut vor Gott", so Barth, „mit Resignation nichts zu tun können: nichts mit dem staunenden Starren auf ein Schicksal, dem wir – auch nur provisorisch – eine Art von Unabänderlichkeit zuerkennen müßten. Wo es zu diesem Starren käme, da wäre ja der Glaube schon preisgegeben und hätte es der Feind schon über uns gewonnen."[108]

Anspruchsvoller, aggressiver, kritischer wird es damit eine auf ihren Herrn aufmerksame Kirche halten. Beispielsweise in folgender Form:

„Die Kirche wird sich als Trägerin der Offenbarung zum Problem der *Vernunft*, sie wird sich als Trägerin der Gnade zum Problem der *Natur* und der *Geschichte*, sie wird sich als Trägerin des Wortes zu *Staat, Gesellschaft, Kultur* anders, nämlich anspruchsvoller, aggressiver, kritischer verhalten, wenn sie sich dieses ewige Woher? und Wohin? ihres Hauptes, seine Stellung jenseits des Anfangs und jenseits des Endes aller Dinge vor Augen hält, als wenn sie das *nicht* tut."[109]

Statt den irdischen, in unserer Verantwortung liegenden Bezug zur Zukunft zu marginalisieren oder auszublenden, kommt ihm eine alles von Gott erwartende Eschatologie mit der Gewißheit der uns entgegenkommenden unerzwingbaren Zukunft Christi gerade zugute.

„Es gibt [...] keine ernsthaftere Erfüllung unserer Zeit", so beschließt Barth eine Überlegung zum Weihnachtsfest 1930, „als wenn wir [...] die Kraft des Jenseits aller Zeit die Kraft ihres Diesseits sein lassen dürfen."[110] Von einer Jenseitsfülle kann im Sinne anspruchsvoller, wo nötig aggressiver, kritischer Stellungnahmen gezehrt werden.

Jener zwiespältigen Großfigur gegenüber – im strikten Gegenüber zu der sich in sich selbst fortsetzenden Ambivalenz mit der zunehmenden Tendenz in die Finsternis – exponiert christliche Eschatologie aus gutem Grund zunächst eine andere Unaufhaltsamkeit: die des Richtungssinns des Evangeliums „auf daß er sich aller erbarme", jene oben genannte helle Unaufhaltsamkeit: „[...] daß Gott herrlich ist [...], in seiner Freudigkeit und in deren Äußerung sich nicht stören, in dem Überquellen seiner Fülle sich nicht aufhalten läßt." (II/1, 731).[111] Nur die vorgängige feste Position gibt eine Basis ab für einschneidende Kritik: die nach Kräften zur Offensive übergeht und eben mit Dingen kommt, die man keinesfalls wissen will.

---

108 Barth, Schweizer Stimme, 153.
109 Barth, Unterricht III, 168.
110 Barth, Weihnacht, 47.
111 Vgl. auch Barth, Unterricht II, 192f; 204.

g. „Er ist unsere Hoffnung" (1Tim 1,1)

„Ich glaube nicht an die Allversöhnung", erklärt Barth in einem Gespräch 1961, „aber ich glaube an Jesus Christus, den Allversöhner."[112] Wiederum wird deutlich, daß Barth die Aufmerksamkeit von der Sache auf die Person gelenkt sehen will. Entsprechendes gilt, wenn die Christologie als das innere Formprinzip hervorgehoben und also von einer von Grund auf *christologisch* entworfenen Eschatologie bei Barth gesprochen wird. Das trifft gewiß zu. Indessen, der Blick muß auch darüber noch einmal hinausführen. Auch in der Eschatologie geht es zur Hauptsache nicht um Christologie, sondern um ihn selbst und um ihn allein.[113] Der eschatologisch-christologische Gedanke richtet sich in möglichst strenger Disziplin auf ihn, doch auf ihn als den Lebendigen, als das primäre, freie Subjekt: bleibt also nach Möglichkeit durchsichtig für seine Souveränität, auf seine Bestätigung angewiesen und seiner Kritik sowohl ausgesetzt als ihrer auch immer gewärtig. Mehr noch: durch ihn weiß sich der christologisch und eschatologisch Reflektierende, gleichsam als sekundäres Subjekt, überhaupt erst konstituiert. Die Reflexionsgestalt einer so bestimmten Eschatologie wird diese Abhängigkeit als unaufhebbare Vorbehaltlichkeit – doch mehr noch positiv als Dankbarkeit – zu erkennen geben.

In solcher Eschatologie ist er als *der* Letzte – ὁ ἔσχατος – im Blick (Apk 1,8; 1,17; 22,13). „*Ich* bin der Erste und der Letzte", heißt es. Er selber ist das Reich Gottes, er selber wird es sein. Er ist der konkurrenzlose, vertrauenswürdige Beweggrund christlicher Hoffnung. Ein Grundvertrauen, das weiß, was es tut, läßt dann dieser Verheißung und dieser Hoffnung nachkommen. „Die Zukunft, die sie dem Menschen zuspricht, ist ja nicht irgendeine Zukunft, sondern das *Futurum exactum* Gottes" (IV/1, 663) – das seine Genauigkeit aus Deutlichkeit und Kontur der Person Jesu Christi gewinnt. Von höchst konzentrierter, personaler Eschatologie im eminenten Sinne muß die Rede sein. Der Christ „bejaht *Jesus Christus* als sein *Jenseits*" (III/2, 780). Als ein höchst bestimmtes Entgegensehen und Entgegenhören stellt sich diese Bejahung dar – die ihn wiederum lediglich *sein* läßt, der er heute ist, die ihn nämlich jetzt schon den sein läßt, der er sein wird.

„Das Urteil Gottes, gesprochen in seiner Auferweckung, lautet dahin, daß er nicht nur war und ist, sondern auch sein, und zwar nicht nur *im Ende* der Zeit, sondern auch *selbst das Ende der Zeit* sein wird: er also nicht nur *eine* Zukunft des Menschen und der Welt, hinter der und nach der es dann noch weitere geben möchte, sondern er *die* Zukunft schlechthin, die *letzte* Zukunft." (IV/1, 357)

---

112 Barth, Gespräche 1959–1962, 189.
113 Vgl. erneut Busch, Lebenslauf, 426.

Von dem Kommenden soll präzise und abgemessen gesprochen werden, so liest man es schon im Eschatologie-Kapitel des *Unterrichts*,[114] nämlich „in strengem Personalismus". Heraufkommen – hinein auch, fügen wir hinzu, in die mächtigen Schlagschatten, die die technoid-technologe Gegenwart in die Zukunft wirft – wird der Triumph der Sichtbarkeit und Hörbarkeit Christi. Ein ungemein konkretes, lebendiges Eschaton will ebenso umgehend verstanden sein, wie es unmittelbar zur Erfahrung ansteht.[115] Für die Erfahrung wie auch für den Gedanken, für dessen eindeutige Blickrichtung wie die notwendige Offenheit bleibt Mt 17,8 maßgeblich: „Sie sahen niemand denn Jesum allein."

„Spes purissima in purissimum deum", so hatte Luther formuliert.[116] Nicht auf beliebig Ersehntes oder unerfüllt Gebliebenes, sondern ausschließlich auf Gott selbst schauen die Augen der Glaubenden, ohne Berechnung, erwartungsgespannt, in reiner Hoffnung. Hinsichtlich der Eigentümlichkeit der Eschatologie Barths muß man präzisieren: *spes purissima in purissimum Christum*. Entwickelt werden kann, „warum und inwiefern der Erlöser und die Erlösung als Gegenstand der Hoffnung eines sind, das neue Werk Christi, das seiner neuen Gegenwart entspricht, also in und mit dieser selbst stattfindet."[117] Denn, so lesen wir in III/2 (589):

„Die Gemeinde des Neuen Testamentes hofft durchaus nicht auf die Erlangung irgendwelcher abstrakter Güter: sie hofft also weder auf die Totenauferstehung, noch

---

114 Barth, Unterricht III, 384, vgl. 488.

115 „Im allgemeinen", so bemerkt Krötke, „kann man es [...] verstehen, daß die Theologie angesichts der Gefahren eschatologischer Phantastereien hier lieber zu wenig als zu viel sagt. Veranlaßt der Name Jesu Christi, mit dem die eschatologische Zukunft in der christlichen Hoffnung *konkret* bezeichnet wird, aber nicht dazu, in der Tendenz eschatologischer Aussagen *immer konkreter zu werden*?" (Krötke, Universalität, 259).

116 Luther, WA 5; 166, 18. – Anders Ernst Jünger: „Zwischen zwei Wehen regieren Furcht und Blindheit – wer nun standhalten will, muß den transzendentalen gegen den fundamentalen Optimismus umtauschen." (Jünger, SW 8, 354).

117 Barth, Unterricht III, 467. – Mit dem Einwand, das eschatologische Kommen Christi bringe in seiner Theologie nichts Neues gegenüber der „Parusie" der Auferstehung und der Ausgießung des Geistes, setzt sich Barth in einem Brief auseinander: „[...] wenn ich nun in der Tat darauf beharre, daß der Eschatos kein Anderer als der Protos, daß der ‚der da kommt', identisch ist mit dem ‚der da war und der da ist', und daß also der Sinn, das Novum und Proprium seines Kommens – zum Glück! - aufs bestimmteste vorentschieden und charakterisiert ist bereits durch sein Gekommensein und seine Gegenwart, so vermag ich nicht einzusehen, inwiefern damit eine ‚futurische Eschatologie' ausgeschlossen und nicht vielmehr – jetzt gerade – zu einem eiligen und wartenden Hoffen auf dieses sein Kommen eingeladen sein sollte. Und wenn ich ferner im Besonderen betone, daß dieses sein Kommen darin besteht, daß mit ihm ‚offenbar' werden wird, daß und inwiefern Gott nicht umsonst, nicht vergeblich der sich mit dem Menschen verbündende, der menschenfreundliche Gott gewesen ist und ist und also jegliche Kreatur seiner Liebe weder entkommen noch entfallen ist, so vermag ich wirklich nicht zu verstehen, wieso man dieses Geschehen als ‚nichts Neues', als etwas ‚nur' Noetisches bezeichnen kann – als ob in *dieser* Zukunft nicht alles, was man nur erwarten darf und kann, eingeschlossen wäre! als ob jedes Mehr hier nicht nun tatsächlich ein Weniger wäre!" (Barth, Briefe 1961–1968, 378).

auf die Rechtfertigung im Gericht als solche, noch auf das ewige Leben in ewiger Seligkeit. Sie hofft weder auf Kronen noch auf Palmzweige noch auf weiße Kleider, noch auf den Glanz des neuen Himmels und der neuen Erde und auch nicht auf irgendwelche geistige, moralische oder physische Zustände irgend eines kommenden Gottesreiches."

Barth schränkt sodann ein:

Oder vielmehr: sie hofft auf das Alles ganz allein darum und damit, daß sie auf *Jesus selber* hofft. Es ist ja das Alles nur die in seiner Herrlichkeit verborgene und eingeschlossene Verherrlichung der Kreatur, anhebend offenbart in seiner Auferstehung, abschließend zu offenbaren in seiner Wiederkunft. Es sind also das Alles nur Prädikate, Annexe, Begleiterscheinungen *seiner* Erscheinung. Er ist das Reich, er war es und wird es sein und in ihm alle Herstellung, alles Heil, alle Vollkommenheit, alle Freude des Reiches."

Also lautet die Folgerung:

„Es gibt, genau genommen, keine ‚letzten Dinge‘: keine abstrakten, keine selbständigen ‚letzten Dinge‘ außer und neben ihm, *dem* Letzten. Es gibt also keine diffuse, sondern nur die auf ihn konzentrierte, eben damit freilich auch nach allen Seiten gefüllte und vollkommene *eine* Hoffnung."[118]

Seine Person aber erscheint in seinem Antlitz – im überhaupt Konkretesten, was sich menschlicher Erfahrung bietet.[119] Der „Gott der Hoffnung" (Röm 15,13), so Barth in IV/3 (1043) trägt „die Züge eines bestimmten, dem auf ihn Hoffenden wohlbekannten *menschlichen* Antlitzes". Das Schauen, jetzt wie in einem Spiegel, in einem dunklen Wort, dann aber „von Angesicht zu Angesicht" (1Kor 13,12), gewährt wachsende und dann vollendete Vertrautheit – eine Präsenz, die keiner Begründung oder Erklärung bedarf, ein namenloses Erkennen. Wie in einem Spiegel in einem dunklen Wort zwar,

---

118 Vgl. Barth, Unterricht III, 466: „Dadurch unterscheidet sich die christliche Hoffnung von allen eudämonistischen Zukunftserwartungen, das sie streng und sachlich Hoffnung auf den *Herrn* ist, denselben, an den man glaubt, dem man auch gehorcht, in der Gegenwart, und das sie nicht, wie verwöhnte Kinder tun, *etwas* von ihm, sondern wie Knechte, die auf ihren Herrn warten [vgl. Lk 12,36f.], ihn *selbst* erwartet, ihn selbst als die Fülle alles ‚Etwas‘, aber ihn selbst und um seiner selbst willen." – Vgl. auch II/1, 85: „Erlösung heißt nicht, daß die Welt und in der Welt wir selber uns irgendwohin entwickeln, sondern daß Jesus Christus wiederkommt." – Prägnant auch in einem Brief: „[...] streng konzentriert auf das Eine, durch das sich die christliche Eschatologie von allen möglichen anderen Eschatologien unterscheidet, nämlich auf *den* Einen, *den* Neuen, in dem Gott ‚war und ist und kommt‘ (Apk. 4,8). Man würde nicht von *ihm* reden, der er ist und als der er sich offenbart, nicht vom ‚ewig reichen‘, nicht vom ‚menschenfreundlichen‘, ja nicht einmal vom kommenden Gott, wollte man *nur* von ihm reden als dem, ‚der da kommt‘, und nicht auch und zunächst und zugleich von dem, der da war und der da ist‘. Die Eschatologie ist *nicht* der Rahmen, in dem von diesem, dem lebendigen Gott zu reden ist, sondern vielmehr ist *er* der Rahmen, in dem dann auch von ihr die Reden sein darf." (Barth, Briefe 1961–1968, 377).

119 Cf. den obigen Abschnitt *C. 3. Das Antlitz spricht*.

aber unverkennbar erscheint jetzt schon im Glauben dieses Gesicht. Das Gesicht eröffnet seine Gegenwart.

Erinnert wird damit gleichnishaft vom Apostel an eine urtümliche menschliche Erfahrung. Prägt sich doch ein genuines Weltvertrauen wohl im besonderen angesichts der ursprünglichen Vertrauenswürdigkeit eines menschlichen Gesichtes aus. Mit keinem Bild der Welt sind wir von Geburt an so vertraut wie mit einem menschlichen Gesicht,[120] in keinem Text können wir so genau lesen; keine Erscheinung, in dem, was sie verrät und was sie verbirgt, bedarf dringlicher immer wieder des Verstandenwerdens. Aus diesem Grund dürfte eben die Aussicht auf das Schauen in Augenhöhe: von Angesicht zu Angesicht, das Bild dieser menschlich lauteren Hoffnung darstellen, eines heftigen Verlangens nach Vertrautheit: *spes purissima in purissimum Christum*. Ausdruck gegeben ist damit einer personalen Eschatologie,[121] wie sie anschaulicher, deutlicher und unmittelbarer nicht gedacht werden kann, gewissermaßen einer *Eschatologie des Angesichtes*. Wir werden, so heißt es im Kapitel über Gottes Ewigkeit und Herrlichkeit (II/1, 729), zur Klärung, Verklärung und geradezu Verherrlichung vor Gottes Angesicht gestellt. „Das ist mehr als Lichtglanz: Gottes Angesicht. Und Gottes Herrlichkeit ist die Herrlichkeit seines Angesichtes [...]."

h. „Dieses Verwesliche soll anziehen Unverweslichkeit" (1Kor 15,53)

1. Das gewesene Leben wird verherrlicht

Besonders mit Hinweis auf 1Kor 15,53ff spricht Barth von der Verewigung und Verherrlichung gelebten Lebens, vom „Offenbarwerden dieses unseres Lebens in der Herrlichkeit Gottes" (III/2, 760).[122] Als ganzes wird es eintau-

---

120 Vgl. Moser (Gottesvergiftung, 87; dort freilich die in dem Buch durchgehaltene traurige Umkehrung). – „Ein menschliches Gesicht", erklärt Hugo von Hofmannsthal (in: Borchardt, Briefe, 484; in derselben Wendung in Hofmannsthals: *Die Briefe des Zurückgekehrten*, im zweiten Brief), „das ist eine Hieroglyphe, ein heiliges, bestimmtes Zeichen". In diesem Sinne auch Lehnerer: „Das Gesicht eines Menschen ist das semantisch dichteste und aufgeladenste Kommunikationsinstrument [...]. Das Gesicht birgt den reichsten Schatz an bewußten und unbewußten Ausdrucksmöglichkeiten überhaupt" (Lehnerer, Homo pauper, 11f).

121 „Die Rede vom Letzten Gericht ist aus jeder (nur) neutrisch-anonymen Fassung herauszunehmen und klar personal zu fassen", fordert Bayer (Bayer, Gott als Autor, 173) zu Recht.

122 Ansätze dazu finden sich bereits im Römerbriefkommentar (Barth, Römerbrief II, 391: „*Verewigung* der Zeit") und in der Göttinger Dogmatik (Barth, Unterricht III, 480f): „Erlösung bedeutet als das In-Erscheinung-treten der Herrschaft Gottes über die Zeit auch das nicht, daß etwa ein anderes Mal, später, jene Verwandlung eintreten und wahr sein wird. Die in der Ewigkeit geborgene Zeit wird sein (so sagen wir mit Bewußtsein, und nicht etwa: *ist*) unsere Zeit und das Jetzt unseres Erlöstseins genau das Jetzt unseres Unerlöstseins. Man muß alle, aber auch alle Vorstellungen von dem Heiland als ‚Kaputtmacher' (Blumhardt) fallen lassen und verstehen

chen in das *lumen gloriae*, in den Glanz Gottes, die Residenz des Lichts – und gerade so endgültig menschlich werden, schöpfungsmäßig, kreatürlich. Ich zitiere die klassische Stelle aus der Schöpfungslehre.

„Nicht ein in irgend eine unendliche Zukunft hinein fortgesetztes und in dieser Zukunft irgendwie verändertes Leben ist das, was die neutestamentliche Hoffnung jenseits des menschlichen Sterbens erwartet, sondern die ‚Verewigung' gerade dieses unseres *endenden* Lebens: daß es, dieses verwesliche und sterbliche Leben *als solches* seines Charakters als ‚Fleisch und Blut', der Hülle der φθορά entkleidet werde (1. Kor. 15,50), Unverweslichkeit und Unsterblichkeit ‚anziehe', daß es, dieses in der Auflösung begriffene irdische *Zelthaus* ‚überkleidet' werde durch den Bau, den Gott bereitet hat, durch das nicht mit Händen gemachte Haus in den Himmeln, daß eben das *Sterbliche* ‚verschlungen' werde vom Leben (2. Kor. 5,1f.). Unser *gewesenes*, unser in unserer begrenzten Zeit gelebtes, nicht vor seiner Zeit begonnenes und nicht über seine Zeit hinaus fortzusetzendes, eben dieses unser *wirkliches*, aber auch *einziges* Leben wird dann jener καινότης ζωῆς (Röm 6,4) vollständig, definitiv und offenkundig teilhaftig, ewiges Leben in Gott, in der Gemeinschaft mit ihm sein. In der Gemeinschaft mit Gott, der als der Ewige war, ist und sein wird, hat ja auch jedes Menschen *gewesenes Leben* in seiner beschränkten Zeit Raum. Es kann nur darum gehen, daß es als dieses *gewesene Leben* in seiner beschränkten Zeit des *Übergangs* und der *Verwandlung* (1. Kor. 15,51) der Gemeinschaft mit Gottes ewigem Leben teilhaftig werde. Dieser Übergang, diese Verwandlung ist – die Aufdeckung und Verherrlichung des in Christus *gewesenen Lebens* des Menschen in seiner Zeit – die *Auferstehung der Toten*, die laut der in der Auferstehung Jesu erfolgten Anzeige unsere Beteiligung an seiner künftigen Offenbarung und also in der Zeit, die wir noch haben, unsere *Hoffnung* ist." (III/2, 759f)

Dies ist darum der Inhalt von Hoffnung und Zuversicht des Christen:

„[...] nicht seine Befreiung von seiner Diesseitigkeit, von seinem Enden und Sterben, sondern *positiv*: die ihm von dem ewigen Gott her bevorstehende Verherrlichung gerade seines von Natur und von rechtswegen diesseitigen, endenden und sterbenden Seins. Nicht dem sieht und geht er entgegen, daß dieses sein Sein in seiner Zeit irgendeinmal vergessen oder ausgelöscht zurückbleiben und dann gewissermaßen ersetzt sein werde durch ein ihm folgendes jenseitiges, unendliches, unsterbliches Sein nach dieser Zeit, sondern *positiv*: daß *eben dieses sein Sein in seiner Zeit* und also mit seinem Anfang und Ende vor den Augen des gnädigen Gottes und so auch vor seinen eigenen und vor aller Anderen Augen – in seiner verdienten Schande, aber auch in seiner unverdienten Ehre offenbar werde und so von Gott her und in Gott ewiges Leben sein möchte." (III/2, 771)

---

lernen, daß er wirklich der Seligmacher, der Erretter ist dessen, was verloren ist [vgl. Lk. 19,10]. Verloren ist unser Jetzt, unser Jetzt ist es, das gerettet werden soll. – Werden soll, sagt die christliche Hoffnung und erlaubt sich keine Vorwegnahmen. Und kann doch als Hoffnung gar nicht anders als erkennen und bekennen, daß der Gott, auf dem sie hofft, jetzt schon kein Gott der Toten, sondern der Lebendigen ist. Denn ihm leben sie alle [Lk. 20, 38]." – Vgl. zu 1Kor 15,53f auch Barth, Unterricht II, 353; Barth, Unterricht III, 479.

Das Angekommensein des Menschen bei sich selbst, so nimmt Barth den Gedanken in der Versöhnungslehre auf, wird dann *verwandeltes* Leben sein: „dieses sein diesseitig zeitliches Leben selbst in der ihm in Gottes Gericht und Urteil schon zugesprochenen *Neuheit*" (IV/1, 673). Und „Erlösung" sterblicher, vom Nichts gezeichneter, sich abtötender Menschen wird heißen: „Verewigung ihres zeitlichen, als Verjenseitigung ihres diesseitigen Lebens, als Überkleidung ihres vergänglichen Wesens mit Unvergänglichkeit, ihrer Menschlichkeit mit seiner, der göttlichen Herrlichkeit" (IV/3, 363).

„Sein Verwesliches und Sterbliches hat dann als solches, als das, was es zwischen seiner Geburt und seinem Tode war, diejenige Unverweslichkeit, diejenige Unsterblichkeit angezogen, die Gott allein eigentümlich ist. Sein Diesseits ist dann – nicht etwa (das wäre ja nur eben sein Tod, sein Nachher ohne Gott!) ausgelöscht, abgetan, vernichtet, sondern aufgenommen in sein Jenseits, das ihm aber in seiner Geschöpflichkeit keineswegs eigentümlich, das nur eben das ihm zugewendete Jenseits Gottes seines Schöpfers ist. Es ist dann seinem mit seinem Tod eingetretenen und in seinem Tod manifesten Vergangensein dadurch entrissen, daß Gott, der auch in der Vergänglichkeit seines Daseins vor seinem Tod, auch in seinem Vergehen im Tode, seine alleinige, aber wirkliche Zukunft war, ihm auch nach seinem Tode gegenwärtig ist." (IV/3, 358f)[123]

Den unerschütterlichen Grund für diese Hoffnung, aber auch die deutliche Vorzeichnung der Züge des Neuen, zu dem das dem Tode verfallene Geschöpf verwandelt wird, gibt die *Auferstehung Christi* ab. Mit ihr greift die Zukunft auf die Gegenwart über. Was dort geschieht, ist Übergriff und Überkleidung.

„Das war dann das Neue – das radikal Neue – im Wiederkommen des notorisch am Kreuz verstorbenen Menschen Jesus: nicht eine Verlängerung seines wie das jedes Menschen durch seinen Tod abgeschlossenen Daseins, wohl aber die *Erscheinung* eben dieses seines abgeschlossenen Daseins in seiner Teilnahme am souveränen Leben Gottes, in seiner Verewigung also, in der ihm in seiner ganzen Diesseitigkeit vermöge dieser Teilnahme geschenkten und übereigneten Jenseitigkeit, Unverweslichkeit, Unsterblichkeit. Er kam wieder in der Erscheinung, im Sichtbarwerden, in der Offenbarung seines als menschlichen Leben dem Tode verfallenen, aber kraft seiner Teilnahme am Leben Gottes, dem Tode entrissenen, mit der Herrlichkeit Gottes bekleideten und in ihr leuchtenden zuvor gelebten Menschenlebens." (IV/3, 360)

Das Leben der Auferstehung, so erinnert Barth dementsprechend im Gespräch mit den Tübinger Stiftlern,

„ist dann nicht ein Anderes, ein Zweites. Es kommt zwar nachher, aber es ist noch einmal *dasselbe*: dieses unser jetziges Leben. Besonders ausdrucksvoll 1. Korinther

---

123 In demselben Sinne auch II/2, 865.

15 [,53–55] [...] es kommt nicht weniger als viermal dieses τοῦτο vor, ‚*dieses* Sterbliche', ‚*dieses* Verwesliche'. Und Auferstehung heißt: daß eben ‚dieses Verwesliche Unverweslichkeit anzieht und dieses Sterbliche Unsterblichkeit'."[124]

Einem Gegenbild, dem dort nur flüchtig geäußerten Gedanken einer Eschatologie ohne Gott, begegnen wir in einem Brief Franz Kafkas. Von der „Höllenstrafe" spricht er in einem Brief an Milena Jesenská, „die darin besteht [,] daß man sein Leben nochmals mit dem Blick der Erkenntnis durchnehmen muß, wobei das Schlimmste nicht die Durchsicht der offenbaren Untaten ist [,] sondern jener Taten [,] die man einstmals für gut gehalten hat."[125] Doch gibt es bei Kafka, der uns wie niemand sonst mitnimmt auf dunkle Reisen in die Angst, auch das geheimnisvolle Oklahoma-Kapitel, Traum oder Schilderung des Paradieses.[126]

---

124 Barth, Gespräche 1964–1968, 37. – Ganz ähnlich stellt Barth es am 6. Juli 1961 in einem Brief an Werner Rüegg (Barth, Briefe 1961–1968, 9f) dar: „Das ‚ewige' Leben ist kein anderes, zweites, hinter unsrem jetzigen Leben, sondern eben *dieses,* aber in seiner uns jetzt und hier verborgenen *Kehrseite,* so wie Gott es sieht: in seinem Verhältnis zu dem, was er in Jesus Christus für die ganze Welt und so auch für uns getan hat. Wir warten und hoffen also – auch im Blick auf unsern Tod – darauf, mit Ihm (dem von den Toten auferstandenen Jesus Christus) *offenbar* zu werden in der Herrlichkeit des Gerichtes, aber auch der Gnade Gottes. Das wird das *Neue* sein, daß die Decke, die jetzt über der ganzen Welt und so auch über unserm Leben liegt (Tränen, Tod, Leid, Geschrei, Schmerz) weggenommen sein, Gottes (in Jesus Christus schon vollzogener) Ratschluß uns vor Augen stehen, der Gegenstand unsrer tiefsten Beschämung, aber auch unsres freudigen Dankens und Lobes sein wird. Ich sage es gerne in den Versen des alten guten Gellert:
Dann werd ich das im Licht erkennen,
Was ich auf Erden dunkel sah,
Das wunderbar und herrlich nennen,
was unerforschlich hier geschah.
Dann schaut mein Geist mit Lob und Dank
Die Schickung im Zusammenhang!"
Vgl. auch die ganz ähnlichlautende Stelle Barth, Gespräche 1964–1968, 410f, sowie 166.
125 Kafka, Briefe an Milena, 29. Ein Gegenbild, nun von seinen Voraussetzungen aus, entwirft Barth auch selbst, wenn er in einer Predigt erwägt: „Da droben, über uns, als Himmel, könnte uns ja auch ein großes, hartes Spiegelbild unseres ganzen menschlichen Elends begegnen: Noch einmal das Unrecht, das Menschen uns angetan haben mögen, und das Unrecht, das wir selber Anderen angetan haben, noch einmal – Alles unendlich vergrößert und gewissermaßen verewigt – unsere große Schuld und unsere innere und äußere Lebensnot, was man das ‚Schicksal' nennt, und schließlich der Tod – das alles könnte das Geheimnis da droben sein, das der Himmel!" (Barth, Predigten 1954–1967, 41).
126 Vgl. Stach, Kafka, 276–281. „Kafka hat für dieses, *sein* Paradies ein Bild gefunden, das auf Anhieb, ja förmlich wie ein Hieb ins Bewusstsein dringt, ein Bild, das in seiner ironischen Überblendung von Technik, Utopie und Erlösung kaum seinesgleichen hat in der deutschsprachigen Literatur. Es ist das Bild der Anzeigtafel auf der Pferdrennbahn von Clayton. Eine Tafel, auf der gewöhnlich die Namen der Sieger erscheinen. Jetzt dient sie dazu, die Namen derer bekannt zu geben, die vom Theater von Oklahoma, dem größten Theater der Welt, in Gnaden aufgenommen wurden. Jeder ein Sieger." (Stach, Kafka, 281).

2. Die Sprache findet ihr Ziel

Was bedeutet es für die Sprache, für die Sprache der Dichtung,[127] für das alltägliche Reden, um so mehr für die theologische Terminologie, daß die Zeit auf einen Jubelruf hinauslaufen wird? Auch die verwesliche Sprache des Geschöpfs – der flüchtige menschliche Atem, auch gleichsam das Atmen des Bewußtseins und des Unbewußten, insgesamt dieses sterbliche Wesen – soll anziehen Unverweslichkeit (1Kor 15,53). Das Vaterunser gibt es vor: ihr Ziel findet die menschliche Sprache in der Doxologie. In das Jauchzen Gottes, wir haben es zitiert, wird die arme menschliche Sprache, die brüchige menschliche Lebensstimme, hineingenommen werden. Was ergibt sich aus dem Wissen um die einstmalige Verherrlichung der Sprache für ihren jetzigen Gebrauch – im Rahmen von Theologie und nun besonders von Eschatologie?[128] Die in der Theologie Barths sichtbare, große erarbeitete Sprachmacht ist m.E. ohne diesen Zusammenhang nicht erklärlich. Eine Vielzahl der Beispiele dafür haben wir vor Augen bekommen. Es ist, als ob Barth sehr bewußt eins ums andere Mal tief auslotet, was die Sprache hergibt an Dynamik und Kraft, das Gemeinte, das Verheißene und Erhoffte aufzurufen: den Reichtum Gottes, die Fülle Christi, nicht zuletzt die Sprachfülle seiner ersten und zweiten Parusie, der Auferstehungszeit, der Zeit des Geistes. Eschatologische Sprache liegt dort schon bereit. Es kommt dort schon eine Sprache auf und prägt sich dann auch in den biblischen Texten aus, die in hohen Bildern der ungeheuerlichen christlichen Hoffnung getreuen Ausdruck gibt. Es ist, als ob das Licht in Bildern körperlich würde. Das menschliche Leben im Geist wird dann immer wieder mit entsprechenden Bildern umstellt.

Vielleicht vermag überdies die Erwartung jener endgültig befreiten Sprache ein Erklärungsmoment abzugeben für die in Barths Theologie überall bemerkbaren zwanglosen Übergänge, Grenzgänge, Überblendungen vom dogmatisch-theologischen Gedanken zur eher unmittelbar anredenden Sprache, etwa der der Predigt. Der Wahrung dieser Barrieren, bei anderen

---

127 Sehr schön der Hymnus auf die Sprache bei Pasternak (Pasternak, Schiwago, 497): „Den Vorrang hat nun nicht mehr der Mensch und sein Seelenzustand, für den nach einem Ausdruck gerungen wird, sondern die Sprache, in der er diesen zum Ausdruck bringen will. Die Sprache, diese Heimat der Schönheit und des Sinnes, beginnt selber zu denken und für den Menschen zu sprechen und wird Musik, nicht durch äußerlich hörbare Laute, sondern durch den Schwung und die Macht ihres inneren Sich-Verströmens. Dann findet, ähnlich der ungeheuren, rauschenden Masse eines Stromes, der durch seine Bewegung die Steine am Grunde abschleift und der die Räder der Mühlen treibt, die dahinströmende Sprache von selbst, kraft ihrer inneren Gesetze Rhythmus und Reim; und tausend Formen, tausend unbekannte Figuren der Sprache entstehen, von niemandem gewußt bis dahin und von niemandem geahnt."

128 Vgl. den Abschnitt „Gottes Klarheit als Sprachbefähigung" bei Krötke (Krötke, Kirche im Umbruch, 30–32).

peinlich genau einzuhalten gesucht, gilt keine besondere Aufmerksamkeit.[129] Wie Barth als Dogmatiker zugleich Prediger ist, scheint mir einzigartig. Unmittelbar benachbart und zuweilen miteinander verschränkt finden sich die dogmatisch-theologische Sprache des begrifflich exakt abgestimmten Gedankens, die Predigtsprache, die Doxologie oder die Sprache des Gebets. Sie werden parallel geführt. Eine zuweilen unbändige Sprache, überbordend und unbesorgt, was die Einhaltung von Sprachformen und -genera betrifft. Auf unterschiedliche Weise wird dort ja jedesmal die dieser Sache zukommende Klarheit sprachlich erarbeitet, elementarer möglicherweise und konzentrierter in den letztgenannten Sprachformen als in der herkömmlichen dogmatisch-theologischen Artikulation. Werden nicht auch in vielen Fällen sprachliche Bilder durch begriffliche Sprache lediglich entkräftet? Wie ja auch noch der exakteste Begriff einen metaphorischen Horizont enthält. So findet sich der Grundgedanke von Barths Eschatologie in dem einen wunderbar klaren Satz eines Gebetes *An einem Grabe*: „Herr, unser Gott! Du gibst uns Menschen das Leben, und dann nimmst du es wieder, verbirgst es für eine Weile im Geheimnis des Todes, um es dereinst erneuert und gereinigt ans Licht zu bringen als unser ewiges Leben."[130]

i. „... des Lichtes Kinder" (Joh 12,36)

1. Gesichter liegen im Lichtschein Gottes

Aus dem „Licht der Welt" gewinnt sich der Christ – in neuer Existenz, die sein läßt, was sein wird – als ein „Kind des Lichtes". Auch er wird sich zeigen, wie er sich versprochen ist. Von Grund auf freigesprochen, davon freigekommen, „sich selbst Eschaton" sein zu müssen (IV/1, 9), erwidert er sich in Freiheit dem Licht der Welt. Tiefe, ihn verdeutlichende Verwandlung erfährt er für Barth insofern, als „Jesus Christus den Christen zu einem Solchen werden läßt, der in der *Hoffnung auf ihn* in seine Zukunft schreiten darf" (IV/3, 1035). Diese ihm mitgeteilte genau umrissene Hoffnung aber, so Barth im erwähnten Kapitel des *Unterrichts* über die Erlösung, „ist nicht der Ort minderer, sondern größerer Gewißheit".[131] Mithin steht die Gewißheit der Hoffnung hinter der des Glaubens keineswegs zurück. Theologisch in Anspruch zu nehmen ist, was Michael Theunissen schön als „Zuversicht" beschreibt: eine Größe, die „sich auf Zukunft ausspannt, aber diese zugleich als gegenwärtige vor sich bringt. Sie mutet der Zukunft eine Gewißheit zu,

---

129 Zur „unvermeidlichen Affinität aller echten *Theologie* zur *Predigt*" vgl. IV/3, 918f (das Zitat 918).
130 Barth, Gebete, 60.
131 Barth, Unterricht III, 411.

die nur dem Gegenwärtigen gebührt."¹³² *Dieser* Zukunft gebührt diese Gewißheit freilich sehr wohl. Hoffnung ist dann tiefe, die Existenz gründende Anschauung – unter dem Licht der Zeit Jesu Christi. Dabei ist die Gegenwart eben keineswegs ein von vornherein ausgezeichneter Seinsmodus: „Was man in der Hoffnung hat und ist", so Barth, „das hat und ist man nicht weniger, als wenn man es gegenwärtig wäre und hätte, sondern erst und nur gerade in der Hoffnung hat man es wirklich."¹³³

„Christen", wird an anderer Stelle bemerkt, „hoffen – nicht als die Nichthabenden, sondern als die einst Schauen-Werdenden."¹³⁴ Eben daß sie insofern geheime, wenngleich auf diese Zukunft innerlich gefaßte Vorgänger ihrer selbst sind, Königskinder, die man nicht erkennt, gut vorbereitet aber auf das, was sie sein werden, und sich als solche immer wieder durchaus wissen, macht sie stark und sehend. *Man wird weitersehen, ganz gewiß*. Ein Licht aus der Zukunft, ein Widerschein fällt auf das Angesicht des Hoffenden. Die Hoffnung – besonders als Hoffnung, „da nichts zu hoffen ist" – ist eine Sache des inneren menschlichen Gesichtsfeldes. Es kann eindunkeln, wie auch das äußere Gesicht, so in Pasternaks *Doktor Schiwago*, aussehen kann wie vom Tod definitiv als Beute markiert. „Der Leichnam des Selbstmörders lag im Gras neben dem Bahndamm. Ein dünner Streifen geronnenen Blutes zog eine schwarze Spur über sein Gesicht, das aussah, als sei es durchgestrichen."¹³⁵ Verheißen aber für das ewige Leben ist das von einer Klarheit zur anderen endgültig aufgedeckte, *lichtdurchkreuzte* Angesicht, die *Lebensspur*, über das Gesicht gehend wie das Lachen der Erlösten (Ps 126, 1f), die Wiederherstellung des vielfach entstellten Bildes des Menschen, des Risses, der mitten durch sein Auge geht. Das Auge, das das zerschnittene Auge gesehen hat, wird selbst nicht mehr heil – so dargestellt in Luis Buñuels frühem Film *Der andalusische Hund* (1928).

> Im Namen dessen, der die Stunden spendet,
> im Schicksal des Geschlechts, dem du gehört,
> hast du fraglosen Aug's den Blick gewendet
> in eine Stunde, die den Blick zerstört […].¹³⁶

heißt es bei Benn. Oder, furchtbarer, Celan (möglicherweise Buñuels Film zitierend):

> Ein Aug, in Streifen geschnitten
> wird all dem gerecht.¹³⁷

---

132 Theunissen, Theologie der Zeit, 332.
133 Barth, Unterricht III, 411.
134 Barth, Gespräche 1959–1962, 146.
135 Pasternak, Schiwago, 22.
136 Benn, SW I, 186.
137 Celan, Gedichte II, 19 („Weissgrau").

Muß es dabei bleiben? Nein. Es kann geschehen, daß durch das Leuchten und Einleuchten des Lichts der Welt einem Menschen „sein blindes Auge durch sein [sc. Christi] Scheinen *geheilt*, zum sehenden Auge wird" (IV/3, 585; Hv. M.T.). Ihm gegenüber wird ebenbildlich Gottes Angesicht leuchten, und das ist „mehr als Lichtglanz" (II/1, 729). Gesichter, vormals womöglich jämmerliche Konterfeis von Menschen, die falsche Götter angebetet haben, deren Gesicht der Ebenbildlichkeit von der Sünde gelöscht wurde, liegen dann „im Scheine Gottes". Menschliche Gestalten finden sich: schön geworden und ruhig, „an Engel zurückgelehnt und gestillt durch die unausschöpfliche Aussicht auf ihn".[138]

Zum Kleinmut kein Anlaß. Keinerlei Grund, Karl Kraus Recht zu geben: „Mit den Schauern ist die Schönheit vertrieben und der junge Geist steht vor der Kalkwand eines protestantischen Himmels."[139]

2. Was gibt es Geheimnisvolleres als die Klarheit?!

„Eben auf die Herrlichkeit Gottes", so Barth, „die dann auch seine ganze Kreatur aller Zeiten und Räume mit fleckenloser, unvergänglicher Herrlichkeit überkleiden wird, hofft der Christ, indem er auf Jesus Christus hofft." (IV/3, 1051f) Erhofft wird mit unerschütterlichen Gründen das Hinaufgezogenwerden in die Seele des Lichts, die Einbeziehung des Seins in die unaufhörliche Lauterkeit – die vollkommene Übereinkunft von Geheimnis und Klarheit. „Was gibt es Geheimnisvolleres als die Klarheit?", fragt Paul Valéry.[140] Die „Klarheit des Herrn" wird dann nicht nur um einzelne Menschen leuchten (wie um die Hirten auf dem Felde von Bethlehem), sondern um die Welt: ein Lichtwechsel, der keine falsche, undankbare Selbstverständlichkeit mehr zuläßt, nicht den nachlässigen Gebrauch der Augen und keine Gewöhnung, sondern nur noch das Wunder – der das Wunderbare als *Weltcharakter*, als eigentümliches Merkmal der ganzen Schöpfung, offenbaren wird.

Im ewigen Leben wird dann der Schöpfung letzte Deutlichkeit und Unterscheidbarkeit der Dinge verliehen, vollendete konturierte, lebensbenennende und -erfassende (statt das Leben zum Schweigen bringende) Bestimmtheit. Definitiv wird sie aus dem Vagen und Unbestimmten herausgehoben. Sie ist dann als Schöpfung vollständig glaubhaft. Die Weise ihrer Bestimmtheit aber ist das Wunder. Nur gegen das Licht wird sie gehalten. Vor seinem Hintergrund *erscheint* sie – in dem „zu erwartenden eigenen

---

138 Rilke, Malte Laurids Brigge, 611.
139 Kraus, Aphorismen, 85.
140 Valéry (zit. bei Strauß, Anwesenheit, 85).

Leuchten der veränderten Welt", im *„Offenbarsein* der veränderten Kreatur" (IV/1, 352). George Steiner findet eindrückliche Wendungen, wenn er in diesem Zusammenhang vom „Messianischen" spricht: „[...] in messianischer Fügung würde jede semantische Bewegung, jedes Merkmal zu vollkommen erkennbarer Wahrheit werden; sie hätte die lebensbenennende, die lebensspendende Autorität großer Kunst [...]."[141] Das Neue Testament spricht von Verklärung, sagen wir also: der großen göttlichen Kunst der Verklärung. Barth übersetzt mit „Verherrlichung". Zur Erscheinung gebracht wird der verklärte Leib (Phil 3,21), die verklärte Schöpfung, die verklärte Zeit und der verklärte Raum, das verklärte Sein aus Himmel und Erde, Sichtbarem und Unsichtbarem (Apk 21,1f; 23). Das Individuelle aber ist nicht Zutat, sondern der Grund der Dinge. Ihre Namen herrschen, nicht ihre Definitionen.[142] Stimme wird denen gegeben, die stumm waren oder kein Gehör fanden. Die menschlichen Namen werden im Himmel geschrieben (Lk 10,20). Verklärt werden sie selbst, die namenlos Gebliebenen, die namenlos Gemachten, „die gewaltige Menge verhöhnten, lächerlich gemachten und bis zu einem Maße in die Vergessenheit gestoßenen Lebens, daß selbst die Namen getilgt sind und das Totengebet ohne Halt bleibt".[143] Selbstverständlich nimmt eschatologische Rede einen ebenso zeit-universalen wie das ganz Individuelle nicht verlorengebenden Blick.

Was ist das Sein dereinst? „Heil ist mehr als Sein", hält Barth gleich zu Beginn der Versöhnungslehre terminologisch fest (IV/1, 7). „Heil ist das dem geschaffenen Sein als solchem nicht eigene, sondern zukünftige vollkommene Sein. [...] Das Heil ist [...] sein ‚Eschaton'." Welche Gestalt wird das vollkommene Sein tragen? *Die des Dankes.* Denn das Neue ist nicht einfach das Abtun des Alten, kommt vielmehr immer auch auf eine neue Zugangsweise zu ihm hinaus. Die neue Kreatur wird dann selber ganz und gar und in jeder Hinsicht Dank sein.[144] Sie „dankt nicht nur", so Barths Wendung schon in der Gotteslehre (II/1, 755), „sie ist selber Dank; sie kann sich selber nur noch als Dank erkennen". Nur als solche nimmt sie sich selbst zur Kenntnis. Die Kreatur, einschließlich ihres Selbstverständnisses: verwandelt mit allen Fasern ihres Wesens in Dank! Die Unbändigkeit der

---

141 Steiner, Gegenwart, 185.

142 Vgl. Blumenberg, Sorge, 92: „Die Macht, die dem Menschen im Paradies verliehen wurde, war die der Namengebung, nicht die der Definition. Es kam darauf an, den Löwen zu rufen, daß er kam, nicht von ihm zu wissen, was er sei, wenn er nicht kam. Wer die Dinge beim Namen rufen kann, braucht sie nicht im Begriff zu haben." Vgl. auch Canetti, Hampstead, 40f.

143 Steiner, Sprache und Schweigen, 23.

144 „Der Sinn der Schöpfung ist der Dank", erklärt Gollwitzer (Gollwitzer, Krummes Holz, 226). Oder: „Sinn ist *Seligkeit im Dank*" (60). „‚Ich danke dir, Gott, daß du mich geschaffen hast', sagt die hl. Klara im Sterben." (219). „Nur wer dankend empfängt, empfängt über die Gaben hinaus den Geber." (364) M.E. sehr problematisch hingegen: „[...] die Passivität des Empfangens wird sofort gewandelt in die Aktivität des Dankens. Die Gabe wird sofort Aufgabe [...]." (306).

Empfindungen. „Die Dankbarkeit und Freiheit der Kinder Gottes", so wird an anderer Stelle erklärt, „ist wahrlich unsere letztliche, unsere künftige Wirklichkeit."[145]

Vor Augen steht eine tiefe Aufschließung. Die Liebe geht dem Lieblosen auf. Geschaut wird das wunderbar vielfältig Mögliche zwischen Menschen. Daß man füreinander verdeckt ist, überwältigt plötzlich von Fremdheit voreinander, ist abgetan. Die ganze Schöpfung in Himmel und Erde verliert ihre Undurchlässigkeit und geht auf. Sie dankt bereits qua Existenz. Die sichtbare und die unsichtbare Welt – die Erscheinungen allesamt – erwachen zum Selbstbewußtsein des Geschaffenen. Vollendete Eröffnung der Schöpfung zum Schöpfer hin geschieht, ihre reine Durchlässigkeit für ihn stellt sich ein – die große Übersetzung ins Deutliche. Für immer wird ihr das Offene gewahrt, vielleicht eine Flut wohltuender Stille. Eine Stille kommt auf, groß genug, um den Lärm der Welt, die bedrohlichen Stimmen, aufzunehmen und verhallen zu lassen. Das widersinnige Schweigen des Todes verstummt. Ein Größerer hat das Sagen.

Das ewige Leben gibt alles zu sehen. Die Fülle der Gesichte herrscht, Faszinationskraft, der ausgeruhte, belebte, wieder unschuldige Blick, Unverborgenheit des Seins, Unvorhersehbarkeit, die vollendete Lauterkeit.

> Und wo ich die Scheibe behauch, erscheint
> von einem kindlichen Finger gemalt,
> wieder dein Name: Unschuld!
> Nach so langer Zeit.[146]

Was ist, füllt sich mit Anwesenheit *coram deo* – mit dem Überraschenden des reinen Anwesens. Das Sein:

> Nur noch Spiegel
> hingehalten dem Licht.[147]

Das Dasein wird „lauter Aufmerksamkeit".[148] Die Helligkeit des Dankes entdeckt die mit Deutlichkeit und Tiefenschärfe ausgestattete Kreatur. Denn deren Sein ist ganz und gar Widerschein und insofern ein großes Gelingen.[149] Es beruht auf Licht. Das ungeteilte Licht aber ist die Macht der Übereinkunft mit Gott – das gewaltige Schauspiel der Freiheit.

---

145 Barth, Der heilige Geist, 103.
146 So in dem Gedicht *Tage in Weiß* von Ingeborg Bachmann (Bachmann, Werke I, 112).
147 Schirnding, Bedenkzeit, 14.
148 In einem Brief an Max Brod 1918 zitiert Kafka aus Kierkegaards Tagebüchern: „Wie im Märchen, wenn das Wort gesagt wird, sich das seit hundert Jahren verzauberte Schloß öffnet und alles Leben wird: so wird das Dasein lauter Aufmerksamkeit." (Kafka, Briefe, 239; zitiert wird: Kierkegaard, Buch des Richters, Jena 1905, 160).
149 Vgl. die Sätze aus der Gotteslehre (II/1, 244): „Dankbarkeit kann nur stattfinden. Sie hat ihre Güte nur in der Güte, die sie widerspiegelt".

Das ewige Leben bringt die letzte Grundstimmung, wird sich nicht nur nach Vollendung anhören, sondern *sie selbst* erklingen lassen. Schon jetzt ist es der Heilige Geist, der, wie Barth im Römerbriefkommentar in schöner, bildintensiver Metaphorik darstellt, „im Glauben den Menschen und seine Welt berührt und wie ein Glas zum Klingen bringt."[150] Um so mehr wird er – im Schauen, im freien Hören – die Schöpfung und ihre ganze Geschichte, die individuelle und die Seinsgeschichte, zum Klingen bringen. Angerührt vom Geist wird sie Klang sein. Nicht mehr die Macht wird die Tonart sein, in der das Sein seine Stücke spielt.

3. Licht hat und ist Kraft

Orientieren sich dergleichen Einsichten – einem weit verbreiteten Vorurteil gegen Barth gemäß – nun wieder „nur noetisch" und „nur kognitiv", aber leider nicht „ontisch"? „Gegen dieses ‚*nur* noetisch'", so ruft Barth im Gespräch mit den Tübinger Stiftlern aus, „kämpfe ich jetzt bald ein halbes Leben lang."[151]

„Licht hat und ist [...] Kraft", erklärt Barth demgegenüber schon in der Gotteslehre mit Bezug auf die Herrlichkeit Gottes – von der nämlich gilt, „daß sie die ganze Allmacht Gottes hinter sich hat" (II/1, 733; vgl. III/2, 530). Und in der Versöhnungslehre wird ausgeführt:

„Es sind ‚Licht' und ‚Erleuchtung' und also ‚Offenbarung' und ‚Erkenntnis' in der biblischen Denkweise und Sprache, an die wir uns hier wie sonst möglichst eng anschließen möchten, weder je für sich, noch in ihrer gegenseitigen Beziehung rein noetische, bloß intellektuale Begriffe. Es ist also das Licht, Gottes Offenbarung, nicht bloß eine Bekanntmachung und Interpretation seines Seins und Tuns, seines Gerichts und seiner Gnade, seiner schenkenden und regierenden, verheißenden und gebietenden Gegenwart und Aktion, sondern Gott *handelt* am *ganzen* Menschen, in dem er sich ihm zu erkennen gibt. [...] Erleuchtung und also Berufung ist eben: *totale* Veränderung dessen, dem sie widerfährt." (IV/3, 586)[152]

Die Rede ist also selbstverständlich von schöpferischem Licht, von produktiver, ontischer nicht nur, sondern auch ontologischer, *ermöglichender* Entwurfskraft und Horizontziehung. Eine allzu simple Ontologie läge ja mit der Annahme vor, das an sich Faktische werde lediglich unterschiedlich wahrgenommen, wohl gar noch nach beliebiger Wahl des Standpunktes. Es gibt, wie etwa bei Martin Heidegger zu lernen ist,[153] in Wahrheit weder das

---

150 Barth, Römerbrief II, 134.
151 Barth, Gespräche 1964–1968, 69. – Zum gegenseitigen Impliziertsein des Ontischen und des Noetischen vgl. IV/3, 245.
152 Vgl. Barth, Gotteserkenntnis, 154.
153 Vgl. z.B. Heidegger, Kants Kritik, 30f; Heidegger, Aristoteles, 95.

Ontische noch irgendeine Perspektivität ohne gegebenen, keineswegs nach Belieben zu tätigenden Bereichsentwurf, also nicht ohne Daseinskonstrukte, nicht ohne je eigene der Begegnung mit den Erscheinungen bereits vorausgeschickte, vorformende, nicht leicht zu erkennende, möglicherweise sich regelrecht verdeckende Axiomatik. Ihr gemäß zeigen sich die vorliegenden Tatsachen (das was als „Tatsache" gelten soll) – im Beieinander von Entbergung und Verbergung – in spezifischem Lichteinfall bzw. werden sie in eigensinniger Weise verdunkelt. Vorab bestimmt der jeweilige Horizontentwurf das Sein des Seienden: gibt vor, als was die Dinge in Betracht kommen, wie sie erscheinen, wie sich etwas als etwas offenlegt – also die spezifische Phänomenalität der Phänomene und demgemäß auch die Weise ihres Verstandenwerdens, ihrer Erklärlichkeit, ihrer Realität, eben ihrer „Axiomatik" (als was die Dinge nämlich gewürdigt werden sollen).

Barth spricht zunächst in diesem Sinne – doch weit darüber hinausgreifend, weil mit Blick auf den neuen Äon – vom „Osteraxiom" (z.B. III/2, 560), von Röm 11,32 als einem „grimmig beunruhigenden Axiom",[154] von umfassender, alles vorgebender „*Herrlichkeitsoffenbarung*" (III/2, 607) und meint dabei einen philosophisch nicht erschwinglichen, nämlich theologisch-eschatologischen, produktiven, in der Kraft Gottes schöpferischen, erfinderischen Horizontentwurf.[155] Die einfache Alternative „noetisch – ontisch" reicht nicht zu, nicht einmal im Bereich philosophischen Denkens, schon gar nicht im Zusammenhang der Theologie. „Das *göttlich Noetische*", hebt Barth hervor (IV/3, 344; vgl. 343), „Gottes Selbstkundgebung als der, der er im Sein und Tun Jesu Christi ist, die Prophetie des gottmenschlichen Mittlers hat [...] die volle Kraft des *göttlich Ontischen*."

Dem Gedanken des eschatologisch Schöpferischen und Wandlungsmächtigen wollen wir im folgenden Abschnitt in einer besonderen Hinsicht noch einmal nachgehen.

---

154 Cf. oben in diesem Abschn. bei Anm. 48.
155 Vgl. III/2, 530: „Das Osterereignis ist allerdings gewissermaßen das Prisma, durch das die Apostel und ihre Gemeinden den Menschen Jesus in allen Beziehungen eines Verhältnisses zu ihnen – als den, der da ‚war, ist und kommt' (Apok. 4,8) gesehen haben. Aber auch dieses Prisma selbst ist keine zeitlose Idee, die sozusagen als Apriori über den Beziehungen zwischen Jesus und ihnen, über ihrer Erinnerung an sein Leben und Sterben, über seiner Gegenwart in ihrer Mitte und über ihrer Erwartung seiner zweiten, vollendeten Parusie geschwebt hätte. Sondern: ‚es war einmal', es geschah einmal auch dies, daß er als der Auferstandene unter ihnen war und daß eben damit jenes Prisma auf den Plan trat und in ihre Hand gegeben wurde".

j. „Siehe, ich mache alles neu!" (Apk 21,5)

1. Das Böse wird auch als Vergangenheit nicht mehr sein

„[...] daß Gott herrlich ist und [...] in dem Überquellen seiner Fülle sich nicht aufhalten läßt" – so hatten wir aus dem Kapitel über die Herrlichkeit Gottes zitiert. Barth geht an dieser Stelle den die Bejahung noch einmal vertiefenden Konsequenzen nach und nimmt einen eschatologischen Ausblick:

„Und das ist's, was von aller Kreatur zu erwarten ist, weil sie als Kreatur eben davon herkommt, [...] das ist ihr Geheimnis, das einmal hervorbrechen und offenbar werden wird, nach dem auszusehen und auf das zu lauschen, dessen Offenbarung entgegenzuharren doch jetzt und hier schon immer geboten und lohnend sein wird: sie hat keine eigene Stimme, sie zeigt nicht auf ihr eigenes Bild, sie tönt wieder und sie spiegelt die Herrlichkeit des Herrn." Die Engel aber und die geringste Kreatur, der „Chor der himmlischen und irdischen Schöpfung, dessen Jubel nie unterbrochen war" – er „leidet und seufzt, daß gerade diese seine lebendige Mitte, gerade der Mensch seine Stimme, seine Antwort, sein Echo auf die göttliche Herrlichkeit in unbegreiflicher Torheit und Undankbarkeit nicht gehört, vielmehr völlig verkehrt gehört und die Mitwirkung seiner eigenen Stimme dem ihn umgebenden Jubel versagt hat. Das ist des Menschen in Jesus Christus gerichtete und dem Menschen vergebene, die von Gott selbst gutgemachte und hinter den Menschen zurückgeworfene Sünde. Eben das ist's, was in Jesus Christus ein für allemal seine Vergangenheit geworden ist."[156]

Und nun folgt eine m.E. überaus überraschende Wendung. Die Sünde, das Böse, so heißt es, „wird in der ewigen Herrlichkeit vor uns auch als Vergangenheit nicht mehr sein." (II/1, 731)

Es wird „in der ewigen Herrlichkeit vor uns auch *als Vergangenheit* nicht mehr sein." Aktuell nicht, doch auch als Vergangenheit werden die Sünde und das Böse nicht mehr sein. Sie lösen sich vollständig auf. Erlösung ist vollendete Erlösung, restlose Vernichtung ausnahmslos aller Nichtungen.

Ein Stück weit wird Barth in III/2 dem Gedanken weiter nachgehen, wenn er in dem Abschnitt über Jesus als den Herrn der Zeit keine Natur der Zeit und kein Gesetz der Zeit in Konkurrenz zu Jesus als dem Herrn der Zeit gelten lassen kann.

---

156 Vgl. den ähnlich lautenden Schlußpassus einer Predigt von 1915 (Barth, Predigten 1915, 181) sowie Barth, Gespräche 1963, 165: „Oft hat man den Eindruck, daß man sich in der Welt inmitten eines enormen Orchesters befindet, das spielt. Eine vollständige Harmonie umgibt uns. Nur eines fehlt: daß die Menschheit und in dieser Menschheit die Kirche mitmacht, an diesem Orchester teilnimmt und mit schöner Stimme [mit]singt. Oft hat man den Eindruck, daß die Welt viel erfüllter ist von dieser Gegenwart Christi als – ja, als die Menschheit und innerhalb dieser Menschheit die Kirche."

„[...] es gibt keine absolute Zeit", so wird dort festgestellt (III/2, 547), „keine unbewegliche Natur, kein unerschütterliches Gesetz der Zeit – nicht einmal ihre Unumkehrbarkeit dürfte hier als Prinzip von unzerstörbarer Gewißheit im Verhältnis zu *der* Zeit angemeldet werden, die einmal – als die Lebens-, Sterbens- und Offenbarungszeit des Menschen Jesus – inmitten der Zeiten wirklich gewesen ist. Es gibt keine mit Gott rivalisierende, Gott gewissermaßen Bedingungen stellende Zeit an sich. Es gibt keinen Gott Chronos. Und es wäre besser, keine solchen Zeitbegriffe aufzustellen, die nun doch den Anschein erwecken könnten, als ob es so etwas wie einen Gott Chronos geben möchte."[157]

Zusammengenommen diese Sätze mit der anderen Formulierung, daß die Sünde in der ewigen Herrlichkeit auch als Vergangenheit nicht mehr sein wird, ist m.E. der Schluß geboten, daß nun auch dieses scheinbar unumstößliche Gesetz der Zeit durchaus zur Disposition steht, genauer: zur Disposition Gottes steht – daß nämlich definitiv und unabänderlich geschehen ist, was geschehen ist. Ein schreckliches, höhnisches Lachen folgt diesem Satz in Georg Büchners *Woyzeck*: „Was kann der liebe Gott nicht. was? Das Geschehne ungeschehn mache."[158]

„Das Vergangene ist verewigt", so liest man es in Thomas Manns Erzählung *Unordnung und frühes Leid*, und dann wird kühl erläutert: „das heißt, es ist tot [...]".[159] Und Hannah Arendt notiert: „Was so schwer zu verstehen ist, ist, dass Unrecht Permanenz und sogar Kontinuität haben kann. Dies nennt man Schuld – Unrecht als Kontinuität des *Nicht*-wieder-ungeschehen-machen-Könnens."[160]

---

157 Vgl. auch I/2, 58 (das Wort „Deus" dort noch einmal besonders hervorgehoben): „Ist es doch *Deus praesens*, der immer schon war und immer noch sein wird und gerade so auch ein echtes Vorher und Nachher hat: der handelnde und in seinem Handeln aus einer elenden Spanne dieser unserer verlorenen Zeit sich selbst seine Zeit schaffende und erhaltende Herr der Zeit, dem gegenüber die Zeit keine eigene Gesetzlichkeit haben kann, dem gegenüber die längste Zeit wie kürzeste, kürzeste wie längste ist, dem gegenüber nicht einmal die Unumkehrbarkeit der Zeit von unzerstörbarem Bestande ist". – Zu Recht urteilt Jenson (Jenson, Barth, 45), es gehe bei Barth um eine Überwindung der „Tyrannei der Zeit".
158 Büchner, *Woyzeck. Teilentwurf 1* (Büchner, SW I, 181).
159 Th. Mann, Erzählungen, 627. Die absolut verzweiflungsvolle Bemühung Adrian Leverkühns in Thomas Manns *Faustus-Roman*, Beethovens Neunte Symphonie mit einer eigenen Komposition „zurückzunehmen", gehört in diesen Zusammenhang.,
160 Arendt, Denktagebuch, 69. An anderer Stelle notiert sie: „Thomas, *Summa Theologica*, I, quaestio 25, 2: ‚Sub omnipotentia Dei non cadit aliquid quod contradictionem implicat', wie zum Beispiel erstens ‚simul esse et non esse', zweitens ‚quod fuit non fuisse'. [...] Dass schon Aristoteles meinte, dass Gott Nicht-geschehenes ungeschehen machen könne [...] ist verständlich [...], aber dass Thomas das wiederholen kann, nachdem die ganze Predigt Jesu vom Vergeben zur Gnade sich nur darum gedreht hatte, den Menschen zu zeigen, dass sie selber sogar ungeschehen machen könnten und dass dies gerade die Gnade Gottes ist!" (Arendt, Denktagebuch, 504). – Die Frage begegnet vielfach. Zu nennen ist in diesem Zusammenhang etwa Jean Amérys wiederum verzweifelte Vorstellung von Zeitumkehrung: „Zwei Menschengruppen, Überwältiger und Überwältigte, würden einander begegnen am Treffpunkt des Wunsches nach Zeitumkehrung und damit nach

Indessen – sobald die Sünde auch *als Vergangenheit* nicht mehr sein wird, dann wird die Vergangenheit vor dieser Verwandlung, nämlich davor, schöpferisch gesegnet zu werden, „nicht sicher sein".[161] Sie wird dann nicht in jeder Hinsicht, aber im Zugriff auf ihr Böses, umfassend verändert werden – in der Kraft und in der Vehemenz vollkommener Erlösung. „Echte Eschatologie", so erklärt Barth schon im *Tambacher Vortrag*, „leuchtet auch nach rückwärts, nicht nur nach vorwärts."[162] Auch dieses Licht hat und ist *Kraft*. Die Vergangenheit als Vergangenheit – keineswegs festgefroren im Tod – steht zur Disposition des Herrn der Zeit, dessen Erinnerung sich nicht schließt, wenn denn „Herrschaft über die Zeit" etwas sagen soll. „Gott holt wieder hervor, was vergangen ist" (Koh 3,15).[163]

Mit anderen Worten: Herr der Zukunft wird der allmächtige Gott sein, indem er sich auch als Herr der Vergangenheit machtvoll erweist, indem er im eminenten Sinne das Zeitliche im ganzen begütigt und segnet. Kann er nicht – oder muß er geradezu! – im strikten Verstande als schöpferischer Herr der Vergangenheit gelten: der alles auch über dieses Unabänderliche, Festgefügte, Versteinerte vermag? Die Kälte des entflohenen Lebens, die gefrorenen Katarakte, die erstarrten Bilder treten vor Augen[164] – um so mehr

---

Moralisierung der Geschichte. [...] Die deutsche Revolution wäre nachgeholt, Hitler zurückgenommen." (Améry, Werke 2, 143) – Adorno (Adorno, Moralia, 52): „[...] selbst das Vergangene ist nicht mehr sicher vor der Gegenwart, die es nochmals dem Vergessen weiht, indem sie es erinnert". – Auch Canetti erprobt gelegentlich den Gedanken des Ungeschehenmachens (vgl. Canetti, Provinz des Menschen, 115).

161 Vgl. die berühmte Wendung in Walter Benjamins *Über den Begriff der Geschichte* (Benjamin, GS I, 2, 695). – In Kafkas *Ein Bericht für eine Akademie* (Kafka, Drucke zu Lebzeiten, 299f) heißt es: „[...] der Sturm, der mir aus meiner Vergangenheit nachblies, sänftigte sich [...]". – Vgl. auch die Überlegung Bonhoeffers zur Unumkehrbarkeit der Zeit (Bonhoeffer, DBW 1, 98; von der „Widerspenstigkeit" der Zeit kann in anderem Zusammenhang die Rede sein: 88). – Bayer (Bayer, Gott als Autor, 185) hebt hervor: „Die Theologie muß es – ohne einen Zynismus damit zu befördern – wagen, vom nicht nur konstatierenden, sondern (neu-) konstituierenden Handeln Gottes im Letzten Gericht zu reden."

162 Barth, Anfänge der dialektischen Theologie, 20.

163 Bonhoeffer hat im Gefängnis daran erinnert und den Satz – von Paul Gerhardts „Lasset fahrn, o liebe Brüder, was euch quält, was euch fehlt; ich bring alles wieder" (EG 36,5) her – christologisch präzisiert: „Es gibt nichts verloren, in Christus ist alles aufgehoben, aufbewahrt, allerdings in verwandelter Gestalt, durchsichtig, klar, befreit von der Qual selbstsüchtigen Begehrens. Christus bringt dies alles wieder, und zwar so, wie es von Gott ursprünglich gemeint war, ohne die Entstellung durch unsre Sünde." (Bonhoeffer, DBW 8, 246; vgl. 430).

164 Vgl. Wittram, Interesse an der Geschichte, 15f: „Mir erscheinen die großen geschichtlichen Begebenheiten der Vergangenheit immer als gefrorene Katarakte: in der Kälte des entflohenen Lebens erstarrte Bilder, die uns in Distanz halten. Es ist alles so unfaßbar ausgedehnt, fremd und rätselhaft. Wir frieren im Anschauen der Größe – gefallener Reiche, untergegangener Kulturen, ausgebrannter Leidenschaften, toter Gehirne. Wir können uns ihnen nicht nähern. Je genauer wir hinblicken, desto fremder werden sie uns. Es ist etwas Unheimliches um den Abstand der Zeiten. Der räumliche Abstand kann überbrückt werden, der zeitliche nie. Wir mögen mit Scharfsinn und Vorstellungskraft die erstarrten Mechanismen alter Behörden wieder funktionieren sehen – sie bleiben lautlos für uns; wir mögen mit höchster literarischer Kunst ein Antlitz wieder lebendig

die in ihren Taten und Unterlassungen seelisch eingefrorenen und abgetöteten Menschen. Daß Menschen ein Leben aufgebürdet bekommen haben, an dem sie zerbrechen mußten. Und daß der Schrecken nicht mehr zu ändern ist. Man muß die Schreckensstätten des 20. Jahrhunderts nicht nennen. Niemand weiß überdies, was auf uns zukommt. Das unabänderlich Mörderische in der Vergangenheit und ihren lichtlosen Räumen? Unabänderlich? Mag ihm später Positives entgegengesetzt werden. Mögen die Tränen später abgetrocknet werden. Das ist ja alles später. „[...] kein Trost kann ihn trösten", bemerkt Franz Kafka, „weil es eben nur Trost ist".[165] Und Ilse Aichinger: „Ich kann getröstet nicht leben."[166] Auch der Trost kommt immer erst nachträglich. Doch erfindet sie nicht lange nach dem Zweiten Weltkrieg die berühmte *Spiegelgeschichte*, die ein Leben rückwärts erzählt.[167] Was aber ist in die Macht eines göttlichen Erzählers gegeben? Nicht auch die „Idee einer Verfassung der Welt", wie Adorno in der *Negativen Dialektik* erwägt, „in der nicht nur bestehendes Leid abgeschafft, sondern noch das unwiderruflich vergangene widerrufen wäre"?[168]

2. Gott wird über die Vergangenheit herrschen

Herrschaft über die Vergangenheit – kann davon im strikten Sinne die Rede sein? Das Böse in der Vergangenheit, die anscheinend fürchterlich fertige Welt des Gestern solle vor der verwandelnden Kraft der Liebe sicher sein? Dieser Triumph immerhin bliebe ihm dann, „der unvertilgte Fleck mitten in Gottes Geschöpfwelt",[169] dergleichen uneinnehmbare und unbelangbare

---

machen – der Mund bleibt stumm, das Lachen kehrt nicht wieder, der Schrei ist erstorben. Wenn wir das ernst nehmen, kann es uns durchfahren, daß wir Historiker ein sonderbares Geschäft treiben: wir hausen in den Totenstädten, umfangen die Schatten, zensieren die Abgeschiedenen." – Beispiele dafür, wie bei an Schizophrenie Erkrankten die Zeit generell als „gefrorene Ewigkeit" erfahren wird, bei Theunissen (Theunissen, Theologie der Zeit, 51; 61; 77f; 248).

165 Kafka, Tagebücher, 851. Vgl. Kafka, Briefe an Milena, 148.
166 Aichinger, Kleist, 71.
167 Aichinger, Erzählungen 1948–1952, 63–74.
168 Adorno, Negative Dialektik, 395. Eindrücklich auch Moltmann (Moltmann, Lebensgeschichte, 89f): „Die tiefste Erschütterung erfuhr ich, als wir durch das KZ und Todeslager Maidanek bei Lublin gingen. [...] Ich wäre damals vor Scham und Schande im Boden versunken und an der Gegenwart des Massenmordes erstickt, wenn ich nicht auf einer der Lagerstraßen plötzlich eine Vision gehabt hätte: Ich sah in die Welt der Auferstehung und sah alle diese toten Männer, Frauen und Kinder auf mich zukommen. Ich weiß seitdem, dass die Geschichte Gottes mit Auschwitz und Maidanek nicht abgebrochen ist, sondern mit den Opfern und mit den Tätern weitergeht. Ohne Hoffnung auf die ‚neue Erde, auf der Gerechtigkeit wohnt' (2Petr 3,13), wäre diese Erde, die Treblinka und Maidanek erlitten hat, unerträglich."
169 Im Paragraphen über die Rechtfertigung des Menschen weist Barth die Möglichkeit ab, daß der Mensch das Gericht Gottes selber erleidet: „Denn selbst wenn *einem* von ihnen das auferlegt gewesen wäre oder noch auferlegt würde: in seinem Leiden und Tod das göttliche Gericht

Bastion, eine letzte Rückzugsmöglichkeit – das einfache unabänderliche Geschehensein? Ein widerliches kleines höllisches Hohngelächter in unserem Rücken? Ein kurzer Satz: Was geschehen ist, ist geschehen. Sogar Gott komme nicht umhin, sich damit abzufinden – der Herr der Vergangenheit? Freilich – handelt es sich in dem kleinen steinharten Satz nicht doch lediglich um ein philosophisches Axiom?

„Siehe, ich mache alles neu!" (Apk 21,5) Alles. Die Zukunft wird den Tod nicht mehr kennen, noch Leid noch Geschrei noch Schmerz. Und die Vergangenheit auch nicht. Dem Nichtigen wird vom Hüter der Anfänge nicht einmal die Vergangenheit überlassen, kein einziger Moment. Jeder Moment auch des Gewesenen wird ein Raum sein, in dem das Nichtige sein Recht ein für allemal verloren hat. Niemand ist für immer Leibeigener seiner Vergangenheit. Vergangenheit wird *entstehen*. Keine höllische Verhöhnung aus dem vorgeblich Definitiven. Sollen wir uns denn im ewigen Leben nicht zurückerinnern dürfen: der Blick richtete sich dann in die dunkle Vergangenheit und ihre Schrecken, und wir würden durchfahren vom Schauder? Das Leben wäre vom Gewesenen verdüstert. Das Böse, so Barths Wendung – es „wird in der ewigen Herrlichkeit vor uns auch *als* Vergangenheit nicht mehr sein." Die Vergangenheit ist nicht verloren – festgelegt und versteinert alles Unrecht und alle Gewalt. Vielmehr wird der ewig reiche Gott, der Herr der Vergangenheit im striktesten, freiesten, machtvollsten Sinne, auch (subjektiv) unser Gedächtnis erlösen, indem er (objektiv) die Vergangenheit erlöst – sie selbst –, indem er schöpferisch dem vermeintlich zu Tode Verwirklichten, gestorben an seinen eigenen Erzeugnissen, neues Leben eingibt. Die vollkommene Freude soll sich auch auf unsere Erinnerung beziehen. Wir trügen sonst einen furchtbaren Feind in uns. Die Liebe kehrt aber bezwingend auch in den Raum unseres Gedächtnisses ein.

über ihn und sein Unrecht nun wirklich zu schmecken und durchzumachen – wie konnte oder könnte er Solches für Andere oder gar für alle Anderen durchmachen? Und selbst wenn es *allen* Menschen auferlegt wäre, Gottes Gericht wirklich zu schmecken und durchzumachen, selbst wenn sie dazu alle willig und bereit wären, wie könnten sie, erleidend, was sie verdient haben, das Ärgerliche – sie, die Ärgerlichen! – durch *ihren* Tod, und wäre es ihr ewiger Tod, aus der Welt schaffen? Gewesen wäre es dann freilich, aber damit nicht ungeschehen, nicht gutgemacht: es bliebe auch als das Gewesene der unvertilgte Fleck mitten in Gottes Geschöpfwelt, ein Element ihrer Geschichte." (IV/1, 617) „Ungeschehen machen" und „gutmachen" sind hier deckungsgleich. Nicht freilich, vielleicht doch inkonsequent oder noch nicht eschatologisch gedacht, etwas später (666), wo es um die Vergebung der Sünden geht: „Vergeben heißt sicher nicht: Geschehenes ungeschehen machen. Ungeschehen ist und wird gar nichts, was geschehen ist." Anders wiederum IV/1, 284 (Hv. M.T.): Würde der Mensch „Gott gegen sich selbst Recht geben, dann würde er eben damit wieder an den Ort zurückkehren, der ihm als Geschöpf Gott gegenüber zukommt: sein Fall, der in seiner Überhebung besteht, wäre dann *ungeschehen* gemacht." Oder, auf der folgenden Seite: Jesus Christus „machte [...] den Sündenfall in seiner Person an ihrer [sc. der Menschen] Stelle und für sie alle *ungeschehen*" (IV/1, 285; Hv. M.T.).

Der „geistliche Leib" (1Kor 15,44) ohne Vergangenheit? Nein. Das eherne Gesetz des Todes lautet: „Es ist niemals gutzumachen". *Dieses Gesetz wird gebrochen.*

Die Grenzen der Vergangenheit werden niedergelegt. Die ganze Vergangenheit wird erlöst. Kraft des Herrn und Hüters der Zeit wird die fürchterlich fertige Welt aus ihrer Erstarrung gelöst. Er kommt mit seiner Wandlungsmacht über die Vergangenheit. „Denn Jesus Christus ist in seiner Person die Entscheidung darüber, was gewesen und also Vergangenheit und was sein wird und also Zukunft ist […]." (II/1, 706; vgl. 710) Er entscheidet. Es ist alles unverloren. Ein Weltaufgang, ein Vergangenheitsaufgang! Das Menschenverachtende, eingeschlossen in die Vergangenheit, solle fortbestehen dürfen, wenigstens in der Seinsweise des Gewesenseins? Nein, der Bann des nur zeitlich Unabänderlichen, aber nicht göttlich, nicht liebevoll Definitiven wird gebrochen. Erlösung geschieht von Grund auf: für den Menschen mit Leib und Seele, mit unseren Hoffnungen und mit unserem Gedächtnis, für die erstickten Stimmen der Toten. Das Land des Gestern wird vollständig von der Liebe besiedelt.

Es braucht „kein stärkeres Wort für Liebe" gefunden zu werden, wie Canetti meint; das Wort „Liebe" läßt sich nicht überbieten; es ist, wie Canetti in einem ansonsten herrlichen Text weiß, ein Wort wie Wind,

„aber von unter der Erde, ein Wort, das nicht Berge braucht, aber ungeheure Höhlen, in denen es haust, aus denen es über Täler und Ebenen hervorstürzt, wie Gewässer, aber doch kein Wasser, wie Feuer, aber es brennt nicht, es leuchtet durch und durch, wie Kristall, aber es schneidet nicht, es ist durchsichtig und es ist ganz Form, ein Wort wie die Stimmen der Tiere, aber sie verstehen sich, ein Wort wie die Toten, *aber sie sind alle wieder da.*"[170]

Die Macht des Widerrufs, das Wort der Liebe, nimmt das Entsetzliche zurück – macht es ungesagt und ungeschehen.[171] Nur dies, nur das Abscheuliche. Nicht dasjenige, was ja schon in sich bleibend war, in sich selbst die Qualität ewigen Bleibens hatte: die Zeit des Glaubens, der Liebe und der

---

170 Canetti, Provinz des Menschen, 277 (Hv. M.T.).

171 Vom „hybriden Versuch", „Geschehenes ungeschehen zu machen", spricht Hannah Arendt (Arendt, Denktagebuch, 6). – Zum Versuch Rudolf Borchardts, eine bestimmte Entwicklung der Sprachgeschichte „ungeschehen zu machen" vgl. Strauß (Strauß, Anwesenheit, 17f). Dort auch zur „Vernichtung des falsch Bestehenden nicht durch Kritik, wie es unsere moderne Kampfart geworden ist, sondern durch Schöpfung". – Vgl. auch den Passus in einem Roman Milan Kunderas (Kundera, Der Scherz, 263f): „Die Menschen selbst vermögen nämlich nicht zu verzeihen, es liegt auch nicht in ihrer Macht. Es liegt nicht in ihrer Macht, eine begangene Sünde ungeschehen zu machen. Es liegt nicht in den Kräften des Menschen. Einer Sünde ihre Geltung zu nehmen, sie zu tilgen, sie aus der Zeit zu löschen, also ungeschehen zu machen, ist eine geheimnisvolle, überirdische Handlung. Nur Gott vermag eine Sünde reinzuwaschen, sie in nichts zu verwandeln, sie zu vergeben, denn er entzieht sich den irdischen Gesetzen, er ist frei, er kann Wunder vollbringen."

Hoffnung. Sie ist schon jetzt „das Unvergängliche".[172] Es gibt Inseln des neuen Seins.

Der Gott Chronos, die Ontologie der Zeit ist nicht allmächtig. Die Liebe ist es. Sie legt Berufung ein. Sie segnet das Zeitliche in all seinen Dimensionen. Sie erleuchtet das Sein, in seiner Oberfläche und in der Tiefe. Sie vermittelt Oberfläche und Tiefe der Zeit miteinander. Dieses Licht, das *lumen gloriae* (Apk 21,23; 22,5), hat verändernde Kraft. Die schöpferische Entwurfskraft geht aber aufs ganze. Sie erlaubt, in einem „Trotzdem ohnegleichen",[173] in einem Trotz, indem wir werden wie die Kinder, zu hoffen, wo vermeintlich absolut nichts zu hoffen ist: Hoffnung in die Zukunft hinaus, Hoffnung auch, Hoffnung ganz ebenso in die Vergangenheit hinaus! Die Welt wird verwandelt in das, was sie je schon war, was sie in der Kraft des Schöpfers gewesen sein wird. Eine Wendung Barths, geäußert wie nebenher, beim Wort genommen, fortgeführt: das Böse – es „wird in der ewigen Herrlichkeit vor uns *auch als Vergangenheit* nicht mehr sein."

Denn, so zitiere ich abermals, „[...] das ist der Sinn auch des Waltens seiner Heiligkeit, [...] der Sinn, der auch in Verdammnis und Hölle nicht erlöscht, sondern sich durchsetzt: daß Gott [...] seine Herrlichkeit sich nicht nehmen, in seiner Freudigkeit und in deren Äußerung sich nicht stören, in dem Überquellen seiner Fülle sich nicht aufhalten läßt." (II/1, 730f)

k. „... gleich wie ich erkannt bin" (1Kor 13,12)

Ich schließe diesen Abschnitt mit einer längeren Zitatpassage aus einem 1963 geführten Gespräch mit Göttinger Studenten.[174] Barth, so kommentiert Eberhard Busch, skizziert in diesem Zusammenhang seine Eschatologie, „und zwar zunächst in Auseinandersetzung mit dem Einwand, daß in ihr der Gedanke des Gerichts ausfalle und daß die Ungläubigen, außerhalb der Kirche Stehenden bei dieser Sicht allzu ungestraft davonkämen."[175]

Darauf nun Barth wörtlich: „[...] mich interessiert die Bestrafung dieser ‚Draußenstehenden' viel weniger als *meine* Bestrafung, die auf mich wartet. Und die besteht

---

172 Vgl. IV/2, 949; dort in bezug auf die ewige Kontinuität der Liebe.
173 „Die Realität der Gnade ist das ‚*Trotzdem!*' ohnegleichen", weiß Barth (Barth, Unterricht III, 425).
174 Barth, Gespräche 1963, 152–160; vgl. 166. – Vgl. Barth, Predigten 1935–1952, 267: „So ist Gottes Herrlichkeit mitten hineingekommen in die Schatten des Todes, in denen unser Leben sich verzehrt. So ist Gottes Herrlichkeit gegenwärtig, so daß nur noch der Vorhang weggezogen werden muß, so daß uns nur noch die Augen aufgehen müssen, und dann sehen wir sie, dann wird sie offenbar, und dann leben wir in der Freude der Anschauung und des Mitgenusses dieser Herrlichkeit. So daß wir sie im Glauben jetzt schon sehen und haben und von ihr leben dürfen!".
175 Busch, Humane Theologie, 31.

doch sicher darin, daß dann herauskommen wird: der Kontrast zwischen dem unermeßlichen Angebot, das uns allen [gemacht ist] – ob wir es nun bemerken oder halb bemerken, ob wir es annehmen oder verwerfen, ob wir als Christen ja dazu sagen oder als Nichtchristen nein oder ihm gegenüber gleichgültig [sind] usf. – [zwischen dem] ungeheuren ..., ja, ‚Angebot' ist ein zu schwaches Wort, [vielmehr] dieser Wirklichkeit des Heils und des Lebens; das [uns erworben] ist, und – *wie* wenig haben wir davon Gebrauch gemacht, haben das zu Ehren gebracht! wie beschämend gering ist unsere Dankbarkeit gewesen – es geht um Dankbarkeit […] –, und wie undankbar ist die ganze Menschheit mit Einschluß der Christenheit. Und es ist immer am gesündesten, man denkt da in erster Linie an sich selber und ermißt dann von da aus, was es bedeuten möchte, wenn dieser ganzen undankbaren Menschheit und Christenheit nun Gottes Erbarmen zugewendet ist und wenn das dann sichtbar werden wird: das große Trotzdem Gottes. Denn das wird das Gericht sein: das Trotzdem Gottes, des gnädigen Gottes. Da sind wir mit unserem Ozean von Undankbarkeit. Und Gott wird und will sagen: Dich habe ich geliebt! Und dann haben wir uns alle zu schämen, ja wirklich zu schämen. Und das wird dann wirklich eine ewige Strafe sein, daß wir uns so schämen müssen – aber bitte, schämen angesichts des Überreichtums der Gnade Gottes: daß wir als die Verlorenen gerettet sein werden. ‚Als die Verlorenen' – das bedeutet das Gericht und die Beschämung; und ‚gerettet' – das bedeutet, daß uns dann wohl erst samt und sonders, uns und den Atheisten und allen, die Augen aufgehen werden, wieviel Anlaß wir haben, dankbar zu sein, und daß wir es dann vielleicht auch werden.

Ich stelle mir halt das ganze Eschaton, wenn ich das so sagen darf, als eine umfassende *Offenbarung* vor – eine Offenbarung dessen, was gewesen ist, also unseres jetzigen Lebens, dieses irdischen Wesens, dieser Weltgeschichte und Kirchengeschichte mit ihrer ganzen Glorie und mit ihrer ganzen Schande: daß das offenbar werden wird, aber offenbar vor dem Richterstuhl Christi – nicht [vor] so einem abstrakten Weltenrichter, sondern vor dem Richterstuhl *Christi*, der für uns gestorben und auferstanden ist."

Ein Student fragt dann: „Wird dann diese Offenbarung so sein wie fast nach einem Film, wo der Vorhang dann zugeht, nachdem wir es jetzt alle wissen, oder dürfen wir da noch auf weiteres hoffen?"

Darauf wiederum Barth: „Nein, nein, der Vorhang geht nicht zu. Sondern dann geht er ja eben erst auf, nicht wahr. Dann geht er auf. Mit der Zeit kann man ja dann nicht mehr rechnen, das wird das sein, was die mittelalterliche Theologie die ‚visio Dei' genannt hat: die Anschauung Gottes in seiner Gottheit – aber in seiner *wahren* Gottheit, die seine wahre Menschheit in sich schließt, das Erbarmen Gottes. Und das anschauen von Ewigkeit zu Ewigkeit, damit werden wir gar nicht fertig werden, gar nicht fertig. Nicht einmal mit der [Erkenntnis seines Erbarmens über] unserem eigenen Leben. Aber es wird ja noch viel mehr sein. Denn wir werden dann Gott schauen, wie es heißt, ‚von Angesicht zu Angesicht', also so, wie er [ist], und eben ihn ‚erkennen, wie wir erkannt sind' […]. ich habe noch nicht hinter den Vorhang geschaut, wie das sein wird, aber ich kann es mir nicht anders denken, als daß dann alles und jedes, was war [, offenbar wird] – eingeschlossen eben die Kirchengeschichte, eingeschlossen sogar die Theologiegeschichte, was vielleicht eine der finstersten Ecken sein wird, die da zu erleuchten sein wird, eingeschlossen die ganze Naturgeschichte mit diesen versunkenen Wäldern und allen diesen Tierlein, die einmal gelebt haben und jetzt längst weg sind. Das alles wird *da* sein. Nichts wird verloren sein, gar nichts."

„Nichts, gar nichts von dem, was da kam und noch kommt und jetzt ist, wird je verloren, vergessen und ausgelöscht sein" erklärt Barth in einer Predigt 1960.[176] Nichts wird verloren sein, vielmehr alles gewonnen, „eingeschlossen die Kirchengeschichte, eingeschlossen sogar die Theologiegeschichte", eingeschlossen die Arbeit an der Klarheit, die Dogmatik, die *Kirchliche Dogmatik*, Barths Eschatologie. Zum Kleinmut kein Anlaß. Im Gegenteil.

---

176 Barth, Predigten 1954–1967, 183. Zum Wegziehen des Vorhangs vgl. Barth, Predigten 1935–1952, 267.

H. Über die Moderne hinaus. Der Ruf nach vorwärts

a. Was ist um Gottes willen an der Zeit?

Ein Buch stellt sich womöglich dar als eine sehr langsam gestellte Frage. Hier, im bisherigen Gedankengang, ist es die nach dem *Heute*, genauer: die nach dem Auftrag der christlichen Kirche heute. Wie ist dieses Heute zuverlässig anzutreffen? Was ist um Gottes willen, um des Evangeliums willen, an der Zeit? Eine theologische Kirche, wie es die christliche Kirche von Anbeginn war, wird zur Beantwortung dieser Frage nach Möglichkeit die jeweils beste Theologie mit verläßlicher Schrifttreue und mit scharfer Abmessung von Nähe und Ferne zu den Tendenzen der Zeit zu Hilfe nehmen.[1] Gefragt ist die Kraft wegbereitender Theologie: die den Gang durch die Zeit mit dezidiert evangelischer Orientierung versieht. Dem Evangelium kann ja auch mit Nachdenklichkeit: mit dem entschlossenen Denken des Denkwürdigen, der Weg bereitet werden. In diesem Interesse und mit dieser Vormeinung behandeln wir das Thema „Karl Barth heute".

In verschieden großer Reichweite, wie wir dargestellt haben, ist das Derzeitige zu erfassen. Im besonderen *eine* seiner Dimensionen, in theologischen Zusammenhängen selten hinreichend nüchtern und erschrocken in den Blick genommen, steht uns vor Augen: Welche Bewandtnis hat es mit dem großen, unausweichlichen Heute der Moderne? Worin besteht der ihr eigentümliche maßlose Gegenwartsdruck? Eine Frage ist dabei zu entdecken hinter dem breiten Rücken vorgefertigter Antworten – die ausschlaggebende, nämlich eben die spezifisch theologische Frage. Von ihr will die Neuzeit nun selber absolut nichts wissen, deckt die theologische Hinsicht doch so etwas wie ihr schmutziges Geheimnis auf, ihre eigenmächtig *soteriologieförmige* Verfaßtheit. Kann davon aber – von der tendenziell absolutistischen Neuzeit als einem traurigen Fall des Ersten Gebotes – ernsthaft die Rede sein (wie gezeigt worden ist), dann, so scheint mir, wird die Suche nach einer im Entscheidenden anderen Moderne nicht nur möglich und nicht nur theologisch plausibel, sondern zwingend. Unumgänglich stellt

---

1 „Es gibt", lesen wir bei Canetti (Canetti, Provinz des Menschen, 52), *„eine* legitime Spannung im Dichter: die Nähe der Gegenwart und die Kraft, mit der er sie von sich stößt; die Sehnsucht nach ihr und die Kraft, mit der er sie wieder an sich reißt. So kann sie ihm nie nah genug sein. So kann er sie nicht weit genug von sich stoßen."

sich die Folgefrage: Gibt es ein In-der-Welt-Sein, das über den Geist der
Neuzeit und über ihre zwanghaft machtförmige, den Mentalitäten und Bewußtseinsstellungen, doch auch dem Unbewußten tief eingewachsene, aus
Eigenem entworfene Soteriologie hinausgelangt? Inwiefern kommt als
dieses In-der-Welt-Sein ausschließlich der christliche Glaube in Betracht?
Und wie ist speziell in diesem Sinne des Bezugs auf die Moderne das authentische Christsein zu bestimmen? Eben die Theologie Barths stellt sich
als eine Form der Nachdenklichkeit heraus, die bei dieser Bestimmung
wesentliche Hilfe zu gewähren vermag, ja die, wenn man sie ein wenig
ausreden läßt, helle, ermutigende Kraft gewinnen kann. Sie deutet, nicht
zuletzt mit dem in ihr enthaltenen konstitutiven Moment der Buße, nicht
etwa zurück vor die Moderne, sie weist vielmehr über sie hinaus.

Theologie im Übergang ist Barths Theologie bereits gleichsam programmatisch. Die notwendige, mit der Versöhnung gegebene Umkehr zu
Gott nimmt ihre Richtung immer auch geschichtlich nach vorn. Die Versöhnung ist ja selber „das göttliche Vorwärts![,]" unter das der Mensch
durch die Erfüllung des Bundes, durch seine Umkehrung zu Gott hin, gestellt ist" (IV/1, 124; vgl. 128). Mit dem Derzeitigen aber, dem reaktionär
Zurückstoßenden, weil eigenmächtig Soteriologischen, das die vollzogene
Veränderung der Weltsituation durch die Versöhnung in Christus nicht
wahrhaben will, mit seiner festgehaltenen und gesteigerten, sich aufwerfenden Unversöhnlichkeit und seiner fressenden Todesförmigkeit, kann es
dementsprechend ein Ende haben. Es zumindest in Umrissen zu bestimmen
haben wir oben eingehend und wiederholt unternommen. Das bedingungslos Machenschaftliche und insofern Technokratische in seiner Tendenz,
eine grundlegende Alternative zu tilgen, sich also permanent lediglich neu-
und anders-technokratisch zu entwerfen, muß, so das Resultat, *gebrochen*
werden. Aus seinem Machtschatten kann herausgetreten werden. Mit der
Welt, wie sie ist, mit der unmöglich gewordenen Welt, so Barth, „kann es
so nicht weitergehen":

„Als mit Gott versöhnte Welt kann es mit ihr – das wird im Lichte dieser Offenbarung ebenso klar – nicht so weitergehen wie bisher: nicht in der Gegensätzlichkeit
eines zeitlichen und ewigen, diesseitigen und jenseitigen, vergänglichen und unvergänglichen, menschlichen und göttlichen Lebens, nicht in dem in dieser Gegensätzlichkeit sich auswirkenden Gefälle zum Tode hin, das für ihre Gestalt als unversöhnte
Welt, die eben ihre Todesgestalt ist, bezeichnend ist, das aber ihre Gestalt als versöhnte Welt nicht mehr bestimmen und beherrschen kann, das durch die von Gott
vollzogene Veränderung der Situation unmöglich geworden ist. Ihre Versöhnung
schließt ein *Vorwärts!* in sich." (IV/3, 363)

So bedeutet „Vorwärts!" immer zugleich zweierlei: „Geradehin zur Erlösung!" und „Heraus aus dem jeweiligen, derzeitigen Totalitären!" Es bietet
sich also ein lebbares In-der-Welt-Sein im Zeichen dieses Vorwärts. Die

ihm folgen, kommen in die Lage, vom unbedingten Willen zur Macht abzulassen. Die Schar der schon Umgestimmten, der nach vorwärts Gewiesenen und aus dem Lärm Herausgerufenen, die Kirche, *schaut auf,* da sich die Erlösung naht (Lk 21,28), *und trotzt,* im Warten auf den Jüngsten Tag, immer neu der trostlosen und unversöhnlichen schreienden Anmaßung. Sie übernimmt in diesem Sinne, mit der Ausbildung einer Unruhezone, ihrerseits geschichtliche Verantwortung. Sie bleibt, so nun Bonhoeffer am Ende des Fragments *Erbe und Verfall* in den Entwürfen zur *Ethik* in großartig prägnanter Wendung,

„mitten im Warten auf den Jüngsten Tag der geschichtlichen Zukunft verpflichtet. Ihr Ausblick auf das Ende aller Dinge darf sie in ihrer geschichtlichen Verantwortung nicht lähmen. Sie muß Gott das Ende ebenso anheimstellen wie die Möglichkeit, daß die Geschichte weiterläuft; auf beides bleibt sie bedacht."[2]

Hineingestellt in den inneren Zug dieses hoffnungsvollen „Vorwärts!" also – als in das ihr von Gott gnädig erschlossene Gesichtsfeld aus Trost und Trotz – existiert die christliche Gemeinde im Heute:

„Sie existiert", so lesen wir nun wiederum bei Barth, „[…] in der Entschlossenheit einer bestimmten *Hoffnung* für das Weltgeschehen. Im Blick auf Gottes der Welt zugewendete Gnade, d.h. im Blick auf Jesus Christus als die neue Wirklichkeit der Weltgeschichte sieht sie, von Optimismus und Pessimismus gleich frei, *vorwärts*: ihrem ihr von daher bestimmten Ziel entgegen. ‚Vorwärts' heißt: sie sieht der Offenbarung der jetzt noch verborgenen neuen Wirklichkeit der Geschichte entgegen." (IV/3, 824)[3]

Übergang und Vorwärts als konzentrierten Ausdruck des Evangeliums in je besonderem, konkretem Heute nun auch mit ihren Mitteln zur Geltung zu bringen ist ihr prophetischer Dienst – der sie indessen genau darum, sofern er trifft, was um Gottes willen an der Zeit ist, unvermeidlich in manifeste Kollisionen und Konflikte führt. Den bestimmenden Momenten der Weltwirklichkeit (ihrer Grundstimmung) wird nicht nur eine Alternative entgegengestellt, sondern wird ihr definitives Ende angekündigt.

„Gerade im prophetischen Element und Charakter ihres Zeugnisses", so Barth, „muß und wird es […] in peinlicher Konkretion klar werden, daß es sich bei dessen Inhalt zusammen mit dem neuen Werk und Wort der Gnade *Gottes* um eine neue *Welt*wirk-

---

2 Bonhoeffer, DBW 6, 123f.
3 Das Vorwärts fungiert an anderer Stelle als konstitutives Element der Definition des *Christen*. Der Heilige Geist, so wird erklärt (IV/2, 419), führt den Menschen zu Jesus Christus, „zu diesem Einen, hält ihn bei ihm fest, heißt und läßt ihn mit ihm, ihm nach, vorwärts gehen. Die vom Geist zu diesem Einen Geführten, bei Ihm Festgehaltenen und mit ihm Vorwärtsgehenden sind die *Christen*." Die „den Entwicklungen in Staat und Gesellschaft gegenüber verantwortliche, *vorwärtsblickende* und *vorwärtsweisende* Gemeinde" nennt Barth (IV/1, 168; Hv. M.T.). Und über einen seiner Schlüsseltexte bemerkt er: „Barmen war ein Ruf nach vorwärts." (Barth, Barmen, 17).

lichkeit handelt, der gegenüber die alte keinen Bestand haben, sondern nur vergehen kann." (IV/3, 1028)

Es ist aber das Evangelium selber, das auf diese Weise seine trotzige Kraft zur Geltung bringt.

„In dem einen jetzt und hier zu vernehmenden und zu befolgenden Ruf: *Vorwärts!*", heißt es einige Zeilen später (IV/3, 1028f), „drängt sich ja hier das ganze Evangelium als Botschaft an die Gemeinde und durch ihren Dienst an die Welt zusammen. Was wird daraus werden, wenn sich die Gemeinde eben dieses Vorwärts! – nicht zeitlos und im Allgemeinen, sondern jetzt und hier im Besonderen und Besondersten – zu eigen machen sollte? [...] Der Konflikt zwischen dem christlichen Zeugnis und der Welt wird dann – wahrscheinlich wirklich erst dann, wenn es sich unmißverständlich in jenem Vorwärts! konzentriert, dann aber sicher – unvermeidlich und manifest werden."

Hört man den Ruf „Vorwärts!" an jenes große Heute gerichtet und also in Form der Wendung „Über die Moderne hinaus!", so kann auch in dieser Hinsicht im Sinne Barths von Anbeginn kein Zweifel darüber sein, daß damit nicht etwa primär zu menschlichem Handeln aufgerufen ist. Vielmehr kommt selbstverständlich nur Gott selbst wirklich an gegen den Ungeist der Zeit: den maßlosen menschlich-unmenschlichen Willen zur Macht und seine in Institutionen, Standards etc. geschichtlich weitgehend durchvollzogene Großfigur – so daß also allein in *Gottes* Macht gegeben ist, die Zeit aus ihrer seit langem angesammelten soteriologischen Vehemenz herauszuheben. Stimmt man Heidegger zu, daß ein fundamentaler Wandel der Zeit gleichbedeutend ist mit einer Veränderung der umfassend zu denkenden „Grundstimmung", sich also bei einem nennenswerten „Vorwärts!" ausdrückliche positive Umstimmung und sehr wohl trotzige Gegenstimmung geltend machen muß, so ist ein Voranschreiten dieser Art ausschließlich als von der Stimme Gottes hervorgerufen zu erwarten. Gott teilt ein neues Jetzt mit. Von seinem Wort (in seiner dreifachen Gestalt, so Barth): von Offenbarung, Bibel und Verkündigung in ihrem besonderen Gefälle, geht unaufhaltsam Umstimmung und Gegenstimmung aus.

Der konkurrenzlosen göttlichen Unaufhaltsamkeit entspricht auf Seiten des Menschen aber gerade die Aufhaltsamkeit und Unterbrechbarkeit als höchst positiver Bestimmungen,[4] die Begrenzung und die Frist aller geschöpflichen Zeit, das Episodische jeder, auch der weiträumigen geschichtlichen Bewegung, ihre innere Vielfalt als Möglichkeit der Ausbildung von Alternativen – so daß nichts den Schluß erlaubt, im bedingungslos Machenschaftlichen müsse einfach „weitergemacht" werden. Womöglich unverhofft und plötzlich kann es sehr hart heißen: „Bis hierher sollst du kommen

---

4 Vgl. Jüngel, Wertlose Wahrheit, 220ff. – Zum Ostertag als der „großen Unterbrechung des weltgeschichtlichen Alltags" III/4, 70.

und nicht weiter; hier sollen sich legen deine stolzen Wellen" (Hiob 38,11). Allseitig und in jeder Hinsicht ist die Weltgeschichte – vom Schöpfer der Welt – unterbrechbar. Überallhin hat sie Grenzen auf ihn hin, auch nach innen. Mag sein, daß auch im großen Heute geschieht, daß das Plötzliche eintritt: daß über Nacht nichts mehr ist, wie es war. Risse gehen durch die vom Menschen gemachte, nur unerschütterlich erscheinende Wirklichkeit. „Die Macht des Menschen ist wahrhaftig groß", hat Gerhard Ebeling in einer Predigt zu bedenken gegeben. „Aber sie ist gewissermaßen aufgehängt an der Ohnmacht des Menschen."[5] Auch einer Epoche, die offenbar dem Machtgewinn besondere, zusehends schnellere Macht einräumt über ihre Gedanken, die vor Innovationen dieser Art taumelt, kann ein neuer Zeittakt gegeben werden, sie vermag unverhofft aufzubrechen wie eine invariant erscheinende, totalitäre Ideologie – und niemand hat es im geringsten erwartet, παρ' ἐλπίδα.[6] „Das Eis, das heute noch trägt, ist schon sehr dünn geworden: der Thauwind weht [...]", weiß Nietzsche.[7] Wir nehmen es für unseren Zusammenhang auf. Mehr noch: ein unlogisches und deshalb unwiderlegliches „Wer weiß?" kann geltend gemacht werden: „Wer weiß, ob Er nicht doch noch einmal verzeiht?" (Jo 2,14).

> Wer weiß denn ihr gräserzungen
> fabelschatten ob im innern
> des denkens – unergründlich
> wie das nachtaug der kröte
> oder die wege des quarzes
> durch den granit – statt eines
> letzten wortes nicht doch
> ein lächeln beschlossen ist ...[8]

---

5 Ebeling, Vom Gebet, 80.
6 Die Ideologien und Religionen wechseln, womöglich in schneller Folge. „Vor zwanzig Jahren ging es um Weltanschauungen. Heute geht es um Religionen", hält Barth 1931 fest (Barth, GV III, 93) und zählt dann auf „Kommunismus", „Faschismus" und – (für manche heutige Ohren ärgerlich, denn bereits die Wortprägung erscheint als Anti-Amerikanismus) „Amerikanismus". „Kennzeichen einer Religion", so wird bemerkt (Barth, GV III, 94), „hat [...] auch ein drittes erst in unserer Zeit zur vollen Entfaltung seines Wesens gelangtes Gebilde, weniger bewußt und aufdringlich und dafür mannigfaltiger in seiner Erscheinung als jene beiden ersten, aber vielleicht gerade darum nur um so wirksamer: der *Amerikanismus*, dessen Uniform heute schon alle fünf Erdteile tragen müssen, ob sie es wollen oder nicht, der Amerikanismus mit seinen undiskutierbaren Göttern Gesundheit und Behaglichkeit, denen in helläugigem Egoismus, verbunden mit einer brillanten Technik und gesalbt mit einer primitiven, aber unverwüstlich optimistischen Moralität, zu dienen ihren Gläubigen längst jenseits aller Reflexion so selbstverständlich ist wie das Atmen. Es könnte wohl sein, daß wir in dieser letzten die mächtigste von den drei genannten Religionen vor uns haben, weil keine von den andern so in sich selbst begründet ist, keine so unmittelbar einzuleuchten vermag, keine so leicht und froh zu leben ist."
7 Nietzsche, KStA 3, 629.
8 Dick, Gedichte.

Theologisch also ist zu fragen, nach Soteriologie, Atemlosigkeit und Besessenheit, mit einer Wendung Bultmanns (wir haben sie bereits genannt) danach, „wie dem reißenden Zuge einer besessenen Zeit Einhalt geboten werden kann".[9] Die Antwort liegt ausschließlich im Hinweis auf die ἐξουσία Jesu Christi: seine Sache ist es, in der überwältigenden Bejahung, die in seiner Person liegt (2Kor 1,19), diese sich als unaufhaltsam ausgebende Besessenheit auch im Großen mit seinem Lebensatem auszutreiben. Anders gesagt: *seine* Stimme stillt den Sturm, der mit der Macht gegen die Welt vorgeht, den individuellen Verzweiflungs- und den Zeitsturm, den der Verheerung und des Unfaßlichen.[10] Sein Evangelium erweckt neue Gestimmtheit: die die Versöhnung wahrhaben will. Nur noch das Evangelium (unter Einschluß des wunderlichen Gerichtes) steht an und ist um Gottes willen an der Zeit und kann *rechtzeitig* laut werden; nur das Evangelium ist die Reise zum Anfang der Zukunft.

b. Die andere Predigt. Das Mittel der Umstimmung

Zum Zuge kommt die Stimme des Evangeliums, *ubi et quando visum est Deo*, in Bibel und Verkündigung, im Mittel biblisch orientierter Christus-Predigt. Sie, die christliche Predigt mit ihrer Herkunft von der Versöhnung und ihrem besonderen Vorwärts zur Erlösung hin, kann in diesem Sinne als Mittel der Umstimmung gelten, als evangelische Einstimmung. Die Erstickungsmächte können zum Schweigen gebracht werden, die neuzeitliche Atemlosigkeit wird ein Ende finden. Denn auch die Werke des Demiurgen des Neuen *enttäuschen*. „Die Götter" indes, konstatiert Barth, beweisen „gerade ihre Nichtigkeit darin, daß der ihnen verfallene Mensch das Genügen, das er ihrem Anspruch und ihrer Verheißung nach an ihnen finden möchte, faktisch *nicht* finden kann."[11] Doch läßt sich das verrückte Begehren stillen, die daraus folgende notwendige Enttäuschung vermeiden: wenn die im Namen Christi vollmächtig weitergegebene Zusage der Predigt Gehör findet „Meine Gnade genügt dir!" (2Kor 12,9), wenn der Bitte der Predigt entsprochen wird, auch sie im Namen Christi in Vollmacht geäußert: „Lasset euch versöhnen mit Gott!" (2Kor 5,20). Die beschriebene Selbstbegeisterung von unten, da sie dieses „Selbst" verdirbt, kann sich dann als gegenstandslos erübrigen, der Wille zur Macht seine Unbedingtheit ablegen und sich, wie erwähnt,[12] unsoteriologisch am Lebensnotwendigen orientie-

---

9   Cf. oben Abschn. E. bei Anm. 114 und 147.
10 In Kafkas *Ein Bericht für eine Akademie* (Kafka, Drucke zu Lebzeiten, 299f) heißt es: „[...] der Sturm, der mir aus meiner Vergangenheit nachblies, sänftigte sich [...]".
11 Barth, Paralipomena, 199.
12 Cf. oben den Abschn. F.a.2.

ren. Kräftig wird dann bereits der *Unterscheidungswille* geschärft. Notwendig also vor allem anderen – eben zur Wahrnehmung geschichtlicher Verantwortung der Kirche – ist die Ausrichtung der ihr aufgetragenen Verkündigung dieses Evangeliums. Sie bringt eine tiefe Atemwende.

„Wenn es irgend etwas gibt, was nötig ist", hebt Barth im Gespräch mit Göttinger Studenten hervor, „so ist es die Verkündigung des Evangeliums, gerade *weil* es so ist, gerade *weil*, *weil* die Versöhnung geschehen ist, weil das die Luft ist, in der wir atmen. […] Fangt jetzt an zu schnaufen! Es ist ja Luft da!"[13]

1. Die Bibel ist unter bestimmtem Winkel geöffnet

Die Einstimmung. Eine tiefe Ruhe zeichnet besonders die späten Predigten Barths aus. Das Bild der Wolken, ja das Bild des Himmels, fällt in die kaum aufgerauhte See. „Wenn das Meer alle seine Kraft anstrengt", liest man bei Kierkegaard, „so kann es das Bild des Himmels gerade nicht widerspiegeln, auch nur die mindeste Bewegung, so spiegelt es den Himmel nicht rein; doch wenn es stille wird und tief, senkt sich das Bild des Himmels in sein Nichts."[14]

Es ist, als ob dieser Prediger, Barth, zusehends deutlicher zurückträte vor seinem Predigttext, ihm unbedingt den Vortritt ließe, als ob er eine ganz sinnlos gewordene innere Gegenwehr aufgäbe. Warum auch sich wehren? Er traut dem Text alles Entscheidende zu. Als unermeßlich hat er ihn entdeckt. Er kann ihn machen lassen. Nichts muß er besser wissen oder die Texte bis ans Ende erblicken wollen. Vor allem muß er nicht intervenieren. Was der Predigttext sagt, genügt schon. Mit ihm, in seinem Zuge, will sich ja das unausdenkbar Positive zur Geltung bringen, das Fremde, das Beste, was es gibt, der lebendige Christus, seine Anwesenheit, *Erscheinungsmacht des Evangeliums*. Er spricht sich, eben zumal in der Verkündigung, immer neu zutage. Der Prediger, was an ihm ist, braucht dem ursprünglich evangelischen Sinn des Textes nur – in ruhiger Genauigkeit – ein wenig nachzukommen. Das scheint, wie man es in den Predigten Barths immer wieder lesen kann, ganz leicht und geradezu selbstverständlich. Natürlich scheint es nur so. In Wirklichkeit handelt es sich um erarbeitete Leichtigkeit und erworbene Selbstverständlichkeit. Es ist der vielerfahrene Theologe – sicher geworden im theologischen Urteil, weil im lebenslangen Aufblick auf die biblischen Texte –, der in dieser Klarheit predigen kann.

Doch gleichgültig, ob vielerfahren oder auch mit dem Predigen ganz am Anfang – ohne diesen Aufblick in den Spiegel der Fremde, so zieht es sich

---

13 Barth, Gespräche 1963, 149.
14 Kierkegaard, Reden, 109.

durch Barths Predigttätigkeit von Beginn an, bleibt der Prediger für das Entscheidende blind. Warum? Weil die Predigttexte im Zusammenhang des Gottesdienstes (als des ihnen notwendigen Kontextes) in einem Neigungswinkel erscheinen. Generell: „Die Bibel ist nach außen sozusagen nur unter einem bestimmten Winkel nach unten geöffnet" (I/2, 806).[15] Darum hat auch der Aufblick in entsprechender Neigung zu geschehen. Barth hat das gelegentlich „biblische Haltung" genannt. Botho Strauß veröffentlicht 2004 ein Buch mit dem Titel „Der Untenstehende auf Zehenspitzen". Wir nehmen den Titel einfach theologisch in Anspruch.

2. Die Predigt bittet um Bewahrheitung

Im Grunde kommt die Ruhe dieser Predigten aus einer letzten Unzuständigkeit. Barth hat sehr früh diesen Gedanken gefaßt und dann nicht wieder aufgegeben: daß es für Gott keineswegs unmöglich ist, „das an sich leere, schlechthin leere Gefäß der christlichen Predigt mit sich selbst zu erfüllen".[16] Mit sich selbst! Als Hauptsache der christlichen Predigt stellt sich eine Art innere, die Leere ausfüllende Predigt dar, *die andere Predigt*. Alles kommt im Gottesdienst darauf an, daß dies geschieht, daß der lebendige Christus mit seinem Lebensatem Predigttext und Predigt zu seinem Erscheinungsort macht – so daß ihnen dadurch Leben zufällt, Aktualität, Präsenz, Geistesgegenwart. Beizutragen dazu, daß es dazu kommt, ist der Prediger außerstande. Er braucht es aber auch nicht. Für die eigentliche Pointe seiner Worte, eben die andere Predigt, ist er nicht mehr verantwortlich. Er ist davon entlastet. Vermutlich eben das Bewußtsein dieser letzten Unzuständigkeit gibt einer Vielzahl von Predigten Barths das Unaufgeregte und Ruhige. Es genügt, wenn der Prediger sich an der Choralzeile orientiert „verricht das Deine nur getreu" (EG 369,7). Das zu tun wäre ja schon viel. Geistesgegenwart braucht er nicht zu inszenieren. Er soll es auch nicht wollen.

Der Prediger weiß von der unbedingten Angewiesenheit auf das Entscheidende. Doch wenn sich im christlichen Gottesdienst alles der Geistesgegenwart Jesu Christi selbst verdankt, kann sich der Predigt (und schon der Anfertigung der Predigt) das Bewußtsein gleichsam einer Weiterung einprägen, einer geheimen großen Eröffnung, einer Eröffnung „nach oben" hin, sagen wir: senkrecht nach oben. Die Predigt – als solche unten, perspektivisch gebrochen – spricht sich dann auf die Anwesenheit Christi zu. Kann man ihr dieses Bewußtsein anmerken? Ihrem Ton, ihrer Haltung und

---

15 Cf. oben Abschn. C.a.4.
16 Barth, Unterricht I, 328.

Intensität, den in ihr eingehaltenen Grenzen, also dem, was sie sich und der Gemeinde zumutet? Sie schließt unbedingt die Bitte um ihre Verifizierung durch Christus selber ein – also nicht zuerst um ihre Verifizierung durch den Hörer (die wird ihr dann Mt 6,33 gemäß „auch noch zufallen"). Sie beruht geradezu auf diesem „Suchen, Bitten, Anklopfen" in Gestalt des Rufs *„Veni, Creator Spiritus!"* und wird das auch ausdrücklich oder unausdrücklich zu erkennen geben. Diese Bitte kommt nicht lediglich hinzu oder geht ihr voraus (das auch!), wohnt ihr vielmehr inne. Womöglich ist sie ihr eigentliches Kraftzentrum. Jedenfalls: keine Predigt ohne Gebet, doch mehr noch: jede Predigt als geheimes Gebet! Als Gebet um Bewahrheitung des Gesagten.

Der Predigt in ihrer prinzipiellen Unfertigkeit und Angewiesenheit liegt dann um so mehr ein entschiedenes Zutrauen auf ihre Beglaubigung zugrunde: daß der lebendige Christus hinzutritt, die Worte der Verkündigung mit seiner besonderen Gegenwart erfüllt, mit seinem Atem und Geist, und darum im Sinne des Evangeliums, also in unendlicher Bejahung, die Menschen wirklich erreicht. Genauer: Jesus Christus, der Versöhner, macht sich selber im Medium von Predigttext und Predigt der Gemeinde vertraut. Die Predigt erwartet nicht weniger als den neuerlichen Gewinn von Vertrautheit mit dem lichterfüllten Antlitz Christi (2Kor 4,6). Sie ist auf die Verdeutlichung einer Person bedacht, dieser endgültigen Person, des Herrn, des Bruders, des Freundes. Der arme Mensch Jesus, der ewigreiche Gott, will für sich einnehmen: die Grundstimmung, unsere Gefühle, unsere Gedanken, das innere Gesichtsfeld (mit seiner Kraft, Einstellungen und Lebenshaltungen zu verwandeln), unsere Dankbarkeit. Wenn er diese Nähe erreicht hat, wenn vertrautes Zugehörigkeitsgefühl gewonnen ist, dann hat das unendliche Leben wieder auf sich aufmerksam gemacht, ist dem Menschen für Zeit und Ewigkeit geholfen. Es ist, als ob das arg mitgenommene alte Ich dann eine Stimme hörte: „Weit fort bist du gewesen."[17] Es hat sich aber versöhnen lassen. Der Bitte, geäußert an Christi Statt, hat es entsprochen „Lasset euch versöhnen mit Gott!" (2Kor 5,20).[18] Die christliche Predigt trägt genau die Gestalt dieser Bitte. *Jedesmal bittet der Prediger an Christi Statt.*

Die Zeit hat diesem Predigtverständnis Barths m.E. nichts anhaben können. Natürlich den Formulierungen dieser oder jener der einzelnen Predigten, gehalten ja sehr bewußt je zu ihrer Zeit, aber nicht, meine ich, dem maßgeblichen Predigtverständnis. Wie ja auch Barths theologisches Werk immer noch wächst. Auf seiner Grundlage – wie man bei vielen der guten Prediger der letzten Zeit sieht – kann man auch durchaus sehr verschieden

---

17 Cf. oben am Ende von E.d.5.
18 Vgl. Jüngel, Unterwegs, 187f.

predigen. Das wäre, wie man unterstellen darf, gerade in seinem Sinne. Anspruch und tiefe Angewiesenheit einer christlichen Predigt, ihre Unmittelbarkeit und ihre scharfe Deutlichkeit, Ruhe und Lebhaftigkeit, das Geheimnis und die strikt zu wahrende Grenze – das ist theologisch überzeugender immer noch nicht zu haben.

Wenn aber damit Barths theologisches Predigtverständnis zumindest im Grundzug richtig beschrieben ist, sagt selbst die Wendung „christologische Orientierung" zur Kennzeichnung dieser Auffassung zu wenig. Es geht ihr gemäß vielmehr darum, *alles*: die Predigt, das Denken, die Theologie, das Leben, sich selber ... dem Licht auszusetzen. „Es geht nicht um Christologie", hat Barth, eindeutig geworden im theologischen Urteil, bei Gelegenheit hervorgehoben, „auch nicht um Christozentrik und christologische Orientierung, sondern es geht um *Ihn selber*."[19] Das ist sicher im einzelnen schwer festzuhalten. Gelingt es aber, im Beweis des Geistes und der Kraft, wird also die Bitte um die andere Predigt erhört – dann, womöglich, wird das Meer still und tief und sinkt des Himmels Bild in sein Nichts. Es ist ein großes Wort, aber vielleicht kann man sagen, daß sich dieser Prediger immer wieder in Ehrerbietung übt.

3. Jesus Christus läßt sich bitten

Ich gehe zur Verdeutlichung lediglich auf eine einzige der Predigten Barths ein: auf eine an sich schon, wie ich finde, großartige, der Sache nach auch unsere Gegenwart sehr genau treffende Predigt – bei der zudem das eben zu Barths Predigtverständnis Gesagte in allgemeinerer Weise noch einmal wiederkehrt. Die Predigt läßt das Grundgefüge der Theologie Barths in besonderer Deutlichkeit erkennen. Nur wenige Aspekte seien in diesem Zusammenhang genannt.

Ein Dreivierteljahr nach der Barmer Synode mit ihrem „Ruf nach vorwärts" hält Barth wiederum in Barmen am 3. Februar 1935 eine seiner letzten Predigten im „Deutschen Reich", bevor er Deutschland im Juni verlassen muß.[20] Barth predigt „in einer großen Kirche", die „bis auf den letzten Platz gefüllt" ist.[21] Der Text ist Mt 8,23–27, die Erzählung von der Sturmstillung, einer „Kampfhandlung" (IV/2, 257). Welcher Sturm in dieser Situation 1935 gemeint ist, brauchte schon damals nicht gesagt zu werden.[22]

---

19 Zit. bei Busch, Lebenslauf, 426.
20 Barth, Predigten 1921–1935, 403–417; im folgenden die Seitenzahlen im Text. Zu vergleichen ist die Auslegung von Mk 4,35–41 in IV/3, 838–840.
21 So in einem Brief, zit. Barth, Predigten 1921–1935, 403.
22 Mittlerweile hat der Text insofern eine neue Dimension gewonnen, als der „Sturm", von dem dort die Rede ist, sehr real auf das Weltklima abzubilden ist.

Zunächst also: Christus selber. Man muß den richtigen Anfang nehmen. Bevor noch irgendein menschliches Handeln in Betracht kommt, kann unter allen Umständen von der Gegenwart Christi in noch so angefochtener Zeit ausgegangen werden, von seiner unbedingten Anwesenheit im Heute. Freilich, seltsam genug: „Er *schlief* in dem Schiff. So verborgen also ist sein Tun, so unscheinbar, so gar nicht ein Tun nach menschlichen Begriffen, daß er da ganz und gar untätig erscheint" (411).

Sodann (und hier zeigt sich die innere Konsistenz von Barths Ekklesiologie, Rechtfertigungslehre und Predigtverständnis): „Ist es nicht so, daß solche Notzeiten der Kirche uns sagen, uns sehen lehren: Wir können gar nichts?" (412) Das ist nun von uns aus das Erste und darf unter keinen Umständen fehlen: „Wir können gar nichts. Mit unserer Macht ist nichts getan." Ein Brechungsmoment, ein kapitaler Vorbehalt. Ohne ihn wird alles falsch. Eine einfache Frage also entscheidet, vielleicht Barths Grundfrage (die Antwort darauf darf niemals umstandslos vorausgesetzt werden): Wovon ist auszugehen? Wer ist das primäre Subjekt? Wer fängt an? Wer vermag überhaupt etwas?

Was nach Barths Predigtverständnis für die jeweilige Predigt gilt – daß das Entscheidende ihr von außen erst zukommt –, es trifft auch für die Kirche zu, für das Schiff der Kirche im Sturm: der anwesende Christus, verborgen, schlafend, untätig erscheinend, ist gegenwärtig und kann aufgeweckt werden. Er soll hinzutreten. Eine „biblische Haltung" ermöglicht, von dieser verborgenen Wirklichkeit zu wissen, sie anzuerkennen und ihr in Freiheit zu entsprechen. Eine Haltung, der gemäß man dann unten steht. So erwartet die Predigt 1935 das Entscheidende für das Geschick der Kirche in einer Zeit der Gefahr im Aufblick in den Spiegel der Fremde des neutestamentlichen Textes. Warum „ein Spiegel *der Fremde*"? Befremdlich wirkt eben zunächst, in einer Situation der Bedrängnis und des Zugriffs, das Sinkenlassen der Hände, das Eingeständnis „Wir können gar nichts" – statt des ungleich näherliegenden Aufrufs zu kirchenpolitischer Aktivität (an der es in anderer Hinsicht bei Barth in diesen Jahren ja keineswegs fehlt) oder zu unmittelbarem politischen Widerstand, zum Herbeiführen eines umfassenden Bewußtseinswandels und das Ergreifen entsprechender Maßnahmen etc.

Aber doch – etwas vermag die Kirche dieser Predigt zufolge denn doch. Sie kann sich mit ihrer Ohnmacht an den ja Gegenwärtigen wenden. Sie kommt primär auf diese Weise ihrer geschichtlichen Verantwortung nach. Ein „Suchen, Bitten, Anklopfen": Jesus soll geweckt werden. Er selbst soll reden, handeln, in die unübersichtliche oder ausweglos erscheinende Situation eintreten. Und dann – viel mehr als befremdlich – *das Wunder*. „[...] Jesus läßt sich wecken. Eine ganz wunderbare, unbegreifliche Sache! So tief hat der Höchste sich herabgelassen zu uns, daß er sich wirklich von uns wecken, von uns auf den Plan rufen läßt, daß er den Seinigen offenbar wird, gegenwärtig, erfahrbar wird, in einem bestimmten Ereignis und in einer bestimmten Erkenntnis." (412f)

In diesem Sinne nun kommt Barth in die Lage, die Prioritäten zu bestimmen und dann die Proportionen zurechtzurücken. Kommt es zuerst auf den politischen oder kirchenpolitischen Kampf an? Auf unsere Wachsamkeit? Überhaupt auf das, was wir in noch so guter Absicht machen, gestalten, befördern oder hemmen, bauen und auf den Weg bringen können? Mir scheint, die Wendung, die Barth der Sache an dieser Stelle gibt, habe an Brisanz seit 1935 noch einmal erheblich gewonnen. Nicht alles – wie wir in unseren gegenwärtigen hysterischen Bewußtseinslagen meinen – unterliegt dem Zugriff. Alles Wesentliche vielmehr grade nicht. Nicht alles ist machbar. Keineswegs ist immer nur schnell zum eigentlich Interessanten überzugehen, zu dem, was wir denn nun tun können. Wie weit ist dieses vermeintlich Interessante von Barths Wendung entfernt (413) „[...] es kommt gerade jetzt auf Eines und nur auf dies Eine an, daß *Jesus* unter uns erwache [...]"!

„[...] das wollen wir uns sagen: Wenn es das gibt, eine Erweckung in der Kirche, dann ist das Erwachen, von dem da die Rede ist, nicht in erster Linie und nicht in der Hauptsache *unser* Erwachen. Gewiß, wir müssen auch erwachen. Aber das Geheimnis solcher Zeiten wird dann immer dieses sein: sie weckten *ihn*. Was hülfe alle Not und Hoffnung und Kampfesfreudigkeit solcher Zeiten, wenn es nicht Etliche gäbe, die dann wissen: es kommt gerade jetzt auf Eines und nur auf dies Eine an, daß *Jesus* unter uns erwache, und die nun *daran* glauben, *darauf* hoffen, *darum* schreien und flehen, daß *das* geschehe." (413)

Was der Evangeliumstext bereithält an Richtungskraft, genügt als Orientierung auch für das Schiff der Kirche im Sturm. Christus, er selber, genügt. Mit dem Text Mt 8,23–27 will sich ja – so gilt es nun auch für diesen Zusammenhang – das unausdenkbar Positive zur Geltung bringen, das Fremde, das Beste, was es gibt, der lebendige, wache, in der Situation erscheinende Christus, Anwesenheit, Erscheinungsmacht. Wiederum achtet Barth auf das Subjekt des Geschehens, also darauf, wer wozu imstande ist. „Es steht nicht in unserer Macht, ihn zu wecken. Vielleicht läßt er sich wecken. Vielleicht tritt er dann so in unsere Mitte, wie er dort in der Mitte seiner Jünger stand: der Herr Himmels und der Erde, der Macht hat, den Seinen zu helfen, wie er will." (416) Der Prediger Barth braucht dem ursprünglich evangelischen Sinn des Textes nur nachzukommen. Am Ende steht wiederum ein tiefes Zutrauen: daß der lebendige Christus wirksam hinzutritt, „aufwacht", die Kirche mit seiner besonderen Gegenwart erfüllt, mit seinem Atem und Geist, ihr die Angst nimmt, sie tröstet, die Gefahr bannt – in ganz unerwarteter Weise vielleicht.

Indessen, sogar diese Hoffnung auf sein Hinzutreten wird, mit einer im Grunde ungeheuerlichen Wendung, in dieser Predigt noch einmal überholt.

Es ist, als ob in denkbar hellstem Vertrauen eine letzte sinnlos gewordene innere Gegenwehr auch noch dahinfiele. Am Ende steht wieder *Er selbst*. Er wird hinzutreten und helfen, „wie er will". Eben dies: „wie er will" und, noch vorbehaltlicher, „vielleicht". Aber – nun erst öffnet sich das Zutrauen ganz und gar, eine tiefe Ehrerbietung – „wenn das *nicht* sein Wille ist, ist er *nicht weniger* der Herr Himmels und der Erde" (416; Hv. M.T.). War es 1935 sein Wille? Und auf welche Weise? Und wer darf auf diese Frage antworten? Wie verhält es sich damit zu Beginn des 21. Jahrhunderts?

Was widerfährt dem Menschen, wenn die Stimme Jesu Christi Macht gewinnt? „Er darf mitten aus dem Sturm in ruhiger Fahrt ans Land kommen." (IV/2, 246) Eine tiefe Ruhe in einer Predigt 1935 – Umstimmung.[23] 70 Jahre später ist dasselbe möglich. Die Stillung des Sturms, im kleinen und im großen Heute: „Verlassen wir uns darauf: [...] Es ist ganz still, wo lauter Ungestüm zu sein scheint." (416)[24] Was ist wirklich – und was scheint nur zu sein? Was ist der Rede und was ist überhaupt unserer Aufmerksamkeit und unserer Gedanken wert? Welchen Stimmen gilt nachhaltiger Trotz? Es geht um den unendlichen Raum des Evangeliums, in dem der tödliche Lärm verhallt. Nur darauf kommt es an, daß der Versöhner „auf der ganzen Linie erkennbar bleibt als der Herr, der den Sturm auf dem Meer nicht zu fürchten hat, der ihn vielmehr durch sein gebietendes Wort jeden Augenblick zu stillen vermag und der eben von diesem Vermögen auch tatsächlich Gebrauch macht." (IV/3, 197) Es geht um den einen festen Blick, der der ersten Bitte des Vaterunsers entspricht, dem nichts mehr fehlt, der sich an der Gnade genügen läßt: „Sie sahen niemand denn Jesum allein" (Mt 17,8).

Barth hat in einer Predigt seine eigene theologische Arbeit zu 2Kor 12,9 in Beziehung gesetzt. Wir können die Sätze als eine *Lebenssumme* theologischer Existenz lesen.

---

23 Eben *Umstimmung* findet sich auch im Zusammenhang der berühmten Wendung „als wäre nichts geschehen" zu Beginn von *Theologische Existenz heute!* im Jahr 1933: „[...] das Entscheidende, was ich heute zu diesen Sorgen und Problemen zu sagen versuche, kann ich darum nicht zum Gegenstand einer besonderen Mitteilung machen, weil es sehr unaktuell und ungreifbar einfach darin besteht, daß ich mich bemühe, hier in Bonn mit meinen Studenten in Vorlesungen und Übungen nach wie vor und als wäre nichts geschehen – vielleicht in leise erhöhtem Ton, aber ohne direkte Bezugnahmen – Theologie und nur Theologie zu treiben. Etwa wie der Horengesang der Benediktiner im nahen Maria Laach auch im Dritten Reich zweifellos ohne Unterbruch und Ablenkung ordnungsgemäß weitergegangen ist. Ich halte dafür, das sei auch eine Stellungnahme, jedenfalls eine kirchenpolitische und indirekt sogar eine politische Stellungnahme!" (Barth, Theologische Existenz heute!, 3).

24 In einer Predigtmeditation über Lk 12,42–48 (Stoevesandt, GPM 94, 525) merkt Stoevesandt sehr schön an: der Text „will zweifellos Beunruhigung hervorrufen. Dieser aber liegt die tiefe Ruhe zugrunde, die der Name Jesus Christus aus- und zuspricht."

„Einige von euch haben vielleicht etwas davon läuten hören, daß ich in den letzten vierzig Jahren sehr viele und teilweise sehr dicke Bücher geschrieben habe. Ich darf aber frank und frei und auch fröhlich zugeben, daß die vier Wörtlein ‚Meine Gnade genügt dir' viel mehr und sehr viel Besseres sagen als der ganze Papierhaufen, mit dem ich mich da umgeben habe. Sie genügen – was ich von meinen Büchern von ferne nicht sagen könnte. Was an meinen Büchern Gutes sein möchte, könnte höchstens darin bestehen, daß sie von ferne auf das hinweisen, was diese vier Wörtlein sagen."[25]

c. „Meine Gnade genügt dir!"

Jesus Christus ist übergegangen „vom Fluchtod zur Lebensherrlichkeit" (IV/1, 613). Zwischen Hier und Dort liegt nur „das Intervall einer hellen Nacht" (Max Ernst). Er selber ist der ungeheuerliche eschatologische Weg von hier nach dort (Joh 14,6). Zu verstehen dementsprechend als umfassender Schöpfungs- und also Zeit- und Weltmittler, wir haben darauf hingewiesen,[26] tritt er ein auch in geschichtlich-epochale Übergänge, Verwerfungen, Brüche, ja Abgründe. Vieles deutet m.E. darauf hin, daß sich gegenwärtig ein großer Übergang geschichtlichen Lichts ereignet, womöglich sogar ein Heraustreten aus dem bisher bekannten historischen Raum, eine Veränderung der Spezies, somit ein Vorgang, der die bisherige Menschengeschichte übergreift.[27]

Zwei Stimmen, auf die wir auch bisher schon besondere Aufmerksamkeit gelenkt haben, die Martin Heideggers und Ernst Jüngers, seien in diesem Zusammenhang noch einmal genannt.

„Stehen wir gar", so erwägt Martin Heidegger bereits 1946, „im Vorabend der ungeheuersten Veränderung der ganzen Erde und der Zeit des Geschichtsraumes, darin sie

---

25 (Barth, Predigten 1954–1967, 220).
26 Cf. oben die Abschn. A.c.5. und E.d.4.
27 Cf. oben im Abschn. A.d. die Wiedergabe der entsprechenden Überlegungen Jüngers. Vgl. etwa Jüngers Beschreibung des geschichtlichen Lichtwechsels bei Herodot (Jünger, SW 8, 466; 331). In suggestiver Anschaulichkeit beschreibt Jünger Merkmale eines solchen geschichtlichen Übergangs: „Vor den großen Auftritten gibt es Einstimmungen, zarte, doch ahnungsvolle Ouvertüren bei ganz allmählich einsickerndem Licht. Der Festsaal erhellt sich, bis in seinem Glanze die neue Gesellschaft sich brüderlich erkennt. Alles hat sich verändert – die Dekorationen, die Gesichter, die Gewänder – und alles bestätigt die große Entdeckung und Wiederentdeckung: ein Mensch zu sein. Das mag dann hundert Jahre und länger vorhalten. Wie alles zusammenstimmte, die rationalen und die irrationalen Klänge, die Akteure und jene, die ohne Einsatz und Gage mitspielten, die Bilder, Gedanken und Ereignisse, Erfindungen und Entdeckungsreisen zu fernen Welten – das wird im Augenblick wohl feierlich empfunden, doch erst in der Erinnerung offenbar. [...] Das Licht auf der neuen Bühne wird stärker, als es je zu einem Gestaltwandel geleuchtet hat, so weit die Erinnerung reicht. Nicht die historische, nur die innere Erfahrung ist ihm konform." (Jünger, SW 8, 352–354).

hängt? Stehen wir vor dem Abend für eine Nacht zu einer anderen Frühe? Brechen wir gerade auf, um in das Geschichtsland dieses Abends der Erde einzuwandern? Kommt das Land des Abends erst herauf? Wird dieses Abend-Land über Occident und Orient hinweg und durch das Europäische hindurch erst die Ortschaft der kommenden anfänglicher geschickter Geschichte? Sind wir Heutigen bereits abendländisch in einem Sinne, der durch unseren Übergang in die Weltnacht erst aufgeht? Was sollen uns alle nur historisch ausgerechneten Geschichtsphilosophien, wenn sie nur mit dem Übersehbaren der historisch beigebrachten Stoffe blenden, Geschichte erklären, ohne je die Fundamente ihrer Erklärungsgründe aus dem Wesen der Geschichte und dieses aus dem Sein selbst zu denken? *Sind* wir die Spätlinge, die wir sind? Aber sind wir zugleich auch die Vorzeitigen der Frühe eines ganz anderen Weltalters, das unsere heutigen historischen Vorstellungen von der Geschichte hinter sich gelassen hat?"[28]

Und Jünger führt etwa 40 Jahre später aus – wie mir scheint dem Ungeheuren noch einmal nähergerückt:

„Die Weltstimmung ist, wie es am Ende eines Jahrtausends nicht anders sein kann, widersprüchlich und unentwirrbar – hier prometheisch mit stärkerem Feuer und Griff nach den Sternen, dort apokalyptisch mit nagendem Schuldgefühl. […] Auch wer sich auf Untergangsvisionen nicht einläßt, kann die Bedrohung nicht übersehen. Sie ist planetarisch, wie es der kosmopolitischen Teilhabe entspricht. Ein Experiment scheint in die Krise geraten zu sein. Eine gewisse Beruhigung verleiht der planmäßige Charakter der Entwicklung, die keinen Aufschub kennt. Die Mittel scheinen aufeinander abgestimmt, als ob Teile aus weit voneinander entfernten Gebieten sich zu einem Apparat fügten. Dabei entsteht auch der Eindruck der Autonomie des Vorganges – als ob die Intelligenz nicht zügig genug nachkäme."[29]

Mag man das Übergangsfieber, die im Gang befindlichen Gärung der Zeit, in der nichts wirklich entschieden ist und vieles anscheinend oder scheinbar offen, anders beschreiben, nämlich keineswegs beruhigt durch irgend eine Planmäßigkeit, weniger „mit nagendem Schuldgefühl", doch gleichwohl apokalyptisch – *theologisch* gilt die Schöpfungs- und Zeitmittlerschaft Jesu Christi fort. Es geht darum, in Trost und Trotz dem von ihm gewiesenen Wegsinn zu folgen, in *seinem* Übergang zu leben, in Weite und Erstreckung, wie sie sich von ihm her einstellt. Denn das unmäßige Begehren in der Zeit, nach Kafka die „Hauptsünde", die zehrende totalitäre Ungeduld, kann vom Evangelium gestillt werden.[30] Geduld steht für die Glaubenden

---

28 Heidegger, Holzwege, 300f.
29 Jünger, Schere, 53f.
30 Vgl. die Aufzeichnung Kafkas über die *Ungeduld* als Hauptsünde: „Es gibt zwei menschliche Hauptsünden, aus welchen sich alle anderen ableiten: Ungeduld und Lässigkeit. Wegen der Ungeduld sind sie aus dem Paradiese vertrieben worden, wegen der Lässigkeit kehren sie nicht zurück. Vielleicht gibt es nur eine Hauptsünde: die Ungeduld. Wegen der Ungeduld sind sie vertrieben worden, wegen der Ungeduld kehren sie nicht zurück." (Kafka, Nachgelassene Schriften II, 113).

zur Erfahrung an, mehr noch: Vertrauen im Übergang. Er, der das Evangelium verkörpert, wird nicht aufhören, *dazusein*. Man kann sich nach ihm in jeder Hinsicht in der Geschichte datieren.

Auch geschichtlich-epochale Veränderungen der Weltstimmung und Weltverfassung ändern nichts an der Ausrichtung des prophetischen Dienstes der Kirche. Er geht auf Versöhnung mit Gott, auf Genüge in ihm, auf Nachfolge des Gekreuzigten. Theologie aber, einfach getreu im Dienst dieser Kirche, nimmt ihren Ort im Bereich eines eschatologischen Umbruchs in die Helligkeit ein. Sie bewohnt und bedenkt genau diesen Übergang. Als Wissen von dem sehr besonderen Grenzcharakter alles Geschehens ist sie eine Art *Übergangskunde*, genauer: die Kunde vom Fährmann der Zeit. Jesus Christus selber ist der Fährmann der Zeit, der Ewigkeit, des Jetzt. Er setzt über: in der Todesbrandung hinüber zum ewigen Leben, aber auch im Unheimlichen und Beängstigenden der geschichtlichen Umbrüche hinüber in neue Zeit, in neuen Atemraum, in das Gangbare und Lebbare. Er selber ist der Weg.

Er geht unerkannt voran, ist weit voraus, eine Ewigkeit entfernt, zugleich unendlich nah. Und er wendet sich plötzlich um. Ein Heute: lebenshell, nah und unbegreiflich. Ein Moment der Stille. Dann Worte, Namen. Seine Anwesenheit, seine Gnade, heute, genügt.

Literatur

Die Verwendung der Abkürzungen folgt dem von Siegfried Schwertner herausgegebenen Abkürzungsverzeichnis der TRE, Berlin/New York ²1994.

A. Karl Barth

1. Kirchliche Dogmatik
Die Kirchliche Dogmatik, Zollikon-Zürich 1932ff [*KD*].
Unveröffentlichte Texte zur Kirchlichen Dogmatik. Supplemente zur Karl Barth Gesamtausgabe, CD-Rom, hg. v. Hans-Anton Drewes, Zürich 2005 [*Paralipomena*].

2. Gesamtausgabe
Predigten 1914 (= GA I/5), hg. v. Ursula und Jochen Fähler, Zürich 1974.
Predigten 1954–1967 (= GA I/12), hg. v. Hinrich Stoevesandt, Zürich 1979.
Predigten 1935–1952 (= GA I/26), hg. v. Harmut Spieker und Hinrich Stoevesandt, Zürich 1996.
Predigten 1915 (= GA I/27), hg. v. Hermann Schmidt, Zürich 1996.
Predigten 1920 (= GA I/42), hg. v. Hermann Schmidt, Zürich 2005.
„Unterricht in der christlichen Religion". Bd. 1 (= GA II/17), hg. v. Hannelotte Reiffen, Zürich 1985 [*Unterricht I*].
„Unterricht in der christlichen Religion". Bd. 2 (= GA II/20), hg. v. Hinrich Stoevesandt, Zürich 1990 [*Unterricht II*].
„Unterricht in der christlichen Religion". Bd. 3 (= GA II/38), hg. v. Hinrich Stoevesandt, Zürich 2003 [*Unterricht III*].
Ethik I. Vorlesung Münster Sommersemester 1928, wiederholt in Bonn, Sommersemester 1930 (= GA II/2), hg. v. Dietrich Braun, Zürich 1973.
Ethik II. Vorlesung Münster Wintersemester 1928/29, wiederholt in Bonn, Wintersemester 1930/31 (= GA II/10), hg. v. Dietrich Braun, Zürich 1978, 282.
Das christliche Leben. Die Kirchliche Dogmatik IV/4, Fragmente aus dem Nachlaß. Vorlesungen 1959–1961 (= GA II/7), hg. v. Hans-Anton Drewes und Eberhard Jüngel, Zürich 1976.
Fides quaerens intellectum. Anselms Beweis der Existenz Gottes im Zusammenhang seines theologischen Programms. 1931 (= GA II/13), hg. v. Eberhard Jüngel und Ingolf U. Dalferth, Zürich 1981.
Die *christliche Dogmatik* im Entwurf. Bd. 1. Die Lehre vom Worte Gottes. Prolegomena zur christlichen Dogmatik. 1927 (= GA II/14), hg. v. Gerhard Sauter, Zürich 1982.
Der Römerbrief (Erste Fassung) 1919 (= GA II/16), hg. v. Hermann Schmidt, Zürich 1985 [*Römerbrief I*].
Die *Theologie Calvins*. 1922. Vorlesung Göttingen Sommersemester 1922, hg. in Verbindung mit Achim Reinstädtler von Hans Scholl (= GA II/23), Zürich 1993.
Vorträge und kleinere Arbeiten. *1925–1930* (= GA III/2), hg. v. Hermann Schmidt, Zürich 1994.
Vorträge und kleinere Arbeiten *1922–1925* (= GA III/19), hg. v. Holger Finze, Zürich 1990.
Gespräche 1959–1962 (= GA IV/25), hg. v. Eberhard Busch, Zürich 1995.

Gespräche 1963 (= GA IV/41), hg. v. Eberhard Busch, Zürich 2005.
Gespräche 1964–1968 (= GA IV/28), hg. v. Eberhard Busch, Zürich 1997.
BARTH, KARL – EDUARD THURNEYSEN, Briefwechsel, Bd. 1: 1913–1921 (= GA V/3), hg. v. Eduard Thurneysen, Zürich 1973 [*Barth – Thurneysen, Briefwechsel 1*].
– Briefwechsel, Bd. 2: 1921–1930 (= GA V/4), hg. v. Eduard Thurneysen, Zürich 1974 [*Barth – Thurneysen, Briefwechsel 2*].
– Briefwechsel, Bd. 3: 1930–1935 einschließlich des Briefwechsels zwischen Charlotte von Kirschbaum und Eduard Thurneysen (= GA V/34), hg. v. Caren Algner, Zürich 2000 [*Barth – Thurneysen, Briefwechsel 3*].
Briefe 1961–1968 (= GA V/6), hg. v. J. Fangmeier und H. Stoevesandt, Zürich 1975.
Offene Briefe 1909–1935 (= GA V/35), hg. v. Diether Koch, Zürich 2001.
Offene Briefe 1945–1968 (= GA V/15), hg. v. Diether Koch, Zürich 1984.

3. Weitere Werke Barths (alphabetisch nach den Kurztiteln)

Anfänge der dialektischen Theologie. Teil I. Karl Barth – Heinrich Barth – Emil Brunner, hg. v. Jürgen Moltmann, (= TB 17), München ⁵1985.
Die *Auferstehung der Toten*. Eine akademische Vorlesung über I. Kor. 15, Zürich ⁴1953 [1924].
Barmen, in: Bekennende Kirche. Martin Niemöller zum 60. Geburtstag, München 1952, 9–17.
Karl Barth – Kornelis Heiko Miskotte. Briefwechsel 1924–1968, hg. v. Hinrich Stoevesandt, Zürich 1991 [*Barth – Miskotte, Briefwechsel*].
Späte Freundschaft. Carl Zuckmayer Karl Barth in Briefen, Zürich ⁸1986 [*Barth – Zuckmayer, Briefwechsel*].
Briefe des Jahres *1933*, hg. v. Eberhard Busch unter Mitarbeit von Bartold Haase und Barbara Schenck, Zürich 2004.
Christliche Ethik, in: Zwei Vorträge (= TEH NF 3), München 1946, 3–10 (in etwas variierter Form auch in: Die Botschaft von der freien Gnade Gottes, ThSt 23, Zollikon-Zürich 1947, 20–28).
Christus und wir Christen (= THE NF 11), 1948.
Credo. Die Hauptprobleme der Dogmatik dargestellt im Anschluß an das Apostolische Glaubensbekenntnis. 16 Vorlesungen, gehalten an der Universität Utrecht im Februar und März 1935, Zürich 1935 (wieder abgedruckt 1946 und 1948).
Dankesworte anläßlich der Feier zu seinem 80. Geburtstag am 9. Mai 1966, EvTh 26, 1966, 615–620.
Der Christ als Zeuge (= TEH 12), 1934.
Der heilige Geist und das christliche Leben, in: KARL BARTH – HEINRICH BARTH, Zur Lehre vom Heiligen Geist (= Beiheft 1 zu „Zwischen den Zeiten"), München 1930, 39–105.
Dogmatik im Grundriß im Anschluß an das apostolische Glaubensbekenntnis, Zürich ⁸1998 [1947].
Einführung in die evangelische Theologie, Zürich ⁶2006 [1962].
Evangelische Theologie im 19. Jahrhundert [= ThSt 49], Zollikon-Zürich 1957.
Gebete (= KT 14), München ⁴1974.
Die *Gemeindemäßigkeit* der Predigt, EvTh 16, 1956, 194–205.
Das *Geschenk der Freiheit*: Grundlegung evangelischer Ethik. Vortrag, gehalten in der Gesellschaft für evangelische Theologie am 21. September 1953 in Bielefeld (= ThSt(B) 39), Zollikon-Zürich 1953.
Gotteserkenntnis und Gottesdienst nach reformatorischer Lehre. 20 Vorlesungen (Gifford-Lectures) über das Schottische Bekenntnis von 1560 gehalten an der Universität Aberdeen im Frühjahr 1937 und 1938, Zollikon 1938.
Das Wort Gottes und die Theologie. Gesammelte Vorträge, München 1924 [*GV I*].
Theologische Fragen und Antworten. Gesammelte Vorträge. Bd. 3, Zürich 1957 [*GV III*].
Die christliche Lehre nach dem *Heidelberger Katechismus*, München 1949.
Die christlichen Kirchen und die *heutige Wirklichkeit*, EvTh 6, 1946/47, 212–216.

Der deutsche *Kirchenkampf.* Vortrag, gehalten im Volkshaus in Basel am 23. April 1937, Basel o. J. [1937].
Letzte Zeugnisse, Zürich ²1970.
Die *Menschlichkeit Gottes.* Vortrag, gehalten an der Tagung des Schweiz. Ref. Pfarrvereins in Aarau am 25. September 1956, ThSt(B) 48, Zollikon-Zürich 1956.
Nein! Antwort an Emil Brunner (= TEH 14), 1934.
Offenbarung, Kirche, Theologie (= TEH 9), München 1934.
Erklärung des *Philipperbriefe*s, München ³1936 [1927].
Fürchte dich nicht! Predigten aus den Jahren 1943 bis 1948, München 1949 [*Predigten 1943–1948*].
Die *protestantische Theologie im 19. Jahrhundert.* Ihre Vorgeschichte und ihre Geschichte, Zürich ⁶1994 [1946].
Der Römerbrief, Zwölfter, unveränderter Abdruck der neuen Bearbeitung von 1922, Zürich ¹⁵1989 [*Römerbrief II*].
Eine *Schweizer Stimme* 1938–1945, Zürich 1985³ (1945).
Theologische Existenz heute! (= TEH 1), 1933.
Christliche Gemeinde im Wechsel der Staatsordnungen. Dokumente einer *Ungarnreise* 1948, Zollikon-Zürich 1948.
Verheißung, Zeit – Erfüllung (1930), in: KARL BARTH, *Weihnacht,* 1934, 38–47.
Zwei Vorträge (= TEH NF 3), München 1946.
Die Theologie und der heutige Mensch, Zwischen den Zeiten 8, 1930, 374–396 [*ZZ 1930*].

B. Weitere Literatur

ADORNO, THEODOR W., Gesammelte Schriften, hg. v. Rolf Tiedemann, Frankfurt a. M.
– Minima *Moralia.* Reflexionen aus dem beschädigten Leben (= Gesammelte Schriften 4), ²1996.
– Zur *Metakritik* der Erkenntnistheorie. Drei Studien zu Hegel (= Gesammelte Schriften 5), ⁵1996.
– *Negative Dialektik.* Jargon der Eigentlichkeit (= Gesammelte Schriften 6), ⁵1996.
– *Ästhetische Theorie* (= Gesammelte Schriften 7), ⁶1996.
– *Noten* zur Literatur (= Gesammelte Schriften 11), ⁴1996.
– *Philosophie der neuen Musik* (= Gesammelte Schriften 12), ²1990.
– *Dissonanzen.* Einleitung in die Musiksoziologie (= Gesammelte Schriften 14), ⁴1996.
AICHINGER, ILSE, Die größere *Hoffnung.* Roman, DIES.: Werke. Taschenbuchausgabe in acht Bänden hg. v. Richard Reichensperger, Frankfurt a. M. 1991 [Bd. 1].
– Der Gefesselte. *Erzählungen 1948–1952* [aaO. Bd. 2].
– Eliza Eliza. *Erzählungen 1958–1968* [aaO. Bd. 3].
– *Schlechte Wörter* [aaO. Bd. 4].
– *Kleist* Moos Fasane [aaO. Bd. 5].
– Fragebogen" der FAZ (3.12.1993).
ALDRICH, THOMAS BAILY, The Writings of Thomas Bailey Aldrich. *Poems.* Bd. II, Boston/New York 1911.
ALT, PETER-ANDRÉ, *„Schlaf der Vernunft".* Literatur und Traum in der Kulturgeschichte der Neuzeit, München 2002.
AMÉRY, JEAN, Jenseits von Schuld und Sühne / Unmeisterliche Wanderjahre / Örtlichkeiten (= *Werke* Bd. 2), hg. v. Gerhard Scheit, Stuttgart 2002.
– Über das Altern / Hand an sich legen (= *Werke* Bd. 3), hg. v. Monique Boussart, Stuttgart 2005.
ARENDT, HANNAH, *Denktagebuch* 1950 bis 1973, 2 Bd. hg. v. Ursula Ludz und Ingeborg Nordmann, München/Zürich 2002.
– *Elemente und Ursprünge totaler Herrschaft,* München/Zürich ³1993 (die englische Originalausgabe 1951).

ARENDT, HANNAH – BLÜCHER, HEINRICH, Briefe 1936–1968, hg. und mit einer Einführung von Lotte Köhler, Serie Piper, München 1996 [*Arendt – Blücher, Briefwechsel*].

ARENDT, HANNAH – MARTIN HEIDEGGER, Briefe 1925–1975 und andere Zeugnisse. Aus den Nachlässen hg. v. Ursula Ludz, Frankfurt a. M. ²1999 [*Arendt – Heidegger, Briefwechsel*].

ARNIM, BETTINE VON, Sämtliche Werke, hg. v. Walter Schmitz und Sybille von Steinsdorff, Bd. 2, Frankfurt a. M. 1992 [*SW II*].

ARNDT, HANS WERNER, Art. „Methode V. Neuzeit", in: HWP Bd. V, Basel 1980, 1313–1323.

ASSEL, HEINRICH, Grundlose Souveränität und göttliche Freiheit. *Karl Barths* Rechtsethik im *Konflikt mit* Emanuel *Hirsch*s Souveränitätslehre, in: Karl Barth in Deutschland (s. dort), 205–222.

– *Name und Negativität.* Der göttliche Name als selbstbezügliches Zeichen bei Franz Rosenzweig, in: Krisen der Subjektivität. Problemfelder eines strittigen Paradigmas, hg. v. Ingolf U. Dalferth und Philipp Stoellger (= Religion in Philosophy and Theology 18), Tübingen 2005, 333–359.

AGUSTINUS, *Confessiones.* Bekenntnisse. Lateinisch und deutsch, eingeleitet, übersetzt und erläutert von Joseph Bernhart, München ³1966.

BACHMANN, INGEBORG, *Werke* I, hg. v. Christine Koschel u.a., München/Zürich ⁵1993.

– *Werke II*, hg. v. Christine Koschel u.a., München/Zürich ⁵1993.

VON BALTHASAR, HANS URS, *Karl Barth.* Darstellung und Deutung seiner Theologie, Köln ⁴1976.

– Herrlichkeit. Eine theologische Ästhetik. Bd. I: Schau der Gestalt, Trier ³1988 [*Herrlichkeit I*].

– Herrlichkeit. Eine theologische Ästhetik. Bd. III/1, Teil 2: Neuzeit, Trier ²1965 [*Herrlichkeit III/1.2*].

BARTH, ULRICH, Was ist *Religion*?, ZThK 93, 1996, 538–560.

BAUDELAIRE CHARLES, *Œuvres* complètes, hg. v. Claude Pichois, Bd. 2, Paris 1976.

BAUMGART, REINHARD, *Selbstvergessenheit.* Drei Wege zum Werk: Thomas Mann, Franz Kafka, Bertolt Brecht, Frankfurt a. M. 1993.

BAYER, OSWALD, *Gott als Autor.* Zu einer poietologischen Theologie, Tübingen 1999.

– *Theologie* (= Handbuch Systematischer Theologie, Bd. 1), Gütersloh 1994.

BECKETT, SAMUEL, Dramatische *Dichtungen* in drei Sprachen, Frankfurt a. M. 1981.

– Worstward Ho. Aufs Schlimmste zu. Aus dem Englischen von Erika Tophoven-Schöningh, Frankfurt a. M. ²1990.

BEINTKER, MICHAEL, ... alles Andere als ein Parergon: *Fides* quaerens intellectum, in: Karl Barth in Deutschland (s. dort), 99–120.

– *Glaube und Religion* – das Barthsche Erbe, Materialdienst des Konfessionskundlichen Instituts Bensheim, 56, 2005, 43–49.

– *Rechtfertigung* in der neuzeitlichen Lebenswelt. Theologische Erkundungen, Tübingen 1998.

Die Bekenntnisschriften der evangelisch-lutherischen Kirche, Göttingen ¹¹1992 [*BSELK*].

BENJAMIN, WALTER, Über den Begriff der Geschichte (= Gesammelte Schriften I, 2), hg. v. Rolf Tiedemann und Hermann Schweppenhäuser, Frankfurt a. M. 1974, 693–704 [*GS I, 2*].

BENN, GOTTFRIED, Sämtliche Werke, Bd. I: Gedichte 1, hg. v. Gerhard Schuster, Stuttgart 1986 [*SW I*].

– Sämtliche Werke, Bd. III: Prosa 1, hg. v. Gerhard Schuster, Stuttgart 1987 [*SW III*].

– Sämtliche Werke, Bd. IV: Prosa 2, hg. v. Gerhard Schuster, Stuttgart 1989 [*SW IV*].

– Sämtliche Werke, Bd. V: Prosa 3, hg. v. Gerhard Schuster, Stuttgart 1991 [*SW V*].

– Sämtliche Werke, Bd. VI: Prosa 4, hg. v. Holger Hof, Stuttgart 2001 [*SW VI*].

– Sämtliche Werke, Bd. VII/2: Vorarbeiten, Entwürfe und Notizen aus dem Nachlaß. Register, hg. v. Holger Hof, Stuttgart 2003 [*SW VII/2*].

– Unter der *Großhirnrinde*, FAZ 22.8.2003.

– Briefe an F. W. Oelze 1932–1945, hg. v. Harald Steinhagen und Jürgen Schröder, Stuttgart 1979 [*Briefe an Oelze I*].

– Briefe an F. W. Oelze 1945–1949, hg. v. Harald Steinhagen und Jürgen Schröder, Stuttgart 1982 [*Briefe an Oelze II*].

- Briefe an F. W. Oelze 1950–1956, hg. v. Harald Steinhagen und Jürgen Schröder, Stuttgart 1982 [*Briefe an Oelze III*].
- Ausgewählte *Briefe*. Mit einem Nachwort von Max Rychner, Frankfurt a. M. 1986.

BENN, GOTTFRIED – JÜNGER, ERNST, Briefwechsel 1949–1956, hg., kommentiert und mit einem Nachwort von Holger Hof, Stuttgart 2006 [*Benn – Jünger, Briefwechsel*].

BERNHARD, THOMAS, Erzählungen. Kurzprosa, hg. v. Hans Höller, Martin Huber und Manfred Mittermayer (= Werke, hg. v. Martin Huber und Wendelin Schmidt-Dengler, Bd. 14), Frankfurt a. M. 2003 [*Werke 14*].

BETHGE, EBERHARD, Dietrich *Bonhoeffer*. Theologe – Christ – Zeitgenosse, 8. korr. Aufl., Darmstadt 2004.

BIERITZ, KARL-HEINRICH, *Predigt-Kunst*? Poesie als Predigthilfe, PTh 78, 1989, 228–246.

BISER, EUGEN, *Dankbarkeit* als denkerisches Initiationserlebnis, in: Danken und Dankbarkeit (s. dort), 158–172.

BLOCH, ERNST, *Spuren* [1930] (= Gesamtausgabe Bd. 1), Frankfurt a. M. 1969.
- Das *Prinzip Hoffnung*, (= Gesamtausgabe Bd. 5), Frankfurt a. M. ^{7}2004 [1959].
- *Tübinger Einleitung* in die Philosophie (= Gesamtausgabe Bd. 13), Frankfurt a. M., 1970).

BLUMENBERG, HANS, *Lebenszeit* und Weltzeit, Frankfurt a. M. ^{3}1986.
- Die *Lesbarkeit* der Welt, Frankfurt a. M. ^{2}1983.
- Die *Verführbarkeit* des Philosophen. In Verbindung mit Manfred Sommer herausgegeben vom Hans Blumenberg-Archiv, Frankfurt a. M. 2000.

BÖCKENFÖRDE, ERNST-WOLFGANG, Die Würde des Menschen war unantastbar. Abschied von den Verfassungsvätern: Die *Neukommentierung* von Artikel 1 des Grundgesetzes markiert einen Epochenbruch, FAZ, 3.9.2003.
- *Verlust des Standhaften* in jeder Hinsicht, FAZ 27.7.2001.

BÖRNE, LUDWIG, *Briefe* aus Paris [1830], Wiesbaden 1986.

BOHRER, KARL HEINZ, *Ästhetik des Schreckens*. Die pessimistische Romantik und Ernst Jüngers Frühwerk, Frankfurt a. M. 1983.
- *Plötzlichkeit*. Zum Augenblick des ästhetischen Scheins. Mit einem Nachwort von 1998 (edition suhrkamp 1058), Frankfurt a. M. 1998.

BONHOEFFER, DIETRICH, Sanctorum Communio. Eine dogmatische Untersuchung zur Soziologie der Kirche (= Dietrich Bonhoeffer Werke I), hg. v. Joachim von Soosten, München 1986) [*DBW 1*].
- Akt und Sein. Transzendentalphilosophie und Ontologie in der systematischen Theologie (= Dietrich Bonhoeffer Werke 2), hg. v. Hans-Richard Reuter, Gütersloh ^{2}2002 [*DBW 2*].
- Schöpfung und Fall (= Dietrich Bonhoeffer Werke 3), hg. v. Martin Rüter und Ilse Tödt, Gütersloh 2002 [*DBW 3*].
- Nachfolge (= Dietrich Bonhoeffer Werke 4), hg. v. Martin Kuske und Ilse Tödt, Gütersloh ^{3}2002 [*DBW 4*].
- Gemeinsames Leben. Das Gebetbuch der Bibel (= Dietrich Bonhoeffer Werke 5), hg. v. Gerhard Ludwig Müller und Albrecht Schönherr, München 1987 [*DBW 5*].
- Ethik (= Dietrich Bonhoeffer Werke 6), hg. v. Ilse Tödt, Heinz Eduard Tödt, Ernst Feil und Clifford Green, München 1992 [*DBW 6*].
- Widerstand und Ergebung. Briefe und Aufzeichnungen aus der Haft (= Dietrich Bonhoeffer Werke 8), hg. v. Christian Gremmels, Eberhard Bethge und Renate Bethge in Zusammenarbeit mit Ilse Tödt, Gütersloh 1998 [*DBW 8*].
- Barcelona, Berlin, Amerika. 1928–1931 (= Dietrich Bonhoeffer Werke 10), hg. v. Reinhart Staats und Hans Christoph von Hase, München 1992 [*DBW 10*].
- Ökumene, Universität, Pfarramt 1931–1932 (= Dietrich Bonhoeffer Werke 11), hg. v. Eberhard Amelung und Christoph Strohm, Gütersloh 1994 [*DBW 11*].
- London. 1933–1935 (= Dietrich Bonhoeffer Werke 13), hg. v. Hans Goedeking, Martin Heimbucher und Hans-Walter Schleicher, Gütersloh 1994 [*DBW 13*].
- Illegale Theologenausbildung: Finkenwalde 1935–1937 (= Dietrich Bonhoeffer Werke 14), hg. v. Otto Dudzus und Jürgen Henkys Gütersloh 1996 [*DBW 14*].

- Illegale Theologenausbildung: Sammelvikariate 1937–1940 (= Dietrich Bonhoeffer Werke 15), hg. v. Dirk Schulz, Gütersloh 1998 [*DBW 15*].
- Konspiration und Haft 1940–1945 (= Dietrich Bonhoeffer Werke 16), hg. v. Jørgen Glenthøj, Ulrich Kabitz und Wolf Krötke, Gütersloh 1996 [*DBW 16*].

BOLLNOW, OTTO FRIEDRICH, Das Wesen der Stimmungen [1941], Frankfurt a. M. ^{8}1995.
- Über die *Dankbarkeit*, in: Danken und Dankbarkeit [s. oben], 37–63.

BORCHARDT, RUDOLF, Gesammelte *Briefe* 1, 1899–1929, hg. v. Gerhard Schuster und Hans Zimmermann, München 1994.

BORCHERS, ELISABETH, Eine Geschichte auf Erden. Gedichte, Frankfurt a. M. 2002.

BORGES, JORGE LUIS, *Inquisitionen*, Essays 1941–1951, Frankfurt a. M. 1992.
- Das *Handwerk* des Dichters. Aus dem Englischen von Gisbert Haefs, München 2002.
- *Nueva Refutación Del Tiempo*, in: DERS., Obras completas. 1923–1972, Buenos Aires 1974, 757–771.

BORNKAMM, KARIN, Die reformatorische Lehre vom *Amt Christi* und ihre Umformung durch Karl *Barth*, ZThK Beiheft 6, Zur Theologie Karl Barths. Beiträge aus Anlaß seines 100. Geburtstags, 1986, 1–32.
- Christus – König und Priester. Das *Amt Christi bei Luther* im Verhältnis zur Vor- und Nachgeschichte (= BHTh 106), Tübingen 1998.

BORSCHEID, PETER, Das Tempo-Virus. Eine Kulturgeschichte der Beschleunigung, Frankfurt a. M. 2004.

BRAUN, VOLKER, Himmelhoch, zutode, FAZ 10.3.2001.

BRECHT, BERT, Die *Gedichte* von Bertolt Brecht in einem Band, Frankfurt a. M. 1981.
- Aufstieg und Fall der Stadt *Mahagonny*, in: Stücke 2 (= Werke. Große kommentierte Berliner und Frankfurter Ausgabe, 2), hg. v. Werner Hecht, Jan Knopf u.a., Frankfurt a. M. 1988, 333–392.
- *Fatzer*, in: Stücke 10. Stückfragmente und Stückprojekte. Teil 1, (= Werke, Große kommentierte Berliner und Frankfurter Ausgabe, 10), hg. von Werner Hecht, Jan Knopf u.a., Frankfurt a. M. 1997, S. 387–529.
- *Journale* 1. 1913–1914 (= Werke. Große kommentierte Berliner und Frankfurter Ausgabe, 26), hg. v. Werner Hecht, Jan Knopf u.a., Frankfurt a. M. 1994.

BREDEKAMP, HORST, *Darwins Korallen*. Frühe Evolutionsmodelle und die Tradition der Naturgeschichte, Berlin 2005.

VON BUBNOFF, NICOLAI (Hg.): Das dunkle Antlitz. Russische Religionsphilosophen. Bd. 1, Köln 1966.

BÜCHNER, GEORG, Sämtliche Werke, Briefe und Dokumente, Bd. 1: Dichtungen, hg. v. Henri Poschmann, Frankfurt a. M. 1992 [*SW I*].
- Bd. 2: Schriften, Briefe, Dokumente, hg. v. Henri Poschmann, Frankfurt a. M. 1999 [*SW II*].

BULTMANN, RUDOLF, Glauben und Verstehen. Gesammelte Aufsätze. Bd. III, Tübingen ^{3}1965 [GuV III].
- Glauben und Verstehen. Gesammelte Aufsätze. Bd. IV, Tübingen ^{4}1984 [GuV IV].
- Theologische *Enzyklopädie*, hg. v. Eberhard Jüngel und Klaus W. Müller, Tübingen 1984.

BURCKHARDT, JACOB, Aesthetik der bildenden Kunst; Über das Studium der Geschichte. Mit dem Text der „*Weltgeschichtlichen Betrachtungen*" in der Fassung von 1905, aus dem Nachlaß hg. v. Peter Ganz (= Jacob Burckhardt Werke. Kritische Gesamtausgabe Bd. 10), München/Basel 2000.

BUSCH, EBERHARD, *Humane Theologie*. Texte und Erläuterungen zur Theologie des alten Karl Barth (= Polis 32. Evangelische Zeitbuchreihe), Zürich 1967.
- Karl Barths *Lebenslauf*, München ^{4}1986.
- Die große *Leidenschaft*. Einführung in die Theologie Karl Barths, Gütersloh 1998.

BUSCH, WILHELM, Gesamtausgabe in vier Bänden, hg. v. Friedrich Bohne, Wiesbaden 1968 [GA].

CAMUS, ALBERT, Der *Mensch in der Revolte*. Essays, Reinbek 1969.

CANETTI, ELIAS, Die *Fliegenpein*. Aufzeichnungen, München 1992.
- Das *Gewissen* der Worte. Essays, Frankfurt a. M. 1989.

- Nachträge aus *Hampstead*. Aus den Aufzeichnungen 1954–1971, Frankfurt a. M. 1999.
- Die *Provinz des Menschen*. Aufzeichnungen 1942–1972, Frankfurt a. M. 1976.

CAROSSA, HANS, *Gedichte*. Die Veröffentlichungen zu Lebzeiten und Gedichte aus dem Nachlaß. Hg. und kommentiert von Eva Kampmann-Carossa, Frankfurt a. M. 1995.

CELAN, PAUL, *Gedichte* in zwei Bänden, Bd. I, Frankfurt a. M. 1975.
- *Gedichte* in zwei Bänden. Bd. II, Frankfurt a. M. 1975.
- Die *Niemandsrose* (= Paul Celan Werke. Historisch-kritische Ausgabe 6. Bd. 1. Teil. Text), hg. v. Axel Gellhaus, Frankfurt a. M. 2001.
- *Eingedunkelt* und Gedichte aus dem Umkreis von Eingedunkelt, hg. v. Bertrand Badiou und Jean-Claude Rambach, Frankfurt a. M. ^{3}1992.

CELAN, PAUL – NELLY SACHS, Briefwechsel, hg. v. Barbara Wiedemann, 1996 [*Celan – Sachs, Briefwechsel*].

CHARGAFF, ERWIN, Unbegreifliches *Geheimnis*. Wissenschaft als Kampf für und gegen die Natur, Stuttgart ^{2}1981.
- Interview mit Erwin Chargaff: „Die wollen ewiges Leben, die wollen den Tod besiegen – das ist teuflisch", DER STERN 29.11.2001

CHESTERTON, GILBERT KEITH, Das *Abenteuer* des Glaubens. Orthodoxie. Mit einer Einführung von Peter Schifferli, Olten o. J. [1947].
- Ein *Pfeil vom Himmel*. Aphorismen und Paradoxa. Gesammelt und herausgegeben von Franz Simeth, mit einer Einführung von Friedrich Knapp, Donauwörth 1949.

CLAUDIUS, MATTHIAS, Sämtliche *Werke*, Redaktion: Jost Perfahl, München 1976.

COETZEE, J. M., Das Leben der *Tiere*, Frankfurt a. M. 2000.

CONRAD, JOSEPH, *Heart of Darkness* [1902], Penguin Classics 1983.
- Jugend. *Herz der Finsternis*. Das Ende vom Lied. Deutsch von Fritz Lorch, Frankfurt a. M. 1968.
- *Lord Jim*. A Tale [1900], Penguin Books 1976.

CURTIUS, ERNST ROBERT, Kritische *Essays* zur europäischen Literatur, Frankfurt a. M. 1984 [1950].
- *Französischer Geist* im 20. Jahrhundert, Frankfurt a. M. 1952.

DAHRENDORF, RALF, *Gesellschaft und Demokratie* in Deutschland, München 1971.

DALFERTH, INGOLF U., *Der auferweckte Gekreuzigte*. Zur Grammatik der Christologie, Tübingen 1994.
- Evangelische Theologie als *Interpretationspraxis*. Eine systematische Orientierung (= Forum Theologische Literaturzeitung 11/12), Leipzig 2004.
- *Schöpfung* – Stil der Welt, FZPhTh 46, 1999, 419–444.
- Der Mensch in seiner *Zeit*, ZDTh 16, 2000, 152–180.

Danken und Dankbarkeit. Eine universale Dimension des Menschseins, hg. v. Josef Seifert (= Philosophie und Realistische Phänomenologie Bd. 1), Heidelberg 1992.

DASTON, LORRAINE, *Wunder*, Beweise und Tatsachen. Zur Geschichte der Rationalität. Aus dem Englischen von Gerhard Herrgott, Christa Krüger und Susanne Scharnowski, Frankfurt a. M. 2001.

DÁVILA, NICOLÁS GÓMEZ, *Einsamkeiten*. Glossen und Text in einem, Wien 1987.

DIEM, HERMANN, *Ja oder Nein*. 50 Jahre Theologie in Kirche und Staat, Berlin 1974.

DIETRICH, WOLFGANG, Das „Unrückrufbare". Zum Tod von Erwin Chargaff. Ein Durchblick durch sein Werk, DPfrBl 8, 2002, 389–393.

DICK, UWE, des blickes tagnacht. *gedichte* 1969–2001, Salzburg 2002.

DILTHEY, WILHELM, Briefwechsel zwischen Wilhelm Dilthey und dem Grafen Paul Yorck v. Wartenburg 1877–1897, Halle 1923 (2. Nachdruck Hildesheim 1995) [*Dilthey – Yorck von Wartenburg, Briefwechsel*].

DOMIN, HILDE, Der Baum blüht trotzdem. Ich bewahre mich nicht, in: *Der Bogen* 14, 1964, Heft 1, 7.

DOSTOJEWSKI, FJODOR, Die Dämonen. Roman in drei Teilen. Deutsch von Günter Dalitz, Bd. II, Berlin/Weimar 1985 [*Dämonen II*].

DREWES, HANS-ANTON, Die *Auseinandersetzung mit* Adolf von *Harnack*, in: Karl Barth in Deutschland (s. dort), 189–203.
Das dunkle Antlitz. *Russische Religionsphilosophen*. Bd. 1, hg. v. Nicolai von Bubnoff, Köln 1966.
DÜRRENMATT, FRIEDRICH, *Theater-Schriften* und Reden [I], Zürich 1966.
DÜSING, EDITH, *Nietzsches Denkweg*. Theologie – Darwinismus – Nihilismus, München 2006.
EBELING, GERHARD, *Dogmatik* des christlichen Glaubens. Bd. I. Tübingen ³1987.
– *Lutherstudien*, Bd. *III*: Begriffsuntersuchungen – Textinterpretationen – Wirkungsgeschichtliches, Tübingen 1985.
– *Vom Gebet*. Predigten über das Unser-Vater, Tübingen 1965.
– Wort und Glaube, Tübingen ³1967 [*Wort und Glaube I*].
– Theologie in den Gegensätzen des Lebens. Wort und Glaube IV, Tübingen 1995 [*Wort und Glaube IV*].
EICH, GÜNTER, *Träume*. Hörspiele, Leipzig/Weimar [1953] 1980.
ENZENSBERGER, CHRISTIAN, Größerer Versuch über den Schmutz, Frankfurt a. M. 1980.
ESTERHÁZY, PÉTER, *Harmonia* Caelestis, aus dem Ungarischen von Terézia Mora, Berlin 2001.
FÄHLER, JOCHEN, Der Ausbruch des 1. Weltkrieges in Karl *Barths Predigten 1913–1915* (= BSHST 37), Bern 1979.
FEST, JOACHIM, Die *Anstößigkeit Hannah Arendts*, FAZ 12.3.1977.
– *Begegnungen*. Über nahe und ferne Freunde, Reinbek 2004.
– Im *Gegenlicht*. Eine italienische Reise, Berlin 1990.
– *Hitler*. Eine Biographie, Frankfurt a. M. 1976.
– *Ich nicht*. Erinnerungen an eine Kindheit und Jugend, Reinbek 2006.
– Horst *Janssen*. Selbstbildnis von fremder Hand, Berlin ²2002.
– Jacob Burckhardt: Das tragische und wunderbare Schauspiel der Geschichte, in: DERS., Weltgeschichtliche Betrachtungen. Über geschichtliches Studium. Mit einem *Nachwort* von Joachim Fest (= Klassiker des modernen Denkens), Gütersloh 1985.
FISCHER, JOHANNES, Wie wird Geschichte als Handeln Gottes offenbar? Zur Bedeutung der *Anwesenheit Gottes* im Offenbarungsgeschehen, ZThK 88, 1991, 211–231.
– *Behaupten* oder Bezeugen? Zum Modus des Wahrheitsanspruchs christlicher Rede von Gott, ZThK 87, 1990, 224–244.
– *Glaube als Erkenntnis*. Zum Wahrnehmungscharakter des christlichen Glaubens (= BevTh 105), München 1989.
FITZGERALD, F. SCOTT, The great *Gatsby*, [1925] New York 1992.
FLAUBERT, GUSTAVE, *Dictionnaire* des idées reçus, Le livre de poche, Paris 1997.
FREI, NORBERT, *Wie modern war der Nationalsozialismus?*, in: Geschichte und Gesellschaft. Zeitschrift für Historische Sozialwissenschaft 19, 1993, 367–387.
FREUD, SIGMUND, Das *Unbehagen in der Kultur*, in: Gesammelte Werke, chronologisch geordnet, hg. v. Anna Freud u.a., Bd. 14, Frankfurt a. M. ⁷1991, 419–506.
FRIED, ERICH, Als ich mich nach dir verzehrte. *Gedichte* von der Liebe, Berlin 1990.
FRIEDRICH, HUGO, Die Struktur der modernen *Lyrik*. Von der Mitte des neunzehnten bis zur Mitte des zwanzigsten Jahrhunderts. Erweiterte Neuausgabe, Hamburg 1981.
GADAMER, HANS GEORG, Gesammelte Werke 1 – 10, Tübingen 1990 [GW 1 – 10].
– *Danken und Gedenken*, in: Danken und Dankbarkeit (s. dort), 27–36.
GARAUDY, ROGER, „Statt eines Nachwortes" zu ‚D'un Réalisme sans Rivages', in: *Marxismus* und Literatur, hg. v. Fritz Raddatz, Hamburg 1969, Bd. III, 223–227.
GERNHARDT, ROBERT, *Gedichte* 1954–1997, Zürich 1996.
– *Im Glück* und anderswo, Gedichte, Frankfurt a. M. 2002.
– *Lichte Gedichte*, Zürich 1997.
GESTRICH, CHRISTOF, *Neuzeitliches Denken* und die Spaltung der dialektischen Theologie. Zur Frage der natürlichen Theologie (= BHTh 52), Tübingen 1977.
– Die *Wiederkehr des Glanzes* in der Welt. Die christliche Lehre von der Sünde und ihrer Vergebung in gegenwärtiger Verantwortung, Tübingen ²1996.

GEYER, CHRISTIAN, *Gleichnisse für das Himmelreich*. Die Menschwerdung Gottes und ihre Verbraucher, FAZ 24.12.1998.
GOES, ALBRECHT, Der *Knecht* macht keinen Lärm. Dreißig Predigten, Hamburg 1968.
VON GOETHE, JOHANN WOLFGANG, Goethes Werke. *Hamburger Ausgabe* in 14 Bänden, hg. v. Erich Trunz, Bd. *2* (Gedichte und Epen. Zweiter Band), München ^{9}1972.
– Die Schriften zur Naturwissenschaft. Herausgegeben im Auftrag der Deutschen Akademie der Naturforscher Leopoldina. Hg. v. Dorothea Kuhn und Wolf von Engelhardt, Erste Abteilung. Bd. 6, Weimar 1957 [*LA I, 6*].
– Goethes Werke, hg. im Auftrag der Großherzogin Sophie von Sachsen (Weimarer Ausgabe der Sophienausgabe), Bd. 87 (Dritte Abt.: Goethes Tagebücher, Bd. 10, 1825–1826), Nachdruck München 1987 [*Sophienausgabe 87*].
– Johann Peter *Eckermann*. Gespräche mit Goethe in den letzten Jahren seines Lebens, Sämtliche Werke nach Epochen seines Schaffens. Münchner Ausgabe, hg. v. Karl Richter, Bd. 19: hg. v. Heinz Schlaffer, München/Wien 1986.
GOGARTEN, FRIEDRICH, Ich glaube an den dreieinigen Gott. Eine Untersuchung über *Glaube und Geschichte*, Jena 1926.
– *Protestantismus und Wirklichkeit*. Nachwort zu MARTIN LUTHERS „Vom unfreien Willen" [1924], 191–218.
– *Zwischen den Zeiten* [1920], in: Anfänge der dialektischen Theologie. Teil II. Rudolf Bultmann – Friedrich Gogarten – Eduard Thurneysen, hg. v. Jürgen Moltmann (= ThB 17/2), München ^{4}1987, 95–101.
GOLLWITZER, HELMUT, Der *Glaube als Dank*. Christliche Existenz als Leben in der Dankbarkeit bei Karl Barth, in: DERS., Auch das Denken darf dienen. Aufsätze zu Theologie und Geistesgeschichte Bd. 1, hg. v. Friedrich-Wilhelm Marquardt (= Helmut Gollwitzer, Ausgewählte Werke in 10 Bänden, 8), München 1988, 387–408.
– *Krummes Holz* – aufrechter Gang. Zur Frage nach dem Sinn des Lebens, München ^{5}1972.
GOMBRICH, ERNST H., *Schatten*. Ihre Darstellung in der abendländischen Kunst. Aus dem Englischen von Robin Cackett, Berlin 1996.
GRÄB, WILHELM, Lebensgeschichten – Lebensentwürfe – *Sinndeutungen*. Eine Praktische Theologie gelebter Religion, Gütersloh ^{2}2000.
GRÄBER, ERICH, Das *Seufzen der Kreatur* (Röm 8,19–22). Auf der Suche nach einer „biblischen Tierschutzethik", JBTh 5, Neukirchen 1990, 93–117.
GRAF, FRIEDRICH WILHELM, Vom *Munus Propheticum Christi* zum prophetischen Wächteramt der Kirche? Erwägungen zum Verhältnis von Christologie und Ekklesiologie, ZEE 32, 1988, 88–106.
GRASS, GÜNTER, *Gedichte*. Auswahl und Nachwort von Franz Josef Görtz. Reclam 8060, Ditzingen 1999.
GREISCH, JEAN, Der philosophische *Umbruch* in den Jahren *1928–32*. Von der Fundamentalontologie zur Metaphysik des Daseins, in: Heidegger-Handbuch. Leben – Werk – Wirkung, hg. v. Dieter Thomä, Stuttgart/Weimar, 2003, 115–127.
GRÖZINGER, ALBRECHT, *Praktische Theologie* und Ästhetik. Ein Beitrag zur Grundlegung der Praktischen Theologie, München 1987.
GRONEMEYER, MARIANNE, Das Leben als letzte Gelegenheit. Sicherheitsbedürfnisse und Zeitknappheit, Darmstadt 1993.
GRUNENBERG, ANTONIA, Hannah Arendt und Martin Heidegger. *Geschichte einer Liebe*, München/ Zürich 2006.
GUARDINI, ROMANO, Das Ende der *Neuzeit*. Ein Versuch zur Orientierung, Würzburg ^{11}1989.
GUMBRECHT, HANS ULRICH, Diesseits der Hermeneutik. Die Produktion von *Präsenz*, Frankfurt a. M. 2004.
GUSTAFSSON, LARS, Auszug aus *Xanadu*. Gedichte. Aus dem Schwedischen von Hans Magnus Enzensberger und Verena Reichel, München/Wien 2003.
HABERMAS, JÜRGEN, Zwischen Naturalismus und Religion. Philosophische *Aufsätze*, Frankfurt a. M. 2005.

- Philosophisch-politische *Profile*, Frankfurt a. M. 1971.
- Heidegger – Werk und Weltanschauung. *Vorwort* zu: VICTOR FARÍAS, Heidegger und der Nationalsozialismus. Aus dem Spanischen und Französischen übersetzt von Klaus Laermann, Frankfurt a. M. 1989, 11–37; 395–400.

HAFFNER, SEBASTIAN, *Geschichte eines Deutschen*. Die Erinnerungen, 1914–1933, Stuttgart/ München 2000.

VON HARNACK, ADOLF, *Fünfzehn Fragen* an die Verächter der wissenschaftlichen Theologie unter den Theologen [1923] (in: Anfänge der dialektischen Theologie I [= ThB 17], hg. v. Jürgen Moltmann, München ⁵1985, 323–325).

HEGEL, GEORG WILHELM FRIEDRICH, *Phänomenologie* des Geistes (= Theorie-Werkausgabe, hg. v. Eva Moldenhauer und Karl Markus Michel, Bd. 3), Frankfurt a. M. 1970.
- Wissenschaft der *Logik* (= Theorie Werkausgabe, hg. v. Eva Moldenhauer und Karl Markus Michel, Bd. 6), Frankfurt a. M. 1970.
- Vorlesungen über die *Ästhetik*. I (= Theorie Werkausgabe, hg. v. Eva Moldenhauer und Karl Markus Michel, Bd. 13), Frankfurt a. M. 1970.

HEIDEGGER, MARTIN, *Sein und Zeit* (= GA 2), hg. v. Friedrich-Wilhelm von Herrmann, Frankfurt a. M. 1977.
- Erläuterungen zu *Hölderlins Dichtung* (= GA 4), hg. v. Friedrich-Wilhelm von Herrmann, Frankfurt a. M. 1981.
- *Holzwege* (=GA 5), hg. v. Friedrich-Wilhelm von Herrmann, Frankfurt a. M. 1977.
- Nietzsche. Erster Band (= GA 6.1), hg. v. Brigitte Schillbach, Frankfurt a. M. 1996 [*Nietzsche I*].
- Nietzsche. Zweiter Band (= GA 6.2), hg. v. Brigitte Schillbach, Frankfurt a. M. 1997 [*Nietzsche II*].
- *Vorträge und Aufsätze* (= GA 7), hg. v. Friedrich Wilhelm von Herrmann, Frankfurt a. M. 2000.
- *Was heißt Denken*? (= GA 8), hg. v. Paola-Ludovika Coriando, Frankfurt a. M. 2002.
- *Wegmarken* (= GA 9), hg. v. Friedrich-Wilhelm von Herrmann, Frankfurt a. M. 1976, 177–202.
- *Der Satz vom Grund* (= GA 10), hg. v. Petra Jaeger, Frankfurt a. M. 1997.
- *Identität und Differenz* (= GA 11), hg. v. Friedrich-Wilhelm von Herrmann, Frankfurt a. M. 2006.
- Unterwegs zur *Sprache* (= GA 12), hg. v. Friedrich-Wilhelm von Herrmann, Frankfurt a. M 1985.
- Aus der *Erfahrung des Denkens*. 1910–1976 (= GA 13), hg. v. Hermann Heidegger, Frankfurt a. M. 1983.
- *Reden* und andere Zeugnisse eines Lebensweges 1910–1976 (= GA 16), hg. v. Hermann Heidegger, Frankfurt a. M. 2000.
- Einführung in die *phänomenologische Forschung* (= GA 17). hg. v. Friedrich-Wilhelm von Herrmann, Frankfurt a. M. 1994.
- Die *Grundprobleme* der Phänomenologie (= GA 24), hg. v. Friedrich-Wilhelm von Herrmann, Frankfurt a. M. 1975.
- Phänomenologische Interpretation von *Kants Kritik* der reinen Vernunft. Marburger Vorlesung vom WS 1927/28 (= GA 25), hg. v. Ingtraud Görland, Frankfurt a. M. 1977.
- Die *Grundbegriffe der Metaphysik*. Welt – Endlichkeit – Einsamkeit (= GA 29/30), hg. v. Friedrich-Wilhelm von Herrmann, Frankfurt a. M. 1983.
- *Aristoteles*, Metaphysik Θ 1–3. Von Wesen und Wirklichkeit der Kraft. Freiburger Vorlesung vom SS 1931 (= GA 33), hg. v. Heinrich Hüni, Frankfurt a. M. 1981.
- *Hölderlins Hymnen* „Germanien" und „Der Rhein" (= GA 39), hg. v. Susanne Ziegler, Frankfurt a. M. 1980.
- Die *Frage nach dem Ding*. Zu Kants Lehre von den transzendentalen Grundsätzen (= GA 41), hg. v. Petra Jaeger, Frankfurt a. M. 1984.
- *Schelling*: Vom Wesen der menschlichen Freiheit (1809) (= GA 42), hg. v. Ingrid Schüßler, Frankfurt a. M. 1988.
- *Nietzsche*: Der Wille zur Macht als *Kunst* (= GA 43), hg. v. Bernd Heimbüchel, Frankfurt a. M. 1985.

- *Grundfragen* der Philosophie. Ausgewählte „Probleme" der „Logik" (= GA 45), hg. v. Friedrich-Wilhelm von Herrmann, Frankfurt a. M. 1984.
- *Grundbegriffe* (= GA 51), hg. v. Petra Jaeger, Frankfurt a. M. 1981.
- *Parmenides* (= GA 54), hg. v. Manfred S. Frings, Frankfurt a. M. 1982.
- *Beiträge* zur Philosophie (Vom Ereignis) (= GA 65), hg. v. Friedrich-Wilhelm von Herrmann, Frankfurt a. M. 1989.
- *Über den Anfang* (= GA 70), hg. v. Paola-Ludovika Coriando, Frankfurt a. M 2005.
- *Zu Hölderlin*. Griechenlandreisen (= GA 75), hg. v. Curt Ochwadt, Frankfurt a. M. 2000.
- *Bremer und Freiburger Vorträge* (= GA 79), hg. v. Petra Jaeger, Frankfurt a. M. 1994.
- „Mein liebes *Seelchen*!" Briefe Martin Heideggers an seine Frau Elfriede 1915–1970, herausgegeben, ausgewählt und kommentiert von Gertrud Heidegger, München 2005.

HEIDEGGER, MARTIN – ELISABETH BLOCHMANN, Briefwechsel 1918–1969, hg. v. Joachim W. Storck, Marbach 1989 [*Heidegger – Blochmann, Briefwechsel*].

HEIDEGGER, MARTIN – IMMA VON BODMERSHOF, Briefwechsel 1959–1976, hg. v. Bruno Pieger, Stuttgart 2000 [*Heidegger – von Bodmershof, Briefwechsel*].

HEIDEGGER, MARTIN – KARL JASPERS, Briefwechsel 1920–1963, hg. v. Walter Biemel und Hans Saner, Frankfurt/München/Zürich, 1990 [*Heidegger – Jaspers, Briefwechsel*].

HEINEMANN, GUSTAV, Es gibt schwierige Vaterländer ... *Aufsätze und Reden* 1919–1969 (= Reden und Schriften Bd. 3), hg. v. H. Lindemann, Frankfurt a. M. 1977.

HELLER, ERICH, Die Wiederkehr der Unschuld und andere *Essays*, Frankfurt a. M. 1977.

HENRICH, DIETER, *Fluchtlinien*. Philosophische Essays, Frankfurt a. M. 1982.

- Der *Gang des Andenkens*. Beobachtungen und Gedanken zu Hölderlins Gedicht, Stuttgart 1986.
- *Gedanken zur Dankbarkeit*, in: DERS., Bewußtes Leben. Untersuchungen zum Verhältnis von Subjektivität und Metaphysik (Reclam 18010), Stuttgart 1999, 152–193.

HERBERT, ZBIGNIEW, *Gewitter* Epilog. Gedichte. Aus dem Polnischen von Henryk Bereska, Frankfurt a. M. 2000.

- *Stilleben* mit Kandare. Skizzen und Apokryphen. Aus dem Polnischen von Klaus Staemmler, Frankfurt a. M. 1996.
- Herrn Cogitos *Vermächtnis*. 89 Gedichte. Aus dem Polnischen von Karl Dedecius, Oskar Jan Tauschinski, Klaus Staemmler, Frankfurt a. M. 2000.

VON HERRMANN, FRIEDRICH-WILHELM, *Wahrheit* – Freiheit – Geschichte. Eine systematische Untersuchung zu Heideggers Schrift „Vom Wesen der Wahrheit", Frankfurt a. M. 2002.

- *Wege* ins Ereignis. Zu Heideggers „Beiträgen zur Philosophie", Frankfurt a. M. 1994.
- *Weg und Methode*. Zur hermeneutischen Phänomenologie des seinsgeschichtlichen Denkens, Frankfurt a. M. 1990.

HERSCH, JEANNE, Das philosophische Staunen. Einblicke in die Geschichte des Denkens, München [5]1996.

HERTZSCH, KLAUS-PETER, Sag meinen Kindern, dass sie weiterziehn. Erinnerungen, Stuttgart 2002.

HOBBES, THOMAS, *Leviathan*. Stoff, Form und Gewalt eines kirchlichen und bürgerlichen Staates, hg. v. Iring Fetscher, Frankfurt a. M. [8]1998.

HÖLDERLIN, FRIEDRICH, Sämtliche Werke, hg. v. Friedrich Beissner, Bd. 2, *Gedichte* nach 1800. Hälfte 1: Text; Stuttgart 1951.

- Bd. 6, *Briefe*, hg. v. Adolf Beck, Stuttgart 1954.

VON HOFMANNSTHAL, HUGO, Erfundene Gespräche und Briefe (= Sämtliche *Werke*. Kritische Ausgabe, Bd. *31*), hg. v. Ellen Ritter, Frankfurt a. M. 1991.

HOGREBE, WOLFRAM, Metaphysik und *Mantik*. Die Deutungsnatur des Menschen (Système orphique de Iéna), Frankfurt a. M. 1992.

HONNETH, AXEL, *Kampf um Anerkennung*. Zur moralischen Grammatik sozialer Konflikte, Frankfurt a. M. 1994.

HORVÁTH, ÖDÖN VON, Zur schönen Aussicht, in: Ausgewählte Werke Bd. 1: Stücke, hg. v. Hansjörg Schneider, Berlin 1981, 43–107 [*Werke 1*].

HÜBNER, HANS, Evangelische *Fundamentaltheologie*. Theologie der Bibel, Göttingen 2005.
IWAND, HANS JOACHIM, *Vorträge und Aufsätze*, hg. v. Dieter Schellong und Karl Gerhard Steck (= Nachgelassene Werke, Bd. 2), München 1966.
- Ausgewählte *Predigten*, hg. v. Hans Helmut Eßer und Helmut Gollwitzer (= Nachgelassene Werke Bd. 3), München ²1967.
- *Theologiegeschichte* des 19. und 20. Jahrhunderts „Väter und Söhne", hg., kommentiert und mit einem Nachwort versehen von Gerard C. den Hertog, (= Nachgelassene Werke, NF Bd. 3), Gütersloh 2001.
JANOUCH, GUSTAV, *Gespräche mit Kafka*. Aufzeichnungen und Erinnerungen. Erweiterte Ausgabe, Frankfurt a. M. 1968.
JASPERS, KARL, *Rechenschaft* und Ausblick. Reden und Aufsätze, München 1951, 26–49.
JENSON, ROBERT. W., Karl Barth, in: Theologen der Gegenwart. Eine Einführung in die christliche Theologie des zwanzigsten Jahrhunderts, hg. v. David F. Ford. Deutsche Ausgabe ediert und übersetzt von Christoph Schwöbel, Paderborn 1993, 27–51.
JONAS, HANS, *Erinnerungen*. Nach Gesprächen mit Rachel Salamander. Vorwort von Rachel Salamander. Geleitwort von Lore Jonas. Herausgegeben und mit einem Nachwort versehen von CHRISTIAN WIESE, Frankfurt a. M. und Leipzig 2003.
- Das *Prinzip Verantwortung*. Versuch einer Ethik für die technologische Zivilisation, Frankfurt a. M. 1984.
JÜNGEL, EBERHARD, *Entsprechungen*: Gott – Wahrheit – Mensch. Theologische Erörterungen (= BevTh 88), München 1980.
- *Indikative* der Gnade – Imperative der Freiheit. Theologische Erörterungen IV, Tübingen 2000.
- ... ein bißchen *meschugge*. Predigten und biblische Besinnungen, Stuttgart 2001.
- Das Evangelium von der *Rechtfertigung* des Gottlosen als Zentrum des christlichen Glaubens. Eine theologische Studie in ökumenischer Absicht, Tübingen ⁴2004.
- Das *Sakrament* – Was ist das? Versuch einer Antwort, in: EBERHARD JÜNGEL/KARL RAHNER, Was ist ein Sakrament? Vorstöße zur Verständigung, Freiburg 1971, 7–61.
- *Unterwegs* zur Sache. Theologische Bemerkungen. Theologische Erörterungen (= BevTh 61), München 1972.
- *Wertlose Wahrheit*. Zur Identität und Relevanz des christlichen Glaubens. Theologische Erörterungen III (= BevTh 107), 1990.
- Eberhard Jüngel, in: *Wie ich mich geändert habe*, hg. v. Jürgen Moltmann (= KT 151), München 1997, 11–21.
JÜNGER, ERNST, Tagebücher II. Strahlungen I (= *SW 2*), Stuttgart 1979.
- Tagebücher III. Strahlungen II (= SW 3), Stuttgart 1979.
- Tagebücher V. Strahlungen IV, Siebzig verweht II (= *SW 5*), Stuttgart 1982.
- Essays I. Betrachtungen zur Zeit (= *SW 7*), Stuttgart 1980.
- Essays II. Der Arbeiter (= *SW 8*), Stuttgart 1981.
- Essays III. Das abenteuerliche Herz (= *SW 9*), Stuttgart 1979.
- Essays VII. Fassungen II (= *SW 13*), Stuttgart 1981.
- *Siebzig verweht III*, Stuttgart 1993.
- *Siebzig verweht IV*, Stuttgart 1995.
- *Siebzig verweht V*, Stuttgart ²1998.
- Die *Schere*, Stuttgart ⁴2001.
KÄSEMANN, ERNST, *An die Römer* (= HNT 8a), Tübingen ⁴1980.
- *Kirchliche Konflikte* 1, Göttingen 1982.
- *Paulinische Perspektiven*, Tübingen 1969.
KÄSTNER, ERICH, Werke Bd. 1: *Zeitgenossen*, haufenweise, hg. v. Harald Hartung, Wien/München 1986.
KAFKA, FRANZ, Schriften, Tagebücher. Kritische Ausgabe, hg. v. Jürgen Born u.a., Frankfurt a. M. Im Rahmen dieser Ausgabe:
- *Drucke zu Lebzeiten*, hg. v. Wolf Kittler, Hans-Gerd Koch, Gerhard Neumann, 1994.
- *Tagebücher*, hg. v. Hans-Gerd Koch, Michael müller und Malcolm Pasley, 1990.

- *Nachgelassene Schriften* und Fragmente *I*, hg. v. Malcolm Pasley, 1993.
- *Nachgelassene Schriften* und Fragmente *II*, hg. v. Jost Schillemeit, 1992.
- *Der Proceß*, hg. v. Malcolm Pasley, 1990.
- *Das Schloß*, hg. v. Malcolm Pasley, 1982.
- *Der Verschollene*, hg. v. Jost Schillemeit, 1983.
- *Briefe an Felice* und andere Korrespondenz aus der Verlobungszeit, hg. v. Erich Heller und Jürgen Born, Frankfurt a. M. 1976.
- *Briefe 1902–1924*, hg. v. Max Brod, Frankfurt a. M. 1975.
- *Briefe an Milena*. Erweiterte und neu geordnete Ausgabe, hg. v. Jürgen Born und Michael Müller, Frankfurt am Main, 1983.
- *Briefe 1902–1924* (= Gesammelte Werke Bd. 10), hg. v. Max Brod, Frankfurt a. M. 1958.
- *Briefe 1900–1912*, hg. v. Hans-Gerd Koch, Frankfurt a. M. 1999.
- *Briefe 1913–1914*, hg. v. Hans-Gerd Koch, Frankfurt a. M. 2001.
- *Briefe* April *1914–1917*, hg. v. Hans-Gerd Koch, Frankfurt a. M. 2005.

KANT, IMMANUEL, *Kritik der reinen Vernunft*, hg. v. Raymund Schmidt (= PhB 37a), Hamburg 1956
- *Die Religion* innerhalb der Grenzen der bloßen Vernunft, hg. v. Karl Vorländer (= PhB 45), Hamburg 1956.

Karl Barth in Deutschland (1921–1935). Aufbruch – Klärung – Widerstand, hg. v. Michael Beintker, Christian Link und Michael Trowitzsch, Zürich 2005.

KASCHNITZ, MARIE LUISE, Gesammelte Werke, Bd. 5: Die *Gedichte*, hg. v. Christian Büttrich und Norbert Miller, Frankfurt a. M. 1985.

KERN, UDO, „Er hängt die Erde über dem Nichts auf". Wider die *Verhunzung des Nichts*, ThZ 60, 2004, 228–253.

KERSHAW, IAN, *Hitler* 1889–1936. Aus dem Englischen von Jürgen Peter Krause und Jörg W. Rademacher, Stuttgart 1998.

KIERKEGAARD, SØREN, Vier erbauliche *Reden* 1844. Drei Reden bei gedachten Gelegenheiten 1845 (= Gesammelte Werke 13/14), hg. v. Emanuel Hirsch und Hayo Gerdes, Gütersloh 1964.
- Abschließende unwissenschaftliche *Nachschrift* zu den Philosophischen Brocken. Erster Teil (= Gesammelte Werke 16), hg. v. Emanuel Hirsch, Hayo Gerdes und Hans Martin Junghans, Gütersloh ²1988.
- Die *Krankheit zum Tode* (= Gesammelte Werke 24/25), hg. v. Emanuel Hirsch, Hayo Gerdes und Hans Martin Junghans, Gütersloh ²1982.
- *Buch des Richters*. Seine Tagebücher 1833–1855 im Auszug aus dem Dänischen von Hermann Gottsched, Jena 1905.

KILB, ANDREAS, Die nackten Masken. Eyes wide shut, in: Stanley *Kubrick*, hg. v. Andreas Kilb, Rainer Rother u.a., Berlin 1999, 233–248.

KINZEL, TILL, Ein kolumbianischer Guerillero der Literatur: Nicolás Gómes Dávilas *Ästhetik des Widerstands*. Germanisch-Romanische Monatsschrift 54, 2004, 87–107.

KLEE, PAUL, Über die moderne *Kunst*, Bern 1949.

KLEIN, GÜNTER, Rudolf *Bultmann* – ein unerledigtes theologisches Vermächtnis, ZThK 94, 1997, 177–201.
- Art. *Gesetz* III. Neues Testament, TRE XIII, Berlin/New York, 1984, 58–75.

Der *Mensch* als Thema neutestamentlicher Theologie, ZThK 75, 1978, 336–349.
- *Predigten*, Gütersloh 1971.

KLÜGER, RUTH, *weiter leben*. Eine Jugend, München 1994.

KOCH, DIETRICH-ALEX, Die *Schrift* als Zeuge des Evangeliums. Untersuchungen zur Verwendung und zum Verständnis der Schrift bei Paulus (= BHTh 69), Tübingen 1986.

KOEPPEN, WOLFGANG, *Jugend*, Frankfurt a. M. 1976.
- „Der Schriftsteller hat *rücksichtslos* zu sein". Gespräch mit Wolfgang Koeppen, in: Schriftsteller im Gespräch mit Heinz Ludwig Arnold, Bd. I, Zürich 1990, 69–113.
- Die elenden *Skribenten*. Aufsätze, hg. v. Marcel Reich-Ranicki, Frankfurt a. M. 1984.

KÖRTNER, ULRICH H.J., *Historischer Jesus* – geschichtlicher Christus. Zum Ansatz einer rezeptionsästhetischen Theologie, in: K. HUIZING/U. KÖRTNER/P. MÜLLER, Lesen und Leben. Drei Essays zur Grundlegung einer Lesetheologie, Bielefeld 1997, 99–135.
- *Theologie des Wortes Gottes*. Positionen – Probleme – Perspektiven, Göttingen 2001.

VAN DER KOOI, Karl Barths zweiter Römerbrief und seine Wirkungen, in: Karl Barth in Deutschland (s. dort), 57–75 [*Zweiter Römerbrief*].

KORSCH, DIETRICH, *Religion mit Stil*. Protestantismus in der Kulturwende, Tübingen 1997.

KRACAUER, SIEGFRIED, *Die Wartenden*, in: DERS., Das Ornament der Masse, Essays. mit einem Nachwort von Karsten Witte, Frankfurt a. M. 1977, 106–119.

KRAUS, KARL, *Aphorismen*. Sprüche und Widersprüche. Pro domo et mundo. Nachts (= Schriften, Bd. 8), hg. v. Christian Wagenknecht, Frankfurt a. M. 1986.

KRÖTKE, WOLF, Die *Christologie* Karl Barths als Beispiel für den Vollzug seiner Exegese, in: Karl Barths Schriftauslegung, hg. v. Michael Trowitzsch, Tübingen 1996, 1–21.
- Gottes Wort im „*Kant-Jahr*". Theologische Überlegungen zum Augenmaß des Glaubens, ZThK 101, 2004, 450–464.
- Die *Kirche im Umbruch* der Gesellschaft. Theologische Orientierungen im Übergang vom „real existierenden Sozialismus" zur demokratischen, pluralistischen Gesellschaft, Tübingen 1994.
- Die *Universalität* des offenbaren Gottes. Gesammelte Aufsätze (= BevTh 949, München 1985.

KUNERT, GÜNTER, Ohne Botschaft. *Gedichte*, Springe 2005.

KUNDERA, MILAN, *Der Scherz*. Roman, übersetzt von Susanna Roth, Frankfurt a. M. 1989.

LASKER-SCHÜLER, ELSE, Werke und Briefe (= Kritische Ausgabe, Bd. 7: *Briefe* 1914–1924), bearbeitet von Karl Jürgen Skrodzki, Frankfurt a. M. 2004.

LEHNERER, THOMAS, *Homo pauper*, Stuttgart 1993.

LEICHT, ROBERT, Wo keine Last ist, da lässt sich nur schwer lästern. Die Empörung vieler Muslime im Karikaturenstreit erscheint im säkularisierten Westen unverständlich. Doch ein leises Unbehagen bleibt: Ist uns denn nichts mehr heilig?, DIE ZEIT, 16.2.2006.

LÉVINAS, EMMANUEL, Heidegger, *Gagarin* und wir, in: DERS., Schwierige Freiheit. Versuch über das Judentum. Aus dem Französischen von Eva Moldenhauer, Frankfurt a. M. 1992.
- Wenn *Gott* ins Denken einfällt. Diskurse über die Betroffenheit von Transzendenz. Aus dem Französischen übersetzt von Thomas Wiemer. Mit einem Vorwort von Bernhard Casper, Freiburg/München ³1999.
- Die *Spur des Anderen*. Untersuchungen zur Phänomenologie und Sozialphilosophie. Übersetzt, herausgegeben und eingeleitet von Wolfgang Nikolaus Krewani, Freiburg/München ⁴1999.

LINK, CHRISTIAN, Bleibende Einsichten von *Tambach*, in: Karl Barth in Deutschland (s. dort), 333–346.
- Die *Welt als Gleichnis*. Studien zum Problem der natürlichen Theologie (= BevTh 73), München 1976.

LÖHR, HERMUT, *Wahrnehmung und Bedeutung* des Todes Jesu nach dem Hebräerbrief. Ein Versuch, in: Deutungen des Todes Jesu im Neuen Testament, hg. v. Jörg Frey und Jens Schröter, Tübingen 2005, 455–476.

LÜTZELER, PAUL MICHAEL, Hermann *Broch*. Eine Biographie, Frankfurt a. M. ²1986.

LUHMANN, NIKLAS, Die neuzeitlichen *Wissenschaften* und die Phänomenologie, Wien 1996.

LUKÁCS, GEORG, Die *Seele* und die Formen. Essays [1911], Sammlung Luchterhand, Neuwied 1971.

LUTHER, MARTIN, Weimarer Ausgabe, Weimar 1883ff [*WA*].

LUZ, ULRICH, Das *Geschichtsverständnis* des Paulus (= BevTh 49), München 1968.

MANN, KLAUS, *Gottfried Benns Prosa [1930]*, in: Benn – Wirkung wider Willen. Dokumente zur Wirkungsgeschichte Benns. Herausgegeben, eingeleitet und kommentiert von Peter Uwe Hohendahl, Frankfurt a. Main 1971, 138–140.

MANN, THOMAS, Frühe *Erzählungen 1893–1912* hg. v. Terence J. Reed, Malte Herwig und Hans R. Vaget (= Große kommentierte Frankfurter Ausgabe, Bd. 2.1), Frankfurt a. M. 2004.

- *Der Zauberberg*. Roman, hg. und textkritisch durchgesehen von Michael Neumann (= Große kommentierte Frankfurter Ausgabe, Bd. 5.1), Frankfurt a. M. 2002.
- *Lotte in Weimar*, hg. v. Werner Frizen (= Große kommentierte Frankfurter Ausgabe, Bd. 9.1), Frankfurt a. M. 2003.
- *Joseph und seine Brüder 1*, Gesammelte Werke in 13 Bänden, Bd. 4, Frankfurt a. M. 1974.
- *Erzählungen*, Gesammelte Werke in 13 Bänden, Bd. 8, Frankfurt a. M. 1974.
- *Briefe* 1937–1947, hg. v. Erika Mann, Frankfurt a. M. 1963.

MARTI, KURT, das lachen des *delphins*. Notizen und Details, hg. v. Niklaus Peter und Elsbeth Pulver, Zürich 2001.

MATT, PETER VON, *Nachwort* zu: ELIAS CANETTI, Über die Dichter. Mit einem Nachwort von Peter von Matt, München/Wien 2004, 125–132.

- Öffentliche Verehrung der *Luftgeister*. Reden zur Literatur, München/Wien 2003.
- ... fertig ist das *Angesicht*. Zur Literaturgeschichte des menschlichen Gesichts, München 2000.

MAUPASSANT, GUY DE, *Romans*, hg. v. Louis Forestier, Paris 1987.

MCNEILL, DANIEL, Das Gesicht. Eine Kulturgeschichte. Aus dem Amerikanischen von MICHAEL MÜLLER, Wien 2001.

MEISSNER, JOACHIM KARDINAL, Am Deich gibt es keine Kompromisse, FAZ 23.1.2002.

MENKE, CHRISTIAN, Die *Gegenwart der Tragödie*. Versuch über Urteil und Spiel, Frankfurt a. M. 2005.

MOLENDIJK, ARIE L., „Klopfen an die Wand". Die *Auseinandersetzung mit* Heinrich *Scholz*, in: Karl Barth in Deutschland (s. dort), 245–265.

MICHEL, WILHELM, Das Leben Friedrich Hölderlins. Mit einem Geleitwort zur Neuausgabe von Friedrich Beißner, Darmstadt 1963 [1940] [*Hölderlin*].

MISKOTTE, KORNELIS HEIKO, Wenn die *Götter* schweigen. Vom Sinn des Alten Testaments, München ²1963.

- Über Karl Barths Kirchliche Dogmatik. Kleine *Präludien* und Phantasien (= ThEx [NF] 89), 196.1

MITTELSTRAß, JÜRGEN, Das *Maß des Fortschritts*, FAZ 31.1.2002.

MÖRIKE, EDUARD, Sämtliche Werke, Bd. 1, hg. v. Helga Unger, München 1967 [SW I].

MOLTMANN, JÜRGEN, *Die ersten Freigelassenen der Schöpfung* Versuche über die Freude an der Freiheit und das Wohlgefallen am Spiel, München ⁶1981.

- Weiter Raum. Eine *Lebensgeschichte*, Gütersloh 2006.

MOMMSEN, HANS, Nationalsozialismus als *vorgetäuschte Modernisierung*, in: DERS., Der Nationalsozialismus und die deutsche Gesellschaft. Ausgewählte Aufsätze, Reinbek 1991, 405–427.

MONTAIGNE, MICHEL DE, *Essais* [Versuche] nebst des Verfassers Leben nach der Ausgabe von Pierre Coste ins Deutsche übersetzt von Johann Daniel Tietz. Erster Theil, Zürich 1992.

MOSER, TILMANN, *Gottesvergiftung*, Frankfurt a. M. 1980.

MOSTERT, WALTER, *Leben und Überleben* als Thema der Eschatologie, in: Gerechtigkeit, Friede, Bewahrung der Schöpfung. Theologische Überlegungen, hg. v. Hans Weder, Zürich 1990, 123–138.

- *Sinn oder Gewißheit*? Versuche zu einer theologischen Kritik des dogmatistischen Denkens (= HUTh 16), Tübingen 1976.

MUSIL, ROBERT, Der *Mann ohne Eigenschaften*, hg. v. Adolf Frisé, Reinbek 1952.

NABOKOV, VLADIMIR, *Erinnerung*, sprich. Wiedersehen mit einer Autobiographie. Deutsch von DIETER E. ZIMMER, Hamburg 1999.

Nationalsozialismus und Modernisierung, hg. v. Michael Prinz und Rainer Zitelmann, Darmstadt 1991.

NEBEL, GERHARD, Schmerz des Vermissens. *Essays*. Ausgewählt von Gerald Zschorsch, Stuttgart 2000.

NESKE, GÜNTHER und EMIL KETTERING (Hg.), *Antwort*. Martin Heidegger im Gespräch, Pfullingen 1988.

NEVEN, GERRIT, *Barth lezen*. Naar een dialogische dogmatiek, Zoetermeer 2003.

- Illegale Theologenausbildung: Sammelvikariate 1937–1940 (= Dietrich Bonhoeffer Werke 15), hg. v. Dirk Schulz, Gütersloh 1998 [DBW 15].
- Konspiration und Haft 1940–1945 (= Dietrich Bonhoeffer Werke 16), hg. v. Jørgen Glenthøj, Ulrich Kabitz und Wolf Krötke, Gütersloh 1996 [DBW 16].

BOLLNOW, OTTO FRIEDRICH, Das Wesen der Stimmungen [1941], Frankfurt a. M. [8]1995.
- Über die *Dankbarkeit*, in: Danken und Dankbarkeit [s. oben], 37–63.

BORCHARDT, RUDOLF, Gesammelte *Briefe* 1, 1899–1929, hg. v. Gerhard Schuster und Hans Zimmermann, München 1994.

BORCHERS, ELISABETH, Eine Geschichte auf Erden. Gedichte, Frankfurt a. M. 2002.

BORGES, JORGE LUIS, *Inquisitionen*, Essays 1941–1951, Frankfurt a. M. 1992.
- Das *Handwerk* des Dichters. Aus dem Englischen von Gisbert Haefs, München 2002.
- *Nueva Refutación Del Tiempo*, in: DERS., Obras completas. 1923–1972, Buenos Aires 1974, 757–771.

BORNKAMM, KARIN, Die reformatorische Lehre vom *Amt Christi* und ihre Umformung durch Karl Barth, ZThK Beiheft 6, Zur Theologie Karl Barths. Beiträge aus Anlaß seines 100. Geburtstags, 1986, 1–32.
- Christus – König und Priester. Das *Amt Christi bei Luther* im Verhältnis zur Vor- und Nachgeschichte (= BHTh 106), Tübingen 1998.

BORSCHEID, PETER, Das Tempo-Virus. Eine Kulturgeschichte der Beschleunigung, Frankfurt a. M. 2004.

BRAUN, VOLKER, Himmelhoch, zutode, FAZ 10.3.2001.

BRECHT, BERT, Die *Gedichte* von Bertolt Brecht in einem Band, Frankfurt a. M. 1981.
- Aufstieg und Fall der Stadt *Mahagonny*, in: Stücke 2 (= Werke. Große kommentierte Berliner und Frankfurter Ausgabe, 2), hg. v. Werner Hecht, Jan Knopf u.a., Frankfurt a. M. 1988, 333–392.
- *Fatzer*, in: Stücke 10. Stückfragmente und Stückprojekte. Teil 1, (= Werke, Große kommentierte Berliner und Frankfurter Ausgabe, 10), hg. von Werner Hecht, Jan Knopf u.a., Frankfurt a. M. 1997, S. 387–529.
- *Journale* 1. 1913–1914 (= Werke. Große kommentierte Berliner und Frankfurter Ausgabe, 26), hg. v. Werner Hecht, Jan Knopf u.a., Frankfurt a. M. 1994.

BREDEKAMP, HORST, *Darwins Korallen*. Frühe Evolutionsmodelle und die Tradition der Naturgeschichte, Berlin 2005.

VON BUBNOFF, NICOLAI (Hg.): Das dunkle Antlitz. Russische Religionsphilosophen. Bd. 1, Köln 1966.

BÜCHNER, GEORG, Sämtliche Werke, Briefe und Dokumente, Bd. 1: Dichtungen, hg. v. Henri Poschmann, Frankfurt a. M. 1992 [SW I].
- Bd. 2: Schriften, Briefe, Dokumente, hg. v. Henri Poschmann, Frankfurt a. M. 1999 [SW II].

BULTMANN, RUDOLF, Glauben und Verstehen. Gesammelte Aufsätze. Bd. III, Tübingen [3]1965 [GuV III].
- Glauben und Verstehen. Gesammelte Aufsätze. Bd. IV, Tübingen [4]1984 [GuV IV].
- Theologische *Enzyklopädie*, hg. v. Eberhard Jüngel und Klaus W. Müller, Tübingen 1984.

BURCKHARDT, JACOB, Aesthetik der bildenden Kunst; Über das Studium der Geschichte. Mit dem Text der „*Weltgeschichtlichen Betrachtungen*" in der Fassung von 1905, aus dem Nachlaß hg. v. Peter Ganz (= Jacob Burckhardt Werke. Kritische Gesamtausgabe Bd. 10), München/Basel 2000.

BUSCH, EBERHARD, *Humane Theologie*. Texte und Erläuterungen zur Theologie des alten Karl Barth (= Polis 32. Evangelische Zeitbuchreihe), Zürich 1967.
- Karl Barths *Lebenslauf*, München [4]1986.
- Die große *Leidenschaft*. Einführung in die Theologie Karl Barths, Gütersloh 1998.

BUSCH, WILHELM, Gesamtausgabe in vier Bänden, hg. v. Friedrich Bohne, Wiesbaden 1968 [GA].

CAMUS, ALBERT, Der *Mensch in der Revolte*. Essays, Reinbek 1969.

CANETTI, ELIAS, Die *Fliegenpein*. Aufzeichnungen, München 1992.
- Das *Gewissen* der Worte. Essays, Frankfurt a. M. 1989.

NIETZSCHE, FRIEDRICH, Sämtliche Werke. Kritische Studienausgabe, hg. v. Giorgio Colli und Mazzino Montinari: München 1980ff [*KStA*].

NOOTEBOOM, CEES, *Philip* und die anderen, Frankfurt a. M. 2003 [1955].

OBLAU, GOTTHARD, Gotteszeit und Menschenzeit. *Eschatologie* in der Kirchlichen Dogmatik von Karl Barth (= Neukirchener Beiträge zur Systematischen Theologie 6), Neukirchen 1988.

OVERBECK, FRANZ, *Christentum* und Kultur. Gedanken und Anmerkungen zur modernen Theologie, hg. v. C.A. Bernoulli, Darmstadt 1973 (1919).

PANNENBERG, WOLFHART, Wissenschaftstheorie und Theologie, Frankfurt a. M. 1977.

PASCAL, BLAISE, Über die Religion und einige andere Gegenstände (*Pensées*), übertragen und hg. v. Ewald Wasmuth, Heidelberg [6]1963.

PASLEY, MALCOLM, „Die Schrift ist unveränderlich ..." *Essays* zu Kafka, Frankfurt a. M. 1995.

PASTERNAK, BORIS, Doktor *Schiwago*, Frankfurt a. M. 1964.

PETER, NIKLAUS, Karl *Barth als* Leser und *Interpret Nietzsches*, ZNThG 1, 1994, 251–264.

PAUL, JEAN, *Siebenkäs*, hg. v. Klaus Pauler, edition text und kritik, München 1991.

PFLEIDERER, GEORG, Karl Barths praktische Theologie. Zu Genese und Kontext eines paradigmatischen Entwurfs systematischer Theologie im 20. Jahrhundert (= BHTh 115), Tübingen 2000.

PICHT, GEORG, *Kunst und Mythos*. Mit einer Einführung von Carl Friedrich von Weizsäcker (Vorlesungen und Schriften), hg. v. Constanze Eisenbart, Stuttgart 1986.

– Das richtige *Maß* finden. Der Weg des Menschen ins 21. Jahrhundert. Mit einem Vorwort von Carl Friedrich von Weizsäcker, hg. v. Carl Friedrich von Weizsäcker und Constanze Eisenbart, Freiburg 2001.

– Von der *Zeit* (Vorlesungen und Schriften), hg. v. Constanze Eisenbart, Stuttgart 1999.

Pluralismus als Markenzeichen. Eine Stellungnahme evangelischer Ethiker zur Debatte um die Embryonenforschung, FAZ 23.1.2002.

PROUST, MARCEL, Auf der *Suche* nach der verlorenen Zeit. Deutsch von Eva Rechel-Mertens, 12 Bd., Frankfurt a. M. 1982.

DE QUERVAIN, ALFRED, Die Heiligung. *Ethik*. Erster Teil, [2]1946.

RADISCH, IRIS, Oh Gott. Das Comeback der Religion in der Literatur, DIE ZEIT 7.9.2006.

VON RAD, GERHARD, Theologische *Geschichtsschreibung* im Alten Testament, in: DERS., Gottes Wirken in Israel, hg. v. Odil Hannes Steck, Neukirchen 1974, 175–190.

– *Predigten*, hg. v. Ursula von Rad, München 1972.

RAHNER, KARL, Geistliches *Abendgespräch* über den Schlaf, das Gebet und andere Dinge, in: DERS., Schriften zur Theologie, Bd. III: Zur Theologie des geistlichen Lebens, Einsiedeln [7]1967, 263–281.

RENDTORFF, TRUTZ, Theologie in der Moderne. Über Religion im Prozeß der Aufklärung (= Troeltsch-Studien 5), Gütersloh 1991.

– Karl *Barth und die Neuzeit*. Fragen zur Barth-Forschung, EvTh 46, 1986, 298–314.

RICŒUR PAUL, Wege der Anerkennung. Aus dem Französischen von Ulrike Bokelmann und Barbara Heber-Scherer, Frankfurt a. M. 2006.

RILKE, RAINER MARIA, Die Aufzeichnungen des *Malte Laurids Brigge*, in: DERS., Werke Bd. 3: Prosa und Dramen, hg. v. August Stahl u.a. Frankfurt a. M. /Leipzig 1996, 453–637.

RITSCHL, ALBRECHT, Die christliche Lehre von der *Rechtfertigung und Versöhnung*, 3 Bd., Bonn I: [3]1889, II: [3]1889, III: [3]1888.

– *Unterricht* in der christlichen Religion (Nachdruck, hg. v. Gerhard Ruhbach, TKTG 3, Gütersloh 1966), Bonn 1875

RUBIN, WILLIAM S., *Surrealismus*, Stuttgart 1979.

RUSCHKE, WERNER M., Entstehung und Ausführung der *Diastasentheologie* in Karl Barths zweitem „Römerbrief" (= NBST 5), Neukirchen 1987.

SACHS, NELLY, *Fahrt* ins Staublose. Gedichte, Frankfurt a. M. 1988.

SAFRANSKI, RÜDIGER, Himmel und Erde aus dem Nichts. Über das Anfangen, FAZ 21.12.1991.

SARTRE, JEAN-PAUL, *Paris* unter der Besatzung. Artikel, Reportagen, Aufsätze 1944–1945, hg. übersetzt und mit einem Nachwort von Hanns Grössel, Reinbek 1980.

Sehr geehrte Leserinnen und Leser,

dieser Auflage beigelegt finden Sie umseitig Seite 556 aus dem Literaturteil.
Aufgrund eines technischen Fehlers wurde an dieser Stelle im Buch eine falsche Seite gedruckt.

Wir bitten Sie und den Autor um Entschuldigung und freundliche Beachtung.

VANDENHOECK & RUPRECHT

SAUTER, GERHARD, *Prophetisches Reden* in der Kirche?, in: Geschichtserfahrung und die Suche nach Gott. Die Geschichtstheologie Ervin Vályi Nagys, hg. v. Ágnes Vályi-Nagy, Stuttgart 2000, 176–188.
SCHELER, MAX, *Tod und Fortleben*, in: DERS., Zur Ethik und Erkenntnislehre (= Schriften aus dem Nachlaß I), Berlin 1933, 1–51.
SCHELLING, FRIEDRICH WILHELM JOSEPH, Philosophische Untersuchungen über das *Wesen der menschlichen Freiheit* und die damit zusammenhängenden Gegenstände (1809) (Ausgewählte Werke, Schriften von 1806–1813), Nachdruck Darmstadt 1990.
SCHELLONG, DIETER, *Barmen II* und die Grundlegung der Ethik, in: ΠΑΡΡΗΣΙΑ. Karl Barth zum achtzigsten Geburtstag am 10. Mai 1966, hg. v. Eberhard Busch, Jürgen Fangmeier, Max Geiger, Zürich 1966, 491–521.
– *Bürgertum* und christliche Religion. Anpassungsprobleme der Theologie seit Schleiermacher (= TEH NF 187), München 1975.
– *Hermeneutik und Kritik*, EvTh 38, 1978, 213–226.
SCHILDT, AXEL, NS-Regime, Modernisierung und Moderne. Anmerkungen zur *Hochkonjunktur* einer andauernden Diskussion, in: Nationalsozialismus aus heutiger Perspektive, hg. v. Dan Diner und Frank Stern (= Tel Aviver Jahrbuch für deutsche Geschichte 23), Tel Aviv 1994.
SCHILLER, FRIEDRICH, Schillers Werke, hg. v. Lieselotte Blumenthal und Benno von Wiese, Bd. 28: Briefwechsel. Schillers Briefe 1795–1796, hg. v. Norbert Oellers, Weimar 1969 [Briefe].
– Nänie, in: Schillers Werke, hg. v. Norbert Oellers und Siegfried Seidel, Bd. 2/1: Gedichte, hg. v. Norbert Oellers, Weimar 1983, 326 [*Gedichte*].
SCHIRNDING, ALBERT VON, *Bedenkzeit*. Gedichte und Prosa, Ebenhausen 1977.
SCHIRRMACHER, FRANK (Hg.), Die *Darwin AG*. Wie Nanotechnologie, Biotechnologie und Computer den neuen Menschen träumen, Köln 2001.
– Bioputsch, FAZ 6.6.2001.
– Privatschule des Lebens. Der Embryo im Zeitalter Gerhard Schröders, FAZ 22.5.2001.
SCHLEGEL, FRIEDRICH, *Charakteristiken* und Kritiken I (1796–1801) (= Kritische Friedrich Schlegel Ausgabe II), hg. v. Hans Aichner, München/Paderborn/Wien 1967.
SCHLEGEL, THOMAS, *Theologie* als unmögliche Notwendigkeit. Der Theologiebegriff Karl Barths in seiner Genese (1914–1932), Neukirchen 2007.
SCHLEIERMACHER, FRIEDRICH, *Monologen*. Eine Neujahrsgabe [⁴1829], in: DERS., Kritische Gesamtausgabe. Erste Abteilung, Bd. 12: Über die Religion (2.–) 4. Auflage, Monologen (2.–) 4. Auflage, hg. v. Günter Meckenstock, Berlin/New York 1995.
SCHMID, WILHELM, Schönes Leben? Einführung in die *Lebenskunst*, Frankfurt a. M. 2000.
SCHMÖLDERS, CLAUDIA, Hitlers Gesicht. Eine physiognomische Biographie, München 2000.
SCHNEIDER, WOLFGANG, Die Enzyklopädie der *Faulheit*. Ein Anleitungsbuch, Frankfurt a. M. ⁴2003.
SCHOPENHAUER, ARTHUR, *Aphorismen* zur Lebensweisheit, in: DERS., Arthur Schopenhauers Werke in fünf Bänden, hg. v. Ludger Lütkehaus, Bd. IV, Zürich 1988, 311–483.
– Vereinzelte, jedoch systematisch geordnete *Gedanken* über vielerlei Gegenstände (= Arthur Schopenhauers Werke in fünf Bänden), hg. v. Ludger Lütkehaus, Bd. V, Zürich 1988.
SCHÜßLER, INGEBORG, Art. Wahrheit/Wahrhaftigkeit. IV. Philosophisch, TRE 35, 2003, 347–363.
SCHULZ, WALTER, Ich und Welt. Philosophie der *Subjektivität*, Pfullingen 1979.
SEIDLER, GÜNTER H.; ECKART, WOLFGANG U. (Hg.), *Verletzte Seelen*. Möglichkeiten und Perspektiven einer historischen Traumaforschung, Gießen 2005.
SIEBURG, FRIEDRICH, Zur *Literatur* 1957–1963, hg. v. Fritz J. Raddatz, Stuttgart 1981.
SIMMEL, GEORG, *Dankbarkeit*. Ein soziologischer Versuch [1907], in: DERS., Schriften zur Soziologie, hg. v. und eingeleitet von Heinz-Jürgen Dahme und Otthein Rammstedt, Frankfurt a. M. 1983, 210–218.
SLOTERDIJK, PETER, *Eurotaoismus*. Zur Kritik der politischen Kinetik, Frankfurt a. M. 1989.
– Regeln für den *Menschenpark*. Ein Antwortschreiben zu Heideggers Brief über den Humanismus, Frankfurt a. M. 1999.
– *Sphären I*, Blasen, Frankfurt a. M. ⁵2000.

- *Sphären II*, Globen, Frankfurt a. M. 1999.
- *Sphären III*, Schäume, Frankfurt a. M 2004.

SMEND, RUDOLF, *Karl Barth als Ausleger* der Heiligen Schrift [1988], in: DERS., Epochen der Bibelkritik. Gesammelte Studien Band 3 (= BevTh 109), München 1991, 216–246.

- *Nachkritische Schriftauslegung* [1966], in: DERS., Die Mitte des Alten Testaments. Gesammelte Studien Band 1 (= BevTh 99), München 1986, 212–232.

SPIECKERMANN, INGRID, *Gotteserkenntnis*. Ein Beitrag zur Grundfrage der neuen Theologie Karl Barths (= BevTh 97), München 1985.

SPIES, WERNER, *Duchamp* starb in seinem Badezimmer an einem Lachanfall. Portraits, München/Wien 2005.

- Der *Surrealismus*. Kanon einer Bewegung, Köln 2003.

SPIEWAK, MARTIN, Alle Macht geht vom Forscher aus. Brasilien, Indien, China – die *Schwellenländer* wollen zu Großmächten der Wissenschaft aufsteigen, DIE ZEIT, 16.6.2005.

SPINOZA, BENEDICTUS DE, Ethica ordine geometrico demonstrata, Opera – Werke. Lateinisch und deutsch, Bd. II, hg. v. Konrad Blumenstock, Darmstadt 1967 [*Ethik*].

STACH, RAINER, *Kafka*. Die Jahre der Entscheidungen, Frankfurt a. M. 2002.

STAIGER, EMIL, Die Kunst der *Interpretation*. Studien zur deutschen Literaturgeschichte, München 1971.

STADLER, ARNOLD, Der Tod und ich, wir zwei, Salzburg 1996.

STECK, KARL GERHARD/DIETER SCHELLONG, Karl *Barth und die Neuzeit* (= TEH NF 173), München 1973.

STEFFENSKY, FULBERT, Das Haus, das die *Träume* verwaltet, Würzburg 1998.

STEINACKER, PETER, *Karl Barths „Römerbrief"*. Ein expressionistischer Schrei?, in: Anstöße 34, 1987, 12–22.

- *Passion und Paradox*. Der Expressionismus als Verstehenshintergrund der theologischen Anfänge Paul Tillichs. Ein Versuch, in: God and Being / Gott und Sein. Beiträge des II. Internationalen Paul-Tillich-Symposions in Frankfurt, hg. v. Gert Hummel, Berlin/New York 1989, 59–99.

STEINER, GEORGE, *Errata*. Bilanz eines Lebens. Aus dem Englischen von Martin Pfeiffer, München 2002.

- Der *Garten des Archimedes*. Essays. aus dem Englischen von Michael Müller, München/Wien 1997.
- Wir alle sind *Gäste des Lebens* und der Wahrheit. Über die willkürliche Gabe der Existenz, das Wunder des Staates Israel und den verlorenen Adel des jüdischen Volkes: Dankesrede aus Anlaß der Verleihung des Börne-Preises, FAZ 31.5.2003.
- Von realer *Gegenwart*. Hat unser Sprechen Inhalt? Mit einem Nachwort von Botho Strauß. Aus dem Englischen von Jörg Trobitius, München/Wien 1990.
- Der *Meister* und seine Schüler. Aus dem Englischen von Martin Pfeiffer, München/Wien 2003.
- Grammatik der *Schöpfung*. Aus dem Englischen von Martin Pfeiffer, München 2004.
- Martin *Heidegger*. Eine Einführung. Aus dem Englischen von Martin Pfeiffer, München/Wien 1989.
- *Sprache und Schweigen*. Essays über Sprache, Literatur und das Unmenschliche, Frankfurt a. M. 1973.
- *Warum Denken traurig macht*. Zehn (mögliche) Gründe. Aus dem Englischen von Nicolaus Bornhorn. Mit einem Nachwort von Durs Grünbein, Frankfurt a. M. 2006.

STERNBERGER, DOLF, *Gang zwischen Meistern* (= Schriften VIII), Frankfurt a. M. 1987.

STOEVESANDT, HINRICH, Die Göttinger *Dogmatikvorlesung* Grundriß der Theologie Barths, in: Karl Barth in Deutschland (s. dort), 78–98.

- Karl Barths *Erwählungslehre* als Exempel der „christologischen Konzentration", in: Gottes freie Gnade. Studien zur Lehre von der Erwählung, hg. v. Michael Beintker, Wuppertal 2004, 93–117.
- Predigtmeditation über Lk 12,42–48, *GPM 94*, 2005, 520–525.

- *Gottes Freiheit* und die Grenze der Theologie. Gesammelte Aufsätze, hg. v. Elisabeth Stoevesandt und Gerhard Sauter, Zürich 1992.
- *Wehrlose Wahrheit.* Die Christus bekennende Kirche inmitten der Vielfalt der Religionen, ZThK 102, 2005, 204–225.
- Karl Barth – verstaubter Kirchenvater oder theologischer *Wegweiser* im 21. Jahrhundert? ThZ 56, 2000, 342–358.

STRAUß, BOTHO, Der Aufstand gegen die sekundäre Welt. Bemerkungen zu einer Ästhetik der *Anwesenheit*, München/Wien 1999.
- *Beginnlosigkeit.* Reflexionen über Fleck – und Linie, München 1992.
- *Der junge Mann*, München/Wien 1984.
- Die *Fehler des Kopisten*, München/Wien 1997.
- *Fragmente* der Undeutlichkeit, München/Wien 1989.
- Der Erste, der Letzte. Warum uns der große *Lessing* nicht mehr helfen kann, DIE ZEIT 6.9.2001.
- *Niemand anderes*, München ²1994.
- Das *Partikular*, München/Wien 1999.
- Am *Rand.* Wo sonst, DIE ZEIT 31.5.2000.
- *Der Untenstehende* auf Zehenspitzen, München/Wien 2004.
- *Wohnen* Dämmern Lügen, München/Wien 1994.

SUTTERLÜTY, FERDINAND, *Gewaltkarrieren.* Jugendliche im Kreislauf von Gewalt und Missachtung, Frankfurt/New York 2002.
SZONDI, PETER, *Schriften I*, Theorie des modernen Dramas (1880–1950). Versuch über das Tragische, Hölderlin-Studien. Mit einem Traktat über philologische Erkenntnis, hg. v. Jean Bollack u.a., Frankfurt a. M., 1978.
TABORI, GEORGE, *Mein Kampf*, in: Spectaculum 46. Sechs moderne Theaterstücke. Thomas Bernhard – Maxim Gorki – Thomas Hürlimann – Gerlind Reinshagen – Arthur Schnitzler – George Tabori, Frankfurt a. M. 1988, 267–308.
THEUNISSEN, MICHAEL, Negative *Theologie der Zeit*, Frankfurt a. M. 1991.
THOMÉSE, P. F., *Schattenkind.* Aus dem Niederländischen von Andreas Ecke, Berlin 2004.
- *Über der Erde.* Erzählungen. Aus dem Niederländischen von Rotraut Keller, Berlin 2005.
TILLICH, PAUL, *Systematische Theologie.* Bd. I und II [1958], Berlin/New York ⁸1987.
TRILLHAAS, WOLFGANG, *Dogmatik*, Berlin/New York ⁴1980.
TROELTSCH, ERNST, Zur religiösen Lage, Religionsphilosophie und Ethik (= Gesammelte Schriften Bd. 2), Tübingen 1913 [*GS II*].
TURK, HORST, „Aber die Zeit verliert uns." Zur Struktur der historischen Zeit am Beispiel von Büchners „*Danton*", in: Sagen, was die Zeit ist, hg. v. Enno Rudolph, Stuttgart 1992, 93–112.
UNGARETTI, GIUSEPPE, Vita d'un uomo. Ein *Menschenleben* (= Werke in 6 Bänden, Bd. 3), hg. v. Angelika Baader und Michael von Killisch-Horn, München 1992.
VALÉRY, PAUL, Über *Kunst*. Essays, Frankfurt a. M. 1959.
- *Windstriche.* Aufzeichnungen und Aphorismen. Aus dem Französischen von Bernhard Böschenstein, Hans Straub und Peter Szondi, Frankfurt a. M. 1995 [1960].
- Zur Zeitgeschichte und Politik (= Werke. Frankfurter Ausgabe, Bd. 7), hg. v. Jürgen Schmidt-Radefeldt, Frankfurt a. M. 1995 [*Werke 7*].
VIETTA, SILVIO, *Heideggers Kritik am Nationalsozialismus* und an der Technik, Tübingen 1989.
VOGEL, HEINRICH, *Der Christ und das Schöne*, Berlin 1955.
VOLPI, FRANCO, Der Denker aus dem Nichts. Aphorismen als Lebensform: Der kolumbianische Philosoph Nicolás Gómez *Dávila*, FAZ 15.5.2004.
VOLF, MIROSLAV, Christliche *Identität* und Differenz. Zur Eigenart der christlichen Präsenz in den modernen Gesellschaften, ZThK 92, 1995, 357–375.
WAINWRIGHT, GEOFFREY, *Doxology.* The Praise of God in Worship, Doctrine, and Life. A Systematic Theology, London 1980.
WALSER, MARTIN, Beschreibung einer *Form.* Versuch über Kafka, Frankfurt a. M. [1961] 1992.

- *Lieber schön als wahr.* Eine Rede über Hölderlin, Kierkegaard und DIE ZEIT, über Wörter der Macht und solche, die eine Begegnung mit dem Religiösen ermöglichen, DIE ZEIT 16.1.2003.
- *Meßmers Reisen,* Frankfurt a. M. 2003.
- Ich vertraue. *Querfeldein.* Reden und Aufsätze, Frankfurt a. M. 2000.
- *Selbstbewußtsein* und Ironie. Frankfurter Vorlesungen, Frankfurt a. M. 1981.
- Die *Verwaltung des Nichts.* Aufsätze, Reinbek 2004.

WALSER, ROBERT, *Erzählungen* (1907–1916), Romane und Erzählungen Bd. 5, 1984.
- *Jakob von Gunten.* Roman, Romane und Erzählungen Bd. 3, 1984 [1909].

WANNENWETSCH, BERND, *Plurale Sinnlichkeit.* Glaubenswahrnehmung im Zeitalter der virtual reality, NZSyTh 42, 2000, 299–315.

WEBER, MAX, *Wissenschaft als Beruf* [1917/1919] (= Max Weber-Gesamtausgabe I/17), hg. v. Wolfgang J. Mommsen und Wolfgang Schluchter, Tübingen 1992.

WEINRICH HARALD, Knappe *Zeit.* Kunst und Ökonomie des befristeten Lebens, München 2004.

VON WEIZSÄCKER, CARL FRIEDRICH, Erinnerungen an Martin *Heidegger,* in: DERS., Der Garten des Menschlichen. Beiträge zur geschichtlichen Anthropologie, Frankfurt a. M. 1977, 301–307.
- Die *Tragweite der Wissenschaft.* Bd. 1, Schöpfung und Weltentstehung. Die Geschichte zweier Begriffe, Stuttgart ^{5}1976 (1964).
- *Wahrnehmung der Neuzeit,* München/Wien ^{5}1984.

WENZ, GUNTHER, *Religion.* Aspekte ihres Begriffs und ihrer Theorie in der Neuzeit (= Studium Systematische Theologie Bd. 1), Göttingen 2005.
- Geschichte der *Versöhnungslehre* in der evangelischen Theologie der Neuzeit, Bd. 1 (= Münchener Monographien zur historischen und systematischen Theologie 9), München 1984.

Wie ich mich geändert habe, hg. v. Jürgen Moltmann (= KT 151), Gütersloh 1997.

WILLEMS, GOTTFRIED, *Abschied* vom Wahren – Schönen – Guten. Wilhelm Busch und die Anfänge der ästhetischen Moderne (= Jenaer Germanistische Forschungen Neue Folge 3), Heidelberg 1998.

WITTGENSTEIN, LUDWIG, *Vortrag über Ethik* und andere kleine Schriften, hg. v. Joachim Schulte, Frankfurt a. M. 1989.

WITTRAM, REINHARD, Das *Interesse an der Geschichte.* Zwölf Vorlesungen über Fragen des zeitgenössischen Geschichtsverständnisses, Göttingen ^{3}1968.

WOLLSCHLÄGER, HANS, Denn es gehet den Menschen wie dem Vieh, FAZ 2.4.2001.

WOLF, CHRISTA, *Kindheitsmuster.* Roman, Sammlung Luchterhand, Darmstadt 1979 [1976].
- Voraussetzungen einer Erzählung: Kassandra. Frankfurter *Poetik-Vorlesungen,* Darmstadt 1983.
- *Störfall,* Nachrichten eines Tages, Darmstadt 1987.

WOLF, ERNST, Zur *Gegenwartslage* der Theologie, EvTh 9, 1949/50, 286–290.
- Libertas christiana und *libertas ecclesiae,* EvTh 9, 1949/50, 127–142.

ZEINDLER, MATTHIAS, Gott und das Schöne. Studien zur Theologie der Schönheit (= FSyÖTh 68), Göttingen 1993.

Personenregister

Adorno, Th. 16, 22f, 26, 32–35, 38f, 45, 54, 74, 87, 109, 118f, 133, 165f, 169, 205, 208, 210–212, 214, 223, 227, 231f, 237, 247, 269, 271, 278, 288, 290, 300, 308, 339, 341, 350, 353, 359, 362, 418f, 437, 445, 461, 464, 467f, 473, 488, 498, 518f
Aichinger; I. 288, 377, 419, 519
Aldrich, Th.B. 468
Allen, W. 197
Alt, P.-A. 198
Améry, J. 86, 517f
Aquin, Th. von 226
Arendt, H. 14, 35, 60, 63, 108, 128, 155, 168–170, 221, 223, 267, 276, 362, 372, 401, 405, 427, 441, 448, 450, 517, 521
Aristoteles 22, 155, 514, 517
Arnim, B. von 23f, 464
Arndt, H.W. 238
Assel, H. 156, 224
Athanasius 248
Augustinus 15, 164, 262, 450

Bachmann, I. 28, 115, 125, 145, 178, 302f, 396f, 481, 513
Bacon, F. (Viscount Saint Albans) 238, 247, 267
Bacon, F. 142, 186
Balthasar, H.U. von 37, 202, 317
Barth, U. 132
Baudelaire, Ch. 49, 58, 114, 129, 165, 204, 213, 278
Bauer, F. 191, 254, 364
Baumgart, R. 49, 114, 163, 283
Bayer, O. 187, 262, 504, 518
Becker, J. 127
Beckett, S. 113, 138, 186, 208, 223, 232, 271, 288, 304, 496
Beethoven, L. van 464, 517
Beintker, M. 42, 234, 249, 361
Benjamin, W. 155, 271, 412, 518
Benn, G. 23, 27, 36, 39, 42f, 51, 57, 68, 85, 93, 108, 112–114, 120, 123, 129, 133, 137, 145, 152, 161, 185, 190f, 205, 209f, 217f, 252, 256, 267, 283, 287, 295, 299, 302–305, 307, 325, 340, 344, 348, 350, 364, 368, 395, 413, 447, 468, 474, 510
Bernhard, Th. 25
Bethge, E. 56, 314, 496
Bieritz, K.-H. 349
Biser, E. 285
Bloch, E. 14, 157, 161, 255, 270, 348, 358, 494
Blochmann, E. 63
Blumenberg, H. 144, 253f, 268, 292, 305, 350, 410, 427, 448, 511
Blumhardt, Chr. 223, 503
Böckenförde, E.-W. 142, 368
Börne, L. 108, 397
Bohrer, K.-H. 124, 179, 209, 350
Bonhoeffer, D. 449, 451, 457, 483, 495, 517, 526, 544
Bollnow, O.-F. 335, 429f
Borchardt, R. 266, 446, 503, 520
Borchers, E. 375
Borges, J.L. 191, 199, 350, 375, 470
Bornkamm, K. 151, 316, 408
Borscheid, P. 310
Bradbury, R. 416
Braque, G. 205, 367
Braun, V. 275
Brecht, B. 18f, 114, 187, 192, 268, 299
Bredekamp, V. 21
Breton, A. 211
Bresson, R. 411
Brod, M. 19, 136, 302, 383, 450, 513, 553
Brunner, E. 78, 216, 226, 417
Büchner, G. 97, 113, 115, 120f, 172, 178, 183, 283, 295–297, 302, 309f, 338, 372, 379, 410, 517
Bultmann, R. 91, 198, 233f, 246, 369, 400, 412, 414, 530
Burckhardt, J. 206, 273f
Busch, E. 68, 87, 316, 341, 522
Busch, W. 119, 252, 324

Calvin, J. 15, 173, 248, 332
Camus, A. 162f, 307
Canetti, E. 17–20, 26, 34, 36f, 39, 50, 62, 70, 72, 80, 85, 90, 95, 97, 107, 121f, 136,

154, 157, 164, 168f, 172, 185, 190, 212f,
  223, 231, 252, 272, 274f, 278, 282, 297,
  300, 306, 322, 325f, 344f, 348, 384, 403,
  419, 422, 426, 446, 448, 491, 512, 518,
  521, 525
Carossa, H. 396
Celan, P. 38, 89, 120, 128, 133, 145, 223,
  384, 496, 510
Cézanne, P. 235
Chaplin, Ch. 469
Chargaff, E. 127, 160, 197, 274, 372, 498
Chesterton, G.K. 13, 157, 162, 186, 383
Chirico, G. de 92, 214
Claudius, M. 372
Cocteau, J. 127
Coetzee, J.M. 357, 381
Conrad, J. 120, 204
Corbusier, Le (Charles Jeanneret) 412
Corot, J.-B.C. 340
Curtius, E. R. 21, 240

Dahrendorf, R. 280
Dalferth, I.U. 100, 132, 394, 478
Dali, S. 212, 300
Damascenus, J. 248
Darwin, Ch. 21
Daston, L. 152
Dávila, N.G. 228, 245, 305
Descartes, R. 238–242, 249, 267
Dick, U. 529
Diem, H. 406
Dilthey, W. 239
Dix, O. 186
Domin, H. 156
Dostojewski, F. 49, 223, 334, 413
Drewes, H.-A. 151
Dürer, A. 409
Dürrenmatt, F. 269, 401, 413
Düsing, E. 17

Ebeling, G. 150, 233, 262, 348, 369, 529
Eco, U. 15
Eich, G. 20
Ekelöf, G. 374
Enzensberger, Chr. 170
Ernst, M. 165, 210, 233, 538
Esterházy, P. 123

Fähler, J. 207
Faulkner, W. 15
Fels, L. 385
Fest, J. 14, 35, 85, 119, 164, 214, 221, 253,
  272, 274, 280, 300, 313, 405, 419

Feuerbach, L. 131
Feyerabend, P. 235
Fischer, J. 105, 261, 407, 418, 452
Fitzgerald, F.Sc. 397
Flaubert, G. 296, 299, 497
Frei, N. 278
Freud, S. 407, 498
Fried, E. 451
Friedrich, H. 21, 24, 49, 58, 129, 165, 186,
  204f, 213, 302, 483

Gandhi, M. 423
Gadamer, H.G. 22, 234, 237f, 242, 320,
  438
Galley, L.K. 255
Garaudy, R. 294
Gauguin, P. 205
Gellert, Chr.F. 336, 507
Gerhardt, P. 323, 518
Gernhardt, R. 265, 298, 302
Gestrich, Chr. 47, 214, 475f
Goethe, J.W. von 37, 79, 85, 151, 157, 171,
  206, 212, 220, 276, 301, 303, 466f, 470,
  490, 498
Gogarten, F. 43, 131, 203, 205f, 223, 259,
  479
Goes, A. 87
Gogh, V. van 189, 205
Gollwitzer, H. 429, 438, 440f, 448, 457, 512
Gombrich, E.H. 214
Gräb, W. 132, 243
Graf, F. W. 407f
Grass, G. 88f
Gräßer, E. 460
Greisch, J. 47
Grosz, G. 186
Grözinger, A. 348
Gronemeyer, M. 305
Gruhl, H. 331
Grunenberg, A. 60
Guardini, R. 270, 274
Gumbrecht, H.U. 134
Gustafsson, L. 174

Habermas, J. 166, 218, 279, 308, 322, 324
Haffner, S. 185
Hamann, J. G. 151, 496
Handke, P. 379
Harnack, A. von 151, 179, 190, 206, 220,
  243–245, 399
Hawking, St. 416
Hegel, G.W.F. 234, 236–238, 283, 408,
  465–467, 471

Heidegger, M.   16f, 26, 37, 39–43, 45, 47, 58–63, 69f, 80, 86, 94, 96, 107, 132, 135, 146–148, 151, 166, 168–170, 174, 203, 206–208, 210, 218, 220, 223, 229–231, 234, 237, 239–243, 257, 269f, 272f, 278–281, 289–292, 304, 306, 316, 324, 333, 348, 351–353, 356, 372, 396, 400f, 414, 421, 424, 427–434, 437–439, 443, 448–450, 455f, 458, 462f, 465–467, 483, 492, 496f, 514, 528, 538f
Heidenreich, E.   396
Heine, H.   52
Heinemann, G.   499
Heller, E.   157f, 223
Henrich, D.   135, 427f, 449
Herbert, Z.   128, 135, 219, 311, 331, 412, 446f
Herrmann, F. W. von   147, 241, 257
Hersch, J.   155
Hertzsch, K.-P.   85, 357f
Hildesheimer, W.   497
Hobbes, Th.   267, 376
Hofmannsthal, H. von   135, 184, 446, 504
Hogrebe, W.   126
Hölderlin, F.   50, 67, 105, 124, 135, 157, 211, 259, 290, 294, 306, 310, 322, 376, 386, 413, 427f, 430–433, 437f, 451, 456, 458, 490, 492
Honneth, A.   259
Hopper, E.   139, 303, 357
Horvath, Ö. von   296
Hübner, H.   17, 37, 147
Husserl, E.   20, 174, 242

Iwand, H. J.   199, 259, 276, 374

Janouch, G.   13
Janssen, H.   14, 214, 253

Jaspers, K.   62, 206, 356, 498
Jelinek, E.   305
Jenson, R. W.   219, 517
Jesenská, M.   25, 134, 191, 358, 360, 362, 385, 507
Jonas, H.   46, 157, 413
Joy, B.   254, 289, 413–415
Jüngel, E.   53, 111, 155, 311, 338, 348f, 352, 411, 482, 528, 533
Jünger, E.   23, 27, 33f, 36, 43, 60, 64–69, 84, 100, 209f, 222, 273, 282f, 290, 297, 335, 338f, 349, 401, 418, 437, 461, 494, 502, 538f

Kandinsky, W.   204f, 214
Käsemann, E.   96, 100, 255, 363, 420, 429, 463
Kästner, E.   375
Kafka, F.   13, 18f, 24f, 38, 40, 47, 54f, 69, 84, 98, 108, 113, 122f, 125, 127, 129f, 134–137, 139, 142, 156, 162–165, 168, 170, 178, 182, 186, 188, 191f, 194f, 204, 207, 209, 211–213, 223, 252–254, 283, 287, 290, 294–298, 302, 304, 307, 309, 325, 341, 355, 358, 360–362, 364, 373f, 377–379, 381, 383, 385, 410–412, 414f, 421, 426, 438f, 446, 450, 454f, 497, 507, 513, 518f, 530, 539
Kant, I.   50, 132, 151, 220, 256, 464f, 514
Kaschnitz, M. L.   340
Kern, U.   486
Kershaw, I.   280
Kertész, I.   383
Kierkegaard, S.   156, 168, 206, 223, 306, 513, 531
Kilb, A.   126
Kinzel, T.   228
Klee, P.   189, 197, 271, 351
Klein, G.   16, 233, 361, 493
Klüger, R.   181, 203, 361, 413
Koch, D.-A.   255
Koeppen, W.   136, 396, 418f
Körtner, U. H. J.   15, 56, 180, 185, 198, 206, 348, 404
Kooi, C. van der   226
Korsch, D.   132
Kracauer, S.   38
Kraus, K.   135, 187, 223, 511
Krötke, W.   132, 420, 486, 502, 508
Kubrick, St.   63, 126
Kundera, M.   521
Kunert, G.   376, 395
Kurzweil, R.   413, 416, 499

Lasker-Schüler, E.   187
Lampedusa, G.Th.   419
Lehnerer, Th.   504
Léger, F.   412
Leicht, R.   121
Lévinas, E.   20, 40, 57, 99, 107, 113, 142, 155, 183–186, 199, 254, 259, 270, 290, 301, 331, 450
Link, Chr.   208, 399, 463f, 472
Löhr, H.   102
Luhmann, N.   252
Lukács, G.   32

Luther, M. 15, 29, 145f, 150, 159, 172, 183, 193, 195, 226, 228, 237, 248, 297, 305, 345, 406–408, 463, 475, 502,
Lützeler, P. M. 69
Luz, U. 255f

Macke, A. 205
Magritte, R. 197, 297
Mann, K. 364
Mann, Th. 19, 49, 114, 252, 303, 339, 341f, 374, 402, 443, 517
Marc, F. 164
Marti, K. 340
Marx, K. 206, 499
Matt, P. von 213, 338, 349
Maupassant, G. de 27
McNeill, D. 184
Meissner, J. 273
Melanchthon 248
Menke, Chr. 208
Meyer, C.F. 293
Michel, W. 290, 306, 322, 386
Miskotte, K.H. 184, 215, 353
Mittelstraß, Jürgen 275
Molendijk, A. L. 305
Moltmann, J. 57, 318, 345, 349, 462, 519
Moltke, H. von 236
Mommsen, H. 278
Montaigne, M. de 187f
Mörike, E. 320, 335, 464, 466f, 471
Moser, T. 187, 287, 298, 504
Mostert, W. 61, 107, 418
Mozart, W.A. 330, 337, 364, 469
Musil, R. 97, 289
Myers, D. 111

Nabokov, V. 340, 428
Nebel, G. 14, 496
Neske, G. 280, 351
Neven, G. 177, 342
Nietzsche, F. 14, 16f, 37, 45, 57, 111, 116, 206f, 218, 221f, 229, 232, 239–241, 250f, 262, 276, 278, 280, 284, 290, 293, 324, 337f, 350, 374, 406, 423f, 432, 437, 443, 465, 475, 529
Nooteboom, C. 297

Oblau, G. 474
Origenes 248
Overbeck, F. 223, 261, 418

Pannenberg, W. 262, 348, 352
Pascal, B. 356, 358, 374

Pasley, M. 179, 195
Pasternak, B. 508, 510
Paul, J. 58, 122, 483
Pfleiderer, G. 341
Picasso, P. 14, 63, 142, 205, 2356, 268, 302, 307
Picht, G. 31, 54, 235, 270, 274, 348, 356, 358f, 361, 465
Proust, M. 339f, 445

Quervain, A. de 134

Rad, G. von 198, 225, 258, 262f, 330
Radisch, I. 116
Rahner, K. 198
Rembrandt 14, 189, 197
Rendtorff, T. 217, 247
Ricœur, P. 259
Rilke, R.M. 15, 511
Rinckart, M. 264
Ritschl, A. 132
Rosenzweig, F. 156
Rousseau, H. 204
Rubin, W. S. 197, 209, 211f, 214
Ruschke, W. M. 245
Rychner, M. 236

Sachs, N. 128, 145, 265, 385, 479, 490
Safranski, R. 174
Sartre, J.-P. 58–60, 122, 483
Sauter, G. 131, 157, 495
Scheler, M. 142f, 174
Schelling, F.W.J. 16, 301f
Schellong, D. 43, 150, 202, 221, 227, 249
Schildt, A. 279
Schiller, F. 141, 468, 470
Schirnding, A. von 170, 513
Schirrmacher, F. 254, 273, 284, 289, 371, 384, 412–414, 416, 499
Schlegel, F. 128, 252
Schlegel, Th. 244
Schleiermacher, F.D.E. 15, 99, 220, 237, 285f
Schmid, W. 139, 357
Schmitt, C. 408
Schmölders, C. 185
Schneider, W. 323
Schopenhauer, A. 339, 402f, 449
Schulz, W. 41
Schüßler, I. 149
Seidler, G. 36
Shakespeare 412, 426
Sieburg, F. 338

Silesius, A. 467
Simmel, G. 297, 457
Sloterdijk, P. 29, 48, 145, 165, 185, 195, 207, 209, 249, 269, 272, 293, 295, 300, 360, 373, 392, 414
Smend, R. 177, 230, 245f
Sophokles 14
Spieckermann, I. 217
Spies, W. 14, 32, 138, 162, 205, 209–212, 271, 302, 498
Spiewak, M. 268
Spinoza, B. de 323, 348
Stach, R. 164, 204, 207, 253, 415, 507
Staiger, E. 466f
Stadler, A. 375
Steffensky, F. 178
Steinacker, P. 209
Steiner, G. 21, 26, 30, 34f, 37, 39, 47, 57, 60, 95, 143, 185, 189f, 203, 270f, 279, 290, 302f, 310, 334, 348, 377, 427, 433, 448, 466, 512
Sternberger, D. 60, 119, 405, 469
Stoevesandt, H. 27f, 43f, 76–78, 124, 226, 255, 284, 371, 386, 537
Strauß, B. 23, 26, 86, 114, 126, 134f, 137, 152, 154, 176, 189f, 197, 208, 254, 265, 282, 302f, 305–307, 309, 314, 339f, 357–359, 368, 374, 376, 379, 383, 400, 410, 417, 449, 490f, 497, 499, 511, 521, 532
Sutterlüty, F. 276
Szondi, P. 178

Tabori, G. 38
Theunissen, M. 350, 380, 396–398, 509f, 519
Thomése, P. F. 23, 197, 288, 356
Tillich, P. 180, 209, 230
Trillhaas, W. 353

Troeltsch, E. 141, 243
Tucholsky, K. 119
Turk, H. 410

Ungaretti, G. 383

Valéry, P. 60, 167, 206, 235–237, 240, 261, 511
Vermeer, J. 162, 180, 189, 219, 339
Vietta, S. 41, 279f
Vogel, H. 316, 464, 472
Volf, M. 418
Volpi, F. 228

Wainwright, G. 347
Walser, M. 47, 49f, 58, 120, 126, 139, 168, 174, 194, 252f, 295, 305, 310, 361, 375
Walser, R. 49, 58, 194, 252, 302
Wannenwetsch, B. 19, 111
Webber, P. 446
Weber, M. 218
Weinrich, H. 305
Weiß, P. 465
Weizsäcker, C. F. von 42, 86, 231, 314, 356
Wenz, G. 41, 465
Werfel, F. 25
Willems, G. 252, 324
Wittgenstein, L. 158
Wittram, R. 518
Wollschläger, H. 416
Wolf, Chr. 15, 28, 33, 222, 357, 417
Wolf, E. 404

Yudkowsky, E. S. 499

Zeindler, M. 348f, 472
Ziolkowski, Th. 30

Die Theologie Karl Barths unter dem Aspekt der Neuzeitlichkeit

Stefan Holtmann
Karl Barth als Theologe der Neuzeit
Studien zur kritischen Deutung seiner Theologie

Forschungen zur systematischen und ökumenischen Theologie, Band 118.
2007. Ca. 470 Seiten, gebunden
ISBN 978-3-525-56346-5

Eine zentrale Frage in der neueren Deutung der Theologie Karl Barths ist die Bestimmung ihres Ortes in der Neuzeit. Ist Barths Widerspruch gegen die Neuzeit und die damit verbundene Transformation der Theologie letztlich doch abhängig von einer Theoriegestalt, welche die bessere Lösung der Probleme intendiert, die die so genannte liberale Theologie bewegten? Oder lässt Barth an entscheidenden Punkten die Neuzeit hinter sich?

Holtmann untersucht die Implikationen dieser Frage, indem er ausgehend von der Barthdeutung Trutz Rendtorffs weitere neuzeittheoretische Barthdeutungen kritisch rekonstruiert. Auf diese Weise wird ein Panorama unterschiedlicher Ansätze aufgezeigt, in dem die jeweiligen Schwerpunkte zur Geltung kommen und ihre theologie- und philosophiegeschichtlichen Voraussetzungen herausgearbeitet werden.

Vandenhoeck & Ruprecht

Der Analogiebegriff in der Lehre der Gotteserkenntnis

V&R

Wolfhart Pannenberg
Analogie und Offenbarung
Eine kritische Untersuchung
zur Geschichte des Analogiebegriffs in
der Lehre von der Gotteserkenntnis
2007. 215 Seiten, gebunden
ISBN 978-3-525-56158-4

Pannenbergs bisher unveröffentlichte Habilitationsschrift wirft neues Licht auf die Diskussion um den Analogiebegriff in der Lehre von der Gotteserkenntnis.

Ob die Rede vom Sein Gottes gleichsinnig oder nur analog im Verhältnis zum sonstigen Sprachgebrauch zu verstehen ist, ist eine alte Streitfrage zwischen den Anhängern Thomas von Aquins und denen, die Duns Scotus und Wilhelm von Ockham folgen. Die Wiederaufnahme dieses Streits in der neueren Forschung hat Wolfhart Pannenberg veranlasst, seine bisher ungedruckte Habilitationsschrift zu diesem Thema (1955) nun der Öffentlichkeit zu übergeben.

Der ursprüngliche Text ist im Wesentlichen unverändert. Hinzugefügt ist ein Kapitel über Duns Scotus und Ockham, sowie ein Kapitel zum Ausklang der Geschichte des Gedankens der Analogie des Seins bei Meister Eckhart und bei Nikolaus von Kues. Das Werk schließt mit Bemerkungen, die auch Wolfhart Pannenbergs heutige systematisch-theologische Urteilsbildung zum Ausdruck bringen.

Vandenhoeck & Ruprecht